U0800296

现行铁路工程设计规范大全

第九册　房建、站场

中国铁道出版社有限公司

2019年·北　京

图书在版编目(CIP)数据

现行铁路工程设计规范大全. 第九册,房建、站场/中国铁道出版社有限公司汇编. —北京:中国铁道出版社有限公司,2019.5
ISBN 978-7-113-24827-7

Ⅰ.①现… Ⅱ.①中… Ⅲ.①铁路工程-设计规范-中国②铁路工程-交通运输建筑-设计规范-中国③铁路车站-设计规范-中国 Ⅳ.①U2-65

中国版本图书馆 CIP 数据核字(2019)第 082950 号

书　　名:**现行铁路工程设计规范大全　第九册　房建、站场**
作　　者:中国铁道出版社有限公司

策　　划:江新锡　程东海　王　健
责任编辑:曹艳芳　　　　**编辑部电话**:010-51873065
封面设计:郑春鹏
责任校对:孙　玫
责任印制:高春晓

出版发行:中国铁道出版社有限公司(100054,北京市西城区右安门西街 8 号)
网　　址:http://www.tdpress.com
印　　刷:北京铭成印刷有限公司
版　　次:2019 年 5 月第 1 版　2019 年 5 月第 1 次印刷
开　　本:787 mm×1 092 mm　1/16　印张:45. 5　字数:1130 千
书　　号:ISBN 978-7-113-24827-7
定　　价:140. 00 元

版权所有　侵权必究

凡购买铁道版图书,如有印制质量问题,请与本社读者服务部联系调换。电话:(010)51873174(发行部)
打击盗版举报电话:市电(010)51873659,路电(021)73659,传真(010)63549480

前　言

设计是工程建设的灵魂,设计规范是设计的依据。广大铁路工程技术人员按照“以人为本、服务运输、强本简末、系统优化、着眼发展”的铁路建设理念,结合工程具体情况,因地制宜,充分发挥主观能动性,积极采用安全、可靠、先进、成熟、经济、适用的新技术,经过多年的经验积累,形成了一套完整的设计规范体系,为铁路工程设计提供了坚实的基础。

为了方便铁路工程建设者更好地学习,掌握铁路工程设计规范,并在铁路工程建设过程中准确地执行、运用规范,保证规范的权威性、严肃性落到实处,我们对现行的铁路工程设计规范按专业进行了系统整理,现汇编出版,供各级领导干部、工程技术人员、管理人员等使用。

本大全收录了截至2019年4月已发布的现行铁路工程设计规范73种,按专业分册出版发行。全套分为:综合(上、下册),路基,桥涵,隧道,线路、轨道,通信,信号、信息,电力、电牵、机务车辆,房建、站场及其他,计10分册。

随着铁路技术装备的更新和设计理论的进一步发展,设计规范也不断地修订和完善,读者在使用本套大全的过程中,应注意相关设计规范的变化情况,并及时更新相应内容。

在本大全编辑过程中,对原版中的内容进行了勘误。由于汇编人员水平有限,不当之处在所难免,敬请读者不吝赐教,以利改进。

2019年4月

总 目 录

UDC

中华人民共和国行业标准

TB

TB 10099—2017
J 2398—2017

P

铁 路 车 站 及 枢 纽 设 计 规 范

Code for Design of Railway Station and Terminal

2017-09-18 发布　　2017-12-01 实施

国　家　铁　路　局　　发　布

国家铁路局关于发布铁道行业标准的公告
（工程建设标准 2017 年第 7 批）

国铁科法〔2017〕62 号

现公布《铁路线路设计规范》（TB 10098—2017）和《铁路车站及枢纽设计规范》（TB 10099—2017）两项行业标准，自 2017 年 12 月 1 日起实施。

本标准由中国铁道出版社出版发行。

国家铁路局

2017 年 9 月 18 日

前　言

本规范是在全面总结我国高速铁路、客货共线铁路、城际铁路、重载铁路在站场及枢纽设计、施工和运营方面的实践经验和科研成果的基础上编制而成的。

本规范贯彻了国家“创新、协调、绿色、开放、共享”发展理念，落实了综合交通运输发展、保护自然生态和环境、节约土地和能源等政策法规要求，强化安全优先原则，注重车站及枢纽系统设计和点线能力协调，结合我国国情、经济社会发展水平、运输需求和环境条件等因素，合理确定了车站及枢纽设计原则和设计参数，进一步提升了规范的科学性和技术经济合理性。

本规范共分16章和2个附录，主要内容包括：总则，术语，基本规定，枢纽，编组站，区段站，中间站、组合分解站，会让站、越行站，客运站、客运设备和客车段所，铁路物流中心，驼峰，工业站、港湾站，口岸站，集运站、疏运站，站场路基和排水，站线轨道。

本次修订的主要内容有：

1. 修订了规范的适用范围，客货共线铁路旅客列车设计速度由160 km/h改为200 km/h，增加了高速铁路、城际铁路、重载铁路车站及枢纽设计相关内容。

2. 新增“口岸站”和“集运站、疏运站”两章，主要纳入了这两类车站的图型和主要设备配置等内容。

3. 将原规范“车站设计的基本规定”章中“站场路基和排水”节单列为“站场路基和排水”章，并增加了站场路基分类、站场路基设计洪水频率或重现期、旅客站台填料和压实标准、路基过渡段设置、严寒地区排水设施设计等规定。

4. 提出了以人为本、服务运输、系统优化、着眼发展等车站主要设计原则；明确了选择适宜的设计标准，合理确定车站及枢纽设计方案等站场主要工作内容；强化了铁路车站及枢纽总体性、系统性的设计要求。

5. 修订了车站内主要建（构）筑物和设备至线路中心线的距离、车站线间距、道岔端部与曲线起终点间的直线段最小长度等规定，整合了站内联络线、场间联络线、段所工区外走行线、段所工区内线路平纵断面的设计规定，增加了货物线安装轨道衡、货车超偏载检测装置等设备设计规定，删除了选定车站设置同时接入或发接客货列车的隔开设备、车站主要生产办公房屋的布置等规定。

6. 增加了枢纽总图规划、客运站和铁路物流中心的选址及综合开发、大功率机车检修基地和动车组设备的有关规定。

7. 删除了新建编组站推荐采用单向图型的规定，取消了加冰作业、装运鱼苗或牲畜作业及守车等规定。

8. 增加了客、货纵列式区段站图型，删除了双线铁路纵列式区段站图型，增加了铁路物流中心宜设于区段站调车场一侧的规定。

9. 增加了组合分解站图型及相关规定，修订了客货共线铁路中间站、会让站、越行站图型。

10. 增加了客运站总体性设计的原则性要求,修订了客货共线铁路车站图型,全面整合并修订了车站客运设备的规定,增加了站台门的设置规定。

11. 新增铁路物流中心总体设计原则、分类、功能、执行军事运输要求等规定,取消了整车、零担、易腐货物加冰运输等规定,修订了货物站台、仓库有关参数等规定。

12. 删除了有关驼峰调车机车采用蒸汽机车、驼峰调速设备采用铁鞋及脱鞋器、小能力驼峰采用简易现代化或人工调速设备等规定。

13. 修订了站线轨道分类,删除了有关木枕的全部规定,修订了相邻单开道岔间插入钢轨长度等规定。

在执行本规范过程中,请各单位结合工程实践,认真总结经验,积累资料,如发现需要修改和补充之处,请及时将意见和有关资料寄交中铁第四勘察设计院集团有限公司(地址:湖北省武汉市武昌和平大道745号,邮政编码:430063),并抄送中国铁路经济规划研究院(北京市海淀区北蜂窝路乙29号,邮政编码:100038),供修订时参考。

本规范由国家铁路局科技与法制司负责解释。

技术总负责人:郑　健、安国栋、吴克非。

主编单位:中铁第四勘察设计院集团有限公司。

参编单位:中铁第一勘察设计院集团有限公司、中铁二院工程集团有限责任公司、中国铁路设计集团有限公司、中铁工程设计咨询集团有限公司、北京全路通信信号研究设计院有限公司。

主要起草人:何志工、刘一平、韩国兴、王海潮、吕国金、鄢巨平、彭京平、王华成、郑　洪、李明国、叶文卓、李军营、万福英、靳光荣、周兵和、刘世峰、雷中林、高　岚、胡明星、石建文、李文祥、孙国成、朱长青、李长淮、李生才、李传勇、熊玉春、周覃龙、董志强、崔永明、董入凯、孟祥雷、姚楚峰、奚文媛、张开治、陈　晨。

主要审查人:吴克非、丁　亮、王俊峰、曾会欣、薛新功、徐鹤寿、敖云碧、刘　燕、桑翠江、王启铭、王哲浩、张志方、万　坚、宁　裴、田　杨、王　南、李建新、刘　华、张迎丰、柳世辉、高丰农、康学东、李荣华、刘小平、吴文娴、刘名军、杨　健、伍丽荣、金祖德、田长海、张世宏、李树德、聂宏旺、吴麦奎、许有全。

目　次

1 总　则

1.0.1 为统一铁路车站及枢纽设计的技术标准,使铁路车站及枢纽设计符合安全可靠、技术先进、经济适用的要求,制定本规范。

1.0.2 本规范适用于标准轨距高速铁路、城际铁路、客货共线Ⅰ级和Ⅱ级铁路、重载铁路的车站及枢纽设计。

1.0.3 铁路车站及枢纽设计应遵循以人为本、服务运输、系统优化、着眼发展的原则,依据铁路网规划、城市总体规划和综合交通规划,系统分析客货运输需求,统筹协调车站及枢纽设施设备的布局,选择适宜的设计标准,合理确定车站及枢纽设计方案。

1.0.4 铁路车站及枢纽的设计年度宜分为近、远两期。近期为交付运营后第10年,远期为交付运营后第20年。近、远期运量均应采用预测值。铁路基础设施及建筑物和设备规模设计应符合下列规定:

1 不易改、扩建的建筑物和基础设施应按远期运量和运输性质设计。

2 易改、扩建的建筑物和基础设施可按近期运量和运输性质设计,预留远期发展条件。

3 可随运输需求变化而增减的运营设备,可按交付运营后第5年的运量设计。

4 铁路枢纽总图应预留长远发展条件。

1.0.5 铁路车站及枢纽设计应满足系统功能要求和安全运输需要,方便旅客乘降和货物运输,便于运营管理和提高效率。

1.0.6 铁路车站及枢纽方案应结合城市总体规划、既有铁路情况、地形地质条件、地方交通、农田水利设施、土地资源开发等因素,经综合技术经济比选后确定。

1.0.7 铁路车站及枢纽设计应满足分期建设的需要。近期工程应做到布局合理、规模适当、方便运营,并应根据需要预留进一步发展条件,减少改建过程中的废弃工程和施工对运营的干扰。改、扩建工程应充分利用既有建筑物和设施设备,复杂的车站改、扩建工程应有指导性施工过渡设计。

1.0.8 铁路车站及枢纽设计应重视相关专业间的总体协调,站场构筑物、线缆沟槽、排水设施、防雷接地等设计应统筹考虑。

1.0.9 铁路车站及枢纽设计应符合环境、能源、土地、文物及消防等法律、法规的相关规定。

1.0.10 铁路建筑限界应符合本规范附录A的规定,曲线地段建筑限界加宽应符合本规范附录B的规定。

1.0.11 铁路车站及枢纽设计除应符合本规范外,尚应符合国家现行有关标准的规定。

2　术　　语

2.0.1　铁路车站　railway station

办理列车通过、到发、技术作业及客货运业务的分界点。

2.0.2　铁路枢纽　railway terminal

在铁路网点或网端，由两条及以上干线、若干个车站、各种为运输服务的设施及其联络线等所组成的整体。

2.0.3　进出站线路　approach line

按列车运行方向和列车种类修建的引入枢纽内各车站的正线和枢纽联络线。

2.0.4　站线　station track

在车站管理的线路中除正线以外线路的统称。

2.0.5　到发线　receiving-departure track

办理列车到达、出发作业的线路。

2.0.6　其他站线　station other track

在车站管理的线路中除正线、到发线、驼峰溜放部分线路以外的线路统称，包括调车线、牵出线、机待线、走行线、站内联络线、段管线、安全线等。

2.0.7　线路有效长度　effective length of track

线路范围内可以停留机车车辆而不妨碍邻线使用的长度。

2.0.8　编组站　marshalling station

为办理大量货物列车解体、编组作业而设置的车站。

2.0.9　区段站　district station

为货物列车本务机车牵引交路和办理区段、摘挂列车解编作业而设置的车站。

2.0.10　中间站　intermediate station

办理列车通过、交会、越行和客货运业务的车站。

2.0.11　组合分解站　combination and disassembly station

为满足重载铁路列车组合、分解作业需要而设置的车站。

2.0.12　会让站　passing station

在单线铁路上，为满足区间通过能力需要而设置的办理列车通过、会让、越行的车站。

2.0.13　越行站　over-taking station

在双线铁路上，为满足区间通过能力的需要而设置的办理同方向列车越行的车站。

2.0.14　客运站　passenger station

主要办理客运业务的车站。

2.0.15　客车段所　passenger cars or multiple nuits (MU) depot or operation point

专门办理客车车底或动车组存放、整备、检修等作业的场所，包括客车整备所、动车所、动车段等，不包括客运机务段(所)。

2.0.16　铁路物流中心　railway logistics center

依托铁路,具有完整信息网络,为社会提供物流活动的场所;并具备为社会或企业自身提供物流服务,物流功能健全,聚集辐射范围大和存储吞吐能力强等功能。

2.0.17　驼峰　hump

将调车场始端道岔区前线路抬到一定高度,利用其势能和车辆自重,使车辆自动溜行到调车线上,用以解体车列的一种调车设备。

2.0.18　工业站　industrial station

主要为有大量装卸作业的工业企业外部铁路运输服务的车站。

2.0.19　港湾站　water-front station

主要为有大量装卸作业的港口外部铁路运输服务的车站。

2.0.20　口岸站　border station

在国家指定对外往来的门户地点设置的车站,是一种特殊的国际客货运输结点车站。

2.0.21　集运站　freight consolidation station

主要办理大宗货物装车和车列集结作业的车站。

2.0.22　疏运站　freight distribution station

主要办理大宗货物卸车和车列分解作业的车站。

3 基本规定

3.1 一般规定

3.1.1 在铁路车站线路的直线地段，主要建(构)筑物和设备至线路中心线的距离应符合表 3.1.1 的规定。

表 3.1.1 主要建(构)筑物和设备至线路中心线距离(单位:mm)

序号	建(构)筑物和设备名称			高速铁路	城际铁路	客货共线铁路和重载铁路：高出轨面的距离	客货共线铁路和重载铁路：至线路中心线的距离
1	跨线桥柱、天桥柱、雨棚柱和电力照明杆等杆柱边缘	位于站内正线一侧		≥2 440	≥2 200	—	≥2 440
		位于站线间	通行超限货物列车时	—	—	1 100 及以上	≥2 440
			不通行超限货物列车时	≥2 150	≥2 150	1 100 及以上	≥2 150
		位于站场最外站线的外侧		≥3 100	≥3 100	1 100 及以上	≥3 100
		位于最外梯线或牵出线一侧		≥3 100	≥3 100	1 100 及以上	≥3 500
2	接触网支柱边缘	位于站内正线一侧或站场最外线路的外侧	无 砟	≥3 000	≥2 500	—	—
			有 砟	≥3 100	≥3 100	—	≥3 100
		位于站线间	通行超限货物列车时	—	—	1 100 及以上	≥2 440
			不通行超限货物列车时	≥2 150	≥2 150	1 100 及以上	≥2 150
		位于最外梯线或牵出线一侧		≥3 100	≥3 100	1 100 及以上	≥3 500
3	高柱信号机边缘	高速铁路和城际铁路	正 线	≥2 440	≥2 200	—	—
			到发线	≥2 150	≥2 150	—	—
		客货共线铁路和重载铁路	通行超限货物列车时	—	—	1 100 及以上	≥2 440
			不通行超限货物列车时	—	—	1 100 及以上	≥2 150
4	货物站台边缘	普通站台		—	—	950~1 100	1 750
		高站台		—	—	≤4 800	1 850

续上表

序号	建(构)筑物和设备名称			高速铁路	城际铁路	客货共线铁路和重载铁路	
						高出轨面的距离	至线路中心线的距离
5	旅客站台边缘	高站台	位于正线一侧	1 800	1 800	—	—
			位于站线一侧	1 750	1 750	1 250	1 750
		普通站台	位于不通行超限货物列车的到发线一侧	—	—	500	1 750
		低站台	位于通行超限货物列车的到发线一侧	—	—	300	1 750
6	车库门、转车盘、洗车架和洗罐线、机车走行线上的建(构)筑物边缘			—	—	1 250 及以上	≥2 000
7	清扫或扳道房和围墙边缘			≥3 500	≥3 500	1 100 及以上	≥3 500
8	起吊机械固定杆柱或走行部分附属设备边缘至货物装卸线			—	—	1 100 及以上	≥2 440
9	连续墙体、栅栏、声屏障边缘	位于正线或站线外侧(无人员通行)		路基面外	路基面外	—	路基面外

注:1 表列序号 1、序号 2 有砟轨道线路考虑大型养路机械作业时,路基地段杆柱内侧边缘至正线线路中心的距离不应小于 3 100 mm。

2 表列序号 2 接触网支柱内侧边缘至线路中心的距离,困难条件下,位于有砟轨道正线一侧不应小于 2 500 mm,位于不通行超限货物列车的站线一侧不应小于 2 150 mm。

3 表列序号 5 正线无列车通过或列车通过速度不大于 80 km/h 时,高站台边缘至线路中心线的距离可采用 1 750 mm。

4 表列序号 9 栅栏边缘至线路中心的距离,高速铁路尚应不小于栅栏距地面的高度加 2 440 mm 之和,城际铁路尚应不小于栅栏距地面的高度加 2 200 mm 之和。

3.1.2 车站内两相邻线路中心线的线间距应满足线间作业及设备布置需要,并按本规范表 3.1.1 中建(构)筑物和设备边缘至线路中心的距离及设备宽度计算确定。一般情况下站内线路直线地段线间的最小距离应符合表 3.1.2 的规定。

表 3.1.2 车站线间距(单位:mm)

序号	名称				线间最小距离
1	站内正线间	高速铁路和城际铁路	站内正线间无渡线时		与区间正线相同
			站内正线间有渡线时	$v \leq 250$ km/h	4 600
				250 km/h $< v \leq$ 300 km/h	4 800
				300 km/h $< v \leq$ 350 km/h	5 000
		客货共线铁路			5 000
		双线与第三线间,或相同行车方向的正线间			5 300

续上表

序号	名　称				线间最小距离
2	站内正线与相邻到发线间	无列检、上水及卸污作业			5 000
		有列检、上水或卸污作业	$v\leq120$ km/h	一般	5 500
				改建特别困难	5 000(保留)
			120 km/h$<v$ $\leq$160 km/h	一般	6 000
				改建特别困难	5 500(保留)
			$v>160$ km/h	一般	6 500(设栅栏)
				改建特别困难	5 500(保留)
3	到发线间、调车线间	一般			5 000
		铺设列检小车通道或有客车上水、卸污作业			5 500
		改建特别困难			4 600(保留)
4	装有高柱信号机的线间	相邻两线均通行超限货物列车			5 300
		相邻两线只一线通行超限货物列车			5 000
5	动车组存车线间				4 600
6	客车车底停留线间	一般			5 000
		改建特别困难			4 600
7	动车组及客车整备线间	线间无照明和通信等电杆			6 000
		线间有照明和通信等电杆			7 000
8	货物直接换装的线路间				3 600
9	牵出线与其相邻线间	区段站、编组站及其他调车作业频繁			6 500
		中间站及其他仅办理摘挂取送作业			5 000
10	调车场各线束间				6 500
11	调车场设有制动员室的线束间				7 000
12	梯线与其相邻线间				5 000

注：1　表列序号 1，城际铁路当正线间设置反向出站信号机时，线间距应计算确定。

2　表列序号 2，在有列检作业的区段站上，路段设计速度 120 km/h 及以上时，运营中必须采取保证列检人员人身安全的措施。

3　表列序号 3，列检小车通道不宜设在通行超限货物列车的到发线间，线间铺设机动小车通道的相邻到发线间距不应小于 6 000 mm。

4　在区段站、编组站及其他大站上，线间距应与灯桥、接触网软横跨或硬横跨等横向最大跨度相适应，一般最多每隔 8 条线路或 40 m 应设置一处不小于 6 500 mm 的线间距，此线间距宜设在两个车场或线束之间。

5　照明和通信电杆等设备，在站线较多的大站上应集中设置在有较宽线间距的线路间，在中间站宜设置在站线之外；其他杆柱不宜与高柱信号机布置于同一线间，若确需布置于同一线间时，应确保高柱信号机的瞭望条件。

3.1.3　在车站线路的曲线地段，各类建(构)筑物和设备至线路中心线的距离及线间距应按本规范附录 B 的有关规定加宽。位于曲线内侧的旅客站台，如线路有外轨超高时，应降低站台高度，降低的数值为 0.6 倍外轨超高度。

3.1.4　电气化铁路上站内线路架设接触网的范围，应根据下列要求确定：

1　电力机车和动车组列车需要进入的线路均应架设接触网。电力机车进入的出发线和编发线有发车作业端100 m~200 m有效长度范围内及其出发径路上应架设接触网。

2 由电力机车进行调车作业的牵出线和货物线均应架设接触网；当有起吊或其他设备干扰时，可在干扰范围以外的一段线路上架设接触网。

3 在配备内燃调车机车的车站上，牵出线和货物线可不架设接触网。

4 车站的调车线、有大型起吊设备的货物装卸线、车辆段段管线、站修线、内燃机车停留及整备线、维修工区内的线路、轻油油库线、易燃易爆物品专用线路和其他不适宜电气化的线路，不应架设接触网。

5 区段站、编组站及其他大站当有几种牵引种类时，应合理确定架设接触网的范围。

3.1.5 车站范围单组接触网软横跨跨越的线路不应超过8条。接触网支柱的布置应与其他设备布置和远期发展相匹配。

3.1.6 跨越电气化铁路车站的跨线桥，其梁底距桥下线路轨面的高度在直线地段应符合下列规定：

1 高速铁路、城际铁路站内正线不应小于5 650 mm与接触网的结构高度之和。

2 设计速度大于160 km/h客货共线铁路站内正线不应小于7 500 mm，困难条件不应小于7 220 mm；设计速度不大于160 km/h客货共线铁路站内正线不应小于6 550 mm，困难条件不应小于6 200 mm。

3 通行双层集装箱铁路站内正线不应小于6 860 mm与接触网的结构高度之和。

4 编组站、区段站或调车作业较多的其他车站上不应小于6 550 mm；困难条件下不应小于6 200 mm；特别困难条件下，当有充分依据时，既有跨线桥不应小于5 800 mm。

5 跨越机车走行线的驼峰跨线桥为6 000 mm，困难条件下不应小于5 800 mm。

6 在海拔1 000 m及以上地区，应根据现行行业标准《铁路电力牵引供电设计规范》TB 10009的有关规定另行加高。

7 设置外轨超高的曲线地段，应根据计算另行加高。

3.1.7 车站到发线有效长度应符合下列规定：

1 旅客列车到发线有效长度应按列车编组长度和列控系统要求计算确定。贯通式车站的到发线有效长度，高速铁路应采用650 m，采用CTCS-2级列控系统且停靠8辆编组动车组的城际铁路不应小于400 m，仅供旅客列车停靠的客货共线铁路应采用650 m；尽端式车站和单方向接发列车的到发线有效长度应按列车编组长度和列控系统要求计算确定。

2 货物列车到发线的有效长度应根据输送能力的要求、机车类型及所牵引车列的长度等因素确定，并与相邻铁路到发线有效长度相协调。

3 客货共线铁路到发线有效长度应按1 050 m、850 m、750 m或650 m系列选用。

4 新建重载铁路到发线有效长度当牵引质量为10 000 t时，宜采用1 700 m；当牵引质量为20 000 t时，宜采用2 800 m。改建重载铁路到发线有效长度可根据采用的机车车辆参数计算确定。

5 补机地段或加力牵引区段的车站到发线有效长度，应较规定的有效长度另增加加力机车的长度。

3.1.8 客货共线铁路的站内正线应能通行超限货物列车。

换挂机车的车站及区段内选定的3个~5个会让站、越行站或中间站应满足超限货物列车会让与越行的要求。上述车站除正线外，单线铁路应另有1条线路，双线铁路上、下行应各另有1条线路能通行超限货物列车。

3.1.9 线路接轨及安全线设置应符合下列规定：

1 新线与既有线接轨，应保证主要去向的列车不改变运行方向通过接轨点。

2 新线应在站内接轨。困难条件下须在区间接轨时，应在接轨地点设置线路所，接轨处应设置安全线。

3 段管线、岔线等均应在站内接轨，不应在区间与正线接轨。机务段、客车整备所、动车段（所）等与站线接轨时可不设安全线，其余段管线、岔线与站线接轨时，当接轨处能利用其他站线及道岔作为隔开设备并有联锁装置时，也可不设安全线；其他情况下均应设置安全线。

4 客货共线铁路和重载铁路当进站信号机外紧急制动距离内进站方向换算坡度为大于等于6‰的下坡道时，在车站接车线末端应设置安全线；当接车线末端有其他站线或岔线可作为隔开设备时，可不另设安全线。

5 车站的调车进路直接与正线衔接处无平行进路隔开时应设置安全线。

6 与车站正线或到发线直接连通，有客货列车或车辆长时间停留的线路，在其与行车进路的连接处应设置安全线。

3.1.10 安全线的设计应符合下列规定：

1 安全线的有效长度不应小于50 m。

2 安全线的纵坡应设计为平道或面向车挡的上坡道。

3 安全线尾部不宜设置在桥梁上、隧道内。

4 安全线应设置双侧护轮轨，尾部应设置车挡和缓冲装置，路基地段安全线尾部还应设置止轮土基。

3.1.11 配属调机的车站可根据需要在适当地点设置调机整备设备。

3.1.12 车站内平过道的设置应符合下列规定：

1 高速铁路、城际铁路及路段设计速度为120 km/h以上客货共线铁路的车站内不应设置平过道，跨越线路应采用立体交叉。

2 当站内设置平过道时，对于设有中间站台的车站，中间站台与基本站台间宜在车站中部设置一处平过道相连接；当设有旅客天桥时，可根据需要在车站中部设置一处平过道。

3 有列检作业的到达场、到发场、出发场或编发线，可在车场端部或警冲标外方设置平过道。

4 在驼峰溜放部分车辆减速器前后、小能力驼峰线束道岔前和调车线内车辆减速器前，可结合站内道路布置，在适当地点设置平过道。

5 客车段所应在存车线及整备线的两端或一端设置平过道。当设两处平过道时，其间的距离不应小于动车组或客车车底全长，在技术整备线上，尚应另加10 m的拉钩检查距离。

6 其他场、段、所可根据需要在适当地点设置平过道。

7 平过道宽度应根据其用途确定。专供车站工作人员走行时，可采用1.5 m；通行非机动车辆时，可采用2.5 m；通行机动车辆时，不应小于3.5 m。

8 站场内平过道应与站外道路和人行道路隔开，禁止社会车辆、非工作人员通行。

3.1.13 车站内应设置道路系统，区段站、编组站及其他大站应设置外包车场的道路，并应与地方道路相联系。跨越站内主要道路的跨线桥,其净空应满足消防和运输车辆通行的要求。

3.1.14 正线路段设计速度 120 km/h 及以上时,车站应设防护栅栏或围墙等隔离设施,并与区间隔离设施相衔接。

3.1.15 车站股道编号应符合下列规定:

1 单线区段内的车站,从靠近站房的线路起,向远离站房方向顺序编号。

2 双线区段内的越行站、中间站,从正线起顺序编号,上行为双号,下行为单号。

3 尽头式车站,向终点方向由左侧开始顺序编号,如站房位于线路一侧时,从靠近站房的线路起,向远离站房方向顺序编号。

4 区段站及特大、大型客运站股道编号以主站房基本站台为基准,按顺序编号;有多个车场时,各车场股道应按顺序连续编号,不按车场别单独编号;车场内其他股道的编号,应在正线及到发线编号后,再按先下行端、后上行端的顺序,由(主)站房侧向对侧依次编号。

5 区段站及特大、大型客运站以外包含多个车场的车站及其衔接的其他场、段(所)应分场编号,并冠以场号或场名。

6 到发线及其他站线采用阿拉伯数字编号,正线采用大写罗马数字编号。

3.2 进出站线路和站线的平面

3.2.1 进出站线路的平面应采用相邻路段正线的标准。困难条件下,有旅客列车通行的疏解线路的最小曲线半径不应小于 400 m,其他疏解线路的最小曲线半径不应小于 300 m,编组站环到环发线、装(卸)车环线的最小曲线半径不应小于 250 m。

3.2.2 站内联络线、场间联络线的曲线半径,通行旅客列车时不应小于 400 m,通行普通货物列车时不应小于 250 m,不通行列车时不应小于 200 m。

3.2.3 编组站、组合分解站的车场应设在直线上;困难条件下,到达场、出发场和到发场可设在同向曲线上,曲线半径不应小于 800 m。

3.2.4 位于旅客高站台旁的线路应设在直线上;困难条件下,可设在半径不小于 1 000 m 的曲线上;特别困难条件下,曲线半径不应小于 600 m。

3.2.5 货物线的平面应符合下列规定:

1 货物装卸线应设在直线上;困难条件下,可设在半径不小于 600 m 的曲线上,特别困难条件下,曲线半径不应小于 500 m。

2 罐装货物装卸线应为尽头式平直线,线路直线段的始端至装卸栈桥第一鹤管的距离不应小于进库罐车长度的 1/2;困难条件下,可设在半径不小于 600 m 的曲线上。装卸线上罐车始端车位车钩中心线至前方道岔警冲标间安全距离不应小于 31 m,终端车位车钩中心线至装卸线挡车器的安全距离不应小于 20 m。

3 安装轨道衡、货车超偏载检测装置、定量装车系统、翻车机等设备的线路平面应根据设备技术要求设计。

3.2.6 牵出线的设置应符合下列规定:

1 牵出线应设在直线上;困难条件下,可设在半径不小于1 000 m 的曲线上;特别困难条件下,曲线半径不应小于 600 m。仅办理摘挂、取送作业的物流中心或其他场、段的牵出线,特别困难条件下,曲线半径不应小于 300 m。

2　牵出线不应设在反向曲线上;改建车站特别困难条件下,且调车作业量较小时,可设在反向曲线上,也可保留既有曲线半径。

3.2.7　段所工区外走行线的平面应符合下列规定:

1　客车段所外走行线的曲线半径不宜小于 400 m,困难条件下不应小于 300 m。

2　动车组折返线宜设在直线上,困难条件下可设在半径不小于 600 m 的曲线上,折返线与车站咽喉连接的线路,曲线半径不应小于 300 m。动车组折返线有效长度应根据动车组的编组长度计算确定,动车组采用 16 辆与 8 辆编组时,折返线有效长度不应小于 480 m 与 270 m。

3　机务段所、车辆段所、维修基地(车间、工区)外走行线的曲线半径不应小于 200 m。

4　段所外走行线兼作牵出线使用时,还应符合牵出线的设置规定。

3.2.8　段所工区内线路平面应符合下列规定:

1　段所工区内的线路宜设在直线上,库内线路应设在直线上。

2　客车段所内线路的最小曲线半径不应小于 250 m,长时间停留动车组的线路最小曲线半径不应小于 400 m;其他段所内线路曲线半径不应小于 200 m。

3　机务段内转车盘前的直线段长度不应小于 12.5 m。

3.2.9　站线曲线超高的设置应符合下列规定:

1　曲线超高值应根据平面曲线半径以及列车通过速度计算确定,并符合线路性质对应的允许欠超高、允许过超高及欠过超高之和允许值的规定。

2　动车组列车到发进路上的曲线应设超高,且不应小于20 mm。其他客货列车到发线上的曲线和连接曲线宜设曲线超高,曲线半径小于 600 m 时超高可采用 25 mm,大于或等于 600 m 时超高可采用 20 mm,道岔连接曲线超高可采用 15 mm。其余站线可不设超高。

3　超高顺坡率不应大于 2‰。

3.2.10　动车组列车到发进路上的曲线应设缓和曲线。缓和曲线长度应根据线路性质、列车通过速度、曲线设计超高、超高或欠超高时变率、超高顺坡率计算确定,且不应小于 20 m。车站咽喉采用 18 号道岔时,曲线半径大于等于 1 200 m 可不设缓和曲线;车站咽喉采用 12 号道岔时,曲线半径大于等于 400 m 可不设缓和曲线。其余站线均可不设缓和曲线。

3.2.11　客车到发进路上的曲线设缓和曲线时,圆曲线长度和两曲线间夹直线的长度不应小于 25 m;不设缓和曲线时,两曲线间无超高直线段的长度不应小于 20 m,采用 12 号道岔困难条件下不应小于 10 m。其余站线两曲线间直线段的长度不应小于 15 m,困难条件下不小于 10 m。

3.2.12　道岔至曲线间的直线段长度应符合下列规定:

1　正线上道岔与缓和曲线间的直线段最小长度应结合铁路性质、路段设计速度、工程条件、车站性质及列车加减速特性等因素计算确定,并符合表 3.2.12—1 的规定。

表 3.2.12—1　正线道岔与缓和曲线间的直线段最小长度

铁路性质	高速铁路	城际铁路		客货共线及重载铁路		
设计速度 v(km/h)	$250\leqslant v\leqslant 350$	200	<200	200	$120<v<200$	$\leqslant 120$

续上表

铁路性质		高速铁路	城际铁路		客货共线及重载铁路		
直线段最小长度(m)	一般	0.6v	0.4v		0.5v		
	困难	0.5v	30	25	0.4v	30	20

注:困难条件下,计算数值按 10 m 的倍数向下取值。

2 站线道岔至曲线之间的直线段长度,应根据站线性质、曲线半径、道岔结构、曲线轨距加宽和曲线超高等因素计算确定。

1) 动车组列车到发进路上道岔前后至曲线超高顺坡终点的直线段长度不应小于 20 m;困难条件下,岔前直线段长度应满足曲线超高设置要求,岔后直线段长度不应小于道岔跟端至末根长岔枕的距离与超高顺坡所需长度之和。动车段所内道岔至曲线间直线段最小长度,岔前不应小于 7.5 m,岔后不应小于道岔跟端至末根岔枕的距离与曲线轨距加宽递减或曲线超高顺坡所需的直线段长度之和。

2) 其余站线道岔至圆曲线最小直线段长度应符合表 3.2.12—2 的规定。

表 3.2.12—2 道岔至圆曲线最小直线段长度

序号	道岔前后圆曲线半径 R(m)	最小直线段长度(m)			
		一般		困难	
		轨距加宽或曲线超高递减率 2‰		轨距加宽递减率 3‰	
		岔前	岔后	岔前	岔后
1	$R \geqslant 350$	2	$0+L'$	0	$0+L'$
2	$350 \leqslant R<350$	2.5	$2.5+L'$	2	$2+L'$
3	$R<300$	7.5	$7.5+L'$	5	$5+L'$

注:1 L'为道岔跟端至末根岔枕的距离。
2 在困难条件下,道岔后直线长度可采用道岔跟端至末根长岔枕的距离 $L'_{长}$ 替代表 3.2.12—2 中 L'后的计算长度。

3) 与道岔前后连接的曲线设有缓和曲线时,可不插入直线段。

4) 驼峰溜放部分线路道岔可不插入直线段,直接连接圆曲线。

3.2.13 道岔后连接曲线半径应与相邻道岔的侧向容许通过速度相匹配。

3.3 进出站线路和站线的纵断面

3.3.1 进出站线路的纵断面应符合下列规定:

1 仅运行动车组列车的线路最大坡度不宜大于 20‰,困难条件下不应大于 30‰。

2 运行机车牵引客车的线路最大坡度不宜大于 15‰,困难条件下不应大于 20‰。

3 仅单方向运行货物列车的线路可设在大于限制坡度的下坡道上,其最大坡度:单机牵引时,不应大于 12‰,特别困难条件下不应大于 15‰;加力牵引时,电力牵引不应大于 30‰,内燃牵引不应大于 25‰。当需利用该线反向运行时,应经牵引检算满足以不低于列车计算速度通过该线的要求。相邻坡段的坡度差应符合表 3.3.1 的规定。

表 3.3.1　有货物列车通行的线路相邻坡段最大坡度差

远期货物列车到发线有效长度(m)		1 050 及以上	850	750	650
最大坡度差(‰)	一般	8	10	12	15
	困难	10	12	15	18

4　除上述情况外的进出站线路的纵断面应采用相邻路段正线的标准。

3.3.2　技术作业站各车场和相关线路的纵断面应符合下列规定：

1　到达场、到发场和出发场宜设在平道上，困难条件下，可设在不大于 1‰的坡道上。

2　调车场纵断面，应根据所采用的调速工具及其控制方式、技术要求确定。

3　到发场、出发场和通过车场当需利用正线甩扣修车时，正线的纵断面应满足半个列车调车时的起动条件。

4　改建到达场、到发场、出发场和通过车场采用上述标准引起较大工程时，经主管部门批准，可保留原有坡度，但应采取相应的防溜安全措施。

5　车场间联络线的坡度应满足整列转场的需要。

3.3.3　办理解编作业的牵出线宜设在平道上，也可设在不大于 2.5‰的面向调车线的下坡道上。办理摘挂、取送作业的物流中心或其他场、段的牵出线，宜设在不大于 1‰的坡道上；困难条件下，可设在不大于 6‰的坡道上。

3.3.4　货物装卸线应设在平道上，困难条件下可设在不大于 1‰的坡道上，液体货物、危险货物装卸线应设在平道上。货物装卸线起讫点距离凸形竖曲线始、终点不应小于 15 m。安装轨道衡、货车超偏载检测装置、定量装车系统、翻车机等设备的线路坡度应根据设备技术要求设计。

3.3.5　段所工区外走行线的坡度应符合下列规定：

1　动车段所走行线的最大坡度不宜大于 30‰，困难条件下不应大于 35‰。

2　客车车底取送线的坡度不宜大于 12‰，困难条件下可根据牵引计算确定；兼作牵出线时坡度不应大于 6‰。

3　段所外机车走行线的坡度不宜大于 12‰，设立交时不应大于 30‰。在站、段(所)分界处，应有不小于 2 台机车长度加10 m 的机车停留位置，其坡度不应大于 2.5‰。

4　车辆出入段线路的坡度应满足车辆取送和段内转线调车的需要。

5　养护维修列车走行线的坡度不宜大于 30‰，困难条件下不应大于 35‰。

3.3.6　段所工区内线路的坡度应符合下列规定：

1　站修线、洗罐线和建(构)筑物内的线路应设在平道上。段所工区内其余线路宜设在平道上，在困难条件下，可设在不大于 1‰的坡道上。

2　机待线的坡度应设在平道或面向车挡不大于 5‰的上坡道上。转车盘前应设长度不小于 50 m 的平坡段。

3　段所工区咽喉区的线路坡度不宜大于 2.5‰，困难条件下不应大于 6‰。

3.3.7　站线坡段长度应符合下列规定：

1　进出站线路的坡段长度应采用相邻路段正线的标准，困难条件下，疏解线路的坡段长度不应小于 200 m。

2　高速铁路、城际铁路车站到发线有效长度范围宜设计为一个坡段；困难条件下，高速铁路到发线坡段长度不应小于450 m,城际铁路到发线坡段长度不宜小于250 m;客货共线铁路、重载铁路车站到发线的坡段长度不宜小于表3.3.7的规定。

表3.3.7 车站到发线最小坡段长度(单位:m)

远期到发线有效长度	1 050及以上	850	750	650
坡段长度	400	350	300	250

注:路段设计速度160 km/h及以上地段,最小坡段长度不应小于400 m,且不宜连续使用2个以上。

3 除到发线外的站线坡段长度,通行列车时不应小于200 m,不通行列车时不应小于50 m。

3.3.8 站线坡段连接应符合下列规定:

1 进出站线路坡段连接应采用相邻路段正线标准。

2 高速铁路、城际铁路到发线上相邻坡段的坡度差大于3‰时,应采用半径不小于5 000 m的竖曲线连接。

3 客货共线铁路、重载铁路到发线和通行列车的站线,相邻坡段的坡度差大于4‰时,可采用5 000 m半径的竖曲线;困难条件下,竖曲线半径不应小于3 000 m。

4 不通行列车的站线,相邻坡段的坡度差大于5‰时,可采用3 000 m半径的竖曲线;困难条件下,设立交的机车走行线,可采用半径不小于1 500 m的竖曲线;高架卸货线可采用半径不小于600 m的竖曲线。

3.3.9 道岔与竖曲线起终点、变坡点的设置应符合下列规定:

1 高速铁路、城际铁路正线道岔两端与竖曲线起、终点或变坡点的距离不宜小于20 m。

2 客货共线铁路、重载铁路正线上的道岔不应设置在竖曲线范围内和变坡点上。

3 到发线上道岔不应与竖曲线或变坡点重叠。

4 其余站线上的道岔不宜与竖曲线或变坡点重叠。困难条件下,改建铁路必须布置时,在通行列车的站线上,竖曲线半径不应小于10 000 m;在不通行列车的站线上,竖曲线半径不应小于5 000 m。

3.3.10 站内线路轨面高差及坡道顺接应符合下列规定:

1 高速铁路、城际铁路的车站正线与到发线、到发线与到发线的轨面宜按等高设计。咽喉区线路的轨面有高差时,轨面高差的顺接应根据路基面横向坡度和道床厚度等因素设计。到发线的顺接坡道范围应为道岔前后普通轨枕至出站信号机。顺接坡道的坡度不宜大于6‰,且相邻坡段的坡度代数差不宜大于3‰,坡段长度不应小于50 m。

2 客货共线铁路、重载铁路车站的咽喉区范围内两相邻线路有轨面高差时,应根据正线限制坡度、站坪坡度、路基面横向坡度和道床厚度等因素设计线路的顺接坡道。顺接坡道范围宜为道岔普通岔枕后至警冲标或货物线装卸有效长度起点。顺接坡道的相邻坡段坡度差,到发线和通行列车的站线不宜大于4‰,其他站线不宜大于5‰,坡段长度不应小于50 m。

3 落差不满足顺接坡道要求时,根据车站的具体情况,可采用减缓路基面横向坡度、加厚道床、铺设双层道床和将顺接坡道适当伸入线路有效长度范围内等措施予以调整。

3.4 接口设计

3.4.1 站场范围的柱、网及管线布局应系统设计、综合考虑,并与站场布置相协调。

3.4.2 站内路基与区间路基接口处设计宽度应相互衔接,车站与区间路基防护及绿化标准应相互协调。

3.4.3 站内与区间、路基地段与桥涵地段电缆槽,应根据电缆槽铺设的技术要求合理衔接。

3.4.4 电缆沟槽、管线过轨、检查孔等设施应与站场路基同步设计,同步施工。

3.4.5 站内路基宽度应满足电缆沟槽和声屏障等设施的设置要求。

3.4.6 站场内基础含金属结构的车站站台面、雨棚、栅栏等应根据有关技术要求,接入综合贯通地线。

3.4.7 站场排水接口设计应符合下列规定:

1 站场排水应与区间排水设施有机衔接。

2 站场排水系统应结合桥涵设置、铁路排水管网、城市排水系统综合设计。

3 站场排水引入桥涵时,入口高程应高于桥涵处的排水出口高程。

4 接触网及雨棚等支柱设置在站内有排水槽(沟)的线间时,有关支柱基础与排水槽(沟)应统一设计。

3.4.8 道岔不应设置在路堤与桥台连接处,正线道岔不宜设在路桥、路隧、桥隧等过渡段上。

3.4.9 旅客进出站通道应与站内路基同步设计、同步施工,通道的位置及高程应满足设置站内排水槽、电缆槽等管线铺设的技术要求。

4 枢　　纽

4.1 一般规定

4.1.1 枢纽总图规划应根据路网规划和城市总体规划要求,按照统筹规划、立足长远、近远结合、分期实施的原则,做到点线协调、多网融合、客内货外、客货并重、充分利用既有设施,统筹新线引入与既有线改造、高速与普速、场站布局、配套设施和综合开发等,体现系统性、前瞻性、经济性,实现枢纽布局优化和功能完善。

4.1.2 枢纽总图设计应从全局出发,综合分析枢纽的作用和规模、各引入线路的技术特征、客货运量的性质和流向、既有设备状况、地形和地质条件,并结合城市规划和其他交通运输系统等进行全面方案比选。

4.1.3 枢纽建设应根据枢纽总布置图分期实施,按远景发展需要预留用地。近期工程应做到布局合理、规模适当、运营方便、工程节省和经济效益显著,并减少改扩建过程中的废弃工程和施工对运营的干扰。

4.1.4 枢纽总布置图应结合当地条件按下列要求设计:

1 当引入线路少,客、货运量不大和城市规模较小时,可设计为客、货共用的一站式枢纽。

2 当有三个方向的引入线路汇合时,可根据各方向线路间的客、货运交流量,在汇合处分别设置客、货共用车站和其他车站或线路所形成三角形枢纽。

3 当有大量通过车流的新线与既有线交叉时,可在新线上修建必要的车站和连接既有线的疏解线路,使新线直接跨越既有线形成十字形枢纽。

4 当引入线路较多,客、货运量较大,结合城市规划和当地条件需要设置两个及以上专业站时,可设计为主要客运站和编组站成顺列或并列布置的枢纽。对顺列式枢纽,应处理好两端引入线路,注意加强中部繁忙地段的通过能力,必要时可设置迂回线。当城市被江河分割成区时,枢纽的主要客、货运设备应设在引入线汇合处的主要城区一侧,必要时可在各区分别设置客、货运设备。

5 衔接线路方向多、并位于大城市的枢纽,可结合线路走向、车站分布、为城市和工业区服务的联络线等情况,设计成环形或半环形枢纽,环线位置宜设在市区范围以外并使各方向引入线路有灵活便捷的通路。特大城市的环形枢纽必要时可设直径线。特大型枢纽环线可设计为客内货外的客运环线或货运环线。

6 位于路网终端的港埠城市、矿区的尽端式枢纽,编组站宜设在出、入口处,并方便各地区之间的车辆交流。

7 当按一种类型枢纽布置不能满足运营需要时,可设计成与枢纽作业量和作业性质相适应的由几种类型枢纽组合而成的组合式枢纽。

4.1.5 引入枢纽的新线不宜过多地直接接轨于编组站,一般情况下,可在枢纽前方站或在枢纽内适当车站上接轨。

4.1.6 枢纽内具有一定规模的新建铁路专用线群应结合枢纽布置、工业区分布和城市建设等统一规划,合理选择接轨站。

4.2 主要设备配置

Ⅰ 客 运 站

4.2.1 枢纽内客运站的数量和配置,应从方便旅客运输出发,根据客运量、客流性质、既有设备情况、运营要求、城市规划和当地交通运输条件等因素比选确定,并应符合下列规定:

1 一般情况下,枢纽内可设置一个为各衔接方向共用的客运站。在城市交通方便又能吸引一定客流的中间站上,可根据需要加强其客运设备。

2 客运量大的铁路枢纽,可设计两个及以上客运站。客运站内应设置或预留设置快速、大容量的城市公共交通接口,实现旅客在主要客运站与其他交通方式的便捷换乘及其在主要客运站之间的快速直达。

3 有高速铁路、城际铁路引入的枢纽,可与既有客运站合设或者另设客运站。

4.2.2 枢纽内有两个及以上客运站时,宜按下列方式分工:

1 分别办理其中几条衔接线路的始发、终到旅客列车,有条件时尚宜相互办理通过本客运站的旅客列车。

2 当市郊、城际客流大,可按分别办理长短途、城际和市郊旅客列车分工。

3 根据牵引类型,按办理动车组列车、机车牵引列车分工;有适当根据时,也可按分别办理始发、终到和通过旅客列车分工,或按分别办理始发、终到旅客快车和普通客车分工。

4.2.3 客运站选址应符合下列规定:

1 符合铁路枢纽总图规划。

2 伸入或靠近客流中心,与城市融合发展。

3 枢纽内如设置几个客运站,应避免集中设置在城市的同一侧。

4 考虑城市规划、地形地质条件、建筑物拆迁、土地资源开发等因素,经综合比选后确定。

4.2.4 位于特大城市和大城市枢纽,有市郊旅客运输需求的线路,应设置有关市郊旅客运输的设备。在枢纽内靠近大的工业区、居民点和市内交通主要换乘点,可设置无配线车站供旅客乘降。

Ⅱ 编 组 站

4.2.5 枢纽内编组站的数量和配置,应根据车流量、车流性质及方向、引入线路情况和路网中编组站的分工,结合当地条件全面比选确定。枢纽内有大量装卸车作业的车站,应根据组织直达运输的需要适当加强其设备。枢纽内编组站宜集中设置。新建枢纽或以路网中转车流为主的枢纽,应设置一个编组站。在特殊情况下,经技术经济比较,符合下列条件之一者,枢纽内可设置两个及以上编组站:

1　有大量的路网中转改编车流,又有大量在工业区和港埠区集中到发的地方车流。

2　引入线路汇合在两处及以上,相距较远,汇合处又有一定数量的折角车流和地方车流,且改编作业分散办理有利。

3　枢纽范围大、引入线路多、工业企业布局分散和地方作业量大。

4.2.6　当枢纽内设置两个及以上编组站时,每一编组站的作业量和作业性质应根据路网中编组站的分工、车流性质和机车交路等因素,结合下列情况,经技术经济比较确定:

1　全部中转改编作业集中在一个主要编组站上办理,与枢纽内其他编组站衔接线路的折角车流的改编作业分别由各该编组站办理。

2　编组站按运行方向分工,担任与编组站衔接各线路进入枢纽车流的改编作业。个别情况下,担任向衔接各线路发出车流的部分改编作业。

3　编组站按衔接的线路分工,担任与编组站衔接各线路进出枢纽车流的改编作业。

4　编组站综合分工,一般按衔接线路或运行方向分工,同时将大部分中转改编车流集中在主要编组站作业。

4.2.7　编组站选址应符合下列规定:

1　宜设在城市规划区的外围。

2　应设在线路汇合处主要车流方向的线路上。

3　近远期结合,满足各设计年度内引入线路作业的需要,并留有发展余地。

4　主要为中转改编作业服务的编组站,其位置应保证主要线路的车流以最短径路通过枢纽。兼顾中转与地方车流作业的编组站,其位置应考虑中转车流的顺直和折角车流的方便,并尽量缩短与所服务地区的小运转列车的走行距离。为地方车流改编作业服务的编组站,应靠近主要工业区或港埠区。

4.2.8　通过货物列车的作业宜在编组站办理。如有大量通过货物列车不需进入编组站作业时,可单独设置车站,其位置宜靠近编组站以共用其机务设备。

Ⅲ　铁路物流中心

4.2.9　枢纽内铁路物流中心的数量、分工和配置,应在方便货物运输和相对集中的原则下,根据物流量、货物品类、作业性质、运营要求、既有设备情况、城市规划和当地交通运输条件等因素比选确定。当枢纽范围较大或城市分散,可根据需要设置不同性质或级别的多个铁路物流中心;位于中、小城市的枢纽,可设置规模较小的铁路物流中心,在枢纽周边的居民集中点、工业区和卫星城市附近的车站上,必要时也可设置物流作业站、受理站、受理点或无轨站。

4.2.10　铁路物流中心应面向产业、靠近货源发生地,与城市产业布局和工业园区、物流园区、交通运输等规划相匹配;位于城区的既有货场,可结合城市规划调整逐步改建为直接服务城市生活的物流中心,或根据周边用地性质实施场站用地综合开发。铁路物流中心规模应考虑服务功能、物流发展和经营开发需要。

4.2.11　铁路物流中心宜设计为综合型物流中心,位于大城市的枢纽亦可根据需要设置专业型铁路物流中心。

4.2.12　铁路物流中心宜设在环线、迂回线或联络线上,必要时也可设在由编组站、中间站引出的线路上或中间站上。铁路物流中心选址应符合下列规定:

1 符合铁路枢纽总图规划和城市物流规划，与货运生产力布局相匹配，与接轨的线路或车站能力相适应，并宜靠近技术作业站，确保进出车流顺畅。

2 应充分考虑市场需求和多式联运需要，位于或靠近工业园区、物流园区、厂矿企业和港口码头等货源集散地。并应按照"无缝化"衔接要求，强化不同交通方式衔接和多式联运，实现"门到门"运输。

3 为铁水联运服务的铁路物流中心应位于或紧临码头，并应实现铁水联运。

4 危险货物专业型物流中心应设在市郊和城市主导风向的下方侧，并远离居民区和其他环境敏感区。

5 设有快件功能区的铁路物流中心宜设在与高铁距离较近，并具备衔接条件的位置。

6 具有良好的地形、地质、水文和气象条件，便于与市政道路、水、电、气等外部配套设施衔接。

Ⅳ 机务、车辆和动车组设备

4.2.13 机务、车辆和动车组设备应根据全路和区域规划合理配置，按照检修集中、运用分散的总体要求，尽量靠近编组站、铁路物流中心和主要客运站布设，建设规模应系统匹配并留有发展余地。

4.2.14 枢纽内机务设备应根据各衔接线路的客、货机车交路及机车技术作业性质的需要确定，客、货机车的检修和整备设备可按下列要求配置：

1 中、小型枢纽内客、货机车的检修设备应设于一处。大型枢纽内如机车检修任务繁重，可分别设置客、货运机车的检修设备。

2 编组站和办理机车牵引旅客列车对数较多的客运站均应设置机务整备设备。当客车对数不多且条件适合时，可在客运站和编组站之间设置客、货共用的机务整备设备，并设置专用的机车走行线。

3 大功率机车检修基地的设置应满足区域内运用机车的检修规模及相关设施布置的需要。

4.2.15 枢纽内车辆设备的配置应根据客、货车保有量及扣车条件等因素确定。货车车辆段应设在枢纽内有车辆解编作业、空车集结并便于扣车的编组站、工业站或港湾站所在地。客车车辆段应设在始发、终到旅客列车和配属客车较多的客运站上，并宜与客车整备所合设一处。

4.2.16 办理始发、终到旅客列车较多的客运站宜就近纵列式设置客车段所，并应适应站型和运输发展的需要。

4.3 进出站线路布置和疏解

4.3.1 进出站线路布置应符合下列规定：

1 旅客列车由引入线路接到客运站，其中主要方向的旅客列车通过枢纽不得变更运行方向。

2 货物列车由引入线路接到编组站，主要车流方向应有通过枢纽的顺直通路。

3 对各不同方向引入的客、货列车的到达和出发线路,应分别单独接到客运站和编组站;但出发线路可根据各自区间的通过能力和车站各项作业能力以及工程情况,适当合并后分别引出上述车站。

4 各引入线路间和枢纽内各有关车站间应有满足运营要求的通路。

4.3.2 进出站线路疏解可根据行车量的大小、行车安全条件、列车按不同方向或不同种类分别运行的要求和当地条件,设计为立体疏解或平面疏解。进出站线路疏解还应按线路平、纵断面的技术条件,配合城市规划,结合地形、地质等条件进行设计。新建枢纽和引入线路不多且为单线汇合的枢纽,其进出站线路可按站内平面疏解设计。

4.3.3 进出站线路疏解宜按行车方向别疏解设计(图4.3.3—1)。当有下列情况时,也可按其他疏解方式设计:

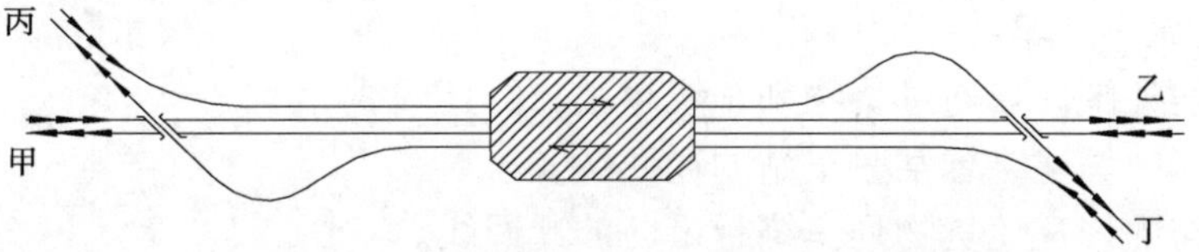

图4.3.3—1 进出站线路按行车方向别疏解示意图

1 线路间列车交流量不大、单线铁路与双线铁路或两条单线铁路汇合的客、货共用站,其进出站线路可按线路别疏解设计(图4.3.3—2),应预留有改建为方向别疏解的条件。

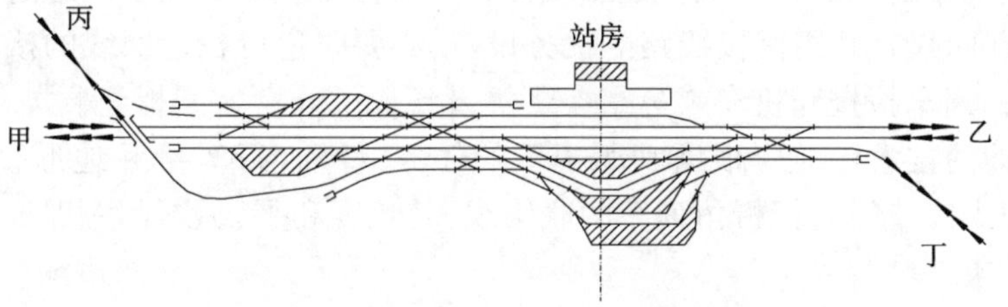

图4.3.3—2 进出站线路按线路别疏解示意图

2 在枢纽内某些区间或进出站线路有必要为某种列车设专用正线的情况下,可按列车种类别疏解设计(图4.3.3—3)。当有两条及以上线路按列车种类别疏解设计时,其专用正线仍宜按方向别布置,对近期工程部分专用正线为单线引入并保留某些平面交叉时,该部分引入线可按线路别布置。

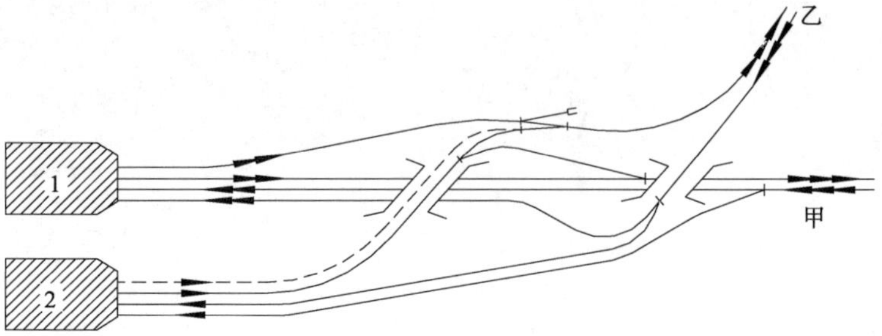

图4.3.3—3 进出站线路按列车种类别疏解示意图

4.3.4 疏解线路布置形式应根据行车方向、列车运行条件、车站布置和减少站内交叉等因素,经技术经济比较确定。

4.3.5 按立体疏解设计的进出站线路,应预留新线引入和增建正线及联络线的位置。

4.3.6 按站内平面疏解设计的进出站线路应满足下列要求:

1 进路布置灵活,进路交叉应分散在两端咽喉区。

2 站内有适当线路兼作列车待避用。

3 咽喉区布置应有适当的平行进路。

4 进站信号机前应有停车起动条件。

4.4　迂回线和联络线

4.4.1 在枢纽总布置图中可根据下列需要设置或预留迂回线和联络线,必要时迂回线和联络线可通行旅客列车:

1 在枢纽外围修建通过货物列车绕越城市的迂回线。

2 在枢纽内修建绕越某些车站的迂回线。

3 在枢纽内修建使货物列车绕越市区的迂回线。

4 消除折角车流多余走行的联络线。

5 满足国防要求的迂回线。

4.4.2 在枢纽外围修建迂回线时应充分研究相邻编组站的车流组织和机车交路的要求,妥善处理迂回线引入接轨点的交叉疏解。迂回线的限制坡度和所设车站的到发线有效长度等应与衔接线路的标准相匹配。迂回线分界点的分布应满足要求的通过能力。

4.4.3 设计迂回线宜共用衔接线路的机务设备,必要时也可在迂回线的接轨站或前方站设置机务整备、列车检查和机车乘务组换班等设备。

4.4.4 联络线的技术标准应根据其所担负的任务、性质、行车量和地形、地质等条件确定。枢纽内引入线路间通行折角列车的联络线,其长度和平、纵断面应保证列车在联络线有停车起动的条件。

4.4.5 枢纽联络线设计应满足不同种类线网间跨线运行要求。

5 编 组 站

5.1 一 般 规 定

5.1.1 编组站分为路网性编组站、区域性编组站和地方性编组站。设计时应根据引入线路数量、作业量及其性质、工程条件和城市规划等要求，通过全面比较，选择合理的图型，并根据需要预留发展条件。

5.1.2 编组站应总体规划，并按照运量增长需要分期修建。近期工程的设计应方便运营，节约投资，并减少远期扩建时的拆改工程和运营干扰。

5.1.3 在满足需要的通过能力和改编能力、以及节省工程投资和运营支出的前提下，编组站的车场、调车设备和其他各项设备的相互配置，应符合下列规定：

1 车站各组成部分的作业应相互协调。

2 车站作业具有流水性和灵活性。

3 减少进路交叉和作业干扰。

4 缩短机车、车辆和列车的走行距离及在站停留时间。

5 便于采用现代化技术装备。

5.2 编组站图型

5.2.1 编组站应根据改编作业量和折角车流的大小、地形条件、进出站线路布置等因素，经技术经济比较，选择单向图型或双向图型。单向编组站的驼峰方向，应根据改编车流量及其方向，结合地形和气象条件综合研究确定。双向编组站的两套系统的能力和布置形式可根据需要确定。

5.2.2 双方向共用一个到发场和一个调车场的横列式编组站图型，可适用于解编作业量小的小型编组站。如站房位置和地形条件允许，车场宜设在靠主要改编车流方向正线的一侧。

5.2.3 双方向的到发场分别并列在共用调车场两侧的横列式编组站图型(图5.2.3)，可适用于双方向改编车流较均衡、解编作业量不大的编组站或地形条件困难、远期无大发展的中、小型编组站。当衔接线路的牵引定数较大时，应妥善处理向驼峰牵出线转线的联络线的平、纵断面条件。

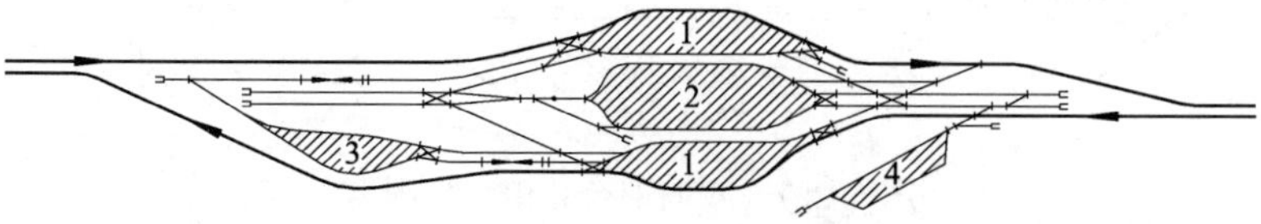

图5.2.3 横列式编组站图型

1—到发及通过车场；2—调车场；3—机务段；4—车辆段

5.2.4 双方向共用的到达场和调车场纵列配置，而出发场分别并列在共用调车场两侧的单向混合式编组站图型（图 5.2.4），可适用于解编作业量较大或解编作业量大而地形条件困难的大、中型编组站。当顺驼峰方向改编车流的比重较大时，应采取必要的措施使调车场尾部两侧牵出线的作业负担均衡。

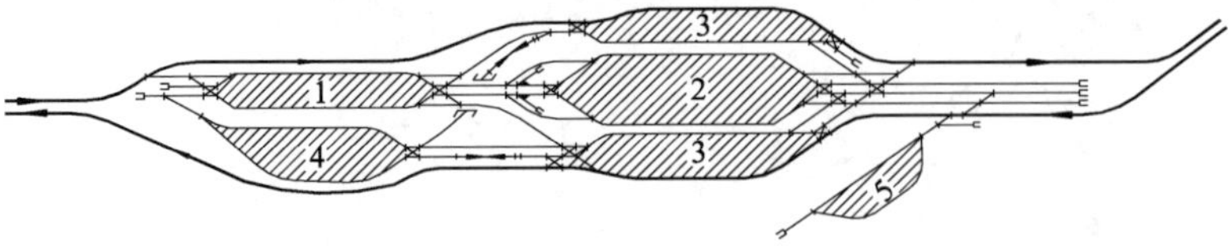

图 5.2.4　单向混合式编组站图型

1—到达场；2—调车场；3—出发及通过车场；4—机务段；5—车辆段

5.2.5 双方向共用的到达场、调车场和出发场纵列配置的单向纵列式编组站图型（图 5.2.5），可适用于顺驼峰方向改编车流较强、解编作业量大的大型编组站，并应符合下列规定：

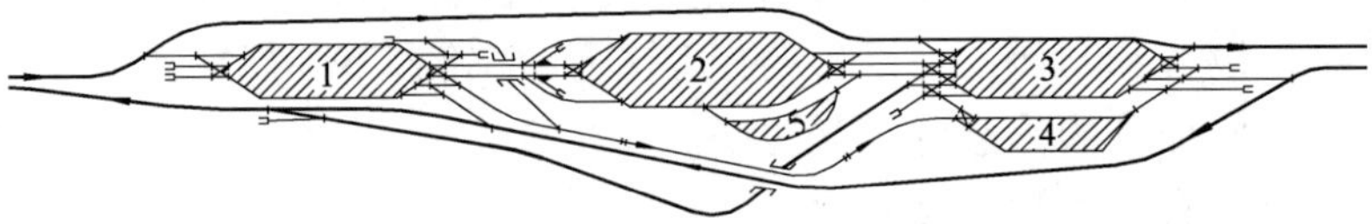

图 5.2.5　单向纵列式编组站图型

1—到达场；2—调车场；3—出发及通过车场；4—机务段；5—车辆段

1　反驼峰方向改编列车到达与出发的线路，宜设计为立体交叉。

2　反驼峰方向改编列车的到达与出发线路，宜按反到、反发设计，并预留有发展为环到、环发的条件；当近期有根据时也可设计为环到、环发。

3　当单向混合式编组站扩建为到达场、调车场与出发场纵列配置的单向编组站图型时，可保留反驼峰方向的出发及通过车场。

5.2.6 采用双溜放作业方式的单向编组站，宜将到达场、调车场与出发场纵列配置。根据折角车流的作业需要，调车场中部的部分线路可设计为两侧驼峰溜放线的共用线路。调车场尾部的布置形式及调车设备的配置，应保证其作业能力与驼峰能力相适应。反驼峰方向改编列车的到达线路，宜设计为环到。反驼峰方向改编列车的出发进路宜设计为环发或反发。

5.2.7 双方向均为到达场与调车场纵列配置、出发场横列配置在调车场外侧的双向混合式编组站图型（图 5.2.7），可适用于双方向解编作业量均较大或双方向解编作业量大但地形条件受限制，且折角车流较小的大型编组站。

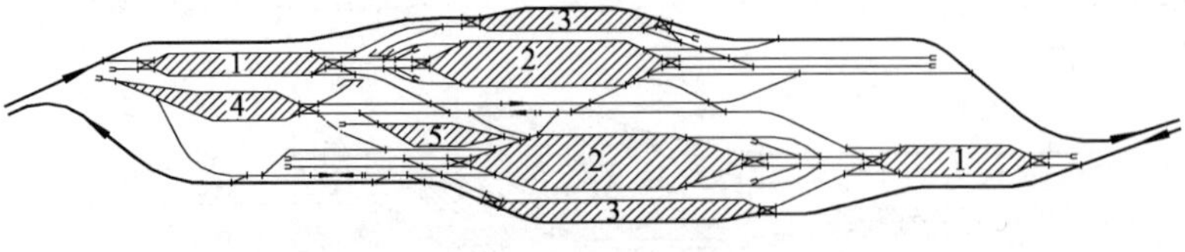

图 5.2.7　双向混合式编组站图型

1—到达场；2—调车（编发）场；3—出发及通过车场；4—机务段；5—车辆段

5.2.8 双方向均为到达场、调车场与出发场纵列配置的双向纵列式编组站图型（图

5.2.8)，可适用于双方向解编作业量均大的大型编组站。

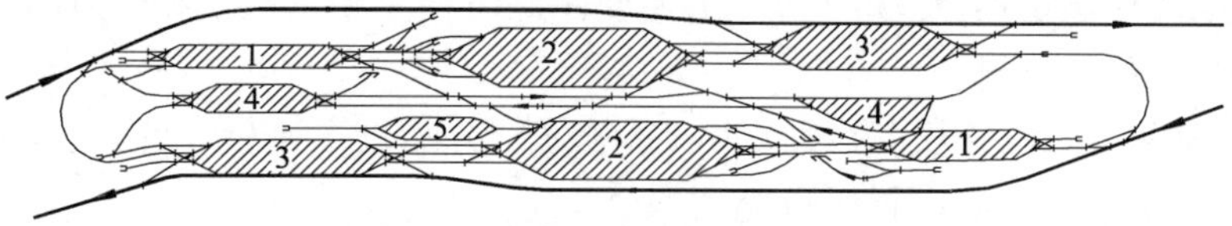

图 5.2.8 双向纵列式编组站图型

1—到达场；2—调车场；3—出发及通过车场；4—机务段；5—车辆段

5.2.9 当到达场与调车场纵列配置，顺驼峰方向的改编车流较大而组号简单或主要为小运转车流，且衔接的发车方向较少时，根据具体情况，顺驼峰方向可不设出发场，列车出发可全部在编发场办理。当到发场或出发场与调车场横列配置时，也可在调车场设计部分编发线。

5.3 主要设备配置

5.3.1 编组站内客、货共用的正线位置，应根据路段设计速度、行车量、客运站位置、铁路物流中心和岔线的布置以及采用的图型等因素，设计为外包式或一侧式。在编组站范围内的正线上，根据需要可设置为旅客列车和通勤列车停靠的旅客乘降所。当通勤列车需要在编组站内的有关场、段附近停靠时，可在适当地点设置站台。

5.3.2 通过车场的位置，应根据通过列车运行顺直，便于甩挂作业，机车出、入段便捷，对编组站作业干扰少，节省设备和定员等要求确定，并应符合下列规定：

1 横列式编组站的通过车场宜设在到发场旁；混合式和纵列式编组站的通过车场宜设在出发场旁。

2 通过车场与其旁侧的到达场、出发场或到发场的咽喉布置，应有互通的进路。

3 当通过列车不多，可不单设通过车场，其列车作业在相关车场办理。

5.3.3 编组站的调车场尾部应采用调车进路集中控制。当多组列车、摘挂列车和小运转列车的编组作业量大时，可根据编组能力的需要和具体条件，在调车场尾部设置小能力驼峰或辅助调车场。

5.3.4 编组站应根据具体情况，将调车场的部分线路接通正线。

5.3.5 编发线宜在调车场外侧的线路集中设置，其出场咽喉宜适当增加平行进路，并根据具体情况设置必要的安全防护设施。

5.3.6 调车场与出发场纵列布置的编组站，调车场约半数线路的线束尾部道岔至出发场进场端最外道岔之间距离宜留出到发线有效长一半的长度，困难条件下，可适当缩短。

5.3.7 为保证双向编组站的折角车流能便捷地从一套系统的调车场转至另一套系统的峰前场，宜在两套系统之间设置联络线；当折角车流较大时，可在两套系统之间设置回转线或交换场。根据折角车流大小、编组站性质和具体条件，结合编组站进出站线路布置，宜使相应的系统能为主要的折角车流方向接入或发出反方向列车。

5.3.8 编组站机务设备的配置，应根据编组站图型、机车作业情况和当地条件，经技术经济比较确定，并应符合下列规定：

1 双方向到发场分别并列在共用调车场两侧的横列式编组站，宜设在驼峰端；单向混合式编组站的机务段,宜设在到达场旁反驼峰方向的一侧;单向纵列式编组站的机务段,宜设在到发较集中的出发场或到达场旁反驼峰方向一侧,当采用环到环发时,宜设在调车场旁反驼峰方向一侧。

2 双向编组站的机务段,宜设在两套系统之间并靠近车流量大的出发场和通过车场的一端,必要时可在另一端设置机务整备设备。

3 当通过列车较多且机车不进段作业时,经技术经济比较,可在通过车场附近设置必要的机务整备和相关设施。

5.3.9 单向编组站的车辆段,宜设在调车场尾部附近;双向编组站的车辆段应设在两套系统之间,并靠近主要空车方向系统的调车场尾部附近。站修所宜设在调车场尾部附近。当同时有车辆段和站修所且条件适当时,宜合设一处。

5.3.10 当编组站需要为保温车加油时,应在适当地点设置加油点,并在加油点所在线路的外侧设置汽车通道。

5.3.11 货物的整装、换装设备,宜设在编组站附近的铁路物流中心内,当作业量较大或附近无铁路物流中心时,可设在调车场旁有车辆检修设备的一侧。

5.3.12 有较大装卸量的铁路物流中心和岔线,不应直接衔接于解编作业量较大的编组站,当必需衔接时,需在便利车辆取送和站内交叉少的适当地点另设车场或车站集中接轨。

5.3.13 编组站各车场之间,应根据作业需要,设置各种单据的传送设备。

5.4 站线数量和有效长度

5.4.1 编组站到达场、到发场和出发场的线路数量应根据办理的列车数、列车性质、列车密集到发和车站技术作业过程等因素分析计算或模拟确定,设计时可按表 5.4.1 选用。

表 5.4.1 编组站到达场、到发场和出发场线路数量

到发列车数(列)	线路数量(条)
≤18	3
19~30	3~4
31~42	4~5
43~54	5~6
55~66	6~7
67~78	7~8
79~90	8~9
91~102	9~10

注:1 表中的到发列车数,是指车场各方向到、发列车的总和。

2 表中线路数量的幅度,可按列车数的大小对应取值,超出本表范围的,可按外延法推算。

3 有一定数量的小运转列车的到达场、到发场和出发场,其线路数量可按表中数值酌量减少。

4 办理无甩挂或有甩挂列车的通过车场,其线路数量可分别按表中数值(通过列车的到及发按 1 列计算)的下限或上限取值。

5 机车走行线可根据需要另行设置。

6 按上表选用时,如车场到达的衔接线路达到 3 个及以上,可再增加 1 条线路。对峰前到达场,尚应考虑每一衔接方向不少于 2 条线路,如办理的列车数较小,也可将到达场线路总数适当减少。

5.4.2 编组站调车场线路的数量和有效长度,应根据线路用途、列车编组计划的组号、每一组号每昼夜的车流量和到发线有效长度等因素确定。调车场的线路数量和有效长度可按表5.4.2选用。

表5.4.2 调车场线路数量和有效长度

序号	线路用途	线路数量	有效长度
1	集结编组直达、直通和区段列车	按编组计划每一组号1条;当每昼夜的车流量超过200辆,可增设1条;当车流量较小,两个组号可合用1条	按到发线有效长度,部分线路可略小于上述长度
2	集结空车	按空车车种和每昼夜车流量参照第1项规定确定,但集结空车的线路每站(或双向编组站的每一调车场)不少于1条	按到发线有效长度,部分线路可略小于上述长度
3	集结编组直达、直通和区段列车的编发线	重车按组号,空车按车种,根据每昼夜的车流量分别确定。车流量150辆~350辆设2条,350辆以上可增设1条	按到发线有效长度
4	集结编组摘挂列车	每一衔接方向设1条,开行重点摘挂列车可根据车流量大小适当增加	每一衔接方向有1条按其车列长度加80 m~100 m
5	集结编组小运转列车(包括集结编发小运转列车的编发线)	按编组计划每一组号每昼夜车流量大小分别确定:250辆及以下设1条,250辆以上设2条	按其车列长度加80 m~100 m
6	交换车(需要重复解体的车辆)	双向编组站每一调车场不少于1条,采用双溜放的单向编组站根据图型布置需要确定	根据车流量大小确定
7	本站作业车	根据卸车地点和卸车数确定	根据车流量大小确定
8	整装、换装车辆	1条	可小于到发线有效长度
9	待修车辆	1条	可小于到发线有效长度
10	装载超限货物的车辆和禁止过驼峰车辆	1条	可小于到发线有效长度
11	装载危险货物车辆	1条	可小于到发线有效长度

注:1 表列序号1、2,"有效长度"栏,"按到发线有效长度"的线路,可按集结编组单组列车的需要确定。

2 调车线有效长度的计算点为:调车线内进口第一制动位末端(或其后绝缘节)至调车线尾部警冲标(或编发线的出站信号机)。

3 当到发线的有效长度为1 050 m时,表列序号1、3、5,"线路数量"栏之车流量应再增加50辆。

4 表列序号8~11,根据实际需要可单独或合并设置。

5.4.3 编组站为列车解编作业用的牵出线数量应根据调车区的分工、作业量和作业方法确定。通过车场可根据需要设置为通过列车成组甩挂和为换重作业用的牵出线。为列车解编作业用的牵出线有效长度,可按到发线有效长度加30 m设计。当地形条件困难且作业量较小时,以编组为主的牵出线有效长度可根据所采用的作业方法确定,但不应小于到发线有效长度的2/3。

6 区 段 站

6.1 区段站图型

6.1.1 区段站应采用横列式图型(图 6. 1. 1—1、图 6. 1. 1—2)。有充分依据时,可采用客、货纵列式(图 6. 1. 1—3)或一级三场图型。

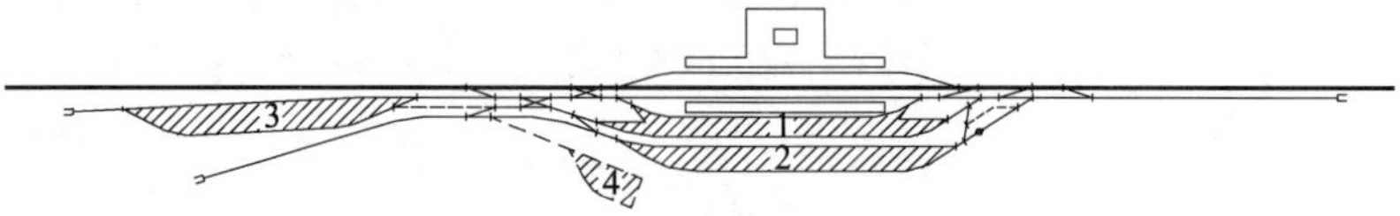

图 6. 1. 1—1　单线铁路横列式区段站图型

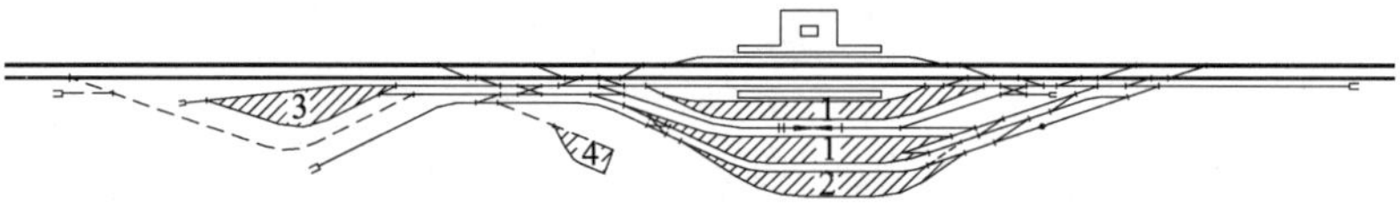

图 6. 1. 1—2　双线铁路横列式区段站图型

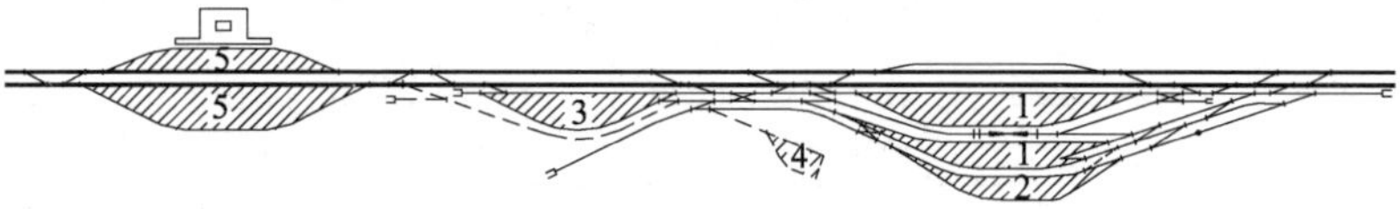

图 6. 1. 1—3　双线铁路客货纵列式区段站图型

1—到发场;2—调车场;3—机务段;4—物流中心;5—客运车场

6.1.2 区段站图型应根据引入线路数量、运量、运输性质、车站作业特点和客货机车交路,在满足运输需要及技术经济合理的条件下,结合城市规划和地形、地质条件予以选择,并应按下列要求办理:

1 单线铁路区段站应采用横列式图型。当有多方向线路引入且运量较大时,也可采用其他合理图型。

2 双线铁路区段站宜采用横列式图型。当有运量较大的线路引入,旅客列车较多及为客货机车交路始、终点,且地形条件适宜时,也可预留或采用一级三场或其他合理图型。

3 改建区段站采用上述图型引起大量工程或当地条件不适宜时,经技术经济比较,也可保留既有图型或采用其他合理图型。

6.2 主要设备配置

6.2.1 旅客站房应设在城市主要居民区一侧,站房的位置应与城市规划相配合。中间站台不应邻靠正线。单线铁路的中间站台与基本站台之间宜夹3条线路,双线铁路宜夹4条线路;仅办理机车乘务组换班的双线铁路横列式区段站,可在站房一侧增设到发线。

6.2.2 旅客列车到发线应能接发普通货物列车,到发线宜按双进路设计。

6.2.3 区段站的咽喉区应保证车站必需的通过能力、改编能力、作业安全和作业效率,并符合下列规定:

1 咽喉区布置应满足必要的平行作业数量,其进路不少于表6.2.3规定的主要平行作业数量。

2 调车场的部分线路应接通正线。在改编作业量大的车站,到发场的部分线路应有列车到发与调车转线的平行作业。

3 咽喉区应布置紧凑,宜减少敌对进路和正线上的道岔数,并使调车行程最短。

4 咽喉区的调车进路与正线衔接处应设置隔开进路。

表6.2.3 咽喉区平行作业数量

<table>
<tr><th>图型</th><th colspan="2">条件</th><th>咽喉区位置</th><th>平行作业数量</th><th>平行作业内容</th></tr>
<tr><td rowspan="5">横列式</td><td rowspan="3">单线铁路</td><td rowspan="2">平行运行图列车对数在18对及以下</td><td>非机务段端</td><td>2</td><td>列车到(发)、调车</td></tr>
<tr><td>机务段端</td><td>2</td><td>列车到(发)、机车出(入)段</td></tr>
<tr><td>平行运行图列车对数在18对以上</td><td>非机务段端及机务段端</td><td>3</td><td>列车到(发)、机车出(入)段、调车</td></tr>
<tr><td colspan="2" rowspan="2">双线铁路</td><td>非机务段端</td><td>3</td><td>列车到、列车发、调车或列车到(发)、机车出(入)段、调车</td></tr>
<tr><td>机务段端</td><td>4</td><td>列车到、列车发、机车出(入)段、调车或列车到(发)、机车出段、机车入段、调车</td></tr>
<tr><td>纵列式</td><td colspan="2">双线铁路</td><td>中部</td><td>4</td><td>下行列车出发(通过)、上行列车发、机车出(入)段、调车</td></tr>
</table>

6.2.4 区段站的铁路物流中心宜设于调车场一侧。

6.2.5 区段站新建机务段的位置应根据作业要求、规模、地形、地质、水文和排水等条件确定。当车站采用横列式图型时,宜设在旅客站房对侧右端。采用循环运转或采用长交路且有机车乘务组换班的区段站,根据需要可在到发线上或到发场附近设置机务整备设施。

6.2.6 区段站的车辆段和站修所宜设在调车场外侧或其他适当地点。

6.2.7 区段站上岔线的接轨,应有统一规划。当有几条岔线接轨时,宜集中合并引入。岔线可在物流中心牵出线、调车场次要牵出线、调车场或其他站线上接轨,当货运量较大或有整列到发时,宜接入到发场。

6.2.8 有始发、终到旅客列车车底停留的区段站,应设置客车车底停留线,其位置应与接发旅客列车的到发线有便捷的通路。

6.3 站线数量和有效长度

6.3.1 区段站到发线数量应根据列车的种类、性质、数量和运行方式等因素确定,设计时可按表 6. 3. 1 选用。

表 6. 3. 1　区段站到发线数量

换算列车对数	到发线数量(条) (正线及机车走行线除外)
≤12	3
13 ~ 18	4
19 ~ 24	5
25 ~ 36	6
37 ~ 48	6 ~ 8
49 ~ 72	8 ~ 10
73 ~ 96	10 ~ 12
>96	12 ~ 14

注:1　对表中到发线数量的幅度,可按换算对数的大小对应取值。

2　两个方向以上线路引入(包括按行车办理的铁路专用线)的区段站,考虑列车的同时到发,到发线数量可适当增加。

3　采用追踪运行图时,到发线数量增加 1 条。

4　区段站的尽头式正线按到发线计算。

5　客、货纵列式区段站的货物列车到发线数量应扣除旅客列车的换算对数后按本表采用,旅客列车到发线数量按本规范表 9. 1. 9 的规定取值。一级三场区段站的到发线数量按上、下行分场的换算列车对数分别按本表采用。

6　区段站某一方向的换算列车对数,等于该方向各类客、货列车对数(可按该方向接发的各类列车列数除以 2 求得)分别乘以相应的换算系数后相加的总数。当查表确定到发线数量时,尽端式区段站按接发车一端的各个方向相加后总的换算对数确定,但可适当减少;通过式区段站按各个方向相加后总的换算对数的 1/2 确定。列车对数的换算系数:直达、直通、小运转列车为 1,有解编作业的直达、直通、区段、摘挂和快零货物列车为 2,始发、终到的旅客列车为 1,立即折返的小编组旅客列车为 0. 7,停站的旅客列车为 0. 5,机车乘务组换班不列检的货物列车为 0. 3,不停站的客、货列车不计。

6. 3. 2　每昼夜通过车场的机车在 36 次及以上的区段站应设 1 条机车走行线。

6. 3. 3　横列式区段站的非机务段端的咽喉区和纵列式区段站上机务段对侧到发场出发一端的咽喉区,应设机待线。在换挂机车较少或改建困难的单线铁路横列式区段站可缓设或不设机待线。机待线宜为尽头式,必要时也可为贯通式。机待线的有效长度,尽头式应采用 45 m,困难条件下,不应小于牵引机车长度加 10 m;贯通式应采用 55 m,困难条件下,不应小于牵引机车长度加 20 m。双机牵引时,上述有效长度应另加 1 台机车长度。

6. 3. 4　区段站调车线的数量和有效长度应根据衔接线路的方向数量、有调作业车数、调车作业方法和列车编组计划等确定,并应符合下列规定:

1　每一衔接方向不少于 1 条,车流大的方向可适当增加。其有效长度不应小于到发线的有效长度。

2　本站作业车停留线不少于 1 条;待修车和其他车辆停留线 1 条,车数不多可共用 1 条;有岔线接轨且车辆较多可增加 1 条;有危险品车辆时,应设危险品车辆停留线 1 条。上述调车线的有效长度应按该线所集结的最大车辆数确定。

6. 3. 5　区段站的调车场两端应各设 1 条牵出线。当每昼夜解编作业量各不超过 7 列时,可缓设次要的牵出线。主要牵出线的有效长度,不应小于到发线的有效长度,仅进行加减轴作业时可适当缩短。次要牵出线的有效长度不宜小于到发线有效长度，调车作业量不大时可为到发线有效长度的一半。当有运量较小的线路或岔线在该站接轨，其平、纵断面适合调车时，可利用其作为次要牵出线。

6.3.6 横列式区段站的机务段与到发场之间，应设机车出、入段线各1条，当出、入段机车每昼夜不足60次时可缓设或仅设1条。当采用其他图型时，机车出、入段线的数量应根据具体情况确定。

7　中间站、组合分解站

7.1　中　间　站

7.1.1　中间站应采用横列式图型。高速铁路中间站图型可按图 7. 1. 1—1 布置,城际铁路中间站图型可按图 7. 1. 1—2 布置,客货共线铁路中间站图型可按图 7. 1. 1—3 或图 7. 1. 1—4 布置;困难条件下,可采用其他合理图型。

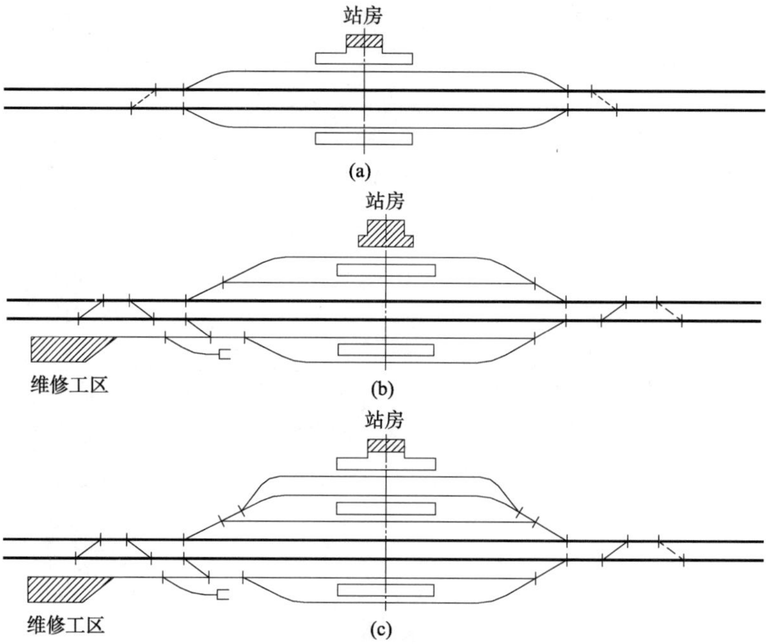

图 7. 1. 1—1　高速铁路中间站图型

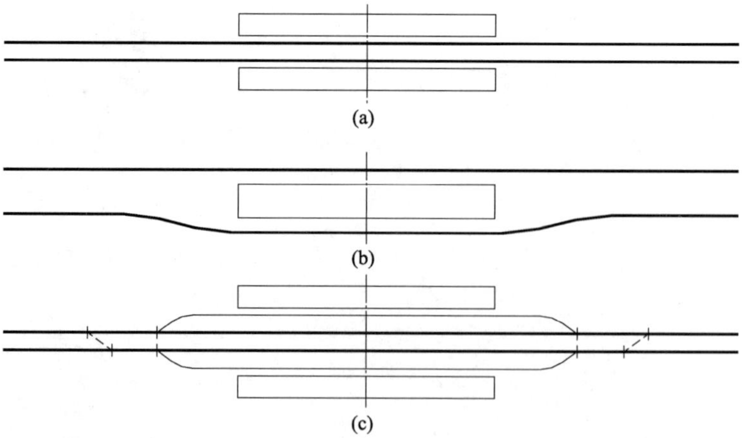

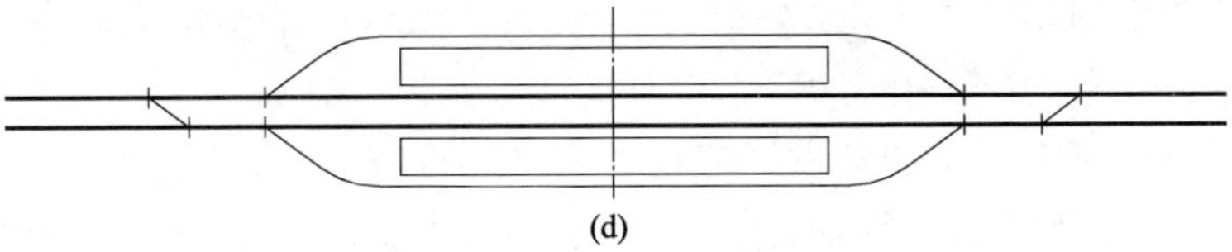

图 7.1.1—2 城际铁路中间站图型

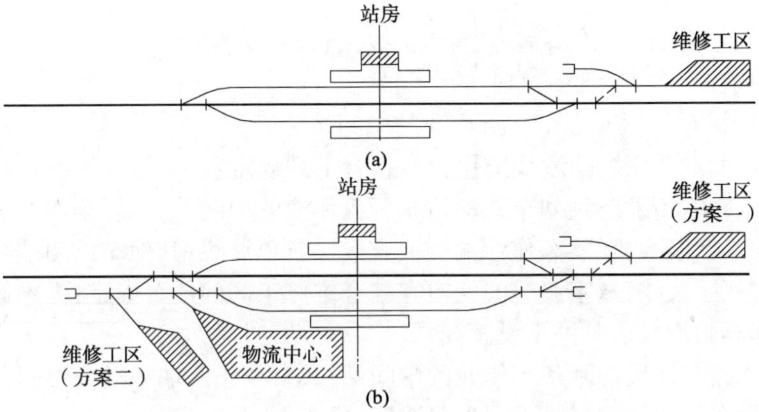

图 7.1.1—3 客货共线单线铁路中间站图型

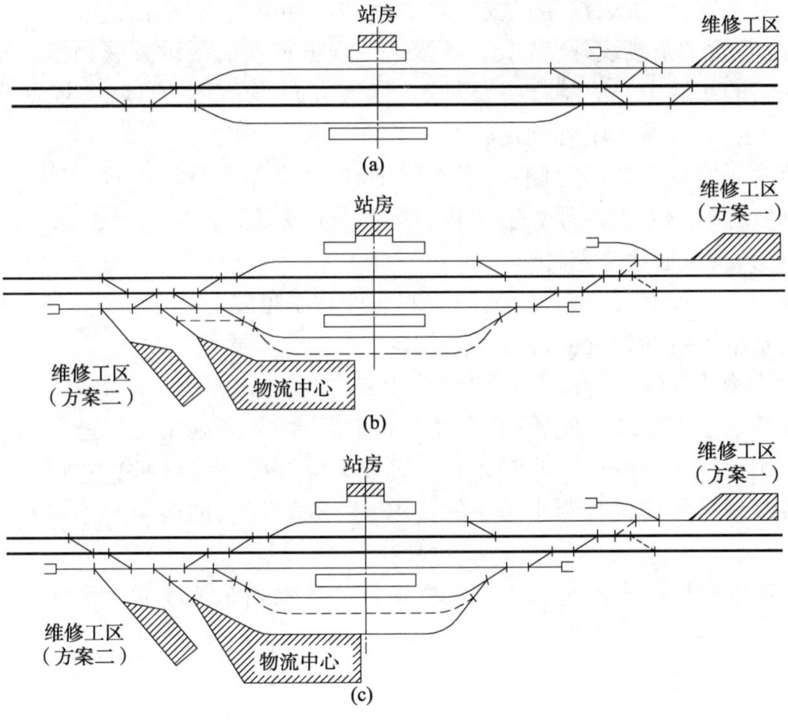

图 7.1.1—4 客货共线双线铁路中间站图型

7.1.2 中间站到发线的数量应符合下列规定：

1 高速铁路中间站可设 2 条~5 条到发线。

2　城际铁路中间站每 3 个~5 个车站或 20 km~30 km 范围内应有一个车站设置到发线,到发线可设 2 条,其余中间站可不设到发线。

3　客货共线铁路中间站的到发线应设 2 条,作业量较大时可设 3 条。下列中间站的到发线数量可根据需要增加,当车站同时具备下列两项及以上条件时,其线路数量应综合分析确定,不宜逐项增加:

1）局界站、编组站前方站、补机始终点站和长大下坡的列车技术检查站、机车乘务员换乘站。

2）有两个方向以上的线路引入或岔线接轨的中间站。

3）有摘挂列车进行整编作业的中间站。

4）办理机车折返或客车立折作业的中间站。

7.1.3　中间站咽喉两正线间渡线的设置应符合下列规定:

1　高速铁路有始发终到列车或动检车折返作业的中间站,其发车作业端咽喉应设两条单渡线组成八字渡线,无发车作业端咽喉宜设一条单渡线;其他车站两端咽喉宜各设一条单渡线组成八字渡线,八字渡线的朝向宜结合维修工区的位置确定;无维修工区的车站且与两端相邻车站均较近时可不设渡线。

2　城际铁路有始发终到列车作业的中间站,其发车作业端咽喉应设两条单渡线组成八字渡线,无发车作业端咽喉宜设一条单渡线;每 3 个~5 个车站或 20 km~30 km 范围内应有一个车站设置配线和渡线。

3　客货共线铁路、重载铁路双线铁路中间站两端咽喉的两正线间宜各设 2 条渡线,其中每端除应各设 1 条渡线外,其余 2 条渡线可根据作业需要设置或预留。

7.1.4　中间站的物流中心应结合主要货源、货流方向、环境保护、城市规划及地形、地质条件等因素选定,并应符合下列规定:

1　物流中心宜设于站房对侧;地形条件困难,物流作业量较小时,可设在站房同侧。

2　年到发运量较大或办理大宗货物装卸时,应设置满足整列装卸条件的货物线,主要货流方向应具备直通运输条件。

3　物流中心应设有安全、方便及畅通的对外联系道路。

7.1.5　中间站牵出线的设置应符合下列规定:

1　设有货物装卸线的物流中心均应设置牵出线。

2　当中间站上有岔线接轨,且符合调车作业条件时,可利用岔线进行调车作业。

3　当利用岔线进行调车作业时,进站信号机应外移,外移距离不宜超过 400 m。其平、纵断面及瞭望条件应符合调车作业的要求,困难条件下,曲线半径不应小于 300 m,坡度不应大于 6‰。

4　牵出线的有效长度不宜小于该区段运行的货物列车长度的一半,困难条件下或本站作业量不大时,不应小于 200 m。

7.1.6　办理机车折返作业和配属调机的中间站,应设置机待线及必要的机务设备。

7.2　组合分解站

7.2.1　组合分解站应采用横列式图型,可按图 7.2.1—1 或图 7.2.1—2 布置。

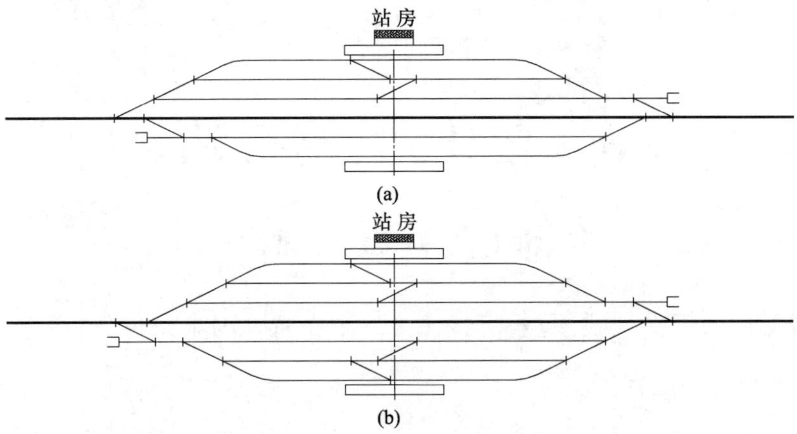

图 7.2.1—1 单线铁路组合分解站图型

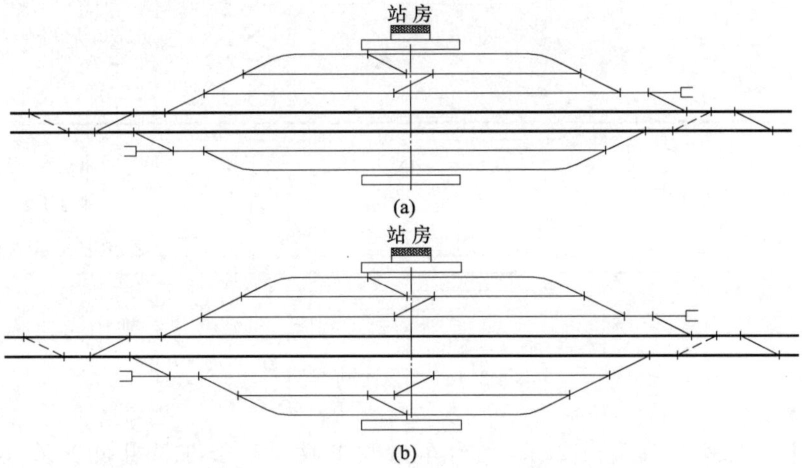

图 7.2.1—2 双线铁路组合分解站图型

7.2.2 组合分解站的到发线宜按重、空车分方向固定使用设置。

7.2.3 组合分解到发线数量应根据接发车、连挂、分解、机车走行、列检等时间确定，可按 1 条组合分解线每天办理 6 列~8 列采用。

7.2.4 设置腰岔的组合分解线相邻腰岔之间、咽喉区与相邻腰岔之间应满足需要组合或分解列车的有效长度。

7.2.5 采用机车集中连挂的组合分解到发线出发一端咽喉区，应设机待线，机待线有效长度应按一次最多需要停放机车台数确定。

7.2.6 组合分解站股道布置宜采用在两条组合或分解到发线中间夹一条机走线的布置形式，按组合分解列车的长度，在到发线与机走线之间设置腰岔。

8　会让站、越行站

8.1　会　让　站

8.1.1　会让站应采用横列式图型，可按图 8.1.1 布置。困难条件下，可采用其他合理图型。

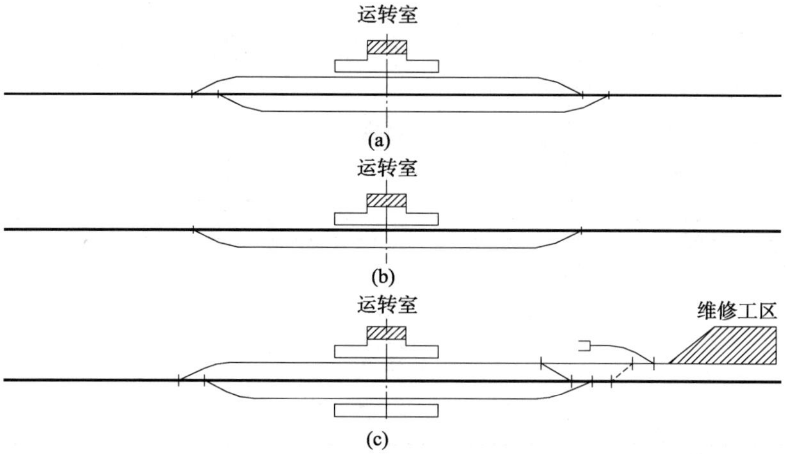

图 8.1.1　会让站图型

8.1.2　会让站的到发线应设 2 条；当行车量较少或困难条件时可设 1 条，但不应连续设置。

8.1.3　当会让站设 1 条到发线时，到发线宜布置在运转室对侧。

8.2　越　行　站

8.2.1　越行站应采用横列式图型，可按图 8.2.1 布置。困难条件下，可采用其他合理图型。

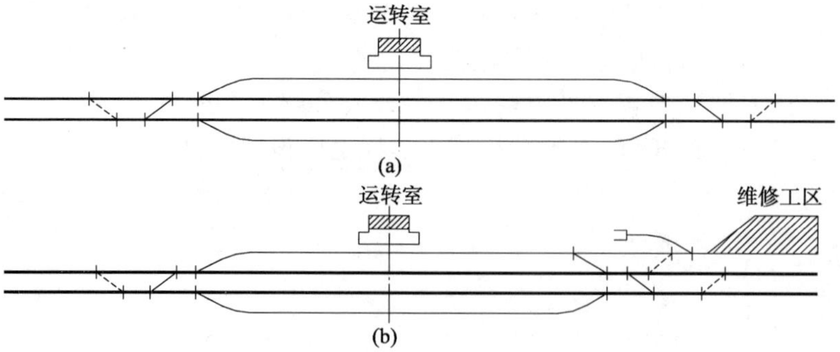

图 8.2.1　越行站图型

8.2.2　越行站的到发线应设 2 条。

8.2.3　高速铁路的越行站无维修工区且与两端相邻车站均较近时可不设渡线;其余情况下,均应设置渡线。客货共线铁路的越行站两端咽喉的两正线间应各设 1 条渡线组成“大八字”渡线,有条件时车站咽喉每端宜预留 1 条渡线;越行站的“大八字”渡线不应连续设置。

9 客运站、客运设备和客车段所

9.1 一 般 规 定

9.1.1 客运站的设置应根据所在城市的规模、地位、属性、客流量、既有客运设备的情况等,结合城市规划及与城市交通系统的衔接等因素确定。

9.1.2 客运站应根据旅客最高聚集人数或高峰小时发送量分为特大型、大型、中型和小型四类,客运站的设备规模应根据客运站的类型确定。

9.1.3 客运站设计应符合下列规定:

1 统筹兼顾城市发展和综合交通等方面的需求,构建以铁路车站为中心,与轨道交通、公交车、出租车等其他交通方式衔接顺畅的综合交通枢纽,实现"零距离"换乘要求。

2 位于大城市的主要客运站,宜实行客货分线,将通过货物列车的正线外绕客运站或设货车联络线分流货物列车。

3 车站平面布置满足旅客列车快速、顺畅运行的需要,车站到发线和咽喉能力应与线路区间通过能力相协调,有多项技术作业时,应满足平行作业需要。

4 车站总布置图应根据车站流线和运营设备功能需求进行系统设计,做到功能协调、能力匹配,并应注重发挥客运站作为土地综合开发平台的作用。

5 车站纵断面和高程设计,应根据地形地质条件、站区综合交通规划等因素,经技术经济比选确定。

9.1.4 高速铁路、城际铁路与客货共线铁路客运站共站设置时,宜采用分线分场布置。有多个方向引入的高速铁路或城际铁路客运站,应根据引入线路各自的功能定位合理确定车场布置,宜采用分场布置;立折客车较少或仅有第三方向引入时,也可采用合场布置。

9.1.5 枢纽和地区有多个客运站时,客运站应进行合理分工,各站间宜互联互通。

9.1.6 有列车通过的客运站,正线设置应符合下列规定:

1 双线铁路上的客运站,当客车整备所与客运站纵列配置于两正线之间时,两正线宜分别设在站房对面最外侧和第一、二站台之间;当客车整备所与客运站纵列配置且位于站房一侧时,两正线宜一条中穿车站另一条设在站房对面最外侧。

2 双线铁路上的客运站,路段设计速度为 120 km/h 及以上时,宜采用两正线并行中穿的图型。

3 单线铁路上的客运站,货物列车通过的正线宜设在站房对面最外侧。

9.1.7 客运站咽喉区布置应满足车站接发车能力要求,并减少正线上的道岔数量。有多条线路或段(所)走行线引入时,其引入端咽喉区布置应满足列车到(发)、客车车底取送或动车组出(入)段(所)、机车进出段等平行作业数量的要求。

9.1.8 客运站应根据需要设置或预留客运机务段、客车段(所)及其走行线和机待线,出入段、所的线路与正线宜采用立体交叉。

9.1.9 旅客列车到发线的数量应根据旅客列车对数及其性质、引入线路数量和车站技术作业过程等因素确定。

1　以机车牵引客车为主的车站到发线数量可按表9.1.9选用。

表9.1.9　以机车牵引客车为主的车站到发线数量

始发、终到旅客列车折算对数	到发线数量(条)
≤12	3
13~24	3~5
25~36	5~7
37~50	7~9

注:1　表中到发线数量的幅度,可按列车对数的多少对应取值。

2　办理通过旅客列车的客运站到发线数量,可将通过旅客列车折合始发、终到列车后采用表中数值,每对通过的普速列车可按折合0.5对始发、终到列车计。当普速客车、动车组共用到发线时,可将动车组折合为普速客车,每对始发终到动车组折合为0.4对始发终到普速客车计;立即折返、停站通过的动车组分别折合0.9对、0.7对始发终到动车组。

3　始发、终到普速旅客列车在50对以上时,到发线数量可分析计算确定。

2　高速铁路、城际铁路车站到发线数量应根据列车对数、列车开行方案、运输组织模式、引入线数量以及衔接线路追踪间隔时分等因素分析计算确定。

9.2　客运站图型

9.2.1　客运站图型应根据引入线路的性质和数量、线路输送能力、车站作业量及旅客列车开行方案、车站性质及运营要求等因素确定。

9.2.2　客运站宜采用通过式图型,以始发、终到列车为主的客运站可采用通过式和部分尽头线的混合式图型,全部办理始发、终到列车并位于正线终端的客运站也可采用尽端式图型。

9.2.3　以机车牵引客车为主的客运站图型可按图9.2.3—1、图9.2.3—2、图9.2.3—3布置。

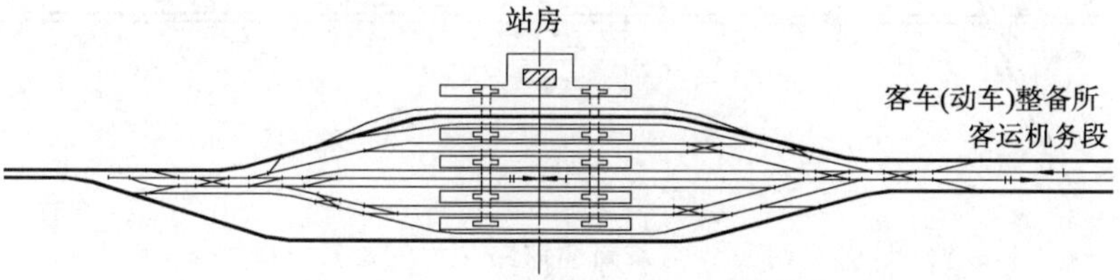

图9.2.3—1　客车段(所)在两正线间的通过式客运站图型

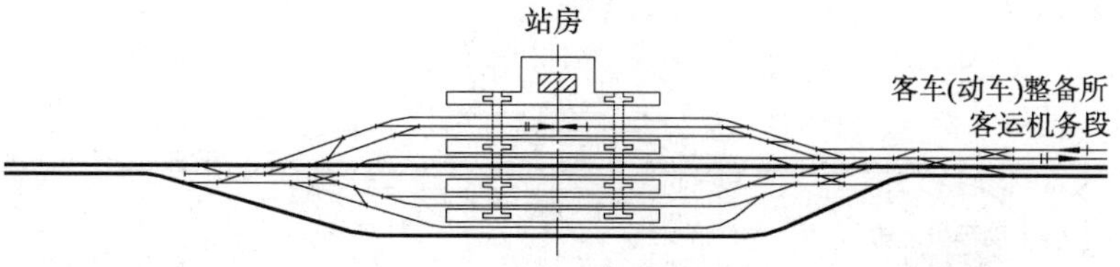

图9.2.3—2　客车段(所)在站房同侧的通过式客运站图型

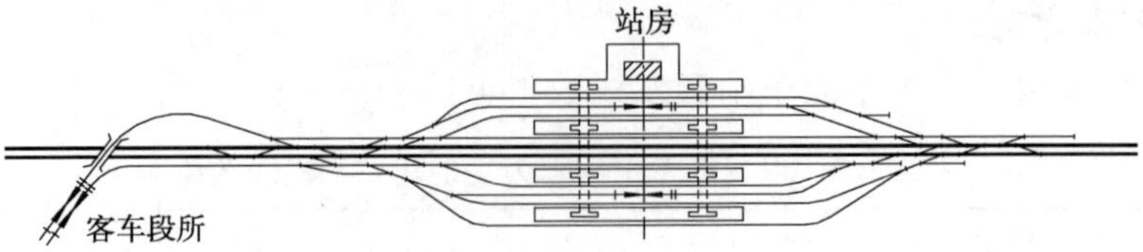

图 9. 2. 3—3　客车段(所)在站房对侧正线中穿的通过式客运站图型

9. 2. 4　高速铁路始发站图型可按图 9. 2. 4—1、图 9. 2. 4—2、图 9. 2. 4—3 布置。

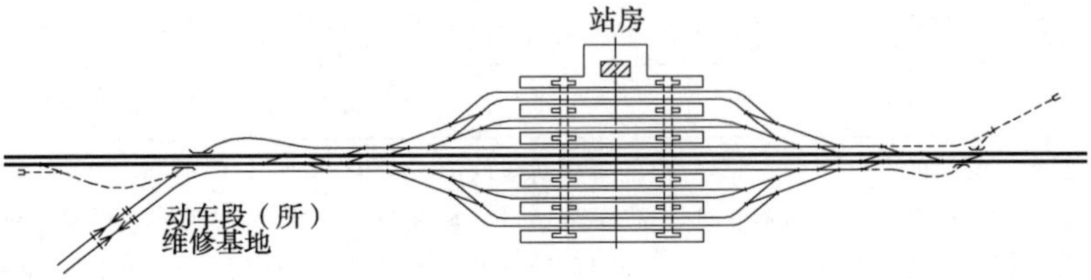

图 9. 2. 4—1　高速铁路通过式始发站图型

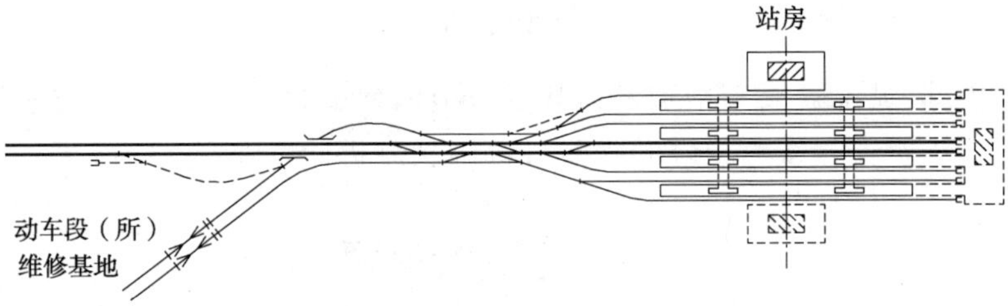

图 9. 2. 4—2　高速铁路尽端式始发站图型

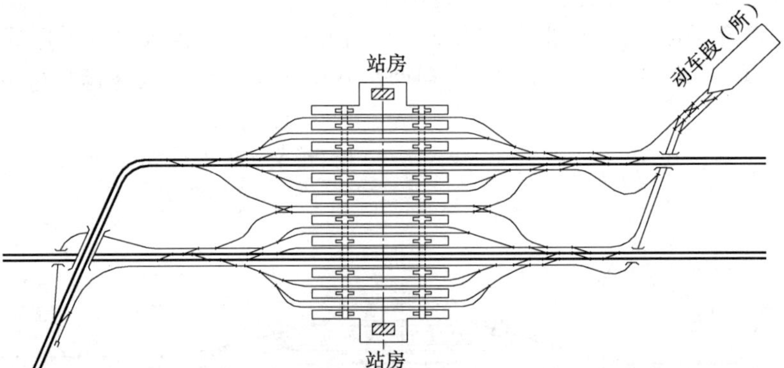

图 9. 2. 4—3　两条高速铁路交汇的始发站图型

9. 2. 5　城际铁路始发站图型可按图 9. 2. 5—1、图 9. 2. 5—2 布置。

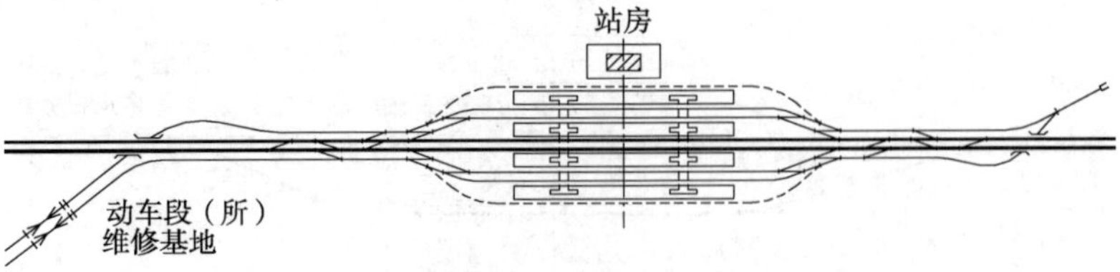

图 9. 2. 5—1　城际铁路通过式始发站图型

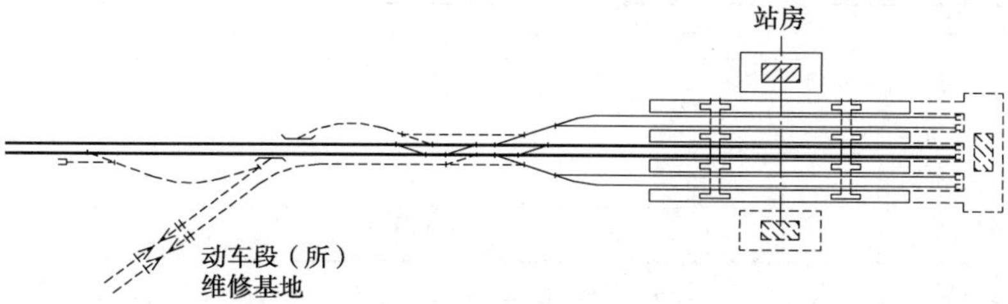

图 9.2.5—2 城际铁路尽端式始发站图型

9.3 客运设备

9.3.1 旅客站房设置应符合下列规定：

1 旅客站房应设于靠城市中心区一侧，位于城市中心时可采用双侧站房，尽端式旅客站房也可设于站台端部。

2 旅客站房根据具体条件可设计为线平式、线上式、线下式或多层立体跨线式。

3 特大型及大型客运站的旅客站房，有条件时宜与城市轨道交通站、长途汽车站、公交站等城市交通设施合建为一体化综合交通换乘枢纽或城市综合体。

9.3.2 旅客站台的设置应符合下列规定：

1 旅客站台不宜邻靠正线，不应邻靠有货物列车通过的正线。改建困难时，可保留邻靠正线的低站台。

2 高速铁路和城际铁路的旅客站台应布置在车场居中位置，客货共线铁路的旅客站台宜布置在车场居中位置。

3 站台宜设在直线上，困难条件下站台可伸入曲线。

4 站台邻靠正线设置，列车通过速度大于 80 km/h 时，应在距离站台边缘 1.5 m 处设置站台安全标线，必要时在距离站台边缘 1.2 m 处设置安全防护设施；列车通过速度不大于 80 km/h 时，应在距离站台边缘 1.0 m 处设置站台安全标线。

5 站台位于到发线一侧时，应在距离站台边缘 1.0 m 处设置站台安全标线。

6 站台上设置站台门时，可不设站台安全标线。

9.3.3 旅客站台的设计应符合下列规定：

1 高速铁路的旅客站台长度应按 450 m 设置。城际铁路的站台长度应根据列车编组长度和停车误差计算确定，8 辆编组时站台长度可按 220 m 设置。接发机车牵引旅客列车的站台长度应按 550 m 设置，困难条件下，可根据客车编组情况适当缩短；采用机车牵引的尽端式客运站的站台长度，应另加机车及供机车进出的必要长度。

2 旅客站台宽度应根据车站性质、站台类型、客流密度、行包搬运工具、安全退避距离、站台上通道出入口宽度、站台上的建(构)筑物宽度等因素确定。高速铁路和客货共线铁路的旅客站台宽度可按表 9.3.3—1 采用，城际铁路的旅客站台宽度可按表 9.3.3—2 采用。

表 9.3.3—1 高速铁路和客货共线铁路旅客站台宽度(单位:m)

名　称	特大型站	大型站	中型站	小型站
站房或建(构)筑物突出部分边缘至基本站台边缘距离	20.0~25.0	15.0~20.0	8.0~15.0	8.0
岛式中间站台	11.5~12.0	11.5~12.0	10.5~12.0	10.0~12.0
侧式中间站台	8.5~9.0	8.5~9.0	7.5~9.0	7.0~9.0

注:1 站房或建(构)筑物范围以外地段的基本站台宽度不应小于侧式中间站台宽度。
2 客货共线铁路的站台宽度宜采用下限值。
3 表中数值未考虑设置站台门所需宽度。

表 9.3.3—2 城际铁路旅客站台宽度(单位:m)

名　称	始发站	中间站
基本站台或侧式中间站台(净宽度)	5.0	5.0
岛式中间站台	11.5	8.5~10.5

注:1 站房或建(构)筑物突出部分边缘至基本站台边缘的距离应符合《铁路旅客车站设计规范》GB 50226 的规定。
2 位于旅客进出通道出入口处的基本站台或侧式中间站台宽度应结合出入口宽度加宽。
3 地下车站或当站台上出入口为 3 个及以上时,岛式中间站台宽度可结合出入口的设置计算确定。
4 表中数值未考虑站台门和建(构)筑物的宽度。

3 旅客站台的高度:高速铁路和城际铁路的旅客站台高度应采用高出轨面 1.25 m;客货共线铁路邻靠不通行超限货物列车的到发线一侧宜采用高出轨面 1.25 m,邻靠通行超限货物列车的到发线一侧应采用高出轨面 0.3 m;仅运行普速客车的既有站可保留高出轨面 0.5 m。

4 站台位于曲线地段时,站台端部最小宽度不宜小于 5.0 m。

5 站台面横坡不应大于 1%。

6 旅客高站台两端应设置台阶或坡道及防护栅栏,设宽度不小于 1.0 m 的栅栏门,并标有禁止通行标志。栅栏的设置位置应符合建筑限界的规定。

9.3.4 站台门的设置应符合下列规定:

1 正线临靠站台并有客车通过或采用站台候车时,站台上应设置站台门。

2 站台门边缘至进出站通道出入口或建(构)筑物边缘的距离不应小于 2.5 m。

3 站台门门体距站台边缘距离应结合列车运行模式、限界要求、列车运行速度、信号系统联控方式以及旅客乘降安全等因素综合考虑确定。

9.3.5 站台出入口或建(构)筑物边缘至靠线路侧旅客站台边缘的距离不应小于 3.0 m,困难条件下,中、小型站不应小于 2.5 m;改建既有站,其中一侧距离不应小于 2.0 m。

9.3.6 旅客进出站通道的设置应根据客流量、旅客站房设计、旅客进出站流线等情况综合考虑,并应符合下列规定:

1 旅客进出站通道可选择天桥或地道,并应优先选用地道。当采用高架跨线候车室时,进站天桥应与高架候车室合设。

2 中型及其以上规模的客运站旅客进出站通道应分开设置,并应使旅客通行便利,减少交叉干扰。

3 旅客进出站通道的数量:小型客运站设置 1 处,中型客运站旅客进、出站通道分开各设置 1 处,大型及特大型客运站的出站通道应根据需要统筹考虑。

4　旅客进出站通道的最小宽度应符合表 9.3.6—1 的规定。

表 9.3.6—1　旅客进出站通道最小宽度(单位:m)

项　目	旅客进出站通道		
	特大型站	大型站(城际铁路始发站)	中、小型站(城际铁路中间站)
最小宽度	12	8~12	6~8

5　地道的净高不应小于 2.5 m。

6　旅客天桥、地道通向各站台宜设双向出、入口,高速铁路和客货共线铁路的旅客站台出入口宽度应符合表 9.3.6—2 的规定,城际铁路的进出站通道出入口宽度应符合表 9.3.6—3 的规定;通道出入口设有自动扶梯或升降电梯时,其宽度应根据升降设备的数量和要求加宽。

表 9.3.6—2　高速铁路和客货共线铁路旅客站台出入口宽度(单位:m)

名　称	特大及大型站	中型站	小型站
基本站台岛式中间站台	5.0~5.5	4.0~5.0	3.5~4.0
侧式中间站台	5.0	4.0	3.5~4.0

注:特大型及大型站的旅客进出站通道出入口宽度已包括设置一部自动扶梯的宽度。

表 9.3.6—3　城际铁路进出站通道出入口宽度(单位:m)

始发站	中间站
4.5~5.0	3.0~4.0

注:始发站的旅客进出站通道出入口宽度已包括设置一部自动扶梯的宽度。

7　既有客运站改扩建时,在符合使用功能和安全的前提下,可利用既有旅客进出站通道扩建。

9.3.7　车站应设置作业地道。作业地道设置应符合下列规定:

1　地道数量:特大型及大型客运站不应少于 1 处;中型站有始发终到客车作业时可设置 1 处;小型站可与旅客出站地道合并设置,不单设作业地道。

2　地道宽度不应小于 5.2 m。

3　地道的净高不应小于 3.0 m。

4　地道通向各站台宜设单向出入口,并设置在站台的端部,其宽度不应小于 4.5 m。当条件所限且出入口处有交通指示保证时,其宽度不应小于 3.5 m。

9.3.8　旅客站台应设置雨棚,雨棚长度宜与站台长度一致,小型站的雨棚长度可根据客运量及当地降雨量适当缩短。

9.3.9　有上水和卸污作业要求的车站,应在相关的到发线旁设置客车给水栓和卸污设施,设置给水栓和卸污设施的到发线数量应根据有关要求确定。

9.4　客车段所

9.4.1　客运站设有客车段所时,其相互配置应满足车站的通过能力,减少咽喉交叉干扰,缩短机车、客车车底和动车组列车的走行距离，并结合地形、地质条件和城市规划，通过全面比较确定。

1 客车整备所、动车段所应纵列配置于客运站到发列车较少一端的咽喉区外方正线的一侧。

2 以机车牵引客车为主的客运站，当全部或大多数客车均停站作业时，客车整备所及客运机务设备可与车站纵列布置在双线铁路的两正线间。

3 当始发、终到旅客列车对数较少，且车站远期无大发展时，客车整备所可与客运站横列配置。

9.4.2 客运站的客车整备所与客运机务设备宜合并设置，并满足由本务机车牵引出入段的作业要求。

9.4.3 以机车牵引客车为主的客运站有动车组始发终到时，应设置满足动车组检查、整备、存放等作业所需的设施。动车设施设置应考虑充分利用既有客车整备设施，与客车整备所合设，普速客车与动车组应分区作业。

9.4.4 当客运站与客车整备所或动车运用所纵列布置时，站、所间联络线数量应根据出、入所整备车底列数，出、入段机车次数，客车整备所或动车段、所布置形式，调车工作量和站、所间距离等因素确定。站、所间联络线应设1条，当能力不足时可设2条。站、所间联络线宜满足整列车底调动和设置洗车机所需的长度。当洗车机设于客车整备所的客运整备场与技术整备场之间时，站、所间联络线长度可适当缩短。

9.4.5 当客运站与客车整备所横列配置时，应设1条牵出线。当客运站与客车整备所纵列配置时，可利用站、所间联络线或客运整备场线路作牵出线；当出、入所车底列数较多且站、所间联络线能力不足时，应设1条~2条牵出线。牵出线的有效长度不应小于旅客列车到发线有效长度。

10　铁路物流中心

10.1　一 般 规 定

10.1.1　铁路物流中心应以国家、地方和铁路相关发展规划为依据,与地方经济发展、产业布局和货源情况相匹配,统筹考虑长远发展需要和近期投资效益,一次规划,分期建设。

10.1.2　铁路物流中心设计应满足货物集装化、装卸机械化、运输快捷化、仓储自动化、仓配一体化、信息集成化、安全检测监控智能化、服务便捷化和管理现代化的要求。

10.1.3　铁路物流中心应包括运转车场、物流功能区和其他物流配套服务设施,运转车场与物流功能区宜集中布置。

10.1.4　铁路物流中心按照办理货物品类和性质可分为综合型和专业型铁路物流中心。综合型铁路物流中心按承担吞吐量、服务功能、建设规模和在路网中的作用等因素可分为一级、二级和三级铁路物流中心;按照服务类型可分为货运服务型、生产服务型、商贸服务型、口岸服务型和综合服务型铁路物流中心。

10.1.5　综合型铁路物流中心可由集装箱、长大笨重货物、包装成件货物、商品汽车、散堆装货物、仓储配送、危险货物、冷藏、流通加工等功能区和交易展示区组成。

10.1.6　专业型铁路物流中心应以大宗及特殊货物大型装卸车点为基础设置,根据货物品类可分为长大笨重货物、散堆装货物、危险货物、商品汽车及自轮装卸等铁路物流中心。

10.1.7　提供危险货物运输、仓储、装卸、配送等物流服务时,宜单独设置专业型危险货物铁路物流中心。综合型铁路物流中心内危险货物功能区应单独分区。专业型危险货物铁路物流中心、综合型铁路物流中心危险货物功能区的设置地点及设备布置,应符合相应的防火、防爆、防毒、卫生和环保等有关要求。

10.1.8　铁路物流中心有军事物流需求时,可根据需要设置军运、军供等设施,并应符合铁路建设贯彻军事要求的有关标准。

10.2　总平面布置

10.2.1　铁路物流中心功能设置应结合货物品类和客户类型采用模块化、差异化设计,各功能模块之间的衔接应便于物流作业。

10.2.2　铁路物流中心流线设计应符合下列规定:

1　运输与搬运总距离宜短。

2　运输设备的流线宜短直。

3　铁路车辆流线应便于列车的直到直发、调车、转线作业。

4　公路车辆流线宜单方向环形运行,门区及其他密集作业区域应设置缓冲地带。

5　人员作业流线应顺畅、安全,人流密集的建筑之间应设置人员专用通道。

10.2.3　铁路物流中心的运转车场和装卸场的布置形式应根据作业量、货物品类、作业性

质和当地条件等经技术经济比较确定,布置应力求紧凑,充分利用场地,并预留远期发展条件。设计时可按下列规定布置:

1　运转车场和装卸场可采用横列或纵列配置。

2　装卸场布置形式可采用贯通式、尽端式或混合式;其线路可采用平行布置、部分平行布置或放射形布置。

3　集装箱装卸场图型宜采用横列贯通式,也可采用纵列贯通式、横列混合式、横列尽端式或其他图型;包装成件、长大笨重和散堆装装卸场宜采用横列式图型;零散货物快运中心站装卸场宜采用可接发列车、三台夹两线横列贯通式图型;商品汽车和危险货物装卸场宜采用尽端式布置图型。

10.2.4　铁路物流中心各功能区的布置应符合下列规定:

1　长大笨重功能区宜靠近集装箱功能区布置。

2　商品汽车功能区宜临近集装箱功能区布置,通往商品汽车功能区的道路和大门宜单独设置。

3　有扬尘污染的散堆装货物功能区宜独立设置,必需与其他功能区合设时,应布置在物流中心外侧、主导风向下方侧,宜远离包装成件、商品汽车、冷藏功能区。

4　危险货物功能区应远离其他功能区和生产办公及生活设施,并位于主导风向下方侧。

5　不需铁路装卸的仓储配送功能区、加工功能区宜远离铁路装卸线,并靠近门区布置,必要时,可设置独立大门。

6　商贸、交易、展示区宜布置在邻近物流中心外主要通道上,并与装卸、仓储作业区域相对隔开。综合服务楼、社会停车场应靠近门区布置,客车、货车停车场宜分开布置。

7　海关监管作业区宜集中设置,并实行封闭式管理。

10.3　运 转 车 场

10.3.1　铁路物流中心的到发场与调车场宜采用横列布置型式,咽喉区应设有列车到发和调车作业的平行进路。

10.3.2　到发线数量应根据行车量、列车性质和技术作业过程等因素计算确定。当装卸线具有接发车条件或到发线上不进行列车技术作业时,到发线数量可适当减少。到发线有效长度应与衔接的干线铁路车站到发线有效长度一致,办理小运转列车的到发线有效长度可根据小运转列车长度加 30 m 的附加制动距离确定。

10.3.3　调车线数量应根据装卸地点数、作业车数、调车作业方法和特种货物运输特性等因素确定。调车线有效长度宜与到发线的有效长度一致,地形条件困难或改建工程量较大时,也可适当缩短。

10.3.4　存车线应根据始发终到列车对数、货物作业量、车辆取送及调车作业的复杂程度、运转车场与物流功能区的距离、物流功能区设备作业能力等因素设置。存车线可设置在运转车场或物流功能区。

10.3.5　运转车场应设置牵出线,其数量应根据运转车场的平面布置及规模等因素确定,有效长度不应小于装卸线的装卸有效长度。当与运转车场接轨的岔线能力允许并满足调车作业要求时,也可利用其作为牵出线。

10.3.6 运转车场作业繁忙，且距机务整备、车辆检修地点较远时，可单独设置机车整备、车辆站(边)修设备。

10.4 货运设备

10.4.1 铁路物流中心应设置办理托运、检斤、制票、收款、问讯、交付等设备，并应根据需要设置货物站台、仓库及货位、堆场、集装箱装卸场地、雨棚、排水、消防、照明、道路及围墙、货运安全检测及防护、视频集中监控、信息化系统等设备。货车洗刷除污地点，应设有处理污染及排泄设备。货物装卸作业应采用机械化设备。

10.4.2 以办理集装箱为主的铁路物流中心应按整列装车的要求配置设备。

10.4.3 货物装卸线的装卸有效长度和货物存放场库的长度，应根据货运量、各类货物车辆平均净载重、单位面积堆货量、货物占用货位时间、日取送车次数、货位排数和每排货位宽度等确定。

10.4.4 货物装卸线与相邻线的距离应根据装卸机械类型、货位布置、道路等设施以及相邻线路的作业性质等计算确定。

10.4.5 站台与装卸线的布置可根据到发运量、运输组织、装卸作业工艺要求等，采用一台一线或两台夹一线的型式，也可采用两台夹两线、两台夹三线、三台夹两线等其他布置型式。

10.4.6 货物站台按其用途和距轨面高度可分为普通货物站台、尽端式站台，高站台、低站台等，设计应符合下列规定：

1 货物站台长度和宽度应根据货物品类、作业量、取送车数、装卸作业过程、采用的装卸机械类型、仓库设置等因素计算确定。

2 普通货物站台的边缘顶面，靠铁路侧宜高出轨面0.95 m~1.1 m，靠场地侧宜高出场坪1.1 m~1.3 m，并根据需要设置可调节高度的升降平台。

3 货物站台应向外侧排水，坡度宜为1%。

4 邻靠装卸线的普通货物站台宜采用矩形布置，也可根据作业需要采用普通站台与尽端式站台相连的L形、凹型或凸形站台。

5 普通货物站台端部应设斜坡，斜坡宽度不应小于3.5 m，斜坡坡率不应大于1：12，商品汽车装卸站台斜坡坡率不应大于1：7。

6 商品汽车装卸可采用双层可调式装卸站台或尽端式货物站台辅加移动式商品汽车装卸爬梯。双层可调式装卸站台上层投影长度宜为49 m，单通道宽度不应小于5 m；下层应按尽端式货物站台设计，站台长度不应小于6 m，单通道宽度不应小于5 m。辅加移动式商品汽车装卸爬梯的尽端式货物站台长度不应小于10 m，单通道宽度不应小于5 m。

7 仓库站台应采用整体浇筑，站台边缘应镶嵌角钢。

10.4.7 货物仓库或货棚应根据货物的品类、货位布置等因素设计，并符合下列规定：

1 货物仓库或货棚宜采用矩形布置，多雨、雪地区或作业量较大的仓库或货棚宜采用跨线布置。

2 仓库或货棚应在靠场地侧及铁路侧设置雨棚，雨棚应满足雨雪天气的作业要求。

3 仓库或货棚的宽度与长度可根据年货运量、所处地块、货位尺寸、货位布置形式、货物堆码高度、装卸机械类型、作业方式及作业种类等因素确定。仓储配送型、储存型仓库或货棚宽度应根据物流服务需求确定，且不宜小于 30 m；中转型仓库或货棚宽度宜采用 18 m 及以上。快件分拣型仓库或货棚的长度与宽度应根据分拣设备及货物分拣量确定。装卸线旁的仓库或货棚长度应与装卸线的装卸有效长度相匹配。

4　仓库或货棚高度应根据货物堆码高度、装卸机具通行及堆码作业要求等确定。使用货架的单层仓库或货棚净高不宜小于 8.5 m，堆存货仓库或货棚以及使用货架层数较少的单层仓库或货棚净高不宜大于 7 m；多层仓库的底层净高不宜小于 6 m，楼层净高不宜小于 5 m；设有桥式起重机的仓库或货棚高度，应根据起吊货物的最低起吊高度和设备高度综合确定。

5　仓库外墙轴线距站台边缘距离应根据作业机械类型、回转半径、仓库货物品类等因素计算确定，靠近铁路一侧宜采用 4 m，场地一侧不宜小于 4 m。

6　站台仓库场地侧装卸作业场地宽度应满足公路货运车辆作业要求，一般不宜小于 30 m。

10.4.8　铁路物流中心道路及作业场地的设计应符合下列规定：

1　道路宽度、转弯半径应满足装卸机械和公路货车通行要求，并宜形成环路。

2　作业通道和场地应全部硬面化，道路应根据荷载采用相应级别公路标准。

3　可根据需要设置场内停车场、场外停车场，在作业区入口外部设立公路货车等待入场的缓冲区。场内停车场应满足配属作业车辆、流动机械停放需要，场外停车场应满足商务车辆及待处理车临时停放需要。

11 驼 峰

11.1 一般规定

11.1.1 驼峰应按日解体能力的大小分为大能力驼峰、中能力驼峰和小能力驼峰,各类型驼峰主要设备配置应符合下列规定:

1 大能力驼峰日解体能力在4 000辆以上,应设30条及以上调车线和2条溜放线,应配有驼峰进路控制、溜放车组速度控制、推峰速度控制和调车场尾部停车防溜控制系统。

2 中能力驼峰日解体能力为2 000辆~4 000辆,应设17条~29条调车线,宜设2条溜放线,应配有驼峰进路控制、溜放车组速度控制、推峰速度控制和调车场尾部停车防溜控制系统。

3 小能力驼峰日解体能力为2 000辆以下,应设16条及以下调车线和1条溜放线,应配有驼峰进路控制和调车场尾部停车防溜控制系统,宜设驼峰机车信号。

11.1.2 驼峰设计应根据近期解体作业量确定驼峰类型及技术设备,并应根据运量增长和技术设备条件预留远期发展条件。如分期过渡工程复杂,应编制分期过渡的设计方案。既有驼峰的技术改造,应结合采用的调速系统改造线路平面和纵断面。

11.2 驼峰线路平面

11.2.1 驼峰溜放部分的线路平面应符合下列规定:

1 应采用线束形布置,每个线束的调车线数量宜为6条~8条;应采用6号对称道岔,困难条件下,可采用其他对称道岔;当调车场外侧线路连接特别困难时,个别可采用9号单开道岔。调车线数量较少的小能力驼峰,当采用6号对称道岔布置有困难时,可采用9号单开道岔和复式梯线形平面布置。当改建特别困难时,可保留原有梯线形平面布置。

2 曲线半径不宜小于200 m,困难时可采用180 m。

3 曲线可直接连接除第一分路道岔岔前外的道岔基本轨或辙叉跟,此时轨距加宽和外轨超高可在曲线范围内处理。

11.2.2 峰顶至第一分路道岔基本轨轨缝间的最小距离应为30 m~40 m。当峰顶至第一分路道岔间设有道岔时 ,该距离可根据具体情况确定。

11.2.3 驼峰前设有到达场时,应设2条推送线,如采用双溜放作业方式,可设3条~4条推送线;驼峰前不设到达场时,根据解体作业量的大小,可设1条~2条推送线。推送线的间距不应小于6.5 m。推送线经常提钩地段应设计成直线,靠峰顶端不宜采用对称道岔。推送线经常提钩地段的视线应满足调车人员瞭望的需要,作业通道应满足调车人员作业安全的需要。

11.2.4 设有2条推送线,线束在4个及以上的驼峰,应设2条溜放线。

11.2.5　大、中能力驼峰宜设置2条禁溜线,有效长度可采用150 m。如禁溜车较少,可与迂回线合设1条。小能力驼峰的禁溜线可根据需要设置。禁溜线当从推送线出岔时,应采用9号单开道岔,辙叉应设在峰顶平台上。禁溜线应避开信号楼等建筑物,禁溜线上的停留车不应妨碍调车人员的瞭望。

11.2.6　驼峰前设有到达场时,应设绕过峰顶和车辆减速器的迂回线;当驼峰前不设到达场时,可根据需要设置迂回线。

11.2.7　驼峰线路平面的设计,应合理布置车辆减速器和集中控制道岔需要的保护区段,并应根据作业要求,考虑驼峰信号楼、峰顶连结员室或调车员室和车辆减速器动力室等房屋的位置。

11.3　驼峰线路纵断面

11.3.1　大、中能力驼峰及溜放部分设调速设备的小能力驼峰峰高应保证在溜车不利条件下,以5 km/h的推送速度解体车列时,难行车应溜至难行线的计算点。计算点的位置应根据采用的驼峰调速系统确定。溜放部分不设调速设备的小能力驼峰峰高应保证溜车有利条件下,以5 km/h的推送速度解体车列时,易行车溜入调车场易行线警冲标的速度不应大于18 km/h;调车线设车辆减速器时,易行车溜入车辆减速器处的速度不应大于其制动能高允许的速度。

11.3.2　驼峰溜放部分的线路纵断面,应设计为面向调车场的下坡,其坡段组成应符合下列规定:

1　加速坡不应大于55‰,困难条件下,不应小于35‰。

2　中间坡可设计成多段坡或一段坡。设有车辆减速器地段的线路坡度不宜小于8‰。中间坡与加速坡的变坡点宜设在第一分路道岔基本轨前。

3　道岔区坡平均坡度不宜大于2.5‰;边缘线束不应大于3.5‰。

4　驼峰溜放部分的线路纵断面设计应根据采用的调速系统按下列要求进行检算:

1)　溜车不利条件下,以5 km/h的推送速度连续溜放难—中—难单个车通过减速器、各分路道岔和警冲标时,应有足够的间隔。采用驼峰全减速顶和股道全减速顶调速系统时,应对难行车组—单个易行车进行检算。

2)　车辆进入调速设备的速度,不应超过规定值。

3)　车辆通过各分路道岔的速度不应大于计算保护区段长度所采用的速度。

11.3.3　驼峰推送部分的线路纵断面应保证在任何困难条件下,用1台调车机车可起动车列。峰顶前应设一段不小于10‰且长度不小于50 m的压钩坡。

11.3.4　连接驼峰线路各坡段的竖曲线半径,峰顶邻接压钩坡不应小于350 m,邻接加速坡应为350 m,其余溜放部分和迂回线应分别不小于250 m和1 500 m。

11.3.5　峰顶净平台长度宜采用7.5 m~10 m。

11.3.6　禁溜线的纵断面应为凹形,始端道岔至其警冲标附近应设计为下坡,中间停车部分宜设计为平坡,距车挡10 m范围内应设计为10‰的上坡。

11.4 其他要求

11.4.1 驼峰调速设备的制动能力应由计算确定,并应根据设备要求另加安全量。大、中能力驼峰溜放部分的调速设备应采用车辆减速器。连接调车线16条及以上的驼峰,宜设两级或一级间隔制动位。设两级间隔制动位时,其总制动能力应使易行车在溜车有利条件下,以7 km/h的推送速度解体车列时,经一、二间隔制动位全部制动后,溜入易行线警冲标处的速度不应大于5 km/h。

11.4.2 减速器应设在直线上,调车线内的车辆减速器前不应有小于14 m的直线段,有效制动能高不宜小于1.3 m。

11.4.3 峰顶及溜放部分变坡点的竖曲线起、终点处以及调车线内主要变坡点处应设线路水平标桩。

11.4.4 驼峰有关设备及生产房屋的设置应符合下列规定:

1 不应妨碍驼峰调车人员的作业安全和瞭望。

2 驼峰信号楼应集中设置,位置应与峰顶连结员室设在主提钩人员作业地点同侧,其位置应保证作业人员自控制台能看清车辆在驼峰峰顶、溜放部分和间隔制动位车辆减速器上的运行情况。

12　工业站、港湾站

12.1　一 般 规 定

12.1.1　有大量装卸作业的工矿企业、工业区或港口，根据需要可设置主要为其服务的铁路工业站或港湾站。

12.1.2　服务于同一企业或工业区的工业站数量，应根据企业的性质、生产规模、生产流程、企业或工业区的布局、原材料来源、产品流向和企业或工业区所在位置与铁路的相互关系等因素确定。

12.1.3　工业站、港湾站设置应符合下列规定：

1　根据企业或港口所在位置及其总布置、经铁路的运量和交接方式，其位置应设在靠近铁路或靠近企业、港口处，保证主要车流方向运行顺直。

2　工业站或港湾站应具有与各作业站、分区车场和装卸点取送车有方便作业的条件。

3　与城市规划配合，兼顾地方客、货运输，并满足环境保护、消防和卫生等要求，有利于和其他运输方式的衔接、配合和办理联运。

12.1.4　工业站、港湾站的规模，应根据企业或港口经铁路的运量、运输性质、作业量、管理和交接方式以及该站在路网上的作用确定。设计时应按企业或港口规划做出相应的总布置，并按分期建设的原则确定近期工程。

12.1.5　铁路专用线运输的管理和交接方式、交接地点，应根据具体情况进行技术经济比较，并与企业或港口协商确定。

12.2　工业站、港湾站图型

12.2.1　当采用车辆交接，工业站、港湾站担当的路网中转作业量小，距企业站、港口站较近且地形条件适合时，工业站与企业站或港湾站与港口站宜采用联设；否则，宜采用分设。

12.2.2　工业站、港湾站的图型应根据交接方式、作业量、作业性质、该站在路网上所担当的作业分工和货物装卸地点等因素确定。设计时宜按下列规定采用：

1　当采用货物交接时，宜采用横列式图型（图 12.2.2—1）。

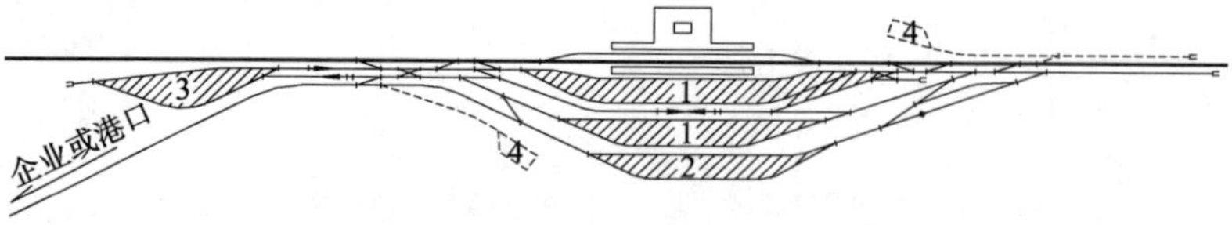

图 12.2.2—1　货物交接横列式图型

1—铁路到发场；2—铁路调车场；3—铁路机务段；4—物流中心（方案）

2 当采用车辆交接双方车站分设时,宜采用横列式图型(图 12.2.2—2)。如作业量大,可采用其他合理图型。

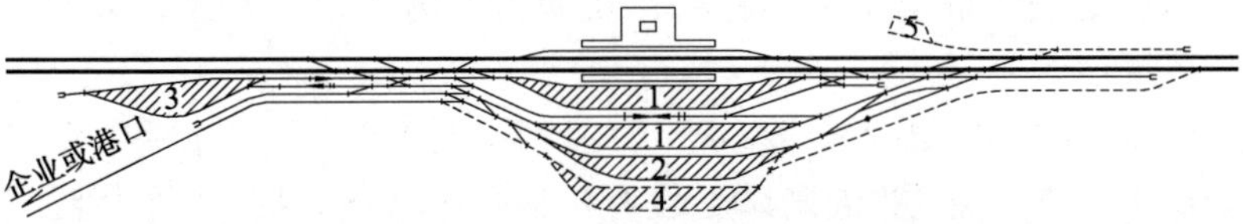

图 12.2.2—2 双方车站分设横列式图型

1—铁路到发场;2—铁路调车场;3—铁路机务段;4—交接场;5—物流中心

3 当采用车辆交接双方车站联设时,双方车场均采用横列式图型(图 12.2.2—3)或纵列式图型(图 12.2.2—4)。如作业量大可采用双方车站联设的双向混合式图型(图 12.2.2—5)或其他合理图型。

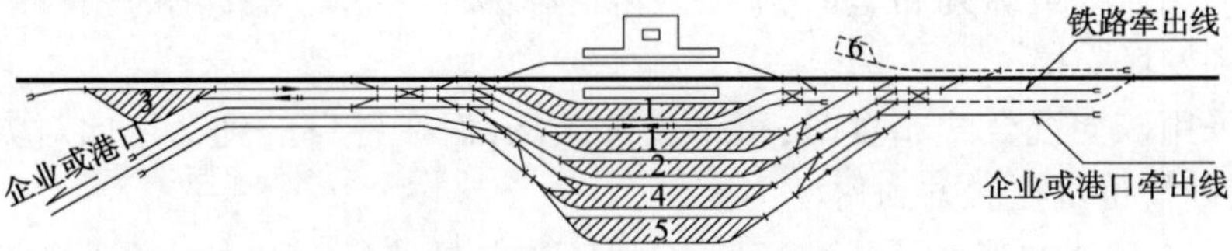

图 12.2.2—3 双方车站联设横列式图型

1—铁路到发场;2—铁路调车场;3—铁路机务段;4—企业或港口到发场兼交接场;5—企业或港口调车场;6—物流中心

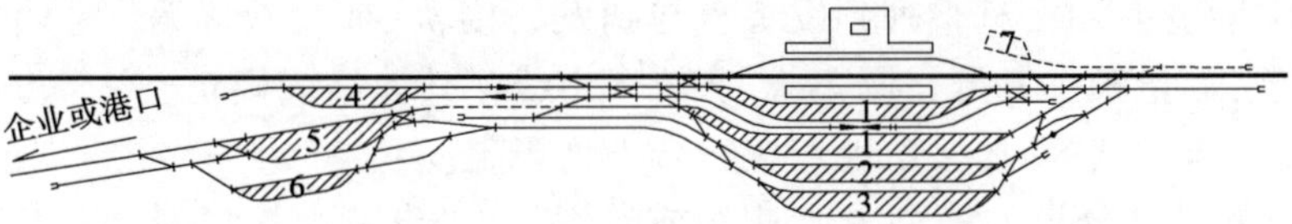

图 12.2.2—4 双方车站联设纵列式图型

1—铁路到发场;2—铁路调车场;3—交接场;4—铁路机务段;5—企业或港口到发场;6—企业或港口调车场;7—物流中心

注:5 场兼交接场时,采用图中虚线联络线,取消 3 场及其联络线

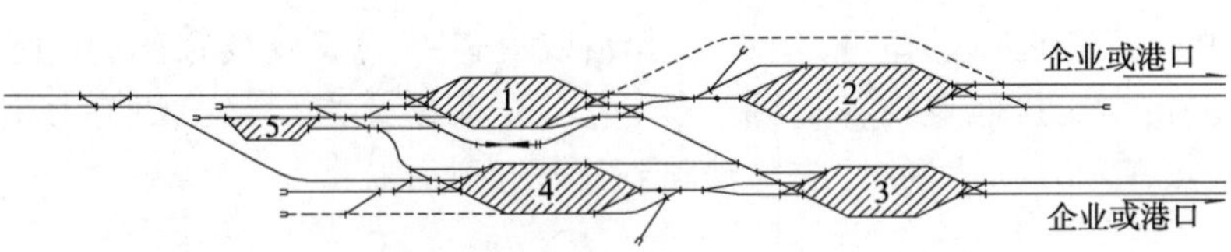

图 12.2.2—5 双方车站联设双向混合式图型

1—铁路到达场;2—企业或港口编发场;3—企业或港口到达场;4—铁路编发场;5—铁路机务段

4 当在工业站、港湾站内设置专为企业或港口大宗货物使用的装卸设备时,车站图型应结合作业方式和地形条件确定。

12.3 主要设备配置

12.3.1 当采用车辆交接,工业站、港湾站设有交接场并与对方车站分设时,横列式布置的交接场宜设在调车场外侧或一端；其他布置形式的交接场宜设在调车场一侧。当工业站、港湾站与对方车站联设横列布置时，可在双方车场间设置交接场。

12.3.2　交接作业地点应根据所采用的交接及铁路专用线管理方式和车站布置形式分别确定。

1　采用货物交接方式，出入企业或港口的货物交接作业可在企业或港口的装卸线上办理。当企业或港口在工业站、港湾站上设有机械化装卸设备时，装车货物宜在装车线办理交接；卸车货物宜在卸车设备前的车场或卸车线办理交接。

2　采用车辆交接方式，双方车站分设，宜在工业站、港湾站设交接场办理交接；当双方车站间铁路专用线运输由铁路部门管理时，在工业站、港湾站不设交接场，宜在企业站或港口站到发场办理交接。

3　采用车辆交接方式，双方车站联设，交接地点宜按下列情况确定：

1）采用横列或纵列布置时，宜在交接场交接；当不设交接场时，宜在企业和港口到发场交接。

2）采用双向混合式布置时，可不设交接场，而在各自的到达场向对方交接；有条件时，也可在对方到达场交接。

12.3.3　铁路专用线在工业站或港湾站接轨，不应与铁路行车和车站作业相互干扰，并为企业、港口车辆取送和成组直达运输创造方便条件，接轨地点应设在工业站、港湾站铁路大量车流出、入的另一端。有多条铁路专用线接轨，应有统一规划，并尽量集中合并引入工业站或港湾站车场同侧。具体接轨地点应符合下列规定：

1　采用货物交接时，有整列到发者宜与到发场接轨，有大量解编作业者宜与调车场或编发场接轨，运量较小者可在调车线、次要牵出线或其他站线接轨。

2　当采用车辆交接时，接轨地点应符合下列规定：

1）双方车站分设的横列式工业站或港湾站，当设有交接场时，应在交接场接轨，并具有与各车场连通的条件；当双方车站间铁路专用线运输由铁路部门管理时，宜在调车场接轨；有整列到发者宜在到发场接轨。

2）双方车站联设的横列式工业站或港湾站，应在企业站或港口站的到发线和交接场接轨，并具有与各车场连通的条件。在双方车站组合成双向混合式布置时，进入企业或港口者，应在企业站或港口站的编发场接轨；由企业或港口出发者，当交接地点在各自到达场，应与企业站或港口站的到达场接轨；当交接地点在对方到达场时，应与铁路到达场接轨。

12.4　站线数量和有效长度

12.4.1　工业站、港湾站的到发线数量，应根据铁路列车对数、企业或港口列车到发或取送车次数和路厂（矿、港）的统一技术作业过程确定。到发线有效长度应与衔接的铁路的到发线有效长度一致。对于只接发小运转列车的到发线有效长度，可根据实际需要确定。

12.4.2　工业站、港湾站用于集结发往路网车流的调车线数量和有效长度，应根据列车编组计划规定的组号、每一组号每昼夜的车流量和车流性质确定。

12.4.3　工业站、港湾站集结发往企业或港口车流的调车线数量和有效长度应符合下列规定：

1 采用货物交接方式时,宜按企业或港口各作业站、分区车场和装卸点数量,向各作业站、分区车场和装卸点每昼夜发送车数以及路厂(矿、港)的统一技术作业过程确定。

2 采用车辆交接方式,当工业站与企业站或港湾站与港口站分设且交接场不设在工业站或港湾站时,调车线数量宜按在调车线集结发往企业或港口的车流量和路厂(矿、港)的统一技术作业过程确定;当交接场设在工业站或港湾站且布置在铁路调车场一侧时,对解体后送入企业或港口的车辆,宜直接溜送入交接场,可不设集结发往企业或港口车流的调车线。

3 在有备用车的工业站和港湾站上,应按备用车数量适当设置备用车停留线。

4 调车线有效长度应根据发往企业或港口列车长度确定。

12.4.4 交接线的数量和有效长度应符合下列规定:

1 当工业站与企业站或港湾站与港口站分设且交接场设在工业站或港湾站时,交接线数量应按每昼夜交接车数量,向交接场取送车次数和办理车辆交接作业时间确定。

2 交接线的有效长度应与工业站或港湾站的到发线有效长度一致。如发往企业或港内列车长度与发往铁路列车长度相差较大时,部分交接线的有效长度可适当减短,但不应短于企业站或港口站的到发线有效长度。

13 口 岸 站

13.1 一 般 规 定

13.1.1 口岸站按衔接的铁路轨距可分为相同轨距的口岸站及不同轨距的口岸站两类。铁路口岸站应设于国家的边境附近。

13.1.2 口岸站应根据进出口客货运量,结合地形、地质、规划等进行总平面布置。口岸站布置应符合下列规定:

1 满足所需能力和快速通关要求。

2 按照一次规划、分期实施原则,预留进一步发展条件。

3 车站作业流线满足整列换装的要求。

4 换装功能区明晰。

5 减少进路交叉和作业干扰,避免不同轨距间作业的交叉。

6 缩短列车、机车的走行距离。

7 采用现代化技术装备。

8 具备发展为(国际)物流中心的条件。

13.2 口岸站图型

13.2.1 按照不同轨距的到发场、调车场与换装场的相对位置关系,口岸站可采用横列式、纵列式和混合式三种布置图型。

1 当运量较小或受地形条件限制时,可采用不同轨距的到发场、调车场与换装场横列式布置图型(图 13.2.1—1)。

2 当运量较大或地形不受限制时,可采用两种轨距的到发场、调车场与换装场全部纵列式布置图型(图 13.2.1—2)。

3 当运量较大或地形受到一定限制时,可采用两种轨距的到发场、调车场横列,再与换装场纵列布置的混合式图型(图 13.2.1—3)。

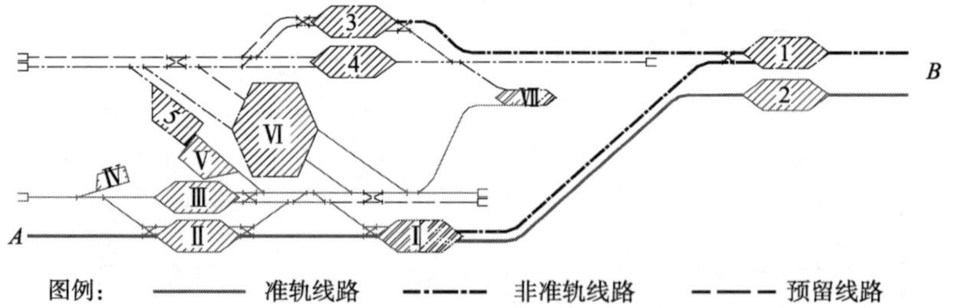

图 13.2.1—1　横列式口岸站图型

Ⅰ—客站(及换轮库);Ⅱ—准轨到发场;Ⅲ—准轨调车场;Ⅳ—站修所;
Ⅴ—准轨物流中心;Ⅵ—换装场;Ⅶ—机务段;
1、2—边检场;3—非准轨到发场;4—非准轨调车场;5—非准轨物流中心

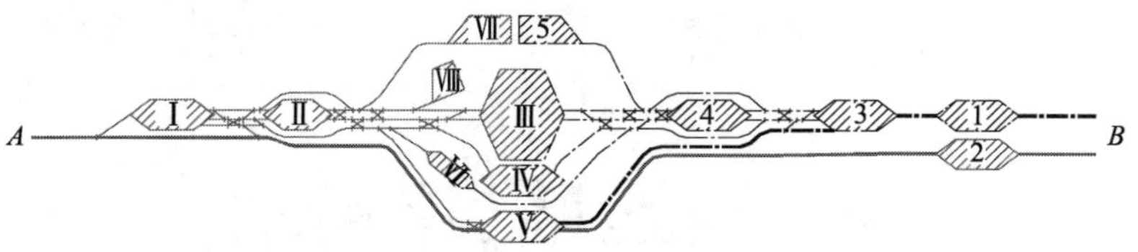

图例： ——— 准轨线路 —·—·— 非准轨线路 — — — 预留线路

图 13.2.1—2 纵列式口岸站图型

Ⅰ—准轨到发场；Ⅱ—准轨调车场；Ⅲ—换装场；Ⅳ—换轮场；Ⅴ—客站(及换轮库)；

Ⅵ—机务段；Ⅶ—准轨物流中心；Ⅷ—站修所；

1、2—边检场；3—非准轨到发场；4—非准轨调车场；5—非准轨物流中心

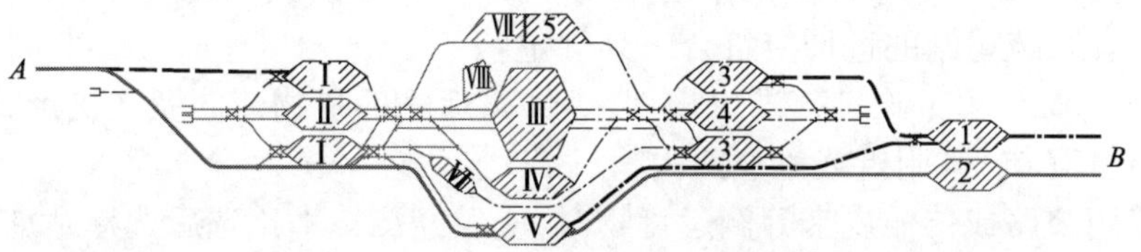

图例： ——— 准轨线路 —·—·— 非准轨线路 — — — 预留线路

图 13.2.1—3 混合式口岸站图型

Ⅰ—准轨到发场；Ⅱ—准轨调车场；Ⅲ—换装场；Ⅳ—换轮场；Ⅴ—客站(及换轮库)；

Ⅵ—机务段；Ⅶ—准轨物流中心；Ⅷ—站修所；

1、2—边检场；3—非准轨到发场；4—非准轨调车场；5—非准轨物流中心

4 改建的口岸站或受地形条件限制时,也可采用其他合理图型。

13.3 主要设备配置

13.3.1 口岸站应设置旅客列车到发场,货物列车到发场、调车场及存车场、换装场、边检场,以及机车整备检修及车辆检修等设施;部分口岸站还应设置木材熏蒸场、换轮所等设施。

13.3.2 各车场线路数量应根据办理的列车对数、性质、密集到发程度、列车编组计划、作业时间等计算分析确定,到发线有效长度应与衔接线路技术标准一致。

13.3.3 边检场应设于国界线附近,并与到发场纵列布置,困难条件下,也可与到发场横列合设。其到发线数量应根据列车对数、作业时分、通过能力等因素确定。

13.3.4 不同轨距铁路的客车到发线和客运设备应集中设置。

13.3.5 不同轨距铁路的机务和车辆整备、检修设备宜合设,共用的机车车辆检修线和整备线宜采用三线轨道形式。

13.3.6 口岸站换轮库应配备起重设备、换轮线、存轮线等,换轮线轨距宜按宽(窄)轨轨距加护轮轨设计。

13.3.7 木材熏蒸场宜单独设置,应远离人口密集区,布置于主导风向下方,并应满足环保要求。线路总长度应根据作业量、熏蒸作业时分等因素确定。

13.3.8 口岸站换装线宜优先选用直接换装和落地换装相结合的布置形式。换装线的长度宜满足整列换装的要求。换装站台宜设于不同轨距换装线之间,站台长度宜与换装线等长,站台宽度应根据换装方式、作业要求、物流需求等因素确定,站台高度应根据换装车辆的底板高度确定。

13.3.9 口岸站宽(窄)轨系统和准轨系统均应设置满足海关和检验检疫所需查验平台。

14　集运站、疏运站

14.1　一 般 规 定

14.1.1　集运站、疏运站的分布，应根据铁路技术政策、路网规划、货运布局、地区或企业规划等因素综合确定。一个地区的集运站、疏运站应集中设置。

14.1.2　集运站、疏运站的选址应符合下列规定：

1　应结合城市、厂（矿）区、港口规划，经铁路运输的货物流向及交接形式，设在接轨站、码头前沿、厂（矿）区附近或工业区内。

2　当采用公路或传输皮带等倒运货物时，应经经济技术比选后选择站址。距矿区或货物消耗地较近，地形条件适宜时，宜与接轨站共站设置。

14.1.3　集运站、疏运站应按城市、矿区、港口、电厂等规划统筹布置，分期实施。

14.1.4　在集运站、疏运站中，牵引质量为 5 000 t 列车转线作业，宜采用牵引方式，1 万 t 及以上列车转线作业应采用牵引方式。

14.1.5　集运站、疏运站的车流应保证主要去向的列车不改变运行方向通过接轨点。困难条件下，车站改建可维持既有接轨方式。接轨站的疏解设置应结合铁路性质、线路通过能力、车站咽喉能力及工程条件等因素综合确定。

14.2　集运站、疏运站图型

14.2.1　集运站、疏运站图型应根据车站所在区域地形条件、装（卸）车工艺、作业方式、厂（矿）区或码头规划等因素，经比选后确定，可采用一种图型或几种图型的组合。

14.2.2　不同装车工艺的集运站图型，可按图 14.2.2—1、图 14.2.2—2 布置。

1　当采用移动式装车设备时，车站布置宜采用横列式图型（图 14.2.2—1）。

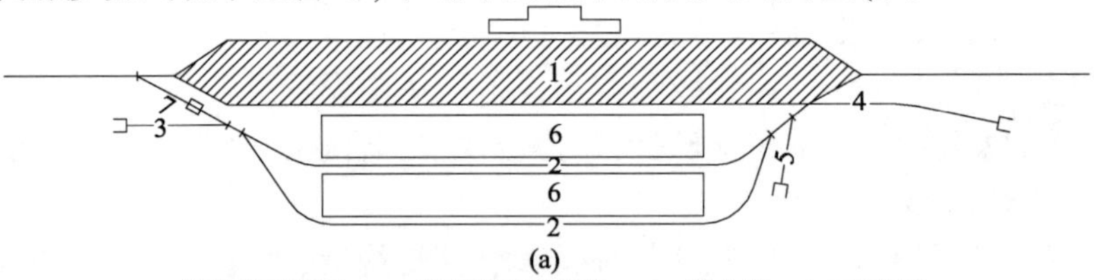

(a)

1—接轨站到发场；2—装车线兼到发线；3—安全线；4—牵出线；
5—边修线；6—装车区及堆场；7—检斤设备

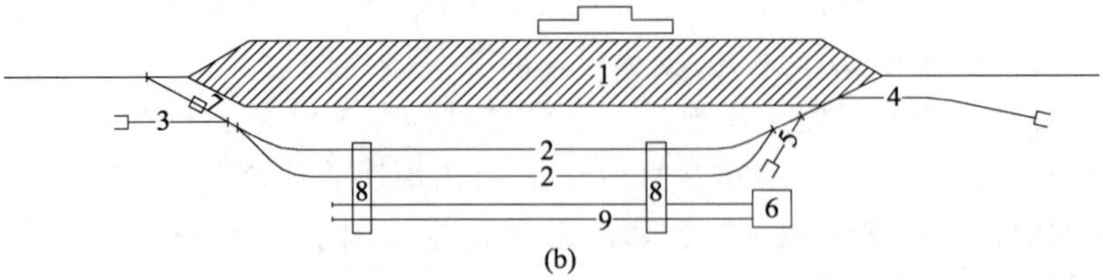

(b)

1—接轨站到发场；2—装车线兼到发线；3—安全线；4—牵出线；5—边修线；
6—转接楼；7—检斤设备；8—移动装车机；9—装车设备走行轨

图 14.2.2—1　采用移动式装车设备的集运站图型

2　当采用定量装车设备时，车站布置宜采用纵列式或环形式图型。

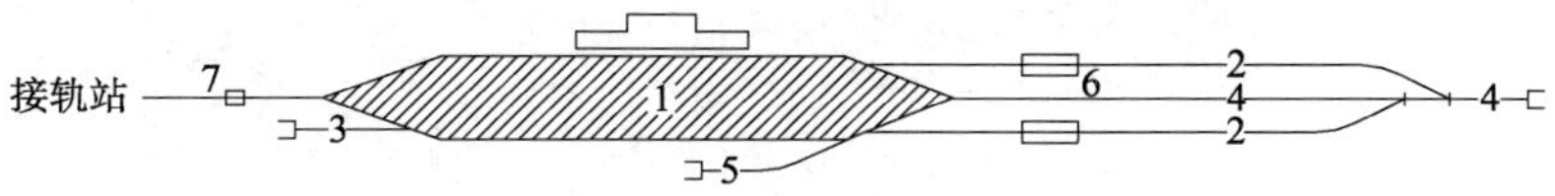

(a)

1—到发场；2—装车线；3—机待线；4—机走线；5—边修线；
6—装车筒仓；7—检斤设备

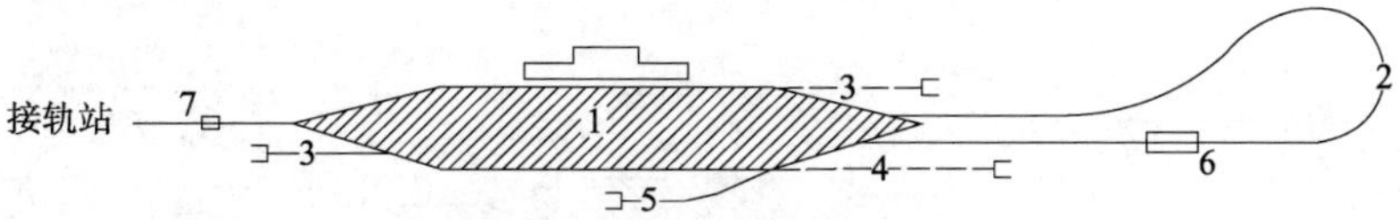

(b)

1—到发场；2—环形装车线；3—机待线；4—牵出线；5—边修线；
6—装车筒仓；7—检斤设备

图 14.2.2—2　采用定量装车设备的集运站图型

3　当矿区或港口有多个装车区域时，车站布置可采用混合式图型。

14.2.3　不同卸车工艺的疏运站图型，可按图 14.2.3—1、图 14.2.3—2、图 14.2.3—3、图 14.2.3—4 布置。

1　当采用站台配卸车设备时，车站布置宜采用横列式图型。

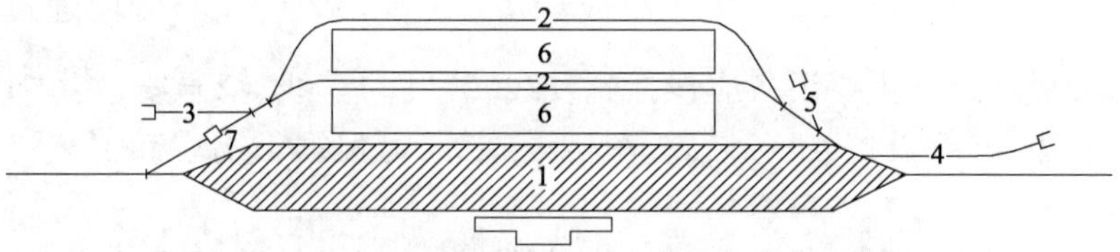

图 14.2.3—1　采用站台配卸车设备的横列式疏运站图型
1—接轨站到发场；2—卸车线兼到发线；3—安全线；4—牵出线；
5—边修线；6—卸车区及堆场；7—检斤设备

2　当采用翻车机时，车站布置图型可采用横列式、纵列式或环形式。

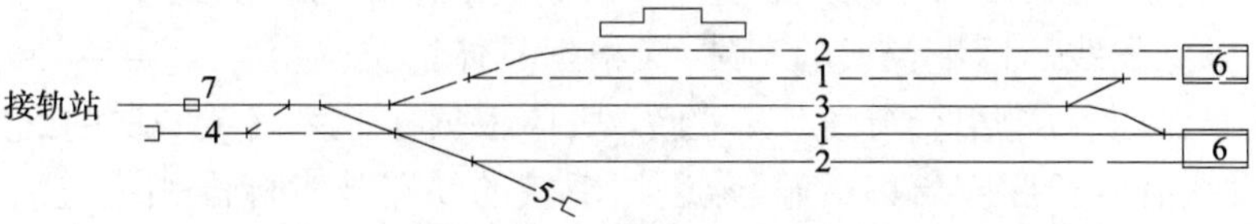

图 14.2.3—2　采用翻车机卸车的横列式疏运站图型
1—重车线；2—空车线；3—机走线；4—牵出线；5—边修线；6—翻车机；7—检斤设备

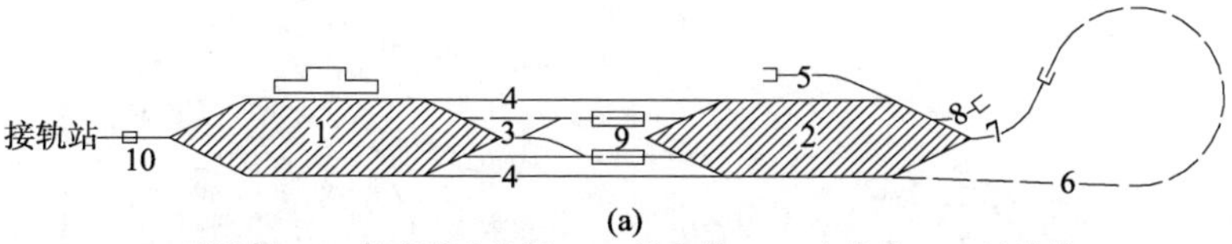

(a)

1—到达场；2—卸车兼出发场；3—机走线；4—出发线；5—边修线；
6—环发线；7—牵出线；8—机待线；9—翻车机；10—检斤设备

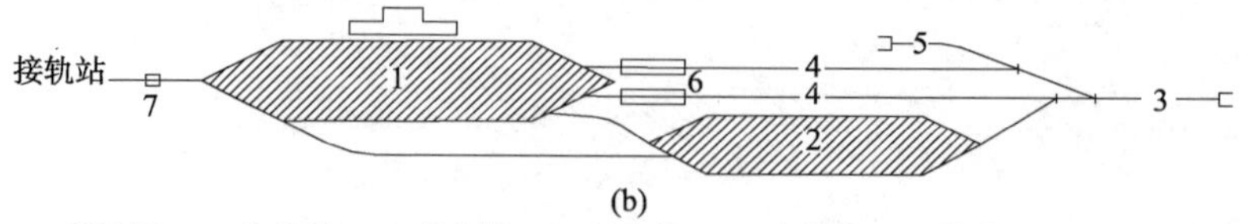

1—到达场；2—空车场；3—牵出线；4—卸车线；5—边修线；6—翻车机；7—检斤设备

图 14.2.3—3　采用翻车机卸车的纵列式疏运站图型

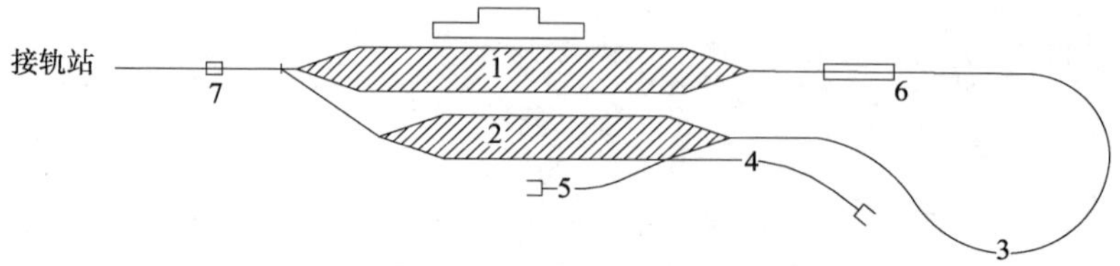

图 14.2.3—4　采用翻车机卸车的环形疏运站图型

1—到达场;2—出发场;3—环形卸车线;4—牵出线;
5—边修线;6—翻车机;7—检斤设备

3　当港口有多个卸车区域时,车站布置可采用混合式图型。

14.3　主要设备配置、站线数量和有效长度

14.3.1　集运站、疏运站主要设备应包括到发线、装(卸)车线、牵出线、装(卸)车设备、抑尘设备、防冻设备、检斤设备、机务设施、车辆设施等,可根据货物装卸工艺流程选取设备或增加其他设备。

14.3.2　集运站、疏运站到发线及装(卸)车线数量,应根据铁路运输的货运量、装卸机械配置、管理和交接方式、车站作业流程、各项作业时分及不均衡运输等因素确定。集运站的到发线或装车线兼做到发线、疏运站的到发线或卸车线兼做到发线不应少于2条,下列情况应增加股道数量:

1　为满足不均衡运输的需要,宜适当增加到发线、到达线或出发线数量1条~2条。

2　横列式、纵列式,以及采用调机进行装(卸)车作业的环形式车站,为满足机车走行,应增加1条到发线。运量较大的车站,应根据具体情况确定。

3　有调车作业、万吨组合分解作业的车站,应根据作业量确定增加的到发线数量。

14.3.3　到发线有效长度应与集运站、疏运站衔接的铁路技术标准相适应。装(卸)车线有效长度宜满足整列装(卸)车条件;困难条件下,有效长度可根据车列最大编组长度计算确定。

15 站场路基和排水

15.1 站 场 路 基

15.1.1 站场路基应按站内正线路基、到发线路基、其他站线路基、场坪等分类设计。

15.1.2 当站场路基路肩高程受洪水位或潮水位控制时，设计洪水频率或重现期应符合下列规定：

1 车站、机务段所、车辆段所、动车段所的路基路肩和主要生产房屋的场坪高程设计洪水频率标准应采用1/100。

2 独立的铁路物流中心路基路肩高程设计洪水频率标准应采用1/50。

3 一般生产办公房屋及相关配套房屋等的场坪高程设计洪水频率标准应采用1/50。

4 港湾站滨海路堤的设计潮水位应采用重现期为100年一遇的高潮位。当滨海路堤兼做水运码头时，还应按水运码头设计要求确定设计最低潮位。

15.1.3 车站路基面形状应根据路基面的宽度、排水要求和路基填挖情况，设计为一面坡、双面坡或锯齿形坡。路基面的横向坡度不宜倾向正线，外包车场的正线应按单独路基设计。到发线路基基床表层顶面、基床底层顶面及底面均应设置不小于2%的横向排水坡。到发线以外的站线路基面排水横坡应结合各地区年降雨量具体确定，且不宜小于2%。

15.1.4 车站内线路中心线至路基面边缘的距离应符合下列规定：

1 电气化铁路及电(光)缆沟槽设于路肩上时，应综合考虑站线轨道设计标准、路肩宽度、养护维修方式、曲线加宽、路基面沉落加宽、铁路各种电(光)缆沟槽、接触网立柱及声屏障基础的设置等要求计算确定。高速铁路的站内正线及到发线外侧线路中心线至路基面边缘的距离不应小于4.6 m。

2 非电气化铁路及各种电(光)缆沟槽不设于路肩上时，车场最外侧线路不应小于3.0 m；有列检作业的车场最外侧线路不应小于4.0 m，困难条件下，采用挡砟墙时不宜小于3.5 m；最外侧梯线和平面调车牵出线有调车人员上、下车作业的一侧不应小于3.5 m；驼峰推送线的车辆摘钩地段，有摘钩作业的一侧不应小于4.5 m，另一侧不应小于4.0 m。

3 不通行列车的站内联络线、机车走行线等单线：土质路基不应小于2.8 m，硬质岩石路基不应小于2.7 m。

4 与站内正线并行共路基的牵出线、安全线等站线中心线至路基面边缘的距离应与站内正线路基半宽相同，并不应小于3.5 m。

5 车站内最外侧线路最小路肩宽度不应小于0.6 m。

15.1.5 站场路基基床设计应符合下列规定：

1 站内正线应与区间正线相同。进出站线路路基标准应与相应设计速度正线标准相同。

2 站线与正线处于同一路基时应与站内正线相同。

3 站线与正线间设有纵向排水槽、站台等设施时,站线路基可与正线路基分开设置。分开设置时,高速铁路到发线的路基基床表层厚度可采用 0.6 m,基床底层厚度可采用 1.9 m,基床总厚度可采用 2.5 m;城际铁路到发线的路基基床表层厚度可采用0.5 m,基床底层厚度可采用 1.0 m,基床总厚度可采用 1.5 m;高速铁路和城际铁路到发线以外的站线路基基床表层厚度可采用 0.3 m,基床底层厚度可采用 0.9 m,基床总厚度可采用 1.2 m。

4 利用既有铁路车站改建地段应根据列车的最高通过速度确定车站正线路基的加固措施。

15.1.6 站场路基填料及压实标准应符合下列规定:

1 站内正线、与正线处于同一路基的站线应与区间正线相同。

2 与正线路基分开设置的站线应按Ⅱ级铁路标准设计。

3 在路基上修建排水沟、站台墙等设施时,路基的回填应符合其相应部位的填料和压实标准。

4 旅客站台的填土和压实标准应按Ⅱ级铁路基床底层的标准进行设计。

5 场坪路基不分层,可采用 D 组填料,压实标准应符合现行国家标准《建筑地基基础设计规范》GB 50007 的有关规定。

15.1.7 当不同线路处于同一路基时,应采用级别较高的线路路基标准;当不同线路间设有纵向排水槽、站台等设施时,路基可分开设置,采用各自的路基标准。

15.1.8 铁路与公路并行间距较小且公路路面高程高于铁路路肩高程,或低于铁路路肩高程 1.0 m 以内,应在靠近铁路的公路路侧设置护栏,其防撞等级应符合有关技术要求。

15.1.9 与正线路基不能分开的到发线路基或无缝线路到发线路基的路桥(涵)、路隧、堤堑等连接处应设置路基过渡段,设置标准应与区间正线相同。

15.2 站场排水

15.2.1 站场排水设计应整体规划、系统设计,并与地方排水系统有效衔接。纵向、横向排水设施应紧密结合,水流径路应短直。改建车站宜利用既有的排水设施。

15.2.2 站场路基面地表水应引排至路基范围以外,引排水不得冲刷路基及边坡等。当地下水对路基、道床有影响时,应设置排水构筑物将其引排至路基外侧的排水系统。

15.2.3 站场排水设施的断面尺寸应按 1/50 洪水频率的流量设计。有充分依据时,可按当地采用的洪水频率进行设计。纵、横向排水槽的底部宽度不应小于 0.4 m,深度不宜大于 1.2 m;当深度大于 1.2 m 时,其底部宽度应加宽。

15.2.4 路基面横向坡度及一个坡面的最大线路数量,可按表 15.2.4 确定,但各类装卸、作业场坪及站房场坪可采用不小于 1% 的横向坡度。

表 15.2.4 路基面横向坡度及一个坡面的最大线路数量

序号	路基岩土种类	地区年平均降水量(mm)	横向坡度(%)	一个坡面的最大线路数量(条)
1	块石类、碎石类、砾石类、砂类土(粉砂除外)等	<600	2~4	4
		≥600	2~4	3

续上表

序号	路基岩土种类	地区年平均降水量(mm)	横向坡度(%)	一个坡面的最大线路数量(条)
2	除上述外其他岩土	<600	2~4	3
		≥600	2~4	2

15.2.5 站场纵向排水设施的位置应根据站场路基面的形状确定。站台范围内纵向排水槽宜设于到发线与到发线、到发线与正线之间,困难条件下也可设于到发线与站台之间。站场横向排水槽不宜穿越站台和正线。

15.2.6 站场纵向排水槽单面排水坡长度不宜大于 300 m,必要时可设置横向排水槽。

15.2.7 纵向排水设施的坡度不应小于 2‰,困难条件下,不应小于 1‰。穿越线路的横向排水设施的坡度不应小于 5‰,在特别困难条件下,可根据具体情况设置。

15.2.8 横向排水设施宜利用站内桥涵;无桥涵可利用时,可采用横向排水槽或排水管。

15.2.9 位于调车作业区、列检作业区、装卸作业区等有作业人员及车辆通行地段的排水设施应满足人员及车辆通行要求。

15.2.10 纵横向排水槽(管)的交汇点、排水管的转弯处和高程变化处应设检查井或集水井。

15.2.11 站场排水设施不宜与接触网柱、雨棚柱等基础交叉;困难条件下可绕行,但不得降低排水能力。

15.2.12 冻胀性路基地段的排水槽基础应设置在冻结线以下 0.25 m。冻结线大于 0.8 m并造成排水槽过深时,宜采用钢筋混凝土排水槽。

16　站 线 轨 道

16.1　轨道设计标准

16.1.1　站线轨道类型应符合下列规定：

1　到发线宜采用有砟轨道，其余站线应采用有砟轨道。

2　高架车站、地下车站或站台范围设架空层的客车到发线可采用无砟轨道。

3　正线为无砟轨道时，与正线相邻的到发线可采用无砟轨道。

16.1.2　站线有砟轨道设计标准应根据站线的用途按表 16.1.2 选用。

表 16.1.2　站线有砟轨道设计标准

项　目	单位	到发线									驼峰溜放部分线路	其他站线	
		无缝线路				有缝线路							
		高速铁路	城际铁路	客货共线铁路		城际铁路	客货共线铁路		重载重车	重载轻车		高速、城际	重载、客货共线
钢轨	kg/m	60				50	60、50		60	50	50	50	
扣件	—	弹条Ⅱ型				弹条Ⅰ型	弹条Ⅱ型、Ⅰ型		重载专用	弹条Ⅰ型	弹条Ⅰ型	弹条Ⅰ型	
轨枕 混凝土枕 型号	—	Ⅲ	新Ⅱ	Ⅲ	新Ⅱ	新Ⅱ	Ⅲ	新Ⅱ	重载专用	新Ⅱ	新Ⅱ	新Ⅱ	
轨枕 混凝土枕 铺枕根数	根/km	1 667	1 760	1 667	1 760	1 520	1 760～1 520		1 680	1 600	1 520	1 440	
道床 道砟材质	—	一级				一级					一级	一级	
道床 顶面宽	m	3.4	3.3	3.4	3.3	2.9	3.0	2.9	3.1	2.9	2.9	2.9	
道床厚度 土质路基 双层 面砟	cm	—		—		—	20		—	—	25	—	
道床厚度 土质路基 双层 底砟	cm	—		—		—	20		—	—	20		
道床厚度 土质路基 单层 道砟	cm	35	30	35		30	35		35	35	35	25	
道床厚度 硬质岩石路基 单层 道砟	cm	35	30	30		30	25		25	25	30	25	20
道床厚度 级配碎石、或级配砂砾石路基 单层 道砟	cm	35	30	30		30	25		25	25	—	—	
道床 边　坡	—	1∶1.75				1∶1.5					1∶1.5	1∶1.5	

注：1　钢轨系指新轨或再用轨。

2　到发线还包括到达线、出发线、编发线等。

3　当重载铁路到发线铺设无缝线路时，道床顶面宽度、边坡等设计参数应满足无缝线路设计的有关规定。

4　驼峰溜放部分线路系指自峰顶至调车线减速器出口的一段线路。

5　其他站线系指到发线及驼峰溜放部分线路以外的站线。

6　当站线采用大型养路机械养护维修时轨枕根数不应小于 1 600 根/km。

16.1.3　特大型、大型客运站的客车到发线及其他车站接发动车组列车的到发线应采用无缝线路。

16.1.4 站线轨道常备材料、护轨、线路及信号标志的设置应符合现行《铁路轨道设计规范》TB 10082 的有关规定。

16.2 钢轨及配件

16.2.1 同一条站线应铺设同类型的钢轨，铺设两种不同类型的钢轨时应采用异型钢轨连接。

16.2.2 站线为无缝线路时，宜采用与站线连接的道岔同类型钢轨，并采用 100 m 定尺长钢轨，其绝缘接头应采用胶接绝缘接头；站线为有缝线路时应采用 25 m 定尺钢轨。

16.2.3 小半径曲线地段应结合运输要求采用耐磨钢轨。

16.2.4 下列位置不应有钢轨接头，如不可避免时，应将其焊接或胶接。

1 桥梁端部、拱桥温度伸缩缝和拱顶等处前后 2 m 范围内。

2 设有钢轨伸缩调节器钢梁的温度跨度范围内。

3 钢梁的横梁顶上。

4 道口范围内。

16.3 轨枕及扣件

16.3.1 不同类型的轨枕不应混铺。当成段铺设的不同类型的轨枕分界处有钢轨接头时，应保持同类型轨枕延伸至钢轨接头外 5 根以上。

16.3.2 与道岔连接的线路，其轨枕类型应与道岔的岔枕类型相同，不同时应在道岔前后两端铺设与岔枕类型相同的轨枕过渡。过渡范围为正线上道岔前后两端各 50 根轨枕，站线上道岔前后两端各 15 根轨枕。

16.4 道　　床

16.4.1 站线道床应采用一级碎石道砟，材料应符合铁路碎石道砟和铁路碎石道床底砟的有关规定。

16.4.2 站线道床厚度应按本规范表 16.1.2 采用，其中土质路基接发动车组列车以外的到发线、驼峰溜放部分线路的道床应采用双层道砟，当年降雨量小于 600 mm 且不造成路基病害的情况下，也可采用单层道砟。

16.4.3 站线轨道的道床应按单线轨道设计，下列轨道间及其外侧，应采用渗水材料填平至轨枕底下 3 cm，并铺设面板：

1 经常有调车和列检等作业的调车线、推送线、牵出线、到发线和客车整备线。

2 有调车作业的咽喉区。

16.4.4 站线轨道的道床肩宽应符合下列规定：

1 到发线为无缝线路时，其道床肩宽应为 0.4 m，半径小于及等于 600 m 的曲线地段，其曲线外侧道床肩宽应增加 0.1 m。

2 推送线经常有摘钩作业一侧的道床肩宽不应小于 2.0 m，另一侧不应小于 1.5 m。

3　调车线、区段站及以上大站的牵出线和有列检作业的到发线、客车整备线轨道外侧的道床肩宽不应小于1.5 m。

4　除上述情况外的其余站线轨道道床肩宽应为0.2 m,曲线外侧不加宽。

16.4.5　铺设新Ⅱ型、Ⅲ型混凝土枕地段的道床顶面应与轨枕中部顶面平齐,铺设岔枕、桥枕等地段的道床顶面应低于轨枕承轨面3 cm。

16.4.6　道岔区的道床厚度、肩宽、边坡应与连接的主要线路一致,连接线路轨道结构高度差应在道岔的末根岔枕外顺坡。

16.4.7　在无砟轨道与有砟轨道、整体道床及其他新型轨下基础等不同轨道结构类型之间或不同无砟轨道结构之间,应设置过渡段,过渡段的设置应符合相关规定。

16.4.8　由于作业、排水或其他需要的专用线路可铺设整体道床或其他特殊轨下基础,并应根据地质条件进行设计。

16.5　道　　岔

16.5.1　正线上的道岔,其轨型应与正线轨型一致。站线上的道岔,其轨型不应低于该线路的轨型,当其高于该线路轨型时,则应在道岔前后各铺长度不小于6.25 m与道岔同类型的钢轨或异型轨,困难条件下,不应小于4.5 m,并不应连续铺设。

16.5.2　道岔辙叉号数选择应符合下列规定:

1　正线道岔的列车直向通过速度不应小于路段设计速度。

2　跨线列车联络线与正线连接的道岔应根据联络线的设计速度确定,侧向通过列车速度80 km/h以上至160 km/h时单开道岔可采用42号,接轨于车站且列车均停站时可采用18号道岔。

3　用于侧向通过列车,速度50 km/h以上至80 km/h的单开道岔不得小于18号,速度不大于50 km/h的单开道岔不得小于12号。

4　用于侧向接发旅客列车的单开道岔不得小于12号。

5　用于侧向接发货物列车并位于正线的单开道岔,在会越站、中间站不得小于12号,在其他车站不得小于9号。

6　重载铁路用于侧向接发万吨及以上列车的道岔不宜小于18号,正线上的渡线道岔及用于接发其他列车的道岔不应小于12号。

7　正线不应采用复式交分道岔,困难条件下需要采用时,不应小于12号。

8　正线跨区间无缝线路及设计速度160 km/h及以上的路段,不应采用交叉渡线。困难条件下,路段设计速度小于160 km/h时,可采用交叉渡线。

9　动车段(所、存车场)内到发停车场到达(出发)端的道岔宜采用12号道岔,困难条件下可采用9号道岔。

10　驼峰溜放部分应采用6号对称道岔;改建困难时,可保留其他对称道岔;当调车场外侧线路连接特别困难时,可采用9号单开道岔。到达场出口、调车场尾部、物流中心及段管线等站线上,可采用6号对称道岔。

11　其他线路的单开道岔不得小于9号。

16.5.3　旅客列车设计速度大于160 km/h的路段,正线道岔应采用可动心轨道岔。

16.5.4　正线及站线均应采用混凝土岔枕道岔。

16.5.5 道岔的扣件类型应与连接的主要线路的扣件相同。

16.5.6 相邻单开道岔间插入的钢轨长度 f 不应小于表 16.5.6—1 及表 16.5.6—2 的规定。

表 16.5.6—1 两对向单开道岔间插入钢轨的最小长度(单位:m)

道岔布置	线别		有列车同时通过两侧线		无列车同时通过两侧线
			一般情况	困难情况	
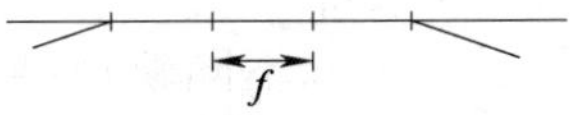	正线	直向通过速度 v>120 km/h	—	—	12.5 (25.0)
	正线	直向通过速度 v≤120 km/h	—	—	6.25 (25.0)
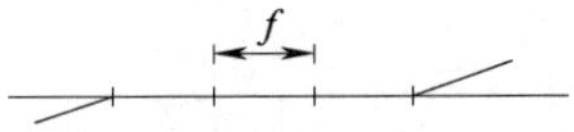	正线	直向通过速度 v>160 km/h	25.0 (50.0)	12.5 (32.0)	12.5 (25.0)
	正线	直向通过速度 160 km/h≥v>120 km/h	12.5 (25.0)	12.5 (25.0)	12.5 (25.0)
	正线	直向通过速度 v≤120 km/h	12.5 (25.0)	6.25 (25.0)	6.25 (25.0)
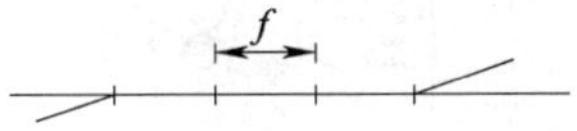	到发线	客车	12.5 (25.0)	12.5 (12.5)	0 (12.5)
	到发线	货车	6.25	6.25	0
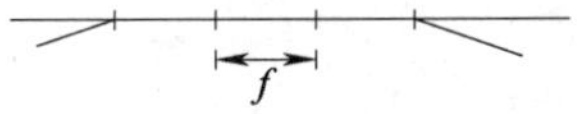	其他站线	客车	12.5	12.5	0
	其他站线	货车	—	—	0

表 16.5.6—2 两顺向单开道岔间插入钢轨的最小长度(单位:m)

道岔布置	线别		混凝土岔枕道岔	
			一般情况	困难情况
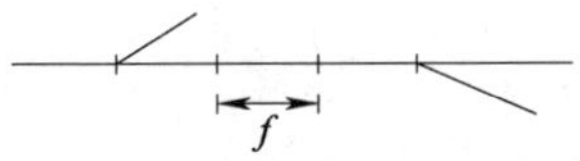	正线	直向通过速度 v>160 m/h	25.0(25.0)	12.5(25.0)
	正线	直向通过速度 160 km/h≥v>120 km/h	12.5(25.0)	12.5(25.0)
	正线	直向通过速度 v≤120 m/h	12.5(25.0)	8.0(25.0)
	到发线		12.5(25.0)	8.0(12.5)
	其他站线	客车	12.5	8.0
	其他站线	货车	8.0	6.25
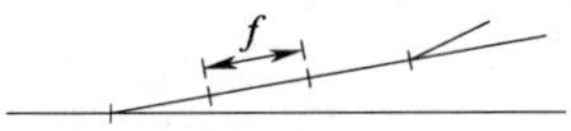	到发线		12.5(25.0)	8.0(12.5)
	其他站线	客车	12.5	8.0
	其他站线	货车	8.0	6.25

注:1 括号内的数字为股道采用 18 号单开道岔时插入的最小钢轨长度。
2 道岔间插入钢轨的最小长度除应符合表 16.5.6—1 及表 16.5.6—2 的一般规定外,尚应按道岔结构要求适当调整。
3 正线、站线采用无缝线路或通行动车组列车时,道岔间插入钢轨的最小长度不应小于 12.5 m。
4 相邻两道岔轨型不同,插入钢轨应采用异型轨。
5 客车整备所线路采用 6 号对称道岔连续布置时,插入钢轨长度不应小于 12.5 m。
6 列车是指编成的车列并挂有机车及规定的列车标志,不含未完全具备列车条件按列车办理的机车车辆。

16.5.7 道岔配列应满足道岔转换设备安装及有砟与无砟轨道、有缝与无缝线路设置过渡段的要求。

附录 A 铁路建筑限界

A. 0. 1 高速铁路建筑限界轮廓及基本尺寸应符合图 A. 0. 1 的规定。

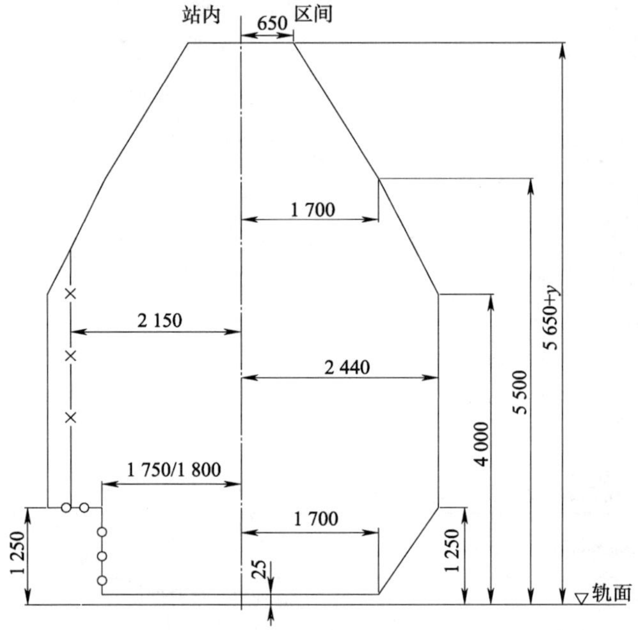

图 A. 0. 1 高速铁路建筑限界轮廓及基本尺寸(单位:mm)

—×—×—×— 信号机、高架候车室结构柱和接触网、跨线桥、天桥、电力照明、雨棚等杆柱的建筑限界(正线不适用)。

—○—○—○— ①站台建筑限界(侧线站台为 1 750 mm;正线站台,无列车通过或列车通过速度不大于 80 km/h 时为 1 750 mm,列车通过速度大于 80 km/h 时为 1 800 mm)。

②站内反方向运行矮型出站信号机的限界为 1 800 mm。

———— 各种建(构)筑物的基本限界,也适用于桥梁和隧道。

y 为接触网结构高度。

A.0.2 城际铁路建筑限界轮廓及基本尺寸应符合图 A.0.2 的规定。

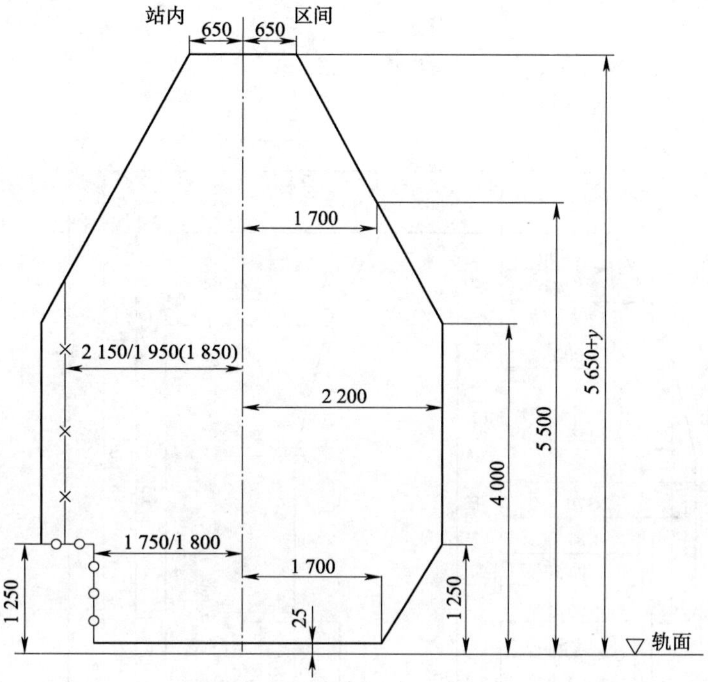

图 A.0.2 城际铁路建筑限界轮廓及基本尺寸(单位:mm)

—×—×—×— ①信号机、高架候车室结构柱和接触网、跨线桥、天桥、电力照明、雨棚等杆柱的建筑限界为 2 150 mm(正线不适用)。

②站台门的建筑限界(正线不适用):地面车站或高架车站为1 950 mm,地下车站为 1 850 mm。

—○—○—○— ①站台建筑限界(侧线站台为 1 750 mm;正线站台、无列车通过或列车通过速度不大于 80 km/h 时为 1 750 mm,列车通过速度大于 80 km/h 时为 1 800 mm)。

②站内反方向运行矮型出站信号机的限界为 1 800 mm。

———— 各种建筑物的基本限界,也适用于桥梁和隧道。

y 为接触网结构高度。

A. 0. 3　客货共线铁路、重载铁路建筑限界轮廓及基本尺寸应符合图 A. 0. 3—1 ~ 图 A. 0. 3—3 的规定。

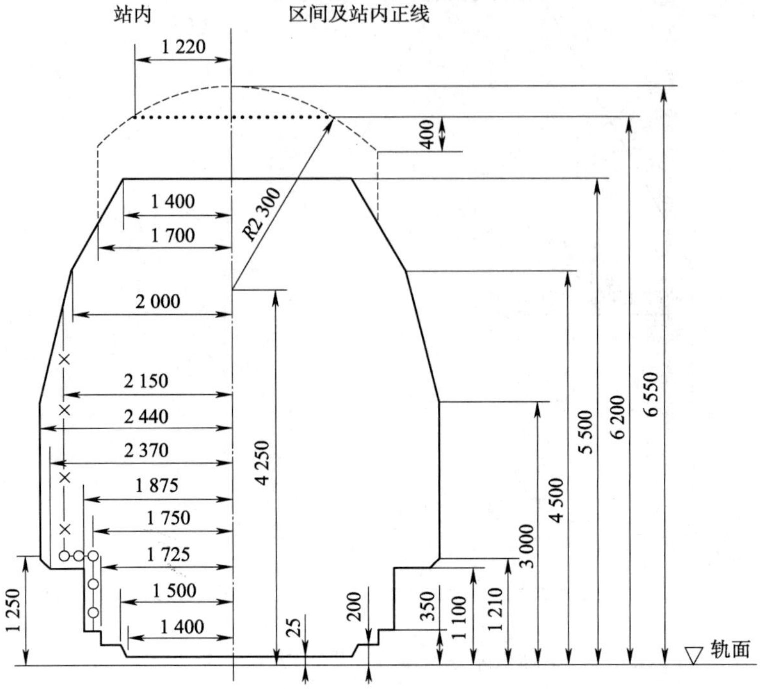

图 A. 0. 3—1　$v \leq 160$ km/h 客货共线铁路、重载铁路基本建筑限界轮廓及基本尺寸(单位:mm)

—×—×—×— 信号机、高架候车室结构柱和接触网、跨线桥、天桥、电力照明、雨棚等杆柱的建筑限界(正线不适用)。

—○—○—○— 站台建筑限界(正线不适用)。

———————— 各种建(构)筑物的基本限界。

- - - - - - - - 适用于电力牵引区段的跨线桥、天桥及雨棚等建(构)筑物。

·················· 电力牵引区段的跨线桥在困难条件下的最小高度。

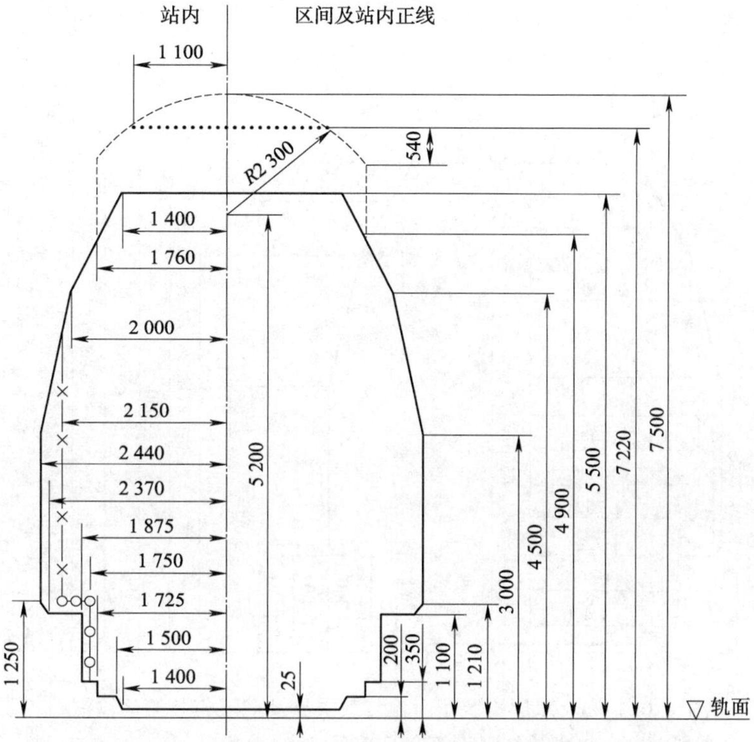

图 A. 0. 3—2　v>160 km/h 客货共线铁路基本建筑限界轮廓及基本尺寸(单位:mm)

—×—×—×— 信号机、高架候车室结构柱和接触网、跨线桥、天桥、电力照明、雨棚等杆柱的建筑限界(正线不适用)。

—○—○—○— 站台建筑限界(正线不适用)。

———————— 各种建(构)筑物的基本限界。

- - - - - - - - 适用于电力牵引区段的跨线桥、天桥及雨棚等建(构)筑物。

·················· 电力牵引区段的跨线桥在困难条件下的最小高度。

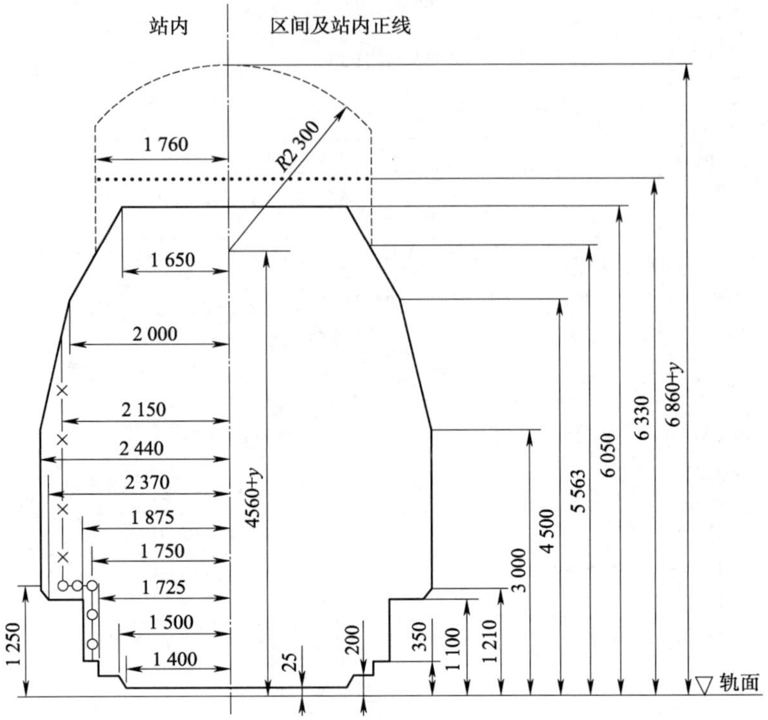

图 A. 0. 3—3　双层集装箱运输装载限界及双层集装箱运输铁路基本建筑限界轮廓及基本尺寸(单位:mm)

—×—×—×— 信号机、高架候车室结构柱和接触网、跨线桥、天桥、电力照明、雨棚等杆柱的建筑限界(正线不适用)。

—o—o—o— 站台建筑限界(正线不适用)。

———————— 适用于内燃牵引区段的双层集装箱运输基本建筑限界。

-------------- 适用于电力牵引区段的双层集装箱运输基本建筑限界。

·················· 接触线导线的最低高度为 6 330 mm。

y 为接触网结构高度。

附录 B　曲线地段建筑限界加宽

B.0.1　曲线地段的建筑限界仅考虑因超高产生车体向曲线内侧倾斜的加宽，曲线上建筑限界的加宽范围应包括全部圆曲线、缓和曲线和部分直线，并应采用阶梯加宽方法，或采用曲线圆顺方式（图 B.0.1）。加宽量应按下式计算：

$$W_1=\frac{H}{1\ 500}h \tag{B.0.1}$$

式中　W_1——曲线内侧加宽量（mm）；

H——轨顶面至计算点的高度（mm）；

h——外轨超高（mm）。

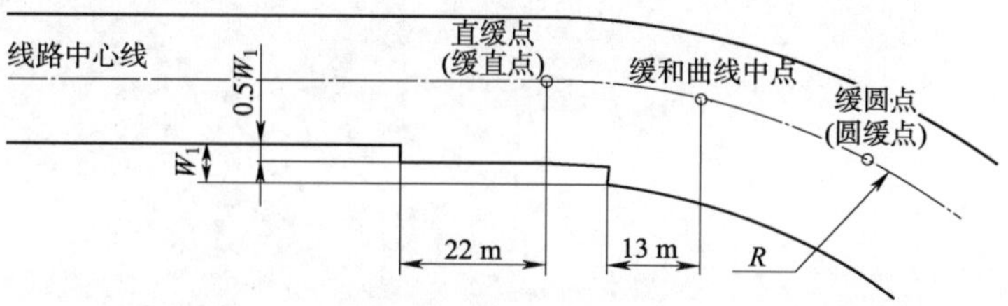

图 B.0.1　曲线地段建筑限界的加宽方法（一般地段）

B.0.2　曲线地段的站线侧信号机、高架候车室结构柱和接触网、跨线桥、天桥、电力照明、雨棚等杆柱的建筑限界，站内反方向运行矮型出站信号机和站台建筑限界，应根据曲线内、外侧的限界进行加宽。曲线加宽范围，应包括全部圆曲线、缓和曲线和部分直线，并应采用阶梯加宽方法（图 B.0.2）。加宽量应按下列公式进行计算：

$$W_1=\frac{40\ 500}{R}+\frac{H}{1\ 500}h \tag{B.0.2—1}$$

$$W_2=\frac{44\ 000}{R} \tag{B.0.2—2}$$

$$W=W_1+W_2=\frac{84\ 500}{R}+\frac{H}{1\ 500}h \tag{B.0.2—3}$$

式中　W_1——曲线内侧加宽（mm）；

W_2——曲线外侧加宽（mm）；

W——曲线内外侧加宽和（mm）；

R——曲线半径（m）；

H——计算点自轨面算起的高度（mm）；

h——外轨超高（mm）；

$\frac{H}{1\ 500}h$——值也可以用内侧轨顶为轴，将有关限界旋转 θ 角（$\theta=\arctan\frac{h}{1\ 500}$）求得。

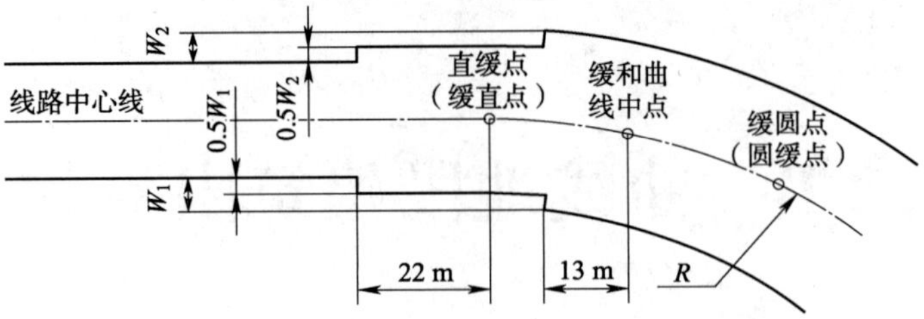

图 B. 0. 2　曲线地段建筑限界的加宽方法(杆柱)

本规范用词说明

执行本设计规范时，对于要求严格程度的用词说明如下，以便在执行中区别对待。

(1)表示很严格，非这样做不可的用词：

正面词采用“必须”；

反面词采用“严禁”。

(2)表示严格，在正常情况均应这样做的用词：

正面词采用“应”；

反面词采用“不应”或“不得”。

(3)表示允许稍有选择，在条件许可时首先应这样做的用词：

正面词采用“宜”；

反面词采用“不宜”。

(4)表示有选择，在一定条件下可以这样做的，采用“可”。

《铁路车站及枢纽设计规范》
条 文 说 明

本条文说明系对重点条文的编制依据、存在的问题以及在执行中应注意的事项等予以说明，不具备与规范正文同等的法律效力，仅供使用者作为理解和把握规范规定的参考。为了减少篇幅，只列条文号，未抄录原条文。

1.0.2　2006年6月实施的《铁路车站及枢纽设计规范》GB 50091—2006(以下简称原《站规》)规定的适用范围为客货列车共线运行、旅客列车设计速度等于或小于160 km/h、货物列车设计速度等于或小于120 km/h的Ⅰ、Ⅱ级标准轨距铁路车站及枢纽的设计。本次修订将本规范的适用范围调整为适用于标准轨距高速铁路，城际铁路，客货共线Ⅰ、Ⅱ级铁路和重载铁路的车站及枢纽设计。高速铁路是设计速度250 km/h(含预留)及以上、运行动车组列车、初期运营速度不小于200 km/h的客运专线铁路，速度分级为250 km/h、300 km/h、350 km/h三档。城际铁路是专门服务于相邻城市间或城市群，设计速度200 km/h及以下的快速、便捷、高密度客运专线铁路，速度分级一般按200 km/h、160 km/h、120 km/h三档划分，仅运行动车组列车，不考虑机车牵引旅客列车上线运营。客货共线Ⅰ、Ⅱ级铁路为客货列车共线运行，旅客列车设计速度等于或小于200 km/h，货物列车设计速度等于或小于120 km/h。重载铁路需满足列车牵引质量8 000 t及以上、轴重为27 t及以上、在至少150 km线路区段上年运量大于4 000万t三项条件中的两项，重载货物列车设计速度等于或小于100 km/h，其他货物列车设计速度等于或小于120 km/h，重载铁路可兼顾客运。Ⅲ、Ⅳ级铁路的设计应采用《Ⅲ、Ⅳ级铁路设计规范》GB 50012—2012。

1.0.4　为使铁路车站及枢纽的建设能配合运量增长分阶段进行，其设计年度应有合理的规定。分期的原则既要防止过早投资，增大铁路车站及枢纽的建设规模；又要避免工程建成不久就满足不了运量增长的需要，造成改建频繁，影响运营；还必须具有前瞻性，使车站及枢纽的建设标准和规模能适应较长的时间。

关于铁路车站及枢纽的设计年度，本次沿用了原《站规》对设计年度的规定。《站规》规定为近、远两期，近期为交付运营后第10年，远期为交付运营后第20年，这是要求远期要具有前瞻性，能更好地从整体上把握设备的最终标准和规模，使铁路建设有一个较长时期的相对稳定期。为避免近期工程过大，又规定"可随运输需求变化而增减的运营设备，可按交付运营后第5年的运量设计"。

枢纽总布置图是枢纽发展规划的指导性文件，应能在较长的发展阶段中起作用。中华人民共和国成立以来铁路枢纽建设的实践表明，一个枢纽最终规模的建成一般都经历了几十年的时间。枢纽总布置图只考虑10年、20年是不够的。因此，枢纽总布置图应结合路网规划和城市规划，充分考虑远景规划，留有进一步发展的条件。

枢纽总布置图随着客观形势和事物的发展变化，必要时应进行修正。

1.0.6 铁路枢纽的线、站、场和设备众多,工程复杂,施工干扰和难度大,建成一个枢纽需要花费巨大的投资。由于影响枢纽布局的因素很多,为了寻求合理的设计方案,协调各方面的关系,取得最大的经济和社会效益,必须经过技术经济比较确定设计方案。

规模较大及地形、地质条件复杂或有关方面提出特殊要求的车站,其站址或布置形式也需进行方案比较。

改建车站的设计不能完全脱离原有的基础,应充分利用既有设备,节约工程投资。既有设备的利用,一方面可根据需要加以必要的改造,另一方面也要使改建的设计方案适应于利用既有设备的要求。

1.0.7 枢纽总布置图应确定枢纽近、远期及长远规划的总体布局,各方向线路的引入方式,枢纽内线路的配置和各主要站(段)的数量、位置、用途及其分工等。根据运营需要、城市建设和其他运输系统的要求,铁路枢纽总布置图应满足枢纽分期建设的需要。在考虑分期工程时,应尽量避免在下一期改建工程中有较多废弃和严重干扰运营等情况发生,同时,还要考虑发展需要预留用地。

单线铁路改造一般有增建二线、复线电气化及提高设计速度等手段,单线铁路车站设计时应根据所在干线远期需要预留扩能提速条件;即使新建铁路一次复线电气化,也不排除将来大修时更换新型轨道结构及道岔的情形,车站设计要考虑上述情况,做好规划,预留发展条件。

车站改建工程较复杂时,例如车站纵断面需要抬高或落低,既有车站的线路平面需要作较大的改动,以及站内大型建(构)筑物和设备的施工需要封锁站内既有线路等,为了保证设计方案的顺利实施和投资的准确性,设计单位应进行指导性施工过渡设计。在保证施工期间满足最低限度能力需要的基础上,确保运营和施工安全,尽量减少施工对运营的干扰,并使过渡费用及造成的废弃工程最小。

1.0.8 铁路车站及枢纽设计的涉及面较广,是一项总体性较强的系统工程,设计文件系由诸多专业协同完成的,因此各专业应紧密配合、相互协调,共同研究和确定设计标准、规模和方案,以保证设计文件质量。

站场内由相关专业设计的各类构筑物、地下电(光)缆沟(槽)、给排水管、站场排水沟(槽)、防雷接地等设施(含预留发展的设施)纵横交错,设计时需对其平面位置和高程进行综合考虑,统一规划,以避免施工时相互干扰和重复返工。

1.0.10 建筑限界是铁路的基本技术标准之一,与铁路车站及枢纽的设计密切相关。

(1)高速铁路建筑限界高度主要考虑接触网悬挂方式、导线高度、结构高度、带电体对地绝缘距离以及施工误差等因素。建筑限界最大高度采用“5 650+y(mm)”表示。其中,5 650 mm 为接触导线最低高度 5 300 mm+对地绝缘距离 300 mm+施工误差、抬道影响 50 mm 等之和;y 为接触网结构高度,不同的悬挂方式,高度不同。弹性链型悬挂时为 1 600 mm(对应高度为 7 250 mm),简单链型悬挂时为 1 400 mm(对应高度为 7 050 mm);采用刚性悬挂时,结构高度根据设计确定。此种表示方式,可以根据不同设计速度所采用的不同接触网悬挂方式,确定合理的建筑限界高度,可以减少工程量,特别是有大量地下工程的高速铁路。

建筑限界的宽度主要与机车车辆限界的宽度、列车运行中横向振动偏移量、轨道状态等因素有关。我国高速铁路机车车辆限界,与 GB 146.1—83 中的机车车辆限界的基本尺寸大致相同,仅进行了局部修改,其高度仍为 4 800 mm,宽度仍为 3 400 mm。由于高速铁路不考虑货物列车运行，特别是不考虑宽 4 450 mm 的超限货物列车运行，建筑限界最大宽度可以适当减小，但考虑与既有铁路网的建筑限界标准统一，即与 GB 146. 2—83 中的规定一致，仍为 4 880 mm。

(2)城际铁路建筑限界的高度主要考虑接触网悬挂方式、导线高度、结构高度、带电体对地绝缘距离以及施工误差等因素。建筑限界最大高度采用“5 650+y(mm)”表示。其中，5 650 mm 为接触导线最低高度 5 300 mm+对地绝缘距离 300 mm+施工误差、抬道影响 50 mm 等之和；y 为接触网结构高度，不同的悬挂方式，高度不同。弹性链型悬挂时为 1 600 mm(对应高度为 7 250 mm)，简单链型悬挂时为 950 mm～1 400 mm(对应高度为 6 550 mm～7 050 mm)；采用刚性悬挂时，结构高度根据设计确定。此种表示方式，可以根据不同设计速度所采用的不同接触网悬挂方式，确定合理的建筑限界高度，可以减少工程量，特别是有大量地下工程的城际铁路。

建筑限界的宽度主要与机车车辆限界的宽度、列车运行中横向振动偏移量、轨道状态等因素有关。我国城际铁路机车车辆限界，与 GB 146. 1—83 中的机车车辆限界的基本尺寸大致相同，仅进行了局部修改，其高度仍为 4 800 mm，宽度仍为 3 400 mm。由于城际铁路不考虑货物列车运行，特别是不考虑宽 4 450 mm 的超限货物列车运行，建筑限界最大半宽可以减小至 2 200 mm。考虑最大侧风风速 30 m/s 时，CRH 系列动车组的横向最大偏移位置为 1 826 mm。借鉴地铁限界制定原则，建筑限界与车辆限界之间的间隙为 300 mm，考虑 20% 的安全裕量，即取 360 mm 作为城际铁路建筑限界与车体最大偏移位置之间的间隙。计算得到明线建筑限界最大半宽为 2 186 mm，取整为 2 200 mm。隧道内不考虑侧风作用时，CRH 系列动车组的横向最大偏移位置为 1 722 mm，仍以 360 mm 作为建筑限界与车体最大偏移位置之间的间隙，计算得到的隧道建筑限界最大半宽为 2 082 mm，考虑会车压力波的影响，取整为 2 200 mm。

(3)为方便旅客上下车，高速铁路、城际铁路的站台高度应与客车车辆的地板高度相适应，根据我国动车组情况，确定为 1 250 mm。因而，站台高度限界确定为 1 250 mm。

站台位于站线一侧时，站台边缘至线路中心线的距离为1 750 mm，站台安全标线与站台边缘距离为 1 000 mm，高速铁路、城际铁路站台限界的宽度与既有线站台限界宽度一致。根据铁路客运专线技术管理办法对列车运行的基本要求，在环境风风速超过 15 m/s时，动车组运行速度不得超过 45 km/h。因此，列车通过侧线站台时考虑最大侧风风速 15 m/s。根据仿真计算结果，15 m/s 侧风作用下 CRH 系列动车组站台高度处的横向最大偏移位置为 1 736 mm。参考地铁设计规范，站台边缘与车厢地板面高度处的车辆限界之间的水平间隙不宜小于 10 mm，现行客运专线站台建筑限界宽为 1 750 mm，符合这一要求。另外地铁设计规范规定站台边缘与车厢地板面高度处的车辆轮廓线之间的水平间隙不宜大于 100 mm，CRH1、CRH2、CRH3 和 CRH5 型动车组站台高度处车体与站台建筑限界的间隙分别为 207 mm、69 mm、149 mm 和168 mm，除 CRH2 型动车组外都存在间隙过大的问题。因此站线侧站台限界宽度仍维持 1 750 mm。

根据有关规定，正线邻靠站台时，列车通过最高速度不得超过 250 km/h。当正线邻靠站台无列车通过或列车通过速度不大于 80 km/h 时，考虑与站线要求一致，站台限界可采用 1 750 mm，安全标线距站台边缘 1.0 m。当正线邻靠站台列车通过速度大于 80 km/h 时，根据仿真计算结果，当侧风风速大于 20 m/s 时，车体偏移最大的 CRH2 型动车组站台高度处的车体偏移位置可能超过1 750 mm，但风速达到 30 m/s 时最大偏移位置也不超过 1 795 mm,因此规定正线邻靠站台列车通过速度大于 80 km/h 时,正线站台限界宽度为 1 800 mm,同时需在距站台边缘 1.2 m 处设置安全防护设施。

《铁路技术管理规程》中客货共线铁路建筑限界规定信号机建筑限界(正线不适用)为 2 150 mm,参考此要求,规定站线侧信号机、高架候车室结构柱和接触网、跨线桥、天桥、电力照明、雨棚等杆柱建筑限界(正线不适用)采用 2 150 mm。

建筑限界的曲线加宽,通常考虑曲线上车辆的几何偏移量和超高引起的车辆偏移量,经计算,车体在曲线上的几何偏移量甚小(小于附加的安全余量 150 mm)。故曲线限界加宽只考虑由于超高引起车体倾斜的曲线内侧加宽。曲线地段的站线侧信号机、高架候车室结构柱和接触网、跨线桥、天桥、电力照明、雨棚等杆柱的建筑限界、站内反方向运行矮柱出站信号机和站台建筑限界,需考虑曲线内、外侧的限界加宽。

(4)根据运输组织,客货共线铁路除运行机车牵引的客、货列车外,有的线路还可能运行动车组和双层集装箱列车,因此其建筑限界必须满足不同运输行车安全的要求。

现行国家标准《标准轨距铁路机车车辆限界》GB 146.1 和《标准轨距铁路建筑限界》GB 146.2 是对铁路建筑物和设备、机车车辆几何尺寸的限制。要求铁路一切建筑物和设备在任何情况下均不能侵入建筑接近限界;机车车辆的一切部位在任何情况下均不得超出机车车辆限界,否则将危及行车安全和作业人员的人身安全。故规定铁路建(构)筑物和设备的限界应符合上述现行国家标准的规定。

近年来我国铁路集装箱运输取得了长足的发展,据有关研究表明,我国主型 X6A 集装箱专用平车,在到发线有效长度 850 m 的线路条件下,单、双层可分别装载 106 和 152TEU,双层较单层集装箱每列可提高货运量 44%;在运输能力和运输收入方面,开行轴重 25 t、载重 78 t 的双层集装箱列车,与单层集装箱列车相比装箱能力提高了 40% 以上,相应可增加运输收入 40%;在综合效益方面,开行双层集装箱列车虽然增加了扩大建筑限界引起的工程投资,但可以释放繁忙干线能力用于其他货物运输,并节省运营成本。据有关部门测算,双层集装箱每万箱公里成本较单层集装箱列车可节省运营成本 12% ~ 13%。因此铁路发展双层集装箱运输具有较好的经济效益。

新建线路应考虑双层集装箱列车运输方案,限界扩大而引起的工程投资增加不多,根据有关设计验证,按照两个四十英尺超高箱运输方案,限界扩大引起的工程投资约占总投资的 2.5%。因此,对规划为双层集装箱运输网中的线路,应按照现行《铁路技术管理规程》的限界要求进行设计。

2.0.7 线路有效长度包括到发线、到达线、出发线、编发线、调车线、牵出线、货物装卸线、机待线、安全线等的有效长度。线路有效长度应根据线路的布置形式及采用的信号设备等情况确定,其计算范围有:信号机至信号机、信号机至警冲标、警冲标至警冲标、信号机至车挡、警冲标至车挡等,对高速铁路和城际铁路的到发线,还应考虑应答器的设置及安全防护距离。

3.1.1 站内建筑限界应符合本规范附录 A 的规定。表 3.1.1 中的有关内容系按站场作业要求制定。

高出轨面 1 250 mm 的旅客站台与客车底板面相平,旅客乘车方便,但不适用于正线或通行超限货物列车到发线一侧,因这种站台不能满足轨面以上 1 250 mm 高度以下超级超限列车装载宽度的要求。

高出轨面 500 mm 的旅客站台面基本与客车最低一级踏步持平,旅客上下车可少一级踏步，但不能满足超限货物列车限界要求，建议以后不再采用。

高出轨面 300 mm 的旅客站台面低于客车最低一级踏步，旅客需经客车门处设置的台阶后再上或下一级台阶，乘降条件稍差，适应于通行超限货物列车的到发线一侧，不适于动车组列车停靠。

清扫或扳道房和围墙外缘距线路中心线不小于 3 500 mm，系考虑调车和车站工作人员通行的需要。

3.1.2　站内两平行线路的中心线间应有一定距离，这一距离一方面应满足建筑限界或机车车辆限界的要求，另一方面还应满足在两线间装设行车设备或进行作业活动的需要。本规范表 3.1.2 中的各项规定说明见说明表 3.1.2。

说明表 3.1.2　车站线间距要求说明表（单位：mm）

<table>
<tr><th rowspan="2">项目序号</th><th rowspan="2">线间距</th><th colspan="2">直线建筑接近限界</th><th rowspan="2">机车车辆限界或超级超限货物装载限界</th><th rowspan="2">作业或建筑物宽度要求</th><th rowspan="2">余量</th><th rowspan="2">附注</th></tr>
<tr><th>左</th><th>右</th></tr>
<tr><td rowspan="5">1</td><td>4 600</td><td>—</td><td>—</td><td>1 700×2</td><td>—</td><td>1 200</td><td rowspan="3">会车压力波及侧向偏移量要求的安全余量</td></tr>
<tr><td>4 800</td><td>—</td><td>—</td><td>1 700×2</td><td>—</td><td>1 400</td></tr>
<tr><td>5 000</td><td>—</td><td>—</td><td>1 700×2</td><td>—</td><td>1 600</td></tr>
<tr><td>5 000</td><td>—</td><td>—</td><td>2 350×2</td><td>—</td><td>300</td><td>相邻两线均通行超限货物列车</td></tr>
<tr><td>5 300</td><td>2 440</td><td>2 440</td><td>—</td><td>高柱信号机宽 380</td><td>40</td><td>—</td></tr>
<tr><td rowspan="7">2</td><td>5 000</td><td>—</td><td>—</td><td>2 350+1 700</td><td>$v \geq 120$ km/h 时人员不通行，人员通行 950</td><td>—</td><td>—</td></tr>
<tr><td>5 500</td><td>—</td><td>—</td><td>2 350+1 700</td><td>列检或上水人员作业 1 450</td><td>—</td><td>—</td></tr>
<tr><td>5 000</td><td>—</td><td>—</td><td>2 350+1 700</td><td>列检或上水人员作业 950</td><td>—</td><td>—</td></tr>
<tr><td>6 000</td><td>—</td><td>—</td><td>2 350+1 700</td><td>列检或上水人员作业 1 950</td><td>—</td><td>—</td></tr>
<tr><td>5 500</td><td>—</td><td>—</td><td>2 350+1 700</td><td>列检或上水人员作业 1 450</td><td>—</td><td>—</td></tr>
<tr><td>6 500</td><td>—</td><td>—</td><td>2 350+1 700</td><td>列检或上水人员作业 2 450</td><td>—</td><td rowspan="2">为保障作业人员安全，线间可设隔离栅栏</td></tr>
<tr><td>5 500</td><td>—</td><td>—</td><td>2 350+1 700</td><td>列检或上水人员作业 1 450</td><td>—</td></tr>
<tr><td rowspan="3">3</td><td>5 000</td><td>—</td><td>—</td><td>1 700×2</td><td>列检作业及人员通行 1 600</td><td>—</td><td>—</td></tr>
<tr><td>5 500</td><td>—</td><td>—</td><td>1 700×2</td><td>列检小车及客车上水作业要求 800，运行最小间隙 2×650</td><td>—</td><td>—</td></tr>
<tr><td>4 600</td><td>—</td><td>—</td><td>1 700×2</td><td>列检作业及人员通行 1 200</td><td>—</td><td>—</td></tr>
</table>

续上表

项目序号	线间距	直线建筑接近限界		机车车辆限界或超级超限货物装载限界	作业或建筑物宽度要求	余量	附　注
		左	右				
4	5 300	2 440	2 440	—	信号机宽 380	40	—
	5 000	2 440	2 150	—	信号机宽 380	30	信号机应偏置
5	4 600	—	—	1 700×2	人员通行 1 200	—	—
6	5 000	—	—	1 700×2	人员通行 1 600	—	—
	4 600	—	—	1 700×2	人员通行 1 200	—	—
7	6 000	—	—	1 700×2	通行机动小车和作业要求 2 600	—	线路间无杆柱
	7 000	—	—	1 700×2	通行机动小车设杆柱和作业要求 3 600	—	线路间有杆柱
8	3 600	—	—	1 700×2	—	200	—
9	6 500	—	—	2 350×2	调车作业要求 1 800	—	—
	5 000	—	—	2 350+1 700	—	950	在牵出线外侧调车
10	6 500	2 440	2 440	—	设杆柱和作业要求 1 500	120	—
11	7 000	2 440	2 440	—	设制动员室要求 2 100	20	—
12	5 000	—	—	2 350+1 700	人员通行 950	—	—

注:1　根据《铁路超限货物超重运输规则》(铁运〔2007〕62 号)有关规定,按建筑接近限界允许的超级超限货物装载宽度为 1 600 mm+750 mm=2 350 mm,其运行速度为 15 km/h。

2　v>120 km/h 的栏目中,根据原铁道部 2002 年 8 月颁发的《时速 160 公里新建铁路桥隧站设计暂行规定》的条文说明,按人体能承受的列车对人体气动作用力的安全值 100 N 为限,当时速 160 km 钝形列车通过时,经铁科院现场实测结果距正线中心约 4.7 m。为保证列检人员的安全,故规定当时速为 120 km 及以上时,运营中必须采取安全措施才能在两线路间进行列检或上水作业。

3.1.3　在线路的曲线地段上,各类建(构)筑物和设备至线路中心线的距离及线间距须按规定加宽。加宽公式为:

曲线内侧加宽(mm)

$$W_1=\frac{40\ 500}{R}+\frac{H}{1\ 500}h \qquad (说明\ 3.1.3—1)$$

曲线外侧加宽(mm)

$$W_2=\frac{44\ 000}{R} \qquad (说明\ 3.1.3—2)$$

式中　R——曲线半径(m);

H——计算点自轨面算起的高度(mm);

h——外轨超高(mm)。

位于曲线内侧的旅客站台,如线路设有外轨超高时,须降低站台高度,降低站台的数值(h')约为 0.6 倍外轨超高度,其数值来源如说明图 3.1.3 所示。

$$h' : h=\left\{\frac{B}{2}-\frac{b}{2}\right\} : b$$

（说明 3. 1. 3—3）

$$h'=\frac{B-b}{2b}h\approx 0.6h$$（说明 3. 1. 3—4）

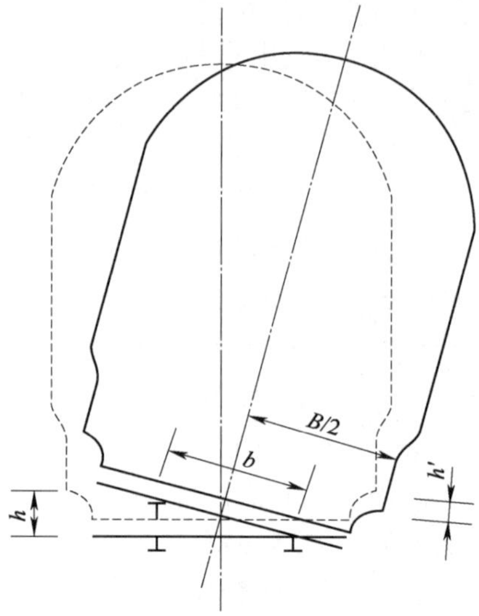

说明图 3. 1. 3　超高示意图

3. 1. 4　站内线路架设接触网的范围说明。

1　电力机车、动车组列车及由电力机车牵引的列车或车组通行的线路应架设接触网，如到达线、到发线、机待线、机车走行线和电力机车需要通行的其他线路等。出发线和编发线有发车作业端的 100 m～200 m 有效长度范围内及其出发通路上应架设接触网。出发线、编发线在发车作业端架设接触网的范围，根据保证电力机车能与出发车列顺利连挂、尽量缩短悬挂接触网的长度、接触网支柱排列整齐合理、技术经济效果好和保证调车作业安全等因素确定。在有效长度范围内，接触网架设范围，单机牵引时不短于100 m，双机或三机牵引时不应超过 200 m。多组出发线、编发线并行时，接触网架设终点里程宜一致。

2　由本务机车进行调车作业中间站的牵出线和货物线均应架设接触网；当有起吊或其他设备干扰，架设接触网后不能保证作业安全时，在起吊设备工作区域内不应架设接触网，可在干扰范围以外的一段线路上架设接触网。本务机车进行调车时可以根据线路条件，采用附挂车组的方式，对不能架设接触网的线路进行取送车作业。

3　有些车站的牵出线、货物线、段管线或岔线，经过技术经济比较，认为不能或不宜架设接触网时，应在该区段范围内统一考虑配备内燃调机和小运转机车，并在适当的车站内设置调车机车停留线和必要的机车整备设备，有些整备点也可以与附近机务段合并考虑，在配备内燃调车机车的车站上，牵出线和货物线可不架设接触网。

4　调车线不架设接触网的主要原因是保证调车作业安全。接触网导线为高压交流电，按有关规定，调车人员站在车辆脚踏板（闸台）操作手闸制动时带电接触导线距人体不应小于 2 000 mm。因此，车辆闸台高度不得高于 2 200 mm。计算公式如下：

$$H_{台}=H_{D}-h-S$$（说明 3. 1. 4）

式中　$H_{台}$——车辆闸台高度（mm）；

H_D——接触导线距轨面高度，采用 6 200 mm；

h——人体高度，采用 2 000 mm；

S——接触导线与人体的最小安全距离，规定为 2 000 mm。

由于 P_{50} 及 P_{60} 型棚车闸台离轨顶高度分别为 3. 4 m 和 3. 2 m，都超过 2. 2 m 高度，危及调车作业人员安全。所以，凡有手闸制动的调车作业的调车线或调车线路，均不应架设接触网。

有大型起吊设备的装卸线、铁路物流中心内的线路、车辆段段管线、站修线和维修工区内的线路，因有起重机械、架空管线和修车台等设备，与接触网有干扰，且工作人员在高处作业，对人身及设备均不安全，故不应架设接触网。

内燃机车停留线及其整备线上，因经常有人在机车上进行日常擦车、检查维修保养等作业,为保证人身安全,不应架设接触网。

电力机车受电弓与接触导线滑动摩擦容易发生电弧,对挥发性很强的轻油、汽油、液化石油气有引燃、引爆危险,故储存这类货物的油库和仓库专用线路,不应架设接触网。这类专用线路和架设接触网的线路接轨时,在接轨处的道岔后第一节钢轨轨缝,应设置良好的绝缘节,以避免感应电流通向专用线路。

5 区段站、编组站和其他大型车站内,当有几个方向的线路引入并有几种牵引种类时,到发线往往需要分方向别或线路别使用。此时,到发线架设接触网的范围确定,应充分考虑电力机车的走行条件、到发线利用率和使用的机动灵活性。

3.1.5 站内沿线路方向的接触网支柱间距直线地段通常为 50 m 左右,单组软横跨跨越线路数规定不宜超过 8 条,支柱横跨距离也是 50 m 左右。在站内一般采用格构式钢柱或大容量预应力混凝土支柱,承受较大力矩的钢柱或大容量混凝土支柱其混凝土基础帽较大,至少约为 1. 5 m×1. 2 m,露出地面 0. 1 m~0. 2 m,对站台上的客、货运设备和道路有一定妨碍,故应全面考虑对站内各项设备的影响,适当确定接触网支柱位置,使支柱纵横布置协调合理。

站内凡是先做土石方但暂缓铺轨的线路及道岔或咽喉区,在布置接触网支柱时,宜全面考虑近远期结合、经济合理和信号通视条件良好等因素,以便在将来增加道岔或延长预留的线路时,尽量少拆少改接触网支柱,减少改建时对行车的干扰,预留线路或道岔区段,尽量减少接触网支柱的布置。

在旅客基本站台上,接触网支柱不宜设在靠线路一侧的站台边缘;接触网支柱不应设在站房、行包房、仓库、检票口、天桥及地道等的出、入口处。

支柱边缘至货物站台边缘距离,要考虑与仓库外墙轴线至站台边缘的距离协调一致,使机动车在站台上行驶顺畅安全,并有利于货位码齐,充分利用站台面有效面积。在货物站台上,接触网支柱边缘距站台边缘不宜小于 3. 5 m。

既有车站进行电气化改建确有困难时,接触网支柱边缘距离站台边缘在任何情况下不应小于 2 m,以便车门对准支柱时不致影响旅客上、下车或货物装卸作业。

3.1.6 高速铁路、城际铁路、客货共线铁路站内正线的跨线桥,其梁底距桥下线路轨面的高度系引用区间正线的规定。

按直线建筑接近限界,时速不大于 160 km 电力机车牵引铁路的跨线桥在困难条件下的最小高度为 6 200 mm;在特别困难条件下,当有充分依据时,既有跨线桥不应小于 5 800 mm。当既有梁底至桥下线路轨面的净高为不小于 5 800 mm 时,为了充分利用既有设备,节省改建工程量,则应根据具体情况认真进行检算,并采取限制通过的超限货物的等级、限制行车速度或采取停电通过等措施,规定特定使用条件,并有足够根据的情况下,方可使用。

驼峰跨线桥下机车走行线轨面高程,一般受地下水位影响,且控制车站有关车场的高程,影响全站土石方数量,故应压缩驼峰跨线桥净高。机车走行线不考虑通行超限货物车辆。机车走行线的接触网导线至轨面的最小高度采用 5 250 mm,再考虑跨线桥下接触导线弛度,带电体距固定接地体最小空隙和接触导线体高度、施工误差、工务起落道等因素。梁底至机车走行线轨面净高可以采用 6 000 mm,在困难情况下可以采用不小于 5 800 mm。

确定跨线桥下梁底至桥下站线轨面最小高度 5 800 mm 考虑因素如下:

$$H_0 = H_D + f + \Delta h + \Delta S \quad \text{（说明 3. 1. 6）}$$

式中　H_0——跨线桥下梁底至线路轨面净高（mm）；

H_D——接触导线距轨面高度，机车走行线的最低高度可采用 5 250 mm；

f——接触导线弛度，随两悬挂点间距离、导线重量和张力而变化，梁底不设承力索结构，最大按 200 mm 考虑；

Δh——包括接触导线体高度、施工误差、工务起落道等因素，按不超过 60 mm 考虑；

ΔS——带电体距固定接地体最小空隙，采用困难值 240 mm（重雷区及距海岸线 10 km以内的区段采用此值时，须相应采用防雷措施，并留余量 50 mm）。

曲线地段当设置外轨超高时，应根据计算另行加高。接触导线通过桥下以后，按 3‰（困难时不大于 5‰）的变坡率，逐步调整到桥外的正常高度。此变坡率不是对水平面，而是对轨面而言，例如线路坡度为 10‰时，导线可用 10‰+3‰=13‰的变坡率。

3. 1. 7　车站到发线有效长度的说明。

1　旅客列车到发线有效长度应按列车编组长度和列控系统要求计算确定。

（1）高速铁路车站到发线有效长度除满足列车长度要求外，还需要考虑安全防护距离。根据《时速 200 和 300 公里动车组主要技术条件》（铁运函〔2006〕462 号）等规定，动车组分为 CRH1、CRH2、CRH3、CRH5 以及 CRH380 型。其中适用于 250 km/h 以下的动车组为 CRH1、CRH2-200、CRH5 型，适用于 250 km/h 及以上的动车组为 CRH2-300、CRH3、CRH380 型，其中 8 辆编组时列车总长度最长的是 CRH1 型，列车长度为 214 m，最大编组辆数为 16 辆，长度为 428 m（8 辆编组时 CRH2 型列车长度为 201. 40 m，CRH3 型列车长度为 200. 67 m，CRH5 型列车长度为 211. 50 m，CRH380A 型为 203 m，CRH380B 型为 200 m），每侧考虑 10 m 的停车余量，确定到发线有效停车长度为 450 m。中国高速铁路规范规定到发线有效长度为 650 m，考虑由站台长度、安全防护距离、警冲标至绝缘节的距离组成。

站台长度：根据最大编组要求，确定 16 辆编组时站台长度为 450 m；安全防护距离：考虑测速测距误差、司机确认停车点距离及动车组过走防护距离，确定安全防护距离≥95 m；警冲标至绝缘节的距离：根据目前第一轮对距离车头的距离最长为 4. 85 m，确定警冲标至绝缘节的距离为 5 m。因此到发线有效长度计算为：16 辆编组时（5+95）×2+450=650 m。

双方向使用到发线有效长度为线路一端的警冲标至另一端的警冲标距离，或线路一端的警冲标至另一端有效长计算点的距离，或线路一端的有效长计算点至另一端有效长计算点的距离。

高速铁路尽端式车站和单方向接发列车的到发线，可缩短甚至不考虑进站端的安全防护距离，因此到发线有效长度可以缩短。

到发线有效长度示意图如说明图 3. 1. 7—1 和说明图 3. 1. 7—2 所示。

（2）城际铁路车站到发线有效长度除满足列车长度要求外，还需要考虑安全防护距离和附加余量。根据《时速 200 和 300 公里动车组主要技术条件》（铁运函〔2006〕462 号）的规定，适用于 250 km/h 以下的动车组有 CRH1、CRH2-200、CRH5 共 3 种型号，此外南车集团研制了专门供城际铁路使用的 CRH6 型动车组（分 140 km/h、160 km/h、200 km/h三种型号）。其中 8 辆编组时列车总长度最长的是 CRH1 型，列车长度为 214 m

(8 辆编组时 CRH2 型列车总长度为 201.40 m,CRH5 型列车总长度为 211.50 m,CRH6 型列车总长度为 201.4 m)。到发线有效长度主要考虑由车体长度、安全防护距离和附加余量组成:

车体长度:8 辆编组时车体长度最大 214 m。

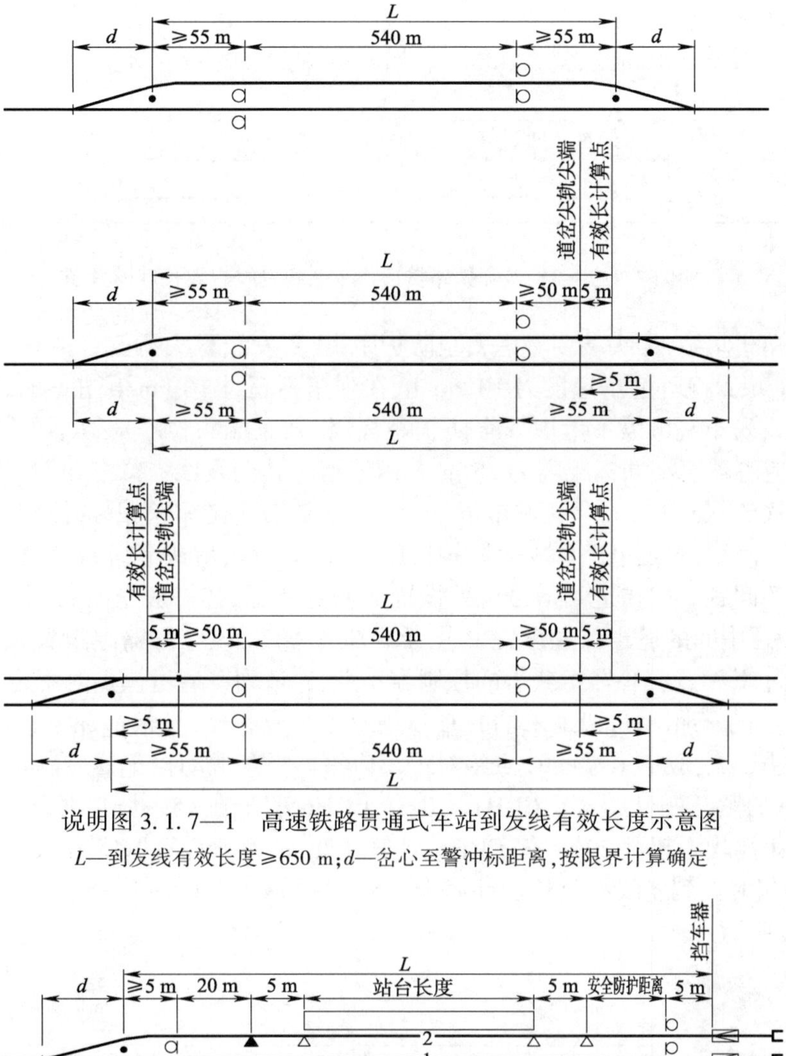

说明图 3.1.7—1　高速铁路贯通式车站到发线有效长度示意图

L—到发线有效长度≥650 m;d—岔心至警冲标距离,按限界计算确定

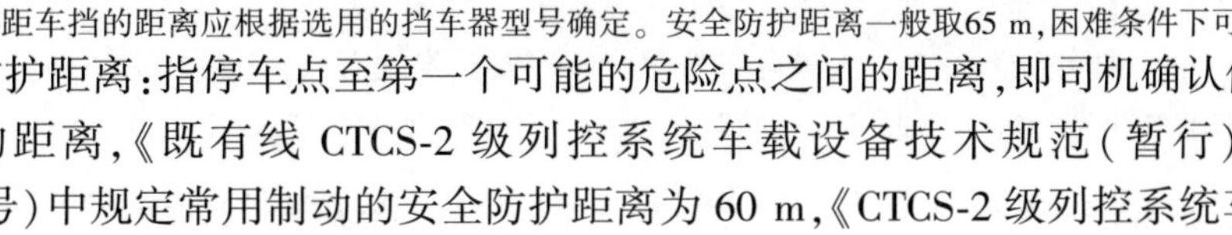

说明图 3.1.7—2　高速铁路尽端式车站到发线有效长度示意图

注:挡车器距车挡的距离应根据选用的挡车器型号确定。安全防护距离一般取65 m,困难条件下可计算确定。

安全防护距离:指停车点至第一个可能的危险点之间的距离,即司机确认停车点至出站信号机的距离,《既有线 CTCS-2 级列控系统车载设备技术规范(暂行)》(科技运〔2007〕45 号)中规定常用制动的安全防护距离为 60 m,《CTCS-2 级列控系统车载设备暂行技术规范》(铁总运〔2014〕29 号)未规定具体值,《CTCS-3 级列控系统车载设备技术规范(暂行)》中关于 CTCS-2 级列控车载设备规定最大常用制动的安全防护距离为 60 m,因此,车站内列控系统安全防护距离取 60 m,考虑到一定的误差,应答器组设于距出站信号机 65 m 处,应答器组间距离一般取 5 m。

附加余量:警冲标至绝缘节的距离根据目前第一轮对距离车头的距离最长为 4.85 m,

取整为 5 m;为避免列控监控曲线接近零速影响司机驾驶,站台端部至应答器组之间预留 10 m 的余量。

根据以上原则,采用 CTCS-2 级列控系统时,贯通式车站、尽端式车站的到发线有效长度计算分析如下:

对于贯通式车站,8 辆编组、站台长度取为 220 m 时,其到发线有效长度计算为:(5+65+5+10)×2+220=390 m,取整为 400 m。如说明图 3. 1. 7—3 所示。

说明图 3. 1. 7—3　城际铁路贯通式车站到发线有效长度示意图

对于尽端式车站,尽头端要考虑安全防护距离,到发线尽头需安装滑移挡车器(长度一般为 14 m,最大允许撞击速度为 10 km/h,在列车不超过 10 km/h 进入时,通过外力迫使列车停下),发车端可以不考虑安全防护距离,将列车端头位于应答器的外方,靠近出站信号机的应答器至警冲标距离为 25 m,8 辆编组时其到发线有效长度计算为:(5+20+5)+220+(5+65+5)= 325 m。受城市拆迁、地下车站、工程造价等因素控制时,可通过增设应答器,合理设置轨道电路和安全防护措施等技术手段,解决到发线长度不足、安全防护距离不足的问题。如在进站信号机处设置 A 点应答器,按一般车站的正常逻辑控制列车进站;在股道中间的适当位置设置 B 点无源应答器组,该应答器组设置及数据描述可使列车能越过原 A 点应答器组获得的控制停车点,保证列车通过该点时不超过 20 km/h,正常情况下,列车不得超过股道末端的 C 点绝对停车应答器,异常情况下,保证不得大于 15 km/h 越过 C 点;股道末端的 C 点绝对停车应答器距离滑动挡车器应满足−5‰坡道时 15 km/h 到0 的紧急制动距离。CRH1、CRH2、CRH6 型车在−5‰坡道时从 15 km/h 到 0 的紧急制动距离均不超过 20 m,仅 CRH5 型车为 28 m,本次计算取值为 30 m。故困难条件下,8 辆编组时其到发线有效长度计算为:(5+20+5)+220+(5+30+5)= 290 m。如说明图 3. 1. 7—4 所示。

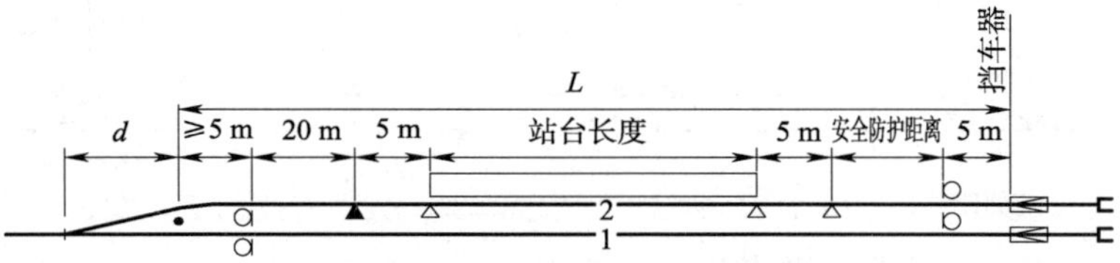

说明图 3. 1. 7—4　城际铁路尽端式车站到发线有效长度示意图

注:挡车器距车挡的距离应根据选用的挡车器型号确定。安全防护距离一般取 65 m,困难条件下可计算确定。

目前在工程项目实施过程中,珠三角城际铁路穗莞深城际东莞至深圳段(设计速度 140 km/h)、东莞至惠州城际(设计速度 200 km/h)、佛山至肇庆城际铁路(设计速度 200 km/h)均采用 8 辆编组,站台长度 210 m,到发线有效长度均为 400 m。广珠城际铁路设计速度 200 km/h,采用 8 辆编组,站台长度 220 m,到发线有效长度为 450 m,其尽头式车站——珠海站为地面站,到发线有效长度采用 325 m。天津机场线的尽头式车站——机场站为地下车站,8 辆编组,站台长度 230 m,到发线有效长度采用 310 m,就是通过增设应答器达到减少到发线长度的目的,其股道末端的C点绝对停车应答器距离阻挡信号机按照紧急制动距离不小于20 m进行控制的。

双方向使用到发线有效长度为线路一端的警冲标至另一端的警冲标距离,或线路一端的警冲标至另一端有效长计算点的距离,或线路一端的有效长计算点至另一端有效长计算点的距离。单方向接发列车的城际铁路车站到发线有效长度可缩短甚至不考虑进站端的安全防护距离,因此到发线有效长度可以缩短。

尽端式车站到发线有效长度为出站端警冲标至尽头端滑移挡车器起点的距离。

当列车运行采用CTCS-0级系统时,其到发线有效长度需按LKJ(列车运行监控记录装置)停车控制模式距离计算确定。

《关于重新发布列车运行监控装置(LKJ)运用维护规则的通知》(铁运〔2009〕98号)中《列车运行监控装置(LKJ)控制模式设定规范(2008版)》要求如下:

LKJ采用常用制动距离控制方式为主、紧急制动方式作为备用的方法来保证行车安全,当LKJ输出常用制动指令后,如果机车常用制动执行机构出现问题或其他原因,列车速度不能得到有效控制时,将触发LKJ输出紧急制动指令,迫使列车停车。

LKJ计算防止冒进信号的停车控制模式距离由空走距离、有效制动距离与安全距离之和构成,$S=S_k+S_e+S_a$。其中,安全距离$S_a=A+0.5v_0$。A为安全距离基本值,站内紧急制动控制取20 m,常用制动控制取50 m;区间紧急制动控制取70 m,常用制动控制取100 m。

按有关公式计算的控制模式距离,适用于一般情况,在实际运用中,受多种因素影响,列车的制动距离有一定的离散性。因此,控制模式距离计算时需要加上一个安全距离。停车控制模式的安全距离取值非常重要,取值太大,客运列车的尾部可能靠不到站台;取值太小,存在冒进信号机的安全隐患。列车制动距离离散性与列车速度高低有关系,速度越高,离散性就越大,因此安全距离计算中,除取固定的基本值外,又引入一个与制动初速有关系的变量$0.5v_0$。LKJ制动距离计算中的v_0取自列车的实时速度,与各项允许速度无关。

例如:列车需要在站内停车,采用18号道岔时,列车实际速度为80 km/h,$0.5v_0=40$ m。采用常用制动控制模式的停车安全距离为50+40=90 m,此时到发线有效长度为220+(90+5)×2=410 m;采用紧急制动控制模式的停车安全距离为20+40=60 m,此时到发线有效长度为220+(60+5)×2=350 m。

采用12号道岔时,列车实际速度为45 km/h,$0.5v_0=22.5$ m。采用常用制动控制模式的停车安全距离为50+22.5=72.5 m,此时到发线有效长度为220+(72.5+5)×2=375 m;采用紧急制动控制模式的停车安全距离为20+22.5=42.5 m,此时到发线有效长度为220+(42.5+5)×2=315 m。

(3)客货共线铁路客车到发线的有效长度主要根据旅客列车编挂辆数、机车长度、附加制动距离计算确定。对于客运站,普速旅客列车按25型车编组20辆计算车底长度为532 m,机车长度约22 m,附加制动距离每侧各为30 m,计算长度为614 m,取整后规定客运站仅供旅客列车停靠的到发线有效长度应采用650 m。

2 选择货物列车到发线有效长度,应综合考虑输送能力、牵引质量和相邻线路统一牵引等因素。

(1)输送能力是客观要求,是诸多因素中的主要因素。货物列车到发线有效长度所能适应的输送能力，视设计的最大通过能力而定。

在早前的蒸汽牵引年代，由于动力的发展受到限制，货物列车到发线有效长度主要是以采用的机车类型所牵引的列车长度作为确定的依据。内燃、电力牵引年代，由于可以多机并联，为增加牵引力、提高列车牵引质量创造了条件。在这种情况下，货物列车到发线有效长度又反过来控制牵引质量。

由于铁路货运量中有很大部分需经过几次中转才能到达目的地，相邻线路到发线有效长度不一致时，就会产生列车的换重作业，增加列车在中转站的作业和停留时间。目前我国主要长大铁路，基本形成牵引质量为 4 000 t~5 000 t、有效长度为 850 m、1 050 m 的系统，为大宗货物组织远程直达运输创造了有利条件。

货物列车到发线有效长度过长或过短对运营都会产生不利的影响。在满足一定运量的条件下，采用较长的有效长度，可以提高列车牵引质量，相对减少列车对数及相关费用，对单线铁路还可减少会车次数，提高旅行速度，从而提高运营效率；但有效长度过长，会增加车辆集结时间和费用，为更多的组织直达运输带来不便，相反，有效长度过短，则会因列车对数和会车次数多，而降低旅行速度和运营指标。目前的全国路网，主要长大干线铁路基本形成 850 m 或 1 050 m 有效长度的双线系统。货物列车到发线有效长度的上限是以双线铁路为基础制定，下限是以单线铁路为基础制定。

若近期运能要求低，可采用较远期短的有效长度，以减少近期工程和延缓土地占用。根据有关资料统计分析，在平坦地区修建铁路所占用的土地几乎全部为耕地；丘陵地区约为 70% 耕地，30% 可垦地；山岳地区约为 30% 可垦地。修建 1 km 铁路平均需占用 30 亩~65 亩土地，故即使延缓土地占用也具有很大意义。

既有车站改建增铺到发线时，如因增加少量线路而需拆铺大部分道岔区、增加大量土石方工程或改建桥隧结构物，对个别到发线的有效长度可适当缩短，但不应超过 20 m。由于到发线有效长度包括了停车附加制动距离 30 m 在内，故比规定有效长度减短了20 m 的到发线，仍能接入规定长度的列车。但是附加制动距离不足 30 m 时，列车进站需一度停车，再以缓慢的速度进入车站，延长了列车到站时间。因此，在特殊情况下经铁路主管部门批准，方可采用上述措施。

(2)重载铁路车站到发线有效长度直接影响重载货物列车的牵引质量，从而影响列车对数、运能和运行指标，并对线路平纵断面，工程投资产生较大影响，因此规定重载铁路设计车站到发线有效长度根据列车牵引质量的不同，采用不同的长度标准。

重载铁路车站到发线有效长度应满足列车长度和安全停车制动距离的需要，因此，规定到发线有效长度应根据运输需求和货物列车长度确定。

我国主型货车相关参数见说明表 3.1.7。

说明表 3.1.7　我国主型货车相关参数

货车型号	标重(t)	自重(t)	车辆全长(m)	每延米自重(t)
C_{62}	60	20.6	13.442	1.53
C_{63}	61	22.3	11.986	1.86
C_{64}	61	22.5	11.938	1.88
C_{70}	70	23.8	13.976	1.70
C_{80}	80	20	12.000	1.67

①单元万吨列车由 1 台机车头部牵引，主要采用如下编组形式：

HXD_1 或 HXD_2 机车（1 台）+C_{80} 型货车（102 辆）；

HXD_1 或 HXD_2 机车（1 台）+C_{76} 型货车（105 辆）；

HXD_1 或 HXD_2 机车（1 台）+C_{70} 型货车（108 辆）；

HXD_1 或 HXD_2 机车（1 台）+C_{63} 型货车（120 辆）。

组合万吨列车主要采用如下编组形式：

SS_4 机车（1 台）+ C_{63} 货车（60 辆）+ SS_4 机车（1 台）+ C_{63} 货车（60 辆）；

HXD_1 或 HXD_2 机车（1 台）+ C_{63} 货车（60 辆）+ HXD_1 或 HXD_2 机车（1 台）+ C_{63} 货车（60 辆）。

到发线有效长度计算如下：

HXD_1 或 HXD_2 机车（1 台）+ C_{80} 型货车（102 辆）为 $(37.9+12\times102)\times1.1=1\,388.1$（m）。

HXD_1 或 HXD_2 机车（1 台）+ C_{76} 型货车（105 辆）为 $(37.9+12\times105)\times1.1=1\,427.7$（m）。

HXD_1 或 HXD_2 机车（1 台）+ C_{70} 型货车（108 辆）为 $(37.9+13.976\times108)\times1.1=1\,702.3$（m）。

采用一台 HXD_1 或 HXD_2 机车牵引 C_{63} 型货车 120 辆为 $(37.9+11.986\times120)\times1.1=1\,623.9$（m）。

SS_4 机车（2 台）+C_{63} 型货车（120 辆）为 $(2\times33.0+11.986\times120)\times1.1=1\,654.8$（m）。

根据上述列车编组方式，考虑停车制动安全距离后，计算出需要的有效长度最长为 1 702.3 m，确定到发线有效长度采用1 700 m。

②2 万 t 列车主要采用如下编组形式：

HXD_1 或 HXD_2 机车（1 台）+C_{80} 货车（102 辆）+HXD_1 或 HXD_2 机车（1 台）+C_{80} 货车（102 辆）。

牵引质量为 20 000 t，车辆采用 C_{80}，编组 204 辆，两台 HXD_1 或 HXD_2 机车机车牵引时，到发线有效长度计算如下：

到发线有效长度 $=(12\times204+2\times37.9)\times1.1=2\,776.3$（m）。

因此，牵引质量为 20 000 t 时，车辆采用 C_{80}，编组 204 辆，两台机车牵引，考虑停车制动安全距离后，确定到发线有效长度应采用 2 800 m。

既有线改建为重载铁路时，若采用 1 700 m、2 800 m 有效长度引起较大的工程，到发线有效长度可根据列车编组和车辆类型按上述方法计算确定。

与相邻路网衔接的重载铁路组合分解站，考虑到重载列车需要结合相邻线的牵引质量进行组合和分解，到发线有效长度除满足 1 万 t 或 2 万 t 列车作业外，尚应与衔接线路的货物列车到发线有效长度相协调，以便减少车站的作业时间。

5 补机地段或加力牵引区段的车站到发线有效长度，应较规定的有效长度另增加加力机车的长度。牵引机车与到发线有效长度关系按说明图 3.1.7—5 办理。

3.1.8 在单线或双线区段内选定 3 个~5 个会让站、越行站或中间站能保证超限货物列车在站内办理会让和越行，其主要目的是为调整列车运行。设计中应尽量选定在会让站、越行站、设有普通站台的中间站或虽设有高站台但到发线数量较多的中间站，满足上、下行超限货物列车的会让和越行的要求，且区段内选定的车站应均匀分布。在换挂机车的

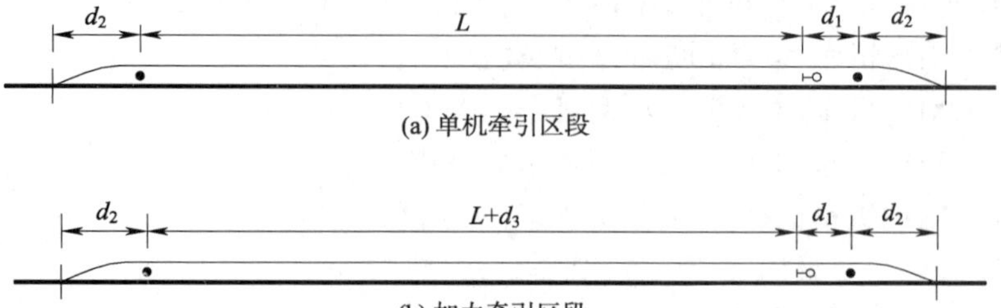

(a) 单机牵引区段

(b) 加力牵引区段

说明图 3.1.7—5　牵引机车与到发线有效长度关系图

L—货物列车到发线有效长度；

d_1—警冲标至出站信号机的距离(有轨道电路时警冲标位置按绝缘节要求设置)；

d_2—岔心至警冲标的距离；d_3—加力机车长度

区段站及编组站等大站上，也应按规定设计通行装载宽度为 2 350 mm 超级超限货物列车的线路。指定通行超限货物列车的到发线与相邻正线或到发线的线间距应按本规范第 3.1.2 条的有关规定采用。

除选定的车站外，当到发线与正线的间距为 5 m，线间装有高柱信号机时，到发线仍可通行一级和二级超限货物列车，只对通行超级超限货物列车有一定的限制。因此，一般的超限货物列车，实际上仍可在区段内任何车站上办理会让或越行待避，对线路通过能力影响不大。个别线路行车密度很大而且开行超级超限货物列车较多时，如果装有连续式机车自动信号设备，正线上设置矮型信号机，则到发线与正线的间距为 5 m 亦能通行超级超限货物列车。此时，在区段内的中间站办理超限货物列车的会让或越行待避就不受限制。

3.1.9　线路接轨及安全线设置规定说明。

1　新线与既有线的接轨布置应保证主要方向的列车能不改变运行方向通过接轨点，其优点是可使接轨线路上的大部分列车不产生折角运行，以减少接轨点车站作业量和交叉干扰。

2　新线在车站到发线上接轨，可满足列车同时接发的要求，避免接轨线路之间行车的相互交叉干扰，也有利于运营安全。新线特殊困难条件下须在区间接轨时，应在接轨地点设置线路所，接轨处应设置安全线。

3　路段设计速度 120 km/h 及以上的线路上，段管线、岔线在车站接轨，当站内有平行进路或隔开道岔并有联锁装置时，能保证车站接发列车的安全，可不另设安全线。机务段和客车整备所一般均与车站纵列布置，由于机务段与车站有明确的站、段分区，出段机车必须在分界处(即机务段的闸楼)停留，经站调同意后才能出段。客车整备所出所的客车车底必须在进站信号机或调车信号机前停车，待信号开放后才能进站。另外尚有平行进路或隔开道岔并有联锁装置，能保证行车安全。因此，以上情况均可不设置安全线。当机务段和客车整备所与车站为横列布置时，则根据具体情况研究设置机待线或牵出线。

4　引用《铁路技术管理规程》(铁总科技〔2014〕172 号，以下简称《技规》)做出相关规定，但设计中在接车线末端能利用其他站线或岔线作隔开设备时，如说明图 3.1.9 所示，在接车线末端可不另设安全线。

按《技规》规定，列车在任何线路坡道上的紧急制动距离限值：运行速度不超过 90 km/h的货物列车为 800 m，运行速度 90 km/h 以上至 120 km/h 的快运货物列车为 1 100 m，

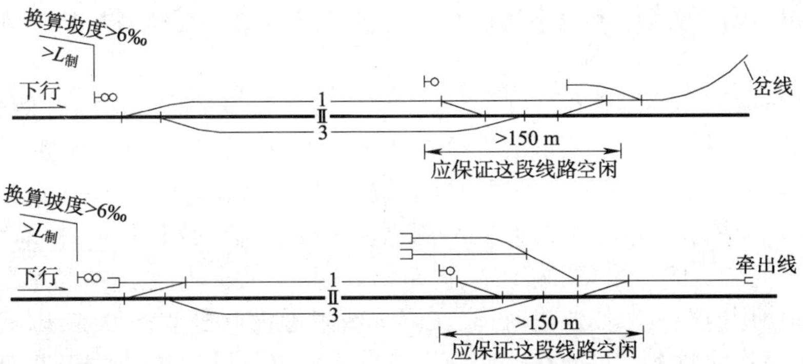

说明图 3.1.9 接车线末端利用其他站线或岔线作隔开设备

运行速度不超过 120 km/h 的旅客列车为 800 m，运行速度 120 km/h 以上至 140 km/h 的旅客列车为 1 100 m，运行速度 140 km/h 以上至 160 km/h 的旅客列车为 1 400 m，运行速度 160 km/h 以上至 200 km/h 的旅客列车为 2 000 m。

5 根据原铁道部《关于实施编组站区段站调车进路与正线隔开改造有关问题的通知》(铁运函〔2009〕985 号)，为了确保铁路运输生产与旅客列车的绝对安全，从根本上消除编组站、区段站调车作业对站内正线、外包线通过的旅客列车的安全威胁，调车进路与正线衔接处应设置隔开进路。无平行进路隔开时，应考虑设计安全线，有平行进路的不再单独设置安全线，相关道岔按双动道岔设计。改建困难时，在可能侵入列车进路的调车进路上设置脱轨器作为隔离设备，并纳入联锁。脱轨器的设置应向远离正线线路一侧脱轨并不得侵入正线限界。

《新建时速 200 公里客货共线铁路设计暂行规定》(以下简称《200 公里暂规》)中规定，"设有货场的一端必须设牵出线，另一端与正线相邻的到发线上应设隔开设备"，其主要意思是对行车速度较高的客货共线铁路，铁路物流中心调车进路与正线的行车进路要隔开。结合铁运函〔2009〕985 号的要求，在大站上调车进路与正线的行车进路间设置隔开设备与速度无关，故本条规定"车站的调车进路直接与正线衔接处无平行进路隔开时应设置安全线"。但对既有时速 200 km 以下客货共线铁路，若其间没有设置隔开设备，则不要求都要进行改造。

6 与车站正线或到发线直接连通，有客货列车或车辆长时间停留的线路设置安全线的目的，主要是避免机车、车辆或动车组列车在动力关闭或无动力的情况下，长时间停留时，受线路条件及外界环境的影响而发生遛逸，以确保运营安全。

3.1.10 安全线的设计说明。

1 安全线有效长度的规定，是根据一台救援吊车吊起脱轨机车作业所需的长度，并使该作业不影响其他线路列车运行的原则确定的。

2 设置安全线纵坡，是为了提高进入安全线车辆的安全性。由于其纵坡大小往往受相邻线路纵坡及线间距的控制，故不能具体规定其坡率，设计时应尽量采取较大的上坡道。

3 安全线不宜设在桥上，是为了避免发生事故的列车翻于桥下或毁坏桥梁；安全线不宜设在隧道内，是为了使事故列车施救的工作面大些，以尽快恢复运营。设计时应尽量采取如下措施：避免将安全线设在桥梁上、隧道内及高路堤地段；调整进站信号机前方的纵坡,使制动距离内的进站下坡不超过6‰;在桥隧前或延伸至桥隧后适当地点设置安全线等。

4 为使事故列车不影响相邻线的运行,应设置防止事故列车脱轨或侧翻的护轮轨,护轮轨应由道岔末根岔枕起,用混凝土桥枕铺至车挡,其进口处按道岔内护轮轨开口尺寸办理。各种线路上的安全线都应设置缓冲装置,如挡车器、车挡等。安全线采用土堆式车挡,其后的止轮土基长15 m,顶宽4.5 m,用黏性土夯填自轨面下1 m,并以草皮防护。

3.1.11 在配属调机的区段站、编组站、铁路物流中心、工业站、港湾站和调车作业量大的中间站上,如使用内燃机车作调机时,应在调车区附近设调机整备设备,以减少调机的非生产时间,提高作业效率。目前在这些站上设有调机整备设备已很普遍,设计时可根据车站作业的需要和距机务段的远近,在作业区附近设置调机整备设备。

3.1.12 车站内平过道的设置规定说明。

1 为保证人身安全,高速铁路、城际铁路及路段设计速度为120 km/h及以上客货共线铁路的车站内正线不应设置平过道,跨越站内正线应采用立体交叉设施。

2 在车站中部设置平过道主要是便于运转等站内工作人员的通行。

3 对有列检作业的到达场、出发场、到发场或编发场,为便利装运检修机具和配件的运输小车通行,可根据需要在车场设置横跨线路且与车站道路相连接的平过道。平过道宜设在车场端部或警冲标外,具体设置位置以能减少对车站的作业干扰,便利运输小车跨越线路而又与列检人员休息室或车辆段、列检所联系方便为原则。

4 在设有车辆减速器或道岔采用集中控制的驼峰上,减速器制动夹板、电动转辙机及各种零部件较重,需要用运输工具运到现场或备料场地;同时还要考虑在必要条件下,消防车能开到驼峰溜放部分附近,因此,通往这些地方的道路在跨越驼峰线路的适当地点应设平过道。

5 本规范所指客车段所是专供客车车底及动车存放、整备和检修的场所,包括客车整备所(客技站)、动车所、动车段等,不含客运机务段。在客车段所内,由于存车线及整备线上的动车组或客车车底需要供应食品、备品材料、配件及工具等,故应在存车线及整备线上设置平过道。当存车线及整备线为贯通式时,应设两处平过道;当整备线为尽头式时,只需在头部设一处平过道,尾部则利用段所内道路,这时平过道到另一端车挡的距离不应小于动车组或客车车底全长。

6 车站内其他场、段、所指客运整备场、机务段、车辆段、乘降所、站修所等,如作业需要可设平过道。

7 主要是规定平过道宽度的设计标准,专供车站工作人员走行时,可采用1.5 m;通行非机动车辆时,可采用2.5 m;通行机动车辆时,不应小于3.5 m。

8 站场内平过道若与站外道路和人行道路相连,社会车辆、非工作人员易于通行,会引发安全事故。平过道若设在车站两端咽喉区内,一是不利于道岔的使用和安全,且该区域轨旁设备较多,也会引起设备事故。因此规定站场内平过道应与站外道路和人行道路断开,禁止社会车辆、非工作人员通行,平过道不得设在车站两端咽喉区内。

3.1.13 为满足消防、救护和站内设备检修的需要,便于车站内场、段、所材料及生活物资的供应和各场、段、所之间的联系,在站内应设有道路系统。区段站及以上大站由于线路和设备多,配置主要为消防服务外包最外车场的道路就显得更为重要,该道路尽量靠近车场便于对由车场内紧急调至车场边线或牵出线等的失火车列进行施救,并宜成环形且应与地方道路系统有方便的联系。

站内铁路跨越主要道路的跨线桥，其净高和净宽应能通过消防和运输车辆。按现行国家标准《建筑设计防火规范》GB 50016 的规定，穿过建筑物的消防车通道，其净高和净宽不应小于 4 m。消防车道的宽度不应小于 3.5 m，道路上部遇有管架，栈桥等障碍物时，其净高不应小于 4 m，尽端式消防车道应设回车道或面积不小于 12 m×12 m 的回车场。行人密度很大的道路，当与行车次数较多或有大量调车作业的铁路交叉时，也应设立体交叉设备。

3.2.1 进出站线路因与区间线路直接连接，为使在该线上运行的客、货列车的速度与正线路段设计速度相匹配，其平面设计标准应与所衔接的正线的平面标准一致，为提高进出站线路的设计速度，平面设计时应取较大的曲线半径，与正线衔接处的分路道岔可根据设计速度的要求采用较大号码的道岔；但位于枢纽范围内车站的进出站疏解线路，大多处在城市附近，客、货列车设计速度一般难以达到衔接正线的标准，为避免引起大量工程，减少用地和拆迁，减轻对城市建设的干扰，规定在困难条件下有旅客列车运行的线路的最小曲线半径不应小于 400 m，与 18 号道岔侧向通过速度相匹配；其他疏解线路不应小于 300 m。

编组站的环到，环发线只运行货物列车，进出站速度较低，在困难条件下，为了减少用地、拆迁和工程量，可采用不小于 250 m 的曲线半径。

铁路集(疏)运站环形装(卸)车线多建在装车量大的矿区及卸车量大的港口。矿区修建大半径的环形式装车线，压覆资源较多；港口用地多为填海造地，修建大半径的环形式卸车线，填海工程巨大。环形装(卸)车线采用较小的半径又会增加工务养护维修工作量。为此，结合工务维修要求及混凝土轨枕所能适应的最小曲线半径，规定环形装(卸)车线可设在半径不小于 250 m 的曲线上，例如秦皇岛港柳村南疏运站部分环形卸车线曲线半径就是 250 m。

3.2.2 站内联络线、场间联络线的曲线半径，主要考虑列车或车列运行速度低，采用较大的曲线半径，导致夹心地增加，在满足运行安全的前提下兼顾运输效率、工程投资、土地利用、养护维修等因素，规定通行旅客列车时不小于 400 m，通行货物列车时不应小于 250 m。

车辆低速通过的最小曲线半径 $R_{\min}$，按下式计算：

$$R_{\min}=\frac{s^2+\left(2\sqrt{r_2^2+r_1^2}+L\right)^2}{2s} \qquad \text{(说明 3.2.2—1)}$$

式中 $R_{\min}$——最小曲线半径(m)；

r_1——车辆轮对工作面半径(m)；

r_2——轮毂半径(m)；

L——转向架轴距(m)；

$$\text{总间隙 } s=s_1+s_2+s_3 \qquad \text{(说明 3.2.2—2)}$$

式中 s_1——线路曲线地段轨距加宽(m)；

s_2——直线地段标准轨距及车辆轮对间隙(m)；

s_3——轨距静态允许偏差。

根据《技规》(普速铁路部分)及《铁路线路修理规则》，$R<300$ m，s 最大取值为

15 mm，线路轨距静态允许偏差$^{+6}_{-2}$ mm；直线地段标准轨距 1 435 mm 时，轮对工作面之间为 1 422 mm，留有间隙 13 mm。

一般货车车轮半径：工作面（踏面）r_1 = 0. 42 m，轮毂 r_2 = 0. 42+0. 025 = 0. 445 m；L = 1. 830 m（转 K6 型转向架）；

一般客车车轮半径：工作面（踏面）r_1 = 0. 915/2 = 0. 457 5 m，轮毂 r_2 = 0. 457 5+0. 025 = 0. 482 5 m；L = 2. 400 m（202 型、209 型系列转向架）、2. 700 m（CRH1、CRH5 的 AX30513 和 AX30514 型转向架）、2. 500 m（CRH2 转向架 SKMB-200 和 SKTB-200 型）。

车辆通过曲线需要的最小半径见说明表 3. 2. 2。

说明表 3. 2. 2　车辆通过曲线需要的最小半径

项目及参数	车轮半径（m）	轮毂半径（m）	转向架轴距（m）	R 小于 300 m 时轨距加宽量（mm）	标准轨距与轮对工作边间隙（mm）	轨距静态允许偏差（mm）	轨距与轮对间最小间隙（mm）	车辆通过的最小曲线半径（m）	车辆出厂技术指标（m）
符号	r_1	r_2	L	s_1	s_2	s_3	s	R_{min}	—
货车	0. 420	0. 445	1. 83	15	13	$^{+6}_{-2}$	26	86. 779	60～145
普通客车	0. 458	0. 483	2. 4					140. 891	145
动车组	0. 418	0. 458	2. 7					181. 753	180
	0. 395	0. 430	2. 5					155. 105	

根据理论计算，低速通过的最小曲线半径，我国的机车、普通客车与货车车辆为 150 m，动车组为 180 m，但为了按规定的正常速度运行以及尽量减少线路的养护维修工作量，规定不通行列车的站内联络线、场间联络线的曲线半径不应小于 200 m。

编组站车场间联络线因受车场布置的控制，为缩小咽喉区长度，使道岔布置紧凑并减少工程量，满足混凝土枕的铺设技术条件，减小维修工作量，规定困难条件下，曲线半径可采用 250 m。

3. 2. 3　编组站及组合分解站各种作业复杂，作业量大，为改善运营条件，提高作业效率，规定编组站各车场应设在直线上。如果条件困难，为了节省工程量，允许利用咽喉区的道岔布置及其连接曲线，在车场咽喉部分设置较小的转角以适应地形的需要，但在线路有效长度范围内，仍应保持直线。

在特别困难条件下，如有充分依据，允许将到达场、出发场和到发场设在曲线上，其曲线半径不应小于 800 m。但调车场不得设在曲线上，因为设在曲线上的调车场影响车辆溜放及调速和止挡设备的安装。

3. 2. 4　在到发线有效长度为 650 m 的客运站上，其平面布置往往受 550 m 站台长度控制，为了方便旅客乘降和保证作业安全，高站台旁的线路应设在直线上。在直线地段，线路中心线至站台边缘的距离为 1 750 mm，客车半宽最小为 1 502 mm，车体边至站台边的距离最大 248 mm；在 1 000 m 半径的曲线上时，内侧加宽为40 mm，外侧加宽为 45 mm，则在车厢端部的车体边至曲线外侧站台边的距离或在车厢中部的车体边至曲线内侧站台边的距离皆为 1 750+40+45−1 502 = 333（mm）；如果半径 600 m，这个距离就加大到 393 mm。为了避免车门与站台边缘之间空隙过大，不致对旅客上、下车和行包装卸作业造成不便，故规定困难条件下，旅客高站台端部的线路设在曲线上时，其半径不应小于 1 000 m；特别困难条件下,也不宜小于 600 m。由于线路连接的需要或受地形限制,道岔后的连接曲线可能伸入旅客高站台端部,岔后连接曲线半径不宜小于道岔导曲线半径,伸入站台的长度也不宜超过 20 m,因为按普速列车编挂 20 辆计算,此段长度位于机车、行包车、邮政车或最后一节车处,不影响旅客安全,对动车组列车编挂 16 辆,此段长度位于列车之外,亦不影响旅客安全。其他车站的站台应避开连接曲线。

3.2.5 货物线的平面设计说明。

1 货物装卸线如设在小半径曲线上时,由于车辆距站台的空隙较大,装卸不便,又不安全;同时,相邻车辆的车钩中心线相互错开,车辆的摘挂作业困难。因此,货物装卸线应设在直线上;在困难条件下,可设在半径不小于 600 m 的曲线上,在特别困难条件下,曲线半径不应小于 500 m。

2 本款引用《石油库设计规范》GB 50074 的相关规定。由于罐装货物装卸区属于爆炸和火灾危险场所,为了防火安全,送取罐车的机车采取推车进库、拉车出库的作业方式,即机车一般不需进入装卸区内。所以无须将罐装货物装卸线建成贯通式。罐装货物装卸线为平直线,既便于装卸油品栈桥的修建和输油管道的敷设与维修,又便于罐车的安全停放、防止溜车事故的发生以及油品的准确计量和装卸彻底。装卸线设在平直线上确有困难时,设在半径不小于 600 m 的曲线上也能进行作业,但这样设置,由于车辆距栈桥的空隙较大,使罐装货物装卸作业既不方便,又不很安全;同时,罐车外相邻的车钩中心线相互错开,车辆的摘挂作业困难,也不便于装卸栈桥的修建和输油管道的敷设与维修。

如果装卸线直线段始端至栈桥第一鹤位的距离小于采用罐车长度的 1/2 时,由于第一鹤位的罐车部分停在曲线上,不利于罐车的对位和插取鹤管操作。对于有 1 条以上装卸线的罐装货物装卸区,机车在送取、摘挂罐车后,其前端至前方警冲标应留有供机车司机向前方及邻线隙望的 9 m 距离及 1 台机车的长度(9+22=31 m),以保证机车安全地退出。终端车位钩中心线至装卸线挡车器间 20 m 的安全距离,是考虑在装卸过程中罐车着火时,为规避着火罐车,将其后部的罐车后移所必需的安全距离。同时有此段缓冲距离,也利于罐车的调车对位,避免发生罐车冲出挡车器的事故。

3 站场用轨道衡与铁路货车超偏载监测装置平面技术要求,系根据原铁道部《铁路货运安全检测监控与管理系统总体技术规范》(铁运〔2013〕56 号)规定的。

由于车辆在曲线上运行,轨道除纵向、竖向受力外,还有因曲线影响产生的横向受力,受力状态复杂,轨道衡计量难以保证计量精度;由于道岔岔心存在有害空间,车辆通过时将产生振动,影响计量精度。因此,规定站场用轨道衡应设在车站货车集中出入的线路直线地段,称量区两端引轨区应不小于 25 m,称量区两端引轨区外的直线段不小于 50 m,且在此区段内应无道岔。

由于曲线上车辆中心将偏离线路中心,车辆重心、车辆中心、线路中心随曲线标准和车辆在曲线上所处位置的不同而发生变化,为设备制造、安装、检测带来困难;由于道岔岔心存在有害空间,车辆通过时将产生振动,导致车辆重心偏移,也难以保证检测精度。因此,规定货车超偏载检测装置两端各不小于 100 m 范围线路应设在直线上,且检测区距道岔应大于 50 m。

装车筒仓设在线路的直线地段,可使装车筒仓的移动式伸缩落料滑槽中心与车辆中心保持一致,降低控制的难度,提高控制的精度,并满足铁路限界要求,因此规定装车筒仓应设在线路的直线地段上。筒仓前后线路直线段长度不宜小于 50 m,也是为了达到筒仓的移动式伸缩落料滑槽中心与车辆中心保持一致，不致因线路曲线导致车辆中心线偏离。按照曲线加宽理论，不利情况下，车辆在曲线前 22 m 产生偏离，单节车辆长 14 m，车辆不产生偏移的线路中心线的最小直线段长度为 36 m，考虑装车过程中，车辆需匀速运动，车钩间不应有附加应力，使装车中的车辆处于相对压紧状态，前后按 3 辆货车考虑，7 辆车需要的长度为 98 m，因此规定筒仓前后线路直线段长度不宜小于 50 m。

翻车机是将车辆整体翻转的大型卸车设备。折返式工艺布置的翻车机，一般由翻车机平台、重车拨车机、迁车台、空车拨车机等组成；贯通式工艺布置的翻车机，一般由翻车机平台、重车拨车机、空车拨车机等组成。由于系统复杂，轨傍设备较多，在曲线上布置时，导致设备制造及控制、施工控制及设备安装复杂，因此，规定翻车机应设在直线上。折返式工艺布置的翻车机，翻车机前一般要求有 5 个车辆长度的直线段，以便供物料化验的采样机、重车拨车机走行轨等设备相对集中布置，因此，规定翻车机前线路直线段长度不宜小于 75 m。贯通式布置的翻车机，空、重车拨车机在翻车机平台两端布置，按 3 个车辆长度考虑，规定翻车机前后线路直线段长度不宜小于 50 m。翻车机重联（双翻、多翻）布置时，翻车机前后的直线段最小长度不得小于一次翻卸车组的长度另加 22 m 的要求，电气化铁路时，还需满足弓网架设及防护等要求。具体设计时，可按翻车机厂家技术要求，结合工程情况，合理布置。

3.2.6 牵出线的设置规定说明。

1 牵出线如设在曲线上会造成调车机车司机瞭望信号困难，调车机车司机与调车人员联系不便，调车速度不易控制，给作业带来困难，不仅降低了调车效率，而且作业也不安全，容易发生事故。因此，规定牵出线应设在直线上，在困难条件下，根据不同的调车方式而规定了不同的标准。

对于办理解编作业的调车牵出线，因调车工作量大，作业繁忙，在困难条件下，为了节省工程量，可将牵出线设在半径不小于 1 000 m 的同向曲线上；在特别困难条件下，半径不应小于 600 m。

对于仅办理摘挂、取送作业的铁路物流中心或其他厂、段的牵出线，因调车作业量小，调车方式简单，当受到正线、地形或其他条件限制时，可低于上述标准，但曲线半径不应小于 300 m，其视距长度可达 200 m。

2 牵出线如设在反向曲线上，在进行调车作业时，信号瞭望更加困难，对司机和调车员的联系极为不利，影响作业安全；此外，车列受到的外力复杂，不易掌握调车速度。因此，牵出线不应设在反向曲线上，但在咽喉区附近为调整线间距而设置的转线走行地段的反向曲线除外。改建车站由于受到地形、建（构）筑物的限制，施工中又对运营产生干扰，故经过技术经济比较并有充分依据，作为特殊情况可保留既有牵出线的曲线半径。

3.2.7 段所工区外走行线线路的平面规定说明。

1 客车段所包括动车段（所）、客车整备所等。段所外的走行线主要供动车组列车运行或客车车底的取送，一般应达到一定的速度，特别是客车段所与车站相距较远时。客车段所外走行线一端与车站咽喉区相连，一端与客车段所进口咽喉相连，高速铁路、城际铁路的车站咽喉区一般采用 18 号道岔，客货共线铁路车站咽喉区及客车段所进口咽喉一般采用 12 号道岔。综合考虑动车组或客车车底轴距等构造因素、走行线的速度要求、与车站及段所相连道岔的速度匹配、钢轨磨耗及工务养护维修的要求等技术条件，规定客车段所外走行线的曲线半径不宜小于 400 m，困难条件下不应小于 300 m。

2 动车折返线是在有动车折返作业的车站,为避免动车折返作业与正线行车干扰,并考虑车站两端作业平衡,在接发动车组列车的另一端咽喉外设置供列车折返使用的立交疏解线路。为调车作业安全及方便瞭望信号,动车折返线宜设在直线上,困难条件下可设在半径不小于600 m的曲线上,折返线与车站咽喉连接的线路,应满足动车组通过的最小曲线半径及保持一定的通过速度,以减少折返时间,规定曲线半径不应小于300 m。

动车组折返线有效长度需满足转线列车作业的要求,即满足列车的长度及必要的安全距离50 m。根据铁运函〔2006〕462号文等规定,动车组分为CRH1、CRH2、CRH3、CRH5以及CRH380型。其中适用于250 km/h以下的动车组为CRH1、CRH2-200、CRH5型,适用于250 km/h及以上的动车组为CRH2-300、CRH3、CRH380型,其中8辆编组时列车总长度最长的是CRH1型,列车长度为214 m(8辆编组时CRH2型列车长度为201.40 m,CRH3型列车长度为200.67 m,CRH5型列车长度为211.50 m,CRH380A型为203 m,CRH380B型为200 m),最大编组辆数为16辆与8辆时,长度为428 m与214 m。因此,当动车组采用16辆与8辆编组时,考虑50 m的安全防护距离,合计长度为478 m与264 m,取整为480 m与270 m,因此,规定动车组采用16辆与8辆编组时,折返线有效长度不应小于480 m与270 m。

3 机车段所、车辆段所、维修基地(车间、工区)外走行线的曲线半径,由于不通行列车,根据理论计算,我国的机车、车辆低速通过的最小曲线半径为150 m,但为了按规定的正常速度运行以及尽量减少线路的养护维修工作量,因此,规定曲线半径不应小于200 m。

4 为保证调车作业安全,段所外走行线兼作牵出线使用时,还应符合牵出线的规定,避免调车作业困难。

3.2.8 段所工区内线路的平面规定说明。

1 段所工区内的线路首先应考虑设置在直线上,以方便作业。

2 客车段所内的线路应满足所有动车组及客车车底通行的需要,且考虑线路铺设混凝土枕技术条件,因此规定曲线(含岔后连接曲线)半径不应小于250 m,有条件时应尽量采用较大的曲线半径。有长时间停留动车组的线路,考虑进出口咽喉一般采用12号道岔,其道岔导曲线半径330 m或350 m,线路曲线半径不应小于道岔导曲线半径,且要求动车组快速通过咽喉区,因此规定有长时间停留动车组的线路曲线半径不应小于400 m。

其他段所工区内的线路,由于机车、车列运行的速度较低,可以采用较小的曲线半径,但其最小值必须保证机车、车辆的安全运行。根据理论计算,我国的机车、车辆低速通过的最小曲线半径为150 m,但为了按规定的正常速度运行以及尽量减少线路的养护维修工作量,因此规定其曲线半径不应小于200 m。

3 为了保证机车在转头时的作业安全及避免机车进入转车盘时产生冲击力而影响转车盘的机械构造,因此规定机车在进入转车盘前的线路应有12.5 m的直线段。

3.2.9 站线曲线超高的设置规定说明。

1 根据有关曲线超高设置理论,曲线超高设置与曲线半径(R)、客车最高运行速度(v_k)、货车最高运行速度(v_h)、允许欠超高[h_q]、允许过超高[h_g]以及欠超高与过超高之和的允许值[h_q+h_g]有关,在R、v_k、v_h一定情况下,[h_q]、[h_g]、[h_q+h_g]取值有一定范围,对应曲线超高h取值也在一定范围内,按照均衡超高设置,超高按下式计算:

$$[h_q+h_g]=11.8\frac{v_k^2-v_h^2}{R} \quad (说明3.2.9)$$

超高参数按说明表3.2.9—1取值：

说明表3.2.9—1　超高参数表(mm)

最大超高	最小超高	允许欠超高		允许过超高		欠超高与过超高之和的允许值	
h_{max}	h_{min}	h_q（一般）	h_q（困难）	h_g（一般）	h_g（困难）	$[h_q+h_g]$（一般）	$[h_q+h_g]$（困难）
150	5	70	90	30	50	120	140

2　为了平衡曲线上离心力作用在外轨内侧的侧压力，保证行车安全，减轻钢轨偏磨，防止因不设曲线超高外轨荷载大于内轨荷载而使线路产生变形形成曲线反超高，利于维修养护，并考虑列车进入曲线的平顺性和旅客的舒适度，所以规定动车组列车到发进路上的曲线应设外轨超高，其他客货列车到发线上的曲线地段和连接曲线宜设曲线超高。

对12号道岔，无论客车或货车，受道岔侧向速度控制，最高速度50 km/h，最低速度0，对18号道岔，道岔侧向速度80 km/h，客车最高速度80 km/h，货车最高速度50 km/h，设计超高取值及检算见说明表3.2.9—2和说明表3.2.9—3。

说明表3.2.9—2　到发线曲线超高设计及检算表

曲线半径（m）	客车速度（km/h）	货车速度（km/h）	均衡超高（mm）	设计超高（mm）	欠超高检算 $h_q=70/90$（mm）	过超高检算 $h_g=30/50$（mm）	欠、过超高之和检算 $h_q+h_g=120/140$（mm）
400	80/0	50/0	115	25	90	25	115
500	80/0	50/0	92	25	67	25	92
600	80/0	50/0	76.7	20	56.7	20	76.7
700	80/0	50/0	65.7	20	45.7	20	65.7
800	80/0	50/0	57.5	20	37.5	20	57.5
1 000	80/0	50/0	46	20	26	20	46
1 200	80/0	50/0	38.4	20	18.4	20	38.4

说明表3.2.9—3　岔后连接曲线超高设计及检算表

曲线半径（m）	客车速度（km/h）	货车速度（km/h）	均衡超高（mm）	设计超高（mm）	欠超高检算 $h_q=70/90$（mm）	过超高检算 $h_g=30/50$（mm）	欠、过超高之和检算 $h_q+h_g=120/140$（mm）
400	50/0	50/0	73.8	15	58.8	15	73.8
800	80/0	50/0	57.5	15	42.5	15	57.5
1 000	80/0	50/0	46	15	31	15	46

上述检算表明，岔后连接曲线设置15 mm超高能满足要求，到发线曲线地段设置20 mm超高，在曲线半径600 m以下时，不能满足要求，因此，对到发线曲线半径600 m以下地段超高由20 mm提高至25 mm，曲线半径600 mm及以上地段维持原规范规定，此外，根据《铁路线路修理规则》规定，道岔后连接曲线的外轨超高值规定为15 mm，超高顺

坡率不大于 2‰,与本规范规定一致。

3.2.10 为使列车安全、平稳地由直线过渡到圆曲线或由圆曲线过渡到直线,满足旅客舒适度的需求,动车组列车的到发进路上的曲线和连接曲线应配设缓和曲线。缓和曲线长度应按下式计算并取其大者:

$$l=\max\{hv_{max}/(3.6f),h_{q}v_{max}/(3.6b)\} \quad (说明 3.2.10—1)$$

式中 f——旅客舒适度容许的超高时变率(mm/s),一般情况下采用 32 mm/s,困难情况下采用 40 mm/s;

b——旅客舒适度容许的欠超高时变率(mm/s),一般情况下采用 45 mm/s,困难情况下采用 52.5 mm/s;

h——设计曲线超高(mm);

h_q——旅客列车以最高行车速度通过曲线时的欠超高(mm)。

缓和曲线长度应取 10 m 的整倍数,且不应小于 20 m。缓和曲线的采用值见说明表 3.2.10。

说明表 3.2.10 到发线缓和曲线

曲线半径(m)	最高速度(km/h)	最低速度(km/h)	设计超高(mm)	超高时变率确定的缓和曲线长度(m)		欠超高时变率确定的缓和曲线长度(m)		采用值(m)	均衡超高(mm)	缓和曲线采用值(m)
				一般	困难	一般	困难			
800	80	0	35	24.31	19.44	29.33	25.14	30	94.40	30
900	80	0	35	24.31	19.44	24.15	20.70	30	83.91	30
1 000	80	0	30	20.83	16.67	22.48	19.27	25	75.52	20
1 100	80	0	25	17.36	13.89	21.56	18.48	25	68.65	20

此外,缓和曲线长度还应满足超高顺坡率的要求。超高顺坡率一般为 $1/9v$,困难条件下不大于 $1/7v$,且不应大于 2‰。

列车到发进路上的站线不设缓和曲线,列车通过曲线时,其时变率受旅客舒适度的限制。岔后曲线半径可满足旅客舒适度的条件如下:

$$R\geqslant\frac{11.8v_{max}^{3}}{3.6L(b+0.5f)} \quad (说明 3.2.10—2)$$

式中 b——旅客舒适度容许的欠超高时变率(mm/s);

L——车体长度,取 24 m;

f——旅客舒适度容许的超高时变率(mm/s);

v_{max}——列车最高运行速度(km/h)。

根据上式检算,一般情况下,曲线半径为 1 145 m,困难条件下为 965 m 及以上时,能够满足旅客舒适度的需要。故当道岔后的连接曲线半径大于等于 1 200 m 时,可不设缓和曲线。半径为1 200 m 以下的曲线设置缓和曲线时,缓和曲线长度不应小于 20 m。

其余到发线及站线上由于行车速度较低,一般不超过 50 km/h,因此其曲线可不设缓和曲线。

3.2.11 两曲线间夹直线的最小长度应满足下列要求:

(1)满足曲线轨距加宽要求。轨距最大加宽至 1 450 mm,按递减率 2‰计算,两曲线间的直线段应大于等于 7.5 m；按递减率 1‰计算，两曲线间的直线段应大于等于 15 m。

(2)超高顺坡率设置要求。按曲线地段超高采用 25 mm，超高顺坡率 2‰计算，两曲线间的直线段除应满足无超高直线段最小要求外，还应大于等于在直线段设置超高需要的直线段长度，即$L=h/(2i)=6.25$ m，困难时可以将曲线超高全部设于曲线内。

(3)两曲线间的直线段应大于一辆车的转向架心盘中心距，以平衡车辆绕纵轴的旋转，客车转向架心盘中心距 18 m，动车转向架间最大轴距 19 m。对接发货物列车与客运列车的站线，按客运列车考虑，静态计算需要设置的长度 $L=(18\sim19)+6.25=24.25$ m～25.25 m，动态计算需要设置的长度 $L=12.5$ m～27.05 m，进整至 5 m 正倍数为 25 m，因此，通行旅客列车的站线，两曲线间应设置不小于 25 m 的直线段。

对只接货车列车的站线，仅考虑曲线轨距加宽、曲线超高、车辆转向架轴距，两曲线间夹直线段长度 $L=6.25+8.7=14.95$ m，取 15 m。

(4)对于不通行列车的站线，由于运行速度低，可以不设曲线超高，对舒适度没有要求，仅需考虑曲线轨距加宽递减的需要，故两曲线间的直线段最小为 12.5 m，取 15 m；在困难条件下，为避免工程量增加，曲线轨距加宽递减率可按 3‰且大于货车转向架中心距 8.7 m 考虑，因此，两曲线间的直线段长度规定为不小于 10 m。

3.2.12 道岔至曲线间的直线段长度的规定说明。

1 高速铁路在正线道岔上直向过岔速度较快，道岔(直向)基本轨接缝与曲线之间需有一定长度的直线段过渡，以减少列车行车时的振动和摇晃，按列车在曲线上产生的振动与道岔上产生的振动不叠加考虑，同时列车振动、衰减特性和列车运行速度有关。根据试验，普通车辆振动周期约为 1.0 s，列车在缓和曲线出入口产生的振动通常在半个周期时达到最大，在 1.5 个～2 个周期内基本衰减完，按 1.5 个～2 个振动周期计算，则道岔(直向)与曲线之间的直线段长度为：

$$L_{\min}=\frac{ntv_{\max}}{3.6}=(1.5\sim2)\times1\times\frac{v_{\max}}{3.6}\approx(0.42\sim0.56)v_{\max} \qquad (说明 3.2.12)$$

式中 $L_{\min}$——夹直线长度(m)；

n——振动周期(s)；

t——振动时间，取值 1 s；

$v_{\max}$——列车最高运行速度(km/h)。

因此，规定高速铁路正线上道岔基本轨端部以外的直线段最小长度一般按 $0.6v$ 计算确定，困难条件下按 $0.5v$ 计算确定。

同样，对城际铁路，结合设计速度，仿真分析认为列车进出曲线的振动用 1 s～1.5 s 可基本完成衰减，相当于$(0.3\sim0.4)v$。从现行铁路有关标准及运营实际情况看，道岔与缓和曲线间留有不小于 25 m 直线段，能够满足运营安全及道岔设备维护要求。因此，规定正线上道岔基本轨端部以外的直线段最小长度，一般条件不小于 $0.4v$；困难条件下，设计速度 200 km/h 不小于 30 m，200 km/h 以下不小于 25 m。

对客货共线铁路与重载铁路，运行的车辆有动车组列车、普速客车、普通货物列车、重载单元或组合列车，车辆差异性较大，涉及速度高或轴重大，因此一般情况下采用了较高的标准($0.5v$)，仅当困难条件下，设计速度等于 200 km/h 时采用 $0.4v$。从运营调查反映，原规范规定的直线段长度能满足运营维护需要，考虑列车是由车辆编组而成的，每节车辆相对是一个刚体，为避免一节车辆同时处于道岔与曲线上，产生振动叠加，道岔与曲线间的直线段需大于车辆两端轮对轴距。按最长车辆计算,普速客车两转向架间最大轴距 18 m、转向架两轮对间轴距 2.5 m,车体最外轮对间轴距 20.5 m;动车两转向架间最大轴距 19 m、转向架两轮对间轴距2.7 m,车体最外轮对间轴距 21.7 m。道岔尖轨尖端至基本轨端部长度 1.95 m~3.22 m,故道岔基本轨端部至曲线起(终)点间直线最小不少于 21.7 m-(1.95~3.22) m = 19.75 m~18.48 m,取 20 m。因此规定当设计速度小于 200 km/h且大于 120 km/h 时,困难条件下不小于 30 m;当设计速度小于 120 km/h 时,困难条件下最小直线段长度不小于 20 m。

为减少数据离散性,便于日常运用,同时考虑速度 120 km/h 及以下铁路,在未来路网中以货运为主,开行客车对舒适度要求不高以及与既有规范的衔接等因素,故按速度等级对数据进行归整及速度挡间的协调,得表 3.2.12—1。

2 站线道岔至曲线超高顺坡终点之间的直线段长度,应根据站线性质、曲线半径、道岔结构、曲线轨距加宽和曲线超高等因素计算确定。

(1)通行动车组列车的到发进路上的道岔前后至曲线超高顺坡终点之间的直线段长度,受道岔侧向速度、列车加减速特性及制动停车的限制,采用 12 号道岔时为最高 50 km/h,采用 18 号道岔时最高 80 km/h,因此,高速铁路到发线的直线段长度不应小于 20 m;困难条件下,应能满足曲线超高设置要求,岔后不应小于道岔跟端至末根岔枕的距离(特别困难时为至末跟长岔枕的距离)与超高顺坡所需长度之和。

动车段所内道岔前的直线段长度需满足道岔的导曲线与岔前曲线间的夹直线大于 10 m 的要求(铁运函〔2006〕462 号的要求),确定道岔前与曲线间的直线段长度不小于 6 m;同时,还需满足曲线设置不大于 15 mm 超高条件下,按 2‰超高递减率所需 7.5 m 直线段长度的要求,故规定道岔前与曲线间的直线段长度不应小于 7.5 m。为满足道岔铺设的要求,规定道岔后直线长度不应小于道岔跟端至末根岔枕的距离与设置曲线轨距加宽和曲线超高所需的最小直线段长度之和。

(2)一般情况下,道岔前后直线段长度按不同半径的曲线轨距加宽值,轨距加宽递减率为 2‰所需长度考虑的,当曲线需设超高时,其顺坡率也不应大于 2‰。有条件时可按曲线最大加宽值15 mm 设置直线段。

困难条件下,当道岔前后直线长度较短时,其直线段长度按不同半径的曲线轨距加宽值,轨距加宽递减率为 3‰所需长度考虑的,当曲线需设超高时,其顺坡率仍不应大于 2‰。

与站线上道岔前后连接的曲线设有缓和曲线时,曲线加宽、超高均可在缓和曲线内完成。

对混凝土枕道岔,由于 $L'_{长}$ 范围内的轨枕承轨槽与螺栓孔是按道岔结构固定设计的,故困难时,其曲线轨距加宽和超高可进入 $L'_{短}$ 范围内,当曲线需进入时,其半径不应小于 350 m。

当道岔前后均设置曲线轨距加宽和超高时,应按两者的最大值,在同一直线段范围内设置。

3.3.1 进出站线路纵断面的规定说明。

1 最大坡度标准对线路的走向、长度、工程投资、运营费用、牵引重量及输送能力等都有较大的影响。动车组列车为大功率、轻型动车组,牵引和制动性能优良,能适应大坡道运行,最大坡度不考虑曲线半径和隧道坡度减缓。

国外高速铁路通常采用的最大坡度在25‰~35‰之间,设计标准定在15‰~40‰之间。如德国标准为不超过40‰、法国为35‰;UIC实用技术标准(SⅡ)350 km/h客专为35‰,最大坡度35‰的连续坡度长度不应超过6 km,且在10 km范围内的平均坡度不要超过25‰;日本标准最大坡度20‰~35‰,其中延长10 km范围内的平均坡度在12‰以下。

从我国高速动车组技术条件看,动车组具有优良的牵引特性,CRH3动车组在定员载荷下,当动车组失去25%动力时,仍可以在30‰坡道上起动。根据行车仿真计算结果,以340 km/h初速在35‰坡道上持续运行8 km、在40‰坡道上持续运行6 km后的末速度约为设计速度350 km/h的70%。

《铁路大型线路机械通用技术条件》GB/T 25337—2010规定,线路最大坡度30‰。我国目前使用的铁路主要大型养路机械作业条件及技术性能要求的线路最大坡度为33‰。结合大机作业条件要求,本规范规定线路最大坡度不应大于30‰。

2　目前我国批量列装的交流电传动干线客运电力机车是HXD3D,单机牵引1 100 t对12‰和15‰最大坡度的适应性均较好,困难区间在坡顶的运行速度最低可达122 km/h、113 km/h,运输质量仍较高;对20‰和25‰最大坡度困难区间,在坡顶的运行速度最低为99 km/h、86 km/h;从牵引质量的角度看,HXD3D单机牵引1 100 t限坡条件可适应至20‰,起动条件可满足25‰。考虑到牵引客机的普遍性以及进出站线路的速度较低,因此规定运行机车牵引客车的线路,最大坡度不宜大于15‰,困难条件下不应大于20‰。

3　单机牵引的单方向下坡的最大坡度基本上沿用原《站规》数值,加力牵引系为两种机车的最大值,在不考虑反行的情况下,受下坡制动安全的限制,最大坡度不宜大于重车方向的三机牵引坡度值,且应进行重车方向的下坡制动安全检算,并视需要尽量减缓(均可不考虑曲线折减)。本条表3.3.1所列相邻坡段最大坡度差的数值,是采用《铁路线路设计规范》(以下简称《线规》)的规定。根据目前繁忙干线和电气化铁路的设计情况,在工务和接触网维修期间,如利用该线反向运行时,则需做动能闯坡的检算。

4　进出站线路与区间线路直接连接,其性质与区间线路相同,为使客、货列车进入站内保持正常速度运行,故其纵断面设计应与所衔接正线的规定一致。

3.3.2　技术作业站各车场和相关线路的纵断面规定说明。

1　目前我国滚动轴承车辆不断增加,在站坪坡度采用1.5‰的既有车站上,车辆连挂时仍有溜逸现象。考虑有利于列车接发、列检、调车及转场,并照顾顺、反方向接发车和车列转线作业的方便,设计中应尽量放缓,以防止车辆溜逸,保证作业安全。所以本条规定到达场、到发场和出发场宜设在平道上,在困难条件下,可设在不大于1‰的坡道上。

2　驼峰调车场线路坡度直接影响到驼峰的解体效率和作业安全,应根据调车场采用的不同调速制式和调速工具分别设计。

近些年来,随着科学技术的进步,调车场内调速工具不断更新,减速顶、加速顶、微机可控顶等调速工具与减速器相互组合成多种多样的调速制式,每一种调速制式对调车场内的线路坡度都有不同的设计要求,无法用统一的规定概括这些要求。因此,本条规定调车场内的线路纵断面应根据所采用的调速工具及其控制方式、技术要求和当地具体情况经计算确定。

3　到发场、出发场和通过车场在办理出发列车技术检查时,可能要甩扣修车。如未设牵出线或无可供调车之用的岔线时,则需利用正线甩扣修车。当正线出站方向为较陡的下坡时,将影响调车作业的进行,故规定正线的纵断面在列车长度一半的范围内应能保证调车时起动。由于甩扣修车不能完全避免,所以正线纵断面满足了上述要求后,同时也满足了通过列车成组甩挂的要求。

4 既有技术作业站各车场的坡度大于1.5‰的情况较多,改建既有站时,如将其坡度均改为不大于1‰,有可能造成较大的工程量或出现很大的困难。在实际使用中,有些坡度较大的车场,采取相应的防溜措施后,也能保证作业安全。为避免改建中出现较大的工程,故对改建既有技术作业站各车场的坡度做出规定。

5 车场间联络线的坡度,应满足整列转场的需要,以免造成分步转场,影响作业效率。场间联络线坡度不宜大于衔接线路等级规定的最大限制坡度值。

3.3.3 牵出线的纵断面根据不同的调车方式采用不同的规定。办理解编作业的调车牵出线,如编组站、区段站、工业站等有大量解编作业的牵出线,往往采用溜放或大组车调车,为确保解体作业的安全和效率,牵出线应设在不大于2.5‰的面向调车线的下坡道上或平道上。坡度牵出线系以机车推力为主、车辆重力为辅来解体车列的调车设备,其坡度可根据设计需要计算确定。

车站调车使用的机车,要求动作灵活方便,但其牵引力一般较区段使用的本务机车小,由于调车通过咽喉区时增加道岔及曲线阻力,为方便调车,利于整列转线,故咽喉区坡度规定不应大于4‰。平面调车的调车线在咽喉区范围内应尽可能设在面向调车场的下坡道上,这样能使调机进行多组连续溜放,提高调车效率。

铁路物流中心或其他厂、段的牵出线一般采用摘挂、取送调车,牵引辆数不多,作业量也少,但考虑有利用牵出线存放车辆的可能,牵出线的坡度不宜大于1‰。如为了节省工程,在困难条件下,允许将牵出线设在不大于6‰的坡道上。

3.3.4 货物装卸线如设在坡道上时,车辆受外力影响易于溜动,很不安全,因此,货物装卸线应设在平道上,仅在困难条件下,可设在不大于1‰的坡道上。

液体货物装卸线:考虑到车辆测重、测量容积、液体流动致使重心改变容易造成车辆溜逸,影响停车安全等因素,因此规定应设在平道上。

危险货物装卸线:主要装卸易燃、易爆、放射等危险货物,因此要特别注意防止车辆受外力影响而溜逸,造成事故,故应设在平道上。

漏斗仓范围的线路:为使装卸作业时车辆不致因受外力影响而溜逸,保证作业效率和安全,简化漏斗仓的设计和施工,因此,应设在平道上。

货物装卸线起讫点距凸形竖曲线始、终点不应小于15 m,相当于留出1辆货车的长度,增加安全距离,提高安全保障。

根据《铁路货运安全检测监控与管理系统总体技术规范》(铁运〔2013〕56号)附件12《铁路货车超偏载检测装置技术条件》及附件13《铁路站场用轨道衡技术条件》规定,货车超偏载检测装置主要检测车辆重心偏离车辆中心的情况来判断车辆偏载状态,用于预防安全事故,其线路可以设在一个坡道上,货车超偏载检测装置前后共有不小于100 m线路坡度不宜大于2.0‰。轨道衡有液体计量时,由于液体在坡道上存在流动及晃动,影响计量精度,因此规定轨道衡前后各不小于75 m线路应设在平道上;只有固体计量时,在保证计量精度的前提下,轨道衡前后各不小于75 m线路可设在一个坡道上,但坡度不宜大于2.0‰。

3.3.5 段所工区外走行线的坡度规定说明。

1 由于动车组列车有较好的爬坡及制动性能，考虑线路轨道结构及大型机械维修作业需要，规定动车组运行的走行线，最大坡度不宜大于30‰，困难条件下，不应大于35‰。当坡度大于30‰时，有砟轨道捣固机作业难度较大，故当动车组走行线最大坡度大于30‰宜采用无砟轨道。

2 为了作业安全，客运站至客车整备所的车底取送走行线坡度应尽量放缓，困难时不应大于12‰。当该取送线的一段兼作牵出线进行调车作业时，为了减少工程量，应按设置牵出线的困难情况将该段的坡度减缓至不大于6‰。

3 机车走行线仅供机车走行，但在出入段时会发生必要的整备作业，因此，其坡度应尽量放缓。但地形困难时，为节省工程量和减少占地，最大坡度放宽到12‰。设立交时，内燃、电力机车不应大于30‰。内燃、电力机车最大坡度的规定主要考虑安全、防止事故。

机车出、入段时需在机务段出、入段值班室签点，故在站、段分界处都要一度停车。作为机车停留，此段线路长度应为2台机车长度加10 m的安全距离。上述长度能满足双机牵引的一般要求，也照顾到单机回送无火机车时的特殊需要，此段线路的坡度，为了安全停留，不应大于2.5‰。

4 根据调查，现场有些车辆段的出、入段线坡度较大，不能满足转线需要，造成作业困难，因此，规定车辆出、入段线的坡度，应满足车辆取送和段内转线调车的需要。利用进出段线路进行调车时，调车长度范围内的线路平纵断面应符合牵出线设置要求。

5 根据《铁路大型线路机械通用技术条件》GB/T 25337—2010，线路最大坡度30‰。我国目前使用的铁路主要大型养路机械作业条件及技术性能要求的线路最大坡度为33‰，当最大坡度加大至35‰时，也基本能满足大机作业要求。因此，规定养护维修基地（车间、工区）、大型养路机械段的走行线的坡度根据机车和各种维修车的牵引性能确定，一般不大于30‰，困难条件下，为体现技术经济合理性，最大不大于35‰。

3.3.6 段所工区内线路的坡度规定说明。

1 建（构）筑物内的线路系指库内的机车、车辆检修线和库、棚内的货物装卸线和洗罐线等。这些线路一般都有检修作业或装卸作业，由于检修和装卸作业对车体各部位都有产生附加外力的可能，如设在坡道上，容易造成车辆溜动，危及检修和装卸作业人员的人身安全以及设备安全，因此应设在平道上。

目前车辆大都采用滚动轴承，车辆单位基本阻力介于0.6 N/kN～0.8 N/kN之间，随着车辆大型化，基本阻力有进一步下降的趋势。为防止车辆溜逸，保证作业安全，因此规定：段所工区内其余线路宜设在平道上，在困难条件下，可设在不大于1‰的坡道上。

2 机待线为机车等待停留的线路，规定机待线的坡度应设在平道或面向车挡不大于5‰的上坡道上。

3 段所咽喉区的线路坡度系参考车站咽喉区及牵出线的坡度得来，规定段所咽喉区的线路坡度不宜大于2.5‰，困难条件下不应大于6‰。

3.3.7 站线坡段长度的规定说明。

1 进出站线路与区间线路直接连接，其性质与区间线路相同，为使客、货列车进出车站保持正常速度运行，其坡段长度应与所衔接正线的规定一致。在困难条件下，疏解线路的坡段长度不应小于200 m。

2 为保证高速列车与城际列车进出站运行平稳，满足旅客舒适度要求，到发线有效长度范围内宜设计为一个坡段。困难条件下，高速铁路站台长度 450 m，在站台范围内应设计为一个坡段，满足 2 个 8 辆编组重联列车停靠需要，需要的长度列车长度(214×2+2×10) m 附加停车余量=448 m，取整为 450 m，故高速铁路到发线坡段长度不应小于450 m；城际铁路 8 辆编组时列车总长度最长的是 CRH1 型，列车长度为 214 m(8 辆编组时 CRH2 型列车总长度为 201.40 m，CRH5 型列车总长度为 211.50 m，CRH6 型列车总长度为 201.4 m)，站台范围内的坡段长度不小于 250 m，可保证一个列车长度内变坡点不超过两个，以减少变坡点附加加速度的叠加影响，因此，城际铁路到发线坡段长度不宜小于 250 m。

客货共线铁路与重载铁路车站到发线的坡段长度，考虑列车在到发线上要进行制动减速和起动加速，设计速度为 160 km/h 地段的坡段长度不宜小于 400 m，且不宜连续使用；仅办理动车组列车的到发线有效长度范围内宜设计为一个坡段，困难条件下站台范围内的坡段长度不应小于 450 m。系按《线规》办理，主要是为减少线路的变坡点，提高列车运行的平顺性。

3 行驶列车的站线(例如有列车到达经过的场间联络线)，考虑到其长度较短，为了坡段连接方便，同时使列车长度范围内的变坡点不增加过多，故规定纵断面坡段长度不小于 200 m。

站内不行驶列车的站线、联络线、机车走行线、三角线和段管线，仅行驶单机或车组，因行车速度低，车钩附加应力小，采用了较小的竖曲线半径。为了配合地形条件，尽量减少工程量，其坡段长度可减少到 50 m，竖曲线不重叠，以免给行车及养护造成困难。

3.3.8 站线坡段连接的规定说明。

1 进出站线路与区间线路直接连接，故其坡段连接应与相邻正线的标准一致。

2 当相邻坡度差超过一定数值时，应以竖曲线连接，主要是从保证列车通过变坡点时不脱轨、不脱钩、行车平稳、满足限界等条件来考虑的。竖曲线半径的大小，系根据以下因素确定：

(1)线路的等级和性质。列车通过变坡点时，由于相邻车辆的相对倾斜，使相邻车钩的中心水平线上下移动，如竖曲线半径过小，车钩中心水平线上下移动超过一定数值时，就可能使车辆脱钩。

按现行《技规》(普速铁路部分)的规定，车钩中心水平线距轨顶高度，货车最大为 890 mm，最小为 815 mm(重车)及 835 mm(空车)；普速客车最大为 890 mm，最小为 830 mm。即相邻两辆货车车钩的最大允许错动量，当空、重货车相邻时为 75 mm；当空货车相邻时为 55 mm，这个数字留有 20 mm 的余量，当其中 1 辆空车成为重车后，仍有条件满足不超过 75 mm 的要求；对于普速客车来说，相邻车钩的最大错动量为 60 mm。

在日常运行中，可能产生的错动因素和错动量为：踏面允许磨耗，货车 9 mm、客车 8 mm；轴颈允许磨耗 10 mm；轴瓦、瓦垫、转向架、上下心盘允许磨耗 24 mm。因轨道水平养护误差引起的车钩上下位移，货车约为 1 mm、客车约为 2 mm。

综合以上最不利情况，当相邻一车辆为新空车，另一辆车为磨耗接近极限的旧重车，且轨道水平养护误差同处最大时，则车钩上下错动量，普速客车、货车都为 44 mm。最大允许错动量货车为 55 mm，普速客车为 60 mm。故变坡点处因相邻车辆相对倾斜引起的车钩上下错动的允许值为 $f_{货}=55-44=11$ mm，$f_{客}=60-44=16$ mm。

竖曲线半径(R_s)可根据下式计算：

$$\frac{f}{d}=\frac{R_s-\sqrt{R_s^2-(L+d)^2}}{L+d} \qquad (说明 3.3.8—1)$$

经简化后得：

$$R_s=\frac{(L+d)d}{2f} \qquad (说明 3.3.8—2)$$

式中　L——车辆两转向架中心的距离（m）；

d——车钩至转向架中心的距离（m）；

f——车钩上下错动的允许值（m）。

以我国货车和普速客车中最长的 L、d 代入上式计算（D_{10} 100 t 凹型车、YZ_{25G} 空调硬座客车、SYW_{25B} 双层空调硬卧客车），竖曲线半径货车为 2 122 m，客车为 2 550 m、2 850 m。

动车组采用自动密封式车钩，车钩垂直方向允许偏离 ± 3°，车钩制造允许偏差 800_{-5}^{-10} mm，车钩制造偏差、轨道不平顺性偏差、车辆所有磨耗偏差均通过车钩垂直方向允许偏离角度调整。不利情况下车钩垂直方向允许偏离达到极限时，动车通过竖曲线的最小半径（R_s）按下式计算：

$$R_s=\sqrt{[(d-l)\cos3°+l]^2+\left\{\frac{[(d-l)\cos3°+l]\cos3°+0.5L}{\sin3°}\right\}^2} \qquad (说明 3.3.8—3)$$

式中　L——车辆两转向架中心的距离（m）；

d——车钩至转向架中心的距离（m）；

l——动车组车钩长度（m）。

对动车组 CRH1、CRH2、CRH5，L 各为 19.0 m、17.5 m、19.0 m，车辆全长各为 27.386 m、26.400 m、29.532 m，车钩长度各为 1.512 m、1.610 m、1.512 m，则竖曲线半径 R_s 经计算各为 262 m、252 m、282 m，从车钩构造上分析，其不是动车组通过竖曲线的控制因素。

当动车组采用过渡车钩连接时，由于动车组过渡车钩垂直方向允许偏离±3°，最大偏移量分别达±79 mm、±84 mm、±79 mm，车钩制造偏差、轨道不平顺性偏差、车辆所有磨耗偏差均通过车钩垂直方向允许偏离角度调整，按最不利情况，f 各取 25 mm、30 mm、25 mm，按式（说明 3.3.8—3）计算，则 R_s 对应为2 028 m、1 628 m、2 556 m。

（2）车辆中部下部限界。通过凸型竖曲线时，线路轨面较平直线向上凸起，凸起的高度，应满足限界要求。满足限界的凸起竖曲线半径（R_s）按下式计算：

$$R_s=\frac{L^2}{8h} \qquad (说明 3.3.8—4)$$

式中　L——车辆两转向架中心的距离（m）；

h——车辆中心线路轨面与两转向架中心的轨面凸起高度（m）。

h 按限界取极限值 25 mm，动车组 CRH1、CRH2、CRH5 型车辆两转向架中心的距离 L 各为 19.0 m、17.5 m、19.0 m，则需要的竖曲线半径最小值，经计算对应为 1 805 m、1 532 m、1 805 m。

同时考虑曲线超高时，竖曲线半径按下式计算：

$$R_s=\frac{L^2}{8\left(h-\frac{h_c}{1.5}H\right)}>\frac{L^2}{8h} \qquad (说明 3.3.8—5)$$

式中 L——车辆两转向架中心的距离(m);

h_c——曲线外轨超高(m);

h——车辆中部直线与曲线上距轨面差值限额(mm);

H——计算点距轨面高度(m)。

当 h=10 mm、20 mm、30 mm,L=19 m 时,则 R_v=4 512.5 m、2 256.3 m、1 504.2 m;L=18 m 时,则 R_v=4 050 m、2 025 m、1 350 m;

当 h=20 mm、40 mm、60 mm,L=8.7 m 时,则 R_v=473.1 m、236.5 m、157.7 m。

比照空重车高度变化,客车小于 10 mm,货车为 20 mm,根据《技规》对于限界的规定,车辆中间留有较大空间,竖曲线最小半径 3 000 m,能保证车辆安全;对机车而言,转向架中心距小于客车,非弹簧承载部分距离轨面不少于 60 mm,机车整备前后高度基本无变化,因此,满足客车需要的技术条件,亦能满足机车安全通行。

(3)车辆在坡道上最大坡度。当动车处于竖曲线内时,车辆为一个刚体,两车辆相对沿竖向扭转,根据车辆在坡道上最大坡度的规定,两车辆间相对坡度不能大于最大坡度,受此限制的最小竖曲线半径(R_{smin})计算按下式计算:

$$R_{smin}\approx\frac{L_c}{i} \qquad (说明 3.3.8—6)$$

式中 L_c——车辆长度(m),选最短车体 CRH2,为 25 m;

i——最大坡度(‰),动车走行线 35,折返线的走行部分 30。

经计算 R_{smin} 分别为 714.3 m 与 833.3 m,不控制竖曲线设置条件。

(4)平稳性及舒适度。车辆通过凸型竖曲线产生失重、凹型竖曲线产生增重,竖曲线半径 R_s(m)与行车速度 v(km/h)及离心(或向心)加速度 a(m/s^2)关系按下式计算:

$$R_s=\frac{v^2}{3.6^2a} \qquad (说明 3.3.8—7)$$

式中 a——加速度(m/s^2);

v——行车速度(km/h)。

当 a 值在 0.3 m/s^2~1.0 m/s^2 范围内时,不致引起旅客的不舒适感觉,采用 0.4 m/s^2~0.5 m/s^2。对站线而言,采用道岔侧向允许通过速度,分别取 80 km/h、50 km/h、35 km/h 计算;结果分别为 1 250 m、490 m、240 m,远小于车钩错动量要求的竖曲线半径,满足平稳性要求的竖曲线半径不是控制因素。

根据上述计算结果,考虑站线性质和用途,规定高速铁路、城际铁路到发线上相邻坡段的坡度差大于 3‰时,应采用半径不小于 5 000 m 的竖曲线连接。

3 考虑线路不平顺性、列车运行振动、空重车连挂、动车组加减速快等因素,从有利于安全的角度,应适当留有余地并结合现有铁路竖曲线标准的现状,规定客货共线铁路、重载铁路到发线和通行列车的站线,相邻坡段的坡度差大于 4‰时,可采用 5 000 m 半径的竖曲线;在困难条件下,竖曲线半径不应小于 3 000 m。

4 竖曲线半径采用 3 000 m,即可满足不脱钩的要求,故规定不通行列车的站线,相邻坡段的坡度差大于 5‰时,可采用 3 000 m 半径的竖曲线。设置立交的机车走行线(含峰下机走线）一般要尽快起降坡，考虑到此线以单机走行为主，即使带车（煤车或槽车）走行，比照高架卸货线，将该线竖曲线半径定为 1 500 m，也是无问题的，且按相邻两变坡点相邻坡段的坡度差 30‰考虑，其坡段长度正好为 50 m，所以本次沿用原《站规》规定在困难条件下，可采用不小于 1 500 m 的竖曲线半径。

由于高架卸货线供卸车用，不会在车列中同时出现空车和重车的情况，因此对空车与重车车钩最小的允许错动量留有 20 mm 的余量可不考虑，最大错动量可以用 75 mm 控制，则在变坡点处，因相邻车辆倾斜引起车钩上下错动允许值为 31 mm。以 M_{13} 60 t 煤车和 C_{60} 60 t 敞车的 L、d 值分别相关计算，竖曲线半径分别为 453 m 和 522 m。为有利于争取高架线的长度，故竖曲线最小半径允许采用 600 m。

3.3.9 道岔与竖曲线起终点、变坡点的设置规定说明。

1 道岔是铁路线路的薄弱环节，结构较复杂，且列车速度越高，对道岔的几何状态要求越严。高速铁路、城际铁路采用可动心轨辙叉单开道岔，它与固定辙叉单开道岔相比在结构上有明显的不同，前者各部件之间的几何尺寸要求较后者更为严格，因而养护条件要求更高。国外铁路为了使列车经过道岔时保持较好的平稳性和减少对道岔的冲击力，确保安全与舒适，降低维修费用，一般都要求可动心轨道岔与竖曲线和变坡点不能重叠设置，且要求有一定的距离。如德国要求不小于 20 m；法国要求不小于 100 m。故规定了正线道岔两端距竖曲线起终点或变坡点（不设竖曲线时）的距离不小于 20 m。从理论上分析，在特定条件下，将竖曲线的折线段延长到一定长度，并相应加大竖曲线半径，是允许在一组道岔的导轨部分与竖曲线重叠的，但这样做，维修条件更为复杂，技术难度更大，增加巨额维修费，给安全留下隐患。

2 客货共线铁路、重载铁路正线上的道岔也是轨道薄弱环节之一，又是线路非常重要部分，本身结构复杂，既有固定部分，又有往复移动部分，要求高可靠性，为使列车经过道岔时保持较好的平稳性和减少对道岔的冲击力，并为道岔安装、调试与检修创造条件，故客货共线铁路、重载铁路正线上的道岔不应布置在竖曲线范围内和变坡点上。

3 到发线设计速度不超过 80 km/h，站内设备多，需相互协调的因素众多，因此，到发线上道岔不应与竖曲线或变坡点重叠。

4 其余站线设计速度不超过 45 km/h，站内设备多，需相互协调的因素众多，因此，站线上道岔不宜与竖曲线或变坡点重叠，但困难条件下必须布置时，考虑列车运行平稳与安全，在通行列车的站线上，竖曲线半径不应小于 10 000 m；在不通行列车的站线上，由于速度低，车列或机车长度短，其车辆或机车本身通过竖曲线需要的半径小于 5 000 m，考虑机车车辆本身通过竖曲线需要、轨傍设备、限界及安全需要，规定竖曲线半径不应小于 5 000 m。

3.3.10 站内线路轨面高差及坡道顺接的规定说明。

1 为保持轨面的平顺，提高旅客舒适度，减少变坡点，正线与到发线、到发线与到发线的轨面一般按等高设计。当咽喉区轨面有高差时，其他站线、次要站线间轨面用较短的坡段顺接。考虑到高速铁路的最大坡度较大，故规定顺接坡道的坡度不宜大于 6‰。由于到发线有效长停车范围两端均设有安全防护距离，故顺接坡道范围为道岔前后普通轨枕至出站信号机。

2 客货共线铁路、重载铁路车站咽喉区两相邻线路由于受路基面横向坡度和不同的道床厚度的影响，会造成两相邻线路的轨面不等高。当用道岔连接两线路时，应设计道砟顺接坡段。顺接坡段的坡度及范围应根据正线限制坡度、站坪坡度、路基面横向坡度和道床厚度等因素决定。顺接坡段的范围宜为道岔终端后第一根普通轨枕至警冲标或至货物装卸有效长度起点,并要求在道岔的全长范围内,其直股线路和侧股线路的轨面高度和坡度保持一致。

到发线及行驶列车的站线,坡度差不大于4‰,不行驶列车的其他线路不大于5‰,主要考虑避免道岔的侧股上出现竖曲线,产生道岔的直股和侧股的轨面不等高,有利于运营和养护;同时,可争取尽快变坡。顺坡坡段长度在咽喉区范围内不应小于50 m。

3　当顺接坡段高差不足时,可根据车站设计的具体情况,采用下列办法调整:

(1)减缓路基面横向坡度。在干旱地区,路基面横向坡度,可采用平坡,以减少相邻两线路之间的高差,从而节省道砟。

(2)加厚道床,但需增加投资。

(3)铺设双层道床。如当地道床垫层材料较为丰富而道砟材料较少时,可采用双层道床从而节省投资。

(4)顺接坡段可伸入到发线有效长度范围内30 m左右,因到发线有效长中包括有30 m的附加制动距离。

3.4.1　为保证车站设计的系统性,站场平面布置应与接触网、雨棚支柱、站内各种建(构)筑物和管线设施的设置综合考虑,系统协调。

3.4.2　为保证车站内正线路基与区间路基设计有机衔接,避免因设计专业不同造成设计接口矛盾,规定车站内正线路基与区间路基防护和绿化等设计标准应协调统一。

3.4.3　为避免站场路基与区间路基、站内桥梁或涵洞上电缆槽设置位置不协调,引起工程反复,站场路基设计应根据电缆槽铺设的技术要求,保证路基与桥涵上的电缆槽合理衔接。

3.4.4　通信、信号、电力及给排水等各类管线、电缆沟槽、过轨、人孔、手孔等设施的设置,应与站场路基同步设计,同步施工,避免路基施工完成后,因管线过轨及电缆沟槽等设施的设置对路基进行开挖,破坏路基的整体结构,造成工程的反复。

3.4.6　为保证人身和设备安全,电气化铁路应采用综合接地系统,综合接地系统由贯通地线、接地装置及引接线等构成。为满足综合接地系统的总体布置,区间与车站贯通地线应连续设置,保证通信、信号、电力、接触网、建(构)筑物等金属结构物接入综合贯通地线的条件等,站场路基应在设计中考虑综合接地系统的接入条件,避免因路基施工未考虑综合接地系统的预留而造成反复开挖路基。

3.4.7　本条规定是为了使站内的地表水能够顺利排除,避免地表水对路基造成损坏,保证站内排水系统能够与相关的排水系统合理衔接。当接触网及雨棚等支柱设置在站内有排水槽(沟)的线间时,要求有关支柱基础设计应考虑排水槽(沟)的排水需要,保证排水顺畅。

3.4.8　由于桥台与路基的沉降和刚度相差较大,不利于道岔的结构稳定,规定道岔不应设置在路堤与桥台连接处。

由于路桥、路隧、桥隧等过渡段的沉降、刚度、均匀性等不同,会给道岔的稳定性带来不利影响,同时道岔结构复杂,为保证道岔能够保持良好的几何形态,减少养护维修工作量,故规定道岔不宜布置在上述过渡段上。困难条件下必需设置时,应采取一定工程措施,对过渡段进行路基加强使其刚度相近。

3.4.9 为了避免反复切挖路基,旅客进出站通道与站内路基应同步施工。为了保证排水槽、电缆槽等管线的顺接,旅客进出站通道的位置和高程应满足设置有关管线的要求。

4.1.2 铁路枢纽是位于路网的交汇点或端点,由客运站、编组站、其他车站和各种为运输服务的设施以及连接线路所组成的整体。其作用主要是汇集并交换各衔接线路的车流,为城镇、港埠和工矿企业的客、货运输服务,是组织车流和调节列车运行的据点,为该地区铁路运输的中枢。铁路枢纽与工农业发展、城市建设、国防建设和其他交通运输系统有着密切联系。因此,在新建和改建枢纽设计时,应从全局出发,对影响枢纽设计的基本因素进行全面综合研究分析。

(1)枢纽的规模、路网地位和编组站的性质。

①枢纽的规模分为大型、中型和小型,应根据引入线路的多少和引入方向,编组站、客运站的数量、规模和布局,城市的地理位置、规模和工业区的分布,地形和地质条件以及国防要求等选定。

大型枢纽一般位于特大城市或大城市,有 2 个及以上大型客运站,1 个大型编组站或者 2 个及以上中型编组站,有众多的其他车站和连接线。

中型枢纽一般位于大城市或中等城市,有 1 个大型客运站或者 2 个一般客运站,1 个大型编组站或 1 个~2 个中型编组站,有一定数量的其他车站和联络线。

小型枢纽一般位于中等城市,有 1 个一般客运站或客运车场、1 个小型编组站或货运车场,有少量其他车站和连接线。

②枢纽按其功能和路网地位,可分为路网性枢纽、区域性枢纽、地方性枢纽(铁路地区)。

路网性枢纽是全国路网中最重要的列车运行支点和运输基地之一,一般配有路网性编组站或全国枢纽性客运中心,承担大量客货运作业,枢纽规模大、设备全、能力强。

区域性枢纽以服务区域内中短程的客货运输为主,服务范围为数个路局或省区,一般配置有区域性编组站或区域性客运中心。

地方性枢纽(铁路地区)以地方或地区内中短程的客货运输为主,服务范围主要为本局或本省,部分可能延伸到邻局或邻省范围。一般配置有地方性编组站和一般客运站,部分规模较小的枢纽或地区可能仅配有客货运作业车场。

③枢纽所处地理位置的特征:所在地是首都、省会还是一般中、小城市,是国境还是腹地,是矿山、港口等路网起讫点还是铁路线汇集处,是主要铁路线还是一般铁路线汇集处等。由于各地情况不一,对枢纽设备布置要求便各不相同。

④对枢纽内编组站所承担的任务性质要着重研究分析它是以通过车流为主,还是以中转改编车流为主,或是以地方车流为主,或通过车流与地方车流并重。因为任务的性质将决定编组站在路网中的性质(是路网性的、区域性的或地方性的编组站)和设备的配置。

⑤与相邻枢纽编组站协作和分工:研究目的在于充分发挥设备潜力,进一步确定主要设备在路网中的合理分布。另外,调整分工、改变列车编组计划和机车、车辆检修任务等,也能缓和相邻枢纽编组站设备能力的不足,消除或减少枢纽内有两个及以上编组站的车流折角重复作业。根据相邻枢纽的协作分工修建联络线和迂回线,则可调整客货通过列车径路并消除折角运行。

(2)各引入线路的技术特征。根据引入线路的技术特征,对枢纽的线路和设备应通盘考虑,合理安排。

①枢纽内的线路、车站等的技术标准除必须与相应引线相匹配外,还要适应枢纽内主要作业的统一性,但也不能强求全面统一,盲目追求高标准。

②对枢纽内不同牵引种类(电力、内燃)、机车类型(客、货运机车)和作业性质(大运转、小运转、调车作业)的机务设备,要正确处理布点上的集中与分散,设备布置上的专业与综合,作业上的分工与协作等关系。

③在各引入线路牵引质量不统一的情况下,要为简化作业和加速机车、车辆周转采取积极措施。

(3)客、货运量的性质和流向。在确定设计原则和设备规模时,运量是主要因素之一,但不是唯一的依据,尚应考虑其他因素。

要分析客、货流的性质是属中转的、地区的还是综合的,是长途的、短途的还是综合的等等,使设备与之相适应,以提高运营效率。客、货流向是选定车站位置和引线方案的重要因素之一。随着路网的逐渐形成和发展,资源的开发,会引起客、货流向的变化。因此,要求车站和引线的设计能适应这些变化。

(4)既有设备状况。对既有设备要认真调查清楚,一般要充分利用,不可轻易废弃,但也要防止勉强迁就,以免造成日常运输的不合理,加大运营支出。

处理既有设备的利用、改造或拆迁是一个极其复杂的问题,要注意改善铁路运营条件,消除或减少对城市的干扰,还要适应发展需要,留有余地。

(5)枢纽设计必须尽量利用地形、地质条件,在保证质量的前提下尽量减少工程量,节约投资。

(6)铁路枢纽是构成城市交通运输设施的一个重要部分,因此应与城市发展规划密切配合,尽量做到:

①铁路正线避免分割城市的重要区域。

②客、货运车站位置与城市规划布局特别是与道路和其他交通运输系统相配合。

③铁路房屋与城市建(构)筑群体相协调。

④岔线有计划地伸向工业区和仓库区。

⑤灰沫易扬和恶毒气味货物和危险品等货运设施的布局应符合环保、公安、卫生、消防要求并设在城市的下风方向和河道的下游。

(7)铁路运输在某些情况下并不能直达物资单位的场库,因此要求与公路、水运以及其他交通运输系统能互相配合、衔接和联运,必要时应使它们的技术装备尽可能靠近,以便于组成当地的运输综合体。此外,当自然因素或季节波动引起运输条件和运输方式变化时,铁路运输还应考虑调节的机动性。

(8)铁路枢纽是交通运输体系中重要环节之一,必须与国防建设相配合。枢纽布局应符合战备要求,在设计过程中应与有关部门共同研究解决。

(9)在铁路枢纽设计中,应重视采用先进技术和装备,以提高运营效率。

(10)在枢纽总图设计中应贯彻以人为本、服务运输、着眼发展、系统优化的铁路建设理念,践行客运适当分散、货运适度集中、客货分线、客内货外等规划原则,实现资源节约、环境友好、适度超前的目标。

(11)枢纽设计中应注重点线能力协调。客站、铁路物流中心、编组站等点上设备能力应满足各方向引入线路的作业需求,枢纽内各疏解区、各区间线路数量及通过能力适应近、远期行车量要求，枢纽站点及线路还应按远景能力要求留出发展余地。

(12)枢纽总图规划还应注重与城市总体规划和综合交通专项规划相适应，综合统筹枢纽内各种运输方式及综合交通枢纽的规划建设，划清铁路与其他交通方式的工程界面，实现各种运输方式的无缝衔接和资源的优化配置。

4.1.3 枢纽总布置图应确定枢纽近、远期及长远规划的总体布局，各方向线路的引入方式，枢纽内线路的配置和各主要站(段)的数量、位置、用途及其分工等。根据运营需要、城市建设和其他运输系统的要求，铁路枢纽应按总布置图方案分期修建。在考虑分期工程时，应尽量避免在下一期改建工程中有废弃多和严重干扰运营等情况发生，同时，还要考虑发展需要预留用地。

枢纽总布置图随着客观形势和事物的发展变化，必要时应进行修正。

4.1.4 铁路枢纽由于各线路引入的数量、性质和方向不同，各枢纽担负任务不一，当地具体条件各异，因而枢纽内各专业车站和主要设备的配置以及各方向引线和联络线的设置都将随着影响总图布局各因素的差异而变化。本条文结合枢纽主要组成部分的布置提出下列几种枢纽布置图型，作为枢纽总布置图设计的基本结构形式。

1 一站式枢纽：有一个客、货共用车站，是枢纽最基本的图型。其特点是设备集中，管理方便，运营效率高，但客、货运作业互有干扰，能力较小。这种布置一般适用于改编作业量较小，城市规模不大的枢纽。客、货共用的车站可能构成枢纽以后扩建的一个组成部分。因此在设计这类枢纽时必须充分考虑其发展因素，预留发展用地。车站两端引入线路的平、纵断面宜尽量平顺，疏解布置应力求简单并适当远离车站。

2 三角形枢纽：有三个方向的引入线路汇合，各方向间有较大客、货运量交流的枢纽，可在改编作业量大的线路上设置一个客、货共用车站。其他方向的通过列车可经由联络线通行，以缩短列车行程，避免折角列车在车站变更方向运行。如另有新线引入，可根据车流的发展变化将原有客、货共用车站改为客运站，并结合新增线路方向在车流集中的线路上新建编组站，如说明图 4.1.4—1 所示。

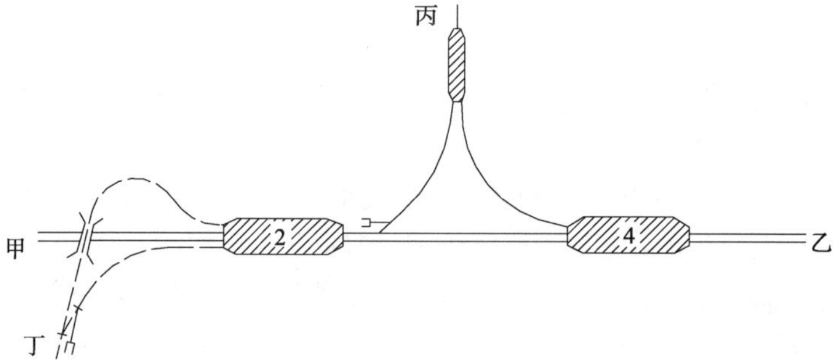

说明图 4.1.4—1　三角形枢纽布置示意图

2—编组站；4—客、货共用站

3 十字形枢纽：两条铁路线交叉，各自具有大量的通过车流而相互间车流交流少的枢纽，无需修建单独的编组站，两线可作十字交叉布置，使无作业列车能顺直地通过枢纽，以缩短运程、减少干扰和节省投资。在路网较密和交叉点多的地区，如有大量通过车流的新线与既有线成近似正交，新线上不需另建编组站的，可修建必要的车站、联络线和立交线路，使新线与既有线上的编组站、专业站相衔接，构成如说明图 4.1.4—2 的十字形枢纽,以减少路网上的编组点。新建枢纽运营初期,一般常在主要车流的运行线上先建一个客、货共用车站,以后再修建立交联络线和其他车站而形成十字形枢纽布局,如说明图4.1.4—3所示。新建客运专线与既有客货共线铁路呈十字交叉引入时,为充分利用既有站区位优势、客运及整备存车等设施开行始发终到列车,以及满足主要车流的跨线运行需求,可规划相关联络线,如说明图4.1.4—4所示。

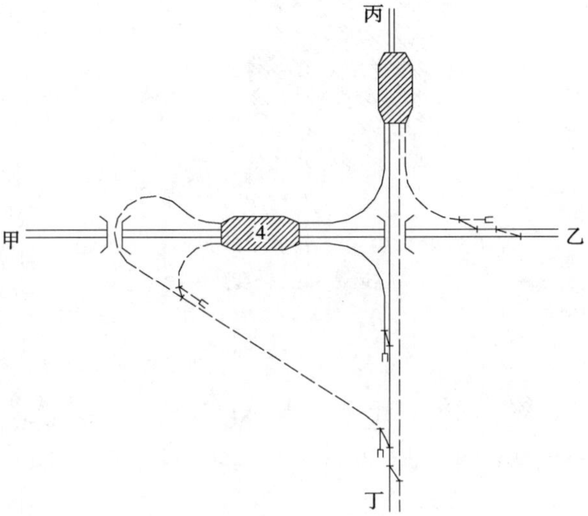

说明图4.1.4—2 近期形成的十字形枢纽布置示意图

4—客、货共用站

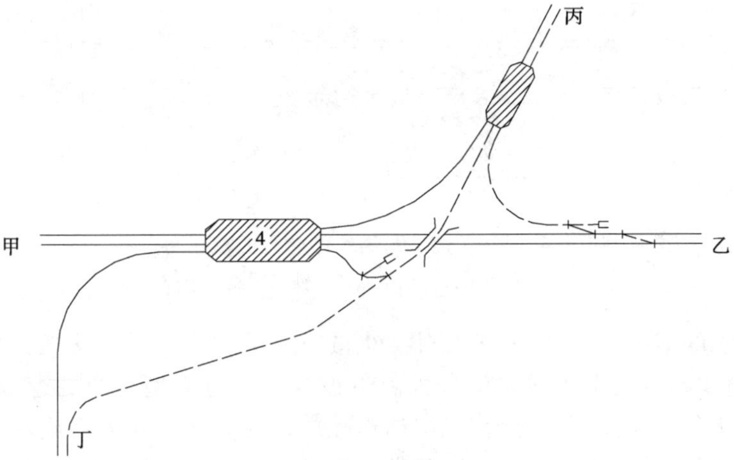

说明图4.1.4—3 远期形成的十字形枢纽布置示意图

4—客、货共用站

4 顺列式或并列式枢纽:如客运站与编组站顺列布置,即构成客、货列车运行于同一经路的顺列式或伸长式枢纽,如说明图4.1.4—5所示。其优点是进出站线路疏解布置简易,客运站、铁路物流中心和编组站布置方便,灵活性大,便于发展。缺点是客、货列车运行于同一主轴线上,随着行车量的增长区间通过能力不足,因此,在繁忙的干线上应预留修建加强线路的条件。当沿繁忙干线方向新建客运专线或城际铁路时,其客站可与既有客运站分场合设,枢纽仍维持为客货顺列式枢纽,如说明图4.1.4—6所示。

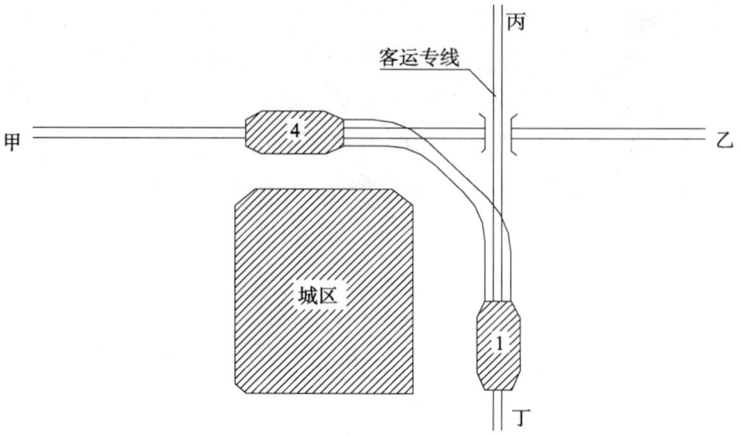

说明图 4.1.4—4　十字形枢纽布置示意图

1—客运站;4—客、货共用站

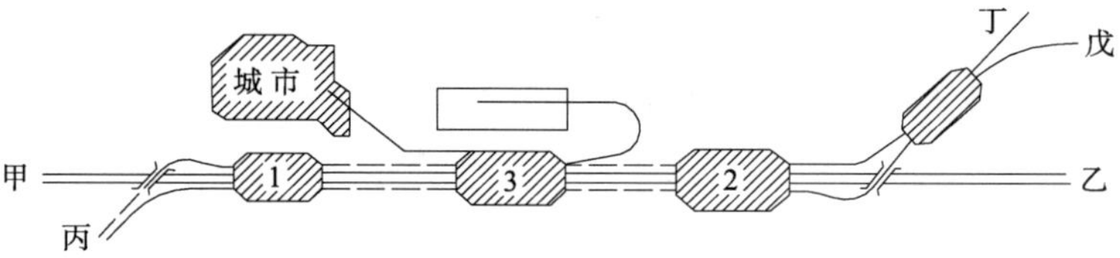

说明图 4.1.4—5　客运站与编组站顺列的枢纽布置示意图

1—客运站;2—编组站;3—铁路物流中心

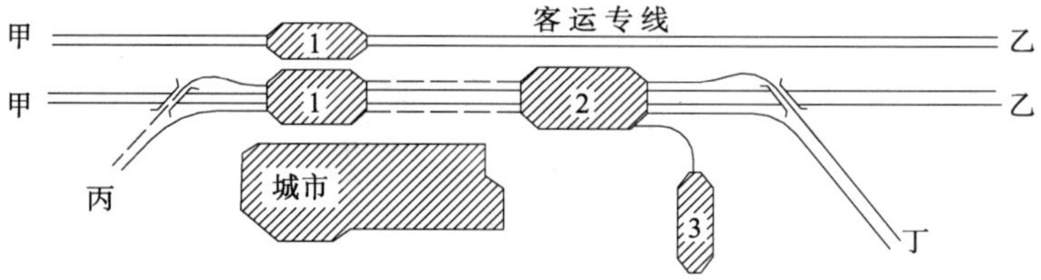

说明图 4.1.4—6　客运站与编组站顺列的枢纽布置示意图

1—客运站;2—编组站;3—铁路物流中心

被江河分隔的城市,由于城市建设对枢纽布局的要求,枢纽的主要客运站通常设在主要市区一端,编组站可在引入线路汇合处就近设置或配合大型企业的运输需要而设置。由于山河地形所限,枢纽的客、货运设备布局分散,往往需要修建大桥或隧道以沟通各区之间的联系。这些大桥、隧道和某些区间线路除了承担通过列车的运行外,还承担枢纽内的地区交流任务,往往形成了限制枢纽通过能力的咽喉。因此,应结合当地具体条件分区设置适当的客、货运设备,使各区有独立的作业条件,以减轻铁路枢纽和市区公共交通的负荷。

客运站与编组站并列布置,构成客运站与编组站分设在并列的客、货列车分别运行的经路上的并列式枢纽,如说明图 4.1.4—7 所示。其优点是客、货列车运行互不干扰,通过能力大,在当地条件受限制时,客运站与编组站位置的选择有较多的余地。其缺点是进出站线路疏解布置较为复杂,分期过渡困难。这种布置形式通常用于客、货运量均大和当地条件合适的枢纽。当新建客运专线或城际铁路时,其客站可与既有客运站合设,枢纽仍维持客货并列式枢纽，如说明图 4.1.4—8 所示。

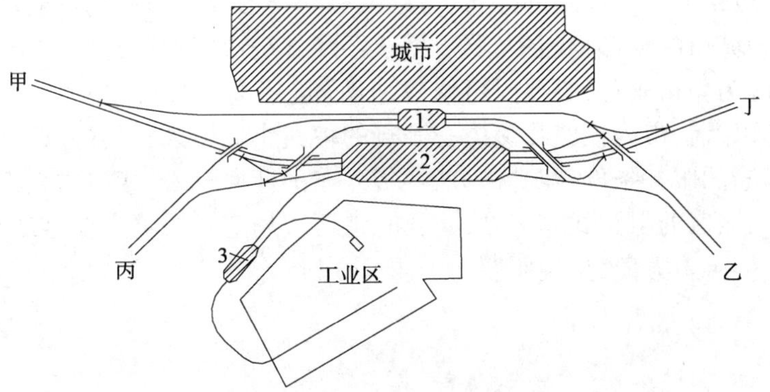

说明图 4.1.4—7　客运站与编组站并列的枢纽布置示意图

1—客运站；2—编组站；3—铁路物流中心

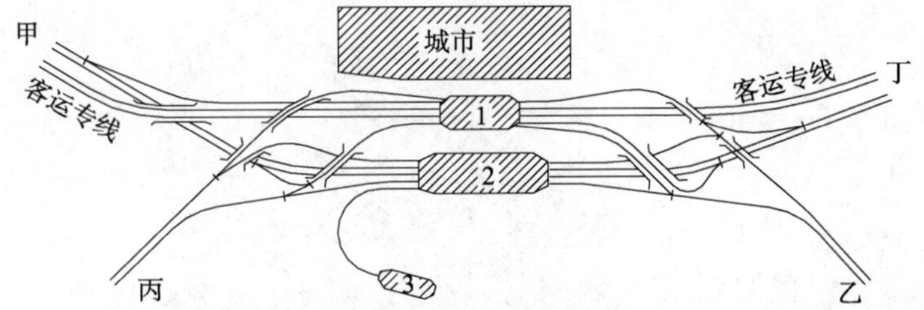

说明图 4.1.4—8　客运站与编组站并列的枢纽布置示意图

1—客运站；2—编组站；3—铁路物流中心

5　环形枢纽：引入线路方向多时，为便于各方向间的客、货运输交流，避免各引入线路集中于少数汇合点，并为地区客、货运业务提供良好的服务条件，可采用环线和联络线连接各方向引入线形成环形枢纽，如说明图 4.1.4—9 所示。在运营上环形枢纽通路灵活，环线对运行通路能起平衡和调节作用，缺点主要是经路迂回。

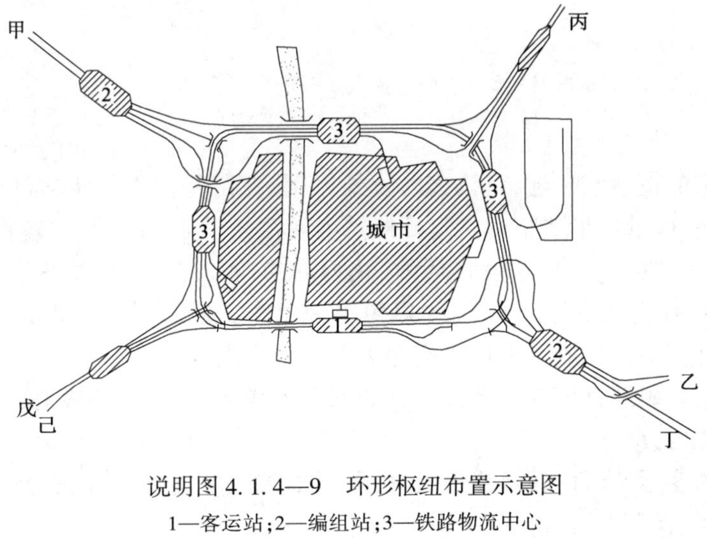

说明图 4.1.4—9　环形枢纽布置示意图

1—客运站；2—编组站；3—铁路物流中心

大城市的枢纽范围大,工业区分散、服务城市和工业区的铁路线、联络线较多。在改建既有枢纽时,可结合上述线路的分布,考虑发展为环形枢纽布局的可能性。

在改建特大城市的环形枢纽中,鉴于枢纽环线外绕市区运行经路过于迂回,不利于铁路车站深入市区为城市服务,必要时可修建地面(包括高架)或地下直径线,使长(短)途客车、市郊客车以及为市内铁路物流中心开行的枢纽小运转列车能进入市区,以改善铁路对城市客、货运输的服务条件,减少部分客、货列车的迂回绕行,相应增大枢纽环线的通过能力。对于伸入城区的尽头式客运站,必要时也可规划直径线将主要客站连通起来,使客站运用更灵活、换乘更方便,如说明图 4. 1. 4—10 所示。

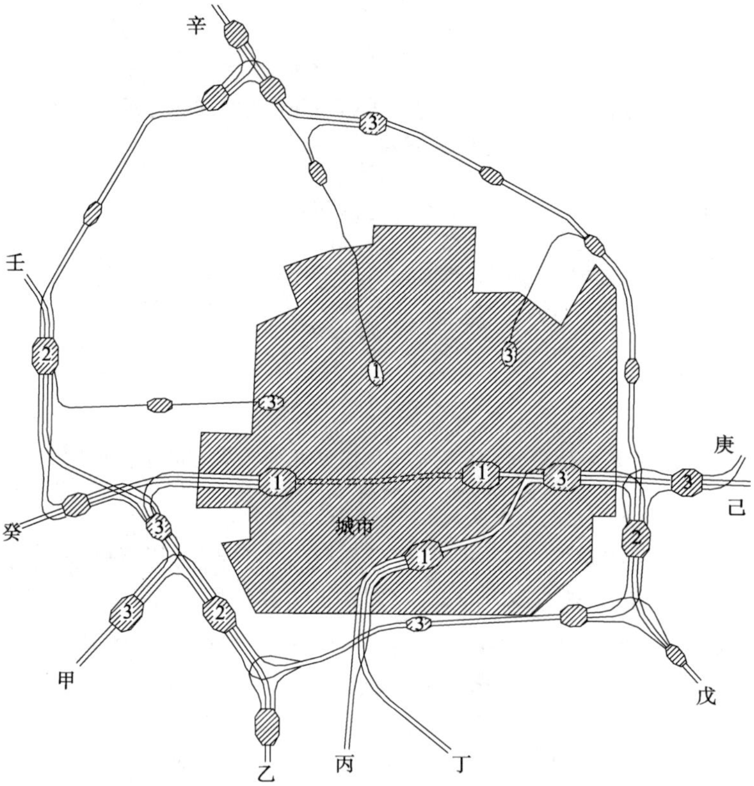

说明图 4. 1. 4—10　设直径线的环形枢纽示意图

1—客运站;2—编组站;3—铁路物流中心

受城区包围的枢纽改扩建,可按客内货外原则,保留并加强位于城区内的客运站,同时修建货车线绕开城区,形成枢纽货运环线。说明图 4. 1. 4—11 中,新建客运专线利用原既有线通道穿过城区,形成客运北环线,南环线扩能改造后专供货车走行。说明图 4. 1. 4—12 中,既有线路多处于城区,为避免将来货车穿越对城市环境的不利影响,规划了西北、西南和南环货线,既有内环线则基本上以客为主。

环形枢纽的编组站宜设在与环线会合处的引入线上,如设在环线上,应保证环线通畅和必要的通过能力。

环形枢纽的客运站可设在环线上,也可采用尽端式客运站或在直径线上设置客运站使之伸入市区。

新建环线应设在市区范围以外。如客运站设在环线上,则该段环线应尽量靠近市区。

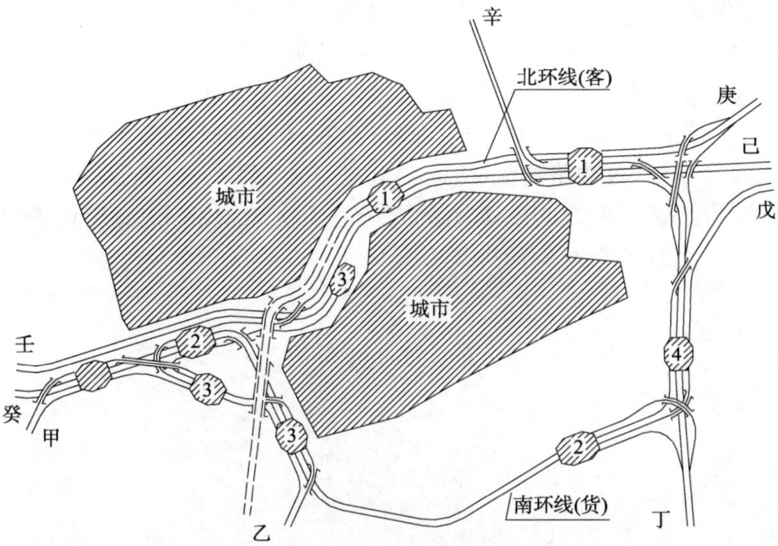

说明图 4.1.4—11　设客运环线的环形枢纽示意图

1—客运站;2—编组站;3—铁路物流中心;4—客、货共用站

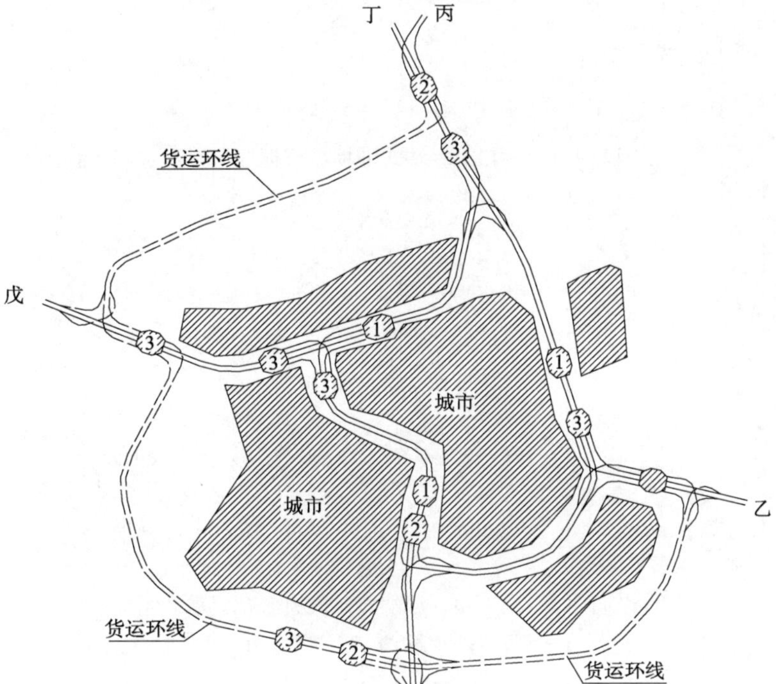

说明图 4.1.4—12　设货运环线的环形枢纽示意图

1—客运站;2—编组站;3—铁路物流中心

为近郊市镇和工业企业服务的环线,应结合其布点选线并注意与农田水利方面的要求配合。

当特大城市的环形枢纽各线路间有强大车流交流时,为减轻枢纽负担,缩短运输行程,可在市区远郊修建枢纽外环线,使通过列车能在枢纽外围通行。

6 尽端式枢纽:位于港埠城市、矿区等处的尽端式枢纽,是路网上线路的起讫点,衔接各方向线路集中于枢纽一端,为有效地控制车流,编组站设在其引线出入口处,如说明图 4.1.4—13 和说明图 4.1.4—14 所示。这种枢纽除办理各引入线路的列车接发和向枢纽地区装卸点取送车外,还办理枢纽地区之间的车辆交流。当枢纽作业繁忙,为了减轻出、入口咽喉的负荷,使各区之间的车辆交流避免干扰编组站作业,应设置必要的联络线和为直达运输服务绕越编组站的通过线。

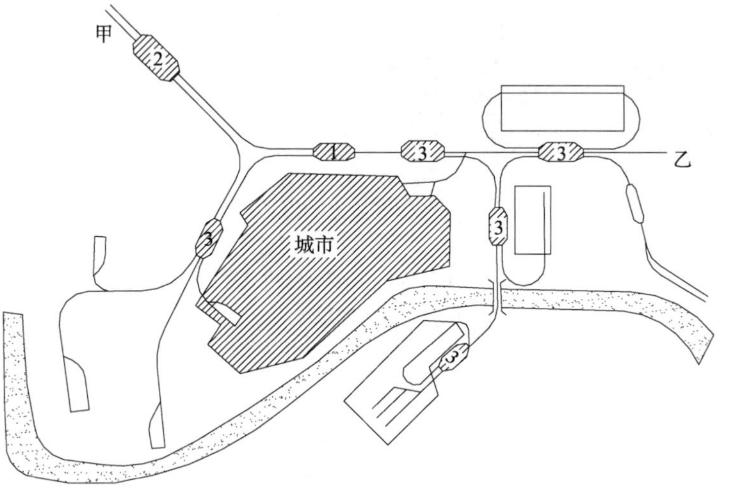

说明图 4.1.4—13 尽端式港埠城市枢纽布置示意图

1—客运站;2—编组站;3—铁路物流中心

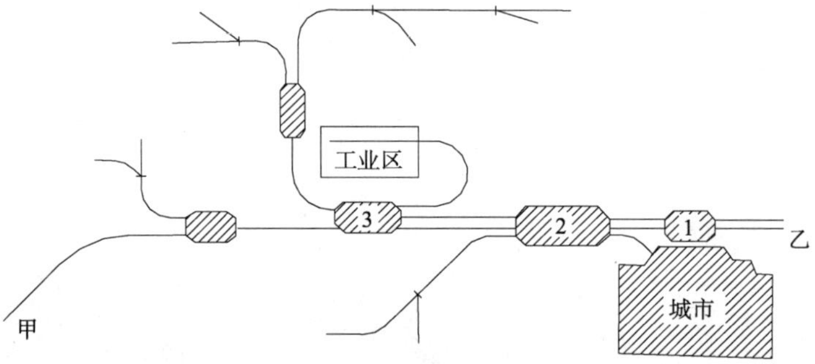

说明图 4.1.4—14 尽端式矿区枢纽布置示意图

1—客运站;2—编组站;3—铁路物流中心

客运专线或城际铁路引入尽端式枢纽式时,一般可沿既有干线引入位于城区的既有客运车站,当引入客运线路数量较多时,可另行选址新建客运站,如说明图 4.1.4—15 所示。

7 组合式枢纽:特大城市铁路枢纽的特点是城市庞大,人口众多,工业企业布局分散,客、货运量大,引入线路多,地方和中转运输繁重,往往需要设置一处及以上的客运站、编组站和众多的工业站、铁路物流中心,由于影响枢纽布局的因素和条件多种多样,如按前述某一类型枢纽布置修建各项设备,不能满足运营需要时,可设计成与枢纽所担负的作

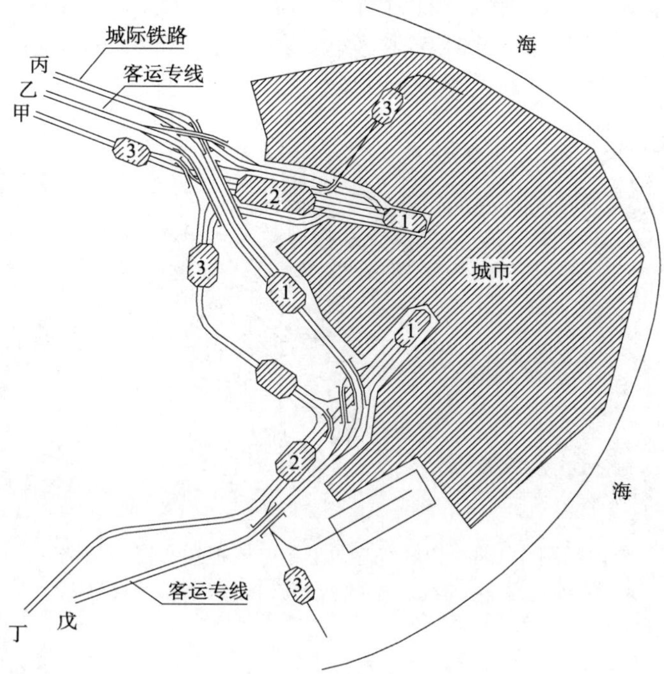

说明图 4.1.4—15 有客运专线引入的尽端式枢纽布置示意图

1—客运站;2—编组站;3—铁路物流中心

业量和作业性质相适应的由几种类型枢纽组合而成的组合式枢纽。组合式枢纽可能表现为 H 形、Π 形、环线放射形等典型形状或其他特别的形状,如说明图 4.1.4—16 所示系由顺列式、三角形和环形等图型所组成。

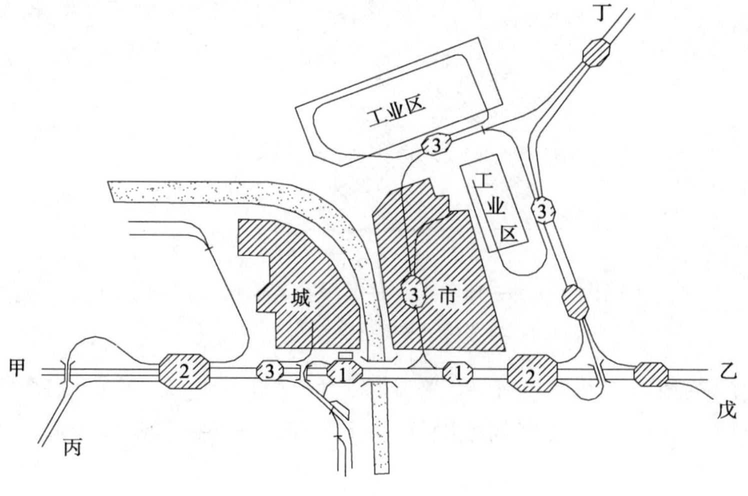

说明图 4.1.4—16 组合式枢纽布置示意图

1—客运站;2—编组站;3—铁路物流中心

随着高速铁路、城际铁路等快速客运铁路规划建设,枢纽总图呈多元化趋势,即在现状客货共线的普速铁路总图之上,另形成一张快速铁路总图。如说明图 4.1.4—17 所示,在普速铁路三角形总图之上,再叠加一张三角形的客运专线总图。说明图 4.1.4—18 在普速铁路十字形总图之上,叠加了一个十字形的客运专线总图。说明图 4.1.4—19 在普速铁路环形总图之上,叠加了一个十字形客运专线总图。部分发达地区城市还可能拥有城际铁路总图。

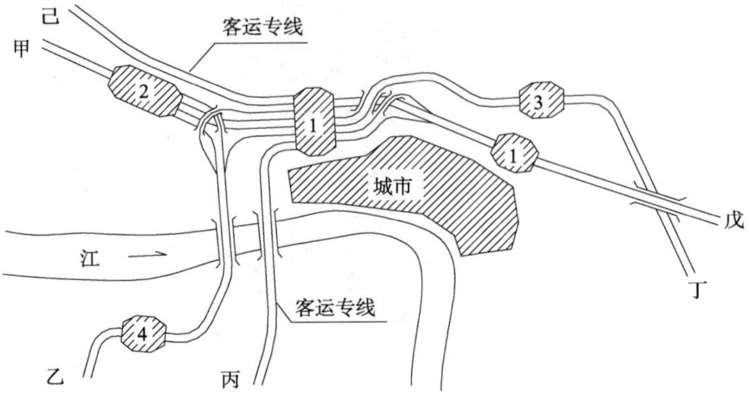

说明图 4.1.4—17　双三角形组合式枢纽布置示意图

1—客运站;2—编组站;3—铁路物流中心;4—客、货共用站

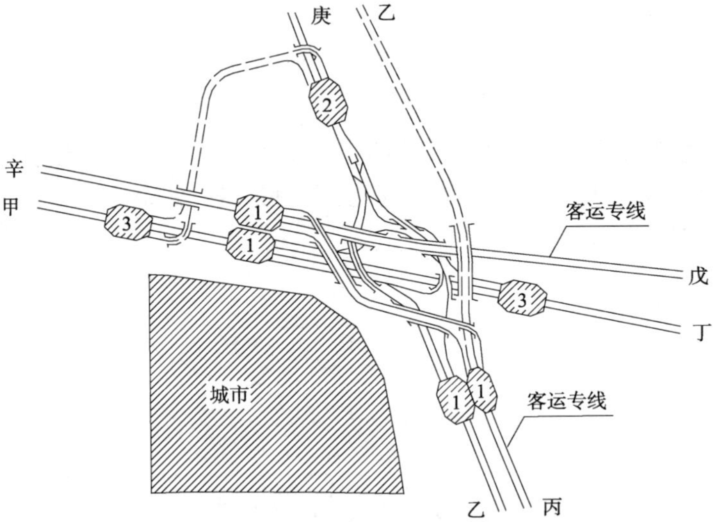

说明图 4.1.4—18　双十字形组合式枢纽布置示意图

1—客运站;2—编组站;3—铁路物流中心

各个层次的总图由于线路性质、数量及技术标准差异较大,其总图图型相对独立,各具形态,为共享客运资源,各层次的线网往往合设客运车站,或者设置联络线与其他主要客运站沟通。

4.1.5　新线直接引入编组站有处理折角车流便利、机车运用经济灵活和增减轴作业方便等优点,但从全国现有编组站引入线路的情况来看,一般每端只有一、二个引入方向,当车站一端有三个引入方向时,便会产生进出站线路疏解布置复杂、铺轨长、工程大、占地多,站内咽喉区长和交叉干扰多等问题。若再增接一个方向,按最简单的行车方向顺序排列计算交叉量,要比三个方向多一倍以上;若各方向线路的引入位置在排列上有限制,并需再区分有作业和无作业(通过)列车经路时,则交叉量更多。故接入线路方向愈多,作业

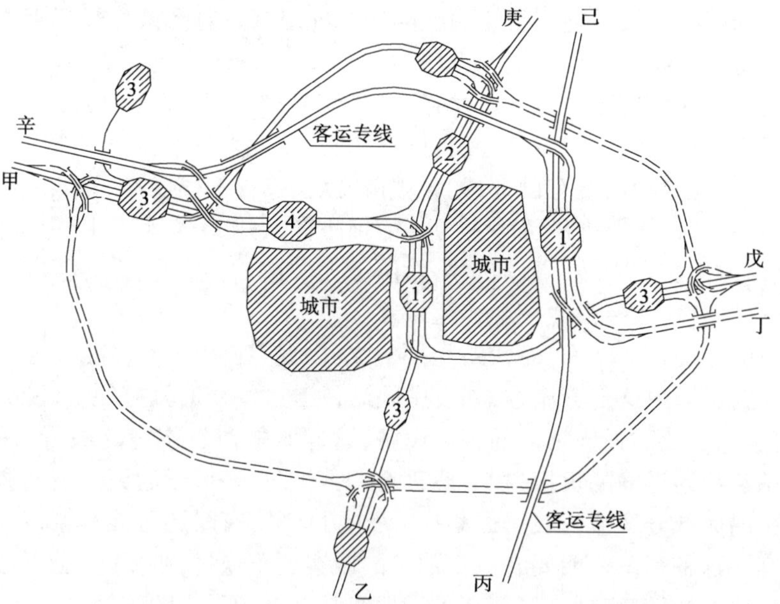

说明图 4.1.4—19 环形加十字形组合式枢纽布置示意图

1—客运站；2—编组站；3—铁路物流中心

要求不一，进出站线路疏解布置愈困难，车站咽喉区结构更加复杂。因此，新线不宜直接接轨于引入线路方向较多的编组站上，一般情况可在枢纽前方站或枢纽内客、货径路合适，衔接工程简易的车站上接轨。

4.1.6 具有一定规模的新建铁路专用线群一般运量大且流向不一，其作业较为复杂，直接影响枢纽的运营工作，故应结合枢纽布置、工业区分布和城市建设等进行全面合理的规划，既要更好地服务于工业区，又要减少对城市的干扰，并有利于枢纽车流的组织和运营调节。

枢纽内的铁路专用线担负着大量货物装卸任务，是枢纽不可分割的组成部分。因此，应充分利用这一有利条件，组织重点装卸点的直达运输，以减轻编组站的负担，加速车辆周转。

铁路专用线全面规划工作可参照下列几点原则进行：

(1)与枢纽总布置图统一规划。在枢纽总布置图中，应对铁路专用线进行统一规划，在经济合理的前提下，使各企业得到方便的服务。在枢纽总图规划阶段，不宜把铁路专用线单独划出来作为独立项目进行，否则会出现局部经济合理而与枢纽发展和技术条件不相配合的情况。当然，在枢纽总布置图确定后，铁路专用线可以作为单独项目进行设计。

(2)实行分区连接。在统一规划的基础上，要尽量把需要修建铁路专用线的企业分成几个区，把附近的铁路专用线汇集起来。较大的企业可考虑从工业站单独出岔，各中、小企业的铁路专用线可合并引入工业站。其优点是作业方便，有利于运输组织，减少铁路专用线的铺轨长度以及对城市的干扰。对近期尚不能形成分区的铁路专用线，应从有利于铁路车辆取送作业和方便物资单位出发，与城市规划部门共同研究进行全面安排，为将来发展留有余地。在规划设计时，还要考虑对各种情况变化的适应性。

(3)合理选定限制坡度和有效长度。限制坡度和有效长度是决定铁路专用线能力和机动性的重要因素之一。对有开行直达列车条件的工业区，其线路限制坡度和工业站站线及装卸地点的线路有效长度应与路网线路的标准统一。对无条件开行直达列车的应尽量考虑有利于行车组织和车辆取送的方便。

4.2.1 为了合理地确定枢纽内客运站的数量和配置，应尽量以方便旅客为前提，综合研究本条文中所列各种因素，做到对旅客有良好的服务质量，使旅客列车能以最短经路通过或进出枢纽；并能充分利用既有设备，配合城市规划，节省工程投资，降低运输费用。

当客运量不大时，枢纽内设置一个为各衔接方向共用的客运站，既能节省工程费用，便于管理，又能方便旅客中转。目前全国除位于大城市的枢纽已经设置和要求设置两个或以上客运站外，其他大多设置一个客运站。

由于城市的布局是一个面，而铁路是一条线，因此，在距客运站较远的一些城区的旅客感到不便。为了方便这部分旅客，如设中间站位于这些交通较方便、又能吸引一定客流的城区时，可根据需要加强该站上的客运设备，这样既能节省旅客的旅行时间和费用，又能减轻客运站和市内运输的负担，在节假日客运繁忙时，还可以起到一定的调节作用。在上述车站吸引的大部分客流一般是往某一、两个方向的，有时还可能是城市大部分往该方向的短途旅客。这种车站一般要有一定数量的旅客列车通过，必要时，也可考虑把少量旅客列车延长到该站始发、终到。目前有不少枢纽都有这种类型的车站。

根据调查，设置两个客运站和要求设置两个客运站的枢纽，大多位于百万人口以上的大城市。在这些枢纽中，如客运量很大，仅设置一个客运站会带来下面一些问题：早晚客流集中时，会使车站作业复杂，站内及广场拥挤不堪，人流、车流、行包流之间交叉干扰严重，车站秩序不易维持；城市范围大，特别是市区较分散时，会使部分旅客来往车站行程较远，乘车不便；而且目前这些城市在上、下班时间交流都较紧张，更增加旅客搭乘市内交通工具的困难；大城市枢纽节假日客流波动很大，当运量与运能不相适应时，无调节余地；引入线路较多时，由于线路位置受城市规划的限制，一般都沿着市郊边缘走行，设置一个客运站，仅能照顾部分线路的旅客列车径路顺直，其他线路的列车必然要绕行城市，增加了走行距离和时间。所以，在客运量大的大城市的枢纽内，根据需要可设计两个及以上客运站。《国家发展改革委印发〈关于打造现代综合客运枢纽提高旅客出行质量效率的实施意见〉的通知》（发改基础〔2016〕952 号）指出要畅通客运站间直接连接，便捷站场内换乘。超大城市的主要客运站间以换乘时间不超过 1 h、换乘次数不超过两次为宜，特大城市换乘时间不超过 45 min，大城市换乘时间不超过30 min；客运站本身应设置为综合交通枢纽，采用同台或立体换乘方式，换乘时间一般不超过 3 min；因此在客运站内应设置或预留设置快速、大容量的城市公共交通接口。

当高速铁路、快速铁路或城际铁路引入时，为了充分利用既有铁路及城市配套设施，方便旅客中转，便于管理，一般采用与既有客站合设方式，但上述新增线路引入枢纽时，受城市规划、地形地质条件、线路技术标准等因素限制，不能与既有客站合设，可通过技术经济比较，并结合城市规划新设客运站。

城际铁路主要是为区域内居民中短途出行提供服务，因此，要根据人口现状、城市规划布局要求合理设置城际站。

4.2.2 枢纽内有两个及以上客运站时，可按以下方式分工：

1 枢纽内客站分别办理其中几条衔接线路的始发、终到旅客列车的分工方式，无论对始发、终到旅客还是中转旅客都是较方便的，它使旅客能就近上、下车和在原站转车，并能减轻市内交通的负担。采用这种分工方式时，要注意两客运站间的线路通过能力。在江河分隔的城市，两客运站分设在江、河两侧时，要注意加强大桥的通过能力。在环形枢纽中，应通过技术经济比较，确定是否设置直径线来连接客运站。

2 当市郊客流量较大时，考虑到市郊旅客运输与普通旅客运输有不同的要求，可单独设置市郊客运站，这样可根据长短途和市郊旅客运输的特点分别进行设计来适应各自的需要。随着市郊旅客运输的不断发展，采用按办理长短途和市郊旅客列车分工方式的可能性将会增加。

城际铁路往往在城市主要组团、重要的客流集散点、主要居民区等客流发生地就近设置城际站，体现铁路以人为本的建设理念。

3 由于城市规划和枢纽布局等原因，在一个客运站上仅办理通过旅客列车的作业，而在另一个客运站上设客车整备所，办理始发、终到旅客列车的作业。这种分工方式有可能造成部分客车多余的走行或折角行程。

目前有的枢纽的客运站是按分别办理始发、终到旅客列车和慢车分工。这种方式不利于旅客的换乘，并增加市内交通负担。随着人民生活水平的提高和旅行习惯的改变，除有足够的理由外，采用这种分工方式是不多的。

在铁路提速前，铁路客车均由机车牵引，铁路提速后，在既有线，新建的高速铁路、城际铁路均按开行动车组，枢纽新建客站一般以开行动车组列车为主，既有客站（有机辆设施）一般以机车牵引列车为主。

4.2.3 根据我国铁路多年运营经验，客运站的位置除应满足铁路本身的运营要求外，宜设在距市中心 2 km~4 km 的地方。这样既能方便旅客，又易于做到与城市规划配合，并能减少市内交通运输的负担。若客运站位置距市中心太远，虽然能减少铁路对城市的干扰，但给旅客带来不便，并增加城市的交通负担。若客运站距市中心太近，与城市的干扰就不易解决。

为了减少旅客的旅途时间，除了把客运站设在距市中心不太远的位置外，还应使旅客能方便地换乘市内地铁和其他运输工具。在水陆联运量较大的城市，有条件时可将客运站设在码头附近。在特大城市中配置客运站时，应考虑为发展综合运输创造条件。例如利用地下铁道能无干扰地经过市中心区的特点，实行铁路和地铁互相接轨，使市郊列车可直接行驶至市中心区，地铁也可行驶至市郊。又如在客运站的同一断面的不同层次上设置地铁车站和市内交通的车站等，使旅客换乘距离可缩短至最小。国外一些城市已陆续实行这种运输，取得了良好的效果。

在我国，随着工业、农业的现代化和卫星城镇的建设，市内和市郊客流量将随之不断增长，这样就需要铁路、地铁和汽车等运输工具相互配合，共同完成旅客运输任务。

此外，客运站距市中心的距离，除宜按上述原则考虑外，因客运站系城市“窗口”，尚应与城市规划密切配合。

4.2.4 目前，有些特大城市已提出希望加强铁路市郊运输和多开市效列车的要求，但由于铁路和城市建设方面的原因而受到限制。

为了使铁路能承担大量市郊旅客运输任务，需要具备以下一些条件：卫星城镇位于铁路附近；卫星城镇具有一定规模，能集中客流便于组织市郊运输；铁路、地铁和市内交通工具之间换乘方便，能扩大市郊运输的吸引范围；与开行市郊列车有关的铁路线路、车站和客车整备所等有足够的能力。

在枢纽内设置无配线车站，有下列几种情况：主要为铁路职工上、下班开行的通勤列车而设置，短途客车也有停点，可以兼顾城市部分短途旅客或机关和企业职工上、下班乘车的需要；利用早晚的短途客车，为便利城市职工上、下班而设置；专为市郊或城际列车而设置。

4.2.5 编组站是枢纽的重要组成部分，不但占地面积多，而且工程量也大，在枢纽建设中投资占较大的比重。因此，在枢纽内合理配置编组站，对减少工程，节省投资，达到最快的集散和改编进出枢纽的车流，加速机车、车辆周转和节省日常运营支出都有重要意义。

车流量和车流性质往往是联系在一起的。车流性质有地方车流和中转车流，结合车流量的大小，在一定程度上决定着编组站的性质和作用。目前我国各枢纽内的编组站，大部分兼为中转与地方服务，仅有少量为路网中转或地方运输服务。选定编组站位置时既要控制主要车流方向，也要有利于折角车流的中转。

根据调查资料分析，枢纽内线路引入情况一般有四种：即直接引入编组站、通过进出站线路疏解使货物列车进入编组站、引入与编组站相邻的客运站和引入中间站。

线路引入采用前两种方式，可以使编组站位于线路汇合处，便于控制各方向车流。采用第三种方式，编组站基本上仍位于线路汇合处。采用后一种方式，可简化枢纽疏解布置，便于编组站的发展，但由于编组站离开了线路汇合处，对处理折角车流带来不便。当线路汇合在两处以上且相隔一定距离时，为照顾折角车流和地方车流的作业，会要求枢纽内编组站分散设置。因此，枢纽内编组站位置的选定与线路引入位置有密切关系。编组站既要设于线路汇合处，又要避免线路过多的直接引入编组站。

研究路网中编组站的分工，必须从全局出发，结合车流集散规律和路网中有关编组站的设备能力，确定列车编组计划及担当的任务。根据分工和任务的需要，枢纽内编组站可集中设置或分散设置，可设在控制进口、出口或其他适当地点的不同位置。当枢纽内设有几个编组站时，相邻枢纽编组站开行的列车编组计划必须与这几个编组站的分工相协调，才能使这些编组站发挥各自的作用。故路网中编组站的分工对枢纽内编组站数量和设置位置有一定影响。

根据上述分析，枢纽内编组站配置和数量，应根据车流量、车流性质及方向、引入线路情况和路网中编组站的分工等主要因素全面比选确定。

一般情况下，集中作业效率高，成本低，可以消除分散作业时产生的交换车重复作业和集结时间，消除机车交路配置带来的两编组站单机往返走行和在设备配置上造成的浪费。因此，新形成的枢纽，或以路网中转为主的枢纽，均应集中设置一个编组站。

枢纽内编组站集中或分散设置还要考虑车流的集散规律。为不使枢纽编组站承担过大的改编任务，首先应考虑从路网上分散车流，建设新线或迂回线，使车流不进入枢纽内作业；其次是加强铁路线上装车站的设备，在装车站组织始发直达列车，或大力组织一站编开的技术直达列车和两站或数站合开的阶梯直达列车，以减少枢纽编组站的改编作业。

枢纽内地方车流的集中或分散到发与城市工业布点有关。地方车流量的大小与工业企业的生产规模、港口码头的吞吐量有关。如果工业区或港埠有大量集中的地方车流到发，就可以设置铁路物流中心、工业站、港湾站或工业编组站。另外，要把这些地方车流从路网车流中分出来直接发往上述这些车站，必须依靠路网中编组站的分工配合，或由装车站组织始发直达列车。反之，上述这些车站应尽可能单独编开直达和直通列车，以减少枢纽内编组站的作业。由此看出，枢纽内的城市规划、工业布点、地方车流的大小、到发集中程度和路网中编组站的分工配合等决定着枢纽地方车流的集散规律。

枢纽内中转车流的集中和分散作业与引入线的位置和分流量也有关。单就中转车流的作业要求来看,编组站只宜集中,不宜分散。但如果枢纽内线路汇合位置在两处及以上,结合折角车流和地方车流量的条件,编组站就有分散设置的可能。此时,中转车流在枢纽内的作业是集中还是分散,要从有利于车流组织来考虑。枢纽内的编组站分散或集中设置,也可能是近、远期的不同形式。一般近期设一个编组站,可以集中作业。远期新线引入,枢纽结构变化,作业量加大,则需增设新的编组站。

在大、中型枢纽内,编组站分散设置一般具有以下条件:

1 有大量路网中转改编车流,又有大量在工业区和港埠区集中到发的地方车流。

将大量的地方车流和一些作业复杂的短途车流的改编由一个编组站担当,另一个编组站担当路网中转车流的改编,这样可以充分发挥编组站的作业效率。为地方车流到发的工业区或港埠区分散设置为地方服务的编组站——工业编组站或港湾编组站,有利于地方车流的组织,可以减轻主要编组站的作业。枢纽内按这种方式分散设置编组站已有不少实例。

2 引入线路汇合在两处及以上,相距较远,汇合处又有一定数量的折角车流和地方车流。

有特大桥渡的枢纽或受地形限制狭长布置的枢纽,线路汇合往往分散在桥渡的两岸或狭长地带的两端,当两岸或两端有工业布点产生地方车流,汇合点上又有一定数量折角车流时,为减少车流迂回,也可考虑分散设置编组站。

3 范围大、引入线路多、工业企业布局分散和地方作业量大的枢纽。

在这类枢纽中,中转车流的流向比较复杂,地方车流量大而分散,都不易做到集中作业。因此,编组站必然要分散设置才能适应需要。

目前在一些枢纽内,有装卸作业的车站承担了一定的解编作业量,有的还组织了成组直达运输,这对分散编组站作业起到较好的作用。因此,今后设计这类车站时应注意适当加强有关设备,以满足作业要求和加速车辆周转。适当加强装卸作业车站的设备包括增加到发线和调车线数量、设置牵出线以及配备调车机车等,必要时,还可配备车辆列检人员。

4.2.6 枢纽内设置两个及以上编组站时,由于作业分散,进出枢纽的车流组织比较复杂,故应根据路网中编组站的分工、车流性质、枢纽总布置图和机车交路配置等因素通盘研究比较,选用合理的分工方案,以确定每个编组站的作业量和作业性质。

枢纽内编组站的分工主要在于使重复作业车减为最少。为达到这个目的,有时还须依靠前方编组站的分工配合,按枢纽内各编组站所承担的任务编开列车,分别到有关编组站作业,使枢纽内各站间的交换车尽量减少。

枢纽内编组站的分工应与车流性质相适应。在研究枢纽布局和编组站的合理分工时,必须兼顾中转车流和地方车流的作业,一般情况下,最先修建的既有编组站都衔接着铁路物流中心或不少铁路专用线。因此,往往把后建的编组站担当中转车流的作业,而原先的编组站主要担当地方车流的作业。此外,在确定枢纽内编组站的分工时,一般是使编组站就近担当所在地区的地方车流作业和汇合于编组站附近的中转车流作业,这样可减少车流在枢纽内的往返交流和折角迂回走行。

确定枢纽内编组站的分工还要有利于机车交路的配置。当然交路配置有从属于编组站分工的情况,但要防止枢纽内编组站间单机往返走行频繁,要方便乘务员的上、下班。

枢纽内各编组站的分工有下列主要方案：

1　大型铁路枢纽的衔接线路多，工业企业布点分散，地方和中转改编车流均大，往往要设置2个及以上的编组站才能完成运输任务。在扩建的枢纽中，一般新建的编组站地位比较适中，技术装备先进，能承担大的改编作业量，有条件集中作业，枢纽的大部分作业应尽量集中在这样的主要编组站上办理。

在全部中转改编作业（不包括部分折角车流的中转改编）集中在一个主要编组站办理的方案中，为了使其他编组站衔接方向间的中转车流避免到主要编组站改编，还必须依靠前方编组站的分工配合，将这部分中转折角车流单独成组或成列开到其他就近的编组站进行改编，以消除折角迂回运行；同时，使各编组站间减少车流交换和重复作业。至于其他编组站衔接方向的地方车流的改编，同样也可在相应的编组站就近办理。

2　在编组站按运行方向分工的方案中，不要求衔接线路的前方编组站按枢纽内各编组站的作业分工分别编开列车。凡进入枢纽的中转和地方车流，均在线路接入的编组站进行改编作业。在个别情况下，可考虑该编组站担任衔接线路方向发出车流的部分改编作业，这样可减少某些车流的折角迂回运行。

3　编组站按衔接的线路分工，与枢纽编组站衔接的各线路进出枢纽的改编作业均在该编组站办理。这一分工方案，对折角车流和地方车流作业方便，适用于枢纽内编组站间有强大的地方车流时采用。如某一车流强大方向的前方编组站能按本枢纽内各编组站承担的编解任务分别编开列车，则可减少一部分小运转列车的开行。

4　枢纽内各编组站担负的任务采用综合分工。各引入线路的大部分中转改编车流集中在一个主要编组站作业，而另一部分中转、地方和折角车流的改编作业则按衔接线路或运行方向分工，分别由其余的编组站承担。这种作业分工方案，一般在扩建枢纽时，可为充分利用既有编组站设备提供有利条件。

4.2.7　编组站选址说明。

1　编组站不是直接服务于城市的铁路设备。由于各种图型的编组站占地都很大，一般还有复杂的进出站线路，如设在城市内，不但多占市区用地，还会影响城市道路的合理布局或增加立体交叉。因此，一般将编组站设在规划市区边缘以外。在具体设计中，需要密切与城市有关部门联系，结合城市规划，协商确定。至于小型枢纽，一般位于中、小城市，如采用客、货顺列布置，编组站位置已在市区边缘以外。但当采用客、货并列布置时，初期可能设在市区范围以内。因此，应注意远期发展有在城市边缘设置编组站的余地。

2　编组站应设在各引入线路的汇合处，并位于主要车流的经路上，以便各引入线路的车流能便捷地集中到编组站进行作业，同时也有利于折角车流的中转。

3　在确定编组站的位置时，应近、远结合，考虑到各设计年度内引入线路作业的需要。例如在以往调查的24个编组站中，不适应新线接轨要求的就占50%。这当然有多方面的原因，如路网规划的调整，新线引入计划的变化，或战备要求不宜在枢纽内接轨等，以致形成目前某些枢纽的新线引入时接轨点远离编组站，造成作业困难；有的甚至不得不另建新编组站来适应需要。故在研究编组站位置时，必须结合考虑各设计年度新线引入作业的需要，否则对枢纽建设和日常的运输组织工作都带来十分不利的影响。

编组站的选址还要注意留有发展余地。根据调查，我国编组站多数需要发展，但部分编组站发展困难，其主要原因，就是注意发展不够。例如，有的编组站过于靠近了工业区，接引了许多铁路专用线，使编组站发展受到很大限制，甚至逐步为城市或工业区所包围；

有的因地形困难,又未留出足够的发展余地,使日后改建困难,即使稍有改建,也是工程艰巨,严重影响运营;有的缺乏总体规划或有总体规划而由于执行不严,不适当地在编组站附近修建了许多建(构)筑物,使编组站无法发展。由此可见,在选定编组站位置时,应注意为今后的发展留有余地。

4 主要为中转改编车流服务的编组站,其位置应在主要车流顺直通行的径路上。兼顾中转车流改编作业与地方车流改编作业的编组站,车站位置既要有利于主要车流及各引入线路间折角车流的作业需要而设在线路汇合处,又要为地方车流作业提供方便的条件。因此,在研究这类编组站的位置时,应从两种车流的数量大小和地方车流的来(去)向等因素加以考虑。当中转折角车流量大和地方车流的来(去)向与主要线路车流方向一致时,编组站可设在线路汇合处附近;如地方车流量大于中转折角车流量,为缩短小运转走行距离,可以适当离开线路汇合处而移向所服务的地区,但也不宜靠得太近;并应避免编组站直接而频繁地向铁路物流中心或铁路专用线取送车,以充分发挥编组站的作业能力。

为地方车流作业服务的编组站,主要服务对象为有大量地方车流的城市、港湾或工业企业中心,因此其位置应靠近所服务的地区(工业区、港湾区),又不应相互妨碍发展。如为工业编组站,还要根据工业企业的生产流程需要和开设的出、入口来选定位置,一般以设在主要车流的出、入口和便于铁路专用线衔接的地点。

4.2.8 在现有枢纽中,绝大部分的通过货物列车都在编组站上办理,这样可以和编组站共用到发线和列检设备,也有利于机车的换挂。

为消除一定数量通过货物列车的折角运行(折角运行要调换列车头尾),或当通过货物列车的数量很多,为减少编组站作业或缩短列车走行公里修建迂回线或联络线时,可设置单独的为通过货物列车使用的车站。由于改编列车与通过列车的机车往往是套跑的,而上、下行通过货物列车数量一般又不会平衡,要固定机车专跑通过货物列车的交路会造成机车使用上的浪费。因此,为了有利于机车交路的配置和节省使用机车台数,在选定此类车站位置时,宜靠近编组站使通过货物列车机车能使用编组站的机务设备,必要时可设置单独的机务整备设备。

4.2.9 在确定枢纽内铁路物流中心的数量、分工和配置时,应在方便货物运输和相对集中设置的原则下综合研究本条文中所列的各项因素,做到充分发挥装卸机械的能力,减少短途运输,使货物列车能以最短径路进出枢纽,减少小运转列车(或往物流中心取送车)的走行距离,加速货物和车辆的周转,减少对区间正线、编组站、客运站等的能力影响,减轻对城市的干扰;并能充分利用既有设备,减少用地,节省工程投资和降低运营费用。

位于大城市或特大城市的枢纽,地方运量大,工业企业、物流企业(集中在物流园区)较集中的内陆型城市一般集中设置一个铁路物流中心;对于工业企业、物流企业较多,分布较广且集装箱作业量大的内陆型大城市或特大城市,为了减少城市交通压力,避免设一个铁路物流中心存在的各类问题,如装卸作业区多、列车转场或出发作业与场内流动装卸机械和运输机械作业干扰大、管理和调度不方便、占地大、选址困难等,可设置两个及以上铁路物流中心。位于港口的大城市,海岸线长,港口运量大,可根据港口的分工设两个及以上铁路物流中心。

当城市较分散或枢纽范围较大时,为了方便枢纽周边的卫星城镇、工业区或大的居民点的货物运输,可在其附近的车站上设置一定规模的物流作业站、受理站、受理点或无轨站。但对此类物流中心的数目应加以控制,使之相对集中,避免增加铁路运输组织的困难。

根据运营经济分析,位于小城市的枢纽,除去铁路专用线的运量后,地方运量较小,货物装卸作业集中在一个物流作业站办理,有利于物流设备的利用,缩短货物集结时间,减少编组站的改编和车辆取送作业,缩短货物和车辆的周转时间;并可节省工程投资,减少用地。因此,位于小城市的枢纽宜设一个铁路物流中心。位于中等城市的枢纽,地方运量一般也较小,除去铁路专用线运量后,根据运量设置 1 个 ~2 个铁路物流中心能满足需要。

4.2.11 我国城市内一般均设有诸多中小工厂和街道工厂,它们不按行业集中,而与商业区、居民区混杂在一起。因此,城市的货物品种繁多而且运量分散。为了减少市内短途运输的距离及其对城市的干扰,铁路物流中心宜设计成综合性的。

位于大城市的枢纽,除设置综合性铁路物流中心外,对一些运量大、品种单一和作业性质相同的散堆装货物或大宗货物,可根据货物集散情况及短途运输能力,结合城市规划,设置专业性铁路物流中心。这种铁路物流中心能充分发挥装卸机械及货运设备的效率,有利于铁路物流中心组织成组和直达运输,加速货物和机车、车辆周转,有利集中管理,降低运输成本,设置办理散堆装货物的专业性铁路物流中心,还可减少对城市的污染。

对于危险品货物,由于装卸保管有特殊要求,当达到一定数量时,可以集中单独设置专业型铁路物流中心,以利于保障城市的安全。

集装箱运输有很多优点。它能节省包装材料和费用,防止货物破损,便于转运,加快货物送达和加速车辆周转,减少货物仓库等设备;在条件适合时,能提高劳动生产率和降低运输成本。集装箱运输在国外已有迅速发展,我国也应为发展集装箱运输积极创造条件。根据铁路部门关于发展集装箱运输的措施和规划,今后凡新建铁路或旧线改造项目都要大力发展集装箱货物运输,积极开展对外合作,拓展外运业务。

4.2.12 在环线、迂回线或联络线上设置铁路物流中心具有对枢纽内主要线路通过能力影响小、不需另修单独线路和投资较省等优点,因此,宜尽量在这些线路上设置;同时,还应注意所设置的铁路物流中心能方便地为城市服务。为了使铁路物流中心能尽量设在环线、迂回线或联络线上,需要在总图规划时与城市密切配合使枢纽内的部分环线、迂回线或联络线沿市郊通过,而城市在这些线路附近设置工业区。

如果环线、迂回线或联络线远离城市或无合适位置设置铁路物流中心时,为方便城市,可从枢纽内的编组站或中间站引出线路伸向工业区及所服务地区以设置铁路物流中心。

如果条件合适时,也可在枢纽主要铁路线上设置中间站兼作铁路物流中心。

铁路物流中心运量大,有集装箱、行包、邮包、特运等列车作业,为减小货物列车对正线干扰,可根据行车量和线路技术标准等因素,分析确定是否配置进出铁路物流中心的疏解线。对于繁忙干线车站的铁路物流中心,应考虑预留或设置疏解线。

紧靠编组站设置铁路物流中心会带来下列缺点:编组站以改编作业为主,若铁路物流中心作业量大,加上铁路专用线引入,必然干扰编组站作业,也不利于管理;一旦城市短途搬运能力与铁路物流中心设备能力失调,就会造成货物堵塞,影响编组站的正常作业,甚至打乱整个枢纽的运输秩序;铁路物流中心及其周围形成的城市工业区可能影响编组站的发展,反之,城市工业区的发展也可能受到限制。因此,若要在编组站附近设置铁路物流中心,其规模不应过大,与编组站宜有一定距离;同时应根据需要加强铁路物流中心的作业能力。

目前,位于大城市的枢纽把铁路物流中心设在客运站的已较少。由于客运站是城市的“窗口”,在外观和环境卫生上有一定要求,因此,在客运站上更不宜设置铁路物流中心。位于中、小城市枢纽的客运站,根据具体情况可办理一些货物作业,但在枢纽总图规划时,应根据城市的发展前景规划新物流中心的位置,需要时可将铁路物流中心从客运站迁至合适地点。

铁路物流中心在城市中的设置位置,可按下列情况考虑:

新建的综合性铁路物流中心:根据目前情况,大部分综合性铁路物流中心设在城市边缘或市郊,也有一些位于市内。对于设在市内的铁路物流中心,虽有对城市方便的一面,但对城市干扰太大。随着城市交通运输能力的提高,铁路物流中心的服务半径也将加大,这样就有条件、也有必要把新建的铁路物流中心设于城市边缘或市郊,以减轻对城市的干扰。

专业型铁路物流中心:大宗货物(指煤、砂石、木材以及矿石等)专业型铁路物流中心设在市郊并靠近所服务的工业区或加工厂,这样可减少对城市的干扰和污染,并可缩短地方搬运距离。为了减少大宗货物的铁路运输距离,应与城市协商,尽可能配合铁路运输组织,把有关工业区或加工厂设在靠近这些货流的入口处。

经由枢纽转运至外地的物资与本枢纽所在的城市无关,将这种铁路物流中心设在市郊便于转运的地方,可以分散枢纽的设备、减轻对城市交通的干扰和对其他铁路物流中心的压力。例如有的枢纽把为转运物资服务的铁路物流中心由岔线上引出,设在市郊,各方面反映较好。但这样设置,要有一定的作业量为前提,否则会造成货运设备使用率不高的情况。

危险品专业型铁路物流中心如位于市内,或虽在市郊但在城市上风方向,对城市污染严重,甚至发生事故。所以危险品铁路物流中心应按防爆、防火、卫生、防毒等安全要求设在市郊。具体位置的选定应注意设在城市的下风方向和河流的下游地区,以防止发生公害。

铁路物流中心应与城市建设总体规划相协调,与城市物流规划相结合,宜靠近城市主要工业区和集装箱、行包、邮包及小汽车等集散地;当港口集装箱、小汽车运量为主要运量时,铁路物流中心应结合港口发展规划,设置尽量靠近港口,有条件时将铁路装卸线延伸进港口集装箱堆场或小汽车存放场,避免转运、倒运或重复装卸。

铁路物流中心尽量靠近交通主干道、高速公路等设置,以便与其他运输方式的衔接配合,发挥综合交通优势,但应远离居民区或其他环境敏感区。

4.2.14 为使枢纽的机务设备布局合理,以取得投资省、运营效率高的效果,必须合理安排各衔接方向和编组站间的机车交路。

从过去设计的机车交路和现场实际运用的机车交路情况来看,基本上有三种类型:

一是枢纽内设担负各方向交路的机务段。这种配置方式,使枢纽内机务段成为机务运转和检修任务的中心,虽有利于设备的利用但当线路引入方向多、行车密度大时,就造成机务段规模过大,设备过分集中。在日常运营中,一旦发生事故,容易造成机务段的堵塞,也不利于战备。

二是枢纽内设担负各方向折返交路的机务折返段。这种配置方式在枢纽内只设机务运转设备而无检修设备。过去曾认为,这是分散枢纽设备的有效措施,但运营实践证明不符合机务工作的生产要求。有的枢纽对各方向都是折返交路，由于段内无检修设备，本务机车发生故障时无法检修，调小机车和段内日常生产使用的抓煤机的检修，也得送往邻段去处理，严重影响正常的运输生产。

三是枢纽内设担负部分交路和部分折返交路的机务段。采用这种配置方式在运营中都取得了较好的效果，即使枢纽内的机务检修设备有条件地得到分散，又保证了运输生产的实际需要。

综上所述，枢纽内机务设备以对邻接枢纽各方向的机车交路采用第三种类型来配置，才能达到机车正常运转和检修的作业要求。

1　引入线路少和客、货列车以及小运转列车对数不多和调小机车配置数量少时，枢纽客、货运机务设备应集中设置于一处，以减少投资、占地和定员。在引入线路多、枢纽范围大、客货运繁忙和配属机车多的大型枢纽，不仅铁路本身客货运机车的检修任务大，而且还要承担就近工矿企业自备机车的委托修理任务，故有根据时，客货运机车检修设备可分开设置。

2　编组站是货物列车集中到发、解编的车站，也是牵引区段的分界点。因此，在编组站上应设有机务整备设备，如枢纽内有几个编组站时，各编组站均应设置机务整备设备。

以机车牵引客车为主的客运站设置单独的客机整备设备，主要取决于办理旅客列车数量和客机交路的距离。根据以往设计具有单独设置客机整备设置的枢纽中，有的是配合新建客运站同时配套建成客机整备设备的，但大部分是利用客、货混合使用时建成的机务整备设备，由于货机迁至他段作业后，形成专为客机使用的客机段。这些客运站办理的客车对数，一般在 12 对~46 对。

新形成的枢纽，由于客车对数不多，一般都是与货机共用机务整备设备。机务段的位置应结合编组站图型、有利于编组站货机出(入)段和减少交叉干扰来加以确定。如果条件合适，当客运站与编组站紧相邻接或在邻近的区间，且机务段可设在编组站上靠客运站的一端时，就可以形成机务段设在客运站与编组站之间的布局，但具体位置，仍宜靠近编组站。此时为减少客、货机车出入对正线的干扰，宜设置专用的走行线。在枢纽内，凡机务段设在客运站与编组站之间的，都设有专用走行线，机车可以两头进出，使用方便，也有一些段的客运机车出入需通过正线，有些干扰。在客车对数不多时，采用客、货共用机务段，可以减少近期投资，方便管理。

3　根据“检修集中，运用分散”的生产力布局原则，目前全路设 5 个和谐型大功率机车检修基地，分别位于哈尔滨、北京、上海、武汉、广州；同时，西安、成都和谐型大功率机车检修基地正在建设当中。此外，全路还将建设若干个运用维修段，形成我国铁路大功率机车运用维修网络。

4.2.15　车辆设备的配置，应根据客、货车保有量和扣车条件确定。

枢纽内一般都设有车辆段，建段必须全面规划，统一布点，合理确定其规模。

在具体研究货车车辆段的布点时，必须注意要有一定数量的空车便于扣修为基本条件。这个条件，不仅要满足按生产能力(台位)能扣到所需的段修车辆，还要为保证不间断生产留有的一部分扣修富余量，以免台位空废。

枢纽内编组站是车流集散的地点，一般具有扣修空车的条件，因此有不少车辆段设在编组站上；但条件合适，也可设在岔线较多，有大量装卸作业的工业站或港湾站上。

对于设在编组站上的车辆段的具体位置，在过去设计中，往往从强调向车辆段取送作业的方便和不切正线这一观点出发,将车辆段设在调车场尾部,或至少也要设在外包正线以内,但经过对很多车辆段的调查,这种观点带有一定的片面性。在使用的车辆段中,取送车切正线或切货物列车到达线的还是占大部分,不切的还是少数。由于车辆段实行常日班 8 h 工作制,一昼夜平均取送车仅 1 次~2 次;而在上述编组站,一般在正线外侧都设有铁路物流中心,一昼夜 24 h 装卸,取送车则有 5 次~6 次,但这些铁路物流中心并没有发生因切正线而影响及时取送车的反映。显然,在车辆段取送车切正线只及铁路物流中心取送车切正线的 1/5~1/3 的情况下,是不可能产生什么困难的。

车辆段设在编组站尾部或外包正线以内的布局,不仅由于段址恶化了车场的位置,且调车瞭望不好,影响作业效率;又相互妨碍发展,同时车辆段为正线车场所包围,上、下班人流进出不安全。因此,站、段双方都一致认为缺点较多。

当然在可能条件下应尽量争取将车辆段设在外包正线以内,但一般情况,外包正线以内的场地已十分紧凑和有限,再选择一个车辆段的位置,不是造成站、段发展互相矛盾,就是必须拉开外包正线,多占用地。因此,车辆段的位置,也可选择在正线外侧地形平坦、少占农田(或良田),有利于发展的合适地点。

枢纽内当有始发、终到机车牵引的客车时,为了使客车车底得到及时的洗刷清扫,整备检修,可根据始发、终到的客车对数和配属客车辆数设置客车整备所。为技术作业和管理等的方便,客车车辆段宜与客车整备所设在一起。

4.2.16 根据一定数量的始发、终到机车牵引旅客列车对数设置客车整备所,当列车对数不多时,应设客运整备场。根据始发、终到动车组列车对数及动车组运用计划,确定设置动车段、运用所或存车场。

客车整备所、动车段(所)的位置既要避免远离客运站,以尽量缩短客车车底的取送距离和时间,或者动车组出入客站时间,并减少工程投资;但又不能太靠近客运站,以免客车车底的取送和改编占用客运站的咽喉,影响客运站的能力和机车车辆、动车组及时地出、入段。客车段所距客运站的距离,应保证客运站最外道岔通往客车段(所)洗车机前的距离不小于车列长度加调机长度及加减速距离。

4.3.1 进出站线路布置应符合下列要求:

1 使旅客列车便捷地由各引入线路接到客运站,其中主要方向的旅客列车通过枢纽可不变更运行方向。从现有各个枢纽来看,大多数枢纽内的客运站,都能做到这一点,而只有次要方向才有折角调头运行的情况。当长途客车前后都编挂有隔离车时,调头运行一般没有什么困难。因此,客运站进出站线路的布置,一般无须为次要方向旅客列车不变更运行方向去增加其他线路而使布置复杂化。

2 货物列车由各引入线路接到编组站,主要车流方向有通过枢纽的顺直径路,这与编组站的设置要求是一致的。

3 由于不同方向的线路,由各自的列车调度指挥,枢纽内的客运站和编组站的站调不易掌握,如不能相互协调,则将打乱正常的运行秩序。因此,一般情况下,不论到达线路或出发线路都应分别单独接到站内,以保证到发列车能顺畅地进出枢纽,从而缩短列车在站停留时间,提高列车旅行速度,加速车辆周转;但由于出发的列车有条件由本站站调掌握,对行车量不大的单线方向的线路,当条文所列的条件允许时,经全面比较,也可将其与其他线路合并共线分别引出客运站和编组站。

4 各引入线路间的通路,应根据通过列车的数量来决定。一般情况下,新形成的枢组当折角通过列车不多时,可通过接轨站引入编组站折角运行,否则应在两线间修建联络线。关于编组站与枢纽内铁路物流中心、工业站、客运站间的通路安排,在现有枢纽中,这些站间不少是安排折角运行通路,但是否要有顺直的通路,应根据运营要求,并结合工程量来考虑,成组直达车流量的大小是安排这些站间顺直通路的重要因素。另外,在安排枢纽进出站线路布置时,应注意客货并列配置时设置由客运站到编组站开行通勤列车的通路。

4.3.2 引入线路的数目对枢纽进出站线路疏解布置有一定影响,线路引入位置对疏解布置关系也大。引入线路方向虽多,如能适当分散在枢纽内的中间站上接轨,就会使进出站线路疏解布置简化;反之,多个方向直接引入编组站或集中更多的线路方向在枢纽的一端引入,其疏解布置就比较复杂。

枢纽总图设计中,铁路正线有单线、双线、多线区间之分,正线行车有单、双方向运行之别,某些线路还规定专门行驶某种类别列车(货运、客运、市郊客车等)。两方向线路引入车站即有行车进路交叉产生。为保证行车安全和车站作业能力,在两线路交叉处或两方向线路汇合处,需按通过能力要求设计为平面或立体疏解。

枢纽进出站线路的平、立交疏解选择与各线路的行车量大小有直接关系。当两条单线在客、货共用车站交叉或单线铁路与双线铁路交叉于闸站或车站,且行车量小,列车等待延误时间不长,可以采用行车进路平面疏解,即行车进路的交叉用时间间隔来疏解。当两条双线铁路引入车站,各方向行车量均大,列车进出站进路交叉严重,引入线路应设计立体疏解。

两条引入线行车进路有交叉,且引入线路视线不良或该段线路纵断面面向车站为大下坡影响行车安全时,虽交叉线路的行车量较小,为确保交叉线路双方的运行安全,也可设计立体疏解。

地形条件直接影响着进出站线路的工程难易。若地形条件合适,工程量不大,线路通过能力以后也有立体疏解要求,那么,结合具体条件一次修建立体疏解对增大通过能力,提高运输效率及保证行车安全是有好处的。

一些单线汇合的枢纽,其进出站线路都采用平面疏解。它们的引入方向一般都只有3个(个别有4个),各方向列车对数在20对以下,采用站内平面疏解没有通过能力紧张的反映。故新线与既有线接轨均为单线引入的新建枢纽,一般以采用站内平面疏解为宜。

进出站线路的疏解,应配合城市规划,并节约用地,特别在城市范围内和市郊高产农田地区修建立体疏解时,更应重视。此外,进出站线路的疏解还应密切结合地形、地质条件以减少工程量,节省投资。

4.3.3 按行车方向别立体疏解是进出站线路疏解最常用的方式,它可使交叉线路汇合的车站两端的列车到发互不干扰,车站和区间的通过能力大,但交叉线路汇合处的两端均需修建立交桥,因此,引线的占地和工程量均较大。

1 按线路别立体疏解布置的基本条件是两线间行车交流量小,也无大的改编作业,它适应于单线与单线或单线与双线交叉的客、货共用车站或其他车站。这种布置形式的特点是车站只需一端修建立交桥,引线占地省、工程量小;但车站通过能力较方向别立体疏解为小。为此,必须预留将来发展为方向别疏解的条件。如旅客列车量大时,尚需考虑修建辅助联络线疏解客、货列车的交叉。

2 枢纽某一进出站线路有必要分出货车、客车、长途客车、市郊客车等单独运行的专用正线时,则有列车种类别的立体疏解布置。通常枢纽内客运站与编组站分设采用并列布置或长途客运与市郊客运车站分设时,均可按列车种类别作进出站线路的立体疏解布置。引入车站的每一专用正线一般按方向别布置,但在建设初期,如某些线路方向行车量小并保留某些平面交叉时,这部分进出站专用正线可先按线路别布置。

4.3.4 在进出站线路的疏解布置中,引入车站线路的方向数、每一方向的正线数目(单线、双线或多线)、每一引入线路的运行方向(单向或双向)以及车站布置图,对进出站线路的疏解布置都有直接关系,此外,还必须结合列车运行和当地条件具体分析研究,做出经济合理的布置。

由于编组站的图型中供列车到发的车场配列位置不同,对进出站线路的布置和疏解也有影响。一级二场图型各方向共用一个到发场,进出站线路布置简单。一级三场图型,如衔接方向均为单线,基本上按线路别使用到发场,一般不需要立体疏解,只有当车场按方向别使用时,才有立体疏解的必要。二级四场、三级三场图型,由于各衔接线路均须按方向别引入共同的到达场和出发场,进出站线路需作必要的立体疏解。如果引入线路方向较多,又要考虑分别按改编列车和通过列车来安排进路的话,则疏解布置将较复杂。

客运站的图型,一般多属通过式,也有少数是尽端式。通过式图型的进出站线路疏解比较简单,与一般线路在中间站接轨时的布置相类似。尽端式图型,由于线路集中在一端引入,进路交叉比通过式图型的多,如果车站的长短途和市郊客运尚需分区办理,疏解布置也较复杂。

在车站作业中,站内的进路交叉是常有的现象,有时为使各引入方向能灵活使用车场线路,站内作业交叉更不可避免。故在车站两端设计立体疏解时,应综合考虑车站的布置、站内的作业流程以及两端进出站线路交叉疏解的相互协调,务使车站作业的进路交叉减至最小,不然,反而因此引起站内不必要的交叉,无形中降低了设置立体疏解的作用。此外,也不能为消除站内某些次要的交叉,使进出站线路疏解复杂化。

从列车运行条件考虑,进出站线路采用立体疏解时,一般情况下,对牵引质量小、行车速度低、限制坡度大的运行线路可尽量设计为上跨,列车通行时只需运行速度稍有降低即可取得节省工程投资的效果。对那些运输量大、限制坡度缓的线路,可安排在立交桥的下面通过,这对减少燃料消耗、节省运营支出和降低工程造价都具有重大意义。

4.3.5 进出站线路按立体疏解设计时,由于路基和跨线桥等工程复杂,各线路之间的平、纵断面条件相互制约,而且枢纽的疏解布置,一般都在城市范围,建成之后如再改动,将在技术、用地、拆迁和施工等方面造成严重困难。因此,在设计立交疏解时,应考虑到远期新线引入、增修正线及联络线的可能并留出其位置,然后,根据近期需要,确定分期工程。对立交疏解的跨线桥,也应综合各方面的因素,决定按近、远期分别建桥,还是按远期线路疏解一次建成墩台或建成桥跨。

被进出站线路分隔的地区,由于铁路的修建影响其农田排灌,或因铁路与地面的高差较大,不宜修建平交道时,为满足被分隔地区内的农业生产和居民交通的需要,应设置必要的桥涵。

4.3.6 进路交叉的平面疏解是枢纽进出站线路疏解布置中经常遇到的。一般有线路所、闸站和站内平面疏解三种形式,前一种是不设站线的平面疏解,后两种是有站线的平面疏解。

1 进路布置灵活,进路交叉能分散在两端咽喉区,可提高采用平面疏解的车站的通过能力和对行车不均衡现象的适应性。

2 站内平面疏解是将行车进路交叉疏解设在车站之内,它有站线数量较多、对调整列车运行有较多余地等优点,并可照顾地方客、货运的需要,是进路交叉平面疏解中普遍采用的一种形式。在现场,不少的这类车站都有双线与单线或双线与双线汇合的进路交叉。这些车站每昼夜通过的列车数量有的达到200列,最高的接近300列(包括小运转和单机)。

闸站站线是单纯为疏解行车进路交叉而设,在我国,仅为行车需要设闸站的情况很少。尤其是枢纽所在地区,既然设站,就应尽可能为城市服务,同时办理一些客、货运业务。因此,一般情况下,不宜采用闸站作为平面疏解。

3 平面疏解时,接轨车站应有足够的到发线数量,使接发车灵活,因此必须在咽喉区设置适当的平行进路,同时为保证接发列车的安全,慎重研究安全线的设置。

4 在进出站线路的分歧和汇合处,一般设线路所。当设计有行车进路交叉的线路所时,其线路平纵断面一定要保证列车有停车起动条件,使次要列车必要时可在正线上停车等待。但行车量大的平面交叉,如设计成线路所,缺少待避调整余地将增加行车调度的困难,一般应予避免。

关于站内平面疏解,通过现场实践总结出本条文所列四点设计要求。设计能符合这些要求,可提供较大的通过能力;设计平面疏解时少占农田、节约用地有一定的意义,但当交叉点行车量太大,站内平面疏解的通过能力不能适应时,还应设计成立体疏解。

4.4.1 修建迂回线和联络线,是枢纽建设中的重要措施。迂回线和联络线最大的特点是能分散车流,而且其修建所受的限制条件少,容易与枢纽布局和城市规划相配合,因此可根据枢纽内主要设备的配置、分工和车流规律,配合城市规划修建各种形式的迂回线和联络线,以满足铁路运营、城市建设或国防的要求。

1 在枢纽外围修建使通过货物列车绕越整个城市的迂回线能对枢纽起分流和缓和通过能力的作用,一般还能缩短列车运程。此种迂回线往往成为路网线路组成的一部分,如说明图4.4.1—1所示。

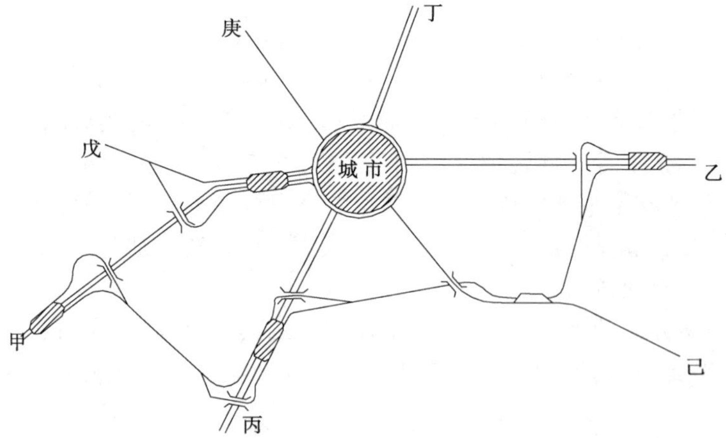

说明图4.4.1—1　枢纽外围迂回线示意图

2 在枢纽内修建绕越某些车站的迂回线,可减轻该段线路和车站的负担,改善枢纽的薄弱环节,疏解或转移复杂的进路干扰和交叉,如说明图4.4.1—2所示。

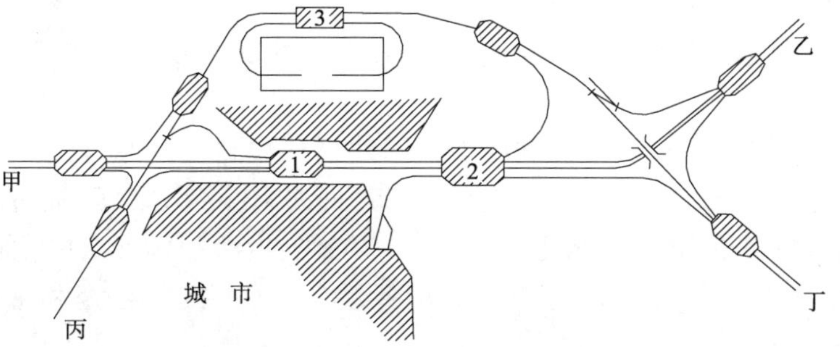

说明图 4.4.1—2 枢纽外围迂回线示意图

1—客运站;2—编组站;3—铁路物流中心

3 在枢纽内修建使货物列车绕越市区的迂回线。为解决既有线路贯穿市区对城市造成的严重干扰,结合编组站设在市郊,可以修建这种迂回线。

4 消除折角车流多余走行的联络线。这种联络线有连接线路与线路、车站与车站、车站与线路三种形式。这些联络线有使列车运行顺直,缩短行程,减轻车站作业负担或缓和车站交叉干扰的作用。

为增加运行径路的灵活性,必要时迂回线或联络线要考虑旅客列车通行条件并参与城市公交系统的运营。

5 满足国防要求的迂回线。

由于迂回线与联络线使货物列车不进入枢纽,或绕过枢纽内的主要设备或车站,从而增加了枢纽运营工作的机动灵活性。故迂回线或联络线又可构成后备体系,适应国防要求,除满足平时运营要求外,还可适应特殊情况下的运输需要。

4.4.2 设计迂回线时,为了能与枢纽以外有关线路的作业协调配合,应考虑相邻编组站、邻接的线路区段和接轨站的运营工作,并对下列问题要充分研究,免使迂回线建成后不能发挥作用。

(1)应考虑相邻编组站是否有条件组织经由迂回线运行的列车。如为了开行此种列车,需增加相邻编组站的作业而引起新建或扩建工程时,要经过详尽的技术经济比较确定迂回线的修建。

(2)注意解决经由迂回线运行的列车的机车更换、整备和车辆技术检查等问题。实际运营经验表明,有些建成的迂回线(或称路网联络线),由于机车交路、列车技检和乘务员换班等作业未作妥善安排,都未能收到分流枢纽车流的预期效果。

(3)由于迂回线的修建,在接轨站或线路衔接处引起交叉干扰,使接轨站的作业复杂了,则应根据接轨站的运营设备情况和地形、地质条件,选择疏解类型,采取加强措施,以适应新的运营工作组织。

迂回线在枢纽内能否起到应有的作用,主要看枢纽内各主要设备的相互配置和分工及车流组织等能否为迂回线的修建及运用创造条件。另外,迂回线技术标准的确定,在一定程度上与其在枢纽内所起的作用有关。

迂回线的技术标准在满足本身运营要求的条件下,其限制坡度、到发线有效长度等应与所衔接的线路的技术标准相匹配,以便统一牵引,减少调车和增减轴作业。其分界点的分布应满足所需要的通过能力,并尽可能为附近工业区和居民区提供服务条件。

若迂回线仅为通行某种特殊要求的列车,例如军用列车或固定行驶于附近厂、矿之间的直达列车，可根据需要确定其技术标准。

战备迂回线主要在战争时期应急使用，其技术标准不宜过高，可结合国防战备的相关要求，因地制宜选定。

4.4.3 设计迂回线时，一般尽可能利用与迂回线衔接线路上的原有机务设备，并在机车更换车站上相应地加强车辆技术检查设备。若迂回线离编组站较远，通过车流量又大，不便利用原有机务整备设备时，应考虑乘务人员的工作、生活和学习条件，通过技术经济比较，在迂回线接轨站或前方站设置相应的机务整备，列车技术检查和乘务组换班休息设施。

4.4.4 联络线的技术标准，应从担负的任务性质、行车量和地形、地质条件等情况分析确定。通行正规列车的联络线，其技术标准应按正线标准。编组站与其他车站之间的联络线，在不考虑直达列车及其他满轴列车运行时，其技术标准应根据合理的牵引质量（工程与运营比较的结果）的小运转运行条件设计。在与枢纽衔接的各正线间运行折角通过列车的联络线上，应有停车起动的条件。因为枢纽内正线一般行车密度较大，区间通过能力要求较高，若不予以考虑，将使所衔接的两正线区间通过能力受到损失。

联络线的平、纵断面设计，应保证列车停车后能起动。其长度应保证列车在联络线上停车时，不致妨碍相邻线路上列车的运行，并符合下列要求：

（1）不小于衔接线路上的到发线有效长度，当衔接线路牵引质量不相同时，以在联络线上运行的列车的长度确定。

（2）满足在联络线上设置信号机的要求，同一方向前方信号机与后方信号机的距离不应小于列车制动距离，如说明图 4.4.4 所示。

$$L_{效}+L_{岔}+L_{信}\geqslant L_{制} \quad （说明 4.4.4）$$

式中 $L_{信}$——信号机至分歧道岔中心的距离（m）；

$L_{效}$——到发线有效长度（m）；

$L_{岔}$——安全线道岔尖轨尖端基本轨接缝至分歧道岔中心的距离（m）；

$L_{制}$——列车制动距离（m）。

如达不到要求，还可将后方信号机距分歧道岔的距离适当外移，但外移距离不得太长，以免引起管理上的困难。

当地形、地质条件特别困难，按上述要求修建此种联络线将引起巨大工程时，如区间通过能力经检算能满足要求，联络线的长度及平、纵断面设计可不保证有停车的条件。

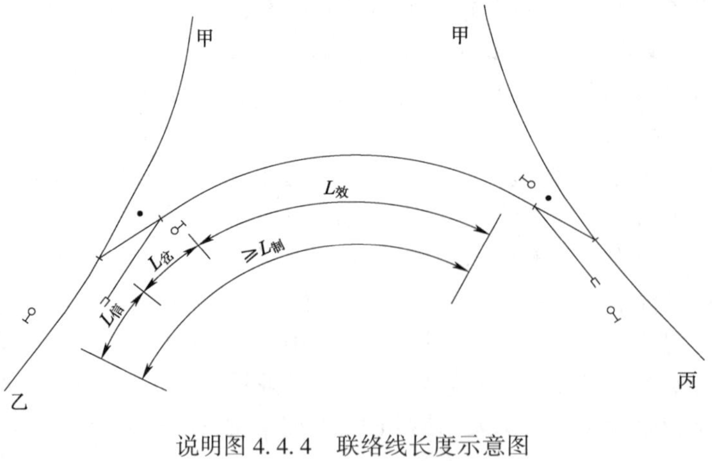

说明图 4.4.4 联络线长度示意图

4.4.5 枢纽内高速铁路、城际铁路等组成的客运线网，与普速铁路组成的线网间有跨线运行要求时，需设置联络线，其作用主要有：

(1)普速线客车跨线至快速铁路及客运专线上运行，可释放其线路通过能力，提高旅行速度和服务质量。

(2)快速铁路及客运专线上的动车组下线，经枢纽内既有铁路进既有客运站，可充分利用既有客站的区位优势，为城市的客流出行提供便利。

(3)快速铁路的货物列车能进入普速铁路运行，两者可合用技术作业站和铁路物流中心。

5.1.1 编组站在路网中是组织车流的据点。根据编组站在路网中的位置、作用和所承担的作业量，可分为路网性编组站、区域性编组站和地方性编组站。

根据1992年统计资料，我国铁路货物平均运程已达758 km，在铁路运量中，平均运程小于550 km的约占64.1%，平均运程大于758 km的约占31.6%。根据2010年统计资料，我国铁路货物平均运程为831 km，在铁路运量中，平均运程小于732 km的约占54.0%，平均运程大于1 000 km的约占39.8%。可见中、短程运输比重还是较大，但远程运输比重在逐步提高。所以在全路编组站中有相当多的数量是主要担任这部分中、短车流组织的区域性和地方性编组站。同时，由于远程车流的增加，而且又大部分集中在京沪、京广、京沈、哈大、京九等主要干线上，为组织这部分车流就需设置一定数量的路网性编组站。

路网性编组站是位于路网、枢纽地区的重要地点，承担中转车流改编作业，编组大量技术直达和直通列车的大型编组站。它一般衔接3个及以上方向或编组3个及以上方向列车；编组2个及以上去向技术直达列车或技术直达和直通列车去向之和达到6个；日均有调中转车达6 000辆；设有单向纵列式、双向混合式或纵列式的站场，其驼峰设有自动或半自动控制设备。

区域性编组站一般是位于铁路干线交会的重要地点，承担较多中转车流改编作业，编组较多的直通和技术直达列车的大中型编组站。它一般衔接3个及以上方向或编组3个及以上方向列车；编组3个及以上去向的技术直达和直通列车；日均有调中转车达4 000辆；设有单向混合式、纵列式或双向混合式的站场，其驼峰设有半自动或自动控制设备。

地方性编组站一般是位于铁路干支线交会处、铁路枢纽地区或大宗车流集散的港口、工业区，承担中转、地方车流改编作业的中小型编组站。它一般为编组2个及以上去向的直通和技术直达列车；日均有调车达2 500辆；设有单向混合式、横列式布置的站场，其驼峰设有半自动或其他控制设备。少量位于枢纽地区的地方性编组站，起着辅助枢纽内主要编组站作用的，即辅助性编组站。

关于我国编组站在路网中的配置情况，原铁道部经过多次调整，到1989年正式将编组站分为路网性、区域性和地方性三类至今，并于1990年核定全路共有编组站46个(原铁道部运输局〔1990〕31号颁发)，2006年核定全路编组站49个，2010年铁道部核定全路编组站为38个，其中路网性编组站12个(哈尔滨南、沈阳西、丰台西、济南西、阜阳北、南京东、郑州北、株洲北、武汉北、新丰镇、成都北、向塘西)，区域性编组站14个(山海关、大同西、兰州北、襄阳北、重庆兴隆场、昆明东、贵阳南、柳州南、江村、鹰潭、淮南西、徐州北、石家庄、南仓)，地方性编组站12个(牡丹江、三间房、太原北、迎水桥、宝鸡东、安康东、通辽、乔司、怀化南、包头西、芜湖东、南翔)。上述各类型编组站站型数量见说明表5.1.1。

说明表 5.1.1　各种站型的编组站数量表

<table>
<tr><th rowspan="2">编组站类型</th><th rowspan="2" colspan="2">站型</th><th colspan="2">数量(个)</th><th rowspan="2">比重(%)</th></tr>
<tr><th>分计</th><th>合计</th></tr>
<tr><td rowspan="4">路网性编组站</td><td rowspan="2">单向</td><td>纵列式</td><td>2</td><td rowspan="2">2</td><td>5.3</td></tr>
<tr><td>混合式</td><td>0</td><td>0</td></tr>
<tr><td rowspan="2">双向</td><td>纵列式</td><td>8</td><td rowspan="2">10</td><td>21.1</td></tr>
<tr><td>混合式</td><td>2</td><td>5.3</td></tr>
<tr><td rowspan="5">区域性编组站</td><td rowspan="3">单向</td><td>纵列式</td><td>3</td><td rowspan="2">7</td><td>7.9</td></tr>
<tr><td>混合式</td><td>4</td><td>10.5</td></tr>
<tr><td>横列式</td><td>0</td><td rowspan="2">7</td><td>0</td></tr>
<tr><td rowspan="2">双向</td><td>纵列式</td><td>6</td><td>15.8</td></tr>
<tr><td>混合式</td><td>1</td><td></td><td>2.6</td></tr>
<tr><td rowspan="4">地方性编组站</td><td rowspan="2">单向</td><td>混合式</td><td>7</td><td rowspan="2">8</td><td>18.4</td></tr>
<tr><td>横列式</td><td>1</td><td>2.6</td></tr>
<tr><td rowspan="2">双向</td><td>混合式</td><td>4</td><td rowspan="2">4</td><td>10.5</td></tr>
<tr><td>横列式</td><td>0</td><td>0</td></tr>
</table>

从说明表 5.1.1 中可以看出,在全路编组站中单向纵列式、双向纵列式和混合式站型的大型编组站有 26 个,占全路编组站总数的 68.5%;单向混合式站型的中型编组站有 11 个,占全路编组站总数的 28.9%;单向横列式等小型编组站有 1 个,占全路编组站总数的 2.6%。大型编组站的数量占绝大部分,在全路的车流组织中起着极为重要的作用,同时在区域路网中也起到了一定的调节车流的作用。

影响编组站图型的因素很多,除应考虑编组站在路网中的位置和作用外,尚应根据引入线路数量、作业量及作业性质、工程条件、占用农田和利用既有设备等情况进行选择。编组站从开始建设到基本成型,往往需要经历 10 多年或更长时间。因此,在决定编组站的规模和选择图型时,不应单纯地把设计年度的作业量及其性质等资料作为唯一的依据,更主要的是应具有前瞻性,充分研究铁路建设的发展趋势及编组站在路网中的地位和作用,力争做到规模适宜,适量储备,适度超前,留有足够的发展条件。

5.1.2　编组站的作业量随着铁路运量的增长而逐年增长。以郑州北站为例,1952 年日均办理 1 900 车,到 1990 年日均办理23 050 车,平均年增长率为 6.79%,在这 38 年中,各个时期的增长速度是不同的。1952 年到 1961 年,随着南北京广和西陇海双线的修建,郑州北站从横列式站型扩建成三级三场纵列式站型,作业量增长很快,办理车数从 1 900 车增加到 8 700 车,年增长率为 18.4%;1961 年到 1971 年,作业量则在稳步增长,办理车数从8 700 车增加到 12 900 车,年增长率为 4.0%;从 1971 年到 1979 年,作业量增长很慢,办理车数从 12 900 车增加到 13 950 车,其中也有受车站能力限制的原因,年增长率只有 1.0%;从 1979 年到 1990 年,随着国民经济迅速发展,车站改建成双向纵列式站型,作业量增长较快,办理车数从 13 950 车增加到 23 050 车,年增长率为 4.7%。由此可见,郑州北站作为主要的路网性编组站,作业量增长也经过相当长的时间才达到较高的水平,其他区域性的中、小型编组站,担任的作业量较小,其增长规律也是相对地由小到大,而且同样需要经历一定的过程。

我国编组站建设的共同规律大多是从小到大、分阶段发展起来的,如阜阳北编组站按照双向系统规划,初期按单向系统建设;也有因搬迁一次建成规模比较大的编组站,如武汉北、成都北、新丰镇等。

编组站应根据运量增长和运营需要,做好分期工程的设计,近远结合,以近为主,统筹规划,分期修建。由于编组站在路网中所处的地位和当地工农业发展情况不同,根据运输需要,编组站本身发展也有快慢之分。因此,在确定分期工程时,要考虑到这些因素。既要避免近期工程完全按远期预留的架子拉开,造成运营不便和增加投资;也要避免单纯考虑近期需要,以致配置不当,造成将来改建时大量拆改和对运营的干扰。

从我国几个大型编组站的建设过程分析,设计时分期工程的安排,对指导编组站建设具有重要的意义。对于近期工程位置的选择,一般以先在调车场位置修建效果较好,位置选择不当,有的造成近期运营不便,以后又产生较大的拆迁和废弃;有的单纯照顾了近期工程而造成将来改建时施工过渡困难,或者造成改建迁就既有设备,给运营带来损失;有的则在刚建成不久即适应不了需要,需再改建等。因此,必须注意近远结合,使编组站的分阶段发展符合客观实际的需要。

5.1.3 编组站的主要工作是列车解体和编组作业。车辆经过编组站改编后,又重新组成各种列车开出,故编组站有"列车工厂"之称。建设一个编组站,要花费很大的投资和占用大量的土地。因此,首先应在满足通过能力和改编能力、节省工程投资和运营支出的前提下,使编组站有方便的作业流程和较高的作业效率。

1 车站各组成部分工作上协调,可使全站作业能力得到充分发挥,达到最有效地使用设备的目的。

2 车站作业应具有流水性和灵活性。流水性是指大型编组站宜按到、调、发纵向顺序布置;灵活性是考虑车流量会出现不平衡,车流性质在一定范围内还会有所变化,所以进路布置和设备分工等不能规定太死。

3 进路交叉包括列车通过、到发、解编和机车出、入段等作业进路各自的交叉和相互的交叉。其中以列车到发的进路交叉对行车安全及通过能力的影响较大;列车到发进路与解编作业进路间的交叉,对解编作业也产生一定的延误。例如,由于车场正线的配置方式不同,客、货列车到发的进路交叉就不一样,一般情况,正线外包进路交叉较少,正线在一侧交叉较多。当正线采用一侧布置时,因场段等的配置不同,进路交叉也各异。故在配置上做到减少和均衡各咽喉进路交叉,对提高通过能力,推迟或减少疏解工程的投资,都有一定关系。除了减少进路交叉外,对站内各项作业,如列车到发、转线、解编、机车出(入)段、车辆取送等相互间的干扰,也要设法减少。例如在咽喉区,各项作业比较集中而繁忙,为了减少彼此的干扰,在布置上应保证一定数量的平行进路。

4 缩短机车、车辆和列车的走行距离和在站停留时间,对节省运营支出和加速机车、车辆周转具有重要意义。根据以往资料统计,车辆的全周转时间中,在途走行时间约占35%,在装卸站作业停留时间约占40%,在编组站和区段站中转停留时间约占25%。编组站的布置型式不同,对机车、车辆和列车的走行距离和在站停留时间也有不同影响。例如单向纵列式编组站,顺驼峰方向的改编车流在站内没有多余的走行距离,但反驼峰方向一般要多走行7 km~8 km。双向纵列式编组站,双方向改编车流在站内都没有多余的走行,大多需要重复作业,需要增加在站内的停留时间。小型编组站特别是一级二场的图型,因其布置紧凑,联系方便,作业效率并不低。一级三场图型因为比混合式和纵列式图型增加了转线过程,且转线距离又比一级二场图型长,故其作业指标比其他图型稍差。混合式和纵列式的指标一般差不多,但当混合式采用编发线布置时,效率就比较高。所以,当作业量较大,需采用大、中型编组站时,在布置上也应尽量缩短机车、车辆和列车的走行距离,为提高作业效率,加速机车、车辆周转创造必要的条件。

5　为了提高运营效率和安全,减轻作业人员的劳动强度,在编组站的建设中,对采用现代化技术装备应给予足够重视,并在布置上为采用先进的技术装备创造条件。

5.2.1　编组站图型可分为单向和双向两类,按车场配列不同可分为横列式、混合式和纵列式三种。从说明表 5.1.1 可以看出:原铁道部核定的 38 个编组站中,混合式编组站 18 个,占总数的 47.4%;纵列式编组站 19 个,占总数的 50.0%;单向编组站 17 个,占总数的 45.0%;双向编组站 21 个,占总数的 55.0%;双向编组站一般由单向编组站发展而成。

单向编组站与双向编组站相比,具有设备集中、便于管理、少占用地和节约投资等优点。有时由于地形、既有设备和车流等条件的影响或者限制,也可以用路网上相邻的 2 个编组站或枢纽内 2 个单向编组站来代替 1 个双向编组站。

双向编组站与单向编组站相比,主要优点是双方向改编列车和车辆没有多余的走行;其缺点是当折角车流量较大时,重复作业影响驼峰解体能力和增加工程投资的。此外,双向编组站的维修管理费用和用地较单向编组站大(指单向编组站和双线编组站均能满足要求时),但双向图型可节省列车公里运营支出和相应的机车、车辆购置费及货物滞留费。

编组站在一个系统的作业能力可以负担的情况下,采用单向图型还是双向图型有利,可通过技术经济比较决定。如果双向图型多支出的费用小于单向图型节省的费用时,则采用双向有利。以换算一次投资来表示如下式:

$$10(B''_{管}-B'_{管})+(A''-A') < 10(B_{列}-B_{折})+(A'_{机辆费}-A''_{机辆费}) \quad (说明 5.2.1)$$

式中　$B''_{管}$——双向图型增加的维修管理费,包括增加的站线和设备维修费以及定员的工资支出(元);

$B'_{管}$——单向图型增加的维修管理费,包括增加的正线和设备维修费(元);

A''——双向图型增加的工程费,包括增加的站线轨道、路基、设备和用地等投资(元);

A'——单向图型增加的工程费,包括增加的正线轨道、路基、设备、用地和跨线桥等投资(元);

$B_{列}$——单向图型多支出的列车公里运营费(元);

$B_{折}$——双向图型折角车流重复作业多支出的运营费(元);

$A'_{机辆费}$——单向图型多支出的机车、车辆购置费和货物滞留费(元);

$A''_{机辆费}$——双向图型多支出的机车、车辆购置费和货物滞留费(元)。

上式右边所列项目的换算一次投资可用 $A_{换}$ 来表示,这个数值可以根据不同情况先行计算出来。如果所采用的双向图型增加的工程费和维修管理费小于这个数值时,表示从工程和运营的角度来衡量比采用单向有利。

经计算,在一般情况下,当双向与单向纵列反到、反发比较时,即使采用规模较小的双向对称式二级四场布置,其增加的工程费和维修管理费一般也会较大。因此,除了折角车流比重很小的情况下可以通过具体计算来衡量单、双向图型的采用外,如单向纵列反到、反发图型能满足能力需要,一般没有必要采用双向图型。

当单向纵列式编组站作业量大，需要采用环到、环发时，由于正线线路展长，工程费与运营费都增加很多，因此，当反向车流比重较大，折角车流较小，地形和用地条件对采用规模较小的双向图型又有利时，经计算比较，一般选用编发场发车的双向对称二级式布置比采用单向纵列环到、环发图型有利。

单向纵列式图型采用双溜放作业时，如果反方向改编车流也大，为了对解编能力不致造成较大影响，反方向到发进路一般考虑环到、环发；同时单向双溜放也有一部分折角车流需要重复作业。因此，正线线路展长和重复作业造成的工程费和运营费支出也很大，如果采用双向纵列式图型，其增加的工程费和维修管理费可能较小，可能会出现采用双向图型比采用单向双溜放图型有利。但如果单、双向图型的驼峰均设有半自动化或自动化设备，而且地形和用地等条件对采用双向图型造成较大困难时，也可以通过具体的技术经济比较来决定是否采用单向双溜放图型。

因此，当双方向改编车流量大、折角车流少且地形条件允许时或单向编组站能力满足不了需要时，应采用双向编组站。目前在全路的编组站中，改编车流量大的路网性编组站以双向站型为主。根据每方向改编车流量的大小，双向编组站两套系统的布置形式和能力可以设计成相同或不相同。当驼峰解体车数超过 4 500 辆，且作业量的增长速度并不太快，经过技术经济比较，也可考虑按单向双溜放的作业方式设计。

确定单向编组站的驼峰方向时，改编车流量及其方向是主要因素。驼峰方向应符合主要改编车流方向，如上、下行方向改编车流量接近，则应照顾重车方向或车流组成比较复杂的方向，对于地形、气象等条件也应综合考虑其影响。

5.2.2 一级二场横列式图型的编组站在全路编组站中已很少，但在编组站的发展过程中，有不少是经过一级二场的过渡阶段，建站初期的贵阳南、江岸西、来舟等编组站都有过这样的历程。

考虑到上述的实际情况，故将一级二场图型列入编组站基本图型之内。

一级二场图型的优点是布置紧凑、用地少、工程省、作业灵活、两端牵出线易于协作、便于通过列车的甩挂作业和大组车进行坐编，对发展为其他图型的适应性较大。一级二场编组站的运营指标也较好，有调中时一般为 4 h~6.3 h，而其他图型为 6.5 h~7.7 h。一级二场图型的缺点是改编车辆在站内的作业行程较长；一个方向的货物列车到发与相反方向的旅客列车到发有交叉；此外，解编车列转线与列车到发，机车出(入)段有部分交叉。

从图型上看，一级二场编组站与横列式区段站基本相同，当设备配置比较合理，一级二场按两端各设 1 条牵出线，主要牵出线设小能力驼峰，其解编能力约为 2 700 辆~3 200 辆。当牵引定数小或组号多，编组较复杂时，解编能力较低；当空车比重较大或组号少、作业较简单时，则解编能力较高。作为选择图型的条件，一级二场图型一般适用于解编作业量为 2 300 辆~2 700 辆的小型编组站。

由于一级二场编组站改编列车的比重较横列式区段站大，因此，一个方向列车到发与另一方向改编列车转线的交叉机会也多一些。为了减少这种交叉，应将车场设在靠主要改编车流顺作业方向一侧。

5.2.3 本条所列的图型简称一级三场。一级三场图型一般是中、小型枢纽的唯一编组站或主要编组站。如果是在大型枢纽，则属于为地区车流服务的辅助编组站。

一级三场图型的到发场分设于调车场两侧，可以使用 3 条~4 条牵出线，故能力较一级二场为大,并消除了一个方向的货物列车到发与另一方向车列转线的交叉和一个方向的旅客列车通过与另一方向货物列车到发的交叉。

一级三场的优点是站坪长度较短,车场较少,管理方便;缺点是解编车列往返转线的距离长。当有效长为 850 m 时,每一改编车在站内的作业行程约 5.8 km,增加了车辆在站作业的中转时间。从现有一级三场编组站的运营指标看,其有调中时也比较大,约在 6.8 h~7.7 h,个别达到 9.5 h;还有一大缺点是当牵引定数大时,向驼峰牵出线转线有时会出现困难。

从解体的作业过程分析,解体和为前后两趟解体车列准备溜放进路及开放信号的总时间约 13 min~16 min,这个时间与驼峰调机去到发场将待解车列牵出推上驼峰的总时间大致相等,故当采用 2 台调机担任解体作业时,驼峰一般不会出现空费时间。单从这方面看,一级三场的解体能力与二级式应无多大差别,但是,一级三场由于到发场分设两侧,到达两侧的解体列车,不可能做到完全均衡地交错解体,而且,顺方向列车到达和反方向列车出发以及机车出(入)段等作业,对驼峰调机去连挂车列及牵出转线的调车作业的干扰,比二级式图型要大,因此,一级三场的解编能力仍低于二级式图型。

一级三场编组站如配备小能力驼峰,当驼峰头部使用 1 台调机实行单推单溜,调车场尾部使用两台调机,解编能力主要受驼峰控制。如果本站作业车不太多,而中转解编作业量较大,为了充分发挥设备能力,尾部牵出线也可以担任一部分解体作业,则解编能力尚可适当提高。当头部和尾部都使用 2 台调机,实行双推单溜,头部和尾部能力基本上平衡。作为图型选择条件,一级三场可适用于解编作业量为 3 200 辆~4 700 辆的编组站。

本条文对一级三场图型提出了双方向改编车流比较均衡的要求,对这点应予足够重视,由于改编列车分别在两侧到发场到发,解编作业分别由两侧相应的牵出线担任,两侧车流平衡,解编能力可以得到充分利用。一级三场编组站衔接方向为单线时,可按线路别布置使用,这样可以简化进出站线路布置及疏解。为了平衡两侧牵出线的解编作业量,设计时应结合各衔接方向线路的引入,合理安排两侧到发场的分工。当衔接方向为双线,应按方向别布置使用。按方向别设计时,考虑到阶段时间内可能出现一侧的密集到达或两侧到发的不均衡,为了保证两侧牵出线的作业能均衡地进行,每一方向的到发场和衔接方向的进出站线路,应有为相反方向列车到发使用的灵活性。一般可根据需要,在到发场设置一部分双方向使用的线路。

一级三场的改编列车到达后,需由调机向驼峰牵出线转线。由于调机的牵引力不如本务机车,而且起动后要克服较大的曲线阻力和坡道阻力,故向驼峰转线有时会发生困难。现场对这方面的意见反映不少。如果衔接方向的牵引定数较大,设计时对转线条件应予妥善处理。

5.2.4 本条所列的图型简称二级四场,是单向混合式编组站的代表性图型。二级四场图型与一级三场比较,主要是增加了共用的峰前到达场,调机连挂解体车列和推峰作业受改编列车到达和本务机车进段的干扰比一级三场的要少,故能力比一级三场为大。由于二级四场图型的到达场与调车场纵列布置,顺驼峰方向改编车流在站内的行程比一级三场有较多的节省。以有效长度为850 m 计,顺驼峰方向行程可缩短约 3.9 km;虽然反驼峰方向改编车流的行程略有增加,但总的来看,运营效率仍高于一级三场。二级四场编组站的有调中时一般为 6.5 h~7.0 h。

二级四场图型的优点是顺、反方向改编列车均在峰前场到达,避免了到达解体列车的转线作业和牵引定数大时转线的困难,与纵列式图型比较,站坪长度较短,可以减少工程量。缺点是编成车列转线的距离长,调车场尾部牵出线的能力受到一定限制。二级四场图型可适用于解编作业量较大或解编作业量大而地形条件困难的大、中型编组站。当顺方向改编车流较大或顺、反方向改编车流较均衡而顺方向为重车流时,在运营上都是有利的。

根据调查分析,头部和尾部都使用2台调机,头部采用双推单溜,解编能力受尾部控制。如头部调机协助尾部担任一部分作业,使头尾能力大致平衡,解编能力尚可适当提高。二级四场图型解编作业量的适应范围,一般在4 500辆~5 200辆之间(未含驼峰半自动化、自动化和加强尾部编组能力所提高的作业量)。如果解编作业量比这个数字小,而其他条件适合于采用二级四场时,尾部可使用2台调机,头部可以使用1台调机,实行单推单溜。如果解编作业量较大,但地形条件困难,不能选用纵列式图型而采用二级四场时,为提高解编能力,头部可以设置中能力驼峰,此时二级四场的解体能力与纵列式相差不多,但编组能力不足。

为了提高二级四场尾部编组能力,可采取以下各种措施:

(1)采用编发线布置,使部分列车直接从编发线出发,减少编成车列向出发场的转线作业,使尾部能力得到提高。

(2)调车场尾部设置小能力驼峰。当摘挂列车和多组列车占有相当比重时,可以提高编组效率,必要时还可增设辅助调车场,以提高牵出线的能力。

(3)将转场联络线至出发场前面一段设计成下坡,加速转场作业以节省转线时间。

(4)增加调机台数。当某台调机进行整备或去铁路物流中心、岔线取送车时,由顶替的调机担任编组作业,但调机的有效工作时间较短,效率较低。

(5)增设牵出线,使用3台调机同时进行编组,但因出发场分设在调车场两侧,中间牵出线编成车列的转线与外侧牵出线的编组作业相互干扰,中间牵出线的能力不能充分发挥。

(6)将两侧出发场向调车场尾部靠拢布置,尽量缩短编成车列的转线距离,这种布置造成出发场部分线路设在曲线上,对车站作业带来不便。

(7)调车场按燕尾型布置,使尾部分别与两侧出发场并拢,减少转线距离。这种布置由于每侧牵出线只连通调车场的半边,两侧作业出现不均衡时不能相互支援,作业上缺乏灵活性。此外,当铁路物流中心及岔线在尾部一侧接轨时,增加另一侧转送的麻烦。

在上述各项措施中,以采用编发线最为普遍,一般情况下,可以对顺向改编车流采用部分编发;如果条件合适,也可以采用全部编发,当反方向转场线作业量比较大时,可以设置2条转场联络线。当多组列车和摘挂列车的编组作业量较大时,也可以考虑在调车场尾部设置小能力驼峰。

二级四场图型反驼峰方向改编列车到达按反接峰前场设计。反接时,在出发场出场咽喉对反发及机车出(入)段有干扰,在峰前场的推峰咽喉对反向列车推峰作业有干扰。为反方向列车修建接车环线虽可避免或减少上述干扰,但二级四场的能力受尾部牵出线控制,不受反向出发场咽喉和驼峰控制。修建接车环线须增加约3 km的线路和1座跨线桥的工程费用,增加列车走行公里的运营支出及相应的机车、车辆购置费和货物滞留费,而所起的作用并不大。因此,一般不推荐修建接车环线,只有当反向改编车流量很大,对反向出发场和到达场推峰咽喉的交叉干扰严重,并造成对车站解编能力的限制时,方可考虑设置接车环线。

二级四场图型如担当较大的作业量,宜设置穿越驼峰的峰下机走线,以方便机务段对侧顺驼峰方向到发列车的机车进、出段。根据分析计算,机走线的最大通过能力可达 180 台次。按二级四场可担任的最大解编作业量另加一定比重的通过车流计算,通过机走线进、出段的机车不超过 100 台次,故一般情况下可设置 1 条机走线。当作业量较小或因地形及水文地质条件不合适,设置峰下机走线引起很大工程时,也可考虑不设峰下机走线。目前,我国既有的二级四场编组站设置峰下机走线的不多。不设峰下机走线时,机车进、出段采用与站内作业进路平交的方式解决。一般情况下,顺向到达解体列车的机车可切割到达场推峰咽喉进段,或利用到达场的线路从进场咽喉进段;出发列车的机车出段和通过列车的机车进、出段,可切割到达场进场咽喉和经由正线。到达场进场咽喉的作业负担不重,顺向正线只走旅客列车和通过列车,行车量较小,故机车进、出段可利用正线。根据运营实践,如顺方向到达列车和出发列车都不超过 20 列~25 列时,对机车进、出段不会产生延误。

二级四场编组站的尾部一般设置 2 条牵出线,配备 2 台调机,分担调车场两侧的编组作业。当顺、反方向的改编车流比较均衡,牵出线的能力可得到充分利用。在采用分散作业的枢纽内,有些二级四场编组站主要担任顺驼峰方向车流的解编,如果作业量较大,顺向一侧牵出线的能力不足而反向一侧牵出线的能力不能充分发挥。在车流条件合适时,顺向采用部分编发线以提高尾部能力是一种措施。如果顺向一侧采用编发线后能力仍然不足,为了使尾部 2 台调机的作业量均衡,减少相互干扰,可以适当调整调车场线路的使用,使反方向一侧的牵出线分担一部分顺向编组作业,并将顺向一侧的编发线部分设在反向一侧;若采用反向出发场担任一部分顺向发车设计,此时,应增设反向出发场绕过牵出线的发车通路。

5.2.5 本条所列的图型简称三级三场,是单向纵列式编组站的代表性图型。目前我国中南、华东地区有鹰潭东、衡阳北、柳州南等纵列式编组站。

三级三场图型为各衔接方向设置共用的到达、调车和出发 3 个车场成纵列布置。与二级四场相比,编成车列转到出发场的调车行程较短,而且由于转场作业相互干扰少,调车场尾部根据需要可以多设牵出径路,因此整个解编能力得到提高。

三级三场顺驼峰方向改编车流在站内没有多余的行程。以有效长度为 850 m 计,顺驼峰方向改编车辆在站内的作业行程比二级四场缩短约 3.9 km;但反驼峰方向的改编车流,当采用反到、反发布置时,要往返多走行相当于到达场中心至出发场中心距离的两倍,约为 7.2 km,比二级四场多走约 0.7 km。因此,三级三场适用于顺驼峰方向改编车流较强(一般占改编车流 60% 以上),解编作业量大的大型编组站。

由于到达场与调车场纵列配置,驼峰机车由峰顶至到达场进场端连挂车列再推到峰顶这一段时间,少于车列解体时间,所以使用 2 台调机推峰解体时,除了准备溜放进路和开放信号的间隔时间外,驼峰不会出现空废时间;只有当 1 台调机进行整备时,另 1 台按单推作业,才产生空费时间。故一般情况使用 2 台驼峰调机已可满足能力需要,当解编作业量大,为了保持双推作业不间断,最大限度地发挥驼峰解体能力,可以使用 3 台调机。根据现场查定的资料分析,当设置中能力驼峰,配备 2 台~3 台调机实行双推单溜,调车场尾部使用 2 台调机时,头部能力大于尾部。由于中能力驼峰峰高较高,不便于协助编组,故解编能力受尾部控制,可担任的解编作业量约为 6 500 辆~6 700 辆。当尾部使用 3 台调机,在编组作业不太复杂的情况下,尾部能力大于头部。故解编能力受头部控制,可担任的解编作业量约为 7 200 辆~8 000 辆。作为图型的选择条件,三级三场担任的解编作业量一般以 6 500 辆~8 000 辆为宜(未含驼峰半自动化、自动化提高的作业量)。

由于三级三场编组站能力较大,为使各部分通过能力协调一致和为行车安全创造条件,反驼峰方向改编列车的到发进路交叉,宜采用立交;当初期行车量不大或发展为双向编组站的时间比较短时,在保证行车安全的前提下(例如有良好的线路平、纵断面技术条件,必要的安全设施和先进的信号设备等),也可采用平交。

当平交点设在反向正线上并距峰前场较近时,为避免反到列车在信号机外停车后起动困难,需要提前开放信号,故每列反到列车占用平交点的时间较长;同时,由于发车的走行距离较长,每列反发列车占用平交点的时间也较长。因此,按交叉点的能力分析结果,反驼峰方向到发进路采用平交时适应的行车量一般为 60 列以下,如果布置上能将平交点移到出发场出口端咽喉,使反到和反发列车占用时间缩短,根据现场运营情况,适应的行车量可提高到 70 列~80 列。

反驼峰方向改编列车到发进路的引入方式,即采用反到、反发还是环到、环发,可根据反驼峰方向列车到发对驼峰和尾部牵出线能力影响的程度以及工程、运营方面的因素,综合研究确定。

当采用反到进路时,为了尽量减少因反到与推峰交叉引起的延误,在咽喉平行进路布置方面,反到与推峰宜做到分线平行作业。关于反到对推峰产生的交叉延误,按一般的概率计算方法和常用的作业指标进行分析的结果如下:如果反到和推峰都作为同等重要进路,即反到先到时对推峰产生延误,以及推峰先开始时对反到列车在信号机外停车等待,反到列车按 40 列计,反到一侧推峰被延误的全部时间约为 30 min 左右,故在容许反到列车在机外停车等待的情况下,反到对驼峰能力的影响是可以接受的。如果将反到作为优先进路考虑,即每次交叉时,不论反到列车是先到或者后到,都应先接车,只能让推峰延误,则反到一侧推峰被延误的时间就稍多一些,其值根据反到所占比重的不同而异。若解体能力以不受反到影响时为 80 列计,则当反到比重为 20% 时,推峰被延误的全部时间约为 15 min,30% 时约为 40 min,40% 时约为75 min,50% 时约为 135 min。由于三级三场图型适用于顺向改编车流较强的编组站,要求反到比重一般在 40% 以下,所以,在保证任何情况下反到都优先接车的条件下,反到对驼峰能力的影响也是比较小的。

修建环线不仅增加工程投资,而且增加了列车到发的走行距离,所以一般情况下,当驼峰解体能力可以适应时,推荐采用反到。当反驼峰方向衔接的线路方向及到发列车数较多时,也应根据驼峰和尾部牵出线的能力分别对待,如能力受驼峰控制,可先修建到达环线。

我国铁路编组站建设,大部分是在分期建设的过程中逐步发展起来的,其中二级四场图型改建为三级式图型比较多见,如乔司编组站。为了充分用好既有设施和避免反到、反发列车在信号机外停车等待情况,可保留原反驼峰方向的出发及通过车场,以构成三级四场图型。

5.2.6 车列双溜放是指驼峰在同一时间内平行解体 2 个车列的作业方式。这种作业方式在国外一些单向编组站上得到推广,我国某些编组站也有运用双溜放的经验。

单向编组站按双溜放的作业方式设计时,能大幅度提高驼峰作业能力及到达场通过能力,改善车站运营质量指标,压缩车列在到达场的待解停留时间,加快车辆周转和降低运输成本。由于全站作业集中在一个系统办理，可以减少车场和设备的工程投资和相应的维修管理费用，节约用地，并有利于实现车站作业的自动化。与双向图型相比，当衔接方向车流发生变化，顺反方向两套系统便于相互调剂使用。此外，单向双溜放编组站从到达场至出发场大体上要求设计在一面坡的下坡道上，较能适应自然地形坡度的变化。

采用单向双溜放的作业方式时，由于顺、反方向的改编车流都大，为了保证作业的流水性和连续性，并使解编能力有大幅度的提高，一般将到达场、调车场和出发场纵列配置；并将反驼峰方向改编列车的到达进路设计为环到，将出发进路设计为环发或反发。因此，反方向改编列车的行程比双向纵列式图型增加很多。如到发线有效长度为 1 050 m 并采用环到、环发，反方向每列改编列车的到发大约需要多走 14.6 km，同时要相应增加进出站正线和跨线桥的工程费。

采用双溜放作业方式是否比单溜放有利，很大程度取决于交换车流的多少。一般交换车超过改编车数的 20% 时采用双溜放作业意义不大，因为交换车流比重较大时，其双溜放能力甚至还低于单溜放的水平。同时，双溜放还将加大现场工人劳动强度。

一般驼峰有 2 条推送线和 2 条溜放线，有条件进行双溜放，但在双溜放时，折角车辆都须先溜入本侧指定的交换线，然后再拉上驼峰重复解体（或者尾部调机分解作业），重复解体作业对驼峰能力的影响较大。因此，在折角车比例较小、驼峰能力紧张时，可以考虑双溜放作业。

由于单向双溜放编组站的改编作业量大，其驼峰需要设计 3 条或以上的推送线，可考虑将调车场各半侧线束相邻边线作为交换线，并和中间推送线连通。此时，双溜放在两侧的溜放线办理，需溜入对侧调车场的折角车先溜进本侧交换线，再经联络线反拉上中间推送线的驼峰重复分解，这样，重复作业对两侧驼峰解体作业的影响就较小。

当折角车流数量较大，可将调车场中间的部分线路设计为两侧驼峰溜放线的共用线束，如说明图 5.2.6 所示。按这种示意图布置的驼峰，双溜放通常由两侧驼峰办理，对含有较多折角车流的车列，也可利用中间驼峰实行单溜放。由两侧驼峰同时溜放的 2 个车列中，到达对侧去向的折角车辆，可以直接溜入共用线束的对侧线路。对折角车流中车流强度较大的组号，在共用线束中宜固定线路；也可与对侧同一组号的车流合并在共用线束中使用。在双溜放连续作业过程中，同时溜往共同中间线束对侧去向的钩车在时间上不能错开时，前行的钩车可直接溜入该去向的线路，后行的钩车则先溜入设在本侧调车场外侧的交换线。在交换线集结一定数量的车辆后，再经迂回线转上驼峰重复解体。采用这种作业方法，溜放时敌对进路的保护要靠道岔自动控制装置中设置溜放线与共用中间线束必要的联锁来保证。由于绝大部分交换车辆都不会同时经由敌对进路溜行（根据概率乘法定理，如交换车流的比重为 20%，则折角钩车同时占用敌对进路溜放的概率为 4%），所以，车辆重复作业数量在这种驼峰布置图中将会大大减少。

设置共用中间线束除了能减少折角车流的重复作业外，当顺、反方向车流量出现较大的波动时，还可利用共用中间线束来调节调车场顺、反方向的线路使用。

单向编组站采用双溜放的作业方式，其解体能力与顺、反方向改编车流比例、折角车流比重和驼峰布置形式等因素都有关系。根据分析计算，折角车流比重为 10%～20%，如采用较合理的双溜放布置形式，解体能力（不包括重复作业量）比单溜放约可提高 45%～80%，一般可担任的解体作业量约为 5 800 辆～7 200 辆（驼峰自动化、半自动化还可提高部分作业量）。在这种情况下，要求尾部设置相应数量的牵出线以保证编组能力与解体能力相适应。至于调车场尾部的布置,例如咽喉区是按线束连接呈梭形布置还是按分开式的燕尾形布置,是否增设辅助驼峰用于办理摘挂列车作业和部分或全部分担交换车辆的重复作业,根据技术经济比较和当地条件来决定。

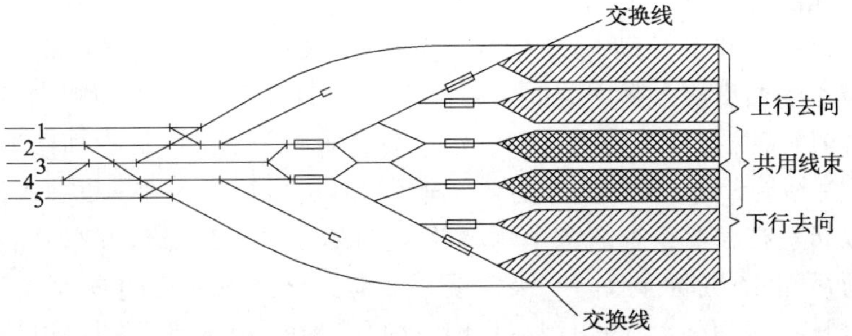

说明图 5.2.6　双溜放驼峰调车场头部布置方案示意图

5.2.7　本条所列的图型简称双向二级六场。双向二级六场是作为双向图型中两系统都采用二级式布置的代表性图型。

双向二级六场是双方向均为到达场与调车场纵列、出发场及通过车场在调车场外侧横列的双向布置图(如济南西)。为了消除调车场尾部牵出线都向一侧转场造成对编组能力的影响,可在调车场内设置编发线群,使部分或全部自编列车能从调车场直接发车。在现有的双向编组站中,按二级式布置的调车系统,大多数都不设出发场而采用编发线发车,这对提高尾部编组能力、减少改编车辆在站内的作业行程和加速车辆周转,都有较明显的效果。因此,在选用这种图型时,如果车流条件合适,可按改编列车的出发全部或部分在编发线办理,即设计成双向二级四场(如牡丹江)或二级五场图型(如青岛西)。

与单向纵列式图型相比,本图型的主要优点是解编能力较大,两方向的改编车流在站内的作业行程较短,通过列车的成组甩挂比较方便;主要缺点是增加工程投资和折角车流的重复作业以及维修管理方面的运营支出。

在设计中,当既有单向二级四场编组站解编作业量大幅度增加,上、下行改编车流的比例又较接近(例如为 4 : 6 或 5 : 5),折角车流在总改编车流中的比重较小(例如不大于 15% 左右),经过相应的技术经济比较,认为发展成单向纵列式并不有利时,可采用本图型。此外,对于为大工业企业或港湾服务的工业、港湾编组站,其特点是双方向改编车流均较大,但折角车流甚小,车流性质有利于采用编发线发车;同时,一般多位于厂前区、港前区和城市边缘,站坪长度容易受到限制,采用本图型较为有利。

双向二级六场图型一般每套系统的驼峰均设有半自动或自动控制设备,采用双推单溜方式,尾部设 2 条牵出线,一般情况下可担任的解编作业量(包括折角车流的重复作业量)约为 9 000 辆~10 000 辆,如果均采取编发等提高尾部编组能力的措施,担任的解编作业量约可提高至 12 000 辆~14 000 辆(包括折角车流的重复作业量)。

因此,双向二级六场图型一般适用于双方向解编作业量均较大或解编作业量均大而地形条件受限制、且折角车流较小的大型编组站。

若一个方向的改编车流量较小,根据实际需要,次要的系统也可采用到发场与调车场横列的配置作为过渡。此时,到发场可设在调车场外侧,调车场头部设小能力驼峰,两套系统的调车场均按部分编发设计。如果次要系统通过列车多,折角车流又极少时,也可将次要系统的调车场设在到发场外侧,这样布置,虽然折角车流交换的径路不太顺且产生与列车到发的进路交叉,但改善了本务机车出、入段的条件。

当两系统均采用全部编发时,编发线宜固定在调车场靠外侧的线束。如有必要,也可以在调车场两侧的线束中设置编发线,使改编列车能从两侧发车,以减少对牵出线的作业干扰。如果通过列车较少,可不设单独的通过车场,通过列车的作业在到达场办理。

双向二级六场图型如果是由单向二级四场发展而成,其机务段多位于原有到达场的一侧,车辆段则位于既有调车场的尾部。由于原有单向图型的驼峰方向多属重车方向,改建为双向图型后,将不利于照顾空车方向车辆的扣修,故如果原来未设车辆段的话,新建的车辆段可以布置在新增系统的调车场尾部,与原有的机务段都设在车站的一端。

5.2.8　本条所列的图型简称双向三级六场。双向三级六场是双向纵列式编组站的代表性图型,也是规模及能力最大的图型。目前,铁总管控的12个路网性编组站中,有8个为双向纵列式编组站;铁总核定的14个区域性编组站中,有6个为双向纵列式编组站。

本图型双方向均为到达场、调车场和出发场纵列配置,双方向改编车流在站内没有多余的作业行程。由于双方向各有一套独立的系统,可以减少相互间列车到发、机车进(出)段以及调车作业的交叉干扰。如果双方向均装备有强大的调车设备时,具有很大的解编能力。当编组站衔接的线路方向较多,采用这种图型还有利于减少进出站线路的布置和疏解的复杂性。双向三级六场图型的主要优点是两个方向作业流水性都很好、进路交叉少、具有强大的通过能力和改编能力;主要缺点是工程费用高、占地面积大、车站定员多和折角车流需要重复作业。

本图型如每套系统的驼峰均设置自动化或半自动化控制设备,使用2台~3台调机,按双推单溜作业,调车场尾部设置3条牵出线(尾部作业量大时可设4条),一般情况下可担任的解编作业量(包括折角车流重复作业量)约为14 000辆~20 000辆。如果采取增设辅助调车场等提高尾部编组能力的措施,担任的解编作业量可提高至约20 000辆~22 000辆(包括折角车流的重复作业量)。

当路网性编组站按合理的编组分工需担负很大的解编作业量,而且上下行改编车流量比较均衡,其他图型又担当不了,地形条件又不受限制时,可采用双向三级六场图型。为了节省用地,必要时可将一套或两套系统的中轴线设在折线上,一般在车场的头部或尾部偏转一个角度,使布置尽量紧凑。采用双向三级六场图型的编组站,一般都是路网中组织远程车流的主要据点,在总图规划时,已按双向图型预留。因此,按比较合理的布置发展为最终的双向三级六场图型一般不会有什么困难。但如果既有编组站为三级三场并设有反到、反发的立交疏解线路,要扩建成双向纵列式图型就比较费事。此时,原有跨线桥可考虑改作转场联络线和机车进、出段走行线疏解。若跨线桥位置不合适或由于利用原有立交疏解设备造成整个车站占地过多,也可以废弃,使两套系统布置紧凑。

双向三级六场图型如果近期即按双向设计,机务段以设在重车方向的到达场一侧为宜,车辆段也有条件设在空车方向的调车场尾部。若由单向编组站改建而成,机务段一般是设在重车方向出发场的一端,车辆段往往也是设在重车方向调车场的尾部,这样对双向编组站图型来说,扣修车的取送不很方便。因此,在设计双向三级六场编组站时,如近期采用单向纵列式图型,且过渡时间较短,此时,机务段和车辆段的位置可按双向图型的合理位置来考虑。

5.2.9　编发线是指调车场内用于车流集结、编组又兼发车的线路。在条件适合时,采用编发线可以减轻牵出线的作业负担,加速车辆周转。目前,有许多横列式编组站在调车场内设有编发线,供一部分列车发车使用。混合式编组站设置编发线的更多,有的是部分列车从编发线发车,有的是全部。

根据以往调查资料,到达场和调车场纵列配置的编组站(包括双向编组站中的一套系统),其中顺驼峰方向不设出发场,全部改编列车由编发线出发的,约占这种编组站总数的一半,部分由编发线出发的约占 20%。

二级式编组站采用编发线布置较多的原因,主要是由于尾部牵出线的编组能力低于驼峰解体能力,设置编发线以后,免去了车列转线的调车作业,因而减轻了尾部牵出线的负担。按有效长度为 850 m 计,当由出发场发车时,调机将车列牵出转到出发场再返回的时间共约 15 min~17 min;采用编发线时,挂本务机车及发车的时间共约 10 min,占用尾部咽喉的时间比转线发车占用尾部调机的时间要少。而且,挂本务机车及发车对尾部调机编组作业的干扰,不是每次都会出现。根据有关站的能力查定资料,对编组作业有干扰的挂机及发车次数,约占全部发车次数的 30%。因此,设置编发线可以大大提高尾部牵出线的能力。

关于采用编发线的车流特点,根据调查,4 个顺向大运转出发全部在编发线办理的二级式编组站情况见说明表 5.2.9。

说明表 5.2.9 顺向出发全部在编发线办理的二级式编组站车流统计表

项　目	各种车流量的组号所占的比重				
	100 辆以下	100 辆~200 辆	201 辆~300 辆	301 辆~400 辆	400 辆以上
顺向出发全部在编发线办理的二级式编组站(4 站 18 个顺向直货组号)	16%	16%	21%	37%	10%

说明表 5.2.9 中数字表明,顺向出发全部在编发线办理的二级式编组站,车流量在 200 辆以上的组号占大多数,而其中又以 300 辆~400 辆的组号较多。在上述 4 个二级式编组站中,除了担任直货组号之外,有些还有排空列车的编发,空车车辆都达 300 辆~600 辆。这些情况说明,在采用编发线的组号中,车流量大的组号占大多数。

此外,在部分采用编发线发车的编组站中,针对车流大的编组去向采用编发线就更为明显。如调查的几个编组站,按采用编发线的组号统计,车流量在 400 辆~500 辆的组号约占 1/3,500 辆以上的约占 2/3。

使用编发线作业的车流,很多是属于单组列车的车流。这些车流每个组号通常使用 2 条线路。由于列车的编组作业简单,编组时间短,虽然增加了出发技术作业时间,但线路总的占用时间不多。在编组和办理出发作业的时间内,续溜车可以进入另一线路继续集结,对线路使用影响不大,而可减少转场出发的作业,有利于加速车辆周转和提高尾部能力。如果多组列车占有较大比重,使用编发线虽然可以提高尾部能力,但因每一组号的车流量少,不能为每个组号配备 2 条线路使用,造成续溜车借线反钩作业增加,又降低了驼峰的能力。从提高整个解编能力的要求来看,其效果要差些。因此,编发线的设置条件是顺向车流较大而且组号单一,这样既不降低驼峰能力,又使尾部能力协调。

此外,对于到达枢纽的地方车流编开小运转列车,编组作业也比较简单,隔离车和关门车(指装载易燃、易爆车辆,需关闭制动支管上截断塞门)的编组要求比较低,牵引定数和运行线的安排可以根据车流集结情况灵活掌握,而且一般不进行列检作业。可见,小运转列车集结、编组和出发作业的时间短,没必要转场发车,采用编发线更能适应小运转作业简单和车辆周转快的特点。

衔接线路去向的多少,对编发线的布置也有影响。去向多,为减少干扰,编发线须按去向加以固定,发车一端咽喉也要保证各方向编组和发车同时进行,必然使尾部布置复杂。相反,去向少,干扰也少,尾部布置也较简单。根据现有二级式编发场尾部的布置,大部分是衔接 1 条线路。因此,编发线设置的另外一个条件是衔接线路少。

在编发场办理出发作业,虽然并不需要把所有线路都作为编发线使用,而只是固定其中部分线路,但给列检作业仍带来一定困难。为防止驼峰溜下的车辆误入车列编成的线路,在信号联锁方面虽可采取措施,但列检人员穿越线路仍感不便。所以,从作业安全出发,要求编发线最好集中设置,同时要求编发场内的调车作业简单,以减少对列检和出发作业的干扰。

当到达场和调车场采用纵列配置,顺驼峰方向改编车流较大而组号简单或主要为枢纽小运转车流并且衔接的发车方向较少时,则二级式调车系统顺驼峰方向可不另设出发场,采用顺向列车全部由编发线出发的布置,则单向图型为二级三场布置形式,双向图型为某一系统的二级二场布置形式。采用这些布置形式的编组站,其优点是车辆周转较快,尾部能力得到提高。这些车站有调中时比二级四场的少:以中转作业为主的编组站,一般为 5.8 h~6.4 h;以地区小运转作业为主的调车系统,有调中时更少,一般为 2.6 h~3 h,而二级四场一般为 6.5 h~7 h。此外,顺向不设出发场的二级式编组站,工程投资和运营费用也比较节省,但其缺点是列检作业不方便,站线储备能力相对也小一些。由于采用编发线需要增加调车场的线路数量,相应加大调速设备的投资,故在编组站驼峰设置自动化、半自动化控制设备时,需经技术经济比较确定是否采用编发线。

至于反驼峰方向设置编发线的问题,由于驼峰溜放与发车同时作业,不仅安全性较差、影响解体效率,而且调车场线路平面设计困难等缺点,故不采用。

二级式编组站如果不适宜于将顺向列车的出发全部由编发线办理时,也可以根据需要仅为部分列车设置编发线。这些编发线一般是供开行单组列车的一、二个车流量大的组号使用或为开行小运转列车的车流使用。一级式编组站的改编作业量不大,两头牵出线的能力比较容易平衡,一般不设编发线,如为部分列车使用,采用编发线的车流条件和二级式编组站基本相同。

5.3.1　编组站内客、货共用的正线,是指客、货列车共线进出编组站的运行线,当货物列车全部进入编组站后,则是指客车通过的运行线,不包括因枢纽布局形成的客、货列车分线运行时的客车运行正线,因该运行正线的位置与编组站无直接关系。

编组站内通过正线的布置形式,可分为一侧式、中穿式和外包式。正线布置对列车运行及编组站作业条件有着密切的关系。布置形式的选择,应根据客、货列车行车量、客运站位置、铁路物流中心和岔线的衔接以及编组站采用的图型等因素确定。

一级二场编组站的正线均设在车场的一侧,不存在其他布置形式。旧式一级四场编组站,其正线多为中穿式,两侧设到发场和调车场,这是由于利用既有设备而形成的,这种布置,正线虽然顺直,但上、下行两条正线的行车与两侧转场车的取送作业及机车出、入段都存在交叉,设备使用方面的互换性和机动性差,对车站作业不利。因此,只有在改建时,在其作业能力允许的前提下，为充分利用既有设备，节省工程投资，方可采用。

在双线铁路上，对横列式、单向混合式或纵列式图型的编组站，当正线采用外包式时，主要优点是客车通过和站内作业完全分开，双方向客、货列车运行经路互不交叉，当客、货纵列配置时，不需要立体疏解布置。主要缺点是上、下行正线分开，需设单独路基，相对增加了工程量，正线的线型也不好，且不利于在编组站一侧并列设置客运设施，当编组站的一侧衔接有铁路物流中心和岔线时，取送车作业与正线交叉。因此，如客、货纵列配置，且通过客车速度不高，采用正线外包的布置方式较好。

在双线铁路上，正线设于一侧的布置形式主要优点是正线的线型较好，客车通过速度较高，且有利于客运设备的集中设置和客运管理；当正线对侧衔接有铁路物流中心和岔线时，取送作业与正线行车无干扰；两正线共用路基，工程量较少。主要缺点是相对方向客、货列车到发进路有交叉，必要时需增设立体疏解。因此，当客运站与编组站并列配置，有较大作业量的铁路物流中心和岔线在正线对侧衔接，通行快速旅客列车时，则以采用正线一侧式的布置较合适。

在编组站范围的正线上，根据旅客乘车和铁路职工通勤（通学）的需要，可设置供旅客列车和通勤列车停靠的旅客乘降所。在车场布置比较分散的大型编组站上，通勤列车尚可在上、下车职工较多的场、段附近停靠，并设置供职工上、下车用的站台。

5.3.2 通过车场主要供通过列车更换机车、车辆技术检查和成组甩挂作业之用。其位置应根据通过列车运行顺直、机车出入段便捷、甩挂作业方便、对编组站作业干扰少、保证车站作业灵活和节省列检定员及设备等要求，综合研究决定。

通过车场的位置，对于横列式编组站，只能设在到发场；对混合式和纵列式编组站，则有几个位置：如通过车场设在出发场，主要优点是甩挂作业比设在到达场便利，特别是加挂车组时，如通过车场设在峰前到达场，反拉上峰困难。混合式的通过车场设在出发场作业灵活，可以使用驼峰调机或尾部牵出线调机，互相协作；纵列式如驼峰能力较尾部小，通过车场设在出发场，可利用尾部调机作业，对驼峰能力无影响。此外，混合式编组站的机务设备一般设在到达场顺驼峰方向的右侧；纵列式编组站的机务设备，为照顾出段挂头方便，一般设在出发场一侧，对通过列车本务机车出、入段都较便捷。从现场调研情况看，设有到达场、出发场的纵列式编组站通过车场一般设于出发场，主要原因是避免到达场密集到达时出现干扰，同时有利于平衡驼峰头、尾能力和作业便利等。

当通过列车不多时，可不单独设置通过车场。此时，通过列车作业可在上述的相应车场办理。这样可充分发挥到发线的使用效率，且可节省工程投资和列检定员及设备，行车人员也可相应减少。

当需要设置单独的通过车场时，为了适应车流性质的变化和列车到发出现不平衡，对通过车场与其旁侧的到达场、到发场或出发场应考虑其线路在互相调剂使用上具有的灵活性。在进路布置及咽喉设计方面，当通过车场位于到达场旁侧时，通过车场所有到发线应能通向驼峰，以便到达改编列车能够使用；在到达场内，应尽量做到有较多的线路能接发通过列车。当通过车场位于出发场旁侧时，通过车场所有到发线应能经编组牵出线通向该方向的调车线，以便自编列车能利用通过车场发车；在出发场内，也应做到有较多的线路能办理通过列车的到发。当通过车场位于到发场旁侧时，进路布置及咽喉设计可比照上述要求办理。

如通过列车有换重或车组交换等作业，根据需要可在通过车场设置附加线路和牵出线。

如通过车进出编组站不顺畅，可以单独设置通过车场，仅机车进出编组站机务段。

5.3.3 调车场尾部和驼峰之间设备能力的协调，是充分发挥编组站改编能力的关键。采用调车进路集中控制、设置带迂回线的小能力驼峰或修建辅助调车场等都是加强尾部能力的有效措施。

平面调车进路集中设备，虽然工程投资较大，但是具有能确保调车作业安全、提高平面调车效率（压缩钩分、减少作业联系时间、提高调机牵引速度和减少岔前折返时间）、节省行车定员、减轻劳动强度和便于集中管理等优点，故应采用这种设备。

在编组站编组的直达、直通和区段列车中，多数是单组列车和双组列车，也有小部分是3个或以上组号的多组列车；此外，编组站还编组摘挂列车和发往枢纽地区的小运转列车等，这些列车多属多组列车。列车性质不同，编组作业的方法也不同。单组列车的编组作业简单，尾部调机只需把集结满轴的车组连挂成列，即可转至出发场。双组列车也只需将集结在2条调车线的车组合并或分步转至出发场，编组作业也较简单。

摘挂列车和小运转列车的编组作业最为复杂。在编组过程中，需要把按区段去向或枢纽地区去向集结好的车列由尾部调机牵出重新解体，再将车组依站顺或各卸车地点逐一连挂，方能把一列车编完。这种列车的编组时间较长。

因此，当多组列车、摘挂列车和枢纽小运转列车的编组作业量较大时，为加速这些列车的编组，提高牵出线的作业效率，可在调车场尾部选择与相应线束连接的牵出线设置小能力驼峰，驼峰旁边设置迂回线，以避免编组时车列要经驼峰反牵的困难。

使用尾部牵出线设置的小能力驼峰来完成上述列车的编组作业，虽然可以提高尾部能力，但这种作业方法需利用一部分调车线的末端来临时存放和整理待编车辆，当摘挂列车较多时，经常占用多条调车线的末端来办理这种列车的编组作业，会影响调车线上集结的其他车列及时地向出发场转线。所以，当编组上述列车的调车作业量很大，尾部牵出线的能力仍不足、调车线数量受限制时，则可考虑增设辅助调车场。

5.3.4 为增加编组站作业的灵活性，应根据图型的具体条件使调车场的部分线路接通正线，这主要是考虑当停放装载危险货物的车辆发生重大事故危及车站安全时，可由调车线向站外转移这些车辆或在非电气化区段有从调车场直接发车的可能。

5.3.5 由于编发线是调车场内用于车流集结、编组，又兼作发车的线路，几项作业集中一处进行，因此，编发线应在调车场靠旁侧的线束集中设置，以避免行车和列检人员穿越调车线。在编发线的头部（最好是警冲标外方）设置为行车、列检人员和列检工具小车跨越线路的平过道。

调车线上采用铁鞋制动时，可在编发线出口端设置脱鞋器。必要时，可在相邻调车线的尾部加设止轮器，以防止编发线发车时，邻线溜放车辆撞入。

为减少编发线上本务机车连挂车列和列车出发与调车作业的干扰，故其出场咽喉可适当增加平行进路。

5.3.6 调车场尾部的作业，主要是按编组计划要求编组列车和向出发场转线，调车场与出发场间的连接线应和调车场线束或尾部调机数量相适应，通常为3条~4条，以保证尾部的作业平行进行。

调车场尾部的调车作业，除编组摘挂列车时须整列牵出外，编组直达、直通和区段列车都无须整列牵出。在这些列车当中，以编组双组列车时牵出车组的长度较长，最长可达半个列车。据统计,在现有的纵列式编组站中,双组列车使用的调车线不超过总调车线数的一半,一般约占 1/3。因此,调车场与出发场纵列布置时,可考虑调车场每侧约半数线路可按 1 个线束(择其最长者)尾部道岔至出发场进场咽喉最外道岔之间能具有到发线有效长度一半的长度,以满足一般调车作业的需要,并宜按近期工程规模设计。可见,除编组摘挂列车需占用出发场进场咽喉外,主要的列车编组作业及转线与出发场的列车都互不干扰。

在困难条件下,调车场与出发场的纵向间隔可适当缩短,直至由调车场尾部最外道岔至出发场进场端最外道岔之间留出 50 m 的无岔区段。两场间隔 50 m 是为编尾调机转线不进入出发场的保护区段。

5.3.7 由于双向编组站上、下行车流的解编作业是在两套系统中分别进行,折角车流处理显得尤其重要,故在设计时应设计折角车流的相关设备。

处理好折角车流一般有五种方式:一是在两个调车场间设供折角车取送的走行线;二是在两个调车场相邻股道各设 2 条~3 条折角车专用调车线,并与反方向驼峰接通;三是在两个调车场间设上下行系统共用的交换场;四是利用设计的环到线、环发线转场;五是将某些线路设计为双方向,由相反方向解编系统完成折角列车解编作业。

当折角车流较少时,根据车场的配置,可以考虑在两个调车场间设供折角车取送的走行线。

当折角车流较大时,可以在两个调车场相邻股道各设 2 条~3 条折角车专用调车线(不包括禁溜车连接的调车线),并与反方向驼峰接通。这种处理方式是将折角车辆溜入折角车专用调车线,然后由反方向调机取车进行二次解体。这种布置形式需要合理设计平面和纵断面,作业过程中还需要加强两场间沟通和协调组织,否则影响驼峰能力,甚至需要多设置折角车专用调车线。

当折角车流较大时,根据具体条件,也可在两套系统之间设置交换场,以提高主调车线的使用效率。

当某一方向折角车流较大、组号单一时,可以利用设计的反发线(环到线)转场至反方向到达场进行二次解编作业。

结合进出站线路布置情况,还可将某些能力富余较多的线路设计为双方向,利用相反方向系统完成折角列车的接车、解编、发车作业。这种方式仅需在信号设备方面增加少量投资,而为减少折角车流的交换作业提供了条件。

目前全国采用第四和第五种情况的较少。

对双向编组站,特别是重要的路网性编组站,通过设置进出站疏解线路来减少折角车流的重复作业,对提高编组站解编能力和作业效率也有显著作用。

5.3.8 机务段是为各方向到发列车的本务机车和站内调机进行整备与检修的基地。机务段位置应根据编组站主要车场的配置,结合地形、地质和风向等条件研究确定。在选择机务段位置时,尚应考虑机车出、入段与站内作业的干扰少、机车走行距离短、少占农田、节约用地和不妨碍站段的发展。

一级三场横列式编组站的机务段,宜设在列车到发较多的到发场一端。如两侧到发场的列车到发基本平衡,考虑到有利于发展为单向混合式,机务段以设在驼峰一端为好。

单向混合式编组站的机务段,通常有布置在到达场两侧或调车场尾部牵出线两侧这四种方案。前两方案的机车出、入段走行距离较短,有利于利用驼峰标高较高的条件修建峰下机走线，以减少站内机车出、入段进路与其他作业进路的交叉，机车走行线较短，工程费较省。后两方案的机务段位置，必然存在机车走行线与调车场尾部和出发场之间的联络线交叉，对编成车列转线不利。因此，前面两种布置方案较优。

从机车出、入段的走行距离来看，单向混合式图型的机务段设在到达场任何一侧大体上相同，但机车出、入段与列车到发的交叉情况不一样。由于单向混合式图型的能力主要受尾部牵出线能力控制，并非由车场咽喉能力控制，所以对机务段的位置，还应结合其他条件在到达场两侧进行选择。考虑到反向通过列车一般较多，并有利于向纵列式图型发展，为了通过列车换挂本务机车的方便和符合将来纵列式图型对机务段位置的要求，机务段宜设在到达场旁反驼峰方向一侧。

单向纵列式图型的通过车场宜设于出发场旁，机务段设在出发场旁反驼峰方向的一侧时，根据分析计算，反方向进出站线路布置无论采用反到反发，环到反发或环到环发，在顺、反方向改编列车不同比例以及改编列车和通过列车不同组合的条件下，机车出、入段的走行距离和对站内作业的交叉干扰都较小。如果通过车场位于到达场旁，机务段的位置则以设在到达场旁反驼峰方向的一侧为好，此位置还与发展为双向纵列式图型时机务段的有利位置相符。因此，单向纵列式编组站的机务段宜设在到发较为集中的出发场或到达场旁反驼峰方向一侧。

当单向纵列式图型按环到环发（或反发）布置时，如通过车场位于出发场旁，从机车出、入段走行距离和对站内作业的交叉干扰来衡量，机务段设在调车场旁反驼峰方向一侧也是有利的，特别是对环到或环发，这个位置的机车出、入段对站内作业的交叉干扰最少，但其缺点是占地过多，不利于发展为双向图型。因此，当单向纵列式编组站双方向的作业量虽大但不考虑发展为双向图型，而采用双溜放的布置时，可将机务段设于调车场旁反驼峰方向一侧。

在双向编组站上，一般将机务段设在两套系统之间，并避开线路较多的调车场，靠近车流较大的出发场及通过车场一端。机务段设在这一端，本务机车出、入段总的走行距离最少，而且能兼顾到主要方向通过列车机车换挂的方便。当双向纵列式编组站是由单向纵列式发展而成时，近期先上的单向系统，其驼峰方向一般与重车方向相同，顺驼峰方向的改编车流较大；而远期扩建的第二套系统，相应的属于轻车方向，改编车流较小，但通过车流的比重则比原有系统的为大。当机务段位置按照发展为双向图型来考虑时，近期单向系统的机务段宜放在到达场一端。由于通过车场一般位于出发场一侧，机务段位置对近期图型来说是不利的。因此，对双向图型的机务段位置，还应结合近、远期发展的需要来考虑。为了减少编组站另一端到发列车的本务机车出、入段走行距离，当另一端出、入段机车数量较大或当作业能力需要时，可在另一端设第二套机务整备设备。

5.3.9　车辆段主要担负车辆的段修、较大修程的临修以及维修保养段管范围内的设备机具等任务，一般每天只有 1 次~2 次取送作业。

编组站如有车辆段时，其位置应根据不妨碍站、段未来发展，方便编组站作业和车辆段取送车的要求设置。为便于车辆扣修，车辆段应设在编组站有较多空车方向的一侧，并与调车场有方便的联系。一般情况下，单向纵列式编组站的车辆段，可设在调车场尾部的一侧或调车场旁侧，但不得妨碍尾部调车视线，影响调车作业。单向混合式编组站和一级三场横列式编组站的车辆段，不宜夹在调车场与出发场或到发场之间，根据具体情况，可设在调车场尾部牵出线一侧或设在调车场尾部附近正线的外侧。双向编组站的车辆段，应设在两套系统之间，并靠近空车方向系统的调车场尾部。

站修所主要承担摘车临修、车辆制动检查、轴箱检查与车辆走行部分清扫注油等作业。站修线宜设在调车场尾部附近，并应与驼峰和车辆段有方便的通路。

当编组站上同时设有车辆段和站修所且有条件时，为便于部分设备的共用，可合设一处。

5.3.10 目前，我国运送易腐货物的车辆主要为机械保温车，加冰保温车由于长期冰盐的腐蚀和代用棚车的损伤，造成车体、冰箱腐蚀严重，保温性能、气密性严重下降，按铁道部门有关冷藏装备的改革部署，到2007年9月已经全部退出市场。

机械保温车的中途加油作业，一般情况可根据编入列车的性质在相应的到发场或出发场的边线上办理，这样便于加油作业与列检作业同时进行。由于机械保温车组中只有柴油发电车需要加油，工作量不大，故目前多使用加油汽车进行加油。为方便加油汽车行驶，应在边线的外侧设置汽车通路，可结合编组站环场道路设计。

5.3.11 车辆在运行途中或在站作业造成技术状态或装载情况不良，经技术检查或商务检查不能继续运行而需进行整装、换装时，应根据作业量和当地条件设置整装、换装设备。

根据调查，编组站整装、换装作业量比较小，而且并非每天都产生，如在编组站内设专门的设备和装卸定员，使用效率不高，故送往就近的铁路物流中心办理比较适合。因此，一般情况下如作业量不超过10辆，就近又有铁路物流中心设备可以利用时，在编组站可不设专用的整装、换装设备。

对作业量大的车站，为加速车辆周转，在站内设置配有装卸机械的整装、换装站台和配线比较合适。

整装、换装设备在编组站内的设置位置，除考虑整装、换装本身作业的方便外，尚须考虑车辆取送的方便。整装、换装车辆主要是在到达列车中产生，从驼峰一端送达的占多数。由于需要换装的扣修车经换装后要送站修线修理，有些修好的空车也要送往换装线换装，为减少取送调车行程，便于设备共用，整装、换装线宜设于调车场并与靠尾部一端的站修线纵列布置。

5.3.12 根据调查，在办理中转车流作业为主的路网性和区域性编组站上，避免衔接有较大装卸量的铁路物流中心和岔线。其原因是：

(1)当铁路物流中心和岔线不能及时卸车时，本站作业车的取送将受到影响，容易造成站内待卸车积压，严重时，还要占用其他去向的线路，造成调车场堵塞。

(2)由于编组站衔接有较大装卸量的铁路物流中心和岔线，本站到发的作业车需要进行大量的调车作业，势必增加编组站的驼峰和尾部牵出线的作业负担，影响中转车流的解编。

(3)编组站正线大多为上、下行分行，铁路物流中心和岔线直达列车势必造成一个方向需反向运行，若经编组站取送，由于铁路物流中心和岔线的车辆在站内到发和调车作业的径路难以和编组站作业流程一致，势必会对编组站作业造成影响。

所以，有较大装卸量的铁路物流中心和岔线要避免在办理中转作业为主的编组站上直接接轨。如必须在编组站上衔接时，宜在货区和工业区设置地区车场或车站集中接轨。该车场或车站至编组站的联络线在编组站内的接轨位置，应根据不同图型特点和当地条件，以便利车辆取送，减少站内作业交叉和咽喉区能力均衡等因素综合比较确定。

5.3.13 在办理编组站的技术作业过程中，各车场之间需要传递与车站作业有关的票据。

例如:到达场车号员室至站调楼需传递到达解体列车的编组顺序单和货票,站调楼至出发场(或到发场)车号员室需传递自站编发列车的编组顺序单和货票,站调楼至驼峰线路值班员室和调车场尾部线路值班员室需传递调车作业计划通知单等。上述传递作业的传送设备,应根据编组站综合装备情况,选用机械、电子设备和其他交通工具等方式。

5.4.1 编组站到发线数量的确定应满足衔接方向列车运行图和车站技术作业过程的需要。影响到发线数量的因素比较复杂,但反映在到发线所需数量上,最终仍然是由同时占用多少线路数来决定。

由于客车运行线的占用,阶段时间大量装卸车、跨局列车的接续,造成基本运行图货物列车运行线的密集,此外,日常列车运行的晚点、运行线的变更以及客车密度增加和保正点,也造成在某一时段列车的密集到发。通过对43个到达场、到发场和出发场的调查,着重根据办理的到、发列车数和密集到发同时占用线路数的关系以及列车性质、车场性质和衔接方向等因素进行综合分析,提出本规范表5.4.1及相应的规定。

统计分析结果表明:无论是到达场、到发场或出发场,其列车占用到发线时间和到发线利用系数等差别均不大。在同一行车量的情况下,所需线路数量的差别较小,其差距最小为0.1条线,最大为1条线(到发场差数较大)。因此,到发线数量没有按不同性质的车场来划分。

对本规范表5.4.1的有关附注说明如下:

注:1 使用本表时,到发列车数不应分方向选用,而应将车场各衔接线路的到、发列车加总后选用。

3 小运转列车一般不做技术检查,如做技术检查,时间也较少,其解体、编组和待解、待发时间较大运转少(但有时为接续好运行线,优先开行大运转,则小运转列车占用到发线时间就较长)。一般情况下,小运转列车占用到发线时间约比大运转少30%,相应地到发线办理小运转列车的能力要比办理大运转列车的能力高。因此,对办理有一定数量的小运转列车的车场,其线路数量可按表中数字酌量减少。

4 本表对无甩挂或有甩挂作业通过列车一到一发系按一列计算,故使用本表时,也应按此计算。由于无甩挂作业的通过列车占用到发线时间较少,因此线路数量宜采用表中的下限数值。当通过车场不单独设置而通过列车的比例较大时,也可采用表中的下限数值。由于有甩挂作业的通过列车需在车场内存放甩挂车辆,占用到发线时间较长,因此,线路数量宜采用表中上限数值。

6 衔接方向虽与密集到发占用线路数有一定关系,但办理的列车数一般也包含了衔接方向的因素,因此在表中未单独规定。考虑到衔接方向较多时,列车密集到达机会也相应增加的实际情况,故补充规定如车场到达的衔接方向达到3个及以上,线路数量可比表中增加1条。

对于峰前到达场,由于是全部用于接车,不像到发场的线路可以和发车相互调剂使用,故当列车密集到达时,尚需保证每一衔接方向有一定的线路数量,一般不少于2条;如办理的列车数较小,也可将到达场总线路数适当减少。衔接方向应按引入编组站且有正规列车到达的线路数量计算,如2条或2条以上的线路在编组站前方合并引入,则按合并后的实际引入线路数量计算。

总之,编组站工作是一个不可分割的整体,各部分相互影响,如到达场的线路数量与驼峰利用率有关,驼峰利用率又与调车线数量有关;此外,到发线数量与设备的配置也有关系,故有充分依据时,也可根据需要,采用分析计算或图解方法确定。

另外,在峰前到达场的线路数量中,需另加推峰机车走行线,当采用环到和单溜放作业时,可增加1条;当采用双溜放作业时,可在中轴线两侧各增加1条;当采用反到并设有本务机车入段走行线时,则可与同侧的推峰机共用。

在出发场,当其与调车场按本章第5.3.6条非困难情况的要求布置时,除编组区段和摘挂列车的牵出线需按加强尾部编组能力的设备布置情况决定是否计入出发线路外,其余的编组牵出线均可计入出发线路内。

5.4.2 根据以往对调车线使用的调查情况归纳如下:

序号1:集结编组直达、直通和区段列车用的线路。根据对22个编组站的调查,一般1个组号使用1条线路,当日均车流量在200辆以上时才需要增加1条线路。合用线路的情况是:2个组号合用1条线路并为同一方向可以编挂同一列车的为多数。合用的线路中,大部分是50辆以下的组号与大于50辆的组号合用,且大部分合用线路的2个组号车流量之和在100辆以下;如果车流量再大,则重复作业过多,不宜合用。所以规定每1组号车流量在200辆以上时,可增设1条;2个组号车流量之和较小时,可合用1条。

序号2:集结空车用的线路。各种编组站产生空车的数量不等,规定每站至少设空车线1条,如空车较多时,应按空车车种,分别按第一项集结直达、直通和区段列车用的调车线数量的规定设置。

序号3:集结编组直达、直通和区段列车的编发线。现场表明大运转列车用的编发线,车流量在150辆以下不需要2条线路,但集结约400辆配备2条线路的车站,现场反应使用较紧张。因此,规定集结编组大运转列车用的编发线每一组号车流量在150辆~350辆时设2条;350辆以上时,可增设1条。由于编挂辆数随牵引定数而不同,因此在设计时还应考虑平均每条编发线编发列车不应少于2列,以提高编发线的效率。

小运转列车一般不受牵引定数限制,出发不作技检,且有专门小运转机车牵引,不额外地增加编发线的停留时间。因此集结编组小运转列车用的编发线数量可按本规范表5.4.2序号5"集结编组小运转列车"用的线路规定采用。

序号4:集结编组摘挂列车用的线路。根据对24个编组站的调查,共有81条线路,其中59条用于摘挂列车,22条用于重点摘挂列车。前者有20条为合用线,合用线中绝大部分是摘挂组号与其他组号合用;而摘挂车流本身在50辆以下的有15条(占75.0%)。后者之中,1个重点站车流单独使用1条线路的有10条,2个重点站(包括衔接支线)车流合用1条线路的有12条,1个重点站或2个重点站车流之和在50辆以上或近于50辆的有16条(占73.8%)。因此,规定集结编组摘挂列车用的线路每一衔接方向设1条,如开行重点摘挂列车时,根据到站数和车流量大小可适当增设。

序号5:集结编组小运转列车用的线路。调查表明:车流量在250辆及以下时,绝大多数组号均使用1条线路,故规定当每一组号车流量在250辆及以下时设1条,250辆以上时设2条。

序号6:交换车(需要重复解体的折角车流用的线路)。双向编组站每一调车场不少于1条,采用双溜放的单向编组站根据图型布置需要确定。

序号7:本站作业车用的线路。规定本站作业车用的线路可根据装卸车地点和装卸车数量确定。

目前我国铁路全部取消了守车,采用"列尾装置"的电子设备代替,它挂在最后一辆车厢上，会自动发送列尾的制动风管的风压数据，由机车内的无线接收装置接收，使用语音报告。因此，本次修订取消守车用的线路。

近年来因调车场调速设备和制式的不断发展，现代化设备的广泛运用，在提高驼峰解体能力（较减速器和铁鞋调速设备约提高 15%）的同时，也可相应提高调车线的使用能力；另外，现繁忙干线的到发线有效长度为 1 050 m 者渐多，对编组站调车线的有效长度也要相应增长，因此，本次规定，当为上述情况时，应将本规范表 5. 4. 2 序号 1、3、5 项中调车线的容车量较以往调查结论再增加 50 辆。

本规范表 5. 4. 2 序号 1～3 项关于调车线有效长度的规定仍沿用原《站规》：

（1）在衔接线路的到发线有效长度和限制坡度相同的情况下，当分期采用不同的牵引种类和机车类型时，其牵引定数和列车长度也不尽相同，有可能产生其列车长度小于到发线最大容车量的有效长度。将调车线有效长度按到发线的有效长度匹配后，则不会产生因机车牵引力条件的变化而引起调车线需要延长的改造工程。

（2）以到发线有效长度 1 050 m 为例，按照原铁道部铁基〔1987〕498 号公布的 2000 年各型车辆组成等有关数据和资料计算：列车满长牵引 5 600 t，编挂 70 辆，其车列长度为 974 m（目前用 SS_4 电力机车牵引 5 000 t，编挂 64 辆，车列长度为 895 m），则调车线的容车长度尚富余 76 m；另据对到发线有效长度为 850 m 的有关调查资料，在驼峰调车场采用半自动化或自动化设备情况下，驼峰溜放车辆的连挂率可达 95% 左右，车列解体产生的平均“天窗”尚不足 1 个，其平均距离约 40 m。上述数据说明，调车线的有效长度按到发线的有效长度是能满足的。

（3）关于本规范表 5. 4. 2 序号 4、5 项中调车线有效长度规定，按各自列车的车列长度，并根据以往调查分析资料，驼峰溜放车辆与尾部编组车辆之间的安全隔离距离为 40 m～60 m，再加上“天窗”距离 40 m，故此种列车的调车线有效长度规定为车列长度加 80 m～100 m。

关于调车线有效长度计算起终点的规定：考虑驼峰调车场采用半自动化或自动化设备溜放作业的特点，规定调车线有效长度的计算起终点为调车线内进口第一制动位（即常称的第三制动位）末端（设有轨道电路时，为其后的轨道绝缘节）至调车线尾部警冲标；当尾部道岔为电气集中时，则为其内方的调车信号机或设有编发线时的出站信号机。

5. 4. 3 编组站上牵出线数目，应根据调车作业量和调车区的划分确定。调车区的划分与采用的布置图型和作业方法有关。由于分工和作业方法不同，能够担任的调车作业量也不一样。

为列车解编作业用的牵出线，是编组站的主要调车设备，应具有较好的条件。其有效长度按到发线有效长度加 30 m，包括以下因素：调机长度（一般不大于 25 m）、调车时距车挡的安全距离（不少于 10 m）、调车附加制动距离（采用 50 m，在到发线上列车到达的附加制动距离规定为 30 m，但考虑牵出时使用调机，只有部分车辆连接风管，牵引力和制动力都不如正规列车，为保证能以较高的调车速度安全转线，故考虑比照上述制动距离适当增加）。以上三项共计比列车计长增加 85 m，列车最大计长等于到发线有效长度减 55 m～60 m（本务机车长度和附加制动距离），故牵出线有效长度进整设计为到发线有效长度加 30 m。

根据调查，各站的列车解体都是采用一次牵出，故为解体用的牵出线应满足整列牵出的作业要求。但如受地形限制或工程特别困难，在某些作业量较小的编组站，特别是在一级二场横列式编组站上,当到发场与调车场尾部咽喉区贴近,有时可结合编组作业,采用溜放转场的作业方法。这种方法一般分两次转场,第一次不超过半列,第二次再由调机带车连挂。在这种情况下,以编组为主的牵出线,其有效长度应满足分两次完成整列转场。考虑到第一次溜放时车辆不宜过多和制动距离等需要,故规定其有效长度不应小于到发线有效长度的2/3。

6.1.1 我国铁路区段站的基本图型为横列式图型。这种图型通过长期运营和基本建设实践,证明优点较多,可满足不同情况下的需要。因此本规范第6.2节"主要设备配置"中所述内容多针对这种图型。

客运车场和货运车场按纵向排列的客、货纵列式图型,多为改建区段站时形成的。货运车场一般有以下三种布置形式:正线在货运车场一侧;正线中穿,一个方向的到发场设在正线的另一侧;正线中穿,在正线两侧分别设到发、调车场。

当设计中采用与横列式编组站图型类似的一级三场图型时,要根据具体条件妥善处理客运设施。

6.1.2 区段站图型的选择,是一项重要而复杂的工作。图型选择应讲求经济效益,满足运输需要,节省工程投资,便于管理,有利于铁路、城市和工农业生产的发展。选择图型应从全局出发,正确处理各方面的关系。

1 单线铁路横列式图型具有站坪短、占地少、设备集中、定员少、管理方便、对地形条件适应性较强和有利于将来发展等优点,当引入线路方向不多时,完全可以满足运量的需要。横列式图型的缺点是有一个方向的机车出、入段走行距离远,在站房同侧接轨的岔线向调车场取送车不方便。

引入线路方向为4个及以上的单线铁路区段站,当各方向的客、货列车对数较多,采用横列式图型两端咽喉区的交叉干扰均较大时,进出站线路应进行疏解。有充分根据时,也可采用其他合理图型。

2 双线铁路横列式图型除具有与单线铁路横列式图型基本相同的优缺点外,还存在一个主要缺点,即一个方向的旅客列车到达(出发)与相反方向货物列车出发(到达)的交叉,如为客机及全部货机交路的始终点,则交叉更严重。因此,选择双线铁路区段站的图型时,如无其他条件限制,旅客列车对数的多少及是否为机车交路的始终点就成为选用区段站图型的主要条件。

据以往调查的双线铁路上的17个区段站中,横列式站型约占调查站总数的60%。同时,运量较大的双线铁路横列式区段站,实际接发客、货列车对数可达50对~60对,其中旅客列车对数约为12对~15对。由此可见旅客列车对数不多,运量不很大的双线铁路区段站一般采用横列式图型可以满足铁路客、货运输的需要。

在双线铁路横列式区段站上,若经机务段端咽喉出发的货物列车和出、入段机车次数均较多,且地形条件适合,可根据需要预留或设置绕过机务段的另一正线(如本规范图6.1.1—2左下方的虚线所示)。

当双线铁路区段站客、货列车对数均较多,并有运量较大的线路(或岔线)引入,解编列车较多,且当地条件适宜,可采用正线外包的一级三场图型。它可以克服上述图型站内作业交叉严重的缺点,即避免部分客、货列车到与发,货物列车到(发)与调车转线以及货物列车发(到)与机车出(入)段等的交叉。其缺点是解编车列转线较横列式布置走行距离远;折角列车如不需转场,可在到发线设双进路,但要增设联络线解决反向发(接)车问题。设置客运设备除客运站距本站较远而单独设站外,一般有三种形式:客运车场与货运车场纵向布置;为集中办理旅客列车到发而将客运设备设在外包正线一侧(需增设反方向旅客列车的通路);客运设备分设于外包正线两侧(需增设旅客立交长通道以解决站房对侧旅客上、下车问题)。

3 区段站的改建,应在满足运输需要的前提下,充分利用既有设备,尽量减少拆迁工程和施工过渡工程,少占农田,节省工程投资和运营费用。

客、货纵列式图型,一般是因运量增长或新线引入,既有的横列式区段站横向发展受到限制,或客、货运量大,站内作业交叉严重,为疏解咽喉而将原站改为客运车场,并沿正线的适当距离另设货运车场而形成的。货运车场内的上、下行场,双线铁路时可位于正线一侧或两侧横列布置,个别为纵列布置;单线铁路时可位于正线一侧横列布置。目前在我国铁路区段站总数中,客、货纵列式站型已占有一定比重,在以往调查的双线铁路区段站总数中约为1/6强,且都是改建车站采用。

客、货纵列式图型的优点是:客、货运两场分设,作业干扰较少,客、货运设备分别集中,管理方便;当在城市同侧接轨的岔线较多时,调车场可布置在城市一侧,对城市发展和地方运输适应性较强等。其缺点是:客、货运两场分设,需要增加设备和定员;既有岔线和铁路物流中心取送车作业不方便;客、货运两场间距离较近时,靠客运场一端的牵出线,其长度往往不能满足整列调车的需要或位于曲线上;既有机务段与货运场间机车走行距离增加,还可能产生折角走行,甚至需另设出、入段线;有一个方向的列车机车出、入段需横切正线等。此外对区间通过能力也可能有所影响。

改建区段站时,可采用或参照本规范图 6.1.1 进行设计;如横向发展受到限制时,也可因地制宜地采用客、货纵列式图型,并应留足牵出线的长度。如参照上述各种图型进行改建将引起大量工程(包括废弃及拆迁工程)或地形条件不适宜,经技术经济比较,有充分根据时,也可采用其他合理图型。

6.2.1 旅客站房是直接为旅客服务的主要设备。站房、站前广场和通站道路应结合城市规划合理布置。旅客站房应设在城市主要居民区一侧,并与城市干道相通,这样便于旅客集散、行包托运和提取,而减少旅客横跨车站。

中间站台邻靠正线存在如下缺点:主站台面得不到充分的利用;旅客列车的三交会受到限制;站台高度受到限制,对旅客乘降不方便;随着旅客列车及货物列车的行车速度不断提高,站台靠正线对旅客的人身安全不利等。因此规定中间站台不应邻靠正线。

仅办理机车乘务组换班的双线铁路区段站,即直达、直通列车不在本站换挂本务机车,列车也不需横穿正线进入到发场和机务段,而直接进入本运行方向站房一侧的到发线,当此种列车较多时,则可在站房同侧适当增加到发线。

6.2.2 为提高到发线的使用效率,区段站接发旅客列车的到发线也应接发货物列车,其有效长度应按货物列车到发线的有效长度确定。

单线铁路区段站的到发线,为了增加到发线使用的灵活性和提高使用率,应采用双方向接发车进路。

双线铁路区段站,靠旅客基本站台和中间站台的到发线,系供接发各方向旅客列车和某些需停靠旅客站台的列车之用,故应设计为双进路。双线铁路横列式和纵列式区段站只设一个调车场时,靠近调车场的部分到发线一般均固定用于接发各方向有作业列车,以减少有作业列车调车时与其他作业的交叉和缩短车列转线的走行距离,故该部分到发线宜设计为双进路。根据调查和对列车运行时刻表相应的图解分析，正常情况下每昼夜一般出现两次列车密集到达，为增加正常情况下分方向使用的线路的灵活性，充分发挥其潜力，不间断地接发列车，到发线根据需要，可全部设计为双进路。从发展考虑，站场改建往往滞后于运输发展需要，双进路到发线在一定程度上可以调整列流与设备的暂时的不相适应。当有第三方向及以上的线路引入，到发线设计为双进路，有直通折角车流时，折角直通列车能反向发车，避免列车转场造成交叉干扰和增加走行距离。对位于铁路局交界口和电气化铁路或引入线按线路别设计的区段站，为了提高适应列车密集到达及应付运输异常的能力和列车反向运行的需要，均应将到发场的全部到发线设计为双进路。

6.2.3 区段站咽喉区的能力应与区间和站内其他设备的能力相协调，同时应保证作业安全和提高效率。

1 横列式图型的端部咽喉区和双线铁路客、货纵列式图型的中部咽喉区的布置及作业均较复杂，应保证其进路能满足本规范表 6.2.3 所列的平行作业内容。当有其他线路接轨时，需相应地增加平行作业数量。当平行运行图列车对数在 18 对以上，但非机务段端咽喉实际出、入段机车次数不足 35 次时，该咽喉的平行作业数量可减少机车出、入段的平行作业要求。咽喉区平行线的数量应与平行作业数相适应。

2 调车线设置接通正线的进路，可增加车站作业的机动性，以便必要时迅速疏散车辆或从调车场直接发车（非电气化铁路方向）。调车场宜有不小于 1/3 的线路接通正线，当线路较少或有条件时也可全部接通。在改编作业量大的车站，为了提高车站作业效率，到发场的部分线路应有列车到发与转线调车的平行作业。

3 咽喉区的布置应力求紧凑，减少敌对进路及交叉，特别要避免到达进路交叉，同时也应减少正线上的道岔数。因地制宜地采用交叉渡线、交分道岔及其组合布置和对称道岔是缩短咽喉区长度和调车行程的有效措施，但新建区段站应尽量少用或不用，以便为改建留有余地。对那些横切咽喉次数多，占用咽喉时间长的作业，其径路应尽量缩短。在设有轨道电路的咽喉区的钢轨轨型变换处，应留出足够长度，以设置钢轨绝缘接头和异型鱼尾板或异型轨接头。

采用小能力驼峰调车且调车线不少于 5 条时，调车场头部可采用线束型布置。其优点是调车场头部道岔区短，各线路的阻力较均衡。当采用对称道岔时，宜集中控制。

4 为确保铁路运输生产和旅客列车的绝对安全，从根本上消除区段站调车作业对站内正线、外包线通过的旅客列车的安全威胁，区段站调车进路应与站内正线、外包线有隔开进路。对于改建困难的既有区段站，可采用将衔接处道岔由单动改为双动或增设脱轨器的隔离措施，脱轨器的设置应向远离正线线路一侧脱轨并不得侵入正线限界。

6.2.4 区段站的铁路物流中心直接为工农业生产和城市生活供应服务，其位置选择合理与否，对城市交通和铁路运输均有较大影响。既有区段站的部分铁路物流中心位于站房同侧（大多数位于中小城市），是因为原来城市规模小，铁路物流中心靠近主要货源和居民区，搬运距离近，不必跨越铁路，在装卸量不大时，对铁路的影响也较小，对地方和企业是有利的。但是，当铁路物流中心规模较大或城市发展较快时，其位置则往往与城市发展规划有矛盾，导致很多地方政府提出搬迁铁路物流中心的想法。特别是双线铁路，正线列车对数较多，铁路物流中心装卸量较大时，为了减少对正线的干扰和预留发展条件，站房同侧不宜设铁路物流中心。

调车场同侧设铁路物流中心，在调车场的有关牵出线较忙时，也可预留或设置铁路物流中心牵出线。铁路物流中心牵出线不应短于 200 m。

铁路物流中心应预留适当的发展余地,以免将来扩建困难。铁路物流中心内外应有良好的排水和便捷的道路,避免因积水或通路不良,影响使用功能。

6.2.5 据调查统计,横列式区段站上机务段的位置,在站对右的占 41%,站对左的占 21%,站对并(即在调车场外侧)的占 15%,其他(包括站同左、站同右、站对偏)占 23%。经分析,新建的横列式区段站机务段大部分设在站对右的位置,其次是站对左和站对并的位置,其他位置大多系旧有车站。

在单、双线铁路横列式区段站上,当机务段的位置设在站对右时,一个方向的机车出、入段与另一个方向列车的发车进路交叉。当设在站对左时,则变为与接车进路交叉。两者交叉的性质不同,而后者较差。

机务段设在站对并的位置,机务段两端均有出、入口,机车从车场两端出、入段,走行距离较短,这是站对并的优点。缺点是机车从车场两端出、入段干扰牵出线作业;同时机务段设在调车场的外侧,有碍车站的横向发展。因此,只有在无解编作业和无发展的区段站上且为折返段,又受地形条件限制时,方可将机务段设在站对并的位置。

在横列式区段站上,机务段的位置不应设在站房同侧,因设在站房同侧机车出、入段必然横切正线,在双线铁路上这个缺点更为严重。

改建区段站应尽量利用既有设备,当有充分根据时,方可废弃原有的机务段。

选择机务段场地时,应考虑地形地质条件,尽量避免修建复杂的基础;并为排除地下水、地表水和处理生产废水创造有利条件。

当采用循环(或半循环)和长交路时可根据需要,在到发场附近设置整备和其他设施。

6.2.6 车辆段和站修所设在调车场外侧便于从调车场取送车,如受地形限制,也可设在其他适当地点。站修所应设在调车场远期发展范围以外的适当地点,列检所则应设在运转室附近,以便列检值班员或车站值班员的工作联系。

6.2.7 岔线是为路内和路外服务的主要设备之一,其接轨点是否合理,直接影响铁路车站各项作业的效率。若布局分散,接轨位置不当,将使车辆取送不及时,也增加取送车作业对车站其他作业如正线行车、列车到发、调车、铁路物流中心取送车和机车出、入段等作业的交叉干扰。当有多条岔线接轨时,应尽可能集中在一个区域内合并引入。所以设计时应全面考虑,统一规划,选定合理的接轨位置,以保证主要方向的车流安全、迅速、便捷地通过接轨站。

岔线的车辆一般需由调车机车取送,并在接轨站集结,停留时间较长,故不宜接入到发场。一般情况下,可在铁路物流中心的牵出线、调车场次要牵出线或调车场接轨,这既便于车辆取送又不影响到发场接发列车。货运量较大或有整列到发的岔线,为了缩短进出岔线的车辆在接轨站的停留时间,除可以直接接入调车线外,也可接入到发场,以便能在到发场直接接发进出岔线的列车及集结大组车。考虑与铁路接轨位置合理和取送车作业方便,岔线也可在适合的其他站线上接轨。

6.2.8 当区段站有始发、终到旅客列车车底停留时,应设客车车底停留线,以免占用到发线或调车线,并造成站内通视不良影响到发线或调车线的使用。若个别终到旅客列车立即折返,且停留时间较短,确定到发线数量已考虑该因素时,也可不设客车车底停留线。

6.3.1 区段站的到发线除客、货分设外,一般均接发客、货列车。所以,区段站上供客、货列车使用的到发线数量，主要根据客、货列车种类、对数、作业性质和占用到发线时间的长短以及有、无列车追踪运行等主要因素确定。

关于电力牵引区段的到发线数量问题，由于电力牵引区段需设接触网维修“天窗”，在“天窗”时间内（非V形天窗），维修区间和相关车站的部分到发线停止运行，既增加了部分列车停站时分，也延缓了部分列车到站时分；另据对列车运行时刻表的图解分析，每个区段站一般每天都有1个~2个密集到发时间段，到发线的数量必须适应密集到发的需要。因此，在确定到发线数量时不必考虑“天窗”的影响，而在计算到发线的能力时，需将到发线按固定作业扣除“天窗”时间。

本规范表6.3.1注6：据以往对11条铁路18个大小区段站《站细》规定的列车停站指标的统计，求出各种列车的每到（或发）一次加权平均占用到发线时间，再按平均每次到（或发）停站时间的大小，将货物列车按停站时间较大的摘挂、快零、区段，有解编作业的直达及直通列车与停站时间较短的直通、直达（无调中转）列车、部分改编列车（即仅进行增减轴和成组甩挂等的列车）、小运转列车分成两类，并把后一类平均时间作为确定客、货列车换算系数的基准停站时间，即换算系数为1，前一类列车按对数相应的平均停站时间与基准停站时间之比确定其换算系数为2。旅客列车始发、终到为1（介于始发、终到与停站通过列车之间的立即折返列车为0.7），停站的通过列车按计算换算系数要小些，考虑旅客列车到发线空费时间长，并能与本规范表9.1.9规定的客运站换算系数同一标准，故采用0.5。机车乘务组换班而不进行列检的货物列车为0.3。

6.3.2 远离机务段一端的列车机车和其他机车，需要通过车场出、入段。为了使机车及时入段整备和出段挂头，保证按运行图行车和作业安全，在一定运量的条件下，应设置机车走行线。

关于设置机车走行线机车走行次数的界限问题。以1993年调查的哈尔滨局嫩江区段站为例，其货物列车为18对，通过机车走行线的机车为36次；旅客列车8对，其中通过6对，始发、终到2对，通过机车走行线的机车为4次，总计40次；另有19次单机到发。为使该站与所研究的问题相接近，故取消19次单机到发。按1993年货物列车时刻表图解后表明，每昼夜有5次合计有81 min站内没有空闲到发线，机车不能出、入段到车站另一端。由此可见，将通过到发场36次机车走行作为机车走行线设与不设的分界值是较合理的。

每昼夜通过机车走行线的机车在36次以下时，因列车对数少，到发线较空闲，可不设机车走行线，利用空闲的到发线出入段。

调查表明，有些车站设有专用机车走行线，有些车站随着运量的增长和既有车站增加到发线困难，取消了机车走行线或改成了机车走行线兼到发线。

对是否设专用机车走行线，行车人员和机务人员反应不一。行车人员大部分认为机车走行线与到发线混用好，或机车走行线兼作到发线。在线路紧张情况下多1条到发线其作用总比专设1条机车走行线显得重要；而机务人员则关心及时出、入段和超劳问题。

分析机车走行线从有到无的变化，其原因是站场的改建赶不上运量增长的需要，是迫不得已的，才将机车走行线兼到发线，并非一定不要。故设计仍宜设专用机车走行线，这样也可免去到发线混用情况下车站要设专人对机车出段签点，填写《出段机车走行径路通知书》，减少定员。但为了运营的灵活性，机车走行线宜按到发线的要求进行设计。

6.3.3 横列式区段站应设机待线。机待线的作用是便于出、入段机车的停留与交会；机待线与机车走行线相配合可以使机车出、入段与其他作业平行;当机务段位于站房同侧或与车场并列时,可以增加出、入段机车穿越与正线或牵出线交叉点的机会,减少占用交叉点的时间;旅客列车停站的时间短,在旅客列车换挂机车比较多的区段站,可使机车争取时间,并避免与其他作业干扰,保证列车正点;区段站直通货物列车的比重占70%左右,在采用肩回交路的车站上,可保证换挂机车的直通列车正点运行。因此,只有行车量很小,换挂机车较少(通过车场的机车在36次以下)或改建困难的单线铁路区段站可缓设或不设机待线。

机待线可采用尽头式或贯通式,尽头式较安全。机待线的有效长度应根据牵引机车长度和相应的安全距离确定,并不应少于两者相加的数值。参照有关规定,在尽头线上调车时,距线路终端应有10 m的安全距离。贯通式机待线的安全距离,考虑到机车万一越过信号机,事故后果严重,故采用20 m。为使机车在机待线上停车方便,并保证机车后部的轮对不影响有关信号和道岔的开通,应尽量在机车后部留出5 m机动距离。此外,牵引机车长度按目前最长的机车控制,即单机采用30 m适应性较强。综上所述,单机牵引时机待线的有效长度,尽头式的应采用45 m,贯通式的应采用55 m。特别困难时也不应少于牵引机车长度加相应的安全距离,即尽头式的不应少于40 m,贯通式的不应少于50 m。当采用SS_4电力机车牵引时,两节机车长度按33 m考虑,上述机待线的长度规定也可适应,可不另外增加长度。

6.3.4 区段站调车作业的主要内容是解编各方向的摘挂和区段列车。调车线的数量主要决定于区段站的衔接方向数及车流的大小。一般情况下,每一衔接方向不少于1条调车线,其有效长度不短于到发线的有效长度,以便集结各方向的车流。当车流较大,1条调车线不够时,可根据需要相应增加。区段站调车场的容车量,应比同时集结车流的最大辆数大1/4~1/3,这样可保证调车场不致满线而妨碍调车作业的进行。

6.3.5 影响区段站牵出线设置的因素很多,如有调车作业的多少,解编列车的性质和数量,调车作业方法,铁路物流中心、岔线的位置和作业量的大小,站内调机的台数和作业分工等,对牵出线的数量和长度都有影响。

为了便利调车作业,不影响其他作业的进行,区段站的调车场两端应各设1条牵出线。其中主要牵出线的有效长度,如按货物列车长度设置,调机牵引整列转线时,因附加制动距离不够,速度受限制,故不应小于到发线有效长度,并应满足调车作业通视良好的要求,以保证整列转线的安全和提高作业效率。次要牵出线的有效长度不宜小于到发线有效长度,当调车作业量不大时,可为到发线有效长度的一半,以免多次转线。

根据以往对设置一条牵出线的42个区段站的统计,无解编作业的有7站,占调查总站数的16.7%;有解编作业,改编列数有5列及以下的有14站,占总站数的33.3%;改编列数为5列以上至7列的有5站,占总站数的11.9%。以上3项共计26站,占总站数的61.9%;改编列数为7列以上至12列的有14站,占总站数的33.3%;超过12列的有2站,占总站数的4.8%。因此,规定以7列作为缓设1条牵出线(即只设1条牵出线)的界限,与现场反映的情况是相符的,并且留有余地。

6.3.6 机车出、入段线有三个作用:主要是为连接车站和机务段机车出、入段走行或与其他作业建立平行作业;其次,在站段分界处提供为出、入段机车一度停车办理登记机车出、入段时间,无专用机车走行线时,车站需派专人对机车出段填写《出段机车走行径路通知书》;第三,机车在站、段分界处还要排队等待信号出段。常有排在前边的机车,由于列车晚点而让后边的机车先出段的情况出现，此时前边的机车就需进入入段线停留让后边的机车先出段，如只有 1 条出、入段线，就缺少这种灵活性。

横列式区段站各运行方向到发列车的机车出、入段都集中在到发场和机务段的一端，且为相对方向的列车到发，机车同时出、入段 60 次及以上时的机遇较多，如一旦被阻，则影响全站的正常运营，故站、段间应设机车出、入段线各 1 条。但有一定数量的机车同时出、入段也不一定必须设 2 条机车出、入段线。

近年来的运营实践证明，站段间出、入段机车每昼夜不足 60 次，可缓设 1 条出、入段线是比较合理的。当缓设 1 条机车出、入段线时，站段间仍能保证车站靠机务段端咽喉区规定的平行作业数量，不影响咽喉区的通过能力。缓设的 1 条出、入段线的位置及进路必须预留，以免出、入段机车次数超过 60 次时，增设困难；当远期机车出入段次数很少时也可仅设 1 条。计算上述出、入段机车次数不包括调车机车在内。另外，出、入段机车按每昼夜的次数计算，对单机、双机及单机附挂无火机车均能适应。

采用其他图型的机车出、入段数量可按下列原则确定：一般情况下，客、货纵列式图型可比照横列式图型办理；对一级三场图型，比照横列式编组站图型办理。

7.1.1 由于横列式图型具有站坪长度短、站场布置紧凑、工程投资省、便于集中管理、到发线使用灵活和定员少等优点，因此，中间站应采用横列式布置。当遇地形陡峻狭窄等，设置横列式中间站其站房或站台需设在桥上、隧道内等困难条件下，也可采用其他形式的图型。设计中间站时，应结合条件按条文推荐的图型选用。

(1)高速铁路中间站一般采用图 7.1.1—1(a)；当车站作业量较大，动车组列车停站次数较多，或有少量折返作业的高速铁路中间站可采用图 7.1.1—1(b)或图 7.1.1—1(c)。

(2)城际铁路大多采用无配线车站，仅每 3 个~5 个车站或20 km~30 km 范围内应有一个车站设置到发线。图 7.1.1—2(a)主要适用于路基或桥梁地段的无配线车站，图 7.1.1—2(b)主要适用于地下车站，图 7.1.1—2(c)、图 7.1.1—2(d)适用于大站快车越行站站停客车的城际铁路中间站。

(3)客货共线铁路中间站除办理列车的通过、会让和越行外，还办理日常客、货运输和调车及列车技术检查等作业。

根据多年运营经验，由于到发线中间出岔的贯通式货物线存在安全隐患，办理的货运量小，本次修订取消了原《站规》在到发线中间出岔设置贯通式货物线的中间站图型。新建中间站的货物线原则上均不应在车站的到发线上出腰岔，改建中间站应逐步取消货物线在到发线的中间出岔，暂时无法取消的应按要求采取相应的安全措施。

根据客、货运量的需求及相关政策，对于客货共线铁路，办理客运或者货运作业的中间站布点距离一般应有 2 个~5 个区间，约 50 km 的距离，这个距离基本与维修设施(如维修工区或维修车间等)要求的设置距离相当，所以维修设施是中间站的主要配套设施。本次修订在中间站的布置图型中增加了维修设施，维修设施结合地形条件和运输组织，也可横列式布置；若中间站不含维修设施，可按条文推荐的图型适当修改选用。

图 7.1.1—3(a)适用于仅办理客运作业的单线中间站。图 7.1.1—4(a)适用于仅办理客运作业的双线铁路中间站。

根据《铁道部关于加强铁路货运基础设施建设的指导意见》(铁运〔2013〕17 号)，办理货运作业的车站近期年到发运量原则上不低于 30 万 t，图 7.1.1—3(b)和图 7.1.1—4(b)、(c)中货物线的长度和数量应根据计算确定；办理的货物作业量较大时，还可增设货物线。远期年到发运量在 100 万 t 以上或办理大宗货物的中间站，一般应具备整列装卸车技术条件，主要货流方向具备直通运输条件，这时可选用图 7. 1. 1—4(c)。

现在的铁路，由于快速客车多、行车速度高、停站少，将产生较低等级的客车和货物列车的待避增多，为确保通过列车（特别是客车）的安全，在有调车作业到发线的牵出线对应端应设置安全线，以避免调车作业侵入正线，该安全线应兼做摘挂列车机车的机待线。

7. 1. 2 中间站到发线数量说明。

3 客货共线单线铁路中间站应设 2 条到发线，主要是使车站有三交会的条件，这样可以保持良好的运行秩序，对提高作业效率和加速车辆周转都是必要的；另外，也能适应某些特殊车辆停留的需要。

客货共线双线铁路中间站应设 2 条到发线，使双方向列车有同时待避的机会。

对作业量大（地、县所在地或较大的货物集散地）的单、双线客货共线铁路中间站，摘挂列车的作业时间一般较长，可设 3 条到发线。

1) 枢纽前方站、铁路局局界站是调度区的分界处，列车易产生不均衡到达。为利于列车运行秩序的调整，并能更好地协调两调度区的工作，因此在枢纽前方站和局界站上，在于进入枢纽和进入邻局方向的一侧，可增设到发线。

在补机的始、终点站和长大下坡的列车技术检查站上，由于列车需要进行摘挂补机及列车自动制动试验等技术作业，停站时间较长，列车交会机会较多，到发线数量可增加。鉴于铁路制动技术的进步，尤其是机车采用空电联合制动及新型基础制动装置，货车采用新型空气制动机和高摩合成闸瓦，列车在长大下坡道末端无须凉闸，位于该地段的车站目前基本不考虑凉闸作业对到发线的影响。

在机车乘务员换乘站，由于乘务组要进行交接班，每列换乘的列车要停站 15 min 左右，列车交会因此增多，故需增加到发线。

2) 有两个方向以上的线路引入或有岔线接轨并有大量本站作业的中间站，由于各方向列车交会的需要，而且作业复杂、停留车辆多、线路被占用时间长，故应根据引入线路和岔线的作业量及作业性质，增设到发线。

3) 机车交路较长的区段，因摘挂列车经过一段时间运行并进行甩挂作业后，原编组好的站顺已经打乱，需要在中途的中间站进行整编作业。因上述列车占用到发线时间长，所以这些中间站应根据整编作业量的大小增加到发线。

4) 在办理机务折返或客车立折作业的中间站上，由于列车占用到发线时间较长、机车出、入需占用到发线，客车立折需进行机车掉头作业占用到发线，故其到发线数量要根据需要确定。

7. 1. 3 中间站两端渡线的设置，结合原铁道部工程设计鉴定中心 2011 年 8 月《关于客运专线（含兼顾货运）车站渡线设置方案的报告》，按以下规定设置渡线：

无维修设施并仅办理客运作业的中间站，两端咽喉正线间可仅设 2 组成大八字的单渡线，渡线开向站房。

设有维修设施的中间站，两端咽喉应各设 1 组互成大八字的单渡线，渡线应开向维修设施。

有立折客车作业的中间站，发车作业端咽喉两正线间应设 2 组成小八字的单渡线。

对设有铁路物流中心或专用线的中间站，一般情况两端咽喉正线间应各设置 2 组成小八字的单渡线，在非铁路物流中心或专用线一端咽喉区也可仅设一组单渡线。

有两个以上方向的线路引入的双线接轨站应设置必要的渡线以满足跨线作业要求和反向行车要求。

考虑到客货共线铁路一般采用V形天窗,应设置维修工区与正线间的渡线,同时正线间的渡线应开向维修工区,在其接轨的到发线上有车停留时,也可满足维修作业车进出需要。

7.1.4 中间站的物流作业场所是联系产、运、销的重要环节,是促进工农业生产,为地方服务的重要设施。其位置应结合主要货源、货流方向、环境保护、城市规划及地形、地质条件选定。其位置宜与主要货源、货流方向一致,并应选择有发展条件、调车作业方便、有利于消除物流作业场所堵塞和加速货物周转、缩短装卸车辆在站停留时间的位置。

中间站的物流作业场所的设置位置系以象限来表示,如说明图7.1.4所示。

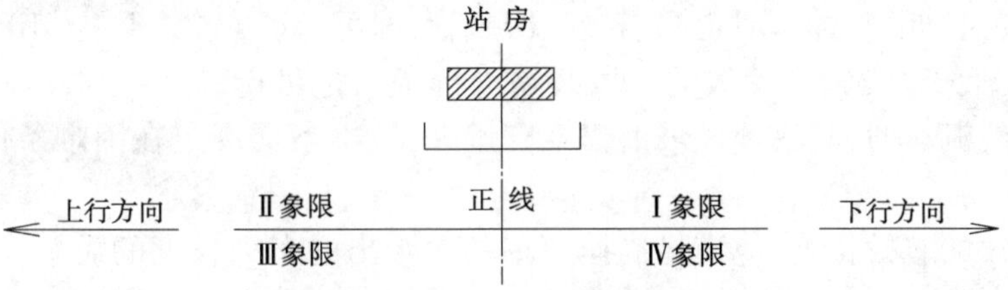

说明图7.1.4 中间站的象限划分

中间站的物流作业场所应满足集约化、直达化和物流化发展的要求,如将物流作业场所设于站房同侧,会影响车站环境和物流作业场所的发展。本次修订规定中间站物流作业场所宜设于站房对侧;地形条件困难,物流作业量较小时,可设在站房同侧。

根据《铁道部关于加强铁路货运设施建设的指导意见》(铁运〔2013〕17号),近期年到发运量在100万t以上或办理大宗货物装卸时,一般有稳定的货源,应设置满足整列装卸条件的货物线,可减少中间站的调车作业,提高线路通过能力,压缩机车车辆周转时间,提高铁路运输效率,实现集中装卸作业,改善和提高装卸质量,实现集中化、规模化管理。整列装卸货物线应布置在站房对侧并宜连通两端咽喉区,既方便整列到发,又可兼作到发线或存车线使用。对目前货运量不大,但具有增长潜力的物流作业场所,应将整列装卸的货物线纳入规划,后期建设。主要货流方向必须具备直通运输条件,以满足整列到达要求。

7.1.5 中间站牵出线的设置说明。

1 设有货物装卸线的物流作业场所,年到发运量较大,相应的调车作业量也较大,加上正线行车速度提高,为确保行车安全和线路区间通过能力,设有铁路物流中心的中间站均应设置牵出线。

2 当中间站上有岔线接轨而又符合调车条件时,应利用岔线调车。这样既能节省工程投资,又能满足调车作业需要。当利用岔线的一段线路调车时,除其平、纵断面和视线条件应适应调车作业的要求并符合本规范中设置牵出线的有关规定外,尚应满足岔线的行车和调车作业的需求,当岔线较短且有自备机车时,应采取确保安全作业的措施,如岔线的安全线外移等。

3 当利用岔线的一段线路进行调车时,在困难条件下,对平、纵断面条件可适当降低。

在曲线上调车的缺点主要是视线不良,影响彼此间的联系,延长调车时间。利用岔线进行调车,经过检算,在路堑内300 m半径的曲线上调车,其弓弦视距长度可达200 m左右，等于条文规定的牵出线的最小长度，基本能满足中间站的调车要求。

在坡道上进行调车作业时，主要是牵出车列后回程为上坡时的起动和回程为下坡时的制动减速问题。当出站调车为下坡回程为上坡时，经检算，在各种限制坡度的情况下，本务机车推送半个车列计算的起动坡度均大于限制坡度，回程起动并无问题。当出站调车为上坡回程为下坡时，按《技规》规定，在超过 2.5‰的线路上进行调车时，是否需要连接风管和连接风管的数量由车站和机务段根据车列情况共同确定，纳入《车站行车工作细则》(以下简称《站细》)。经检算，在各种限制坡度的情况下，本务机车牵出半个车列在下坡道上调车，不考虑机车制动力，所需连接风管的车辆数仅占牵出车辆数的 1/5～2/5 就能满足调车要求，制动减速和停轮均无问题。因为摘挂列车的调车作业系在头部进行，机车带车辆作业时已连接风管。停在货物线上的待挂车辆一般也已预先接好风管，因此甩车时是接好风管的。挂车时也只需接一次风管，即可保证安全。以上情况说明，在中间站上利用坡度大于 2.5‰的岔线的一段线路进行调车是可行的，为了减少调车作业的困难，当利用岔线调车时，其纵断面坡度仍不宜过大，故本条文规定在困难条件下坡度不应大于 6‰。

4　牵出线的有效长度，应满足摘挂列车一次牵出的车列长度的需要。牵出线过短，调车时必须分部牵出，增加调车钩数，延长作业时间。目前由于中间站的车流组织加强，成组集中到达显著增多，在站作业常牵引 20 辆以上，因此，中间站牵出线的有效长度原则上不应短于该区段运行货物列车长度的一半。在困难条件下，当受地形限制或本站作业量小时，至少应满足每次能牵 10 辆，故牵出线有效长度不应小于 200 m。

7.1.6　在有机务折返所和整备所的中间站上，机车需要进行技术检查、停留、整备和待班等技术作业，故应根据实际需要设置机待线及必要的机务设备。

7.2.1　组合列车机车连挂分集中和分散连挂两种方式。当组合列车需要分解成多列时，为减少机车等待及连挂时间，宜采用图 7.2.1—1(b)和图 7.2.1—2(b)站型。

7.2.2　到发线腰岔的布置要满足接车的需要，同时也要使机车走行方便快捷，由于适应组合分解的腰岔开向相反，所以，在到发线的使用上宜相对固定。

7.2.4　计算重载列车有效长度时，安全距离按列车全长的 10% 计列。车辆采用 C_{80}、牵引质量为 5 000 t 的列车需要的有效长度为 700 m。

7.2.5　采用集中连挂的组合列车分解时，除最后 1 台机车外，其他机车需要通过机待线等待或转向机走线。机待线有效长度按一次最多停机台数确定，目的是使后续连挂的机车能够一次进入机待线，节约调车时间。

7.2.6　两条组合或分解到发线中间的机走线具备两种作用，一是满足机车走行，二是作为后续列车接入时的隔开进路。

8.1.1　会让站为单线铁路上办理列车通过、会车、越行，必要时可兼办少量旅客乘降的车站。会让站图型分横列式、纵列式和半纵列式。横列式图型具有站坪长度短、站场布置紧凑、便于集中管理、定员少和到发线使用灵活等优点，因此会让站应采用横列式图型。

只有当线路通过地势陡峻狭窄地段，车站按横列式布置引起巨大工程，且对运营不利(如地形条件限制，运转室不能设在适宜位置等)，或遇有双线插入段，以及处于控制区间需提高区间通过能力等困难条件时，可采用纵列式、半纵列式图型。

图 8.1.1 具有上述横列式图型的优点外，还具有车站工作人员作业方便的优点，可供采用。图 8.1.1(a)适用于行车量较大的会让站。图 8.1.1(c)适用于设有维修工区的会

让站,维修工区虽然主要应设在中间站及其以上规模的车站上,但考虑长大干线车站分布的原因,会让站上也会有维修工区分布,其选址、布置也是会让站设计的主要内容之一。

8.1.2 会让站的到发线主要办理列车的会车、让车(越行)等作业,设 2 条到发线时,车站有三交会的条件。当平行运行图列车对数不超过 12 对或特殊困难条件时,可设 1 条。

在等级较高和行车密度较大的Ⅰ、Ⅱ级铁路上,为使运输秩序出现不正常情况时影响范围不致过大,行车调度有分段调整的可能,因此设置 1 条到发线的会让站不应连续设置。

8.1.3 图 8.1.1(b)为设 1 条到发线的会让站图型,适用于行车量小,远期也无发展,仅为提高区间通过能力办理列车会让的车站,其到发线宜设在行车室对侧,有利车站值班员办理通过列车的作业。

8.2.1 越行站为双线铁路上办理同方向列车越行必要时可兼办少量旅客乘降的车站。由于横列式图型具有站坪长度短、站场布置紧凑、便于集中管理和定员少等优点,因此越行站应采用横列式图型。

图 8.2.1(a)适用于上、下行均有同时待避列车的越行站。

鉴于原《站规》图 8.2.1(b)适用于地形特别困难条件或受其他条件限制的越行站,不具有普遍性和典型性,本次修订取消该图型。

本条文图 8.2.1(b)适用于设有维修工区的越行站。维修工区虽然主要应设在中间站及其以上规模的车站上,但考虑长大干线车站分布的原因,越行站上也会有维修工区分布,因此它的选址、布置也是越行站设计的主要内容之一。

8.2.2 由于双线铁路行车密度大,车站应具备双方向列车同时待避的条件,因此越行站应设 2 条到发线。

8.2.3 越行站的渡线设置主要用于维修作业车的转线和调头,也可满足到发线使用的灵活性和因区间线路的大型养路机械作业、电气化接触导线检修、维修施工、线路临时发生故障以及其他情况下采取运行调整措施,必须使一条线路上运行的列车转入另一条线路上运行,因此规定车站两端应各设一条互成“八”字(即“大八字”)的渡线。考虑到客货共线铁路一般采用 V 形天窗,列车转线运行的几率更多,为使转线运行的列车尽快回到原来正常运行的线路上,因此规定客货共线铁路越行站的“大八字”渡线不应连续设置。

9.1.1 客运站是铁路旅客运输的基本生产单位,主要任务是组织旅客安全、迅速、准确、方便地上下车和行包、邮件的装卸及搬运,组织旅客列车安全正点到发和客车车底的取送、动车组出入车站。

我国客运站有专办客运或兼办货运的客运站。在兼办货运业务的客运站上,存在着驻站单位多,客货运业务互相干扰,车站秩序较难维持,车站能力、客运作业安全及客运服务质量受到影响,车站的发展受到限制等问题。因此,在客流较大的城市宜设置专用的客运站。

城市规模一般按城区常住人口划分:人口在 1 000 万以上的为超大城市,在 500 万~1 000 万的为特大城市,在 100 万~500 万的为大城市,在 50 万~100 万的为中等城市,50 万以下的为小城市。一般情况下,在省会或城市人口为 100 万以上的大城市,客运量(最大月日均上下车总人数,下同)约 13 000 人时,应设置客运站。

当位于交通枢纽的中、小城市或预计该城市经济发展迅速或为较大的旅游点,客运量在 8 000 人~10 000 人时,也可设置客运站。当近期客、货运量不大,可根据具体情况先设置兼办客货运业务的车站，随着客运量增长再逐步发展为客运站。

9.1.2 为了确定客运设备的规模和标准，客运站根据旅客最高聚集人数（H）或高峰小时发送量（PH）分为特大型、大型、中型和小型四类，见说明表9.1.2。

说明表9.1.2　客运站分类表

客货共线铁路		客运专线铁路	
客运站类型	最高聚集人数 H（人）	客运站类型	高峰小时发送量 PH（人）
特大型	$H \geqslant 10\ 000$	特大型	$PH \geqslant 10\ 000$
大型	$3\ 000 \leqslant H < 10\ 000$	大型	$5\ 000 \leqslant PH < 10\ 000$
中型	$600 < H < 3\ 000$	中型	$1\ 000 \leqslant PH < 5\ 000$
小型	$H \leqslant 600$	小型	$PH < 1\ 000$

客运站客运量大小由旅客最高聚集人数（客货共线铁路）、旅客高峰小时发送量（客运专线铁路）等界定。旅客最高聚集人数是旅客车站全年上车旅客最多月份中，一昼夜在候车室内瞬时（8 min～10 min）出现的最大候车（含送客）人数的平均值。旅客高峰小时发送量是旅客车站全年上车旅客最多月份中，日均高峰小时旅客发送量。

特大型、大型站一般设于直辖市、省会、自治区首府或计划单列市，中型站一般设于地级市或经济较发达的县级市，小型站一般设于县级及以下的城镇所在地。

除客运站外，我国尚有旅客乘降所办理旅客乘降作业。旅客乘降所是在铁路区间线路上，为方便短途旅客乘降需要而设置的有简易客运设备的处所，不设配线，一般设置在铁路枢纽、地区及重点厂矿企业等附近，地域性较强。

客运站分类的目的为便于确定客运站的设备规模。客运站的车场及车站建筑规模，旅客站台、天桥和地道及其出入口等客运设备参数均与客运站的类型密切相关，客运站设计时应根据不同的类型选用不同的客运设备规模。

9.1.3 总结近年来我国客运站特别是高速铁路客运站设计、运营的成功经验，客运站应遵循“客货分线、综合交通、能力协调”等原则进行规划设计。

1 大型客运站一般位于地级市以上的大城市，是所在城市主要的对外交通窗口之一，对促进城市发展和铁路自身发展意义重大，其规模大、占地广、配套设施密集，人员高度集中、流动，建设环境要求高，故设计应遵循以人为本和可持续发展的原则，符合所在城市总体规划和铁路总图规划，与城市交通系统密切配合，协调联动，使客运站成为城市交通系统的重要组成部分，构建以铁路客运站为中心的衔接铁路干线、城际铁路、城市轨道交通及城市公交系统的“四网集成”的城市综合交通枢纽，并预留发展条件。

2 以办理始发、终到旅客列车为主的大城市、铁路枢纽内的主要客运站，因客运作业量大，为避免货物列车通过与客运作业的干扰，提高车站咽喉通过能力、保证站内作业安全，减少站区噪声和震动影响，可根据货物列车对数和车站附近的工程条件，结合枢纽总图规划，将通过货物列车的正线外绕客运站，也可设货车联络线分流主要铁路的货物列车，使其不经由客运站，以实现客货分线运行。

3 客运站是铁路旅客运输的核心和铁路点线能力协调的关键，其建设核心是使能力、效益、服务品质最大优化，因此其总布置图设计应满足旅客列车安全、快速高效、平稳舒适的运行需要，车站设计通过能力（由咽喉通过能力和到发线通过能力最小者决定）应与区间通过能力相协调，并应满足列车同时到发、车站调车、机车换挂、取送车底和动车组出入段(所)等其他技术作业平行进行的需要,减少相互间交叉干扰,提高车站运输综合能力。

4 车站总布置图决定车站各项运营设施的相对位置、功能发挥和建设、运营成本,应与车站进出站旅客流线、行邮行包流线、站台接送车流线和立体跨线客运建筑、站内各类建(构)筑物等相协调,以实现旅客安全、快捷集散,同时要满足机务、车辆、动车组、养护维修等运营设备的设置和功能需要;并进行系统设计,使各项设备能力匹配,实现车站综合能力最大化,并应注重发挥客运站作为土地综合开发平台的作用。

5 大型客运站占地广,工程大,一经建成难以更改,往往需要构建立体综合交通枢纽,有利于城市土地资源立体综合开发,因此其纵断面和高程设计应结合城市规模、性质、站区综合交通规划以及客站建筑等站区立体开发需要,经技术经济比选合理确定高程。

9.1.4 高速铁路、城际铁路与客货共线铁路各自的运营时段、技术作业类别、维修方式和"天窗"维修时间各不相同,车站合场布置易产生相互干扰,能力相互制约,运营安全也不易保障,故宜分线分场布置。当客货共线铁路货物线绕行不经客站,普速客车占比小,分场布置工程代价过大时,也可采用合场布置。

有多条铁路引入的高速铁路、城际铁路大型客运站,列车行车量大,密集到发、相互跨线几率高,为减少列车到发之间的相互影响,根据引入线路的不同功能定位,宜采用引入线线路别、各车场相互独立横列的共站分场布置。多线引入但跨线通过列车较少,或仅有第三方向引入时,可通过增加平行进路的方式减少列车到发间的相互影响,同时为减少修建跨线车联络线,也可采用方向别合场布置。合场布置具有外侧到发线间联络困难的缺点,车站规模也不能过大,否则将造成咽喉过长而难以与线路最小追踪时分协调,将严重制约车站接发车效率,故需与分场布置进行技术经济比较确定。

9.1.5 特大、大型城市所在的枢纽和地区,因衔接线路多而设置多个客运站时,为充分发挥运输效率和社会效益,客运站应结合引入线宏观走向、客运站的分布地域、办理的列车类别、城市规划及人口分布、运输组织管理等因素进行合理分工。为避免按照单纯的"最短径路"进行区域客运站分工造成城市其他区域居民出行困难,有条件时各客运站间应通过修建联络线、枢纽直径线等方式建立有机联系,同一出行方向可多站发车,增加各客运站的服务面,为不同城区旅客出行提供便利,减轻城市的交通压力,方便乘客出行和跨线车开行,增加运输组织的灵活性。

9.1.6 有列车通过的客运站的正线位置,应根据旅客列车对数、客车到发线数量、车站咽喉区的交叉干扰情况、通过列车运行条件和对客运作业的影响等确定。

1 客运站取送客车车底运行速度低,占用咽喉时间长,是客运站咽喉能力主要控制因素。双线铁路上的客运站采用正线外包布置,客车整备所与客运机务段同设于两正线间的一端时(图 9.2.3—1),根据对咽喉和站、所间联络线通过能力的检算,其咽喉通过能力可通过旅客列车 39 对及货物列车 60 对以上。当站、所间联络线设两条,且客车整备所按横列尽端式布置时,联络线取送车底的能力可达 34 列;当客车整备所按横列贯通式布置并设牵出线时,联络线取送车底的能力可达 56 列。这样,图 9.2.3—1 的到发线能力、咽喉通过能力与站、所间联络线取送车底的能力基本上是接近的。因此,当旅客列车对数在 37 对以上和客车到发线设 9 条及以上,客运机务段、客车段所与客运站宜纵列配置于两正线间,两正线宜分别设在站房对面最外侧和第一、二站台之间,如图 9.2.3—1 所示。

当旅客列车在 36 对及以下和客车到发线设 7 条及以下且客运机务段、客车段所与客运站纵列配置并位于站房同侧或对侧时，为减少通过货物列车与客车车底取送和机车出、入段的交叉干扰，并使旅客上、下车及行包邮件搬运等作业较为安全，两正线宜分别设在站房对面最外侧和第二、三站台之间，如图 9.2.3—2 所示。

2　长交路旅客列车一般除停靠某些重点大型客运站外，其余客运站均不停站通过。正线外包的图型（图 9.2.3—1、图 9.2.3—2），正线曲线多、难以选用大半径和较长缓和曲线，引起站场平面布置难、结构松散、站坪长度增加等问题，不利于提高列车通过速度和旅客舒适度，正线并行中穿图型利于正线线形设置、列车通过速度高、节省土地资源。故规定路段设计速度为 120 km/h 及以上时，在双线铁路上宜选用两正线并行中穿的图型（图 9.2.3—3），客车段所与客运站纵列设置于区间正线外侧，为减少车站的咽喉交叉干扰，各走行线与正线立体交叉疏解。

3　单线铁路上的客运站，为了使客车车底取送及客机出、入段与通过列车经由正线通过不发生交叉干扰，其正线位置宜设在最外侧。

9.1.7　由于客运站作业存在着昼夜明显的不均衡性。为保证旅客列车集中到发时客运站行车作业的安全和方便，满足车站通过能力的需要，咽喉区布置应保证下列必要的平行作业：单线铁路客运站，在设有客车段所和客运机务段一端的咽喉区应保证列车到达（或出发）与客车车底取送（或动车、机车出入段）两个平行作业；当另一端设有机待线时，该端也应保证列车到达（或出发）与机车（动车）出、入段两个平行作业。在双线铁路客运站，咽喉区应保证列车到达、出发与机车出、入段（或客车车底取送、动车走行）三个平行作业或列车到达、出发、机车出（入）段、客车车底取送（动车走行）四个平行作业。

有较多立折列车作业的客运站，为便于立折列车折返，减少立折列车对车站接发车能力的影响，应考虑设置顺接反发或反接顺发的平行进路。

9.1.8　客运站应根据运输需要，配套设置或预留客运机务段、客车段所等运营设施。为减少客车车底、机车（动车）进出站与正线行车交叉干扰，出入段（所）的线路与正线不宜平面交叉，有条件时应立体疏解。

在双线铁路客运站或客货列车对数较多的单线铁路客运站上，由于旅客列车集中早晚密集到发，为使机车能及时出、入段，保证旅客列车安全正点运行，应设站内机走线，为了不影响车站正常接、发车作业，车站衔接机务段的另一端应设置机待线；但在客、货列车对数不多，到发线能力有富余时，也可缓设机车走行线；在有其他线路供出、入段机车停留交会时，也可不设机待线。

在接发普速客车的尽端式客运站上，应设置机走线和机车经由相邻到发线入段的渡线。

9.1.9　旅客列车到发线数量应根据旅客列车对数及其性质、引入线路数量和车站技术作业过程等因素确定。由于旅客列车具有早、晚一段时间里密集到发的特点，旅客列车对数和引入线路数量愈多，旅客列车密集到发的量就越大，同时占用到发线的数量就愈多，因此，旅客列车到发线数量应根据旅客列车同时占用到发线所需要的数量和每条到发线平均办理的始发、终到旅客列车对数确定。

1　根据全国有代表性的客运站的统计资料分析，设 3 条客车到发线能办理普速始发、终到旅客列车 12 对～14.5 对，平均每条到发线能办理 4 对～4.8 对；设 5 条客车到发线能办理始发、终到旅客列车 20 对～28 对，平均每条到发线能办理 4 对～5.6 对；设 7 条客车到发线能办理始发、终到旅客列车 36 对～39 对，平均每条到发线能办理 5.2 对～5.6

对;设9条客车到发线能办理始发、终到旅客列车54对~58对,平均每条到发线能办理6对~6.5对。呈现规模越大,平均每条到发线能办理对数越大的趋势,效率较高的车站春运期间可以达到平均每条到发线能办理9对的水平。考虑旅客运输有一定的波动性以及调整运输秩序的需要,制订本条文表9.1.9。

始发、终到旅客列车的主要技术作业有接发车、调机和本务机车换挂及试风、上下旅客和行包搬运、车底取送等,停站通过的旅客列车仅办理接发车或换挂机车、上下旅客、上水等作业,车底不需调车取送进出客车整备所。据统计,1对通过旅客列车占用到发线的时间约为1对始发、终到旅客列车占用到发线时间的一半。调查全国有代表性的客运站,1对始发、终到旅客列车占用到发线时间为100 min~120 min左右,而1对通过旅客列车占用到发线的时间为50 min~60 min左右,因此,对有办理通过旅客列车的客运站,选定到发线数量时可将通过旅客列车折合成始发、终到列车后选用本条文表9.1.9中的数值。

由于客运站具有旅客列车到发不均衡和到发线利用率低的特点,可利用旅客列车到发线空闲时间,节假日增开一定数量的旅客列车。当增开旅客列车对数较多时,可适当增加旅客列车到发线以适应需要。

对办理50对以上普速客车的客运站到发线数量,可按分析计算确定并根据车站布置进行检算。

有动车组运行的客货共线铁路,动车组高峰时段难以理想化追踪运行,故当普速客车、动车组共用到发线时,设计中应根据车站衔接方向数、动车组对数及构成比例等具体情况分析计算确定。动车组占用到发线时分,始发为22 min,终到为19 min,停站通过为13 min,立即折返为27 min。平均1对始发终到动车组占用到发线时分为40 min左右,折合始发终到普速客车0.4对,立即折返、停站通过的动车组分别折合0.9对、0.7对始发终到动车组。

2 高速铁路、城际铁路车站到发线数量的确定。

(1)高速铁路车站到发线数量的确定。

由于高速铁路车站建成后再改扩建非常困难,因此,规定旅客列车到发线数量除应根据车站办理的旅客列车对数、客流量和运输性质确定,还应满足高峰时段列车密集到发的需要。运输性质系指列车越行、立即折返、始发、终到、动车组列车出入段(所)等。

越行站上下行方向均需要办理速度高的旅客列车越行速度低的旅客列车,故设2条到发线。中间站除办理速度高的旅客列车越行速度低的旅客列车外,还要办理客运业务,故设到发线2条~4条,有少量折返列车作业时,其停站时间较长,到发线数量可适当增加。

始发站到发线数量与引入线路数量、车站作业量、列车种类、客车开行方案、停站时分等因素密切相关。列车均需停站的站内正线,可全部按到发线计算;如以始发、终到列车为主,仅有少量的列车不停站通过,站内正线(邻靠站台时)可以适当考虑按到发线计算。

关于始发站列车换算对数(对)和到发线数量(条)的关系,可按下列因素计算确定:

非高峰时段各种旅客列车占用到发线的时分:始发、终到列车均为20.5 min,停站通过的列车为14 min,立即折返本线列车(到发)为41 min。

到发线利用率一般为0.55~0.65,平均为0.6,即每天利用10.8 h。

始发、终到列车占用到发线时分平均为(20.5+20.5)/2=20.5 min,以该种列车占用到发线时分为基准时分即系数为1.0。

列车换算对数与到发线数量的对应关系计算：

列车换算对数	到发线条数计算	采用值(条)
70 对	2×(70 列×20.5 分/列÷60 分)÷10.8 小时=2×2.21	5
110 对	2×(110 列×20.5 分/列÷60 分)÷10.8 小时=2×3.48	8
150 对	2×(150 列×20.5 分/列÷60 分)÷10.8 小时=2×4.75	10
190 对	2×(190 列×20.5 分/列÷60 分)÷10.8 小时=2×6.01	12

换算系数 α 值计算：

立即折返列车：扣除动车组出入段平均时分为 3.5 min，$\alpha=(20.5-3.5)/20.5=0.83$，取 0.9；

停站的通过列车：$\alpha=14/20.5=0.68$，取 0.7；

始发站到发线数量可按说明表 9.1.9—1 确定。

说明表 9.1.9—1　高速铁路始发站到发线数量

列车换算对数	到发线数量(单位：条，正线除外)
70 及以下	5
71~110	6~8
111~150	8~10
151~190	10~12

注：1　表中到发线数量的幅度，可按换算列车对数的多少对应取值。

2　列车对数的换算系数如下：

始发终到列车(出入段)为 1.0；

始发终到立即折返列车为 0.9；

停车通过列车为 0.7。

3　以始发、终到列车为主仅有少量不停车列车通过的始发终到站上的正线，可以适当考虑按到发线使用。

根据《京沪高速铁路设计暂行规定》国际咨询情况，国外在车站设计中，均考虑了高峰时段列车到发对车站规模的要求。故到发线数量除满足说明表 9.1.9—1 的要求外，尚需要满足在高峰时段列车密集到发的要求。由于高峰时段客流量相对集中，为避免车站规模过大，高峰时段列车密集到发时，列车占用到发线的时分按较小时分考虑。

高峰时段列车占用到发线的时分：始发、终到列车均为 12 min，停站通过列车为 11 min，立即折返列车(到发)24 min。按上述列车占用到发线的时间标准，可确定高峰小时每条到发线办理的列车对数为 2.5 对，同时到发线数量尚需要满足运行图铺画的要求。

(2)城际铁路车站到发线数量的确定。

中间站除办理速度高的旅客列车越行速度低的旅客列车外，还要办理客运业务，可根据作业量大小设到发线 2 条~4 条。

始发终到站到发线数量与引入线路数量、车站作业量、列车种类、客车开行方案、停站时分等因素密切相关。列车均需停站的站内正线，可全部按到发线计算；如以始发、终到列车为主，仅有少量的列车不停站通过，站内正线(邻靠站台时)可以适当考虑按到发线计算。

关于始发终到站列车换算对数(对)和到发线数量(条)的关系，可参照以下因素计算：

非高峰时段各种旅客列车占用到发线的时分：始发、终到列车均为 20.5 min，停站通过的列车为 14 min,立即折返本线列车(到发)41 min。

到发线利用率一般为 0.55~0.65,平均为 0.6,即每天利用 10.8 h。

始发、终到列车占用到发线时分平均为(20.5+20.5)/2=20.5 min,以该种列车占用到发线时分为基准时分即系数为 1.0。

列车换算对数与到发线数量的对应关系计算:

列车换算对数	到发线条数计算	采用值(条)
70 对	2×(70 列×20.5 分/列÷60 分)÷10.8 小时=2×2.21	5
110 对	2×(110 列×20.5 分/列÷60 分)÷10.8 小时=2×3.48	8

换算系数 α 值计算:

立即折返列车:扣除动车组出入段平均时分为 3.5 min,$\alpha=(20.5-3.5)/20.5=0.83$,取 0.9;

停站的通过列车:$\alpha=14/20.5=0.68$,取 0.7;

始发站到发线数量可按说明表 9.1.9—2 确定。

说明表 9.1.9—2　城际铁路始发站到发线数量

列车换算对数(对)	到发线数量(单位:条,正线除外)
70 及以下	5
71~110	6~8

注:1　表中到发线数量的幅度,可按换算列车对数的多少对应取值。

2　列车对数的换算系数如下:

始发终到列车(出入段)为 1.0;

始发终到立即折返列车为 0.9;

停车通过列车为 0.7。

3　以始发、终到列车为主仅有少量不停车列车通过的始发终到站上的正线,可以适当考虑按到发线使用。

由于高峰时段客流量相对集中,为避免车站规模过大,高峰时段列车密集到发时,列车占用到发线的时分按较小时分考虑。

高峰时段列车占用到发线的时分:始发、终到列车均为 12 min,停站通过列车为 11 min,立即折返列车(到发)24 min。按上述列车占用到发线的时间标准,可确定高峰小时每条到发线办理的列车对数为 2.5 对,同时到发线数量尚需要满足运行图铺画的要求。

对于到发客运量相对较小,停站客车较少,或设站条件困难,设计中结合客车开行方案,部分车站不设到发线。

由于列车在运行过程中难免会出现故障,为减少发生故障的列车对其他列车的影响,保证作业安全,故障列车要考虑就近安排离开正线进入停留线或检修基地。因此,故障车需尽快就近进入车站的到发线。如果车站未设到发线,考虑故障车的停留需要,每隔 3 个~5 个车站需考虑设置故障车停留线。

9.2.2　通过式客运站是指有两个方向的正线贯穿车站且到发线为贯通线的客运站。该图型两端咽喉区能分担列车接发、客车车底取送、动车组和机车出、入段等作业,减少咽喉交叉干扰,通过能力较大,除折角列车外,无需变更列车运行方向;便于组织旅客列车进出站和行包搬运,相互干扰较小;旅客进、出站走行距离短;便于枢纽直径线和联络线的衔接,能缩短部分旅客列车的运行时间,有利枢纽内线路通过能力的调节。虽然通过式客运站存在不易伸入市区、站坪较长、增加旅客跨线设备等缺点,但通过式图型具有既能适应以始发、终到为主兼办通过作业的客运站,又能适应办理全部始发、终到作业的客运站的显著优点,故宜优先采用。

在通过式客运站的一侧设置部分尽端式到发线的客运站称为通过式与部分尽端式组成的混合式客运站。该尽端线可办理小编组的市郊和城际客车的始发、终到作业,当受建(构)筑物等因素限制时,为节省工程可采用该图型,但尽端式线不宜太多。

尽端式客运站是指设在正线终端的客运站,其到发线布置可为两种形式:一种是到发线的一端连接正线,另一端全部为尽头线并设有尽端站台;另一种是到发线为贯通线,一端连接正线,另一端连接机务段、客整所及客车车辆段、动车所等段管线。该图型易于伸入城市中心附近,有方便旅客、减轻市内交通负担和减少与城市干扰等优点。因此,当采用通过式图型引起巨大工程或当地条件不允许时,或客运站位于铁路网尽端、衔接方向较少、以始发终到客车为主等情况下,则可采用该图型,如说明图 9. 2. 2—1、说明图 9. 2. 2—2 所示。

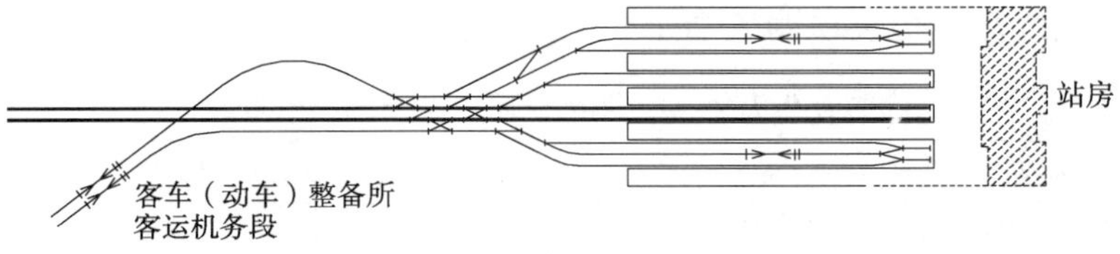

说明图 9. 2. 2—1　到发线为尽头线的尽端式客运站图型

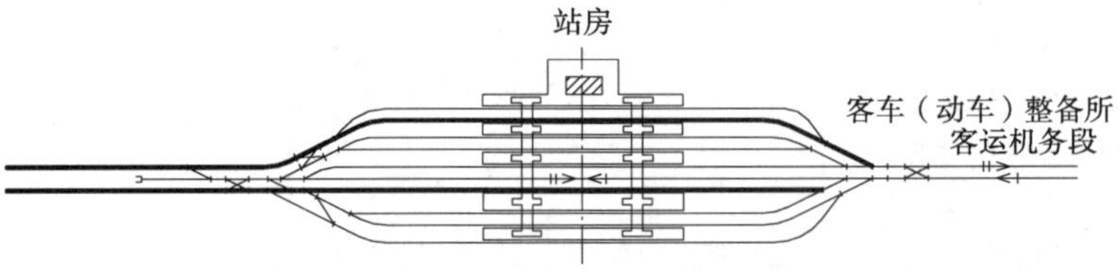

说明图 9. 2. 2—2　到发线为贯通线的尽端式客运站图型

目前,旅客列车采用定编运行模式,车站甩摘车辆基本不存在,因此取消原图形中的个别车存放线,公务车存放线宜设在客车整备所内。

9. 2. 3　图 9. 2. 3—1 为客车整备所与客运机务段在两正线间的通过式客运站图型。由于车站作业基本在正线内侧进行,基本不干扰正线行车,正线通过能力较大,适用于客车对数较多、客车大多均停站通过、正线通过货车较多的情况。

图 9. 2. 3—2 为客车整备所与客运机务段在站房同侧的通过式客运站图型。该图型适用始发终到客车不多、停站通过客车占比较高或既有线改扩建的情况。

图 9. 2. 3—3 为客车整备所与客运机务段在站房对侧、正线中穿布置的通过式客运站图型。该图型适用于正线行车速度高、不停站通过列车较多的情况。由于客车整备所与客运机务段走行线与正线立体疏解,车站通过能力较大。

9. 2. 4　图 9. 2. 4—1 为高速铁路通过式布置的始发站图型。其上下行侧各设到发线 5 条,按照始发终到客车占用到发线时间22 min 计,高峰小时可满足 15 列以上动车组出发需要,可与衔接线路最小追踪间隔时分 3 min 相匹配。为满足昼间部分客车立即折返需要,接车端咽喉设置了顺接反发折返进路,当立即折返列车较多时,为避免折返列车切割正线,干扰正线通过列车运行,可在接车端设置立体疏解的顺接反发折返联络线或末端设置立交折返线(图中虚线所示),以疏解与顺向到达、通过列车的交叉。若车站无不停站通过列车时,图型可简化,正线和到发线间可设置中间站台。

图 9.2.4—2 为高速铁路尽端式布置的始发站图型,一般设置于客运专线的末端。尽端式布置到发线难以严格区分接车、发车进路,客车均需折角运行,为避免上行一侧到发线发车与接车交叉干扰,根据需要,可设置立体交叉的反向接车联络线(图中虚线所示)。站房结合需要可设置为线侧站房、双侧站房、尽端站房或三者结合的站房。

图 9.2.4—3 为两条高速铁路交汇的通过式线路别分场布置的始发站图型。车站上行端跨线列车较多,设置了跨线列车联络线,为满足两线间少量折角列车运行需要,两车场间的最外侧到发线相互连通。

9.2.5 城际铁路客车停站时间较短,时效性强,易形成发车高峰、接车高峰,列车立即折返的比例较大,其始发站到发线规模一般相对高速铁路始发站小。

图 9.2.5—1 为城际铁路通过式布置始发站图型。车站设动车组及维修列车立交走行线、站后折返的立交折返线,两端咽喉区的接车端设置顺接反发站前折返进路。

图 9.2.5—2 为城际铁路尽端式始发站图型。站房结合具体情况采用到发线外侧双侧站房或尽头式站房。

9.3.1 旅客站房位置应配合城市规划,方便旅客进出站。

1 旅客站房应与城市规划和车站总布置相配合。为方便旅客集散,通过式车站的旅客站房宜设在靠城市中心区一侧,位于城市中心区的大型客运站,可采用双侧站房。

尽端式车站,有到发线尽头线布置和贯通线布置两种。采用贯通线时,与通过车站类似,旅客站房应设于靠城市中心区一侧。采用尽头线时,旅客站房若设在旅客列车到发线尽端,优点是可避免修建天桥和地道,旅客由站房至站台不跨越线路,缺点是旅客出、入与行包运输在分配站台上发生交叉干扰,旅客走行距离长短不均,旅客走行距离较线侧设站房长、站房难以纵向延展等。因此,当客运量、行包量较大且条件允许时,站房宜设于靠城市中心区一侧或两侧,条件困难时,站房可设于站台端部;采用贯通线时,旅客站房应设于靠城市中心区一侧或两侧。

2 根据站区自然条件,旅客站房地面高程与站台面高程的关系有下列三种形式:线平式——站房地面高程与站台面高程相差很小或相同,线上式——站房地面高程高于站台面高程,线下式——站房地面高程低于站台面高程。站房的设计高程应结合地形合理利用其高差,设计成线平式、线上式或线下式等布置形式。采用线上式或线下式布置,应使旅客从广场、站房经由天桥或地道到站台有最小的升降高度。

大城市的客运站,当受城市建(构)筑物或用地的限制或有建设立体综合交通枢纽的需要时,可结合当地的地形、地质条件,经过对技术上的可能性、工程投资的大小和对城市的影响等比较后,设计为站房在上层、线路在下层或线路在上层、站房在下层的多层立体式客运站。

3 大型客运站车流到发频繁,客流集散和换乘的效率要求高,通常规划有城市轨道交通站、长途汽车站、公交站等与之衔接配套。当受城市建(构)筑物或用地的限制,或者为避免换乘客流行走过远,可结合地形、地质条件,与地方相关部门充分协调,经技术经济和对城市的影响等综合比较后,利用车站竖向空间和站房场坪地下空间设计为多层立体结构,将铁路客运设施与城市轨道交通站、长途汽车站、公交站等市政设施合建为一体化综合交通换乘枢纽;有条件时,可建成集城市商贸、旅游、购物和综合交通为一体的城市综合体,利用区位优势实现土地资源集约化运用。

9.3.2 设置旅客站台可加快旅客上、下车和行包邮件装卸速度，缩短客车停站时间，并为行包、邮件搬运创造良好条件，因此在办理旅客上、下车的车站和旅客乘降所应设置旅客站台，并应与旅客站房和旅客列车到发线的布置相匹配，设置相应的基本站台、岛式中间站台和侧式中间站台。

1 高速铁路、城际铁路正线邻靠站台时，除影响后续追踪列车的通过外，还由于通过列车的风压影响，需加大站台上旅客安全退避距离，并需设置安全防护设施。因此规定，高速铁路、城际铁路的旅客站台不宜邻靠正线设置。当不停站通过旅客列车较少或车站为尽头式布置时，站台也可以设在正线两侧。

客货共线铁路的旅客站台不应邻靠正线而应邻靠客车到发线设置，一是因为正线邻靠站台时，旅客列车在正线停靠站台，会影响后续追踪列车的通过，影响通过能力；二是因为正线通过速度较高，站台上等待旅客的安全也会受到影响；三是为满足正线超限货物列车通行的限界要求，站台高度只能高出轨面 300 mm，旅客乘降不便。对改建铁路，困难条件下，为减少工程量和投资，可保留邻靠正线的低站台。

2 高速铁路和城际铁路的旅客站台，为了满足信号设备设置及行车和客运组织便捷性的需要，规定站台宜居股道中部设置。站台布置在车场居中位置，可以减少站坪长度，节省工程投资，也有利于减少进出站旅客的走行距离。特别是对仅运行客车、到发线有效长度为 650 m、采用 CTCS-2 级列控系统的线路，要求贯通式车站站台端部距警冲标或道岔尖轨尖端的距离不得小于 100 m，这时站台布置在车场居中位置显得尤为重要。

3 旅客站台设在直线上，列车车体距离站台边缘的间隙最小，旅客乘降安全方便，但某些情况下，如在曲线车站上或较大规模的车站咽喉区等，若整座站台均位于直线上将增加车站站坪长度，增加工程投资，故规定旅客站台宜设在直线上，必须设在曲线上时应采用较大的曲线半径，尽量减小车体与站台边缘的间隙。对于采用无站台柱雨棚的大型客运站，伸入站台范围的曲线长度尚应满足无站台柱雨棚结构设计的需要，必要时可适当延长到发线有效长来减小伸入曲线的长度。

4~5 站台安全标线与站台边缘距离系借鉴《铁路技术管理规程》的规定。

9.3.3 旅客站台的设计规定说明。

1 高速铁路的旅客站台长度：动车组编组辆数为 16 辆时列车最大长度为 428 m，另考虑前后各加 10 m 的停车余量，确定旅客站台长度为 450 m。

城际铁路的旅客站台长度：动车组编组辆数为 8 辆时列车最大长度为 214 m，考虑前后各加一定的停车余量并与到发线有效长度相协调，确定旅客站台长度为 220 m。当城际铁路兼具路网功能、列车采用 16 辆编组时，旅客站台长度为 450 m。

客货共线铁路的旅客站台长度：应根据旅客列车编挂辆数确定，对于大型站，普速旅客列车按 25 型车编组 20 辆计算，车底长度为 532 m，加上机车长度约 22 m，为使整列车能停靠站台，故客运站的旅客站台长度采用 550 m。

从 2010 年调研的情况来看(说明表 9.3.3)，列车编挂辆数大于 18 辆的情况较多，但大多为 19 辆编组，仅西安局有 1 对西安至银川为 20 辆。若按照 19 辆编组，站台长度 530 m即可让整列车停靠在站台范围；若为了节省工程投资，减少雨棚面积，不考虑机务人员在站台上下，19 辆编组客车头尾开内侧车门，站台长度 500 m 是能够满足作业要求的。即使接发 20 辆编组的客车，考虑到其两端行李车车门开于车厢中部，可按 19 辆车长考虑，通过控制停车位置来保证任意一个行李车车门位于站台范围内进行行包装卸，站台长度 500 m 亦能基本满足作业要求。目前上海站站台长为 500 m,始发终到 19 辆编组客车有 14 对,使用情况良好。

说明表 9.3.3　图定编组大于 18 辆普速客车一览表

局别	客车总对数	大于 18 辆客车对数	比例(%)
成都局	123.5	24	19.3
广州局	83	20	24
西安局	46	5	10.8
兰州局	40	14	35
北京局	248	39	15.7
上海局	253	58.5	23.2

注:上表仅西安局有 1 对(西安至银川)为 20 辆,其余为 19 辆。

因此规定用于接发普速列车的旅客站台长度应按 550 m 设置,困难条件下,旅客站台长度可根据客车编组情况适当缩短。对接发短途和市郊旅客列车的站台长度,可按短途和市郊旅客列车的实际长度确定。采用尽头线的尽端式客运站的站台长度,应另加机车及供机车进出的必要长度。旅客乘降所的站台长度也可适当缩短。

2　旅客站台宽度。

应根据站台两侧同时停靠客车时的最大一次上下车人数、行包邮件、运输工具的类型、售货车和旅客购物时所需的宽度、车站绿化和站台上设置的天桥、地道、行车分室、列检所、售货亭、行包邮件房等建(构)筑物的尺寸确定。

车站的站房或建(构)筑物突出部分边缘至站台边缘的距离:对于特大型站及大型站,为安排较大规模迎送活动并与站房建筑景观相协调,该距离宜采用 15 m~25 m;中型站为满足旅客上下车和一些小型运输工具车调头作业的需要,此距离可选用 12 m~15 m;小型站该距离可适当减少,但不宜小于 8 m,该距离系考虑设置检票栅栏和工作人员活动空间以及避免旅客在检票口前拥挤所必需的空间;若设置的旅客通道正对站房处时,该距离不应小于 10 m,考虑地道边距建(构)筑物的边缘有一定的宽度,满足人员的通行。

旅客站台的宽度 B 由以下部分组成(说明图 9.3.3):旅客通道出入口宽度 b_1(本规范第 9.3.6 条规定),通道边墙厚度宽度 b_2(采用不锈钢栏杆时,需要宽度 b_2 为 0.25 m),边墙边缘至站台边缘的距离 b_3(本规范第 9.3.5 条规定)。

岛式中间站台最小宽度:

特大型及大型站:$b_1=5.0$ m,$b_2=0.25$ m,$b_3=3.0$ m。

$B=b_1+2b_2+2b_3=11.5$ m。

中型站:$b_1=4.0$ m,$b_2=0.25$ m,$b_3=3.0$ m。

$B=b_1+2b_2+2b_3=10.5$ m。

小型站:$b_1=3.5$ m,$b_2=0.25$ m,$b_3=3.0$ m。

$B=b_1+2b_2+2b_3=10.0$ m。

侧式中间站台最小宽度:

大型站:$b_1=5.0$ m,$b_2=0.25$ m,$b_3=3.0$ m。

$B=b_1+2b_2+b_3=8.5$ m。

中型站:$b_1=4.0$ m,$b_2=0.25$ m,$b_3=3.0$ m。

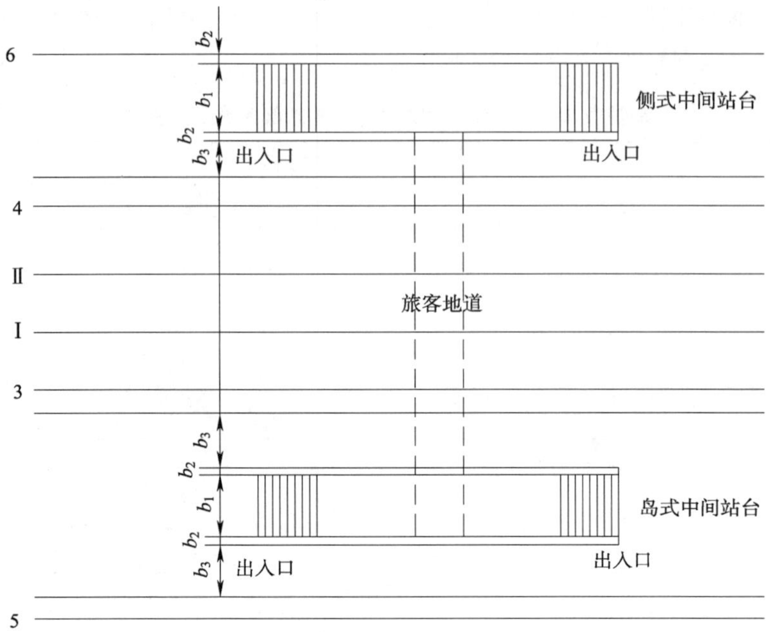

说明图 9.3.3　旅客站台宽度组成示意图

$B=b_1+2b_2+b_3=7.5$ m。

小型站：$b_1=3.5$ m，$b_2=0.25$ m，$b_3=3.0$ m。

$B=b_1+2b_2+b_3=7.0$ m。

旅客站台宽度的上限值，系考虑旅客通道的出入口宽度及通道边墙厚度增加，边墙边缘至站台边缘的距离适当加大等因素确定。

当旅客通道的出入口设于基本站台站房范围以内时，站房范围以外的宽度根据客流量可适当减少，但不得低于侧式中间站台最小宽度。

对于客流较少的客货共线普速铁路的站台宽度，为节省工程，宜采用表 9.3.3—1 中的下限值。

城际铁路的旅客站台宽度，考虑其编组短，瞬时旅客不多，故另行规定如下：

城际铁路基本站台和侧式中间站台仅一面邻靠到发线，其净宽度系考虑旅客有 4.0 m的活动空间及 1.0 m 的安全标线宽度，确定为 5.0 m。当其上设有旅客进出站通道等建（构）筑物时，应设于净宽度范围外，不另增加站台宽度。

城际铁路始发站岛式中间站台的最小宽度：$b_1=5.0$ m，$b_2=0.25$ m，$b_3=3.0$ m。$B=b_1+2b_2+2b_3=11.5$ m。

城际铁路中间站的岛式站台最小宽度：$b_1=3.0$ m，$b_2=0.25$ m，$b_3=2.5$ m。$B=b_1+2b_2+2b_3=8.5$ m。宽度的上限值，系考虑旅客通道的出入口宽度设置自动扶梯及通道边墙厚度增加等因素确定。

3　目前我国各类客车车厢的车底板高出轨面约在 1.3 m 左右，动车组车门没有下探的梯步。从目前 1.25 m 高站台的使用情况来看，满足机车牵引客车和动车组运营需要，效果良好，为方便老弱病残旅客上下车和行包装卸，故规定高速铁路、城际铁路、非邻靠正线或不通行超限货物列车的到发线旅客站台高度采用高出轨面 1.25 m。高出轨面 1.25 m 的站台进入曲线时应考虑曲线加宽和超高加宽。

根据超限货物列车限界要求，邻靠正线或通行超限货物列车到发线的站台高出轨面应采用0.3 m。高出轨面0.3 m旅客站台，造价低廉，便于进行列检和不摘车检修作业，但旅客（尤其是老弱病残旅客）和行包装卸不便，影响旅客上、下车和行包装卸的速度，也不能满足动车组旅客乘降需要。

高出轨面0.5 m的旅客站台与我国普速客车车门的下探梯步高度相近，具有造价低廉的优点，但使用效果不及高出轨面1.25 m的站台，也不满足超限货物列车限界要求，故设计中不宜再采用。对于仅运行普速客车的既有车站，已经建成使用的此类站台位于不接发超限货物列车的到发线侧时，可继续保留使用。

4 车站设计受平面制约，很多情况下旅客站台位于曲线地段，为保证站台使用效果和旅客乘降安全，规定站台端部最小宽度不宜小于5.0 m，主要考虑站台一边按20°~30°角度飘雨时，站台面受湿宽度为2 m~3 m，其另一边的站台面能保持2 m~3 m不受湿的宽度，以便旅客在站台上临时候车及堆放行李，同时也能保证站台安全标线内旅客活动宽度不小于3 m。

5 站台面的横向坡度大小既要考虑站台面排水，又要考虑站台上的物品不能自然溜入到站台限界，影响行车安全，故确定站台面横坡不应大于1%。当有雨棚覆盖站台时，站台面横坡还可适当减小。

6 站台两端应设置台阶或坡道，系考虑工作人员进入站内检查维修的需要。为避免站台上旅客和工作人员（非检查维修时间）从站台上进入车场内，要求在站台端设置防护栅栏，并标有禁行标志。设置栅栏门系考虑人员临时通行的需要。

9.3.4 安全门、屏蔽门统称站台门，站台门的设置规定说明。

1 考虑乘客安全及客车运行安全，规定正线临靠站台并有客车通过或采用站台候车时，站台上应设置站台门。

2 站台上设置站台门时，靠线路侧站台边缘至进出站通道出入口或建（构）筑物边缘的距离系考虑旅客通行要求，结合建筑设计的要求确定。

3 站台门设置情况及形式应根据车站形式、候车模式及空调设置情况来确定。

当一个车站有不同型式列车停靠时，若站台门的布置和开度无法兼容各种列车门时，门体不宜采用紧邻站台边缘布置。

当站台门与信号系统联控时，列车的停车精度较高，有利于站台门开度、距站台边缘距离的确定；站台门不与信号系统联控时，列车的停车精度较低，若站台门紧邻站台边缘布置，则车门与站台门滑动门不易对准，需要加大站台门滑动门开度，或者加大站台门距站台边缘的距离。因此，有条件时应实现安全门与信号系统的联控。

综合考虑线路的运营方式、所用车型、车站到发线设置情况、列车过站速度等因素，确定车站站台门及距站台边的距离。

9.3.5 站台上设有旅客进出站通道和其他构筑物时，边墙边缘至站台边缘的距离主要根据旅客通过和等候上车的需要、残疾人轮椅的通过及消防车的通行要求等因素确定。目前使用的消防车型号较多，如：CX5320GXFSG180型水罐消防车，车宽为2.5 m；CX5260GXFPM140型泡沫消防车，宽度2.5 m。因此消防车的宽度采用2.5 m，再考虑0.5 m的安全宽度，故边墙边缘至站台边缘需要的宽度为3.0 m。残疾人轮椅车通行需要的宽度为1.4 m，站台边缘至安全标线的宽度为1.0 m，考虑轮椅车通过的同时仍能满足有一个行人通过的宽度0.6 m，则考虑残疾人轮椅车通过需要的宽度亦为3.0 m。

站台宽度除应满足上述要求外，尚应满足高峰时段站台上最高聚集人数的使用需要，其宽度计算公式为：

(1)列车未到站时，上车等候的旅客只能站在安全线以内等车，旅客不能占用站台边缘至安全防护线的距离。

$$\text{边墙边缘至站台边缘的距离}=QP/L+K \qquad (\text{说明 }9.3.5—1)$$

(2)列车进站停车后，上下车的旅客可以占用站台边缘至安全防护线的距离。

$$\text{边墙边缘至站台边缘的距离}=Q_{\text{上、下}}P/L \qquad (\text{说明 }9.3.5—2)$$

式中　Q——上车或下车旅客人数；

$Q_{\text{上、下}}$——上下车旅客人数，包括换乘的旅客人数；

P——站台上人流密度(取 0.5 m^2/人)；

L——站台计算长度；

K——站台边缘至安全防护标线的距离(取 1.0 m)。

按上述两公式计算，取宽度较大的计算值，取整后得出，在大型站上，此宽度不应小于 3.0 m。

根据上述分析，对于中、小型车站，由于车站规模相对较小，规定此宽度困难条件下不应小于 2.5 m。既有线改造时，车站因受现状条件限制，加宽站台将增加工程费用时，站台上建(构)筑物边缘至站台边缘的距离其中一侧可减少，但不得小于《标准轨距铁路建筑限界》中规定的为保证站台上旅客安全的最小距离 2.0 m。

城际铁路的站台上设置站台门时，站台门边缘至进出站通道出入口或建(构)筑物边缘的距离考虑旅客通行需要，结合结构设计的要求，规定不应小于 2.5 m。

9.3.6　旅客进、出站通道的设置应根据客流量、旅客站房设计、旅客进出站流线等情况综合考虑。

1　天桥造价低，受水文、地质条件影响较小，维修、扩建方便，排水、通风、采光条件较好；但天桥有升降高度较大、斜道占用站台面积较多和遮挡站内工作人员视线等缺点，故应优先采用地道。当采用高架跨线候车室时，进站天桥应与高架候车室合设，也利于旅客进出站流线的疏解。

2　旅客进出站的组织应避免在天桥和地道内有对流现象，以消除拥挤和防止误乘，因此规定中型及其以上规模的客运站旅客进、出站通道应分开设置，并应使旅客通行便利，减少交叉干扰。

3　天桥、地道的数量应根据客流量、旅客进出站流线等因素确定。为缩短旅客进、出站步行距离，根据站房进出站口的位置和客运量，特大型站一般设 3 处地道(下进下出)或 1 处进站天桥、2 处出站地道(上进下出)，大中型站设 2 处地道(下进下出)或 1 处进站天桥、1 处出站地道(上进下出)，小型站设 1 处天桥或地道。

4　天桥和地道的宽度应根据客流密度确定，主要取决于一次下车或同时进站上车的旅客最大人数。考虑不同车次列车同时到达(出发)时旅客经由天桥或地道进出站，天桥和地道宽度应大于天桥和地道出入口宽度，与同时处于使用状态的天桥和地道出入口宽度和个数呈倍数关系。中型及其以上规模车站列车密集到发的几率高，考虑其任意 1 个~2 个站台有 2 个~4 个开口同时汇入人流，天桥、地道的宽度为 3.5×(2~4)= 7 m~14 m，故规定中型及其以上规模车站的天桥和地道宽度不应小于 8 m；小型站高峰客流不明显，天桥和地道的宽度主要考虑建筑结构设计及旅客的舒适性，并应大于通道出入口宽度，故规定不应小于 6 m。

5 旅客地道的净高，是根据国家现行标准《民用建筑设计通则》GB 50352—2005 的规定，地下室及走道的最小净高 2 m，加地道上部的指示牌，照明灯具等所需空间，故规定为 2.5 m。

6 旅客进出站通道通向各站台均应设双侧出、入口，以方便旅客出入。站台的出、入口因位置或其他原因，两个出、入口的客流量并非对等，表 9.3.6 内双侧出入口最小宽度系按计算确定。

(1)高速铁路和客货共线铁路。

通过分析，旅客地道出入口宽度应满足站台上发生意外事件时，旅客和工作人员能够在较短时间内全部撤离或逃生的需要。参照《地铁设计规范》GB 50157—2013，撤离或逃生的时间按 6 min 计算需要的出入口宽度。计算公式为：

$$T=1+\frac{Q}{0.9[A_1(N-1)+A_2B]} \qquad (说明 9.3.6)$$

式中 T——逃生的时间，按 6 min 计算；

Q——需要疏散的总人数；

A_1——自动扶梯通过能力；

A_2——楼梯通过能力，取 70 人/(min · m)；

B——楼梯总宽度；

N——自动扶梯台数。

由上式计算确定出入口宽度 b_1。

①大型站岛式中间站台：站台上的旅客人员数量按岛式站台同时有两列停靠，考虑站台上的旅客、工作人员及接车、送站人员等，合计按总人数为 3 000 人计算。

每个站台设 1 处出站地道，1 处进站地道，当发生意外事件时均可作为逃生通道；每处地道设双向出口，每个旅客地道出口按设 1 部自动扶梯(宽度 2.0 m)。出入口宽度$b_1=1.2Q\times(1\div4)/[(T-1)\times0.9\times A_2]=3\,000\times1.2\times0.25/[(6-1)\times0.9\times70]=2.86$(m)。

岛式中间站台旅客出入口的最小宽度为：人行通道宽度 2.86 m+1 部自动扶梯宽度 2.0 m=4.86 m，取 5.0 m。

②大型站侧式中间站台因只能有一侧停靠列车，按照岛式站台宽度的确定原理，侧式中间站台出入口宽度 $b_1=1.2Q\times(1\div4)/[(T-1)\times0.9\times A_2]=1\,500\times1.2\times0.25/[(6-1)\times0.9\times70]=1.43$(m)。人行通道宽度取 2.5 m。

侧式中间站台旅客出入口最小的宽度为：人行通道宽度2.5 m+1 部自动扶梯宽度 2.0 m=4.50 m，取值为 5.0 m。

③同上计算，中型车站岛式及侧式站台旅客出入口最小宽度均取值为 4.0 m。小型车站岛式及侧式站台旅客出入口最小宽度均取值为 3.5 m。

客流量较大时，站台的旅客出入口宽度可适当增大。当通道出入口设有自动扶梯或升降电梯时，通道出入口宽度的确定尚应满足设置自动扶梯或升降电梯的宽度要求。

(2)城际铁路。

城际铁路的进出站通道出入口宽度确定原理与高速铁路和客货共线铁路的相同，主要区别在于取值的不同，详见《城际铁路设计规范》TB 10623—2014。

9.3.7 车站办理行包邮件业务、餐饮物料配送、垃圾转运等作业以及保洁机具和维修设备通往站台,为了消除客流和物流作业的相互干扰,应设置专用的作业地道。车站作业地道布置图如说明图 9.3.7 所示。

1 特大型及大型客运站的作业地道不应少于 1 处;中型站有始发终到客车作业时视具体情况可设置 1 处;小型站及其他车站可与旅客出站地道合并设置,不单设作业地道。

2 地道的宽度 5.2 m 是考虑主通道衔接多座站台,按最不利情况,2 辆 2 m 宽的供应车并行,加装载突出、其他站台行包车转弯干扰及行驶间隙要求等影响计算的最小宽度。

3 地道净高是按行包拖车上载最大 2 m 高的货物,加拖车本身高度 0.674 m 及地道顶部的指示牌、照明灯具等所需空间规定为 3 m。

4 地道通向站台的出、入口,由于坡道较长,为减少占用旅客站台,故应设单向出、入口,且应设置在站台的端部。目前大多数铁路车站的作业地道,出、入口的位置不是设置在站台的最端部,给其中一个方向的行包或邮政车的作业带来困难,近期设计建设的太原南、昆明南等客站,将地道的洞身设置在咽喉区,出、入口设置在站台的最端部,占用旅客站台的空间最小,行包或邮政车的作业也很方便,运营效果相对较好。

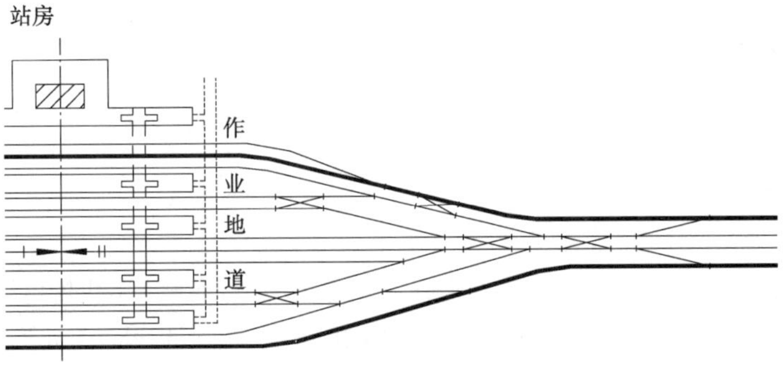

说明图 9.3.7 车站作业地道布置图

由于地道的主要通行车辆为行包邮件搬运车及维修车辆,每列车宽度 1.7 m,双向行驶两列宽度 3.4 m,两列间隙 0.5 m,距离两侧边墙各 0.3 m,故出、入口宽度不应小于 $3.4+0.5+0.3\times2=4.5(m)$。当受到站台宽度限制,而出、入口处又具备可靠的交通信号指示保证时,则可按单向通行考虑,维修车辆宽度按 2.5 m 考虑,出、入口宽度不应小于 $2.5+0.3\times2=3.1(m)$,考虑富裕取为 3.5 m。

9.3.8 为保障旅客有良好的乘车条件和方便车站客运作业,车站站台应设雨棚。设置客运雨棚,可提前组织旅客进站保证旅客及时上车和加速行包邮件的装卸,保证旅客列车正点运行和防止行包、邮件受湿。

雨棚长度应根据客运量和行包、邮件数量确定。客运站的客运量和行包、邮件数量均较多,应设置与站台等长的雨棚;其他站客运量和行包、邮件数量不多时,可修建 200 m~300 m 长的雨棚。200 m 长系考虑能遮盖地道口并停靠约 8 节~9 节车厢,300 m 长系考虑停靠约 11 节~12 节车厢。

无站台柱雨棚的支撑结构位于站台外,具有车站瞭望条件好、站台开阔通透、旅客活动空间大、易于与建筑设施结合、旅客易于辨识引导标志等优点,故宜在中型及其以上规模的车站运用,或预留设置条件。

9.3.9 各车站或车场固定卸污设施数量应综合考虑停靠列车对数、卸污列车对数、车站或车场能力运用、出入库能力等因素综合确定。根据中国铁路总公司《关于车站固定卸污设施建设的指导意见》(铁总运〔2013〕93 号),尽头式车站或车场,每站原则上不少于 2 条卸污线;设有多车场的车站,每车场原则上不少于 1 条卸污线;双线通过式车站或车场,每站上、下行到发线原则上各不少于 1 条卸污线;设有多车场的车站,每车场上、下行到发线原则上各不少于 1 条卸污线;单线通过式车站或车场,上、下行可合设 1 条卸污线。每条卸污线的卸污单元的设置数量不少于 10 个。

9.4.1 本规范所述客车整备所系由客车车底的客运整备和技术整备设施两部分组成的统称。客运站与客整所、客运机务设备的相互配置,须在满足通过能力的前提下,减少咽喉交叉干扰,缩短机车和客车车底出(入)段、所的走行距离,并结合远期发展,根据地形、地质条件和城市规划等,通过方案比较确定。

(1)为减少客车车底取送与客、货列车到发的交叉干扰并有利于发展,客整所应纵列配置于客运站到发列车较少的一端咽喉区外方正线的一侧;结合城市规划及其他条件,也可设在站房同侧或对侧。双线铁路上,为避免取送车底对正线行车的交叉干扰,取送车径路跨越正线时宜采用立体疏解布置。

(2)以机车牵引客车为主的双线客运站,当全部或大多数客车均停站作业、列车对数较多时,为减少接发车作业、正线货物列车通过作业与机车出入段、取送车底(含动车走行)作业的交叉干扰,客车整备所及客运机务设备可设在旅客列车到发较少一端咽喉的两正线间。

(3)当客运站与客整所横列配置时,由于车底取送与旅客列车到发和通过列车的交叉干扰较大,且影响客运站的发展,因此一般不宜采用。但横列配置与纵列配置的尽端式客整所相比较,具有调车行程短、作业方便等优点,故在始发、终到旅客列车对数较少,车站远期无大发展时,也可以采用客整所与车站横列配置。

(4)客运机务设备有条件时宜布置在与客整所同一地点,主要优点是:客整所可共用机务转向设备对单个车辆进行转向;用地集中,生活配套设施省,对城市影响较小;当客、货列车对数较多,客整所和客运机务设备需配置在通过列车两正线之间时,正线相对地较为顺直;当列车通过正线沿着站房对面最外侧外绕时,外绕正线布置条件较好,对城市影响亦较小。特别是铁路总公司正在酝酿客运站本务机和调机的运用改革,拟直接用本务机牵引客车车底进出客整所,减少车站咽喉能力的负担,同时也可提前给客车车底送电,保证旅客上车时车厢内有适宜的温度。所以推荐客运机务设备宜布置在与客整所同一地点,且最好是纵列布置。

9.4.2 为提高铁路客站咽喉能力,减少咽喉作业,给乘客提供更舒适的乘车环境,中国铁路总公司正酝酿逐步取消客站调机,改由本务机直接从客整所取送客车车底。这就要求客运站的客车整备所与客运机务设备宜合并设置,主要图型有以下三种,设计时可根据作业要求,地形条件比选确定。如说明图 9.4.2—1～说明图 9.4.2—3 所示。

9.4.3 客运站有动车组始发终到时,车站需根据区域动车组的检修和存放原则及车站配属动车组数量,设置满足动车组检查、整备、存放等作业所需的设施。动车设施首先应考虑充分利用既有客运整备设施,有条件时宜与客车客整所联合设置,尽量利用既有客整所进行改建,普速客车与动车组按照分区域作业方式设计。若受条件限制需单独设置动车所时,须根据地形、地质条件和城市规划,综合考虑车站布置、能力需求、动车组走行距离、远期发展等要求,通过技术经济比较确定。

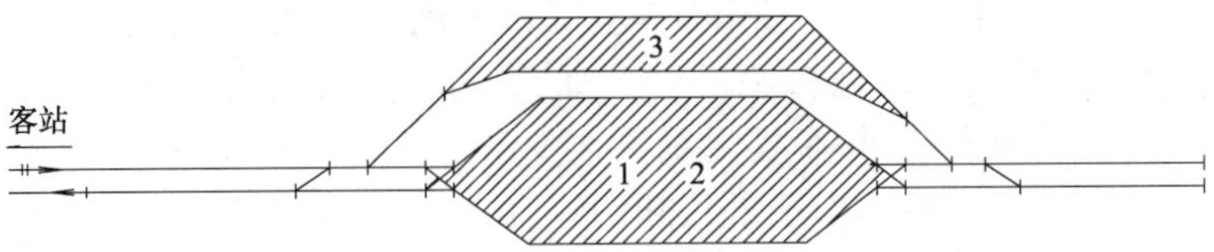

说明图 9.4.2—1　客车整备所与客运机务设备横列布置图型

1—存车场;2—整备场;3—机务段

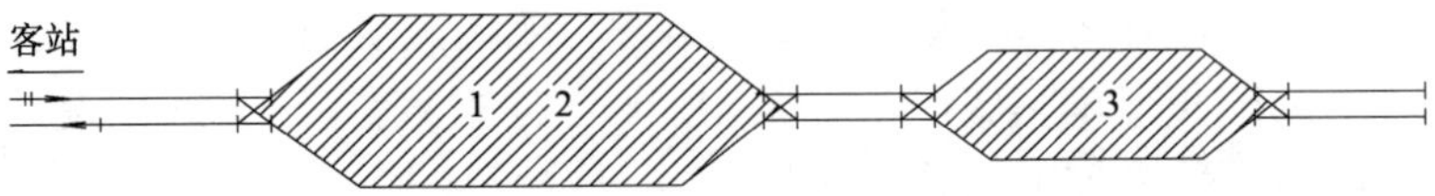

说明图 9.4.2—2　客车整备所与客运机务设备纵列布置图型

1—存车场;2—整备场;3—机务段

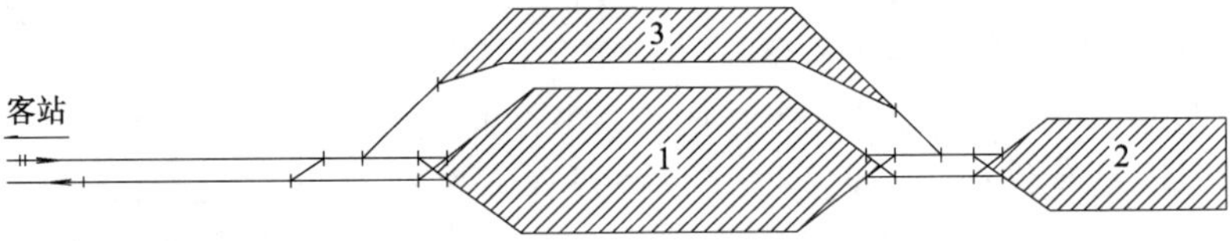

说明图 9.4.2—3　客车整备所存车场与客运机务设备横列布置图型

1—存车场;2—整备场;3—机务段

9.4.4　客运站与客车整备所纵列配置时,站、所间联络线的使用,主要是取送车底、调车和本务机车出、入段。因此,站、所间联络线数量应根据入所整备车底列数、调车作业量、出(入)段机车次数、联络线长度、洗车机设置位置和整备所布置形式等因素确定。

根据调查和分析计算,站、所间联络线数量和取送车底的能力因组合因素较多,并处于不固定的变化状态,要用一个具体数字来表明站、所间联络线的能力,比较困难。因此提出:如入所整备车底列数和出、入段机车次数不多,站、所间联络线数量一般设 1 条(1 台调机);如入所整备车底列数和出、入段机车次数较多,站、所间联络线数量可设 2 条(2 台调机),说明表 9.4.4—1 和说明表 9.4.4—2 所列的取送车底能力可供选定站、所间联络线数量时参考。

当客车整备所按纵列布置时,客运整备场与车辆技术整备场之间连接平行线的数量和调车作业能力应与说明表 9.4.4—3 列出的站、所间联络线的数量和取送车底能力相适应。场间调车作业能力与洗车机设置位置、场间连接平行线数量和调车作业配备的调机台数有关。根据分析计算,当调车作业配备的调机台数分别为 1 台、2 台或 3 台时,场间连接平行线数量可分别为 2 条、3 条或 4 条。其调车作业能力可参考说明表 9.4.4—3 所列数字。

当客运站与客车整备所纵列配置时,站、所间联络线长度应满足远期整列车底调动加上安装洗车机所需长度,其原因是整备所按横列布置时,洗车机一般设在整备所前方;当整备所按纵列布置时,洗车机有时也设在客运整备场前方。车底通过洗车机时的速度为 3 km/h~5 km/h,有了上述距离可尽快腾空客运站的咽喉。同时,按横列布置的客车整备所,其整备线按尽头线设计时需利用联络线作牵出线用。按纵列布置的客车整备所,如洗车机设于客运整备场与车辆技术整备场之间时,车底洗刷及调车作业系利用客运整备场和出发场线路进行,不占用站、所间联络线。因此,联络线长度可适当缩短。

说明表 9.4.4—1 客车整备所横列布置时站、所间联络线取送车底能力表(单位:列/d)

<table>
<tr><th rowspan="3">联络线数量(条)
入所整备车底列数
出、入段机车次数</th><th colspan="4">设洗车机</th><th colspan="4">不设洗车机</th></tr>
<tr><th colspan="2">设机务设备</th><th colspan="2">不设机务设备</th><th colspan="2">设机务设备</th><th colspan="2">不设机务设备</th></tr>
<tr><th>1</th><th>2</th><th>1</th><th>2</th><th>1</th><th>2</th><th>1</th><th>2</th></tr>
<tr><td>40</td><td>20</td><td>—</td><td>—</td><td>—</td><td>—</td><td>—</td><td>—</td><td>—</td></tr>
<tr><td>50</td><td>19</td><td>—</td><td>—</td><td>—</td><td>—</td><td>—</td><td>—</td><td>—</td></tr>
<tr><td>55</td><td>19</td><td>—</td><td>—</td><td>—</td><td>27</td><td>—</td><td>—</td><td>—</td></tr>
<tr><td>60</td><td>18</td><td>—</td><td>—</td><td>—</td><td>26</td><td>—</td><td>—</td><td>—</td></tr>
<tr><td>70</td><td>17</td><td>34</td><td rowspan="10">24</td><td rowspan="10">42</td><td>25</td><td>—</td><td rowspan="10">35</td><td rowspan="10">62</td></tr>
<tr><td>80</td><td>16</td><td>33</td><td>23</td><td>—</td></tr>
<tr><td>90</td><td>15</td><td>32</td><td>22</td><td>—</td></tr>
<tr><td>100</td><td>14</td><td>31</td><td>20</td><td>47</td></tr>
<tr><td>110</td><td>—</td><td>30</td><td>—</td><td>45</td></tr>
<tr><td>120</td><td>—</td><td>29</td><td>—</td><td>44</td></tr>
<tr><td>130</td><td>—</td><td>28</td><td>—</td><td>42</td></tr>
<tr><td>140</td><td>—</td><td>27</td><td>—</td><td>41</td></tr>
<tr><td>150</td><td>—</td><td>26</td><td>—</td><td>39</td></tr>
<tr><td>160</td><td>—</td><td>25</td><td>—</td><td>38</td></tr>
</table>

说明表 9.4.4—2 客车整备所纵列布置时站、所间联络线取送车底能力表(单位:列/d)

<table>
<tr><th rowspan="3">联络线数量(条)
入所整备车底列数
出、入段机车次数</th><th colspan="4">洗车机设于客运站与客运整备场间</th><th colspan="4">洗车机设于客运整备场与车辆技术整备场间</th></tr>
<tr><th colspan="2">设机务设备</th><th colspan="2">不设机务设备</th><th colspan="2">设机务设备</th><th colspan="2">不设机务设备</th></tr>
<tr><th>1</th><th>2</th><th>1</th><th>2</th><th>1</th><th>2</th><th>1</th><th>2</th></tr>
<tr><td>58</td><td>29</td><td>—</td><td rowspan="15">39</td><td rowspan="15">67</td><td>—</td><td>—</td><td rowspan="15">93</td><td rowspan="15">162</td></tr>
<tr><td>70</td><td>27</td><td>—</td><td>—</td><td>—</td></tr>
<tr><td>80</td><td>25</td><td>—</td><td>—</td><td>—</td></tr>
<tr><td>90</td><td>24</td><td>—</td><td>—</td><td>—</td></tr>
<tr><td>100</td><td>22</td><td>50</td><td>53</td><td>—</td></tr>
<tr><td>110</td><td>20</td><td>49</td><td>49</td><td>—</td></tr>
<tr><td>120</td><td>—</td><td>47</td><td>45</td><td>—</td></tr>
<tr><td>130</td><td>—</td><td>46</td><td>41</td><td>—</td></tr>
<tr><td>140</td><td>—</td><td>44</td><td>37</td><td>—</td></tr>
<tr><td>150</td><td>—</td><td>42</td><td>33</td><td>—</td></tr>
<tr><td>160</td><td>—</td><td>41</td><td>29</td><td>—</td></tr>
<tr><td>170</td><td>—</td><td>39</td><td>25</td><td>—</td></tr>
<tr><td>180</td><td>—</td><td>37</td><td>21</td><td>90</td></tr>
<tr><td>190</td><td>—</td><td>36</td><td>17</td><td>86</td></tr>
<tr><td>200</td><td>—</td><td>34</td><td>13</td><td>82</td></tr>
</table>

注:1 表内 1 条联络线和 2 条联络线系分别按 1 台调机和 2 台调机进行取送车底和改编作业计算。

2 表中 14 如 1 条联络线能力不够时,根据地形条件可考虑设 2 条联络线;2 条联络线能力不够时,可考虑增设牵出线 1 条。

3 表内出、入段机车次数超过入所整备车底列数 1 倍者,表示客运站有通过旅客列车。

说明表 9.4.4—3　客运整备场及出发场与车辆技术整备场间调车作业能力表

洗车机位置	设于客运站与客运整备场间			设于客运整备场与车辆技术整备场间			
作业内容	车底转场和改编			车底转场和改编		车底转场	
平行线数量(条)	2	3	4	3	4	3	4
调机数量(台)	1	2	3	2	3	2	3
作业能力(列/d)	31	58	81	46	64	75	105

注:1　洗车机设于客运站与客运整备场间时,当参照说明表 9.4.4—3 配置相应的调机数量担任车底转场和改编作业时,可不设牵出线。

2　洗车机设于客运整备场和出发场与车辆技术整备场间,当场间车底转场和改编作业能力与站、所间联络线取送车底能力不相适应时,应考虑在车辆技术整备场尾端设牵出线 1 条~2 条。

9.4.5　当客运站与客车整备所横列配置时,因车底取送与正线通过列车的交叉干扰较大,故设 1 条牵出线可满足车底取送和调车作业的需要。

当客运站与客车整备所纵列配置时,从布置上应利用站、所间联络线或客运整备场和出发场线路进行调车作业,既方便作业又减少工程投资,故一般不设牵出线。当入所整备车底列数较多,站、所间联络线能力与客运整备场和车辆技术整备场间能力不适应时,可参照说明表 9.4.4—1、说明表 9.4.4—2 和说明表 9.4.4—3 列数值,设置牵出线 1 条~2 条。

10.1.2　在市场经济中,资源是按市场需求配置,以达到节约成本,提高效率的目标。铁路物流中心的设计,要服务于国民经济发展,充分发挥自身优势,减小社会成本,提高运输效率,增强运输竞争力。因此,按照物流业调整和振兴规划、国家宏观政策及产业发展阶段,结合时代特征和未来发展趋势,提出铁路物流中心需根据货物集装化、装卸机械化、信息集成化、安全检测监控智能化、服务便捷化和管理现代化的原则设计,同时要积极拓展物流服务功能,根据不同市场需求,开展相应的物流服务,满足社会需求,增强自身竞争力。

铁路物流中心是铁路组织货物运输的基层单位,其主要任务是办理货物的承运、保管、装车、卸车、交付和延伸服务等作业,应根据货物作业量、品类和作业性质设计为不同性质和规模的铁路物流中心。

10.1.4　《物流中心分类与基本要求》GB/T 24358—2009 规定了物流中心的分类标准。按照货物属性划分为专业型物流中心、通用型物流中心和综合型物流中心。专业型物流中心为需配置专用设施设备以满足特定货物专业化运作要求的物流中心,如低温类物流中心、散装类物流中心等;通用型物流中心为满足一般货物运作要求的物流中心(根据不同的服务功能侧重点,通用型物流中心可分为仓储类物流中心、集散类物流中心和其他类物流中心);同时具备以上特点的物流中心定义为综合型物流中心。结合铁路运输特点,将铁路物流中心按照办理货物品类和性质分为综合型和专业型。

综合型铁路物流中心按照承担吞吐量、服务功能、建设规模和在路网中的作用分为三个等级。

一级铁路物流中心:在铁路物流节点空间结构体系中处于最高层,是实现物流设施集约化和物流运作一体化的骨干节点。辐射全国大部分地区,在全国范围内发挥着货物中转集散功能,一般规模较大,具有强大的物流管理与组织能力,完善的综合物流服务能力,包括仓储、运输、多式联运、包装、流通加工、信息服务、分拨配送、快速分拣、金融物流等国家级流通节点城市物流服务内容。一级铁路物流中心设置于一级物流园区布局城市、全国性铁路物流中心节点城市,一般为全国重要的货物集散城市和交通枢纽城市、国际性大都市、区域经济中心城市、港口城市以及口岸城市等,以其作为空间载体在全国范围内建立起铁路物流中心的骨干体系,并具备整列装卸和开行快运直达班列等条件。

二级铁路物流中心:在铁路物流节点空间结构体系中处于中间层,是铁路物流中心骨干体系在一定区域范围内的重要支撑和有益补充,弥补一级铁路物流中心在区域内辐射范围的空缺。二级铁路物流中心的建设规模需根据其辐射腹地范围内物流需求的不同进行合理设置,是区域范围内重要的货物集散中心,具有适度规模的仓储、运输、多式联运、信息服务等物流服务功能。一般设置于一定经济区域内重要中心城市,要求具有较好的交通、土地区位条件和物流需求规模,起到连接上下层铁路物流中心的衔接作用。条件允许的情况下,具备整列装卸和开行普通快运班列的条件。

三级铁路物流中心:在铁路物流节点空间结构体系中处于基层,主要发挥铁路物流中心衔接终端物流市场的作用,延长铁路物流服务链条,一般接近于消费集中地或生产集中地,同样具有仓储、运输、配送、信息服务和流通加工等物流服务功能,其建设规模一般较小,通常位于城乡结合部或者大型生产制造企业附近,是一种补充性质的铁路物流节点,也可为城市内铁路物流中心改造的配送中心。

在上述三级铁路物流节点网络基础上,根据需要建设物流作业站、受理站、受理点及无轨站,加强物流网络覆盖。

通过各级、各类物流中心共同配合、相互补充,初步构建覆盖广泛、层次分明、布局合理、设施设备配套的铁路物流中心空间结构体系,进而形成物畅其流、快捷准时、经济合理、功能完善、用户满意的社会化、专业化铁路现代物流中心服务体系。

按照《物流园区分类与基本要求》GB/T 21334—2008,物流园区分类的推荐标准采用的是物流强度的指标,即用园区年度吞吐量与总用地面积的比值。货运服务型物流园区中内陆型物流强度 500×10^4 t/(km^2 · 年),海港型为 1 000×10^4 t/(km^2 · 年),综合服务型物流园区物流强度 250×10^4 t/(km^2 · 年),有两种运输方式可实现多式联运。目前建成的铁路集装箱中心站用地一般在1 km^2以上,属于大型物流中心的范畴,年吞吐量在 250×10^4 t 以上;而根据铁路统计资料,年货运量在 30×10^4 t ~ 50×10^4 t 时宜集中设置铁路物流中心,以充分发挥铁路和公路运输各自的优势。综上分析,建议一级铁路物流中心年吞吐量在 300×10^4 t 及以上,且位于全国综合交通枢纽和市场需求旺盛地区;建议二级铁路物流中心年吞吐量在 100×10^4 t 及以上,并位于区域交通枢纽和市场需求充足地区;年吞吐量在 50×10^4 t 以上的为三级物流中心,设置在一般地级市或生产制造企业附近。在我国西部地区、山区和多雪寒冷地区,当铁路物流中心年吞吐量达不到 50×10^4 t 以上,考虑到带动地方经济发展,运输条件和当地企业的生存和发展,必要时也可设置铁路物流中心。

物流中心运营水平和作用发挥程度,一般要靠其服务功能的范围大小和运作水平。在社会物流中心和物流园区中,一般均包含货物发到、装卸、搬运、暂存或存储、中转或接取送达或配送、信息服务、货运安全监测监控等 7 项基本功能。三级铁路物流中心应该具备上述社会化物流节点的基本功能,也即一般具备 7 项以上物流服务功能。根据中物联物流园区专委会与北京交通大学交通运输学院针对全国物流园区的调查统计评价结果,一般物流园区具有 10 项 ~ 15 项物流服务功能,优秀物流园区具有 20 项 ~ 30 项物流服务功能。考虑到铁路物流中心处于起步发展阶段,本规范取全国一般物流园区和优秀物流园区的基本水平,二级铁路物流中心宜具备 10 项以上物流服务功能,一级铁路物流中心宜具备 20 项以上物流服务功能。

大城市及特大城市由于工商企业和物流企业多、货物运量大,设一个铁路物流中心不但给城市交通带来很大压力,增加货物运距,给货主带来不便,同时易造成铁路物流中心规模大,占地多,选址困难。因此,根据货运量、货物品类、作业性质、铁路枢纽地区总体布局和城市规划、物流规划、当地交通运输条件,可设置几个铁路物流中心,在全国性、区域性铁路物流节点城市可相应增设若干个二级、三级铁路物流中心。

10.1.7 随着化学工业、国防工业和现代科学技术的发展,铁路货物运输中的危险货物,不论在品种上或数量上都日益增多。这些货物在运输过程中受到摩擦、撞击、震动、接触火源、日光暴晒、遇水受潮、温度变化或者与其他性质抵触的物品相接触,往往会造成燃烧、爆炸、放毒、腐蚀和放射等严重事故。为了安全地完成危险货物的运输任务,铁路应根据危险物的运量、性质和危险程度等分别设置专业型危险货物铁路物流中心、功能区或专用仓库。

在化学工业比较发达、有大量危险货物到达和发送的大、中城市,如年运量在 0.1 Mt 及以上时,宜设置专业型危险货物铁路物流中心。

在综合型铁路物流中心内,如有较多的零担危险货物列车到发,为了作业安全,宜单独设置危险货物功能区。

综合型铁路物流中心有危险货物到发和中转时,为了便于集中管理和搬运,可在包装成件货物仓库的一端设置危险货物仓库;有零星危险货物作业时,也可在普通货物仓库内分隔出单间,专门保管危险货物。

综合型铁路物流中心的危险货物功能区不应办理爆炸品及放射性货物装卸业务。这些货物应由铁路指定专门的车站办理,且应及时装车和出货。

综合型铁路物流中心的危险货物功能区和爆炸品、放射性货物装卸车站的设置地点、位置和主要设备,应符合公安、防火、防爆、防毒和卫生等有关规定,并应征得当地有关部门同意。

为了满足防火、防爆等安全要求,根据危险货物的性质和现行国家标准《建筑设计防火规范》GB 50016—2014 的有关规定,危险货物仓库、堆场、贮罐与邻近居民区、公共建筑物、其他工业企业铁路和道路等之间应保持必要的安全距离。

10.1.8 铁路物流中心设计要贯彻军民结合、平战结合思想,做到军民兼顾,注重发挥经济效益、社会效益和军事效益。铁路物流中心内的军用设施设计标准需满足军事设施对铁路物流的要求。对于兼顾军事物流功能的铁路物流中心,可根据需要设置超限货物运输、危险货物运输、军供等特殊功能。

10.2.1 铁路物流中心应具有物流服务功能和配套服务功能。

(1)货物到发中转功能。到发指铁路物流中心开展的货源组织、货物受理及交付等活动,中转指铁路物流中心开展的集装箱、快运货物、零担等货物的中转作业活动。

(2)装卸搬运功能。指铁路物流中心开展的改变货物空间位置或水平位移的活动,是货物在各功能作业之间的衔接性作业,也是货物在铁路物流中心实现联运的基础。办理集装箱作业的铁路物流中心可开展集装箱的掏装箱作业。

(3)储存功能。主要包括仓储、堆存、暂存、保养、托盘共用等。仓储指铁路物流中心利用仓库开展的货物保护、贮藏及数量、质量的管理控制等活动。仓储功能的基本要求和具体作业根据货物品类、数量及货主要求的出入库业务类型确定。堆存指铁路物流中心利用堆场或货棚为煤炭等大宗货物、大型机械等长大笨重货物、集装箱等开展的仓储活动。暂存指铁路物流中心为到达或发送的货物开展的暂时存储等活动。保养指铁路物流中心为客户提供的设施、设备及货物的日常养护服务。托盘共用指铁路物流中心为众多用户提供的互换性托盘共用服务。

(4)配送功能。主要包括分拣、配载、城市配送、区域配送等。分拣指铁路物流中心将物品按品种、出入库先后顺序进行分门别类堆放的活动。配载指铁路物流中心充分利用运输工具载重量和容积,合理安排装载的货物的活动。配送指铁路物流中心在经济合理区域范围内,根据客户要求,将货物按时送达指定地点的活动。

(5)信息服务。信息服务主要包括对外的信息服务以及对内生产管理的信息服务。

对外的信息服务指信息发布、查询、货物追踪、数据统计分析、网上交易等。铁路物流中心借助公共(95306)物流信息平台,为客户提供货物实时跟踪、工商、税务、银行、路况、天气等信息查询,物流服务内容,办事流程,货源、车源、仓库等物流供需的信息发布,网上交易等服务。

对内生产管理的信息服务指铁路物流中心对物流信息进行采集、处理、备份及共享的物流活动。主要包括对物流中心各作业场、区的实时监控,对物流资源进行实时调度,生产作业实时指挥,各生产过程中的数据统计、处理及传输,对货物运输状态的动态追踪,业务办理信息处理,作业计划编制等。

(6)货运安全及检测监控。主要包括加固、装载安全检查、包装安全检查、危险货物防护安全检查、货物安检、设施设备安全监控、作业安全监控等。加固指铁路物流中心为客户提供的货物运输、搬运、存放时的固定服务。

(7)流通加工功能。主要包括分割、计量、刷标志、拴标签、组装等。流通加工指铁路物流中心开展的物品从生产领域向消费领域活动的过程中,为促进销售、维护产品质量和提高物流效率,对物品进行简单加工,使物品发生物理或形状变化的活动。流通加工功能根据货物品类、属性特征和客户要求确定。

(8)换装。指在衔接不同轨距铁路的物流中心内,开展的进出口货物的交接、换装及运输组织等业务。

(9)金融物流。指通过应用和开发各种金融产品,有效地组织和调剂物流领域中货币资金的流动。铁路物流中心可依据自身条件和市场需求开发各种金融产品,服务于物流领域中货币资金的流动,如在物流过程中的各种存款、贷款、投资、信托、租赁、抵押、贴现、保险、有价证券发行与交易、网络及手机快速支付功能,以及金融机构所办理的各类涉及物流领域的中间业务等。

(10)专业物流。主要包括汽车物流、冷链物流和危化品物流等。汽车物流指汽车供应链上原材料、零部件、整车以及售后配件在各个环节之间的实体流动过程。铁路物流中心根据情况可开展整车运输、仓储等物流服务。冷链物流指以冷冻工艺为基础、制冷技术或蓄冷技术为手段,使冷链物品从生产、流通、销售到消费者的各个环节中始终处于规定的低温环境下,以保证冷链物品质量,减少冷链物品耗损的物流活动。危化品物流指服务于危化品的物流活动。危化品即危险化学品是指具有毒害、腐蚀、爆炸、燃烧、助燃等性质,对人体、设施、环境具有危害的剧毒化学品和其他化学品。

(11)货运代理。指铁路物流中心以独立经营人或代理人身份,为客户提供与货物运输相关的综合性物流服务工作，以及包装、装卸、信息和咨询等服务。

（12）咨询与方案设计。指铁路物流中心可提供行业信息咨询、物流管理技术和物流方案的设计服务，主要包括行情预测分析、数据对比分析、行业资讯发布、行业风险预警等业务。物流方案设计主要包括运输方式、运输径路选择，货物集疏运车辆安排、线路选择及相关的包装方案、配载方案、装卸方案、仓储方案、流通加工方案设计等。

（13）市场交易功能。主要包括现货交易功能、期货交易功能、网上电子交易等。

（14）贸易代理。指铁路物流中心在委托人授权范围内，直接从事对委托人发生效力的商业贸易中产生的物流活动（包括自营和代销、集中采购），并向委托人收取佣金作为报酬。

（15）商品展示。指铁路物流中心为客户设置相对独立的展览展示场所，为客户提供销售产品的展示和宣传服务。

（16）设施设备租赁。指将铁路物流中心为承租人提供设备设施出租，但保留设备设施的所有权，并向承租人收取使用费用（租金）的服务。

（17）货款结算。指铁路物流中心为客户提供物流服务时，可代客户向收货人结算货款，或预付给发货人货款，为业务两端客户提供资金结算的服务。

（18）商务手续办理。指铁路物流中心面向物流市场开展的一系列物流业务的协调性活动，主要包括铁路物流基本条件的制定、价格制定、商务谈判、铁路物流合同签订、履行、变更与解除等内容。

（19）保险代理。指铁路物流中心根据货主的委托，在货主授权的范围内代为办理货物保险业务的活动。

（20）物流培训。指铁路物流中心为相关企业物流管理和作业人员提供专业性和技术性培训服务，以获得业务收益。

（21）技术支持。指铁路物流中心为客户提供的劳务管理、安全管理、设备管理、国际业务、互联网、物联网等技术支持服务。

（22）广告。指铁路物流中心通过一定媒介和形式开展的为客户直接或者间接地推销商品或者服务的商业宣传活动。

（23）中介。指铁路物流中心为客户寻找并安排货物运输、仓储等物流代理服务。

（24）担保。指铁路物流中心为借贷、买卖、货物运输、加工承揽等经济活动提供的保证、抵押、质押、留置和定金等担保服务。

10.2.3　铁路物流中心的运转车场和装卸场的布置规定。

1　铁路物流中心的运转车场和装卸场按相互配置关系分横列式与纵列式两种。横列式铁路物流中心的优点是设备集中、管理方便，但调车作业不利。纵列式铁路物流中心则反之。设计时可根据当地地形和作业条件选择。

2　铁路物流中心装卸场布置为贯通式可组织货物的直通运输，从而提高作业效率。受地形、场地、装卸工艺、装卸机械等限制，亦可布置为部分贯通、部分尽头的混合式；对品名单一，运量较大，具备整列装卸条件的货物，应按整列贯通式布置。

装卸场货物线按平行、贯通式布置，并按到发线标准设计，可组织货物列车的直达运输，减少调车环节，提高作业效率；货物线平行布置时，用地省，布置紧凑，便于货物装卸及搬运作业，特别是对发展装卸、搬运作业机械化有利，并便于排水和道路布置。因此对货运量大的铁路物流中心宜优先采用这种形式。

铁路物流中心货运量较小,或者是品类分散时,取送车作业一般由摘挂列车的本务机车担当。为缩短调车作业时间,减少列车停站时分,宜采用尽端式、混合式或放射型布置。采用尽端式布置,其优点是占地少,造价低,易于结合地形,利于与城市规划配合,道路和货物线交叉干扰少,搬运车辆出入方便,改建时也比较容易。

3 各功能区装卸场。

(1)集装箱装卸场“横列式、纵列式”是指装卸作业区之间的“横”、“纵”布置关系,与技术作业站所指车场间横列式、纵列式不同。集装箱装卸场图型的选择是一项重要的工作,图型选择既要满足运输需要,也要节省工程投资,便于管理,还要留有进一步发展的条件。因此,集装箱装卸场图型要结合具体情况,经过技术经济比较后确定。

装卸线采用与正线贯通的形式,可满足集装箱列车整列到发的需要。为减少列车在站停留时间,装卸线可具有直接接发车、直接接车或直接发车的条件。但装卸线直接接发车,则需在装卸线进行列车技术作业,场内作业人员较多,不便于箱场管理,影响装卸机械作业效率。集装箱装卸机械作业安全规程规定:装卸机械作业范围内如有与装卸作业无关人员时,装卸机械要停止作业。因此,在工程量影响不大的情况下,可将装卸线与正线贯通,以增加车站作业的灵活性。车站具体操作时,在考虑不影响装卸机械作业效率的前提下,可在装卸线进行接发集装箱列车作业。

集装箱装卸场各类图型的选用,需根据具体情况分析,进行方案技术经济比较后确定。装卸场布置可参考说明图 10. 2. 3—1~说明图 10. 2. 3—5。

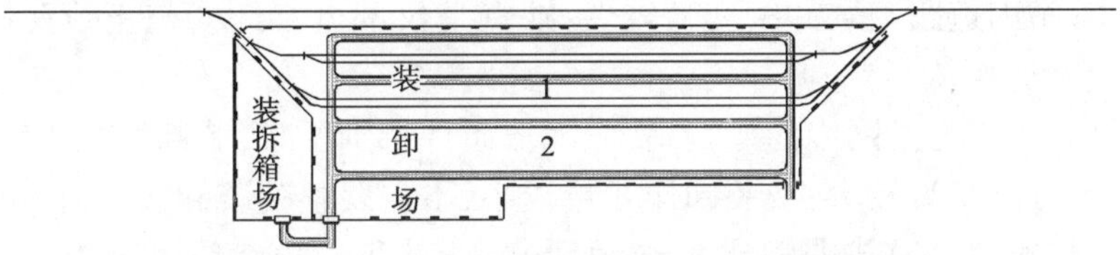

说明图 10. 2. 3—1 集装箱装卸场横列贯通式图型

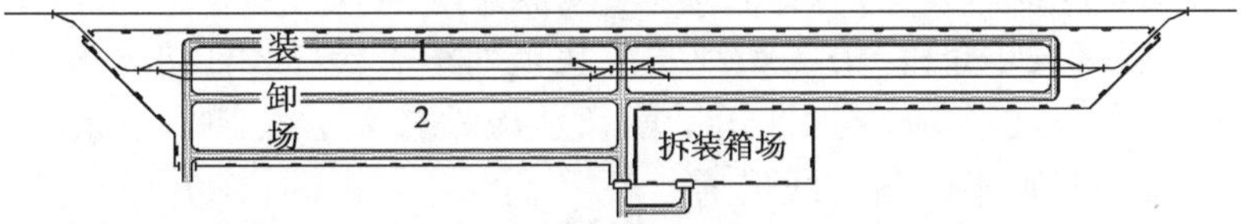

说明图 10. 2. 3—2 集装箱装卸场纵列贯通式图型

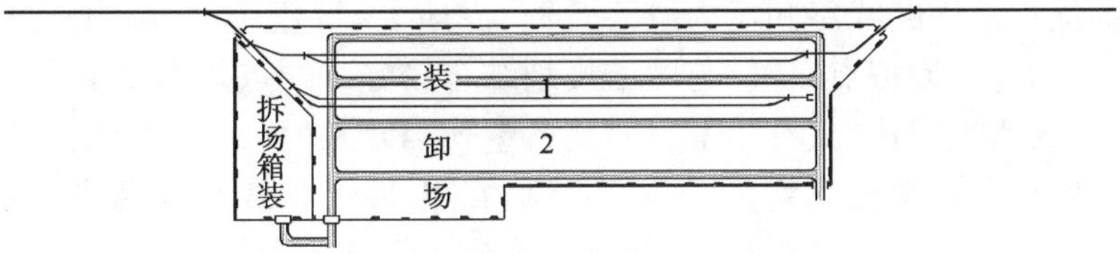

说明图 10. 2. 3—3 集装箱装卸场横列混合式图型

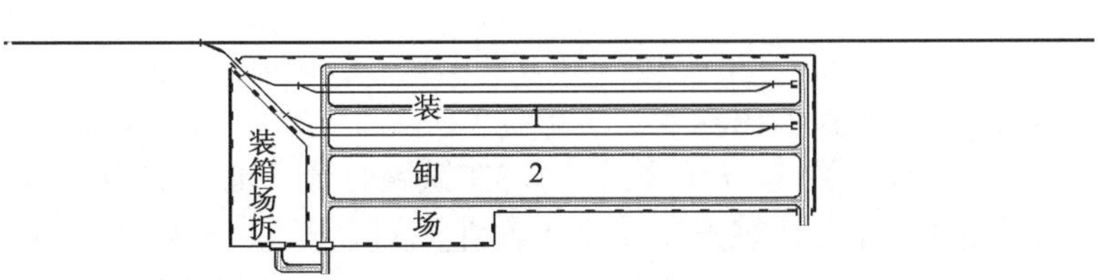

说明图 10. 2. 3—4 集装箱装卸场横列尽端式图型

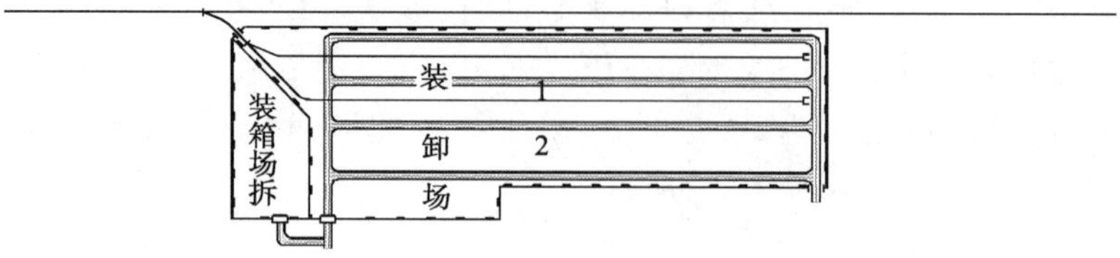

说明图 10. 2. 3—5　集装箱装卸场横列尽端式图型
1—主箱场;2—辅助箱场

横列贯通式图型的优点是装卸线两端与正线全部贯通,装卸线可直接办理集装箱列车到、发作业和集装箱装卸作业,减少由到发及调车场经牵出线的转场作业,缩短铁路车辆在站停留时间,提高作业效率;站坪长度短、设备集中、管理方便、有利于远期发展。缺点是站内道路与装卸线交叉较多,对站内流动装卸机械和运输机械行驶有一定影响。

纵列贯通式图型的优点是可充分利用场地条件,装卸线可直接接发列车,减少转场作业时间,作业效率较高;缺点是站坪较长、设备分散、管理不方便。

集装箱作业量大、装卸作业区较多时,占地很大,为充分利用场地,便于各装卸作业区布置,可将靠装卸场外侧的部分装卸线布置成尽端式,其他装卸线仍为贯通式,即为横列混合式布置图型。当铁路物流中心受地形条件限制,装卸线与正线全部贯通引起较大工程,且车站两端接发车不均衡的情况下,经过技术经济比较后明显节省投资时,可以采用横列混合式布置图型。与横列贯通式图型比较,横列混合式布置图型的优点是占地较少,工程投资较小,站内道路与装卸线交叉较少;缺点是仅部分装卸线与正线两端贯通,灵活性较差。

当铁路物流中心为路网中的尽端站,或地形条件特别困难,装卸线与正线贯通改建工程量巨大,且单方向车流较大,或装卸作业量较小,不需要整列装卸作业时,可以采用横列尽端式图型。与横列贯通式图型比较,横列尽端式图型的优点是用地较少,工程投资较小,站内道路与装卸线交叉较少,安全性较好;缺点是装卸线有效长度为整列长度时,装卸线只一端具有直接接发车条件,另一端到发集装箱列车需转场才能进入装卸线,作业时间较长,对作业效率有一定影响,对远期运量增长适应性较差。装卸作业量较小、不需要整列装卸作业时,装卸线则不需与正线贯通。

(2)包装成件、长大笨重和散堆装装卸场宜采用尽端式或贯通式横列布置。

尽端式的优点是铁路线路和场内道路较短、占地少、投资较小;场内道路与装卸线交叉干扰小;易于结合地形特点布置、与城市规划结合较好。缺点是作业集中在一端咽喉区进行,该端咽喉区负担较重,只有一个方向具备整列到发条件。

贯通式的优点是两个方向均具备整列到发条件,缺点是线路和场内道路较长、占地大、投资大;场内道路与装卸线交叉干扰大;不易结合地形特点布置、与城市规划不好结合。

尽端式布置可分为梳形和扇形,具体形式可根据铁路物流中心的用地形状及与周边道路系统现状来选择,一般长形用地较多考虑梳形布置,方状用地较多考虑扇形布置。

(3)零散货物快运环形列车跨环、跨局货物在铁路物流中心中转,可采用接发列车作业的贯通式装卸作业线,环形列车不需在技术作业站进行调车作业,直接进入装卸场,减少列车停留时间;同时采用三台夹两线形式,可减少货物搬运,加快货物中转。

(4)由于汽车装卸一般采用双层可调式装卸站台或尽端式货物站台辅加移动式商品

汽车装卸爬梯,故商品汽车装卸场宜采用尽端式布置图型。

10.2.4 铁路物流中心各物流功能区的相互位置,根据货物性质、作业量、办理货物作业的种类、地形、气候特点,城市规划的要求和装卸搬运机械的使用条件等进行合理布置,以利于货物作业。

集装箱货物货运量较小时,集装箱货区和长大笨重货区可布置在同一作业区,共用一条货物装卸线,使车场布置紧凑合理,装卸机械可分别设置。

散堆装货物功能区宜设于物流中心的下风方向,以改善货物卫生条件,防止污染其他货物。

除运输工具、加油站、加气站外,危险化学品的生产装置和储存数量构成重大危险源的储存设施,与人口密集区域及公共设施的距离必须符合国家标准或国家有关规定。

10.3.1 运转车场的到发场与调车场横列布置的主要优点是设备集中、管理方便,布置紧凑,能充分利用有效面积以节省用地,但同时要注意根据远期运量和发展规划留出必要的用地,以适应发展的需要。

运转车场咽喉区设置列车到发和调车作业的平行进路,主要是为了提高咽喉能力和作业效率;当运转车场设有机务车辆设备时,还应有机车走行或取送车辆的平行进路。

10.3.2 运转车场到发线数量可参照以下公式计算:

$$m=\frac{Nt_{占}}{1\,440K-t_{固}} \qquad (说明\ 10.3.2)$$

式中 m——到发线数量(条);

N——每昼夜办理列车对数(对);

$t_{占}$——办理每对列车占用到发线的时间(min),包括 $t_{占}=t_{接}+t_{解}+t_{编}+t_{发}$,一般为 150 min~200 min;

$t_{接}$——接车时间(min),可采用 8 min~15 min;

$t_{解}$——待解及解体时间(min),可采用 65 min~120 min;

$t_{编}$——编组时间(min),可采用 60 min~70 min;

$t_{发}$——发车及待发时间(min),可采用 10 min~20 min;

K——到发线利用系数,一般采用 0.6;

$t_{固}$——其他作业固定占用到发线时间(min),一般为 120 min。

当 $N=4\sim6$ 对时:

$$m=\frac{(4\sim6)\times(150\sim220)}{1\,440\times0.6-120}=0.81\sim1.61(条)$$

当 $N=7\sim12$ 对时:

$$m=\frac{(7\sim12)\times(150\sim200)}{1\,440\times0.6-120}=1.41\sim3.23(条)$$

一般情况下,当列车对数等于或小于 6 对时,运转车场的到发线数量(不包括机走线)为 1 条~2 条;7 对~12 对时,为 2 条~3 条;大于 12 对时,可根据具体情况适当增加。

当小运转列车较多时,由于作业时分较小,上述规模可按下限采用。

当装卸线具有接发车条件或到发线上不进行列车的技术作业时,部分列车可直接在装卸线办理接发车作业和技术作业，不需占用到发线，因此到发线数量可根据实际情况进行核减。

如运转车场还办理正规客货列车通过、到发作业或有引入线路时，应根据衔接线路的列车对数、列车性质和车站作业情况适当增加到发线数量。

为组织直达运输，提高作业效率，规定运转车场到发线有效长度应与相邻区段车站到发线有效长度一致。专门办理小运转货物列车的到发线有效长度，可根据小运转列车长度加 30 m 的附加制动距离确定。

10.3.3　运转车场的调车线是为解编列车、为铁路物流中心各货区挑选车辆而设置的。运转车场的调车线数量应根据装卸地点、作业车数和调车作业方式等因素确定。

运转车场调车线的总有效长度 L，可根据调车场平均每昼夜解编的车数并考虑到发不平衡系数按下式进行概略计算：

$$L=\frac{nTla}{24K} \quad \text{（说明 10.3.3）}$$

式中　L——运转车场调车线的总有效长度(m)；

n——调车场平均每昼夜解编的车辆数(辆)；

T——列车占用编组线的总时间，包括待送、集结和待解时间(h)。根据 16 个主要货运站的统计资料，一般可用 4 h；

l——车辆平均长度，可采用 14 m；

a——列车到发不平衡系数，可采用 1.4；

K——线路长度有效利用率，可采用 0.7。

根据以上公式计算各种解编车数的调车线总有效长度见说明表 10.3.3。

说明表 10.3.3　调车线总有效长度表

n(车/昼夜)	50	100	150	200	250	300	400
L(m)	234	467	700	934	1 167	1 400	1 868

由于作业车数和装卸地点的增加，需要挑选的车辆数和调车作业量也相应增加，对调车线数量的要求也就增加。一般情况下，当一个调车区或一个装卸地点的装卸车在 50 辆/昼夜以上时，应考虑设 1 条调车线；如装卸车在 50 辆/昼夜以下时，也可以两个或几个装卸地点(或调车区)合用 1 条。

调车线的有效长度应满足车列取送时最大长度的需要，宜与到发线的有效长度一致；但地形条件困难或改建工程量较大时，最短调车线的有效长度不宜小于 200 m，以满足每次取送两组共 10 辆(140 m)加机车长(30 m)和适当留有安全距离的要求。

当运转车场的到发线和调车线混合使用时，其线路数量可参照上述到发线和调车线的原则综合确定。

10.3.4　为了加速车辆周转，节省机车小时，运转车场与铁路物流中心之间的取送车作业应尽量按送空取重或送重取空办法，有条件时还应尽量组织双重作业，做到送重取重。为办理这一作业，在铁路物流中心内应根据具体情况设置存车线，以便作为铁路物流中心调车和临时停放车辆之用，使铁路物流中心有节奏和不间断地组织装卸作业。

新建铁路物流中心应按货运设备集中化，便于管理和提高运输效率的原则，存车场(线)应与车站内的到发线合设，不宜单独修建。

存车线的设置位置,结合工程及运输组织情况,单独设置时一般可设在铁路物流中心进口处,合设时可与铁路物流中心的货物线联合设置,如说明图 10. 3. 4 所示。

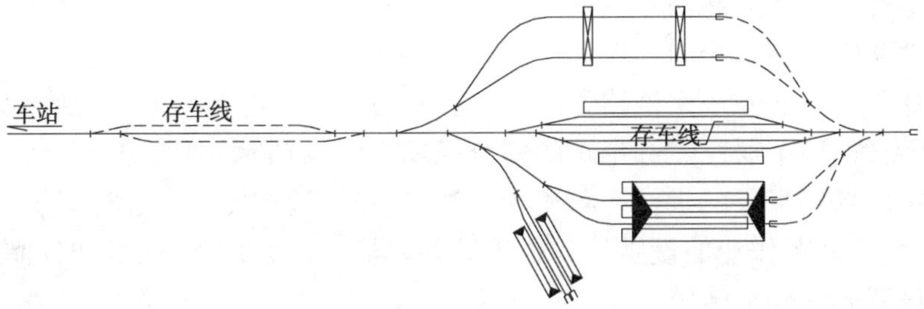

说明图 10. 3. 4　铁路物流中心存车线位置图

存车线的数量根据作业需要设置,满足能力及作业要求;存车场的长度可按一次取送车的最大车列长度确定。

下述情况可以不设或缓设铁路物流中心存车线:

(1)铁路物流中心距车站调车场较近(如 3 km 左右)且取送调车作业方便时。

(2)铁路物流中心虽然距车站调车场较远,但有其他空闲线路如岔线及其他联络线或有条件利用铁路物流中心咽喉附近一段引线供调车和临时存放车辆时。

(3)铁路物流中心虽然距车站调车场较远,但作业量不大,取送车次数不多(如 2 次~3 次)时。

10. 3. 5　运转车场的牵出线应根据线路性质、行车量、调车作业量,有无专用调车机车及有无其他线路可以利用进行调车等因素确定。

为了不影响运转车场正线的通过能力,提高调车作业效率,确保调车作业安全,一般情况下,通过式运转车场或设有铁路物流中心的中间站应按本规范第 7. 1. 5 条设置牵出线。

尽端式运转车场由于列车在正线一端进出,速度低,当正线或接轨的其他线路的平、纵断面符合调车作业要求的情况下,在列车对数 24 对及以下时,可利用这些线路进行调车,不另设牵出线,但大型运转车场由于调车作业繁忙应设置牵出线。

运转车场的车场与铁路物流中心横列式布置,两者可共用一条牵出线。

当集装箱货区、商品小汽车货区、快运货区、包装成件货区、散堆装货区、长大笨重货物货区、自轮装卸货区等三个及以上货区横列布置,宜增设牵出线。主要考虑不均衡运输、集中到发、转场、调车、选编车组、对货位等作业需要。根据对成都、西安、上海、大连、郑州等已建成的铁路物流中心的调查,现场反映,由于各货区隶属管理业主不同,作业时相互干扰大,牵出线能力不足,建议增设牵出线,因此,本次修订增加依据作业需求增设牵出线的要求。

运转车场牵出线的长度,应按车列或车组的长度确定。大型运转车场主要牵出线的长度,应与衔接车站单机牵引的到发线有效长度一致,次要牵出线根据作业需要长度设置,一般不宜小于半个整列作业需要的长度。

10. 4. 1　铁路物流中心应根据需要设置以下设备:办理托运、检斤、制票、问讯、交付等货运设备;办理货运作业的站台、仓库及货位、堆场、集装箱装卸场地、雨棚、排水、消防、照明、通路及围墙;货运安全检测及防护、视频集中监控等设备;为提高货运组织和作业管理现代化水平，应设信息化系统；在解编作业量大的运转车场，还可设置小能力驼峰。货物装卸设备包括为货物装卸作业服务的仓库、货棚及货架、站台、堆货场地、栈桥线、滑坡仓、漏斗仓以及各种类型的装卸、搬运机械等。

专业型铁路物流中心专门办理某一种或几种大宗货物，应按货物性质及数量合理设置。办理爆炸品货物的专业型铁路物流中心，应按规定设在远离城市的地点，应按规定与铁路正线、到发线、城市居民点有足够的安全距离，并应有防爆围墙、照明及特殊消防器材等设备。在铁路部门指定的机械冷藏车加油站，应设置机械冷藏车加油设备；冷链运输节点站，应设置为冷藏车作业的设施设备。当铁路物流中心办理水铁联运时，尚应根据投资及分工情况设置码头和港池等。

货车洗刷除污地点，应设处理污染及排泄设备。

为了减轻工人劳动强度，提高装卸作业效率，加速货物运送及车辆周转，货物装卸作业应采用机械化设备。

铁路装卸及运输机械的合理配置不仅要考虑货物品类、作业量、装卸作业性质，还要考虑装卸机械适应范围、场地条件、装卸机械性能、经济性和合理性等因素。设备的配置应优先采用安全、高效、节能、环保的产品。

作业量较大、货源稳定的铁路物流中心，应优先配置固定式（轨行式）装卸机械；作业量较小时、装卸机械区域调配频繁的铁路物流中心，应以配置流动式装卸机械为主，也可配置快速拼装式固定装卸机械。

各类货物可参考说明表 10. 4. 1 选配装卸机械。

说明表 10. 4. 1　各类货物配备装卸机械类型表

货物品类	装卸机械类型
包装成件货物	叉车（配托盘）、输送机、桥式起重机
集装箱	轨道式集装箱门式起重机、轮胎式集装箱门式起重机、集装箱正面吊运起重机、集装箱空箱堆垛机、集装箱叉车、小型低门架叉车
长大笨重货物	轨道式门式起重机、桥式起重机、汽车起重机、吊运机（配专用索具）
散堆装货物	翻车机、抓斗门式起重机、螺旋卸车机、坑道输送机（配底开门车）、装载机、快速定量装车系统（筒仓）、皮带输送机
粉末颗粒状货物	气力管道输送系统
液体货物	栈桥、鹤管、上卸及下卸装置
特货（小汽车）	专用装卸平台、专用移动式小汽车装卸车机械
危险货物	防火防爆型叉车

主要装卸机械的数量可参考以下的规定配备。

（1）集装箱装卸设备配置数量可按下列公式计算：

$$Z_j = \frac{Q_j \cdot \alpha_j}{P_j \cdot T_j \cdot W_j} \qquad \text{（说明 10. 4. 1—1）}$$

式中　Z_j——各种装卸机械配置台数；

Q_j——各种装卸机械日均需要完成的作业箱数（TEU）；

α_j——装卸次数；

P_j——装卸机械工作效率，轨道式集装箱门式起重机、集装箱空箱堆垛机可采用

20 箱次/h ~ 30 箱次/h,集装箱正面吊运起重机可采用 20 箱次/h ~ 25 箱次/h;

T_j——装卸机械日均作业时间(h),可采用 15 h ~ 17 h;

W_j——装卸机械的完好率,集装箱门式起重机取 0.95,集装箱空箱堆垛机及集装箱正面吊运起重机取 0.7。

(2)场内运输的集卡配置数量可按下列公式计算:

$$Z_k = \frac{N_k}{P_k \cdot T_k \cdot W_k} \tag{说明 10.4.1—2}$$

式中 Z_k——场内集卡配置台数;

N_k——辅助箱场日均总作业箱数(TEU);

P_k——场内运输集卡运输效率,可采用 8 TEU/(辆 · h) ~ 10 TEU/(辆 · h);

T_k——场内运输集卡日均作业时间,可采用 15 h ~ 17 h;

W_k——集卡的完好率,一般取 0.9。

(3)起重机配置数量可按下列公式计算:

$$Z_q = \frac{27.397 \cdot Q_{qn} \cdot a_q \cdot T_{qw}}{3\,600 \cdot Q_q \cdot T_q \cdot K_q \cdot W_q} \tag{说明 10.4.1—3}$$

式中 Z_q——起重机械数量(台);

Q_{qn}——每年装卸作业量(万 t/年);

a_q——不均衡系数,一般取 1.3;

T_{qw}——每装(卸)1 钩货物的周期;

Q_q——每钩起重的额定载荷(t/钩);

T_q——起重机日均作业时间(h),可采用 15 h ~ 17 h;

K_q——机械额定载荷利用系数;

W_q——起重机的完好率,一般取 0.9。

(4)叉车配置数量可按下列公式计算:

$$Z_c = \frac{Q_{cr} \cdot T_{cw}}{3\,600 \cdot Q_c \cdot T_c \cdot K_c \cdot W_c} \tag{说明 10.4.1—4}$$

式中 Z_c——叉车的配置数量(台);

Q_{cr}——各作业区日作业量(t);

T_{cw}——叉车升、降及往返搬运一次货物所需的总时间(s);

Q_c——叉车的最大起重量,一般为 1.5 t 或 2 t;

T_c——叉车日均作业时间(h),可采用 15 h ~ 17 h;

K_c——叉车额定荷载利用系数,一般取 0.7 ~ 0.9;

W_c——叉车的完好率,一般取 0.8。

(5)商品汽车双层可调式装卸站台或尽端式货物站台数量应根据场内商品汽车装卸线数量和作业需要确定。

(6)装载机(抓斗装卸机械)配置数量可按下列公式计算:

$$Z_d = \frac{\alpha_d \cdot Q_d \cdot T_{dw}}{3\,600 \cdot V_d \cdot T_d \cdot \rho_d \cdot \psi_d \cdot W_d} \tag{说明 10.4.1—5}$$

式中 Z_d——装载机(抓斗装卸机械)的配置数量(台);

α_d——装卸次数；

Q_d——散堆装货物日作业量(t)；

T_{dw}——一次作业的循环时间(s)；

V_d——铲斗(抓斗)容积(m^3)；

T_d——装载机(抓斗装卸机械)日均作业时间(h)，可采用 15 h~17 h；

ρ_d——货物堆密度(t/m^3)；

ψ_d——铲斗(抓斗)充填系数，一般取 0.6~0.8；

W_d——装载机的完好率，一般取 0.67~0.7；抓斗装卸机械的完好率，桥式抓斗起重机、门式抓斗起重机、轮胎式抓斗起重机一般取 0.9，抓料机、扒料机一般取 0.7。

(7)翻车机配置数量可按下列公式计算：

$$Z_f = \frac{Q_f \cdot T_{fw}}{3\,600 T_f \cdot m_f \cdot W_f} \quad \text{(说明 10.4.1—6)}$$

式中 Z_f——翻车机的配置数量(台)；

Q_f——散堆装货物日作业量(t)；

T_{fw}——翻车机卸车周期(s)；

T_f——翻车机日均作业时间(h)，可采用 15 h~17 h；

G_f——铁路车辆平均载重量(t/辆)；

m_f——翻车机一次翻卸车辆数(辆)；

W_f——翻车机的完好率，一般取 0.9。

(8)快速定量装车系统配置数量应满足在规定时间里装完一列车的要求，从空车对准货位到一列车全部装满、计量完毕所需的时间不宜超过 2.0 h。

为使装卸机械正常运行，必须按照规定进行保养和维修。装卸机械的保养及维修应按照现行的《铁路运输装卸机械管理规则》办理。

10.4.3 货物装卸线的装卸有效长度和货物存放场库(包括仓库、货棚、站台和长大笨重货物、散堆装货物、集装箱货物的场地)的长度，应根据货运量、各类货物车辆平均净载重、单位面积堆货量、货物占用货位时间、每天取送车次数和货位排数以及每排货位宽度等确定，可按下式计算：

$$L = \max\left\{\frac{T}{n}, \frac{1}{C}\right\} \frac{Qal}{365q} \quad \text{(说明 10.4.3—1)}$$

式中 L——货物装卸线的装卸有效长度(m)；

Q——年到发货运量(t)，当设备按到发分开使用时，分别为到达或发送货运量；

a——货物到发不平衡系数，一、二级铁路物流中心采用 1.1~1.3，三级铁路物流中心采用 1.3~1.5；

l——货车平均长度(m)，采用 14 m；

q——货车平均净载重(t)；

T——货物占用货位时间(d)；

n——货位排数，即一个车长范围内所容纳的货位个数(个)；

C——每天取送车次数(次)。

为考虑成组作业的需要，中间站仅设 1 条货物装卸线时，其装卸有效长度不少于 10

个车的长度即 140 m。

仓库宽度系指仓库一侧外墙轴线至另一侧外墙轴线间距离，可根据各种货物的货位宽度和设计的货位排数、库内作业通道、货位至墙体距离及仓库墙体厚度等因素计算后，按建筑模数确定，选用 18 m 及以上跨度，运量较小时亦可选用不小于 12 m 的跨度。

仓库宽度加仓库结构轴线至站台两边缘的距离即为站台宽度。如系露天站台，采用机械作业时，其宽度可采用 20 m。

采用门式、桥式起重机进行装卸作业时的堆积场宽度，应按货位排数和各类货物的货位宽度确定。货位排数应按起重机的门跨、悬臂长度和最大回转半径等确定。

各类货物的货车平均净载重、单位面积堆货量、货位宽度和占用货位时间，设计时可按说明表 10.4.3 选用。

说明表 10.4.3 各类货物的货车平均净载重、单位面积堆货量、货位宽度和占用货位时间

序号	货物品类	货车平均净载重(t)	单位面积堆货量(t/m^2)	货位宽度(m)	占用货位时间(d)	
					到达	发送
1	怕湿货物	60	0.5	6~8	2	2
2	危险货物	55	0.5	5.5	3	2
3	笨重货物	59	1.0	4.0	2	2
4	散堆装货物	68	1.0	4.0	2	2
5	集装箱货物	50	0.26	7.0	2	2

注：求算单位面积堆货量的总面积时，库棚内包括纯堆货面积、叉车或人行通道、货盘间作业和堆货间隔等面积；笨重货物和散堆装货物场地包括纯堆货面积和堆货间隔的面积，但不包括汽车通道和辅助机械走行场地的面积。

说明表 10.4.3 中的货车平均净载重 q 值、单位面积堆货量 P 值、货位宽度 d 值，系根据《全国铁路统计年鉴》数据确定。

单位面积堆货量 P 值按下述办法确定：

(1)用货车平均长度 14 m 乘各类货物的货位宽度求得各类货物平均占用货位面积。

(2)单位面积堆货量 P 值

包装成件货物：

$$P=\frac{\text{货车平均净载重}\times(1-\text{辅助面积系数})}{\text{每车平均占用货位面积}} \tag{说明 10.4.3—2}$$

辅助面积系数一般取 0.25。

笨重、散堆装、集装箱、危险货物：

$$P=\frac{\text{货车平均净载重}}{\text{每车平均占用货位面积}} \tag{说明 10.4.3—3}$$

货位宽度值 d 按下式计算确定：

$$d=\frac{q}{Pl} \tag{说明 10.4.3—4}$$

式中 q——货车平均净载重(t)；

P——单位面积堆货量(t/m^2)；

l——货车平均长度(m)。

10.4.4 货物装卸线与相邻线的距离包括同一功能区装卸线之间、不同功能区装卸线之间、装卸线与到发线之间的距离。铁路物流中心装卸机械多种多样，同类型货物采用的装卸机械类型、规格、性能、作业要求不同，因而场地宽度要求也不同，设计时应根据选用的装卸机械类型、货位布置、道路宽度及相邻线路的作业性质等因素计算确定。

10.4.5 站台与装卸线的布置可根据到发运量、运输组织、装卸作业工艺要求等采用相应的型式。

(1)一台一线的布置型式(说明图10.4.5—1)具有布置简单，适应性强的特点，宜在等级低的铁路物流中心，货物到发量不很平衡或货源不稳定时采用。

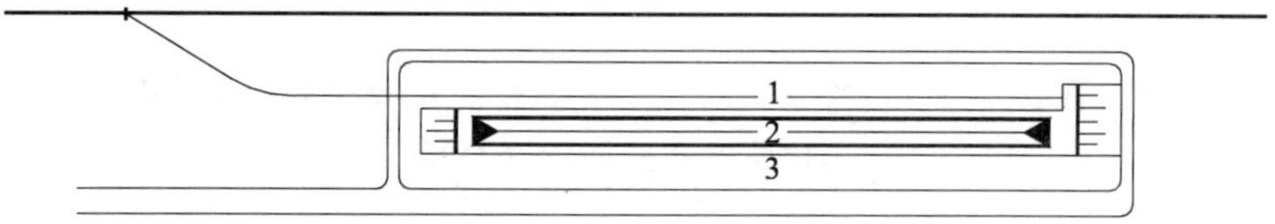

说明图10.4.5—1　一台一线布置图型

1—装卸线;2—站台及仓库;3—站台道路侧作业场地

(2)两台夹一线的布置型式(说明图10.4.5—2)具有布置简单，卸后可原位利用另一站台立即组织装车、避免调车，缩短车辆在站时间的优点;但存在无跨线雨棚时线路排水设置困难、线路换枕不便、站台高度超过0.5 m及以上时无法直接列检、电化线路接触网柱设置困难等缺点。适应货物运量较大且到发大致平衡，货源又稳定的情况，一般在等级高的铁路物流中心采用。

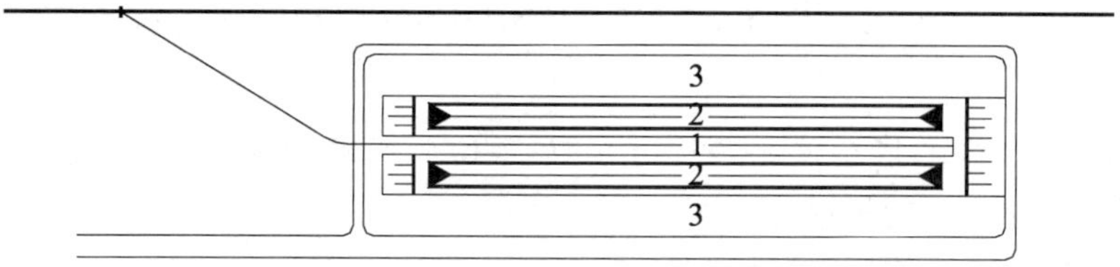

说明图10.4.5—2　两台夹一线布置图型

1—装卸线;2—站台及仓库;3—汽车装卸作业区

(3)两台夹两线的布置型式(说明图10.4.5—3)具有适应性强，用地省，线路排水及接触网柱设置方便，线路换枕容易，当站台高度0.5 m及以上时可以在另一侧进行列检作业(单侧列检)，调车方便等优点;但存在不能直接利用卸后空车，需调车转线的缺点。适应作业量较大、品名多的情况或到发分区的情况，一般在等级高的铁路物流中心采用。

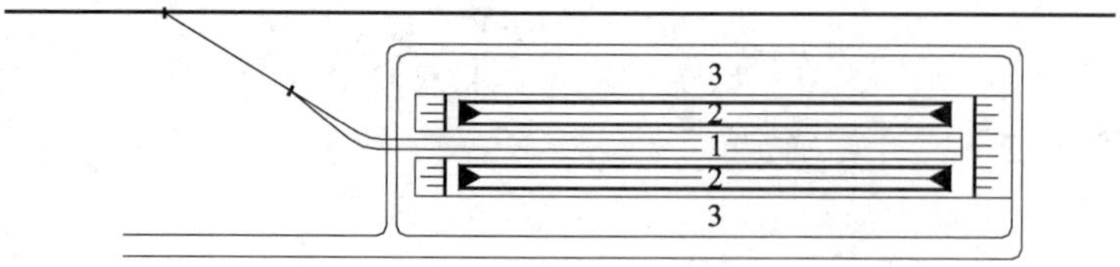

说明图10.4.5—3　两台夹两线布置图型

1—装卸线;2—站台及仓库;3—汽车装卸作业区

(4)三台夹两线的布置型式(说明图 10.4.5—4)有利于铁路物流中心的座、过、落和与发送配装的作业,从而提高作业效率,减少运输成本。物流中心中转作业量较大的装卸作业区可采用。

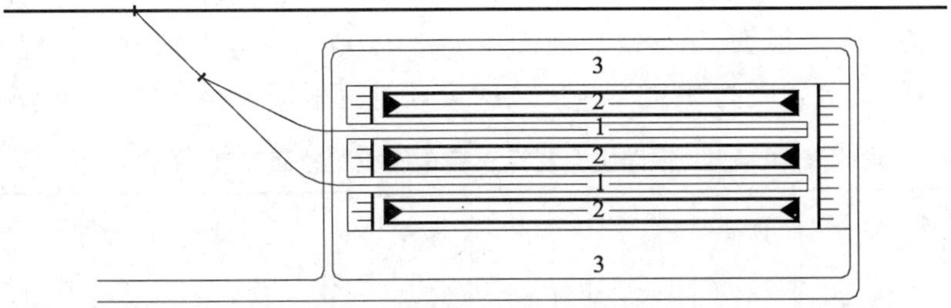

说明图 10.4.5—4 三台夹两线布置图型(零散货物快运中心站采用)

1—装卸线;2—站台及仓库;3—站台道路侧作业场地

(5)两台一平货位夹两线布置型式(说明图 10.4.5—5)可以满足当靠站台侧车门无法打开时,在平货位一侧进行掏卸作业,还能在货源稳定,作业量较大的情况下,组织不落地装卸配送作业,但必须严格组织到位,否则无法发挥作用,造成能力浪费。在作业量较大,且货源稳定,能组织不落地装卸配送的铁路物流中心采用。

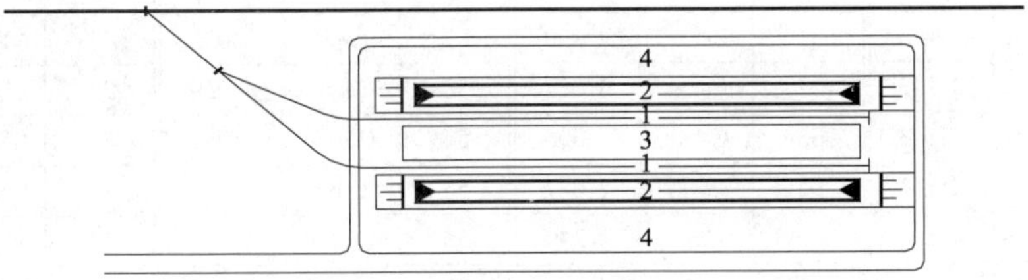

说明图 10.4.5—5 两台一平货位夹两线布置图型

1—装卸线;2—站台及仓库;3—平货位;4—站台道路侧作业场地

站台与装卸线的配置型式还可根据调查运量及品名、运输组织、装卸作业工艺等具体分析,采用上述基本单元配置及布置型式或其组合,如三台夹两线可以分解为两台夹一线与一台一线的组合等,达到安全、高效、适应性强、工程投资省的目标。

10.4.6 货物站台的设计规定说明。

1 站台长度:站台的长度宜与装卸线长度匹配,有整列装卸需要的货物站台应满足整列装卸作业的要求。其他情况下,应根据货物品类、作业量、取送车数、装卸作业过程、采用的装卸机械类型、仓库设置等因素计算确定。

站台宽度:应根据仓库宽度、仓库外墙轴线至站台边缘的距离等因素确定。为适应装卸机械化,一般仓库外墙轴线至站台边缘的距离不小于 4.0 m,改建困难时不小于 3.5 m。根据对上海、成都铁路局调研,货位宽度 6.0 m,两货位间通道宽度 2.5 m(武汉铁路局、中铁快运这个值一般取 3.0 m),货位至墙体外表间距 0.3 m(武汉铁路局、中铁快运这个值一般取 0.5 m),墙体(含结构柱)宽度 0.5 m。

2 站台高度:普通货车站台边缘顶面,靠铁路侧应高出轨面 1.1 m。据调研,很多车站在以敞代棚的情况下,会发生车门打不开的情况,不得已采取敲掉站台帽石或将车门在站台外打开的做法，影响作业效率。从说明表10.4.6可以看出，铁路货运车辆车底板距轨面高度的最小值为1.053 m（C76B、C76C），最大值为1.490 m（N15）。目前我国主型敞车C62A和C64的车底板距轨面高度分别为1.083 m和1.082 m。其车门低于车底板0.035 m，根据转向架的不同，满载时比空载时低0.020 m～0.040 m，因此为满足满载打开车门需要，考虑转向架压缩量最大，站台高出轨面不大于1.007 m，考虑到敞车出现变形的情况，因此建议铁路侧站台高度为0.95 m～1.1 m，设计时可根据各路局的实际情况确定。

说明表10.4.6　铁路主要货运车辆车底板距轨面高度（单位：mm）

序号	车型代码	高度	序号	车型代码	高度	序号	车型代码	高度	序号	车型代码	高度
1	P60	1 144	22	C5D	1 083	43	C65	1 073	64	N17G	1 211
2	P61	1 072	23	C61	1 083	44	C70	1 083	65	N17GK	1 211
3	P62	1 141	24	C61K	1 090	45	C70H	1 083	66	N17GT	1 211
4	P62N	1 141	25	C61T	1 087	46	C76	1 055	67	N17K	1 211
5	P62NT	1 141	26	C61Y	1 083	47	C76A	1 055	68	N17T	1 209
6	P62T	1 141	27	C61YK	1 090	48	C76B	1 053	69	N60	1 170
7	P64	1 143	28	C62	1 082	49	C76C	1 053	70	N17	1 211
8	P64A	1 143	29	C62A	1 083	50	C76H	1 055	71	NX17A	1 211
9	P64AK	1 143	30	C62B	1 083	51	C80	1 055	72	NX17AK	1 212
10	P64AT	1 143	31	C62AK	1 090	52	C80H	1 055	73	NX17AT	1 216
11	P64GK	1 143	32	C62AT	1 087	53	C80A	1 059	74	NX17B	1 211
12	P64GT	1 143	33	C62BK	1 090	54	C80AH	1 059	75	NX17BK	1 214
13	P64T	1 143	34	C62BT	1 087	55	C80B	1 059	76	NX17BT	1 216
14	P65	1 130	35	C62M	1 290	56	C80BH	1 059	77	NX17BH	1 207
15	P70	1 136	36	C63	1 061	57	CF	1 086	78	NX17K	1 212
16	TP64GK	1 143	37	C63A	1 061	58	N6	1 163	79	NX17T	1 216
17	P66K	1 124	38	C64	1 082	59	N15	1 490	80	NX70	1 216
18	P66H	1 124	39	C64A	1 082	60	N16	1 210	81	NX70H	1 216
19	P70A	1 136	40	C64K	1 082	61	N17	1 209	82	—	—
20	C16	1 079	41	C64H	1 082	62	N17AK	1 211	83	—	—
21	C16A	1 093	42	C64T	1 082	63	N17AT	1 211	84	—	—

道路侧货物站台距场坪的高度应考虑汽车和其他短途运输工具装卸作业的方便，以减轻劳动强度，提高效率。我国使用最广泛的半挂车如解放、东风、黄河等品牌，其空车底板末端高度为1.2 m～1.32 m，重载时一般下降0.1 m～0.15 m。小型配送货车的底板高度为0.8 m～1.1 m。升降平台的升降幅度为±0.3 m，因此道路侧站台的建议高度为1.10 m～1.30 m。各铁路物流中心宜根据实际情况设置道路侧站台高度。

3　货物站台的横向坡度大了不利于货物堆放及装卸、搬运作业，坡度小了又不利于站台排水，因此规定货物站台应向外侧排水，坡度宜为1%。

4　站台形状：

站台的布置型式有矩形、阶梯形、锯齿形等，一般以矩形的布置形式较优。各种形式的优缺点如下：

（1）矩形布置的装卸线较长，容车数较多，有利于成组装卸。当在同一线路上进行双重作业或由一仓库向另一仓库移动车辆时,走行距离较短。此外,矩形布置比较灵活,在一台一线的基础上,根据需要可以发展为两台夹一线或三台夹两线。

(2)阶梯形布置比矩形布置的调车行程要短一些,各装卸线的取送车作业可以单独进行,互不干扰。但这种布置仓库站台的突出部分影响汽车通道布置,又不利于站台上叉车走行,需要的道岔多,大部分装卸线只能一侧装卸,且每座仓库的尽头处不能充分利用。此外,这种布置的线路短,容车少,调车钩数多,容易发生车辆与站台端部相撞的事故,安全性较差。

(3)锯齿形布置由于仓库前的站台宽窄不一,按最窄处控制站台要增加工程量和占地面积,还加大了搬运距离,其他缺点类似阶梯形布置。由于缺点较多,故不宜采用。

5 站台斜坡坡面应采取防滑措施。

6 双层可调式装卸站台上层投影长度包括二层装卸台升降段、二层装卸台水平段、上二层平台坡道三部分的投影长度。

10.4.7 货物仓库或货棚的设计规定说明。

1~2 为避免货物在装卸搬运时受到雨、雪等降水影响造成淋湿损坏,同时为装卸创造良好作业条件,避免由于天气原因影响间断作业,一般情况下,雨棚的宽度应伸出站台边缘。考虑到车辆高度与雨棚高度关系,降水受风力影响产生漂雨(雪),因此,在铁路一侧雨棚,应根据气候条件及作业需要,可伸至车辆中心线(棚车)或将车辆全部覆盖(敞车)并考虑飘雨(雪)影响范围,站台边缘至车辆中心线距离 1.75 m,飘雨(雪)影响宽度按下式计算:

$$L=\Delta h/\cos\alpha \qquad \text{(说明 10.4.7—1)}$$

式中 L——飘雨(雪)影响宽度(m);

Δh——雨棚端部与车辆顶部高差(m);

α——受风力影响降水偏离垂线的角度(°)。

Δh 一般为 0.3 m~0.5 m,车辆半宽 1.6 m,因此,伸出站台边缘的距离一般在 2.05 m~3.85 m。

同样道理,在场地一侧,按汽车侧式停靠不利情况考虑,雨棚应伸出站台边缘覆盖汽车宽度 2.5 m;当货车横向作业时雨棚伸出站台长度需满足货车雨雪天装卸的作业要求。当两种作业方式均存在时,雨棚伸出站台长度取较大者。

雨棚的高度要满足建筑接近限界及汽车装满货物通行的最小高度的要求,一般不小于 5 m。

3 仓库长度、宽度确定。

仓库的宽度按下式计算:

$$\begin{aligned}D&=0.5/2+0.3+N\times D_{货}+(N-1)\times D_{通}+0.3+0.5/2\\&=1.1+N\times D_{货}+(N-1)\times 2.5 \qquad \text{(说明 10.4.7—2)}\end{aligned}$$

式中 D——仓库的计算宽度(m),计算后需按结构模数取值;

0.5——墙体宽度(m);

0.3——货位距墙体表面距离(m),中铁快运此值一般取 0.5 m;

N——货位排数(排);

$D_{货}$——货位宽度,根据调查,一般为 6.0 m;

$N-1$——货位间设置通道数;

$D_{通}$——通道宽度(m)。

仓库长度按下式计算:

$$L = Q_1/(d \times D) \quad (说明 10.4.7—3)$$

式中 L——仓库计算长度(m),计算后需按结构模数取值;

Q_1——次来车最大装(卸)量(t),Q_1=车辆平均净载重×一次来车最大辆数;

d——库内单位面积平均堆货量(t/m^2),可通过统计或计算得出;

D——仓库宽度(m)。

规范中仓库或货棚宽度参考路外物流企业的调研数据。

仓库长度、宽度除满足结构规范模数外,还应满足消防要求,当长度较长时,应分割设置,单个仓库面积一般不宜小于3 000 m^2。

4 仓库或货棚净高主要考虑货物的堆码方式,使用货架的仓库或货棚,其净高主要取决于货架层数和每层货架高度以及叉车的起升高度,国内主流叉车的起升高度为1.5 m~6 m;堆存货仓库或货棚,其净高取决于货物的堆码高度。当仓库内堆货高度未达到仓库净高或者远小于净高,可以考虑在仓库中修建隔板,在搁板上设立办公场所或其他作业区,可以提高仓库的空间利用率。

5 仓库外墙轴线距站台边缘距离:计算过程中需考虑叉车宽度、作业安全间隙、叉车交会时最外轮胎至站台边缘的安全距离、人员通行宽度、叉车转弯半径、托盘宽度等因素。

(1)仓库铁路侧的库外站台宽度应考虑以下作业的需要:

①空重叉车交会,其需要宽度为:

$$B_{外} = C + W + C + B + T_{安} \quad (说明 10.4.7—4)$$

计算结果为 $B_{外}$=3.17 m。

②重叉车转弯(或调头)对车门或库门(说明图 10.4.7—1、说明图 10.4.7—2)其需要宽度为:

$$B_{外} = C + R_1 + A + W' \quad (说明 10.4.7—5)$$

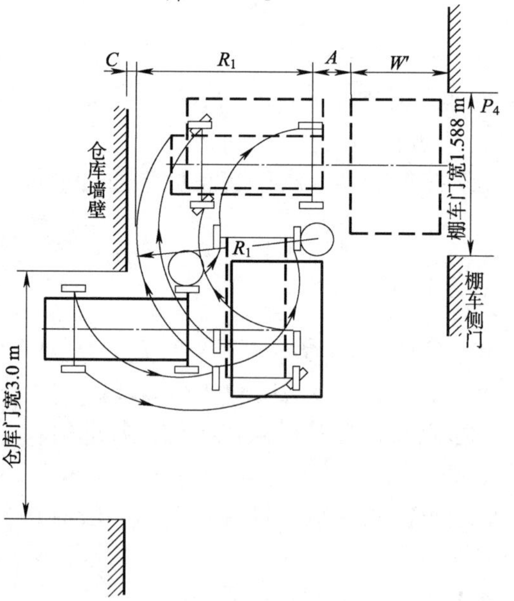

说明图 10.4.7—1 铁路一侧库外站台叉车走 S 弯对车门作业图

计算结果为 $B_{外}=3.225$ m。

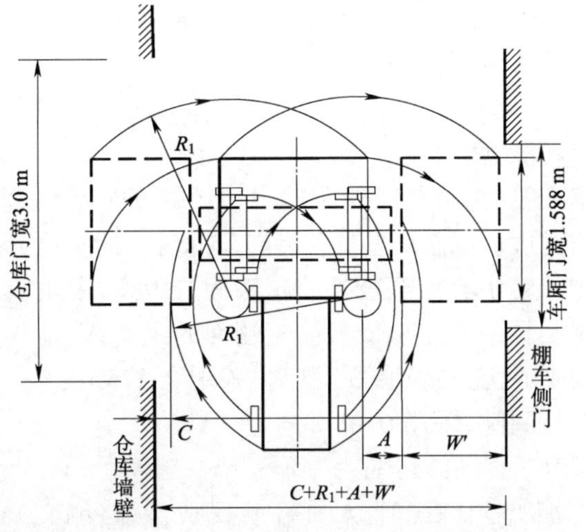

说明图 10.4.7—2　铁路一侧库外站台叉车调头对门作业图

③空托盘在库外存放同时走行重叉车(多出现在到达库),其需要宽度为:

$$B_{外}=E_{侧}+W''+C+W+T_{安} \quad (说明\ 10.4.7—6)$$

计算结果为 $B_{外}=3.35$ m。

以上最大宽度为 3.35 m,加 0.5 m 墙厚,为 3.85 m,考虑一定富余量取 4 m。

(2)货棚铁路一侧的棚外站台宽度:应考虑货棚内堆满货物且货位边线与柱子对齐,叉车开始作业时从最外边取盘货转 180°,然后叉车垂直于车门(说明图 10.4.7—3),其需要宽度为:

$$B_{外}=2(A+W'+R_2)+B \quad (说明\ 10.4.7—7)$$

计算结果为 $B_{外}=3.83$ m。

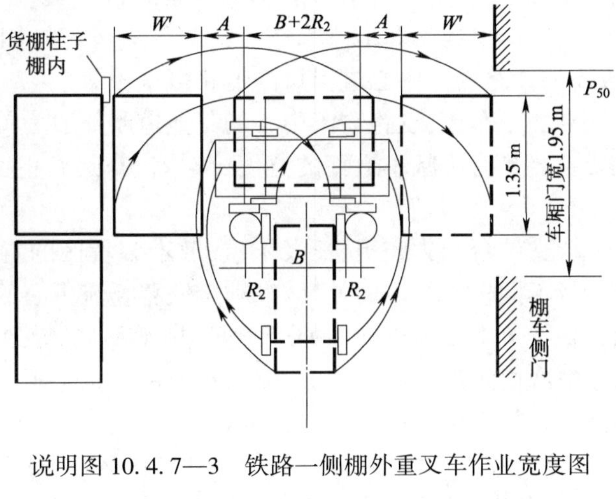

说明图 10.4.7—3　铁路一侧棚外重叉车作业宽度图

(3)仓库、货棚道路一侧的棚外站台宽度:应考虑货主托运时在站台上纵向放置盘货,然后叉车转 90°角放入货棚内的作业需要,交付时与此相反。其宽度为:

$$B_{外}=W+A+R_2+\frac{B}{2}+\frac{W}{2}+T_{台} \quad (说明\ 10.4.7—8)$$

计算结果为 $B_{外}=3.095$ m。

式中　W——盘货的计算宽度，采用 1.35 m；

W'——盘货的计算长度，采用 0.93 m；

B——叉车全宽，采用 0.92 m；

C——作业安全间隙宽，采用 0.2 m；

$T_{安}$——考虑叉车交会时，最外车轮距站台边缘的安全距离，采用 0.5 m；

$T_{台}$——站台帽的宽度（包括考虑人工装汽车拆盘用的宽度）采用 0.5 m；

R_1——叉车车体回转中心点至最外前轮侧面的距离，采用 1.72 m；

R_2——叉车车体回转中心点至最近前轮侧面的距离，采用 0.15 m；

A——叉车前轴中心至盘货边缘的距离，采用 0.375 m；

$E_{侧}$——空托盘堆放间隙，采用 0.05 m；

W''——空托盘宽度，采用 1.25 m。

在现场调研中，铁路物流中心作业人员普遍反映，铁路侧4.0 m 还可以满足要求，但公路侧因汽车大型化，叉车吨位提高、作业繁忙等因素，要求宽度增加至不小于 4.0 m，减少叉车与库门的撞击可能性。

综上所述，本次规定装卸作业场地宽度靠近铁路侧宜采用 4 m，场地侧不宜小于 4 m。

6　站台仓库场地侧装卸作业场地宽度。

依据货运挂车系列型谱，我国牵引半挂车的最长长度 16.5 m，一般在 8.6 m ~ 14.2 m，考虑牵引车长度及轴距、车辆宽度2.5 m、车辆性能（转弯半径）与外摆值（最大 0.8 m）等因素，仓库道路侧作业场地宽度满足公路货运车辆作业要求，一般不小于20 m。许多国家标准已将站台公路侧单侧装卸宽度修改为 30 m（含车辆通道），相向作业宽度不宜小于 45 m（含车辆通道）。考虑等级低的铁路铁路物流中心发展受运量及用地条件的限制，站台公路侧单侧装卸宽度宜采用 10.5 m，能满足普通汽车端式或侧式装卸的需要。

10.4.8　铁路物流中心的道路宽度应根据搬运车辆和装卸机械类型、作业繁忙程度和作业要求等布置为单车道、双车道或三车道。当作业繁忙和车辆交会多时可采用双车道，否则采用单车道。等级高的铁路物流中心进出口的道路可采用 2 个 ~3 个车道，等级低的铁路物流中心可采用 1 个 ~2 个车道，铁路物流中心的其他道路一般为单车道。铁路物流中心的道路布置成环形，主要是为了减小道路的宽度，减少汽车运行的交叉干扰，方便汽车进出。

铁路物流中心的道路、站台和集装箱、长大笨重、散堆装货区的货位以及车站停留场地，均应分别视情况进行不同标准的硬面处理，以利于铁路物流中心的正常作业和货物保管。根据调查，有的铁路物流中心由于硬面处理不好，排水不良，导致货物污染和湿损十分严重；有的铁路物流中心由于没有进行硬面处理，造成刮风尘土满场，雨后泥泞难行，无法进出货，给铁路物流中心的运营工作带来很大困难。

为了避免货物遭受湿损和减少污染，保证货物装卸与搬运作业的方便，使铁路物流中心有一个清洁卫生的工作条件，铁路物流中心的堆货场地、道路路面、站台面以及车辆停留场均应结合场地排水，视情况分别进行不同标准的硬面处理。硬面材料和结构类型应根据铁路物流中心和货区的货物品类和采用的搬运工具，因地制宜选用。

11.1.1　驼峰按日解体能力分为大能力驼峰、中能力驼峰和小能力驼峰三类。

自 20 世纪 80 年代以来，广泛采用了先进的驼峰技术，一些调速设备、控制系统、检测系统、管理系统不断推广使用,提高了驼峰自动化水平,一些大能力驼峰自动化水平居国际领先地位。

原有机械化驼峰,经过技术改造,调车线内都安装了车辆减速器,形成了减速器—减速顶点连式调速系统,实现了车辆溜放速度自动或半自动控制,所以过去的机械化驼峰已不存在。

随着不同调速制式的发展和完善,必须改变驼峰分类方式,才能适应新形势的需要。

1 据调查统计的10个全路大型编组站15座驼峰,日均解体3 255辆~6 400辆。通过调查分析,由于多种原因,有些驼峰尚未达到设计能力。上述15座大能力驼峰的调车线数量除武汉北站上、下行调车场均为48条,郑州北站上、下行调车场分别为36条、37条外,其余为30条~32条。

大能力驼峰均设在路网性编组站上。驼峰是编组站的咽喉,为了提高驼峰解体效率,保证作业安全,应设有先进的自动化设备。

驼峰进路控制系统系指应用计算机自动控制钩车溜放进路,并对控制过程进行监测,同时具备保证作业安全的措施。

溜放车组速度控制系统系指应用计算机自动控制钩车在第一、二、三制动位的出口速度、保证溜放间隔、迅速通过各分路道岔和各部位车辆减速器区段,达到溜放钩车在调车线安全连挂的目的。

推峰速度控制系统系指应用计算机遥控调车机车推峰速度的系统。

停车防溜控制系统系指应用计算机通过采集头尾作业信息实现停车自动防溜控制的系统。

2 中能力驼峰多设于区域性和地方性编组站上。在调查的18个编组站的22座驼峰中,日均解体作业量超过2 000辆的有14座,占64%,一般大于16条调车线的驼峰溜放部分宜设间隔制动位减速器。16条调车线的能力能达到2 000辆/日。因此将2 000辆和16条以上调车线作为中能力驼峰的下限是适宜的。

中能力驼峰的解体能力与调车线数量的范围跨度较大(解体作业量2 000辆~4 000辆,线路17条~29条),所以它的峰高和平面布置形式差异也较大,一般可设2个峰顶和2条溜放线,调车线可设2个~4个线束,当调车线和线束较少时,也可设1个峰顶和1条溜放线。

为提高解体效率,保证作业安全,中能力驼峰必须设有驼峰进路控制系统和溜放车组速度控制系统。

推峰速度控制系统可用于调车线24条以上的驼峰,24条以下的驼峰可选用驼峰机车信号。

3 小能力驼峰多设在小型编组站或区段站上。在调查的25座驼峰中,调车线数量超过10条的22座,占88%。

小能力驼峰调车线数量少,平面布置不规范,推峰速度不一定要求5 km/h。因此,可因地制宜地选用自动化设备。驼峰进路控制系统应优先采用,它能收到投资少,见效快的效果。溜放速度控制可采用全减速顶、股道全顶调速系统。当股道数量较多时,调车线内安装减速器,可采用驼峰车辆速度微机控制系统或驼峰微机全可控顶调速系统。

小能力驼峰推送线一般不顺直,瞭望条件差,应首先采用机车信号设备,机车信号的发送装置能向机车上传送地面信号的信息。

调车线内设有脱鞋器的小能力驼峰,改造时宜采用减速器代替脱鞋器,实现减速器—减速顶的点连式调速。

调车线数量少的驼峰宜采用微机可控顶调速系统,条件困难时,亦可采用驼峰全减速顶或股道全减速顶等调速系统。

11.1.2 合理的设计年度对发挥驼峰设备投资的效能有重要意义。由于设计、施工有一定周期,故设计时必须根据近期作业量确定其设备类型和技术装备,应预留远期发展,并处理好近远期工程的衔接。特别是近期上小能力,预留大、中能力的驼峰,因平面预留减速器位置而造成溜放部分过长,加之近期不能按大、中能力驼峰峰高施工,使加速坡变缓车辆溜放间隔变小,驼峰难以设计合理,运营效果很不理想。

既有小能力驼峰,不少是在牵出线上平地起峰,平面仍保留原有的 9 号单开道岔梯线形布置,解体作业量不大,此类驼峰如增设减速顶等设备既能满足解体能力要求,又能减轻调车作业人员的劳动强度和保证作业安全。当采用上述设备不能满足解体能力要求时,应结合采用的调速系统对不合理的驼峰平纵断面进行改造,并安装有关调速设备(车辆减速器、减速顶),从而达到提高驼峰解体效率,满足运输要求和保证作业安全的目的。

11.2.1 车辆溜经驼峰溜放部分时,由于各种阻力的影响,动能不断消耗,其中基本阻力和风阻力所消耗的动能随驼峰溜放部分长度的增加而增加。曲线道岔阻力所消耗的动能随钩车溜经的曲线转角度数和道岔数的增加而增加。因此,设计驼峰平面时,应尽量减少车辆动能的消耗,以降低驼峰高度,减少工程费和运营费;同时,也有利于安全作业。车列解体时,前、后两钩车必有一定长度的共同溜行径路,由于车辆阻力不同,例如在共同溜放进路上,前行车为难行车,后行车为易行车,两钩车溜放间距逐渐减小,容易出现道岔来不及转换和“追尾”等。因此,合理的驼峰线路平面设计,应符合下述三点要求:一是峰顶至每一个调车线警冲标的距离尽量缩短并相接近;二是车辆溜入每一条调车线所经过的道岔数和曲线转角(包括侧向通过道岔时的辙叉角)度数尽量减少并相接近;三是尽量减少前、后两钩车共同溜行径路的长度,使钩车迅速分路。为实现上述要求,驼峰溜放部分的线路平面应符合下列规定:

1 采用线束形布置可缩短前、后两钩车的共同溜行径路。驼峰平面各线束所含调车线的多少直接影响间隔制动位的投资,因此,大、中能力驼峰平面,以每线束设 6 条~8 条调车线为宜。

采用长度短而辙叉角大的 6 号对称道岔,可缩短溜放部分的长度,以 24 条调车线设有峰下交叉渡线的驼峰为例,采用 6 号对称道岔比用 9 号单开道岔约可缩短 70 m。此外,6 号对称道岔较 9 号单开道岔的绝缘区段长度短 3 m 左右,允许前、后两钩车间有较小的间隔,有利于提高推峰速度。

6.5 号对称道岔在我国 1986 年前修建的驼峰上曾广泛采用,由于是非系列产品,新建驼峰不应再用。但当对原用 6.5 号对称道岔的驼峰进行改建困难时,为了充分利用旧有设备,减少废弃工程和对调车场作业的干扰,便于维修或降低施工过渡的难度等,仍可继续采用。调车场最外侧线路,由于曲线转角大,如用对称道岔造成平面恶化时,可采用 9 号单开道岔。但由于 9 号道岔绝缘区段长,警冲标距岔心距离远,因而延长了溜放钩车间隔,影响解体效率。因此,应尽量避免采用 9 号单开道岔。

设在区段站和类似区段站图型编组站的小能力驼峰,由于调车线设在到发线外侧,而牵出线往往正对到发线,这就形成了驼峰的“歪脖子”。当到发线数量多,调车线数量少,而牵出线外移将增加工程或有困难时,可根据具体条件采用6号对称或9号单开道岔。如采用6号对称道岔有困难时,可采用9号单开道岔和复式梯线形布置。当既有站改建确有困难时,可保留原有梯线形布置。

2 采用大于200 m曲线半径不增加驼峰溜放部分长度时,应尽量采用大半径。驼峰溜放部分短轨多,而且是经过计算确定的(道岔保护区段长度),并在短轨内还要设曲线,这些曲线的半径的选择都受到了很大限制。如7 m长的短轨转2°角,半径采用200 m,曲线长为6.98 m,在此条件下,不应采用大于200 m的半径。因此,为缩短驼峰溜放部分的长度,并满足工务养护维修的要求,驼峰溜放部分的曲线半径不应小于200 m。当驼峰平面连接困难时,可采用180 m曲线半径。

3 允许曲线可直接连接道岔基本轨或辙叉跟(此时可用道岔导曲线的轨距加宽递减),可以避免因设置曲线的轨距加宽而延长驼峰溜放部分长度。6号道岔基本轨轨距为1 440 mm,与曲线直接连接还可以缩短曲线加宽所需长度。

驼峰第一分路道岔岔前曲线不允许直接与道岔基本轨相连,因为溜经第一分路道岔的钩车最多,且是迅速加速区段,钩车溜经曲线时,由于离心力的作用向曲线外侧产生推力,道岔直接接曲线,车轮对曲线外侧尖轨产生很大撞击力,造成尖轨的损坏率加大。为便于道岔的养护维修,设计驼峰平面时,岔前应留出不短于一个转向架长的直线段;困难条件下留出0.5 m长的直线段。

11.2.2 峰顶系指峰顶平台与加速坡的交点。

峰顶距第一分路道岔基本轨轨缝间的最小距离应为30 m~40 m。该距离主要考虑以下因素:

(1)以较高的推峰速度解体车列时,在溜车不利条件下,难、易行车在第一分路道岔有足够的间隔。

(2)满足在加速坡与中间坡变坡点处设置竖曲线的要求。

(3)保证驼峰溜放部分纵断面设计合理。

上述原因详细论述见中国铁路通信信号总公司的《驼峰峰顶距第一分路道岔距离的研究》研究报告及《铁路驼峰及调车场设计规范》TB 10062。

11.2.3 峰前设有到达场的驼峰,设1条推送线节约投资有限。当需再设第2条推送线时,必须改建到达场咽喉区及有关的信号设备,工程复杂,既增加投资又影响运营,因此,应设两条推送线。

驼峰推送线的数量与解体作业量和驼峰机车台数有关。配备1台机车时,只设1条推送线;配备2台~3台机车时,设置2条推送线可进行预推作业,以缩短连续解体车列的间隔时间,提高驼峰的解体能力。根据分析计算,预推比不预推可提高解体能力约15%。

驼峰采用双溜放作业方式,可提高解体能力,但要有足够的调车线数量,使每一个驼峰能作为一个独立的调车系统而互不干扰。在此情况下,为创造预推条件,应设3条~4条推送线。本条规定的双溜放作业方式系指经常按双溜放作业而言,不含由于车站临时组织双溜放作业的应急情况。

峰前不设到达场时,推送线(牵出线)是单独设置,增设第2条牵出线较为方便。因此,可根据解体作业量、调车机车台数和到发场的数量,确定推送线(牵出线)的数量。

推送线经常提钩地段应设计成直线,困难条件下,必须设置曲线时,应设在中、小溜放车组(约占解体车数的80%以上)经常脱钩的地段以外,一般距峰顶不小于80 m~100 m。

对于设有减速器的驼峰，此距离也满足安装减速器的限界检查器的要求。

推送线靠峰顶端不宜采用对称道岔，其理由有以下几点：

(1)靠峰顶端采用对称道岔，推送车列上峰时，经常提钩地段的车辆位于曲线上，影响提钩员瞭望。

(2)位于曲线上的车辆，钩身不正影响提钩，加之曲线引起的晃动，会使提起的车钩又落下，造成护钩距离长，增加提钩员的劳动强度。

(3)由于曲线上提钩容易造成半开钩，影响调车线连挂作业，当调整钩位时又会影响连接员的安全。

(4)推峰机车司机瞭望信号不便。

采用单开道岔时，上述情况会有较大改善。

为了能从驼峰主信号楼看到峰上提钩作业的情况，以便正确及时地显示驼峰信号；同时，为了使车辆经常提钩地段的推送线保持直线，两推送线间不应设置房屋。

调车员室或连接员室应设在两推送线外侧并与主信号楼同侧，是为了便于调车人员互相联系。

设 2 条推送线时，1 条推送线进行解体，另 1 条推送线有车列预推上峰。为了保证提钩人员在瞭望车辆提钩和走行情况以及提钩时统计车数等作业时的安全，在经常提钩地段，2 条推送线中心距离不应小于 6. 5 m。通话柱、信号按钮柱和道岔转辙机等设备要设在提钩人员作业时经常走行的通路以外，以免影响提钩人员的作业安全。

禁溜线、迂回线的道岔位置均靠近峰顶。为了保证作业和人身安全，在推送线主提钩一侧的禁溜线、迂回线的道岔上，应铺设峰顶跨道岔铺面。峰顶沿推送坡方向至第一组道岔辙岔后区域，应沿线路设置防滑水泥砖材质作业通道，通道宽度不应少于 1 m。

11. 2. 4　设有 2 条推送线，线束有 4 个以上及作业量较大的驼峰，应设 2 个峰顶，使预推车列尽量接近峰顶，充分发挥预推效果。根据分析计算，设 2 个峰顶比设 1 个峰顶可提高解体能力 10% 左右。设 2 个峰顶时，峰下可设 1 条溜放线或 2 条溜放线(峰下设交叉渡线)。两种方式的驼峰溜放部分长度相差不大，且设 2 条溜放线者仅多 2 组道岔和 1 组菱形交叉，但具有作业灵活性强、使用方便、安全性好等优点，故应设 2 条溜放线。

11. 2. 5　在大、中能力的驼峰上，一般为整列解体。在解体过程中如将禁溜车经驼峰送入调车场后再将剩余车辆回牵上峰则比较困难，调车时间也长。因此，每个峰顶宜设置禁溜线。当平、纵断面条件许可时，可设渡线联通禁溜线与迂回线，当迂回线上没有车列走行时，可利用尾部调机至驼峰禁溜线牵出禁溜车，既减少禁溜车回牵对驼峰解体的干扰，又可灵活使用峰顶和编尾调机，进一步提高驼峰解体能力。

有的车站禁溜车较少，不能过峰顶的车不多时，可将禁溜线与迂回线合设，该共用线可按迂回线要求设计，靠峰顶端设一段平坡，供禁溜车存放。

小能力驼峰进行解体作业时，如果是一列车分为两部分解体，由于峰高一般不超过 2 m，调机带半列车送禁溜车作业方便，不设禁溜线对作业影响不大。另外，有的小能力驼峰由于地形条件限制，没有设禁溜线位置。因此，小能力驼峰的禁溜线应根据需要和可能设置。

禁溜线有效长过短，不仅增加向调车线送禁溜车次数，而且当调机牵引车列较长时往禁溜线送车不安全。根据驼峰平面布置，禁溜线一般设计 150 m 长，可存放 10 辆车，能满足作业要求。

当禁溜线与迂回线合设一条时,其始端道岔必须设在压钩坡上,以满足设置迂回线竖曲线半径的要求。

设计禁溜线时,应尽量向远离溜放线方向转角,使其线路在峰顶与信号楼主控制台视线之外,当禁溜车停在此线上时,不影响峰顶连接员与信号楼作业员间的视线。

11.2.6 铁路货车中的大型(D 型)车,由于下部限界低或跨装货物对装载的要求,不能通过峰顶或车辆减速器,为将这些车辆送入调车线,需要设置绕过峰顶和车辆减速器的迂回线。

峰前设有到达场的驼峰,系整列解体,对不能过峰的车辆必须通过迂回线送往调车线。因此,峰前设有到达场的驼峰应设迂回线。

峰前不设到达场的驼峰,不能过峰顶和车辆减速器的车辆可采取分部解体、大型车座编、由尾部调机通过联络线送往指定的线路等措施解决。因此,峰前不设到达场的驼峰,是否设迂回线应根据站场布置和作业特点确定。

11.2.7 车辆减速器结构要求必须设在直线上,其设置位置应考虑维修作业人员的安全。车辆减速器范围内不得设变坡点,当采用自动或半自动控制时,其始端宜留有不短于4.5 m长的短轨。

驼峰道岔采用集中控制时,岔前应留有必要的保护区段,以保证启动的转辙机在钩车压上尖轨之前能转换到使尖轨处于密贴状态。保护区段的长度应根据钩车溜经该区段的最大速度和道岔的转换时间计算确定。

保护区段不应短于计算的长度。因保护区段短,道岔绝缘区段可相应缩短,从而可缩小前、后两钩车通过道岔时所需的间隔,提高峰顶推送速度。但道岔绝缘区段不得短于经驼峰溜放的四轴车二、三轴间的最大距离,以避免车辆跨在道岔绝缘区段上而产生进路误传和道岔误动。

驼峰生产房屋(如信号楼、调车员室、车辆减速器动力室等)的位置是根据室内作业人员所控制的设备的地点、作业时的瞭望、安全和方便等条件确定的,因此其位置与驼峰线路平面特别是峰顶禁溜线和迂回线的布置有密切关系。因此,设计禁溜线和迂回线时,必须留有生产房屋的位置。

11.3.1 驼峰峰高系指峰顶与计算点间的高差。难行车系指总重为 30 t 棚车。溜车不利条件系指风向、风速和气温等外部环境不利于车辆溜放的(货车溜放总阻力最大)条件。

车辆溜经驼峰溜放部分(峰顶至计算点)受货车溜放基本阻力、风阻力、曲线阻力、道岔阻力的影响,能量不断消耗。为提高驼峰的解体效率,保证作业安全,车辆溜经驼峰溜放部分时,应有必要的速度,以迅速通过道岔和减速器,保证前、后钩车间有足够的间隔。另外还需满足钩车溜行远度的要求,保证难行车在溜车不利条件下能溜到难行线计算点。因此,驼峰应有一定的高度,使钩车脱钩后有一定位能,以克服各种阻力消耗的能量。

不同的驼峰调车场调速系统,计算点亦不相同,因而对峰高的要求也不相同。计算峰高的各种阻力参数可按原铁道部技初 83001 号文鉴定的《铁路货车溜放基本阻力,道岔、曲线附加阻力》、86021 号文审定的《铁路货车风阻力》、86020 号文审定的《驼峰设计中气象资料的确定》等研究报告选取。点连式调速系统的峰高及调车场纵断面可按(92)铁道部技 005 号鉴定的《点连式驼峰计算机模拟设计研究》软件进行设计。

目前我国各类驼峰调车场调速系统的计算点位置见说明表 11.3.1。

说明表 11.3.1　驼峰调车场调速系统类型及计算点位置表

序号	类型		调速设备组成		计算点位置
			溜放部分	调车场部分	
1	点式		减速器	减速器	打靶区末端
2	点点式		减速器	减速器+减速器	第二目的制动位出口
3	点连式	1	减速器	减速器+减速顶	打靶区末端
		2	无	减速器+减速顶	减速器出口
4	连续式	1	可控减速顶	可控减速顶群+减速顶	打靶区末端
		2	减速顶	减速顶群+减速顶	减速顶群末端

溜放部分设间隔制动位的驼峰，在溜车不利条件下，难行车溜到计算点应有 5 km/h 的溜放速度。

溜放部分不设间隔制动位的驼峰，峰高需满足下列要求：

(1)保证以 5 km/h 的推送速度解体车列时，难行车在溜车不利条件下能溜至难行线的计算点；当调车线始端设车辆减速器时，溜出车辆减速器有 5 km/h 的溜放速度；不设调速设备时溜到警冲标内方 50 m 处停车。以此条件计算的峰高称冬季需要峰高(H_{xu})。

(2)保证以 5 km/h 的推送速度解体车列时，易行车在溜车有利条件下，溜至易行线减速器入口(设调车线车辆减速器时)不大于减速器制动能高允许的入口速度，该峰高称减速器的限制峰高(H_{jx})；当调车线内不设车辆减速器时，易行车在溜车有利条件下，溜至易行线警冲标处的速度不大于 18 km/h，此峰高称限制峰高(H_x)。

当 $H_{jx}>H_{xu}$ 时，采用 H_{jx} 为设计峰高，在保证作业安全的条件下，能提高驼峰解体效率；若采用 H_{xu} 为设计峰高，可根据设计峰高要求确定减速器的用量，节省工程投资。

当 $H_{xu}>H_{jx}$ 时，采用 H_{jx} 为设计峰高不能满足难行车在溜车不利条件下溜出调车线车辆减速器的要求，则以 H_{xu} 作为设计峰高，因而需增加调车线车辆减速器的用量，提高车辆减速器允许的入口速度，保证作业安全，但当采用 7+7 节减速器仍不能满足要求时，应在驼峰溜放部分增设间隔制动位。

当 $H_x>H_{xu}$ 时，采用 H_x 为设计峰高，既能保证作业安全，溜车有利条件下易行车不超速，又能增加难行车的溜行远度，提高驼峰解体效率。

当 $H_{xu}>H_x$ 时，采用 H_x 为设计峰高，能满足冬季不利条件下，难行车以 5 km/h 的推送速度解体车列时能溜入难行线警冲标(溜不到计算点)，此峰高适用于作业量较少的驼峰。当 H_x 不能使难行车在溜车不利条件下溜入难行线警冲标时，应采用 H_{xu} 为设计峰高，在驼峰溜放部分增设间隔制动位。

条文中车辆减速器制动能高允许的速度，系指车辆减速器设计能高扣除安全量后的制动能高。

11.3.2　驼峰溜放部分纵断面应保证以较高的推送速度解体车列时，前、后两钩车间有足够的间隔，使驼峰溜放部分的分路道岔和车辆减速器能来得及转换或改变其工作状态。

决定前、后两钩车间隔大小的主要因素是：峰顶推送速度，线路坡度，前、后钩车的溜放阻力差，钩车长度以及溜行远度等。

前、后两钩车在峰顶的间隔一般指这两钩车的中心先后通过峰顶时的间隔时间 t_0(s)即：

$$t_0=\frac{L_{前}+L_{后}}{2v_0} \quad (说明 11.3.2—1)$$

式中 $L_{前}$、$L_{后}$——前、后钩车的长度(m)；

v_0——峰顶推送速度(m/s)。

由上式可见，两钩车的长度一定时，v_0愈高，t_0越小；v_0相同时，两钩车的长度愈长，t_0愈大，反之t_0愈小。因此，连续溜放单个车时，t_0最小。

为了保证道岔和车辆减速器在前、后两钩车间来得及转换或改变其工作状态，t_0应符合下列条件。

$$t_0\geqslant \Delta t+t_{占} \quad (说明 11.3.2—2)$$

式中 Δt——前钩车与后钩车从峰顶溜到道岔或减速器的走行时间差(s)；

$t_{占}$——前钩车占用道岔或减速器的时间(s)。

由上式可见，如果减少t_0，也就是提高v_0，必须减少Δt和$t_{占}$。其中Δt主要是由前、后两钩车的速度差即前、后钩车的阻力差引起的；$t_{占}$是由前钩车经过道岔绝缘区段或减速器的平均速度决定的。溜放钩车阻力、溜放区段坡度与溜放钩车速度的关系见下式：

$$v^2=v_0^2+2g'L(i-\omega)\times 10^{-3} \quad (说明 11.3.2—3)$$

式中 v——车辆由峰顶溜至任一计算点的速度(m/s)；

v_0——钩车脱钩时的初速度(m/s)；

g'——考虑车轮转动部分影响的重力加速度(m/s^2)；

L——车辆由峰顶溜至任一计算点的走行距离(m)；

i——L范围内的平均折算坡度(‰)；

ω——车辆单位溜放阻力(N/kN)。

当难、易行车确定后，其溜放阻力随之确定。式(说明 11.3.2—3)表明：在难、易行车阻力差一定的条件下，坡度愈陡，阻力对溜放速度的影响愈小，因而难、易行车溜放速度也愈接近。故增大溜放区段的坡度可缩小Δt。$t_{占}$大小决定于溜放钩车通过道岔绝缘区段或车辆减速器的平均速度。加速坡愈陡，溜放钩车通过道岔或车辆减速器的速度愈高，因而$t_{占}$愈小。可见，提高驼峰推送速度的重要措施之一是加陡溜放部分的坡度。结合驼峰解体作业的实际需要，应设计成前陡后缓连续下坡的凹形纵断面，以提高车辆的溜放速度，这样有利于保持前、后钩车间隔和加快峰顶推送速度。例如在这种断面上连续溜放两个单个车时，前钩车从峰顶脱钩后，在陡坡上很快加速，等后钩车开始下溜时，两车已有一定的间隔和速度差。前钩车快，后钩车慢，间隔愈来愈大，等到前钩车进入缓坡地段，加速度逐渐减小以至减速，而后钩车仍在较陡坡道上继续加速，当两车速度相等时，间隔最大。此后，后钩车的速度高于前钩车，间隔逐渐减少，一直到停车。

上述的间隔变化情况有利于驼峰解体作业。因为前、后两钩车在靠近峰顶道岔分路的概率多，而在这些道岔处的间隔比较大，允许以较高的推送速度解体车列。因此，有利于提高解体能力。虽然后一段间隔逐渐减少，有时甚至需要降低推送速度，以加大间隔满足作业的需要，但在后面道岔分路的概率少，因此，对驼峰解体能力影响较小。所以，驼峰溜放部分的纵断面尽量设计成凹形，对提高驼峰解体能力是有利的。

1 根据《驼峰峰顶距第一分路道岔距离的研究》结论，该条文加速坡最大值为55‰。该值的确定主要考虑以下因素：

(1)内燃机车结构特点及车钩允许坡度差。

(2)我国气候条件及峰高范围。

(3)驼峰峰顶与第一间隔制动位间的最大高差及驼峰溜放部分纵断面的合理性。

(4)加速坡的养护维修。

加速坡太缓,影响难、易行钩车在第一分路道岔的间隔,为保证正常作业时溜放钩车在第一分路道岔的必要间隔,加速坡最缓不应小于35‰。

2 中间坡系指加速坡末端至线束始端间的坡度。该坡度应保证易行车最大速度不超过车辆减速器和计算道岔保护区段的允许速度。驼峰溜放部分设有车辆减速器时,一般设计为前陡后缓的两段坡。在我国华北和南方地区,峰高一般不超过3.3 m,第二段中间坡一般采用8‰,以利于难行车夹停在减速器上时,在减速器反复制动缓解撞击下重新起动,并溜出道岔区。因此,可以加陡第一段中间坡,以提高驼峰溜放部分钩车的平均溜放速度,同时还能节省土方工程。在我国东北地区,峰高一般高于3.3 m,冬季气温低,可适当加陡第二段中间陂,但不宜太陡,一般为9‰~10‰。

驼峰溜放部分不设减速器的驼峰,为提高溜放钩车的速度,使其迅速通过溜放部分,中间坡应使大部分钩车不减速。因此,其坡度不宜小于5‰。

本款规定了加速坡与中间坡的变坡点宜设在第一分路道岔前(竖曲线可直接连接基本轨),其原因如下:

(1)驼峰第一分路道岔尖轨与辙叉间短轨长度短,如竖曲线侵入尖轨跟鱼尾板,容易引起尖轨不密贴;另一端也不能侵入连接辙叉的鱼尾板。按尖轨端扣除1 m,辙叉端扣除0.5 m(辙叉端较尖轨端安全性好些),道岔导曲线范围仅剩7.624 m可设竖曲线。因此变坡点的坡度差最大为30.5‰,它限制了加速坡、中间坡的取值。

(2)在道岔导曲线内变坡,由于平面曲线与竖曲线重叠且半径小,造成养护维修困难。例如,南翔下行驼峰设计加速坡为40‰长40 m,中间坡为8.5‰长132 m,实测加速坡是48.6‰长22 m,中间坡是36.3‰长19 m。其变形较大的根本原因是原设计系在第一分路道岔内变坡。该驼峰采用的6.5号对称道岔,同样也存在不好维修问题。维修单位对道岔导曲线内变坡也有很大意见,认为不仅增加维修工作量,还容易出事故。

3 道岔区坡系指线束道岔始端至计算点间的坡度。该段的平均坡度不宜太陡,当驼峰溜放部分设有间隔制动位时,可以提高溜放钩车溜出线束减速器的速度,以较高的速度通过道岔区,对溜放间隔有利;溜放部分不设间隔制动位的驼峰,减少道岔区坡度可适当加陡中间坡,以提高钩车溜经溜放部分的平均速度。但道岔区不宜太缓,避免溜放钩车减速太快,停在道岔区影响作业安全。因此,道岔区坡可分为两段,线束始端至最后分路道岔设较陡下坡,最后分路道岔至调车线调速设备间可设平坡或较小的反坡,但其坡度应保证不会出现钩车倒溜而影响作业安全。考虑到曲线和道岔阻力的影响,中间线束道岔区坡可适当小些,但道岔集中的区段,其坡度不宜小于1.5‰。

4 驼峰溜放部分的线路纵断面设计应根据采用的调速系统按条文规定进行检算:

大、中能力驼峰应满足推峰速度5 km/h,连续溜放难—中—难单个车通过各减速器和分路道岔时有足够的间隔,以保证减速器能改变制动或缓解状态,道岔能够转换完毕。小能力驼峰点连式调速系统,困难条件下能够满足推峰速度3.6 km/h,难—中—难单个车通过最后分路道岔溜放间隔的要求。微机可控顶调速系统能够满足推峰速度5 km/h,难—中—难单个车在各分路道岔溜放间隔的要求;困难条件下满足推峰速度3.6 km/h,难行车组—易行车在最后分路道岔溜放间隔的要求。股道全顶调速系统满足推峰速度

3 km/h时难行车组—易行车在各分路道岔溜放间隔的要求。

驼峰溜放部分安装可控减速顶、减速顶时除对单个车进行检算外还应对驼峰纵断面进行下列检算：

(1)溜车不利条件下，难行车组(8 辆空车)—单个易行车通过各分路道岔及调车线始端警冲标有足够的间隔。

(2)夏季顺风时易行车溜入调车线不超速。

11.3.3 在解体过程中，处在任何困难条件下用 1 台调机能起动车列系指下列条件：

(1)由满载大型车组成的满重车列以及既满重又满长的车列，从坡度陡、曲线和道岔多的线路向峰顶推送，当第一辆车位于峰顶停车后能再起动(解体预推车列时的情况)。

(2)由满载大型车组成的部分车列，位于推送部分的最困难位置(坡度陡、曲线和道岔多且机车位于曲线地段)停车后，能再起动(在解体过程中可能出现的情况)。

(3)由满载大型车组成的满重车列，当第一辆车是禁溜车，送入禁溜线停车后，能再起动牵出(主要是到达场或牵出线设在面向峰顶的下坡道时)。

上述三个困难条件要用《列车牵引计算规程》(以下简称《牵规》)中的机车起动牵引力、机车车辆阻力和列车起动计算公式进行检算。《牵规》中的各项阻力参数是在各种类型机车牵引车列状态下实验所得，坡度大多是整列车停在一个坡段上，而驼峰调机是在推送状况下(车列在前，机车在后)作业，驼峰推送部分纵断面又由多段坡组成，完全用《牵规》的阻力参数来计算峰顶与到达场间的高差不一定合乎实际。特别在到达场为填方地段的驼峰上，为较合理地确定驼峰推送部分的纵断面，既满足推峰机车起动、推峰、解体和回牵等作业的要求，又不至增加牵出线或到达场以及进站线路的工程数量，在有条件时可做机车推峰试验。

1980 年 7 月、1981 年 1 月，东风型内燃机车曾两次在兰州西编组站做试验。夏季车列总重为 3 520 t，计算能起动的高差(车列首尾)为 0.94 m，实际起动车列头尾高差可达 3.59 m。冬季车列重 3 585 t，计算能起动高差(车列头尾)为 0.8 m，实际起动高差(车列头尾)可达 3.62 m。试验均在车钩压紧的情况下进行的。最困难的情况下，松钩后退 0.5 m就能起动。由此证明，做推峰试验对合理确定峰顶与到达场间高差能起积极作用。而东风 7 型机车是否也有上述情况尚待试验证明。

压钩坡最短长度为 50 m，是按压钩坡最小为 10‰，三辆车能压紧车钩确定，但其长度并非是越长越好，压钩坡太陡，钩车脱钩时重心向峰下移动，降低了驼峰高度(钩车重心下降)，特别对大组车影响突出。因此压钩坡不应小于 10‰，但也不宜太陡，一般取 10‰~20‰为宜。

11.3.4 峰顶两端的坡度差很大，车辆通过该处竖曲线时，由于相邻两车所在的坡度不同，相邻两车钩中心线将产生高差和夹角。该项高差和夹角与竖曲线半径和峰顶平台长度有关。

竖曲线半径小，车辆脱钩后加速快，有利于提高峰顶推送速度，但如果高差和夹角超过了车钩本身调节的范围，将产生“错钩”，甚至损坏钩托板、螺栓和钩舌销等部件。竖曲线半径大，虽可避免上述情况发生，但竖曲线长，车辆脱钩后加速慢，影响峰顶推送速度。根据分析，按 C_{50} 型车辆和 2 号车钩计算，当竖曲线半径为 350 m 时，由于通过竖曲线而引起相邻车钩中心线产生的高差和夹角，可由车钩钩身与钩框以及销与孔等处的间隙自行调节，不易损坏车钩的有关部件，峰顶推送速度也能满足要求。此外，实测了 11 处峰顶竖曲线半径,其中有 9 处接近 350 m,使用情况良好。因此,规定峰顶部分竖曲线半径为 350 m。

驼峰溜放部分其余竖曲线半径宜尽量采用 350 m,以便维修。加速坡末端与中间坡间的竖曲线半径直接影响峰顶距第一分路道岔的距离,当竖曲线采用 350 m 影响峰顶距第一分路道岔合理取值时,可采用 250 m。

根据 1994 年 8 月原铁道部建设司鉴定的《驼峰迂回线竖曲线半径的研究》报告,当大型车通过两相邻坡度形成凸型竖曲线时,是采用竖曲线的限制条件。当凸型竖曲线坡度差大于 9‰,竖曲线半径为 1 500 m 时,仅有 D_8、$D_{9(1)}$、$D_{9(2)}$三种车型不能通过,其余大型车都能通过,竖曲线半径 3 000 m 时,所有大型车均能通过。目前,D_8、$D_{9(1)}$、$D_{9(2)}$三种车占全路大型车的 3.9%(D_8 型车 9 辆,D_9 型车 3 辆)。此类车是 1956 年由德国进口的,根据调查,D_8、D_9 型车运营多年,应该淘汰,但由于种种原因仍为运营车。D_8 型车每年运营次数很少,D_9 型车已有两年没有用过。在竖曲线半径采用 1 500 m 的车站上,如运营中有此类车时,可将其编入直通列车,不通过驼峰改编,在横列式编组站上还可采用尾部调车、坐编等调车作业方法,避免此类车通过驼峰迂回线。

11.3.5　峰顶净平台最小长度采用 7.5 m 系根据下列条件确定:

(1)尽量减少两相邻车钩中心线的高差与夹角,保证作业安全,减少钩舌销的损坏。根据理论分析,当净平台长度小于 5 m 时,两相邻车钩中心线的高差和夹角增长率明显增大,大于 5 m 时其值趋于平稳。

(2)单个车脱钩时不降低峰高。单个车脱钩时,如后转向架处于压钩坡竖曲线上,会降低钩车重心高,相当于降低了峰高。经理论分析,保证易脱钩的易行车脱钩时后轮已位于净平台上,其最小长度为 7.482 m,因此取 7.5 m。

(3)满足在净平台上设置禁溜线道岔辙叉的要求。

峰顶净平台长度过长,不仅增加工程数量还会造成车钩压不紧出现“钓鱼”,因此其长度不宜使一辆单个车两外轴同时在平台上。铁路货车数量多,长度短的车是 C_{62A},其外轴距为 10.45 m。10 m 长的净平台能保证绝大多数车辆不会出现车钩压不紧的状态。

11.3.6　禁溜线的纵断面应为凹形。始端道岔至警冲标附近设一段下坡是为防止停留车辆溜回峰顶;中间部分设成平坡,是为防止车辆溜动;距车挡 10 m 范围内设 10‰的上坡,是为防止机车连挂禁溜车时,车钩未挂上,车辆受碰撞后冲击车挡。

11.4.1　经计算确定的调速设备有车辆减速器、减速顶、可控顶等。考虑到由于计算参数选择、设备本身性能的误差等原因,设备数量计算完后,必须按设备技术条件要求,另加安全量,以保证驼峰溜放作业的安全。

大、中能力驼峰作业量大,要求解体效率高,钩车必须高速通过溜放部分。车辆减速器有允许入口速度高(7 m/s)、单位制动能力大、制动缓解时间快等优点,适合于对高速溜放的钩车进行调速。因此,大、中能力驼峰溜放部分的调速设备应采用减速器。

调车线 16 条(南方地区 20 条)以上,若设 4 个及以上的线束,应设两个峰顶。上述条件下的驼峰一般溜放部分长度约 350 m,峰高约 3.4 m 应设两级间隔制动位。设两级间隔制动位时,对钩车制动作业灵活,有利提高作业效率。同时,由于总制动能力要求,设两级间隔制动位并不增加减速器用量。例如一座 4 个线束的驼峰,若总制动能力需要 18 节车辆减速器,当设一级间隔制动位时,应设在线束始端,共需减速器 72 节;当设两级制动位时,可将第一制动位设 6 节,二制动位设 12 节,共需减速器 60 节,因而可以节省工程投资。当线束少于 4 个时,一般设 1 个峰顶,溜放部分长度在 300 m 以内,峰高 3 m 以下,可设一级间隔制动位。

间隔制动位的作用有以下两点:

(1)调整溜放钩车的速度,保证钩车溜经各分路道岔、调车线始端警冲标或调速设备不超过允许的溜放速度。设两级间隔制动位时,一级间隔制动位保证溜放钩车溜入二级制动位时不超过减速器允许的入口速度。

(2)调整难、易行车溜放间隔,使溜放钩车能迅速安全的通过间隔制动位、各分路道岔及调车线始端警冲标。

为满足上述两点要求,无论减速器采用自动或手动控制方式,其总制动能力应具备在溜车有利条件下,当以 7 km/h 的推送速度解体车列时,使易行车经过间隔制动位全部制动后,溜至警冲标的速度不大于 5 km/h 的制动能力。该条与峰高设计条件相关,也是作业安全的要求。

驼峰峰高应保证在溜车不利条件下,当以 5 km/h 推送速度解体车列时,难行车应溜入难行线计算点。因此,不排除在警冲标附近,仅有 5 km/h 的溜放速度。当在前难、后易的条件下,必须要求易行车以低速出清间隔制动位,保证易行车在警冲标处的间隔,因此,易行车在警冲标处的速度不应大于 5 km/h。

上述条件是把易行车的有利条件用到难行车的不利条件上,是否合理还要作进一步分析。在实际运营中,难行车是滑动轴承车辆,易行车是滚动轴承车辆,滚动轴承车辆阻力受气温影响变化小,低温下阻力增加不明显,用有利条件下确定总制动能力,适当增加间隔制动位的能力对作业安全有利。

另外,在正常作业时,也会出现运营状态不好的难行车,此时也需要间隔制动位对后钩易行车进行全力降速,以保证作业安全。

为提高钩车溜放速度,设两级间隔制动位时,第二级制动位的制动能力应大于第一级制动位,以保证二级制动位能使高速进入的溜放钩车调到必要的速度。

11.4.2 调车线内安装减速器应尽量少影响调车线的有效长度,因此,减速器应尽量靠近头部警冲标,一般减速器前不停车。但减速器距警冲标太近,大组车进入减速器制动时,车组迅速减速,由于尾部还未出清警冲标而影响邻线溜车,降低驼峰作业效率。如减速器设在最外曲线后 14 m 处,在大、中能力驼峰上,距警冲标 55 m~65 m。5 辆车的车组长约 70 m,当进入减速器进行调速时,若采用放头拦尾的措施,不会影响邻线作业。目前溜放速度自动控制具备放头拦尾功能。另外,减速器始端留 14 m 直线段,不但雷达安装方便,而且保证一辆车进入减速器前已位于直线上,减少对减速器的横向撞冲,速度平稳,有利速度控制。

股道少的小能力驼峰,调车线始端最外曲线距警冲标距离较近时,可适当加长减速器始端的直线段长度,但减速器入口距警冲标的距离不应大于 70 m。

根据运营实践,考虑目前重载车辆比重逐渐增大,调车线车辆减速器有效制动能高不宜小于 1.3 m。

11.4.3 驼峰峰顶及溜放部分坡度陡、变化大,且竖曲线半径小,容易变形。为了便于养护维修,有必要在压钩坡、加速坡、中间坡及道岔区坡的变坡点竖曲线头、尾、中部设置线路水平标桩。实践证明,设有固定线路水平标桩的,维修较好,未设水平标桩的普遍较设计有较大的变形,特别是峰顶部分,加速坡和压钩坡容易变缓,影响车辆溜放和脱钩,降低驼峰解体效率。调车线内主要变坡点系指打靶区及布顶区始、终点。

为了使用方便，该项标桩应设在线路附近，其位置和高差不应妨碍调车人员的作业安全。

11.4.4 驼峰有关设备主要指峰顶信号机柱、信号按钮柱、道岔转辙机等。驼峰禁溜线、迂回线道岔设于峰顶附近，当转辙机必须设于主提钩作业一侧时，应采取防护措施。驼峰生产房屋除信号楼、峰顶连接员室外，还有动力室、维修工区等。

驼峰作业员需要经常观察车列推峰、钩车溜放、场内存车等作业情况，以便正确及时地显示信号，监视或控制车辆减速器。因此信号楼必须有良好的视线，其他生产房屋应设在信号楼瞭望范围之外，以保证作业安全。

钩车溜放速度采用自动控制时，驼峰作业员仅对减速器做监视工作。

信号楼与峰顶连接员室由于作业的需要，其间应保证有良好的联系视线，因此信号楼和连接员室均应设在驼峰主提钩一侧。特殊困难条件下，经充分论证并经运营部门许可，可将驼峰信号楼设于主提钩人员作业地点对侧。

12.1.1 钢铁、煤炭、石油和大型机械制造等企业，目前大都依靠铁路运输。这些厂矿企业的运输和装卸作业量均较大，而且由于装卸量极不平衡和某些原料及产品对车种的特殊要求，还产生大量重空车流的交换。对于这些企业，由于其运量和运输性质等因素决定，多数情况下应设置主要为办理该企业的列车到发、解编、车辆取送和交接等作业的铁路工业站。在城市内，由于城市规划、工业布局和企业综合利用的要求，较多行业的工厂，集中在一个工业区内，其中每一个工厂虽不如上述那些企业有大量的大宗货物运输和装卸作业，但也产生相当的运量。根据其作用、性质和工业区位置的要求，往往需要设置地区性的多企业共用的工业站，以便铁路专用线接轨，统一办理各企业车流的到发、解编、车辆取送和交接作业，并解决与编组站或区段站间在车流组织上的合理分工。

在我国大量沿海和内河港口中，其水陆联运货物经由铁路运输的占大多数。为了完成路港联运，可利用离港口最近的编组站或区段站办理对港区的取送车、调车和交接作业。但对于一些吞吐量较大的河海港口和离编组站或区段站较远的港口，往往需要另设主要为港口运输服务的港湾站。

工业站和港湾站多数位于企业或港口铁路与路网铁路的接轨点处。根据我国目前实际情况，单纯为厂矿企业或港口服务的工业站或港湾站为数很少，大多数工业站或港湾站除主要为厂矿企业或港口服务以外，还根据它们在路网中所处的地位，兼办路网上一定数量的中转或客、货运作业。

12.1.2 为同一企业和工业区服务的工业站，原则上以集中设置一个为宜，这有利于路网铁路的车流组织、机车交路的衔接、设备集中和车辆交接等，只有在某些特定条件下，方可研究是否设置多个工业站。

12.1.3 当设置多个工业站时，如其位置能与货物流向和车流组织互相配合，则可避免车流的折角和迂回运输，这对加速机车、车辆周转和降低运输成本均有积极意义；但当企业运量不很大时，也会造成车流和设备过于分散，增加工程投资和运营开支。因此，对工业站的布局必须结合厂、矿总图规划，通过全面衡量，并与企业部门共同确定工业站数量。

根据我国目前情况，年产量在 1 Mt 及以下的钢铁厂，可设置一个工业站（当设置两个工业站并不增加大量工程而对运输显著有利时，也可考虑设置两个工业站）；年产量在 1 Mt~2 Mt 的钢铁厂，当其原料和产品绝大部分通过铁路运输时，可根据条件设置一个或两个工业站。煤矿工业站的数量,应根据矿区大小、产量、矿井和装车点的分布及其与铁路网的相对关系、煤炭流向、空车来源,以及各个接轨点的铁路专用线修建长度和技术条件等因素进行综合比较,选择合理的设站和接轨方案后确定。对于大型矿区,当其位置与2条或2条以上铁路线相邻,或矿区沿铁路线带状分布,当地形条件许可时,可考虑在铁路线上适当增加工业站的数量,以利于各矿点的均衡生产和运输,缩短铁路专用线的修建长度,但必须考虑车流组织的合理性。对于石油开采和加工工业,可根据所在油田的开采和运输方案以及炼油厂的规划,设置一个或数个为原油或成品油装车服务的工业站。对于不设在油田的大型炼油厂,其原油如经铁路送达时,可结合炼油厂的总布置,设置一个为原油卸车和成品油装车共用的工业站。当原油经管道输入时,则可设置一个为成品油装车用的工业站。对为一个工业区内多个企业服务的工业站,应根据所服务的工业区范围、各企业的性质、生产规模、运量及运输要求、工业区所在位置与铁路网的关系和铁路专用线接轨条件等因素,确定在该工业区设置一个或一个以上的工业站。

1 工业站、港湾站的位置可设在路网铁路上或靠近企业、港口。当企业、港口距路网铁路较近或该站需担当路网车流的作业等情况时,应设在路网铁路上,否则,应尽量靠近企业大量货流入口或出口的地点,并使原料或空车来源和产品去向适合于企业内部的总布置和生产流程,尽量避免车流的折角和迂回运输。例如煤矿工业站应尽量设在矿区出口处产煤集中的地点,石油工业站应靠近油田或炼油厂的装卸点。对于钢铁厂,当仅设一个工业站时,应尽量使其靠近原料入口处或企业中部;当设置两个工业站时,一个可设于原料入口处,另一个靠近成品出口处。当铁路线上两个方向都有原料和成品出入时,则应根据企业总布置条件,考虑合理的车流组织方案,以确定工业站之间的分工。

港湾站应尽量设在靠近各码头的适中地点,以延长大运转列车的走行距离,减少小运转列车(或调车作业)的走行距离,从而提高运输效率和降低运输成本,但应注意不要贴近深水岸线,以免妨碍港口工程的建设。

2 在选择工业站或港湾站位置时,尚应考虑铁路专用线接轨方案的合理性,包括其修建长度,工程投资的大小,平剖面技术条件是否与企业或港口的运量和运输要求相适应,该线在工业站或港湾站内接轨是否干扰铁路正线行车和车站作业,至各作业站(分区车场)和装卸点(特别是作业量大的装卸点)取送车有无方便的条件,以及工业站或港湾站的位置在将来扩建时与企业或港口的生产运输和基建的发展有无矛盾等。

3 位于城市中的工业站和港湾站,其位置应与城市规划相互配合,尽量避免铁路车站与城市发展和对城市道路、居民区的干扰,减少房屋拆迁工程,满足城市的环保、公安、消防和卫生要求,并与其他运输方式密切配合。在确定港湾站位置时,尚应注意港口与路网铁路的相互关系,统一考虑路港客货联运的便利。

12.1.4 工业站或港湾站规模,主要取决于所服务的企业或港口的性质和规模,由铁路负担的运量和改编作业量的大小,大宗货物的运输性质及装卸作业特点,该站所担当路网上的作业量以及管理和交接方式等因素。工业站或港湾站的规划必须与企业或港口的规划密切配合。在考虑企业或港口规划的基础上,进行工业站或港湾站的远期布置,以适应将来的发展,并按分期建设的原则设计分期工程。由于一些大型企业和港口建设周期往往较长,从投产至达到远期产量(或吞吐量)需要一定时间,分期建设可以避免过早投资,提高投资效益。

12.1.5 铁路专用线的管理方式分为:专用线委托铁路代管的,简称“委托代管”;专用线由企业自管的,简称“企业自管”。交接方式分货物交接和车辆交接两种,前者即双方仅将到达及发送的货物交给对方并办理交接手续;后者即双方将到达及发送的货物连同车辆一起交给对方并办理交接手续。铁路专用线管理和交接方式的选择,主要取决于企业生产性质、企业内部是否主要采用铁路运输和复杂程度,以及企业生产流程和铁路运输是否紧密结合等因素,在考虑上述因素的基础上,经技术经济比较后与企业或港口协商确定。

12.2.1 在实行车辆交接的情况下,较大企业或港口一般都设有企业站或港口站,以便向铁路工业站或港湾站办理车辆交接,并担负企业或港口内部各作业站或分区车场和装卸点的车辆取送及调车作业。因此,设计时应在考虑铁路运输与企业或港口内部运输合理衔接的基础上,对工业站与企业站或港湾站与港口站进行合理配置。

当工业站或港湾站担负路网中转车流的作业量较小,距企业站或港口站较近,且地形条件适宜,可将工业站与企业站或港湾站与港口站联合设置,使路厂(矿、港)双方便于联合调度指挥,为列车到发和取送车作业的衔接创造良好条件,以减少车辆在企业或港内的停留时间,加速车、船的周转。若因铁路线走向或城市客货运输要求使工业站或港湾站距企业或港口较远,当企业或港口内部运输要求企业站或港口站设在企业或港口,并兼顾路网一定中转作业量的工业站或港湾站,为了满足总体布置的要求和避免作业上的较大干扰,宜将工业站与企业站或港湾站与港口站分设。

12.2.2 本条文中所附图型,货物交接采用委托代管方式,车辆交接按企业自管方式考虑。

1 采用货物交接时的交接作业是在货物装卸点办理,车辆的取送和调车作业均由路方承担。采用此种交接方式的作业量一般不会很大,因此,宜采用横列式图型(图12.2.2—1)。

2 当采用车辆交接且工业站与企业站或港湾站与港口站分设时,工业站、港湾站宜采用横列式图型(图12.2.2—2)。我国既有的这类车站多为横列式图型。由于到达工业站、港湾站的直达列车和大组车占一定比重,且部分发往路网的车流在企业或港口进行取送车时已照顾编组,有条件在交接线上坐编发车;或者工业站、港湾站与编组站间只开行小运转列车,有些解编作业可在编组站办理。所以当工业站、港湾站的解编作业量较小时,宜采用横列式图型。它具有站坪长度短、占地少、定员少、设备集中和管理方便等优点。作业量大的工业站、港湾站,可根据需要和地形条件采用其他合理图型。

3 当采用车辆交接且工业站与企业站或港湾站与港口站联设时,双方车场均可采用横列式图型,根据作业情况和地形条件,可将双方车场横列配置(图12.2.2—3)或纵列配置(图12.2.2—4)。前者具有站坪长度短、车场布置紧凑和双方联系方便等优点;缺点是解编车流调车行程长,当作业量增多时进路交叉干扰多。后者的优点是各车场咽喉区布置简单,双方作业互不干扰,在密切配合的情况下,进入企业或港口车场的车列(组)可直接经由驼峰解体进入交接场,减少转场作业,缺点是双方车场相距稍远。当作业量大时,宜采用双方车站联设的双向混合式图型(图12.2.2—5)或其他合理图型。

类似双向混合式图型,我国现有两种管理方式:一种是两套系统按横向管理(图12.2.2—5),即进入企业或港口系统的到达场由路方管理,编发场由企业或港方管理;自企业或港口发出系统的到达场由企业或港方管理,编发场由路方管理。另一种是分别按系统纵向管理,即本条文图12.2.3—5所示的1、2车场由企业或港方管理,3、4车场由路方管理。

以上所述双向图型系代表性图型,设计中应根据各自的作业量、作业要求和地形条件等情况适当调整。

4 为特大型钢铁厂服务的工业站或为大宗散装货物专用码头服务的港湾站,当站内设置装卸设备时,应根据厂、港和车站作业流程的合理衔接,统一设计车站图型,以便减少工程投资、用地和定员,压缩车、船停留时间。

12.3.1 采用车辆交接,当工业站、港湾站设有交接场并与对方车站分设时,若为横列式布置,交接场宜设在调车场外侧或一端。前者将交接场一端与调车场共同连通驼峰,另一端接岔线,进入企业或港口的零散车流可直接溜入交接场;后者将交接场与工业站、港湾站纵列配置,当工业站、港湾站横向受地形限制,或因车站线路多而引起咽喉区布置复杂时,可采用这种配置方法。若采用其他图型时,交接场宜设在调车场一侧,以便集结和交接作业。

当工业站、港湾站与对方车站联设横列设置,可在双方车场间设交接场,以便利交接作业,也可将交接作业在企业或港口到发场办理,而不设置交接场。

12.3.2 交接作业地点应根据所采用的交接及铁路专用线管理方式和车站布置形式分别确定。

1 采用货物交接,铁路与企业或港口间仅将到达企业或港口以及从企业或港口发出的货物交给对方。到达企业或港口的重车由铁路机车送至卸车线,办理货物交接后卸车。自企业或港口发出的货物,也由铁路机车将空车送至装车线装车并交接。此外,在设有为大宗散装货物装卸用的漏斗仓、翻车机或卸车沟的工业站和港湾站上,按照作业程序要求,装车货物宜在装车线办理交接,卸车货物宜在卸车设备前的车场或卸车线办理交接。

2 采用车辆交接,铁路与企业或港口间在指定地点将货物连同车辆一并交给对方,即同时进行货物和车辆技术状态的交接。在工业站、港湾站与对方车站分设时,若在工业站、港湾站交接,一般在交接场办理,即直达列车、大组车和零散车辆均在交接场交接。当直达列车和大组车较多,或工业站和港湾站上不宜设置交接场时,则双方车站间岔线运输宜由铁路管理,交接作业宜在企业站或港口站到发场办理。

3 采用车辆交接,双方车场联设时的交接地点。

1) 当双方车场横列布置时,宜在双方车场间的交接场交接;当双方车场纵列配置时,宜在工业站或港湾站的交接场交接。当路方车场无条件设置交接场或为减少车列转线次数而不设专用交接场时,双方车场横列或纵列布置,均宜在企业或港口到发场交接。

2) 当双方车场采用双向二级混合式布置时,双方均可不另设交接场,而在到达场交接;当双方采用横向管理时,进入对方的列车均接入各自到达场向对方交接,再由对方的调机推向对方的编发场解体。当双方采用纵向管理时,进入对方的列车均接入对方的到达场向对方交接,再由各自的调机推向各自的编发场解体。

12.3.3 铁路专用线在工业站或港湾站接轨,不应与路网铁路行车和车站作业相互干扰。经对工业站和港湾站的调查资料进行分析,到达工业站和港湾站的直达列车和大组车的比重一般较大,所以铁路专用线设在工业站、港湾站路网铁路大量车流出入的另一端,为直达列车直接进出企业或港口创造方便条件。有多条铁路专用线在工业站或港湾站接轨时,应有统一规划,并尽量接在工业站或港湾站车场同侧,以减少取送车对正线行车和车站作业的干扰。

1　采用货物交接，有较多整列、大组车出入的铁路专用线，宜在到发场接轨，以减少调车作业；当出入铁路专用线的车列需经调车场解编并集结时，为方便作业宜与调车场或编发场接轨；运量较少的铁路专用线可在调车线、次要牵出线或其他站线接轨，可以简化接轨布置。

2　采用车辆交接，铁路专用线的接轨：

1）在与企业站、港口站分设的横列式工业站或港湾站上，进出企业或港口的车辆一般要经过交接场，因而从技术作业过程的需要考虑，铁路专用线应与交接场接轨。但为了作业的灵活性，需要与各车场连通。当双方车站间铁路专用线由铁路管理时，一般可在调车线接轨，但当出入铁路专用线的直达列车、大组车较多时，其车列在工业站、港湾站无须改编作业，则可直接接入到发场。

2）在双方车站联设的横列式工业站、港湾站上，铁路专用线在企业或港口到发场接轨；设有交接场的，同时与交接场接轨，并有与各车场连通的条件，是为了作业的灵活性。在双方车站双向混合式布置时，进入企业或港口的铁路专用线，应在企业或港口编发场接轨；由企业或港口铁路出发的铁路专用线，当采用“各进自场”的作业方式时，交接地点在各自到达场，应与企业或港口到达场接轨；当采用“各进它场”的作业方式时，交接地点在对方到达场，则应与铁路到达场接轨。

12.4.1　工业站或港湾站到达场、到发场和出发场的线路数量，应根据路网铁路到发列车对数、企业或港口列车（车组）到发或取送车次数和路厂（矿、港）的统一技术作业过程确定。具体设计时，可用分析法计算。各种列车（车组）占用到达场、到发场和出发场的时间指标，可对照类似车站的指标并结合具体情况确定。由于企业或港口进出工业站或港湾站车流的波动性较大，设计的到发线宜留有一定的机动能力。

到发线的有效长度应与衔接的路网铁路的车站到发线有效长度统一，对于只接发（取送）小运转列车或车组的到发线有效长度，可根据实际需要确定。

12.4.2　工业站或港湾站用于集结发往路网车流的调车线数量和有效长度，应根据列车编组计划规定的组号、每一组号每昼夜的车流量、车流性质和车站作业需要确定。设计时，对按列车编组计划规定的到站和去向进行车列解体、集结、编组或编发用的线路，可比照编组站的有关规定办理；供其他作业车辆（如待修车、返厂或返港车、本站车、超限车、危险品车和倒装车等）停留用的线路，则可根据各种车辆每昼夜停留数量确定。停留车数量较小者，应与其他线路合用，以减少工程投资。

12.4.3　工业站、港湾站集结发往企业或港内车流的调车线数量，应按交接方式的不同分别确定：

1　采用货物交接时，对需要在调车线集结后送入企业或港口的车流，宜按企业或港口各作业站（分区车场）或装卸点数量、向各作业站（分区车场）或装卸点每昼夜编组车数、装卸线和装卸设备能力和路厂（矿、港）统一技术作业过程确定；也可按至各到站和装卸点每昼夜集结、发送的车组（列）数以及相应的作业时分，用分析法计算确定。

2　采用车辆交接时，如工业站与企业站或港湾站与港口站分设，双方的分工应为：工业站或港湾站担负本企业或港口发出车流的解编作业，企业站或港口站担当进入企业或港内车流的解编作业。因此，除直达列车和大组车宜在到发线上直接转入企业或港口外，是否需要另设调车线集结解体后进入企业或港口的车流，可按以下两种情况确定：

(1)若交接线不设在工业站或港湾站内,可按在调车线集结发往企业或港口的车流量(可不分组)和车组(列)编组辆数等因素确定。

(2)若交接线设在工业站或港湾站内且布置在调车场一侧,须解体后送入企业或港口的车辆宜直接溜(送)入交接线,故可不设集结发往企业或港口车流的调车线。

3 为满足大宗货物运输的需要,在原油装运站常备有罐车固定循环车底,成批装运汽车或拖拉机的车站,有时要备用一些平车,办理粮食或化肥转运的港湾站,常备有一定数量的棚车待用。有上述类似情况的工业站或港湾站,均应根据其备用车数量,适当设置备用车停留线。

4 集结发往企业或港口车流的调车线有效长度,应等于发往企业或港口列车(车组)长度(按企业或港口线路的技术条件、牵引重量和作业站或分区车场的线路有效长度等因素确定)加附加长度。在设有驼峰的调车场,附加长度按驼峰溜放车辆与尾部编组车辆之间的安全距离 40 m~60 m 加"天窗"距离 40 m 之和计算为 80 m~100 m。

12.4.4 采用车辆交接时,若工业站与企业站或港湾站与港口站分设且交接线设在工业站或港湾站内时,交接线数量应按每昼夜交接车流量、向交接线取送车次数和办理车辆取送及交接等作业时间指标,用分析法计算确定。对大型钢铁厂、特大型煤矿和出入交接线车流大的企业或港口,尚应考虑出入企业或港口的交接线各不少于 2 条。若工业站与企业站或港湾站与港口站间取送车往返均采用牵引运行,且取送车次数较多,可根据需要设置机车走行线 1 条。

交接线的有效长度应与工业站或港湾站的到发线有效长度一致,以利于整列交接。如发往企业或港口列车(车组)长度与发往路网铁路列车长度相差较大,为节省工程投资,部分交接线的有效长度可适当减短,但不应短于企业站或港口站的到发线有效长度。

13.1.1 口岸站有两种设置方式:一种是在两国国境内国界附近的适当地点各设一个口岸站,分别担负本国进口货物的换装、换轮作业;另一种是在某一方国境内的国界附近设置一个口岸站,集中办理双方进、出口货物的换装。采用何种设置方式,应根据双方协议及当地条件而定。根据国际惯例,一般为国界附近的两国境内均设置口岸站,分别承担各自的进口货物换装作业。客车一般采用换轮作业,地点由两国协商确定。

口岸站一般设口岸管理委员会、边防检查站、海关、出入境检验检疫等机构。

由于各国铁路采用的轨距不尽相等,所以相邻两国铁路衔接点设置的口岸站就有两类之分,一类为相邻国家的铁路都采用相同轨距的口岸站,另一类为相邻国家的铁路采用不同轨距的口岸站。目前,我国国境的口岸站,除中朝边境的丹东口岸站和昆明局部分口岸站为相同轨距的口岸站外,其他均为不同轨距的口岸站。不同轨距的口岸站有两类,一类为准轨铁路与宽轨铁路衔接的口岸站,简称准、宽轨口岸站,我国铁路与俄罗斯、蒙古、哈萨克斯坦等国铁路衔接的口岸站均为此类口岸站,另一类为准轨铁路与米轨铁路或窄轨铁路衔接的口岸站,简称准、窄轨口岸站,我国铁路与东南亚国家铁路衔接的口岸站大多为此类口岸站。

13.1.2 口岸站应按进出口运量,结合地形、地质、规划等进行综合研究、比选确定总平面布置,并应符合下列要求:

1 口岸站布置应满足通过能力、不同轨距铁路解编能力、换装能力、换轮能力、边检能力的要求,同时还需方便边防检查,满足海关、检验检疫部门的技术作业要求,合理布局"一关两检",实现进出口物资的快速通关。

2　两国贸易往来,受国际经济发展及政治风云变化影响较大,进出口货物运量会随时间的推移有较大的波动,即便运量稳定或规律增长,货物品类也会在不同时期发生变化。运量及品类的不确定性不但影响口岸站的规模,而且也容易造成相应种类的换装场及换装机械不能适应远期的需要。因此,口岸站不但要根据当前运量及货物品类、作业性质、地形地质、城市规划等设计好近期工程,而且应有一定的前瞻性,使近期工程适度超前,并预留好发展余地,以满足货物运量及品类的变化,并使工程分期实施时,能减少对既有工程的拆改和对运营的干扰。

3　要实现口岸站高效、便捷、畅通的目标,车站作业要具有流水性和灵活性。车站宜按带状分布,应按照整列换装、少做编解作业进行平面布置。

4　换装功能区宜按照换轮货区、整车怕湿货区、集装箱货区、笨重货区、散装货区、危险品货区、特种货物货区等功能分区布置,目的是提高装卸机械效率,节省工程投资。对于能够采用同一换装方式换装,且符合消防、环保和卫生规定时,可将不同品类的货物在同一换装区换装。

5　口岸站平面布置要减少进路交叉和作业干扰,不同线路的取送作业宜满足一定的平行进路数量。不同轨距线路应并行布置,互不交叉。

6　缩短列车、机车的走行距离,尽量减少列车、机车长距离空费走行,节省运营费。

7　采用现代化的技术装备,充分运用货物条码化、信息化、自动化技术,确保进出口物资快速装卸,最大限度压缩机辆周转时间,最大限度地释放口岸站吞吐能力,实施现代化管理。

8　借助口岸站这个平台,口岸站总平面布置应有利于将口岸站建设成为国际物流中心。

13. 2. 1　口岸站一般由边检场、到发场、调车场、换装场、客运场组成。不同轨距铁路系统均需设边检场、到发场、调车场;换装场由不同轨距铁路穿插布置,并根据货物品名分设多个货区;客场则由不同轨距铁路的到发线、站台以及客车换轮库组成。

口岸站占地大,场地要求平坦,图型的选择应结合运量大小、地形条件和作业流程等因素综合比选确定。

新建口岸站可选择横列式、纵列式和混合式三种布置图型。

1　当运量较小或受地形条件限制时,可将准轨到发场、调车场横列或纵列布置,同样可将非准轨到发场、调车场横列或纵列布置,再将不同轨距铁路系统在相对位置上呈横列平行布置,并在两个系统中间设置换装场,换装场旁边可布置不同轨距铁路物流中心发展用地,从而形成各车场间相对横列的布置图型。

横列式图型优点是设备集中,布置紧凑,便于管理;缺点是调车折返行程较长,发展受到一定限制,换装取送作业干扰较大,能力受限制。

2　当运量较大或地形不受限制时,可以采用不同轨距铁路系统的到发场、调车场与换装场按照车辆的作业流程全部纵列式布置图型,纵列布置图型站坪长度约需 11. 5 km。

纵列式图型的优点是有利于整列取送,作业顺畅,换装场、到发场、调车场之间作业干扰小。缺点是对地形要求较高,占地较大,设备分散,管理不便,无解编作业车走行距离长等。

3　当运量较大或地形受到一定限制时,还可以采用两种轨距的到发场、调车场横列,再与换装场纵列布置的混合式图型。混合式布置图型站坪长度约需 8. 5 km。

混合式图型克服了横列式图型换装取送作业干扰大的缺点，同时克服了纵列式图型设备分散、管理不便、无解编作业车走行距离长的缺点，在口岸站设计时宜优先选用混合式图型。

4 对于既有站改建，受既有设备、城市建筑、地形等限制，采用何种图型要因地制宜，合理选择。受地形条件限制，上述图型均难以实现，也可因地制宜进行布置。

另外，口岸站有相同轨距的口岸站与不同轨距的口岸站之分。在相同轨距的口岸站内，除了需要增加边检作业外，其余作业与国内其他区段站或编组站基本相同，不但没有车辆换轮作业，而且通常情况下也不需要进行货物换装作业，到发场、调车场、机车整备检修设备及车辆检修设备均可共用，一套设施即可满足运输需求，即便有少量的货物换装，其线路及装卸设备的布置，也与一般的铁路物流中心区别不大。相同轨距的口岸站在平面布置上与一般有铁路物流中心的区段站或工业站类似。为满足边检作业，可在口岸站与国界之间设置一个与口岸站纵列的边检场，也可将部分到发线通过设置封闭设施兼做边检作业，以优先选择后者为宜。因此，相同轨距的口岸站不再单独列出其布置图型，本条所列图型均为不同轨距口岸站的图型。

13.3.1 口岸站除配置常规技术作业站的有关设备外，尚应根据作业特点，设置边检场、换装场，为了满足换装车辆不能配对时的运输需要，还需设置换装货物暂时存放的落地场所，对于进口木材的口岸站，还须设置木材熏蒸场，设置满足客车和油罐车换轮需要的换轮场。

13.3.2 口岸站到发线的有效长度应与衔接线路的技术标准一致。各车场的站线数量和有效长度的确定原则、方法与普通技术作业站基本相同，所不同的是口岸站因还需办理“一关两检”、提报到站等特殊作业，故多数列车的作业时分均有不同的延长，且有较大的不确定性。各车场线路数量应根据办理的列车对数、性质、密集到发程度、列车编组计划、作业时间等分析计算确定，但随着运量的增长及相邻两国劳动生产组织的改善、设备的改进等，口岸站的作业时间将会相应缩短，因此设计时需结合口岸站的具体情况、特别是其技术及管理水平进行分析确定，对于海关、检验检疫严格监管区域，尤其需要考虑延时影响。下面以准宽轨口岸站为例，说明站线数量和有效长度的确定思路及方法，供设计时参考。

(1)准轨到发场。

口岸站准轨到发场除办理国内方向货物列车的始发终到作业，还办理出口货物列车的始发终到作业，为此到发场需要分两部分核定。国内方向货物列车的始发终到作业与国内车站的作业相同，可根据现行规范查定。如果边检场与到发场合设，进口货物列车除考虑与国内其他技术作业站正常的始发终到作业外，尚需考虑边防检查作业时间。根据调查资料分析，边防检查一般每轴需要 1 min。确定准轨到发场规模时，需要考虑这一因素，一般可按照现行规范查定后乘以 1.1 的波动系数考虑。

(2)准轨调车场。

到达口岸站的准轨车辆在以进口为主时空车居多，在以出口为主时重车居多。到达的空车一般仅需按换装场的场别进行解体作业而不再需要编组作业；到达的整列出口货物列车不再解编，直接在到发线进行相关作业后，待发国外；重车(包括出口货车及本站消失的重车)及空车混编的，其解体作业才大致与一般区段站及编组站相同，但出口货车除安全因素外，一般不再需要调整车辆顺序的编组作业，满轴后即可由调车线转往到发线办理出发作业。因此,准轨调车场的作业较一般区段站及编组站的作业相对要简单一点。准轨调车场的规模按一般区段站及编组站规模的确定方法来设计是可行的。根据相关研究资料,准轨调车场线路的数量和有效长度可按说明表 13.3.2—1 核定。

说明表 13.3.2—1　准轨调车场线路数量和有效长度

序号	车种	线路数量	有效长度	附注
1	出境货车	1 条,当每昼夜的车流量超过 200 辆,可增设 1 条	按到发线有效长	集结 出国车辆
2	国内始发直通、区段列车	1 条,当每昼夜的车流量超过 200 辆,可增设 1 条	按到发线有效长	编组 国内车辆
3	摘挂车	1 条	根据车列长度加 80 m~100 m	编组 国内车辆
4	集装箱车	1 条	根据换装线长度加 80 m~100 m	送往集装箱换装场
5	空敞车	1 条	根据换装线长度加 80 m~100 m	送往机械换装场
6	空棚车	1 条	根据换装站台长度加 80 m~100 m	送往人力换装场
7	空罐车	1 条	根据卸油栈桥长度加 80 m~100 m	送往石油换装场
8	特种车	1 条	根据换装设备长度加 80 m~100 m	送往特种换装场
9	本站车、站修车	1 条	按照车流量大小确定	送往铁路物流中心、站修所

注:1　表列序号 4~8,当国境换装站的某种换装货物的车流量每昼夜超过 200 辆可增加 1 条。
　　2　表列序号 2、3,4~9 根据实际需要可单独或合并设置。

(3)宽轨到发场。

宽轨到发场不仅要办理一般的到发技术作业,对于到达的货物列车,还需办理车辆及货物交接、边防及海关检查、卫生及动植物检验检疫、货票交接等作业,致使到达的货物列车在线停留时间较长;对于出发的空列,还需办理车辆的交接。另一方面,由于海关夜间不作业,18 点以后到达的列车,需在第二天 8 点以后才能进行报关。这样到发线的使用效率就远远低于国内车站的到发线。对于新建口岸站,根据调查研究,宽轨到发线一昼夜办理的列车对数一般为每条 1.5 对~2.5 对。到发线数量多时,可取上限,反之应取下限。

(4)宽轨调车场。

宽轨调车线一般按货物品类、换装场的场别、空车及站修车等确定组号,送往同一换装场的货物解体时共用同一条调车线,车列成组后送往换装场换装,换装完毕的空车集结需要单独设置调车线。根据相关研究资料,该类调车线的线路数量和有效长度可按说明表 13.3.2—2 核定。

说明表 13.3.2—2　宽轨调车场线路数量和有效长度

序号	货物品类或车种	线路条数	有效长	附注
1	木材/废钢铁	1 条	根据龙门吊走行轨长度加 80 m~100 m	机械换装场

续上表

序号	货物品类或车种	线路条数	有效长	附注
2	石油	1条	根据卸油栈桥长度加 80 m～100 m	石油换装场
3	集装箱	1条	根据龙门吊走行轨长度加 80 m～100 m	集装箱换装场
4	化肥/水泥/矿建/其他	1条	根据换装站台长度加 80 m～100 m	人力换装场
5	特种车	1条	根据换装设备长度加 80 m～100 m	特种换装场
6	空车	2条	按照到发线有效长	空车集结
7	站修车	1条	根据车流量大小确定	站修所

注：1 表列序号 1～6，当某种换装货物的车流量每昼夜超过 200 辆时，可增加 1 条。
2 表列序号 1～7 根据实际需要可单独或合并设置。
3 换装线可根据货物品名的增减而增减。

(5)宽轨存车场。

到达口岸站的进口货物，一般情况下，并不属于进口货物的直接需求者，而暂时属于专营进口业务的代理机构。在国外办理进口货物以及进口货物从发源地到口岸站的运输过程中，代理机构并不一定能够确定进口货物在国内的去向及到站，而货物到站不确定，进口货物列车就不能进行解编及换装作业。所以列车到达口岸站后，代理机构还有一个提报到站的作业过程。这一过程有时时间很长，经常造成进口货物列车在到发线或调车线上的长时间停留。但一般两国间还有一个车辆使用协定，规定车辆在对方境内停留有一个时间限制，超过规定的时间，对方将用商定的第三国货币支付车辆使用费。例如满洲里口岸站，俄罗斯的车辆在我国境内的最长停留时间为 48 h，为了这个协定，对于超过 48 h还不能提报到站的车辆将送往落地换装场进行货物落地。提报到站的过程，实际也是进口货物的交易过程，为了行车及调车作业的安全，一般要对需要提报到站的货物车辆设置暂时的存放场所，这一场所就是作为调车场的一部分、设在调车线一侧的存车线。所以，宽轨调车场除按照换装货物的品类设置调车线外，还需设置存车线。存车线的数量可按下式确定：

$$M_{存}=K_{存}N_{到}T/24 \qquad (说明\ 13.3.2—1)$$

式中 $M_{存}$——存车线的数量(条)；

$K_{存}$——存车线利用的影响系数，影响因素有海关作业、工务维修、列车不均衡到达等；

$N_{到}$——到达列车的列数(列)；

T——提报到站综合作业时分(h)。

提报到站综合作业时分应通过调查获得，无资料时，可暂按 16 h 考虑。存车线利用的影响系数一般可取 1.2～1.3。

6 换装线

不同种类换装线的总有效作业长度应根据该换装种类的换装车数、平均车辆长度、日换装批次数及两种轨距车辆载货量的不匹配系数等确定。一般可按下式计算：

$$L = K_{换} Nl/t \quad （说明 13.3.2—2）$$

式中　L——各换装种类的换装线总有效作业长度（m）；

N——各换装种类的换装车数（辆）；

l——各换装种类的平均车辆长度（m）；

t——各换装种类的日换批次，没有特殊要求的货物可按 3 批次计，集装箱换装可按 4 批次计；

$K_{换}$——换装车辆的到达匹配不均衡系数，一般取 1.1～1.3。

换装线有效作业长度应以两种轨距的换装车辆分别计算，并取其较大者。

落地换装需要的仓库、货棚、站台、堆货场等的面积计算与一般铁路物流中心相应面积的计算方法相同。

因各换装种类的日换装作业量是不一样的，有的可能很大，即便整列换装，也可能需要不只一组换装线，而不是整列换装的种类，也有可能需要设置多组换装线。整列换装线，应根据其列车对数及每组换装线的日换装列数确定整列换装线的组数，其有效作业长度均应与到发线有效长度相同。其他种类换装线的总有效作业长度确定后，还应该根据一次来车长度、场地条件、换装设备性能、换装作业效率等，确定其需要的换装线线路组数及其每组换装线的有效作业长度。有的换装种类需要的总有效作业长度可能很长（例如大于半个列车长），但由于场地条件的限制，仅设一组换装线满足不了其总的有效作业长度时，就需要设置多组数的换装线；有的换装种类货车每天到达的批次数可能大于每组换装线的每天能换装的批次数，这时该种类的换装线也需要设置成多组数的换装线，每组换装的有效作业长度可满足一次来车的车长。另一方面，根据运量，某种类的货物可能需要多组相同的换装设备，但这些换装设备均放在一组换装线上并不能发挥其应有的性能及效率，这时该种类的换装线也需要设置成多组数的换装线，每组换装的有效作业长度应根据换装设备的性能及效率来确定。

13.3.3　边检场是对进出口列车及人员进行出入境许可检查及安全防范检查的场所，应设于国界线附近。当受地形条件限制时，也可将边检场与到发场合设。边检场的布置形式与国内的越行站相似，需设置两种轨距的到发线，其数量可按如下原则确定：准轨边检相对简单，可设到发线 1 条，加上正线 1 条，2 条线规模即可。宽（窄）轨边检程序稍多，在运量较大的口岸站，可按 3 条规划，近期实施 2 条，即 1 条正线，1 条到发线。

13.3.4　为方便旅客、利于车站的组织管理，不同轨距铁路的客车到发线和客运设备应集中设置。

13.3.5　为实现设备共用，集中管理，不同轨距铁路的机车和车辆整备、检修设备宜合设。

宽（窄）轨、准轨共用的机车车辆检修线和整备线一般采用混合轨距线，其上设有检查坑。混合轨距线有三线轨、四线套轨、二线变距轨等三种形式。三线轨为两种轨距的轨道合二为一，其中一根钢轨为共用轨，其优点是容易设检查坑，缺点是铺轨稍多，对起吊设备要求较高。四线套轨为两种轨距的钢轨共用 1 根枕木，缺点是铺轨较多，检查坑宽度太窄，对起吊设备要求较高。二线变距轨采用宽（窄）轨轨距与准轨轨距之间的轨距值，并在其两端设置轨距变化过渡段，优点是轨道只需双轨，结构简单，投资较省，缺点是由于设检查坑难以同时设护轮轨，准轨机车容易出现脱轨（阿拉山口就是二线变轨距的轨道布置形式），因此，宽（窄）轨、准轨共用的机车车辆检修线和整备线宜采用三线轨道形式。

13.3.6　根据国际协定设置的换轮库包括货车换轮和客车换轮，是办理国际旅客列车旅客不换乘及特殊车辆不必进行货物换装的转向架更换作业场所。换轮库应设置更换车辆转向架所必要的存轮线、起重设备、换轮线。换轮线的功能是更换车辆转向架,存轮线的功能是存放更换下的车辆转向架。从有利于起重设备作业考虑,换轮线轨距宜按宽(窄)轨轨距加护轮轨设计。存轮线可采用不同轨距转向架分开存放方式或不同轨距转向架在同一条存轮线存放的三线轨方式,为了节省场地,存轮线宜采用三线轨布置方式。

13.3.7 木材熏蒸场主要办理原木及其他需要杀虫等检疫需要的货物。一般设置在口岸的相邻站或者换装场附近,根据熏蒸措施设置熏蒸库和熏蒸场。由于其经常会散发出一些挥发性的有害气体,所以,应设置在远离人口密集区的地点并满足环保要求。

13.3.8 传统的换装线分为直接换装线、落地换装线和高低换装线三种。

直接换装是货物由一种轨距的车辆换装至另一种轨距的车辆,货物不落地。其换装线有两种布置方式,一种是在两种不同轨距的换装线间设换装站台,货物由一种轨距的车辆通过站台换装至另一种轨距的车辆;另一种是两种轨距的换装线并行布置,货物在两种不同轨距的车辆间直接进行换装。不设换装站台的直接换装线,其准轨与宽(窄)轨线路中心距离为 3.6 m,当采用机械换装时,应根据机械性能及车辆装载限界决定。

落地换装是将一种轨距的车辆所装载的货物卸下,并暂时堆放在站台、仓库或堆积场内,待另一种轨距的车辆到达或货物处理完毕后再进行装车。换装线一般宜设在落地场的两侧。

对于煤、矿石、散装粮谷等散装货物一般采用高低换装,主要通过设置不同高度的换装线来实现,重车线路设于高处,待装车线路设于低处,依靠重力使货物从重车流入空车。当然,散装货物也可采用不同轨距的线路等高布置,换装作业采用履带式抓斗装卸料机和装载机相结合的方式。

结合既有口岸站运营情况,换装场各分区宜优先选用直接换装和落地换装相结合的布置形式,使其既能进行直接换装,又能进行落地换装,避免出现以车代库现象,借以释放装卸线能力。

为了尽量减少列车解编作业,换装线的长度宜按整列换装设置。

换装站台有三种布置图,一是站台设在不同轨距的两换装线之间,二是站台设在以混合轨距线方式布置的不同轨距换装线一侧,三是站台与不同轨距的换装线纵列布置。第一种布置形式无论直接或落地、人力或机械,均可进行换装,且能力较大,使用便利,是最常见的一种布置形式;第二种布置形式两种轨距的车辆不能同时作业,只能进行落地换装,换装能力小,且当不同轨距的车辆底板高度相差较大时,不易与站台高度配合;第三种布置形式适用于换装能够自行移动的车辆,但需要的站坪较长,目前我国对汽车、拖拉机等机动车辆换装一般采用起重机进行换装。综上所述,推荐换装站台设于不同轨距的换装线之间。

换装站台的长度应根据运量大小、换装车列的长度、换装作业的机械化程度等因素确定,从有利于作业考虑,换装站台的长度宜与换装线等长布置。

换装站台的宽度应根据换装方式、作业要求、物流需求等确定,人力直接换装时不应小于 3 m;机械直接换装时,可为 8 m~10 m;站台上如有仓库或雨棚时,应根据物流需求及仓库宽度来确定;站台如需要堆存货物,则应按堆存量大小将其加宽,一般最小宽度为 20 m。

13.3.9 根据海关总署和国家出入境检验检疫局的相关要求,口岸站宽(窄)轨系统和准轨系统均应设置满足海关和检验检疫所需查验平台。

14.1.1 煤矿、铁矿等矿产区或上水矿石码头，有着大量的散堆装货物产生，这些大宗散货外运主要依靠铁路，需要修建为其装车作业服务的集运站。煤炭、矿石等大宗散货经铁路运输至港口、电厂、钢厂、铝厂及物流园等地区消失或转运，在这些地区修建为其卸车作业服务的疏运站。

根据运营部门调研资料，集运站主要分布在煤炭发送量较大的西北部地区，货物年发送运量一般在300万t左右，发送运量较大的达到3 000万t以上。我国中南部及沿海地区分布有大量的热电厂，一座2×60万kW火电机组，煤炭年消耗量约300万t。目前，西北部地区的煤炭主要通过铁海联运至这些地区。为配合煤炭外运，配套建设了秦皇岛港煤码头、黄骅港煤码头和日照港煤码头等，并在电厂、港口等地区修建疏运站。

铁路专用线与国铁接轨审批实施细则中规定"品类单一、设计近期年到发运量在500万t以下的集(疏)运站应当集中设置，原则上50 km范围内只建设一处"。调研表明，在干线铁路上经常出现站站设置集运站的现象，特别是在企业铁路上，常有一个车站按企业实际需要衔接多个集运站，难以实现50 km范围内只建设一处集运站的要求，但考虑集运站中需要配置各种铁路设备及存储场地，占地较多，建在矿区的集运站还存在压覆资源问题，为了减少占用社会资源，提高铁路设备利用效率，提出集运站分布不宜过密。

一个地区的集运站、疏运站集中设置，能够提高本务机车运用效率、便于车站人员、设备的集中管理和使用。

14.1.2 集运站、疏运站的选址规定说明。

(1)矿区、港区、电厂、钢厂、物流园及所在城市均有详细的城市规划和区域规划，集运站、疏运站站址首先应满足这些规划要求。有的地方性规划存在与铁路规划编制时间不同步，对铁路技术政策理解不足，规划预留的集运站、疏运站站址难以适应铁路技术政策的要求，设计中可建议向原规划主管部门申请调整规划或修改规划。

以公路集运为主的集运站多建在铁路车站附近。为距离铁路干线较远井田服务的集运站，宜建在井田附近的工业区中；为多个井田服务的集运站宜靠近主产井田，兼顾其他井田。

设于港口的疏运站，煤炭从车站运至码头前沿多采用传输皮带，由于传输皮带动力为多台电机，系统中只要一台电机出现故障，整个传输皮带就不能正常运转，为缩短传输皮带传输距离，港区疏运站宜设在码头前沿。

(2)集运站、疏运站中存储系统为其重要组成部分，设计时要与煤炭、矿石等散堆装货物的洗、选、配系统相协调，并对输煤系统采用传输皮带或公路运输进行费用比选确定。

位于矿区的干线铁路，在经过的区域，为保证铁路运营安全，要求在铁路两侧设置安全保护矿柱。保护矿柱的边界线按覆盖层厚度、岩层厚度、矿层倾角和岩层移动角等工程地质条件计算。为减少压覆矿产资源，在地形条件允许时，位于车站附近的集运站应尽量与接轨站共站设置，可采用横列式或纵列式布置，有利于货检、列检等人员及设备的集中管理和使用，减少列车走行时间，提高运营效益。

14.1.3 既有集运站、疏运站由于前期规划不足，存在改扩建困难的现象，为避免拆迁，常采取择址新建，造成工程浪费，针对这种情况，布置集运站、疏运站时，要适当考虑预留，根据到发运量及铁路运输组织的特点合理确定车站规模，实现"一次规划、分期实施"。

14.1.4 牵引质量为5 000 t列车，C_{64}型车编组60辆，列车长842 m；10 000 t列车，C_{64}

型车编组 120 辆,列车长达到 1 684 m。推送转线时,机车位于列车尾部,列车经过道岔或弯道,有瞭望死角,司机无法确认信号,整个转线行程只能听从于调车员指挥,存在通信延迟、反应不及时等现象,这种现象在长编组列车中尤为突出。所以,为避免列车发生脱线事故,确保作业安全可控,提出在集运站(疏运站)中,牵引质量为 5 000 t 列车转线作业,宜采用牵引方式;牵引质量为万吨及以上列车转线作业,应采用牵引方式。

14.1.5 新建集运站、疏运站应保证其车流顺直进入接轨站,尽量避免在接轨站产生折角车流或迂回运输,对加速机车、车辆周转和降低运输成本有积极意义。改建既有的集运站、疏运站,在地形条件困难时,经技术经济比选,可维持既有的接轨方式。

集运站、疏运站接入接轨站,有下列情况之一时,应疏解接入或预留疏解接入条件:

(1)速度为 200 km/h 的客货共线铁路;

(2)以客为主的繁忙铁路干线;

(3)接轨站咽喉能力利用率较高;

(4)区间通过能力紧张地段。

执行(2)、(3)、(4)时,当工程条件困难,近期运量不大时,可预留疏解接入条件,但应在接轨站增加到发线数量。

14.2.2 根据装车工艺的不同,集运站有横列式、纵列式、环形式及混合式四种布置形式,应根据矿区或码头规划、地形条件、作业性质、装车工艺等因素选用图型。

图 14.2.2—1(a)为采用装载机配站台的横列式集运站图型,图 14.2.2—1(b)为采用移动式定量装车设备的横列式集运站图型。图型中装车线设计为装车兼到发线,站台存储区宽度应满足存储周期要求,站台数量及位置根据需要设置。采用装载机配站台时,装车线范围内应设置防尘网或防尘罩,其长度不应小于装车线有效货位的长度。为保证装车作业安全,电气化铁路的装车兼到发线上应设置接触网隔离开关。

采用定量装车设备装车,集运站一般布置为纵列式[图 14.2.2—2(a)]或环形式[图 14.2.2—2(b)]。纵列式集运站上设到发线、装车线,为了避免列车推送转线,设机走线;环形式集运站上设到发线、环形装车线。这两种图型中货物存储采用筒仓或储煤场,环形式集运站上的筒仓可设在环形装车线中部或靠近重车到发线一侧;筒仓设于中部时,应尽量使筒仓前后的线路满足一个列车长度,这种布置可使到达空车尽快转线至环形装车线装车,腾空到发线;筒仓靠近重车到发线一侧时,重车走行的线路宜设在直线上或同向曲线上。

当矿区或港口有多个工业广场或装车作业区,且不具备修建多个集运站时,为提高各集运站上货运、列检、机务设备的作业效率,可采用混合式图型,即设置一个接轨站集中办理列车技术作业,在各个集运站上办理装车作业。集运站应结合地形条件、货物流向等因素选择图型及装车设备。例如新恩陶线经过的呼吉尔特地区,有十多家井田或企业的集运站需要分别接入两个接轨站,为了避免频繁施工对接轨站运营干扰及废弃工程,在区域内适当位置设两个接轨站,分别承担各装车站上列车技检和机车整备作业,工业广场中的集运站仅完成装车作业,这样能减少对接轨站的改建,提高机车运用效率。

14.2.3 根据卸车工艺的不同,疏运站有横列式、纵列式、环形式及混合式四种布置形式,应根据港口规划、地形条件、作业性质、卸车工艺等因素确定图型。

横列式疏运站图型(图 14.2.3—1)采用扒料机及螺旋式卸车机配站台,卸车线一般设计为卸车兼到发线,站台多设计为低货位,设置在低货位中的存储区宽度应满足存储周期要求,站台数量及位置根据需要设置。采用底开门车的横列式疏运站,卸车线下设置受煤坑,采用皮带传输至储煤场。采用扒料机、螺旋式卸煤机的横列式疏运站,卸车线范围内应设置防尘网或防尘罩,其长度不应小于卸车线有效货位的长度。采用扒料机的横列式疏运站,为保证卸车作业安全,电气化铁路卸车兼到发线上应设置接触网隔离开关。采用螺旋式卸煤机的横列式疏运站,卸车兼到发线不应挂网。

采用翻车机卸车的横列式疏运站(图 14. 2. 3—2),一般布置为 1 条重车线、1 条空车线及 1 条走行线或 2 条重车线、2 条空车线及 1 条走行线的形式,到发线端部布置翻车机。这种站型适用于场地短、运量较小的电厂疏运站。

纵列式疏运站图型[图 14. 2. 3—3(a)]设置到达场及卸车场(卸车线与空车线合设为卸车兼出发线),两场分别位于翻车机两端,卸车设备两侧设列车出发线。这种站型存在出发列车与卸车作业的交叉,当卸车量较大时,可在出发场尾部设环发线,设置环发线后卸车兼出发线能力可大幅度提高。

纵列式疏运站图型[图 14. 2. 3—3(b)]设置到达场、卸车线、出发场、牵出线,出发场与卸车线横列设置,卸后空车通过牵出线转线至出发场进行技检和出发作业。这种站型多了一次转线作业,避免了出发列车与卸车作业的交叉,但卸车线仅满足牵引质量为 5 000 t列车作业。

环形式疏运站图型(图 14. 2. 3—4)设置到达场、出发场和环形卸车线,出发场与到达场横列设置。这种站型列车到发作业顺畅,但占地多,适用于运量较大的港口疏运站。例如秦皇岛柳村南站年卸车量约 2 亿 t,采用集中布置到发场、出发场和环形式卸车线,到发场和空车场横列布置,重车到达、技检、货检等作业集中在到达场进行,空车列检、机车整备及清扫车底等作业集中在空车场进行,卸车线上承担煤炭卸车作业,煤炭通过皮带传输至各码头。设计中可根据地形条件将翻车机设在环形卸车线中部或靠近重车到发线一侧。

有多个卸车区域,不具备修建多个疏运站时,或为减少各疏运站中的货运、列检、机务等设施的配置,提高作业效率,可采用混合式图型,即设置一个中心站集中办理列车到发、技检、机车整备等技术作业,在各个疏运站办理卸车作业。疏运站应结合地形、卸车量及货物流向等因素选择车站图型及卸车设备。例如黄骅港疏运站一、二期按万 t 到发场、5 000 t到发场及卸车场纵列式布置,正在建设的三期为环形式布置,万吨列车到达、出发、技检、万吨列车组合分解、机车整备等作业集中在万吨到发场进行,5 000 t 到发场及卸车场承担卸车作业及清扫车底作业。

当铁路疏运站的运输车辆为底开门自卸车,采用卸煤地沟卸车时,其图型可参照纵列式翻车机对应的图型,将卸车设备由翻车机改为卸煤地沟。底开门车卸车作业时间主要受开车门时间影响,手动开门时间一般为 2 min/辆。卸煤地沟长度一般为半个车列长,也可根据地形及卸煤工艺要求确定。卸车线长度一般为 2 个车列长度减去卸煤地沟长度。到发场和卸车场纵列布置时,卸车线长度可设置为 1 个车列长,但应适当增加到发线数量。

14. 3. 1 集运站、疏运站主要设备有以下几部分:

(1)到发线。

运量较小的车站上设到发线。在运量较大的车站上设到达场和出发场。到发线数量应与装(卸)车线数量、装(卸)设备数量及效率相匹配。

(2)装(卸)车线。

集运站横列式图型设装车兼到发线,纵列式或环形式图型中装车线单独设置。

疏运站横列式图型设卸车兼到发线,图 14. 2. 3—3(a)设卸车兼出发线,图 14. 2. 3—3(b)和环形式图型中卸车线单独设置。

(3)牵出线。

当车站调车作业量较小时,可不设牵出线,调车作业可利用机走线、装(卸)车线或正线。

(4)装(卸)车设备。

目前广泛采用的装车设备主要有装载机、固定式及移动式定量装车系统等。卸车设备主要为扒料机、螺旋卸车机及翻车机等。考虑装卸设备检修、保养的需要,每天作业时间不得超过 15 h~17 h。常用装卸设备性能见说明表 14. 3. 1。

说明表 14. 3. 1　常用装卸设备性能表

项目	装车设备			卸车设备		
	装载机	移动式装车机	快速定量装车系统	扒料机	螺旋卸车机	翻车机
效率	100 t/(h · 台)~200 t/(h · 台)	2 500 t/(h · 台)~3 500 t/(h · 台)	4 000 t/h~5 000 t/h	150 t/(h · 台)~300 t/(h · 台)	300 t/(h · 台)~400 t/(h · 台)	20 次/h~30 次/h
设备基建投资	低	中	中	低	中	高
使用费	高	低	低	高	低	中
环境污染	重	中	轻	重	中	轻
自动化程度	低	中	高	低	中	高
灵活性	好	差	差	好	差	差

注:表中所列数据为装卸煤炭时的效率,其他散料的作业效率依物料的容重及设备参数进行调整。

考虑集运站、疏运站作业流程中,到达、列检、转线、出发作业时间相对固定,若要缩短列车停留时间,需压缩装(卸)车时间,采用高效机械设备或增加机械设备数量。

(5)抑尘设施。

在集运站上为防止货物运输途中的污染,对装车完毕的货物表面喷洒抑尘剂的设施。横列式车站多设于出发端,困难时也可采用移动式,纵列式或环形式车站多设于定量装车点后。

(6)防冻设备。

冬季散堆装货物易与车辆冻结在一起,卸车时需人工清除粘连在车厢上的货物,影响卸车效率。因此,在集运站上安装能将防冻剂喷洒在车厢内壁的设备。纵列式、环形式布置的集运站安装在装车点前,横列式集运站采用移动式设备。

(7)检斤设备。

为检查集运站上装车货物超载情况,设置检斤设备。横列式集运站多设于出发端,纵列式或环形式集运站一般设在装车点后。考虑有的系统传输不及时,常有漏装需要列车回推情况,有时将检斤设备安装在列车出发端。疏运站一般设在列车进站端或翻车机前的重车线上。

(8)机务设施。

采用调机作业的集运站、疏运站设机待线,在寒冷地区考虑调机过夜保温,还要设置整备库。有的车站考虑调机简单整备作业,需要设置机车检查坑及上油设备。

(9)车辆设施。

集运站、疏运站一般设装卸检修所及边修线,附近有车辆检修设施可以利用时也可不设。

14.3.2　调研资料显示,目前运营部门一列车装(卸)车时间一般在 80 min~180 min 之间。按运输政策的要求,集运站、疏运站上应选用高效设备。因此,提出装(卸)车作业时间应在 120 min 之内完成。根据有关调研资料,整理列车主要作业时间见说明表 14.3.2—1,设计中根据站型及车站作业流程选用。

说明表 14.3.2—1　集运站、疏运站作业时间

序号	作业项目	作业时间(min)
1	列车到达	7(15)
2	集运站到达列检	40
3	集运站出发列检	10
4	疏运站到达列检	10
5	疏运站出发列检	40
6	本务机换挂及摘挂列尾装置	5
7	快速定量装车系统装车	60(120)
8	双翻翻车机卸车	90(180)
9	本务机转头	15
10	转线	10(15)
11	出发列检	40
12	连风管及试风	13
13	待发	30
14	列车出发	6(13)

注:括号内为万 t 列车作业时间。

集运站采用本务机装(卸)车、疏运站采用调机卸车时,纵列式布置的集运站、疏运站股道作业时分及能力见说明表 14.3.2—2、说明表 14.3.2—3。

说明表 14.3.2—2　集运站列车在站停留作业时间

序号	作业项目	作业时间(min)			列车停留时间(min)
1	空车到达	7(15)	—	—	7(15)
2	本务机摘机及摘列尾装置	5	—	—	5
3	到达列检	40	—	—	40
4	空车转线	10(15)	10(15)	—	10(15)
5	本务机转头	—	—	15	15
6	空车装车	90(120)	90(120)		90(120)
7	出发列检	10	—	—	10
8	本务机连挂及装列尾装置	5	—	—	5

续说明表 14.3.2—2

序号	作业项目	作业时间(min)			列车停留时间(min)
9	连风管及试风	13	—	—	13
10	重车待发	30	—	—	30
11	重车出发	6(13)	—	—	6(13)
作业地点		到发线	装车线	机走线	—

注:括号内为万 t 列车作业时间。

说明表 14.3.2—3 疏运站列车在站停留作业时间

序号	作业项目	作业时间(min)				列车停留时间(min)
1	重车到达	7(15)	—	—	—	7(15)
2	本务机摘机及摘列尾装置	5	—	—	—	5
3	本务机转头	—	—	—	15	—
4	到达列检	10	—	—	—	10
5	重车对位及排风管	16	—	—	—	16
6	调机连挂	5	—	—	—	5
7	重车卸车	90(120)	—	90(120)	—	90(120)
8	空车转线	—	15	15	—	15
9	调机摘机	—	5	—	—	5
10	空车编组	—	30	—	—	30
11	清扫车底	—	30	—	—	30
12	出发列检	—	40	—	—	40
13	本务机连挂及装列尾装置	—	5	—	—	5
14	连风管试风	—	13	—	—	13
15	空车待发	—	30	—	—	30
16	空车出发	—	6(13)	—	—	6(13)
作业地点		到达线	出发线	卸车线	机走线	—

注:括号内为万 t 列车作业时间。

上述两表显示,各种类型的集运站、疏运站股道数量,可以根据车站布置形式、车站作业流程、每项作业时间计算确定。但在实际应用中,还应结合车站作业量、机械配置、管理和交接方式及不均衡运输等因素具体确定。为实现本务机的转头作业及运输组织的灵活,各种图型中到发线(到达线或出发线)数量最少应为 2 条,下列情况应适当增加股道数量:

1 铁路运输受维修天窗、客货列车速差等因素影响,货运列车不均衡到发现象显著,确定到发线数量时,应考虑列车集中到发的影响适当增加 1 条~2 条到发线。

2 横列式、纵列式布置的车站中,一般在装(卸)车前进行列车转线和机车转头作业。由于整列车不宜推送转线,需在到发场中设机走线或到发兼机走线,在车站两端咽喉增加机待线。采用调机装(卸)车的环形式车站中,本务机在到发场转头,也要增加 1 条到发线。运量较大的车站，根据具体情况确定。

3 疏运站在到发场中除进行列车的技术作业外，还要进行挑车等调车作业，这时应根据车站作业量确定增加的到发线数量。在港区地形受限或山区地形条十分件困难的条件下，存在装车线长度小于到发线长度现象，列车需在到发线上进行分解，这时宜将到发线设计为万吨列车组合分解线，车站到发线数量相应增加。

14.3.3 到发线有效长度应与集运站、疏运站衔接的铁路技术标准相匹配，能够实现列车整列到发、直进直出，有效长度一般应满足整列装(卸)车条件。山区或既有线改造中，受地形限制，经比选，可将一列车分解为两组或多组车列行装(卸)车，这时装(卸)车线有效长度应根据车列最大编组长度计算确定。

15.1.1 站场路基根据其承载的站内股道或设施的不同性质和功能，可分为站内正线路基、到发线路基、其他站线路基、场坪等。路基类别不同，其路肩高程、路基面形状和宽度、基床结构和尺寸、填料要求、压实标准、沉降控制等均有所不同。区分不同路基类别的目的主要是使工程措施更有针对性，以节省工程投资。

进出站线路、动车组走行线的路基可比照相应速度等级的正线路基设计，驼峰溜放部分线路、编发线、兼到发功能的贯通式货物线可比照到发线路基设计，用于承载房屋及其他构筑物(含站台)的场坪等均按场坪路基设计，重载汽车通行的道路、集装箱场坪及其他有特殊要求功能区的路基等应按相关标准执行。

15.1.2 本条系根据《铁路工程水文勘察设计规范》TB 10017—99 的第 1.0.5 条修订纳规。

15.1.3 车站路基横断面形状应根据路基宽度、排水要求、路基填挖情况和线路坡度连接等条件设计。中间站、会让站和越行站宜采用单面坡或双面坡的横断面；站线数量较多的编组站、区段站和工业站等，宜采用锯齿形坡的横断面。

由于站内正线上的列车行车速度高，行车量大，且因其与相邻站线在同一路基面上，排水条件不如区间正线顺畅，因此，规定站场路基面的横向排水坡不宜倾向正线，外包车场的正线应按单独路基设计，困难条件下，外包正线必须与站线共路基面时，应在外包正线与相邻站线间设置纵向排水沟(槽)等，都是为了保证正线路基的排水畅通，以减少其病害。路段设计速度 120 km/h 及以上，外包正线至到达场、到发场和出发场最外线路的距离，一般不小于 8.7 m(即 4.7 m 安全距离+4 m 路肩宽)，困难时不小于7.7 m，以保证列检人员的安全。

客运专线、城际铁路站内正线及到发线路基基床表层顶面、基床底层顶面及底面应设置 4% 倾向两侧的排水横坡，客货共线铁路到发线基床表层顶面、基床底层顶面及底面应设置不小于 2% 的横向排水坡。到发线以外的站线路基面排水横坡视各地区年降雨量等具体情况可适当放缓，但不宜小于 2%。

15.1.4 长期以来，车站内线路中心线至路基面边缘的距离强调工程经济性，仅满足了车站基本作业的需要，未充分考虑养护维修方式的改变、站后设施的设置需要，本次修订对车站内线路中心线至路基面边缘的距离重新进行了详细分析计算和规定。

1 电气化铁路及电(光)缆沟槽设于路肩上时，车站内线路中心线至路基面边缘的距离应综合考虑站线轨道设计标准、路肩宽度、养护维修方式、曲线加宽、路基面沉落加宽、铁路通信、信号、电力等各种电(光)缆沟槽、接触网立柱及声屏障基础的设置等要求计算确定。

电气化铁路最外侧线路路肩各项设备布置如说明图 15. 1. 4—1 所示。

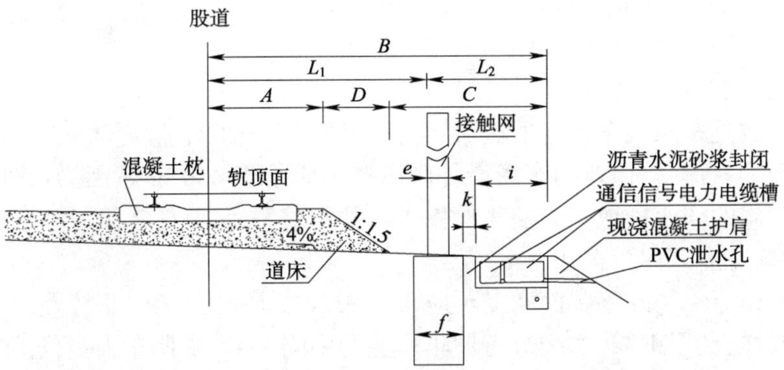

说明图 15. 1. 4—1　线路最外侧路基面结构示意图

车站内最外侧线路中心线至路基面边缘的距离,可根据如下公式计算:

$$B=L_1+L_2 \quad \text{(说明 15. 1. 4—1)}$$

$$L_2=(f+e)/2+k+i+0.1 \quad \text{(说明 15. 1. 4—2)}$$

式中　B——车站最外侧线路中心线至路基边缘距离(m);

L_1——接触网支柱内缘至最外侧线路中心最小距离(m),一般为 3. 0 m,考虑大机养护为 3. 1 m;

L_2——接触网支柱内缘至路基边缘距离(m);

e——接触网支柱轨面以上宽度(m);

f——接触网支柱基础宽度;

k——接触网支柱基础与电缆沟槽外廓之间的距离,取 0. 05 m;

i——电(光)缆沟槽外廓宽度;

0. 1——电缆槽外护肩宽度(m)。

按上式计算,车站最外侧线路中心线至路基边缘距离一般在 4. 6 m~5. 2 m。

2　非电气化铁路及各种电(光)缆沟槽不设于路肩上时,车站内线路中心线至路基面边缘的距离,其路基面布置如说明图 15. 1. 4—2 所示。

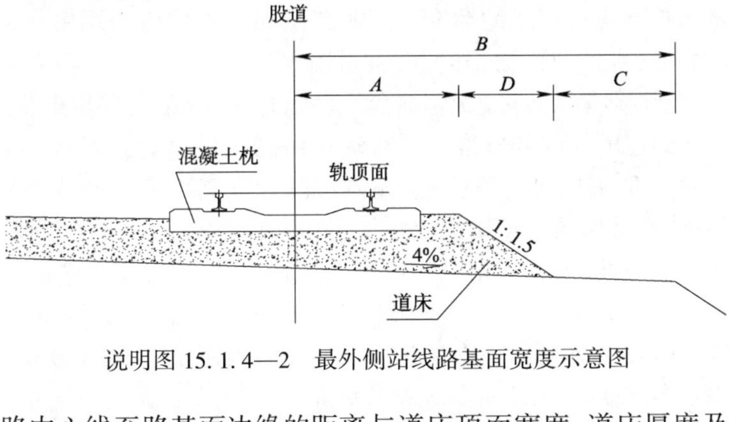

说明图 15. 1. 4—2　最外侧站线路基面宽度示意图

车站内线路中心线至路基面边缘的距离与道床顶面宽度、道床厚度及轨枕埋入道床深度、道床边坡率、道床外路肩宽度、道床肩宽、路基面横坡坡率等相关,其计算公式为:

$$B=A+D+C \quad \text{(说明 15. 1. 4—3)}$$

式中　B——最外侧线路中心线至路基边缘距离(m);

A——道床顶面半宽(m);

D——道床边坡的水平距离(m);

C——路肩最小宽度(m)。

最外侧梯线是车站调车作业的区域,为保证调车人员的作业安全不应小于3.5 m,实践证明是合适的;有列检作业的车场最外侧线路不应小于4.0 m是因为最外侧为列检人员进行车辆检修的作业场地。为便于检修人员的检修作业及安全,路基面至轨枕底应以道砟填平,故其宽度需加宽至4.0 m。

牵出线有作业一侧的路基面宽度不应小于3.5 m,是根据其作业特点,为保证调车人员的安全。同样,利用正线、岔线进行调车作业的中间站,为了调车人员作业安全,在有作业一侧的路基宽度也不应小于3.5 m。根据调查,中间站加宽路基的范围从最外道岔基本轨接缝(顺向道岔为警冲标)算起,一般为50 m~100 m。当有桥、路肩挡土墙或高填方时,还应在有作业一侧加设防护栏杆。驼峰推送线自压钩坡起点至峰顶约7个~8个车长范围内的路基宽度,在有作业一侧不应小于4.5 m,另一侧不应小于4.0 m的规定,是因为在这段距离内有连接员进行摘钩和作业人员来回交叉走动,作业繁忙,为保证作业人员的安全,故应加宽。

3　不通行正规列车的站内联络线、机车走行线等单线的路基面宽度,原《站规》规定土质路基不应小于5.6 m,硬质岩石路基不应小于5.0 m,标准偏低,不利于运营期的养护维修作业。参考《Ⅲ、Ⅳ级铁路设计规范》GB 50012—2012,将上述标准修订为土质路基不应小于5.6 m,硬质岩石路基不应小于5.4 m。

15.1.5　站场内的正线路基、到发线路基、其余站线路基基床应按不同的路基标准进行设计。

1　车站内正线路基的基床结构与厚度、填料及压实标准应与区间正线相同。进出站线路一般是枢纽或大型车站的联络线或疏解线,受线路的平面或纵断面条件限制,其设计速度一般比正线低,如果按正线标准执行,势必会增加工程投资,故修订提出其路基标准应与相应设计速度正线标准相同。

2　当车站站线较少(一般为中小站)时,正、站线间不设隔离设施,为方便施工,与正线相邻的站线路基基床均按正线的标准。此时路基面的横坡应采用由正线中心(双线时为两正线间)向两侧排水的双面坡,其坡度宜采用4%。

3　站线与正线间设有纵向排水槽、站台等设施时,站线路基可与正线路基分开设置。

到发线有不同的速度等级和标准。对有动车组列车停靠的到发线,到发线最高时速可达80 km,其轨道一般采用无缝线路,其路基沉降标准高于客货共线铁路标准,且从运营的安全性、舒适性及后期的养护维修等角度出发,对有动车组停靠的到发线的基床应采用高于Ⅱ级铁路路基标准,因此当站线与正线路基分开设置时,高速铁路到发线的路基基床表层厚度可采用0.6 m,基床底层厚度可采用1.9 m,基床总厚度可采用2.5 m;城际铁路到发线的路基基床表层厚度可采用0.5 m,基床底层厚度可采用1.0 m,基床总厚度可采用1.5 m;客货共线铁路到发线及其他站线路基基床应按Ⅱ级铁路路基基床标准设计,即路基基床表层厚度可采用0.3 m,基床底层厚度可采用0.9 m,基床总厚度可采用1.2 m。

4　利用既有铁路车站改扩建地段,应根据不同的路段速度采用不低于该既有铁路提速规划相应的速度目标值设计,加强基础处理,必要时应采用地基改良或加固措施。

15.1.6 不同路基应采用相应的路基填料及压实标准。

1 对于站内正线、与正线处于同一路基的站线属正线路基,应采用与区间正线相同基床填料及压实标准。

2 与正线路基分开设置的站线路基,由于站线的行车速度相对较低,为减少工程投资,站线路基的填料和压实度应按Ⅱ级铁路路基标准设计。

3 在路基上修建排水沟、站台墙等设施时,为保证路基的稳定,路基的回填应按相应部位的路基标准。

4 旅客站台的荷载与站线路基的荷载不一样,一般考虑旅客通行及少量的餐饮、行包车等通行,荷载较小,因此规定旅客站台的填土和压实标准应按Ⅱ级铁路基床底层的标准设计。

5 站房、段所等房屋基础,房屋设计时一般根据会楼层高度、地基地质情况考虑采用桩基结构或其他基础处理措施,为避免场坪路基的重复设计,减少工程投资,故规定场坪路基不分层、填料可采用普通填土,压实标准应符合《建筑地基基础设计规范》GB 50007—2011 的有关规定。

15.1.7 当车站站线较多时,不同标准线路间往往设有纵向排水槽或旅客站台等设施,这时路基可分开设置,自标准较高的最外侧线路中心向外宽度不小于 2 m 处按标准较高的路基设计,边坡可设计为 1∶1,路基面应采用三角形,其余站线的路基按本身标准设计。

15.1.8 铁路与公路并行时最小间距需考虑各自主体及附属工程、防护设施互不干扰的要求,一般条件下需满足各自保护区范围独立的要求。在特殊气候地区(如季节性雾霾)、不良地质地段(如滑坡、泥石流)、公路路况条件较差等不利条件下,宜适当加大公铁并行的间距。铁路纵断面设计原则上按高于公路路面设计。

在铁路与公路并行较近的地段,需根据铁路、公路的高程关系、设施条件等设置护栏,护栏设置在公路路肩上,护栏防撞等级根据公路设计速度,按《公路交通安全设施设计规范》JTG D81—2006 提高一个防撞等级设置。其他相关规定需符合《关于公铁立交和公铁并行路段护栏建设与维护管理相关问题的通知》(铁运〔2012〕139 号)的要求。

15.1.9 不能与正线分开的到发线路基,路桥(涵)、路隧、堤堑连接处应设置过渡段。当到发线铺设无缝线路时,为保证到发线无缝线路的平顺性和受力状态,其轨下亦应设置路基过渡段。过渡段设置标准应与区间正线相同。可与正线路基分开的有缝线路到发线及其他站线路基,考虑其行车速度低,轨道为有缝线路,对轨道平顺性要求不高,故可不设过渡段。

15.2.1 站场排水是指站场范围内地面水及对路基、道床有影响的地下水排除。地面水包括天然雨水、融化雪水、机车和客车上水时的漏水、废汽水等。在车站范围内,铁路内部尚有地下水、生产废水和生活污水的排除,设计时虽按专业分别处理,但为避免出现矛盾,做到总体布置合理,故应统筹安排,相互配合。站场排水设施应与桥涵、隧道、区间路基以及站后设施的排水设施相衔接、协调配合,除应根据当地降雨量特征、汇水面积、地形和地质条件,地下水状况进行设计和规划外,还应结合自然水系、城镇排水规划、场坪排水、站内建筑排水进行系统的规划和设计,大型站场应编制排水系统图。

纵向和横向排水设施的主要作用:前者是汇集线路间的积水;后者是把纵向沟内的水排出站外。规划站场排水系统时,纵向、横向排水设施应紧密结合。为了使站内积水迅速、畅通地排出站外，应使水流径路最短，并尽量顺直。

横向排水设施的距离，除满足排出纵向排水设施的汇水流量外，还应满足排出汇入横向排水设施的总流量，并应结合有效长度、车场纵坡、出水口位置和纵、横向排水设施的深度来确定。

当车站设在城市和厂矿附近，除应了解农田水利排灌系统的情况外，还应了解城市、厂矿、乡镇排水系统的布置及对铁路排水的要求，处理好相互间的关系。车站排水、排污系统的出水口位置和标高应与地方排水、排污系统密切配合，使站场排水和排污系统做到顺畅而又经济合理。

改建站场，为节约投资，充分发挥原有排水系统的作用，应尽量利用既有的排水设施。如原有排水系统排水不良，对设备应进行相应的改善。

15.2.2　根据原铁道部《铁路边坡防护及防排水工程设计补充规定》（铁建设〔2009〕172号）、《关于进一步加强铁路路基防排水工程设计、施工等有关工作的通知》（建技电〔2009〕168号），增加本条文，以强化路基排水设计。

15.2.3　由于站内各条纵向排水设施吸引的汇水面积比较小，流量一般不大，故决定其断面尺寸的主要因素往往不是流量，而是养护维修清淤的需要，一般采用宽为0.4 m、0.5 m、0.6 m矩形沟，深度则根据路基横断面及其基床结构确定，不需要另行计算断面尺寸。但对于深长路堑侧沟、站房顶面汇水集中排入的线间纵向排水槽、多条纵向排水槽汇入的横向排水设施等，应根据所通过的总流量来决定其断面尺寸。本规范规定采用1/50洪水频率的流量来进行检算，如果达不到排水要求，则需要根据计算加大排水沟（槽）的断面尺寸。如有充分根据，例如当客运站、铁路物流中心等位于城市范围内或厂矿附近，其水流汇入城市或厂矿管道时，这些车站的排水设施，也可按当地城市或厂矿采用的频率进行设计，但要注意防止站场积水。

排水槽宽度小于0.4 m时，不便于清淤养护，同时也容易堵塞。宽度等于0.4 m，深度大于1.2 m的排水槽，清淤也困难。因此槽深大于1.2 m时，应将宽度加宽至0.5 m～0.6 m，以便养护人员维修清理。

对于只排除局部积水的次要排水槽、管，其宽度或管径可根据具体情况设计。

15.2.4　本条表15.2.4中地区年平均降水量的划分，主要是根据全国六个片区调查资料分析得出。资料表明，不同的降雨量，对路基横向坡度有着不同的要求。为加强站场排水设计，本次较原《站规》提高了标准，将排水横坡增加至4%。另外，由于各类装卸、作业场坪及站房场坪路基一般较宽，其上构筑物较少，对水流的阻挡也较小，有的在修建房屋或其他构筑物时，会另外修建排水沟加强排水，所以可采用不小于1%的横向坡度。

鉴于现在极端天气较多，对于降雨量较大地区，应加强排水，可根据当地瞬时最大降雨量计算确定横向坡度及坡面最大线路数量，以确保迅速排除路基面地表水。

15.2.5　因站台边缘至线路中心距离较小，受站台墙结构及相邻到发线道床砟脚控制，站台边沟宽度一般采用0.25 m，水沟清淤较困难，且因站台墙一般采用预制，边沟采用现浇，站台墙纵坡为平坡，站台边沟沟底的纵坡较难实施，故站台范围内的纵向排水槽宜设于股道间，客运专线铁路正线与相邻到发线大多为无砟轨道时，纵向排水槽宜设于正线与到发线间，确保迅速排除正线路基的地表水。线间设有纵向排水槽、接触网支柱、雨棚柱等设施时，线间距应相应加宽，应根据线间设施尺寸计算确定线间距。

15.2.6　站场纵向排水槽一般位于线间，所吸引的汇水面积并不大。规定其单面排水坡长度不宜大于 300 m，主要是考虑客运站旅客站台的长度一般为 550 m，从站台中心或其附近的地道、天桥处分坡，在站台端部通过横向排水槽将汇水排出路基外的长度需要达到 300 m；短于这个长度，则横向排水槽需要穿越站台，这在站场排水设计、施工及养护维修等方面均不好实施。目前车站到发线有效长主要有 850 m、1 050 m 两挡，规定站场纵向排水槽单面排水坡长度不宜大于 300 m，则在车场上设 1 处~2 处横向排水槽既可满足站场排水要求，这也是适宜的。原铁道部《铁路边坡防护及防排水工程设计补充规定》(铁建设〔2009〕172 号)第二十七条规定站场纵向排水槽单面排水坡长度不宜大于 200 m，而第二十五条规定侧沟、天沟、排水沟单面排水坡长度不宜大于 400 m。综合考虑上述情况，规定站场纵向排水槽单面排水坡长度不宜大于 300 m。

15.2.7 纵向排水设施的坡度应使水能顺畅排出。由于站场石渣等碎屑物较多，车站工作人员走行频繁，排水设施内容易掉入泥砂和杂物，为避免淤塞，一般情况下，水流的平均速度不应小于0.5 m/s。为满足上述要求，排水设施的纵向坡度不应小于 2‰，最好采用 3‰~5‰。大站的站场纵向坡度，一般都不超过 1.5‰，故排水设施的坡度，也不宜过大。为了使下游不发生夹带物沉积，保证水能及时排出站外，必须使水流速度由上游至出水口逐渐增大。因此排水设施的设计坡度，应从上游至下游逐渐增大。位于平坦、沼泽和河滩地区的站场，当排水系统出水有困难或采用 2‰的纵向坡度将引起大量工程时，纵向排水设施的坡度可减至 1‰。排水设施在分水点处的深度可为 0.2 m。为了使穿越站线的横向排水设施内的水能迅速排出，同时不使泥砂淤积，横向排水设施的坡度不应小于 5‰；有条件者，可适当增至 8‰或以上。特别困难条件是指平坦地区和改建站场的横向排水设施坡度不小于 5‰，往往不易做到，有的出口标高难以连接，故可按具体情况设置，并保证排水通畅。

15.2.8 根据我国近年来的设计经验，利用站内桥涵兼作横向排水，例如在桥台、涵顶或涵壁留出泄水洞，取得了很好的效果。而且具有工程简单、减少造价、排水效果好、清淤养护方便等优点。

横向排水槽为碎底式，穿越线路时道砟直接铺在盖板上。由于排水槽不深，而且线路间盖板可以揭开，清淤养护比较方便，排水效果较好。

横向排水槽属小型箱涵类型，要求地质条件较好，基底比较稳定。在一般情况下，新建铁路的挖方或填方较低(2 m 左右)的地段和既有线路路基比较稳定的情况下，可以广泛采用。

横向排水管与横向排水槽比较，由于管径小，清淤困难，当路基填方较高，设置横向排水槽基础工程较大时，方可考虑采用。根据对南方地区的调查，为了清淤方便，当圆管全长不超过 15 m 时，其管径不小于 0.75 m；大于 15 m 时，其管径不应小于 1 m。

15.2.9 站、场、段所内排水槽应设置盖板，当路堑侧沟位于调车作业区，列检作业区，装卸作业区和工作人员通行的地段时，为保证人员安全，侧沟应设置盖板。

15.2.10 纵向和横向排水槽(管)的交汇点，排水管的转弯处和高程变化处，容易淤积、堵塞，在这些地方应设置检查井或集水井，以便于清淤，此外，降水量的大小及路基土壤的种类对排水管的淤积有直接关系。一般情况下，降水量大或为土质路基时，排水管比较容易淤积，检查井间距应小些；降水量小或为渗水土路基时，排水管淤积少些，检查井间距可大些。检查井的间距以 40 m 左右为宜。设计时可参考说明图 15.2.10 的布置。

15.2.11 确定车站线路间线间距时，应考虑站场排水设施不应与接触网柱、雨棚柱基础

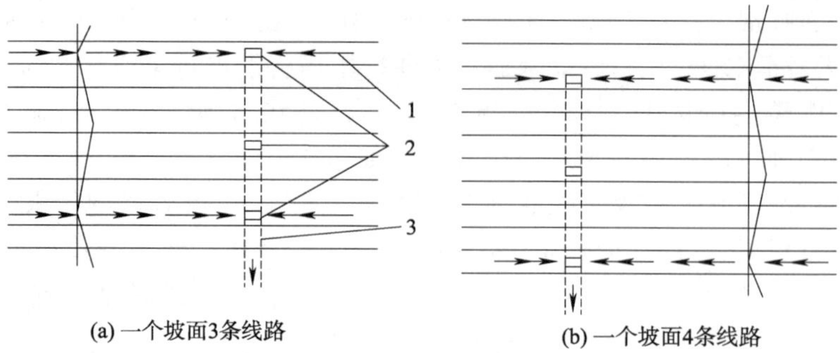

说明图 15.2.10　检查井间距示意图

1—纵向排水槽;2—集水井(检查井);3—横向排水槽

等交叉。困难条件下,可考虑站场排水设施绕行,常用的方法有单侧绕行或双侧绕行(双侧绕行如说明图 15.2.11 所示)。

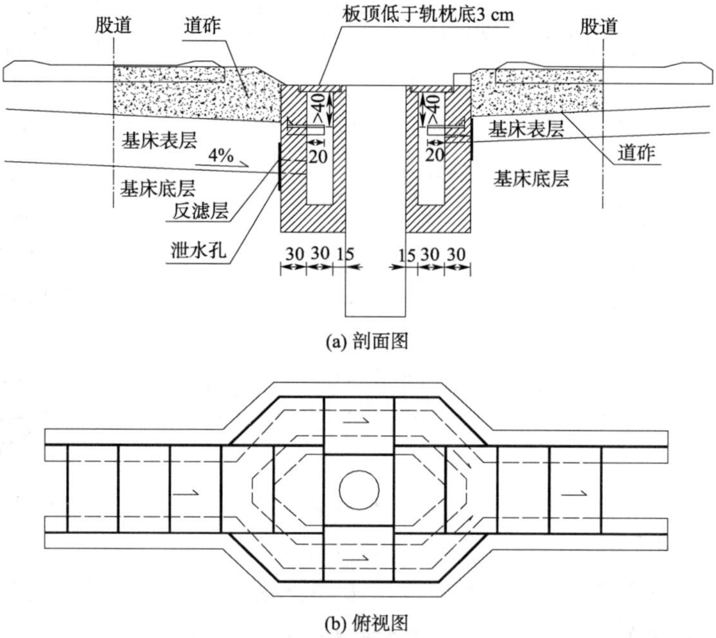

说明图 15.2.11　站场排水槽绕行图(单位:cm)

15.2.12　严寒地区,如我国东北和西北部分地区,因气候寒冷,路基构筑物有冻胀凸起现象,若排水设施埋设在冻胀线以上,则容易被冻胀,损坏排水设施,因此,在严寒地区排水设施应埋设在冻结线以下。冻结线深度大于 0.8 m 时,若采用盖板排水槽,因基础需埋在冻结线以下,使基础大大加厚,这是很不经济的,因此,冻结线深度大于 0.8 m 并造成纵向排水槽过深时,一般宜采用钢筋混凝土排水槽。

16.1.1　站线轨道类型说明。

1　由于到发线上行车速度较正线低,采用有砟轨道即可满足运营安全及作业要求,较无砟轨道可以节省大量工程投资,因此规定到发线宜采用有砟轨道。除到发线以外的其余站线,行车速度比到发线进一步降低,且多为空车运行,对轨道平顺性要求低,因此规定应采用有砟轨道。

2 高架车站、地下车站及站台范围设架空层的车站到发线一般位于高速铁路、城际铁路及其他高标准铁路上，线路空间几何状态保持好，不易沉降，为保持站内整洁美观，减少养修作业，可以采用无砟轨道。

3 考虑到方便日后运营维护，以及与正线相邻到发线的线下基础与正线相比工程措施差异不大，较为稳固，因此当正线轨道结构为无砟轨道时，与其相邻的到发线也可以采用无砟轨道。

16.1.2 站线轨道设计标准说明。

原《站规》中站线轨道设计按到发线、驼峰溜放部分线路、其他站线及次要站线进行了规定。本次修订将适用范围扩展到高速铁路、城际铁路、重载铁路及客货共线Ⅰ和Ⅱ级铁路，到发线的种类增加较多。高速铁路、城际铁路到发线仅供动车组列车停靠，客货共线铁路到发线可停靠动车组列车、机车牵引客车或货物列车，重载铁路到发线可供重车或轻车停靠的。到发线可铺设有缝线路，也可铺设无缝线路。考虑到原《站规》中其他站线和次要站线的轨道标准差别不大，仅在土质路基的单层道砟厚度上其他站线为25 mm、次要站线为 20 mm，故这次修订将其他站线和次要站线合并，统称为其他站线，减少站线分类，便于使用。本次修订依据《高速铁路设计规范》TB 10621—2014、《城际铁路设计规范》TB 10623—2014、《重载铁路设计规范》及原《站规》GB 50091—2006，对站线轨道设计标准进行了整合修订，形成表 16.1.2。

(1)钢轨。

到发线一般只作接发列车之用，只有在个别情况下才办理通过列车，但列车速度因受所连接道岔的侧向容许通过速度控制，要比正线通过列车速度低，到发线所承受的列车动荷载也比正线轨道低，所以到发线一般采用 60 kg/m 或 50 kg/m 钢轨。

到发线按无缝线路设计时采用 60 kg/m 钢轨。高速铁路到发线按一次铺设跨区间无缝线路设计，采用 60 kg/m 钢轨；城际铁路到发线铺设无缝线路时采用 60 kg/m 钢轨，铺设有缝线路时采用 50 kg/m 钢轨；客货共线铁路特大型、大型客运站及有动车组列车经停的车站到发线采用无缝线路并采用 60 kg/m 钢轨。

到发线铺设有缝线路，正线采用 75 kg/m 钢轨时，到发线可采用 60 kg/m 钢轨；正线采用 60 kg/m 钢轨时，到发线可采用60 kg/m 或50 kg/m 钢轨。

本次修订取消了站线采用 43 kg/m 钢轨的规定，原因是目前国内生产厂家已不再作为正常供货产品生产 43 kg/m 钢轨，若事先预订，由于钢轨生产批量减少，钢轨的单价也相应提高，既不经济，也导致施工及运营维护阶段铺轨、供料的困难。

(2)轨枕。

站线不再推荐使用木枕，是由于混凝土枕强度高、道床纵横向阻力大、稳定性好、使用寿命长等，可减少现场养护维修工作量，并能节省大量优质木材。

一般情况下，到发线采用的轨枕标准宜比正线低一个等级。当到发线采用无缝线路轨道时，其轨枕铺设标准应符合《无缝线路铺设及养护维修办法》TB/T 2098 的要求，采用新Ⅱ型混凝土枕时每千米配置轨枕数量为 1 760 根，采用Ⅲ型混凝土枕时每千米配置轨枕数量为 1 667 根。小半径曲线、大坡道地段，需根据检算确定轨枕配置数量。

驼峰溜放部分的线路因坡度较陡，曲线半径较小，轨道爬行较严重，养护工作与解体作业干扰多。为了加强轨道，减少维修，保证安全，规定采用新Ⅱ型混凝土枕时为每千米 1 520 根。

其他站线因只作机车及车辆的走行及停留之用,轨道承受的动荷载更低,所以,其轨枕配置数量规定为每千米 1 440 根。

(3)有砟道床厚度。

站线行车速度较低,行车量较小,故其道床厚度较正线薄些。经过多年运营实践证明,现行的各类站线的道床厚度基本上是合理的。本次修订增加了客货共线铁路铺设无缝线路时道床厚度值,根据无缝线路设计要求以及高速铁路和城际铁路道床厚度相关标准综合确定。

对本规范表 16. 1. 2 有关附注说明如下:

注 1:再用轨系指不需修理即可使用的旧钢轨。

注 2:技术作业站的到达线、出发线、编发线等都属到发线。当正线采用 60 kg/m 钢轨时,到发线宜按轻一级,但当正线及到发线均为无缝线路时,到发线的钢轨和轨枕标准均与正线相同。

注 5:其他站线包括调车线、牵出线、机走线、机待线、站内不通行正规列车的联络线、安全线、货物线、段管线及其他特殊用途线路等。

16. 2. 1 普通轨道钢轨接头由夹板连接,是轨道的薄弱环节,不但加剧车辆振动,而且增加钢轨伤损及养护工作量。因此,钢轨应尽可能长些以减少接头数量。但由于运输制造等原因,现在铺设、生产的钢轨中,60 kg/m 及以上钢轨有 25 m、50 m、100 m 三种标准长度,而 50 kg/m 钢轨的标准长度主要为 25 m。在年轨温差较大的地区,选用 25 m 标准长度的钢轨时,应考虑钢轨接头受构造允许的最大轨缝限制;同时,还应考虑接头处两轨端不得顶紧受力。

根据计算,25 m 钢轨适用的最大轨缝限制轨温差为 100℃,而我国尚有小部分地区的历史最大轨温差大于 100℃。然而,根据观测资料表明,严寒地区在高温情况下轨温与气温最大差值小于 20℃,低温时轨温略低于气温,当最高或最低气温出现时,只要适当控制铺轨时的轨温,年最大轨温差仍能满足上述要求。因此,我国基本上都可铺设 25 m 钢轨。

无缝线路轨道采用的标准长度钢轨越长,焊接接头越少,不仅可以减少焊接接头的不平顺处数,还可以减少钢轨焊接的强度薄弱点。同时,采用工厂(基地)接触焊的长钢轨,现在已达到了 500 m 长。长轨条越长,现场联合接头越少,越有利于减少薄弱环节。但由于站内线路长度较短,并且由于信号联锁需要设置绝缘接头的要求,采用太长的钢轨并不一定有利于站线的铺设及节省钢轨,所以规定到发线采用无缝线路时,采用 100 m 定尺长钢轨。

16. 2. 2 绝缘接头有普通绝缘接头和胶接绝缘接头两种。

普通绝缘接头由绝缘夹板、接头螺栓、螺母、轨端绝缘片、槽型绝缘片、螺栓绝缘管垫等组装而成。由于结构上的原因。此种接头的强度及接头阻力均较低,使用中易出现低接头、绝缘件被挤压变形或损坏等情况,寿命较短,且更换时需工务、电务两家配合施工,工作量较大。若在无缝线路轨道上使用,更换时的气温条件还受无缝线路轨道的锁定轨温限制。另外,更换次数越多,对保持无缝线路轨道的稳定也越不利。因此,无缝线路轨道不宜采用此种绝缘接头。

16. 2. 4 为了减少结构物的附加动荷载引起的冲击力,增加结构物的稳定性,所以条文规定结构物的一定范围内不准有钢轨接头,否则应予焊接或胶接。

16. 3. 1 不同类型的轨枕不应混铺,是为使列车运行平稳,简化铺轨作业以及方便养护维修工作。

16.3.2 为保证道岔前后的弹性均匀过渡，延长道岔的使用寿命，提高列车过岔时的稳定性，与道岔连接的线路轨枕类型应与道岔的岔枕类型相同，否则应在道岔的前后两端铺设与岔枕类型相同的轨枕过渡，过渡范围为正线道岔前后两端各 50 根（后端包括辙叉跟端以后的岔枕，下同）轨枕，站线道岔前后两端各 15 根轨枕。

16.4.1 道床是轨枕的基础，其类型主要有以松散道砟组成的道砟道床、用混凝土灌注的整体道床和用沥青等加工材料灌注的沥青道床等。目前我国铁路采用最多的是碎石道床。

碎石道砟应用坚韧的花岗岩、玄武岩、砂岩等制成。其抗压强度约为天然级配卵石的 1.7 倍，抵抗轨道移动的阻力为砂子道砟的 1.5 倍。碎石道砟还有排水性能好，弹性好的特点，所以使用碎石道砟可以提高轨道的强度和稳定性，并可减少养护工作量。碎石道砟脏污的速度比其他道砟慢，所以清筛更换道砟的周期长。虽然初期投资较高，但由于它具有上述优点，故成为站线首选的道砟材料。

现行《铁路碎石道砟》TB/T 2140—2008 中，取消了二级道砟，并在《关于加强新线道砟质量管理的通知》（运基线路电〔2009〕42 号）中强调"今后严禁使用二级道砟"，所以本次规定站线道床应采用一级碎石道砟。

16.4.2 非渗水土路基，采用单层道砟，易造成各种路基病害，为防止路基病害发生，到发线、驼峰溜放部分的线路，当年平均降水量为 600 mm 以下，且不造成路基病害的情况下，可采用单层道砟。其他站线道床较薄，不宜再做成双层，这是因为面砟太薄易与底砟混杂，而底砟太薄又易变形，失去反滤作用，因此应做成单层道砟。

16.4.3 站内各种线路的道床一般应分别按单线设计，以节省道砟。但在编组站、区段站上经常有调车作业和列检作业的调车线、到发线、牵出线、客车整备所的客运及技术整备线间及其外侧和扳道作业或有调车作业的咽喉区范围内，为了作业的安全与便利，又不影响排水，应采用渗水性材料（最好采用与面层相同而粒径较小的材料）将线路道床间及最外线路外侧的洼坑填平，并铺设面板，为抽换轨枕方便而填至轨枕底下 3 cm。

16.4.4 道床的顶面宽度取决于其肩宽。道床肩的作用一是阻止道砟从枕端下面挤出，二是提高轨道的横向阻力。增加肩宽有助于保证捣固效果和防止道床肩坍落，但对轨道横向阻力来说，由于主要是依靠轨枕底面与道砟的摩擦力（占全阻力的 65%），增加肩宽虽可提高轨道横向阻力，但从节约土石方数量来说，道床肩不宜太宽。多年来我国使用混凝土枕的实践证明，混凝土枕轨道的横向稳定性较高。据原长沙铁道学院和广州局在京广线所作的测定资料看，木枕和混凝土枕轨道的道床肩宽同为 30 cm，当轨枕横移 0.2 cm 时，后者比前者的横向阻力大 1 倍左右。

对于无缝线路来说，增加肩宽有助于保证道床的捣固效果和防止道床肩的坍落，有利于保证无缝线路的稳定性。

在驼峰调车场的推送部分，自摘钩地点至峰顶，调车人员经常在此地段来回走行，为了安全及作业方便，道床肩宽应予增加。根据现场经验，在有摘钩作业一侧的道床肩宽加宽到 2.0 m，另一侧为 1.5 m。

在有列检作业的车场最外侧线路外侧，为满足列检人员进行车辆检修，道床肩宽也为 1.5 m。

对于有缝线路的站线来说，由于其行车量小，速度低、横向力小，故道床肩宽度规定为

0.2 m、曲线外侧不加宽是可行的。

16.4.5　混凝土枕为防止道床表面水分锈蚀钢轨和扣件,并避免传失轨道电路的电流,故道床顶面应比轨枕顶面稍低。

混凝土枕刚性较大,在列车动荷载的作用下,中间部分将承受道床的支承反作用力产生的负弯矩,从而引起顶面裂缝,所以在铺设时,Ⅱ型混凝土枕可不掏空,也不捣固。这样,可使混凝土枕中间部分的道床失去支承或垫起轨枕的作用,以改善混凝土枕的工作条件,延长使用寿命。

16.4.7　刚性道床与弹性道床之间应有过渡段,并采用混凝土枕(也含道床厚度的纵坡过渡),其长度以道床厚度纵坡过渡控制不宜小于 10 m,其他站线有时受出岔点或其他条件控制时可适当缩短。

16.4.8　整体道床具有站场整洁,改善劳动条件,作业安全,提高作业效率等优点。特别是在液态、散粒、粉状等危险品货物的装卸线上采用这种道床,可及时清扫回收,便于运输车辆、线路、场地的洗刷消毒,防止对环境的污染。在客车整备线、洗车线、散装货物线、车辆架修线、石油装卸线、电子轨道衡引线、车库线及危险品库线等专用设备线上,因地制宜地铺设一些整体道床,可取得良好的经济和社会效果。

整体道床的结构型式,可根据水文地质、工程地质条件和技术作业特点,选用钢筋混凝土支承式和整体灌注式。

16.5.1　道岔是轨道的薄弱环节,其钢轨强度不应低于线路的标准。而正线上的道岔行车密度大,通过速度高,为了减少车轮对道岔的冲击,保证行车平稳以及延长道岔的使用寿命,应避免异形钢轨接头,所以规定正线上的道岔,其轨型应与线路轨型一致。

道岔转辙器尖轨尖端和辙叉有害空间易引起列车脱轨。因此,对道岔除结构上要求特别加强外,对钢轨强度亦应有一定要求。同时,由于正线和站线可采用不同类型的钢轨,在站线上常常出现异形钢轨接头,为了减少车轮对道岔的冲击,应避免道岔前后有异形接头,因此,本条规定到发线和其他站线的道岔,其轨型不应低于各该线路的轨型,如道岔轨型高于各该线路的轨型时,则需在道岔前后各铺长度不短于 6.25 m 同型的钢轨或异型轨,在困难条件下不短于 4.5 m,使异形接头移至较远的地点,以保护道岔。插入两根上述短轨,对轨道的强度和稳定性影响较大,故规定,不得连续铺设,但既有其他站线上,两相邻道岔间连续插有两根短轨者可保留。

16.5.2　道岔是控制行车速度的关键设备,道岔号数一旦确定,再要改变将会引起站场改造的巨大工程或严重影响正常运营。道岔号数的选择,一般应根据列车的运行方式、路段旅客列车设计速度以及要求的道岔侧向允许通过速度来确定。

1　目前,道岔已有 120 km/h、160 km/h 和 200 km/h 及其以上的直向容许通过速度的分级,道岔的选用应保证道岔的列车直向通过速度满足路段设计速度,以确保列车运行安全,并经济合理。

2　侧向通过列车速度 80 km/h 以上的情形主要位于线路所,为提高线路通过能力和列车运行效率,规定正线与跨线列车联络线连接的道岔应根据联络线的设计速度确定。目前在新建线路所上基本上采用 42 号道岔,30 号道岔仅用在既有线改建条件受限时,在距离车站较近仅供货物列车转线的线路所,也可采用 18 号道岔。

侧向通过列车速度 50 km/h 以上至 80 km/h 的情形主要位于旅客列车为动车组列车的高速铁路、城际铁路的车站咽喉。为了保证列车追踪间隔,提高列车的进站速度,使其尽快腾空正线,减少对正线通过能力的影响,规定其采用的单开道岔不得小于 18 号;另一种情况主要用于货物列车转线的线路所。

4 根据《铁路道岔的容许通过速度》TB/T 2477,在列车直向通过速度等于或大于 100 km/h 的路段内,9 号单开道岔(9 号提速道岔直向通过速度为 140 km/h)均不能满足列车直向通过速度的需要。正线采用强度大、直向容许通过速度高的道岔,不但可以满足路段列车设计速度的需要,而且也可减少道岔的养护维修工作量,减少正线上道岔的更换次数,有利于行车安全。侧向通过列车速度不超过 50 km/h 和侧向接发停站旅客列车的情形基本涵盖了本规范适用范围的大部分车站,规定会越站、中间站采用的单开道岔不得小于 12 号。区段站、编组站及由正线出岔但无正规列车侧向进出的线路,在列车直向通过速度满足路段速度的条件下,可采用 9 号,以减少工程投资。

6 重载铁路万吨及以上列车的车长较普通列车的车长要长,一般是普通列车长度的 1.5 倍及以上,用于侧向接发该类列车的道岔如果仍采用 12 号,则进站列车占用正线的时间为接发普通列车占用正线的时间的 1.5 倍及以上,大大影响了正线的通过能力。为了提高列车的进站速度,使其尽快腾空正线,减少对正线通过能力的影响,规定重载运输的路段内,用于侧向接发万吨及以上列车的道岔不宜小于 18 号。至于正线上的渡线道岔,主要用于调车和工务维修使用,为节省站坪长度和工程投资,可采用 12 号单开道岔。

7 一组复式交分道岔由于能同时开通四个方向进路,可代替两组单开道岔,故大站上采用复式交分道岔可缩短咽喉长度,节省工程费用。但由于复式交分道岔结构复杂,稳定性差,养护维修工作量较大,其直向容许通过速度也难以达到连接线路的标准,因此规定正线上不应采用。改建铁路在特别困难条件下,需要采用时,也应尽量加大道岔号数,满足正线最低行车速度的要求,因此规定不应小于 12 号。

8 交叉渡线不能满足设置跨区间无缝线路的要求,故规定跨区间无缝线路的正线不应采用交叉渡线。由于交叉渡线直向容许通过速度较低,且更换时工作量大,需要封锁线路的时间长,无形中会对正常运营秩序产生较大的影响,所以规定设计速度160 km/h 及以上的路段内,正线不应采用交叉渡线,其他情况下正线不宜采用交叉渡线。

10 对称道岔较同号数的单开道岔全长短,导曲线半径大,可缩短咽喉长度,提高作业效率,故本条规定驼峰溜放部分应采用 6 号对称道岔。由于 6 号对称道岔较 6.5 号对称道岔全长短,辙叉角大,导曲线半径相同,因而在用地受限制的情况下更为适用,根据我国的道岔号数系列(GB/T 1246),应采用 6 号对称道岔。对于既有驼峰溜放部分的其他道岔,如全部更换成 6 号道岔,将引起站场的极大改造,增加建设投资,且对驼峰调车场的干扰较大,为此规定在改建时可以保留。

11 由于我国标准轨距铁路单开道岔的号数系列中最小的号码为 9 号,同时由于其他站线的运量、速度均较低,因此规定其道岔号数不应小于 9 号。

16.5.3 采用可动心轨辙叉,可以有效提高道岔的直向容许通过速度,延长道岔的使用寿命,改善旅客的旅行舒适度,但与固定型辙叉相比,现场养护维修难度大,投资大。根据国内的使用经验,固定型辙叉的单开道岔,其直向容许通过速度最高可达 160 km/h,故规定列车直向通过速度 160 km/h 及以下的路段可采用可动心轨道岔或固定型辙叉道岔。列车直向通过速度大于 160 km/h 路段应采用可动心轨道岔。

16.5.4 道岔采用混凝土岔枕,可以提高道岔的稳定性,延长道岔的使用寿命,减少现场的养护维修工作量,目前混凝土岔枕已比较成熟并大量推广使用,也取得了良好的使用效果。铁道部也在 2005 年发布《关于发布继续使用和作废标准设计图纸目录的通知》(铁建设〔2005〕73 号),要求废除木岔枕道岔(含单开道岔、复式交分、交叉渡线等)。因此,本次规范修订规定正线及站线均应采用混凝土岔枕道岔。

16.5.5 我国的铁路道岔一般采用线路上的扣件,本条规定主要是为了保持轨道弹性的连续,并方便现场的养护维修。

16.5.6 相邻道岔间插入直线段的目的是为了减缓列车过岔时的冲击振动,以提高旅客的舒适度,有时也是道岔结构所限。正线上行车速度较高,其插入的直线段长度可长一些,到发线可短一些,其他站线因无列车通过,且行车速度较低,其插入的直线段长度可短一些,甚至可不插入钢轨(需要满足道岔结构要求者除外)。两对向单开道岔间的插入钢轨长度,可不受道岔结构限制,主要考虑列车通过时的平稳性以及方便今后站场的改造和养护维修。两顺向单开道岔间的插入钢轨长度,根据混凝土岔枕道岔的结构要求,12 号道岔后最小插入钢轨长度一般为 8.0 m,9 号道岔后最小插入钢轨长度一般为 6.25 m。

相邻两道岔轨型不同,插入钢轨应采用异型轨,可提高钢轨接头的强度,减少现场的养护维修工作量,延长设备的使用寿命。

客车整备所在用 6 号对称道岔连续布置时,产生连续的反向曲线,由于客车车体较长,如插入钢轨太短,则相邻两车厢反向扭曲太大,至使其辅助风管开裂漏气,两风挡错位卡住不能复位,故规定插入钢轨长度不应小于 12.5 m。

16.5.7 一般说来,站内股道按本规范第 16.5.6 条规定的要求配列道岔,均不会引起道岔转换设备安装的困难,但有一种情况是两平行布置的渡线道岔,当其线间距为 5.0 m 及其以下、道岔本身又配置有不止 1 台转辙机时,就会引起转换设备安装的困难。这时应增加同一股道上两组跟部对应的道岔间插入短轨的长度,将两平行布置的渡线道岔的线间距加大至 5.0 m 以上,方可满足道岔转换设备安装的要求。

为了保证无砟轨道与有砟轨道之间线路刚性能够分级过渡及保持无砟轨道的良好状态,以及有缝和无缝线路间的结构稳定,在两者之间铺设过渡段。有缝与无缝线路设置过渡段时,要求两相邻道岔间钢轨的长度不应小于 50 m,当车站咽喉区布置困难,两相邻道岔间钢轨的长度小于这个数值时,一般会将可不铺设成无缝线路的部分轨道也按无缝线路来处理,直至延续到可设置过渡段的地段,这样则加大了无缝线路的铺设范围,但可节省土建及铺轨工程,特别是困难条件下,对车站咽喉区的布置也是有利的。

附录 B

对于曲线地段建筑限界加宽,条文中给出了阶梯加宽方式,明确了也可采用曲线圆顺方式。阶梯加宽方式分段采用各段的最大加宽值,导致部分地段加宽过大,也不利于结构物本身圆顺过渡和整体美观。《中国铁路总公司关于发布〈铁路旅客车站建筑细部设计和施工规定〉的通知》(铁总建设〔2015〕124 号)规定:曲线地段建筑限界的加宽范围应包括全部圆曲线、缓和曲线和部分直线,加宽方法应采用曲线圆顺方式,站台帽、安全线、盲道等铺装应根据限界变化作圆顺处理。

曲线地段建筑限界的圆顺加宽方法分无缓和曲线和有缓和曲线两种情况。

(1)无缓和曲线。

《站场及枢纽》(铁路工程设计技术手册)提供了无缓和曲线的曲线地段建筑限界加宽方法:曲线内外侧全加宽 W_1、W_2 见附录 B 条文,曲线内外侧变加宽计算原理如下:

①曲线内侧变加宽($W_{内}$)

曲线内侧变加宽从曲线起点前 18 m 处开始逐步过渡。

$$W_{内}=\begin{cases}\dfrac{x^3}{243R} & 0\leqslant x<18\\ \dfrac{x^3}{243R}-\dfrac{(x-18)^2}{2R} & 18\leqslant x<27\end{cases} \quad (说明 B—1)$$

式中　$W_{内}$——曲线内侧变加宽(m);

x——计算点至变加宽起点的距离(m);

R——曲线半径(m)。

变加宽起点为 0 点(m),若考虑线路外轨超高需增加加宽 $d=\dfrac{H}{1\ 500}h$(mm)。

曲线内侧变加宽示意如说明图 B—1 所示。

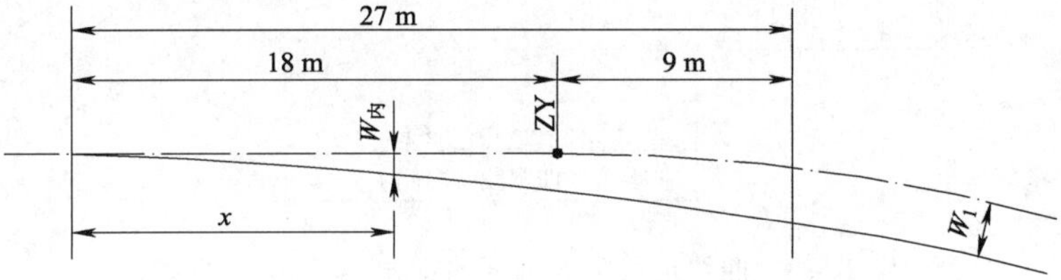

说明图 B—1　曲线内侧变加宽示意图

②曲线外侧变加宽($W_{外}$)

曲线外侧变加宽从曲线起点前 22 m 处开始逐步过渡。

$$W_{外}=\begin{cases}\dfrac{x^2}{9R} & 0\leqslant x<18\\ \dfrac{44}{R}-\dfrac{(22-x)^2}{2R} & 18\leqslant x<22\end{cases} \quad (说明 B—2)$$

式中　$W_{外}$——曲线外侧变加宽(m);

x——计算点至变加宽起点的距离(m);

R——曲线半径(m)。

曲线外侧变加宽示意如说明图 B—2 所示。

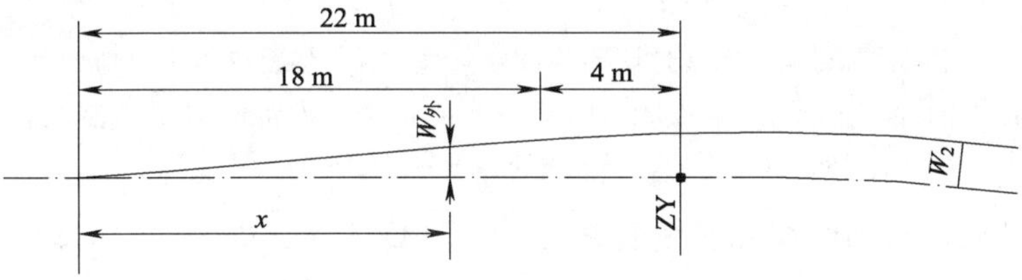

说明图 B—2　曲线外侧变加宽示意图

条文及条文说明中的计算公式是按客车车体长 $C=26$ m,转向架中心销距 $Z=18$ m,外轨最大允许超高 $h=150$ mm 计算确定的,基本能覆盖绝大部分客车车体,也能满足运营安全需要。为便于施工,上述变加宽段也可以使用更加简化的数学模型,内、外变加宽段均采用圆曲线线型拟合。

全加宽部分与线路中心曲线成同心圆,根据图中所示位置在 AutoCAD 中找出三个特征点，再用三点画弧的方法做出变加宽段的圆弧。

建立以线路中心直线部分为 x 轴的直角坐标系，设变加宽段曲线半径为 r、圆心坐标为(x_0, y_0)，则其平面方程为：

$$(x-x_0)^2+(y-y_0)^2=r^2 \quad 或 \quad y=y_0+\sqrt{r^2-(x-x_0)^2} \qquad (说明\ B—3)$$

先根据图示位置分别求出三点的平面坐标值，然后根据三点定圆的三角公式把半径 r 及圆心坐标 x_0、y_0 计算出来。

曲线地段限界圆顺加宽方法（无缓和曲线时）如说明图 B—3 所示。

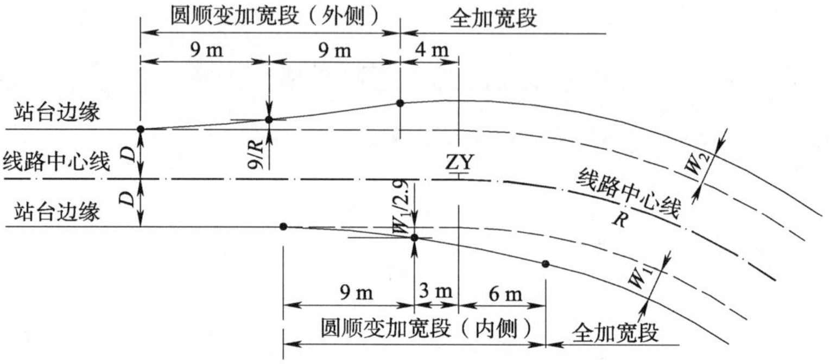

说明图 B—3　曲线地段限界圆顺加宽方法（无缓和曲线时）

(2)有缓和曲线。

内、外变加宽段均采用同心圆缓和曲线的线型拟合。

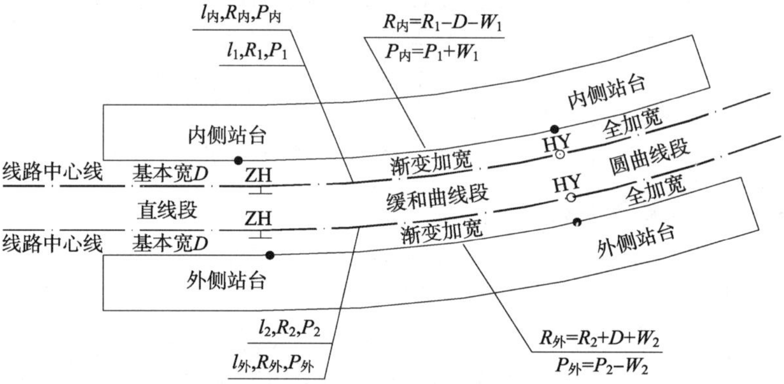

说明图 B—4　曲线地段限界圆顺加宽方法（有缓和曲线两侧）

注：l—线路或站台曲线缓长（m）；R—线路或站台曲线半径（m）；P—线路或站台曲线偏移量（m）；D—直线地段站台边缘至相邻线路中心线的距离（m）；W—圆曲线最大加宽值（m）。

其中内、外侧站台边缘缓和曲线的 P、R 参数计算公式如说明图 B—4 所示，再根据 $l=\sqrt{24RP}$ 计算出缓和曲线长度，则可根据半径和缓长建立缓和曲线方程。

另外，曲线地段线路与相邻站台边缘的距离不但需要考虑行车安全的加宽，还需要考虑适度的加宽值，以免因车门与站台边缘的空隙过大导致乘客踏空发生安全事故。对于无缓和曲线的内、外侧以及有缓和曲线的内侧建筑限界加宽三种情况，按照附录 B.0.2 的基本加宽公式即可，但当有缓和曲线且站台邻靠正线外侧时，多数情况超高加宽大于曲线平面加宽。规范对站台邻靠正线基本加宽值本身就考虑了余量，如果再叠加曲线外侧超高加宽，则使得车门至站台边缘的实际距离偏大，易发生踏空危险。因此该情况下应扣

除曲线外侧超高加宽,公式修正为:

$$W_2=\frac{44\ 000}{R}-\frac{1\ 210}{1\ 500}\times h \qquad (说明 B—4)$$

式中　W_2——曲线外侧全加宽(m);

R——曲线半径(m);

h——外轨超高(m);

1 210——车厢底板底面的高度(mm)。

在车体因曲线超高发生倾斜时,外侧车厢底板会抬高,内侧车厢底板会降低,为保持车厢底板与站台边缘平齐,设计中需要适当升降站台面高度。如说明图 B—5 所示。

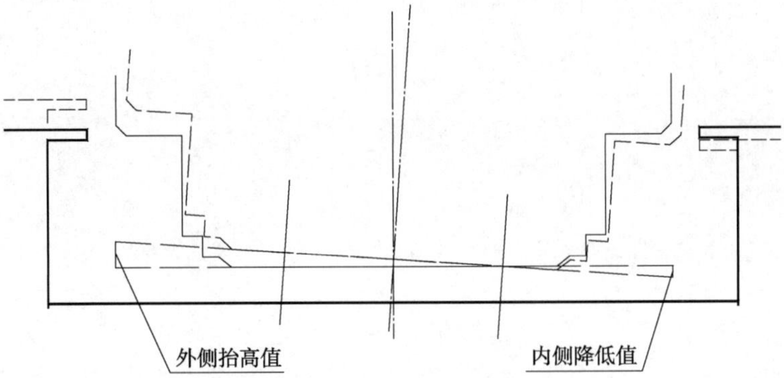

说明图 B—5　曲线站台因超高致使站台面升降示意图

内侧站台面降低高度($H_{内}$)计算公式:

$$H_{内}=0.6h \qquad (说明 B—5)$$

式中　h——外轨超高(mm)。

UDC

P

中华人民共和国行业标准

TB

TB 10100—2018
J 2582—2018

铁 路 旅 客 车 站 设 计 规 范

Code for Design of Railway Passenger Station

2018-06-11　发布　　　　2018-09-01　实施

国　家　铁　路　局　　　发　布

国家铁路局关于发布铁道行业标准的公告

（工程建设标准 2018 年第 3 批）

国铁科法〔2018〕54 号

现公布《铁路旅客车站设计规范》（TB 10100—2018）行业标准，自 2018 年 9 月 1 日起实施。《铁路旅客车站无障碍设计规范》（TB 10083—2005）同时废止。

本标准由中国铁道出版社出版发行。

国家铁路局

2018 年 6 月 11 日

前　　言

铁路旅客车站(以下简称“铁路客站”)是铁路网的重要组成部分,是综合交通体系中的重要节点,是区域经济发展的重要引擎。自《铁路旅客车站建筑设计规范》GB 50226—2007 发布以来,我国已相继建成新型铁路客站 1 000 余座,其中中型及以上铁路客站 300 余座。这批新型铁路客站贯彻国家“创新、协调、绿色、开放、共享”的发展理念,统筹兼顾铁路运输、综合交通体系构建和城市发展等需求,努力追求交通建筑、时代要求和地域环境的有机结合,从设计理念、功能布局、建筑形态、技术创新、运营效果等方面实现了超越。北京南站、上海虹桥站、广州南站、武汉站等大型综合交通枢纽,拉萨站、延安站、苏州站、三亚站等具有浓郁地域特色的铁路客站,都成为铁路客站建设的代表作品,为进一步完善铁路客站建设标准积累了丰富的实践经验。

本规范修订在全面总结我国近年来铁路客站建设、运营实践经验和科研成果的基础上,贯彻落实“五位一体”总体布局,结合打造现代综合交通枢纽、“零距离”换乘等要求,优化铁路客站功能布局,提高旅客出行质量及效率;坚持安全优先为原则,在原规范安全要求基础上,增加了跨线设施、结构设计、检修维护等方面的安全技术要求,为旅客安全提供保障;贯彻落实了国家绿色环保技术政策,为打造绿色铁路客站提供技术支撑;优化了技术参数,进一步提升了规范的科学性和技术经济合理性;拓展了规范涵盖范围,增强了规范的完整性和系统性,并将规范名称修订为《铁路旅客车站设计规范》。

本规范由 12 章组成,包括总则,术语,总体设计,总平面,站房建筑,客运服务设施,结构,供暖、通风与空气调节,给水排水,电气与照明,客运服务信息系统,无障碍设施。

本次修订的主要内容包括:

1. 贯彻打造现代综合交通枢纽的设计理念,明确了“零距离”换乘的枢纽布局要求。

2. 增加了“总体设计”章,加强了铁路客站系统性设计要求。

3. 增加了铁路旅客车站绿色建筑设计要求。

4. “选址和总平面布置”与“车站广场”两章合并为“总平面”章,完善了城市交通配套设施要求。

5. 增加了安检、实名制验票等作业区域要求以及中转换乘旅客流线组织要求。

6. 修订了集散厅、候车区(厅、室)的规模控制指标,增加了站内商业设施规模要求和站房总建筑面积的控制指标。

7. 增加了铁路旅客车站检修维护设施的设计要求。

8. 增加了地下车站、空间环境、装修与构造、建筑幕墙与金属屋面、建筑节能、电梯自动扶梯和公共信息导向系统等内容。

9. 删除了“消防与疏散”章。

10. 增加了“结构”章,明确了“桥—建”合一、大跨屋盖等铁路旅客车站特殊结构设计要求。

11. 将“建筑设备”章分为“供暖、通风与空气调节”“给水排水”“电气与照明”“客运服务信息系统”四章，并修订了相关内容。

12. 增加了“无障碍设施”章。

本规范由国家铁路局科技与法制司负责解释。

在执行本规范过程中，希望各单位结合工程实践，认真总结经验，积累资料。如发现需要修改和补充之处，请及时将意见及有关资料寄交中国铁路设计集团有限公司（天津市河北区中山路10号，邮政编码：300142），并抄送中国铁路经济规划研究院有限公司（北京市海淀区北蜂窝路乙29号，邮政编码：100038），以供今后修订时参考。

技术总负责人：郑　健、安国栋、吴克非。

主编单位：中国铁路设计集团有限公司。

主要起草人：周铁征、赵建华、杜　爽、刘　燕、卢　瑛、侯　凯、余　洋、徐向辉、李桂萍、吕小征、夏天妍、赵世磊、孙红峰、孟　然、揭蓓蕾、张佳璐、邢家勇、于凤凤、史月珍、唐　虎、张建新、邹志胜、董　城、朱建章、温　静、陶　然、冯世杰、樊　艳、洪　伟、李　焓、马静波、冯敬然、赵　畅、董志强、方　健、郭瑞霞、贺　涛、王　莉、李茂生、李　政、沈月荣、黄保民、郭卫东、马敏杰、李国富、吕轶娜、杨卫红、牟忠霞。

主要审查人：吴克非、韩志伟、曾会欣、俞祖法、桑翠江、李　京、盛　晖、金旭炜、李春舫、郭　明、于世平、景德岩、叶年发、邱　剑、陈　强、李迎九、王哲浩、廉文彬、宁　斐、王　敏、陈　军、杨思博、田　杨、谭月仁、姜文星、刘　珣、樊刘昌、张　敏、王　玉、韩国兴、胡小勇、魏　巍、王　睦、张雅莉、王向东、叶　頔、刘结平、巩　云、鄢　炜、郭旭晖、管亚敏、陈奇会、宋　歌、薛　峰、郑　铎、戎华强、甘博捷、马治俊、单松堂、侯　彬、张克意、李明国、毕庆焕、蒋金辉、李正涛、刘　慧。

本规范的历次版本发布情况：《铁路旅客车站建筑设计规范》GB 50226—95；GB 50226—2007；GB 50226—2007（2011年版）。

目　　次

1 总　　则

1.0.1 为适应我国铁路发展需要,统一铁路旅客车站设计标准,使铁路旅客车站设计符合安全可靠、先进成熟、便捷舒适、节能环保、经济适用等要求,制定本规范。

1.0.2 本规范适用于新建、改建铁路旅客车站设计。

1.0.3 铁路旅客车站设计应规模合理、功能完备、流线顺畅、标准适宜,为旅客提供方便快捷舒适的乘降环境。

1.0.4 铁路旅客车站设计应针对车站人员密集、与行车安全紧密相关等特点,采取有效的技术措施,为旅客生命财产安全提供保障。

1.0.5 铁路旅客车站设计应符合城市总体规划和综合交通体系规划要求,并应与城市的人文环境和自然景观相协调。

1.0.6 铁路旅客车站设计应符合交通建筑的功能特点,并体现地域特色、传统文化和时代特征。

1.0.7 铁路旅客车站设计应按照建设现代综合交通枢纽及“零距离”换乘的要求,与城市轨道交通、公交汽(电)车、出租车等城市公共交通衔接顺畅,与航空港、长途汽车站、客运港口等城市对外交通合理布局。

1.0.8 铁路旅客车站设计应满足生态文明建设的要求,并应符合国家节能、节地、节水、节材和环境保护等有关规定。

1.0.9 铁路旅客车站设计应采用成熟可靠的新技术、新工艺、新材料、新设备。

1.0.10 铁路旅客车站设计除应符合本规范外,尚应符合国家现行有关标准的规定。

2 术　　语

2.0.1 铁路旅客车站(铁路客站)　railway passenger station

办理铁路客运业务,为铁路旅客提供乘降功能的场所。一般由铁路客站站房、客运服务设施和城市配套设施(车站广场和城市交通配套设施)等组成。

2.0.2 铁路客站站房　railway passenger station building

为铁路旅客办理客运业务的公共建筑。主要由进站、出站集散厅,候车区(厅、室),售票用房,客运作业及附属用房,行包用房以及为旅客服务的商业用房等组成。

2.0.3 客运服务设施　facilities for passenger transport

铁路客站范围内为旅客服务的站台、站台雨棚、地道、天桥等建筑物或构筑物,以及检票口、电梯与自动扶梯、公共信息导向系统等设施的统称。

2.0.4 站房平台　platform for station building

由铁路客站站房外墙向城市方向延伸一定宽度,连接铁路客站站房各个部位及进出口的平台。

2.0.5 集散厅　concourse

铁路客站站房内,对进站、出站旅客进行疏导的大厅。

2.0.6 最高聚集人数　maximum number of passengers gathered in waiting area (hall/room)

铁路客站全年发送旅客最多月份中,一昼夜在候车区(厅、室)内瞬时(8 min～10 min)出现的最大候车(含送客)人数的平均值。

2.0.7 高峰小时发送量　number of passengers dispatched during peak hour

铁路客站全年发送旅客最多月份中,日均高峰小时旅客发送量。

2.0.8 设计行包库存件数　design number of baggages

设计年度内最高月的日均行包库存件数。

2.0.9 公共信息导向系统　passenger guidance system

由导向要素构成的引导人们在公共场所进行有序活动的标志系统。

2.0.10 绿色铁路客站　green railway passenger station

在建筑的全寿命周期内,最大限度地节约资源(节地、节能、节水、节材),保护环境和减少污染,为旅客和工作人员提供健康、适用和高效的使用空间,以及自然和谐共生的铁路客站。

2.0.11 地下铁路客站(地下车站)　underground railway passenger station

全部或部分铁路客站站房、客运服务设施位于地面以下的铁路客站。

2.0.12 无障碍设施　accessible facilities

方便残疾人、老年人等行动不便或有视力障碍者使用的安全设施。

3 总体设计

3.1 一般规定

3.1.1 铁路客站选址应符合下列规定：

1 满足铁路运输需求，与所在地土地利用规划、城市总体规划、综合交通体系规划相协调。

2 根据地形地质条件、既有建筑物分布情况、土地资源开发和城市发展等因素比选确定。

3 与其他交通方式相协调，且有利于旅客快速集散。

3.1.2 铁路客站应集约利用土地资源，合理进行综合开发。

3.1.3 铁路客站站房、客运服务设施、城市配套设施等应统一规划、系统设计。

3.1.4 铁路客站的建筑物临近铁路线路设置时，应符合铁路建筑限界要求。

3.1.5 线间立柱建(构)筑物宜采取相应的保护、防撞措施。

3.1.6 铁路客站应进行绿色建筑设计，中小型铁路客站的评价等级不应低于国家现行标准《绿色铁路客站评价标准》TB/T 10429 规定的一星级，大型铁路客站的评价等级不应低于二星级，特大型铁路客站的评价等级不应低于三星级。

3.1.7 铁路客站防火设计应符合国家现行标准《建筑设计防火规范》GB 50016、《铁路工程设计防火规范》TB 10063、《铁路隧道防灾疏散救援工程设计规范》TB 10020 及其他有关标准的规定。

3.1.8 铁路客站站房、客运服务设施应设置检修维护设施。检修维护设施应连续贯通，安全可靠。

3.1.9 铁路客站站房与其他建筑合建时，机电设备系统宜按功能分区分开设置。

3.1.10 地下车站布局在满足功能要求的前提下，应与地面建筑、城市道路、地下管线及地下构筑物等相协调，其通风、照明、卫生、防灾等设计应符合国家相关标准的规定。

3.1.11 铁路客站应积极采用现代信息技术，提高车站智能化水平和旅客服务水平。

3.1.12 铁路客站应积极采用建筑信息模型(BIM)技术，实现车站全寿命周期的信息化、智能化和可持续化。

3.2 车站规模

3.2.1 铁路客站的规模应根据最高聚集人数或高峰小时发送量按表 3.2.1—1 和表 3.2.1—2 确定。

表 3.2.1—1　客货共线铁路客站规模

车站规模	最高聚集人数 H(人)
特大型	$H \geqslant 10\ 000$
大型	$3\ 000 \leqslant H < 10\ 000$
中型	$600 < H < 3\ 000$
小型	$H \leqslant 600$

表 3.2.1—2　高速铁路与城际铁路客站规模

车站规模	高峰小时发送量 PH(人)
特大型	PH≥10 000
大型	5 000≤PH<10 000
中型	1 000≤PH<5 000
小型	PH<1 000

3.2.2　铁路客站站房建筑面积应根据铁路客站最高聚集人数,按下列指标计算确定:

1　中、小型铁路客站站房建筑面积宜为 5 m^2/人~8 m^2/人。

2　特大型、大型铁路客站站房建筑面积宜为 8 m^2/人~15 m^2/人。

3　设有与其他交通设施间的换乘区域、城市通廊的站房,换乘区域、城市通廊的建筑面积可根据实际情况确定。

3.2.3　城市轨道交通车站、公交汽(电)车站、社会车辆及出租车停车场等交通配套设施和站外综合商业设施面积不应计入铁路客站站房建筑面积。

3.2.4　铁路客站站房建筑面积按现行国家标准《建筑工程建筑面积计算规范》GB/T 50353 计算时,下列范围不应计入建筑面积:

1　高架候车厅下部开敞空间。

2　单独设置的跨越站场的旅客天桥、地道。

3　线侧下式铁路客站站房与基本站台之间的旅客通道。

4　站台上设于天桥及其出入口楼扶梯下部的行车、保洁等用房。

3.3　接口设计

3.3.1　铁路客站应与城市交通配套设施在功能布局、流线组织、标高设计、空间形态等方面进行协调设计,并应与市政供热、供气、供电、给水排水、信息等相关工程进行协调设计。

3.3.2　铁路客站应与站场、路基、桥梁、隧道、接触网等铁路相关工程协调设计。

3.3.3　铁路客站的设备管线应统筹规划。室外设有多种地下管线时,宜设置地下综合管涵;室内各设备管线应相互协调,便于敷设和检修。

4 总 平 面

4.1 总平面布置

4.1.1 铁路客站总平面布置应符合下列规定：

1 铁路客站流线与功能布局便于旅客乘降和疏解。

2 铁路客站与城市轨道交通、道路等连接顺畅。

3 功能布局、标高设计、交通组织、景观设计与城市规划相衔接。

4 有利于集约利用土地资源，并留有发展余地。

4.1.2 铁路客站场地设计高程应符合国家和地方防洪、防涝标准规定，并应与当地控制性规划相协调。

4.1.3 铁路客站站房形式应根据线路条件、地形条件、站区规划、城市配套设施、综合开发和运营管理模式等因素确定。

4.1.4 铁路客站总平面流线设计应符合下列规定：

1 旅客进站、出站和换乘流线应短捷。

2 特大型、大型铁路客站的进站、出站旅客流线应分开设置。

3 旅客流线与车辆、行包和邮件流线宜相对独立，避免交叉。

4.1.5 铁路客站站房应设置站房平台，并应符合下列规定：

1 平台长度不应小于站房主体建筑长度。

2 与车站广场衔接的平台宽度，特大型站不宜小于 35 m，大型站不宜小于 25 m，中小型站不宜小于 10 m。

3 采用立体交通布局的铁路客站，其平台应分层设置，每层平台的宽度不宜小于 10 m。

4.1.6 铁路客站应根据需要设置垃圾收集设施、转运站及垃圾转运跨线设施。

4.1.7 行包托取处附近应设置专用停车场，停车场与行包托取处之间应设置便于行包运输的通道。

4.1.8 铁路客站应设置内部停车场，其规模可根据使用需求和车站所在地停车场配建标准计算确定。

4.2 城市配套设施

4.2.1 车站广场设计应符合下列规定：

1 人行流线与车行流线应分别设置，并应有利于铁路客站内的交通组织和外部道路衔接。

2 地面应采用硬化防滑地面，并应满足排水要求。

3 季节性或节假日旅客流量大的铁路客站广场，应有设置临时候车设施的条件。

4　车站广场道路临近站房平台等人员密集场所时,应设置防冲撞设施。

5　车站广场上各类建(构)筑物不应影响站房建筑景观。

4.2.2　车站广场人行区域设计应符合下列规定:

1　与公交汽(电)车、城市轨道交通站点及出租车载客区等交通设施相连通。

2　地面应高出车行道 0.15 m。

3　人行区域面积宜根据旅客车站最高聚集人数按 1.83 m^2/人计算确定。

4　设置座椅及其他相关服务设施。

4.2.3　车站广场应设置厕所,其最小使用面积可根据铁路客站最高聚集人数按每千人不小于 25 m^2或 4 个厕位确定。当车站广场面积较大时,厕所宜分散设置。

4.2.4　车站广场应根据国家或地方相关规定设置相应的管理用房。

4.2.5　车站广场绿化率不宜小于 10%,绿化和景观设计应符合功能和环境要求。

4.2.6　特大型、大型铁路客站宜采用多方向进站、出站的布局形式,并宜采用立体交通方式。

4.2.7　铁路客站与城市公共交通站点的换乘距离不宜大于 300 m。

4.2.8　公交汽(电)车、出租车、社会车辆等城市交通配套场地规模应根据交通量确定,并适当留有余地。其中,出租车上客区和落客区应根据旅客流线分别设置。

4.2.9　小客车车道边设计应符合下列规定:

1　小客车单位车道边长度宜为 7 m。

2　小客车车道边数量应依据小客车载客人数和平均停靠时间计算确定。其中,出租车平均载客人数宜按 1.5 人/车确定,小型社会车平均载客人数宜按 2.5 人/车确定;小客车落客时间宜按 20 s~40 s 确定,小客车上客时间宜按 6 s~26 s 确定。

3　小客车上客区车道边布置长度尚应满足车道边通行能力与交通组织和管理的需求。

5 站房建筑

5.1 一般规定

5.1.1 铁路客站站房内应按功能分为公共区、办公区和设备区,其设计应符合下列规定:

1 公共区宜采用开敞空间布局,旅客流线应顺畅、有序。公共区的安全疏散必须符合现行国家标准《建筑设计防火规范》GB 50016 的有关规定。

2 办公区宜集中设置,并应设置与公共区联系的通道。

3 设备区宜远离公共区集中设置,并宜利用建筑空间。

5.1.2 铁路客站旅客流线设计应符合下列规定:

1 大型、特大型铁路客站旅客进站流线、出站流线和换乘流线应相对独立设置,中型铁路客站宜相对独立设置,小型铁路客站可合并设置。

2 旅客进站流线可按购票、实名制验票、安检、候车、进站检票等作业环节进行设计。

3 旅客出站流线上应设置出站检票设施。

4 旅客中转换乘流线宜按站内换乘进行设计。

5.1.3 铁路客站进站、出站通道和换乘通道及楼梯宽度除应满足旅客高峰通过能力的需要外,尚应符合现行国家标准《建筑设计防火规范》GB 50016 的相关规定。

5.1.4 线侧式铁路客站站房的进深应满足旅客进站作业要求。

5.1.5 办理行包、快运的铁路客站应设置相应的库房、场地及配套设施,并应方便旅客办理行包、快运业务。行包、快运货物流线应与旅客流线分开设置。

5.1.6 铁路客站站房检修设施应满足建筑物检查、维护的要求并保证作业安全。当采用移动检修设备时,应预留通行条件、作业空间及地面荷载条件。

5.1.7 铁路客站站房设计应积极推广采用 BIM 技术搭建整体建筑信息模型,优化建筑功能,并进行专业协同设计,增强相关专业间的协调配合与系统优化。

5.2 集散厅

5.2.1 铁路客站站房应设进站、出站集散厅。小型铁路客站站房的进站集散厅宜与候车区(厅、室)合并设置,进站集散厅使用面积不应小于 250 m^2;出站集散厅使用面积不宜小于 150 m^2;进出站厅合并设置时,使用面积不应小于 350 m^2。中型及以上铁路客站进站、出站集散厅应按高峰小时发送量确定其使用面积,进站集散厅使用面积应按不小于 0.25 m^2/人计算确定,出站集散厅使用面积宜按不小于 0.2 m^2/人计算确定。

5.2.2 进站集散厅应设置问询、小件寄存等服务设施,中型及以上铁路客站宜设自助存包柜。出站集散厅内应设置旅客厕所和检补票室。

5.2.3 铁路客站站房应在进站集散厅等主要旅客入口处设置安检区。安检区的使用面积应根据安检设备设置数量、布置方式及安检作业要求综合确定,且每处安检区最小使用面积应满足设置两组安检设备的要求。

5.2.4 进站集散厅应设置实名制验票口。

5.3 候车区(厅、室)

5.3.1 候车区(厅、室)总使用面积应根据最高聚集人数按不小于 1.2 m^2/人计算确定。特大型、大型铁路客站候车区(厅、室)的使用面积应在计算结果基础上增加 5%。

5.3.2 特大型、大型铁路客站宜根据客运需求设置软席候车区。软席候车区候车人数,客货共线铁路可采用最高聚集人数的 4%,高速铁路和城际铁路可采用最高聚集人数的 10%;使用面积应按不小于 2 m^2/人计算确定。

5.3.3 中型及以上铁路客站应设置无障碍候车区,小型铁路客站应在候车区内设置轮椅候车席位。无障碍候车区设计应符合下列规定:

1 无障碍候车区宜邻近进站检票口及无障碍电梯。

2 无障碍候车区候车人数可采用最高聚集人数的 4%,使用面积应按不小于 2 m^2/人计算确定。

5.3.4 铁路客站可根据需要设置商务候车室。商务候车室设计宜符合下列规定:

1 设置单独出入口和直通车站广场的车行道。

2 设置独立的实名制验票和安检设施。

3 设置厕所、盥洗间、服务员室和备品间。盥洗间应设盥洗用热水。

5.3.5 普通候车区(厅、室)座椅的排列方向应有利于旅客通向进站检票口,座椅间走道净宽不得小于 1.3 m,并应满足军人(团体)候车的要求。

5.4 售票用房

5.4.1 售票用房应由售票厅、售票室、票据库、办公室等组成。中型及以上铁路客站应设进款室,特大型、大型铁路客站应设总账室。

5.4.2 售票用房应符合下列规定:

1 特大型、大型铁路客站售票用房应设置在铁路客站站房进站口附近,中型、小型铁路客站售票用房可设置在铁路客站站房候车区附近。

2 铁路客站可根据需要设置自动售(取)票机,必要时可设置独立的自动售(取)票厅。

3 售票厅应设置公安制证窗口。

4 售票办公区内应设置售票人员专用厕所。

5.4.3 售票窗口数量应根据窗口售票设备数量确定,且每个售票厅宜预留 1~2 个售票窗口。

5.4.4 售票窗口应符合下列规定:

1 相邻售票窗口的中心距宜为 1.6 m,靠墙售票窗口中心距墙边不应小于 1.2 m。

2 售票窗台面至售票厅地面的高度应为 1.0 m。

3 无障碍售票窗口设置应符合本规范第 12.0.6 条的规定。

5.4.5 售票厅内自动售(取)票机应集中设置,并宜采用嵌入式安装,其设置空间应满足旅客排队购票和维护要求。

5.4.6 售票厅进深,特大型站不宜小于 13 m,大型站不宜小于11 m,中、小型站不宜小于 9 m。

5.4.7 售票室应符合下列规定:

1 每个售票窗口使用面积不应小于 6 m^2。

2 售票室使用面积不应小于 14 m^2。

3 售票室与公共区之间不应设门。

4 售票室内除无障碍售票窗口工作区域外,其余地面宜高出售票厅地面 0.2 m,并应采用防静电架空地板。

5 售票室应设置防盗设施。

5.4.8 票据库应符合下列规定:

1 中型和小型铁路客站票据库使用面积不宜小于 15 m^2,特大型、大型铁路客站每处售票用房应设置一间不小于 30 m^2的票据库。

2 票据库应有防潮、防鼠、防盗和报警措施。

5.5 其他服务设施

5.5.1 问询处、综合服务台可根据需要设置在集散厅或候车区。

5.5.2 铁路客站站房应根据车站规模和旅客进站、出站流线设置站内商业设施。小型铁路客站站内商业规模宜为铁路客站站房建筑面积的 2% ~4%,中型铁路客站站内商业规模宜为铁路客站站房建筑面积的 4% ~8%,特大型、大型铁路客站站内商业规模宜为铁路客站站房建筑面积的 8% ~10%。有商业发展潜力的车站亦可根据需要确定商业规模。站内商业设施的设置应符合国家现行标准《铁路工程设计防火规范》TB 10063 的有关规定。

5.5.3 旅客厕所的设置除应符合国家现行标准《城市公共厕所设计标准》CJJ 14 的有关规定外,尚应符合下列规定:

1 位置、标志应方便旅客识别。

2 厕位数宜根据最高聚集人数按每百人 2.5 个计算确定,男、女厕位比例应为 1∶2,且男厕所大便器数量不应少于 3 个,女厕所大便器数量不应少于 4 个。每个厕所应至少设置 1 个座便器。男厕所应设置与大便器数量相同的小便器。

3 厕所隔间应设承物台、挂钩。

4 男女厕所宜分设盥洗间,盥洗间应设面镜,水龙头数量应根据最高聚集人数按每 150 人设置 1 个计算确定,且不应少于 3 个。

5 候车区(厅、室)内任意一点至最近厕所的距离不宜大于 50 m,大型、特大型站厕所应分散布置。

6 厕所隔间长度不应小于 1.5 m,宽度不应小于 1.0 m;双侧厕所隔间的净距不应小于 2.0 m;单侧厕所隔间至对面墙面或小便器的净距不应小于 2.0 m。

7 厕所平面布置应满足私密性要求。

8 设有旅客换乘区域的站房,旅客换乘区域应根据换乘客流量设置厕所和盥洗间。

9 无障碍厕所设置应符合本规范第 12.0.11 条的规定。

10 厕所内应设独立的清扫间。

11 厕所应按照国家现行标准《城市公共厕所设计标准》CJJ 14的规定设置第三卫生间。

5.5.4 铁路客站站房应单独设置旅客用开水间,开水间应与卫生间隔离设置。

5.5.5 铁路客站站房应设置母婴服务设施,并应符合下列规定:

1 特大型、大型、中型铁路客站应设置独立母婴室,宜设置母婴候车区;小型站宜设置独立母婴室。

2 母婴室使用面积不应小于 10 m^2。

3 母婴室应具有保护哺乳私密性的设施,地面应防滑。

4 母婴室应配置婴儿护理台、洗手盆、婴儿床、座椅等设施,宜配置恒温空调、呼叫设备。

5.6 客运作业及附属用房

5.6.1 客运作业用房宜根据使用需要设置客运值班室、检补票室、公安值班室、综控(广播)室、上水工室、卸污工室、开水间、安检室及与运营有关的其他房屋,并应符合下列规定:

1 检补票室应设在候车区(厅、室)、出站口、检票口附近,其使用面积应根据最大班人数按不小于 2 m^2/人计算确定,且不宜小于 10 m^2。存放票款、票据的检补票室应有防盗设施。

2 上水工室和卸污工室应分别设置,其使用面积应根据最大班人数按不小于 3 m^2/人计算确定,且不宜小于 8 m^2。

3 铁路客站内旅客相对集中处应设置公安值班室,其使用面积不宜小于 25 m^2。

5.6.2 铁路客站应根据需要设置交接班室、间休室、更衣室、职工活动室、浴室、就餐间、清扫室(含工具间)等,并应符合下列规定:

1 中型及以上铁路客站应设交接班室,其使用面积应根据最大班人数按不小于 1 m^2/人计算确定,且不宜小于 30 m^2。

2 间休室使用面积应根据最大班人数的 2/3 按不小于 4 m^2/人计算确定,且不宜小于 20 m^2。

3 更衣室使用面积应根据最大班人数按不小于 1 m^2/人计算确定。

4 中型及以上铁路客站宜设置职工活动室、浴室、就餐间等生活用房。

5 中型及以上铁路客站的旅客公共区宜设置清扫工具间。采用机械清扫时,应设置清扫设备存放间。

6 中型及以上铁路客站应在行包及职工工作场地附近设置厕所和盥洗间。

5.6.3 客运管理办公用房宜包括站长室、车站会议室、办公室、备班室、备品室等,办公用房应符合国家现行标准《办公建筑设计规范》JGJ 67 的规定。

5.6.4 铁路客站应根据需要设置技术作业用房。技术作业用房应分类集中设置,并应避免强弱电相互干扰。

5.6.5 高速铁路及城际铁路客站综合监控室宜与行车室合设,并宜临近消防控制室设置。小型铁路客站综合监控室可与检票室合设。

5.6.6 铁路客站应设禁止携带物品暂存间。

5.7 行包用房

5.7.1 客货共线铁路客站宜设置行李托取处,特大型、大型铁路客站的行李托运和提取应根据旅客进站、出站流线分开设置;中型铁路客站的行李托运处与提取处可合设;小型铁路客站可设行李托取点。

5.7.2 办理行包业务的铁路客站应设置行包通道。特大型、大型铁路客站的行包库宜与跨越线路的行包地道相连。

5.7.3 行包用房主要组成应符合表 5.7.3 的规定。

表 5.7.3 行包用房主要组成

房间名称	设计行包库存件数 N(件)			
	$N \geq 2\,000$	$1\,000 \leq N < 2\,000$	$400 \leq N < 1\,000$	$N < 400$
行包库	应设	应设	应设	应设
行包托运厅、提取厅	应设	应设	应设	应设
办公室	应设	应设	应设	宜设
票据室	应设	应设	宜设	不设
总检室	应设	不设	不设	不设
装卸工休息室	应设	应设	宜设	不设
牵引车库	应设	应设	宜设	宜设
拖车存放处	应设	宜设	宜设	不设

注:N 为最近统计年度最高月日均包裹作业件数(包括发送、中转、到达作业之和),并考虑周转和发展因素。

5.7.4 行包库应符合下列规定:

1 特大型、大型铁路客站的始发、终到和中转行包库区宜分别设置。

2 线下式行包库和多层行包库应设置垂直升降设施,垂直升降设施应能容纳一辆行包拖车。

3 特大型铁路客站行包库各层之间应有供行包拖车通行的坡道。铁路客站行包作业区之间以及作业区与站台、广场之间有高差时,应留有供小型搬运设备通过的坡道。坡道坡度不应大于 1 : 12;坡道净宽度,有栏杆时不应小于 3 m,无栏杆时不应小于 4 m。

4 特大型铁路客站行李提取厅可设置行李传送带。

5.7.5 行包库使用面积应根据行李和包裹数量计算确定。

5.7.6 设计行包库存件数 2 000 件及以上的铁路客站宜预留室外堆放场地,场地应有防雨设施。

5.7.7 特大型、大型铁路客站宜设无主行包存放间,其使用面积可按设计行包库存件数的 1% 确定,且不宜小于 20 m^2。

5.7.8 行包库内净高不应小于 4 m。采用机械作业的行包库应满足机械作业要求,其门的宽度和高度均不应小于 3 m。

5.7.9 行包库宜设高窗,并应加设防护设施。

5.7.10 行包托运厅、提取厅使用面积及托取窗口数量不应小于表 5.7.10 的规定。

表 5.7.10　行包托运厅、提取厅使用面积及托取窗口数量

名　称	设计行包库存件数 N(件)					
	$N<600$	$600\leqslant N<1\ 000$	$1\ 000\leqslant N<2\ 000$	$2\ 000\leqslant N<4\ 000$	$4\ 000\leqslant N<10\ 000$	$N\geqslant 10\ 000$
托取窗口数量	1	1	2	4	7	10
行包托运厅、提取厅使用面积(m^2)	15	25	30	60	150	300

5.7.11　行包库与行包托运厅、提取厅应设置不小于 1.5 m 宽的通道，通道应有可开闭的隔离栅栏门。

5.7.12　中型及以上铁路客站应根据需要设置行包安检仪。

5.7.13　行包作业区域及行包通道两侧的墙体、柱面均应采取防撞措施。

5.8　空 间 环 境

5.8.1　铁路客站站房内空间应通透、开敞、明亮，尺度应满足不同空间功能需求。

5.8.2　铁路客站站房主要空间设计应具有视觉引导作用，方便旅客识别与疏散。

5.8.3　铁路客站站房建筑采光、通风、保温、隔热、隔声、污染物控制等室内环境要求，应符合国家现行有关标准的规定。

5.8.4　铁路客站站房公共区宜利用天然采光、自然通风，采光设计应采取减少炫光的措施。

5.8.5　铁路客站站房室内声学设计应符合下列规定：

1　公共区面积在 50 000 m^2及以上或平均高度在 18 m 以上的铁路客站站房，宜进行声学设计。

2　主要噪声与振动源应采取降低噪声、减少振动的措施，有噪声和振动的设备房屋应采取隔声、吸声和隔振措施。

3　铁路客站站房公共区声学环境 500 Hz 频率混响时间宜符合表 5.8.5 的规定。

表 5.8.5　不同容积公共区 500 Hz 频率混响时间

容积($1\times 10\ 000\ m^3$)	$\leqslant 100$	>100
混响时间(s)	$\leqslant 4$	$\leqslant 5.5$

5.9　内部装修与构造

5.9.1　铁路客站站房室内装修应符合下列规定：

1　与建筑形式相协调。

2　安全、耐用、经济，便于检修和维护。

3　采用防火、防腐、环保、易清洁的材料。

4　导向标志、商业广告、消防等设施，给水排水、供暖、通风与空气调节、强弱电等终端设备应与室内装修结合设计、统筹布置。商业广告不应干扰铁路客站站房内各种标志

的布置。

5 符合现行国家标准《建筑内部装修设计防火规范》GB 50222 的相关规定。

5.9.2 室内公共空间的墙面、柱面阳角宜采用圆角处理，墙面 1.80 m 以下宜采用抗冲撞材料饰面，玻璃幕墙距地面 0.10 m 处应设置防撞栏杆。

5.9.3 临空处栏板设置高度不应小于 1.30 m，扶手高度应为 1.10 m。采用玻璃栏板时，应采用钢化夹胶玻璃，距地面 0.10 m 处应设置防撞构造。

5.9.4 玻璃隔断应采用钢化夹胶玻璃，底部应设置防撞设施，距地面 0.10 m 处应设置防撞构造。

5.9.5 楼梯、自动扶梯栏杆以及栏板应安全、可靠，端部不应出现棱角。

5.9.6 吊顶与主体结构必须有安全可靠的连接措施。

5.9.7 铁路客站站房地面应耐磨、防滑、耐腐蚀、易清洗。防滑性能应符合国家现行标准《建筑地面工程防滑技术规程》JGJ/T 331 的相关规定。

5.9.8 特大型、大型铁路客站站房吊顶应设置检修通道和人孔；中、小型铁路客站站房宜设置可拆卸吊顶。

5.10 建筑幕墙与金属屋面

5.10.1 铁路客站幕墙设计应遵循安全、实用、美观的原则，并应便于制作、安装和维护。

5.10.2 玻璃幕墙应采用安全玻璃。易受撞击的幕墙部位应设置明显的警示标志和防撞设施。

5.10.3 铁路线路上方外墙不宜装设石材和玻璃幕墙。必需装设时，应在幕墙下方设挑檐、防冲击棚等防护设施。

5.10.4 旅客主要通道上方及铁路线路上方严禁采用全隐框玻璃幕墙，且不应采用倒挂(贴)石材、面砖等材料。

5.10.5 金属屋面设计应根据风、雪荷载，结构体形，热工性能，屋面坡度等情况，采用相应的金属板板型及构造系统。

5.10.6 金属屋面玻璃采光顶宜设置金属防坠网或其他防坠落装置，并应符合现行国家标准《采光顶与金属屋面技术规程》JGJ 255 的规定。

5.10.7 金属屋面雨水设计重现期，大型及以上铁路客站应为 100 年，中小型铁路客站应为 50 年。金属屋面应设置溢流系统。

5.10.8 金属屋面应设置直通屋面的检修设施，无女儿墙或女儿墙(含屋面上翻檐口)低于 500 mm 的屋面，应设置防坠落构件。

5.10.9 严寒地区金属屋面、采光顶檐口和集水、排水天沟处宜设置冰雪融化装置，且坡屋面和拱形屋面宜设挡雪板或挡雪架。严寒和寒冷地区金属屋面应采取防止积雪融化后在屋面檐口处产生冰棱的措施。

5.11 建筑节能

5.11.1 铁路客站站房节能设计应符合国家现行标准《公共建筑节能设计标准》GB 50189 和《铁路工程节能设计规范》TB 10016 等有关标准的规定。

5.11.2 铁路客站站房应根据热环境分区确定能源设备机房的位置,缩短冷、热水系统和风系统的输送距离。

5.11.3 铁路客站站房主要功能区应充分利用天然采光。天然采光系数面积比不宜小于60%,并应按式(5.11.3)计算:

$$\varphi_{NL}=\frac{F}{F_{all}}\times 100\% \qquad (5.11.3)$$

式中 φ_{NL}——天然采光系数达标面积比;

F——铁路客站站房内采光系数达到现行国家标准《建筑采光设计标准》GB 50033 要求的地面主要功能区面积(m^2);

F_{all}——铁路客站站房内地面主要功能区总面积(m^2)。

5.11.4 铁路客站站房主要功能区应利用自然通风降温,并可设置机械排风装置加强自然补风。自然通风开口面积与地面面积比值宜符合表5.11.4规定。

表5.11.4 自然通风开口面积与地面面积比值 φ_{NV}

气候区	严寒地区、寒冷地区	夏热冬冷地区	夏热冬暖、温和地区
单层铁路客站	$\varphi_{NV}\geq 3.0\%$	$\varphi_{NV}\geq 4.0\%$	$\varphi_{NV}\geq 4.0\%$
多层铁路客站	$\varphi_{NV}\geq 1.5\%$	$\varphi_{NV}\geq 2.0\%$	$\varphi_{NV}\geq 2.0\%$

5.11.5 除严寒、寒冷地区外,铁路客站站房主要日照方向的外窗(包括透光幕墙)均应采取遮阳措施。当采取外遮阳措施时,应符合下列规定:

1 东西向宜设置活动外遮阳装置,南向宜设置水平外遮阳装置。

2 外遮阳装置应兼顾通风及冬季日照。

5.11.6 铁路客站宜采用清洁能源,主要建筑材料宜就地取材。

5.11.7 铁路客站站房外墙保温宜采用外保温系统,并应采用安全可靠、技术成熟的保温隔热材料与构造措施。外墙热桥部位的设计应符合现行国家标准《民用建筑热工设计规范》GB 50176 的规定。

5.11.8 设置空气调节、供暖系统的铁路客站站房主要出入口应设置门斗或双层门。门斗、双层门数量与外门数量比值宜符合表5.11.8规定。

表5.11.8 门斗、双层门数量与外门数量比值

地　区	门斗、双层门数量与外门数量比值
严寒地区、寒冷地区	$\varphi_w\geq 50\%$,或 $\varphi_n+\varphi_s=100\%$
夏热冬冷地区、夏热冬暖地区	$\varphi_w+\varphi_n+\varphi_s\geq 50\%$

注:φ_w、φ_n、φ_s 分别表示外门斗、内门斗、双层门数量与外门数量的比值。

5.11.9 铁路客站站房外门、外窗的气密性应符合现行国家标准《建筑外门窗气密、水密、抗风压性能分级及检测方法》GB/T 7106 的相关规定。

5.11.10 铁路客站站房主要出入口采用全玻璃幕墙时,全玻璃幕墙中非中空玻璃面积不应大于同一立面透光面积(门窗和玻璃幕墙)的15%,且加权计算所得平均传热系数应符合现行国家标准《公共建筑节能设计标准》GB 50189 的要求。

5.12 口岸站

5.12.1 口岸站应设铁路客站和口岸查验设施。

5.12.2 口岸站站房及客运服务设施应符合下列规定：

1 口岸站站房及客运服务设施应按出入境和境内分别设置。出入境与境内共用旅客通道时，应设置出入境旅客与境内旅客分开或隔离的设施。

2 出入境候车室可按多室设置。

3 出入境候车室及行包托运处的设置应符合查验机构监管要求。

5.12.3 口岸查验设施应包括边防、海关、检验检疫设施，查验流程可根据边防、海关、检验检疫的布置标准和实际查验需要设置。

5.12.4 口岸站可设置免税商店、货币兑换、邮政、旅游咨询、接待和小型餐饮等设施。

5.12.5 边境地区口岸站广场应设置升挂国旗的旗杆。

5.13 地下车站

5.13.1 地下车站总体布局应根据城市规划、线路敷设方式、周边环境及城市景观等因素综合确定，并应采取降低噪声、减少振动和减少对生态环境影响的措施。

5.13.2 地下车站设计在满足功能及客流需求的同时，应采用保证乘降安全和管理方便的通风、照明、卫生、防水、防灾等措施。

5.13.3 地下车站建筑面积应包含主体工程及附属工程，并宜按主体工程与附属工程分别计列。

5.13.4 地下车站公共区、办公区和设备区宜设置于地面，办公区与设备区的布局应紧凑，主要办公区应集中布置；消防泵房宜设置在办公区或有人值守设备区内的主通道或消防专用通道旁。

5.13.5 设置在地下站台两端的设备区与无人值守办公区，可伸入站台计算长度内，但伸入长度不应大于一节车厢的长度，且设备区、无人值守办公区端部与楼梯口、自动扶梯口或通道口的距离不应小于 8 m。

5.13.6 地下车站标高设计应结合系统功能、施工工法、地质条件及设备工艺等要求综合确定。

5.13.7 地下车站建筑主要部位净宽和净高不应小于表 5.13.7—1 和表 5.13.7—2 的规定。

表 5.13.7—1 地下车站主要部位最小净宽

部位名称	最小净宽(m)
公共区单向楼梯	1.8
公共区双向混行楼梯	2.4
公共区与自动扶梯并列设置的楼梯	1.6
站台至轨道区的工作梯(兼疏散梯)	1.1

表 5.13.7—2　地下车站主要部位最小净高

部位名称	最小净高(m)
站厅公共区	3.0
站台公共区	3.0
站台、站厅管理用房	2.5
旅客出入口通道	3.0

5.13.8　地下车站出入口的设置应有利于客流吸引和疏散;风亭设置在满足功能要求的前提下,尚应满足规划、环保和城市景观等要求,地下车站出入口、风亭及冷却塔等附属建筑可参照现行国家标准《地铁设计规范》GB 50157 的相关规定设计。

5.13.9　地下车站的地面出入口、安全出口、风亭等开口部位的设计标高除应满足规划控制标高要求以外,尚应满足城市或区域的防积(洪)水位标高要求。当确实无法满足时,应采取必要的防淹措施。

5.13.10　自动扶梯及电梯的安装位置应避开土建结构的诱导缝和变形缝。

5.13.11　地下车站轨顶风道应采用钢筋混凝土结构,结构耐久性应与主体结构一致;线路上方其他构件连接固定必须牢固可靠。

6　客运服务设施

6.1　站台、雨棚

6.1.1　铁路客站站台长度、宽度、高度应符合国家现行标准《铁路车站及枢纽设计规范》TB 10099 的规定。

6.1.2　站台出入口或建筑物边缘至靠线路侧旅客站台边缘的净距不应小于 3.0 m，困难条件下，中、小型站不应小于 2.5 m；改建既有站侧净距不应小于 2.0 m。

6.1.3　旅客站台面应符合下列规定：

1　站台应采用刚性防滑地面，并应满足行包、邮政车荷载要求，通行消防车的站台还应满足消防车荷载要求。

2　站台地面横坡不应大于 1%。

3　旅客列车停靠的站台应在全长范围内设置宽度为 0.10 m 的安全警戒线。

6.1.4　旅客站台雨棚设置应符合下列规定：

1　旅客站台应设置雨棚，雨棚长度宜与站台长度一致，小型站的雨棚长度可根据客运量和需要确定。

2　雨棚形式及高度应满足防飘雨、飘雪要求。线间立柱雨棚屋面的开口宽度和檐口高度应根据防飘雨、飘雪的要求确定。

3　雨棚各构件与线路的间距应符合现行国家标准《标准轨距铁路建筑限界》GB 146.2 的规定。

4　通行消防车的站台，雨棚悬挂物下缘至站台面的高度不应小于 4.00 m。

5　旅客进站、出站流线上的雨棚应连续设置。

6　地道出入口处无站台雨棚时，应单独设置雨棚，并宜采用封闭式，其覆盖范围应大于地道出入口，且挑出长度不应小于 4.00 m。

7　中型、小型铁路客站宜采用站台立柱雨棚；特大型、大型铁路客站可采用线间立柱雨棚，雨棚应与站房建筑形式相协调。

6.1.5　旅客站台栏杆（板）设置应符合下列规定：

1　旅客站台边缘栏杆（板）高度不应小于 1.30 m，临空高度大于 12 m 时，栏杆（板）高度不应小于 2.20 m，栏杆（板）距站台面 0.10 m 高度内不应留有空隙，当栏板不直接落地时，可设宽0.15 m、高 0.10 m 的挡台。

2　站台端部(垂直于线路方向)的栏杆高度不应小于 1.30 m。

3　线侧平式站房与站台相接时，临站房一侧外边缘栏杆（板）高度不应小于 2.20 m。

6.1.6　旅客站台宜结合楼扶梯集中设置客运工作间及保洁用房，并应设置水电设施。

6.1.7　旅客站台可设置座椅。

6.1.8　特大型、大型铁路客站基本站台应设置通向跨线设施的楼梯、电梯和自动扶梯。

6.2 跨线设施

6.2.1 旅客进站、出站通道设置应根据旅客流量、铁路客站站房功能布局及进出站流线等情况综合确定,并应符合国家现行标准《铁路车站及枢纽设计规范》TB 10099 的有关规定。

6.2.2 旅客进站、出站通道宽度和高度应计算确定,且净宽和净高应符合表 6.2.2 的规定。

表 6.2.2 旅客进站、出站通道最小净宽和最小净高(m)

项目	特大型站	大型站	中、小型站
最小净宽	12	8~12	6~8
地道最小净高	3.0		2.5
封闭天桥最小净高	3.5		3.0

6.2.3 旅客天桥、地道通向站台出入口宽度应符合下列规定:

1 旅客天桥、地道通向站台宜设双向出入口。高速铁路和客货共线铁路旅客站台出入口宽度应符合表 6.2.3—1 的规定;城际铁路旅客站台出入口宽度应符合表 6.2.3—2 的规定。出入口设有自动扶梯或升降电梯时,其宽度应根据升降设备的数量和要求确定。

表 6.2.3—1 高速铁路和客货共线铁路旅客站台出入口宽度(m)

名 称	特大型、大型站	中型站	小型站
基本站台和岛式中间站台	5.0~5.5	4.0~5.0	3.5~4.0
侧式中间站台	5.0	4.0	3.5~4.0

表 6.2.3—2 城际铁路旅客站台出入口宽度(m)

名 称	中型站	小型站
站 台	4.5~5.0	3.0~4.0

2 既有铁路客站改建时,可利用既有旅客进站、出站通道,并应符合本条第 1 款的规定。

6.2.4 铁路客站应根据行包、邮件、餐饮物料配送、垃圾转运以及保洁机具和维修设备作业需要,设置通往站台的作业地道。作业地道设置应符合下列规定:

1 特大型、大型铁路客站不应少于 1 处,有始发终到客车作业的中型站可设置 1 处。

2 地道净宽不应小于 5.2 m,净高不应小于 3.0 m。

3 地道通向各站台均宜设一个出入口,出入口宜设置在站台的端部,其净宽不应小于 4.5 m。受条件限制,且出入口处设有导向标志系统时,其宽度不应小于 3.5 m。

6.2.5 旅客天桥、地道通向站台出入口之间的距离应符合下列规定:

1 特大型、大型铁路客站不宜小于 20 m。

2 中、小型铁路客站不宜小于 15 m。

3 当自动扶梯相对布置时,其出入口之间的距离应满足自动扶梯工作点间距相关要求。

6.2.6 天桥、地道出入口阶梯和坡道应符合下列规定:

1 旅客用天桥、地道出入口阶梯单独设置时，踏步高度不宜大于 0.14 m，踏步宽度不宜小于 0.32 m；旅客用地道、天桥阶梯与自动扶梯并行设置时，踏步高度不宜大于 0.15 m，踏步宽度不宜小于 0.30 m。每段阶梯不应大于 18 步，直跑阶梯平台宽度不宜小于 1.50 m。

2 旅客用天桥、地道采用坡道时应有防滑措施，且坡度不宜大于 1∶8。

3 行包地道出入口坡道坡度不宜大于 1∶12，起坡点距主通道的水平距离不宜小于 10 m。

4 地道主体与出入口相接位置宜采用圆角处理。

6.2.7 地道应符合下列规定：

1 站台上地道出入口处地面应高出站台面 0.02 m，并采用缓坡与站台面相接。

2 地道应设置防水及排水设施。

3 自然通风条件不良的地道应设置通风设施并采取防潮措施。

6.2.8 旅客用天桥应符合下列规定：

1 天桥应设有顶棚。严寒和寒冷地区应采用封闭式，其他地区两侧宜设置安全围护结构。

2 天桥栏杆(板)或围护的净高度不应小于 2.2 m。桁架式天桥栏杆(板)或围护应设置在桁架内侧。

3 天桥两侧采用玻璃窗采光时，玻璃应采用钢化夹胶玻璃。落地玻璃窗应采取防撞措施。

4 天桥设计应在满足使用功能前提下尽量美观。

6.2.9 位于线路上方的建(构)筑物应形式简洁、连接安全可靠，且不应采用装饰性构件，并应预留检修维护条件。

6.2.10 高架候车厅和旅客用天桥采光窗、玻璃幕墙开启扇严禁设置在高速铁路正线上方。

6.3 检 票 口

6.3.1 进站、出站检票口设置数量应根据旅客流量、检票口通过能力、候检时间等因素计算确定。

6.3.2 设置自动检票机的铁路客站，每组自动检票机旁应设人工检票口。

6.3.3 进站检票口与直对的疏散门或通向站台楼梯踏步的距离不宜小于 4 m，与自动扶梯工作点的距离不宜小于 7 m。出站检票口与直对的疏散门或楼梯踏步的距离不宜小于 5 m，与自动扶梯工作点的距离不宜小于 8 m。地下车站出站检票口与出入口通道边缘的距离不宜小于 5 m。

6.3.4 进站、出站检票口应满足安全疏散及无障碍通行要求。

6.3.5 进站、出站检票口附近不应设置座椅及其他影响排队验票的设施，且进站检票口前供候检排队区域长度不宜小于 15 m，出站检票口不宜小于 7 m。

6.3.6 检票口宜根据换乘流线需要采取双向进站、出站检票措施。

6.4 电梯与自动扶梯

6.4.1 旅客进站、出站通道上宜设置电梯、自动扶梯。水平换乘距离大于 300 m 的换乘通道宜设置自动人行道，自动人行道倾角不应大于12°。

6.4.2　室外运行的自动扶梯宜设顶棚和围护设施，电梯、自动扶梯应设置排水设施。

6.4.3　自动扶梯应采用公共交通型，并应具有变频调速功能。自动扶梯选用应符合下列规定：

1　设置在旅客进站、出站通道上的自动扶梯，与楼梯并排设置时，倾角宜采用23.2°；单独设置时，倾角可采用23.2°或27.3°。

2　自动扶梯额定速度宜为0.5 m/s。

3　梯级深度不应小于0.38 m，水平梯级踏面不应小于3级。

6.4.4　自动扶梯工作点与前方影响通行固定设施的距离不应小于8 m；两台相对布置自动扶梯工作点的间距不应小于16 m。自动扶梯与楼梯相对布置时，自动扶梯工作点与楼梯第一级踏步的距离不应小于12 m。

6.4.5　电梯选用应符合下列规定：

1　客用电梯额定载重量不应小于1 000 kg。兼做物流通道时，其额定载重量不应小于1 600 kg。

2　客用电梯额定速度宜为1 m/s，且不应小于0.63 m/s。

3　客用电梯门宜采用双扇中分门，宽度不应小于1 m，且不应朝向铁路线路方向。

4　货运电梯应符合国家现行有关标准的规定。

6.4.6　自动扶梯扶手高度不应小于1.00 m，也不应大于1.10 m。提升高度12 m及以上的自动扶梯应采取必要的安全措施。

6.4.7　自动扶梯与站台交界处地面宜高出站台面0.02 m，且应采用缓坡与站台面相接。

6.5　公共信息导向系统

6.5.1　铁路客站应设置公共信息导向系统，并应符合下列规定：

1　导向系统应设置在车站广场、站房、站台、天桥、地道、城市通廊等部位。

2　导向系统可采用静态或动态标志。

3　导向系统的设置应安全、规范、系统、醒目、连续、易于辨识。

4　不同功能的导向系统应互相区别和易于辨识，当受空间条件限制时应满足主要功能要求。

5　导向系统应与市政导向系统协调并衔接。

6　静态标志与动态标志应协调设置，导向系统与室内外装修应协调设置。

6.5.2　铁路客站应设置旅客进站和出站动态标志。进站动态标志应设置在进站口、候车区（厅、室）、售票厅、进站通道、站台等旅客进站流线区域；出站动态标志应设置在出站通道及出站集散厅等旅客出站流线区域。

6.5.3　铁路客站导向标志应设置在通向目标的主要流线上，并应符合下列规定：

1　进站导向标志应自车站广场范围内的公交汽（电）车站、出租车站、停车场和城市轨道交通站点等开始，沿旅客进站流线至进站口、候车区（厅、室）、售票厅、检票口、站台等区域进行设置。

2　出站导向标志应自站台开始，沿旅客出站流线至出站通道、出站口等区域进行设置。

3　在道路和通道需要作出方向选择的节点处、换乘区应设置导向标志。设置位置和间距可根据标志设施版面大小、光线和照度、空间环境、观察距离等因素确定，并应符合现行国家标准《公共信息导向系统设置原则与要求》GB/T 15566 的相关规定。

6.5.4　铁路客站应在下列场所设置位置标志：

1　车站广场、车站范围内的公交汽（电）车站、停车场、出租车站、城市轨道交通站点等配套设施。

2　售票用房、自动售（取）票机、进站口、出站口、行包托取处、候车区（厅、室）、检票口、站台等客运服务设施。

3　国境（口岸）站的海关、边防检查、卫生检疫、动植物检疫等联检设施，免税店等。

4　站房公共区的问询处、公安值班室、小件寄存处、厕所、母婴服务设施、公用电话、饮水处、自动取款机、商业服务设施等旅客服务设施。

6.5.5　铁路客站宜在旅客进站和出站集散厅、换乘区设置车站总平面示意图，各进站层宜在主要出入口处设置相应楼层的平面示意图和信息索引标志。站房售票厅、进站口、候车区（厅、室）、换乘区宜设置提示旅客的信息标志。

6.5.6　站台站铭牌设置应符合下列规定：

1　有雨棚的站台每侧至少应设置 2 个垂直于线路方向的悬挂式站铭牌和 2 个平行于线路方向的附着式站铭牌。

2　无雨棚的站台每侧至少应设置 2 个平行于线路方向的柱式站铭牌或框架式站铭牌。

3　站铭牌应醒目、坚固，与基体连接牢靠。

6.5.7　除仅停靠始发动车组列车的站台外，其他停靠动车组列车的站台应设置动车组车厢位置地面指示标志。

6.5.8　铁路客站应面向广场设置站名标志，其位置、字体、大小应满足车站周边旅客识别需求，并应与车站建筑相协调。

6.5.9　铁路客站无障碍设施应设置无障碍标志，并应在进站流线和出站流线上设置相关导向标志，其设置应符合现行国家标准《无障碍设计规范》GB 50763 和《公共信息导向系统设置原则与要求》GB/T 15566 的相关规定。

6.5.10　在站台的醒目位置，站台安全护栏处，人员密集场所的上下楼梯、自动扶梯处、标高变化处等存在潜在危险的处所，应设置安全标志，其设置应符合现行国家标准《安全标志及其使用导则》GB 2894 的相关规定。

6.5.11　铁路客站室内应设置“禁止吸烟”标志。

6.5.12　静态标志的图形符号及相关要素应符合下列规定：

1　静态标志可由图形、符号、文字或其组合形式表示。

2　静态标志的图形、符号应符合现行国家标准《公共信息图形符号》GB/T 10001 和其他相关标准的规定。

3　静态标志中文字、图形的构成和组合应符合现行国家标准《公共信息导向系统导向要素的设计原则与要求》GB/T 20501 的相关规定。

6.5.13　公共信息导向设施应符合下列规定：

1　导向设施设置方式可采用附着式、悬挂式、摆放式、柱式、台式、框架式、地面式等。

2　导向设施依附的基体应能承受标志设施荷载，且导向设施及其与基体的连接应满足相关安全要求。

3　导向设施不应采用对人体有伤害危险的材料。灯光型标志设施的材料应具有防火性能，电气材料应具有绝缘性能。

4　静态标志设施设置高度应符合下列要求：

1）悬挂式和悬挑式标志设置在室内时，其下边缘与地面的垂直距离不应小于2.2 m；设置在室外时，其高度应根据下部的通行要求确定。

2）附着式导向标志设施的上边缘与安装处地面的垂直距离不应小于2.0 m。

3）附着式位置标志设施的上边缘与安装处地面的垂直距离宜为1.6 m，当需要在较远距离被识别时，附着式位置标志设施的下边缘与安装处地面的垂直距离不应小于2.0 m。

4）其他形式标志设施设置高度应符合现行国家标准《公共信息导向系统设置原则与要求》GB/T 15566的相关规定。

5　地面导向标志材料的耐磨、耐候、易清洁和防滑性能应符合现行国家标准《道路交通标线质量要求和检测方法》GB/T 16311的相关规定。

6　室外安全标志及导向标志宜采用反光材料或自发光材料。

7　导向设施应便于检修。

7 结　　构

7.1 一般规定

7.1.1 结构设计应采用安全适用、技术先进、经济合理、施工方便的结构体系。

7.1.2 地下车站、“桥—建”合一车站中承轨层及其下部结构设计使用年限应为100年，其他铁路客站的结构设计使用年限应为50年。

7.1.3 结构抗震设防类别和结构安全等级应符合下列规定：

1 地下车站、“桥—建”合一车站、跨线高架站房、最高聚集人数为6 000人及以上的站房结构抗震设防类别应为重点设防类，结构安全等级应为一级。

2 雨棚、天桥等跨线设施及金属屋面的结构安全等级应为一级；线间立柱的雨棚、天桥等抗震设防类别应为重点设防类，站台立柱的雨棚抗震设防类别宜为标准设防类。

7.1.4 结构耐久性设计应符合下列规定：

1 地下车站、“桥—建”合一车站、跨线高架站房、最高聚集人数为6 000人及以上站房的主体结构和使用期间不可更换结构构件应按100年进行耐久性设计，使用期间可更换且其更换不影响运营的次要结构构件可按50年进行耐久性设计；其他铁路客站应按50年进行耐久性设计。

2 临时结构宜根据其使用性质和结构特点确定耐久性设计年限。

7.1.5 站房金属屋面、站台雨棚、天桥等建(构)筑物的基本风压、基本雪压重现期宜为100年。

7.1.6 结构遭遇火灾、飓风、爆炸、撞击等偶然作用时，应按国家现行有关标准要求进行相应结构分析，必要时应进行抗连续倒塌设计。

7.1.7 铁路客站与城市轨道交通、市政配套工程的结合部位，应在结构体系布置、沉降控制和荷载传递等方面进行协调设计。

7.1.8 特大型铁路客站站房结构宜进行整体结构健康监测，复杂的大型铁路客站站房结构可进行整体结构健康监测。站房结构中处于恶劣环境下易受腐蚀或长期承受交变荷载作用的重要构件可进行局部结构健康监测。结构健康监测内容应根据站房结构重要部位的风险分析确定。

7.2 荷载与作用

7.2.1 永久荷载与作用应包括结构构件、围护构件、面层和装饰、固定设备、长期储物自重，土压力，静水压力和水浮力，混凝土收缩和徐变作用，基础变位产生的作用，预加应力及其他需要按永久荷载设计的荷载。

7.2.2 可变荷载应包括楼面活荷载、屋面活荷载、设备荷载、积灰荷载、风荷载、雪荷载、温度作用(均匀温度、梯度温度，严寒及寒冷地区冻胀力)、列车相关荷载、汽车荷载、活载引起的土侧压力、人群荷载、流水压力、冰压力、施工荷载等。

7.2.3 偶然作用应包括爆炸、撞击、火灾及其他偶然出现的作用。

7.2.4 列车相关荷载应根据工程具体情况，按铁路工程设计相关标准进行设计。

7.2.5 抗震设防烈度应符合国家及地方标准规定的地震基本烈度。

7.2.6 旅客站台人群均布活荷载标准值应为 3.5 kN/m^2，组合值系数、频遇值系数、准永久值系数分别应为 0.7、0.6、0.5。

7.2.7 体型复杂的铁路客站宜通过风洞试验确定设计风荷载。轻型金属围护结构宜进行抗风揭试验。

7.3 材　料

7.3.1 混凝土强度等级应符合下列规定：

1 耐久性按 50 年设计的主体结构，普通钢筋混凝土结构的混凝土强度等级不宜低于 C30，预应力混凝土结构的混凝土强度等级不宜低于 C40。

2 耐久性按 100 年设计的主体结构，普通钢筋混凝土结构的混凝土强度等级不应低于 C35，预应力混凝土结构的混凝土强度等级不应低于 C40。

3 承轨层及其下部结构的混凝土强度等级不应低于 C40。

7.3.2 钢筋选用应符合下列规定：

1 承轨层及其下部结构的纵向受力普通钢筋宜采用 HPB300、HRB400 或 HRB500 钢筋，其性能应符合国家现行标准《铁路桥涵混凝土结构设计规范》TB 10092 的规定；其他结构宜采用 HPB300、HRB400、HRB500、HRBF400、HRBF500 钢筋，其性能应符合现行国家标准《混凝土结构设计规范》GB 50010 的规定。

2 预应力钢筋宜采用预应力钢丝、钢绞线、预应力螺纹钢筋。

7.3.3 承轨层及其下部结构宜选用 Q235q 等级 D 及 Q345q、Q370q、Q420q 等级 D、E 的低合金桥梁用结构钢，其他结构的钢材宜选用 Q235 等级 B、C、D 碳素结构钢及 Q345 等级 B、C、D、E 低合金高强度结构钢。有可靠依据时可选用其他钢种和钢号。

7.4 特 殊 结 构

7.4.1 "桥—建"合一结构应符合下列规定：

1 承轨层及其下部结构构件应同时符合铁路桥梁与民用建筑相关标准的规定。

2 对于列车运行速度大于 160 km/h 的客运铁路正线、列车运行速度大于 120 km/h 的货运铁路正线及运行双层集装箱列车、重载列车的线路，不宜采用"桥—建"合一结构。

3 结构应按空间体系进行整体分析，必要时尚应对特殊受力部位进行分析。当"桥—建"合一结构在施工和使用期的不同阶段有多种受力情况时，应分别进行结构分析，并确定其最不利作用组合。

4 承轨梁应符合下列要求：

1）列车荷载应按动荷载最不利布置，采用最大影响线的方式进行加载分析。

2）客货共线铁路在中—活载作用下，梁体竖向挠度限值应符合国家现行标准《铁路桥涵设计规范》TB 10002 的规定；城际铁路在 ZC 荷载作用下，梁体竖向挠度限值应符合国家现行标准《城际铁路设计规范》TB 10623 的规定；高速铁路在 ZK 荷载作用下，梁体竖向挠度限值应符合国家现行标准《高速铁路设计规范》TB 10621 的规定。

3）在列车摇摆力、离心力和风力作用下，梁体水平挠度限值应符合国家现行标准《铁路桥涵设计规范》TB 10002 的规定。

5 抗震设防烈度 7 度（Ⅳ类场地）、8 度及以上地区结构的承轨层梁、柱构件应进行抗震性能化设计。

6 结构宜进行车桥耦合动力响应分析。

7.4.2 大跨屋盖结构应符合下列规定：

1 结构设计应结合建筑方案、加工制作及施工安装方式等因素确定结构方案。

2 非常用形式以及跨度大于 120 m、结构单元长度大于 300 m 或悬挑长度大于 40 m 的大跨屋盖结构设计应进行专项论证。

3 结构及其支承结构选型和布置应符合下列要求：

1）结构及其支承结构应具有有效的传力途径。

2）结构及其支承结构应具有合理的刚度和承载力分布，且布置宜均匀对称。

3）结构布置宜避免局部削弱或突变形成的薄弱部位，对可能出现的薄弱部位应采取提高其承载能力的措施。

4）下部支承结构不应使大跨屋盖结构产生过大的地震扭转效应。

4 结构应进行重力荷载及风荷载作用下的位移、内力计算，并应根据具体情况，对地震作用、温度变化、支座沉降及施工安装荷载等作用下的位移、内力进行计算，满足承载力极限状态和正常使用极限状态要求。

7.4.3 超长混凝土结构应符合下列规定：

1 结构计算分析应考虑温度作用和混凝土材料收缩等间接作用对结构受力的影响。

2 超长混凝土结构应采取预加应力或增配钢筋的措施。

3 超长混凝土结构宜采用低收缩混凝土材料，也可采取跳仓浇筑、后浇带等措施。

7.5 地下车站结构

7.5.1 地下车站结构形式和施工方法应根据站址工程条件，经技术经济比选确定。

7.5.2 地下车站结构的净空尺寸除应满足铁路建筑限界要求外，尚应计入施工误差、结构变形及后期沉降的影响，轨行区范围内还应计算空气动力学的影响。

7.5.3 地下车站结构应按最不利荷载组合进行设计，并按勘察单位提供的抗浮水位进行抗浮稳定性检算。

7.5.4 地下车站结构形式选择应符合下列规定：

1 结构形式应与所采用的施工方法相适应。

2 明挖法、盖挖法施工的地下车站应采用钢筋混凝土结构或型钢（钢管）与混凝土混合结构。地下连续墙及灌注桩支护结构宜作为主体结构侧墙的一部分与内衬墙共同受力，墙体的结合方式可采用叠合式或复合式构造。

3 采用矿山法施工的结构应采用复合式衬砌结构，其断面形状、支护和衬砌参数应根据围岩条件、功能要求、施工方法、断面尺寸、环境保护要求等因素确定。

7.5.5 地下车站结构设计应符合下列规定：

1 车站宜建在密实、均匀、稳定的地基上。当铁路客站处于软弱土、液化土或断层破碎带等不利地段时，应分析其对结构影响，采取相应措施。

2 结构布置宜简单、对称、规则。

3 结构应按照施工和使用阶段分别进行结构强度、刚度和稳定性计算，钢筋混凝土结构尚应进行抗裂检算。当计入地震作用或其他偶然荷载作用时，可不检算裂缝宽度。

4 钢筋混凝土结构的计算裂缝宽度允许值应根据结构类型、功能要求、所处环境和防水措施等因素确定。

5 地下车站结构遇有下列情况，应对其纵向强度和变形进行分析：

1）覆土荷载沿纵向有较大变化。

2）结构直接承受建(构)筑物较大局部荷载。

3）地基或基础形式沿纵向有显著差异。

4）结构沿纵向有不均匀沉降。

5）地震作用。

6 当变形缝间距较大时，地下车站结构应考虑温度变化和混凝土收缩对结构的影响。空间受力作用明显的区段宜按空间结构进行分析。

7 装配式构件应考虑制作、安装、运输以及施工要求。

8 采用矿山法施工的地下车站结构应符合国家现行标准《铁路隧道设计规范》TB 10003 的规定。

7.5.6 地下车站结构构造应符合下列规定：

1 地下车站主体结构不宜设置变形缝。设置变形缝时，应采取可靠措施，确保变形缝两边结构不产生影响行车安全和正常使用的沉降差。地下车站主体结构和出入口通道等附属结构的结合部位应设置变形缝。

2 混凝土保护层厚度应符合国家现行标准《铁路混凝土结构耐久性设计规范》TB 10005 的规定。

3 后砌隔墙等应与主体结构可靠连接。临轨行区侧隔墙应采用钢筋混凝土结构。

7.5.7 地下车站结构防水应符合下列规定：

1 结构防水等级应为现行国家标准《地下工程防水技术规范》GB 50108 规定的一级标准。

2 防水措施应根据结构形式及施工方法确定，并应采取保护地下水资源的措施。

3 主体结构防水混凝土厚度不应小于 300 mm。

4 围护结构或初期支护与主体结构之间应设置附加防水层，防水层种类和敷设方式应根据环境条件、结构形式、防水等级、施工方法等确定。

7.6 基　　础

7.6.1 基础应结合建筑场地地质状况、上部结构类型和荷载特点、施工条件、使用要求等进行设计，并应满足地基承载力及沉降控制要求。

7.6.2 采空区、不良地质、抗震不利等地段的结构基础，应采取可靠措施避免地基失稳。

7.6.3 基础设计应考虑地基、基础与上部结构相互作用的影响。

7.6.4 与铁路客站结构分离的独立桥梁与相邻结构共用基础，应进行整体基础沉降和沉降差计算分析，满足列车运行对变形的要求。

7.6.5 “桥—建”合一结构基础应符合下列规定：

1 基础等级不应低于乙级。

2 基础变形应符合铁路桥梁与民用建筑相关标准的规定。

3 基础形式为桩基础时，应按国家现行标准《建筑基桩检测技术规范》JGJ 106 要求进行基桩检测。

7.7 深基坑

7.7.1 铁路客站深基坑应符合下列规定：

1 铁路客站与城市轨道交通、市政配套工程相结合时，应统筹考虑基坑方案，并宜将基坑与结构、基础结合设计。

2 基坑安全等级和技术标准应综合工程地质与水文地质条件、站房总体工程筹划、既有线过渡方案、周围环境等多方面因素确定。

3 支护结构应满足承载能力极限状态和正常使用极限状态的计算及验算要求。

4 基坑应根据支护结构正常使用和周边环境保护要求制定相应变形控制指标。

5 基坑降水和监测应进行专项深化设计。

7.7.2 基坑安全等级应符合下列规定：

1 基坑安全等级应根据开挖深度、支护结构失效对周边环境影响程度、与铁路营业线位置关系等确定。

2 基坑安全等级应符合国家和工程所在地地方标准相关规定。当既有铁路路基外边缘与基坑开挖外边线间距离小于两倍基坑深度时，基坑安全等级应为一级。

7.7.3 基坑分析计算应符合下列规定：

1 作用在支护结构上的水平荷载除水、土压力外，还应包括既有铁路路基荷载、列车和轨道荷载引起的水平荷载、分期施工站房工程中先期站房超载对后期基坑引起的水平荷载等。

2 既有铁路路基荷载可采用地面超载形式施加于支护结构上。

3 列车和轨道荷载可换算为土柱荷载施加于支护结构上。

7.7.4 基坑开挖与回填应符合下列规定：

1 基坑开挖应充分利用时空效应，先撑后挖，平衡对称，严禁超挖。

2 基坑侧壁回填宜利用基坑开挖土方，回填土技术指标应满足路基、房屋建筑等工程技术要求。

7.7.5 基坑风险控制应符合下列规定：

1 基坑工程设计应根据工程地质与水文地质条件、周边环境等特点制定有针对性的工程风险控制方案和应急预案。

2 临近铁路营业线时，应制定专门监测方案，对路基、轨道变形进行实时跟踪监测。

3 根据临近既有建（构）筑物结构类型、基础形式及保护要求，应采取有针对性风险防控措施。

7.8 雨棚与站台墙

7.8.1 站台立柱雨棚的结构选型应根据其建筑形式及所处环境等因素确定。高风压、沿海、酸雨等地区的雨棚宜采用钢筋混凝土结构。

7.8.2 有承轨层结构的铁路客站,承轨层上的站台层与承轨层外的站台墙之间的沉降差不应影响正常使用,可采取地基处理、设置过渡段、临时虚铺等控制沉降差的措施;有软土等不良地质的铁路客站站台墙应结合路基设计进行地基处理。

7.8.3 站台立柱雨棚的基础应与站台梁、路基挡墙、地道等结构协调设计;站房与基本站台间的连廊雨棚应结合站房、路基挡墙的结构布置协调设计。

7.8.4 雨棚与接触网、公共信息导向系统标志牌等共用结构体系时,其结构布置、荷载、构造等应进行协调设计。

7.9 其　　他

7.9.1 临近铁路线路的建筑物计入施工误差和结构变形后,必须满足铁路建筑限界的要求。

7.9.2 既有铁路客站改建时,功能变化区域的既有结构应进行可靠性鉴定,根据鉴定结论、后续使用要求和使用年限确定改建设计方案。

7.9.3 “桥—建”合一车站站台层、高架候车层、旅客天桥桥面舒适度应满足相关标准的要求。当跨越正线时,应考虑列车运行产生的振动和风压对结构舒适度的影响。

7.9.4 新建、改建铁路客站应考虑既有线路的因素,结构设计应满足各种边界条件,并应考虑施工阶段和使用阶段的不同受力工况。

7.9.5 钢结构应根据工程所处的大气环境选用材质,并应根据结构形式、防腐蚀设计使用年限、施工条件等进行防腐蚀设计,焊接、涂装等工序的施工环境应符合工艺要求。露天钢结构应采用耐候钢,除锈等级不应低于 Sa2 $\frac{1}{2}$,防腐蚀涂层应采用耐候漆,防腐蚀设计使用年限不应小于 15 年。

7.9.6 铁路客站建筑工程和站场、路基、桥梁等铁路相关工程结合部位施工时,应制定合理的施工工序。

7.9.7 大型钢结构吊装应制定专项施工技术方案,复杂和重要的钢结构应进行预拼装。大跨钢结构临时支撑结构的拆除顺序和步骤应通过计算分析确定,必要时应进行论证。

7.9.8 大体积与超长结构混凝土施工前,应制定专项施工方案,其混凝土配合比应经过试配确定。

8 供暖、通风与空气调节

8.1 一 般 规 定

8.1.1 供暖、通风与空气调节方案应根据铁路客站站房建筑规模、周边环境、当地能源条件和国家节能减排及环保政策等综合确定。

8.1.2 铁路客站站房设备区空气调节系统应独立设置;公共区与办公区空气调节系统宜分开设置。

8.1.3 供暖、空气调节系统的冷热源和输配系统的风机、水泵等用能设备宜采用国家1级能效等级的产品和设备。

8.2 室内外空气设计参数

8.2.1 铁路客站站房各主要房间供暖室内计算温度应符合表8.2.1的规定。

表8.2.1 站房各主要房间供暖室内计算温度

房间名称	供暖室内计算温度(℃)
进站集散厅	12~14
售票厅、行包托运厅、提取厅	14~16
候车区(厅、室)	18
商务候车室	20
客服商业	18
办公室、售票室	18
公共厕所	14~16
票据室	10
行包库	5
旅客地道	不供暖
设备房间	根据工艺环境要求

注:1 采用低温地板辐射供暖时,室内供暖计算温度应比表中规定温度降低2℃。

2 出站集散厅设于室内且与供暖区连通时,其供暖温度应与进站集散厅相同,设于室外时可不设供暖。

8.2.2 铁路客站站房各主要房间空气调节室内计算温度和相对湿度应符合表8.2.2的规定。

表 8.2.2　站房各主要房间空气调节计算温度和相对湿度

房间名称	夏季空气调节室内计算温度(℃)	相对湿度(%)
进站集散厅	28~30	40~70
售票厅、候车区(厅、室)	26~28	40~70
商务候车室	24~26	40~60
客服商业	26~28	40~60
办公室、售票室	26	40~60
公共厕所	27~28	40~80
设备房间	根据工艺环境要求	

注:1　出站集散厅设于室内且与空气调节区连通时,其空气调节温度应与进站集散厅相同,设于室外时可不设空气调节。

2　冬季室内空气调节计算温度可按室内供暖计算温度进行确定。

8.2.3　铁路客站站房采用通风系统时,公共区夏季室内空气计算温度不宜大于室外空气通风计算温度 5 ℃,且不应大于 30 ℃。

8.2.4　铁路客站站房内各主要房间空气调节系统新风量应符合表 8.2.4 的规定。

表 8.2.4　站房主要房间空气调节系统新风量

房间名称	最小新风量[m^3/(h · 人)]
普通候车区(地上及高架站)	10.0
普通候车区(地下站)	12.6
软席候车区(独立)	20.0
商务候车室	30.0
售票厅	10.0
客服商业	20.0
售票室	30.0

注:1　软席候车设于普通候车区时,应按普通候车区计算。

2　地下车站新风量除满足表 8.2.4 要求外,尚不应少于系统总风量的 10%。

3　集散厅可不设新风系统。

8.2.5　室外空气计算参数应符合现行国家标准《民用建筑供暖通风与空气调节设计规范》GB 50736 的规定。

8.3　供　　暖

8.3.1　铁路客站站房冬季供暖应符合下列规定:

1　累年日平均气温稳定低于或等于 5 ℃的日数大于或等于 90 d 的地区,铁路客站站房应设置供暖设施,并宜采用集中供暖。

2　有供暖需求的设备用房及管理用房可采用局部供暖。

8.3.2　铁路客站站房热负荷计算应结合门斗及旅客流线确定。

8.3.3　严寒、寒冷地区铁路客站站房的售票厅、集散厅、候车区(厅、室)宜采用低温热水地板辐射供暖。

8.3.4　严寒地区铁路客站站房的主要出入口应设热空气幕;寒冷地区铁路客站站房的主

要出入口宜设热空气幕;夏热冬暖、夏热冬冷地区铁路客站站房的主要出入口宜设空气幕。

8.4 通 风

8.4.1 铁路客站站房的候车室、售票厅等房间宜采用自然通风,自然通风不能满足要求时,应辅助设置机械通风;公共厕所应设置机械通风。其换气次数宜符合表 8.4.1 的规定。

表 8.4.1 铁路客站站房换气次数

房间名称	换气次数(次/h)
候车区(厅、室)、售票厅	2~3
公共厕所(机械通风)	15~20

8.4.2 无外窗办公用房应设置机械通风。

8.4.3 铁路客站站房内采用机械通风消除余热的电气房屋应设自动温控风机。

8.4.4 铁路客站站房内公共区域的餐饮操作间应设独立通风系统。

8.4.5 铁路客站站房厕所应设置独立的机械排风系统,排出的气体应直接排至室外。

8.5 空 气 调 节

8.5.1 夏热冬冷地区及夏热冬暖地区的特大型、大型、中型站房和国境(口岸)站房应设空气调节系统,小型站房宜设空气调节系统;其他地区铁路客站站房可设空气调节系统。商务候车室和售票室宜设独立空气调节系统。

8.5.2 铁路客站站房内设备用房应根据工艺环境需求设置空气调节系统。

8.5.3 铁路客站站房内辐射热较高的区域,夏季可利用地板辐射供暖系统进行供冷,并应有防结露措施。

8.5.4 候车区(厅、室)、集散厅、售票厅等高大空间宜采用分层空气调节形式。

8.5.5 设全空气空气调节系统的铁路客站公共区宜设置空气净化装置。

8.6 其 他

8.6.1 供暖、通风与空气调节系统宜制定合理的设计运行策略。

8.6.2 供暖、空气调节系统应采取在部分冷热负荷和部分空间使用时降低能耗的措施。

8.6.3 铁路客站站房候车区(厅、室)、售票厅等宜采取新风需求控制措施。

8.6.4 供暖、通风与空气调节系统应设置能源计量器具,并应符合国家现行标准《用能单位能源计量器具配备和管理通则》GB 17167 和《铁路工程节能设计规范》TB 10016 的相关规定。

8.6.5 铁路客站站房供暖、通风与空气调节系统应设置维修保养设施。

8.6.6 高架站房下的供暖、通风与空气调节设备及管道不应设置在铁路线路上方,必需设置时,应采取安全防护措施。

8.6.7 供暖、通风与空气调节末端装置的形式及布置应与装修相协调。

9 给 水 排 水

9.1 一 般 规 定

9.1.1 铁路客站给水系统应结合生产、生活、消防等用水及对水质、水压、水量要求进行设计。

9.1.2 铁路客站排水系统应按生活污水与雨水分流设计。

9.1.3 站房内应采用节水型卫生洁具及配件。

9.1.4 站房直饮水设施的设置应符合国家相关标准规定。

9.1.5 铁路客站给水排水工程设计除应符合本规范外,尚应符合国家现行标准《铁路给水排水设计规范》TB 10010 的有关规定。

9.1.6 高架站房下的给水、排水设备及管道不应设置在铁路线路上方,必需设置时,应采取安全防护措施。严寒、寒冷地区高架站房下的给水、排水管道应采取保温防冻措施。

9.2 给　　水

9.2.1 铁路客站给水水源宜采用城镇自来水,并应根据其水质、水量、水压和供水保证程度设置加压、贮水和水处理设施。

9.2.2 铁路客站宜根据用水性质采用循环用水和回用水。

9.2.3 站房内旅客用水量应按式(9.2.3)计算,旅客生活用水定额及用水不均匀系数应符合表9.2.3的规定。给水供应时间内的小时变化系数,客货共线铁路客站站房宜为2.0~3.0,城际、高速铁路客站站房宜为2.5~3.0。

$$Q=\alpha \cdot H \cdot q_g \times 10^{-3} \tag{9.2.3}$$

式中 Q——站房内旅客用水量(m^3/d);

α——用水不均匀系数;

H——铁路客站站房最高聚集人数(人);

q_g——旅客生活用水定额[L/(d·人)]。

表 9.2.3 旅客生活用水定额及用水不均匀系数

铁路客站站房类别	生活用水定额(最高日)[L/(d·人)]	用水不均匀系数
客货共线铁路客站站房	15~20	2.0~3.0
城际、高速铁路客站站房	3~4	1.0~2.0

9.2.4 严寒和寒冷地区特大型、大型站房公共区盥洗间应供应热水。

9.2.5 客货共线铁路客站站房宜按1.0 L/(d·人)~2.0 L/(d·人)设置饮水设备,城际、高速铁路客站站房宜按0.2 L/(d·人)~0.4 L/(d·人)设置饮水设备。饮水供应时间内小时变化系数宜为1.0。

9.2.6 铁路客站中间站台两端宜设置保洁作业用给水设施。

9.3 排　　水

9.3.1 铁路客站污水宜排入城镇排水管网。无条件排入城镇排水管网的地区,排放的水质应符合国家或地方排放标准的规定。

9.3.2 中水回用及雨水综合利用应符合国家有关标准的规定。

9.3.3 虹吸式屋面雨水排水系统应设置溢流设施,同一系统的虹吸口应设置在同一水平面上。

9.3.4 铁路客站站房内公共场所生活污水排出管管径应比计算管径加大一级。

10　电气与照明

10.1　一 般 规 定

10.1.1　铁路客站应统筹考虑车站通信、信号、客服、火灾自动报警、设备监控、通风与空气调节、电梯与自动扶梯等用电设备及为旅客服务的商业设施等因素确定供电能力。

10.1.2　铁路客站电气与照明设计应选用安全可靠、经济适用、高能效的电力设备及灯具。

10.1.3　铁路客站可根据需要设置机电设备监控系统。

10.1.4　电气与照明设计应与建筑、结构及其他专业相协调,并与市政相关照明设计相协调。

10.1.5　铁路客站电气与照明设计除应符合本规范外,尚应符合国家现行有关标准的规定。

10.2　供 配 电

10.2.1　中型及以上铁路客站的变电所宜设置在站房内。

10.2.2　铁路客站的一级负荷应由双重电源供电。用电负荷分级和供电要求应符合国家现行标准《铁路电力设计规范》TB 10008 的规定。

10.2.3　特大型铁路客站应设置柴油发电机组,重要的大型铁路客站和中型及以上的地下铁路客站宜设置柴油发电机组。

10.2.4　铁路客站应急照明和疏散指示标志宜采用应急电源装置(EPS)或由照明灯具自带蓄电池和浮充电装置作为后备电源。

10.2.5　铁路客站设有光伏发电、热电联产等分布式发电系统时,其设备配置、主接线形式及运行方式应符合并网条件等电网要求。

10.2.6　铁路客站低压配电干线系统应符合下列规定:

1　同区域、同类别用电负荷宜合用配电干线。

2　广告及商业配套设施等需要另行核算成本的负荷与旅客运营负荷宜分回路供电。

3　公共区照明宜采用专用配电回路。

4　应急照明和消防负荷应采用专用配电回路。中型及以上铁路客站的区域总配电装置处,可根据防火分区和建筑布局分出专用配电回路。

10.3　照　明

10.3.1　铁路客站站房照明方式应符合下列规定:

1　公共区可根据功能需求设置分区一般照明。

2 售票口、安检口、业务办理窗口、盥洗台等场所宜设置局部照明。

3 办公区、设备区应设置一般照明。

10.3.2 铁路客站站房照明种类应符合下列规定：

1 公共区、办公区、设备区均应设置正常照明，灯具布置应有利于分组控制。

2 公共区以及与行车直接相关的信号设备、消防和报警设备机房等重要房间应设置应急照明。

3 在影响航空安全的站房建筑物上，应根据相关规定设置障碍照明。

4 景观照明可根据需要设置。

10.3.3 灯具安装高度在 6 m 及以下的场所，宜选用三基色 T5 或 T8 荧光灯、紧凑型荧光灯、发光二极管（LED）灯。灯具安装高度大于 6 m 的场所宜选用金属卤化物灯、发光二极管（LED）灯。

10.3.4 铁路客站站房高大空间宜采用直接照明，灯具宜分组集中布置。

10.3.5 铁路客站站房内开敞式商业用房区域所在的公共空间照明设计，应从分区控制、照度控制等方面统筹考虑。

10.3.6 当正常照明为荧光灯、LED 灯时，可采用部分荧光灯、LED 灯作为应急照明；当正常照明为金属卤化物灯时，可采用卤钨灯或 LED 灯作为应急照明。

10.3.7 站台区域灯具设置应满足安装、检修及与接触网带电体的安全距离要求。

10.3.8 照明灯具应安装在符合受力条件的结构上，站房公共区灯具和光源固定应牢固，并应采取防止坠落措施。

10.3.9 照明灯具及其相关设备的设置位置和安装方式应满足后期维护要求，必要时可配备专用维护设备。

10.3.10 铁路客站景观照明应结合市政布局、建筑特征、地域文化确定设计方案，并应与其相邻建筑相协调。

11 客运服务信息系统

11.1 一 般 规 定

11.1.1 铁路客站应设置旅客服务信息、客票、行包信息、门禁等客运服务信息系统。

11.1.2 客运服务信息系统应与铁路客站规模及运营管理模式相匹配。

11.1.3 客运服务信息系统终端设备应在满足客运服务及运营管理等需求的基础上,结合建筑、结构、装修等统筹布置。

11.1.4 客运服务信息系统应根据需要预留发展条件。

11.2 旅客服务信息系统

11.2.1 旅客服务信息系统可设置集成管理平台、客运广播、综合显示、视频监控、时钟、旅客携带物品安全检查设备、信息查询、入侵报警、求助等子系统。

11.2.2 集成管理平台应具备对客运广播、综合显示、信息查询等集中管控功能。

11.2.3 广播系统应符合下列规定:

1 广播系统应具备为旅客购票、进站、候车、乘车、出站等提供公共广播和为客运服务人员提供业务广播的功能。

2 车站广场、售票厅、进站集散厅、候车区(厅、室)、站台、出站集散厅、办公区、商业区等应设置扬声器。

3 扬声器应根据建筑结构及装修形式、扬声器电气性能指标进行设置,并应符合现行国家标准《公共广播系统工程技术规范》GB 50526 及本规范第 5.8.5 条的规定。

4 扬声器的外形、色调、结构及安装方式应与铁路客站环境相协调。

5 广播系统兼作消防广播时应符合现行国家标准《火灾自动报警系统设计规范》GB 50116 消防应急广播的有关规定。

11.2.4 综合显示系统应符合下列规定:

1 综合显示系统应具备为旅客提供引导及资讯信息和为客运服务人员提供作业信息的功能。

2 售票厅、进站集散厅、候车区(厅、室)、站台、出站集散厅等旅客集中处,宜结合旅客进站、出站流线设置显示终端设备。

3 电子显示屏宜与时钟、静态标志等设施统筹设置。

4 电子显示屏的规格及安装方式应根据客运服务需求及建筑布局等因素确定,并应兼顾功能、美观和经济性。

11.2.5 视频监控系统应符合下列规定:

1 视频监控系统应具备对客运服务作业场所等进行监视和为铁路客站工作人员提供现场情况的实时图像功能。

2 站前广场、售票厅、检票口、售票区、进出站集散厅、候车区(厅、室)、站台、楼扶梯、垂直电梯、通道、站台、办公区处应设置前端视频采集设备。

3 视频监控设备宜采用高清数字摄像机。

11.2.6 子钟宜设置在售票厅、进站集散厅、候车区(厅、室)、站台、出站集散厅等处。

11.2.7 车站应设置安检仪、安全门、手持金属探测仪、防爆罐、防爆毯等设备,根据需要可设置爆炸物测探仪及液体检测仪。

11.2.8 查询终端宜设置在售票厅、候车区(厅、室)、集散厅、问询处、车站综合服务台等处。

11.2.9 入侵报警系统探测器应设置于票据室、进款室等处;紧急报警按钮应设置在人工售票窗口、售票室通道及补票室等处。

11.2.10 现场求助设备宜设置在售票厅、进站集散厅、候车区(厅、室)、站台、出站集散厅等处。

11.3 客票系统

11.3.1 客票系统应具备购票、取票、退票、补票、检票等功能,并宜具备挂失补办、换票、改签等功能,根据需要可具备实名制验证验票功能。

11.3.2 客票系统宜设置服务器及管理终端,并可根据需要设置窗口售票设备、自动售票机、自动取票机、自动检票机、补票机、实名制核验设备等。

11.3.3 窗口售票设备、自动售票机设置数量应根据铁路客站购票人数、终端售票速度、终端开放时间等因素确定。窗口售票设备、自动售票机每站不宜少于2台。

11.3.4 自动取票机设置数量应根据到站取票人数、终端处理速度等参数综合确定。

11.3.5 自动检票机设置数量应根据检票人数、终端处理速度、检票时间等因素综合确定,每组检票口不应少于2台。

11.4 其　　他

11.4.1 车站行包管理信息系统应设置行包管理服务器、计算机终端、票据打印机、货签打印机及网络设备等。

11.4.2 行包服务信息系统应符合下列规定:

1 行包服务信息系统应设置行包显示、行包广播、行包视频监控及行包安全检查设施等子系统。

2 根据运营管理模式,广播主机、控制及传输等设备可与车站旅客服务信息系统合设。

3 根据运营管理模式,视频存储、视频管理等设备宜与车站旅客服务信息系统合设。

11.4.3 车站信息机房、售票室、票据室、进款室、补票室等房屋应设置门禁系统,信息配线设备间宜设置门禁系统;车站重点办公房屋可根据需要设置门禁系统。

12 无障碍设施

12.0.1 铁路客站无障碍流线应连续、完整,并应与市政交通无障碍设施衔接。

12.0.2 铁路客站无障碍设施范围应包括站房平台、站房公共区、客运服务设施等,并应满足行动障碍旅客购票、候车、进站、出站、行包托取的需求。

12.0.3 站房平台与车站广场地面间有高差时,应设缘石坡道或轮椅坡道。设置轮椅坡道有困难时,应采用无障碍电梯。设置无障碍电梯有困难的,可设置升降平台。缘石坡道和轮椅坡道应邻近与行动障碍旅客有关的设施和建筑的主要出入口。

12.0.4 集散厅无障碍设施应符合下列规定:

1 集散厅出入口应为无障碍出入口。

2 进站集散厅与候车区(厅、室)之间、集散厅与地面层之间有高差时,应设置轮椅坡道或无障碍电梯、升降平台等升降设施。

3 出站集散厅内地面有高差时,应设置轮椅坡道或无障碍电梯、升降平台等升降设施。

4 实名制验票区应至少设置1处低位窗口,验票通道净宽不应小于0.9 m。

12.0.5 候车区(厅、室)的出入口应为无障碍出入口,且其轮椅候车席位应符合下列规定:

1 轮椅候车席位宜邻近进站检票口及无障碍升降设施,并可分区集中设置。

2 每个轮椅候车席位的占地面积不应小于1.10 m×0.80 m。

3 通向轮椅候车席位的通道应符合本规范第12.0.7条的规定。

4 轮椅候车席位处的地面应设置无障碍标志。

12.0.6 售票厅、行包托取处无障碍设施应符合下列规定:

1 售票厅、行包托取处出入口应为无障碍出入口。

2 人工售票窗口应至少设置1处低位窗口。

12.0.7 供行动障碍旅客使用的通道、走廊、厅(室)、跨线设施等应符合无障碍通行要求。无障碍通道宽度不应小于1.50 m,特大型、大型铁路客站无障碍通道宽度不宜小于1.80 m。供行动障碍旅客通行的检票口净宽不应小于0.90 m,检票口栏杆内、外侧1.80 m范围内地面应平整。

12.0.8 供旅客使用的楼梯、台阶应为无障碍楼梯、台阶,并应在距楼梯、台阶的起点与终点250 mm~500 mm处设置300 mm~600 mm宽的提示盲道,其长度应与楼梯、台阶宽度相同。

12.0.9 缘石坡道、轮椅坡道以外的供行动障碍旅客使用的坡道应符合下列规定:

1 坡道的坡度不应大于1/12。

2 坡面应平整且防滑。

3 坡道净宽不应小于2.0 m。

4 坡道高度每升高1.5 m应设长度不小于2.0 m的中间平台。

5　坡道两侧应设置扶手,并应符合现行国家标准《无障碍设计规范》GB 50763 的规定。栏杆下方宜设置安全阻挡设施。

6　距每段坡道的起点与终点 250 mm~500 mm 处应设置 300 mm~600 mm 宽的提示盲道,其长度应与坡道宽度相同。

12.0.10　供行动障碍旅客使用的铁路跨线设施与各站台间应设置坡道或无障碍升降设施。无障碍升降设施应符合下列规定:

1　特大型、大型铁路客站应设置与站台相通的无障碍电梯。

2　中型铁路客站设置坡道有困难时,应设置与站台相通的无障碍电梯或预留电梯井道;预留电梯井道时,应设置无障碍升降平台或爬楼车等升降设施。

3　小型铁路客站设置坡道有困难时,应设置无障碍升降平台或爬楼车等升降设施。

4　改建铁路客站设置坡道或无障碍电梯有困难时,应设置无障碍升降平台或爬楼车等升降设施。

5　距无障碍电梯口 250 mm~500 mm 处应设置 300 mm~600 mm 宽提示盲道,其长度应与电梯口宽度相同。

6　无障碍升降平台或爬楼车等升降设施的呼叫控制按钮应设置在便于行动障碍旅客操作的位置。

12.0.11　旅客公共厕所无障碍设计应符合以下规定:

1　中型及以上铁路客站应设置专用无障碍厕所。

2　小型铁路客站宜设置专用无障碍厕所;困难时,应在公共厕所内设置无障碍厕位,其设置应符合现行国家标准《无障碍设计规范》GB 50763 的规定。

3　设置第三卫生间的铁路客站,第三卫生间应兼作专用无障碍厕所。

12.0.12　旅客站台无障碍设计应符合下列规定:

1　站台安全警戒线内侧应设置 600 mm 宽提示盲道,提示盲道宜与安全警戒线等长。安全警戒线内侧提示盲道应与出站铁路跨线设施在站台上的楼梯出入口、坡道出入口、无障碍电梯口的提示盲道之间采用行进盲道相连。

2　井盖及水箅子的上表面应与地面平齐,水箅子上的孔洞宽度不应大于 10 mm。

3　固定在墙、立柱上的物体或标牌下缘距地面的高度不应小于 2.0 m。自动扶梯、楼梯下的三角区净高小于 2.0 m 且旅客可以进入的区域,应设置防护设施,并应在防护设施外设置提示盲道。

4　站台盲道的防滑值(BPN)不应小于 80。

12.0.13　自动扶梯、站场范围内的平过道严禁作为无障碍通道。自动扶梯应在距上下支撑点 250 mm~500 mm 处设置 300 mm~600 mm 宽的提示盲道,其长度应与自动扶梯宽度相同,并严禁与行进盲道相连。

本规范用词说明

执行本设计规范时,对要求严格程度不同的用词说明如下,以便在执行中区别对待。

(1)表示很严格,非这样做不可的用词:

正面词采用“必须”;

反面词采用“严禁”。

(2)表示严格,在正常情况下均应这样做的用词:

正面词采用“应”;

反面词采用“不应”或“不得”。

(3)表示允许稍有选择,在条件许可时首先应这样做的用词:

正面词采用“宜”;

反面词采用“不宜”。

(4)表示有选择,在一定条件下可以这样做的,采用“可”。

引用标准名录

《标准轨距铁路建筑限界》GB 146.2
《安全标志及其使用导则》GB 2894
《建筑外门窗气密、水密、抗风压性能分级及检测方法》GB/T 7106
《公共信息图形符号》GB/T 10001
《公共信息导向系统设置原则与要求》GB/T 15566
《道路交通标线质量要求和检测方法》GB/T 16311
《用能单位能源计量器具配备和管理通则》GB 17167
《公共信息导向系统导向要素的设计原则与要求》GB/T 20501
《混凝土结构设计规范》GB 50010
《建筑设计防火规范》GB 50016
《地下工程防水技术规范》GB 50108
《火灾自动报警系统设计规范》GB 50116
《地铁设计规范》GB 50157
《民用建筑热工设计规范》GB 50176
《公共建筑节能设计标准》GB 50189
《建筑内部装修设计防火规范》GB 50222
《建筑工程建筑面积计算规范》GB/T 50353
《公共广播系统工程技术规范》GB 50526
《民用建筑供暖通风与空气调节设计规范》GB 50736
《无障碍设计规范》GB 50763
《铁路桥涵设计规范》TB 10002
《铁路隧道设计规范》TB 10003
《铁路混凝土结构耐久性设计规范》TB 10005
《铁路电力设计规范》TB 10008
《铁路给水排水设计规范》TB 10010
《铁路工程节能设计规范》TB 10016
《铁路隧道防灾疏散救援工程设计规范》TB 10020
《铁路工程设计防火规范》TB 10063
《铁路桥涵混凝土结构设计规范》TB 10092
《铁路车站及枢纽设计规范》TB 10099
《绿色铁路客站评价标准》TB/T 10429
《高速铁路设计规范》TB 10621
《城际铁路设计规范》TB 10623
《办公建筑设计规范》JGJ 67

《建筑基桩检测技术规范》JGJ 106
《采光顶与金属屋面技术规程》JGJ 255
《建筑地面工程防滑技术规程》JGJ/T 331
《城市公共厕所设计标准》CJJ 14

《铁路旅客车站设计规范》条 文 说 明

本条文说明系对重点条文的编制依据、存在的问题以及在执行中应注意的事项等予以说明,不具备与标准正文同等的法律效力,仅供使用者作为理解和把握标准规定的参考。为了减少篇幅,只列条文号,未抄录原条文。

1.0.2 铁路建设项目中,改建工程包括扩建工程。

1.0.4 铁路旅客车站设计包括了防洪防涝、旅客疏解、消防、结构、建筑设备等一系列涉及工程与技术安全领域的内容。由于旅客车站具有人员密集、设施复杂、公共安全隐患大的特点,一旦发生安全事故,很容易影响铁路正常运营,产生重大社会影响。例如2007年3月16日,英国伦敦滑铁卢站发生火灾,迫使经过该站的“欧洲之星”高铁列车全部停运,24 h后才恢复营运。这次停运造成了大批旅客在各地车站滞留。再如2014年8月28日晚,石家庄市遭遇特大暴雨和冰雹,造成石家庄站屋顶短时大量积水和漏雨,严重影响旅客候车环境。因此,在工程设计中要认真、全面考虑各种因素对铁路运输和旅客人身安全的影响,以避免安全事故及其次生灾害的发生。

1.0.6 铁路客站是城市整体形象的展示窗口,需体现现代交通建筑开放、通透、利于疏导、换乘便捷等特点。除此之外,其建筑形式还要尽量与该地区的历史、文化、人文特征相结合。近年建成的拉萨站、延安站、苏州站、三亚站等铁路旅客车站成功地融入了地域历史、文化、人文特征,展现了传承与发展的融合。

1.0.7 现代铁路客站设计需要积极体现综合交通枢纽“零距离”换乘的理念,即将城市轨道交通、公交汽(电)车、出租车等不同交通方式整合设置,形成综合交通枢纽,使旅客能够在同一交通枢纽内部方便地换乘其他交通工具。大型、特大型铁路客站与城市公共交通,特别是与城市轨道交通等顺畅衔接,可以更好地发挥以铁路运输为主体的综合交通客运枢纽的作用。铁路旅客车站与航空港、长途客运站等城市对外交通统筹规划设置,既能合理整合利用资源,有效利用建设用地,又能为广大旅客提供方便快捷的换乘条件。

1.0.8 我国是资源相对匮乏的国家,人均资源占有量远低于世界平均水平。大规模的工程建设往往会消耗大量的资源,并对生态环境产生不利影响。铁路旅客车站设计者需要全面考虑环境与发展、工程建设与节约资源的关系,认真执行国家节能、节地、节水、节材等有关政策,因地制宜地利用太阳能、风能、地热能等再生能源,提高能源、资源的利用效率,维护生态环境和减少环境污染,坚持统筹规划,在满足运输功能需求和生产安全的基础上,节约并集约利用土地资源,实现铁路客站与自然和谐共生,最大限度地减少对自然环境的扰动和对资源的耗费。

3.1.1 铁路客站的设置位置除需满足铁路本身各项作业需要外,一般设置在市区中心附近。根据我国既有铁路客站位置设置情况,铁路客站大多设在距市中心2 km~4 km的区域，这样有利于与城市交通系统结合，减少城区交通压力。如果铁路客站距市中心过远，虽然对城市干扰较小，但将引起旅客乘车不便，增加城市交通负担。对位于中小城市的铁路客站，如果根据城市规划将其设在城区边缘，随着城市的发展，其位置也将逐步靠近城市中心。

3.1.2　节约用地是我国一项基本国策。铁路客站的建设需结合项目特点，在执行国家法律法规和政策规定的基础上，节约利用铁路客站及周边土地资源，对地上地下空间进行立体开发，促进土地综合利用、复合利用、高效利用，充分发挥铁路客站综合技术经济优势。

3.1.3　铁路客站站房、客运服务设施、城市配套设施为铁路客站的三大组成部分。对铁路客站进行统一规划、系统设计，在用地、竖向衔接、流线组织、建筑景观等方面协调设计，有利于集约利用土地资源，增强铁路客站各部位系统协调，避免衔接中出现问题。本条中“城市配套设施”主要指车站广场和公交汽（电）车、出租车、城市轨道交通等城市交通配套设施。

3.1.5　临近铁路正线设置的结构柱包括支撑高架候车厅和线间立柱雨棚的结构柱。正线列车运行速度快，结构柱临近正线设置，存在被列车撞击的风险。虽然列车站内脱轨事故发生概率非常小，但是一旦脱轨撞击到结构柱，容易引起建筑物的连续倒塌，破坏性极大。在铁路正线之间设置结构构件，还存在检修维护困难的问题。建设经验表明，由于受到柱网跨度和梁高等技术经济条件限制，高架候车厅和线间立柱雨棚的结构柱很难避免设置在铁路正线与到发线之间。但完全可以避免设置在铁路正线之间。线间立柱建筑物宜采取相应的保护、防撞措施，摘自《高速铁路设计规范》TB 10621—2014 的规定。

3.1.6　本条参照《高速铁路设计规范》TB 10621—2014 第 20.2.23 条编制。2014 年国家铁路局根据国家要求，结合铁路工程建设特点，发布了《绿色铁路客站评价标准》TB/T 10429—2014。为更好地指导铁路客站绿色建筑设计，本条规定了不同规模铁路客站相应的绿色铁路客站评价等级。

3.1.8　铁路客站设计中需要特别重视其站房建筑及站台、雨棚、天桥、地道等客运服务设施的完好和使用安全要求。例如，在建筑的金属屋面、建筑幕墙、室内外高大空间吊顶等部位需要设置为完成日常巡检和定期修缮工作使用的固定设施和采用的移动设备。

3.1.9　目前，在铁路客运枢纽中，城市轨道交通站、公交汽（电）车站、小汽车库等城市交通配套设施及综合开发的商业设施等与铁路客站站房合建的情况越来越多。为便于运营及管理，不同投资主体的机电设备系统需要分开设置。本条所指机电设备系统主要包括供暖、通风、空气调节、给水排水、电力、信息设备等系统。

3.1.11　铁路客站现代信息技术由信息化应用系统、智能化集成系统、信息设施系统、建筑设备管理系统、公共安全系统和机房工程等组成，为现代铁路客站的营运、环境设施和物业管理提供保障，为旅客提供安全、高效、舒适、便捷、人性化的出行环境。

3.1.12　铁路客站一般具有建设规模大、质量要求高、使用年限长、建设技术复杂、全生命周期信息量大的特点。铁路客站的设计、建造及运营管理工作极具复杂性，采用传统的信息沟通和管理方式已经不能满足要求，BIM 技术采用三维协同方式，通过建立拥有大量信息的建筑模型，为设计、建造和运营管理提供高效的工作平台。

3.2.2　本条中的“铁路客站站房建筑面积”是指站房内具有铁路客运功能房间的建筑面积之和。铁路客运功能房间包括进站出站集散厅、候车区（厅、室）、售票用房、客运作业及附属用房、为旅客服务的商业用房等，不包括与城市交通配套设施的换乘区域、城市通廊以及合建的其他功能用房，也不包括站台雨棚，旅客进站出站天桥、地道、站房外旅客专用进出站通道、行包用房等。

在旅客公共区内，候车区（厅、室）面积所占比例最大，是采用最高聚集人数作为控制站房面积的重要依据。铁路客站站房的建筑面积指标受铁路客站站房形式、等级、客流组织方式、合并设置的设备类型、气候分区等的影响，略有变化。

说明表 3. 2. 2—1 是对近年新建中小型铁路客站站房建筑面积指标统计数据。

说明表 3. 2. 2—1　中小型铁路客站站房建筑面积指标统计数据

站　　名	最高聚集人数	建筑面积（m^2）	车站规模	指标（m^2/人）
登沙河站	200	1 773	小型	8. 87
花园口站	200	1 482	小型	7. 41
瓦房店西站	300	1 763	小型	5. 88
白洋淀站	400	3 500	小型	8. 75
德惠西站	500	3 179	小型	6. 36
军粮城站	500	3 000	中型	6. 00
霸州西站	600	3 500	中型	5. 83
营口东站	800	5 300	中型	6. 63
泰山西站	1 200	10 000	中型	8. 33
曲阜东站	1 500	10 000	中型	6. 67
辽阳站	1 500	7 500	中型	5. 00

由说明表 3. 2. 2—1 中数据可以看出，最高聚集人数越小的铁路客站，人均建筑面积指标越高。原因是近年增加了实名制验票和安检作业流程，对中小型铁路客站进站、出站集散厅的面积要求有所增加，导致客流较小的铁路客站出现人均建筑面积指标偏高的变化。因此，本条在建筑面积指标中给出了幅度变化范围，在设计过程中可以根据实际情况，对客流较小铁路客站采用较大值，客流较大铁路客站采用较小值。

采用高架候车厅的特大型、大型铁路客站，受站房形式和城市交通配套设施的影响，站房建筑面积指标也显著提高。站房内的高架候车厅和地下出站厅的建筑规模受车场规模的影响很大。以天津西站为例，铁路客站最高聚集人数 5 000 人，但由于铁路车场宽 290 m，站房高架候车厅开间 145 m，高架候车层面积近50 000 m^2。同时，特大型、大型铁路客运站房一般位于省会及以上城市，大量客流也为铁路客站带来了商业机会，站房内为旅客服务的商业设施布设面积远高于中小型铁路客站，因此也提高了站房总建筑面积指标。

说明表 3. 2. 2—2 是近年建成的特大型、大型铁路客站站房建筑面积指标统计数据（不包括与城市交通配套设施的换乘空间、城市通廊以及合建的其他功能用房）。

说明表 3. 2. 2—2　特大型、大型铁路客站站房建筑面积指标统计数据

站　　名	最高聚集人数	建筑面积（m^2）	车站规模	指标（m^2/人）
北京南站	10 500	85 400	特大型	8. 13
天津站	7 000	105 000	大型	15. 00
沈阳南站	10 000	115 000	特大型	11. 50
大连北站	7 500	69 000	大型	9. 20

3.2.3 客流量是铁路客站站房面积指标确定的基础依据，但在实际工程项目中，根据城市交通规划和城市交通配套设施、站外商业等与铁路客站站房一体化建设的要求，铁路客站站房综合楼设计包括了城市交通配套设施和站外综合商业等设施，这部分面积的增加导致铁路客站站房整体建筑面积产生较大的变化，使面积指标失去参考性。因此，本条规定城市交通配套设施和站外综合商业等设施建筑面积另行计列。

4.1.3 常见的站房形式主要有线侧式站房（包括线侧平式站房、线侧上式站房和线侧下式站房）、线端式站房（包括线端平式站房、线端上式站房和线端下式站房）、线正上式站房（又称线上式站房）和线正下式站房（又称线下式站房、桥式站房）。近年，随着铁路技术的发展，又产生了一种新的站房形式，即地下车站。

条文中的“运营管理模式”是指先检票后候车或先候车后检票的模式。不同管理模式也会对站房形式产生较大影响。

4.1.4 各种流线短捷、避免互相交叉干扰是建筑流线设计的一般要求。在特大型、大型铁路客站设计中，以方便旅客为原则，在满足使用、安全的前提下，对铁路客站各种流线，尤其是进站、出站旅客流线实现平面或空间上分流，是体现交通建筑特点的主要要求。目前铁路客站结合站房形式采用的平进下出、上进下出等旅客流线形式，取得了良好的疏导效果。

4.1.5 站房平台有足够宽度，可以避免人群拥挤，保证旅客走行通畅。平台宽度不包括设在平台上的楼梯、自动扶梯、电梯等竖向交通设施的宽度。采用立体交通布局的铁路客站，其分层设置的平台包括高架落客区平台和地面层平台。本条是在对既有站房平台宽度调查的基础上确定的，调查情况详见说明表 4.1.5。

说明表 4.1.5　既有站房平台宽度

普通铁路客站			立体交通布局铁路客站			
站名	最高聚集人数	平台宽度（m）	站名	最高聚集人数	高架落客区平台宽度（m）	地面层平台宽度（m）
北京站	10 000	40.0	北京南站	10 500	8.4	10.0
西安站	7 000	30.0	上海虹桥	10 000	14.6	35.0
兰州站	4 000	27.0	天津西站	5 000	7.6	10.5
鞍山西站	1 500	15.0	武汉站	6 000	30.17	—
廊坊站	1 000	10.0	德州东站	2 000	12.0	12.0
白洋淀站	400	10.0	沈阳南站	10 000	10.0	35.0

4.1.7 本条主要是为方便旅客托取行包而制定。停车场的规模要根据行包件数确定，并需满足托取行包车辆的停放要求。当停车场与行包托取处存在高差时，二者之间需设置坡道以方便行包搬运。

4.1.8 对于停车场的配建标准，各省市规划部门根据各自经济发展情况出台了不同的标准和管理文件。如《天津市建设项目配建停车场（库）标准》J 10484—2010，《上海市建筑工程交通设计及停车库（场）设置标准》《青岛市机动车停车场建设和管理暂行办法》等。

4.2.1 车站广场是联系站房平台与城市道路、供旅客集散与换乘的场地。广场一般由专用车道、城市交通配套设施、人行区域、绿化与景观用地等组成。在形式上，广场多采用平面布置方式,也可以根据站场、站房形式及城市交通配套设施的布置方式,采用多层立体布置方式。

防冲撞设施主要指防撞墩、道路护栏、地柱、路障等,工程设计中可以根据具体情况和需要选取。

4.2.2 关于车站广场人行区域有关规定的说明:

2 广场人行区域高出车行道0.15 m,是为阻隔和防止车辆穿越发生危险。另外,0.15 m的高度也是人跨越台阶比较舒适的高度,同时还可以起到截流、排除雨水的作用。

3 本次修订仍沿用原规范指标。

4.2.3 《城市公共厕所设计标准》CJJ 14—2016规定,男厕每个大便器服务1 000人,每个小便器服务1 000人,女厕每个大便器服务700人。考虑到车站广场上很多人员并非旅客,不能包括在铁路客站最高聚集人数内。因此,本条根据社会实际需求,厕位指标较《城市公共厕所设计标准》CJJ 14—2016有所提高。车站广场厕所应该纳入车站广场规划,并与广场其他建筑统筹考虑,使其规划、设计、建设和管理符合市容环境卫生要求,更好地为旅客服务。

4.2.5 车站广场绿化及景观的功能除美化环境、改善环境外,还能起到功能分区及导向作用。本条提出10%指标,主要是考虑到目前各地的广场绿化水平程度不同,在有条件的情况下可以相应提高车站广场绿化程度。

4.2.6 特大型、大型铁路客站由于旅客到发量很大,采用多方向进站、出站的布局形式有利于分散旅客。如北京南站、上海虹桥站、广州南站等特大型铁路客站,进站、出站等主要功能空间多采取分层、分方向布局。配套的城市交通设施分散设置在铁路客站的不同区域和不同方向,有利于提高铁路客站运输效率。

4.2.7 城市公共交通是铁路客站旅客集散的主要交通工具,处理好与城市公共交通的位置关系,是发挥铁路客站系统功能的一项基本要求。300 m约为步行5 min的路程。在综合交通枢纽中,300 m以内的换乘可以通过乘客步行实现。

4.2.8 城市交通配套交通量与铁路客站城市配套交通的种类、各类交通承担的客流比例、各类交通的运载能力和运营方式等因素有关。一般由规划部门根据以上因素预测出交通量,根据预测交通量确定场地规模。目前已建成的部分车站小汽车道出现拥挤情况,根本原因是交通量实际增长速度超出预测量。考虑到站房、车道等建(构)筑物不易改扩建,因此,规定城市交通配套场地设计规模留有余地。

4.2.9 铁路客站小客车车道边停靠车型为小型车和微型车,根据《汽车库建筑设计规范》JGJ 100—2015相关规定,小型车车长4.8 m,微型车长长3.5 m,路侧停车时汽车间净距1.2 m,因此小客车路侧停车位长度不应小于6.0 m。考虑到旅客通行、取放行李等需求,车道边长度加长1.0 m。目前,北京南站、天津西站和上海虹桥站等出租车车道边长度均采用7.0 m。

小客车平均载客人数和上、落客时间受车站所在城市、车站类型影响有所差别。根据收集到的北京南站、天津西站、济南西站和郑州东站等车站的数据和调研资料,本条做出了"出租车平均载客人数取值宜为1.5人/车,小型社会车平均载客人数取值宜为2.5人/车;小客车落客时间取值宜为20 s~40 s,小客车上客时间取值宜为6 s~26 s"的规定。

5.1.1 铁路客站是一个多功能集成的综合系统,铁路客运效率和服务质量往往取决于组成综合系统的各功能区间的协同工作。铁路客站站房内按使用功能划分区域，目的在于根据站房功能要求，对各功能区的系统方案、设备选型、运营管理方式等统一规划，通过各功能区间的有效配合，处理好局部与整体的关系。

公共区为向旅客开放使用的区域，进站、出站集散厅，候车区（厅、室），售票厅，行包托运厅、提取厅，旅客服务设施（问讯、查询、邮电、商业、厕所）以及进站通廊等属于公共区。公共区内还可以按“已检票”和“未检票”划分为付费区和非付费区。

办公区由行政管理、客运作业及附属用房组成，担负着站内的运营与管理。

设备区主要包括给水排水、供暖通风和空气调节、电力、通信、信号、信息设备及其用房。

5.1.2　铁路客运的特点是瞬时旅客流量大，特别是一些规模较大的中型铁路客站和大型、特大型铁路客站，其流线设计尤为重要。因此，在流线设计上要求采用进站、出站、换乘分流，避免流线交叉产生混乱，以保证旅客安全和提高铁路客站运行和管理效率。同时，旅客流线设计还要适应铁路运营管理模式的变化和调整。如一些城际铁路采取先检票后候车的作业模式；又如在一些小型铁路客站设计中，为提高使用效率采取了旅客进、出站合流设计。

随着全国铁路网的逐步完善，在很多铁路枢纽站产生了不同列车间中转换乘的需求。为体现以人为本的原则，中转换乘需在站内组织完成，即在付费区换乘，避免在中转换乘流线上设置出站、安检等作业环节。

5.1.3　旅客高峰通过能力一般通过现场数据采集和客流模拟软件分析确定，说明表5.1.3为铁路客站各主要部位目前通常采用的数据。

说明表5.1.3　铁路客站各主要部位高峰通过能力

部位名称		每小时通过人数
每米宽楼梯	下行	2 500
	上行	2 300
	双向混行	2 000
每米宽通道	单向	3 000
	双向混行	2 400
每米宽自动扶梯	额定速度0.5 m/s	4 000

5.1.4　旅客进站作业包括实名制验票、安检、候车、进站检票等环节，对于线侧式车站来说，站房应具有足够的进深来满足作业需求。尤其是中小站，受到占地面积和建筑规模的影响，站房进深长度受到限制。对于具体工程，还要结合设备布置、旅客排队方向等综合确定。

5.1.5　近年来，由于运输发展需要，各铁路客站不同程度地开展了行包、快运业务，探索铁路物流的新模式。为满足行包、快运业务发展需求，铁路客站可以根据需求设置和预留库房、场地以及物流通道和安检设施等。

5.1.6　铁路客站检修维护设施包括检修通道、马道、爬梯、安全绳挂钩以及登高车、吊篮等移动设备。移动设备一般具有体量高大、荷载大的特点。因此，在高架候车厅和站台等部位采用移动设备进行检修，需预留设备进出通道，并在地面设计中充分考虑设备荷载，以避免地面破损。

5.1.7 在站房设计中,应用 BIM 技术搭建全专业的整体建筑信息模型,可以通过对不同的建筑方案进行性能分析、模拟、比较,优化建筑功能,提高设计品质;应用 BIM 技术进行三维协同设计,增强设计的可视化、精细化,检查建筑、结构、设备、管线之间的冲突情况,增强各专业间的协调配合与系统优化,减少"差、错、漏、碰"等错误的发生。BIM 模型还可用于指导施工,提高施工质量和施工效率。

5.2.1 与原规范相比,本条有三处变化:一是考虑到集散厅主要承担疏导旅客的任务,属于通过式空间,所以本次修订改用高峰小时发送量替代最高聚集人数作为面积计算依据。二是由于近年来进站集散厅内增加了安检、实名制验票等作业,功能有所扩展,对于小型铁路客站的总建筑面积影响很大,因此本条增加了对小型铁路客站集散厅的要求。三是根据旅客进站流程对中型及以上站房集散厅指标进行了调整。

小型站进站集散厅最小使用面积计算如下:按照设置两组安检仪和实名制验票口,则安检区共需要 $97\times2=194\ m^2$(案例计算详见本规范第 5.2.3 条条文说明),另外问询、综合服务台等面积为 30 m^2,小件寄存面积为 25 m^2,合计 $194+30+25\approx250(m^2)$。

出站集散厅功能较单一,一般只具有排队检票功能,小型站出站集散厅最小开间与出站地道等宽,为 6 m,进深一般不小于24 m,面积一般为 150 m^2~400 m^2,可以根据具体项目选用。

小型铁路客站进站出站厅合并设置时,考虑可共用部分交通面积,使用面积在单独设进站、出站集散厅的面积和的基础上减少 50 m^2,即 $250+150-50=350(m^2)$。

中型及以上站进站集散厅最小人均使用面积指标计算如下:以高峰小时发送量 2 000 人的铁路客站为例,设 4 组安检仪和实名制验票口,每组按 97 m^2计算,共 388 m^2,另问询、综合服务台等面积为60 m^2,小件寄存面积为 50 m^2,合计 $388+60+50=498(m^2)$,所以集散厅的人均面积指标为 $498\div2\ 000\approx0.25(m^2/人)$。

中型及以上站出站集散厅最小人均使用面积指标仍沿用原规范规定。

5.2.3 安检区作业长度包含了旅客实名制验票、安检仪、安检门长度。目前,铁路旅客安检设备一般长 4.65 m,宽 1.32 m;安检通道宽度为 0.85 m;安检观察区宽度为 1.20 m;安检设备安装构造宽度 0.25 m。所以,每组安检区的宽度一般为:

$1.20+0.25+1.32+0.25+0.85+0.25=4.12(m)$。

通过对既有中小型铁路客站现场使用情况调研,旅客安检排队长度以 3.00 m~5.00 m 为宜,实名制验票排队的长度以4.00 m为宜,实名制验票地点至安检仪的缓冲区长度为3.00 m,实名制验票通道长度 1.50 m。所以,每组安检区的长度一般为:

$$4.65+5.00+4.00+3.00+1.50=18.15(m)$$

每组安检区的交通系数取 1.3,那么每组安检区的面积一般为:

$$4.12\times18.15\times1.3\approx97(m^2)$$

对于特大型、大型铁路客站,具体作业长度还要根据进站口分布、客流组织、设备配备情况等确定。

5.3.1 原规范采用高峰小时发送量作为客运专线铁路客站的计算依据,采用最高聚集人数作为客货共线铁路客站的计算依据。规范在执行中收到一些问题反馈,例如在京津城际铁路武清站、哈大线的营口东站等车站设计过程中发现,采用高峰小时发送量作为计算依据造成车站候车厅面积过大。后经铁道部组织各铁路主要设计单位进行调查论证,分析结果表明无论哪类铁路,候车区(厅、室)内旅客数量除与高峰小时发送量有关外，还与客车开行密度等因素有关。因此，仅以高峰小时发送量作为计算依据不甚合理，而最高聚集人数能相对客观地反映候车区（厅、室）集聚旅客人数。在此基础上各类铁路车站均统一采用最高聚集人数作为计算依据，其标准仍采用原规范规定不小于 1.2 m^2/人的指标。

原规范中"小型站候车区的使用面积宜增加 15%"的规定，是考虑了过去小型站候车区兼做集散厅的功能。本次修订增加了小型铁路客站设置集散厅的规定。

本次修订增加了特大型、大型铁路客站候车区（厅、室）的使用面积应在计算结果基础上增加 5% 的规定，是考虑到特大型、大型铁路客站软席候车客流比例的增加，引起了软席候车区面积的增加。

5.3.2　软席候车区是为客货共线铁路的软卧席位和高速铁路及城际铁路的一等座、商务座（统称为软席）旅客提供服务的候车区域。目前，新建铁路客站均采用开敞大空间候车，空间开敞明亮，视线通透，符合旅客对候车环境的需求。软席候车区一般布置在大空间内，通常采用低矮轻质隔断或其他方法与普通候车区加以分隔，起到灵活调整候车区面积的作用。说明表 5.3.2 为近年新建铁路客站软席候车区面积调查情况。

说明表 5.3.2　新建铁路客站软席候车区面积

站　名	最高聚集人数	软席候车区面积（m^2）	折合软席候车人数	占最高聚集人数比例（%）
上海虹桥站	10 000	800	400	4.00
南京南站	8 000	1 000	500	6.25
杭州东站	15 000	1 022	511	3.41
福州站	7 000	750	375	5.36
三亚站	6 000	320	160	2.67

高速铁路和城际铁路的软席候车人数按照列车一等座、商务座比例确定。八节编组列车，一等座、商务座比例为 12.5%，十六节编组列车，一等座、商务座比例为 6.25%。因此，本条规定高速铁路和城际铁路客站的软席候车人数可以采用最高聚集人数的 10%。

客货共线铁路的软席候车人数比例，通过对各铁路局客运管理部门的调研，为满足社会需求，确定为 4%，略高于原规范规定的 2.5%。

5.3.3　近年来，随着社会进步和铁路客站建设标准和服务水平的提高，无障碍设施主要依据国家标准进行设置，逐步趋于完善。根据第二次全国残疾人抽样调查数据推算，各类残疾人总数约占全国人口总数的 6.34%。因此，本次修订将原规范中型车站无障碍候车区候车人数占最高聚集人数的比例由 3% 修订为 4%。

5.3.4　商务候车室与铁路客站所在城市、地理区位以及是否为旅游、口岸城市等因素相关，商务候车室的数量和规模需要视具体情况而定。

5.3.5　为保持候车秩序，我国多数较大规模站房候车区（厅、室）在进站检票排队位置的两侧设置候车座椅，使旅客能按进站顺序就座候车休息，检票时起立按顺序排队，达到休息与排队相结合的目的。因此，候车区（厅、室）的座椅排列要有利于旅客通向检票口，座椅间走道要有排队及放置物件的空间。经过实测，座椅间走道净宽 1.3 m 可以满足基本需要，因此将其定为最小间距。

军人（团体）候车存在时间上的不确定因素，使用频率较低，在实际设计中一般不单独设置,而是与普通候车区(厅、室)合并设置。

5.4.1 结合对北京、上海、成都、太原、郑州铁路局和广铁(集团)公司等铁路单位的调研,本条修订了中小型铁路客站售票厅、办公室、票据库的设置条件,以改善售票工作环境,提高效率。由于目前网络售票和市内代售业务的发展,取消了原条文中的订送票室和微机室。

5.4.2 根据实名制验票的客运管理模式,本条增加了在售票处设置公安制证窗口的要求。

在售票办公区内设置售票人员专用厕所主要是考虑安全因素。

5.4.3 由于售票窗口后期改造难度很大,随着建筑定型,预留1~2个售票窗口可以比较灵活地调整售票窗口数量,以满足购票需求。

5.4.6 按特大型、大型、中小型铁路客站每个售票口前排队人数分别按20人、15人、10人计,每人所需进深为0.45 m,并留有4 m宽的通道,售票厅进深取整数计算如下:

特大型铁路客站:$20\times0.45+4=13$(m)。

大型铁路客站:$15\times0.45+4\approx11$(m)。

中、小型铁路客站:$10\times0.45+4\approx9$(m)。

5.4.7 售票室最小使用面积主要由其进深确定。室内除布置售票台、通道外,还要放置办公桌椅等。所以,其进深一般不小于3.3 m;按售票窗口宽1.6 m计算,本条规定其最小使用面积为每窗口6 m^2。

设置两个及以上售票口的售票室,室内除办公桌椅外还常设有票据柜。所以,本条规定其最小使用面积为14 m^2。

售票室是专门为旅客办理乘车票据的地方,现金及有价证券较多,为避免外来干扰,并确保室内安全,规定了售票室与公共区之间不应设门。

5.5.1 铁路客站一般在集散厅、候车厅设有问询处,为旅客提供各种信息。

一些大型、特大型铁路客站问询处发展为综合服务台,并引入客票系统、旅服系统、调监系统,具备改签、退票、信息查询等功能,可以为旅客提供更便捷的服务。

5.5.2 近年来,随着铁路客站服务水平的提升,站内商业发展迅速,主要包括便利店、餐饮、茶座等。说明表5.5.2为近年开通铁路客站站内小型商业设施规模统计数据。

说明表5.5.2 铁路客站站内小型商业设施规模统计表

站　　名	最高聚集人数	建筑面积(m^2)	商业设施面积(m^2)	商业设施面积所占比例(%)
上海虹桥站	10 000	240 000	17 100	7.1
杭州东站	15 000	226 143	13 262	5.9
南京站	10 000	36 000	3 204	8.9
广州站	13 000	25 014	1 945	7.8
常州北站	2 500	12 300	329	2.7
珠海站	1 500	60 507	2 020	3.3

5.5.3 关于铁路客站站房设旅客用厕所、盥洗间的说明:

2 根据《城市公共厕所设计标准》CJJ 14—2016"在人流集中的场所,女厕位与男厕位的比例不应小于2∶1"的规定,本条对男、女厕位比例由原规范的1∶1.5变更为1∶2。

5 铁路客站站房的厕所如果服务半径过大,会造成使用不便,尤其大型站、特大型站的厕所如果采用集中布置会引起相对规模增大,会出现旅客排队现象。按一般人步行速度,走行 50 m 需要 40 s~50 s 的时间。因此,大型、特大型站厕所分散布置可以降低服务半径,方便旅客到达和使用。

5.5.4 开水间应与卫生间隔离设置的规定,是为了保证开水间的卫生环境。现很多车站采用开水间面向候车大厅开放式设置,更方便旅客使用,反映良好。

5.6.1 关于客运作业用房的说明:

1 检补票室是供客运服务人员在接、发客车间隙内临时休息的处所,室内仅设有桌椅等,按每人 2 m^2 的使用面积可以满足使用要求。由于小型及部分中型铁路客站客运服务人员较少,所以一般仅设一间检补票室,但也要有足够空间,故本款规定最小使用面积为 10 m^2。特大型、大型铁路客站客运服务人员接发列车业务量大,在站台及出站口附近设检补票室以方便使用。

3 铁路客站站房内设置公安值班室是安全保卫工作需要,其使用面积是根据公安部门相关规定确定的。

5.6.2 关于交接班室、更衣室以及附属生活用房的说明:

1 客运服务人员一般采用多班制工作,上班前在交接班室进行点名,传达有关事项。交接班室的使用情况与一般会议室相似,故规定其使用面积每人不小于 1 m^2。

2 按作息制度,客运服务人员、售票人员及行包作业人员允许值班期间轮流休息。因此,各种规模的铁路客站均设置间休室。由于只有部分当班人员使用间休室,故本款规定按最大班人数的 2/3 计算。使用面积是参照《宿舍建筑设计规范》JGJ 36—2005 中 6 人间最低面积指标定为双层床每人使用面积 4 m^2 确定的。

4 为改善铁路客站职工工作条件,本款规定了设置职工活动室、浴室、就餐间等设施的要求。

5.6.3 调研中多次收到运营部门反馈的意见:铁路客站的办公设备区房屋普遍进深大,平面布置工艺要求高,外窗洞口位置和面积受到站房建筑立面效果限制,办公用房无自然通风采光,办公环境差。本次修订,要求办公用房设计执行国家现行标准《办公建筑设计规范》JGJ 67 的规定,改善铁路职工办公环境。

5.6.5 功能相近的生产房间合设或临近布置,有利于提高车站生产办公及设备用房的使用效率,减少土地占用,节约资源。

5.7.2 考虑特大型、大型铁路客站行包作业频率高、数量大,行包库房与跨越铁路线路的行包地道相连,将大量减少拖车在站台、站内作业对其他流线的干扰,有利于旅客安全,并能显著提高作业效率。

5.7.3 行包库的规模主要取决于行包的储存量,故本次修定仍采用原规范以库存件数划分行包用房的规定。

5.7.4 关于行包库设计的有关说明:

1 始发、终到和中转行包库区分别设置,主要是考虑列车编组和铁路客站货物流线的要求。

2 由于建设用地有限,所以在一些铁路客站设置多层行包库,层间设置垂直升降设施和行包运输坡道,以满足运输需求。

5.7.6 设计行包库存件数 2 000 件及以上铁路客站所在地区一般工矿企业比较集中。

有些企业与铁路客站签订合同,到达行包由站台直接装车出站,不需进库存放。为便于这些行包在室外临时停放,在新建或改建行包库时,需考虑预留室外堆放场地。室外堆放场地位于行包库侧面或站台方向,为便于管理,一般不设在站房平台方向,以免影响铁路客站环境及旅客通行。行包不能露天堆放,以免因雨雪天气造成损失。

5.7.10 表 5.7.10 列出的行包托取窗口数量是根据发送、到达行包库存件数提出的,按每 600~1 000 件设一个托取窗口,相当于每日每窗口行包作业量 400~600 件左右。行包托运厅、提取厅面积的规定主要为满足货主排队取票、交付款项、填写标签、安全检查及取送货物的需要。一个托取窗口宽度一般为 4 m~6 m,进深为 3.5 m~5 m,即一个托取窗口对应的行包托运厅、提取厅面积为 15 m^2~30 m^2。

5.7.11 为便于笨重行包托取及平板车进出,规定了行包库与行包托运厅、提取厅应留出 1.5 m 宽的运输通道。考虑安全因素,通道设栅栏门,以防止非工作人员进入。

5.8.2 铁路客站站房主要场所客流量大,需要有良好的集散、疏导功能。合理的空间布局能使旅客快速辨识空间功能,明确所在位置,也有利于紧急情况下快速疏散。空间与客流走向结合设计,对旅客会起到引导作用,从而有利于客流疏导。

5.8.3 涉及室内环境设计的现行国家有关标准主要有《民用建筑设计通则》GB 50352、《民用建筑热工设计规范》GB 50176、《公共建筑节能设计标准》GB 50189、《建筑采光设计标准》GB/T 50033、《民用建筑隔声设计规范》GB 50118、《民用建筑室内环境污染控制规范》GB 50325 等。

5.8.5 关于铁路客站站房室内声学设计的有关说明:

1 特大型、大型铁路客站站房空间尺度大,形态变化丰富,声音传播复杂,尤其是一些高大、异形空间声音传播难以控制。本款通过总结一些站房的相关技术参数和声学设计(详见说明表 5.8.5—1),提出了铁路客站站房公共区面积在 50 000 m^2及以上或平均高度在 18 m 以上的铁路客站需要进行声学设计的要求。

说明表 5.8.5—1 铁路客站站房公共区相关技术参数

序号	车站名称	公共区建筑面积(1×10 000 m^2)	公共区建筑容积(1×10 000 m^3)	公共区平均高度(m)	是否进行声学设计
1	北京南站	5.58	114.0	20.4	是
2	天津站	1.98	28.0	14.1	否
3	上海虹桥站	6.59	144.0	21.8	是
4	天津西站	4.75	140.0	29.4	是
5	沈阳北站	2.30	26.0	11.3	否
6	沈阳南站	3.42	46.6	13.6	否
7	济南西站	1.90(高架)	29.4(高架)	15.5	否
8	武昌站	1.21	21.9	18.0	否
9	济南东站	3.04	68.4	20.2	是

未进行声学设计的站房,对于公共区局部高出的造型空间,需要对该区域单独进行声学设计减噪处理,加强对噪声的控制,使混响时间满足本规范的要求。

2 铁路客站站房噪声源与振动源主要包括列车通过、设备机房运作时产生的振动与噪声、车站广播产生的噪声,以及风雨等与围护结构接触时产生的噪声。目前尚无针对铁路站房内公共区域噪声与振动的卫生标准,设计人员通常参考或采用《民用建筑隔声设计规范》GB 50118 和其他有关标准进行噪声与振动控制设计。

3 铁路已在大型或特大型客站进行了声学设计探索,但由于站型空间各异,铁路客站站房候车厅的混响时间仍参差不齐。说明表 5. 8. 5—2、说明表 5. 8. 5—3 为国内相关站房测试数据。

表 5. 8. 5—2　建成铁路客站站房混响时间与候车厅容积

序号	车站名称	混响时间 T_{20}(s) (频率 500 Hz)	候车厅容积 ($1\times10\ 000\ m^3$)
1	天津西站	5. 62	140. 0
2	上海虹桥站	10. 90	144. 0
3	南京南站	6. 85	127. 0
4	深圳北站	7. 21	123. 0
5	莆田站	3. 80	26. 0
6	雁荡山站	9. 46	3. 5
7	北京南站	5. 24	114. 0

表 5. 8. 5—3　待建铁路客站站房设计混响时间与候车厅容积

序号	车站名称	混响时间 T_{20}(s) (频率 500 Hz)	容积 ($1\times10\ 000\ m^3$)
1	青岛站	4. 2	108. 0
2	哈尔滨站	3. 5	60. 0
3	济南东站	4. 0	68. 4

北京南站声环境设计混响时间为 4 s,实测为 5. 24 s。天津西站声环境设计混响时间为 6 s,实测为 5. 62 s。天津西站由于顶棚采用大规模玻璃幕墙采光天窗,不利于吸声,加之拱型屋面更不利于声音消散,因此混响时间设计值也相对较高。从候车大厅混响时间的实测情况看,候车厅容积大于 $100\times10^4\ m^3$的大中型客站混响时间都较长,这与客站造型、空间容积有很大关系。混响时间在 5. 5 s 左右时,现场广播较为清晰。候车厅容积小于 $100\times10^4\ m^3$的客站,混响时间相对较短,基本在 4 s 以下。

5. 9. 2 站房内旅客较多,旅客拖带或肩扛行李都会对通行区域的墙面产生磕碰或磨损,因此墙面需要有一定抗冲撞性。根据目前我国男性平均身高,考虑旅客肩扛行李的高度,本条规定 1. 80 m 以下墙面需要采用抗冲击材料。

为防止旅客以及行李拖行对玻璃幕墙的磕碰,本条还规定在幕墙距地面 0. 10 m 处设置防撞栏杆。该高度参照了《铁路旅客车站细部设计》及一般公共建筑踢脚设置高度,且已建站房中该高度防撞栏杆能够起到对幕墙的防护作用。

5. 9. 3 临空处栏杆高度一般需要超过人体重心高度,才能避免人体靠近栏杆时因重心外移而坠落。根据我国男性平均身高,人体直立状态下的重心高度约为 1. 03 m,穿鞋子后重心高度提高到 1. 05 m。《民用建筑设计通则》GB 50352—2005 第 6. 6. 3 条第 2 款规定"临空高度在 24 m 以下时,栏杆高度不应低于 1. 05 m,临空高度在 24 m 及 24 m 以上(包括中高层住宅)时,栏杆高度不应低于 1.10 m"。对于铁路客站,因人员密集,考虑安全因素,故本条规定临空处扶手高度为 1.10 m,栏板高度最低设置标准为1.30 m。在距地 0.10 m 处设置防撞构造,是为了防止旅客以及行李拖行对玻璃栏板底部的磕碰。

5.10.2 由于玻璃一般为透明体,极易发生人员或物体碰撞、挤压等现象,甚至可能造成旅客受伤和财产损失。因此,需要在玻璃幕墙的明显位置设置警示标志和防撞设施,以防止发生事故。

5.10.4 全隐框玻璃幕墙没有用以夹持玻璃并承重的铝合金外框,完全依靠结构胶将玻璃面板与背框黏结而成。暴露于空气中的胶料面由于受风吹、日晒、雨淋会产生老化现象。一旦结构胶粘接失效会导致玻璃面板脱落。倒挂(贴)石材、面砖在自重作用下,也存在脱落的隐患。铁路客站站房的集散厅、候车区(厅、室)、售票厅、旅客进出站通道等旅客主要通道上方及铁路线路上方的玻璃幕墙面板、倒挂(贴)石材、面砖脱落会带来更大的风险。因此,本条做了严格规定。

5.10.5 金属屋面的性能与铁路客站所在地区的地理位置、气候条件等有关。如沿海或台风地区要求金属屋面具有良好的抗风压性能和水密性;风沙较大地区要求金属屋面具有良好的抗风压性能和气密性;寒冷和炎热地区要求金属屋面具有良好的保温、隔热性能。

5.10.8 防坠落构件是安装在金属屋面屋脊附近的一组构件,构件顶部安装钢丝绳,检修人员在屋面上能够将安全带挂在上面,以保证其在屋面上能安全操作。

5.10.9 冰雪融化装置包括电热式溶雪和除冰设备等。设挡雪板或挡雪架是为了避免屋面积雪大面积滑落。本条参考了《采光顶与金属屋面技术规程》JGJ 255—2012 第 4.3.7 条相关内容制定。

5.11.2 在铁路客站站房设计中冷热源和风系统动力机房的位置位于或靠近冷热负荷中心,可以有效减少输送能耗。

5.11.3 本条中主要功能区指铁路客站站房内除室内交通、卫浴、设备用房等之外的主要使用区域。天然采光不能满足照明要求的场所,可采用导光、反光等装置将自然光引入室内。为充分利用天然采光以降低照明能耗,本条结合铁路客站站房采光现状,并参考《绿色铁路客站评价标准》TB/T 10429—2014 第 5.2.3 条确定了天然采光系数达标面积比计算公式。

5.11.4 铁路客站站房内部一般人员密度大,空气的流动,特别是新鲜空气的流动是保证建筑室内空气质量符合国家有关标准的关键。外窗可开启面积过小会严重影响室内自然通风效果。为有效利用自然通风,减少空气调节设备运行时间,铁路客站主要功能空间需保证足够的外窗可开启面积。在过渡季节和冬、夏季的某些时段,开启外窗通风可获得良好的热舒适性。

本条表中的数据是参考《绿色铁路客站评价标准》TB/T 10429—2014 第 5.1.5 条有关要求确定的。

5.11.5 通过外窗透光部分进入室内的热量是造成夏季室温过高,从而使空气调节能耗上升的主要原因。为了节约能源,需要对窗口和透光幕墙采取遮阳措施。

遮阳设计需要根据地区气候特点、房间使用要求以及窗口朝向进行设计。遮阳装置可以设置成永久性或临时性,也可以采用各种热反射玻璃、镀膜玻璃、阳光控制膜、低发射率膜玻璃等。

5.11.7 由于内保温构造中,冷桥影响不易完全避免,且由于主墙体部位传热与内保温层部分传热性能差异,主墙体内表面温差变动较大,墙体容易出现裂缝,对围护结构的耐久性及防水性能产生不利影响,因此优先采用外保温系统。外墙热桥部位如外墙圈梁、构造柱、窗过梁、挑檐、雨罩、女儿墙和装饰线等部位的传热系数远大于主体部位的传热系数,会形成热流密集的通道。因此,对这些热工性能薄弱的环节,要采用相应的保温措施,防止冬季供暖期间热桥内表面温度低于室内露点温度,产生结露,造成材料受潮、长霉,影响室内环境。

5.11.8 本条中主要出入口指售票厅出入口、候车厅出入口、旅客主要进站口、出站口。铁路客站客流较大,主要出入口开启时间较长,通常不关闭,因此产生较大无组织渗风。无组织渗风会加大空气调节和供暖系统能耗。在出入口设置门斗或双层门从而减小无组织渗风,在节能的同时也提高了门厅的热舒适性。

表5.11.8中的数据是参考《绿色铁路客站评价标准》TB/T 10429—2014中第5.1.6条有关要求确定。

5.11.10 本条参照《公共建筑节能设计标准》GB 50189—2015相关规定编制而成。近年来铁路客站站房采用全玻璃幕墙的情况越来越多,出入口部位幕墙难以全部采用中空玻璃。为了保证围护结构的热工性能,需对非中空玻璃面积加以控制。

5.12.2 口岸站一般也是国内终端站,同时办理境内外客运业务。根据口岸站进出境查验和监管需要,境内旅客和出入境旅客的流线需要严格隔离。

5.12.3 铁路客站边防、海关、检验检疫是口岸查验的基本组成部门。联检设施的设置是按照国家相关标准确定的。

5.13.3 地下车站的站房规模包含的内容与地面或高架站房有所不同,在地下车站中,为保持设计的完整性与系统性,通常情况下铁路客站范围基本与站场范围一致,且需要采用大量结构进行围合,并与地下隧道进行连接。借鉴地铁工程的模式,地下车站主体及附属工程均计入铁路客站总规模,主体工程是指站厅层及站台层的旅客站台、设备区、轨道区、道岔区、咽喉区及联通隧道等;附属工程是指地道、室外连廊、旅客专用进出站通道、出入口、疏散口、风亭等。

5.13.4 办公区与设备区紧凑布置有利于提高车站运营和管理效率,同时可有效控制地下车站的工程规模并降低造价。

5.13.5 从控制车站建筑规模以及提高地下车站空间使用效率方面考虑,规定了地下站台两端的设备区和无人值守办公区可伸入站台范围一节车厢的长度;无人值守办公区指的是经常停留人数不超过3人的办公区;同时为满足旅客进出站台的集散空间需求,保证旅客乘降安全并兼顾站台空间效果,参照《地铁设计规范》GB 50157—2013第9.3.3条,规定了设备区、无人值守办公区端部与楼梯口、自动扶梯口或通道口的距离不应小于8 m。

5.13.7 本条指标是依据《城际铁路设计规范》TB 10623—2014第21.2.25条的规定,同时结合铁路旅客车站的建筑空间功能需求综合确定的。考虑到地下车站的埋深变化对工程投资影响很大,且地下车站的机电管线非常密集,对公共区吊顶造型限制较多,进而限制了通过吊顶变化提升建筑净高的条件,且建筑净高的变化会直接影响车站的埋深和工程投资,因此对于地下车站公共区建筑净高需进行合理控制,在条件允许的情况下,地下车站公共区建筑净高可以适当提升。说明表5.13.7为近年新建铁路地下车站建筑净高统计表。

说明表 5.13.7 近年新建铁路地下车站建筑净高统计表

序号	车站名称	站厅层净高(m)	站台层净高(m)
1	于家堡站	4.5	4.5
2	福田站	5.0(转换层 4.2)	4.0
3	新郑机场站	4.2	4.0
4	北京机场站	4.0(出站厅 3.4)	4.6
5	天河机场站	5.0	4.8

5.13.11 轨顶风道位于接触网上方,维护检修或更换难度大,在地下车站如采用钢结构,其耐久性、抗腐蚀性等比钢筋混凝土结构差,且钢结构中的一些配件长期受震动、腐蚀的影响可能出现松动、脱落,危及运营安全。因此,本条规定采用钢筋混凝土结构。

6.1.2 本条依据《铁路车站及枢纽设计规范》TB 10099—2017 第 9.3.5 条制定。

6.1.3 关于旅客站台面的说明:

1~2 站台需要采用刚性地面,是为了满足承受旅客、行李和包裹运输及消防车辆等的磨压要求;站台防滑性能一般可按照《建筑地面工程防滑技术规程》JGJ/T 331 中室外地面防滑要求进行设计。站台地面横坡的规定是根据《高速铁路设计规范》TB 10621—2014 第 10.4.2 条第 5 款制定的。

3 站台面设置安全警戒线主要是考虑旅客和列车安全。安全警戒线距站台边缘距离主要受两方面条件限制,一是列车通过的时速,二是考虑临近站台的线路为正线还是到发线。如《高速铁路设计规范》TB 10621—2014 第 10.4.1 条第 2 款规定"站台邻靠正线设置,列车通过速度大于 80 km/h 时,应在距离站台边缘1.5 m 处设置站台安全标线,必要时在距离站台边缘 1.2 m 处设置安全防护设施;列车通过速度不大于 80 km/h 时,应在距离站台边缘 1.0 m 处设置站台安全标线"。

6.1.4 关于旅客站台雨棚设置的有关说明:

1 旅客站台设置雨棚主要是为旅客遮阳和避雨雪提供条件,其长度与旅客、行包、邮件等数量有关。中型及以上车站旅客较多,行包、邮件量大,需要设置与站台同长的站台雨棚。小型站旅客相对较少,行包、邮件的作业量也不大,可以根据铁路客站实际运营情况考虑雨棚的设置长度。

6.1.5 关于旅客站台栏杆(板)设置的有关说明:

1 线侧下式铁路客站站房与站台高差较大,需要设置栏杆(板),以防止旅客跌落或物品掉落。临空高度的不同,其栏杆(板)高度采用标准也不同。栏杆(板)距站台面 0.10 m 高度内不留空隙可防止物品滑落。

6.1.6 客运工作间主要包括客运员、给水及卸污作业人员等的工作间休室。

6.2.2 进出站通道最小净宽度依据《铁路车站及枢纽设计规范》TB 10099—2017 第 9.3.6 条制定。

近年来随着铁路客站建设标准的提高,对旅客公共通道的舒适度要求也有所提高。本次根据既有铁路客站数据统计和设计总结,对铁路客站旅客天桥、地道净高标准在《铁路车站及枢纽设计规范》TB 10099—2017 规定的基础上进行了更详细的规定。其中,中、小型旅客地道净高依据《铁路车站及枢纽设计规范》TB 10099—2017,为 2.5 m。

由于地道上部经常悬挂有指示牌,照明灯具等突出物,突出物均影响地道净高。目前实际建成的中、小型车站旅客地道净高均可达到3.0 m以上,见说明表6.2.2。大型、特大型站在此基础上,进一步考虑到旅客进出站的舒适性,视觉效果不至于给旅客带来压抑感,故将大型、特大型站地道净高标准定至3.0 m。

说明表6.2.2　旅客地道净高

序　号	车站名称	旅客地道净高(m)
1	晋中站	3.5
2	祁县东站	3.5
3	庄河北站	3.5
4	宾州站	3.3
5	荣成站	3.3
6	景州站	3.5
7	辛集南站	3.3

6.2.3~6.2.4　依据《铁路车站及枢纽设计规范》TB 10099—2017第9.3.6、9.3.7条制定。旅客站台出入口的宽度,在满足《铁路车站及枢纽设计规范》TB 10099—2017的基础上,尽量加大出入口宽度,以更大程度的满足升降设备的布置及满足中转换乘的需求。旅客站台出入口宽度的建议取值详见说明表6.2.3。

说明表6.2.3　旅客站台出入口宽度建议(m)

名　称	特大型、大型站	中型站	小型站
基本站台和岛式中间站台	5.0~6.0	4.5~5.0	4.0~4.5
侧式中间站台	5.0	4.5	4.0~4.5

6.2.5　关于旅客天桥、地道通向各站台出入口之间距离的有关说明:

1~2　旅客天桥、地道通向各站台的出入口之间的距离指沿线路方向两个位于站台上出入口端部之间的距离。本内容主要根据工程实例确定,详见说明表6.2.5。

说明表6.2.5　旅客天桥、地道通向各站台出入口之间的距离

序号	车站名称	车站规模	旅客天桥、地道通向各站台出入口之间的距离(m)
1	沈阳南站	特大型	23.60
2	天津西站	大型	30.00
3	天津站	大型	36.00
4	杭州南站	大型	21.00
5	沈阳北站	大型	37.00
6	邯郸东站	中型	17.50
7	哈尔滨北站	中型	21.50
8	枣庄站	中型	43.00
9	鞍山西站	中型	20.00
10	德州东站	中型	20.00
11	衡水北站	中型	16.00
12	石家庄东站	中型	15.60

6.2.6 关于天桥、地道出入口阶梯和坡道的有关说明。

2 天桥、地道出入口阶梯和坡道的防滑性能需满足《建筑地面工程防滑技术规程》JGJ/T 331 的相关规定,按照室外地面防滑要求进行设计,并根据地面使用功能及工程防滑部位确定地面防滑等级,选择相应的防滑材料。

3 行包出入口坡道坡度主要考虑车辆行驶要求。另外,自起坡点至主通道还要有足够水平距离。3 辆行李拖车加牵引车总长为 11 m~12 m,起坡点距主通道 10 m 的水平距离可以满足使用要求。

6.2.9 线路上方不能采用装饰性构件的结构主要有天桥主体及栏板、高架候车厅、线间立柱雨棚。由于线路上方的装饰性构件与主体结构连接出现问题时易发生坠落,从而可能引发重大列车事故,因此本条规定不应采用装饰性构件。

6.3.1 设置足够数量的检票口是快速疏导客流的重要环节。检票口数量需结合现状调查,以计算结果为依据,并考虑高峰期和长远发展需求。其具体设置数量需结合旅客流量、检票口通过能力,候检时间(开始检票至结束检票的时间段)等多项因素确定。相对原规范,本次修订没有对检票口数量作具体规定。

6.3.3 站房中使用自动扶梯与地铁、城际铁路等的性质相同,旅客使用自动扶梯的需求相似。因此,本条采用了《城际铁路设计规范》TB 10623—2014 第 21.2.16 条的相关指标。

6.3.5 不同时期,进站检票口候检旅客的数量会出现较大浮动。在候检旅客较多情况下,往往排队检票的队伍很长。因此,本条在对既有站调查的基础上(详见说明表 6.3.5),对候检排队区域的长度给予了规定。

说明表 6.3.5 进站出站检票口排队区域长度(m)

序号	车站名称	车站规模	进站候检排队区域长度	出站候检排队区域长度
1	沈阳南站	特大型	83.00	11.00
2	沈阳北站	大型	62.00	—
3	天津西站	大型	24.00	14.50
4	杭州南站	大型	52.00	—
5	北京南站	大型	24.00	25.00
6	枣庄西站	中型	20.00	13.00
7	滕州东站	中型	20.00	7.00
8	忻州西站	中型	18.00	20.00
9	桃村北站	中型	15.00	14.00
10	枣庄站	中型	22.00	13.00
11	荣成站	小型	14.00	26.00
12	桃村站	小型	15.00	14.00

6.4.1 自动人行道倾角依据《自动扶梯和自动人行道的制造与安装安全规范》GB 16899—2011 第 5.2.2 条要求确定。

6.4.3 关于自动扶梯的说明:

1 条文中旅客进站、出站通道指设置在旅客进站流线、出站流线和换乘流线上的客流通道,一般包括集散厅通往候车区(厅、室),候车区(厅、室)通往站台,站台与天桥地道间的通道,不包括站房内通往站内商业设施等附属设施的通道。

23.2°视倾角扶梯初期投资与标准倾角扶梯比较增加 10% ~15%,但 23.2°视倾角的扶梯是路内大量采用的产品,与并行的楼梯角度协调性较好。考虑视觉效果,推荐与楼梯并行的扶梯采用 23.2°视倾角。

2 《地铁设计规范》GB 50157—2013 第 25.1.15 条规定中有 0.5 m/s 和 0.65 m/s 两种额定速度。由于铁路旅客大多携带行李,考虑安全因素,本款采用较低额定速度。

3 《自动扶梯和自动人行道的制造与安装安全规范》GB 16899—2011 第 5.3.2.2.2 条和第 5.7.2.1 条要求,一个梯级深度不应小于 0.38 m,水平移动距离不应小于 0.8 m,考虑铁路旅客携带行李等因素,本款要求水平梯级踏面不少于 3 级。

6.4.4 本条依据《高速铁路设计规范》TB 10621—2014 第 20.2.9 条制定。

6.4.5 本条参考了《地铁设计规范》GB 50157—2013 有关要求制定。考虑铁路客站人员较多,且大多携带行李。因此,适当提高了客用电梯额定载重量和额定速度。

6.4.6 本条依据《自动扶梯和自动人行道的制造与安装》GB 16899—2011 第 5.5.2.1 条制定。考虑铁路客站人员较多和安全因素,提高了扶手最低高度的要求。提升高度过高的自动扶梯容易给旅客带来恐惧心理。经调研,铁路客站扶梯常见 11.5 m 提升高度,大部分未采取额外的安全措施。为易于操作并减少提升高度过高给旅客带来的恐惧心理,采用 12 m 提升高度作为设置安全措施的分界线。目前自动扶梯较常见的安全措施是增加防护栏杆。

6.4.7 自动扶梯与站台交界处地面高出站台面 0.02 m,主要是为防止站台面飘落的雨水或融化后的雪水流入自动扶梯内部。

6.5.1 公共信息导向系统是指由导向标志、位置标志、综合信息标志等要素构成的引导人们在公共场所进行有序活动的标志系统。铁路客站范围内设置规范、系统、醒目、易于辨识的公共信息导向系统,可以使旅客减少问询,顺利到达目的地,同时也可减轻车站工作人员的工作量。

2 静态标志主要指显示固定图形、符号和文字等公共信息的标志;动态标志主要指通过电子屏幕显示动态信息的标志。

3 安全是指导向系统不应该存在任何造成人体伤害和行车安全的潜在危险;规范是指导向系统的使用应符合国家标准规定;系统是指不同功能的导向系统既互相区别,又互相关联,使整个车站的导向系统成为一个有机整体;醒目是指导向系统与周围环境有明显区别,设置位置显而易见,便于旅客识别;连续是指将各个标志关联起来,前后呼应,避免出现引导信息断链。

6.5.3 旅客到达车站后一般会尽快上车或离开车站。因此,到站和离站导向标志应该设置在旅客进站和出站的主要流线上。明晰的导向标志不仅可减少旅客问询和停留时间,还可提高旅客车站的效率、提升服务水平。当车站设有公共汽车站、出租车站、停车场、城市轨道交通等多种交通设施时,沿各类旅客流线设置进站、出站及换乘导向标志,可以最大限度帮助旅客建立方向感,明确自身的位置和行走路线。在道路和通道改变方向或出现方向分歧处及换乘区,旅客容易迷失方向,此处设置导向标志利于旅客确定行进方向。

6.5.5 设有立体广场或地下广场或与城市轨道交通相结合的大型和特大型旅客车站,进出通道很多，旅客流线复杂，旅客在进入或离开车站时，很想明确自己的位置和想要达到的处所。在车站的进站、出站集散厅及换乘区设置标明旅客当前位置的总平面示意图或各层平面示意图以及相应的信息索引标志会使旅客对自己的位置和整个车站的功能布置、注意事项、车站业务一目了然，方便旅客到达目的地。信息标志指提示旅客注意事项、车站业务等的揭示揭挂标志。

6.5.6 站台上设置站铭牌，主要是为了列车进站时，旅客可以识别当前所停车站的名称，确定所停车站是否为自己的目的地。随着铁路建设的发展，停车、发车间隔越来越短，为使旅客能快速识别站名，防止误降，在站台上明显位置应该设置站铭牌。为此中国铁路总公司在2013年发布了《关于加强高铁车站站台站名标识的通知》(运营客管函〔2013〕456号)，该通知要求各高速铁路车站按照“实用美观、便于识别”的原则，充分利用站台既有无障碍电梯、进出站地道围栏、基本站台栏杆、广告牌等站台设施，补充站名标志。此外，该通知要求每个站台在既有2个站名标志的基础上，新增标志原则不少于2个，这为站台站铭牌设置提供了借鉴和参考。

3 基体是指标志连接固定的部位，一般包含该部位建筑物的主体结构或围护体系的支撑结构。

6.5.7 本条规定设置动车组车厢位置地面指示标志是为了方便旅客乘降，加快站台乘降速度。

6.5.8 铁路客站是城镇中重要的交通建筑，站区周边交通繁忙，来站旅客在很远就能识别车站建筑物。因此，站名标志设计非常重要。站名标志一般面向广场和城市，设置在铁路客站站房的外立面，也不排除设置在其他位置，但其设置要与站房建筑风格相匹配，与建筑融为一体，不突兀，不单调，并满足旅客远视距识别的需求。

6.5.10 在旅客发送高峰，特别是节假日和季节性客运高峰时段，人员非常密集。有些高架候车室的检票口平台距楼梯很近，当大量旅客携带行李由平台下楼梯时，后面的旅客可能由于前面人多看不到台阶，很容易发生危险。另外，有始发和终到列车的车站，大量旅客同时拥挤在进站或出站通道的楼梯或自动扶梯等处，也非常容易发生危险。尤其是老人、儿童、孕妇和携带婴幼儿的妇女，在这些场所更易发生危险。所以，需在人员流动密集的场所和其他必要处所设置标志以提示旅客注意安全。

安全标志是防止旅客误走、误动引发人身伤害和其他安全事故的重要标志，未设安全标志或安全标志设置不当引发的事故很多。因此，在旅客活动场所凡可能因误走、误动、不了解情况而发生安全事故的处所，都要按国家相关规定设置安全标志。

站台是事故易发场所，特别是高站台，虽然站台边缘有明显的安全警戒线，但还是容易发生旅客掉下站台的事故。现代化地铁站为防止此类事故发生设置了全封闭的站台门，但由于铁路车站不同于地铁车站，无法设置全封闭的站台门。因此，可以在站台的明显位置设置旅客进入站台后的安全注意事项或相关安全标志。例如，中国铁路总公司在2014年10月发布了《关于在高站台增设警示标志的通知》(运营客管电〔2014〕2477号)，强调在未设置站台门的高站台，地面应设置“当心间隙”的安全提示，设置站台门的高站台，门框右侧也需设置相关安全标志。

6.5.13 关于公共信息导向设施的有关说明：

4 静态标志设施的设置高度是依据《公共信息导向系统　设置原则与要求　第1

部分：总则》GB/T 15566. 1—2007 的有关要求确定的。该标准规定“室内悬挂式标志载体的下边缘与地面之间的垂直距离不应小于 2. 20 m”。对于室外悬挂式标志，情况相对复杂，例如站台上会有消防车、行包车、备品车、垃圾车等通行。所以，对于室外悬挂式标志需充分考虑标志下部的通行条件。原规范对于悬挂式标志设施的下边缘与地面的垂直距离没有考虑设置在室外时的这些情况，故本款对原规范进行了增补。

7　标志箱体内的光源等部件有更换和检修要求。因此，在设施的设计中要考虑检修的便捷性。

7. 1. 2　“桥—建”合一结构为同时承受列车荷载和建筑荷载的铁路站房主体结构，主要采用普通钢筋混凝土结构、预应力混凝土结构、型钢混凝土结构等。承轨梁所在位置为地面层或高架层，与铁路客站的结合形式有完全合一型（框架梁或次梁为承轨梁）、部分合一型（承轨梁为简支梁，通过专用支座将荷载传到框架上）、桥式站（承轨层为连续刚构桥梁结构，房屋设在桥梁下）。承轨层及其下部结构是指直接或间接承受列车动荷载作用的结构或结构单元。为与桥梁或隧道设计使用年限 100 年统一，地下车站、“桥—建”合一车站中承轨层及其下部结构的设计使用年限按 100 年考虑。

7. 1. 3　关于结构抗震设防类别和结构安全等级的说明：

1　根据建筑遭遇地震破坏后，可能造成人员伤亡、直接和间接经济损失、社会影响的程度及其在抗震救灾中的作用，本款针对不同结构形式和规模的铁路客站进行了不同的抗震设防类别划分。跨线高架站房是指跨越铁路线路的高架站房，不包含城际铁路中跨越公路的高架站房。

2　对于临近铁路线路的构筑物，如线间立柱雨棚、天桥等一旦出现问题，会影响行车安全，因此将其抗震设防类别及安全等级标准提高。对于金属屋面，被大风掀起的事故偶有发生，会影响行车安全，因此将金属屋面的结构安全等级标准定为一级。在设计中，需特别注意风口的位置，此处为薄弱环节。金属屋面包括直接承受屋面荷载的构件及连接部位。

7. 1. 4　主体结构是指直接或间接承受大部分荷载、保障建筑结构体系稳定的结构构件。使用期间不可更换的结构构件是指直接承受铁路运营设备荷载和人群荷载的构件，以及更换会影响运营的结构构件等。

7. 1. 5　临近铁路线路的建（构）筑物如果出现问题，会对行车安全造成很大影响。因此，为保证结构设计安全可靠，确保行车安全，将临近线路的结构构件计算采用的基本风压和基本雪压的重现期确定为 100 年，以减少自然灾害等不可抗力给结构和铁路运输带来的事故。

7. 1. 6　结构遭遇火灾、飓风、爆炸、撞击等偶然作用的情况下，可能出现多种不利的受力状况，需要分别进行结构分析，并确定其可能的最不利作用组合，其取值和抗连续倒塌可以根据现行《建筑结构荷载规范》GB 50009 和《高层建筑混凝土结构技术规程》JGJ 3 进行设计。

7. 1. 8　结构健康监测的目的是监测结构的累积损伤，监测方式主要是采用现代化信息系统进行监测。对于钢筋和混凝土材料，恶劣环境是指环境作用等级为 C 级及以上的冻融环境、海洋氯化物环境、除冰盐等其他氯化物环境、化学腐蚀环境。对于钢结构来说，恶劣环境是指《建筑钢结构防腐蚀技术规程》JGJ/T 251—2011 表 3. 1. 2 中腐蚀性等级为Ⅳ级及以上的腐蚀环境。交变荷载是指在结构工作过程中受到的大小、方向随时间呈周期性变化的荷载,如室外大跨度、大悬挑结构承受的季节性风荷载等。

7.2.1 固定设备主要指电梯、自动扶梯和自动人行道及供暖、通风、空气调节及给水排水设备,电器设备,管道、电缆及其支架等。计算整体结构时,固定设备的荷载需要采用适用于整体结构计算的等效荷载。混凝土收缩和徐变作用可以按照现行《铁路桥涵设计规范》TB 10002 中有关要求进行计算。其他需按永久荷载考虑的荷载,如线侧下式站房基础设计时,结合具体情况考虑的路基挡墙对站房基础的附加力等。

7.2.2 设备荷载包括铁路电力、信号、信息、通信等设备的荷载,需要根据设备的实际重量、动力影响、安装和运输方式等确定,并换算成等效均布恒载。列车相关荷载包括列车竖向静活载、列车竖向动力作用、长钢轨纵向水平力(伸缩力和挠曲力)、离心力、横向摇摆力、制动力或牵引力、气动力等。

7.2.4 目前涉及列车相关荷载的铁路工程设计标准主要有《铁路桥涵设计规范》TB 10002—2017、《城际铁路设计规范》TB 10623—2014 及《高速铁路设计规范》TB 10621—2014。

7.2.6 本条规定的各项系数取值均按《建筑结构荷载规范》GB 50009—2012 中第 5.1.1 条中旅客候车室均布活荷载标准值及其组合值、频遇值和准永久值系数取值。

7.2.7 在金属板屋面系统中,风荷载的设计至关重要,金属屋面被风掀坏比较常见,而抗风揭试验是验证风荷载设计的重要手段。

7.4.1 关于"桥—建"合一结构的有关说明:

2 目前尚无列车运行设计速度大于 160 km/h 的客运铁路正线、列车运行速度大于 120 km/h 的货运铁路正线及运行双层集装箱列车、重载列车的线路采用"桥—建"合一结构的研究及应用成果。所以,本款规定此类铁路客站不宜采用"桥—建"合一结构。

6 车桥耦合动力响应综合分析的目的是使结构的动力性能适应机车车辆的快速运行,使之满足现行国家标准《铁道车辆动力学性能评定和试验鉴定规范》GB 5599 和《铁道机车动力学性能试验鉴定方法及评定标准》TB/T 2360 的有关要求。

7.4.2 根据《空间网格结构技术规程》JGJ 7—2010 定义,跨度大于 60 m 的屋盖结构为大跨屋盖结构。

7.4.3 超长混凝土结构是指温度区段大于现行国家标准《混凝土结构设计规范》GB 50010 规定的结构。超长混凝土结构设计重点为裂缝控制。目前,工程界主要遵循"防""放""抗"设计原则实现对超长混凝土结构裂缝的控制。"防"指对结构采取保温措施,尽量使结构使用期的温度接近浇筑时的温度,或通过调整混凝土配合比、掺加减水剂及粉煤灰等措施减少混凝土收缩应力等;"放"指通过设置永久伸缩缝及施工后浇带永久消除或部分消除温度影响;"抗"主要指增加超长混凝土结构的抵抗温度作用的钢筋及采用预应力技术。

7.5.1 在设计阶段地下车站的施工方法需要根据工程地质与水文地质条件、周边环境条件、建设工期、施工现状等多种因素加以考虑,本着安全第一、技术先进、质量可靠、便于实施、节省投资的原则综合确定。

7.5.2 地下车站轨行区是指站台层轨道外侧结构墙与内侧站台墙之间或站台墙之间区域,包含轨道上空范围。

7.7.1 关于铁路客站深基坑的有关说明:

1　当铁路客站内有城市轨道交通穿越时，需要将铁路客站与城市轨道交通工程作为一个工程进行基坑设计，统筹考虑基坑总体方案，根据基坑特点采用适宜的基坑支护措施，避免因行业和主管方不同而人为硬性分割造成基坑总体方案不合理、施工相互干扰、投资增加、风险加大。传统设计将基坑、基础、结构分别进行设计，构件不能共用，造成了经济上的浪费。目前，很多铁路客站在基坑、基础、结构一体化设计方面进行了有益的探索，如利用基坑围护结构兼作主体结构侧墙的一部分，形成叠合墙或复合墙体系；基坑临时立柱桩与基础工程桩结合设置；考虑深基坑开挖与基础工程桩相互影响等。合理考虑三者关系能够显著提升土木工程设计的系统性、科学性，同时可以节约工程造价，方便施工，提高了工程的安全性。

7.8.2　有承轨层的铁路客站站台墙由两部分组成，即承轨层上的站台墙和承轨层外的站台墙，且两者基础形式不同。为防止承轨层上的站台墙与承轨层外相邻的站台墙沉降差过大而影响使用，需采取一定的措施。

7.8.3　站台立柱雨棚结构设计的边界条件较为复杂，常与站台梁、地道、路基挡墙发生关系。如在设计阶段未充分考虑这些因素，后期处理就很困难。站房与基本站台间的连廊雨棚柱网布置、基础设计往往与站房、路基挡墙相关，协调设计可避免柱网、基础冲突。本条中站台梁是指桥式站房的站台梁或城际铁路高架站房的站台梁。

7.9.3　旅客天桥多采用钢结构形式，当跨越列车运行速度大于 160 km/h 的铁路正线时，列车气动力和振动会对人通过天桥的舒适度产生影响。因此，对于旅客天桥，可以结合天桥的跨度、基础形式、正线列车通过速度等，综合考虑确定桥面的舒适度指标。

7.9.4　目前新建、改建铁路客站中存在既有线路的情况比较多。因此，在施工时会对既有线路进行过渡施工，此与完全新建铁路客站有很大的不同，在设计阶段要充分考虑对既有线路的影响，以确保新建铁路客站的可实施性和既有线路的安全。

7.9.5　铁路客站中大跨度屋面及站台雨棚越来越多地采用钢结构。但钢结构的弱点是易腐蚀，且在运营的铁路客站中，对既有结构进行除锈和涂装的维修是很困难的，主要原因是铁路不能停止运营，只能利用天窗点维修。同时，对既有结构的除锈和重新涂装的造价也较高。因此，在设计中要特别注重露天钢结构的防腐蚀设计。本条对铁路客站钢结构的防腐蚀设计年限提出了不小于 15 年的要求，对应此年限的防腐蚀设计需结合具体情况，按国家现行相关标准要求进行。

8.1.2　对于使用时间、负荷需求不一致的空气调节区域，如采用集中空气调节系统，会造成能源浪费。所以，不同功能区的空气调节系统最好分开设置。

8.1.3　本条依据《铁路节能设计规范》TB 10016—2016 第 4.3.6 条制定。国家对节能的要求越来越高，目前对于铁路项目的审批过程中，均推荐选择达到国家 1 级能效标准的产品和设备。

8.2.1~8.2.2　表中数据沿用了原规范中的规定，并与《民用建筑供暖通风与空气调节设计规范》GB 50736—2012 规定一致。

8.2.3　本条公共区夏季室内空气计算温度是依据《地铁设计规范》GB 50157—2013 第 13.2.14 条"当车站采用通风系统时，公共区夏季室内计算温度不宜高于室外空气计算温度 5 ℃，且不应超过 30 ℃"确定的。

8.2.4　本条规定主要参照《民用建筑供暖通风与空气调节设计规范》GB 50736—2012 第 3.0.6 条及《地铁设计规范》GB 50157—2013 第 13.2.18 条，并结合铁路站房特点进行制定。其中,普通候车区和售票厅基本沿用原规范内容。

8.3.1 本条依据《民用建筑供暖通风与空气调节设计规范》GB 50736—2012 第 5.1.2 条制定。

8.3.2 铁路客站站房出入口长期敞开,冷风侵入对站房内冷热负荷的影响较大。特别是地下站房,其候车模式与地铁不同,在严寒和寒冷地区,候车区考虑供暖,在不设置站台门的情况下,由于受列车活塞风影响,热量散失很大,故在计算热负荷时要考虑冷风侵入的影响。

8.3.4 铁路客站站房主要出入口指进站集散厅、候车厅、售票厅的出入口。《民用建筑供暖通风与空气调节设计规范》GB 50736—2012 第 5.8.1 条和第 5.8.2 条中规定"对严寒地区公共建筑经常开启的外门,应采取热空气幕等减少冷风渗透的措施;对寒冷地区公共建筑经常开启的外门,当不设门斗和前室时,宜设热空气幕"。因此,本条对热风幕的设置做了明确规定。

8.4.1 经对已建成站房的调研,公共厕所的空气品质比较差,主要是人员比较密集,使用频率较高,与其相似的航站楼厕所换气次数一般设置为 15~20 次/h,故此次加大卫生间换气次数到 15~20 次/h。

8.4.2 为保障办公人员的健康和满足舒适度要求,无外窗办公用房需要考虑通风换气,尤其是设计集中空气调节系统的房间,在过渡季节更需要考虑通风换气。

8.5.1 特大型、大型铁路客站普通候车区围护结构的热工性能指标较低,人员聚集易使室内温度升高,而盛夏又是客运负荷的高峰,室内温度显著升高。因此,客运部门和广大旅客迫切需要设置空气调节设备。为体现以人为本的原则,本条对夏热冬冷地区及夏热冬暖地区的站房做了设置空气调节系统的规定。售票室内设备多散发热量较大,使用时间与其他公共区域有所差别。所以本条规定售票室宜设独立空气调节系统。

8.5.3 地板辐射供冷对吸收辐射热量具有较好的效果,对候车厅和集散厅等采用大面积的玻璃屋面,夏季利用地板辐射供暖系统供冷,可以大幅降低室内温度,但要在设计方面采取防结露措施,主要是防止地面湿滑摔伤旅客。铁道部科研项目《铁路客站采暖空调技术综合利用及关键技术研究》中对地板辐射供冷技术进行了深入研究,从提高冷源效率和减少输配能耗等方面显著降低空气调节系统的能耗,年节电量约为 10 kWh/m^2。

8.5.4 高大空间指高度大于 10 m 且体积大于 10 000 m^{3}的建筑空间。分层空气调节是一种仅对室内下部人员活动区进行调控,而不对上部空间调控的特殊空气调节形式,与全室性空气调节方式相比,分层空气调节夏季可节制省冷量 30% 左右。

8.5.5 本条依据《民用建筑供暖通风与空气调节设计规范》GB 50736—2012 第 7.5.10 条"对于人员密集空调区或空气质量要求较高的场所,其全空气空调系统宜设置空气净化装置"的要求制定。

8.6.1 采取合理的运行策略,可以降低能耗,增加系统的使用效果和寿命,降低运行成本。尤其是特大型、大型站房,其供暖、通风和空气调节系统设计比较复杂,可能采用多能源系统,此时制定合理的运行策略有着非常重要的作用。采取不同的运行策略,经济性、系统的使用效果和寿命有很大差异。

8.6.2 铁路客站内功能区较多,有候车、售票、办公、设备等用房,各功能区使用空气调节或供暖的时间不一致,且同一个功能区由于旅客数量的变化,其负荷变化也较大。因此,需要在设计中采取相应节能措施,主要方法有:根据负荷特点和部分空间使用时的运行要求,合理进行空气调节分区;合理选配空气调节冷、热源机组台数和容量,制定根据负荷变化调节冷(热)量的控制策略;水系统采用水泵变频技术或全空气系统采用变风量控制,并采取相应的水力平衡措施。

8.6.3 新风需求控制即根据室内 CO_2 浓度检测值增加或减少新风量,使 CO_2 浓度始终维持在卫生标准规定的限值内。

8.6.5 本条所指维修保养设施主要指为大型通风与空气调节设备设置的运输、安装及检修通道或孔洞及其起吊设施等。

9.1.6 高架站房下方的给水、排水管道及设备不允许设置在线路上方,一方面为防止管道或设备坠落,另一方面为防止外水管滴水漏水至接触网上而导致管道带电的危险。如必需设置时,一定要做好安全防护,可考虑设置管廊或者同层排水等措施。在严寒、寒冷地区,高架站房下方的水管易冻裂漏水,一定要做好保温防冻措施。

9.2.3~9.2.5 依据《铁路给水排水设计规范》TB 10010—2016 相关规定制定。

9.3.2 本条国家现行有关标准主要指《室外排水设计规范》GB 50014、《建筑中水设计规范》GB 50336、《建筑与小区雨水利用工程技术规范》GB 50400、《城市污水再生利用 城市杂用水水质标准》GB/T 18920 等。

9.3.3 为保证雨水量超过设计重现期对应值时雨水有出路,超量雨水要通过溢流口或溢流系统排出。为确保虹吸效果,系统的虹吸口需要设置在同一水平面上。

10.1.5 本条所指国家现行有关标准主要有《供配电系统设计规范》GB 50052、《低压配电设计规范》GB 50054、《通用用电设备配电设计规范》GB 50055、《铁路电力设计规范》TB 10008、《建筑照明设计标准》GB 50034、《铁路照明设计规范》TB 10089、《交通建筑电气设计规范》JGJ 243 等。

10.2.1 中型及以上铁路客站若采用由外部引入低压电源的方式供电,会因供电半径过长造成线缆消耗多、线路能耗增高,技术经济不合理。考虑一般中型及以上铁路客站具备布置变电所的条件,故本条规定在站房主体建筑内设置变电所。

10.2.3 重要的大型铁路客站指的是省会城市、交通枢纽城市内的铁路客站。设置柴油发电机组主要为消防等重要的一级负荷提供后备电源。

10.2.6 关于铁路客站低压配电干线系统的说明:

3 公共区照明采用专用配电回路,是为了尽可能避免照明受其他负荷影响造成中断,引起公共秩序混乱。

4 当站房规模较大时,若应急照明和消防专用回路均由变电所直接配出,将显著增加线缆数量。如果能利用好防火分区和建筑布局条件,在区域总配电装置处划分消防专用回路,可以明显减少线缆数量。

10.3.4 依靠反射光间接照明不利于节能,故要求一般采用直接照明。分组集中布置是相对于单个灯具均匀布置而言,目的是减少灯具分布点的数量,以使灯具尽可能结合结构桁架内等处的检修马道设置,避免维护死角。

10.3.8 只有安装在符合受力条件的结构上,灯具的稳固性才有保障。对于卡装式灯具,为防止卡装装置失效导致灯具掉落伤人,采取安装保护吊链等防坠措施是简单易行的选择。站房室内公共场所高度一般大于 4 m,这种情况下光源脱落极易造成人身伤害。所以,采用带保护罩、网或格栅的灯具是防止光源脱落的有效措施。

10.3.9 安装在高处的照明设备,其维护条件包括设置马道、加强龙骨、吊篮、滑道车等。

专用维护设备常见的有云梯、蜘蛛车等移动式高空作业平台。

11.2.1 旅客携带物品安全检查设备即为安检仪。

11.3.4 取票人数受很多因素影响，首先该地区有多少旅客在网上买票，在网上买票后又有多少旅客到站取票都是受旅客自身习惯决定，同时不同车站有不同的管理需求，即车站是否将大量的取票作业留到站内而不是站外售票解决，这将直接影响车站整体建筑布局，故需要根据所处地区站外购票及到站取票需求确定取票机数量。

12.0.3 缘石坡道和轮椅坡道既能够为行动障碍者的外出活动提供条件，又具有导向性，也能够为携带行李的旅客提供便利。因此，在旅客通行部位设置缘石坡道和轮椅坡道显得十分重要。当售票、行包托取处与站房分离布置时，其室外平台与广场地面间高度变化处也需要设置缘石坡道或轮椅坡道。

一些站房平台或其他室外平台与广场地面的高差较大，设置缘石坡道或轮椅坡道较为困难时，可以设置无障碍电梯或升降平台。

12.0.5 轮椅候车席位的占地面积、通道宽度、标志是依据《无障碍设计规范》GB 50763—2012 第 3.5.1 条、第 3.13.4 条、第 3.13.7 条规定制定的。

12.0.7~12.0.9 主要内容与要求是依据《无障碍设计规范》GB 50763—2012 有关规定制定的。

12.0.10 地道、天桥、高架站房为旅客跨越线路进入、离开站台的交通设施，是旅客进出站流线的重要组成部分。铁路跨线设施设置坡道或无障碍垂直升降设施，保持无障碍路线的通畅和连续，能够帮助行动障碍旅客解决行动障碍问题。坡道是用于联系站台面和地道、天桥的通行设施，不仅适合行动障碍旅客使用，也适合其他旅客使用。特大型、大型铁路客站跨线设施与站台面的高差一般较大，坡道较长，设置坡道较为困难。因此，可以采用无障碍电梯。

中间站台设置无障碍电梯，需考虑电梯的构造尺寸和建筑限界，设有电梯的中间站台宽度一般不小于 8.0 m。根据对站房造价及电梯造价的调研进行经济指标分析后得出：小型铁路客站电梯造价约占站房总造价的 1/10~1/30；中型铁路客站电梯造价约占站房总造价的 1/60 左右；特大型、大型铁路客站电梯造价约占站房总造价的 1/230 左右。

12.0.12 关于旅客站台无障碍设计的有关说明：

1~3 在站台安全线内侧，根据站台宽度设置提示盲道是保证盲人安全的重要措施，也将增强对其他旅客的安全提示。本条有关无障碍要求是依据《无障碍设计规范》GB 50763—2012，并结合站台情况制定，是对行动障碍旅客在站台上活动的安全保护措施。站台面两侧与线路高差较大，且经常有列车停靠或快速通过，对行动障碍旅客危胁性较大。为确保其安全，需要在站台面上设置盲道对其进行导引，同时要保持盲道的连续性。

4 本款依据《建筑地面工程防滑技术规程》JGJ/T 331—2014 第 3.0.3 条和第 4.2.1 条制定。

12.0.13 行动障碍旅客尤其是视觉障碍旅客乘坐自动扶梯容易造成伤害。另外，铁路线路横穿平过道，并经常有列车通过，平过道无法作为无障碍通道。因此，本条规定严禁将自动扶梯、站场范围内的平过道作为无障碍通道。

Q/CR

中国铁路总公司企业标准

P　　Q/CR 9146—2017

铁 路 房 屋 建 筑 设 计 标 准

Standard for Design of Railway Buildings

2017-06-17　发布　　2017-09-17　实施

中 国 铁 路 总 公 司　　发 布

中国铁路总公司关于发布
《铁路房屋建筑设计标准》的通知

铁总建设〔2017〕138号

现发布《铁路房屋建筑设计标准》(Q/CR 9146—2017),自2017年9月17日起施行。原铁道部《铁路房屋建筑设计标准》(TB 10011—2012)和《关于印发高速铁路沿线警务区及执勤岗亭等有关设施设置标准的通知》(铁建设〔2011〕112号)停止执行,《中国铁路总公司关于印发〈铁路沿线站区生产生活房屋建筑设计补充规定〉的通知》(铁总建设〔2016〕132号)同时废止。

《铁路房屋建筑设计标准》由中国铁路总公司建设管理部负责解释,由中国铁路经济规划研究院、中国铁道出版社出版发行。

中国铁路总公司

2017年6月17日

前　　言

本标准是根据《中国铁路总公司关于印发2017年铁路工程建设标准编制计划的通知》(铁总建设函〔2017〕11号)要求,在原《铁路房屋建筑设计标准》TB 10011—2012基础上修订而成。

本标准在修订过程中,总结了近年来铁路房屋建设、运营经验,吸纳了生产力布局调整等研究成果,贯彻落实了铁路总公司维护职工群众利益、改善职工生产生活条件的要求。

本标准共分4章,包括:总则、基本规定、生产房屋、生活房屋,另有5个附录。

本次修订的主要内容有:

1. 删除了最高聚集人数6 000人及以上的大型和特大型车站客运候车建筑抗震设防划为重点设防类的有关要求。

2. 增加了车间、工区生产生活设施和室内外文化设施及训练场所要求。

3. 增加了铁路物流房屋建筑设计要求。

4. 增加了动车车间房屋建筑面积的要求。

5. 增加了铁路刑警队、乘警队、交警队、特警队用房设置要求,以及执法办案用房和枪支(弹药)库室设置要求。

6. 修订了办公和教育用房建筑面积。

7. 增加了机务段、动车段设心理疏导室,车间、工区设置保健室的规定。

8. 修订了职工食堂的面积指标和职工浴室的人员设置比例;增加了职工单身宿舍室外设施的设置要求。

9. 修订了铁路车间、动车所、工区房屋的建筑面积。

在执行本标准过程中,希望各单位结合工程实践,认真总结和积累经验。如发现需要修改、完善和补充之处,请及时将意见及相关资料寄交中国铁路设计集团有限公司(天津市河北区中山路10号,邮政编码:300142),并抄送中国铁路经济规划研究院(北京市海淀区北蜂窝路乙29号,邮政编码:100038),供今后修订时参考。

本标准由铁路总公司建设管理部负责解释。

主编单位:中国铁路设计集团有限公司。

参编单位:中国铁路经济规划研究院。

主要起草人:赵建华、张佳璐、桑翠江、孙红峰、周晓刚、沈月荣、苏自强、方　健、沈烈文、贺　涛、郭卫东、杨思博、吴歆彦、王　谦、王银船、王　枢、程雅丽、杨卫红、季惠梅、张志芳、张军虎、李　炩、张　露、李晓兵、任　慧、陈　杰、牟忠霞、李文豪、夏天妍、齐亚娜、刁蓬芝、杜俊梅、秦志鹏、冯敬然、樊　艳。

主要审查人:郭占一、郭　明、王哲浩、甘博捷、殷建春、杨惠东、史宪晟、李　成、单松堂、陈　政、邓宝顺、蒋金辉、卜恩龙、程光红、孙建明、赵建国、沈　斌、李汉卿、袁　莉、彭维英、王　峻、王　勇、俞国根、苏　梅、沙悦寒、郝　颖。

目　次

1 总　则

1.0.1　为适应铁路运输生产需要,使铁路房屋设计符合安全、适用、经济、绿色的基本要求,制定本标准。

1.0.2　本标准适用于新建、改建铁路房屋建筑设计。

1.0.3　铁路房屋建筑设计应节约用地,少占或不占耕地,并应符合国家节约能源和保护环境的要求。

1.0.4　铁路房屋建筑应统一规划、适度集中、综合布置。

1.0.5　铁路房屋建筑建设用地规划应按远期设计年度确定。房屋建筑标准和建筑规模应根据铁路运输发展规划和所在地域的经济发展水平、地区气候条件等因地制宜确定。

1.0.6　铁路生产生活房屋应与项目主体工程同步设计、同步施工、同步投入使用。

1.0.7　铁路房屋建筑设计应采用成熟可靠、经济合理、安全适用的新技术、新材料。

1.0.8　改建铁路宜利用既有房屋建筑和设施。

1.0.9　铁路房屋建筑设计除应符合本标准外,尚应符合国家现行标准的相关规定。

2 基 本 规 定

2.1 一 般 规 定

2.1.1 铁路行车调度、运转、通信、信号、供电、供水建筑的抗震设防应划为重点设防类。

2.1.2 铁路房屋建筑抗震、防火和结构安全设计必须符合国家现行相关标准的规定。

2.1.3 车站站区铁路生产设备房屋设计应符合下列规定:

1 房屋应按功能分区集中建设、统一管理。

2 无扩建条件的生产设备房屋面积宜按设备远期使用要求确定,近期应综合利用。

3 布置较重设备或产生较大噪声和振动的设备房间宜设置在建筑底层且对其他房间相对影响小的位置。

4 各种管线应统一规划设计,路径相同的管线宜设置综合管沟。

5 无人值守的生产设备房屋不宜设外窗,并应采用防盗安全门。

2.1.4 铁路房屋建筑应符合设备安装、检修等使用要求。

2.1.5 铁路房屋建筑变形缝不应设在设备机房内。

2.1.6 铁路生产设备房屋防雷、电磁兼容、接地以及防振、防尘、防静电、防潮及防鼠等要求应符合国家现行相关标准的规定。

2.1.7 电缆、光缆及其竖井、沟(槽、管)等穿过房屋隔墙、楼板时,应进行防火封堵设计。

2.1.8 铁路生产设备房屋内设有用水设备时,应有防止水漫溢和渗漏的措施。

2.1.9 车间、工区应结合站区专业特色及地域文化特色,统一设置室内外文化设施及训练场所。

2.2 选　　址

2.2.1 铁路房屋选址应符合下列规定:

1 宜选择在地势较高、平坦、排水通畅、有利发展、交通方便地段。

2 不应设在泥石流、泄洪区、滑坡、岩溶及断层构造发育带等严重地质不良地段。

3 应远离产生大量粉尘、煤烟、散发有害物质等污染严重地段和储存易燃、易爆、放射性物质等不安全地段。

4 不得设在高压电力线路走廊和重要的地下工程、地下管道影响范围之内。

5 不宜大量拆迁既有建筑物。

2.2.2 铁路区间生产设备房屋设计应符合下列规定:

1 房屋室外地面高程应符合国家现行标准中相关洪水位和内涝水位的相关规定。洪水位或内涝水位重现期应符合表 2.2.2 的规定。

表 2.2.2 铁路房屋室外地面设计洪水位或内涝水位重现期

房屋名称	设计洪水位或内涝水位重现期
牵引变电所	100 年
分区所、开闭所及自耦变压器(AT)所、电力变电所、配电所、区间通信信号设备房屋、给水站的泵站	50 年
生活供水站(点)的泵站	20 年

注:1 表中生产设备房屋室外地面采用的设计洪水位或内涝水位应增加 0.5 m 安全超高。
2 当泵站位于大江河、湖泊和水库岸边时,室外地面高程尚应加波浪高。
3 设置在同一处所的通信、信号、电力等生产设备房屋基础高程应一致,并应采用较高设计洪水位或内涝水位。

2 铁路房屋选址应考虑道路交通运输条件。

2.2.3 与铁路线路密切相关的生产用房和技术作业房屋,可根据作业需要选址,且必须符合现行铁路建筑限界和国家相关标准的规定。

2.3 总平面布置

2.3.1 总平面布置应统筹布局、资源共享,除因技术作业要求必需布置在靠近铁路线路的房屋外,其他房屋布置应符合下列规定:

1 满足铁路土地综合开发需求,并与城镇发展规划相协调。

2 分区明确,布局紧凑、合理,并满足生产工艺和远期预留房屋用地要求。

3 符合国家防火、劳动安全卫生及环境保护和节约能源、绿化标准要求。

4 地面高程应结合地形、水文等自然条件确定。与线路高程相关的生产房屋应结合线路轨顶面、路基面、洪水位或站台面高程进行竖向设计。

2.3.2 工务、电务、供电、建筑等车间和工区生产生活房屋应设置在同一场地并集中建设,宜与站房同侧设置。同一场地内的办公房屋、生产房屋、生活房屋等按不同使用功能分区域集中设置。

2.3.3 对于有铁路工艺特殊要求、不宜集中设置的房屋应按照国家现行相关标准执行。

2.3.4 维修车间和工区内的单身宿舍、食堂等生活房屋应集中设置。其中,单身宿舍宜根据专业需要采取相对隔离措施,各专业应共用食堂。

2.3.5 车间和工区院内出入口应设置门卫值班室。

2.3.6 站、段(所)、车间、工区院内应设置停车坪和自行车棚,其面积应根据所处地理位置和用地规模确定,并可根据需要设置充电设施。

2.3.7 设有室外训练场时,训练场应集中设置;设有室内模拟演练室时,模拟演练室应分专业设置。

2.3.8 维修车间和工区院内应结合场地规模集中设置绿地,亦可结合绿地景观设置建筑小品。

3 生 产 房 屋

3.1 一 般 规 定

3.1.1 铁路生产房屋面积应根据生产规模、生产工艺及设备使用要求确定。

3.1.2 铁路生产房屋设计规模应符合下列规定：

1 机车、车辆、动车组检修车库应按近期设计年度确定，预留远期条件。

2 下列生产房屋应按远期设计年度确定：

1）旅客站房；

2）牵引变电所和电力变配电所电气设备房屋；

3）信号楼、站调楼、调度所房屋；

4）通信、信号、信息设备房屋；

5）自然灾害及异物侵限监测系统（以下简称"灾害监测系统"）房屋。

3 其他生产房屋应按近期设计年度确定。

3.1.3 同一地区性质相近的生产房屋宜集中修建综合建筑，并统一布置。新建铁路同一地区各站、段的修配作业房屋宜联合设置。

3.1.4 有设备维修倒替要求的生产设备房屋应预留倒替条件。倒替部分应采用轻质隔墙，并宜设置为办公、间休等用房，其电缆孔位、电源插座、综合管线、设备综合接地体室内预留端子及房屋荷载等应按生产设备房屋进行配置。

3.1.5 通信基站、直放站、信号中继站、牵引变电所、自耦变压器（AT）所、电力变配电所、开闭所、分区所等应设高度不小于 2.5 m 实体围墙和具有防盗功能（不通透）的院门。围墙上方应设 0.5 m 刺丝滚笼，门上应设内、外翻 45°尖刺。

3.1.6 通信、信息、信号、灾害监测系统设备房屋、牵引变电所、自耦变压器（AT）所、电力变电所、配电所、开闭所、分区所等设备房屋，不宜设在地面以下底层，不应设在厕所、浴室、厨房或其他经常积水场所下一层的正下方处，也不宜设在与上述场所相贴邻处；当贴邻时，隔墙应做无渗漏、无结露的防水处理。设备房屋设有暖气、空调冷凝水等管道时，应采取有效的防水措施，并应符合现行《电子信息系统机房设计规范》GB 50174 的相关规定。

3.1.7 站、段办公和职工教育用房标准应符合本标准第 3.17 节的规定，车间、动车所、工区用房应符合本标准附录 A 的规定。

3.1.8 油库与其他建筑物的安全距离应符合现行《建筑设计防火规范》GB 50016、《铁路工程设计防火规范》TB 10063 的相关规定。

3.1.9 工务、供电轨道车库应根据生产需要，按照同地布局的原则集中设置，料具间等附属房间应设置在边跨内，车库主跨与边跨连通。材料库（棚）、堆场和油库应分专业集中设置。

3.1.10 更衣室的房屋使用面积应按每人配置 1 个更衣柜计算。

3.2 客运用房

3.2.1 客运用房主要由车站客运用房和客运段客运用房组成,车站客运用房应符合现行《铁路旅客车站建筑设计规范》GB 50226及其他相关标准的规定。客运段客运用房主要由车队用房和旅客服务用房组成。

3.2.2 车队用房主要由下列房屋组成:

1 车队办公及管理室、车队备品室、派班室、乘务员交接班(学习)室及更衣室。

2 车队乘务员出乘室、待乘候班室、备班室。

3 票据库、进款室。

3.2.3 普速列车旅客服务用房主要由下列房屋组成:

1 卧具备品库、专运备品库、杂品库,站台供应商品库。

2 食品加工室、包装间、商品库(含冷藏库)。

3 卧具洗涤、整理及保洁等房屋。

4 备品室、质检室等整备房屋。

3.2.4 动车组车队用房和旅客服务用房应根据动车组开行数量比照普速列车旅客服务用房单独计算确定。

3.2.5 客运段应设乘务员出乘室,其使用面积应根据最大出乘乘务班组人数按1.0 m^2/人计算确定,但不宜小于30 m^2。

3.2.6 客运段备班室使用面积应根据实际使用人数按4.0 m^2/人计算确定。

3.2.7 每个车队的办公、管理用房使用面积(含列车长用房)宜为60 m^2,乘务员交接班(学习)室使用面积宜根据车队最大班组人数按1.0 m^2/人计算确定。

3.2.8 卧具库建筑面积宜根据段属运营卧铺车数量按25 m^2/辆计算确定。杂品、商品(含冷藏)库建筑面积可根据实际工程确定。

3.2.9 卧具洗涤、食品加工等房屋建筑面积应根据所需工作量及工艺要求确定。

3.2.10 备品室、质检室等整备房屋建筑面积应根据所需存放备品的数量确定。

3.2.11 客车技术整备所宜设置客运看车值班室,其使用面积可按照每编组5 m^2计算确定,但不宜小于20 m^2。

3.2.12 车站安检人员办公、更衣、间休、危险物品暂存室的使用面积应根据最大当班人数按1 m^2/人计算确定,且不宜小于30 m^2。

3.3 货运和装卸用房

3.3.1 货运用房主要由下列房屋组成:

1 货运办公室、货运营业厅、货运车间用房。

2 学习(点名)室、外勤货运员室。

3 汽车衡检室、综合检查监控室。

4 装卸办公用房。

5 货场门卫室。

3.3.2 货运办公和货运营业房屋设计应符合下列规定:

1　货运办公宜与营业房屋合建,应设在方便货主办理业务的地点。

2　货场门卫室应设在货场出入口附近。

3　综合型货场货运营业厅房屋使用面积应根据货场规模按表 3.3.2 确定。300 万 t 及以上特大型货场营业厅应根据实际情况确定,但不宜大于 500 m^2。

表 3.3.2　综合货场货运营业厅(室)使用面积

货场规模	小型	中型	大　型	
年到发量(万 t)	30 及以下	31~100	101~199	200~299
使用面积(m^2)	80~100	101~200	201~300	301~400

3.3.3　点名(学习)室使用面积应根据最大班组人数按 1.0 m^2/人计算确定。

3.3.4　外勤货运员室宜设在仓库区适当地点或普通货物仓库的端部,建筑面积宜为 15 m^2。

3.3.5　汽车衡检室宜设在货场出入口处,综合检查监控室宜与货运办公房屋合建。

3.3.6　装卸用房主要由下列房屋组成:

1　货场装卸办公室、点名(学习)室、装卸工间休室。

2　综合维修车间、移动机械停放库、储油间、工具库、材料库。

3　掏装箱库。

4　集装箱换装库。

3.3.7　装卸用房设计应符合下列规定:

1　装卸办公房屋应与间休房屋合建。

2　间休室床位数应按最大当班人数确定,其使用面积宜按机械装卸司机4.0 m^2/床、装卸工 3.0 m^2/床计算确定。

3　点名(学习)室应符合本标准第 3.3.3 条的规定。

3.3.8　综合维修车间建筑面积应根据维修工作量确定;移动机械停放库使用面积应根据停放车辆的数量确定;工具库及材料库使用面积应根据实际工具存放数量确定。

3.3.9　危险品、爆炸品货物仓库除应符合国家现行相关标准规定外,尚应符合下列规定:

1　同一库内各类危险品应分间设置。

2　危险品库房内应通风、干燥,屋顶应有隔热措施,窗户应有防晒措施。

3　危险品仓库地面和墙裙应耐酸、碱腐蚀和方便洗刷、排水。

4　危险品仓库附近应设清洗设施。

5　爆炸品仓库应为单层建筑,每个仓库使用面积不应大于 100 m^2。

3.3.10　放射性物品仓库设计应符合下列规定:

1　仓库宜采用地下建筑,墙体及屋盖应根据需要采取防射线穿透的措施。

2　门窗应有良好的防射线穿透功能,室内墙面应平整、光滑,墙角应为弧形。

3　地面应便于洗刷并设地漏,屋面应设自然通风设施。

3.3.11　储油间设置应符合现行《汽车加油加气站设计与施工规范》GB 50156 的有关规定,与其他建筑物的安全距离应符合现行《建筑设计防火规范》GB 50016 和《铁路工程设计防火规范》TB 10063的有关规定。

3.3.12　危险品专办站浴室内应分设接触危险品人员的淋浴间。

3.3.13　铁路物流中心房屋建筑设计应满足仓储自动化、仓配一体化、服务便捷化和管理现代化的要求,物流中心内综合服务楼、生产生活设施等用房应集中设置,且远近结合、统一规划、综合设计、避免互相干扰。

3.3.14 铁路物流房屋设计应符合《铁路物流中心设计规范》Q/CR 9133的有关规定。

3.4 车站运转用房

3.4.1 车站运转用房主要由下列房屋组成:

1 车站值班员室、外勤行车室、扳道房、道岔清扫房、站内道口看守房。

2 站调(货调)楼、车号员室、货检室(商检室)、调车区长室、驼峰集中楼、峰顶作业(提钩员)室、拉风作业员室、峰尾集中楼、调车组休息室、制动员(连结员)室、铁鞋存放室、峰尾防护室、闸楼、统计室。

3 列尾作业员室、列尾装置附属设备工作室(检测台工作室、电池组充电工作室和储备工作室)。

4 车间点名班室(交接班室、学习室)、更衣室、间休室、设备工具存放室、维修室。

5 高速铁路 CTC 车站终端监控室。

3.4.2 设有集中信号楼的车站,车站值班员室应设于信号楼内,采用调度集中(CTC)的车站应设监控室,其他车站应单设车站值班员室。

3.4.3 外勤行车室宜设于车场到发线中部或端部一侧,并应朝向站场设施布置。在满足作业要求的情况下,外勤行车室也可与其他房屋合建。

3.4.4 扳道房宜设在繁忙道岔附近。

3.4.5 道岔清扫房宜设在集中联锁车站的道岔集中处,也可与其附近其他房屋合建。

3.4.6 站调(货调)楼宜设在车站中心位置,也可与信号楼、车站办公楼、行车室等房屋合建。站调室应面向线路,具备三面瞭望条件。站调(货调)楼的站调主任室、站调值班站长室、总值班员室、站调室、调车区长室、站货调室宜合设调度大厅。分设时,站调室、货调室应与车号员室(内勤)相邻布置。

3.4.7 有货物列车到发作业的车场宜设车号员室(外勤)和货检室,车号员室(外勤)和货检室宜设在车场到发线中部或端头一侧,也可与其他房屋合建。

3.4.8 设有驼峰的车站宜在驼峰峰尾道岔区线路一侧设峰尾集中楼;无驼峰的车站宜在编组线群咽喉区附近的外侧设调车区长室。调车区长室宜与调车组休息室、车号员室、扳道房合设。

3.4.9 驼峰集中楼宜设在驼峰下便于瞭望整个驼峰调车作业、驼峰溜放方向的左侧。

3.4.10 峰顶作业(提钩员)室宜设在推峰方向峰顶平台的左侧。

3.4.11 拉风作业员室宜设在有到达作业车场的中部外侧,也可与车号员室合设。

3.4.12 设有调车人员的车站应设调车组休息室。调车组休息室宜与调车区长室、车号室、扳道房合设。

3.4.13 制动员(连结员)室应与铁鞋存放室合设,并宜设在调车场中、尾部线路间。

3.4.14 峰尾防护室应设在调车场尾部。

3.4.15 闸楼宜设在车站与机务段或动车段咽喉处的出入口处。

3.4.16 列尾作业员室、列尾装置附属设备工作室(检测台工作室、电池组充电工作室和储备工作室)宜设于车场列车尾部,并可根据具体情况合设。

3.4.17 中、小型车站充电室宜设在值班员室附近；编组站可按集中充电或按车场分别设置充电室，并宜设在调车人员较集中处。

3.4.18 点名室（交接班室、学习室）、更衣室、间休室、设备工具存放室、维修室，以及车站值班员室、外勤行车室等车站运转用房房屋面积，应根据车站等级和使用人员数量确定。其中，间休室建筑面积指标应按 5 m^2/床~6 m^2/床计算确定。

3.5 国境（口岸）站用房

3.5.1 国境（口岸）站用房分旅客用房和货运用房。

3.5.2 旅客用房应符合《铁路旅客车站设计规范》GB 50226 的相关规定。

3.5.3 货运联检用房应根据国家海关联检要求确定。

3.6 通信、信号、信息及灾害监测用房

3.6.1 通信生产房屋应设置通信设备房屋和通信检修房屋。

3.6.2 通信设备房屋应设置于通信站、调度所、车站及铁路沿线等有通信设备的处所，并符合下列规定：

1 通信站应设置通信机械室、电源室、网管室、值班室、引入室、备件及仪器仪表室、备用发电机房、储油房及备用房屋等。

2 调度所应设置通信机械室、电源室、网管室、值班室、引入室、备件及仪器仪表室等。

3 车站、信号楼应设置通信机房、电源室、备件及仪器仪表室等。

4 机务段（折返段）、动车段（所）、牵引变电所、电力配电所、开闭所、分区所、区间基站、区间直放站、信号中继站以及段、车间、工区等处所应设置通信机械室。

5 各专业段、车间等处所根据业务需要设置通信机械室。

3.6.3 通信检修房屋应设置于通信段、通信车间、通信工区、机务段（折返段）、动车段（所）及车站，并符合下列规定：

1 通信段检修房屋应设置网管中心、技术支持中心、调度指挥中心、计量室、抢险设备库、汽车库、材料库及料棚、电视电话会议室、职工教育培训基地等房屋或构筑物。

2 通信车间检修房屋应设置监控室、技术室（组）、计量室、汽车库、材料库及料棚、电视电话会议室及职工教育培训室等房屋或构筑物。

3 通信工区检修房屋应设置值班室、作业间、更衣室、材料库等房屋。

4 通信段、通信车间及通信工区应根据人员配置情况设置相应的办公房屋。

5 机务段（折返段）、动车段（所）通信检修房屋应设置屏蔽室、值班室、作业间、更衣室、材料库等房屋。

6 未设通信工区的车站宜根据维护需要设置车站通信值班室。

3.6.4 通信设备房屋的等级划分应符合《铁路通信设计规范》TB 10006等有关标准的规定，并应符合下列规定：

1 变、配电所使用的通信设备可设置在其控制室内。

2 中间站、越行站、线路所等通信机械室应靠近车站运转室、信号机房设置。

3　通信设备房屋应符合无线通信系统天馈线的引入条件,以及通信铁塔位置的要求,并考虑光电缆引入方便。

4　与办公房屋合建时,宜采取分隔措施。

5　无人值守通信机械室应设防盗及其他安全设施,不宜设窗。设窗时,应采用双层密闭或双玻密闭窗,并应采取防晒措施;不设窗或采用密闭窗时,应有通风设施。

6　通信设备房屋净高、荷载、门、窗、地面、墙面等技术要求应符合本标准附录B的规定,温、湿度等要求应符合《电子信息系统机房设计规范》GB 50174的有关规定。

7　通信设备房屋宜与通信检修房屋及其他生产房屋合设。

3.6.5　信号生产房屋应包括信号设备房屋和信号检修房屋。

3.6.6　信号设备房屋的设置应符合下列规定:

1　车站、编组站、动车段(所)宜设置信号设备房屋及电缆引入室。

2　区间中继站应设置信号设备房屋。

3　无线闭塞中心(RBC)所在地应设置RBC机房及设备监控室。

4　动车段(所)合署办公地点应设动车段(所)控制集中系统(CCS)设备机房。

5　自动化驼峰宜设置信号设备房屋,主要包括驼峰信号机械室(包括机房)、驼峰动力机械室等。

6　有人看守的铁路道口宜设置道口信号设备房屋。

7　信号设备房屋主要包括信号计算机室、信号机械室和电源室,根据需要可合设,雷害严重区域宜包括防雷分线室。

3.6.7　信号设备房屋选址、平面布置应符合下列规定:

1　信号设备房屋外缘与最近线路中心线的距离不应小于7.00 m。

2　信号设备房屋应单独设置,不应设于综合站房内。

3　当信号设备房屋与通信等设备房屋合设时,应设置相对独立的出入口。

4　信号设备房屋应与运转室相邻布置。

5　信号设备房屋面积应根据站场规模、列控、联锁及闭塞制式、信号设备设置要求等因素计算确定。

6　驼峰信号楼宜设于线路左侧,设有可控减速器的驼峰信号控制室宜设于一部位与二部位之间溜放线路的左侧。

3.6.8　信号检修房屋宜设置在电务段、信号车间、信号工区,并应符合下列规定:

1　电务段检修房屋宜设置技术支持中心/技术室、监控室、电务调度指挥中心及数据分析用房[包括安全生产指挥中心、信号集中监测、车载数据分析、列控设备动态监测系统(DMS)、调度集中(CTC)调度终端用房等]、计量室(包括仪器仪表测试、检修)、电务试验室、材料库(棚)、设备资料档案室、抢险设备库、汽车库、安全中心、会议及学习培训中心、职工教育基地等房屋或构筑物,根据需要可设置网管中心。

2　信号车间检修用房应符合下列规定:

1) 现场信号车间宜设置设备检修室、监测分析室、生产调度室、材料库(棚)、会议室、培训室、值班室,可设置应急库。车间不设应急库时,材料库(棚)应设置应急备品备件存放区。

2) 专业车间可根据检修内容类别分为信号检修车间、中修车间、电子设备车间、车载设备车间、驼峰车间等,其检修用房应根据检修需求设置。车载设备车间可设置列车自动防护(ATP)、机车信号、列车运行监控装置(LKJ)等车载信号设备检修室。设有可控减速器的驼峰车间宜设置减速器检修工区及专用料库,减速器/减速顶专用料库宜设于一楼。

3　信号工区应设置监测分析室、工区办公室和值班室,根据需要可设置设备检修室、会议室等。

4　测试工区除办公室和值班室外,还应配置数据分析室、设备检测室、备品备件库等检修房屋。

5　驼峰工区应根据驼峰动力机械、雷达、测速、测长设备以及推峰机车控制设备等工艺要求设置检修房屋。

3.6.9　信号车间、工区生产用房除应符合本标准附录 A 外,还应符合下列规定:

1　信号车间、信号工区房屋宜设在信号楼内或与其他生产办公房屋合建。

2　无工区的车站应设置信号应急值班室和备品备件间。

3.6.10　信号设备房屋的等级划分应符合《铁路信号设计规范》TB 10007 等有关标准的规定,并应符合下列技术要求:

1　与其他房屋合建时,建筑物内运送信号设备通道的净宽不应小于 1.50 m。

2　信号设备房屋可不设或少设窗,无人值守机房信号设备房屋不宜设窗。当设窗时,应采用双层密闭或双玻密闭窗,并应采取防晒措施。不设窗或采用密闭窗时,应有通风设施。

3　信号设备房屋应配置空调及通风设施,温度、湿度等要求应符合《电子信息系统机房设计规范》GB 50174 的有关规定。

4　信号设备房屋净高、荷载、门、窗、地面、墙面等技术要求除应符合设备布置、设备运行及维修、检修要求外,尚应符合本标准附录 C 的规定。

5　驼峰动力机械室应根据室内机械设备工艺要求设置。

3.6.11　信息用房主要包括综合监控室、信息值班室、备品备件室、信息设备房屋、信息维修室。其中,信息设备房屋主要包括信息机房、电源室、信息配线设备间等。

3.6.12　信息用房可根据需要设置在铁路局(调度所)、车站、段(所)等处所。

3.6.13　信息机房、信息配线设备间的等级划分应符合《铁路客运服务信息系统设计规范》TB 10074 的有关规定。

3.6.14　信息设备房屋平面布置应符合下列规定:

1　各信息系统宜集中设置信息设备用房。

2　信息机房宜与通信机械室相邻。

3　客运车站站房内信息机房宜与综合监控室相邻。

4　建筑入口至信息机房的通道净宽不应小于 1.50 m。

5　信息配线设备间宜设置垂直贯通的电缆竖井。

3.6.15　信息设备房屋应符合下列技术要求:

1　信息机房、信息配线设备间面积计算应符合《电子信息系统机房设计规范》GB 50174 以及铁路总公司有关规定。

2　房屋净宽不应小于 3.3 m,并应设置独立的外门。

3　信息机房不宜设置外窗;设置外窗时,应采用双层固定窗,并应有良好的气密性。

4　信息设备房屋内的设备布置应符合机房管理、人员操作和安全、设备和物料运输、设备安装、运行及维修、检修要求。

5 信息设备房屋净高、荷载、门、窗、地面、墙面等技术要求应符合本标准附录 D 的规定,温、湿度等要求应符合《电子信息系统机房设计规范》GB 50174 的有关规定。

3.6.16 灾害监测系统设备用房可设置在铁路局、车站、区间基站、信号中继站、牵引变电所、自耦变压器(AT)所、分区所等处。设置在铁路局时,宜与信息房屋合设;设置在其他位置时,宜与通信设备房屋合设。房屋技术要求应符合信息、通信机房的有关规定。

3.7 工务用房

3.7.1 工务用房主要由下列房屋组成:

1 工务段、桥工段、大型养路机械运用段、大修段及焊轨基地生产房屋。

2 线路车间、探伤车间、检查监控车间、路桥(隧)车间、道口车间、重点维修车间、综合机修车间、运输车间、测量车间、减速顶维修室等生产房屋。

3 线路工区、检查工区、维修工区、探伤工区、道口工区、桥隧检查工区、桥隧养修工区、路基工区(重丘和山区)、扫山工区(山区易发生落石铁路)等生产房屋。

4 高速、城际铁路未设车间和工区的车站及线路所值守、抢修料具用房,看守房、隧道通风设备用房。

3.7.2 工务段、桥工段、大型养路机械运用段、大修段及焊轨基地由下列房屋组成:

1 工务段、桥工段用房主要包括生产调度指挥中心、技术室(线路、路桥、安全等)、数据分析中心、桥隧检测室、计量室、仪器室、档案室,材料库(棚)、轨道车库、汽车库、设备检修房屋、油料库,材料存放基地用房。

2 大型养路机械运用段、大修段及焊轨基地用房应根据需要单独设置。

3.7.3 客货共线铁路车间用房除应符合本标准附录 A.0.1 条外,还应根据需要设置数据分析中心、油料间、材料库(棚)。

高速、城际铁路车间用房除应包括客货共线铁路车间生产房屋外,还应设置机械室、修配室、仪器室、轨道车库。

3.7.4 客货共线铁路工区用房除应符合本标准附录 A.0.2 条外,还应根据需要设置巡道室、油料间、机具房、材料库(棚)、修配室。

高速、城际铁路工区用房除应包括客货共线铁路工区生产房屋外,还应根据需要设置轨道车库及其他设备检修用房。

3.7.5 工务段、桥工段、车间、工区用房应符合下列规定:

1 工务段、桥工段、车间、工区房屋应进行统一规划,并应按办公、检修、动力、材料及轨料存储等分区布置。

2 工务段、桥工段、车间内的数据分析中心、计量室及仪器室宜与办公房屋集中设置。

3 计量室及仪器室应远离振动及电磁干扰源。

3.7.6 枢纽站应设置线路车间及检查工区、线路工区、维修工区用房,动车段应设置线路工区用房。

3.7.7 未设置车间、工区的高速、客运专线铁路车站应设置抢修用房,并应与车站其他维修用房合设。

3.7.8 线路所宜设值守及抢修料具用房。

3.7.9 一人使用的工务道口看守用房建筑面积宜为 18 m^2 ~ 20 m^2；两人使用时，建筑面积宜为 21 m^2 ~ 25 m^2。道口看守房应有良好的瞭望条件。

3.7.10 轨道车库设计应符合下列规定：

1 轨道车库规模应满足 2 辆轨道车和 2 辆平板车编组停放和检修要求，其长度不宜小于 68 m，宽度应根据工艺确定。库内检查坑长度不宜小于 63 m。

2 轨道车库宜设置边跨，边跨应与主跨连通。

3 轨道车库前应采用硬化地面，其高程宜与轨道车库内地面及轨道顶面高程一致。

4 有轨道车停留线的综合维修点，材料库应设置在停留线附近。

3.7.11 材料棚长度、跨度及吊运机械配置应满足存放及装卸钢轨、道岔的需要。

3.7.12 综合机修车间房屋使用面积应根据机具配备、工艺要求确定。

3.7.13 工程技术档案室面积应按每百营业公里 60 m^2 计算确定。

3.8 牵引供电及电力用房

3.8.1 牵引供电及电力用房主要由下列房屋组成：

1 供电段用房。

2 供电车间、检测车间、变电维(检)修车间、电力维(检)修车间及接触网维(检)修车间等车间用房。

3 供电工区、检测工区、维修工区等工区用房。

4 牵引变电所、分区所、自耦变压器(AT)所及开闭所等房屋。

5 电力变配电所、变电所、配电所及柴油发电站等房屋。

6 火灾自动报警系统(FAS)及机电设备监控系统(BAS)房屋。

3.8.2 位于同一车站的供电段、供电车间、供电工区用房宜合设。

3.8.3 枢纽及区段站等大站可单独设置供电工区用房。供电工区用房宜设置在变电所所在站或较大车站站房附近，或与所在地的供电车间、供电段合设。

3.8.4 车间及工区用房设置应符合下列规定：

1 变电维(检)修车间生产房屋宜根据本段检修电气设备的容量、电压等级设置电修间、试验间、仪表间、远动保护间、信息化间、防护间、化验间、色谱间、存油间、熔焊间、工具间等。

2 电力维(检)修车间宜设调度室、工具间、抢修料库、待班间等。

3 接触网维(检)修车间宜设技术室、调度室、轨道车库、工具间、材料库、待班间等。

4 检测车间宜设高速铁路供电安全检测监测系统(6C 系统)终端室、数据分析室、检测室、设备存放间、待班间等。

5 动力设备检修车间宜设轨道车库和内燃检修间。

6 工区宜设材料库、轨道车库、梯车库、工具间、会议室、待班间等房屋。

3.8.5 车间及工区房屋应符合下列技术要求：

1 电修间和试验间的净空高度应符合工艺要求，且不宜小于 9 m。

2 计量化验室、仪表间、远动保护间、化验间、信息化间及防护间宜设置在生产办公楼内或其他远离振动设备的场所，具有防尘、防振、防潮、通风及良好采光等措施，并应配备电源稳压设备。

3 色谱间和化验间地板宜采用防水、防火材料,地面应平整,并设置地漏。

4 设有通风系统的房屋,其进风口、排风口上应设置金属网。

5 汽车库与轨道车库的净空高度、台位数和建筑面积,应分别根据配置的车辆的台数和规格确定。其中,轨道车库的净空高度不应小于 6 m,库内应设检查坑。

6 梯车库宜设在岔线旁,库内地面高程应与岔线上平板车装载面一致,库门高不应小于 6 m。

3.8.6 牵引供电设备房屋设计除应符合现行《铁路电力牵引供电设计规范》TB 10009 要求外,还应符合下列规定:

1 牵引供电设备房屋宜由 27.5 kV 高压开关室、110 kV (220 kV 或 330 kV)高压开关室、电缆夹层、控制室、牵引变压器室、所用变压器室、检修室、储藏室等组成。

2 安装 SF_6 气体绝缘封闭组合电器(GIS)设备的 110 kV(220 kV 或 330 kV)高压开关室应设置起吊装置,起吊容量应满足起吊最大检修单元,以及设备检修的要求。

3 牵引供电设备房屋除应符合设备布置、运行及维修与检修要求外,尚应符合本标准附录 E 的规定。

3.8.7 电力设备房屋设计除应符合现行《铁路电力设计规范》TB 10008要求外,还应符合下列规定:

1 电力设备房屋宜由高压开关室、变压器室(调压器室)、中性点接地设备室、无功补偿室、电缆夹层、控制室、低压配电室、柴油发电站、检修室、值守室、储藏室、火灾自动报警系统消防控制室及机电设备监控系统监控室等组成。

2 火灾自动报警系统消防控制室及机电设备监控系统监控室应符合《火灾自动报警系统设计规范》GB 50116 及《智能建筑设计标准》GB 50314 等规定。

3 电力设备房屋除应符合设备布置、运行及维修与检修要求外,尚应符合本标准附录 E 的规定。

3.8.8 油浸电气设备室内布置应符合下列规定:

1 总油量大于 100 kg 的室内油浸变压器应装设在单独的变压器间内。

2 总油量为 100 kg 以上的室内单台电气设备应设置挡油或贮油设施。挡油设施的容积宜按容纳 20% 油量设计,并应有将事故油排至安全处的设施;事故油无法排至安全处时,应设置能容纳 100% 油量的贮油设施。

3 充油电气设备间的门开向不属于配电装置范围的建筑物内时,其门应为非燃烧体或难燃烧体的实体门。

3.8.9 就地检修的室内油浸变压器,其室内净高可按吊芯所需最小高度加 700 mm 确定,宽度可按变压器两侧各加 800 mm 确定。

3.8.10 牵引变电所,开闭所,10 kV 及以上电力变、配电所宜设置值守用房及盥洗室,使用面积不宜小于 20 m^2/所。

3.9 机务用房

3.9.1 机务用房主要由下列房屋组成:

1 机务段机车运用、整备、检测房屋,机车检修车库、试验车库及其附属分间,机车燃油库及卸、发油房屋,机车调度室、通信机房、信息机房、驻段验收室、大数据分析中心房屋,乘务员待乘房屋和乘务员公寓等生产用房。

2　机务段设备维修间、动力设施房屋、材料库(棚)及备品库等辅助生产用房。

3　机务折返段、机务折返所、调机整备所、机务换乘所生产用房。

4　高铁车站动车组运用车间及动车组司机间休室等生产用房。

5　机车救援办公房屋、应急救援热备机车用房。

3.9.2　机务房屋布置应符合下列规定:

1　房屋和设施应进行总体规划,并应按机车运用、整备、检修及生产辅助、办公及附属生活等房屋分区布置。

2　产生和散发有害物质的生产用房应当布置在当地全年最小频率风向的上风侧。

3　产生强振动和高噪声的车间应单独布置在对环境影响较小的地点,并应符合现行《工业企业噪声控制设计规范》GB/T 50087的规定。

4　机车燃油库应单独设置,与其他建筑物的安全距离应符合现行《石油库设计规范》GB 50074 和《铁路工程设计防火规范》TB 10063的有关规定。

3.9.3　机车检修车库设计应符合下列规定:

1　位于工程地质不良地段的检修车库应采取相应的加固措施,并符合车库内整体道床、检查坑检修使用要求。

2　配置有起重机的检修车库,屋架下弦的设计高度应符合起重机设备安装及维护和检修的空间要求。

3　检修车库宜利用自然采光,采光等级宜为Ⅲ~Ⅳ级,除侧向布置采光窗外,尚应设置屋面采光带。

4　检修车库的建筑基础及地下结构应与车库内设备基础、检查坑排水管道位置相协调,符合设备基础及管线的实施条件。

5　检修车库室内地面高程宜与轨道顶面一致,并宜高于室外地面 0.15 m~0.30 m。

6　检修车库及其附属分间的地面面层材料应根据检修工艺和清洁要求确定。

7　检修车库及其附属分间室内地面应有排水坡度和集水设施。

8　产生和散发有害物质的生产厂房应设置独立的通风设施。

9　检修车库的大门应设门斗或雨棚,严寒地区应设保温门,门前应采用硬化地面,大门洞口尺寸应符合现行《标准轨距铁路建筑限界》GB 146.2 的规定。

10　检修车库及其附属分间应设班组更衣室和间休室,并应结合生产房屋布置在适当位置设置卫生间。

3.9.4　机车整备棚(库)、临修棚(库)的设计应符合下列规定:

1　机车整备棚、临修棚内设机车检查坑时,棚的纵向外端长度应大于检查坑外端 3 m。有内燃机车整备、临修作业时,棚(库)顶应设置排烟装置。

2　机车整备棚(库)、临修棚(库)外侧宜设遮阳防雨设施。

3　电气化接触网引入机车整备棚(库)、临修棚(库)时,棚(库)的建筑结构应设置静电感应接地装置,棚(库)的净高应满足接触网安装高度和安全距离要求。

3.9.5　计量室、化验室、仪表间、轴承间等对洁净度、温度、湿度有特殊要求的生产房间,应按照检修工艺要求设置密闭门窗。

3.9.6　有酸、碱腐蚀和油污染的生产房屋应符合现行《工业建筑防腐蚀设计规范》GB 50046 的规定。

3.9.7 机车喷漆库和喷漆干燥房屋布置应符合现行《铁路工程设计防火规范》TB 10063的有关规定,库房应设置防尘、通风设施。

3.9.8 机车负载试验站、机车整车试验库设计应符合下列规定:

1 操作控制室应在与试验机车门窗对应位置处设置门窗,并应采取隔声措施。

2 当噪声治理标准达不到现行《工业企业噪声控制设计规范》GB/T 50087规定时,应采用防(降)噪车库。

3.9.9 机务段乘务员候班公寓设置除应符合本标准第3.18节相关规定外,房屋组成还应包括乘务员学习室、安全监控室。

3.9.10 动车组运用车间建筑面积可按表3.9.10确定。

表3.9.10 动车组运用车间房屋建筑面积

规 模	160人	240人	320人	400人	480人	560人
建筑面积(m^2)	900~1 000	1 100~1 200	1 400~1 500	1 500~1 600	1 700~1 800	1 900~2 000

注:表中建筑面积包括办公室(含车间、车队、指导司机)、车间会议室、车间学习室、车队学习室、派班室、更衣室、浴室、资料备品存放室、洗衣房等房屋。此外,健身房、驾驶模拟室、生理心理调节室根据现场需求计算确定。

3.9.11 有动车组司机继乘的车站应设置动车组司机间休室。动车组司机间休室应设置在高铁车站站房内环境安静、行走便捷和通风良好的处所,具备动车组司机休息、就餐和叫班等功能,其面积应根据所需的床位数计算确定。

3.10 车 辆 用 房

3.10.1 车辆用房主要由下列房屋组成:

1 客、货车辆段修车库,转向架间,轮轴间,轴承间,钩缓间,制动间,配件检修中心及其他检修间。

2 客、货车辆段设备维修间,动力设施,配件及材料库,汽车库等生产辅助房屋。

3 客车技术整备所房屋。

4 站修作业场房屋。

5 旅客列车检修所房屋。

6 货物列车检修作业场房屋。

7 洗罐所房屋。

8 车辆运行安全监控系统与车号地面自动识别设备房屋。

9 车轮厂房屋。

10 动力集中动车组检修、整备用房。

3.10.2 客、货车辆段(所)房屋应进行总体规划,按车辆检修和辅助生产、动力和设备、材料、办公及附属生活等房屋分区布置。

3.10.3 修车库及检修车间等生产房屋应根据工艺要求设计。

3.10.4 车辆段修车库除符合本标准第3.9.3条第1、4、10款的规定外,尚应符合下列规定:

1 加冰保温车或罐车车库门洞的净高不应小于5.5 m。

2 修车库室内地面高程应低于钢轨顶面0.01 m。

3 客车修车库和客车整备库(棚)室内地面应有排水坡度和集水设施。

3.10.5 修车库及检修车间等室内地面应高于室外地面0.15 m~0.30 m。房屋引道坡度应满足电动叉车出入要求。

3.10.6 修车库及检修车间应设班组更衣室及间休室,并应结合生产房屋布置设置卫生间。

3.10.7 车辆段的制动间、滚动轴承间、同温组装间、油压减振器检修间、计量室、探伤室、化验室等对洁净度、温度、湿度有较高要求的生产房屋应符合本标准第3.9.5条的规定。

3.10.8 有酸、碱腐蚀及油污染的房屋应符合本标准第3.9.6条的规定。

3.10.9 散发有毒有害气体和粉尘的生产车间应符合本标准第3.9.2条第2款的规定。

3.10.10 车辆段喷漆库、油漆间应符合本标准第3.9.7条的规定。

3.11 动车组用房

3.11.1 动车组用房主要由下列房屋组成:

1 动车组运用整备、检查及临修生产房屋,动车司机运转值班室、候班公寓、待乘室及间休室,随车机械师候班公寓和待乘室。

2 动车组检修车库及其辅助车间。

3 动车段设备维修车间、动力设备房屋、材料库(棚)及备品库、易燃品库。

4 调度中心、通信机房、信息机房、技术室、驻段验收室、合署办公房屋、行车安全监测设备用房。

5 动车运用所和存车场生产用房。

6 动车段(所)信号楼。

7 严寒和寒冷地区可根据需要设置融冰除雪库及洗车库。

3.11.2 动车组房屋布置应符合本标准第3.9.2条第1~3款的规定。

3.11.3 动车组检查库、镟轮库及检修车库设计应符合本标准第3.9.3条的规定。

3.11.4 计量室、化验室、仪表间、轴承间等生产房间的设计,应符合本标准第3.9.5条的规定。

3.11.5 有酸、碱腐蚀和严重油污染的建筑设计应符合本标准第3.9.6条的规定。

3.11.6 动车组司机和随车机械师候班公寓应符合本标准第3.9.9条的规定。

3.11.7 动车组生产房屋的设计应符合现行《铁路动车组设备设计规范》TB 10028的有关规定。

3.11.8 动车段喷漆库应符合本标准第3.9.7条的规定。

3.11.9 检查库、检修库可根据地区气候条件和检修作业的需要,设置通风或降温设施。

3.12 给水排水用房

3.12.1 给水排水用房主要由下列房屋组成:

1 给水厂(所)房屋、给水加压站房屋、给排水集中监控室、客车上水工休息室、站房直饮水处理站。

2 污水处理厂(站)房屋、真空站(真空中心)房屋、排水泵房和列车卸污工间休室。

3 消防泵房、消防器材间等。

3.12.2 给水排水房屋应符合下列规定:

1 设备间应满足防潮、防火、防噪声、防振要求,并应根据生产要求设置采暖、通风、采光、排水设施。

2 产生有毒、有害气体的消毒、加药、贮药等房间不宜设置在地下或半地下等通风条件差的位置,其门窗应有安全措施。

3.12.3 给水排水房屋布置应符合以下规定:

1 给水厂(所)、污水处理厂(站)房屋布置应符合设备运输、安装要求。

2 车站给排水集中监控室、站房直饮水处理站宜与站房合设。

3 排(污)水泵站宜单独设置,并应采取通风措施。

3.12.4 给水排水设备房屋应符合下列技术要求:

1 设备间应设一个可供最大设备出入的门,房屋净高应满足设备安装、运行和检修要求。

2 有人值守泵房的值班室应与水泵间相邻,隔墙上应设置隔音观察窗及隔音门。

3 泵房、鼓风机房、离心脱水机房应采取降噪措施,机房噪声控制应符合现行《工业企业噪声控制设计规范》GB 50087 的规定。

4 加氯间必须与其他工作间隔开,并应设置直接通向外部并向外开启的门和固定观察窗。加氯间地面和墙面应有防腐蚀措施。

5 消毒间应与贮存库房毗邻。

6 加氯间及其仓库、消毒间及贮药间应设有通风系统,配电设施应采用防腐防爆型。

7 化验操作室应有良好的通风采光条件,墙面、地面、操作台面材料应防腐、易清洁。化验室中的无菌室、药品库宜设于背阴面。

8 给水排水监控室房屋技术要求应符合本标准附录 D 中相关规定。

3.12.5 给水排水工区用房除应符合本标准附录 A.0.2 条规定外,还应包括检修室。

3.13 调度所用房

3.13.1 调度所用房主要由下列房屋组成:

1 值班调度主任、车流、计划、机车、列车、客运、货运、预确报、电力、车辆、集装箱、特调、军调、动车、维修等调度用房,车辆安全监测设备监控室、5T 服务器机房、值班备品间,信号、通信、信息及灾害监测用房,牵引供电及电力用房。

2 调度所信号用房包括调度集中/列车调度指挥(CTC/TDCS)中心机房,调度集中/列车调度指挥(CTC/TDCS)工区维护中心、电源室、网管中心用房。工区用房包括值班室、作业间、更衣室、备品备件室。

3 调度所通信用房主要由设备房屋、检修房屋组成。其中,设备房屋应包括通信机械室、网管室、值班室、监控中心、备品备件房屋;检修房屋应包括通信工区值班室、作业间、更衣室、备品备件室。

4 调度所信息及灾害监测用房包括设备用房、维护中心、网管室、值班室、备品备件室等。其中,设备用房主要由信息机房、电源室、信息配线设备间、大屏幕控制室组成。

5　调度所牵引供电及电力用房主要有调度室、远动机房、电源室和辅助房屋。

3.13.2　调度所用房面积和要求应符合下列规定:

1　调度主任、车流、计划、动车、机车、列车、维修、客运、货运、预报、电力等各种调度用房应合设调度大厅。

2　列车调度用房应根据管辖线路运营长度、行车密度、车站数量、业务量以及专用线、支线引入数量及划分的调度台确定。

3　客运调度用房应根据管辖范围内旅客列车开行情况划分的调度台确定。

4　货运调度用房应根据管辖货运站编组及装卸站数量和作业量划分的调度台确定。

5　计划调度用房应根据管辖范围内装卸车、排空、分界口交接车、小运转列车、旅客列车等情况划分的调度台确定。

6　调度所通信、信号、信息及灾害监测用房及牵引供电设备用房的技术要求应符合本标准第3.6节、第3.8节以及附录B、附录C、附录D、附录E的规定。

3.13.3　高速铁路调度所应设工务驻调度所联络员办公室。

3.14　采暖通风与空气调节及消防设备用房

3.14.1　采暖通风与空气调节及消防设备房屋主要由下列房屋组成:

1　锅炉房、换热机房。

2　热泵机房、制冷机房、通风空调机房。

3　防排烟风机机房、气体灭火储瓶间、高位消防水箱间、消防水泵房等房屋。

3.14.2　锅炉房、换热机房、热泵机房、制冷机房、通风空调机房、高位消防水箱间、消防水泵房不宜设在有防振或有安静要求房间的上一层、下一层和毗邻位置,当必需设置时,墙体、门窗应采取降噪措施。

3.14.3　锅炉房、换热机房、热泵机房、制冷机房、通风空调机房、高位消防水箱间、消防水泵房机房内地面和设备基座应采用易清洗的面层。

3.14.4　土建风道应内壁表面光滑,并应具有良好的气密性。

3.14.5　采暖通风与空气调节及消防设备房屋应符合现行国家相关标准的规定。

3.15　房产建筑用房

3.15.1　房产建筑用房主要由下列房屋组成:

1　生产调度指挥中心,段、车间、工区维修管理房屋。

2　材料加工房屋,维修机械房屋。

3　材料库(棚)。

3.15.2　材料库(棚)建筑面积可按每万平方米维修换算房屋建筑面积4 m^2~5 m^2计算确定。

3.15.3　段、车间、工区维修管理房屋宜与同一地区性质相近的其他铁路生产房屋合建。

3.15.4 工区设加工间(包括材料间)时,建筑面积可按 120 m^2~130 m^2确定。材料棚建筑面积可按 40 m^2确定。

3.15.5 高速铁路和大型以上的车站根据需要设置维修点时,其房屋使用面积宜为 30 m^2~60 m^2。

3.16 公安用房

3.16.1 公安用房主要由派出所、警务区、值勤岗亭、驻站民警室及货场值勤点等房屋组成。

3.16.2 公安机构用房配备标准及规模应根据现行公安机关业务技术用房标准和铁路管辖范围内警力配备数量、线路长度、客货运量及沿线治安状况确定。

3.16.3 公安派出所房屋宜独立设置,与附近其他铁路办公房屋合建时,应设独立的分区、出入口,其外观应符合公安部规定的外观标志和外观形象要求。

3.16.4 公安派出所房屋设置应符合下列规定:

1 铁路编组站、区段站及沿线 50 km~70 km 中的较大客、货运站及动车段应设置公安派出所房屋。

2 在派出所管辖范围内的车站及动车运用所均应设置 2~3 间驻站(所)民警室。公安派出所应设置监控、门禁、大门防暴防冲撞等安全设施。

3.16.5 公安派出所应设置在铁路车站附近,宜设置训练场地和汽车停车场,进出通道等设置应便于快速出警。

3.16.6 驻站民警室和货场值勤点使用面积宜为 30 m^2~50 m^2,并宜与其他铁路房屋合建。

3.16.7 高速铁路沿线设置警务区用房和执勤岗亭时,设置地点和数量可根据工程需要因地制宜,合理确定,并应符合下列规定:

1 警务区用房应设置在车站、通信基站、中继站旁,每15 km~20 km 可设置一处警务区用房(设有派出所的车站不设警务区用房)。警务区建筑面积宜为 100 m^2~120 m^2,应具备给水排水(含厕所、浴室)、供电、通信、信息条件。

2 值勤岗亭应设在长大桥梁、隧道两端,应急疏散通道、跨线桥和距村庄较近的路基、道路等人烟稠密处的铁路防护栅栏外侧,每 2 km 可设置一处执勤岗亭。值勤岗亭宜结合维修通道和桥梁救援疏散通道统筹设置。值勤岗亭宜采用装配式,房屋建筑面积宜为 4 m^2,并应安装防盗安全门;严寒和寒冷地区宜设置取暖设施。

3.16.8 铁路公安刑警大队、乘警大队、交警大队、驻站特警大队、安检大队宜与派出所合建。

3.16.9 执法办案用房和枪支(弹药)库室设置应符合国家相关标准和公安部要求。

3.17 办公和教育用房

3.17.1 站、段、调度所办公用房主要由管理办公、技术、会议(电话会议)、资料(档案)、储藏等房屋组成。

3.17.2 办公房屋建筑面积应符合国家和铁路总公司的相关要求,技术要求应符合现行

《办公建筑设计规范》JGJ 67 规定。

3.17.3 新建铁路非车务段管辖站和各段技术教育房屋宜由教师办公室、教室、实习操作室等组成。各段技术教育房屋宜合设。技术教育房屋建筑面积应根据段（站）总人数按表3.17.3确定。

表3.17.3 技术教育房屋建筑面积

段（站）名称	机务、动车段	车辆、供电、工务、电务、房产段、调度所	车务、客运段和二等以上车站
建筑面积指标（m^2/人）	1.20～1.25	0.80～0.85	0.70～0.75

3.18 乘务员公寓

3.18.1 机车、动车、列车乘务员公寓宜在同一地点设综合公寓，并应设置在出退乘距离较近、环境安静的处所。综合公寓应根据运输生产需要，按机车、动车、列车乘务员所需床位进行分区布置，分区管理。

3.18.2 乘务员公寓用房主要由居室、公共活动室（包括学习室、文娱活动室、阅览室、电视间）、食堂、办公管理用房和设备用房等组成。

3.18.3 乘务员公寓设计应符合下列规定：

1 公共活动室应远离居室。

2 列车乘务员公寓区域内应设置公共卫生间、盥洗室。

3 无自然通风的卫生间应设置通风管道或采取其他通风措施。

4 乘务员居住区与活动区之间宜设连廊或走廊。

3.18.4 居室设计应符合下列规定：

1 机车、动车乘务员公寓应按1人/间设计，列车乘务员公寓应按2人/间设计。

2 居室内应设卫生间，并应根据地域和气候条件设置空调、采暖设施；卫生间内应有淋浴器和洗手盆，并应供应热水。

3 居室应有良好朝向和自然采光，朝向西侧的居室应有遮阳设施。

3.18.5 公寓应设置餐厅。餐厅、厨房及辅助部分使用面积应符合下列规定：

1 机车、动车乘务员公寓宜按每2床设一个餐厅座位。

2 列车乘务员公寓宜按每3床设一个餐厅座位。

3 餐厅使用面积宜按每座1.1 m^2计算确定，餐厨比宜采用1∶1。

3.18.6 办公管理用房设置应符合下列规定：

1 值（叫）班室应设在公寓主要入口处。

2 100床以上公寓应设主任室、综合办公室各一间，100床及以下公寓应设综合办公室一间。

3 公寓宜设洗涤、烘干用房各一间，100床以上宜另设整理、缝补、熨烫各一间。

4 值（叫）班室、主任室、综合办公室、备品间使用面积各宜为13 m^2～15 m^2。

3.18.7 乘务员公寓建筑面积可根据表3.18.7计算确定。

表 3.18.7　乘务员公寓建筑面积指标（m^2/床）

规模 类型	50 床	100 床	200 床	300 床	400 床
机车、动车乘务员	27.5～29.0	26.5～28.0	25.5～27.0	24.5～26.0	23.5～25.0
列车乘务员	20.0～21.5	19.0～20.5	18.0～19.5	17.0～18.5	16.0～17.5

注：表中建筑面积指标未包括食堂、锅炉房及空调、配电设备等用房。

3.19　卫生防疫用房

3.19.1　铁路局或省会城市所在地和客货运枢纽地区应设卫生防疫机构房屋。防疫机构房屋建筑面积应根据国家卫生防疫机构建筑面积相关标准确定。

3.19.2　大型客技站应设卫生防疫作业人员、物品用房，使用面积不宜小于 60 m^2，存放和配置消毒、杀虫、灭鼠作业的防疫专用房屋应根据需要设置给水排水、采暖、通风设备，门窗应采取安全措施。

3.19.3　设有铁路卫生监督机构所在地的大型车站应设卫生监督用房，使用面积不应小于 40 m^2。

3.19.4　新建高原铁路站区、沿线工区应设置集中供氧室及药品间，建筑面积宜为 40 m^2。

3.19.5　站、段应根据工作场所规模、职业性有害因素、劳动者人数设置卫生室。机务段、动车段及客运段宜设心理疏导室 1 间，使用面积不宜小于 15 m^2。

3.19.6　大型铁路旅客车站、动车段（所）宜设置垃圾转运站用房。

3.19.7　垃圾转运站选址应符合城市总体规划，且应设置在交通运输方便、当地全年最小频率风向的上风侧。

3.19.8　车间、工区应设置保健室，车间保健室面积不宜大于40 m^2，工区保健室面积不宜大于 20 m^2。

4 生活房屋

4.1 职工食堂

4.1.1 最大当班人数120人及以上单位可设职工食堂,最大当班人数120人以下的单位可设职工伙食团房屋。

4.1.2 食堂、伙食团房屋应包括餐厅、厨房及辅助用房。

4.1.3 食堂和伙食团规模及房屋建筑面积指标应符合下列规定:

1 餐厅座位数应按该单位最大当班人数的50%就餐计算。

2 房屋建筑面积指标应符合表4.1.3的规定。

表4.1.3 食堂及伙食团建筑面积指标

名称	食堂					伙食团
规模	60座	100座	200座	300座	400座	
建筑面积指标(m^2/座)	3.4~3.6	2.8~3.1	2.5~2.7	2.4~2.5	2.3~2.4	2.6~3.4
餐厅最小使用面积指标(m^2/座)	0.85~1.10					

注:1 最大当班人数较少时,伙食团建筑面积取大值。
2 食堂设冷藏间时,建筑面积可适当增加。

4.1.4 食堂建筑设计应符合现行《饮食建筑设计规范》JGJ 64的规定。

4.2 职工浴室

4.2.1 车间卫生特征1~2级范围内的铁路基层生产作业单位应设职工浴室,车间卫生特征3级范围内的铁路基层生产作业单位可设淋浴间。职工浴室或淋浴间设计应符合现行《工业企业设计卫生标准》GBZ 1的规定。

4.2.2 最大当班人数100人及以上的生产作业单位应设浴室;100人以下时,应设淋浴间。

4.2.3 铁路基层生产作业单位职工浴室设计应符合下列规定:

1 浴室规模应按最大当班人数的60%~80%及每个淋浴器使用人数计算确定,每个淋浴器使用人数宜为9人。

2 每个淋浴器宜设3个更衣箱,男、女更衣箱比例应根据单位男、女职工人数比例确定。其中,男、女更衣箱比例,生产车间宜为8∶2,办公机关宜为6∶4,客运段宜为5∶5。

3 职工浴室建筑面积指标应按表4.2.3确定。

表 4.2.3 职工浴室建筑面积指标

设计人数(人)	100	200	300	400~600
每个淋浴器建筑面积(m^2)	17~18	11~12	9~10	8~9

注:指标中包括管理间、水箱间面积,不包括锅炉房面积。

4.2.4 淋浴间每个淋浴器建筑面积指标宜为 5.5 m^2~6.5 m^2,规模应符合本标准第 4.2.3 条第 1 款的规定。

4.3 职工单身宿舍

4.3.1 职工单身宿舍宜集中设置、统一规划、方便管理,并应设置在较为安静区域,并应采取降低噪声的措施。

4.3.2 职工单身宿舍主要由居室、公共活动用房和辅助用房组成。

4.3.3 职工单身宿舍应根据地域和气候条件设置空调、采暖设施。

4.3.4 居室应接入有线电视、互联网,并应设置储物柜、卫生间。卫生间内应有淋浴器、洗手盆,并应供应热水。当设置阳台时,严寒和寒冷地区宜封闭。

4.3.5 公共活动用房宜包括文娱活动室、阅览室、电视间等。

4.3.6 辅助用房宜包括值班室、设备间、清扫间;应设开水及洗衣、公共卫生间,使用面积不宜小于 20 m^2。

4.3.7 新建铁路职工单身宿舍规模应根据铁路所在地区自然条件和沿线城镇分布情况确定,并宜按职工人数的 80%~100% 配置床位数。改建铁路的职工单身宿舍规模可根据实际需要确定。

4.3.8 宿舍设计标准应符合现行《宿舍建筑设计规范》JGJ 36 的规定。建筑面积指标应采用 17 m^2/人~19 m^2/人,并应按每间住 2 人设计。

4.3.9 当人数较少且又必需设置单身宿舍时,可在车站(单位)内设置宿舍间。

4.3.10 单身宿舍应按每 20 人配置 1 间职工家属探亲用房。当单身职工人数少于 20 人时,应配置 1 间职工家属探亲用房。

4.3.11 宿舍区内应设职工活动场地(体育器械)、晾衣等设施。

附录 A　铁路车间、动车所、工区房屋建筑面积

A. 0. 1　铁路车间、动车所办公房屋建筑面积应符合表 A. 0. 1 规定。

表 A. 0. 1　铁路车间、动车所办公房屋建筑面积

名　　称	铁路车间办公房屋	高速铁路综合车间办公房屋	动车所办公房屋
建筑面积(m^2)	160～180	320～340	380～420

注:1　表中铁路车间办公房屋包括正、副主任办公室,书记办公室,技术室、司机室、会议室及卫生间面积。

2　表中高速铁路综合车间办公房屋包括正、副主任办公室,书记办公室,技术室、司机室、会议室、更衣室及卫生间面积。

3　表中动车所办公房屋包括正、副所长办公室,书记办公室,技术室、司机室、会议室、更衣室及卫生间面积。

A. 0. 2　铁路工区房屋建筑面积应符合表 A. 0. 2 规定。

表 A. 0. 2　工区房屋建筑面积

规模	5 人	9 人	14 人	20 人	30 人	40 人
建筑面积(m^2)	70～80	80～100	120～140	210～240	310～340	350～380
规模	60 人	80 人	100 人	120 人	150 人	180 人
建筑面积(m^2)	460～490	510～540	620～650	730～760	910～940	1 030～1 060

注:1　表中 40 人及 40 人以下工区房屋包括工区办公室、值班室、学习会议室、更衣室、工具间、材料间、伙食团房屋及卫生间面积,不包括间休室、单身宿舍等面积。

2　工区人数大于 80 人,适用于配置综合维修工区。表中工区房屋包括工区办公室、检修室、值班室、学习技术室、会议室及卫生间面积,不包食堂、间休室、单身宿舍等面积。

3　表中规定的房屋面积主要用于工区管理人员的办公用房,生产用房根据专业要求单独配置。

4　工区应设间休室,当设置职工单身宿舍时,应按职工人数的 20% 配备;当未设职工单身宿舍时,应按职工人数的 50% 配备。间休室建筑面积指标应为 5 m^2/床～6 m^2/床。

附录 B　通信设备房屋技术要求

B. 0. 1　通信设备房屋技术要求应符合表 B. 0. 1 的规定。

表 B. 0. 1　通信设备房屋技术要求

<table>
<tr><th colspan="2">技术要求
机房名称</th><th>室内净高(m)</th><th>地面荷载(kN/m²)</th><th>地面面层材料</th><th>墙面</th><th>顶棚</th><th>窗</th><th>门</th></tr>
<tr><td rowspan="4">调度所/通信站</td><td>通信机械室</td><td rowspan="2">≥3</td><td rowspan="2">8</td><td rowspan="3">采用不起尘、不易积灰、易于清洁的材料，并在地面上铺防静电活动地板(表面距地面不小于 300 mm)</td><td rowspan="3">不起尘、浅色、具有表面静电耗散性能饰面涂料</td><td rowspan="3">小块吊顶</td><td rowspan="3">双层密闭窗，加装窗帘盒</td><td rowspan="3">设密闭、防尘、保温门。
主门：双扇外开门高不低于 2.2 m，净宽不小于 1.2 m</td></tr>
<tr><td>网管室</td></tr>
<tr><td>电源室</td><td>≥3</td><td>据设备荷载计算</td></tr>
<tr><td>引入室</td><td></td><td>8</td><td>采用不起尘、不易积灰、易于清洁的材料</td><td>不起尘、浅色、具有表面静电耗散性能饰面涂料</td><td>—</td><td>—</td><td>单扇净宽不小于 1.0 m</td></tr>
<tr><td rowspan="3">车站、信号楼、变电所、配电所、开闭所、分区所、区间基站、信号中继站以及段、车间、工区</td><td>通信机械室</td><td>≥3</td><td>8</td><td>采用不起尘、不易积灰、易于清洁的材料，并在地面上铺防静电活动地板(表面距地面不小于 300 mm)</td><td>不起尘、浅色、具有表面静电耗散性能饰面涂料</td><td>小块吊顶</td><td>可不设，设窗时应为双层密闭窗，加装窗帘盒</td><td>设密闭、防尘、保温门。
双扇外开，门高不低于 2.2 m，净宽不小于 1.2 m</td></tr>
<tr><td>隧道外直放站机房</td><td>≥3</td><td>—</td><td>采用不起尘、不易积灰、易于清洁的材料</td><td>—</td><td>—</td><td>不设</td><td>单扇净宽不小于 1.0 m</td></tr>
<tr><td>隧道内直放站设备洞室</td><td>—</td><td>—</td><td>—</td><td>—</td><td>—</td><td>不设</td><td>可不设，设门时需考虑抗列车运行产生的压力和吸力</td></tr>
</table>

注：1　采暖设施可根据地理位置设置。

2　室内净高是指从楼、地面面层(完成面)至吊顶或楼盖、屋盖底面之间的有效使用空间的垂直距离。

附录 C　信号设备房屋技术要求

C. 0. 1　信号设备房屋技术要求应符合表 C. 0. 1 的规定。

表 C. 0. 1　信号设备房屋技术要求

<table>
<tr><th>技术要求
机房名称</th><th>室内净高
(m)</th><th>地(楼)面
荷载
(kN/m^2)</th><th>地面面层材料</th><th>墙面</th><th>顶棚</th><th>窗</th><th>门</th></tr>
<tr><td>计算机室</td><td rowspan="4">≥3.0</td><td>8</td><td rowspan="2">采用不起尘、不易积灰、易于清洁的材料,并在地面上铺防静电活动地板(表面距地面不小于 300 mm)</td><td rowspan="4">不起尘、浅色、具有表面静电耗散性能饰面涂料</td><td rowspan="4">顶棚材料应防火、难燃、不掉落</td><td rowspan="4">区间无人值守房屋不应设窗,其余依情况不宜设窗,设窗时宜为双层密闭窗</td><td rowspan="4">具有密闭性能的金属防盗安全门,门高不低于 2.2 m,净宽不小于 1.2 m</td></tr>
<tr><td>中继站信号设备房屋</td><td rowspan="3">根据设备荷载计算</td></tr>
<tr><td>机械室</td><td rowspan="2">瓷砖地面,防静电活动地板</td></tr>
<tr><td>电源室</td></tr>
<tr><td>检修房屋</td><td>根据设备高度确定</td><td>根据需要配置</td><td>压实赶光刷漆/瓷砖地面、修配类房屋地面根据现场需要设置</td><td>不起尘、浅色、检修电子器材房屋应采用具有表面静电耗散性能饰面涂料</td><td>顶棚材料应防火、阻燃、不掉落</td><td>检修电子器材房屋应采用双层密闭窗</td><td>采用金属门,门高门宽符合生产工艺要求</td></tr>
</table>

注:1　采暖设施可根据地理位置设置。
　　2　室内净高是指从楼、地面面层(完成面)至吊顶或楼盖、屋盖底面之间的有效使用空间的垂直距离。

附录 D　信息及灾害监测设备房屋技术要求

D.0.1　信息及灾害监测设备房屋技术要求应符合表 D.0.1 的规定。

表 D.0.1　信息及灾害监测设备房屋技术要求

技术要求 房间名称	室内最小净高(m)	地(楼)面荷载(kN/m^2)	地面面层材料	墙面	顶棚	窗	门
信息机房	3	8~12	地面应采用不起尘、不易积灰、易于清洁的材料,并在地面上铺防静电活动地板	气密性好、不起尘、浅色、具有表面静电耗散性能饰面涂料	小块吊顶	双层固定窗并采取遮阳措施	密闭、防尘、保温门;双扇外开,门高不低于 2.2 m,净宽不小于 1.2 m
信息配线设备间	3	8	地面应采用不起尘、不易积灰、易于清洁的材料,并在地面上铺防静电活动地板	气密性好、不起尘、浅色、具有表面静电耗散性能饰面涂料	小块吊顶	双层固定窗并采取遮阳措施	密闭、防尘、保温门;双扇外开,门高不低于 2.2 m,净宽不小于 1.2 m
电源室	3	根据设备荷载计算	瓷砖地面	不起尘、浅色、具有表面静电耗散性能饰面涂料	顶棚材料应防火、阻燃、不掉落	双层密闭窗	密闭防盗安全门,门高不低于 2.2 m,净宽不小于 1.2 m

注:1　综合监控室应根据地域和气候条件设置空调、采暖设施;室内最小净高(m)不小于 3 m;地面采用不起尘、不易积灰、易于清洁的材料,并在地面上铺防静电活动地板;设置吊顶及窗户,并采取遮阳措施。

2　室内净高是指从楼、地面面层(完成面)至吊顶或楼盖、屋盖底面之间的有效使用空间的垂直距离。

附录 E　牵引供电及电力设备房屋技术要求

E. 0. 1　牵引供电及电力设备房屋技术要求应符合表 E. 0. 1 的规定。

表 E. 0. 1　牵引供电及电力设备房屋技术要求

技术要求 房间名称	温度（℃）	相对湿度（%）	室内净高（m）	地（楼）面荷载（kN/m^2）	地面面层材料	墙面	顶棚	窗	门
27. 5 kV 高压开关室	5～40	小于 90	根据设备高度确定	采用开关柜设备时，地面平整度及强度应满足开关柜安装的要求。 根据设备荷载计算	采用耐磨、防滑、高硬度地面	应作耐火处理	—	可设固定窗采光，应采取防止玻璃破碎时小动物进入的措施及防盗措施	（1）长度大于 7 m 的配电装置室，应设两个出口；长度大于 60 m时，宜增设 1 个出口。位于楼上的配电装置室，其中一个出口可通向室外楼梯的平台。 （2）门应设置向外开启的防火门，并应装弹簧锁，严禁采用门闩。相邻配电装置室之间有门时，应满足相关防火规范要求
控制室	18～28	小于 90	净空高度宜为 3. 4 ～ 4. 4。当采用空调设施时，该高度可适当降低	根据设备荷载计算	采用不起尘、不易积灰、易于清洁的材料，宜在地面上铺防静电活动地板（表面距地面 300 mm）	应作耐火处理	顶棚材料应防火、难燃、不掉落	可设固定窗采光，应采取防止玻璃破碎时小动物进入的措施及防盗措施	牵引变电所控制室宜设两个通向室外出口；位于楼上的控制室，其中一个出口可通向室外楼梯的平台。 开闭所、分区所及 AT 所控制室的出口可根据实际需要设置

续上表

技术要求 / 房间名称	温度(℃)	相对湿度(%)	室内净高(m)	地(楼)面荷载(kN/m²)	地面面层材料	墙面	顶棚	窗	门
110 kV(220 kV或330 kV)高压开关室	5~40	小于90	根据设备高度确定	根据设备荷载计算	采用耐磨、防滑、高硬度地面	应作耐火处理	—	可设固定窗采光，应采取防止玻璃破碎时小动物进入的措施及防盗措施	(1)长度大于7 m的配电装置室，应设两个出口；长度大于60 m时，宜增设1个出口。位于楼上的配电装置室，其中一个出口可通向室外楼梯的平台。(2)门应设置向外开启的防火门，并应装弹簧锁，严禁采用门闩。相邻配电装置室之间有门时，应满足相关防火规范要求
电缆夹层	—	小于90	净空高度不小于2	满足固定电缆支架的要求。根据设备荷载计算	采用耐磨、防滑、高硬度地面	应作耐火处理	—	—	宜设两部固定式楼梯出入口
牵引变压器室	5~45	小于90	根据设备高度确定	根据设备荷载计算	采用耐磨、防滑、高硬度地面	应作耐火处理	—	—	(1)长度大于7 m的配电装置室，应设两个出口；长度大于60 m时，宜增设1个出口。位于楼上的配电装置室，其中一个出口可通向室外楼梯的平台。(2)门应设置向外开启的防火门，并应装弹簧锁，严禁采用门闩。相邻配电装置室之间有门时，应满足相关防火规范要求防火规范要求

续上表

技术要求 / 房间名称	温度（℃）	相对湿度（%）	室内净高（m）	地（楼）面荷载（kN/m²）	地面面层材料	墙面	顶棚	窗	门
所用变压器室	5～40	小于90	根据设备高度确定	根据设备荷载计算	采用耐磨、防滑、高硬度地面	应作耐火处理	—	—	（1）长度大于7 m的配电装置室，应设两个出口；长度大于60 m时，宜增设1个出口。位于楼上的配电装置室，其中一个出口可通向室外楼梯的平台。（2）门应设置向外开启的防火门，并应装弹簧锁，严禁采用门闩。相邻配电装置室之间有门时，应满足相关防火规范要求
低压配电室	5～40	小于90	根据设备高度确定	根据设备荷载计算	采用耐磨、防滑、高硬度地面	应作耐火处理	—	可设固定窗采光，应采取防止玻璃破碎时小动物进入的措施及防盗措施	（1）长度大于7 m的配电装置室，应设两个出口；长度大于60 m时，宜增设1个出口。位于楼上的配电装置室，其中一个出口可通向室外楼梯的平台。（2）门应设置向外开启的防火门，并应装弹簧锁，严禁采用门闩。相邻配电装置室之间有门时，应满足相关防火规范要求

续上表

技术要求 / 房间名称	温度（℃）	相对湿度（%）	室内净高（m）	地（楼）面荷载（kN/m^2）	地面面层材料	墙面	顶棚	窗	门
电力变压器室	5～40	小于90	根据设备高度确定	根据设备荷载计算	采用耐磨、防滑、高硬度地面	应作耐火处理	—	—	（1）长度大于7 m的配电装置室，应设两个出口；长度大于60 m时，宜增设1个出口。位于楼上的配电装置室，其中一个出口可通向室外楼梯的平台。（2）门应设置向外开启的防火门，并应装弹簧锁，严禁采用门闩。相邻配电装置室之间有门时，应满足相关防火规范要求
无功补偿室	5～40	小于90	根据设备高度确定	根据设备荷载计算	采用耐磨、防滑、高硬度地面	应作耐火处理	—	—	（1）长度大于7 m的配电装置室，应设两个出口；长度大于60 m时，宜增设1个出口。位于楼上的配电装置室，其中一个出口可通向室外楼梯的平台。（2）门应设置向外开启的防火门，并应装弹簧锁，严禁采用门闩。相邻配电装置室之间有门时，应满足相关防火规范要求

续上表

技术要求 房间名称	温度(℃)	相对湿度(%)	室内净高(m)	地(楼)面荷载(kN/m²)	地面面层材料	墙面	顶棚	窗	门
电力控制室	18~28	小于90	净空高度宜为3.4~4.4。当采用空调设施时,该高度可适当降低	根据设备荷载计算	采用不起尘、不易积灰、易于清洁的材料	应作耐火处理	顶棚材料应防火、难燃、不掉落	可设固定窗采光,应采取防止玻璃破碎时小动物进入的措施及防盗措施	宜设两个通向室外出口;位于楼上的控制室,其中一个出口可通向室外楼梯的平台

注:室内净高是指从楼、地面面层(完成面)至吊顶或楼盖、屋盖底面之间的有效使用空间的垂直距离。

本标准用词说明

执行本标准条文时,对于要求严格程度的用词说明如下,以便在执行中区别对待。

(1)表示很严格,非这样做不可的用词:

正面词采用"必须";

反面词采用"严禁"。

(2)表示严格,在正常情况均应这样做的用词:

正面词采用"应";

反面词采用"不应"或"不得"。

(3)表示允许稍有选择,在条件许可时首先应这样做的用词:

正面词采用"宜";

反面词采用"不宜"。

(4)表示允许有选择,在一定条件下可以这样做的,采用"可"。

引用标准名录

《工业企业设计卫生标准》GBZ 1
《标准轨距铁路建筑限界》GB 146.2
《建筑设计防火规范》GB 50016
《工业建筑防腐蚀设计规范》GB 50046
《石油库设计规范》GB 50074
《工业企业噪声控制设计规范》GB 50087
《火灾自动报警系统设计规范》GB 50116
《汽车加油加气站设计与施工规范》GB 50156
《电子信息系统机房设计规范》GB 50174
《铁路旅客车站设计规范》GB 50226
《智能建筑设计标准》GB/T 50314
《电磁屏蔽室工程技术规范》GB/T 50719
《铁路电力设计规范》TB 10008
《铁路电力牵引供电设计规范》TB 10009
《铁路动车组设备设计规范》TB 10028
《铁路工程设计防火规范》TB 10063
《铁路客运服务信息系统设计规范》TB 10074
《宿舍建筑设计规范》JGJ 36
《饮食建筑设计规范》JGJ 64
《办公建筑设计规范》JGJ 67
《铁路物流中心设计规范》Q/CR 9133

《铁路房屋建筑设计标准》条文说明

本条文说明系对重点条文的编制依据、存在的问题以及在执行中应注意的事项等予以说明,不具备与标准正文同等的效力,仅供使用者作为理解和把握标准规定的参考。为了减少篇幅,只列条文号,未抄录原条文。

2.1.1 本条依据《建筑工程抗震设防分类标准》GB 50223—2008 第5.3.3条制定。

2.1.3 条文中的生产设备房屋是指:信号机房、中继站(不含箱式机房)、信号机械室、信号电源室、通信机械室、网管室、监控中心、通信电源机械室、区间铁路专用移动通信(GSM-R)基站机房、信息机房、电源室、信息配线设备间、灾害监测系统用房等。

2.2.2 条文中洪水位要求是依据《铁路电力设计规范》TB 10008—2015 第5.1.1条,《铁路电力牵引供电设计规范》TB 10009—2016 第4.1.1条和《铁路给水排水设计规范》TB 10010—2016 第7.0.2条制定的。由于铁路区间信号中继站、区间信号箱式机房、区间通信设备房屋在其相应的技术标准中没有明确提出防洪标准,本条依据电力牵引供电的分区所、开闭所及自耦变压器(AT)所的相应规定,考虑其重要程度,确定采用50年一遇洪水位或内涝水位。增加0.5 m安全超高的要求是参照《城市防洪工程设计规范》GB/T 50805—2012 相关规定确定的。

2.3.1 在铁路房屋设计中,建筑专业要根据各专业工艺设计要求,从站段房屋建筑总体布局出发,统筹协调各专业的房屋布置和房屋总体规划。

本条强调统一规划,是在兼顾各专业生产需要的基础上进行房屋统一布置,并对道路、绿化、供电、给水排水、围墙统筹考虑。

对地形起伏较大的山地或丘陵地区的站区房屋建筑,场地竖向设计十分重要。竖向设计用于确定建筑场地填挖高程、土方调配、场地与道路协调、场地排水以及指导单体建筑设计方案。

3.1.1 建筑专业确定建筑规模和建筑标准时,与生产工艺、设备密切相关的铁路房屋使用面积主要由各专业向建筑专业提供完整、详细的设计资料。办公房屋也是根据相关专业提供的使用要求和国家相关标准确定的。

3.1.2 铁路设计年度根据运量与运输性质分为近期、远期。近期为交付运营后的第十年,远期为交付运营后的第二十年。

为充分发挥铁路房屋建设投资效益,按房屋建筑与铁路运输生产相关联的重要程度及改扩建困难程度,将某些房屋划分为随运输生产发展可逐步增建、扩建的房屋。此类房屋一般按近期设计年度确定。

有些生产房屋虽然以近期设计年度确定,但要考虑方便远期扩建,如机车、车辆、动车组检修车库。这些房屋扩建的可能性较大,在建筑规划上预留可以扩建的场地,可避免或减少扩建时对运输生产的干扰。

3.1.10　更衣室设置的更衣柜一般为 0.5 m 宽，1.0 m 高。

3.2.4　截至 2015 年底，我国高速铁路运营通车里程达 1.9 万 km，占世界高速铁路的 60% 以上，居世界第一。我国高速铁路已初步成网，开行动车组列车数量迅猛增长，但配套旅客服务设施、房屋等尚显薄弱。上海铁路局是动车组开行量较大的路局，成立的华铁旅服公司承担了高铁动车保洁、餐饮、车站保洁、客运整备、配送等工作，其经营范围比普速铁路旅客服务范围有所扩大，运营效果很好。但是其各种服务用房与普速铁路不能混用，数量明显不足。通过对上海局客运用房调查了解，无论客运作业的管理模式怎样，都需要在车站设置乘务员出乘、列车整备、保洁、商品供应等工作和物品存放场所，且随着旅客列车开行数量不断增加，对用房面积和设置场地要求越来越高。说明表 3.2.4—1～说明表 3.2.4—3及说明表 3.2.4—4～说明表 3.2.4—6 分别为主要始发站客运用房统计表和主要枢纽站客运用房统计表，以供参考。

说明表 3.2.4—1　上海站始发站客运用房统计表

序号	房屋名称	用　　途	面积需求(m^2)	备　　注
1	站台保洁	站台工具存放	15～20	每个站台 1 处
2	物资转运	商品存放	15～20	每个站台 1 处
3	食品仓库	动车组餐车销售食品	500～600	利于商品进出上站台
4	保洁仓库	保洁物资	260～320	—
5	保洁员工间休室	班组点名、学习	30～50	每个层面 3～4 处
6	保洁设备充电间	保洁设备存放、充电	40～50	每个层面 1 处
7	保洁管理办公用房	办公	100～120	—
8	乘务办公用房	办公	80～90	—
9	乘务备品工具室	随车乘务保洁用品	40～50	—
10	乘务热备室	热备启用	50～60	—
11	乘务备班室	班组点名、学习	60～80	—
12	乘务制单、收款室	ERP 操作、收款室	80～100	—

说明表 3.2.4—2　上海南站始发站客运用房统计表

序号	房屋名称	用　　途	面积需求(m^2)	备　　注
1	站台保洁	站台工具存放	15～20	每个站台 1 处
2	物资转运	商品存放	15～20	每个站台 1 处
3	食品仓库	动车组餐车销售食品	100～150	利于商品进出上站台
4	保洁仓库	保洁物资	100～120	—
5	保洁员工间休室	班组点名、学习	30～50	每个层面 3～4 处
6	保洁设备充电间	保洁设备存放、充电	40～50	每个层面 1 处
7	保洁管理办公用房	办公	60～80	—
8	乘务备品工具室	随车乘务保洁用品	30～40	—

说明表 3.2.4—3 徐州东站始发站客运用房统计表

序号	房屋名称	用 途	面积需求(m^2)	备 注
1	站台保洁	站台工具存放	15~20	每个站台1处
2	物资转运	商品存放	15~20	每个站台1处
3	食品仓库	动车组餐车销售食品	100~150	利于商品进出上站台
4	保洁仓库	保洁物资	100~120	—
5	保洁员工间休室	班组点名、学习	30~50	每个层面3~4处
6	保洁设备充电间	保洁设备存放、充电	40~50	每个层面1处
7	保洁管理办公用房	办公	100~120	—
8	乘务办公用房	办公	50~60	—
9	乘务热备室	热备启用	50~60	—
10	乘务备班室	班组点名、学习	60~80	—
11	乘务备品工具室	随车乘务保洁用品	40~50	—
12	乘务制单、收款室	ERP 操作、收款室	60~80	—

说明表 3.2.4—4 上海虹桥站客运用房统计表

序号	房屋名称	用 途	面积需求(m^2)	备 注
1	站台保洁	站台工具存放	15~20	每个站台1处
2	物资转运	商品存放	15~20	每个站台1处
3	食品仓库	动车组餐车食品	1 500~1 600	利于商品进出上站台
4	保洁仓库	保洁物资	500~600	—
5	保洁员工间休室	班组点名、学习	50~60	每个层面3~4处
6	保洁设备充电间	保洁设备存放、充电	40~50	每个层面1处
7	保洁管理办公用房	办公	180~200	—
8	乘务办公用房	办公	200~220	—
9	乘务备品工具室	随车乘务保洁用品	60~80	—
10	乘务热备室	热备启用	150~160	—
11	乘务备班室	班组点名、学习	160~180	—
12	乘务制单、收款室	ERP 操作、收款室	150~160	—

说明表 3.2.4—5 杭州东站客运用房统计表

序号	房屋名称	用 途	面积需求(m^2)	备 注
1	站台保洁	站台工具存放	15~20	每个站台1处
2	物资转运	商品存放	15~20	每个站台1处
3	食品仓库	动车组餐车销售食品	1 000~1 100	利于商品进出上站台
4	保洁仓库	保洁物资	500~600	—
5	保洁员工间休室	班组点名、学习	50~60	每个层面3~4处
6	保洁设备充电间	保洁设备存放、充电	40~50	每个层面1处
7	保洁管理办公用房	办公	180~200	—
8	乘务办公用房	办公	80~100	—

续上表

序号	房屋名称	用　　途	面积需求(m^2)	备　　注
9	乘务备品工具室	随车乘务保洁用品	60~80	—
10	乘务热备室	热备启用	60~80	—
11	乘务备班室	班组点名、学习	100~120	—
12	乘务制单、收款室	ERP 操作、收款室	110~120	—

说明表 3.2.4—6　南京南站客运用房统计表

序号	房屋名称	用　　途	面积需求(m^2)	备　　注
1	站台保洁	站台工具存放	15~20	每个站台 1 处
2	物资转运	商品存放	15~20	每个站台 1 处
3	食品仓库	动车组餐车食品	1 000~1 100	利于商品进出上站台
4	保洁仓库	保洁物资	500~600	—
5	保洁员工间休室	班组点名、学习	50~60	每个层面 3~4 处
6	保洁设备充电间	保洁设备存放、充电	40~50	每个层面 1 处
7	保洁管理办公用房	办公	160~180	—
8	乘务办公用房	办公	120~140	—
9	乘务备品工具室	随车乘务保洁用品	60~80	—
10	乘务热备室	热备启用	80~100	—
11	乘务备班室	班组点名、学习	120~130	—
12	乘务制单、收款室	ERP 操作、收款室	120~140	—

3.2.5　乘务员出乘室是乘务员出乘前集合学习用房，根据《办公建筑设计规范》JGJ 67—2006 第 4.3.2 条第 2 款无会议桌的会议室不应小于 0.8 m^2/人的规定，考虑乘务员出乘室前部摆放部分会议桌，将指标适当提高为 1.0 m^2/人。

3.2.6　列车有夜间始发和到达的情况，考虑乘务员夜间出乘及退乘回家不方便也不安全的因素，本条依据《宿舍建筑设计规范》JGJ 36—2005 第 4.2.1 条四类居室标准，按每室 6 人，人均4.0 m^2确定，设双层铺，作备班使用。

3.2.7　车队不单设会议室，每个车队办公兼会议室按一间 30 m^2使用面积配置。管理室主要用于考勤、派班和对出乘室、更衣室及相关用房的管理，使用面积亦确定为 30 m^2。

3.2.8　根据全路调查情况，各段基本都采用货柜存放卧具，货柜长、宽、高尺寸分别为 2.2 m、1.5 m、2.3 m。每辆卧铺车卧具跨局列车的配备(日常)洗涤件为 66×2+30(套)，非洗涤件 66×1+30(套)。洗涤件日常运用占 50%，干净卧具存放库和洗涤数量各占 25%，非洗涤件存放库占总数量 50%，洗涤件在列车到站后直送洗涤厂时，每节卧铺车库存干净卧具所需货柜数量见说明表 3.2.8。

说明表 3.2.8　每辆卧铺车所需货柜数量

卧具名称	每个货柜存放一种卧具的最大数量	平均每辆卧铺车		
		配备卧具数量	日常存库数量(夏季)	所需货柜个数
踏花被	140	96	96	0.686

续上表

卧具名称	每个货柜存放一种卧具的最大数量	平均每辆卧铺车		
		配备卧具数量	日常存库数量(夏季)	所需货柜个数
毛毯	200	96	96/2=48	0. 240
棉褥	280	96	96/2=48	0. 172
枕芯	180	152	152/2=76	0. 423
枕巾	3 200	152	152/4=38	0. 012
枕套	7 560	152	152/4=38	0. 005
被套	1 080	152	152/4=38	0. 035
毛巾被	480	152	152/4=38	0. 079
大单	2 000	152	152/4=38	0. 019
小单	3 600	152	152/4=38	0. 011
硬卧铺套	1 760	96	96/2=48	0. 027
窗帘	—	24	—	—
窗内帘	—	24	—	—
茶几布	—	32	—	—
地毯	8	1. 3	1/2+0. 3=0. 8	0. 10
—	—	—	—	共计 1. 81 柜

每节卧铺车卧具所需 1. 81 个货柜存放,考虑每节硬(软)坐车双人座套、三人座套的存放需 0. 125 个货柜(卧铺车与硬坐车按1∶1比例),日常运用和存库按 50% 计算,每辆卧铺车卧具所需 1. 81+0. 125/2=1. 88 (个),按 2 个货柜计算。

当库房跨度为 16 m 时,沿跨度横向可布置 2×3 个长 2. 2 m 的货柜,中间通道 2. 1 m,纵向货柜间净距 1. 2 m,每个货柜平均占地面积为 7. 5 m^2。每节卧铺车所需库房面积 7. 5 m×2 m =15. 0 m^2。考虑每节硬坐和卧铺车车上杂品摆放 2. 0 m^2(卧铺车与硬坐车按 1∶1 比例),按日常运用和存库数量各 50% 计算,每节卧铺车库房使用面积 17. 0 m^2。

上述分析是列车到达后将洗涤件直接入洗涤厂,非洗涤件入库。如果全部卧具入库,每辆卧铺车需要 2. 5 个柜,需要库房面积 21. 0 m^2。建筑平面系数取 0. 9,则建筑面积 23. 4 m^2,考虑发展采用 25 m^2。

3. 2. 9 由于每个客运段承担的客车数量不同,卧具配备数量不同,而卧具洗涤需要有脏品存放、洗涤、烘干、熨烫、缝补、叠整、净品存放(不同车次的备品分开存放)、设备维修、污水处理、干洗等功能需要,所以其建筑面积要结合备品数量、配置的设备类型、功能和工艺要求等综合研究确定。

食品加工有工序、设备配置等功能需要,其建筑面积和商品(含冷藏)库面积等应该根据所需加工和冷藏物品数量研究确定。

3. 2. 10 枢纽大型客站、动车段、客车整备所站等处设置客运整备房屋,用作备品存放、质检办公、消毒、杀虫、灭鼠、值班、间休、低值易耗品存放、保洁等使用,从目前调查情况看,每间房屋面积不等,大部分不少于 20 m^2。因此,条文规定了房屋面积根据存放备品的数量确定。

3.3.2　货场规模划分标准一般以货物年到发量及零担、集装箱作业量确定：货场年到发量在30万t以下为小型货场；31万t~100万t为中型货场；101万t~300万t为大型货场；300万t及以上为特大型货场。

货运营业厅使用面积不仅与货场规模(年到发量)相关，还与货场的经营性质关系较大，只办理整车货物的货场营业厅不需要太大面积。经过调查了解，北京铁路局管内各中型货场营业厅使用面积因建造年代不同等原因从27 m^2~272 m^2不等；天津北站综合型中型货场年到发量约为73.1万t；张贵庄综合型危险品专办中型货场年到发量约为90.4万t。经研究对比，中型货场营业厅使用面积确定为101 m^2~200 m^2。特大型货场货运营业厅使用面积可以根据实际情况确定。

3.3.7

2　装卸工间休室为装卸工夜间装卸作业等候或装卸作业完成时夜间临时休息用，人均使用面积依据《宿舍建筑设计规范》JGJ 36—2005第4.2.1条确定。其中，装卸工间休室房屋规模按最大当班人数计算，机械装卸司机按6人间双层床标准设计，其他装卸工按8人间双层床标准设计。

3.3.9　铁路货场危险品货物仓库一般有保管时间短，货物品种多，批数多，每批数量少而零散的特点。危险品货物仓库设计应该按照《危险货物分类和品名编号》GB 6944—2012执行。危险品库按分间存放，间隔墙体的耐火等级需按可能存放的火灾危险性最大的物品确定。

爆炸品仓库面积100 m^2是按容纳60 t棚车整车货物确定的，存储量过大，要求的安全距离也大。在满足通风条件下尽量减小房屋高度，可使防护堤的工程量减少。

3.4.1　列尾装置附属设备工作室(检测台工作间、电池组充电工作间和储备工作间)是根据《列车尾部安全防护装置及附属设备》TB/T 2973—2006确定。

车站间休室面积要考虑高速铁路CTC车站终端监控室值班人员。

3.4.3　外勤行车室根据作业繁忙程度可以设置在车场到发线头部和尾部。目前，外勤行车室使用面积一般约为13 m^2~14 m^2。设在站台时考虑房屋排水要求，室内地面高出站台面0.15 m，在线路间时则与轨面平齐。

3.4.5　道岔清扫房面积较小，实际设计时，一般与其他房屋合建，使用面积约为7 m^2~8 m^2；单独设置时，建筑面积约为9 m^2~15 m^2。

3.4.9　驼峰集中楼设在峰下便于瞭望整个驼峰调车作业和驼峰溜放方向的左侧，是为便于作业人员能经常观察到列车推送、车辆溜放及其他调车作业情况，以便能正确及时显示信号、控制道岔和减速器，为安全作业和提高效率创造条件。

溜放方向左侧即与提钩人员作业地点同侧，有利于作业人员安全，方便作业。

3.4.10　峰顶作业(提钩员或峰顶调车员)室，一般设置在推峰方向峰顶平台的左侧，主要考虑在该地区内经常有调车员、连接员进行调车、摘钩作业，工作人员来回走动及调车员和连接员等作业时的交叉跑动等因素，需要一个走动空间。

为了保证人身安全，工程设计中，调车员、连接员室房屋外门尽量设在垂直线路方向的侧墙上，避免面对线路开门。如因地形限制，不得已面对线路侧开门时，要在门前加设安全防护栏杆。

3.4.18　车站值班员室是车站建筑中的重要组成部分。特、一等车站的行车室及行车岗位达到4个及以上的行车室，面积一般不少于80 m^2，宽度不少于8 m；二、三等车站的行车室及行车岗位为 2~3 个的行车室，面积一般不少于 60 m^2，宽度不少于 7 m；四、五等车站行车室及线路所行车室，面积一般不少于 50 m^2，宽度不少于 6 m。行车室通常设有窗户通风采光，具备方便观看站场和股道条件。卫生间距离行车室一般不超过 50 m 为宜。

3.6.4 《铁路通信设计规范》TB 10006—2016 第 21.2.4 条对通信设备房屋的等级划分规定如下：

21.2.4 根据房屋内所设置的设备在铁路运输中的重要性，通信设备房屋划分为 A、B、C 级，并符合下列规定：

1 涉及行车安全及严重影响运输效率的设备为 A 级，包括设在调度中心、调度所的通信设备房屋以及其他设有调度所型调度交换机、GSM-R 核心网节点、数据通信网核心节点等的设备房屋；

2 影响运输效率的设备为 B 级，包括设有传输网骨干层节点、数据通信网汇聚节点、GSM-R 系统 BSC 节点等的通信设备房屋；

3 除 A、B 级以外为 C 级。

3.6.6 关于动车段(所)合署办公地点是依据《关于明确铁路动车段(所)内工作设置方式的通知》(铁总运〔2015〕154 号)中"全路动车段(所)内车务人员、动车调度、机务调度和客运段动车派班人员应合署办公，工作场所应合并设置，相关设备设施按照设计规范一并配置。有条件时，电务、供电值班等人员也可考虑与上述人员一起合署办公"的规定制定的。

3.6.10 相关信号设备房屋的说明：

《铁路信号设计规范》TB 10007—2017 第 18.2.5 条规定："TDCS/CTC 调度所、调度中心的计算机室应符合《电子信息系统机房设计规范》GB 50174 规定的 A 级标准，其他信号设备计算机室应符合《电子信息系统机房设计规范》GB 50174 规定的 C 级标准。"

1 本款依据《电子信息系统机房设计规范》GB 50174—2008 第 6.2.3 条确定。

3 TDCS/CTC 调度所、调度中心的信号设备房屋(不含不间断电源电池室)温度、湿度比照《电子信息系统机房设计规范》GB 50174—2008 规定的 A 级主机房标准，其他处所的信号设备房屋(不含不间断电源电池室)温度、湿度比照《电子信息系统机房设计规范》GB 50174—2008 规定的 C 级主机房标准。

3.6.12 信息用房可以根据信息系统构建需求，设置在铁路局机关或者调度所、铁路局数据处理中心等处所。

3.7.7、3.7.8 抢修用房主要供存放工务抢修工具器材以及抢修人员待班使用，线路所值守用房和抢修料具用房主要供值守道岔人员及存放抢修材料机具使用，建筑面积一般根据实际需要进行设计。

3.7.9 工务道口看守用房主要用于铁路道口、桥梁、隧道、塌方落石及路基的看守，建筑面积中包括茶水间。一人间一般采用3 m×6 m 开间建筑，两人间适当扩大。

3.7.10 为了保证抢修时出行迅速便捷，同时出于维修作业的安全需要，轨道车库长度按 2 辆轨道车和 2 辆平板车不解编进库存放。

不解编的 2 台轨道车和 2 台平板车全长最小为 59.76 m，按 60 m 计。检查坑长度根据车长和每端考虑检修人员出入所需的长度 1.5 m 确定为不小于 63 m；轨道车库长度根据检查坑长度和每端设置 2.5 m 检修通道确定为不小于 68 m。

3.7.12 综合机修车间主要功能是承担所属工务段管辖范围内的小型养路等机械设备的

维修、车辆保养和简单零部件的加工。在设计时,可以根据实际工艺需要确定面积。

3.8.1~3.8.4　依据《铁路电力牵引供电设计规范》TB 10009—2016,将原规范"接触网工区"改为"供电工区",并结合新的供电检修设施组成修改了部分条文。其中,3.8.4条第4款高速铁路供电安全检测监测系统(6C系统)包括高速弓网性能综合检测系统、接触网安全状态巡检系统、接触网运行状态检测系统、接触网悬挂状态检测监测系统、接触网与受电弓滑板监测系统、接触网及供电设备地面监测系统。

3.8.6　27.5 kV高压开关室用来安装27.5 kV或2×27.5 kV开关设备,包括空气绝缘开关柜(AIS),SF_6气体绝缘开关柜(C-GIS),室内敞开式布置开关设备;110 kV (220 kV或330 kV)高压开关室用来安装室内布置的110 kV (220 kV或330 kV)高压开关设备,一般采用SF_6气体绝缘封闭组合电器(GIS);牵引变压器室用来安装室内布置的牵引变压器;所用变压器室用来安装室内布置的所用变压器,包括10 kV所用变压器及27.5 kV所用变压器。110 kV (220 kV或330 kV)高压开关室内一般安装SF_6气体绝缘封闭组合电器(GIS),在该房屋内设置起吊装置是依据《3~110 kV高压配电装置设计规范》GB 50060—2008的有关规定制定。

3.8.7　相关电力设备房屋的规定是依据《铁路电力设计规范》TB 10008—2015、《火灾自动报警系统设计规范》GB 50116—2013及《智能建筑设计标准》GB/T 50314—2015制定的。

3.8.8　室内充油设备防火要求根据《火力发电厂与变电站设计防火规范》GB 50229—2006第6.6.5、6.6.6条有关规定编制。

配电装置室中经常有配电装置需要在墙上安装,设实体墙易于施工,实体墙可以采用不同材料,但要满足电器安装要求。

3.8.9　就地检修的室内油浸变压器室内高度、宽度要求依据《3~110 kV高压配电装置设计规范》GB 50060—2008的有关要求制定。

3.9.1　《高速铁路设计规范》TB 10621—2014第17.5.4条规定:"有担当动车组任务的机务段所在地车站或动车组司机集中继乘车站,应根据动车司机乘务交路合理设置动车组运用车间,满足办公、学习、出退勤和动车司机间休等要求。"该房屋主要为高速铁路动车组司机服务,尚无具体标准。根据已开通高铁项目调研和相关主管部门意见,将目前高速铁路车站、动车段(所、场)机务房屋设置情况列于说明表3.9.1—1~说明表3.9.1—2,供工程设计参考。

说明表3.9.1—1　高速铁路车站机务房屋设置情况

机构名称	功能及主要房屋组成	面积(m^2)或间数	设置条件	附　注
动车组运用车间	隶属机务段,承担全段动车组司机运用管理,担当多个方向乘务任务。房屋设施主要由车间管理办公室、指导司机室、学习室、会议室、派班室、服务站、食堂、浴室等组成	1 500~2 000	一般情况下设置在客运机务段所在地、始发终到动车组较多的车站	
动车组运用车队	隶属动车组运用车间,承担本车队动车组司机的乘务管理,担当1~2个方向乘务任务。房屋设施主要由车队办公室、学习室、派班室、服务站、食堂、浴室等组成	600~900	担当1~2个方向乘务任务且所在车站非动车组运用车间所在站	

续上表

机构名称	功能及主要房屋组成	面积(m^2)或间数	设置条件	附注
动车派班室	承担动车组司机出退勤管理,隶属动车车间。房屋设施主要由派班室、值班室、服务站、浴室等组成	200~300	有换乘作业需要办理出退勤的车站,非动车组运用车间、动车组运用车队所在站	
间休室	动车组司机乘务交路间休息场所	—	有换乘作业车站	间休室标准同公寓。车站仅设间休室时,另增2间管理房屋
公寓	动车组司机待乘住宿场所	—	外段司机需住宿待乘的车站	可与存车场公寓合设

说明表 3.9.1—2 高速铁路动车段(所、场)机务房屋设置情况

位置	机构名称	功能及主要房屋组成	面积(m^2)或间数	设置条件	附注
动车段、所	地勤司机车队	承担段、所内地勤司机乘务运用及入段、所本务司机出退勤管理,隶属动车车间。房屋设施主要由车队办公室、休息室、学习室、派班室、服务站等组成	500~800	8线检查库及以上的动车段、所	
	动车派班室	承担段、所内地勤司机乘务运用及入段、所本务司机出退勤管理,隶属动车车间。房屋设施主要由值班室、休息室、学习室、派班室、服务站等组成	300~500	8线检查库以下的动车段、所	
	公寓	动车司机待乘	存车列数×0.6	均设置	
动车存车场	动车派班室	存车场动车司机出退勤管理,隶属动车车间。房屋设施主要由派班室、值班室等组成	60	均设置	可与车站派班室合设
	公寓	动车司机待乘	存车列数+2	均设置	可与车站公寓合设

3.9.4 机车整备棚(库)、临修棚(库)一般较高,在柱列外侧沿水平方向设置遮挡雨板、在棚端部采取相应的遮挡措施,可以达到较好的遮阳和防雨效果。每排遮挡板的设置距离与当地的日照、飘雨角度等因素有关。

3.9.7 机车喷漆库和喷漆干燥房屋属甲类生产类别,具有火灾危险性,需按国家相关规范进行防火防爆设计。由于油漆和油漆溶剂具有毒性和易燃性,在喷漆处理和干燥过程中会产生粉尘、污水及有毒有害气体,此类建筑也要符合国家相关劳动保护的设计要求。

3.9.8 机车负载试验站、机车整车试验库在试验过程中会产生噪声污染。此类建筑设计除要满足工艺设计要求外,还要采取必要的隔音、防噪、降噪措施,满足国家《工业企业厂界环境噪声排放标准》GB 12348—2008 的规定。

3.9.10 本条根据京沪示范线建设标准要求制定。目前的管理体制为车间管理车队，车队管理动车司机。每个车队管理动车司机一般为 80 人，不超过 100 人；每个指导组管理动车组司机一般为 20 人，不超过 25 人。车间按照 160 人、240 人、320 人、400 人、480 人、560 人六个等级测算面积，分别包含 2、3、4、5、6、7 个车队。

设置的房屋包括：办公室（含车间、车队、指导司机）、车间会议室、车间学习室（按 60% 动车组司机参加设计）、车队学习室（按 60% 动车组司机参加设计）、出乘器物存放间、高铁派班室、全功能驾驶模拟室、健身房、生理心理调节室（根据车间人数适当增加配备的设备）、更衣室、浴室、资料备品存放室、洗衣房等。

出乘器物存放间：用于存放动车组司机的学习整理箱和衣服。

高铁派班室：负责动车组司机出勤、退勤及相关备品（GSM 手持终端、无线对讲设备等）发放的房间，房间内主要包括如下几个部分：

出勤台：负责重点事项传达、抽考、酒精测试、命令揭示传达（IC 卡揭示写卡）。本线继乘时，出勤机班最多时有 24 班（单司机值乘 24 人、双司机 48 人），出勤台按照办理出勤人数 60 班以下时设置 1 个，60～120 班时设置 2 个，依此类推。

退勤台：负责对列车运行情况（安全正晚点等）进行总结分析，转载列车运行数据并进行初步分析，酒精测试，接收司机报单、手账及相关备品。本线继乘时，退勤机班最多时有 24 班（单司机值乘 24 人、双司机 48 人），退勤台按照办理退勤人数 60 班以下时设置 1 个，60～120 班时设置 2 个，依此类推。

备品发放台：负责下发 GSM 手持终端、无线对讲设备等备品，以及备品日常维护。

大厅：设置揭示命令出示橱窗、乘务员抄写揭示所需桌椅、2 台触摸屏，以及乘务员等候出勤休息区。

管理人员：车间设主任、书记各 1 名，工会主席 1 名、副主任2～4 名，技术人员 4～7 名；车队设队长、书记各 1 名；指导组设指导司机 1 名。

根据以上各项功能组成（未包括生理心理调节室、驾驶模拟室、健身室），做方案设计，具体面积见说明表 3.9.10。

说明表 3.9.10　动车组运用车间房屋建筑面积

序号	房间名称	使用面积（m^2）					
		160 人	240 人	320 人	400 人	480 人	560 人
1	通信机房	20	20	20	20	20	20
2	卫生间	40	40	60	60	60	60
3	浴室	40	40	60	60	80	80
4	派班室	100	120	120	140	140	160
5	出乘器物存放间（柜子 400 mm 宽，2 000 mm 高）	80	120	140	180	220	260
6	洗衣室	20	20	20	20	20	20
7	资料备品存放	40	40	40	40	40	40
8	车间学习室	80	120	150	190	230	270
9	车队学习室	40	40	40	80	80	80
10	工会主席/副主任办公室	20	20	20	20	20	20

续上表

序号	房 间 名 称	使用面积(m^2)					
		160 人	240 人	320 人	400 人	480 人	560 人
11	车间主任/书记办公室	20	20	20	20	20	20
12	车队队长/书记办公室	40	60	80	100	120	140
13	指导组司机室	40	60	80	100	120	140
14	技术员室	40	40	40	40	40	40
15	交通面积(走廊)	202	226	299	306	361	378
使用面积(m^2)		822	986	1 189	1 376	1 571	1 728
建筑面积(m^2)		948	1 149	1 406	1 609	1 824	1 997

表中建筑面积,外墙墙体按照 250 mm、内墙按照 200 mm、保温按照 80 mm 测算,具体工程项目可根据所在各地区墙体材料和节能要求进行调整。

说明表 3.9.10 之所以未计入生理心理调节室、驾驶模拟室、健身室所需的面积,是考虑目前这些房屋设置正在一些铁路局进行试点,经验尚不丰富,待取得丰富经验后再进行补充修订。试点配置情况如下:

(1)驾驶模拟室用于设置全功能动车组驾驶模拟装置,其房屋需求配置为:仿真主机占地 93.8 m^2,设备间 25 m^2,教员间 26 m^2,观摩区 51 m^2,净高 7.2 m^2。全功能驾驶模拟装置按照 160 人、240 人配置一组设备,320 人、400 人配置两组设备,480 人、560 人配置三组设备。

(2)健身房用于动车组司机健身,配置的主要器材包括:跑步机 2 台共 6 m^2、卧式举重架 1 个 3 m^2、动感单车 2 个 2.5 m^2、台球 2 个共 14 m^2、乒乓球台 1 副 10 m^2。

(3)生理心理调节室用于恢复动车组司机身心健康,配置疲劳检测系统 2 台共 6 m^2,心理多功能减压舱 2 套共 24 m^2,身心反馈训练系统 2 套共 24 m^2,音乐放松系统 2 套共 8 m^2。

3.10.4 经实测,罐车开盖后轨面至顶部高度为 5.375 m,罐车开盖运行进库现象经常发生。现行国家标准《标准轨距铁路建筑限界》GB 146.2“建限—2”规定大门高度 5.0 m,如果考虑加冰保温车或罐车开盖进库,门洞的净高不应该小于 5.5 m。

车辆段修车库(棚)、站修所修车棚(库)、客车技术整备所临修棚(库)室内地面低于轨顶 10 mm,易于保持轨面洁净及方便测量车钩高度。

3.11.1 动车组运用整备、检查及临修生产房屋含动车组运用检查库、临修库、不落轮镟库、洗车库、轮对诊断房屋等,严寒地区根据需要设置融冰除雪库。

动车组检修车库及其辅助车间含动车组三至五级检修库、转向架库、部件检修库、吹扫库、静调库、喷漆库、淋雨试验库、危险品库、卸污处理中心、污水处理间等。

3.12.1 给水排水用房组成:

给水厂(所)功能是取用地下或地表水,提供铁路运输、生产、生活、消防用水水源,必要时,通过水处理,满足铁路运输、生产、生活、消防用水水质要求。一般设置设备间、加药间、贮药间、消毒间、库房、配电及控制室和值班室、卫生间等生活附属房屋。对于水源水质满足使用要求,不需要进行净水处理的给水厂(所),不用设置净水处理间、加药间、贮药间;在站、段范围内的给水所值班室与其他办公房屋合建也不影响管理的,根据集中、综合布置原则，可以与其他办公房屋合建，不用单独设置生活附属房屋。

给水加压站房屋包含水泵间、控制室、值班室、配电间、卫生间等附属房屋。

大型车站设置给排水集中监控室可以与站房合建。

客车上水工休息室可设于站台楼扶梯下部。大型车站可以与站房合建。

站房直饮水处理站一般设于大型站房内，包含设备间、控制室，为大型站候车旅客提供直饮水。

污水处理厂（站）功能是根据排水系统布局要求，采用适宜的污水处理工艺，处理铁路运输、生产废水及生活污水。设有回用水、中水再生系统的，需要设置消毒间对水质进行消毒，对于产泥量很少并有处理措施的，可不设置污泥处理间。

设有站台卸污的车站卸污工间休室可以与客车上水工休息室合建。真空站（真空中心）设有真空机组、真空罐与收集罐、排污、控制设备和辅助设施，具有产生真空排除集便污水的功能。值班室、卫生间等生活附属房屋可以与其他办公房屋合建。

排水泵房包含水泵间、控制室，必要时设置值班室、卫生间等生活附属房屋。根据排水系统布局及高程要求，通过污水提升泵，排除雨、污水。

3.12.2　由于消毒、加药、贮药过程会产生有毒有害气体，在与车站站房或其他生产、生活房屋合建时，这些房间不设置在地下室等通风条件差的位置，有利于保护消毒、加药工作人员及周围房间工作人员的人身安全。

3.12.3　由于排（污）水泵站抽送污水时会产生臭气和噪声，对周围环境造成影响，故本条规定排（污）水泵站宜单独设置。

3.12.4　关于给排水设备房屋的说明：

2　有人值守泵房的值班室与水泵间相邻是为了便于管理，设置隔音观察窗及隔音门是为了方便观察水泵机组的运行情况同时又能避免噪声的污染。

3　本款是根据《室外给水设计规范》GB 50013—2006 第 6.6.5条规定的。

5、6　根据《室外给水设计规范》GB 50013—2006 有关要求，对加氯间、氯库等消毒设施房间从安全措施、通风等方面作出规定。

3.14.5　条文中的国家相关标准是指《锅炉房设计规范》GB 50041、《民用建筑供暖通风与空气调节设计规范》GB 50736、《工业建筑供暖通风与空气调节设计规范》GB 50019、《建筑设计防火规范》GB 50016、《消防给水及消火栓系统技术规范》GB 50974、《建筑给水排水设计规范》GB 50015 等。

3.15.1　房建车间、工区的设置主要考虑房建设备的分布和规模因素。目前，特大型、大型车站一般设置车间，按土建、给排水、暖通、电气等专业设置工区；地级市及以上中小型车站、集中供暖的中小型高铁站、站房建筑面积 2 万 m^2 及以上的客货共线车站设置工区。铁路沿线按照管辖房建设备责任量不超过 20 万换算平方米、营业里程 50 km～80 km 设置一个工区，管辖房建设备责任量不超过 100 万换算平方米、营业里程 100 km～200 km 设置一个车间。房建维修人员定员根据房建设备责任量确定，有供暖地区可按 1.5 人/万换算平方米设计，无供暖地区可按 1.0 人/万换算平方米设计。

3.15.2　考虑市场材料供应丰富，现代建筑新型材料较多，存放较多备用建材会积压资金。所以，本条中材料库（棚）建筑面积指标较原标准 6.5 m^2～7.5 m^2指标有所降低。

3.15.5　经调查，北京、哈尔滨、沈阳、郑州局，高速铁路及大型以上旅客车站站房由工区派驻车站人员对其进行日常维修管理，设置的维修点包括维修人员工作间和材料存放间。

3.16.2 公安机构用房建设标准是指《公安机关业务技术用房建设标准》(建标 130—2010)和《公安派出所建设标准修订版》(公装财 25—2017)。

3.16.3 考虑到公安派出所工作性质,尽可能单独建设。派出所的留置室,询问室,群众服务窗口等尽可能设在一层,以便于服务群众。受条件所限需与其他建筑合建的公安派出所部分一般安排在该建筑的 3 层以下,并单独分区,具有独立的竖向交通、平面交通、场地及出入口。

"外观应符合公安部规定的外观标志和形象要求"是根据公安部《关于规范统一全国公安派出所外观标识的通知》(公治〔2004〕199 号)和《公安派出所建筑外观形象设计规范》(公装财 262—2005 规定的)。

3.16.4 公安派出所规模的确定要考虑增加辅警编制,警察和辅警数量比例按 1∶4。大型特大型站、中型站、小型站的公安派出所设置可分别参照《公安派出所建设标准》中一类、二类、三类派出所建设规模执行。

生活用房的标准按照《中国铁路总公司关于铁路沿线站区生产生活设施集中建设统一管理的指导意见》(铁总计统〔2016〕128 号)和《铁路沿线站区生产生活房屋建筑设计补充规定》(铁总建设〔2016〕132 号)的要求执行。

3.16.7 本条依据《关于进一步做好新建时速 250 公里及以上铁路警务区和值勤岗亭建设工作的通知》(公治〔2010〕32 号)规定制定。

条文中的通信、信息条件是指配置公安管理信息系统、公网电话、公安调度电话、GSM-R 手持终端、视频监控终端等设备。

3.16.8 通常具备始发终到功能的大型、特大型站设有刑警队、乘警队、交警队、特警队中一种或多种功能,每种功能设置建筑面积 300 m^2。

3.16.9 条文中的国家相关标准和公安部要求是指《公案机关执法办案场所设置规范》(公通字〔2010〕56 号)和《枪支(弹药)库室风险等级划分与安全防范要求》GA 1016—201 等。

3.17.2 条文中的国家和铁路总公司的相关要求是指《国家发展改革委住房城乡建设部关于印发〈党政机关办公用房建设标准〉的通知》(发改投资〔2014〕2674 号)和《中国铁路总公司关于印发〈中国铁路总公司办公室使用面积暂行标准〉的通知》(铁总办〔2015〕19 号)。

随着铁路技术的快速发展,近年来各个段管理范围有所扩大,尤其是设备资料增加较大,不能完全满足档案存放要求。据了解,目前工务段档案室建筑面积大约为 260 m^2,其中管辖高速铁路营业长度按 300 km 考虑,每超 100 km 建筑面积增加约为 60 m^2。因此,标准中规定档案室面积不含工程技术档案室面积。

3.17.3 本条根据对哈尔滨、成都、郑州铁路局调研的基础上确定了职工教育用房的要求。

例如,机务段除每两年不少于 10 个工作日全员培训外,平时特定的培训较多,培训学习场所除教室、电化教室外,要有模拟操作室和自检自修演练室等,建筑面积定为每人 1.20 m^2~1.25 m^2。其他各段、站的技术教育房屋面积以满足教师办公、实习操作和教室基本需要制定。各段、站的会议室应该兼做教室使用。

3.18.2 公共活动室包括学习室、文娱活动室、阅览室、电视间。办公管理用房一般包括值(叫)班室、主任室、服务室、洗涤、烘干、备品间等房屋。当采用委托社会洗涤时,可以不设洗衣房。

3.18.5 考虑到乘务员就餐时间比较分散的特点，机车乘务员按 2 床一个餐位计算，2 个批次进餐，餐座实配数量为床位数的 50%；列车乘务员按 3 床一个餐位计算，2 个批次进餐，餐座实配数量为床位数的 33%。

餐厅使用面积按照《饮食建筑设计规范》JGJ 64—89 第 3.1.2 条一级食堂确定为 1.1 m^2，餐厨比根据该规范第 3.1.3 条第 1 款确定。

3.18.7 乘务员公寓建筑面积依据《旅馆建筑设计规范》JGJ 62—2012，并通过对近年来铁路乘务员公寓的设计和使用情况的分析，经综合测算分析确定。车辆乘务员公寓面积与列车乘务员标准一致。动车组随车机械师的公寓面积与机车、动车乘务员标准一致。

3.19.1 按照原铁道部劳动卫生司卫生防疫机构规划要求和目前管理的现状，在全路 90% 以上的铁路局或省会城市所在地及铁路客货运枢纽均设置了铁路卫生防疫站。

3.19.3 本条文按照铁路总公司劳动卫生要求，规定了设置卫生监督用房的要求，其建筑面积是按每班作业人员 2~5 人确定的。

3.19.4 根据青藏铁路近年来的运营经验和职工的健康与安全要求，本条规定了高原铁路应设置集中供氧室及药品间的要求。

4.1.1~4.1.3 最大当班人数在 120 人以上的单位一般为机务、车辆段等单位，用餐人数较多，采用《饮食建筑设计规范》JGJ 64—89 一级食堂建筑设计标准。最大当班人数在 120 人以下时，计算出的食堂规模小于 60 座，不经济也不好管理，设伙食团用房较为合理。

餐厅使用面积采用了《饮食建筑设计规范》JGJ 64—89 最小使用面积的规定，即一、二级食堂餐厅分别为每座 1.10 m^2 和 0.85 m^2。

4.2.1 本条是根据《工业企业设计卫生标准》GBZ 1—2010 第 7.2.2条“车间卫生特征 1~4 级的生产企业设职工浴室或淋浴间”制定的。

浴室在通常情况下单独设置，包括有更衣室、管理室、水箱间。淋浴间因规模较小一般不单独设置，而是与其他房屋合建。更衣设施较简易，无需设管理室。专为冲凉要求设置的浴室和淋浴间不设锅炉房或太阳能设施。

4.2.3 浴室和淋浴间设计计算人数按最大当班职工人数的60%~80%计算。根据《工业企业设计卫生标准》GBZ 1—2010 第 7.2.2条第 2 款规定，每个淋浴器使用人数根据生产作业特点按卫生特征级别 3 级套用，定为 9 人。

4.2.4 当生产作业需要有洗浴设施而职工人数不足 100 人时，设淋浴间。淋浴间房屋可以设在所在单位（工区、所等）的生产办公房屋内，淋浴器数量计算方法同浴室，但每个淋浴器建筑面积指标比浴室要小，因为浴室有管理、门厅、水箱间等附属房屋。

4.3.7 考虑职工生活的实际需要，规定了新建铁路职工单身宿舍规模应根据新建铁路所在地区的自然条件和沿线城镇分布情况确定。

由于新建铁路的段、所、车间和工区职工，一般情况下上班地点距城镇距离较远，交通条件也相对较差，特别是车间、工区多设置在铁路沿线车站，考虑职工 2 班或 3 班工作班制和安全问题，以及铁路维修抢修需要，单身宿舍一般按定员人数的 80%~100% 配置（距城镇较近、交通条件相对较好的地区取小值）。在设置单身宿舍时，需从实际出发，按照“以人为本”的原则，解决沿线、区段站职工工作和居住关系问题。

改建铁路因为各线既有居住设施情况相差较大，可以根据当地条件和实际需求进行设置。

4.3.8 宿舍面积指标包括交通面积、文娱活动室、阅览室、电视间、设备间、清扫间等。

单间宿舍开间尺寸一般为 5 900×3 750(mm)(根据《宿舍建筑设计规范》JGJ 36—2005 第 4.2.2 条、第 4.2.3 条确定房屋面积),房间内建筑面积为 28.05 m^2,其中,房间内包括卫生间4.08 m^2、阳台 5.46 m^2、居室面积 18.51 m^2。人均居室建筑面积为 9.26 m^2,套内人均建筑面积为 14.03 m^2。在包括值班室、活动室、电视阅览室、设备间、清扫间等房间和交通等公摊面积的情况下,建筑面积人均接近 18 m^2(说明表 4.3.8)。考虑各地区的建筑差异(墙体外保温)和增加一些功能用房的可能性,本条给出了人均 17 m^2 ~ 19 m^2 的建筑面积指标。

说明表 4.3.8 单身宿舍面积统计表

类型	标准	单间使用面积(m^2)	值班叫班(m^2)	活动室(m^2)	阅览电视(m^2)	交通(m^2)	其他(m^2)	总建筑面积(m^2)	房屋数量(间)	床数(个)	人均建筑面积(m^2)	备注
两人间	50床	24.0	24.0	48.0	24.0	168	20.0	908	26	52	17.46	单间面积包括卫生间和阳台面积
	100床	24.8	24.8	49.6	49.6	382	212.2	1 983	51	106	17.86	
	200床	24.8	24.8	99.2	49.6	718	337	3 783	103	218	17.37	
	400床	24.8	24.8	99.2	105.7	1 626	206.8	7 140	203	410	17.40	

4.3.11 本条依据《宿舍建筑设计规范》JGJ 36—2005 第 3.2.2 条规定增加了职工活动场地(体育器械)、集中绿地、自行车存放处。体育器械是指单双杠、篮球架等。

A.0.1 本次修订根据测算和工程实践经验补充了高速铁路综合车间办公室、动车所办公室面积规模的规定。

高速铁路综合车间办公室按照人员配置,进行了模拟设计,测算面积见说明表 A.0.1—1。

说明表 A.0.1—1 高速铁路综合车间办公室使用面积

序号	房屋名称	使用面积(m^2)
1	主任/书记办公室	20
2	副主任办公室	20
3	司机室	20
4	更衣室	20
5	档案室	20
6	技术室	40
7	卫生间	20
8	会议室	80
9	交通面积	58
使用面积小计		298
建筑面积		339

关于动车所面积规模，调研了几个实际的动车所，面积和表 A.0.1相一致，其中，沈阳动车段房屋面积见说明表 A.0.1—2。

说明表 A.0.1—2　沈阳动车段房屋面积

站段	动车所	总面积(m^2)	各房屋面积(m^2)	
沈阳动车段	沈阳北动车所	383	所长、书记办公室	18.7
			副所长办公室	37.39
			所技术组	56.96
			男更衣室	58.85
			女更衣室	58.85
			男卫生间	18.7
			女卫生间	18.7
			会议室	114.8

A.0.2　表 A.0.2 是在原标准基础上，结合调研资料和模拟设计(说明表 A.0.2)补充了定员 60 人及以上工区建筑面积。

根据近年来高速铁路综合维修工区的建设情况统计，一般综合维修工区的定员人数在 60～180 人左右，房屋建筑面积为460 m^2～1 060 m^2。据此，按定员人数 60、80、100、120、150、180 人分别规定了综合维修工区房屋建筑面积。

说明表 A.0.2　工区房屋面积

序号	房间名称	使用面积(m^2)											
		5人	9人	14人	20人	30人	40人	60人	80人	100人	120人	150人	180人
1	工区办公室	15	15	15	15	30	30	152	152	152	190	209	228
2	值班室	—	—	—	15	15	15	—	—	—	—	—	—
3	学习会议室	—	—	—	30	45	45	60	80	100	100	140	180
4	技术室	7	7	15	15	22	22	38	57	57	95	114	114
5	材料间	8	8	10	30	50	80	—	—	—	—	—	—
6	伙食团房屋	7	15	15	22	30	30	—	—	—	—	—	—
7	卫生间	8	10	15	15	30	30	19	19	38	38	38	38
8	通信机房	—	—	—	—	—	—	19	19	19	19	19	19
9	档案室	—	—	—	—	—	—	19	19	19	19	38	57
10	更衣室	—	—	—	—	—	—	19	19	19	19	38	38
11	交通面积(走廊)	12	16	30	50	65	70	78	82	150	176	213	223
使用面积小计		57	71	100	192	287	322	404	447	560	656	809	897
建筑面积(m^2)		72	88	123	219	317	357	470	520	650	760	936	1 040

附录 B

相关信号设备房屋的相关内容是依据《电子信息系统机房设计规范》GB 50174—2008、《铁路信号设计规范》TB 10007—2006、《铁路信号产品环境条件地面固定使用》TB/T 1433—1999，以及目前各种信号设备正常工作环境要求等综合提出的。

附录 E

电力牵引供电设备房屋相关内容依据《铁路电力牵引供电设计规范》TB 10009—2016、《35 kV～110 kV 变电站设计规范》GB 50059—2011 及《3～110 kV 高压配电装置设计规范》GB 50060—2008 等确定的。

当控制室与通信设备房屋合用时，需结合通信设备房屋的要求综合考虑防静电地板的设置。

UDC

中华人民共和国行业标准

TB

P

TB 10062—2018
J 2614—2018

铁路驼峰及调车场设计规范

Code for Design on Hump and Marshalling Yard of Railway

2018-12-03 发布　　　　2019-03-01 实施

国　家　铁　路　局　　　发　布

国家铁路局关于发布铁道行业标准的公告

（工程建设标准 2018 年第 7 批）

国铁科法〔2018〕92 号

现公布《铁路驼峰及调车场设计规范》（TB 10062—2018）和《铁路工程测量规范》（TB 10101—2018）两项行业标准，自 2019 年 3 月 1 日起实施。《铁路驼峰及调车场设计规范》（TB 10062—99）和《铁路工程测量规范》（TB 10101—2009）同时废止。

以上标准由中国铁道出版社出版发行。

国家铁路局

2018 年 12 月 3 日

前　　言

本规范是根据国家铁路局构建铁路工程建设标准体系的要求,为满足铁路建设和发展的需要,统一铁路驼峰及调车场设计的技术标准,在《铁路驼峰及调车场设计规范》TB 10062—99 的基础上全面修订而成。

本规范总结近年来我国驼峰设计、施工、运营的实践经验和科研成果,以适应技术发展、服务运输为原则,合理确定了驼峰及调车场线路平面和纵断面的设计原则和参数、调速设备和防溜设备的设置要求、驼峰及调车场解编能力的计算方法,进一步提升了规范的科学性和技术经济合理性。

本规范共分 9 章,主要内容包括:总则、术语、基本规定、驼峰设计技术参数、驼峰及调车场线路平面、驼峰及调车场线路纵断面、调速设备和防溜设备的设置、驼峰及调车场解编能力及其他要求。

本次修订的主要内容如下:

1. 调整了设计年度,近期为交付运营后第十年,远期为交付运营后第二十年。

2. 修订了各类型驼峰的控制系统配置。

3. 修改了驼峰设计中的计算车辆类型和计算风速的计算公式。

4. 修订了采用滚动轴承货车的基本阻力计算模型和单位基本阻力计算公式。增加了计算风速公式中的计算系数:一般情况下取 1.0;当溜车方向与当地冬季主要风向相反时取 1.5,取消了在设计驼峰的溜车方向与当地冬季主要季风方向相反的情况下,峰高计算值增加 10% 的规定。删除了调车机车采用蒸汽机车,调速设备采用铁鞋、脱鞋器、加速顶、牵引小车,调车场平面采用箭翎线布置等相关内容。

5. 取消了全减速顶调速系统的相关内容。

6. 优化了加速坡地段的曲线半径、第一分路道岔岔前直线段长度等驼峰平面设计的相关内容。

7. 修订了难行车在溜放部分及打靶区的平均溜放速度。

8. 完善了停车器、停车顶设置的相关内容。

9. 规定了驼峰迂回线道岔与禁溜线道岔间的插入钢轨的长度。

10. 增加了与排水系统、驼峰线路路基防护、信号设备安装等接口设计的相关内容。

本规范执行过程中,希望各单位结合工程实践,认真总结经验,积累资料。如发现需要修改和补充之处,请及时将意见和有关资料寄交中国铁路设计集团有限公司(天津市河北区中山路 10 号,邮政编码:300142),并抄送国家铁路局规划与标准研究院(北京市西城区广莲路 1 号 B 座),供今后修订时参考。

本规范由国家铁路局科技与法制司负责解释。

主编单位:中国铁路设计集团有限公司。

参编单位:中国铁道科学研究院集团有限公司、中国铁路经济规划研究院有限公司、北京全路通信信号研究设计院集团有限公司。

主要起草人：李荣华、陈世和、姚丽萍、商志丽、姜桂芝、刘　华、杜旭升、李　博、魏　然、陈　晨、赵　强、张开治、耿　颖。

主要审查人：俞祖法、刘　燕、杨　健、王哲浩、刘世峰、余　鹏、戴　颖、程维洲、罗旭东、李　磊、饶　武、韩国兴、石建文、秦　超、靳光荣、伍丽蓉。

本规范的历次版本发布情况：《铁路驼峰及调车场设计规范》TB 10062—99。

目　　次

1 总　　则

1.0.1 为统一铁路驼峰及调车场设计技术标准,使铁路驼峰及调车场设计符合安全适用、技术先进、经济合理的要求,制定本规范。

1.0.2 本规范适用于标准轨距新建和改建铁路驼峰及调车场的设计。

1.0.3 铁路驼峰及调车场的设计年度宜分为近、远两期。近期为交付运营后第十年,远期为交付运营后第二十年。近、远期均采用调查的调车作业量。

不易改扩建的建筑物和基础设施应按远期调车作业量确定;驼峰类型及可逐步改建的技术装备,应按近期调车作业量确定和配备,并预留远期发展的条件。随调车作业量需求变化而增减的运营设备,可按交付运营第五年的调车作业量确定。如分期过渡工程复杂,应编制分期过渡的设计方案。

1.0.4 复杂的铁路驼峰及调车场设计方案应经过技术经济比较确定。

1.0.5 铁路驼峰及调车场设计除应符合本规范外,尚应符合国家现行有关标准的规定。

2 术　　语

2.0.1 驼峰　hump

驼峰是将调车场始端道岔区前线路抬到一定高度，主要利用其高度和车辆自重，使车辆自动溜到调车线上，用以解体车列的一种调车设备。

2.0.2 峰顶　hump crest

峰顶平台与加速坡的交点。

2.0.3 推送部分　humping section

推峰解体的车列，其第一辆车位于峰顶平台的始端时，车列全长所在的线路范围。

2.0.4 溜放部分　rolling section

从峰顶至调车场第一目的制动位入口的线路范围。

2.0.5 峰顶平台　platform of hump crest

连接推送部分与溜放部分的一段平坡。不包括两端竖曲线的切线时称净平台。

2.0.6 计算点　calculate point of hump

确定驼峰的高度时，保证难行车在溜车不利条件下溜到调车场难行线某处停车或具有一定速度的地点。

2.0.7 推送线　hump lead

到达场出口端最外道岔(或牵出线)到峰顶平台始端用以向峰顶推送车列的线路。

2.0.8 溜放线　rolling track

从峰顶至第一分路道岔始端的一段线路。

2.0.9 禁溜线　no-humping car storage

在解体过程中暂时存放禁止从驼峰溜放车辆的线路。

2.0.10 迂回线　around about line of hump

将禁止过峰顶及减速器的车辆绕过峰顶送往调车场的线路。

2.0.11 分路道岔　branch turnout

驼峰溜放部分连接线束和调车线的道岔。

2.0.12 峰高　hump height

峰顶与计算点的高程差。

2.0.13 推送坡　pushing grade

推送部分的线路平均坡度。

2.0.14 压钩坡　coupler compressing grade

在推送线上，为压紧车辆间的车钩以便于摘钩而设的一段较陡坡段。

2.0.15 加速坡　acceleration grade

由峰顶至第一分路道岔前，为使钩车加速以形成前、后钩车间必要的间隔而设置的下坡。

2.0.16 中间坡　intermediate grade

自第一分路道岔前至线束始端的下坡段。

2.0.17　道岔区坡　grade of switch area

自线束始端至第一目的制动位始端的坡段。

2.0.18　调速系统控制长度　length of speed control system

自第一目的制动位出口至调车线平坡末端的长度。

2.0.19　打靶区　shot area

自第一目的制动位出口至计算点的一段线路。

2.0.20　连挂区　coupling zone

自计算点至调速系统控制长度末端的一段线路。

2.0.21　尾部反坡　tail counter grade

自调速系统控制长度末端至尾部警冲标的上坡段。

2.0.22　驼峰调速系统　hump speed control system

为调整溜放钩车的速度而设置的一套控制系统。

2.0.23　点式调速系统　point type speed control system

在驼峰溜放部分和调车线内,钩车溜放的调速设备全部采用减速器的调速系统。

2.0.24　点连式调速系统　point-continued speed control system

在驼峰的溜放部分和调车线的始端采用减速器,在调车场内采用连续式调速设备的调速系统。

2.0.25　连续式调速系统　continued speed control system

在驼峰的溜放部分和调车线内,钩车溜放的调速设备连续布置在线路上实现对钩车连续调速的调速系统。

2.0.26　单推单溜　single humping and single rolling

只用一台机车担当驼峰推送和解体作业的作业组织方式。

2.0.27　双推单溜　double humping and single rolling

使用两台及以上机车担当驼峰解体作业时,一台机车进行解体作业,其他机车可进行预推作业的作业组织方式。

2.0.28　双推双溜　double humping and double rolling

能够使用两台机车同时进行推送和解体作业的作业组织方式。

2.0.29　推送速度　pushing speed

驼峰解体作业时,机车推送车列的速度。

2.0.30　溜放速度　rolling speed

钩车在溜放过程中的走行速度。

2.0.31　连挂速度　coupling speed

钩车溜入调车线与停留车连挂时的速度,或与前行钩车连挂的相对速度。

2.0.32　能高　energy head

溜放过程中钩车所具有的能量换算高度。

2.0.33　制动能高　energy head of retarder location

制动设备对钩车所能抵消的能高。

2.0.34　制动位　retarder location

驼峰溜放部分及调车场内主要制动设备设置的地点。

2.0.35 间隔制动　spacing braking

为保证两溜放钩车间具有一定距离所进行的制动。

2.0.36 目的制动　target braking

为使钩车溜行至预定地点停车或安全连挂所进行的制动。

2.0.37 难行车　hard rolling car

在溜放中走行性能差的车辆。

2.0.38 中行车　middle rolling car

在溜放中走行性能一般的车辆。

2.0.39 易行车　easy rolling car

在溜放中走行性能好的车辆。

2.0.40 难行线　hard rolling track

在溜放部分基本阻力功、风阻力功、道岔附加阻力功及曲线附加阻力功之和最大的线路。

2.0.41 易行线　easy rolling track

在溜放部分基本阻力功、风阻力功、道岔附加阻力功及曲线附加阻力功之和最小的线路。

2.0.42 溜车有利条件　rolling car at favourable condition

在夏季、顺风溜放车辆的基本阻力与风阻力最小的条件下溜放钩车。

2.0.43 溜车不利条件　rolling car at unfavourable condition

在冬季、逆风溜放车辆的基本阻力与风阻力最大的条件下溜放钩车。

2.0.44 驼峰解体作业量　the quantity of humping service

驼峰平均一昼夜解体的货物列车数或车辆数。

2.0.45 驼峰解体能力　humping capacity

驼峰在一昼夜内能解体的货物列车数或车辆数。

3 基本规定

3.1 驼峰类型

3.1.1 驼峰按日解体能力的大小可分为大能力驼峰、中能力驼峰、小能力驼峰。驼峰主要设备配置应符合下列规定：

1 大能力驼峰的日解体能力为4 000辆以上，应设30条及以上调车线和2条溜放线，应配有驼峰进路控制、溜放车组速度控制、推峰速度控制和调车场尾部停车防溜控制系统。

2 中能力驼峰的日解体能力为2 000辆~4 000辆，应设17条~29条调车线，宜设2条溜放线，应配有驼峰进路控制、溜放车组速度控制、推峰速度控制和调车场尾部停车防溜控制系统。

3 小能力驼峰的日解体能力为2 000辆以下，应设16条及以下调车线，宜设1条溜放线，应配有驼峰进路控制和调车场尾部停车防溜控制系统，宜设驼峰机车信号。

3.1.2 驼峰类型应根据解体作业量、车站站型及发展趋势选定。设计解体能力利用率不应大于0.80，困难时不应大于0.85。

3.2 调速系统种类及适用条件

3.2.1 调速系统可分为点连式、点式、连续式等调速系统，并应符合下列规定：

1 点连式调速系统应由调车场内目的制动位减速器与减速顶等调速设备组成，驼峰溜放部分可设1级~2级间隔制动位或不设间隔制动位。

2 点式调速系统应在调车场内设一级及以上的目的制动位减速器，驼峰溜放部分可设1级~2级间隔制动位。

3 连续式调速系统可采用可控顶调速系统、股道全减速顶调速系统。

3.2.2 驼峰的调速系统种类应根据驼峰类型、所在地区的气象条件、工程运营费用、调车线有效长度及车流性质等因素综合分析确定，并应按下列原则选择：

1 大能力驼峰应选用设两级间隔制动位和调车场目的制动位减速器与减速顶组合的点连式调速系统。当调车线有效长度较短，车辆阻力离散度较小时，可采用点式调速系统。

2 中能力驼峰宜选用设两级或一级间隔制动位和调车场目的制动位减速器与减速顶组合的点连式调速系统。当调车线有效长度较短，车辆阻力离散度较小时，可采用点式调速系统。

3 小能力驼峰可根据解体作业量、调车线数量等因素按下列要求选定：

1）解体作业量为1 200辆/d以上，调车线12条~16条的驼峰及调车场宜选用不设间隔制动位的点连式调速系统，可选用可控顶调速系统。

2）解体作业量为 1 200 辆/d 及以下，调车线 5 条～12 条的驼峰及调车场，可选用不设间隔制动位的点连式、可控顶、股道全减速顶等调速系统。

3.3　调车场尾部调速方式及适用条件

3.3.1　调车场尾部咽喉区道岔应集中控制。主要为编组直达、直通和区段等列车的线束，不宜设置技术复杂的调速设备。

3.3.2　调车场尾部主要为编组摘挂等多组列车的线束，其调速方式宜按下列原则选择：

1　当尾部编组多组列车的作业量较少时，可不设调速设备。

2　当尾部编组多组列车的作业量一般时，为其服务的线束平面布置应满足连续溜放条件，调车设备采用平面调车与单向减速顶、坡度牵出线与单向减速顶调速方式。若调车钩数较多，经过比选，可设置小能力驼峰及相应的调速设备。

3　当尾部编组多组列车的作业量较多且受调车场内线路数量限制时，可在调车场外设置尽端式辅助调车场。若调车钩数较少，可采用坡度牵出线与单向减速顶调速方式；若调车钩数较多，可设置小能力驼峰及相应的调速设备。

4 驼峰设计技术参数

4.1 气象资料的收集和选用

4.1.1 应收集驼峰所在城市或地区近10年各月份的月平均气温和月平均风速的气象资料,当无该城市或地区的气象资料时,可采用邻近城市或地区的气象资料。

4.1.2 气象资料应按下列方法选用:

1 溜车不利条件

1) 南方地区(10年平均各月的月平均气温均在0℃及以上地区)

计算气温按下式计算:

$$t=\bar{t}-1.96\sigma_t \tag{4.1.2—1}$$

式中 t——计算气温(℃);

$\bar{t}$——根据10年各月的月平均气温计算的平均气温(℃);

σ_t——计算气温的均方差(℃)。

计算风速按下式计算:

$$v_f=K_f(\bar{v}_f+1.96\sigma_f) \tag{4.1.2—2}$$

式中 v_f——计算风速(m/s);

$\bar{v}_f$——根据10年各月的月平均风速计算的平均风速(m/s);

σ_f——计算风速的均方差(m/s);

K_f——计算系数,一般情况取1.0,当设计驼峰的溜车方向与当地冬季主要季风方向相反时取1.5,且由此计算的v_f不宜大于5.0 m/s。

计算风向为溜车正面逆风,风向与溜车方向的夹角为0°。

2) 北方地区

计算气温按下式计算:

$$t=\bar{t}-1.5\sigma_t \tag{4.1.2—3}$$

计算风速按下式计算:

$$v_f=K_f(\bar{v}_f+1.5\sigma_f) \tag{4.1.2—4}$$

计算风向为溜车正面逆风,风向与溜车方向的夹角为0°。

2 溜车有利条件

计算气温采用27℃。溜放速度与溜放间隔检算时,计算风速按无风计算;计算夏季限制峰高、设计驼峰溜放部分纵断面及计算调速设备制动能力时,风阻力按零计算。

4.2 计算车辆类型及溜放阻力计算

4.2.1 计算车辆类型应采用下列三种:

1 易行车采用总重94 t满载C_{70}。

2 中行车采用总重 70 t 不满载 C_{70}。

3 难行车采用总重 30 t 不满载的 P_{70H}。

4.2.2 溜放阻力包括基本阻力、风阻力、道岔附加阻力及曲线附加阻力。

1 单位基本阻力按下式计算：

$$W_{基}=2.439+(0.00008Q-0.01743)t-0.015Q+0.00017t^2+0.1v_{车}\pm1.65\sigma_{基}+0.39K_w \tag{4.2.2—1}$$

$$\sigma_{基}=0.602-(0.0012+0.00002Q)t-0.003Q+0.00002t^2$$

式中 $W_{基}$——单位基本阻力(N/kN)；

Q——车辆总重(t)；

t——计算气温(℃)，低于0℃时取负值，高于0℃时取正值；

$v_{车}$——车辆平均溜放速度(m/s)；

K_w——位置参数，驼峰溜放部分取1，调车场取0；

$\sigma_{基}$——车辆溜放基本阻力离散度的均方差；式(4.2.2—1)中"±"，难行车取"+"，易行车取"-"，中行车取0。

2 单位风阻力按下式计算：

$$W_{风}=\frac{0.063f\dfrac{C_{x1}}{C_{x0}}}{Q\cos^2\alpha}(v_{车}+v_f\cos\beta)^2 \tag{4.2.2—2}$$

式中 $W_{风}$——单位风阻力(N/kN)；

β——风向与溜车方向的夹角(°)，计算时取0°；

α——风速和车速的合速与溜车方向的夹角，计算时取0°；

C_{x0}——与溜车方向正轴向相逆的风阻力系数；

C_{x1}——溜车速度与侧逆向风速矢量组合形成风力合速 $v_{合}$，该合速换算为溜车方向相逆的风阻力系数；

C_{x1}/C_{x0}——风阻力系数，计算时取1；

f——车辆正面计算受风面积(m^2)，按表4.2.2取值。

表 4.2.2 车辆正面计算受风面积

车 型	车辆正面计算受风面积 f(m^2)
P_{70H}	11.41
C_{70}	7.71

3 道岔附加阻力

道岔附加阻力应按车辆通过道岔消耗的能高值计算。车辆侧向通过一组道岔消耗的能高采用0.024 m，直向通过一组道岔或交叉渡线中的菱形交叉消耗的能高采用0.012 m。

4 曲线附加阻力

曲线附加阻力应按车辆通过平面曲线消耗的能高值计算。车辆通过平面曲线(含道岔的导曲线)，每度转角消耗的能高采用0.008 m。

4.2.3 受车辆转动惯量影响的自由落体加速度应按下式计算：

$$g' = \frac{g}{1 + \frac{0.42n}{Q}} \tag{4.2.3}$$

式中　g'——受车辆转动惯量影响的自由落体加速度(m/s^2)；

g——标准自由落体加速度，采用 9.8 m/s^2；

n——车辆轴数，计算时取 4。

4.3　车辆平均溜放速度

4.3.1　计算峰高时，难行车在冬季溜车不利条件下，驼峰溜放部分的平均溜放速度宜按表 4.3.1—1 采用，打靶区的平均溜放速度宜按表 4.3.1—2 采用。

表 4.3.1—1　溜放部分难行车平均溜放速度(m/s)

调速系统	计算风速(m/s) \ 计算气温(℃)	0 及以上	-5	-10	-15	-20	-25
点连式	3	4.8	4.9	5.0	5.0	5.1	5.2
	4	4.9	5.0	5.1	5.1	5.2	5.3
	5	5.0	5.1	5.2	5.2	5.3	5.4
连续式	3	4.9	5.0	5.1	5.1	5.2	5.2
	4	5.0	5.1	5.2	5.2	5.3	5.3
	5	5.1	5.2	5.3	5.3	5.4	5.4
点式	3	5.4	5.5	5.6	5.7	5.7	5.8
	4	5.5	5.6	5.7	5.8	5.8	5.9
	5	5.6	5.7	5.8	5.9	5.9	6.0

注：股道全顶连续式溜放部分难行车平均溜放速度采用点连式的速度值。

表 4.3.1—2　打靶区难行车平均溜放速度(m/s)

计算气温(℃)	0 及以上	-5	-10	-15	-20	-25
点连式、连续式	2.2	2.2	2.2	2.3	2.4	2.4
点式	3.5	3.6	3.7	3.8	4.0	4.0

4.3.2　驼峰溜放部分不设间隔制动位的小能力驼峰，夏季易行车在驼峰溜放部分的平均溜放速度宜采用 5.8 m/s，冬季难行车在驼峰溜放部分的平均溜放速度宜采用 5.1 m/s。

5 驼峰及调车场线路平面

5.1 一般规定

5.1.1 驼峰及调车场的主要建筑物和设备至线路中心线的距离应符合国家现行有关标准的规定。

5.1.2 驼峰及调车场线路的直线地段，两相邻线路中心线的线间距应符合表5.1.2的规定。

表5.1.2 驼峰及调车场线间距

序号	名称		线间距(mm)
1	推送线间、推送线与其提钩地段侧相邻线间、牵出线与其相邻线间		6 500
2	峰顶平台两相邻线间		6 500
3	编发线间	线间有列检小车通道	5 500
		线间无列检小车通道	5 000
4	调车线间		5 000
5	调车场各线束间		6 500
6	迂回线与禁溜线间		5 000
7	梯线与其相邻线间		5 000
8	溜放部分非同一道岔分开的两相邻线间在道岔至警冲标范围内		4 000(3 900)
9	溜放部分非同一道岔分开的两相邻线间在警冲标以后		4 000

注：1 表列序号3、4，改建特别困难条件下，可保留不小于4 600 mm线间距(有列检小车通道者除外)；

2 表列序号5，道岔后连接曲线范围内线间距不应小于5 000 mm，改建特别困难条件下，不应小于4 600 mm(均可不加曲线加宽)；

3 曲线地段应按现行国家标准《标准轨距铁路建筑限界》GB 146.2的有关规定加宽线间距，但表列序号8可不加曲线加宽；

4 表列序号8括号内数字为改建困难时线间距。

5.1.3 调车场应设在直线上。推送线、牵出线应设在直线上。困难条件下，推送线和牵出线距峰顶80 m范围以外可设在曲线上，其曲线半径不应小于1 000 m；特别困难条件下，曲线半径不应小于600 m，但不应设在反向曲线上。

改建驼峰及调车场特别困难条件下，可保留既有推送线、牵出线的曲线半径。

5.1.4 调车线的数量及有效长度应符合现行《铁路车站及枢纽设计规范》TB 10099的有关规定。

5.1.5 当驼峰道岔采用集中控制时，驼峰及调车场的线路应进行配轨设计，并应符合下列规定：

1 驼峰迂回线道岔与禁溜线道岔间插入的钢轨长度不宜短于8.0 m。

2 禁溜线道岔至第一分路道岔间应配有3根及以上钢轨，其岔后至少设一根6.25 m

长度短轨。

3　驼峰溜放部分各分路道岔前短轨的长度,应满足线路平面布置和设置道岔保护区段长度的要求。道岔保护区段长度不应短于计算长度。短轨长度不应短于 6. 25 m,可采用 6. 25 m、7. 0 m 和 8. 0 m;困难条件下,采用 9 号单开道岔时可采用 4. 5 m。

4　长度为 12. 5 m 以上的钢轨轨缝宽度采用 0. 012 m,其余轨缝宽度采用 0. 008 m。

5. 1. 6　驼峰及调车场线路的平面布置应满足各种信号设备的安装和生产房屋、道路及各种管沟布置的要求。

5. 1. 7　调车线有效长度的范围应符合下列规定:

1　点连式调速系统为调车线目的制动位末端至调车线尾部警冲标(或编发线的出发信号机)的长度。

2　点式调速系统为调车线第一目的制动位末端至调车线尾部警冲标(或编发线的出发信号机)的长度。

3　连续式调速系统为调车场减速区顶群末端至调车线尾部警冲标(或编发线的出发信号机)的长度。

5. 2　驼峰推送部分线路平面

5. 2. 1　驼峰前设到达场时,推送部分的线路平面应符合峰前到达场的布置要求。

5. 2. 2　驼峰推送线或牵出线的数量,应根据站型、驼峰解体作业量和作业方式确定,也可按表 5. 2. 2 采用。

表 5. 2. 2　驼峰推送线或牵出线数量

站　型	作业方式	调车线数量(条)	解体作业量(辆/d)	推送线或牵出线数量(条)
驼峰前无到达场	单推单溜	5～12	1 000 以下	1
	双推单溜	13～20	1 000～2 000	2
驼峰前有到达场	双推单溜	20～36	1 800～4 300	2
	多推双溜	33 以上	4 000 以上	3～4

5. 2. 3　驼峰前设到达场的推送线的长度应结合作业要求及站坪条件确定。到达场靠峰顶端最外道岔基本轨接缝或逆向道岔后警冲标至迂回线道岔基本轨接缝之间的长度可采用 130 m,困难条件下不应小于 50 m。改建车站可保留既有长度。

5. 2. 4　驼峰两推送线间不应设置房屋。两推送线间设置有关设备时,不应妨碍调车人员的作业安全。

5. 2. 5　设有减速器的驼峰,应在推送线上距峰顶 80 m～100 m 处设置减速器的限界检查器。

5. 3　驼峰溜放部分线路平面

5. 3. 1　驼峰溜放部分的线路平面应满足下列要求:

1　峰顶至每一条调车线警冲标的距离在合理范围内宜短并相互接近。

2 车辆由峰顶溜向每一条调车线所经过的道岔数和曲线转角(包括侧向通过道岔时的转角)度数之和宜小并相互接近。

3 车辆共同溜行径路的长度宜短,使车辆能迅速分散。

4 合理设置减速器和操纵道岔需要的保护区段。道岔的布置、各类调速设备的设置以及各部分线路间的距离均应符合安全作业的要求。

5 满足设置驼峰信号楼、峰顶连接员室和减速器动力室等房屋的布置要求。

5.3.2 驼峰溜放部分的线路平面应采用线束形布置,每个线束的调车线数量宜为6条~8条。线束的分配可按表5.3.2采用。

表5.3.2 线束分配方案

调车线数量(条)	12	16	18	20	24	28	32	36	40	48
线束数(束)及每束线路数量(条)	2×6	2×8	2×5 + 2×4	2×6 + 2×4	4×6	2×6 + 2×8	4×8	6×6	4×6 + 2×8	6×8

线路的连接应采用6号对称道岔,改建困难条件下,可保留其他对称道岔。当调车场外侧线路连接困难时,可个别采用9号单开道岔。

调车线数量为5条~8条的小能力驼峰,采用6号对称道岔布置有困难时,可采用9号单开道岔和复式梯线形平面布置。改建特别困难时,可保留原有梯线形平面布置。

5.3.3 驼峰溜放线的数量,应根据调车线数量、线束数量、解体作业量和作业方式确定,也可按表5.3.3采用。

表5.3.3 驼峰溜放线数量

作业方式	调车线数量(条)	线束数量(束)	解体作业量(辆/d)	溜放线数量(条)
单溜放	5~22	1~3	2 000以下	1
	20~36	4~6	1 800~4 300	2
双溜放	33以上	5以上	4 000以上	2

5.3.4 加速坡地段的曲线半径不宜小于250 m,其他地段的曲线半径不应小于200 m,在不增加驼峰溜放部分长度的情况下,应采用较大半径。仅当驼峰平面连接困难时,最后分路道岔后的连接曲线可个别采用180 m的曲线半径。曲线地段不应设超高。

道岔后连接曲线宜避免设同向或反向曲线。必须设置时,两曲线间应设置不小于15 m的直线段,困难条件下,可设置不小于10 m的直线段。

5.3.5 曲线可直接连接道岔基本轨或辙叉根(第一分路道岔岔前除外),此时轨距加宽可在曲线范围内处理,在平面布置允许的条件下,可设置不小于接头夹板长度之半的直线段。第一分路道岔岔前直线段长度不应小于1.85 m,困难条件下不应小于0.55 m。

5.3.6 峰顶至第一分路道岔基本轨轨缝间的距离应为30 m~40 m。当峰顶至第一分路道岔间设道岔时,该距离可根据具体情况确定。

5.3.7 驼峰溜放部分设间隔制动位时,减速器的设置应符合下列规定:

1 设一级制动位时,应设两台减速器,其制动位宜设于线束始端。

2 设两级制动位时,第一制动位可设一台或两台减速器,应设于第一分路道岔和第二分路道岔之间;第二制动位可设两台或三台减速器,并应设于线束始端。

3 两相邻线束减速器始端的线路中心线的最小距离,应根据减速器类型确定。

4 减速器应设在直线上,其始、末端至相邻曲线的最小直线段长度应满足减速器结构安装的要求。

5 减速器入口前、出口后直线段长度不足 5 m 时,应加装专用护轮轨。减速器后安装复轨器时,出口处不应安装护轮轨。

5.3.8 调车场内设置目的制动位时,减速器入口距溜放部分最后分路道岔后警冲标的距离不宜小于 42 m;减速器入口前直线段长度不应小于 14 m。减速器宜设在同一横断面上,当内外侧线束曲线长度相差较大时,经过比选各线束的减速器可设在不同的横断面上,但对称的两线束宜设在同一横断面上。

5.3.9 禁溜线的设置应符合下列规定:

1 大、中能力驼峰宜设 2 条禁溜线;小能力驼峰调车线数量为 12 条以上时,宜设 1 条禁溜线,有效长度可采用 150 m;调车线数量为 12 条及以下时,禁溜线可根据需要设置,有效长度可采用 100 m;既有驼峰改建困难时,禁溜线也可与迂回线合设。

2 禁溜线从推送线上出岔,应采用 9 号单开道岔,辙叉应设在峰顶平台上。禁溜线与迂回线合设时,道岔应设在压钩坡上。

3 禁溜线应避开信号楼等建筑物,禁溜线上停留车不应妨碍调车人员的瞭望。禁溜线终端应设置挡车器。

5.3.10 驼峰应设迂回线,迂回线的设置应符合下列规定:

1 设峰前到达场的大、中能力驼峰宜设 2 条迂回线,小能力驼峰可设 1 条迂回线。

2 迂回线从推送线上出岔,应采用 9 号单开道岔。小能力驼峰迂回线与推送线、峰顶平台平行地段的线间距离不应小于 6.5 m。

3 迂回线与禁溜线合设时,应铺设安全防溜线,其长度应满足距车挡 10 m 范围内设置 10‰上坡段长度的要求。

4 迂回线连接的调车线数量,可根据驼峰类型及作业特点确定。大、中能力驼峰及调车场设有减速器的小能力驼峰宜与调车场最外侧线路连通。调车场不设减速器的小能力驼峰,当调车线数量为 8 条及以上时可根据需要连通部分调车线或全部调车线;调车线数量为 8 条以下时宜连通全部调车线。

5.3.11 迂回线所连接的调车线上可设置减速器,迂回线与调车线的连接道岔宜设于减速器出口端的外方,减速器出口端线路中心线距迂回线中心线的距离不应小于 3.8 m,曲线地段应设曲线加宽。

5.3.12 小能力驼峰迂回线与全部调车线连通时,应在峰顶与第一分路道岔间设迂回线道岔,道岔宜采用 9 号单开道岔,也可结合具体情况采用峰下交叉渡线的形式。迂回线与部分调车线连通时,迂回线的连接道岔可设于第一分路道岔之后。

5.4 调车场尾部线路平面

5.4.1 调车场尾部牵出线数量,应根据车站布置图型、调车区作业分工、作业量和作业方式等因素确定,也可按表 5.4.1 采用。

表 5.4.1　调车场尾部牵出线数量

站　型		调车线数量（条）	编组作业量（辆/d）	牵出线数量（条）
调车场后无出发场	无编发线	5~12	1 000 以下	1
		13~22	1 000~2 000	1~2
		23~32	2 000~4 000	2~3
	有编发线	24~32	2 000~3 400	2~3
调车场后有出发场		30~36	3 000~4 300	3
		36 及以上	4 000 以上	4

5.4.2　调车场尾部咽喉区平行进路数量宜与牵出线数量一致，设编发线时可增加平行进路。

5.4.3　调车场尾部的部分线路应连通正线。

5.4.4　调车场尾部咽喉区宜采用线束形布置，每条牵出线连接的调车线数量应尽量相等。当单向混合式编组站上、下行系统编组远期作业量相对比例不会发生较大变化，经过比选，亦可采用燕尾式布置，但各系统应有部分调车线与对方牵出线连通。

5.4.5　咽喉区道岔宜采用 9 号单开道岔、交叉渡线，困难条件下可采用交分道岔。主要为编组摘挂等多组列车的线束，也可采用 6 号对称道岔。既有车站改建特别困难条件下，可保留原有道岔及布置形式。

5.4.6　编发线的岔后连接曲线半径不宜小于 300 m，困难条件下不应小于 250 m，特别困难条件下不应小于 200 m；调车线的岔后连接曲线半径不宜小于 300 m，困难条件下不应小于 200 m。

5.4.7　主要为编组摘挂等多组列车作业的线束，其位置宜根据车站站型、车流去向等具体情况设置。当采用平面或坡度牵出线与单向减速顶组合的调速方式时，线束宜设置 4 条~6 条调车线，平面布置应满足连续溜放作业条件，其中部分线路尾部有效控制长度可采用 200 m~300 m。

5.4.8　辅助调车场平面布置应满足下列要求：

1　辅助调车场的位置应结合车站站型、发展条件、车流去向和减少作业干扰等因素确定，宜采用尽端式布置在调车场尾部。

2　辅助调车场的牵出线宜与主调车场尾部邻近牵出线共用，当其承担的作业量大时，可根据需要增设专用牵出线。

3　辅助调车场的调车线数量应结合编组站布置条件、编组摘挂等多组列车的组号和编组作业方法确定，可采用 5 条~6 条。调车线有效长度宜采用 250 m~450 m。

6 驼峰及调车场线路纵断面

6.1 一 般 规 定

6.1.1 驼峰推送部分线路纵断面应满足下列要求：

1 满载大型车组成的满重车列及既满重又满长的车列，从坡度大、曲线和道岔阻力大的线路向峰顶推送，当第一辆车位于峰顶停车后能再启动；当第一辆车是禁溜车，送入峰顶禁溜线停车后反牵时能安全启动。

2 满载大型车组成的部分车列，位于推送部分最困难的位置停车后能再启动。

6.1.2 调车场与到达场横列布置时，驼峰牵出线纵断面除应符合第6.1.1条和牵出线纵断面要求外，还应符合联络线牵出转线的要求。

6.1.3 驼峰推送部分应设计为多段坡，靠峰顶应设一段压钩坡。压钩坡长度不应小于50 m，不宜大于100 m；坡度不应小于10‰，不宜大于20‰，困难条件下不应大于30‰。

6.1.4 峰高计算应满足下列要求：

1 驼峰溜放部分设调速设备的驼峰峰高应保证在溜车不利条件下，以1.4 m/s的推峰速度解体车列时，难行车溜行至难行线的计算点达到该调速系统规定的速度。

2 驼峰溜放部分不设调速设备的驼峰峰高应保证在溜车有利条件下，以1.4 m/s的推送速度解体车列，调车线始端不设减速器时，易行车溜行至易行线警冲标处的速度不大于5 m/s；调车线始端设有减速器时，易行车溜行至减速器处的入口速度不应大于其制动能高允许的速度。

6.1.5 驼峰溜放部分线路纵断面宜设计为面向调车场的下坡，其坡段组成应符合下列规定：

1 加速坡的坡度不应大于55‰，困难条件下不应小于35‰。加速坡与中间坡的变坡点宜设在第一分路道岔基本轨前。

2 中间坡可设计为一段坡至三段坡。溜放部分不设减速器时，坡度不宜小于5‰；溜放部分设减速器时，坡度不宜小于8‰，寒冷地区应适当加大。

3 道岔区坡可设计为一段坡或二段坡，平均坡度不宜大于2.5‰，边缘线束不应大于3.5‰。最后分路道岔后可设计为下坡，也可设计为平坡或0.6‰的反坡。坡段长度不宜小于50 m。

4 加速坡、中间坡的道岔前设变坡点时，竖曲线起终点距道岔基本轨接缝的距离不应小于0.55 m。

6.1.6 驼峰溜放部分线路纵断面应按下列要求进行检算：

1 在溜车不利条件下，以1.4 m/s的推峰速度连续溜放难—中—难单个车通过减速器、各分路道岔和警冲标时，应有足够的间隔。采用股道全减速顶调速系统时，还应对难行车组—单个易行车进行检算。

2 在溜车有利条件下，以1.4 m/s的推峰速度解体车列，易行车通过各分路道岔的速度不应大于计算保护区段长度所采用的速度；进入减速器、减速顶的速度不应大于规定的入口速度。

6.1.7　调车场连挂区范围内线路纵断面宜根据驼峰类型、调速系统种类设计为一段坡或多段坡的下坡。坡段长度不宜小于 50 m。

调车场各线路在连挂区范围内的纵断面宜相同，相邻调车线的轨面高差宜满足各调车线的峰高要求及驼峰溜放部分、调车场尾部纵断面顺接的需要，当两相邻线间距在 5.0 m及以内并处于同一横坡面上时，轨面高差不宜大于 0.1 m。

6.1.8　峰顶净平台长度宜采用 7.5 m～10 m。

6.1.9　连接驼峰线路各坡段的竖曲线半径，峰顶邻接加速坡应为 350 m，邻接压钩坡不应小于 350 m，其余溜放部分不应小于250 m，迂回线不应小于 1 500 m。

6.1.10　禁溜线的纵断面应设计为凹形，始端道岔至警冲标附近应设计为下坡，中间停车部分宜设计为平坡，距车挡 10 m 范围内应设计为 10‰的上坡。

6.1.11　迂回线的纵断面最大坡度不宜大于 20‰，根据需要在驼峰峰顶附近宜设置一段平坡。迂回线的坡段长度不应小于 50 m。迂回线与禁溜线合设时，作禁溜线使用的线路部分应符合禁溜线纵断面的要求。

6.1.12　驼峰调速系统控制长度，调车线有效长度为 1 050 m 时宜为 800 m～850 m，调车线有效长度为 850 m 时宜为 600 m～650 m。

6.2　点连式调速系统线路纵断面

6.2.1　点连式调速系统的驼峰峰高应按下列条件计算确定。

1　不设间隔制动位时，驼峰峰高应保证在溜车有利条件下，以 1.4 m/s 的推峰速度解体车列时，易行车溜入易行线目的制动减速器的速度不应大于其制动能高允许的速度。其峰高按下式计算：

$$H_{峰}=[L_{溜易}(W^{夏易}_{溜基}+W^{夏易}_{溜风})+8\sum\alpha_{易}+24N_{易}]\times10^{-3}+\frac{v_{入}^2-v_0^2}{2g'_{易}}+\Delta h \qquad (6.2.1—1)$$

式中　$H_{峰}$——计算峰高(m)；

$L_{溜易}$——峰顶至易行线目的制动位入口的距离(m)；

$W^{夏易}_{溜基}$——夏季易行车在溜放部分的单位基本阻力(N/kN)；

$W^{夏易}_{溜风}$——夏季易行车在溜放部分的单位风阻力(N/kN)，风速按等于车速的顺风，风阻力为零；

$\sum\alpha_{易}$——峰顶至易行线目的制动位入口间曲线转角和道岔转角之和(°)；

$N_{易}$——峰顶至易行线目的制动位间换算侧向通过道岔总数(组)，直向通过道岔和菱形交叉换算系数取 0.5；

$v_{入}$——目的制动位总制动能高减去 15%～20% 的安全量后，所能吸收的车辆动能所对应的速度(m/s)；

v_0——推峰速度，取 1.4 m/s；

$g'_{易}$——易行车受转动惯量影响的自由落体加速度(m/s²)；

Δh——易行线目的制动位入口处与难行线计算点处的轨面高差,前者比后者高时取正值,反之取负值,相同时为零(m)。

驼峰峰高还应保证在溜车不利条件下,以 1.4 m/s 的推峰速度解体车列时,难行车能溜行至难行线调车场减速器出口有1.4 m/s 的溜放速度。

2 设间隔制动位时,驼峰峰高应保证在溜车不利条件下,以 1.4 m/s 的推峰速度解体车列时,难行车自由溜放至难行线打靶区末端有 1.4 m/s 的速度。其峰高按下式计算:

$$H_{峰}=[L_{溜难}(W_{溜基}^{冬难}+W_{溜风}^{冬难})+L_{场难}(W_{场基}^{冬难}+W_{场风}^{冬难})+8\sum\alpha_{难}+24N_{难}]\times10^{-3}+\frac{v_{连}^{2}-v_{0}^{2}}{2g'_{难}} \quad (6.2.1—2)$$

式中 $L_{溜难}$——峰顶至难行线目的制动位入口的距离(m);

$W_{溜基}^{冬难}$——冬季难行车在溜放部分的单位基本阻力(N/kN);

$W_{溜风}^{冬难}$——冬季难行车在溜放部分的单位风阻力(N/kN);

$L_{场难}$——目的制动位入口至打靶区末端的距离(m);

$W_{场基}^{冬难}$——冬季难行车在调车场部分的单位基本阻力(N/kN);

$W_{场风}^{冬难}$——冬季难行车在调车场部分的单位风阻力(N/kN);

$\sum\alpha_{难}$——峰顶至难行线目的制动位入口间曲线转角和道岔转角之和(°);

$N_{难}$——峰顶至难行线目的制动位间换算侧向通过道岔总数(组),直向通过道岔和菱形交叉换算系数取 0.5;

$v_{连}$——安全连挂速度,取 1.4 m/s;

$g'_{难}$——难行车受转动惯量影响的自由落体加速度(m/s^2)。

6.2.2 溜放部分线路纵断面宜满足下列要求:

1 溜放部分设间隔制动位

1) 加速坡的坡度和坡段长度根据驼峰高度宜按表 6.2.2—1 采用。

表 6.2.2—1 不同峰高的加速坡坡度和坡段长度

驼峰峰高(m)	坡度(‰)	坡段长度(m)
4.0 及以上	45~50	28~30
3.0~4.0	40~45	30
2.5~3.0	38~40	30

注:加速坡净直线长度不应小于经驼峰溜放计算车辆的最大外轴距(P_{70H} 车辆外轴距为 13.93 m)。

2) 中间坡宜设计成二段坡,其坡度根据设置间隔制动位情况宜按表 6.2.2—2 采用。

表 6.2.2—2 中间坡各坡段的坡度

坡度所处段落 / 设置间隔制动位级数	第一段(‰)	第二段(‰)
一 级	11~13	8~10
二 级	14~18	8~11

3）道岔区坡宜设计成二段坡，变坡点宜设在调车场警冲标附近。第一段坡度宜采用 2.0‰~3.0‰，第二段坡度宜采用 0~3.5‰或不大于 0.6‰的反坡。

2　溜放部分不设间隔制动位

1）加速坡的坡度宜采用 35‰~40‰，坡段长度宜采用 30 m；

2）中间坡可设计为一段坡，坡度宜采用 5.0‰~10‰；

3）道岔区坡宜设计为二段坡，第一段坡度宜采用 1.5‰~3.0‰，第二段坡度宜采用 0~3.5‰。

6.2.3　调车场线路纵断面宜满足下列要求：

1　目的制动位线路坡度宜采用 2.0‰~3.0‰的下坡，坡段长度宜采用 25 m~30 m。

2　打靶区线路坡度宜采用 0.6‰~1.0‰的下坡，坡段长度宜采用 80 m~150 m。

3　连挂区线路纵断面宜设计为连续递减的下坡，其纵断面宜设计成四段坡，第一段坡宜采用 2.3‰~3.2‰，第二段坡宜采用 1.7‰~2.2‰，第三段坡宜采用 0.6‰~1.0‰，第四段坡宜采用平坡。

调速系统控制长度范围内的高差宜按表 6.2.3 采用。

表 6.2.3　调车场调速系统控制长度内高差(m)

区　域	有效长度(m)	
	1 050	850
南　方	1.0~1.1	0.8~0.9
北　方	1.1~1.2	0.9~1.0
东　北	1.2~1.3	1.0~1.1

注：改建车站根据既有坡度及改建困难程度，可采取技术措施，适当减少高差。

6.3　点式调速系统线路纵断面

6.3.1　点式调速系统调车场内设二级目的制动位时，驼峰峰高应保证在溜车不利条件下，以 1.4 m/s 的推峰速度解体车列时，难行车溜行至难行线第二目的制动位出口应有 1.4 m/s 的速度。其峰高按下式计算：

$$H_{峰} = [L_{溜难}(W^{冬难}_{溜基} + W^{冬难}_{溜风}) + L_{场难}(W^{冬难}_{场基} + W^{冬难}_{场风}) + 8\sum \alpha_{难} + 24N_{难}] \times 10^{-3} + \frac{v^2_{连} - v^2_0}{2g'_{难}} \tag{6.3.1}$$

式中　$L_{溜难}$——峰顶至难行线第一目的制动位入口的距离(m)；

$L_{场难}$——第一目的制动位入口至第二目的制动位出口的距离(m)。

6.3.2　溜放部分线路纵断面应按本规范第 6.2.2 条第 1 款设计。

6.3.3　调车场线路纵断面应符合下列要求：

1　目的制动位纵断面应按本规范第 6.2.3 条第 1 款设计。

2　设二级目的制动位的点式调速系统，两制动位的距离宜采用 120 m~150 m，坡度宜采用 0.6‰~1.0‰的下坡；第二目的制动位后的纵断面宜设计为二段坡，第一段坡宜采用 0.6‰~1.0‰的下坡，第二段坡宜采用平坡。

6.4　连续式调速系统线路纵断面

6.4.1　可控顶调速系统线路纵断面应满足下列要求：

1　峰高按下式计算：

$$H_{峰}=[L_{溜难}(W_{溜基}^{冬难}+W_{溜风}^{冬难})+L_{场难}(W_{场基}^{冬难}+W_{场风}^{冬难})+$$
$$8\sum\alpha_{难}+24N_{难}]\times10^{-3}+\frac{v_{连}^{2}-v_{0}^{2}}{2g'_{难}}+$$
$$\frac{R_1A_1\varphi_1+R_2A_2\varphi_2+R_3A_3\varphi_3+R_4A_4\varphi_4+0.3R_5A_5}{Q_{难}}\tag{6.4.1}$$

式中　$L_{溜难}$——由峰顶至难行线警冲标后 50 m 处的距离(m)；

$L_{场难}$——由难行线警冲标后 50 m 处至打靶区末端的距离(m)；

$\sum\alpha_{难}$——由峰顶至难行线打靶区末端长度范围内所有曲线转角和道岔转角之和(°)；

$N_{难}$——由峰顶至难行线计算点间的换算侧向通过道岔总数(组)，直向通过道岔和菱形交叉换算系数取 0.5；

R_1,R_2,R_3,R_4,R_5——分别为布置在溜放部分或减速区上各档临界速度减速顶的数量(台)；

A_1,A_2,A_3,A_4,A_5——分别为临界速度 4 m/s、3.5 m/s、2.5 m/s、2 m/s 及 1.4 m/s 各档减速顶对应的制动功[(t·m)/轮次]；

$\varphi_1,\varphi_2,\varphi_3,\varphi_4$——分别为各档减速顶在其临界速度以下的阻力功与临界速度以上的制动功之比值；

$Q_{难}$——难行车总重(t)。

2　溜放部分线路纵断面应按本规范第 6.2.2 条第 2 款设计。

3　调车场部分线路纵断面宜按减速区、打靶区及连挂区设计。

1）减速区线路坡度宜采用 2.5‰~3.0‰，坡段长度不宜小于 40 m。

2）打靶区线路坡度宜采用 0.6‰~1.0‰的下坡，坡段长度宜采用 50 m~90 m。

3）连挂区线路纵断面宜设计为四段或三段坡。按四段坡设计时，第一段坡宜采用 2.5‰~3.0‰，坡段长度宜采用 80 m~150 m；第二段坡宜采用 1.8‰~2.0‰，坡段长度宜采用 150 m~250 m；第三段坡宜采用 0.6‰，不设减速顶；第四段坡宜采用平坡。按三段坡设计时，第一段坡宜采用 1.8‰~2.0‰，坡段长度宜采用 200 m~400 m；第二段坡宜采用 0.6‰，不设减速顶；第三段坡宜采用平坡。

6.4.2　股道全减速顶调速系统线路纵断面应满足下列要求：

1　驼峰峰高不宜超过 1.8 m。峰高采用本规范式(6.2.1—1)计算，式中 $v_{入}$ 改为进入减速区顶群的速度。

2　溜放部分线路纵断面设计应按本规范第 6.2.2 条第 2 款设计。

3　调车场部分线路纵断面：

1）减速区线路坡度宜采用 4.5‰~5.5‰，坡段长度与减速顶群长度一致。

2）连挂区线路纵断面可设计成四段或三段坡。按四段坡设计时，第一段坡宜采用 2.5‰～3.0‰，坡段长度宜采用 100 m～150 m；第二段坡宜采用 1.8‰～2.0‰，坡段长度宜采用 200 m～350 m；第三段坡宜采用 0.6‰，坡段长度宜采用 150 m～250 m；第四段坡宜采用平坡。按三段坡设计时，第一段宜采用 1.8‰，坡段长度宜采用 350 m～500 m；第二段宜采用 0.6‰，坡段长度宜采用 150 m～250 m；第三段坡宜采用平坡。

6.5　调车场尾部线路纵断面

6.5.1　调车场尾部平面调车牵出线应设在不大于 2.5‰的面向调车场的下坡道上或平道上，并保证反牵整列停车后能够启动。在坡度牵出线与其连接的编组摘挂等多组列车线束的咽喉区入口处设一加速坡段。

6.5.2　调车场尾部应采用面向调车场的下坡，线路纵断面宜符合下列规定：

1　调车场尾部无摘挂等多组列车编组作业时，宜采用 1.5‰～2.5‰的下坡，高差不宜小于 0.3 m，困难情况下不应小于 0.2 m。

2　调车场尾部办理摘挂等多组列车编组作业，但无单独线束办理时，该下坡道可加大到 4‰，但应保证牵出车列在任何地段停车后能够启动。

6.5.3　调车场尾部有单独线束进行摘挂等多组列车编组作业时，该线束纵断面宜符合下列规定：

1　道岔区平均坡度不宜大于 2.5‰，边缘线路不应大于 3.5‰。在道岔集中地段，其坡度不宜小于 1.5‰。

2　尾部有效控制长度内坡度可按中行车和易行车的当量坡度设计为两段坡。

6.5.4　调车场尾部设置辅助调车场时，纵断面可按相应的调速方式确定。

7　调速设备和防溜设备的设置

7.1　一 般 规 定

7.1.1　驼峰及调车场的调速设备和防溜设备,应优先选用安全可靠、节能、利于环保和便于维修的设备,其制动能力应计算确定。

7.1.2　减速器和停车器的制动能力安全量宜采用15%~20%;可控顶的制动能力安全量宜采用15%;减速顶在调车场顶群地段制动能力安全量宜采用10%,在调车场一般布顶区段宜采用5%~8%;停车顶的制动能力安全量宜采用20%。

7.2　溜放部分调速设备的设置

7.2.1　点连式和点式调速系统溜放部分的调速设备应采用减速器。其总制动能力应按下列条件计算确定:

1　减速器的总制动能力应使易行车在溜车有利条件下,以1.9 m/s的推送速度解体车列时,经间隔制动位全部制动后,溜入易行线警冲标处的速度不应大于1.4 m/s。

2　溜放部分设有二级制动位时,第一、第二制动位的制动能力按下列要求分配:

1)应使易行车在溜车有利条件下以6.3 m/s~7.0 m/s的入口速度进入第二制动位,经全制动后进入易行线警冲标处的速度不应大于1.4 m/s。

2)第一制动位停用一台减速器时,易行车在溜车有利条件下,以1.9 m/s的推峰速度解体车列时,溜入第二制动位的入口速度不应大于其允许的入口速度。

7.2.2　可控顶调速系统溜放部分可控顶的设置应遵循下列原则:

1　布顶数量应根据驼峰溜放部分的相对高差、各种阻力能高、速度能高计算确定。

2　各档次顶的数量和位置宜使易行车在夏季溜车有利条件下,溜放通过该顶时的速度高于该档顶的临界速度。计算的顶数在驼峰溜放部分布置困难时,应将剩余的顶紧邻最后分路道岔后布置。

3　加速坡及道岔区的非道岔范围应采取双侧对称布顶;除最后分路道岔外的道岔范围内应采用单侧布顶,可控顶安装在导曲线内股。

4　相邻两轨枕间布设两对可控顶时,前后两顶中心距应大于280 mm。

5　道岔的尖轨、辙叉、护轮轨,交叉渡线的菱形交叉,道岔绝缘区段$L_{绝}$范围和最后分路道岔均不应布顶。

7.2.3　股道全减速顶调速系统溜放部分不应布设减速顶和其他调速设备。

7.3　调车场调速设备的设置

7.3.1　点连式调速系统调车场调速设备的设置应满足下列要求:

1 目的制动位采用减速器,有效制动能高不宜小于 1.3 m。

2 连挂区采用减速顶。连挂区减速顶数量应按夏季溜车有利条件易行车在连挂区各坡段作匀速运动的要求计算确定,连挂区宜分段均匀布顶,连挂区始端可根据需要设置小顶群。

7.3.2 点式调速系统调车场调速设备的设置应满足下列要求:

1 设二级目的制动位时,第一目的制动位应采用两台减速器,有效制动能高不宜小于 1.3 m。

2 第二目的制动位应采用一台减速器,有效制动能高不宜小于 0.65 m。

7.3.3 连续式调速系统调车场减速区顶群的设置应满足下列要求:

1 可控顶调速系统采用可控顶,股道全减速顶调速系统采用减速顶。

2 减速区顶群数量应按易行车在夏季溜车有利条件下溜放时,通过顶群后能降到安全连挂速度计算确定。

3 减速区顶群应密集布置。

4 减速区顶群应采用不同临界速度档次的可控顶或减速顶,由高速往低速顺序排列。

5 可控顶调速系统各档次顶的数量和位置宜使易行车在夏季溜车有利条件下,溜放通过该顶时的速度高于该档顶的临界速度;股道全减速顶调速系统各档顶的数量和位置宜使难行车在冬季溜车不利条件下,溜放通过该顶时的速度低于该档顶的临界速度。

7.3.4 连续式调速系统的调车场连挂区调速设备应采用减速顶,其布顶要求按本规范第 7.3.1 条第 2 款规定。

7.4 调车场尾部调速设备和防溜设备的设置

7.4.1 调车场尾部主要为编组摘挂等多组列车的线束,按调速方式可采用单向减速顶。

7.4.2 调车场尾部防溜设备宜按下列要求选用和设置:

1 调车场尾部主要编组直达、直通和区段等列车的线束,应在尾部平坡或反坡段设停车防溜设备;第一台停车防溜设备可设置在距尾部警冲标 100 m~150 m 处,最后一台停车防溜设备距尾部警冲标不应小于 50 m,并同步设置冒标报警装置。停车防溜设备应设置在直线段上,距曲线起讫点的最小直线段长度应满足停车器结构安装的要求。

2 调车场尾部主要为编组摘挂等多组列车的线束,应设置停车器或停车顶;最后一台停车器或停车顶距警冲标距离可采用 300 m~350 m。

8 驼峰及调车场解编能力

8.0.1 驼峰解体能力、调车线能力及调车场尾部编组能力应匹配。调车线及调车场尾部编组设计能力利用率不应大于0.80,困难时不应大于0.85。

8.0.2 驼峰解体能力可采用直接计算法按下列要求计算:

1 使用一台调车机车实行单推单溜的日解体能力按下列公式计算:

$$N'_{解} = (1 - \alpha_{空}) \frac{1\,440 - \sum t'_{固}}{t^{单单}_{解占}} \tag{8.0.2—1}$$

$$\sum t'_{固} = \sum t_{交接} + \sum t_{吃饭} + \sum t_{整备} + \sum t_{客妨} + \sum t^{取送}_{占} \tag{8.0.2—2}$$

$$t^{单单}_{解占} = t_{空程} + t_{推} + t_{分解} + t_{禁溜} + t_{妨碍} + t_{整场} \tag{8.0.2—3}$$

式中 $N'_{解}$——日解体能力(列/d);

$\alpha_{空}$——驼峰空费系数,可采用0.03~0.05;

$\sum t'_{固}$——一台调车机车一昼夜固定作业总时间(min);

$\sum t_{交接}$,$\sum t_{吃饭}$——调车组和乘务员一昼夜的交接班和吃饭时间(min);

$\sum t_{整备}$——一台调车机车一昼夜的整备时间(min);

$\sum t_{客妨}$——一昼夜旅客(通勤)列车横切峰前咽喉妨碍驼峰解体的时间(min);

$\sum t^{取送}_{占}$——列入固定作业的取送等调车作业占用或中止使用驼峰的时间(min);

$t^{单单}_{解占}$——采用单推单溜作业方式时,解体一个车列平均占用驼峰的时间(min);

$t_{空程}$——调车机车自驼峰或待作业地点启动时起至连挂解体车列时止的时间(min);

$t_{推}$——纵列式调车场系指调车机车自到达场推送车列启动时起,至将车列的第一辆车推至峰顶驼峰信号机处止的时间(也可分为预推和续推两项时间);横列式调车场系指调车机车自到发场连挂解体车列时起,将解体车列牵出至牵出线,至将车列的第一辆车推至峰顶驼峰信号机处止的时间(min);

$t_{分解}$——自车列的第一辆车进入驼峰信号机内方时起,至最后一钩车溜出后调车机车停轮时止的纯分解时间(不含解禁溜车时间)(min);

$t_{禁溜}$——解禁溜车时间为自调车机车停止溜放车组时起至将禁溜车送往禁溜线或迂回线后返回峰顶时止的时间,送禁溜车时间为自调车机车从峰顶启动时起至将禁溜车送往峰下线路并返回峰顶或开始下一项作业时止的时间(只计实际占用驼峰或使驼峰中断作业的时间)(min);

$t_{妨碍}$——由于敌对进路交叉干扰妨碍驼峰调车机车分解车列的时间(min);

$t_{整场}$——调车机车从峰顶启动下峰整场时起至返回峰顶或开始下一项作业时止占用驼峰或使驼峰中断作业的时间(min)。

以辆数为单位的日解体能力按下式计算:

$$B'_{解}=N'_{解}m_{编} \tag{8.0.2—4}$$

式中　$m_{编}$——解体车列的平均编成辆数。

2　使用两台调车机车实行双推单溜的日解体能力按下列公式计算:

$$N''_{解}=(1-\alpha_{空})\left(\frac{1\,440-\sum t''_{固}}{t^{双单}_{解占}}+\frac{2\sum t_{整备}+\sum t_{取送}}{t^{单单}_{解占}}\right) \tag{8.0.2—5}$$

$$\sum t''_{固}=\sum t_{交接}+\sum t_{吃饭}+2\sum t_{整备}+\sum t_{客妨}+\sum t^{取线}_{占}+\sum t_{取送} \tag{8.0.2—6}$$

$$t^{双单}_{解占}=t_{分解}+t_{禁溜}+t_{妨碍}+t_{整场}+t_{间隔} \tag{8.0.2—7}$$

式中　$t^{双单}_{解占}$——采用双推单溜作业方式时,解体一个车列平均占用驼峰的时间(min);

$t_{间隔}$——自前一车列在峰顶解体完毕调车机车停轮时起,至后一车列开始分解时止的最小技术间隔时间(min);

$\sum t_{取送}$——驼峰调车机车应担当的取送调车作业中未占用或未中止使用驼峰的时间(min)。

以辆数为单位的日解体能力按下式计算:

$$B''_{解}=N''_{解}m_{编} \tag{8.0.2—8}$$

3　使用三台及以上调车机车实行双推单溜的日解体能力按下列公式计算:

$$N''_{解}=(1-\alpha_{空})\frac{1\,440-\sum t''_{固}}{t^{双单}_{解占}} \tag{8.0.2—9}$$

$$\sum t''_{固}=\sum t_{交接}+\sum t_{吃饭}+\sum t_{客妨}+\sum t^{取线}_{占} \tag{8.0.2—10}$$

以辆数为单位的日解体能力按下式计算:

$$B''_{解}=N''_{解}m_{编} \tag{8.0.2—11}$$

8.0.3　调车场尾部编组能力可采用直接计算法或利用率计算法计算。

1　采用直接计算法的日编组能力可按下列公式计算:

$$N_{编}=\frac{\left(1\,440M_{机}-\sum t_{固}\right)(1-\alpha)}{t_{编组}}+N_{摘} \tag{8.0.3—1}$$

$$\sum t_{固}=\sum t_{交接}+\sum t_{吃饭}+\sum t_{整备}+\sum t_{取送}+\sum t_{摘挂} \tag{8.0.3—2}$$

$$t_{编组}=t_{空程}+t_{连挂}+t_{选编}+t_{转线}+t_{整备} \tag{8.0.3—3}$$

式中　$N_{编}$——日编组能力(列/d);

$M_{机}$——尾部编组调车机车台数;

$\sum t_{固}$——尾部调车机车一昼夜固定作业总时间(min);

α——妨碍系数,1台调车机车时取0.03~0.05,2台调车机车时取0.06~0.08,3台调车机车时取0.08~0.12;

$N_{摘}$——一昼夜编组的摘挂列车数(列);

$t_{编组}$——平均编组一个车列的时间(min)；

$t_{空程}$——调车机车自离开已完成转线作业的车列或待作业地点之时起，至驶往调车线挂车或开始下一项作业之时止的时间(min)；

$t_{连挂}$——自调车机车连挂第一辆停留在调车线上集结的车辆之时起，至将集结在一条或几条调车线上的车辆(或车组)联结成车列之时止的时间(min)；

$t_{选编}$——调车机车将集结在一条或几条调车线上的车辆选编成组，或按站顺编挂，或改编车辆在列车中的位置等技术作业所需的时间(min)；

$t_{转线}$——自调车机车连接好车列在调车场内启动之时起，至转往出发场(或到发场)停车摘钩完成时止的时间(min)。

以辆数为单位的日编组能力按下式计算：

$$B_{编}=N_{编}m_{编} \qquad (8.0.3—4)$$

式中　$m_{编}$——编组车列的平均编成辆数(辆)。

2　采用利用率计算法的日编组能力可按下列公式计算：

$$N_{编}=\frac{n}{K}+N_{摘} \qquad (8.0.3—5)$$

$$K=\frac{T-\sum t_{固}}{\left(1\ 400M_{固}-\sum t_{固}\right)(1-\alpha)} \qquad (8.0.3—6)$$

式中　n——列入计算的每昼夜编组的直通、区段、小运转及交换车总列数；

K——利用系数；

T——每昼夜尾部牵出线的总作业时间(不含妨碍时间)(min)。

以辆数为单位的日编组能力按下式计算：

$$B_{编}=N_{编}m_{编} \qquad (8.0.3—7)$$

8.0.4　调车线能力利用率可按下列公式计算：

$$K=\frac{B_{实}}{B_{标}}\times 100\% \qquad (8.0.4—1)$$

$$B_{实}=\frac{N_{编}m_{编}}{M_{调}} \qquad (8.0.4—2)$$

式中　$B_{实}$——每条调车线与编发线的实际集结车数(车/d)；

$N_{编}$——该场集结并编组的车列数(列/d)；

$m_{编}$——该场所编车列的加权平均编成车数(车)；

$M_{调}$——该场供各编组去向车流集结及编发的调车线与编发线数(条)；

$B_{标}$——每条调车线或编发线的日均标准集结车数，调车线取200车/d，编发线取150车/d，小运转列车取250车/d，零摘列车取150车/d。

9 其他要求

9.1 驼峰生产房屋

9.1.1 驼峰信号楼设置数量及位置应符合下列规定：

1 驼峰信号楼应设一座，改建困难条件下可设两座。

2 主信号楼应设在峰顶连接员室同侧。

3 信号楼应有良好的瞭望条件，其位置及高度应满足驼峰作业员自控制台能看清车列推峰、驼峰溜放部分车辆减速器动作和钩车溜放状况的要求。

4 信号楼不应互相影响视线。其他房屋及设备不应妨碍驼峰信号楼和峰顶连接员室的瞭望。

5 信号楼宜具备驼峰作业员轮流作业间休的条件。

9.1.2 峰顶连接员室应设在靠峰顶主提钩一侧，其位置不应妨碍提钩人员作业的安全和瞭望。室内标高及房门朝向应满足作业方便、安全的要求。

9.1.3 减速顶维修工区宜设在布顶集中地段的调车场外侧，并应设有道路与站内道路相通。

9.2 驼峰有关设备

9.2.1 驼峰信号设备不应妨碍调车人员的作业安全。经常提钩作业区段内的转辙机应设在主提钩作业的另一侧，必须设在主提钩作业一侧时，应采取防护措施。

9.2.2 在提钩地段的主提钩一侧距驼峰顶 100 m 范围内的道岔处应铺设跨道岔铺面。

9.2.3 减速器区段相邻股道间及线路外侧距线路中心 4.0 m 范围内应设硬化地坪。

9.2.4 在驼峰溜放部分减速器前或后、调车线内减速器前、小能力驼峰线束道岔前、编发线发车端可结合站内道路布置在适当地点设置平过道。

9.2.5 驼峰峰顶和溜放部分的变坡点及竖曲线起、讫点，调车线内主要变坡点和顶群区的起、终点应设线路水平标桩；装有减速顶的调车线坡段长于 100 m 时，应加设水平标桩，标桩不应妨碍调车作业的安全。

9.3 接口设计

9.3.1 驼峰及调车场的排水系统需要与车站排水系统有机衔接。

9.3.2 综合管线布局应系统设计、统筹考虑，并与驼峰及调车场布置相协调。

9.3.3 迂回线与峰顶、禁溜线、峰下机走线间应根据其高差及线间距的情况合理确定路基防护形式。

9.3.4 有峰前到达场的驼峰推送线纵断面应结合峰前到达场的标高和纵断面统筹考虑，

无峰前到达场的驼峰推送线纵断面应结合到发场标高和场间联络线的纵断面统筹考虑。

9.3.5 迂回线的平面布置应结合信号楼位置及道路、排水系统、路基形式等综合考虑,并应考虑驼峰信号机、转辙机等信号设备的安装位置。

9.3.6 禁溜线的平面布置应考虑驼峰信号机、转辙机等信号设备的安装位置。

9.3.7 驼峰及调车场内的道路及平过道不应影响信号设备的安装及使用。

本规范用词说明

执行本规范条文时,对于要求严格程度的用词说明如下,以便在执行中区别对待。

1. 表示很严格,非这样做不可的用词:

正面词采用“必须”,反面词采用“严禁”。

2. 表示严格,在正常情况下均应这样做的用词:

正面词采用“应”,反面词采用“不应”或“不得”。

3. 表示允许稍有选择,在条件许可时首先应这样做的用词:

正面词采用“宜”,反面词采用“不宜”。

4. 表示有选择,在一定条件下可以这样做的,采用“可”。

《铁路驼峰及调车场设计规范》
条 文 说 明

本条文说明系对重点条文的编制依据、存在问题以及在执行中应注意的事项等予以说明,不具备与规范正文同等的法律效力,仅供使用者作为理解和把握规范规定的参考。为了减少篇幅,只列条文号,未抄原条文。

1.0.3 驼峰类型按近期作业量确定,是为了提高投资效益,体现投入产出的精神。驼峰设计时,按远期作业量及作业性质预留远期框架,不易改扩建的建筑物和基础设施一次建成,避免因改建引起对运营的影响及工程投资较大的增加。并在此基础上按近期作业量确定驼峰类型和技术装备,做到远、近结合,既满足近期需要,又可在远期改建时对运营干扰小,废弃工程少。随调车作业量需求变化而增减的运营设备可随时增加,不引起改建工程,为节省工程投资按交付运营第五年的调车作业量确定。

1.0.4 复杂的、尤其是改建铁路驼峰及调车场,因受地形、地貌和既有线路及设备等影响,采用不同的调速制式,平纵断面设计和技术装备费用相差较大,往往需要在可行性研究及初步设计阶段进行多方案的技术经济比较及优缺点分析,才能得出合理的推荐方案。

1.0.5 本规范的主要内容是驼峰分类及选型、驼峰及调车场平纵断面设计、调车场尾部设计要求及解编能力等。对驼峰调车场与其他车场的相互配置、调车线数量确定及轨道和附属工程设计等,还需要执行《铁路车站及枢纽设计规范》TB 10099,各种调速、防溜设备等需要符合国家现行有关标准和规定。

3.1.1 驼峰分类按日解体作业能力分为大、中、小三类,主要基于以下原因:无论驼峰进行新建或改建设计,目的是为了满足需要的解体能力,在驼峰设计中,只要明确了需要的解体能力,则设备类型和自动化水平随之选定。因此,驼峰分类以解体能力为纲,按解体能力分为大、中、小三类是适宜的。

驼峰按能力大小进行分类的前提下,还需要包含对驼峰能力起重要作用的调车线数量和驼峰控制设备,使驼峰的类型有一个完整的概念。

1 大能力驼峰一般包含大部分路网性编组站和部分区域性编组站驼峰。大部分路网性编组站解体能力均在 4 000 辆/d 以上,调车线在 28 条及以上。部分区域性单向式编组站解体能力也接近 4 000 辆/d,调车线在 30 条及以上。因此,大能力驼峰的解体能力以 4 000 辆/d 为下限值是适宜的。考虑到现有编组站调车线数量偏紧,新设调车线数量不小于 30 条。大能力驼峰需要配有驼峰进路控制、溜放车组速度控制、推峰速度控制和调车场尾部停车防溜控制系统。

驼峰是编组站的咽喉,为了提高驼峰解体效率,保证作业安全,需要设有先进的自动化设备。

驼峰进路控制系统系指应用计算机自动控制钩车溜放进路,并对控制过程进行监测,同时具备保证作业安全的措施。

溜放车组速度控制系统系指应用计算机自动控制钩车在第一、二、三制动位的出口速度、保证溜放间隔、迅速通过各分路道岔和各部位车辆减速器区段,达到溜放钩车在调车线安全连挂的目的。

推峰速度控制系统系指应用计算机遥控调车机车推峰速度的系统。

停车防溜控制系统系指应用计算机通过采集头尾作业信息实现停车自动防溜控制的系统。

2　中能力驼峰下限值的确定,主要考虑到与小能力驼峰在驼峰平面布置图及调速设备的采用有较大的不同。一般大于16条调车线的驼峰溜放部分设间隔制动位减速器。16条调车线的解体能力能达到2 000辆/d,因此,解体能力2 000辆/d作为中能力驼峰的下限值是适宜的。中能力驼峰需要配有驼峰进路控制、溜放车组速度控制、推峰速度控制和调车场尾部停车防溜控制系统。

3　小能力驼峰调车线为16条及以下,溜放部分一般不设间隔制动位,溜放咽喉区长度较短,解体能力较小,所处的地位没有大、中能力驼峰那么重要,但数量占驼峰的大多数,据统计约占75%。小能力驼峰需要配有驼峰进路控制和调车场尾部停车防溜控制系统,一般设驼峰机车信号。

3.1.2　在驼峰类型的确定中,设计近期有调作业量和车站在路网中的地位是重要的考虑因素。设计有调作业量与解体能力应有一定的比例关系。根据我国运营和设计实践经验,上述比例关系,即驼峰解体能力利用率为0.80是合理的,少量驼峰远期解体作业量和近期基本相同,或条件困难时利用率允许加大到0.85。根据上述利用率,可以计算出大能力驼峰适应3 200辆/d以上的近期解体作业量,中能力驼峰适应1 600辆/d~3 200辆/d的近期解体作业量,而小能力驼峰适应1 600辆/d以下的近期解体作业量。

3.2.1　调速系统主要分为三种调速制式:点连式、点式、连续式。

1　目前点连式调速系统是指调车场内目的制动位减速器与减速顶组成的调速系统。减速器与减速顶组合的点连式调速系统,从20世纪80年代初在西安东站建成并通过原铁道部鉴定以来,得到全面推广,我国大、中能力自动化驼峰中,90%以上都是这种点连式调速系统。

已经淘汰的点连式调速系统有:(1)减速器与加速顶和减速顶组合的点连式调速系统。该调速系统主要适用于既有驼峰改造纵断面改建困难的情况,曾在南京东站部分调车线采用,由于加速顶需要风管路较多,用电量及维修工作量较大,未得到推广。(2)减速器与牵引小车组合的点连式调速系统。20世纪80年代中期在徐州北站下行驼峰建成,20世纪90年代初用于徐州北站上行驼峰调车场,由于设备造价较高,未在其他驼峰推广采用。(3)铁鞋、脱鞋器与减速顶组合的简易点连式调速系统曾经在解体作业量少的小能力驼峰调车场使用。铁鞋虽然制动效果较好,由于劳动强度高,不易控制,安全性差,目前新设计的驼峰已经不再采用,既有驼峰可以保留使用。

2　点式调速系统是在20世纪70年代末,我国驼峰自动化建设中较早采用的一种调速制式。原丰台西站上行和南翔站下行驼峰为这种调速制式。由于我国铁路车辆要求的安全连挂速度较低,调车线较长,这种调速制式较难适应,因而没有得到推广。

3　连续式调速系统目前在用两种:可控顶调速系统、股道全减速顶调速系统。

可控顶调速系统于20世纪80年代末在韶关站建成以来,已在漯河、沈阳东、安达等全国不同地区车站的小能力驼峰得到推广使用。

股道全减速顶调速系统于20世纪80年代初在原广州北站建成,20世纪90年代初先后在下元站和淄博站等作业量较少的小能力驼峰得到小范围推广使用。

此外,驼峰全减速顶系统于20世纪80年代初在艮山门站建成,于20世纪90年代拆除,由于溜放部分减速顶对难行车影响较大,逐渐被可控顶取代,不再使用。

3.2.2 驼峰的调速系统种类较多,选择什么种类的调速系统是驼峰设计的重要环节。一般从驼峰类型、所在地区气象条件、工程运营费用、调车线有效长度及车流性质等几个方面进行考虑。

1 点连式调速系统投资较少,线路和调速系统改造简单,具有明显的优势,为大能力驼峰的首选。

2 中能力驼峰对调速系统种类选用原则与大能力驼峰相同。但有的中能力驼峰调车线有效长度较短,车辆装载主要为散装货物时,经过比选采用点式调速系统也是可行的。

3 小能力驼峰一般根据解体作业量、调车线数量和车流性质等因素选定其调速系统。

1）解体作业量为1 200辆/d以上、调车线12条~16条的驼峰,一般选用不设间隔制动位的点连式调速系统,也可以选用可控顶调速系统。

2）解体作业量为1 200辆/d及以下、调车线5条~12条的驼峰,在解体作业量和调车线数量接近上限,且远期发展较快的情况下,一般选用不设间隔制动位的点连式调速系统;在其他情况下选用可控顶或股道全减速顶调速系统。

3.3.1 为了提高车站作业效率及安全性,调车场尾部咽喉区道岔应采用电气集中操纵。

3.3.2 调车场尾部主要为编组摘挂多组列车的线束,除其咽喉区道岔操纵方式与其他线束相同外,其调车设备和调速方式一般按下列情况选择:

1 调车场尾部编组多组列车的作业量在150辆以下时,采用头部驼峰分担部分作业,尾部不另设调速设备。

2 调车场尾部编组多组列车的作业量为150辆~350辆时,调车场尾部为其服务的线束平面布置需满足连续溜放条件(道岔间插短轨,使钩车连续溜放时保证道岔转换间隔时分),调车设备采用平面调车与单向顶、坡度牵出线与单向顶组合的调速方式。若解编作业钩数较多,经过比选,可以设置小能力驼峰及相应的调速设备。

3 尾部编组多组列车的作业量为350辆以上,且受调车场内线路数量限制时,考虑在调车场外设置辅助调车场。若解编钩数较少,采用坡度牵出线与单向减速顶的调速方式;若解编钩数较多,考虑设置小能力驼峰及相应的调速设备。

目前调车场尾部调速方式主要有以下4种:

(1)平面调车与单向减速顶调速方式

该调速方式的原理是,在牵出线上利用调机对溜放钩车变速推送,进行加速、减速,使被摘下的溜放钩车借助走行动能,具有一定的初速度,并通过单向减速顶(反牵时不起制动作用)对溜放钩车进行调速,达到目的制动。在调车场头部和尾部适当分界地点设置可控停车器,以防溜放钩车越区撞车。

(2)坡度牵出线与单向减速顶调速

这种调速方式的原理与“(1)”款基本相同,唯在牵出线与咽喉区入口间设置一段长度 20 m～30 m、坡度为 15‰～25‰的加速坡，使被摘下的溜放钩车借助动能和加速坡段的高程差的势能具有一定的速度。

(3)在调车场尾部设置小能力驼峰

该驼峰相应的调速系统一般采用连续式调速系统。

(4)尽端式辅助调车场

该辅助调车场的调速方式采用本说明的"(2)"或"(3)"款。

4.1.1 根据铁科院运输及经济研究所前期的科研课题"驼峰设计气象资料的收集和选用的研究"(1998 年 10 月 19 日原铁道部科技司、建设司主持鉴定)，结论认为：采用数理统计和概率论的方法选择气象资料更适合驼峰这种作业体系。另外，通过近几十年的气象资料分析，总的规律变化不大，可以说仍然是相对稳定的。因此，只要收集气象资料的时间范围相对大一些，收集到的气象资料的可靠性和规律性就比较强。所以，收集和选用的气象资料的周期定为 10 年。国家气象局每 10 年统计出版《中国气温资料》和《中国风资料》，收集比较容易。从资料中找到对应驼峰所在地区或邻近最近地区页码中的相应栏目摘录出 10 年共 120 个月的月平均气温和月平均风速，共 240 个数据。如果文献中无有驼峰所在地区的气象资料，可以查找距离驼峰最近且文献中又有统计资料的邻近城市或地区，摘录文献中对应的气象资料。例如怀化南站的驼峰选用芷江地区的气象资料，金州站的驼峰选用大连的气象资料，向塘西站的驼峰选用南昌的气象资料，鹰潭站的驼峰选用贵溪的气象资料，一般相距几十公里，最远的上百公里。通过实际检算及与既有驼峰的峰高比照，表明这种方法基本上可以满足设计要求。

4.1.2 根据大、中能力驼峰和小能力驼峰峰高设计的不同特点，以及纵断面设计和调速设备能力计算的要求，气象资料按溜车不利条件和有利条件分别选用和计算。

气象台站收集气象资料，每天收集 4 次(2、8、14、20 点各1 次)，每年收集气温和风速各 1 460 次，10 年收集各 14 600 次，这本身就是一个大样本的母体。用这些数据计算出来的 10 年120 个月的月平均气温和月平均风速形成两个统计分布。各气象台站每天四次观测记录的气温和风速都是随机的，而且彼此相互独立，根据中心极限定理，不管母体是何种分布，它们的样本均值的统计分布都可以视为正态分布或近似正态分布。这样便可以利用正态分布的特性，按照不同的置信概率、算术平均值、标准正态分布的双侧 100α 百分位点和均方差求出对应的计算气温和计算风速。

1 溜车不利条件

我国地域辽阔，南、北气候相差很大。南方地区冬、夏季温差较小，气温分布的离散性小。北方地区冬、夏季温差较大，气温分布的离散性也大。这里的所谓南方地区是指 10 年平均的各个月份的月平均气温均在 0℃及以上的地区。北方地区是指 10 年平均的各个月份的月平均气温中，有出现 0℃以下的月份。通过对全路编组站所在的城市或邻近的城市，10 年期间 120 个的月平均气温和月平均风速进行的统计和数据处理，找出按新的气象资料收集的办法计算出它们的平均值和均方差。然后，按照置信概率 80%、86%、90%和 95%分别求出对应各个地区的四种计算气温和四种计算风速，进而算出对应的基本阻力和风阻力，再算出四种峰高。计算风阻力时，风向全部按溜放车辆正面风考虑，即风向与溜车方向的夹角为 0°。然后，再将各个驼峰四种计算峰高与这些大、中能力驼峰的实际峰高进行比较、分析和归纳。最后，发现南方地区的驼峰按照置信概率 95%，北方地区的驼峰按照置信概率 86%的计算气温和计算风速作为参数计算的峰高比较符合实际情况。计算气温和计算风速的覆盖面,南方地区都是 97.5%,北方地区都是 93%。计算气温和计算风速同时发生的覆盖面,南方地区为 99.9%,北方地区为 99.5%。

条文中式(4.1.2—1)~式(4.1.2—4)中 1.96 和 1.50 系指置信概率分别为 95% 和 86% 标准正态分布的双侧 100α 百分位点的取值。

风速计算系数 K_f 的确定:

我国很多地区位于季风区,如北京、郑州等,刮北风的风速大,频率高,且气温显著下降。当前溜车不利条件计算风速是以 10 年的月平均风速为基础数据计算出来的,没有体现风向对峰高的影响,因此,当驼峰位于季风区,且冬季主要季风风向与驼峰溜车方向相逆时,峰高计算中的风速应考虑季风的影响。原规范为了考虑季风对峰高计算的影响,采用计算出峰高后再增加 10%,因驼峰峰高包含车辆溜放基本阻力峰高、风阻力峰高、附加阻力峰高(含道岔阻力和曲线阻力)等内容,计算峰高增加 10% 中包含了基本阻力峰高和附加阻力峰高也同时增加 10%,这在逻辑上是不合理的。本次设计规范修订,在溜车不利条件下计算风速公式中增加了计算系数 K_f,通过调整计算风速数值,使得季风条件下的计算峰高更具合理性。

溜车不利条件下风速计算系数 K_f 的取值,主要通过峰高试算确定。研究中选择了广州、上海、成都、郑州、北京、沈阳、哈尔滨等 7 个地区,其中广州、上海、成都为南方地区;郑州、北京为北方地区;沈阳、哈尔滨为东北地区,这些地区的气象条件具有很好的代表性。

驼峰线路条件选择的调车场股道数量为 8、16、24、32、36 条,包含 1 条溜放线和 2 条溜放线两种类型,在驼峰设计中具有较大代表性,计算确定各种驼峰及调车场的道岔数量和曲线角度。

风速计算系数 K_f 取值分别按照 1.0、1.25、1.3、1.35、1.4、1.45、1.5 进行风速计算(其中 $K_f=1.0$ 是不考虑季风条件的峰高),确定不同的计算风速后,计算不同地区、不同调车场股道所对应的峰高,并将各种 K_f 下的峰高与不考虑季风影响的峰高进行对比,计算两者的绝对差和相对差,通过分析峰高的合理性,最后确定出合理的 K_f 取值。

(1)驼峰线路计算参数

驼峰线路计算参数见说明表 4.1.2—1。

说明表 4.1.2—1　驼峰线路计算参数

调车场股道	溜放部分计算距离 $L_{溜}$(m)	车场部分计算距离 $L_{场}$(m)	道岔数量 N(组)	曲线角度 $\sum\alpha$(°)
8	232.18	100.00	3	30.387
16	240.33	150.00	4	38.386
24	358.18	150.00	5.5	64.984
32	370.04	150.00	6.5	65.387
36	389.02	150.00	6.5	76.913

(2)不考虑季风的计算气温、计算风速

不考虑季风的计算气温、计算风速见说明表 4.1.2—2。

说明表 4.1.2—2　不同地区计算气温、计算风速($K_f=1.0$)

地区	地域	计算气温(℃)			计算风速(m/s)		
		均值	均方差	计算气温	均值	均方差	计算风速
广州	南方	22.4	5.41	11.76	1.61	0.32	2.3
上海	南方	16.8	8.20	0.78	2.84	0.58	4.0
成都	南方	16.5	7.23	2.35	1.22	0.26	1.7
郑州	北方	14.8	9.29	0.85	2.18	0.48	2.9
北京	北方	13.0	10.5	-2.66	2.42	0.44	3.1
沈阳	北方	8.6	12.5	-10.14	3.17	0.65	4.1
哈尔滨	北方	4.9	14.2	-16.38	2.91	0.54	3.7

(3)冬季季风条件的计算风速

对应不同K_f取值的计算风速见说明表 4.1.2—3。

说明表 4.1.2—3　不同取值 K_f的计算风速

地区	计算气温(℃)	K_f对应的计算风速(m/s)						
		1.0	1.25	1.3	1.35	1.4	1.45	1.5
广州	11.76	2.23	2.78	2.90	3.01	3.12	3.23	3.34
上海	0.78	3.97	4.96	5.16	5.35	5.55	5.75	5.95
成都	2.35	1.74	2.17	2.26	2.35	2.43	2.52	2.61
郑州	0.85	2.94	3.68	3.82	3.97	4.12	4.26	4.41
北京	-2.66	3.28	4.10	4.27	4.43	4.59	4.76	4.92
沈阳	-10.14	4.14	5.17	5.38	5.59	5.79	6.00	6.21
哈尔滨	-16.38	3.72	4.65	4.84	5.02	5.21	5.40	5.58

根据以往的设计经验,如果难行条件计算风速v_f大于 5 m/s,计算出的峰高往往过高,造成减速器动作频繁,虽然大风条件下车辆溜放距离较远,但一般气象条件下车辆溜放速度太高,勾车间隔调整困难。因此,经 K_f计算后的风速不宜大于 5 m/s。根据这个原则,对上表计算风速大于 5 m/s 的数据进行调整,得到说明表 4.1.2—4,作为计算不同地区驼峰峰高的难行气象参数。

说明表 4.1.2—4　调整后的计算风速

地区	计算气温(℃)	K_f对应的计算风速(m/s)						
		1.0	1.25	1.3	1.35	1.4	1.45	1.5
广州	11.76	2.23	2.78	2.90	3.01	3.12	3.23	3.34
上海	0.78	3.97	4.96	5.00	5.00	5.00	5.00	5.00
成都	2.35	1.74	2.17	2.26	2.35	2.43	2.52	2.61
郑州	0.85	2.94	3.68	3.82	3.97	4.12	4.26	4.41
北京	-2.66	3.28	4.10	4.27	4.43	4.59	4.76	4.92
沈阳	-10.14	4.14	5.00	5.00	5.00	5.00	5.00	5.00
哈尔滨	-16.38	3.72	4.65	4.84	5.00	5.00	5.00	5.00

由说明表4.1.2—3、说明表4.1.2—4 可以看出,上海地区 K_f取 1.3、沈阳地区 K_f取 1.25、哈尔滨地区 K_f取 1.35 时,计算风速已大于5 m/s。而广州、成都、郑州、北京地区的 K_f取 1.5 时,计算风速也不大于 5 m/s。因此,计算风速的上限与不同地区的平均风速有关,如果该地区平

均风速较大,在考虑季风影响时,就不需再增大 K_f。而该地区平均风速较小时,增大 K_f 则可有效改善难行条件的计算风速。

当 $K_f=1.25$、$K_f=1.5$ 时各种计算峰高及对比数据见说明表 4.1.2—5。

说明表 4.1.2—5 $K_f=1.25$、$K_f=1.5$ 时对应的计算峰高及对比

股道数量	地区	$K_f=1.0$ 计算峰高	$K_f=1.25$ 计算峰高			$K_f=1.5$ 计算峰高			最大绝对差(m)	最大相对差
			计算峰高(m)	绝对差(m)	相对差	计算峰高(m)	绝对差(m)	相对差		
8	广州	1.748	1.799	0.051	0.029	1.873	0.125	0.072	0.250	0.129
	上海	2.011	2.155	0.144	0.072	2.161	0.150	0.075		
	成都	1.739	1.783	0.044	0.025	1.828	0.089	0.051		
	郑州	1.867	1.970	0.103	0.055	2.077	0.210	0.112		
	北京	1.934	2.070	0.136	0.070	2.184	0.250	0.129		
	沈阳	2.112	2.265	0.153	0.072	2.265	0.153	0.072		
	哈尔滨	2.138	2.280	0.142	0.066	2.331	0.193	0.090		
16	广州	2.042	2.099	0.057	0.028	2.183	0.141	0.069	0.260	0.114
	上海	2.338	2.506	0.168	0.072	2.513	0.175	0.075		
	成都	2.038	2.084	0.046	0.023	2.135	0.097	0.048		
	郑州	2.185	2.296	0.111	0.051	2.417	0.232	0.106		
	北京	2.278	2.408	0.130	0.057	2.538	0.260	0.114		
	沈阳	2.480	2.632	0.152	0.061	2.632	0.152	0.061		
	哈尔滨	2.493	2.651	0.158	0.063	2.710	0.217	0.087		
24	广州	2.838	2.926	0.088	0.031	3.040	0.202	0.071	0.351	0.111
	上海	3.245	3.472	0.227	0.070	3.481	0.236	0.073		
	成都	2.839	2.901	0.062	0.022	2.970	0.131	0.046		
	郑州	3.038	3.189	0.151	0.050	3.353	0.315	0.104		
	北京	3.165	3.341	0.176	0.056	3.516	0.351	0.111		
	沈阳	3.454	3.640	0.186	0.054	3.640	0.186	0.054		
	哈尔滨	3.449	3.663	0.214	0.062	3.742	0.293	0.085		
32	广州	2.921	3.011	0.090	0.031	3.128	0.207	0.071	0.360	0.111
	上海	3.339	3.550	0.211	0.063	3.581	0.242	0.072		
	成都	2.921	2.986	0.065	0.022	3.056	0.135	0.046		
	郑州	3.126	3.281	0.155	0.050	3.449	0.323	0.109		
	北京	3.257	3.438	0.181	0.056	3.617	0.360	0.111		
	沈阳	3.552	3.744	0.192	0.054	3.744	0.192	0.054		
	哈尔滨	3.547	3.767	0.220	0.062	3.848	0.301	0.085		
36	广州	3.102	3.196	0.094	0.030	3.318	0.216	0.070	0.375	0.109
	上海	3.537	3.779	0.242	0.068	3.789	0.252	0.071		
	成都	3.103	3.170	0.067	0.022	3.243	0.140	0.045		
	郑州	3.321	3.476	0.155	0.047	3.652	0.331	0.100		
	北京	3.452	3.640	0.188	0.054	3.827	0.375	0.109		
	沈阳	3.759	3.958	0.199	0.053	3.958	0.199	0.053		
	哈尔滨	3.753	3.982	0.229	0.061	4.067	0.314	0.084		

根据计算，当限制最大计算风速不大于 5 m/s 后，各种计算峰高均在合理范围内。

南方的广州、上海、成都地区，对应 $K_f=1.25$ 的计算峰高绝对差在 0.044 m～0.242 m 之间，相对差在 0.022～0.072 之间；对应 $K_f=1.5$ 的计算峰高绝对差在 0.089 m～0.252 m 之间，相对差在 0.045～0.075 之间。

北方的郑州、北京地区，对应 $K_f=1.25$ 的计算峰高绝对差在 0.103 m～0.188 m 之间，相对差在 0.047～0.070 之间；对应 $K_f=1.5$ 的计算峰高绝对差在 0.210 m～0.375 m 之间，相对差在 0.100～0.129 之间。

东北的沈阳、哈尔滨地区，对应 $K_f=1.25$ 的计算峰高绝对差在 0.142 m～0.229 m 之间，相对差在 0.053～0.072 之间；对应 $K_f=1.5$ 的计算峰高绝对差在 0.152 m～0.314 m 之间，相对差在 0.053～0.090 之间。

各地区最大计算峰高绝对差为 0.375 m，相对差 0.129，出现在北京地区，调车场调车线 36 股道计算峰高为 3.827 m。丰台西站上行驼峰调车场设调车线 30 条，驼峰溜放部分设 2 级间隔制动位减速器，调车场设 2 级目的制动位减速器，调车场按照减速器+减速器+减速顶构成"点点连"调速系统。驼峰峰高计算的难行线平面参数：道岔 6.5 组，线路转角 65.387°，溜放部分计算距离 397.464 m，车场部分计算距离 281.38 m；冬季计算气温-2.66℃，一般条件计算风速 3.28 m/s，溜放部分平均溜放速度取 5.0 m/s，车场部分平均溜放速度取 2.2 m/s；冬季季风条件下($K_f=1.5$)计算风速 4.92 m/s，计算气温不变，溜放部分平均溜放速度取 5.0 m/s，车场部分平均溜放速度取 2.2 m/s。经计算，一般条件下计算峰高为 3.927 m；季风条件下计算峰高为 4.354 m。二者相差 0.427 m，相对差 0.109。根据实测峰高为 4.602 m(调车场 29 道)。实测峰高比季风条件下的计算峰高多 0.248 m。根据驼峰应用情况，上行驼峰第一中间坡已达到 19‰，下行驼峰第一中间坡已达到 20.4‰，坡度明显过大，造成减速器制动频繁。按照新参数计算峰高有所降低，溜放部分中间坡可以设计得更为合理。因此，在季风条件下 K_f 取 1.5 是可行的。

经过分析，当冬季存在季风条件下，如果季风风向与驼峰溜车风向相逆时，最大计算风速系数 $K_f=1.5$ 是可行的，但最终的难行条件计算风速 v_f 不建议大于 5 m/s。

2　溜车有利条件

由于我国南、北地区的夏季温差不是十分悬殊，根据铁科院的"车辆溜放基本阻力和道岔、曲线附加阻力试验研究报告"的结论，夏季气温一律采用 27℃。计算间隔时，风速为零(无风)，无风同样需要计算风阻力。计算小能力驼峰的夏季限制峰高、设计驼峰溜放部分纵断面和计算调速设备的制动能力时，按顺风，风速相当于车速考虑，风阻力为零。

气象参数选择实例：

举例，三间房编组站驼峰气象资料的选取(见说明表 4.1.2—6 和说明表 4.1.2—7)，用所在城市齐齐哈尔地区的气象资料，对其进行数据处理，求出 10 年的平均气温和平均风速及相应的均方差：

$\bar{t}=3.179$℃，　　$\sigma_t=14.909$

$\bar{v}_f=3.752$ m/s，　　$\sigma_f=0.726$

从 10 年平均的各月份的平均气温中，看是否出现负值，以判断该驼峰属南方还是北方地区。说明表 4.1.2—6 中齐齐哈尔地区的气温资料中的最后一栏"10 年平均"的各月平均气温中，共有(1、2、3、11、12 月)五个月份的 10 年平均气温在零度以下，是典型的北方地区，采用置信概率 86%，标准正态分布 100α 百分位点 1.50 来确定计算气温和计算风速：

说明表 4.1.2—6　三间房（齐齐哈尔）××～××年月平均气温表（℃）

年＼月份	1	2	3	4	5	6	7	8	9	10	11	12	全年平均
××	−18.8	−13.2	−3.2	6.7	13.3	20.9	22.7	21.2	15.8	4.9	−4.4	−14.7	4.3
××	−15.8	−11.7	−6.2	6.6	13.7	20.3	22.9	20.9	14.4	3.9	−8.9	−14.0	3.8
××	−18.3	−12.2	−2.2	6.1	14.1	19.8	22.7	21.5	14.3	3.9	−6.3	−14.7	4.1
××	−16.8	−17.8	−4.0	5.0	15.7	18.9	21.3	20.6	12.7	4.3	−6.7	−17.2	3.0
××	−20.8	−18.1	−6.9	3.8	13.4	21.2	21.5	19.5	13.7	4.1	−9.3	−20.5	1.9
××	−21.6	−16.7	−7.7	2.7	15.8	20.4	22.3	20.0	13.8	5.8	−9.0	−21.1	2.2
××	−18.2	−13.3	−3.9	7.6	15.8	19.7	23.5	21.4	13.2	7.0	−8.6	−17.1	3.9
××	−18.7	−15.3	−2.7	8.9	14.8	20.3	24.6	20.4	12.5	6.4	−7.2	−16.0	3.8
××	−22.0	−20.0	−6.4	5.3	12.3	19.2	22.7	19.7	14.0	3.8	−9.3	−19.3	1.7
××	−21.8	−15.1	−8.6	6.8	15.0	21.9	21.8	21.7	13.9	4.4	−6.7	−15.7	3.1
10年平均	−19.3	−15.3	−5.2	6.0	14.4	20.3	22.6	20.7	13.8	4.9	−7.6	−17.0	3.2

注：计算的10年平均气温：$\bar{t}=3.179$℃，均方差：$\sigma_t=14.909$。

$$t=\bar{t}-1.5\sigma_t=3.179-1.5\times14.909=-19.185\ (℃)$$

$$v_f=\bar{v}_f+1.5\sigma_f=3.752+1.5\times0.726=4.842\ (\mathrm{m/s})$$

说明表 4.1.2—7　三间房（齐齐哈尔）××～××年月平均风速表（m/s）

年＼月份	1	2	3	4	5	6	7	8	9	10	11	12	全年平均
××	3.6	3.4	4.3	5.2	4.8	4.5	3.8	3.4	4.0	4.1	4.6	3.9	4.1
××	3.7	3.9	4.8	5.3	4.7	3.8	3.7	4.0	3.9	3.9	4.1	4.2	4.2
××	4.1	4.0	3.7	5.4	5.0	3.6	3.4	2.9	3.6	3.9	4.0	3.3	3.9
××	2.5	2.5	4.6	4.9	4.4	3.8	3.3	2.9	3.4	4.2	3.9	3.0	3.6
××	2.9	3.1	4.5	5.2	4.5	3.9	3.2	3.4	3.5	4.2	4.1	3.7	3.9
××	3.2	4.0	4.3	5.0	5.0	3.0	3.2	3.1	3.2	4.5	3.4	2.1	3.7
××	3.3	3.5	4.3	4.9	3.9	3.0	2.9	3.0	3.5	3.3	3.3	2.9	3.5
××	3.0	3.5	3.9	4.6	4.0	3.8	2.9	2.5	3.6	3.3	3.5	3.3	3.5
××	2.6	3.1	4.7	5.7	4.5	4.1	3.1	3.4	4.1	4.2	3.6	3.6	3.9
××	2.4	3.5	3.7	4.5	4.5	4.1	2.3	3.2	3.2	3.7	3.1	2.6	3.4
10年平均	3.1	3.5	4.3	5.1	4.5	3.8	3.2	3.6	3.6	3.9	3.8	3.3	3.8

注：计算的10年平均风速：$\bar{v}_f=3.752$ m/s，均方差：$\sigma_f=0.726$。

由于本方法的风向采用正面逆风，故$\beta=0$。

因为三间房编组站驼峰的溜车方向与当地冬季的主要季风方向相同，所以风速计算系数K_f取值为1.0。但如武昌南、衡阳北、哈尔滨南站上行驼峰等，因驼峰溜车方向与当地冬季季风的风向相反，因此，风速计算系数K_f取值1.5进行修正。

4.2.1　计算车辆类型

计算车辆的类型和重量是确定溜放车辆基本阻力和风阻力、溜放车辆自由落体加速度、调速设备制动能高的重要参数,也是计算峰高、调速设备数量的重要依据。现在全路货车的种类和比重发生了很大的变化。通过对全路现有货车的调查、统计,分析变化情况和因素,经过比选确定计算车辆类型。

目前全路通用货车均采用滚动轴承。因此,货车基本阻力选用滚动轴承货车基本阻力计算方法。

说明表 4.2.1—1 是 2013 年和 2014 年全路货车标记载重统计数据(数据来源于"全国铁路统计资料汇编"2013 年、2014 年)。

说明表 4.2.1—1 全国铁路货车标记载重分布统计表(单位:辆)

年份＼总重	总计	50 t 及以下	51 t~59 t	60 t~69 t	70 t 及以上
2013 年	715 492	20 700	42 745	360 421	291 626
2014 年	710 698	21 234	43 273	341 358	304 833

从说明表 4.2.1—1 数据可见,标记载重 70 t 及以上货车的数量在逐年增加,从 2005 年开始载重 60 t 级通用货车已不再采购,新增加的货车均为载重 70 t 及以上新型车辆,既有的载重 60 t 级货车将逐年淘汰,至 2015 年底,载重 70 t 及以上货车已近全路货车总数的 50%。因此,从发展的角度来看,驼峰未来溜放的货车主要是载重 70 t 及以上货车,载重 60 t 级货车所占比例将逐年下降,所以选择载重 70 t 及以上货车作为驼峰设计的计算车辆。

全国铁路货车车种分布统计(2014 年)见说明表 4.2.1—2,敞车占铁路货车的 66.46%,棚车占铁路货车的 17.06%,合计占货车总数的 83.52%,是铁路货车的主要类型。毒品车、冷藏车外形类似于铁路棚车,合计占铁路货车总数的 1.14%。因此,选择敞车和棚车作为驼峰设计的计算车辆。

说明表 4.2.1—2 全国铁路货车车种分布统计(2014 年)

分项＼车种	棚车	敞车	平车	毒品车	罐车	冷藏车	其他
辆数	122 084	475 536	39 308	2 056	36 161	6 107	34 240
比例(%)	17.06	66.46	5.49	0.29	5.05	0.85	4.79

2013 年铁路总公司进行了 27 t 轴重通用货车运行试验和驼峰溜放综合试验,并于 2015 年在大秦线开始进行 27 t 轴重通用货车运用试验,未来可能作为铁路货物运输的主型车辆在全路运用。

本次驼峰设计规范修编并未采用 27 t 轴重货车(货车总重 108 t)作为驼峰设计计算车辆,主要考虑两点因素:一是铁路部门还未决定 27 t 轴重货车的运用方式,是在全路通用还是在货运重载专线使用,还未有明确的规定。二是假如从 2017 年全路开始将 27 t 轴重货车投入运营,要达到一定比例(25% 以上)仍需 7 年以上时间,运用初期不会对驼峰溜放作业造成显著影响,届时再根据 27 t 轴重货车运用状况修改驼峰设计规范。

1 易行车

选择总重为 94 t 的满载 C_{70} 型车(自重 23.8 t、标记载重 70 t)作为易行车,理由如下:

(1)C_{70} 型车满载总重为 94 t,接近最大轴重之和。

(2) C_{70} 型车基本上都是滚动轴承车辆,阻力离散度小。

(3)受风面积较小(7.71 m^2)。

(4)轴距短(外轴距为 11.04 m),车辆溜放时加速较快。

2 中行车

选择总重为 70 t 的不满载 C_{70} 型车作为中行车,理由如下:

(1)总重 70 t,接近货车的平均重量,符合中行车走行性能的重量标准。

(2)受风面积小(7.71 m^2)。

(3)轴距较短(外轴距为 11.04 m)。

(4)实际载重 50 t 货车约占货车总数 15%左右,有相当的代表性和实用性。

3 难行车

选择总重 30 t 不满载 P_{70H} 型车作为计算难行车,理由如下:

(1)这种难行车,加上中行车、易行车可以覆盖 86.5%的货车(在余下的 13.5%的车辆中,空车占了 13.1%,仅 0.4%的车是装有少量货物的轻浮车),几乎覆盖了全部装货车辆,但计算的峰高却比按空车计算的峰高低 0.5 m 左右,有较好的代表性和合理性。

(2)能更充分利用调车线的有效长度。今后驼峰设计不再分重车流和混合车流,因为任何驼峰都有空车溜放,应当保证空车溜入线路警冲标内方。如果继续分重车流和混合车流,选择重车流的驼峰很难保证空车在溜车不利条件下溜入难行线警冲标内方。

(3)外轴距较长(外轴距为 13.93 m),车辆加速相对较慢。

(4)受风面积较大(11.41 m^2)。

(5) P_{70H} 数量较大,是当前及未来一段时期内驼峰溜放的主型货车。

计算车辆的主要参数见说明表 4.2.1—3。

说明表 4.2.1—3 计算车辆的主要参数

车型	车辆长度(m)	外轴距(m)	内轴距(m)	自重(t)	载重(t)	车厢长×宽×高(m)
C_{70}	13.976	11.04	7.38	23.8	70.0	13.30×2.900×2.369
P_{70H}	17.066	13.93	10.27	24.6	70.0	16.10×2.800×3.717

计算车辆的受风面积:

计算车辆的受风面积是货车正面车厢面积(全部)与车辆下部走行结构面积(部分)之和。

4.2.2 溜放阻力是计算峰高,设计纵断面,检算溜放间隔,计算调速设备的能力和数量,实现驼峰自动化和半自动化控制的重要参数。溜放阻力包括基本阻力、风阻力、道岔及曲线附加阻力。

1 单位基本阻力是指车辆在平直线路上溜放时,从溜放总阻力中扣除风阻力后的剩余部分。它是由于车轮轴颈与轴瓦间的摩擦,车轮与轨面间的滚动摩擦和滑动摩擦及车轮与钢轨接头的撞击、振动和摇摆产生的阻力。

随着科学技术进步及车辆制造技术的发展,铁路通用货车已全部采用滚动轴承。因此,驼峰溜放车辆基本阻力应采用滚动轴承货车的基本阻力计算模型。

中国铁道科学研究院运输及经济研究所和哈尔滨减速顶调速系统研究中心曾于

2000~2001 年对滚动轴承货车的溜放阻力进行了专门测试,试验地点主要在哈尔滨南、绥化、南京东等站驼峰,随机取样测试数据 4 000 多个,当时主要溜放车辆是 21 t 轴重通用货车,2002 年原铁道部科技司对试验成果进行了鉴定并推广使用。2005 年原铁道部决定将通用货车轴重提高到 23 t,在新型货车投入运营前组织了 23 t 轴重货车驼峰溜放及调速设备适应性综合试验,试验地点为哈尔滨南、丰台西、原石家庄、南京南、南翔、桥司、马鞍山等站驼峰,对 23 t 轴重货车的溜放基本阻力进行了试验测试,得到测试数据 365 个。2013 年中国铁路总公司决定研制27 t 轴重通用货车,在第一批货车制造完成后组织了 27 t 轴重货车驼峰溜放及调速设备适应性综合试验,试验地点为丰台西、苏家屯、四平、锦州、唐山东等站驼峰,对 27 t 轴重货车的溜放基本阻力进行了试验测试,得到测试数据 475 个。从三次货车溜放阻力测试过程来看,第一次测试是专业性测试,数据量大,分夏季、冬季不同气候条件和北方、南方不同测试地区,建立了滚动轴承货车溜放基本阻力计算模型,经大量使用验证,说明测试数据精度高,计算模型可靠,能够满足驼峰设计的需要。后 2 次测试是试验测试,测试数据相对较少。本次修编驼峰设计规范主要采用第一次测试得到的货车溜放基本阻力计算模型(说明表 4.2.2—1),在23 t 轴重、27 t 轴重货车驼峰溜放综合试验时,曾对新型货车溜放基本阻力数据进行了对比分析,认为该基本阻力计算模型基本可以覆盖新型 23 t 轴重、27 t 轴重货车的试验数据范围,23 t、27 t 轴重货车溜放基本阻力仍可采用该模型计算。如果以后中国铁路总公司组织专项驼峰溜放阻力测试,再根据新的测试成果研究纳规事宜。

说明表 4.2.2—1　难行车原规范与新规范车辆溜放基本阻力对照表

计算车辆类型	计算气温(℃)	新规范		原规范		阻力差值(N/kN)
		溜车速度(m/s)	基本阻力(N/kN)	溜车速度(m/s)	基本阻力(N/kN)	
难行车	10	4.9	3.55	4.6	3.83	-0.28
	5	4.9	3.63	4.6	4.05	-0.42
	0	4.9	3.71	4.6	4.28	-0.56
	-5	5	3.82	4.7	4.50	-0.68
	-10	5.1	3.93	4.7	4.84	-0.91
	-15	5.1	4.05	4.8	5.31	-1.26
	-20	5.2	4.19	4.8	5.69	-1.50
	-25	5.3	4.33	4.9	6.12	-1.79

注:冬季基本阻力滚动轴承车辆小于滑动轴承车辆,但夏季有可能大于滑动轴承。主要原因是:滚动轴承车辆阻力的波动系数取 1.65 计算,是按 95% 的数据范围考虑的;而滑动轴承车辆阻力的波动系数取 1.28 计算,是按 90% 的数据范围考虑的。同时原测试数据是根据轴重 21 t(总重 60 t)货车测试的,与轴重 23 t(总重 70 t)货车可能有些差别,但应用问题不大。轴重 21 t 货车阻力绝对值为 4.0 N/kN,而轴重 23 t 货车阻力绝对值为 2.95 N/kN,阻力波动幅度更小。

计算减速器制动能高时,易行车在溜放部分的基本阻力可采用 1.0 N/kN。

2　风阻力泛指外界风对运动车辆产生的作用力和车辆在空气中运动产生的阻力。风阻力与车辆的形状、大小、表面光滑程度、车速、外界风速、风向等有关。车辆的风阻力由三部分阻力组成:第一部分是车辆前端部迎面的正压力和尾端的负压力形成的压差;第二部分是车辆表面与空气的摩擦;第三部分是车辆尾部产生的涡流。这三种阻力合成了车辆的风阻力。本次驼峰设计规范修编计算车辆采用 C_{70}、P_{70H},对应的受风面积按照新选取车辆的外型参数对原规范进行了修正。

3 道岔附加阻力能高是撞击尖轨和辙叉造成的。根据铁道科学研究院运输及经济所在20世纪70年代的测阻试验报告的结论,车辆侧向通过1组道岔消耗的功对应的能高为24 mm,车辆直向通过1组道岔或1组交叉渡线的菱形交叉消耗的功对应的能高为12 mm。

4 车辆通过平面曲线,包括道岔的导曲线消耗的单位能高每度转角为8 mm。实际上产生曲线阻力的原因很多,也很复杂,但主要是由于轮对的两个车轮是固定在轴的两端,在滚动时,它们的角速度完全相同,但通过曲线时,由于内外轨的长度不一样,因此,通过外轨的车轮在和通过内轨的车轮的角速度完全相同的情况下,它的线速度必然比内轨的走行轮大。因此,外轮除了滚动外,还产生滑动。这样,除了滚动摩擦产生的阻力外,还有滑动摩擦产生的阻力。另外是车辆在通过曲线时,离心力使靠外轨的车轮的轮缘压向外轨的轨头侧面,产生滑动摩擦形成的阻力。再有就是轴距大小对曲线阻力的大小也会产生影响,轴距大的阻力必大,在现场可以明显看出这种影响,但在计算时并未反映出来。

原规范与新规范计算峰高对比见说明表4.2.2—2。

说明表4.2.2—2 原规范与新规范计算峰高对比表

风速3.5 m/s									
计算气温(℃)	16条调车线 道岔4.5组 角度53.763° L_1-276.127 m, L_2-142.23 m			24条调车线 道岔5.5组 角度62.829° L_1-319.51 m, L_2-140.11 m			32条调车线 道岔5.5组 角度66.147° L_1-365.718 m, L_2-141.25 m		
	原规范计算峰高(m)	新规范计算峰高(m)	差值(m)	原规范计算峰高(m)	新规范计算峰高(m)	差值(m)	原规范计算峰高(m)	新规范计算峰高(m)	差值(m)
10	2.45	2.51	-0.05	2.77	2.82	-0.06	3.04	3.10	-0.06
5	2.54	2.54	0.00	2.87	2.86	-0.01	3.15	3.14	0.01
0	2.64	2.58	0.06	2.97	2.90	0.08	3.27	3.18	0.09
-5	2.74	2.63	0.11	3.08	2.96	0.13	3.39	3.25	0.14
-10	2.88	2.69	0.19	3.24	3.03	0.21	3.56	3.32	0.24
-15	3.09	2.74	0.35	3.47	3.08	0.39	3.81	3.38	0.43
-20	3.26	2.81	0.44	3.65	3.16	0.49	4.01	3.47	0.54
-25	3.44	2.88	0.56	3.86	3.24	0.62	4.24	3.56	0.68

注:L_1—溜放部分线路长度;L_2—调车场部分线路长度。

由表中计算数据可见,在计算气温高于5℃时,采用新的阻力公式计算出的峰高高于原滑动轴承阻力公式计算峰高;当计算气温在0℃~5℃时,两者计算出的峰高基本相同;当计算气温在0℃以下至-25℃时,新的阻力公式计算出的峰高小于原滑动轴承阻力公式计算峰高。其原因主要包括两个方面:

一是滑动轴承车辆采用油润轴承,气温变化对车辆基本阻力的影响比较敏感,气温低于-5℃时,润滑油开始出现冻凝现象,随着气温进一步下降车辆基本阻力明显增加;而在0℃以上时,润滑油状态和润滑效果显著变好,夏季滑动轴承车辆的基本阻力与冬季相比明显变小。滚动轴承货车采用滚柱轴承,虽然也有润滑油的作用,但对轴承滚动阻力影响较小,外界气温从0℃~-25℃变化时,车辆基本阻力平均值仅变化0.5 N/kN。因此,冬季滚动轴承货车基本阻力与滑动轴承货车基本阻力差别显著,夏季两者差别不大。

二是驼峰峰高是影响驼峰效率的重要因素,解体效率在一定程度上取决于溜放车辆的过岔速度,而峰高是影响过岔速度的直接因素。因此,保持一定的峰高是保证解体效率的基本条件。在现场也能看到某些驼峰因峰高偏低致使冬季车辆不能走行到位,严重影响作业效率的情况。如果计算气温较高(如表中5℃以上的地区),按照计算条件确定的峰高可能偏低,而适当提高计算峰高对保证解体效率有好处。因此,计算气温较高时,按照新的阻力公式计算的峰高更加合理。

4.2.3 在计算峰高、设计纵断面,或进行自动控制的软件设计时都会用到 g'。g 是物理意义上的标准自由落体加速度,车辆在溜放过程中,车轮滚动产生的转动惯量将会削弱标准自由落体加速度 g 的部分影响,通常称为受车辆回转部分转动惯量影响的自由落体加速度 g'。这种影响简化为条文中式(4.2.3)。

4.3.1 采用解析法计算峰高、调速设备数量以及进行溜放间隔检算时,均需事先确定钩车的平均溜放速度值。本规范按不同的外界气象条件(不同的计算气温、风速)及不同的调车场线路数量等多种组合,用计算机进行模拟溜放,最后根据模拟结果选取了合适的平均溜放速度(表4.3.1—1、表4.3.1—2)供驼峰设计者参考使用。

(1)滚动轴承货车与滑动轴承货车相比,基本阻力有明显的减小,因此,驼峰溜放平均速度应有所提高。

(2)当货车溜放基本阻力降低以后,必然带来驼峰计算峰高的减小,但偏低的峰高会影响驼峰溜放速度,可能对溜放作业效率不利。因此,提高车辆平均溜放速度可相对增加货车计算阻力,保证驼峰峰高在合理的范围之内。

(3)全减速器组成的点式调速系统,车辆在调车场内的平均走行速度高于点连式调速系统,本次修订补充了调车场相关数据。

(4)在使用表4.3.1—1、表4.3.1—2时,如果计算风速与表中风速不对应时,建议计算风速向上取值后查表(如计算风速2.3 m/s取表中3 m/s数据;3.2 m/s取表中4 m/s数据;4.1 m/s取表中5 m/s数据),或采用插值方法计算,最大风速不超过5 m/s。如果计算气温与表中气温不对应时,建议计算气温向下取值后查表(如计算气温-2℃取表中-5℃数据;-6℃取表中-10℃数据;-16℃取表中-20℃数据),或采用插值方法计算,对计算结果影响不大。

4.3.2 溜放部分不设间隔制动位的小能力驼峰,因需要计算夏季限制峰高,应该考虑有利条件下易行车的平均溜放速度,采用无风、27℃的气象条件;计算冬季需要峰高和溜放间隔检算,需要难行车平均溜放速度。

5.1.2 站内两平行线路的中心线间须有一定的距离,该距离必须满足以下三个方面的要求:

(1)满足建筑限界、机车车辆限界的要求。

(2)满足在两相邻线间装设各种调车控制设备、测量设备、照明设备及信号设备等调车作业设备的布置要求。

(3)满足调车作业活动的需要。

本条文两相邻线路中心线间距规定的说明见说明表5.1.2。

说明表 5.1.2 线间距说明

序号	线间距（mm）	直线建筑限界（mm） 左	直线建筑限界（mm） 右	机车车辆限界或超限货物装载限界（mm）	作业或建筑物宽度要求（mm）	余量（mm）	附注
1 2	6 500			2×2 225	调车作业要求 1 800	250	考虑提钩员作业和牵出线调车人员上、下车并显示信号
3	5 500			2×1 800	列检运输小车全宽 800、运行最小间隙 2×450	200	当两相邻线均不通行超限货物列车时
	5 000			2×1 700	列检作业要求 1 500	100	当相邻两线均不通行超限货物列车时
4 6	5 000			2×2 225	运行间隙 350	200	当相邻两线均通行超限货物车辆时
5	6 500	2 440	2 440		设杆柱和作业要求 1 500	120	
7	5 000			2×2 225	运行间隙 350	200	
8	4 300 （3 900）			2×1 700 （2×1 700）	运行间隙 600（运行间隙 500）	0	道岔前保护区段长度要求
9	4 000			2×1 700	运行间隙 150	450	
注 1	4 600			2×1 700	特别困难条件下列检作业要求 1 200		
注 2	5 000						设排水槽要求

注：1 表中所列超限货物装载限界均指超级超限货物装载限界；

2 所列序号与条文表 5.1.2 相同，带“注”者为表 5.1.2 注中的序号。

5.1.3 因为设在曲线上的调车场影响车辆溜放和连挂，所以调车场设在直线上。如受地形条件限制或改建车站受某些重要建筑物控制等情况，调车场设在直线上，引起工程投资增加较大，可以利用溜放部分的最后分路道岔后的连接曲线，设置较小的曲线转角。

推送线设在直线上，主要考虑以下几个方面：

(1)车辆处于曲线上，钩身不正影响提钩，加之曲线引起的晃动，会使提起的车钩又落下，造成护钩距离长，增加提钩员的劳动强度。

(2)车辆提钩地段位于曲线上，影响提钩员提钩和瞭望车辆脱钩及走行情况，并给提钩员提钩时数车数带来不便。

(3)车辆在曲线上脱钩容易造成半开钩，影响调车线连挂作业。

(4)车列位于曲线上推峰机车司机瞭望信号不便。

困难条件下，必须设置曲线时，设在中、小车组(约占解体车数的 80% 以上)经常脱钩的地段之外，一般距峰顶不少于 80 m~100 m。

牵出线设在直线上，主要考虑以下几个方面：

(1)牵出线如设在曲线上会造成调车司机瞭望信号困难，调车司机与调车人员联系不便，调车速度不易控制，给作业带来困难，不仅降低了调车效率，而且作业也不安全，容易发生事故。因此，规定牵出线设在直线上，在困难条件下，根据不同的调车方式而规定了不同的标准。对于办理解编作业的调车牵出线，因调车工作量大，作业繁忙，在困难条件下，为了节省工程量，可以将牵出线设在半径不小于 1 000 m 的同向曲线上；在特别困难条件下，半径最小采用 600 m。

(2)牵出线如设在反向曲线上，在进行调车作业时，信号瞭望更加困难，司机和调车员的联系极为不利,影响作业安全,此外车列受力复杂,不易掌握速度,因此牵出线不允许设在反向曲线上,但在咽喉区附近为调整线间距而设置的转线走行地段的反向曲线除外。

改建车站,受地形、建筑物限制,且施工对运营干扰较大,经技术经济比较并有充分依据,作为特殊情况可保留既有牵出线的曲线半径。

5.1.5 为统一驼峰及调车场的配轨设计,提出了几个要求。

1 迂回线始端的道岔,一般设在峰顶禁溜线始端的道岔之前。大、中能力驼峰推送线的左侧为主提钩一侧,为便于装设禁溜线道岔转辙机及调车信号机,使其尽量设在提钩人员作业时经常走行的通路以外,以便中、小车组提钩时不妨碍提钩人员的作业安全,以及《铁路车站及枢纽设计规范》TB 10099 对两顺向混凝土岔枕道岔插入短轨的规定,故两道岔间插入的短轨长度不宜短于 8.0 m。

2 禁溜线道岔与第一分路道岔间需要配有 3 根及以上钢轨,以满足设置踏板及测重器的需要。为使峰顶信号机设于峰顶处,且与钢轨轨缝绝缘节对齐,当禁溜线道岔的辙叉设在峰顶平台上时,该道岔后沿溜车方向至少应有一根 6.25 m 短轨,以满足峰顶设置驼峰色灯信号机绝缘轨缝的要求。

3 目前我国各类驼峰道岔基本上均采用自动控制,因此各分路道岔留有必要的保护区段和绝缘区段,以保证启动的转辙机在钩车压上尖轨之前能转换到使尖轨处于密贴状态。保护区段的长度根据钩车溜经该区段的最大速度和道岔的转换时间计算确定。绝缘区段的长度根据道岔保护区段及采用的分路道岔类型计算确定,但不短于经驼峰溜放的四轴车二、三轴间的最大距离,以避免车辆跨在道岔绝缘区段上而产生进路误传和道岔误动。

岔前保护区段采用短轨的长度,目前设计中可供选用的主要有 6.25 m、7.00 m 和 8.00 m。困难条件下,采用 9 号单开道岔时采用 4.5 m。

短轨长度除保证计算的 $L_{保}$,尽量缩短 $L_{绝}$ 以提高驼峰推峰速度外,还考虑合理使用钢轨和减少钢轨长度的规格,当改建困难时,非同一道岔分路的两相邻线间在道岔至警冲标范围内的线间距可采用 3.9 m。用 6.25 m 短轨代替 7.0 m 短轨可以满足平面布置的要求。

保护区段及岔前短轨长按下式计算:

$$L_{保}=t_{继}\times v_{\max} \qquad (说明\ 5.1.5—1)$$

式中 $L_{保}$——道岔保护区段长(m);

$t_{继}$——转辙机和有关继电器的动作时间(s)并附加 0.2 s 的储备时间;

$v_{\max}$——车辆通过保护区段时的最大速度(m/s)。

$$L_{短}=L_{保}-q \qquad (说明\ 5.1.5—2)$$

式中 $L_{短}$——道岔前短轨长(m);

q——道岔基本轨缝至岔尖长(m)。

$$L_{绝}=L_{短}+0.008+L_{岔} \qquad (说明\ 5.1.5—3)$$

式中 $L_{绝}$——道岔绝缘区段长(m);

$L_{岔}$——道岔基本轨缝至导曲线内绝缘轨缝中心(m)。

4 为便于配轨设计,条文中列出了不同长度轨缝的计算用宽度,平面坐标计算时,线路的长度等于实际钢轨长度加轨缝宽度,长度为 12.5 m 以上的钢轨轨缝宽度采用 0.012 m,长度为 12.5 m 及以下的钢轨轨缝宽度采用 0.008 m,如:对于 25 m 长度钢轨,采用 25.012 m;12.5 m 长度钢轨,采用 12.508 m。

5.1.6 驼峰信号设备系指信号机、转辙机、减速器及其控制设备和动力设备。驼峰生产房屋系指信号楼、动力室、峰顶连接员室等。驼峰溜放部分的管沟有排水沟、风管沟、电缆沟及暖气沟等。

驼峰溜放部分道岔及信号设备集中,驼峰线路平面设计要满足信号设备安装限界的要求,以便于信号设备安装、维修,有利安全作业。例如峰顶信号机要安装在峰顶平台与加速坡变坡点附近左侧,有的驼峰设计禁溜线时未考虑信号机的安装要求,信号机无法安装,只好设信号机托架,架子设于线路右侧,信号灯跨过线路到左侧,不仅增加了投资,还增加了不必要的设备。又如:经常提钩地段的禁溜线、迂回线道岔转辙机一般装在非主提钩一侧,当正对道岔尖轨处非主提钩一侧线间距不能满足转辙机安装限界要求时,只能将其装在主提钩一侧。为解决其影响作业安全问题,有的做木盖防护,有的将转辙机装在地下,不仅增加投资,而且维修不便。可见驼峰平面设计还应该考虑正对尖轨处转辙机安装对线间距的要求。如不考虑转辙机安装要求,转辙机将无法安装。

驼峰溜放部分生产房屋、管、沟集中,设计驼峰平面时需要首先了解各种沟、槽的宽度及深度,生产房屋的宽度,合理布置其位置,避免重复施工。

5.2.2 驼峰推送线(无峰前到达场时为牵出线)的数量,与车站的站型、驼峰的解体作业量和采用的作业方式有关。根据现场调查和分析计算,一级二场站型的区段站和少数一级三场站型的区段站,调车线在 12 条及以下时,驼峰解体作业量一般在 1 000 辆/d 以下,配备一台调机,采用单推单溜作业方式,峰前设 1 条牵出线可以满足作业要求。对于驼峰前无到达场的一级三场站型的区段站或编组站,驼峰解体作业量超过 1 000 辆/d 时,配备 1 台~2 台调机,设置 2 条推送线。驼峰前设有到达场时,各类车站均设 2 条推送线。设置 2 条推送线可以进行预推作业,以缩短连续解体车列的间隔时间,提高驼峰的解体能力。根据分析计算,预推比不预推可提高解体能力 15% 左右。

驼峰解体作业量在 4 000 辆/d 以上,调车线在 33 条以上,且车流合适时,考虑采用双溜放的作业方式,提高驼峰设备的利用效率,从而提高驼峰的解体能力。在此情况下,为充分创造预推条件,一般设 3 条~4 条推送线。本条规定的双溜放作业方式系指经常按双溜放作业而言,不含由于车站临时组织双溜放作业的应急情况。

5.2.3 驼峰前设到达场的推送线长度与车站的作业要求和站坪条件有关,此段长度的作用是:

(1)用于设置压钩坡和调整到达场的标高,当到达场处于填方地段,可以减少到达场的填土量。

(2)当驼峰调机带少量车调车(例如送禁溜车或向迂回线送车)时,不致妨碍到达场出口端咽喉的作业。

(3)在此段距离的推送线上,需要设置减速器的限界检查器。

此段距离如设置太长,将使站场长度和推峰时间增加。到达场靠峰顶端最外道岔基本轨接缝(或逆向道岔后警冲标)至迂回线道岔基本轨接缝之间的长度采用 130 m,可以保证一台调机牵引 7 辆车向迂回线送车时,不占用到达场出口咽喉区。在车站站坪受地形限制等困难条件下,该距离最短采用 50 m。改建车站可结合车站改造的具体情况确定,在尽量减少改建引起对车站运营干扰和工程量的前提下,也可以维持现状。

5.2.4 为了从驼峰上部信号楼能看到峰顶上提钩作业的情况,以便正确及时地显示驼峰信号,同时,为了使车辆经常脱钩地段的推送线保持直线,以利于提钩人员瞭望,并避免车辆在曲线上脱钩而引起车钩不正、咬钩、钩舌开度不足等而造成脱钩或挂钩困难,两推送线间不应该设置房屋。调车员室或连接员室一般设在两推送线外侧并与主信号楼同侧,以便调车人员互相联系。

5.2.5 本条系根据《铁路技术管理规程(普速铁路部分)》(铁总科技〔2014〕172 号)第116 条的要求:设车辆减速器的驼峰,在驼峰信号机前适当地点装设车辆减速器的限界检查器。一般安装在距峰顶 80 m~100 m 范围内的直线上,系考虑使中、小车组中的超限车辆在脱钩之前即被确认,超限车辆通过时,驼峰信号自动关闭,在控制台上发出相应的表示及音响信号,同时向峰顶发出信号。限界检查器距峰顶太近,超限车一旦通过,还未来得及采取措施,车辆已经摘钩并溜过峰顶而造成事故。

5.3.1 钩车溜经驼峰溜放部分时,由于各种阻力的影响,动能不断消耗,其中基本阻力和风阻力所消耗的动能随驼峰溜放部分长度的增加而增加,曲线道岔阻力所消耗的动能随钩车溜经的曲线转角度数和道岔数的增加而增加。因此,设计驼峰平面时,尽量减少钩车动能的消耗,以降低驼峰高度,减少工程费和运营费。使溜放车辆尽快溜入调车线,提高驼峰效率。并使每条调车线的峰高尽量接近,缩小难易行线差别,以节省工程量。

车列解体时,前后两钩车必有一定长度的共同溜行径路。由于车辆阻力不同,例如前行车为难行车,后行车为易行车,随着共同溜行径路的加长,两钩车的间隔愈来愈小,容易出现道岔来不及转换和“追钩”等。

国内现有减速器结构要求减速器设在直线上,其设置位置应该考虑维修作业人员的安全。减速器范围内不准设变坡点。驼峰道岔采用集中控制时,岔前需要留有必要的保护区段,以防止道岔转换过程中溜入车辆,造成事故。保护区段的长度是根据钩车溜经该区段的最大速度和道岔转换时间计算确定的。保护区段长度尽量短,但不能短于计算的长度。因保护区段短,道岔绝缘区段相应缩短,从而缩小前、后两钩车通过道岔时所需要的间隔,提高峰顶推送速度。但道岔绝缘区段不能短于经驼峰溜放的四轴车二、三轴间的最大距离,以避免车辆跨在道岔绝缘区段上而产生进路误传和道岔误动。

驼峰生产房屋(如信号楼、调车员室、减速器动力室等)的位置是根据室内作业人员所控制设备的地点、作业时的瞭望、安全和方便等条件确定的,其位置与驼峰线路平面特别是峰顶禁溜车停留线和迂回线的布置有密切关系。因此,设计禁溜车停留线和迂回线时,需要留有生产房屋的合理位置。

5.3.2 采用线束形布置可以缩短前、后两钩车的共同溜行径路,且线束的多少直接影响间隔制动位的投资,故驼峰平面采用线束形布置;采用一级二场站型,调车线少的小能力驼峰线路平面,经过比选,也可以采用其他布置方式。

在自动化、半自动化驼峰上,一般每一线束之前设有一个制动位。当调车线总数一定时,每一线束内的线路数越少(如 2 条~4 条),则线束数越多,设置线束前减速器的数量就多,增加了驼峰的投资,同时也增加了调车场头部的长度和峰高。反之,线束内联结的线路过多(大于 8 条),也不合理,这将延长道岔区的长度,还会出现增加转角和反向曲线,恶化了钩车的溜放条件。加长了前、后钩车在最后分路道岔分路时的共同走行径路,降低驼峰的解体能力。因此,一般采用 6 条~8 条线为一束。根据调车线的总数量及每线束内的调车线数量,可按条文中表 5.3.2 进行线束分配。调车线数较多时,中间线束比较顺直,曲线阻力较小,必要时,中间线束的线路数可以较外侧线束稍多,以平衡线路的总阻力。

采用长度短而辙叉角大的 6 号对称道岔,可以缩短溜放部分的长度。以 24 条调车线,设有峰下交叉渡线的驼峰为例,采用6 号对称道岔比用 9 号单开道岔约可缩短 70 m;此外,6 号对称道岔比 9 号单开道岔绝缘区段长度短 3 m 多,允许前、后两钩车间有较小的间隔,有利于提高峰顶推送速度。但对驼峰改建时,为了充分利用旧有设备,减少废弃工程和设备种类,便于维修,仍可继续采用其他对称道岔。调车场最外侧线路,由于曲线转角大,用对称道岔连接有困难时,可以采用 9 号单开道岔。9 号道岔绝缘区段长,警冲标距岔心距离远,因而增长了溜放钩车间隔,延长了驼峰溜放部分的计算长度,影响解体效率。因此,尽量避免采用 9 号单开道岔。

设在横列式区段站和类似区段站图型编组站的的小能力驼峰,由于调车线设在到发线外侧,而牵出线往往正对到发线,这就形成了驼峰的"歪脖子"。当到发线数量多,调车线数量少,一般为 5 条~8 条,而牵出线外移有困难时,可根据具体条件采用 6 号对称或 9 号单开道岔。如采用 6 号对称道岔有困难时,可采用 9 号单开道岔和复式梯线形布置。当既有站改建确有困难时,可以保留原有梯线形布置。

5.3.3 峰顶附近的线路平面布置一般有 3 种方式:

(1)一个峰顶一条溜放线;

(2)两个峰顶一条溜放线;

(3)两个峰顶两条溜放线。

第 1 种方式溜放部分的长度较 2、3 种方式约短 30 m,但预推后车列距峰顶远(约 150 m)预推效果差。驼峰解体能力比 2、3 种低。因此适用于作业量小、调车线少的驼峰。设有 2 条推送线、线束在 4 个及以上、作业量较大的驼峰,一般设 2 个峰顶,使预推车列尽量接近峰顶,充分发挥预推效果。根据分析计算,设 2 个峰顶比设 1 个峰顶可以提高解体能力 10% 左右。设 2 个峰顶时,峰下可以设 1 条溜放线或 2 条溜放线(峰下设交叉渡线)。两种方式的驼峰溜放部分长度相差不大,且设 2 条溜放线者仅多 2 组道岔和1 组菱形交叉,但具有作业灵活性强、使用方便、安全性好等优点。因此,设有 2 条推送线,线束在 4 个及以上的驼峰设 2 条溜放线,线束在 3 个及以下的驼峰可以设 1 条溜放线。

5.3.4 采用大于 200 m 曲线半径不增加驼峰溜放部分长度时,尽量采用大半径,这样对工务养护维修及车辆的走行均有利。驼峰溜放部分短轨多,而且是经过计算确定的,并在短轨内还可能设曲线,这些曲线半径的选择都受到了很大限制。因此,为满足工务养护维修的要求、驼峰溜放部分的曲线半径加速坡地段不小于250 m,其他地段不小于 200 m。最后分路道岔后的调车场边缘线路,线路转角大,有的采用半径 200 m 的曲线连接非常困难,所以规定可以个别采用 180 m 曲线半径。

道岔后的连接曲线设成单曲线时,钩车走行较为平稳,阻力均匀,当设计成同向两个及以上曲线或反向曲线时,溜经此处钩车左右摇摆,呈蛇形走行,阻力大且受力复杂,给下一级的速度控制造成了困难且不利于安全。当平面布置困难,必须设置时,两曲线间直线段不小于 15 m。根据如下:

(1)满足曲线轨距加宽递减的需要:按轨距最大加宽至 1 450 mm 递减率≤2‰计算,则两曲线间的直线段≥15 m。

(2)两曲线间的直线段需要大于一辆车的转向架中心销距,以平衡车辆绕纵轴的旋转。

当直线段采用 15 m 仍布置困难,或为了减少工程量及缩短驼峰溜放部分长度,曲线轨距加宽递减率可以减至 3‰,此时,两曲线间的直线段长度规定不小于 10 m,车辆的转向架尚不同时处在两曲线上。

5.3.5 允许曲线直接连接道岔基本轨或辙叉根(此时轨距加宽在曲线范围内处理),可以避免因在道岔与曲线间设直线段而延长驼峰溜放部分长度。有条件时,为使工务养护、维修及施工便利,使接头夹板不在曲线上,留出不小于半个接头夹板长度的直线段。可以充分利用道岔保护区段的插入短轨设置必要的曲线,在满足直线段要求的同时尽可能采用较大的曲线半径,但不能因设曲线增加短轨长度。

因木岔枕道岔图号已作废,目前有效的道岔标准图均为混凝土岔枕。一般混凝土枕道岔后的 L'长范围内轨枕承轨槽与螺栓孔按道岔结构固定设计,曲线只可进入 L'短范围且曲线半径不小于 350 m,若要满足此项要求,就必然延长道岔与曲线间的直线段长度同时延长驼峰溜放部分长度,引起峰高增加,工程费和运营费增加,因此曲线与道岔连接仍维持采用木岔枕道岔时所规定的条文内容不变。但曲线进入 L'长范围内时需要道岔生产厂家根据驼峰平面布置图调整轨枕承轨槽与螺栓孔的位置,进行特殊设计及制作。

驼峰第一分路道岔岔前不允许曲线直接与道岔基本轨相连,是因为溜经第一分路道岔的钩车最多,且是迅速加速区段,钩车溜经曲线时,由于离心力的作用向曲线外侧产生推力。道岔直接接曲线,车辆对尖轨产生很大撞击力,造成尖轨的损坏率加大。为便于道岔的养护维修,设计驼峰平面时,岔前需要留出不短于一个转向架长的直线段(转向架最大两轴距 1.83 m,规定第一分路道岔岔前直线段长度不小于 1.85 m),使车辆顺直平稳进入道岔;困难条件下利用道岔基本轨接缝至道岔尖轨 1.3 m~1.42 m 的长度,岔前直线段长采用 0.55 m 也能保证车辆顺直平稳进入道岔。溜放部分其他分路道岔前后,虽溜经道岔的钩车较第一分路道岔少,钩车速度也较低,但上述不利因素同样存在,所以有条件时在道岔基本轨前及辙叉后留半个接头夹板长的直线段。50 kg/m 钢轨接头夹板半长 0.410 m。

5.3.6 确定峰顶至第一分路道岔基本轨轨缝间的距离主要考虑以下因素:

(1)以较高的推峰速度解体车列时,在溜车不利条件下,难、易行车在第一分路道岔有足够的间隔;

(2)满足在加速坡与中间坡变坡点处设置竖曲线的要求;

(3)保证驼峰溜放部分纵断面设计合理。

中国铁路通信信号总公司的“驼峰峰顶距第一分路道岔距离的研究”研究报告已于 1994 年 8 月由铁道部建设司鉴定通过。该报告确定其距离为 30 m~40 m 最为合理。

峰顶距第一分路道岔基本轨缝的最短距离可用下式表达:

$$L=L_{\mathrm{j}}+T_2 \tag{说明 5.3.6—1}$$

$$L_{\mathrm{j}}=T_1+T_2+D_{\max} \tag{说明 5.3.6—2}$$

$$T_1=\frac{I_{\mathrm{j}}R_{\mathrm{sh}}}{2} \tag{说明 5.3.6—3}$$

$$T_2=\frac{(I_{\mathrm{j}}-I_{\mathrm{zh}})R_{\mathrm{sh}}}{2} \tag{说明 5.3.6—4}$$

式中 L——峰顶距第一分路道岔基本轨缝间距离(m);

L_{j}——加速坡长度(m);

T_1,T_2——加速坡始、终端竖曲线切线长(m);

D_{max}——经驼峰最大车辆(取 P70H)的外轴距,为 13.93 m;

I_j,I_{zh}——加速坡、中间坡的坡度(‰);

R_{sh}——竖曲线半径(m)。

上述公式是满足设计需要的最短距离,但若竖曲线紧接第一分路道岔基本轨,这样对道岔维修不利。具体长度还要根据加速坡的坡度、两竖曲线间净直线长度、峰高、纵断面、峰顶与第一分路道岔间线路配轨等要求,并按条文规定的取值范围确定其实际取值。

5.3.7 当驼峰溜放部分设有间隔制动位时:

1 部分中能力驼峰,调车线数及线束数均较少,相应峰高较低,驼峰溜放部分长度短,设一级间隔制动位时,溜放难、易行车的间隔在线束分路道岔前均能满足。所以当溜放部分设一级制动位时,减速器尽可能设在每一线束始端,其制动能高不小于:夏季有利溜放条件下易行车以减速器允许的最高速度进入本制动位,经全制动后进入易行线警冲标处的速度不大于 1.4 m/s,并满足当一台减速器停用时,驼峰能正常作业,因此间隔制动位须具有较大的调整能力,需要采用两台减速器。

2 大中能力驼峰设有两级制动位时,减速器总制动能力需要达到在溜车有利条件下,以 1.9 m/s 的推峰速度解体车列时,易行车经间隔制动位全制动后,进入易行线警冲标处的速度不大于 1.4 m/s。第一制动位设一台或两台减速器,其制动能力需要达到在有利溜放条件下,以 1.9 m/s 的推峰速度解体车列,一台减速器停用时,易行车溜入第二制动位的入口速度不大于减速器允许的最大入口速度;第二制动位设两台或三台减速器,其制动能力可根据二制动位要求的以 6.3 m/s~7.0 m/s 的速度进入减速器,经制动后溜到易行线警冲标处速度为 1.4 m/s 计算确定。

减速器台数根据计算所需的节数合理分配确定,一般每台不大于 7 节。当每台大于 7 节时可以采用三台,但不能因台数变化而增加总的制动能力。

3 为保证减速器使用和维修安全及各类型减速器结构的要求,相邻线两台减速器之间的中心距离:T·JK-50、T·JK-A50 型在减速器始端不得小于 4.0 m,其他类型在减速器始端第一制动钳中心处不得小于 3.8 m。

4 半自动化、自动化驼峰各减速器前均安装测速雷达、踏板及减速器轨道电路等设备。

减速器始末端至相邻曲线的最小直线段长度可根据不同类型减速器始末端至轨缝的距离与半个接头夹板长度之和计算确定。

详见说明表 5.3.7。

说明表 5.3.7 减速器始、末端至相邻曲线的最小值线长度

<table>
<tr><th>减速器类型</th><th>$L_{始}$(m)</th><th>$L_{末}$(m)</th><th>示意图</th></tr>
<tr><td>T·JK-50</td><td>3.41</td><td>1.91</td><td rowspan="3">
</td></tr>
<tr><td>T·JK-A50</td><td>3.41</td><td>2.46</td></tr>
<tr><td>T·JK3-B50、T·JK3-B60、
T·JY3-B50、T·JY3-B60
T·JK4-50、T·JK4-60、
T·JCD1-50</td><td>3.91</td><td>3.91</td></tr>
</table>

注:T·JK-50 及 T·JK-A50 型的 $L_{减}$ 为减速器入、出口制动夹板始、末端;T·JK3-B50、T·JK3-B60、T·JY3-B50、T·JY3-B60 及 T·JK4-50、T·JK4-60、T·JCD1-50 型的 $L_{减}$ 为减速器入、出口制动钳中心。两台串连时,中间另加连接长度。

5 根据《车辆减速器通用技术条件》TB/T 2845—2007 中第 6.6.3 条有关规定，减速器应安装在直线段，当减速器入口前、出口后直线段小于 5 m 时，需要加装专用护轮轨。

减速器入口出口计算点：T · JK-50 及 T · JK-A50 型减速器入、出口为制动夹板始、末端；T · JK3-B50、T · JK3-B60、T · JY3-B50、T · JY3-B60 及 T · JK4-50、T · JK4-60、T · JCD1-50 型减速器入、出口为制动钳中心。

5.3.8 调车线内安装减速器尽量少影响调车线的有效长度，因此，减速器尽量靠近头部警冲标。一般减速器前不停车，但减速器距警冲标太近，大组车进入减速器制动时，车组迅速减速，由于尾部还未出清警冲标而影响邻线溜车，只好减小后续钩车的溜放速度，降低驼峰作业效率。减速器设在最外警冲标后 42 m 处，在大、中能力驼峰上，一般能保证大部分线路减速器距警冲标 55 m~65 m 左右。5 辆车的车组长约 70 m，当进入减速器进行调速时，若采用“放头拦尾”的措施不会影响邻线作业，个别线路警冲标距岔心较远，但减速器距警冲标 42 m 亦能保证 3 个车进入，对邻线干扰较小。同时，此距离一般能保证各条线路减速器前方有不小于 14 m 的直线段，此直线段不但安装雷达方便，而且保证一辆车进入减速器前已位于直线上，减少对减速器的横向冲撞，速度平稳，有利于速度控制。

调车场减速器设在同一横断面上，有利于减速器的维修养护和布置横向动力管沟及运输道路；且对各股道的纵断面设计便利，对溜放车辆便于控制。当调车场外侧线路的曲线较长，减速器设在同一横断面上对中间大部分线路有效长度损失较多时，为节约调车场线路有效长度，减少铺轨、占地等工程，经技术经济比较后，调车场减速器也可以设在不同的横断面上。但对称的两束宜设在同一横断面上。

采用连续式调速系统的小能力驼峰，为保证车辆溜行时不易脱线，调车场减速区顶群一般设在直线上；为了尽可能避免溜放钩车在减速时影响相邻线路溜车，其始端距最后分路道岔后警冲标的距离不小于 50 m。

5.3.9 需要为铁路货车中的大型(D 型)车及其他禁止溜放的车辆修建禁溜线。

1 大、中能力驼峰一般有 2 条推送线及 2 个峰顶，设 2 条禁溜线时，不论哪一个峰顶解体车列，遇有禁溜车都能送往禁溜线，然后继续解体车列，可有效提高驼峰作业效率。当平、纵断面条件许可时，设渡线连通禁溜线与迂回线，当迂回线上没有车列走行时，可利用尾部调机至驼峰禁溜线牵出禁溜车，既减少禁溜车回牵对驼峰解体的干扰，又可灵活使用峰顶和编尾调机，进一步提高驼峰解体能力。为有效提高驼峰作业效率，小能力驼峰调车线数量为 12 条以上时，设置 1 条禁溜线；若禁溜车较少，设置单独的禁溜线利用率很低，特别是禁溜车不能过峰顶的车不多，改建困难时可以将禁溜车停留线与迂回线合设 1 条，此时按迂回线要求设计，靠近峰顶端设一段平坡，以供存禁溜车使用。有的调车线数量为12 条及以下的小能力驼峰，作业量较少，将一列车分为两部分解体，由于峰高一般不超过 2 m，调机带半列车送禁溜车至峰下作业尚方便，若禁溜车较少，不设禁溜线对作业影响不大。另外，有的小能力驼峰由于地形条件限制，没有设禁溜车停留线位置。因此，小能力驼峰的禁溜线应根据需要和工程条件设置。既有驼峰改建困难时，禁溜线也可与迂回线合设。

禁溜线的有效长度，较短时会增加取送禁溜车次数，不仅降低驼峰效率，而且当调机牵引车列较长时往禁溜线送车不安全。特别是驼峰机车带有大车组送禁溜车时，如果空线较短，速度不易掌握，速度高可能与停留车冲撞，甚至冲击车挡；速度低则影响作业效率。一般要求能存放 10 个车，有效长度 150 m 左右。作业量少的小能力驼峰，禁溜线有效长度可采用 100 m,停 6 个车,以节省工程造价。

2 为缩短送禁溜车的时间和走行距离,应将禁溜线道岔的辙叉设在峰顶净平台上,直股通推送线。禁溜线若采用 6 号对称道岔出岔,虽可缩短送禁溜车的回拉距离和时间,但道岔的导曲线处在单个车的脱钩点位置,使得约占溜放钩车 50% 以上的单个车在曲线上脱钩时造成歪钩,影响峰下连接。为正钩位,需要人工去拨动钩头,该动作极其危险,有些车站曾出现过调车人员的事故,故规定禁溜线出岔均采用 9 号单开道岔。其道岔中心至峰顶压钩坡变坡点的距离宜采用 2.0 m~3.0 m。此距离主要由以下因素确定:

(1)禁溜线道岔辙叉尽量靠近加速坡竖曲线;

(2)压钩坡竖曲线不能侵入尖轨即竖曲线设在道岔导曲线范围内,变坡点宜与导曲线中心接近。采用 50 kg/m 9 号单开道岔(CZ2209A),若变坡点与导曲线中心重合,岔心至变坡点距离为 3.086 m,因此道岔中心至峰顶压钩坡变坡点的距离采用 2.0 m~3.0 m。具体设计时需根据采用的压钩坡、加速坡坡度、竖曲线半径及净平台长度进行检算。

(3)在禁溜线道岔中心至加速坡变坡点距离一定的条件下,缩短峰顶净平台长可增加压钩坡竖曲线半径,便于峰顶线路的养护维修。

禁溜线与迂回线合设时,需要保证迂回线竖曲线半径设计的要求。9 号单开道岔(CZ2209A)导曲线的长度为 15.650 m,若将道岔辙叉设在峰顶平面上,且竖曲线半径满足 1 500 m,则最大压钩坡 $i=15.65/15\,000=10.43‰$,由此可见,仅当压钩坡采用 10‰时,该道岔辙叉设在峰顶平台上,勉强满足设置迂回线竖曲线半径的要求。大于 10‰时则不满足,故规定禁溜线与迂回线合设时,道岔设在压钩坡上。

3 设计禁溜线时,应向远离溜放线方向转角,使其线路在峰顶与信号楼主控制台视线之外,当禁溜车停在此线上,不影响峰顶连接员与信号楼作业员间的视线与瞭望。

5.3.10 铁路货车中的大型(D 型)车及其他禁止溜放的车辆,由于下部限界低或跨装货物对装载的要求等,不能通过峰顶或减速器,为将这批车辆送入调车线,需要设置绕过峰顶和减速器的迂回线。

1 峰前设有到达场、日解体作业量为 2 000 辆及以上的大、中能力驼峰,一般设两条推送线及两个峰顶,且为整列解体,对不能过峰的车辆必须通过迂回线送往调车线。为缩短调车行程和时间,提高驼峰作业能力,减少对相邻推送线作业的干扰,设两条迂回线,做到无论哪个峰顶解体车列,均能将不能过峰的车辆便利地送入迂回线。作业量少的中能力驼峰设 1 条迂回线。

2 小能力驼峰的迂回线有时被用来进行编解、牵出、转线等作业。为保证推送线上提钩人员及迂回线上作业人员的作业方便和安全,迂回线与推送线间的线间距离不小于 6.5 m。

3 迂回线与禁溜线合设时,其纵断面按迂回线要求设计。在始端道岔后面有一段平坡,用来存放禁溜车及不能通过峰顶和减速器的车辆,然后为一段不陡于 20‰的下坡与调车线连接。为防止车辆溜逸及取送车辆时车辆受冲击沿陡坡下溜发生事故,设安全防溜线。该岔心至车挡的长度可按 35 m 设计,其坡度可按禁溜线末端要求设计,即在距车挡 10 m 范围内设不小于 10‰的上坡。

4 迂回线连接调车线的数量,与驼峰的类型及作业特点有关。大、中能力驼峰及调车场设有减速器的小能力驼峰主要担负车列的解体作业,迂回线与调车场外侧线路连通即可。需要时,也可以连通调车场外侧的两条线路。调车场不设减速器的小能力驼峰,调车线数量为 8 条及以上的小能力驼峰，根据需要和调车线数量可以部分连通或全部连通调车线；当调车线数量为 8 条以下的小能力驼峰，调车线数量少，平、纵断面的设计也较为简单，为增加调车作业的灵活性，迂回线连通全部调车线。

5.3.11　迂回线所连接的调车线上若设置减速器，则此调车线既可以用来存放不能过峰顶及减速器的车辆，又可以兼作车辆分类集结线，增加了车站调车线使用的灵活性。目前国内大多数减速器由于限界的要求，不能过峰顶的车辆也不能通过减速器。所以，迂回线与调车场最外侧调车线的连接道岔设于减速器出口端的外方，使由迂回线来的机车、车辆躲过减速器，做到两全齐美。

在减速器后布置道岔，需保证减速器末端制动钳中心处调车线与迂回线的间距不小于 3.8 m，曲线地段需要加宽，这是减速器结构安装及检修的需要。如果在减速器范围内迂回线出岔后采用曲线缩短连接方式，曲线地段两线中心间距需要加曲线加宽。

5.4.1　根据对全路调车场调查资料统计，调车场尾部平均每条牵出线编组能力，路网性编组站为 1 964 辆/d，区域性编组站为1 231 辆/d，地方性编组站为 1 017 辆/d。考虑编组能力利用率不大于 0.80，困难时不大于 0.85，结合站型和调车场规模，推荐小能力驼峰每条牵出线可以担当不大于 1 000 辆/d 的编组作业量，大、中能力驼峰每条牵出线可以担当 1 000~1 500 辆/d 的编组作业量。

5.4.2　调车线内未设置编发线时，一般尾部有按编组计划要求编组列车和将编成车列向出发场转线两种主要作业，同时还承担车辆段、货场、专用线等取送车辆作业，但后者业务量不大，不需单独再设置作业进路。因而编组列车和转线需要的平行进路数量主要看设置的牵出线数量而定，二者相一致即可满足作业要求。

当调车场内设置部分编发线时，较无编发线的尾部又增加了本务机车去编发线连挂和自编列车发车的作业，为减少编发线上本务机车连挂车列和列车出发与调车作业的干扰，故其出场咽喉适当增加平行进路。此外，咽喉区布置需满足各牵出线上的调机有直接去邻线束作业的进路条件，并有部分线路和相邻牵出线调机平行作业的灵活性。由于编发线是调车场内用于车流集结、编组，又兼作发车的线路，几项作业集中一处进行，因此，编发线应在调车场靠旁侧的线束集中设置，以避免行车和列检人员穿越调车线。

5.4.3　为增加编组站作业的灵活性，应根据图型的具体条件使调车场的部分线路接通正线，这主要是考虑当停放装载危险货物的车辆发生重大事故危及车站安全时，可由调车线向站外转移这些车辆或在非电气化区段有从调车场直接发车的可能。

5.4.4　调车线尾部咽喉区采用线束形布置时，便于两台或两台以上机车同时作业且调机作业方便，故一般推荐采用线束形布置；因牵出线调机分区作业，相互间越区作业协调较难，因而要求每条牵出线联接的调车线和担负的作业量，应力求接近相等。燕尾形布置虽然存在上、下行尾部调机作业协调性差的问题，但其尾部分别与两侧到发场并拢，减少了转线作业的距离。因此，当车流条件合适，上、下行编组作业量较稳定时，经过比选确认有利，可以考虑燕尾形布置。

5.4.5　咽喉区采用 6 号对称道岔可以有效缩短布置长度，但在牵出车列时由于曲线多而磨损较严重，故推荐采用 9 号道岔；主要为编组摘挂等多组列车的线束也可采用 6 号对称道岔，当既有车站改建，因改用道岔号数引起工程投资增加较多时，可以保留原有道岔及布置形式。

5.4.7　根据编组站调查，编组摘挂等多组列车时，一般是占用部分调车线的靠近尾部空线区完成编组作业。因此采用平面或坡度牵出线调车时,该线束平面布置满足连续溜放条件,以便钩车变速连续溜放。故道岔前按计算保护区段长度和连续溜放要求确定插入短轨长度。编组站调车场尾部采用调车进路集中控制,应按道岔集中钩车溜放条件要求设置道岔间插入短轨或预留道岔集中对短轨的要求条件。调车场尾部采用集中控制并采用连续溜放方式时,其相邻道岔间插入短轨长度不能小于表 5.4.7 的规定。

表 5.4.7 调车场尾部微机集中道岔间插入短轨表

道岔型号		插入短轨长 D(m)	
N1	N2	两对向单开道岔间	两顺向单开道岔间
9 号单开	9 号单开	8.0 或 12.5	8.0 或 12.5
9 号单开	6 号	12.5	12.5
6 号	6 号	12.5	12.5

该线束按编组多组列车车流多少和到站数量设置 4 条~6 条。其中部分线路尾部有效控制长度采用 200 m~300 m 是为了满足连续溜放作业要求,并使该线束靠调车场驼峰头部一端有足够的长度,以满足其溜放作业要求。

5.4.8 辅助调车场的平面布置要求:

1 在设计辅助调车场时尽量使用调车场尾部可利用场地,可以参考说明图 5.4.8 的布置形式。这种辅助调车场的最外股道基本上在主调车场最外股道的延长线上,没有因设置辅助调车场而横向加宽编组站用地。

说明图 5.4.8 辅助调车场设置位置示意图

2 由于摘挂列车数量和到站数量因运输生产结构的调整而减少,其作业繁忙程度会下降,因此,一般设计可以按辅助调车场牵出线与尾部牵出线共用。如确因辅助调车场作业量大,尾部牵出线不能承担时,考虑增设辅助调车场的专用牵出线。

3 根据对我国摘挂等多组列车车流组号的不完全统计分析,以及采用合理的编组作业方法(溜放钩数不多,连挂钩数最少),经计算,辅助调车场一般设 5 条~6 条调车线即可以满足要求。调车线的有效长度系考虑连续溜放作业和存车的需要,采用 250 m~450 m。

6.1.1 驼峰推送部分线路纵断面系指经驼峰解体的车列,当其第一辆车位于峰顶平台的始端时,车列全长所在线路范围内的纵断面。它不仅影响车列的推峰、启动、提钩、解体及变速等作业及燃料消耗,还影响峰前到达场或牵出线甚至进站线路的标高和工程数量。因此,合理设计驼峰推送部分纵断面对提高驼峰作业效率,节省工程投资起着重要作用。

1 满载大型车(车辆长度短、载重大的敞车)组成的满重车列较满重满长车列短,当第一辆车位于峰顶时,整个车列停在到达场靠峰顶端咽喉区,曲线及道岔多,因此是推峰启动计算的困难条件之一;当到达场设在面向驼峰的上坡时,满重、满长的车列长,当车列第一辆位于峰顶时,还有一部分车列位于到达场,到达场坡度影响推送部分高差,因而也是启动计算的困难条件。曲线道岔阻力大的线路一般为到达场边缘线路。坡度大的线路系指由于轨顶横向坡形成的轨顶标高低的线路。

禁溜线道岔尖轨设在峰顶平台上的驼峰，峰顶比禁溜线高1 m左右。当到达场设在面向驼峰的下坡时，第一辆是禁溜车送入禁溜线后反牵是困难条件。在此条件下需要保证反牵能安全启动，若作业不当将会造成车列冲击禁溜线的事故，危及作业安全。

2　满载大型车组成的部分车列，虽然车列长度短，当压钩坡长而陡其间又设有曲线、道岔时，短车列停在此坡段上，车钩均处于压紧状态。车列启动时，不能利用车钩间隙采取逐辆启动的方法，短车列必须同时启动，因而造成启动困难。推送部分纵断面若不满足此项要求，将会发生推到峰顶的车列，由于不能启动而又退向到达场，严重影响驼峰解体效率。

上述困难条件应通过计算研究确定。

6.1.2　到达场与调车场横列布置的车站，调车场与到达场基本设在同一高程上，而到达场与驼峰牵出线间的联络线一般较短。为满足车列推峰的要求，牵出线必须抬高，造成牵出线与到达场间的高差，也是牵出转线的限制条件。因此牵出线纵断面设计除满足推峰启动要求外，还要为经联络线的牵出转线作业创造条件，以保证驼峰解体及牵出转线作业正常进行。

6.1.3　推峰解体车列在峰前停车后，它跨越驼峰禁溜线、迂回线道岔，到达场靠峰顶端咽喉区和部分到达场，该范围内线路根据到达场的坡度、咽喉区的布置、有无峰下机走线和涵洞等限制条件，设计为多段坡。

驼峰推送线靠峰顶端设一段坡度不小于10‰、坡段长度不短于50 m的压钩坡，起压紧车钩的作用。车列在解体过程中，当部分车辆越过峰顶进入加速坡时，即产生拉力，逐渐削弱压钩坡上车辆对车钩的压力。如压钩坡短而缓，车钩将很快由压紧状态变为拉紧状态，连接员很难掌握提钩时机，不但护钩距离长，还容易出现“钓鱼”。最小压钩坡10‰，在线路略有变形时，不致影响正常作业。经对11座驼峰实测调查，其中9处压钩坡不小于10‰、坡段长度不短于50 m，连接员反映护钩距离短，容易提钩。

压钩坡长度过长会影响车列启动。压钩坡的坡度、坡段长度与驼峰推送部分的高差有关。当高差大时，合理地分配这项高差，不但直接影响车列启动效果，还影响土方工程。如驼峰推送部分的高差为1.84 m，可设计为坡度20‰坡段长度84 m，接坡度1.7‰坡段长度96 m而后接平坡；或设计为坡度10.2‰坡段长度180 m后接平坡。两种断面在180 m范围内，前者6辆车位于20‰的坡度上，车钩处于压紧状态，后7辆车位于1.7‰的坡度上，车钩未处于压紧状态，启动时可逐辆启动后7辆车，需要同时启动的仅有前6辆车；后者13辆车均位于10.2‰的坡度上，车钩均处于压紧状态，因而13辆车须同时启动，因此增加了启动的难度，此结论已被德州站和南仓站原下行驼峰证实。驼峰推送部分高差尽量集中在靠峰顶部分，不仅有利于车钩压紧而方便提钩，还可以提前降低推送线标高，节省土方工程。又能降低联络线的高差，便于牵出转线。可见当驼峰推送部分高差大时，适当加陡压钩坡能提高运营效率，节省工程投资。

压钩坡最大值是根据车辆的车钩考虑的，2号钩与2号钩连接时其最大允许坡度为95.2‰，当加速坡为55‰，而压钩坡为30‰，其坡度差为85‰，考虑维修峰顶变形留10‰的富余量，因此压钩坡一般不大于20‰。因压钩坡陡，脱钩点将向峰下移动，也就是降低了车辆脱钩时其重心的高度，相当于降低了驼峰峰高，对大组车影响更为明显。压钩坡度和长度受多种因素影响，需要综合考虑进行合理设计。压钩坡大于20‰一般发生在小能力驼峰上，据对现有小能力驼峰调查，有的压钩坡为 30‰，现场反应运营效果良好。压钩坡长 100 m，能满足大多数推送部分高差要求。因此推荐在距峰顶 50 m～100 m 范围内设变坡点。

6.1.4 钩车溜经驼峰溜放部分受货车溜放基本阻力、风阻力、曲线阻力、道岔阻力的影响，能量不断消耗。为提高驼峰的解体效率，保证作业安全，车辆溜经驼峰溜放部分时，应有必要的速度，以迅速通过道岔和减速器，并保证前、后钩车间有足够的扳动道岔间隔时分。另外还需满足钩车溜行远度的要求，保证难行车在溜车不利条件下能溜到难行线计算点。因此，驼峰应有一定的高度，使钩车脱钩后有一定位能，以克服各种阻力消耗的能量。

目前我国各类驼峰调车场调速系统的计算点位置见说明表 6.1.4。

说明表 6.1.4 驼峰调速系统类型及计算点位置

序号	类型		调车设备组成		计算点位置	冬季难行车溜行至难行线计算点速度(m/s)	夏季易行车溜行至易行线目的制动位入口的速度(m/s)
			溜放部分	调车场			
1	点式		减速器	减速器+减速器	第二目的制动位出口	1.4	
2	点点连式		减速器	减速器+减速器+减速顶	第二目的制动位后打靶区末端	1.4	
3	点连式	1	减速器	减速器+减速顶	打靶区末端	1.4	
		2	无	减速器+减速顶	打靶区末端		5.3
4	连续式	1	可控减速顶	减速区顶群+减速顶	打靶区末端	1.4	
		2	减速顶	减速区顶群+减速顶	减速区顶群末端	1.4	
		3	无	减速区顶群+减速顶	减速区顶群末端	1.4	

溜放部分设间隔制动位的驼峰，在溜车不利条件下，难行车溜到计算点需要达到上表的溜放速度。采用点点连式调速系统的峰高，参照点连式调速系统计算。

溜放部分不设间隔制动位的驼峰，峰高须满足下列要求：

1 保证以 1.4 m/s 的推送速度解体车列时，难行车在溜车不利条件下能溜行至难行线的计算点；当调车场始端设减速器时，溜出减速器有 1.4 m/s 的溜放速度；不设调速设备时溜到警冲标内方 50 m 处停车。以此条件计算的峰高称冬季需要峰高(H_{xu})。

2 保证以 1.4 m/s 的推送速度解体车列时，易行车在溜车有利条件下，溜行至易行线减速器入口(设调车场减速器时)不大于减速器制动能高允许的入口速度，该峰高称减速器的限制峰高(H_{jx})；当调车场内不设减速器时，易行车在溜车有利条件下，溜行至易行线警冲标处的速度不大于 5 m/s，此峰高称限制峰高(H_x)。

当 $H_{jx}>H_{xu}$ 时，采用 H_{jx} 为设计峰高，在保证作业安全的条件下，能提高驼峰效率；若采用 H_{xu} 为设计峰高，根据设计峰高要求确定减速器的用量，节省工程投资。

当 $H_{xu}>H_{jx}$时，采用 H_{jx}为设计峰高不能满足难行车在溜车不利条件下溜出调车场减速器的要求，故以 H_{xu}作为设计峰高。因而需增加调车线减速器的用量，提高减速器允许的入口速度，保证作业安全。但当采用 6+6 节减速器仍不能满足要求时，在驼峰溜放部分增设间隔制动位。

当 $H_x>H_{xu}$时，采用 H_x为设计峰高，既能保证作业安全，溜车有利条件下易行车不超速，又能增加难行车的溜行远度，提高驼峰解体效率。

当 $H_{xu}>H_x$时，采用 H_x为设计峰高，能满足冬季不利条件下，难行车以 1.4 m/s 的推送速度解体车列时能溜入难行线警冲标内方（溜不到计算点），此峰高适用于作业量较少的驼峰。当 H_x不能使难行车在溜车不利条件下溜入难行线警冲标内方时，应采用 H_{xu}为设计峰高，在驼峰溜放部分增设间隔制动位。

6.1.5 驼峰溜放部分线路纵断面

1 根据科研项目“驼峰峰顶距第一分路道岔距离的研究”结论，条文中规定加速坡最大值为 55‰。该值的确定主要考虑下列因素：

（1）内燃机车结构特点及车钩允许坡度差。

（2）我国气候条件及峰高范围。

（3）驼峰峰顶与第一间隔制动位间的最大高差及驼峰溜放部分线路纵断面的合理性。

（4）加速坡的养护维修。

加速坡太缓，影响难、易行钩车在第一分路道岔的间隔，为保证正常作业时溜放钩车在第一分路道岔的必要间隔，加速坡最缓不小于 35‰。

本条规定了加速坡与中间坡的变坡点必须设在第一分路道岔前（竖曲线可直接连接基本轨），而不设在道岔导曲线内。其原因如下：

（1）驼峰第一分路道岔一般采用 6 号对称道岔。6 号对称道岔尖轨与辙叉间短轨长 9.124 m。如竖曲线侵入尖轨跟接头夹板，容易引起尖轨不密贴；另一端也不能侵入连接辙叉的接头夹板。按尖轨端扣除 1 m，辙叉端扣除 0.5 m（辙叉端较尖轨端安全性好些），道岔导曲线范围仅剩 7.624 m 可设竖曲线。因此变坡点的坡度差最大为 30.5‰，它限制了加速坡中间坡的取值。

（2）在道岔导曲线内变坡，由于平面曲线与竖曲线重叠且半径小，造成养护维修困难。例如，南翔下行驼峰设计加速坡为 40‰长 40 m，中间坡为 8‰长 132 m，实测加速坡是 48.6‰长 22 m，中间坡是 6.3‰长 19 m。其变形较大的根本原因是原设计在第一分路道岔内变坡。维修单位对道岔导曲线内变坡也有很大意见，认为不仅增加维修工作量，还容易出事故。

2 中间坡系指自第一分路道岔前至线束始端间的坡度。该坡度需要保证易行车最大速度不超过减速器和计算道岔保护区段的允许速度。驼峰溜放部分设有减速器时，一般设计为前陡后缓的两段坡。在我国华北和南方地区，峰高一般不超过 3.3 m，第二段中间坡一般采用 8‰，以利于难行车夹停在减速器上能重新启动并溜出道岔区。因此可以加陡第一段中间坡，以提高驼峰溜放部分钩车的平均溜放速度，同时还能节省土方工程。在我国东北地区，峰高一般高于 3.3 m，冬季气温低，可适当加陡第二段中间坡，但不应该太陡，一般为 9‰~11‰。驼峰溜放部分不设减速器的驼峰，为提高溜放钩车的速度，使其迅速通过溜放部分，中间坡应使大部分钩车不减速。因此，其坡度不小于 5‰。

3 道岔区坡系指线束道岔始端至目的制动位始端的坡度。该段的平均坡度不建议太陡，当驼峰溜放部分设有间隔制动位时，可以提高溜放钩车溜出线束减速器的速度，以较高的速度通过道岔区，对溜放间隔有利；溜放部分不设间隔制动位的驼峰，减小道岔区坡度可适当加陡中间坡，以提高钩车溜经溜放部分的平均速度。但道岔区不能太缓，避免溜放钩车减速太快，停在道岔区影响作业安全。因此，道岔区坡可分为两段，线束始端至最后分路道岔设较陡下坡，最后分路道岔至调车线调速设备间可设较缓的下坡，部分线路也可设平坡或较小的反坡，但其坡度应保证不会出现钩车倒溜而影响作业安全。考虑到曲线和道岔阻力的影响，中间线束道岔区坡可适当小些，但道岔集中的区段，其坡度不小于1.5‰。

4 根据北京铁路局在丰台西站的实验结论，为便于道岔的养护维修，设计驼峰竖曲线时，岔前需要留出不短于一个转向架长的直线段(转向架最大两轴距 1.83 m)，使车辆顺直平稳进入道岔；困难条件下留出 0.55 m 长的直线段。

6.1.6 驼峰溜放部分安装可控顶、减速顶时，除对单个车进行检算外，还需要对驼峰纵断面进行下列检算：

1 溜车不利条件下，难行车组(8 辆空车)—单个易行车通过各分路道岔及调车线始端警冲标有足够的间隔。

2 夏季顺风时易行车溜入调车线不超速。

驼峰溜放部分设减速器时，应按条文规定进行检算。

6.1.7 结合调速系统种类，调车场线路纵断面有多种设计方式。一般是从计算点至尾部平坡为连续递减的下坡。设多段坡时，前陡后缓，可以使中、易行车能达到较长的溜放远度，起到腾空前半场的作用。改建既有调车场，连挂区高差较小时，采用隔段布顶调速。即减少第一陡坡的坡段长度，增加一段不布顶的缓坡，接第二陡坡，再接其他坡段。

在调车场连挂区范围内，各条线路的纵断面的坡度、坡段长度、变坡点宜相同，各条线路的峰高宜接近。在改建车站时，调车场尾部线路标高很大程度上影响设计纵断面，这些因素要综合考虑。通常情况下，处在同一横坡面上，相邻两线的线间距不大于 5.0 m 时，轨面的高差不大于 0.1 m。

6.1.8 峰顶净平台

峰顶净平台最小长度采用 7.5 m 系根据下列条件确定：

(1)尽量减少两相邻车钩中心线的高差与夹角，保证作业安全，减少钩舌销的损坏。根据理论分析，当净平台长度小于 5 m 时，两相邻车钩中心线的高差和夹角增长率明显增大，大于 5 m 时其值趋于平稳。

(2)单个车脱钩时不降低峰高。单个车脱钩时，如后转向架处于压钩坡竖曲线上，会降低钩车重心高，相当于降低了峰高。经理论分析，保证易脱钩的易行车脱钩时后轮已位于净平台上，其最小长度为 7.482 m，因此取 7.5 m。

(3)满足在净平台上设置禁溜线道岔辙叉的要求。

峰顶净平台长度过长，不仅增加工程数量还会造成车钩压不紧出现“钓鱼”，因此其长度避免使一辆单个车两外轴同时在平台上。铁路货车数量多，长度短的车是 C_{62A}，其外轴距为 10.45 m。10 m 长的净平台能保证绝大多数车辆不会出现车钩压不紧的状态。

未来一段时期内驼峰溜放的主要车型将为 C_{70}、P_{70H}、X_{3K}、X_{4K} 等车型，C_{70} 其内轴距 7.38 m；经理论分析，保证易脱钩的易行车脱钩时后轮位于净平台上，即内轴距及转向架长度之和为净平台最小长度,其最小长度为(7. 38+1. 83=9. 21)9. 21 m;而 P_{70H} 其外轴距为 13. 93 m;溜放车辆 X_{3K} 内轴距 12. 77 m,X_{4K} 内轴距 12. 37 m。因此建议在设计中尽量采用 9. 5 m~12. 5 m 的净平台长度。

6. 1. 9　峰顶两端的坡度差很大,车辆通过该处竖曲线时,由于相邻两车所在的坡度不同,相邻两车钩中心线将产生高差和夹角。该项高差和夹角与竖曲线半径和峰顶平台长度有关。

竖曲线半径小,车辆脱钩后加速快,有利于提高峰顶推送速度;但如果高差和夹角超过了车钩本身调节的范围,将产生"错钩",甚至损坏钩托板、螺栓和钩舌销等部件。根据现场经验采用曲线半径 350 m,使用情况良好。因此,规定峰顶邻接加速坡竖曲线半径 350 m。峰顶邻接压钩坡竖曲线一般设在禁溜线道岔导曲线内,其半径大一些,对该道岔的使用和维修有利。同样基于上述原因,竖曲线半径不小于 350 m,驼峰溜放部分其余竖曲线半径尽量采用 350 m,以便维修,加速坡末端与中间坡间的竖曲线半径直接影响峰顶距第一分路道岔的距离,当竖曲线采用 350 m 影响峰顶距第一分路道岔合理取值时,可采用 250 m。

6. 1. 10　禁溜线始端道岔至警冲标附近设一段下坡是为防止停留车辆溜回峰顶;中间部分设成平坡,是为防止车辆溜动;距车挡10 m 范围内设 10‰的上坡,是为防止机车连挂禁溜车时,车钩未挂上,车辆受碰后冲击车挡。

6. 1. 11　在《铁路工程设计技术手册 · 站场与枢纽》一书中,迂回线纵断面设计中规定采用不大于 20‰的陡坡之后与调车线相接,根据多年来设计情况和现场调查统计资料,这一数值满足设计要求,故推荐采用。考虑到禁溜线的道岔辙叉设在峰顶平台上时,不能通过峰顶的大型凹型车等,需要在迂回线上临时停留,在峰顶附近设置一段平坡是必要的。

迂回线和禁溜线共用时,靠近峰顶相当于禁溜线长度部分的线路,要起禁溜线的作用,这部分线路的纵断面设计,要符合禁溜线纵断面的要求。

6. 1. 12　调速系统控制长度是从调车场始端制动位出口至平坡段(含)。在调车场尾部反坡(平坡段后至警冲标或出发信号机)为 1. 5‰、高差为 0. 3 m 时,该坡段长度 200 m。以有效长度 1 050 m 为例,控制长度为 1 050 m-200 m=850 m。当有效长度为 1 050 m 时,受有效长度控制的牵引定数为 5 000 t,车列长度约 870 m(有效长度为 850 m 时,相应车列长度为 690 m)。推荐控制长度为 800 m~850 m,基本符合上述要求。因为一方面有的方向牵引定数较小,则车列长度短些;另一方面,由于平面布置的原因,受控制调车线有效长度为 1 050 m 时,相邻其他调车线有效长度往往大于该长度。

6. 3. 1　在调车线有效长度较长时,一般调车场内设两级目的制动位,将计算点放在调车场第二制动位出口处,但不是冬季难行车在此停车,而是保持 1. 4 m/s 的速度,使其溜出调车场第二制动位。

6. 3. 3　设二级目的制动位时,调车场第二制动位后的坡度采用易行车的当量坡,依区域不同采用 0. 6‰~1. 0‰的下坡,后接平坡。

6. 4. 1　可控顶调速系统若峰高太高,使易行车降速至安全连挂速度,需要较多的减速顶数量,这样不但增加投资,且对于难行车,因被过多的减速顶吸收掉一部分动能,而恶化了溜行条件,所以峰高不宜超过 2 m。

本调速系统的峰高计算公式,亦系由能量守恒定律演化而得,条文中式(6. 4. 1)中的最后一项系考虑了难行车以高于减速顶的临界速度溜经减速顶时,车辆受到了制动能高;

以低于减速顶的临界速度溜经减速顶时，车辆受到了阻力能高的原则，由以下公式推导而得到。

车辆接受制动能高按下式计算：

$$h_{顶制}=\frac{n\cdot R\cdot A}{Q} \qquad (说明 6.4.1—1)$$

式中 $h_{顶制}$——减速顶对车辆产生的总制动能高(m)；

n——车辆轴数(根)；

R——溜放经路上的布顶数量(台)；

A——减速顶的制动功[(t·m)/轮次]；

Q——车辆总重(t)。

车辆接受阻力能高按下式计算：

$$h_{顶阻}=\frac{nRA\varphi}{Q} \qquad (说明 6.4.1—2)$$

式中 $h_{顶阻}$——减速顶对车辆产生的总阻力能高(m)；

φ——减速顶在其临界速度以下的阻力功与临界速度以上的制动功的比值(%)。

按式(说明6.4.1—1)和式(说明6.4.1—2)，并考虑当设置临界速度为1.4 m/s顶的坡段上溜行的难行车，大约有30%的顶对车辆作用制动功；以及可控顶只对难行车第一个轮对起作用，故对总能高尚应考虑0.25系数，即演化成条文中式(6.4.1)中的最后一项。

6.4.2 股道全减速顶驼峰，因其溜放部分不设间隔制动位，所以其峰高计算及溜放部分线路纵断面设计，可以参照溜放部分不设间隔制动的点连式调速系统驼峰的计算及设计的方法。因该种类型驼峰未设间隔制动位，所以峰高不能太高。若峰高太高，势必提高钩车进入减速区顶群的速度，因该速度的平方与所需布设的顶群数量成正比。长的顶群，非但多吃掉线路的有效长，且对空车及难行车的溜行也不利，容易产生途停和尾追，因此，对该速度 $v_{入}$ 一般推荐4 m/s，较合适。

6.5.1 平面调车牵出线常要办理大量的编组作业，往往采用溜放或大组车调车，为确保解编作业安全和效率，牵出线设在不大于2.5‰面向调车场的下坡道上或平道上。同时为办理整列牵出或转线，其坡度还应满足遇有特殊情况一度停车后可顺利启动。为编组摘挂等多组列车的线束而设的坡度牵出线，在牵出线咽喉区入口处设一段坡长20 m～30 m、坡度为15‰～25‰的加速坡段，以加快车辆的解体速度。

6.5.2 调车场尾部采用面向调车场的下坡。

1 根据计算，尾部反坡高差0.2 m时，能满足12辆重车组夏季以1.4 m/s速度进入尾部停车区，在无制动措施下于尾部警冲标内方停车。但考虑多种不利因素，该高差采用0.3 m。

2 当调车场尾部办理摘挂等多组列车编组作业，但无单独线束进行时，该下坡可以加大到4‰，是为了加快车辆的溜放速度。

6.5.3 调车场尾部有单独线束进行摘挂等多组列车编组作业时：

1 道岔区坡度大，容易造成道岔转换间隔不够，同时过岔速度过高，危害行车安全，因此道岔区坡不能太大；为避免造成钩车减速太快，使钩车以较高的速度通过道岔集中地段,避免停在道岔区影响作业安全,道岔集中地段坡度也不能太小。

2　为编尾作业用的调车线内部分线路的尾部有效控制长度为 300 m~350 m,两段缓坡一般设计为中行车和易行车的当量坡度。前者使中行车冬季溜行一定远度,后者使易行车夏季不超速。

当量坡度为在计算条件下与计算车辆在溜放过程中的基本阻力相当的线路坡度。难行车、中行车的计算条件为冬季不利条件;易行车的计算条件为夏季有利条件。

6.5.4　调车场尾部设置辅助调车场时,其线路纵断面可以参照设在调车场内尾部相应的调速方式设计。唯调车线有效长度比在调车场内的控制长度长些,靠近车挡部分设计一段平坡。

7.1.1　驼峰及调车场的调速设备有车辆减速器、减速顶、可控顶、停车器等。由于计算参数选择、设备自身性能的偏差等原因,设备数量计算完后,必须按设备技术条件要求,另加安全量,以保证车辆溜放作业的安全。

7.1.2　减速器制动频繁,除冬季溜车不利条件下的难行车外,其余车辆溜放时均须给予或大或小的制动,因而磨耗大,从安全角度考虑到其对于油轮、薄轮车等制动时能力下降,推荐安全量取值 15% ~20%;停车器对于溜放集结车列动作要求严格,从安全角度考虑亦采用 15% ~20% 的安全量。可控减速顶采用 15%,调车场顶群部分安全量取 10%,一般布顶区的安全量取 5% ~8%,停车顶的制动能力安全量宜采用 20%。

7.2.1　点连式和点式调速系统溜放部分采用单位制动力大、制动缓解时间快的减速器,其主要作用是调整钩车的间隔,但实际上还承担了部分目的制动的任务。它兼顾的目的制动作用主要包括两个部分:

(1)吸收相当一部分溜放车辆的多余动能,减轻对目的制动位的制动能力无法承担的部分压力。

(2)要将在目的制动位与警冲标范围内的停留车连挂的车辆控制在连挂速度以内。尽管很多车站已不使用这段线路。

间隔制动位的总能高按满足上述两个功能,进行计算确定。当总能高确定以后,如果溜放部分设置两级制动位,需进行分配。分配时加强第二制动位的能力以提高溜放车辆通过道岔区的速度,缩短通过的时间和走行时差。第二制动位的制动力主要取决于夏季易行车进入该制动位的速度,该制动位减速器入口端至易行线警冲标的轨面高差,以及这一段的各种阻力。

1　间隔制动位的总制动能力按下式计算:

$$H_{制} = \left\{H_{峰} - \left[L_{易}\left(W_{溜基}^{夏易} + W_{溜风}^{夏易}\right) + 8\sum\alpha_{易} + 24N_{易}\right] \times 10^{-3} - \frac{v_{连}^2 - v_0^2}{2g'_{易}} - \Delta H\right\} \times (1 + \alpha) \qquad (说明 7.2.1—1)$$

式中　$H_{制}$——减速器的总制动能力(m);

$H_{峰}$——驼峰的峰高(m);

$L_{易}$——峰顶至易行线警冲标的距离(m);

$W_{溜基}^{夏易}$——夏季易行车在溜放部分的单位基本阻力(N/kN);

$W_{溜风}^{夏易}$——夏季易行车在溜放部分的单位风阻力(N/kN),风速按等于车速的顺风,风阻力为零；

$\sum\alpha_{易}$——峰顶至易行线警冲标的曲线转角和道岔转角之和(°)；

$N_{易}$——峰顶至易行线警冲标间换算侧向通过道岔总数(组)，直向通过道岔和菱形交叉换算系数取 0.5；

$v_{连}$——车辆安全连挂速度，取 1.4 m/s；

v_0——推峰速度，取 1.9 m/s；

α——制动能力安全量，取 15%～20%；

$g'_{易}$——易行车受车辆转动惯量影响的自由落体加速度(m/s^2)；

ΔH——易行线警冲标处轨面与难行线计算点轨面的高差(m)。

2 当溜放部分设有二级制动位时：

(1)第二制动位减速器的制动能力按下式计算：

$$H_{制2}=\left\{\Delta H_2-\left[L'_{易}\left(W_{溜基}^{夏易}+W_{溜风}^{夏易}\right)+8\sum\alpha'_{易}+24N'_{易}\right]\times 10^{-3}-\frac{v_{连}^2-v_{入}^2}{2g'_{易}}\right\}\times(1+\alpha) \quad (说明 7.2.1—2)$$

式中 $H_{制2}$——第二制动位减速器的制动能力(m)；

ΔH_2——第二制动位入口处轨面至易行线警冲标处轨面的高差(m)；

$L'_{易}$——第二制动位入口至易行线警冲标的距离(m)；

$\sum\alpha'_{易}$——第二制动位入口至易行线警冲标的曲线转角和道岔转角之和(°)；

$N'_{易}$——第二制动位入口至易行线警冲标之间的换算侧向通过道岔总数(组)，直向通过道岔和菱形交叉换算系数取 0.5；

$v_{入}$——易行车进入第二制动位的入口速度(m/s)；

α——制动能力安全量，取 15%～20%。

(2)第一制动位减速器的制动能力按下式计算：

$$H_{制1}=H_{制}-H_{制2} \quad (说明 7.2.1—3)$$

式中 $H_{制1}$——第一制动位减速器的制动能力(m)。

计算时要求，当第一制动位减速器停用一台维修时，易行车在溜车有利条件下，以 1.9 m/s 的推峰速度解体车列时，溜入第二制动位的入口速度不应大于其允许的入口速度。

7.2.2 可控顶调速系统溜放部分所需可控顶数量，按模拟实验或参考下式计算确定：

$$R_{溜}=\left\{H_{溜}-\left[L_{溜}\left(W_{溜基}^{夏易}+W_{溜风}^{夏易}\right)+8\sum\alpha_{易}+24N_{易}\right]\times 10^{-3}-\frac{v_{岔}^2-v_0^2}{2g'_{易}}\right\}\times\frac{(1+\alpha)}{\left[\frac{nA}{Q_{易}}\right]} \quad (说明 7.2.2)$$

式中 $R_{溜}$——溜放部分所需可控顶数量(台)；

$H_{溜}$——溜放部分的高差(m)；

$L_{溜}$——溜放部分的长度(m)；

$\sum\alpha_{易}$——溜放部分的曲线转角和道岔转角之和(°)；

$v_岔$——最低过岔速度,小能力驼峰取 3.5 m/s;

v_0——推峰速度,取 1.4 m/s;

n——车辆轴数(根);

A——可控顶的制动功[(t · m)/轮次];

α——制动能力安全量,取 15%,另增加溜放作业要求可控顶对钩车(易行车)后轮不制动的补偿系数,取 10%~15%;

$Q_易$——易行车总重(t)。

7.3.1 点连式调速系统的调车场在调车线始端设置目的制动位,在连挂区设置减速顶连续调速设备。

1 目的制动位能力计算是从运营高效和经济合理两个方面综合考虑。从运营高效的要求考虑,希望目的制动位的减速器节数多一些。但从经济合理方面考虑,希望减速器的节数少些。根据近十多年来全路大多数编组站的运营实际经验,这个制动位现行的减速器一般采用 6+6 节比较合适。它能承受的车辆入口速度为 5.3 m/s(19.08 km/h)。

2 点连式调速系统中采用减速顶时,宜在打靶区末连挂区始端布置一段小顶群。在冬季寒冷条件下,根据需要可拆除小顶群中部分减速项。自动化驼峰和空车线可不设小顶群。

(1)小顶群设置减速顶的计算原理及布顶数量

设置小顶群主要是为了抵消目的制动位减速器的出口速度误差,它应允许有一个最大的入口速度 $v_入$,当计算易行车夏季无风时以不超过 $v_入$ 的入口速度时,出清小顶群可达到安全连挂速度。

小顶群在第一连挂区增加的布顶数量按下式计算:

$$R_增=\frac{(v_入^2-v_出^2)Q_易}{2g'_易nA} \qquad (说明 7.3.1—1)$$

式中 $R_增$——小顶群增加的布顶数量(台):

$v_入$——车辆进入小顶群的速度(m/s);

$v_出$——要求车辆溜出小顶群的速度,取 1.4 m/s。

小顶群后连挂区坡段,均按易行车夏季不加速的原则布置减速顶,每段坡布顶数量按下式计算:

$$R_连=\frac{Q_易\ L(i-W_{场总}^{夏易})\times10^{-3}}{nA}\times(1+\alpha) \qquad (说明 7.3.1—2)$$

式中 $R_连$——连挂区坡段的布顶数量(台);

L——坡段长度(m);

i——坡段坡度(‰);

$W_{场总}^{夏易}$——夏季易行车在调车场部分的总阻力(N/kN);

α——制动能力安全量,取 5%~8%。

连挂区布顶方式以单侧布顶为好,均匀分布,以提高其调速的连续性,也便于工务维修小车走行。

根据以上计算原则,小顶群内的布顶数量应为:

$$R_{小顶群}=R_增+\frac{R_连}{L}\times l_1$$

式中 $R_{小顶群}$——小顶群布顶数量(台);

$R_{连}$——连挂区坡段的布顶数量(台);

L——连挂区长度(m);

l_1——小顶群长度(m)。

(2)关于小顶群长度的计算原则

为了使小顶群长度最短,本段范围内应密集布顶,因而小顶群范围内应密集布设 $R_{增}$ 及 $R_{连}$,即:

$$\frac{\left(R_{增}+\frac{R_{连}}{L}\times l_1\right)}{l_1}=1.4$$

注:此段密集布顶,考虑连挂区按照 1 440 根/km 布枕,轨缝处不能布顶,因此按 1.4 台/m 计算。

故:

$$l_1=\frac{R_{增}}{1.4-\frac{R_{连}}{L}}$$

7.3.2 点式调速系统调车场部分可设置一级或两级目的制动位。我国的点式控制系统一般采用两级制动,一般在调车场第Ⅰ制动位设置两台(6+6 节)减速器,在调车场第Ⅱ制动位设置一台(6 节)减速器就能满足运营要求。

7.3.3 可控顶调速系统在调车场内减速区的布顶数量,按下式计算:

$$R_{减}=\frac{L_{减}(i_{减}-W^{夏易}_{场基}-W^{夏易}_{场风})\times10^{-3}-\frac{v^2_{连}-v^2_{入}}{2g'_{易}}}{\frac{nA}{Q_{易}}}\times(1+\alpha) \qquad (说明 7.3.3)$$

式中 $R_{减}$——减速区可控顶数量(台);

$L_{减}$——减速区长度(m);

$i_{减}$——减速区坡度(‰);

α——制动能力安全量,取 5%~8%;

$W^{夏易}_{场基}$——夏季易行车在调车场的单位基本阻力(N/kN);

$W^{夏易}_{场风}$——夏季易行车在调车场的单位风阻力(N/kN),风速按等于车速的顺风,风阻力为 0;

$v_{入}$——夏季易行车进入减速区顶群的速度(m/s);

A——减速顶的制动功[(t · m)/轮次]。

7.4.1 调车场尾部主要为编组摘挂等多组列车的专用线束,宜采用比较现代化的调速设备。采用平面调车与单向减速顶、坡度牵出线与单向减速顶或小能力驼峰调速方式时,使用单向减速顶调速。

7.4.2 根据车站在路网中的地位和尾部作业繁忙程度,并与驼峰头部的设备相配套,宜优先解决现代化驼峰调车场的尾部防溜,实现车站尾部防溜设备现代化。

目前采用的现代化防溜设备可分为停车器和停车顶、防溜器两类,其设置要求如下:

1 调车场尾部主要编组直达、直通和区段等列车的线束,当设置停车器时,一般采用两台串联,两台间可按调车场尾部坡度情况相距 5 m~12.5 m。1999 年后,全路技术站调车场峰尾大部分都采用了安装 3 台可控停车器或 2 台停车器+1 台防溜器的布置方式(即“2+1”模式),在编尾设反坡情况下,按照大组重车溜放要求,加上安全距离,根据计算结果,第一台停车防溜设备可设置在距尾部警冲标 100 m~150 m 处,最后 1 台停车器或停车顶距离尾部警冲标不应小于 50 m。停车器应设置在直线段上,距曲线起讫点的最小直线段长度应满足停车器结构安装的要求。

2 大、中能力驼峰调车场尾部主要为编组摘挂等多组列车的线束,为满足头部和尾部同时作业的需要,可按计算要求设置两组可控停车器或停车顶群,并在其间按计算要求留出安全距离。最后 1 台停车器或停车顶应设置在距尾部警冲标 300 m~350 m 处。但在头部驼峰溜放大组重车时,尾部应停止作业,以保证安全。

8.0.1 在编组站或区段站上,驼峰的解体能力必须与调车场尾部的编组能力相协调。当两者的能力相差较大时应调整其作业负担。例如:当驼峰解体能力限制了改编能力时,可将其分解专用线、货场的车辆及整场作业等交给尾部的调机负担;当尾部编组能力限制了车站的改编能力时,可指定驼峰机车担当待编列车的连挂,或为多组列车选分车组等辅助编组作业。在调整能力时,根据设备和作业的具体情况,分析可能调整的因素,力求车站改编能力达到最大。当改编作业量增加,车站改编能力不能满足需要时,可采用以下能力加强措施:

(1)头部解体能力的加强可以采取提高驼峰自动化程度、增加推送线数量和调机台数、增加溜放线数量等措施来实现。

(2)尾部编组能力的加强可以采取增加尾部牵出线数量和调机台数、主要为编组摘挂等多组列车的线束设置调速设备等措施来实现。

(3)在调车线能力不足时,可增设调车线,或在调车场与出发场横列布置时设置编发线。

现场运营及设计实践表明,与调车场头部解体能力相适应,调车场尾部设计编组能力利用率不应大于 0.80,困难时不应大于 0.85。调车线设计能力利用率要求相同。使驼峰及调车场的能力有一定的机动灵活性,适应运量增长的需要,确保运输任务完成。

8.0.2~8.0.4 这三条中驼峰解体能力、调车线能力和调车场尾部编组能力的计算公式,系按原铁道部 2008 年 TG/CW 201—2008《车站行车工作细则编制规则》的相关内容列出,其中指标可参照有关手册或设计工点查定资料选用。

在 2008 年 TG/CW 201—2008《车站行车工作细则编制规则》中,增加了高峰小时驼峰能力计算方法,用于评价编组站的解体和编组作业效率。

编组站解体和编组作业效率,是指高峰阶段每小时的平均改编作业能力,应能满足高峰阶段列车到达和出发不间断作业需要。高峰阶段的作业效率可采用图解或分析计算法进行计算。到解子系统的作业效率应对到达场(或到发场)线路运用、驼峰调车机车作业、驼峰解体的作业过程进行综合分析计算,作为编组站高峰阶段到解子系统的作业能力。编发子系统的作业效率应对出发场(或到发场)线路运用、编组调车机车作业、牵出线编组的作业过程进行综合分析计算,作为编组站高峰阶段编发子系统的作业能力。高峰阶段各项作业不考虑吃饭、交接班、机车整备等作业时间,高峰阶段时间不应小于 4 小时。

高峰小时驼峰解体能力:

$$N_{小时}^{高峰}=\frac{60}{t_{分解}+t_{禁溜}+t_{间隔}+t_{妨}^{反}}$$

式中 $t_{妨}^{反}$——每列摊到的反接妨碍时间(min),参照《铁路编组站改编能力计算方法(三级三场)》GB/T 9654 确定。

以辆数为单位的高峰小时解体能力为:

$$B_{小时}^{高峰}=N_{小时}^{高峰}m_{解}$$

式中符号意义同前。

9.1.1 采用驼峰溜放速度控制系统的驼峰,均设溜放进路自动控制系统。驼峰作业员仅对钩车溜放间隔、减速器动作状况起监视作用,一般不进行手动干预。且信号楼内增设有显示设备,溜放作业不需要几位作业员监视。驼峰信号设备在一座信号楼内集中控制,不但便于管理、减少故障因素,还能节省工程投资、减少定员。设一座信号楼,能满足作业要求。改建困难条件下可增设一座辅信号楼。

信号楼与连接员室设在同侧,有利于信号楼内调车员观察峰顶提钩作业,一旦出现提钩困难或非常情况时,调车员可及时切断信号,较通过连接员去按信号按钮切断信号快,有利于作业安全。既能减轻峰顶连接员的作业负担,还能提高驼峰解体效率。影响信号楼视线的因素一是窗户结构,二是信号楼的位置。信号楼面向溜放线的窗户玻璃要大,窗楞截面尽量小,窗台尽量低。窗外走廊要窄,其栏杆不应影响作业员的视线。信号楼距设减速器的线路中心距离是影响作业员自操作台看清减速器动作的关键条件,该距离应通过绘视线图经计算确定。

当设一座信号楼时,为保证由控制台能看清峰顶作业情况,应设计为三层楼,控制台必须设在三层。信号楼设于禁溜线或迂回线与溜放线之间,此段线间距很有限,且禁溜线或迂回线的路基较地面有一定的高差。信号楼要求一定的宽度,在满足视线要求条件下,尽量减少信号楼外墙至减速器线路中心的距离是很必要的。

驼峰溜放部分的其他房屋及设备系指储气罐的雨棚、动力室、冷却塔、照明灯架、变压器架等。

目前,有的驼峰作业员夜间采用轮换值班制,驼峰信号楼一般离站舍较远,为便于间休和换班,信号楼内应设有换班休息室。

9.1.2 峰顶连接员室是连接员等待作业的地方,设于主提钩一侧便于作业、有利安全。其位置应设在1辆~2辆车脱钩点附近,以减少连接员作业时往返走行距离。连接员室的外墙距线路中心的距离不应小于3.5 m,便于提钩瞭望,保证作业安全。连接员室应设为平顶,以降低其高度,避免影响驼峰信号楼内调车员对推峰作业的瞭望。为减少连接员往返作业的上、下走行,连接员室内标高应与室外线路的道砟面平,其房门的朝向不应正对推送线;当其房门朝向正对推送线时,应使连接员室与推送线道砟边缘保持2 m及以上间距,间距不足时应加栅栏防护,防止紧急作业时连接员与预推车列相撞造成人身事故。

9.2.1 驼峰信号机桩、信号按钮柱、通话柱避免妨碍连接员上下车、显示信号、观察车辆脱钩、数车数等作业。峰顶经常提钩范围内信号设备如距线路中心近,容易造成人身事故。转辙机及其箱盒、拉杆设在主提钩一侧时,应该加防护盖,以保证提钩作业往返走行的安全。

9.2.2 禁溜线、迂回线的道岔均靠近峰顶。为了保证作业和人身安全,在推送线主提钩一侧的禁溜线、迂回线的道岔上，应铺设峰顶跨道岔铺面。规定距峰顶 100 m 的范围是为了保证大组车提钩时作业人员的安全。

9.2.3 减速器区段线路外侧距线路中心 4.0 m 范围内硬化地坪是为了检修人员走行的方便。

9.2.5 驼峰纵断面直接影响驼峰的运营效果。安装线路水平标桩便于线路维修和纵断面保持。经调查有的驼峰原设计加速坡为 50‰，变坡点设在第一分路道岔前。投入运营后 15 年，加速坡已变为 33‰，且变坡点移到了第一分路道岔导曲线内，明显影响了车辆脱钩。调车线内装减速顶的数量是根据坡度值确定的。如坡度变化大，顶的数量与坡度不匹配，会出现钩车溜不到位或加速溜放产生超速连挂，影响作业安全。加线路标桩后，不仅方便维修，也便于运营单位检查。

驼峰溜放部分坡度代数差大，因此需要在竖曲线起、中、终点设标桩，标桩顶面与相对的线路轨顶有一个定差值，工务维修时可把定差值的标准物（一般为木制）放在标桩顶，将道尺搭在钢轨和标桩上的标准物顶，即能显示出线路的变化情况。调车线内坡度代数差小，仅在变坡点处设标桩。

9.3.1 驼峰部分坡度较大，排水槽坡度也较大，需要与调车场排水槽顺接，调车场排水槽设计时需要考虑驼峰部分雨水的流速情况适当加宽排水槽；同时排水槽设计需要考虑调车场头部减速器部分的硬化情况。

9.3.2 由于减速器处的风管路复杂，综合管线的设计需要统筹考虑。

9.3.6 禁溜线与迂回线分设时，禁溜线道岔转辙机受警冲标限界影响，可能造成其安装位置影响提钩员走行，在站场平面设计时应考虑转辙机安装位置，避免与警冲标发生冲突。

9.3.7 《铁路车站及枢纽设计规范》TB 10099—2017 第 3.1.12 条中，“在驼峰溜放部分车辆减速器前后，小能力驼峰线束道岔前和调车线内车辆减速器前，可结合站内道路布置，在适当地点设置平过道”。减速器前还设有雷达，平过道如果设置在雷达和减速器之间，在溜车过程中如果有行人站立在平过道上，会阻挡雷达的正常工作，因此平过道需要设置在雷达之前（靠近驼峰方向）。

UDC

中华人民共和国行业标准

TB

P

TB 10066—2000
J 69—2001

铁路站场道路和排水设计规范

Code for design of road and drainage for railway station and yard

2000-12-21 发布 2001-04-01 实施

中华人民共和国铁道部 发 布

关于发布《铁路站场道路和排水设计规范》等15个铁路工程建设标准的通知

铁建设函〔2000〕445号

《铁路站场道路和排水设计规范》(TB 10066—2000)、《铁路站场客货运设备设计规范》(TB 10067—2000)、《铁路隧道运营通风设计规范》(TB 10068—2000)、《铁路隧道防排水技术规范》(TB 10119—2000)、《铁路货车车辆设备设计规范》(TB 10031—2000)、《铁路驼峰信号设计规范》(TB 10069—2000)、《铁路驼峰信号施工规范》(TB 10221—2000)、《铁路区间道口信号设计规范》(TB 10070—2000)、《铁路信号站内联锁设计规范》(TB 10071—2000)、《铁路通信电源设计规范》(TB 10072—2000)、《铁路光缆PDH通信工程施工规范》(TB 10215—2000)、《铁路通信用户接入网设计规范》(TB 10073—2000)、《铁路车站客运信息设计规范》(TB 10074—2000)、《铁路电力牵引供电隧道内接触网设计规范》(TB 10075—2000)、《铁路枢纽电力牵引供电设计规范》(TB 10076—2000)等15个铁路工程建设标准,经审查现批准发布,自2001年4月1日起施行。届时,原《铁路货车车辆段设计规范》(TBJ 30—90)、《铁路货物列车检修所设计规则》(TBJ 31—90)、《铁路货车站修所设计规则》(TBJ 32—90)、《铁路光缆数字通信工程施工规定》(TBJ 215—92)同时废止。

对工程延续项目勘测设计中新老规范的衔接问题,按《关于实施新发布设计规范有关问题的通知》(建技〔1999〕88号)办理。

以上标准由部建设管理司负责解释,由中国铁道出版社和铁路工程技术标准所组织出版发行。

中华人民共和国铁道部

二〇〇〇年十二月二十一日

前　　言

本规范是根据铁道部铁建函〔1998〕43 号文的要求编制的。

本规范包括总则、站场道路基本规定、汽车道路平面及纵断面、汽车道路路基、汽车道路路面、人行道和电瓶车道路、道路设施及绿化、站场路基外地面排水、站场路基面排水、水文水力计算等 10 章，另有 4 个附录。

本规范系首次编制，在执行过程中，希望各单位结合工程实践，认真总结经验，积累资料。如发现需要修改和补充之处，请及时将意见和有关资料寄交铁道部第二勘测设计院（四川省成都市通锦路 3 号，邮政编码：610031），并抄送铁路工程技术标准所（北京市朝阳门外大街 227 号，邮政编码：100020），供今后修订时参考。

本规范由铁道部建设管理司负责解释。

主编单位：铁道部第二勘测设计院。

参编单位：铁道部第一勘测设计院。

主要起草人：徐　玲、刘佐治、高丰农、丁玉寿、漆碧辉、谢德贤。

目　　次

1 总　则

1.0.1 为贯彻国家有关的法规和铁路技术政策,统一铁路站场道路和排水设计的技术标准,使铁路站场道路和排水设计符合安全适用、技术先进、经济合理的要求,制定本规范。

1.0.2 本规范适用于国家铁路网中客、货列车共线运行,旅客列车最高行车速度在140 km/h及以下标准轨距新建和改建铁路站场道路和排水的设计。

1.0.3 站场道路和排水设计应有总体规划,并应与当地的水陆交通、排水系统、防洪设施、环境保护和水土保持等相互配合。改建站场应充分利用既有道路和排水设备。

1.0.4 站场道路设计应符合站场总平面布置的要求,根据道路性质、交通量、功能和使用要求,合理利用地形,正确选用技术标准。

1.0.5 站场应有良好、完善的排水系统排除地面水,确保站场路基的稳定和站场设备的安全、可靠。

1.0.6 排水设备数量应根据地区降雨量、站场汇水面积、地形、地质、气象、桥涵位置、路基纵横断面和出水口等因素确定。

1.0.7 特殊土和特殊条件下的站场道路和排水设计应结合工程措施确定。

1.0.8 铁路站场道路和排水设计除应符合本规范外,尚应符合国家现行的有关强制性标准的规定。

2 站场道路基本规定

2.0.1 站场道路的平面布置宜与铁路线路、货物站台、货位、生产及生活房屋建筑轴线平等,其设计应符合消防、环境保护、水土保持和劳动安全卫生等有关规定;纵断面设计应与铁路线路、客货运设备、建筑物、管线设计相协调。

2.0.2 站场道路按使用功能分为汽车道路、人行道路和电瓶车道路。

汽车道路根据交通量及交通功能、服务功能,可分为四级:

Ⅰ级——大型货场的主要道路(环形道路及货场出入口主干道);

Ⅱ级——中型货场的主要道路(环形道路及货场出入口主干道路);

Ⅲ级——大、中型货场的次要道路;小型货场、区段站以上大站、客运站、货运站、工业站、港湾站、机务段、车辆段、客车整备所、牵引供电段、牵引变电所等段所的主要道路(主干道),站场范围内各站、段、场、所之间的连接道路,以及段所与外部的连接道路;

Ⅳ级——除上述三级以外的汽车道路。

2.0.3 汽车道路的计算行车速度,宜采用 15 km/h。

2.0.4 汽车道路技术标准应按表 2.0.4 选用。

表 2.0.4 汽车道路技术标准

序号	汽车道路等级	Ⅰ	Ⅱ	Ⅲ	Ⅳ
1	车道数量	4~3	3~2	2~1	1
2	车道宽度(m)	3.5	3.5	3.5	3.5 或 3.0
3	路面宽度(m)	14.0~10.5	10.5~7	7~3.5	3.5~3.0
4	路基宽度(m)	16~12.5	12.5~9	8~4.5	4.5
5	最小曲线半径(m)	50	50	30	20
6	停车视距(m)	15	15	15	15
7	会车视距(m)	30	30	30	30
8	竖曲线最小半径(m)	100	100	100	—
9	最大纵坡(%)	4	6	8	8
10	最小纵坡长度(m)	100	50	50~25	25

注:1 工程特殊艰巨的山岭区,Ⅳ级道路最大纵坡可增加 1%,但在海拔 2 000 m 以上地区不得增加,在积雪冰冻地区不应大于 8%;

2 通往炸药库的道路,路面宽度应采用 3.5 m,路基宽度应采用 5 m;

3 消防车道的路面宽度不应小于 3.5 m,高层建筑周围不应小于 4 m;

4 为列检作业、客车整备作业设置的线间道路,路面宽度可采用 2.5 m;

5 最小曲线半径,困难条件下,Ⅰ、Ⅱ级道路不应小于 15 m,当通行鞍式列车时,不应小于 18 m;Ⅲ、Ⅳ级道路不应小于 11 m。

2.0.5 汽车道路所采用的各种设计车辆外廓尺寸,应符合表 2.0.5 的规定。

表 2.0.5　设计车辆外廓尺寸(m)

车辆类型	总长	总宽	总高	前悬	轴距	后悬
小客车	6	1.8	2	0.8	3.8	1.4
载重汽车	12	2.5	4	1.5	6.5	4
鞍式列车	16	2.5	4	1.2	4+8.8	2

注:1　自行车的外廓尺寸采用宽 0.75 m,高 2.0 m;

2　铁路货场道路有大型走行机械走行时,设计车辆外廓尺寸按实际情况确定。

2.0.6　站场道路建筑限界如图 2.0.6 所示。在建筑限界内,不得有任何部件侵入。当桥梁设置的人行道宽度大于侧向宽度时,建筑限界应包括所增加的宽度。

汽车道路净高不应小于 4.5 m,侧向高度宜采用 4.0 m。侧向宽度为路肩宽度减去 0.25 m,若为货位,侧向宽度为 0.5 m。建筑限界顶角宽度宜采用 1.0 m。

人行道、自行车道与行车道分开设置时,其净高宜采用 2.5 m;其他非机动车道净高宜采用 3.5 m。

注:路肩宽度为路基宽度与路面宽度差值的一半。

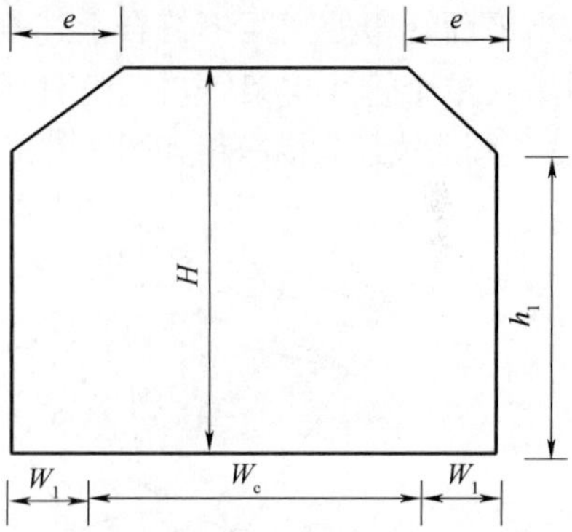

图 2.0.6　站场道路建筑限界

W_1—侧向宽度(m);W_c—路面宽度(m);
e—建筑限界顶角宽度(m);H—净高(m);
h_1—侧向高度(m)

2.0.7　当站场道路单独修建时,用地范围应符合下列规定:

1　路堤两侧排水沟边缘(无排水沟时为路堤或护坡道坡脚)以外,路堑坡顶截水沟边缘(无截水沟为坡顶)以外不小于 1 m。高填深挖路段,应根据计算确定。种植多行林带等特殊情况的路段,应根据实际情况确定。

2　站场道路用地还应包括绿化和排水等工程的用地。

2.0.8　改移道路应按原道路技术标准进行设计。

2.0.9　站场道路的桥涵设计洪水频率,应与车站的设计洪水频率相适应。

2.0.10　站场道路的桥涵荷载应符合国家现行《公路工程技术标准》JTJ 001 的规定,集装箱货场道路桥涵荷载可根据走行机械类型及荷载分布特点确定。

人群荷载宜采用 3 kN/m²,行人密集地区宜采用 3.5 kN/m²。

2.0.11　消防车道设计应符合现行《铁路工程设计防火规范》TB 10063 的规定。

3　汽车道路平面及纵断面

3.1　平　　面

3.1.1　圆曲线半径的选择应考虑与计算行车速度相适应,宜选用较大的圆曲线半径。各级汽车道路最小圆曲线半径,应符合本规范表 2.0.4 的规定。

3.1.2　圆曲线上和竖曲线上的停车视距和会车视距,应符合本规范表 2.0.4 的规定。超车视距不应小于 100 m。交叉口停车视距不宜小于 20 m,困难条件下不应小于 15 m。

当平面转弯处视距不符合上述规定时,横净距以内的障碍物,除对视线妨碍不大的稀疏树木或单个管线支架、电杆、灯柱等保留外,应予以清除。

3.1.3　圆曲线最大横净距如图 3.1.3—1 所示,并按式(3.1.3—1)和式(3.1.3—3)计算。

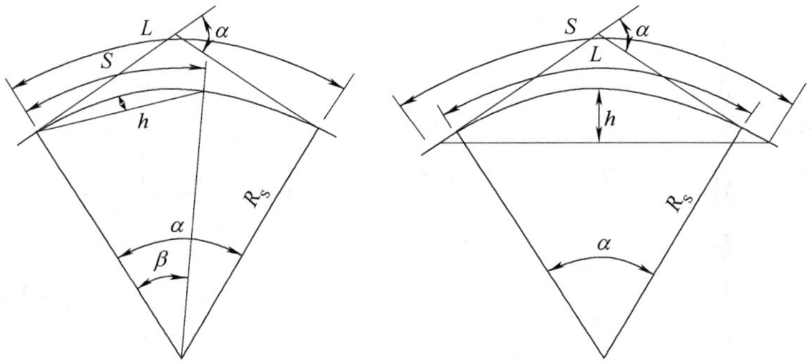

图 3.1.3—1　横净距计算图

1　圆曲线长度大于视距($L>S$)时

$$h=R_s\left(1-\cos\frac{\beta}{2}\right) \qquad (3.1.3—1)$$

$$\beta=\frac{180S}{\pi R_s} \qquad (3.1.3—2)$$

2　圆曲线长度小于等于视距($L\leqslant S$)时

$$h=R_s\left(1-\cos\frac{\alpha}{2}\right)+\frac{S-L}{2}\sin\frac{\alpha}{2} \qquad (3.1.3—3)$$

$$L=\frac{\pi}{180}\alpha R_s \qquad (3.1.3—4)$$

式中　h——最大横净距(m);

R_s——曲线内侧行驶轨迹的半径(m),其值为路面内缘半径加 1.5 m;

S——视距(m);

α——道路转角(°);

L——圆曲线长度(m);

β——与视距相对应的圆心角(°)。

3 交叉口,必要时宜绘视距三角形,检验交叉口停车视距。交叉口妨碍视线的障碍物,应予以清除,如图 3.1.3—2 所示。

3.1.4 场、段、所、区等连接道路和段所与外部连接道路的圆曲线长度不应小于25 m。

3.1.5 站场汽车道路不宜设置回头曲线。当受地形条件限制需设置回头曲线时,最小曲线半径可采用20 m。

3.1.6 单车道路应在适当距离内设置错车道。错车道设置地点,应使驾驶人员能看到相邻两错车道间驶来的车辆,其间距不宜大于 300 m。错车道路段的路基宽度不应小于 6.5 m,有效长度不应小于 20 m。

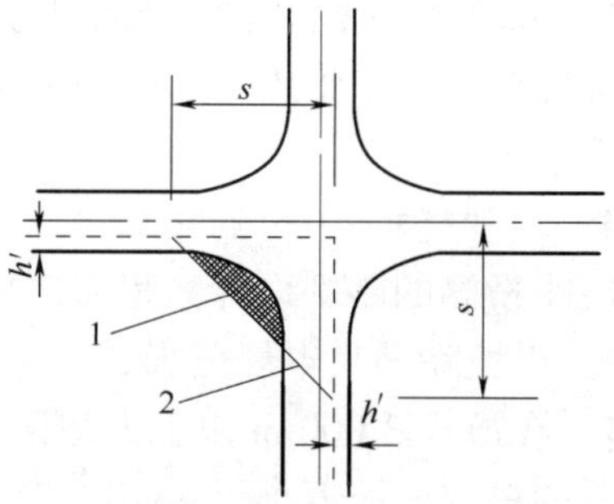

图 3.1.3—2 交叉口视距图
1—清除范围;2—司机视线;
s—交叉口停车视距;h'—视线横距

3.1.7 站场汽车道路边缘至相邻建筑物的最小距离,不宜小于表 3.1.7 的规定。

表 3.1.7 道路边缘至相邻建筑物的最小距离(m)

序号	相邻建筑物名称			最小距离
1	建筑物的外墙面	建筑物面向道路一侧无出入口时		1.5
		建筑物面向道路一侧有出入口、但无汽车引道时		3.0
		建筑物面向道路一侧有出入口、且有汽车引道时	连接引道的道路为单车道	8.0
			连接引道的道路为双车道	6.0
		有电瓶车出入口时		4.5
2	站台边缘	汽车平行站台停放		4.0
		汽车垂直站台停放		10.5
3	铁路中心线			3.75
4	围墙	当围墙有汽车出入口时,出入口附近		6.0
		当围墙无汽车出入口时	需设围墙照明电杆时	2.0
			不设围墙照明电杆时	1.5
5	管线支架			1.0
6	车挡及走行轨			3.0
7	树木	乔木		1.0
		灌木		0.5

注:1 表列最小距离,单独修建的站场道路自路肩边缘算起,其他站场道路自路面边缘算起;
2 当站场道路与建筑物之间设有边沟、管线等或进行绿化时,应按需要确定其最小距离;
3 地形困难和装卸量较少时,站台边缘汽车垂直站台停放的最小距离可采用 8 m。

3.2 纵 断 面

3.2.1 站场汽车道路纵断面应符合下列规定:

1 纵断面设计应与车站总体布置密切配合,根据地形、地质、水文、气候、地下管道的要求综合考虑,并应满足排水设计的要求。

2 纵坡宜缓顺。

3　单独修建的道路、沿河及受水浸淹道路的路肩设计高程应高出相应洪水频率（Ⅰ、Ⅱ级为1/50，Ⅲ、Ⅳ级为1/25）的计算水位0.5 m。站场内道路的路肩设计高程应按铁路标准确定。

4　大、中桥头引道的路基设计高程，应高于该桥设计洪水位（包括壅水和浪高）至少0.5 m；小桥涵的路基设计高程应高出桥涵前壅水位至少0.5 m（不计浪高）。

3.2.2　纵坡除满足本规范表2.0.4的规定外，还应符合下列规定：

1　在海拔3 000 m以上的地区，各级道路的纵坡应按表3.2.2—1的规定进行折减。折减后的最大纵坡值小于4%时，应采用4%。

2　运输危险品限制坡度，不应大于6%。

3　大、中桥上的纵坡不宜大于4%，桥头引道纵坡不宜大于5%。

4　在非汽车交通较多的地段，桥上纵坡和桥头引道纵坡均不应大于3%。

5　经常通行大量自行车的站场道路的纵坡，宜小于2.5%，最大不应大于3.5%；当纵坡为2.5%~3.5%时，限制坡长应符合表3.2.2—2的规定。

6　小半径圆曲线路段的纵坡：当圆曲线半径小于或等于20 m时，不应大于7.5%；当圆曲线半径大于20 m，小于40 m时，不应大于8.5%。

表3.2.2—1　高原纵坡折减值

海拔高度（m）	3 000≤H≤4 000	4 000<H≤5 000	H>5 000
折减值（%）	1	2	3

注：表中H为海拔高度。

表3.2.2—2　自行车道纵坡限制坡长

纵坡（%）	2.5	3.0	3.5
限制坡长（m）	300	200	150

7　回头曲线的纵坡，不应大于4%。

3.2.3　最小坡段长度应按表3.2.3选用。当连续纵坡大于5%时，应在不大于表3.2.3所规定的长度处设缓和坡段。缓和坡段的纵坡不应大于3%，长度不应小于100 m。在困难条件下，缓和坡段长度不应小于50 m。

表3.2.3　纵坡限制坡长

纵坡（%）	限制坡长（m）
5≤i≤6	700
6<i≤7	500
7<i≤8	300
8<i≤9	200

注：表中i为纵坡。

3.2.4　竖曲线应符合下列规定：

1　行车速度为15 km/h及以上的站场道路，两相邻坡段的坡度差大于2%时，应设置竖曲线。竖曲线应采用圆曲线。

2　竖曲线半径按本规范表2.0.4规定采用，有条件时宜采用较大半径，竖曲线长度不应小于20 m。

3　两相邻竖曲线间可不设直线段。

4　竖曲线与圆曲线组合时，竖曲线宜包含在圆曲线之内，且圆曲线应稍长于竖曲线。凸形竖曲线的顶部或凹形竖曲线的底部，应避免插入小半径圆曲线，或将这些顶点作为反向曲线的转向点。

3.3　引道、回车场及停车场

3.3.1　通往房屋的引道路面最小宽度应符合表3.3.1的规定。

3.3.2　引道的最小长度、最小曲线半径及最大纵坡应符合表3.3.2的规定。

3.3.3　尽头式道路的端部应设有回车场或回车道。当端部有回车条件时,可不设回车场或回车道。回车场形式可采用O形、T形和L形。回车场最小平面尺寸,可根据汽车最小转弯半径和道路路面宽度确定。

回车场宜设置在平坡上。困难条件下,可设置在不大于3%的纵坡上。回车场地面横坡可采用1%。

表3.3.1　引道路面最小宽度(m)

名　称	汽　车　引　道		消防车库引道	电瓶车库引道
	路面内侧至房屋的距离大于15 m	路面内侧至房屋的距离小于等于15 m		
最小宽度	3.0	3.5	车库门总宽度	2.0

表3.3.2　引道的最小长度、最小曲线半径及最大纵坡

名称	汽车引道	消防车库引道	电瓶车库引道	
			一　般	困　难
最小长度(m)	7	15	4.5	
最小曲线半径(m)	单车道9 双车道7	9	5	
最大纵坡(%)	11	11	4	6

3.3.4　在大中型货场入口附近、货物站台靠道路侧、货位靠道路侧及汽车库前宜设置停车场或通道。

停车场的地面坡度,宜采用1%~2%。困难条件下,可采用0.5%~3%。

3.3.5　停车场的面积,应根据停车车型及数量、停放形式、装卸机械类型和作业流程确定。停放形式分为垂直式、平行式和斜角式。货物站台和货位一侧停车场的停车方式宜采用垂直式或平行式。汽车库前停车场宜采用垂直式,也可采用平行式和斜角式。垂直式停放时汽车横向间距宜采用车长的0.10~0.12倍(当车型较小时可采用下限;反之可采用上限),并不宜小于0.7 m。通道处汽车的纵向间距不宜小于车长的1.1倍,非通道处汽车的纵向间距(即车辆尾距)不宜小于1 m。停车场应留有适当宽度的通道和出入口。

货场入口处停车场停车数量,大型货场宜采用10辆,中型货场宜采用8辆。

3.4　汽车道路与汽车道路交叉

3.4.1　站场汽车道路与其他道路(高速公路、一级公路及城市快速路除外)应采用平面交叉。

3.4.2　交叉类型有十字形、T形和Y形。十字形宜采用简易十字形交叉,如图3.4.2—1所示;T形、Y形宜采用加铺转角式交叉,如图3.4.2—2所示。

3.4.3　平面交叉应设在直线路段,交叉宜采用正交。当需要斜交时,交叉角不宜小于45°。货场内道路或改建站场道路受地形限制时,交叉角可减少。

3.4.4　平面交叉范围内的最小圆曲线半径,应根据平面交叉类型、交通量、计算行车速度和交叉角等确定,不应小于15 m。加铺转角边缘的圆曲线半径应符合表3.4.4的规定。

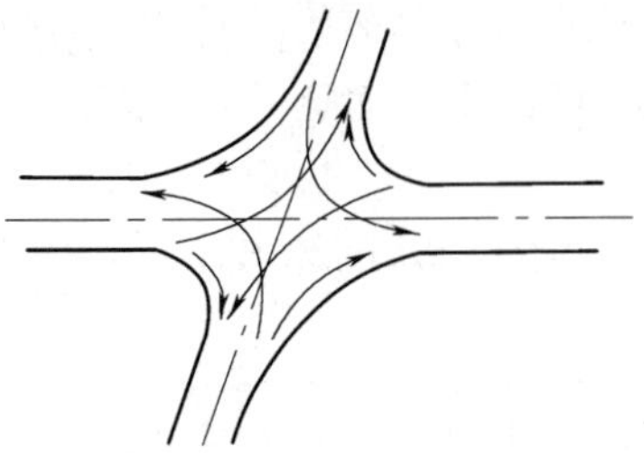

图 3. 4. 2—1　简易十字形交叉

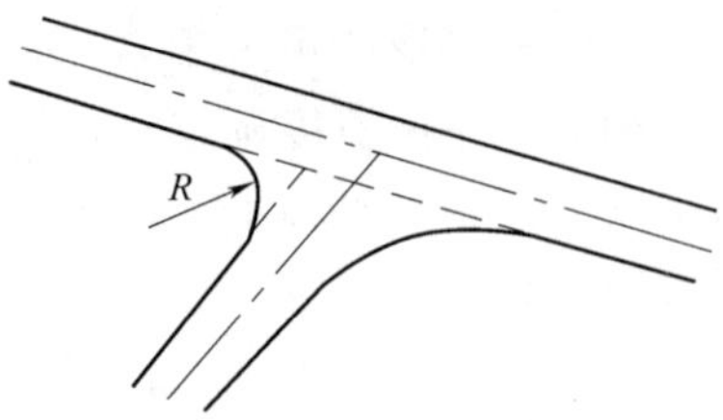

图 3. 4. 2—2　加铺转角式交叉

表 3. 4. 4　加铺转角边缘的圆曲线半径(m)

右转弯计算行车速度(km/h)	不同交叉角的圆曲线半径						
	45°	60°	80°	90°	100°	120°	135°
10	25	17	12	10	9	8	7
15	27	20	13	12	11	10	10

3. 4. 5　平面交叉两相向行车的汽车停车视距,应满足本规范第 3. 1. 2 条的规定。

3. 4. 6　平面交叉的纵坡及坡段长度,应根据行车舒适度、排水要求、工程量大小和美观等因素合理确定。

平面交叉范围内的纵坡,宜设置不大于 2% 的平缓坡段,其纵坡长度及竖曲线应符合本规范第 2. 0. 4 条的规定,并应满足从路面两侧向外至变坡点的距离不应小于 16 m(不包括竖曲线部分长度);紧接平缓坡段的道路纵坡不宜大于 3%,困难条件下不应大于 5%。

3. 5　汽车道路与铁路交叉

3. 5. 1　站场汽车道路与铁路交叉,可采用平面交叉或立体交叉。

3. 5. 2　站场汽车道路与铁路平面交叉应设置平过道。

3. 5. 3　平过道宜设在视线开阔的地点,不宜设在铁路曲线地段、道岔、桥头和有调车作业的范围内,严禁设在道岔尖轨和辙叉处。

3. 5. 4　站场汽车道路与铁路平面交叉宜为直线正交,斜交时其交叉角不应小于 45°;特殊困难条件下,交叉角可适当减少。平过道两侧道路直线长度不宜小于 15 m。困难条件下,可不设直线段。

3. 5. 5　平过道两侧道路的纵断面应设计为水平坡段;困难条件下,不应大于 2%。其钢轨外侧至变坡点长度(不包括竖曲线)不应小于 16 m,通行鞍式列车不应小于 20 m。连接平台的纵坡不宜大于 3%;困难条件下,不应大于 5%。

3. 5. 6　平过道处各铁路线路不宜有轨面高差。困难条件下,线间距为 5 m 时,轨面高差不应大于 10 cm;线间距大于 5 m 时,两线轨面高差形成的道路纵坡不应大于 2%。

3. 5. 7　平过道宽度不应小于两侧道路路面宽度。

3. 5. 8　平过道铺面应符合下列规定:

1　平过道铺面应采用坚固、耐用、平整、稳定且易维修的钢筋混凝土板等材料。

2　平过道铺砌长度,应延伸至外侧钢轨以外 0. 5 m~2. 0 m。

3 平过道铺面宜与轨顶等高,设有轨道电路地段,并有履带式车辆通行时,可高出轨面但不应大于 20 mm。但距钢轨外侧 5 cm 范围内应低于轨面 5 mm。

4 铺面板计算荷载不应小于汽车—20 级,验算荷载不应小于挂车—100;有集装箱运输车辆通行时,计算荷载应采用汽车—超 20 级,验算荷载应采用挂车—120。

5 平过道两侧路面标准不应低于该道路路面标准,且在钢轨外侧 20 m 范围内不得低于中级路面。

6 平过道轮缘槽宽度应为 70 mm~100 mm,曲线内股应为 90 mm~100 mm;轮缘槽深度不应小于 45 mm,并不大于 60 mm。

7 平过道铺面范围内不应有钢轨普通接头,不可避免时应将钢轨焊接或冻结。

3.5.9 电力牵引铁路的平过道,应在两侧设置高度为 4.5 m 的限界架。

3.5.10 结合地形或桥涵构筑物情况,有条件时宜设置立体交叉。

3.5.11 立体交叉的位置应根据车站总布置的要求,并结合地形、地质、水文、环境要求和站区美观等因素综合确定。

3.5.12 立体交叉宜采用正交。当必须斜交时,交叉角宜大于 45°。

3.5.13 道路与铁路立体交叉的建筑限界应符合本规范和国家现行《标准轨距铁路建筑限界》GB 146.2 的规定。

4　汽车道路路基

4.1　一 般 规 定

4.1.1　站场汽车道路路基工程应与站场路基工程同时设计，并应采用新技术、新结构、新材料和新工艺。

4.1.2　路基必须密实、均匀、稳定。对影响路基强度和稳定性的地面水和地下水，必须采取相应的排水措施，还应综合考虑城市排水及农田排灌的需要。

4.1.3　路基压实度应符合表 4.1.3 的规定。土基（填方路面底部 80 cm 范围内，零填挖及路堑表层以下 30 cm 范围内）回弹模量不宜小于 20 MPa。

表 4.1.3　路基压实度

填挖类型	路面底面以下深度（cm）	压　实　度（%）	
		铁路集装箱货场或货区道路	其他站场汽车道路
填　　方	0~80	≥95	≥93
	80~150	≥93	≥90
	150 以下	≥90	≥90
零填挖及路堑	0~30	≥95	≥93

注：特殊干旱或特殊潮湿地区，压实度标准可根据试验资料确定或较表列数值降低 2~3 个百分点。

4.1.4　道路路基当具有下列条件之一时，应作特殊设计：

1　特殊土路基和特殊条件路基。

2　路堑、路堤边坡高度超出 20 m。

3　地面横坡陡于 1∶2.5 的山坡。

4　采用大爆破或水力冲填的路基。

4.1.5　站场汽车道路路基防护和加固等设计，应符合现行《铁路路基设计规范》TB 10001的规定。

4.2　路基横断面

4.2.1　路基横断面的各部尺寸，除路基宽度应按本规范表 2.0.4 的规定采用外，还应根据站场铁路路基、建筑物地坪以及气候条件、土壤种类、水文、地形、地质等确定。路肩宽度因人行、栽电杆、植树等特殊需要，可适当加宽。

4.2.2　站场道路横断面，应与站场路基统一考虑。站场道路横断面宜采用图 4.2.2(a)，也可采用图 4.2.2(b)和图 4.2.2(c)。图中 W_t 取值应大于或等于 3.74 m，W_p 取值应大于或等于 0.5 m。

4.2.3　单独修建的站场道路横断面，宜采用图 4.2.3。

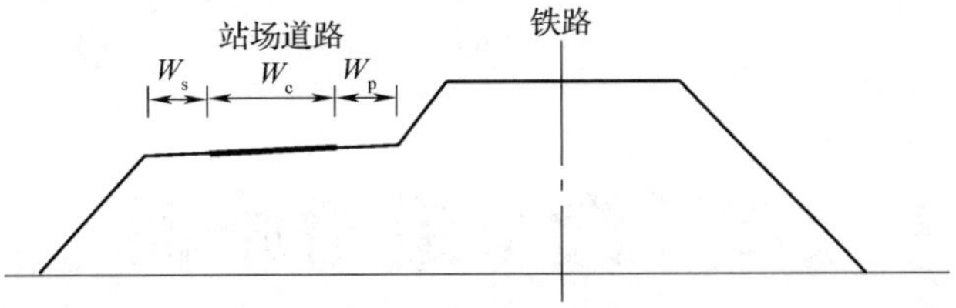

(a)

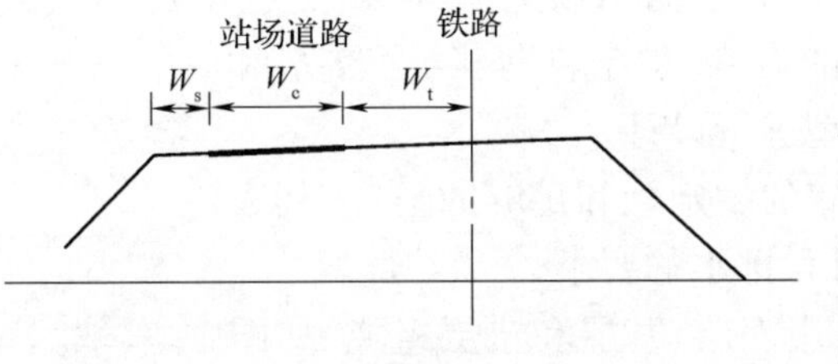

(b)

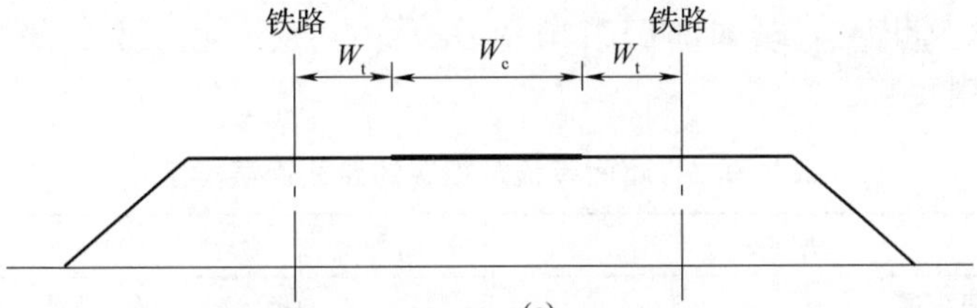

(c)

图 4.2.2 道路横断面

W_t—路面边缘至铁路中心线距离；W_c—路面宽度；

W_s—路肩宽度；W_p—路面边缘至铁路路基坡脚的距离

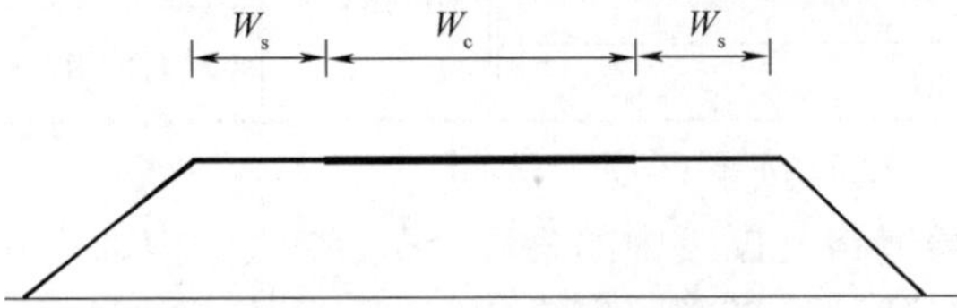

图 4.2.3 道路横断面

4.2.4 一条道路宜采用相同形式的横断面。当道路横断面形式或横断面各组成部分的宽度变化时，应设过渡段，宜以交叉口或结构物为起止点。

5　汽车道路路面

5.0.1　汽车道路路面应根据站场道路等级、交通量及其组成、使用功能及要求、自然条件、材料供应、施工能力、养护条件等，结合路基和所在地既有路面类型进行设计。

路面应具有良好的稳定性和足够的强度，其表面应满足平整、抗滑和排水的要求。

5.0.2　路面结构可由面层、基层和垫层组成，如图5.0.2所示。

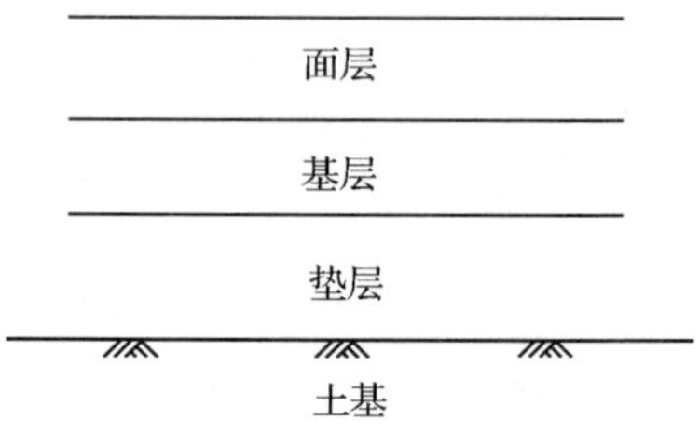

图5.0.2　路面结构层

5.0.3　路面等级及相应的路面面层类型划分，应符合表5.0.3的规定。

表5.0.3　路面等级及相应的路面面层类型

路面等级	面层类型	路面等级	面层类型
高级路面	(1)沥青混凝土	中级路面	(1)碎、砾石(泥结或级配)
	(2)水泥混凝土(普通混凝土和其他混凝土)		(2)半整齐石块
	(3)联锁块		(3)其他粒料
次高级路面	(1)沥青贯入式	低级路面	(1)粒料加固土
	(2)沥青碎石		
	(3)沥青表面处治		(2)其他当地材料加固或改善土

5.0.4　路面等级、面层类型宜按下列规定选用：

1　Ⅰ、Ⅱ、Ⅲ级站场道路及Ⅳ级中的各段、场、所、区的内部道路宜采用高级或次高级路面；Ⅳ级中运量小的车站的站场道路可采用中级或低级路面。

2　车站范围内宜采用一种路面等级及面层类型。经常行驶履带式车辆的货场道路，宜采用半整齐块石或泥结碎石，级配砾(碎)石和其他粒料路面。

3　防尘要求较高的站场道路，宜采用高级或次高次路面。

4　对软土地区或高填方路基等可能产生较大沉降的站场道路路面，宜分期修建，初期可采用中、低级路面。

5.0.5　路面基层应符合下列规定：

1　基层应具有足够的强度和稳定性，在冰冻地区还应具有一定的防冻性。

2　基层的压实度、平整度等技术要求，应符合国家现行《公路路面基层施工技术规范》JTJ 034的规定。

3　基层材料应根据路面等级、面层类型和当地条件确定。

4　基层厚度应根据土基水文状况及基层材料、路面类型和荷载等级等确定，其厚度不应小于15 cm，宽度应比面层每侧宽出25 cm。

5.0.6　在基层下可铺筑底基层。底基层可与基层同类型，也可采用低一级的基层材料。

5.0.7　基层可分为有结合料稳定类(有机结合料、无机结合料)和无结合料的粒料类(嵌锁型、级配型)。底基层可分为无机结合料稳定类和无结合料的粒料类。

1　有机结合料稳定类包括热拌沥青碎石、乳化沥青碎石混合料、沥青贯入碎石等。

2　无机结合料稳定类(也称半刚性类型):

1)水泥稳定类包括水泥稳定砂砾、水泥稳定砂砾土、水泥稳定碎石土、水泥稳定未筛分碎石、水泥稳定石屑、水泥稳定土等,以及水泥稳定经加工性能稳定的钢渣、矿渣等。

2)石灰稳定类包括石灰稳定土(石灰土)、天然砂砾土(石灰砂砾土)、天然碎石土(石灰碎石土)以及用石灰土稳定级配砂砾(砂砾中无土)、级配碎石和矿渣等。

3)工业废渣稳定类可分为石灰粉煤灰类、水泥粉煤灰类和石灰煤渣类。

石灰粉煤灰类包括石灰粉煤灰(二灰)、石灰粉煤灰土(二灰土)、石灰粉煤灰砂(二灰砂)、石灰粉煤灰砂砾(二灰砂砾)、石灰粉煤灰碎石(二灰碎石)、石灰粉煤灰矿渣(二灰矿渣)等。

水泥粉煤灰类包括水泥粉煤灰稳定砂砾、碎石及砂等。

石灰煤渣类包括石灰煤渣、石灰煤渣土、石灰煤渣碎石土、石灰煤渣砂砾、石灰煤渣矿渣、石灰煤渣碎石等。

3　粒料类:

1)嵌锁型包括泥结碎石、泥灰结碎石、填隙碎石等。

2)级配型包括级配碎石、级配砾石、符合级配的天然砂砾、部分砾石经轧制掺配而成的级配砾、碎石等。

5.0.8　各类基层选用的材料应符合下列规定:

1　有机结合料稳定类:热拌沥青碎石适用于柔性路面的上基层以及调平层;乳化沥青碎石仅适用于做调平层;沥青贯入碎石适用于做柔性路面的上基层。

2　无机结合料稳定类:水泥稳定类、石灰稳定类、石灰粉煤灰类适用于各级道路的基层和底基层,但水泥或石灰、粉煤灰稳定细粒土不能用做高级路面的基层。在冰冻地区的潮湿路段以及其他地区的过湿路段不宜采用石灰稳定细粒土作基层。当只能采用石灰土时,应采取措施防止水分侵入石灰土层。

3　粒料类:级配碎石适用各级道路的基层和底基层;级配砾石、级配碎砾石以及符合级配、塑性指数等技术要求的天然砂砾可用做次高级及以下路面的基层,也可用做各级道路的底基层;填隙碎石适用于各级道路的底基层和次高级及以下路面的基层。

5.0.9　垫层设计应符合下列规定:

1　在水温状况不良路段的路基与基层之间宜设置垫层。垫层应具有一定的强度和较好的水稳性,在冰冻地区尚应具有较好的抗冻性。

2　垫层材料以就地取材为原则,可采用水稳性好的粗粒料或各种稳定类材料。宜采用粗砂、砂砾、碎石、煤渣、矿渣等粒料以及水泥、石灰煤渣或石灰粉煤灰稳定粗粒土等。若采用粗砂和砂砾料时,通过 0.074 mm 筛孔的颗粒含量不应大于 5%。采用煤渣时,小于 2 mm 的颗粒含量不宜大于 20%。

3　垫层厚度不应小于 15 cm。其宽度应比基层每侧宽出 25 cm。

4　在季节性冰冻地区,当路面结构总厚度小于最小防冻厚度时,应增加防冻垫层以满足最小防冻厚度的要求。沥青路面和混凝土路面的最小防冻厚度应符合国家现行《公路沥青路面设计规范》JTJ 014 和《公路水泥混凝土路面设计规范》JTJ 012 的规定。

5. 0. 10　路拱坡度应根据路面类型和当地自然条件按表 5. 0. 10 规定采用。路肩横坡宜较路拱坡度大 1% ~2% ,也可与路拱坡度相同。

表 5. 0. 10　路 拱 坡 度

路　面　类　型	路　拱　坡　度(%)
沥青混凝土、水泥混凝土路面	1~2
其他沥青路面	1. 5~2. 5
半整齐石块路面	2~3
碎、砾石等粒料路面	2. 5~3. 5
低级路面	3~4

注:1　年降雨量较大的站场道路宜采用上限,年降雨量较小或冰冻、积雪的站场道路宜采用下限;

2　受车站场、段、所、区内横断面的影响,道路横坡可适当减少或增大。

5. 0. 11　路面结构组合设计,应符合国家现行《公路水泥混凝土路面设计规范》JTJ 012、《公路沥青路面设计规范》JTJ 014 和《港口道路、堆场铺面设计与施工规范》JTJ 296 的规定。

6　人行道和电瓶车道路

6.0.1　Ⅰ、Ⅱ级道路，当人流集中、采用混合交通影响安全时，宜设置人行道。

6.0.2　单独修建的人行道宽度宜采用1.5~2.0 m，纵坡不宜大于5%，困难条件下不应大于8%。当纵坡大于8%时，可采用陡坡道、梯道或梯道带坡道。

6.0.3　人行道路、陡坡道、梯道和梯道带坡道的危险地段，应设置栏杆。

6.0.4　电瓶车、电瓶叉车、内燃叉车行驶的道路主要技术标准，宜按表6.0.4选用。路面类型宜采用水泥混凝土路面或沥青路面。

表6.0.4　车道主要技术标准

名　称	电　瓶　车	1.5 t电瓶叉车	内燃叉车	
			≤3 t叉车	5 t叉车
计算行车速度(km/h)	8	13	15	15
单车道路面宽度(m)	2	2	2.5	3.5
双车道路面宽度(m)	3.5	3.5	4	6
最小曲线半径(m)	5	5	7	9
最大纵坡(%)	4	8	8	8

注：1　当场地条件困难时，电瓶车、电瓶叉车的最小曲线半径可减少1 m，内燃叉车可减少2 m；

2　行驶1.5 t以上电瓶叉车、5 t以上内燃叉车以及正面吊等车辆时，主要技术标准应按其主要技术性能确定。

6.0.5　电瓶车道路路基应符合本规范第4.1.1条~第4.1.3条中其他站场汽车道路压实度的规定；路面结构和路拱坡度应符合本规范第5.0.4条~第5.0.10条的规定。

6.0.6　人行道和电瓶车道路路面结构组合设计，应符合国家现行《厂矿道路设计规范》GBJ 22、《公路水泥混凝土路面设计规范》JTJ 012和《公路沥青路面设计规范》JTJ 014的规定。

7 道路设施及绿化

7.0.1 站场汽车道路在急弯、陡坡、视线不良等路段,应根据需要设置标志、柱式(墙式)护栏等安全设施;在桥头引道、高路堤、地形险峻等路段,应设置标志和护栏;在道路交叉口,根据需要可设置标志、栏杆;在严重积雪路段、漫水桥、过水路面,应设置标杆;夜间行车、行人较多的站场道路,宜设置照明设备。

设置柱式(墙式)护栏、挡车堆等安全设施的路基应增加宽度。

7.0.2 站场道路可根据车站具体情况采用主标志。主标志分为警告标志、禁令标志、指示标志和指路标志。

7.0.3 交通标志应符合下列规定:

1 柱式护栏外侧至路肩边缘的距离,可采用 25 cm~50 cm。

2 墙式护栏,应设在挡土墙顶、岩石或坚实基础上。

3 路面边缘至墙式护栏内侧或挡车堆内侧坡脚的净距,不应小于 0.5 m。

4 交通标志应设置在驾驶人员和行人容易看到,并能准确判断的醒目位置。

5 各种标志宜设置在车辆行进方向道路右侧。标志牌不得侵入道路建筑限界。

6 交通标志形状、规格、图案和颜色应符合国家现行《道路交通标志和标线》GB 5768 的规定。

7.0.4 汽车衡应设置在称重汽车主要行驶方向的右侧。汽车衡进端的平直线长度宜有 2 辆车长,困难条件下,平直线长度不应小于 1 辆车长;出车端的平直线长度不应小于 1 辆车长。汽车进出汽车衡前后弯道,路面内侧边缘转弯半径不宜小于 12 m,困难条件下不宜小于 9 m。紧接进车端道路纵坡不宜大于 3%,困难条件下不宜大于 5%。

7.0.5 站场道路绿化应与车站绿化统一协调,应对道路两侧、交叉口、停车场、其他附属设施及道路用地范围内的边角空地进行绿化。

站场道路绿化,应符合建筑限界和视距的规定。道路绿化不应遮挡路灯照明、交通信号和交通标志。

8　站场路基外地面排水

8.1　一 般 规 定

8.1.1　站场路基外地面排水系统的设计,应与当地人工的或天然的排水系统和区间线路的排水系统配合,并采取必要的防渗措施,使路基边坡保持稳定。

8.1.2　排水系统的流水方向应依据桥涵的汇水区域划分。

8.1.3　站场路基外排水应结合站场路基面的排水,设计合理的排水系统,使水流径路短而顺直。

8.1.4　地面排水设备材料的选择,应做到因地制宜,就地取材。

8.1.5　地面排水设备的设计流量及水力计算应按本规范第 10 章的有关规定采用。

8.2　地面排水设备的设置

8.2.1　地面排水设备应包括侧沟、排水沟、天沟、截水沟、跌水与急流槽、渗水池等。

8.2.2　地面排水设备的纵坡,不应小于 2‰。地面平坦地带或反坡排水地段,在困难情况下,可减少至 1‰。不同纵坡组合的地面排水设备,其下游纵坡不宜小于上游纵坡。

8.2.3　侧沟、天沟、排水沟断面宜为梯形,除按流量计算者外,底部宽度可采用 0.4 m,深度可采用 0.6 m。干旱少雨地区或岩石路堑中,深度可减少至 0.4 m。位于反坡排水地段或小于 2‰坡道的路堑侧沟,其分水点的沟深可减少至 0.2 m。

8.2.4　需按流量设计的侧沟、天沟、排水沟,其横断面应按 1/25 洪水频率的流量进行计算,沟顶应高出设计水位 0.2 m。急流槽下游的侧沟应加大断面,应按 1/50 洪水频率流量确定。

8.2.5　排水设备可采用浆砌片石、栽砌卵石、混凝土预制件等进行防护。砌筑用的水泥砂浆强度等级不应低于 M5,但跌水与急流槽不应低于 M7.5;混凝土预制件的强度等级不应低于 C15;有防渗或防寒要求的地区应提高其强度等级。

8.2.6　挖方及零填挖地段应设置侧沟。梯形侧沟靠站场内侧边坡坡度,可采用 1∶1.0,外侧边坡与路堑边坡相同。当有侧沟平台时,外侧边坡可采用 1∶1.0。在砂类土中,两侧边坡可采用 1∶1.0~1∶1.5。

8.2.7　在路堤护道外,应设置单侧或双侧排水沟,也可利用取土坑排水。排水沟的边坡坡度,应根据土质和边坡高度确定,可采用 1∶1.0~1∶1.5。

混凝土或浆砌片石排水沟,沿沟槽每隔 10 m~15 m 或当沟槽通过软硬岩层分界处时,应设宽 2 cm 的沉降缝一处。

路堑和路堤交界处,侧沟应徐缓引向路堤两侧的自然沟、排水沟,不得使路基附近积水,亦不得冲刷路堤。

当线路穿越水(鱼)塘地带时,可将围堰作塘堤,堤宽可为 1 m~2 m,在路基与围堰间设排水沟。

当路堤跨水田地区，宜在护道外设排水沟，再在排水沟外侧设田埂，护道宽度可为1 m~2 m，田埂的高度及宽度均可为0.5 m。当用地紧张时，也可将护道改设成脚墙。

8.2.8 路堑堑顶外应设置单侧或双侧天沟。若堑顶以上地面为反向斜坡或堑顶边缘已接近分水岭时，则可不设置天沟。天沟的设置应符合下列规定：

1 路堑顶部无弃土堆时，天沟边缘至堑顶距离不宜小于5 m，当土质良好，堑坡不高或水沟作铺砌时，不应小于2 m。

2 路堑顶部有弃土堆时，天沟边缘距弃土堆坡脚宜为1 m~5 m，其间应填成向天沟泄水的缓坡；堑顶至弃土堆内侧坡脚的距离，随土质条件和边坡高度而定，宜为2 m~5 m。

3 天沟的边坡应根据土质及边坡高度确定，可采用1∶1.0~1∶1.5。

8.2.9 为汇集并排除路基边坡平台上侧的地面水，应设置截水沟。平台应做成2%~5%向内侧倾斜的排水坡度。截水沟可采用梯形、三角形、矩形或弧形横断面形式。可用混凝土预制构件拼装，其沟壁厚度5 cm~10 cm。如采用梯形横断面，底宽宜为0.4 m，深0.2 m~0.4 m，边坡坡度可采用1∶1.0~1∶1.5。

截水沟水流不应引入侧沟，当必须引入时，应按流量计算增大侧沟横断面尺寸。

8.2.10 水流通过陡坡地段时可设置跌水和急流槽，其材料应采用浆砌片石或混凝土修筑。槽断面形式宜为矩形，槽底应做成粗糙面。急流槽坡度不宜陡于1∶1.5。急流槽过长时应分段修筑，每段长度不宜超过10 m。跌水的台阶高度可采用0.3 m~0.6 m，台面坡度应为2%~3%，跌水和急流槽的进水处应予防护，出水处应防止冲刷。各部位尺寸应根据水文、地形、地质及当地气候条件确定，必要时应做水力计算。

跌水与急流槽的结构尺寸应符合下列要求：

1 进口部分始端和出口部分终端的裙墙，其埋深应在冻结线以下，厚度不应小于0.4 m（浆砌片石）或0.3 m（混凝土）。主体部分和消力部分的槽底厚度应按流量和水流冲击力的大小设计，可采用0.4 m~0.5 m。

2 各部分断面的高度应高出槽中计算水位0.2 m。槽壁顶面厚度不应小于0.3 m（浆砌片石）或0.2 m（混凝土）。

3 急流槽的主体部分应每隔2 m~5 m设置一个防滑平台，嵌入基底内，可采用0.8 m~1.0 m。

8.2.11 气候干旱、排水困难地段，可利用站场的集中取土坑或专门设置渗水池排除地面水。

渗水池边缘距路基侧沟距离不应小于5 m，较大的渗水池不得小于20 m。池中水位应低于排水设备的泄水面高程。

渗水池的容量应以一个月内路基汇流入池中的雨水能及时完成渗透或蒸发作为设计依据。渗水池的设置不应使附近地面形成盐渍化或沼泽化。

8.2.12 下列情况的侧沟、天沟和排水沟，应采取防止冲刷或渗漏的加固措施：

1 位于松软土层影响路基稳定的地段。

2 流速较大，易引起冲刷的地段。

3 路堑内易产生基床病害的地段。

4 有集中水流进入天沟、排水沟的地段。

8.2.13 站场路基外地面排水设备，在下述情况下，应做特殊设计：

1 天沟上方的汇水面积较大或有其他沟（槽）的水引入天沟排出时。

2　有其他沟(槽)的水引入侧沟排出时。

3　排水困难地段,当改河、改沟或有集中水流进入的排水沟时。

8.2.14　排水设备的连接应符合下列规定:

1　排水沟、天沟的转弯半径,可采用不小于沟底宽度的10倍,且不小于5 m,转角不宜大于45°。

2　两条梯形水沟交会时,可按顺水流方向的偏角35°~60°连接。

3　排水沟排向桥涵入口或地方排水系统入口时,沟底高程不应低于上述入口泄水面高程。

4　不同沟底宽度相连时,应设沟底宽度渐变率为1/20的过渡段。

8.2.15　地面排水设备的加固可选用下列措施:

1　夯拍土沟表面:用于干旱少雨地区,无冻害及无地下水渗出的土质水沟,不宜用于湿陷性黄土地区的天沟、边坡平台截水沟。

2　三合土或四合土捶面:用于无冻害和无地下水渗出的水沟。

3　单层干砌片石或单层栽砌卵石护面:用于无防渗要求的水沟。

4　浆砌片石护面:用于有防渗要求或流速较大的水沟。

5　浆砌片石或混凝土矩形排水槽:用于地面横坡较陡、深堑、用地紧张及受地形或线间距限制设置梯形水沟困难的地段。

6　拼装式混凝土板护面:用于流速较大或缺乏石料地区的水沟。

9　站场路基面排水

9.1　一 般 规 定

9.1.1　站场路基面应设有倾向排水设备的横向坡度，其横断面可设计为一面坡、两面坡或锯齿形坡。

9.1.2　路基面横向坡度及一个坡面的最大线路数量，可按表 9.1.2 的规定办理。

表 9.1.2　路基面横向坡度及一个坡面的最大线路数量

序　号	路基土的种类	地区年降雨量(mm)	横向坡度(%)	一个坡面的最大线路数量(条)
1	石质、填块石、砾石、中砂和粗砂等	小于 350	≤1	8
		350~700	1~2	7
		700~1 000	1~2	6
		1 000 以上	2	5
2	除上述外其他土	小于 350	1~2	5~6
		350~700	2	4~5
		700~1 000	2~3	3~4
		1 000 以上	2~3	3

注：表列序号 2 中降雨量 350 mm~700 mm、700 mm~1 000 mm 栏的一个坡面的最大线路数量应按雨量小者取大值、大者取小值。

9.1.3　路基面横坡的分坡点宜根据一个坡面最大线路数量，并结合平面、横断面、纵断面、轨面顺坡、工程数量等因素确定。

9.1.4　站场内下列部位应根据具体情况加强路基排水：

1　客运站和办理客车上水作业车站的到发线以及客车整备所的洗车机线和整备线。

2　货场内设有站台装卸线、车辆洗刷线、加冰线和牲畜装卸线。

3　车辆减速器和设有轨道电路的大站咽喉区。

4　立交桥下的线路和进出站疏解线路布置所形成的低洼处。

5　改建车站排水不良的路基。

9.1.5　站场排水设备主要有线路间纵向排水设备、穿越线路的横向排水设备、站内公路排水槽、站台边排水槽、钢筋混凝土圆管、检查井等。

站场排水系统设计，纵、横向排水设备应相互结合。

9.1.6　纵向排水设备的坡度不应小于 2‰，困难条件下不应小于 1‰。穿越线路的横向排水设备的坡度不宜小于 5‰。

9.1.7　排水设备的横断面尺寸应按 1/50 洪水频率的流量设计，当有充分依据时，可按当地采用的洪水频率进行设计。

9.1.8　当排水设备位于调车作业区、列检作业区、装卸作业区和工作人员通行的地段时，排水沟或排水槽应加设盖板。

9.2　纵向排水设备

9.2.1　纵向排水设备宜设置在路基面横向排水坡的最低处。

9.2.2　线下式站房或其他建筑物前，靠近路基坡脚不小于 2 m 处应设置排水槽或排水明沟。

9.2.3　车站站坪及站房均较大时，应在站房与基本站台间设置纵向排水槽。站前广场靠近站房站坪宜设置纵向排水槽。

9.2.4　编组站的外包正线与车场并行地段宜避免车场的水排向正线，必要时可考虑单独设置排水沟（槽）。

9.2.5　牵出线、转场线、正线与其他线路路基间形成的三角地带可采用沟、槽设备引至排水系统。

9.2.6　驼峰调车场宜在相邻线束间及调车场外侧分别设置纵向排水槽。

9.2.7　客运整备场的洗车台线路外侧，或两洗车台夹两条线路之间应设置纵向排水槽。洗车机线一侧应设置纵向排水槽。

9.2.8　两旅客站台间的纵向排水设备设置应符合下列要求：

1　旅客站台墙边不宜设排水槽，而在两旅客站台间的适当线路间宜设置纵向排水槽。

2　两旅客站台间设有旅客地道时，可从地道两侧分坡设置纵向排水设备。

3　在两旅客站台间的线路之间设有给水栓上水设备时，应设置纵向排水槽。

4　两旅客站台间的线路铺设混凝土宽枕，且枕缝间密封时，应设置纵向排水槽。

9.2.9　货场内纵向排水设备的设置应符合下列要求：

1　仓库站台边的装卸线，不应设置站台边排水槽。

2　两货物站台间或站台一侧设有汽车道路时，可在汽车道路的一侧设置公路排水槽。

3　两货物站台间夹两条装卸线时，可在两线路间设置纵向排水槽。

4　两货物站台间夹一条装卸线时，可采用浆砌片石铺砌路基面、封闭道床、铺设混凝土宽枕或整体道床，以及修建跨线雨棚等措施，当采用浆砌片石铺砌路基面或封闭道床时，可沿站台墙边一侧设置明沟。

5　散堆装场地应在货位外侧沿道路设置公路排水槽。

6　龙门吊走行轨间的场地，当有顺线路的纵向道路时，可在邻靠货物线的道路外侧设置公路排水槽，无此道路时可设排向两侧走行轨基础处的地面横坡，并在走行轨基础上与地面等高处，每隔 1 m 设置泄水孔；当龙门吊走行轨内侧或外侧设有高出设计路基面的混凝土货位时，应将混凝土货位横向分成若干小段，段与段间设 0.1 m 宽的空隙排水。

7　牲畜装卸线外侧应设置纵向排水沟槽。

8　加冰线一侧可设置纵向排水沟槽。

9　尽端式货场的纵向排水沟槽，当填方较高时，宜汇集后设置吊沟排出路基外。

10　货场咽喉区至附近横过线路的道路间由横坡造成的积水，应设排水设备予以排除。

9.2.10　机务、车辆段的纵向排水设备设置应符合下列要求：

1　机备段的整备、待班线两侧、机务段或车辆段检修库及库线群两侧和生产房屋前宜设置纵向排水槽，当有道路时，其纵向排水槽可沿道路一侧布置，通行汽车时应采用公路排水槽。

2 检修库前线路间可设纵向排水槽。

9.2.11 场、段、所等的围墙内侧，路堤时应设置排水沟槽，路堑时在围墙外侧设置侧沟，围墙内路基排水，通过围墙泄水孔排至侧沟，也可在围墙内侧同时设置排水沟槽。

9.2.12 横列布置的站内车场之间及专用线车场与铁路车场之间，宜设置排水设备。

9.2.13 在洼垄填满道砟的线路间应采用砟顶式纵向排水槽或混合式纵向排水槽。

9.2.14 在无洼垄填砟的线路间应根据相邻线路道床厚度、线间距离，确定采用砟底式或砟顶式纵向排水槽。

9.2.15 纵向排水槽槽宽不应小于 0.4 m，槽深不宜大于 1.2 m。当槽深大于 1.2 m 时，槽宽应加宽至 0.5 m~0.6 m，但槽深不得大于 1.4 m。其起点槽深不应小于 0.3 m，困难条件下不应小于 0.2 m。

9.2.16 线路间纵向排水槽的最小线间距应为 5 m。驼峰头部线束间在不足 5 m 线间距的地段，应加设钢筋混凝土支撑予以加强。

9.2.17 纵向排水槽的入口处应砌筑端墙。当槽的出口不与横向排水设备连接，而是直接排向路基外时，则应在出口处设置端墙。

9.2.18 严寒地区的纵向排水槽宜采用钢筋混凝土排水槽。

9.2.19 纵向排水槽的基础埋深应在冻结线以下 0.25 m。冻结线大于 0.8 m 时，宜采用排水管。

9.2.20 纵向排水槽建筑材料可采用 M7.5 水泥砂浆砌片石或 C15 混凝土浇筑，盖板可采用 C15 混凝土预制。

9.2.21 纵向排水槽每隔 10 m 应设宽 3 cm 的沉降缝一处。

9.3 横向排水设备

9.3.1 在选择穿越铁路的横向排水设备时，应首先利用或增设桥涵。

9.3.2 在排水设备穿越线路地段，如无桥涵可资利用，当为新建路基填方高度 2 m 左右的路堤或既有路基的路堤以及新、旧路基为挖方较低的路堑而有良好的排水出口和出路时，应采用横向排水槽。

当新设横向排水槽穿越既有线路，应对施工地段线路加固，保证运营安全。

9.3.3 新建路堤填方较高时，可采用横向排水管。

9.3.4 横向排水设备的设置应符合下列要求：

1 车站接发列车的车场及调车场的横向排水设备应根据纵向排水槽的长度、站坪和纵向排水设备的坡度、坡向确定。两横向排水设备之间的距离宜采用 400 m，困难情况下不应超过 500 m。

2 其他场、段、所内的横向排水设备布置，可根据具体情况设横向排水设备，在不同线群间、库前线间的纵向排水设备、三角线或其他低洼积水区需向线路外侧排除积水，可增设个别辅助的横向排水设备。

9.3.5 横向排水槽槽宽为 0.4 m、0.5 m、0.6 m 时，其相应允许最大槽深应分别为1.2 m、1.5 m、2.0 m。其起点槽深不应小于 0.5 m。

9.3.6 横向排水槽出口应设置出口端墙，端墙外侧应根据路基具体情况，设置出口明沟。

9.3.7 当横向排水槽穿越线路较多时，可每隔 2~3 股道做不小于 1.0 m 的砟顶式检查口。

9.3.8　横向排水槽可采用 M10 水泥砂浆砌片石或 C15 混凝土，盖板可采用 C20 或 C15。

9.3.9　横向排水槽每隔 3 m~5 m 应设宽 3 cm 的沉降缝一处。

9.3.10　横向排水槽的基础埋深应在冻结线以下 0.25 m。冻结线大于 0.8 m 时，宜采用排水管。

9.4　纵、横向排水设备的连接

9.4.1　砟顶式纵向排水槽与横向排水槽交会处，应设挡砟板。砟底式纵向排水槽与横向排水槽连接时，两槽顶齐平，取消挡砟板。纵向排水槽与横向排水槽的连接点，应设 0.2 m深的沉砂池。纵向排水槽沟底高程应高于横向排水槽沟底高程。

9.4.2　砟顶式或砟底式纵向排水槽与排水管及排水管之间，应采用检查井连接，其平面布置如图 9.4.2 所示。检查井内入水口处槽底高程不应低于出水口处排水管底内壁高程，或排水管入水口管底内壁高程不应低于出水口处排水管底内壁高程。

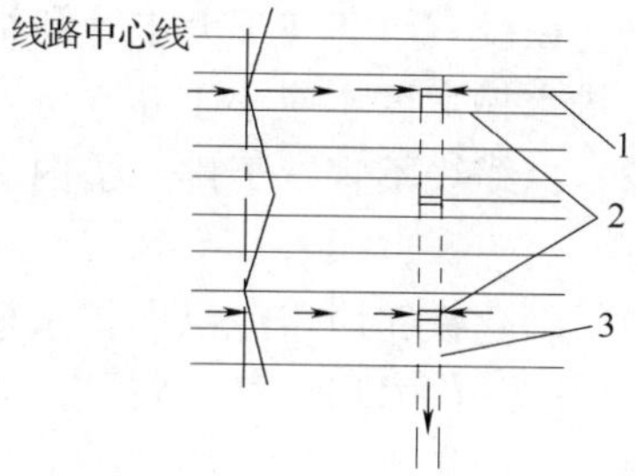

图 9.4.2　检查井平面布置示意图

1—纵向排水槽；2—检查井或集水井；3—横向排水管

9.4.3　纵向排水槽利用涵洞作为横向排水，应根据排水槽与涵洞的相对高程和位置不同，在涵顶或涵壁设置泄水洞或缺口。涵顶竖向与排水槽连接时，槽底与涵顶间设检查井、跌水井或跌水洞连接，与涵壁横向连接时，槽底高程应高于涵洞泄水面高程。

9.5　其他排水设备

9.5.1　站内道路为单独路堤，排水设备穿越道路而不宜设置公路排水槽时，可设置公路涵。

9.5.2　在排水设备穿越站内道路或位于道路侧以及场地通行汽车的地段，宜采用公路排水槽。

9.5.3　在无作业人员和无汽车通行的场地内的排水沟，可采用梯形水沟。

9.5.4　在纵横向排水槽、管交汇处、排水管的转弯处和高程变化处，应设检查井或集水井；当场内入水口和出水口水位落差大时，应设竖槽式跌水井。

9.5.5　站内公路排水槽其最大允许槽深，当槽宽 0.4 m 时为 1.2 m，槽宽 0.5 m 及 0.6 m 时为 1.5 m。其起点槽深不应小于 0.35 m。

9.5.6　公路排水槽的进出口，应设置进出口端墙。

9.5.7　站台边排水槽宽度应为 0.25 m，槽深不应大于 1.2 m，起点槽深不应小于 0.2 m。

9.5.8　横穿铁路钢筋混凝土圆管直径可采用 0.75 m 或 1.0 m，穿越道路钢筋混凝土圆管直径可采用 0.5 m 或 0.75 m。

9.5.9　公路排水槽及站台边排水槽可采用 M10 水泥砂浆砌片石或 C15 混凝土，盖板可采用 C20 或 C15（站台边排水槽）。有特殊要求的排水设备，应提高强度等级。

9.5.10　公路排水槽每隔 4 m~6 m，站台边排水槽每隔 10 m，应设宽 3 cm 的沉降缝一处。

9.5.11 检查井的管壁材料可采用M7.5水泥砂浆砌砖、M10水泥砂浆砌片石及C15混凝土浇筑,其圆管与检查井接触部位应采用M10水泥砂浆或C15混凝土将缝填塞密贴。

9.5.12 圆形检查井内径尺寸不宜小于1.0 m,方形检查井内径尺寸不宜小于1.0 m×1.0 m。

9.5.13 检查井间的距离不宜大于40 m,连接管径小于1 m的检查井的距离不宜大于15 m。

9.6 排水设备与站场设备交叉连接设计

9.6.1 在设有旅客列车上水管和给水栓的线路间应设置纵向排水槽,当管道置于排水槽中时,排水槽宽度不应小于0.6 m。

9.6.2 电缆线不宜置于排水槽内,困难情况下,可将电缆线挂于排水槽的槽壁上,并应离开水面。

9.6.3 新建铁路应避免纵向排水槽与灯塔基础交叉,改建困难时,可在灯塔基础上增设0.6 m×0.4 m的排水洞,并对其基础强度采取补强措施。

9.6.4 纵向排水槽与灯桥基础交叉,新设计时应避免发生干扰,可调整路基面横坡分坡点,将排水槽移至其他线间。改建困难时,可将排水槽设于灯桥柱中间,灯桥基础应进行特殊设计。

9.6.5 纵向排水槽与接触网柱基础交叉,新设计时应避免发生干扰,可将排水槽移至其他线间。改建困难时,可将排水槽设在设有接触网柱的线路间,接触网柱基础应进行特殊设计。

9.6.6 径路相同时,驼峰头部空压管沟宜与纵向排水槽合并设置,并适当增加排水槽宽度。

9.6.7 排水槽与其他管沟交叉时,应垂直穿越,做好槽与管的连接。

10　水文水力计算

10.0.1　站场的路堤高度受洪水控制时，站内正线的路肩高程、临河站场最外侧站线路基面边缘的高程应根据河流的具体情况，分别考虑壅水（包括河道卡口或建筑物造成的壅水、河湾水面超高）、波浪侵袭、斜水流局部冲高、河床淤积等影响的高度。其最低高程应高出设计水位加上述所规定的各项影响后至少0.5 m。波浪侵袭高度与斜水流局部冲高取两者之较大者。困难时临河站场最外侧站线路基面边缘的高程可不计波浪及壅水高度，按不低于设计水位加0.5 m设计。

车站内的排水沟沟顶及正线外包的车场路基边缘或排水沟顶的高程，可不计波浪及壅水高度，按设计水位加0.5 m，困难时加0.2 m。调车场最低处的路基边缘或沟顶高程宜按上述设计水位加0.2 m，困难时亦不应低于该处设计水位高程。

10.0.2　站场暴雨径流地面汇水流量可按下列公式计算：

$$Q_p = 16.7\phi a_p KF \tag{10.0.2}$$

式中　Q_p——设计流量（m^3/s）；

a_p——设计降雨强度（mm/min）；

K——气候系数（无资料时可采用$K=1$）；

ϕ——径流系数；

F——汇水面积（km^2）。

10.0.3　设计降雨的重现期T应采用25年。急流槽下游侧沟应加大断面，重现期T应采用50年。如有充分根据，可按当地城市或厂矿采用的重现期进行设计。

10.0.4　受流量控制的排水沟、槽、管的断面尺寸，应根据设计流量经水力计算后确定，并检查其流速是否在允许范围内。

10.0.5　排水沟、槽、管的泄水能力应按下式计算：

$$Q = Av \tag{10.0.5}$$

式中　Q——流量（m^3/s）；

A——过水断面面积（m^2）；

v——排水沟、槽、管内的平均流速（m/s）。

10.0.6　常用水沟断面的水力要素应按本规范附录A计算。

10.0.7　常用水力最优断面的水力要素应按本规范附录B计算。

10.0.8　管的最大允许流速应为：金属管10 m/s，非金属管5 m/s。

10.0.9　排水沟、槽的最大流速按沟床类型不应大于本规范附录C中的数值。

10.0.10　明沟的最小允许流速可按冲积面积类型不宜小于本规范附录D中的数值。在难以确定冲积指标时，明沟的最小允许流速为0.4 m/s，暗沟和管的最小允许流速为0.75 m/s。

附录 A　常用水沟断面的水力要素计算公式

A. 0. 1　矩形断面

$$A=bh$$

$$\rho=\frac{A}{h}+2h$$

$$R=\frac{bh}{b+2h}$$

A. 0. 2　对称梯形

$$A=bh+mh^2$$

$$\rho=b+2h\sqrt{1+m^2}$$

$$R=\frac{bh+mh^2}{b+2h\sqrt{1+m^2}}$$

A. 0. 3　不对称梯形

$$A=bh+\frac{h^2}{2}(m_1+m_2)$$

$$\rho=b+(\sqrt{1+m_1^2}+\sqrt{1+m_2^2})h$$

$$R=\frac{bh+\frac{h^2}{2}(m_1+m_2)}{b+(\sqrt{1+m_1^2}+\sqrt{1+m_2^2})h}$$

式中　A——有效过水面积(m^2)；

b——沟底宽(m)；

h——水深(沟深减去 0. 2 m)(m)；

ρ——湿周(m)；

R——水力半径(m)；

m——对称梯形边坡率；

m_1,m_2——不对称梯形左、右边坡率。

附录 B　常用水力最优断面的水力要素计算关系式

表 B　常用水力最优断面的水力要素计算关系式

名称	梯形断面的通用公式	矩形断面公式	对称梯形断面公式	不对称梯形断面公式
$\beta_{优}$	$\beta_{优}=K-2m'$	$\beta_{优}=2$	$\beta_{优}=2(\sqrt{1+m^2}-m)$	$\beta_{优}=\left[\sqrt{1+m_1^2}+\sqrt{1+m_2^2}-(m_1+m_2)\right]$
断面水深 h	$h=\dfrac{\sqrt{A}}{\sqrt{K-m'}}$	$h=\dfrac{\sqrt{A}}{\sqrt{2}}$	$h=\dfrac{A^{\frac{1}{2}}}{(2\sqrt{1+m^2}-m)^{\frac{1}{2}}}$	$h=\dfrac{A^{\frac{1}{2}}}{\left[\sqrt{1+m_1^2}+\sqrt{1+m_2^2}-\frac{1}{2}(m_1+m_2)\right]^{\frac{1}{2}}}$
湿周 ρ	$\rho=2\sqrt{K-m'}\sqrt{A}$	$\rho=2\sqrt{2}\sqrt{A}$	$\rho=2(2\sqrt{1+m^2}-m)^{\frac{1}{2}}A^{\frac{1}{2}}$	$\rho=2\left[\sqrt{1+m_1^2}+\sqrt{1+m_2^2}-\frac{1}{2}(m_1+m_2)\right]^{\frac{1}{2}}A^{\frac{1}{2}}$
水力半径 R	$R=\dfrac{\sqrt{A}}{2\sqrt{K-m'}}=\dfrac{h}{2}$	$R=\dfrac{\sqrt{A}}{2\sqrt{2}}=\dfrac{h}{2}$	$R=\dfrac{A^{\frac{1}{2}}}{2(2\sqrt{1+m^2}-m)^{\frac{1}{2}}}=\dfrac{h}{2}$	$R=\dfrac{A^{\frac{1}{2}}}{2\left[\sqrt{1+m_1^2}+\sqrt{1+m_2^2}-\frac{1}{2}(m_1+m_2)\right]^{\frac{1}{2}}}=\dfrac{h}{2}$

注：$\beta_{优}$为水力最优断面的宽深比，其余符号及意义与本规范附录 A 中符号意义相同。

附录 C　容许无冲刷平均流速表

表 C—1　非黏性土壤的容许无冲刷平均流速

序号	土名		土颗粒尺寸(mm)	水流平均深度(m) 0.4	1.0	2.0	3.0
				平均流速(m/s)			
1	粉土及淤泥	含有细砂的淤泥、种植土	0.005~0.05	0.15~0.20	0.20~0.30	0.25~0.40	0.30~0.45
2	砂	含有中砂的细砂	0.05~0.25	0.20~0.35	0.30~0.45	0.40~0.55	0.45~0.60
		含有黏土的细砂、含有粗砂的中砂	0.25~1.00	0.35~0.50	0.45~0.60	0.55~0.70	0.60~0.75
		含有圆砾的粗砂、含有黏土的中砂	1.00~2.50	0.50~0.65	0.65~0.75	0.70~0.80	0.75~0.90
3	圆　砾	含有中圆砾的小圆砾	2.50~5.00	0.65~0.80	0.75~0.85	0.80~1.00	0.90~1.10
		含砂及小圆砾的粗圆砾	5.00~10.00	0.80~0.90	0.85~1.05	1.00~1.15	1.10~1.30
4	卵　石	含有砂及圆砾的小卵石	10.00~15.00	0.90~1.10	1.05~1.20	1.15~1.35	1.30~1.50
		含砂及圆砾的中卵石	15.00~25.00	1.10~1.25	1.20~1.45	1.35~1.65	1.50~1.85
		含有圆砾的大卵石	25.00~40.00	1.25~1.50	1.45~1.85	1.65~2.10	1.85~2.30
5	大卵石	含有卵石及圆砾的小号大卵石	40.00~75.00	1.50~2.00	1.85~2.40	2.10~2.75	2.30~3.10
		含有卵石的中号大卵石	75.00~100.00	2.00~2.45	2.40~2.80	2.75~3.20	3.10~3.50
		含有大号大卵石的中号大卵石	100.00~150.00	2.45~3.00	2.80~3.35	3.20~3.75	3.50~4.10
		含有小号大卵石的大号大卵石	100.00~150.00	2.45~3.00	2.80~3.35	3.20~3.75	3.50~4.10
		含有小漂石及卵石的大号大卵石	150.00~200.00	3.00~3.50	3.35~3.80	3.75~4.30	4.10~4.65
6	漂　石	含有卵石的中号漂石	200.00~300.00	3.50~3.85	3.80~4.35	4.30~4.70	4.65~4.90
		含有大卵石的漂石	300.00~400.00		4.35~4.75	4.70~4.95	4.90~5.30
		含有大号大卵石的漂石	400.00~500.00及以上			4.95~5.35	5.30~5.50

注：1　表中各栏流速的下限与土颗粒尺寸的下限相应，流速上限与颗粒尺寸的上限相应；

2　表列速度数值不得采用插入法，土颗粒尺寸和水深为中间数值时，流速的数值按接近于表列颗粒尺寸值和水深值采用之。

表 C—2　黏性土的容许无冲刷平均流速

序号	名　称	颗粒成分(%)		土的特征															
		小于 0.005 mm	0.005 mm~0.05 mm	不太密结的土(空隙比 1.2~0.9)土骨架单位体积重 1.2 t/m³ 以下				中等密结的土(空隙比 0.9~0.6)土骨架单位体积重 1.2~1.66 t/m³				密结的土(空隙比 0.6~0.3)土骨架单位体积重 1.66~2.04 t/m³				极密结的土(空隙比 0.3~0.2)土骨架单位体积重 2.04~2.14 t/m³			
				水流平均深度(m)															
				0.4	1.0	2.0	3.0	0.4	1.0	2.0	3.0	0.4	1.0	2.0	3.0	0.4	1.0	2.0	3.0
				平均流速(m/s)															
		1	2	3	4	5	6	7	8	9	10	11	12	13	14	15	16	17	18
1	黏土	30~50	70~50	0.35	0.40	0.45	0.5	0.70	0.85	0.95	1.10	1.00	1.20	1.40	1.50	1.40	1.70	1.90	2.10
2	粉黏土	20~30	80~70	0.35	0.40	0.45	0.5	0.70	0.85	0.95	1.10	1.00	1.20	1.40	1.50	1.40	1.70	1.90	2.10
3	砂质土	10~20	90~80	0.35	0.40	0.45	0.5	0.65	0.80	0.90	1.00	0.95	1.20	1.40	1.50	1.40	1.70	1.90	2.10
4	新沉积的黄土质土	/	/					0.60	0.70	0.80	0.85	0.80	1.00	1.20	1.30	1.10	1.30	1.50	1.70
5	黏砂土	5~10	20~40	根据砂粒大小采用表 C—1 所列的数值															

注:表中数值不可内插,如水流深度在表列水深值的中间,则流速应取与实际水流深度最近的。

表 C—3　岩石的容许无冲刷平均流速

序号	名　　称	水流平均深度(m)			
		0.4	1.0	2.0	3.0
		平均流速(m/s)			
1	砾岩、泥灰岩、页岩	2.0	2.5	3.0	3.5
2	多孔的石灰岩、紧密砾岩、成层石灰岩、石灰质砂岩、白云质石灰岩	3.0	3.5	4.0	4.5
3	白云质砂岩、紧密的不成层的石灰岩、硅质石灰岩、大理岩	4.0	5.0	6.0	6.5
4	花岗岩、辉绿岩、玄武岩、安山岩、石英岩、斑岩	15	18	20	22

注:表中数值不可内插,如水流的深度在表列水深值之间,则流速应取与实际水流深度最接近的。

表 C—4　人工加固工程容许无冲刷平均流速

序号	加固工程种类	水流平均深度(m)			
		0.4	1.0	2.0	3.0
		平均流速(m/s)			
1	平铺草皮(在紧密的基底上)	0.9	1.2	1.3	1.4
2	竖铺草皮	1.5	1.8	2.0	2.2
3	在苔层上的单层铺砌(苔层厚度不少于 5 cm):				
	(1)卵石尺寸为 15 cm	2.0	2.5	3.0	3.5
	(2)卵石尺寸为 20 cm	2.5	3.0	3.5	4.0
	(3)卵石尺寸为 25 cm	3.0	3.5	4.0	4.5
4	在石砟层上的单层铺砌(石砟厚度不小于 10 cm):				
	(1)碎石尺寸为 15 cm	2.5	3.0	3.5	4.0
	(2)碎石尺寸为 20 cm	3.0	3.5	4.0	4.5
	(3)碎石尺寸为 25 cm	3.5	4.0	4.5	5.0
5	在石砟层上粗凿石料的单层铺砌(石砟厚度不少于 10 cm):				
	(1)石料尺寸为 20 cm	3.5	4.5	5.0	5.5
	(2)石料尺寸为 25 cm	4.0	4.5	5.5	5.5
	(3)石料尺寸为 30 cm	4.0	5.0	6.0	6.0
6	M5~M7.5 水泥砂浆砌片石(片石强度不少于 30 MPa)	6.5	8.0	10.0	12.0
7	混凝土作加固工程护面用:				
	(1)C10	5.0	6.0	7.0	7.5
	(2)C15	6.0	7.0	8.0	9.0
	(3)C20	6.5	8.0	9.0	10.0
8	表面光滑的混凝土水槽:				
	(1)C10	10.0	12.0	13.0	15.0
	(2)C15	12.0	14.0	16.0	18.0
	(3)C20	13.0	16.0	19.0	20.0
9	光滑木质水槽,基底可靠,水流成线	8.0	10.0	12.0	14.0

注:表中数值不可内插,如水流的深度在表列水深值之间,则流速应取与实际水流深度最接近的。

附录D 防止水沟淤塞(不发生沉积)水流平均流速表

表D 防止水沟淤塞(不发生沉积)水流平均流速

淤积物	a	水流平均流速 (m/s)											
		水沟深度 (m)											
		0.2	0.3	0.4	0.5	0.6	0.7	0.8	0.9	1.0	1.2	1.5	2.0
粉砂	0.34	0.121 4	0.157 3	0.189 1	0.218 2	0.245 2	0.270 6	0.294 8	0.317 8	0.340 0	0.382 1	0.440 7	0.529 8
	0.37	0.132 1	0.171 2	0.205 8	0.237 4	0.266 8	0.294 5	0.320 8	0.345 9	0.370 0	0.415 8	0.479 6	0.576 6
细砂	0.39	0.139 2	0.180 5	0.217 0	0.250 3	0.281 2	0.310 4	0.338 1	0.364 6	0.390 0	0.438 3	0.505 5	0.607 7
	0.41	0.146 4	0.189 7	0.228 1	0.263 1	0.295 1	0.326 8	0.355 4	0.383 3	0.410 0	0.460 7	0.531 5	0.638 9
中砂	0.54	0.192 8	0.249 9	0.300 4	0.346 5	0.389 4	0.429 8	0.468 1	0.504 8	0.540 0	0.606 8	0.700 0	0.841 5
	0.57	0.203 5	0.263 8	0.317 1	0.365 8	0.411 0	0.453 7	0.494 1	0.532 8	0.570 0	0.640 5	0.738 9	0.888 2
粗砂	0.60	0.214 2	0.277 7	0.333 8	0.385 0	0.432 7	0.477 5	0.520 1	0.560 9	0.600 0	0.674 3	0.777 8	0.935 0
	0.71	0.253 5	0.328 6	0.395 0	0.455 6	0.512 0	0.565 1	0.615 5	0.663 7	0.710 0	0.797 9	0.920 4	1.106 4

注:a 为淤积系数。

本规范用词说明

执行本规范条文时,对于要求严格程度的用词说明如下,以便在执行中区别对待。

(1)表示很严格,非这样做不可的用词:

正面词采用“必须”;

反面词采用“严禁”。

(2)表示严格,在正常情况下均应这样做的用词:

正面词采用“应”;

反面词采用“不应”或“不得”。

(3)表示允许稍有选择,在条件许可时首先应这样做的用词:

正面词采用“宜”;

反面词采用“不宜”。

(4)表示有选择,在一定条件下可以这样做的,采用“可”。

《铁路站场道路和排水设计规范》条文说明

本条文说明系对重点条文的编制依据、存在的问题以及在执行中应注意的事项等予以说明。为了减少篇幅,只列条文号,未抄录原条文。

1.0.1 我国目前尚无铁路站场专用的道路和排水设计规范,虽然在一些图书和手册中对铁路站场道路和排水设计有所论述,但不够完整,也缺乏权威性。鉴于上述情况,有必要制定本规范,达到本条文中规定的目的,保证铁路站场的使用性能和使用寿命,适应铁路建设不断发展的需要。

1.0.3 道路和排水设计应做好铁路站场内部的总体规划。虽然站场排水是指站场范围内地面水的排除,但站场范围内,铁路内部尚有地下水、生产废水和生活污水的排除,设计时虽按专业分别处理,但为避免出现矛盾,做到总体布置合理,应统筹安排,相互配合。

改建车站,为节约投资,充分发挥原有设备的作用,应尽量利用既有设备。

1.0.5 本规范的排水设计包括站场路基外的地面排水设计和站场路基面的排水设计,不包括地下水、生产废水和生活污水的排水设计。地下水的排除应在路基设计中处理,生产废水和生活污水的排除属于给排水设计。站场排水设计时应与之统筹安排,相互配合,以免互相干扰。

站场路基外的地面排水设计,主要包括侧沟、天沟、排水沟、截水沟、跌水和急流槽、渗水池等排水设备的设计和地面排水系统的设计。不包括横穿站场的排水构筑物,如桥梁、涵洞等,也不包括改河改沟等特殊设计。

1.0.8 铁路站场道路和排水设计涉及的有关标准和规范较多,例如道路部分参照《公路工程技术标准》JTJ 001、《公路路线设计规范》JTJ 011、《厂矿道路设计规范》GBJ 22、《城市道路设计规范》CJJ 37 的有关规定执行;对路基稳定有危害的地下水的排放应按《铁路路基设计规范》TB 10001 的有关规定执行;生产废水和生活污水的排放应按《铁路给水排水设计规范》TB 10010 的有关规定执行;与环境保护、污水处理有关的应按《铁路工程环境保护设计规范》TB 10501 的有关规定执行,等等。因此,本规范作了如条文中的规定。

2.0.2 站场道路按使用功能分类,可分为汽车道路、人行道路和电瓶车道路。

汽车道路的分级,主要根据交通量及交通功能、服务功能等确定。结合站场汽车道路的特点,可分为四级。分级的目的,为确定合理的技术标准,充分发挥其功能,保证铁路运输生产、生活等方面安全正常进行,以达到技术经济合理,安全高效。同时,道路划分为四级,也是建国以来站场设计实践和运营实践的总结。

Ⅰ级——大型货场的主要道路,包括环形道路中装卸机械作业繁忙和交通量较大的主干道,以及货场出入口主干道。在货场内此种道路数量较少,而大多为次要道路。

Ⅱ级——中型货场的主要道路,包括的内容与Ⅰ级道路相同。

Ⅲ级——除条文规定外，还包括其他段所的主要道路，如机务折返段及所、车轮工厂、电务段、工务段、客运段和车务段、给水所等的主要道路。

段、所与外部的连接道路，指为铁路运输生产以及消防通行的需要，与外部连接的道路，它也是站场道路的组成部分。

2.0.3 汽车道路的计算行车速度，是根据站场道路的特征确定的。计算行车速度与下列因素有关：

(1)站场道路的功能主要是服务功能，为车站各场、段、所、区服务。主要有车场、机务段、车辆段、货场等及办公、生活区的内部道路，以及连接各场、段、所、区之间的连接道路。

(2)除Ⅰ、Ⅱ级道路的行车道路面宽度较宽外，一般道路为双车道路单车道。行车道宽度与计算行车速度有关。

(3)车站各道路(货场道路除外)为混合交通，为确保安全，速度也应较低。

(4)车站范围内建筑物多，交叉口也多，且转弯半径小，为确保安全，速度也应较低。

根据以上特征，并参照了《厂矿道路设计规范》GBJ 22 厂内道路标准，“计算行车速度宜为 15 km/h”的规定，本规范规定计算行车速度宜采用 15 km/h。

2.0.4 路面宽度，各级道路均分为两档。在选择时，Ⅰ、Ⅱ、Ⅲ级道路，高档是少数，低档是多数。高档是交通量较大，作业繁忙的道路。大型货场的运量较大者，主要道路可采用高档，如设两个货场出入口时，其中一个路面宽度可采用 14.0 m，而另一个可采用 10.5 m。反之，大型货场的运量较小者，货场出入口主干道和环形道路的主干道，宜采用 10.5 m。Ⅱ、Ⅲ级道路，交通量较大者，宜采用高档，反之可采用低档。

Ⅳ级道路中路面宽度 3.0 m~3.5 m，宜选择 3.5 m。在困难条件下，受地形和地物限制时，路面宽度可采用 3.0 m。

2.0.5 设计车辆外廓尺寸，参照现行《公路工程技术标准》JTJ 001 二、三、四级公路标准制定。

2.0.6 站场道路建筑限界是参照《公路工程技术标准》JTJ 001 制定。

2.0.7 站场道路一般设在车站范围内，不存在用地问题。只有在车站范围以外单独修建时，才存在用地问题。道路用地设置的有关规定，主要为确保道路路基的稳定和安全。道路用地除路基主体工程外，还包括道路绿化和排水所需用地。

2.0.10 集装箱货场走行机械的类型及其荷载分布与一般道路采用的桥涵标准荷载及其分布差异较大，因此集装箱货场道路桥涵设计荷载应考虑其走行机械类型及分布特点确定。

3.1.2 视距的规定是为了保证行车安全。行车视距分为停车视距、会车视距和超车视距等。在站场汽车道路设计中，会车视距是停车视距的两倍。停车视距 S_s 采用式(说明 3.1.2—1)和式(说明 3.1.2—2)计算。

$$S_s = S_r + S_b + S_a \qquad \text{(说明 3.1.2—1)}$$

式中　S_r——司机反应距离(m)；

S_b——制动距离(m)；

S_a——安全距离，取 5 m。

$$S_s = \frac{v_a t}{3.6} + \frac{\beta_s v_a^2}{254\mu_s} + S_a \qquad \text{(说明 3.1.2—2)}$$

式中　v_a——计算行车速度(km/h)；

t——司机反应时间，取 1.2 s；

β_s——安全系数,取 1.2;

μ_s——路面摩擦系数,取 0.4。

停车视距计算值见说明表 3.1.2。

说明表 3.1.2 停车视距计算值

v_a(km/h)	$S_r=\frac{v_a t}{3.6}$(m)	$S_b=\frac{\beta_s v_a^2}{254\mu_s}$(m)	S_a(m)	S_s 计算值(m)	S_s 采用值(m)
25	8.33	7.38	5	20.71	25
20	6.67	4.72	5	16.39	20
15	5.00	2.66	5	12.66	15
10	3.33	1.18	5	9.51	10

超车视距参照《公路路线设计规范》JTJ 011 四级公路标准制定。

3.1.4 圆曲线长度应符合不使驾驶员操作方向盘感到困难。圆曲线最小长度 L_h 为

$$L_h=\frac{v_a t}{3.6} \qquad \text{(说明 3.1.4)}$$

圆曲线部分操作方向盘不感到困难,至少 $t=6$ s。当 $v_a=15$ km/h 时,$L_h=25$ m。

3.1.5 回头曲线处往往坡大弯急,驾驶人员在回头曲线路段行车操作困难。为此,站场汽车道路不宜设置回头曲线。

3.1.7 道路边缘至相邻建筑物的最小距离,根据安全距离、道路转弯半径、车辆是否转弯、车辆停放方式、嘹望条件等确定。

3.2.1 站场汽车道路纵断面除单独修建的以外,其纵断面应与铁路路基、各种建筑物等高程相适应,并满足站场总布置和排水的要求。

站场汽车道路,除货场道路外,主要为铁路运输、职工生产、生活及顾客、旅客服务,人流和车流混合交通、非机动车流较普遍,为满足这些特点和造型美观,纵坡需平缓,起伏不宜频繁。

路基和桥涵引道路基高程是参照国家铁路标准制定。道路桥涵采用的洪水频率及设计水位与铁路相同。单独修建的站场道路路基洪水频率是参照《公路路线设计规范》JTJ 011 制定,其中Ⅰ、Ⅱ级站场道路比照二级公路标准,Ⅲ、Ⅳ级道路比照三级公路标准。

3.2.2 站场汽车道路纵坡

(1)第 1 款海拔 3 000 m 以上的地区纵坡折减,第 3 款及第 4 款桥上、桥头引线纵坡是参照现行《公路路线设计规范》JTJ 011 的规定。

(2)第 2 款运输危险品纵坡,第 5 款经常通行大量自行车纵坡,第 6 款站场汽车道路小半径圆曲线路段的纵坡及第 7 款回头曲线纵坡是参照现行《厂矿道路设计规范》GBJ 22 的规定。

3.2.3 陡坡限制坡长是为了避免汽车在陡坡上的行驶车速降低到不合理的程度,并保证下坡时的安全。本条主要参照现行《公路路线设计规范》JTJ 011 制定,但考虑到站场汽车道路的特点,困难时,缓和坡段长度不应小于 50 m。

3.2.4 为了使车辆行驶平顺、安全和保证视距,减少通过变坡点时车辆的冲击。在纵坡变更处,应设置竖曲线。其半径宜采用较大半径。竖曲线长度不宜太短,太短对车辆行驶不

利。本条定为不宜短于 20 m。该长度是按计算行车速度在 3 s 中所行驶的距离确定的。

设汽车在竖曲线上作匀速运动,则

$$L_{\min}=\frac{v_{\mathrm{a}}t}{3.6} \tag{说明 3. 2. 4}$$

式中 $L_{\min}$——竖曲线最小长度(m);

v_{a}——计算行车速度(km/h);

t——汽车在竖曲线上行驶时间,一般采用 3 s。

根据式(说明 3. 2. 4),竖曲线最小长度见说明表 3. 2. 4。

说明表 3. 2. 4　竖曲线最小长度

计算行车速度 v_{a}(km/h)	汽车在竖曲线上行驶时间(s)	竖曲线最小长度(m)	
		计算值	采用值
15	3	12. 5	15
20	3	16. 7	20
30	3	25. 0	25
40	3	33. 3	35

竖曲线与圆曲线组合的线形设计,应满足驾驶员能保持视觉的连续性,而且要有足够的舒适感和安全感,使驾驶员心理反应和视觉达到平稳。竖曲线包含在圆曲线之内布置的优点是当汽车驶入凸形竖曲线的顶点之前,就能够清楚地看到圆曲线的始端,可以辨明弯道的走向,不致因判断错误而发生危险。

为使驾驶员方向盘转换操作方便,防止行车事故,规范规定“凸形竖曲线的顶部或凹形竖曲线的底部,应避免插入小半径圆曲线,或将这些顶点作为反向曲线的转向点”。

3. 3. 1~3. 3. 2　引道的长度和宽度的规定,是根据引道的不同用途,驶入引道的不同类型的车辆及其车辆转弯半径不同,对引道设计的平面作出不同的尺寸要求。

3. 3. 3　回车场形式有 O 形、T 形和 L 形。不同车辆的转弯半径不同,回车场采用的图型及尺寸也不同。一般载重汽车回车场形式如说明图 3. 3. 3 所示。鞍式列车(半挂车、全挂车)回车场平面主要是根据车辆最小转弯半径和道路路面宽度以及地形条件、回车场形式确定。

回车场功能以满足汽车转向调头,除 O 形外,汽车起动、制动、停车频繁,且速度又低,为便于驾驶员操作方便,安全顺利完成转向调头,纵坡宜设计为平坡。困难条件下,也不应大于 3%。横坡也不应大于 1%。

3. 3. 5　停车场或停车道按使用功能,分为汽车库停车场、货物站台道路侧停车场及货位旁停车场。

停车场的形式分为垂直式、平行式、斜角式三种停放形式,其中以垂直式的占地面积最小。

3. 4. 1~3. 4. 3　站场汽车道路交叉应采用平面交叉,它是根据站场汽车道路特点(交通量不大、车速不高和站场平面布置的需要)确定的。且交叉形式分为十字形、T 形和 Y 形。十字形采用简易十字交叉,T 形和 Y 形采用加铺转角式交叉。道路交叉以曲线构成加宽时,称加铺转角式交叉。

交叉角是考虑到交叉角与通行能力、车流方向、车型和交通安全等因素确定的。采用较大的交叉角,有利于安全运行。

(1)交叉角与通行能力

交叉角的大小,直接关系到道路的通行能力。道路斜交,必然使通过交叉口道路的长度比正交(90°)要长,车辆和行人通过的时间也要增加,从而影响道路的通行能力。交叉角愈小,对通行能力影响愈大。由于通过路口时间的延长,还会增加交通事故的发生率。

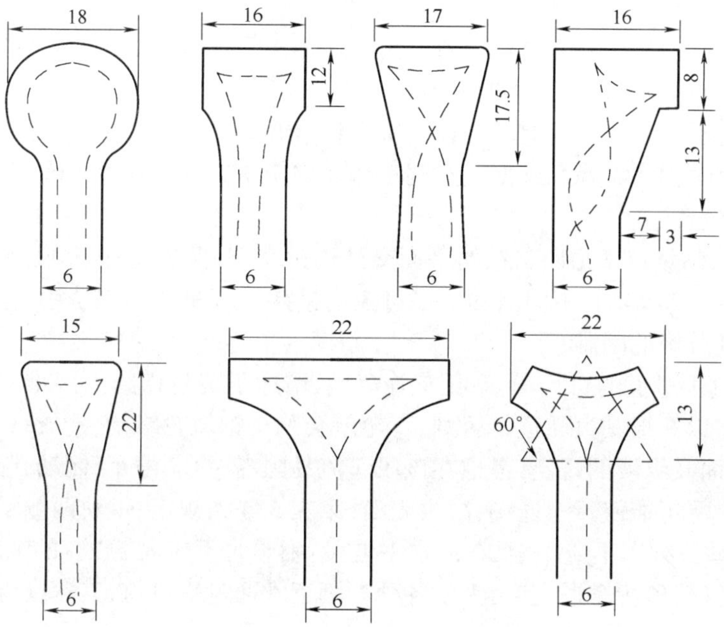

说明图 3.3.3 一般载重汽车回车场形式(单位:m)

这些都是不可忽视的。

(2)交叉角与车流方向

车流方向是设计交叉角必须注意的主要问题之一。车流方向在交叉口比较复杂,有主要车流方向,次要车流方向和主次不明显等。在这些车流中,有平行的,有交叉的。对于主要车流,当然以使其能直线通过交叉口为好。如需转向运行,则以交叉角较大或正交为好。对于次要车流,其交叉角可小于 90°。对于车流方向数量大体相等的转向车流,其交叉角以正交为好。这样,在交叉口就能充分发挥道路的运输能力。

(3)交叉角与车型

过小的交叉角,造成行车转弯困难。如行驶解放牌、黄河牌、东风牌等一般载重汽车,最小转弯半径 9 m 即可;而行驶鞍式列车(半挂车、全挂车),最小转弯半径需要 15 m 或更大。因此,对于行驶要求转弯半径较大的汽车道路上,采用较小交叉角是极不利的。若过小的交叉角处采用较大转弯半径,则形成的转弯弧线必然很长,对司机行车不利,且交叉口占地也大。

3.4.4 参照《公路路线设计规范》JTJ 011 四级公路标准制定。

3.4.6 平面交叉路段纵坡的规定,考虑到交叉路段的使用要求,该段车流较多,行车、停车、制动和起动均较频繁。规范规定不大于 2% 的缓坡,完全能满足汽车正常行车、停车和正常制动、起动的要求。

平缓路段坡段长度,这是考虑了可停一辆鞍式列车 16 m 长度的需要。

“紧接平缓坡段的道路纵坡不应大于 3%;困难条件下也不应大于 5%”。这样规定是考虑到,在道路交叉口两侧路段,均与平缓路段紧接,是交叉口路段的延续。交叉口车辆易阻滞,经常停车,制动、起动也较频繁。根据理论计算,如果采用 5% 的坡段,汽车在该坡段起动困难。但如采用不大于 3% 的坡段,显然就容易起动。

关于安全停车的道路纵坡,根据交通部公路局的意见,水泥、沥青、碎石等路面不宜大于 3%，块石路面不宜大于 5%。

站场道路自行车较多，而自行车道最大纵坡不应大于 3.5%。为使自行车顺利通行，迅速疏散，不致影响交通运输，该坡度不宜大于 3%。

3.5.3 平过道不宜设在曲线地段、道岔、桥头和有调车作业的牵出线范围，是考虑铁路轨道结构、平过道结构的需要和确保铁路调车作业安全不宜在上述地段设置，在道岔尖轨及辙叉处是严禁设置的。

3.5.4～3.5.6 站场汽车道路与铁路平面交叉角过小，对平过道有不利影响，主要是：

（1）平过道长度增加，不但增加了平过道的铺砌工程量和工程费用，且增加了不安全因素，以及管理维修的困难。

（2）对通过平过道的自行车、摩托车等车辆，增加了跨越铁路的困难。当交叉角过小时，这些车辆需以 S 形驶过轨道。否则，车轮就会陷于钢轨轮缘槽，造成行车事故。

平过道平面及纵坡的规定，考虑在该段车流易阻滞，汽车停车、制动、起动频繁。为利于平过道安全，尽可能使行车通畅，减少阻滞，第 3.5.5 条规定，钢轨两侧距变坡点不应小于 16 m，通行鞍式列车不应小于 20 m 水平坡段；困难时不应大于 2% 的纵坡。

3.5.7 路面宽度，即行车道宽度，为使各种车辆正常通过平过道，其宽度应与行车道宽度一致。否则，给行车带来困难。

3.5.8 本条规定，主要考虑为保证铁路行车和通过平过道各种车辆安全的需要以及确保平过道稳定、坚固、耐用，且易于维修的原则。

3.5.9 本条规定，是参照现行《铁路技术管理规程》第 46 条确定的。

在电气化铁路上，平过道两侧距栏杆处不少于 5 m，无栏杆时距线路中心也不少于 5 m，应设置限界架。限界架高度不应大于 4.5 m，以防止通过平过道的车辆及所载货物与铁路接触网的高差小于安全距离。

3.5.10 设置立体交叉，是保证铁路运输和汽车等机动车、非机动车及行人安全的有效措施。尽管工程投资较大，但对提高经济和社会效益有其明显的优越性。因此，结合地形或桥涵构筑物情况，宜设置立体交叉。

3.5.12 立体交叉的角度，主要考虑立体交叉时，减少桥涵孔径及长度，节约工程投资。当受地形地质水文条件的限制，并满足桥涵结构允许的技术条件时，可以小于 45°。

4.1.2 路基土的含水量和压实度直接影响路基的强度和稳定性。路基质量的好坏，关系到整个站场道路的质量及各种车辆的正常行驶。因此，影响路基强度和稳定性的地面水和地下水，必须采取相应的排水措施。

4.1.3 土基回弹模量不应小于 20 MPa，是根据现行《城市道路设计规范》CJJ 37 和《港口道路、堆场铺面设计与施工规范》JTJ 296 确定的。《公路沥青路面设计规范》JTJ 014规定："应使高速公路和一级公路的土基回弹模量值大于 30 MPa，其他公路的土基回弹模量值应大于 25 MPa。"站场道路不同于公路，而与城市道路和港口道路比较接近，因此本规范采用了上述两规范标准。土基为路面底部一定深度部分（填方 0～80 cm，零填及路堑 0～30 cm），亦称路床。

4.1.5 站场汽车道路路基有一个显著的特点，道路路基往往与铁路路基相连，同时修建施工方法也相同。因此，路基和加固等应符合现行《铁路路基设计规范》TB 10001的规定。

4.2.1～4.2.3 站场道路横断面，路基一般与铁路路基相连。与铁路路基不等高时，需设路肩和路缘石；与铁路路基等高时，当道路位于铁路线路之间，可不设路肩和路缘石，位于铁路线路外侧,在道路外侧应设置路肩和路缘石。该断面形式,一般在铁路路基外侧或各场、段、所、工区内部道路采用。

单独修建的站场道路横断面,必须设有路肩。横断面形式一般在站场道路单独修建时以及各场、段、所、区之间的连接道路采用。

5.0.1 本条对站场汽车道路路面设计的基本要求作了规定。

路面设计,包括路面结构及组合设计,路面厚度计算和路面材料设计。路面结构设计,应根据站场道路等级、使用功能、交通量及其组成情况,并全面考虑当地自然条件、路基干湿类型、材料供应情况、施工力量和期限、养护条件以及当地经验等,拟定几种与之相适应的结构组合图式进行综合比较,选择技术先进、经济合理的路面结构方案。路面厚度计算应根据路面结构设计及计算公式求得。路面材料设计,应符合现行有关规范要求。

路基含水量及压实情况,直接影响路面结构的强度和稳定性,也直接影响路面结构及厚度。故路面设计应结合路基进行综合设计。

路面直接承受车辆荷载,故必须有足够的强度。由于路面直接受周围大气温度、湿度等气候条件的影响,因此,要求路面有良好的稳定性。表面平整、抗滑,主要是为了提高速度、减少机件磨损和行车舒适以及防止汽车打滑,以利行车安全。没有良好的路面排水,就不能保证路面的稳定性和强度。

5.0.3 路面等级及相应的路面面层类型划分,是依据国家现行公路设计规范及《港口道路、堆场铺面设计与施工规范》JTJ 296 确定:

水泥混凝土路面——以水泥混凝土面板和基(垫)层所组成的路面,亦称刚性路面。它包括普通混凝土路面、钢筋混凝土路面、碾压混凝土路面、钢纤维混凝土路面、连续配筋混凝土路面等。

普通混凝土路面——除接缝和局部外均不配筋的混凝土路面。

钢纤维混凝土路面——在混凝土中掺入钢纤维的水泥混凝土路面。

连锁块路面——以预制高强度混凝土小块或加工高强度天然条石作面层的路面。该路面主要靠块体之间的嵌锁作用来承受和传递荷载。块体尺寸较小,一般长边小于25 cm。

沥青混凝土路面——用沥青混凝土作面层的路面。

沥青灌入式路面——用沥青灌入碎(砾)石作面层的路面。

沥青碎石路面——用沥青碎石作面层的路面。

沥青表面处治——用沥青和集料按层铺法或拌和法铺筑而成的厚度不超过 3 cm 的沥青面层。

泥结碎石、砾石路面——以碎石或砾石为骨料,经碾压后灌浆,依靠碎石的嵌锁和黏土的粘结作用形成的路面。

级配碎、砾石路面——按密实级配原理选配的碎、砾石和适量黏土,经拌和、摊铺、压实而成的路面。

半整齐块石路面——经加工的块石用人工铺砌而成的中级路面,也称拳石或弹石路面。

5.0.5 基层,对沥青路面来讲,是主要承重层次;对混凝土路面来讲,提供均匀而稳定的支承,且能防止唧泥、错台、冻胀等病害,保证路面的整体性、延长路面的使用寿命。因此,基层应具有足够的强度,且保证在自然因素作用下具有良好的稳定性。在冰冻地区,还应具有一定的防冻性。

基层的厚度，是根据国内外的经验，以及施工最小厚度和适宜厚度确定的。对于混凝土路面来讲，基层不宜太厚，特别是粒料基层，以避免基层本身的固体变形。沥青路面，因基层是主要承重层，可以较厚。

5.0.7~5.0.8 基层材料和适用范围参照了现行《公路路面基层施工技术规范》JTJ 034的规定制定。

5.0.9 在路基状况不良地段（具体指地下水位高、排水不良，路基经常处于潮湿、过湿状况的路段；排水不良的土质路堑、有裂隙水、泉眼等水文不良的岩石路堑路段；季节性冰冻地区的中湿、潮湿路段、可能产生冻胀需设置防冻垫层的路段）路基与基层之间加设垫层，可改善土基的湿度和温度状况，保证面层和基层强度稳定性及抗冻胀能力；扩散由基层传来的荷载应力，减少土基的应力和变形。此外，垫层还能阻止路基土挤入基层中，以保证路面结构的稳定性。

垫层材料的强度要求不一定要高，但其水稳性、隔热性能要好，可根据当地情况及垫层的不同作用选用。材料规格和技术要求应符合现行《公路路面基层施工技术规范》JTJ 034 的规定。

垫层的最小厚度，主要是考虑施工最小厚度确定的。垫层的宽度，主要考虑受力情况下保持基层的稳定性的要求。

冻结层最小厚度是参照现行《公路沥青路面设计规范》JTJ 014 和《公路水泥混凝土路面设计规范》JTJ 012 的规定确定。

5.0.10 路拱坡度是根据现行《公路工程技术标准》JTJ 001 确定。当受车站场、段、所、区内横断面的影响，这些影响含建筑物、排水、减少工程量以及装卸机械作业要求等，此时，站场道路路面横坡可适当减少或增大。

6.0.1 设置人行道的条件，应根据道路上运输繁忙程度和人流密集集散情况，以及混合交通量是否危及行人安全等因素确定。

经常通过行人而无道路的地方，一般指通向办公室、车间和厕所等处。

6.0.2 人行道单独修建时，其宽度确定的理由：

(1)双人人行道宽度：每个行人占用横向宽度 0.75 m，双人人行道为 1.5 m~2.0 m。

(2)两辆自行车道宽度：自行车宽度 0.6 m，根据《中华人民共和国道路交通规则》规定自行车载物宽度左右不准超出车把 0.15 m；考虑左右摆动 0.20 m，两辆自行车道宽度 $0.6\ m\times2+0.15\ m\times2+0.20\ m\times2=1.9\ m$。故定为两辆自行道宽度为 2.0 m。

7.0.1~7.0.3 为保障行车和行人的安全，充分发挥道路的作用，在沿线设置的标志、柱式（墙式）护栏和照明设备等设施。这些设施应根据需要确定。

急弯系指转角大且曲线半径最小；陡坡系指采用限制坡度的纵坡；高路堤系指路基中心填高 3 m 以上的道路。

7.0.4 汽车衡目前采用电子汽车衡，进端宜有两辆车长的直线段，并设在平坡上，使汽车平稳驶入汽车衡器称重才能准确。

8.1.1 排水系统设计应首先注意保护当地人工的或天然的排水系统和水土保持工程，并尽量考虑农田水利综合利用，不占良田，少占耕地。车站设计对农田排灌系统造成影响，应采取相应措施，如改沟、改建或新建沟渠，以保证农田不失灌或冲毁。设计站内排水系统也要与区间排水系统统筹考虑，并做好进出口位置的选择和处理，使水流顺畅，路基边坡保持稳定。

8.1.2 车站排水设计与站内桥涵设置紧密配合，根据桥涵的汇水区域划分，尽量保持天然水流状态。

8.1.3 合理的排水设计要求站场路基面与站场路基外排水设备相互协调，形成完善的排水系统，使水流径路短而顺直。

8.1.4 地面排水设备建筑材料的选用应根据当地的自然资源，因地制宜、就地取材，以降低工程成本，节约投资。

8.2.2 为了使水沟排水通畅，避免淤塞，水沟纵坡不宜小于3‰～4‰，为了减少工程量，也不得小于2‰。但在有些平坦地带或反坡排水地段，如限制不得用小于2‰的纵坡，非但工程量增加很多，而且连找水沟的出口位置也成问题，在这种困难情况下，才容许水沟纵坡减少至1‰。

8.2.3 侧沟、天沟、排水沟的断面尺寸，须保证宣泄全部设计流量而不致溢出沟外。由水力计算得知：若采用底宽0.4 m，深度0.4 m，边坡坡度为1∶1的梯形断面，在2‰的纵坡上，满槽时可排泄约0.2 m^3/s 的流量，这在一般地区几乎是经常碰到的。所以对一般土质的水沟断面，再加安全高度0.2 m，就得出一般情况下水沟断面标准尺寸采用0.4 m×0.6 m的规定。在干旱少雨地区，由于流量较小，可将水沟深度减至0.4 m。岩石路堑的水沟深度亦可减少至0.4 m，因为岩石路堑水流即使稍有漫溢现象，对边坡和路基面的危害也不大。但半岩质路堑侧沟，则应按土质考虑。

8.2.4 侧沟、天沟、排水沟一般采用规范规定的最小标准断面，当有外来集中水流汇入侧沟时，其横断面应进行流量计算。在计算急流槽下游的侧沟断面时，流量采用本侧沟和由急流槽引入的二者流量之和，洪水频率采用1/50，以防因增大流量后可能漫溢，直接威胁线路的安全。

8.2.5 排水设备防护标准一般按本条文规定执行，其他情况可按《铁路路基设计规范》TB 10001执行。本条文的强度等级为材料最低强度等级。

8.2.6 侧沟设在路堑路肩边缘的外侧，用以汇集和排除路堑范围内的地面水。在线路不填不挖地段亦应设置侧沟。

8.2.7 地面横坡明显地段，可仅在路基上方一侧设置。若地面横坡不明显的平坦地带，当路堤高度小于2 m时，由于地面积水和局部地表径流，可能使路基基床受水浸泡或受毛细管水的作用而影响路基稳定性，宜在路堤两侧均设置排水沟；当路堤高度大于2 m时，由于路堤较高，短期内的浸泡还不致影响基床部分，也可只在路堤上方单侧设置排水沟；如路堤高度虽小于2 m，但经调查确认下侧不会有积水和形成地表径流可能时，也可只在上方单侧设置排水沟。

当站场穿越水塘、鱼塘、水田等地区，一定要注意排水沟的设置，使水流顺畅，不得使水漫流，冲毁农田，也不得截断水源，影响农田灌溉。

8.2.8 天沟的作用是拦截堑顶山坡上的地面水流，不让其流向路堑，冲刷路堑边坡，以保证边坡的稳定，同时还应考虑防止汇集于天沟内的水流渗漏而影响边坡的稳定。因此，天沟距堑顶的距离要从这两方面慎重考虑选定。距离过大，未截住的地面水较多；距离过小，有渗漏影响边坡稳定的危险。因此须视路堑边坡土质的好坏及边坡坍塌后对线路的危害程度而定。在一般情况下不宜小于5 m，若修建在较完整的岩石上或其他地层上但已采取防渗加固的天沟和未加固防渗的天沟的低路堑，即使边坡发生坍塌亦不致影响行车时，均可减少至2 m，以节约用地。

路堑顶弃土堆的内侧坡脚至堑顶距离，一般可为 2 m，在荒山地段也可为 5 m。弃土堆外侧的地面横坡不明显或斜向外侧时，一般可不设天沟，如地面横坡斜向路基且汇水量较大，又不能自然排出时，则可设天沟。

8.2.9 土和风化岩石两种地层组成的路堑，如土只是很薄的一层覆盖层，平台则不一定设在土石分界处，以设在边坡中部为宜。

平台上截水沟尺寸以满足排水流量为原则。其断面尺寸可小于侧沟的断面尺寸，但一定要铺砌加固，以免渗漏。如有渗漏，则对下部的边坡反而不利。

8.2.10 跌水和急流槽主要用于陡坡地段的排水，达到水流的消能和减缓流速，是山区铁路经常采用的排水构筑物。在地形陡峻地段的天沟或截水沟，沟两端的高差很大而水平距离又很短时，可用跌水或急流槽连接。在地形较陡地段的排水沟，若所在地层易受冲刷不宜采用较陡的纵坡时，则可分段设计成适当的缓坡段，而以不高的单级跌水连接。天沟不应向路堑侧沟排水，当受地形限制，不得已向侧沟排水时，可采用急流槽。

急流槽坡度一般不陡于 1∶1.5，但当流量小，地质条件良好，也可采用较陡的坡度。

8.2.12 本条第 1 款是指位于松软土层和地表水渗入地下土层后易影响路基整体稳定的地段。第 2 款是指水沟纵坡大、流速大，可能引起冲刷的地段。一般在黏性土地层中，纵坡大于 8‰的水沟宜采取加固措施。第 3 款是为了预防基床病害的需要而提出来的。第 4 款是指天沟、排水沟往往在通过地表沟槽处有集中水流，对天沟、排水沟冲刷力较大，而需加固防渗。

8.2.13 第 2 款指的是：如天沟受地形限制，需要修建急流槽引水向路堑侧沟排出；站内横向排水槽(管)和车站房建区等的水，需引入侧沟排出时。

8.2.15 土质沟防止变形、冲刷或渗漏的加固措施，可选用条文所列的加固类型。详细设计要求参见《铁路路基地面排水建筑物图》(贰线 1006—10)。

9.1.1 由于车站路基面一般比较宽阔，有一定的汇水面积，如果没有横向坡度则易于积水。为使站内地面水能及时排除，保持路基干燥，防止路基沉陷、翻浆冒泥和冻害，提高线路养护质量保持线路稳定，车站路基面应设有倾向排水系统的横向坡度。

车站路基横断面形状应根据路基宽度、排水要求、路基填挖情况和线路坡度连接等条件设计；中间站、会让站和越行站宜采用单面坡或双面坡的横断面；站线数量较多的编组站、区段站和工业站等，宜采用锯齿形坡的横断面。

9.1.2 表 9.1.2 中地区年降雨量的划分，主要是根据全国六个片区调查资料分析得出。资料表明，不同的降雨量，对路基横向坡度有着不同的要求。

年降雨量小于 350 mm 的地区(黄河流域的甘肃青海区、内蒙区、青海内陆、甘肃内陆和华北内陆)，根据站内具体情况，可少设或不设排水设备；

年降雨量为 350 mm～700 mm 的地区(东北、华北和西北部分地区)，站内应设横向坡并在重点地点设置适当的排水设备；

年降雨量为 700 mm～1 000 mm 的地区(淮河流域大部分地区、长江流域的川北地区和鄂西北地区)，应设横向坡度和排水设备；

年降雨量 1 000 mm 以上的地区(长江流域大部分地区和不属于长江流域的其他中南、华东、西南地区)，路基面横向坡度应陡一些，同时应设置数量较多的排水设备。

路基土渗水性的强弱，对排水设备的设置数量和路基面横向坡度的大小，也有较大的影响。路基土渗水性强的，横向坡度可以缓些，排水设备也可少设。

9.1.3 路基面横坡的分坡点不宜单纯根据一个坡面最大线路数量确定，还应综合平面、横断面、纵断面、轨面顺坡、工程数量等因素合理确定，同一车场的不同位置，可根据需要设一面坡、两面坡、锯齿形坡或过渡段的平坡等不同形状。各个坡面可布置不同的线路数量及允许的不同横向坡度。注意或检查顺坡地段最外侧线路路肩宽度是否满足规定要求。

9.1.4 根据调查，排水问题最突出的地方，就是条文列出的应加强的部位。这些部位，为了及时排除积水，应适当加强排水。

1 设有给水栓和车辆洗刷作业的客车到发线、整备线，由于上水和给水栓使用管理不善产生漏水，如不及时排除，站内路基的稳定将受到严重影响，由于客车车厢和站台上的垃圾、炉灰经常扫在线路上，容易造成道床排水不良和路基翻浆冒泥。到发线两侧如有站台时，水从横向无法排出。因此，在设有给水栓的线路间、不论地区降雨量多少，都需要设置纵向排水槽。

2 仓库站台线的路基标高低于仓库、站台和道路，雨水易流入线路内。仓库和站台上的垃圾亦经常扫入线路内，使道床排水不畅。两站台夹 1 条装卸线，因雨水从横向无法排除，积水比较严重。车辆洗刷线、加冰线和牲畜装卸线有大量生产废水需要排除。因此，这些部位应适当加强路基排水。

3 车辆减速器、驼峰的机械化或自动化设备和电气化集中的咽喉区，应有良好的排水设备，以免影响设备的正常动作和信号的正确显示。

4 立交桥下线路的路基及进出站线路布置所形成的低洼处，排水较困难，根据需要可设置涵洞或其他排水设备，以排除积水。

5 改建站、段时，应消除原路基病害，以免病害发展扩大，影响新路基。利用施工机会，一次处理病害，人力、物力不需重新调配和组织，对运营干扰也可大大减少。

9.1.5 站场排水构筑物按结构材料分为浆砌片石（或块石）、混凝土、钢筋混凝土和砖等。按设置的位置及作用又可分为纵向、横向和公路排水设备三大类。

纵向排水设备汇流路基面上的水，包括路基上修筑的站台、仓库、雨棚及生产房屋的雨水，并经横向排水设备排出路基外。纵向排水设备按其设置位置及使用要求不同，可分为纵向排水槽、站台边排水槽及明沟等。

横向排水设备的作用，主要是将纵向排水槽（沟）的水接排至路基外。站场横向排水设备分为穿越线路（横向）排水槽，排水管及检查井等。为排除线路间局部地段的积水和道岔区的积水，可采用小型横向排水槽。

公路排水槽设于站（段）场内通行机动车辆的道路上，它既起纵向排水的作用，又起横向排水的作用。

纵向和横向排水设备的主要作用：前者是汇集线路间的积水；后者是把纵向沟内的水排出站外。规划站场排水系统时，纵向、横向排水设备应紧密结合。为了使站内积水迅速、畅通地排出站外，应使水流径路最短，并尽量顺直。

9.1.6 纵向排水设备的坡度应使水能顺畅排出。由于站内排水设备内的泥砂和杂物比较多，为避免淤塞，一般情况下，水流的平均速度不应小于 0.5 m/s。为满足上述要求，排水设备的纵向坡度不应小于 2‰，最好采用 3‰~5‰。大站的站场纵向坡度，一般都不超过 1.5‰，故排水设备的坡度，也不宜过大。为了使下游不发生挟带物沉积，保证水能及时排出站外，必须使水流速度由上游至出口逐渐增大。因此排水设备的设计坡度，应从上游至下游逐渐增大。位于平坦、沼泽和河滩地区的站场，当排水系统出水有困难或采用

2‰的纵向坡度将引起大量工程时,纵向排水设备的坡度可减至 1‰。排水设备在分水点处的深度可为 0.2m。为了使穿越站线的横向排水设备内的水能迅速排出,同时不使泥砂淤积,横向排水设备的坡度应不小于 5‰,有条件者可适当增至 8‰或以上。平坦地区和改建站场的横向排水设备坡度不小于 5‰,往往不易做到,有的出口标高难以连接,可按具体情况设置。

9.1.7　本规范采用 1/50 洪水频率的流量设计。如有充分根据,例如当枢纽、客运站、货运站(或货场)等位于城市范围内或厂矿附近,其水流汇入城市或厂矿管道时,这些车站的排水设备,也可按当地城市或厂矿采用的频率进行设计,但要注意防止站场积水。

由于站内各条纵向排水设备吸引的汇水面积比较小,流量一般不大,故决定其断面尺寸的主要因素往往不是流量,而是养护维修清淤的需要。横向排水设备是将各条纵向排水设备内的水汇集排出站外,故应根据所通过的总流量来决定其断面尺寸。

排水槽宽度小于 0.4 m 时,不便于清淤养护,同时也容易堵塞。宽度小于或等于 0.4 m,深度大于 1.2 m 的排水槽,清淤也困难。因此槽深大于 1.2 m 时,应将宽度加宽至 0.5 m~0.6 m,以便养护人员维修清理。

对于只排除局部积水的次要排水槽、管,其宽度或管径可根据具体情况设计。

9.1.8　条文主要针对站内调车、列检、装卸等工作人员通行安全而定的。

9.2.1　当没有其他站场设备时,纵向排水设备一般设在路基面横向排水坡的最低处。在采用锯齿形横断面时,应考虑纵向排水设备布置的合理性。当轨面顺坡地段出现道砟厚度不能满足要求时,应在该段范围内考虑改变排水横坡布置。

9.2.3　站坪、站房较大和雨棚较长的车站,在站坪上修建一条纵向排水槽,不但可以接排雨棚落水管的水,还可汇流部分站坪和站房的雨水。站前广场排水布置,应视广场布置、城市规划、道路连接以及地形条件等综合考虑,一般可平行站房或垂直站房方向设排水槽。

9.2.6　位于中轴线的线束间的纵向排水槽,一般应从第一制动位横向空压管沟开始,若第一制动位空压管沟就近向头部线路外侧排除时,则可从第二制动位的横向空压管沟开始。中轴线两侧的线束间以及不设间隔制动位的线束间,纵向排水槽应从线束分路道岔区附近路基面横坡最低交会点开始。

9.2.7　在客运整备场洗刷车辆时,产生大量废水,如不及时排除,影响路基稳定,因此应设纵向排水槽。

9.2.8

1　由于站台面及客车车厢内的垃圾经常扫入道床,使道床易于污染板结和堵塞排水槽,加之站台边排水槽断面较小,清淤困难,现场多不欢迎。因此,站台边排水槽一般不采用,只有当横坡受限制而必须在站台边设沟时,中小站方可采用。

2　客运站设有地道设备,如只有一处地道时,纵向排水槽应从地道两侧分坡排水。如设有两处地道,排水槽不能通过地道顶时,可分别从两地道两侧分坡,两地道间的纵向排水槽可利用地道间的桥涵或专设横向排水管通过站台向外排出。如上述地道顶填土较厚,排水槽通过地道顶不困难时,可按一般情况考虑。如按上述处理有困难时,则与隧道专业研究排水槽穿过地道,此时应注意避开地道的沉落缝。

3　在办理旅客列车上水的到发线间,为避免水栓漏水影响路基,应在设有给水栓的线路间设置纵向排水槽。

4　两旅客站台间的线路不仅有包括站台、雨棚在内承接的自然界的雨水,又有客车上水、洗刷人为带来的污水,还有自然界及客车停留带来的尘埃、垃圾。这些污染物对道床的污染非常严重,因此,铺设混凝土宽枕必须密封,且枕缝间采用弹性材料密封。为加强排水,还应铺设纵向盖板排水槽。

9.2.9 货场为货物装卸的场所,各种运输车辆活动频繁,易产生垃圾和损坏路面,造成排水沟、槽淤塞,严重影响货场内的排水,特别是大中型货场更为严重。因此,货场排水应与路面硬面化结合考虑,一般应按条文所列要求执行。

9.2.10 机务段担当机车整备和检修作业,段内线路数量、生产房屋及道路较多且布置集中,油泥、污水、废渣多且脏,故段内排水系统平面布置,应考虑条文所列的原则。

9.2.13 砟顶式排水槽盖板面露于道床表面,使股道间形成平整的通道,对调车、列检、车站作业都很方便,对养护维修和清淤工作特别有利。在严寒地区,盖板顶面上结上冰冻和霜雪,调车人员上下调车容易滑倒,故应在盖板顶上垫铺一层道砟或粗砂。

砟顶式排水槽的采用条件为:

(1)需采用洼垄填砟的地段;

(2)客车整备所内整备场线路间的排水槽;

(3)客运站采用宽混凝土枕的线路间;

(4)客车给水栓设于排水槽内时。

混合式排水槽是在砟底式排水槽的基础上,每隔 20 m~25 m 设一段 5 m 的砟顶式排水槽,以利清淤。

9.2.14 砟底式排水槽盖板与路基面平,地表水由盖板顶部孔隙流入沟内,因此砟底式排水槽设置在无洼垄填砟的线路间。

9.2.15 纵向排水槽因不受流量控制,槽宽一般采用 0.4 m 即能满足要求,但考虑其他需要,如在排水槽内设置管路或槽深大于 1.2 m 时,为便于养护维修,应加大槽宽。

9.2.19 严寒地区,如我国东北和西北部分地区,因气候寒冷,有冻胀凸起现象,若排水设备埋设在冻结线以上,则容易被冻胀,损坏排水设备,因此,在严寒地区排水设备应埋设在冻结线以下。冻结线深度大于 0.8 m 时,若采用盖板排水槽,因基础需埋在冻结线以下,使基础大大加厚,这是很不经济的,因此,冻结线深度大于 0.8 m 时,一般宜采用换填渗水土以及钢筋混凝土排水槽、排水管等。

9.2.20 具体材料选用按排水通用图的规定采用。

9.2.21 具体设置按排水通用图的规定采用。

9.3.1 根据我国近年来的设计经验,利用站内桥涵兼作横向排水,例如在桥台、涵顶或涵壁预留泄水洞,取得了很好的效果,而且具有工程简单、减少造价、排水效果好、清淤养护方便等优点。

9.3.2 横向排水槽为砟底式,穿越线路时,道砟直接铺在盖板上。由于排水槽不深,而且线路间盖板可以揭开,清淤养护比较方便,排水效果较好。横向排水槽属小型箱涵类型,要求地质条件较好,基底比较稳定。在一般情况下,新建铁路的挖方或填方较低(2 m 左右)的地段和既有线路路基比较稳定的情况下,可以广泛采用。

9.3.3 横向排水管与横向排水槽比较,由于管径小,清淤困难,当路基填方较高,设置横向排水槽基础工程较大时,方可考虑采用。

9.3.4 布置横向排水设备时,如站内有桥涵可资利用,应尽量利用桥涵设备,连接横向排水设备的纵向排水沟、槽不宜太长,太长易于淤积,且排水槽也较深,如排水槽深度大于

1.2 m,清淤困难。因此,一般情况下,在一个车场范围内,主要横向排水设备的数量可设1~2条,最多不应超过3条。车站咽喉区及线路间低凹处的积水,可单独设置小型横向排水设备。

9.3.7 横向排水槽为碎底式,过轨时道碴直接铺在盖板上。在填满道碴的线路间,为方便清淤,可每隔2~3股道,在横向排水槽的槽顶面上,设置不小于1.0 m的碎顶式检查口,由于排水槽不深,而且线路间盖板可以揭开,故清淤养护维修都比较方便,排水效果也较好。

9.4.1~9.4.3 纵向与横向排水设备的连接,情况比较复杂,其连接处应根据排水设备类型、地质条件、路基填土高度、桥涵类型和纵向排水槽泄水面高度等具体情况确定。常见的纵向与横向排水设备的连接方式有纵向排水槽与横向排水槽、纵向排水槽与检查井和纵向排水槽与站内涵洞连接三种。具体设计可按有关排水通用图的要求执行。

9.5.3 站场内股道间距很宽且不影响作业的地段,即无作业人员和无汽车通行的地段,可采用梯形排水沟,以节省投资。

9.5.4 纵向和横向排水槽、管的交汇点,排水管的转弯处和高程变化处,容易淤积、堵塞,在这些地方应设置检查井或集水井,便于清淤,此外,降雨量的大小及路基土壤的种类对排水管的淤积有直接关系。

9.5.7 公路排水槽的进出口,应设置进出口端墙及铺砌锥体面。当出口位于路堤上时,应在路堤边坡上设置排水明沟。当进口为尽头式始端时,应砌筑端墙。

9.5.9 圆管清淤困难,设计时应尽量采用大管径,为方便清淤,当排水管穿越线路较多时,每隔2~3条线路设检查井一处。

9.5.11~9.5.12 具体设置按排水通用图的规定采用。

9.5.13 检查井间的线路数量,不宜超过本规范第9.1.2条中表9.1.2的规定。检查井的间距以40 m左右为宜。

9.6.1 在办理旅客列车上水的到发线间,为避免水栓漏水影响路基,应结合路基地面排水,在设有给水栓的线路间设置纵向排水槽。当管道置于排水槽中,并用支架托起,排水槽宽度不少于0.6 m。当管道与排水槽并置时,排水槽的宽度与深度可适当加大。当管道置于排水槽外,给水栓及闸阀设于排水槽内,排水槽宽度可用0.4 m。

9.6.3~9.6.4 照明、通信电杆等设备,在线路较多的大站上,应尽可能集中安装在加宽的线路间,在中间站应安装在线路之外。一般应避免与排水槽设在同一线路间,困难情况下,可按条文规定办理。

9.6.5 新线设计时,接触网柱基础与纵向排水槽不应设在同一线路间;旧线改造,需新设排水槽时,不能设在有接触网柱基础的线路间,而应调整路基横坡,把排水槽设在别的线路间,以避免开挖沟槽影响基础稳定;改建困难情况下,当接触网柱采用钢柱,而排水槽又必须和接触网柱设在同一线路间时,可将接触网柱基础特殊设计,将基础留孔,使排水槽从基础穿过。

9.6.6 空压管顺线路布置时,空压管沟宜与纵向排水槽合并。当空压管沟与纵向排水槽交叉时,应详细计算空压管底高程和排水槽流水底面高程,可在空压管底下设2根ϕ200 mm铸铁管,或设1根ϕ300 mm或ϕ400 mm的钢筋混凝土管使雨水通过。

10.0.1 由于站内排水沟已形成网,只集中数处与站外水系相连,不受波浪壅水影响。因此排水沟沟顶的高程,可不计浪波及壅水高。为减少土石方工程,正线外包的车场路基边缘或排水沟顶的高程,可不计波浪及壅水高度,按设计水位加 0.5 m,困难时加 0.2 m 设计。调车场最低处的路基边缘或沟顶高程可按设计水位加 0.2 m 确定,困难时也不应低于该处设计水位高程。

10.0.2 根据计算分析,站场内纵向排水槽一般不受流量的控制,流量计算公式因各地区的具体情况不同也有所不同。在实际工作中可按本规范中所列的流量计算公式进行流量计算。

10.0.3 几十年实践证明了重现期 T 采用 25 年是适宜的。

10.0.4 影响排水沟、槽、管泄水能力的因素,主要是过水断面的形状和面积、水力坡度(沟、管、槽的底坡)以及沟壁或管壁的粗糙系数。进行水力计算的目的是确定为排泄设计流量所需的沟或管的断面形状和尺寸。同时检查其流速是否引起冲刷或淤积。沟、槽、管的泄水能力应大于设计流量。所选定的断面应考虑水面上留有的一定的安全高度。

10.0.5 本条系泄水能力基本表达式。

10.0.8 排水管的最大允许流速参照《室外排水设计规范》GBJ 14 的规定。

10.0.9 排水沟、槽最大允许流速用无冲刷平均流速控制,所列各表系铁路各设计单位使用多年的资料。

10.0.10 排水沟最小允许流速系数参照《室外排水设计规范》GBJ 14 规定。

本次印刷已根据中华人民共和国铁道部铁建设〔2009〕62 号《关于发布〈铁路工程地质勘察规范〉等 44 项铁路工程建设标准局部修订条文的通知》作了修改。

UDC

TB

中华人民共和国行业标准

P

TB 10067—2000
J 70—2001

铁路站场客货运设备设计规范

Code for design of passenger & freight equipments for railway station and yard

2000-12-21 发布　　2001-04-01 实施

中华人民共和国铁道部　发布

关于发布《铁路站场道路和排水设计规范》等15个铁路工程建设标准的通知

铁建设函〔2000〕445号

《铁路站场道路和排水设计规范》(TB 10066—2000)、《铁路站场客货运设备设计规范》(TB 10067—2000)、《铁路隧道运营通风设计规范》(TB 10068—2000)、《铁路隧道防排水技术规范》(TB 10119—2000)、《铁路货车车辆设备设计规范》(TB 10031—2000)、《铁路驼峰信号设计规范》(TB 10069—2000)、《铁路驼峰信号施工规范》(TB 10221—2000)、《铁路区间道口信号设计规范》(TB 10070—2000)、《铁路信号站内联锁设计规范》(TB 10071—2000)、《铁路通信电源设计规范》(TB 10072—2000)、《铁路光缆PDH通信工程施工规范》(TB 10215—2000)、《铁路通信用户接入网设计规范》(TB 10073—2000)、《铁路车站客运信息设计规范》(TB 10074—2000)、《铁路电力牵引供电隧道内接触网设计规范》(TB 10075—2000)、《铁路枢纽电力牵引供电设计规范》(TB 10076—2000)等15个铁路工程建设标准,经审查现批准发布,自2001年4月1日起施行。届时,原《铁路货车车辆段设计规范》(TBJ 30—90)、《铁路货物列车检修所设计规则》(TBJ 31—90)、《铁路货车站修所设计规则》(TBJ 32—90)、《铁路光缆数字通信工程施工规定》(TBJ 215—92)同时废止。

对工程延续项目勘测设计中新老规范的衔接问题,按《关于实施新发布设计规范有关问题的通知》(建技〔1999〕88号)办理。

以上标准由部建设管理司负责解释,由中国铁道出版社和铁路工程技术标准所组织出版发行。

中华人民共和国铁道部

二〇〇〇年十二月二十一日

前　　言

本规范是根据铁道部铁建函〔1998〕43 号文的要求编制的。

本规范内容包括：总则，术语，客运站、客运设备和客车整备所基本规定，客运站，客运设备，客车整备所，货运站、货场和货运设备基本规定，货运站，货场，货运设备共 10 章。

本规范为首次编制，在执行过程中希望各单位结合工程实践，总结经验，积累资料。如发现需要修改和补充之处，请及时将意见和有关资料寄交铁道部第一勘测设计院（兰州市和政路 75 号，邮政编码：730000），并抄送铁路工程技术标准所（北京市朝阳门外大街 227 号，邮政编码：100020），供今后修订时参考。

本规范由铁道部建设管理司负责解释。

主编单位：铁道部第一勘测设计院。

参编单位：铁道部第二勘测设计院。

主要起草人：刘佐治、燕接权、严伏英、谢德贤、漆碧辉、高丰农。

目　次

1 总　　则

1.0.1 为贯彻国家有关的法规和铁路技术政策,统一铁路站场客货运设备设计的技术标准,使铁路站场客货运设备设计符合安全适用、技术先进、经济合理的要求,制定本规范。

1.0.2 本规范适用于国家铁路网中客、货列车共线运行,旅客列车最高行车速度在140 km/h及以下标准轨距新建和改建铁路站场客货运设备的设计。

1.0.3 铁路站场客货运设备的设计年度宜分为近、远两期,新建铁路站场客货运设备的设计可增加初期年度。初期为交付运营后第3年,近期为交付运营后第5年,远期为交付运营后第10年。初、近、远期均采用调查运量。

对可逐步改建的建筑物和设备,按初、近期运量和运输性质分别确定,并预留远期发展条件。对不易改建的建筑物和设备,按远期运量和运输性质确定。

1.0.4 复杂的铁路客、货运站设计方案必须经过技术经济比较确定。改建时,应充分利用既有建筑物和设备。

复杂的客、货运站改建工程应有指导性施工过渡设计。

1.0.5 铁路客、货运站建设与城市建设总体规划应相互配合和协调。

应重视环境保护、水土保持和劳动安全卫生的要求,以及农田水利的需要,少占农田,节约用地。

1.0.6 铁路站场客货运设备范围内的地下管、线、沟、槽及地上建筑物布置,应统一规划,综合设计,避免互相干扰,保证安全生产。

1.0.7 铁路站场客货运设备设计除应符合本规范外,尚应符合国家现行的有关强制性标准的规定。

2 术　　语

2.0.1 客运设备　passenger equipment

在车站内,用来办理客运业务的设备。

2.0.2 旅客基本站台　passenger main platform

靠近站房一侧的旅客站台。

2.0.3 旅客中间站台　passenger intermediate platform

位于两条线路间或站房对侧最外到发线外侧的旅客站台。

2.0.4 客车整备所　passenger car servicing depot

承担始发、终到旅客列车车底的客运整备和车辆技术检查,以及对本属客车和车电机具等施行定期检修的客车运用维修单位。

2.0.5 货运设备　freight facilities

在货运站或货场内,用来办理货运业务的设备。

2.0.6 综合性货场　composite team yard

办理多种品类货物的货场。

2.0.7 专业性货场　specialized team yard

办理一种或两种品类大宗货物的货场。

2.0.8 整车货场　car load team yard

专办整车货物的货场。

2.0.9 零担货场　less-than-carload team yard (LCL team yard)

专办零担货物的货场。

2.0.10 集装箱货场　container team yard

专办用集装箱装运货物的货场。

2.0.11 危险货物货场　danger goods team yard

专办易燃性、爆炸性、腐蚀性、毒害性、放射性等危险货物的货场。

2.0.12 货物装卸线　team track

为装卸货物使用的线路。

2.0.13 高架卸货线(直壁式低货位)　elevated unloading track

路肩高于货物堆放场地面 1.5 m 及以上,两侧为直壁式,用于散装货物卸车作业的线路。

2.0.14 货物装卸线的装卸有效长度　length of freight loading-unloading

货物装卸线有效长度范围内能用于进行装卸作业的长度。

2.0.15 尽端式货物站台　end freight platform

设在尽头线的终端,主要装卸能自行移动货物的货物站台。

3 客运站、客运设备和客车整备所基本规定

3.0.1 客运站根据日接发旅客列车对数,日均上、下车旅客人数和旅客列车到发线数量,可分为大型客运站及一般客运站。日接发换算旅客列车30对及以上,日均上、下车旅客人数45 000人及以上和旅客列车到发线7条及以上的客运站为大型客运站,其他客运站为一般客运站。

3.0.2 客运站的设计规模应根据车站上、下车旅客人数,旅客列车对数及开行方式,并结合城市发展规划,既有客运设备状况和地形、地质条件等因素确定。

3.0.3 客运站和其他办理客运业务的车站,客运设备布置应互相协调,方便旅客。

3.0.4 客运站、客运设备、客车整备所和客运机务段设计应有总体规划。

3.0.5 各项客运设备必须具备必要的能力,保证客运站与客车整备所及客运机务段间有便捷的联系,减少进路交叉和作业干扰,使各项设备能力互相协调。

3.0.6 客运站及客车整备所应按要求设置生产与办公用房屋及场地。

3.0.7 客车整备所房屋宜集中布置在整备场的一侧,不宜布置在线路的尾端;房屋与整备场之间有汽车道路时,房屋的外墙轴线距相邻线路中心不宜小于13 m。

4 客 运 站

4.1 主要图型

4.1.1 客运站的布置图型按线路的配置形式不同分为通过式、尽端式和混合式三种。图型选择应根据引入线路方向、客运量、客运性质、既有客运设备状况及城市规划和地形条件等综合比选确定。

4.1.2 新建客运站或有多方向线路引入且客运量较大的客运站,宜采用通过式图型(图4.1.2—1、图4.1.2—2、图4.1.2—3、图4.1.2—4、图4.1.2—5)。

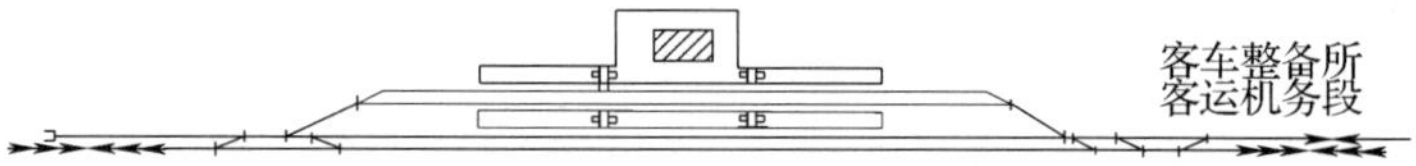

图4.1.2—1　客车整备所与客运机务段在站房同侧的单线通过式客运站图型

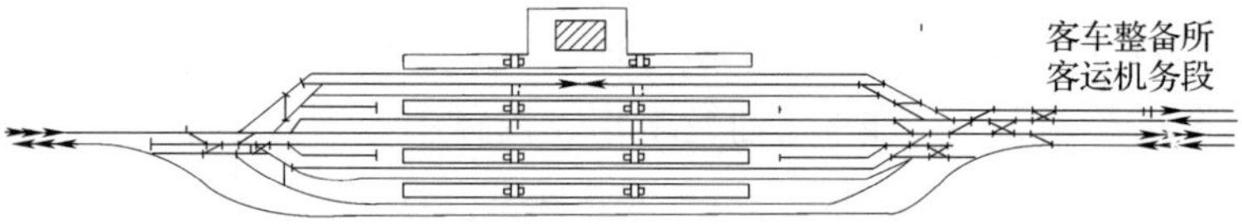

图4.1.2—2　客车整备所与客运机务段在站房同侧的通过式客运站图型

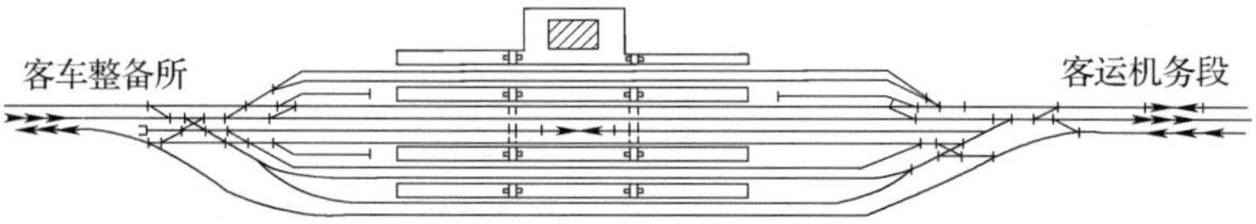

图4.1.2—3　客车整备所与客运机务段在站房同侧两端的通过式客运站图型

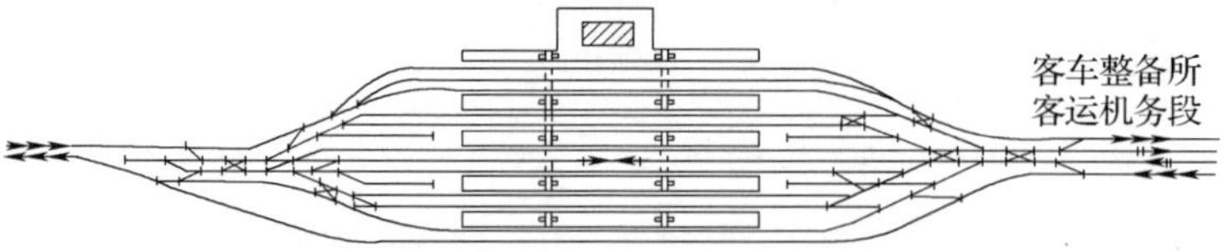

图4.1.2—4　客车整备所与客运机务段在两正线间的通过式客运站图型

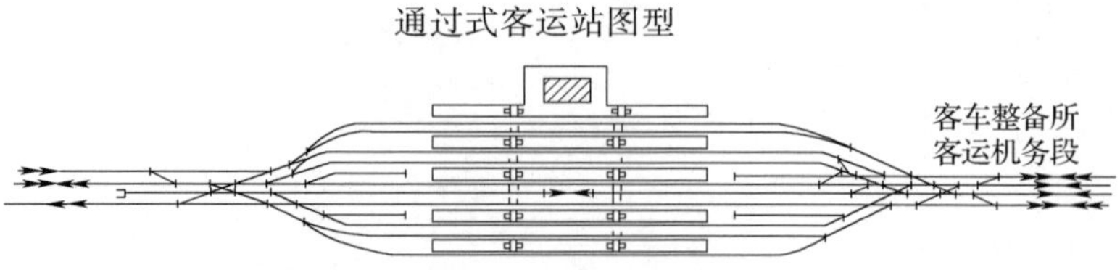

图4.1.2—5　无货物列车经过的通过式客运站图型

4.1.3 客运站以始发、终到列车为主,且处在铁路线路终端的客运站,可采用尽端式图型

(图 4.1.3)。

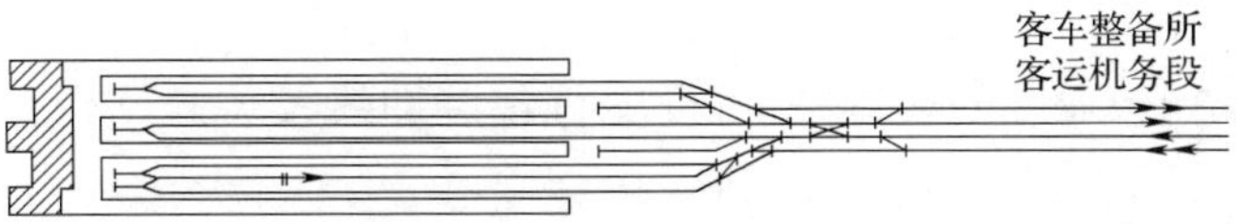

图 4.1.3 客车整备所与客运机务段在两正线间的尽端式客运站图型

4.1.4 改建困难时,可采用混合式图型(图 4.1.4)。

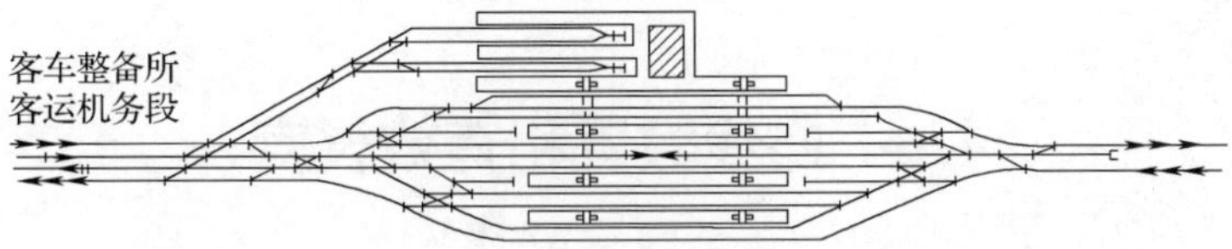

图 4.1.4 客车整备所与客运机务段在两正线间的混合式客运站图型

4.2 主要设备的配置

4.2.1 客运站的主要设备应按本章规定配置,其他设备应按本规范第五章规定配置。

4.2.2 客运站的站房根据具体条件可设计为线平式、线上式、线下式及多层立体跨线式站房,其位置应与城市规划、客运站的布置图型配合一致,并应符合以下要求:

1 通过式客运站的站房应设于靠主要居民区一侧。

2 尽端式客运站的站房宜设于站台端部,当到发线采用贯通式布置或客流量大,城市规划和地形等条件允许时,可将站房设于线路一侧。

3 混合式客运站的站房应设于通过式线路侧、尽端式站台的端部。

4.2.3 有货物列车通过的客运站,其正线位置应符合下列规定:

1 单线铁路上的客运站,正线宜设在站房对侧的最外侧。

2 双线铁路上的客运站,当客车整备所与客运站纵列配置且位于站房同侧时,两正线应分别设在上、下行到发线之间和站房对侧的最外侧;当客车整备所配置在站房对侧时,两正线应分别设在上、下行到发线之间和第一、二站台之间。

3 双线铁路上的客运站,当客车整备所与客运站纵列配置于两正线之间时,两正线应分别设在第一、二站台之间和站房对侧的最外侧。

4 大型客运站宜将通过货物列车的正线外绕客运站或设联络线分流货物列车。

4.2.4 客运站机车走行线和机待线的设置应符合下列规定:

1 单线铁路上的客运站,当客货列车对数较多时,应在非机务段端的咽喉区设置机待线。

2 双线铁路通过式客运站,应设置或预留机车走行线和机待线,当客运机务段和客车整备所设在两正线靠站房同侧一端时,应在第一、二站台之间设机车走行线;当客运机务段和客车整备所纵列配置于客运站一端咽喉区外方两正线之间时,在上、下行旅客列车到发线之间应设机车走行线。机待线应设置在非机务段端的咽喉区。

3 尽端式客运站,当折角旅客列车较多或旅客列车对数较多时,宜在两站台间设 3 条线路, 中间 1 条为机车走行线。

4.2.5 经常有车辆摘挂的客运站,在车辆摘挂作业的一端可设置摘挂车辆停留线和站台。

4.2.6 办理整车行包业务的客运站,可设置行包装卸线及装卸站台,其位置宜与行包房位置相配合。

4.2.7 客运站咽喉区的平行作业数量,应与所衔接的正线和段、所间走行线的数量相等。

4.2.8 大型客运站的旅客列车到发线在站台长度范围内,路基坚实、稳定、排水良好时,宜铺设混凝土宽枕,标准为1 760 根/km,并配置调高弹性扣件,枕缝间采用具有防水性能的弹性材料合缝。

4.3 站线数量和有效长度

4.3.1 客运站的旅客列车到发线数量应按下列因素确定:

1 接发旅客列车的对数和性质。

2 引入线路方向的数量。

3 各种列车在技术作业过程中占用到发线的时间。

4 旅客列车密集到发程度。

4.3.2 客运站旅客列车到发线数量可按表 4.3.2 选用。

表 4.3.2　旅客列车到发线数量

始发、终到旅客列车对数	到发线数量(条)
≤12	3
13~24	3~5
25~36	5~7
37~50	7~9

注:1　表中到发线数量的幅度,可按列车对数的多少对应取值;

2　办理通过旅客列车的客运站到发线数量,可将通过旅客列车折合为始发、终到列车后采用表中数字,每对通过旅客列车可按折合 0.5 对始发、终到列车计;

3　始发、终到旅客列车在 50 对以上时,到发线数量可按分析计算确定。

4.3.3 客运站的旅客列车到发线有效长度应按旅客列车长度确定,并应符合下列规定:

1 客运站旅客列车到发线有效长度不应小于 650 m。

2 当客运站位于Ⅲ级铁路货物列车到发线有效长度的下限地区时,到发线有效长度不应小于 550 m。

3 改建客运站,在特别困难条件下,个别到发线有效长度可采用 500 m。

4 对接发小编组旅客列车、短途旅客列车、混合列车和节日代用客车的到发线有效长度,应按其列车长度确定。

4.3.4 有货物列车停留的客运站应设置货物列车到发线,并应符合下列规定:

1 货物列车到发线的设置位置应远离站房。

2 货物列车到发线的数量应根据运量及引入线路方向数确定,宜设 1~2 条;当运量大、引入线路方向为两个及以上时,可按实际需要增加。

3 货物列车到发线的有效长度，应按货物列车长度确定。

4.3.5 客运站旅客列车到发线少于5条时，不应设置机车走行线；当旅客列车到发线为5~9条时，宜设1条机车走行线。

4.3.6 客货列车对数较多的单线铁路客运站及双线铁路通过式客运站均应设置1条尽头式机待线，有效长度单机45 m；双机牵引时，有效长度应另增加1台机车长度。

5　客运设备

5.1　一般规定

5.1.1　客运设备包括旅客站房、站前广场、旅客站台、雨棚、旅客跨线设备、上水设备等。

5.1.2　办理客运业务的车站，旅客站房的布置应与城市规划、车站布置相配合，其位置宜设在车站的中部靠主要居民区一侧。

5.1.3　站前广场的位置和规模应根据客流量的大小，旅客站房的规模及布置形式，并应考虑城市规划、道路布局、交通条件，结合地形及远期发展进行设计。

5.1.4　客运站、办理客运业务的车站和旅客乘降所应设置旅客站台。站台的数量应与旅客列车到发线的布置和数量相配合；长度应根据旅客列车到发线的长度及客流量确定；宽度应根据客流密度、行包搬运工具和站台上的建筑物等因素确定。

5.1.5　雨棚的设置应根据客流量、行包装卸量及所在地区的降水量等因素确定。

5.1.6　旅客跨线设备包括天桥、地道和平过道，其设置应根据站型、客流量、客流性质及站房和站前广场的相互位置等因素确定。

5.1.7　旅客列车上水站应在旅客列车到发线旁设置客车给水栓，给水栓及给水管道宜与线路间的排水槽合并设置。气候寒冷地区，给水管道宜单独设置。

5.1.8　一般客运站和其他办理客运业务的车站，基本站台及旅客列车停留范围内的路基边缘应设防护栅栏，大型客运站应设置围墙。

5.2　站台和雨棚

5.2.1　旅客站台的设置应符合下列规定：

1　旅客站台的位置，应与旅客站房、车站站型、客流量和旅客列车到发线的布置相配合。

2　客运站为通过式站型时，应配合站房设置基本站台及中间站台。

3　客运站为尽端式站型时，应在到发线端部设置分配站台和与到发线相配合的中间站台或配合站房设置基本站台和中间站台。

4　客运站为混合式站型时，应在尽头线端部设置基本站台和与到发线相配合的中间站台。

5　其他办理客运业务的车站应设置基本站台，客流量较大和有技术作业的单线铁路车站宜设置中间站台，双线铁路车站应设置中间站台。

6　旅客乘降所的旅客站台，单线铁路宜设于居民区一侧；双线铁路宜设于线路两侧，两侧站台宜相对布置。

5.2.2　旅客站台长度应符合下列规定：

1　客运站的旅客站台长度不应小于 550 m。

2 位于Ⅲ级铁路货物列车到发线有效长度下限地区的客运站，旅客站台长度不应小于450 m。

3 改建客运站，在特别困难条件下，个别旅客站台长度可采用400 m。

4 对接发小编组旅客列车、短途旅客列车、混合列车和节日代用客车的旅客站台长度，应按其列车编组辆数确定。

5 尽端式客运站的站台长度，应较上述规定增加机车长度及供机车出、入的安全距离。

6 其他办理客运业务的车站的旅客站台长度，应根据近期客流量确定，但不宜短于300 m。在人烟稀少客流量较小的车站和乘降所，站台长度根据实际情况可适当减小，也可与站房地坪等长。

5.2.3 旅客站台的宽度应符合下列规定：

1 基本站台宽度：在旅客站房和其他较大建筑物范围以内，由站房或建筑物最外凸出部分至基本站台边缘的最小宽度，大型客运站宜采用25 m，一般客运站宜采用20 m，其他办理客运业务的车站宜采用8 m～20 m；困难条件下，中间站不应小于6 m。其他地段的基本站台不宜小于中间站台的宽度；困难条件下，中间站不应小于4 m。

2 中间站台宽度：设有天桥、地道并采用双面斜道时，大型客运站不应小于11.5 m；一般客运站不应小于10.5 m；其他办理客运业务的车站不应小于8.5 m，当采用单面斜道时不应小于9 m，仅需设雨棚时不应小于6 m。不设天桥、地道和雨棚时，单线铁路中间站不应小于4 m，双线铁路中间站不应小于5 m；当中间站台设于到发线外侧时，不宜小于4 m，困难条件下，可适当减小。

改建特别困难时，可根据具体情况确定。

3 当旅客站台上设有天桥或地道的出入口、房屋和其他建筑物时，其边缘至站台边缘的距离，客运站不应小于3 m；其他办理客运业务的车站不应小于2.5 m。改建困难时，天桥或地道出入口边缘至站台边缘的距离，其中一侧距离可减小至2 m。

5.2.4 旅客站台高度，邻靠不通行超限货物列车的到发线一侧宜高出轨面1 250 mm，必要时也可采用500 mm；邻靠正线或通行超限货物列车的到发线一侧应高出轨面300 mm。

5.2.5 雨棚的设置应符合下列规定：

1 客运站的基本站台、中间站台、地道出入口和天桥应设置雨棚。

2 其他办理客运业务的车站位于年降水量600 mm～800 mm地区，日均一次上、下车人数约400人；位于年降水量800 mm以上地区，日均一次上、下车人数约200人时，在基本站台、中间站台、地道出入口和天桥应设置雨棚。

3 雨棚应与进、出站口相连接。

5.2.6 雨棚的长度和宽度：客运站应设置与旅客站台等长的雨棚；其他办理客运业务的车站雨棚长度可采用200 m～300 m。

雨棚的宽度应与站台的宽度相适应，且不应小于中间站台的宽度。

5.3 旅客跨线设备

5.3.1 天桥和地道的设置应符合下列规定：

1 在位于大、中城市旅客上下车人数和行包邮件较多，其通路经常被其他列车或调车所阻的通过式车站上应设置天桥和地道。

2 天桥、地道的设置,应优先选用地道。选择天桥和地道位置时,应方便旅客通行和行包、邮件搬运,减少相互间的交叉干扰;天桥和地道的出、入口应与进、出站检票口相配合。

当设1处天桥或地道时,其位置宜设在进、出站检票口之间;设2处及以上时,其位置宜分别靠近进站和出站检票口附近,也可将进、出站的天桥或地道分别与站房及出站检票口相连。

3 客运站旅客跨线设备及高架候车室通往各站台的出、入口,应设置方便老、弱、残旅客使用的设备。

4 大型客运站行包和邮件数量较大时,应设置行包、邮件地道,也可分开设置行包地道和邮件地道。

5.3.2 天桥或地道的数量、宽度和净高应符合下列规定:

1 天桥或地道的数量:最高聚集人数为3 000人以下时不应少于1处,最高聚集人数为3 000人及以上至10 000人以下时不应少于2处,最高聚集人数为10 000人及以上的客运站不应少于3处;设有高架候车室时,出站地道或天桥不应少于1处。当客流、行包和邮件数量很大时,可设行包、邮件地道1~2处,也可分开设置行包地道和邮件地道各1处。

2 天桥或地道的宽度:大型客运站不应小于6 m,一般客运站不应小于5 m,其他办理客运业务的车站不应小于3 m。行包、邮件地道不应小于5.2 m。

3 天桥或地道的净高:封闭式天桥不应小于3 m,旅客地道及开敞式天桥不应小于2.5 m;行包、邮件地道不应小于3 m。

4 天桥或地道的出、入口宽度:旅客天桥、地道通向各站台宜设双向出、入口,其宽度大型客运站不应小于4 m,一般客运站不应小于3.5 m;其他办理客运业务的车站双向出、入口宽度不应小于2.5 m,单向出、入口不应小于3 m。

行包、邮件地道通向各站台应设单向出、入口,其宽度不应小于4.5 m,当条件所限且出、入口处必须有交通指示时,其宽度不应小于3.5 m。

5.3.3 地道或天桥出、入口距建筑物外缘的距离应符合下列规定:

1 在基本站台上,由地道或天桥出、入口至站房或其他建筑物外缘的距离,大型客运站不应小于7 m;一般客运站不应小于5 m;其他办理客运业务的车站不应小于4 m。

2 在中间站台上,地道或天桥出、入口距建筑物外缘的距离,大型客运站不应小于12 m;一般客运站不应小于9 m;其他办理客运业务的车站不应小于6 m。

5.3.4 两地道(天桥)或地道与天桥出、入口间的距离,大型客运站不应小于24 m;一般客运站不应小于18 m。

5.3.5 平过道的设置应符合下列规定:

1 尽端式客运站的平过道,应设置在咽喉区的站台端部。

通过式客运站,路段设计行车速度为120 km/h及以下时,设有中间站台的车站,中间站台与基本站台间宜在车站中部设置一处平过道;当设有旅客天桥时,可根据需要在车站中部设置一处平过道。路段设计行车速度大于120 km/h时,车站内不应设置平过道,跨越线路应采用立体交叉。

2 通过式客车整备所应在整备线的两端设置平过道,尽端式客车整备所应在整备线的一端设置平过道。

3 有列检作业的到达场、到发场、出发场或编发线,可在车场端部或警冲标外方设置平过道。

4 在驼峰溜放部分车辆减速器前、后,小能力驼峰线束道岔前和调车线内车辆减速器前、后,可结合站内道路布置,在适当地点设置平过道。

5 其他场、段、所根据需要,可在适当地点设置平过道。

6 平过道宽度应根据其使用情况确定。专供车站工作人员走行时,可采用 1.5 m;通行非机动车辆时,可采用 2.5 m;通行机动车辆时,不应小于 3.5 m。

6　客车整备所

6.1　客车整备所的位置

6.1.1　客车整备所与客运站的相互位置应能满足车站的通过能力,减少咽喉区的交叉干扰,缩短客车车底的走行距离,结合城市规划、地形、地质条件及远期发展等因素经比选确定。

6.1.2　客车整备所与客运站宜纵列布置。困难条件下,也可横列布置。

6.1.3　客车整备所的位置:纵列布置时,单线铁路宜设在到发列车较少的一端咽喉区外方站房同侧,双线铁路宜设在旅客列车到发较少的一端咽喉区外方两正线间;横列布置时,宜设在站房对侧。

6.1.4　客车整备所与客运机务设备的相互位置应满足车站的通过能力、缩短机车和客车车底的走行距离,结合地形、地质条件及远期发展等因素比选确定,并应符合下列规定:

1　客车整备所与客运机务设备宜配置在同一象限内。

2　始发、终到旅客列车较多,为均衡车站两端咽喉能力,或受地形、地质等条件所限时,客车整备所与客运机务设备可分别设置在客运站的两端。

6.2　布 置 形 式

6.2.1　客车整备所的布置形式应根据入所整备车底列数,车底取送作业情况、整备作业方式及延续时间、联络线通过能力和工程量等因素确定。

6.2.2　客车整备所根据客车技术整备与客运整备所采用的定位作业或移位作业两种作业方式,可分为横列和纵列布置图型。布置图型的选择应符合下列规定:

1　采用定位作业时,客车整备所应按横列布置(图6.2.2—1),采用移位作业时,客车整备所宜按纵列布置(图 6.2.2—2)。

2　日整备小于或等于 50 列客车车底时,应优先选用定位作业、客车整备所横列布置图型(图 6.2.2—1)。

3　日整备 50~60 列客车车底时,宜采用移位作业、客车整备所纵列布置图型[图 6.2.2—2(a)];当日整备大于 60 列客车车底,且需 3 条及以上取送及机车出、入段线时,宜采用移位作业、客车整备所纵列布置图型[图 6.2.2—2(b)]。

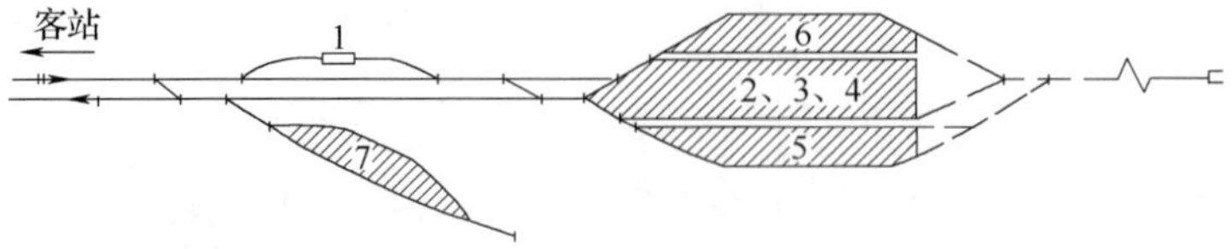

图 6.2.2—1　客车整备所横列布置图型

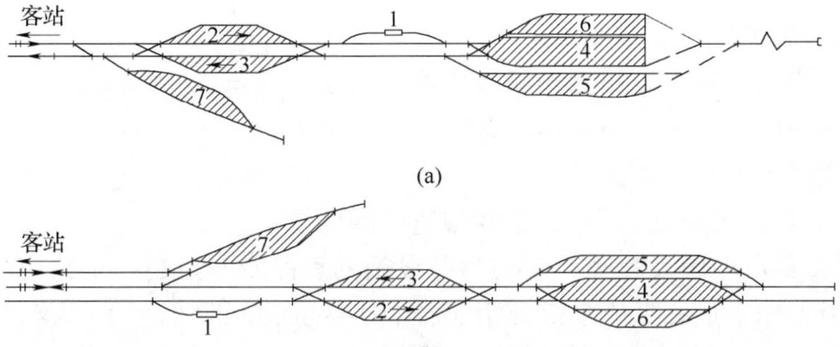

(a)

(b)

图 6.2.2—2 客车整备所纵列布置图型

1—洗车机;2—到达(客运整备)场;3—出发场;4—客车技术整备场;5—车辆段;6—备用车停留线;7—机务段

6.3 主要设备的配置

6.3.1 客车整备所应配置整备场、到达(客运整备)场、出发场、备用车停留线、不良车停留线、临修线、站所间联络线、洗车设备、站台、雨棚、道路、平过道、客运整备作业通道和堆煤场地等设备。

6.3.2 整备场应设在与客运站或与客车整备所的到发场联系便捷的地点,并与客车车辆段相邻。当采用定位作业,每日入场整备的客车车底较少时,整备线宜设计为尽端式;当每日入场整备的客车车底较多时,整备线可设计成贯通式。当入场整备的客车车底较多,采用移位作业时,整备线宜设计成尽端式或贯通式。

6.3.3 移位作业的到发场应纵列配置于整备场靠客运站的一端;当受地形条件限制时,可将到发场横列设于整备场的不邻靠客车车辆段的一侧,两者均应设计成贯通式。

6.3.4 为满足备用的客车车辆停放的需要,应设置备用车停留线,其位置宜设在整备场的不邻靠客车车辆段的一侧。备用车停留线可设计成尽头式,并与牵出线连通。

6.3.5 根据需要可设置1条供不良车及定检到期车使用的停留线,宜与备用车停留线设在一起,当车辆段修车库前后的修车线上能满足停留这种车辆时,也可不另设置。

6.3.6 为满足客车车辆临修的需要应设置临修线,其位置应设在整备场的外侧,邻靠客车车辆段。临修线可设计成尽头式并与牵出线连通。

6.3.7 站、所间联络线的配置,应根据客运站与客车整备所的配置形式及客车整备所的作业方式、调车工作量等因素确定。

6.3.8 客车车底的外部洗刷,根据入所整备的客车车底数量及停留时间,选用洗车机洗刷方式或人工洗刷方式。

采用定位作业时,洗车机应设在客车整备所入口的前方;采用移位作业时,洗车机可设在客运整备场与客车技术整备场之间的联络线上,或将洗车机设在客车整备所到达场入口的前方。

6.3.9 在客车整备所有洗车作业的整备线或到达线的洗车范围内,洗车机前12.5 m及洗车机全长和洗车机出口后19.6 m范围内,宜铺设混凝土宽枕或整体道床。

6.3.10 在移位作业的客运整备线旁、线间应设置客运整备站台,并应符合下列规定:

1 站台数量应根据客运站配属始发、终到旅客列车对数及客运整备辆数确定。

2 站台长度可不短于入所进行客运整备的客车车底的长度;站台宽度不应小于 6.5 m;站台高度宜高出轨面 500 mm。

3 站台上建筑物外缘至站台边缘的距离不应小于 3 m。

4 站台地面应采用硬质防滑地面,并应设排水横坡。

5 站台侧墙应设有供电插座。

6.3.11 站台上宜设置与站台等长、宽度相适应的雨棚。

6.3.12 客车整备所内应设置连接客运整备设施的道路及平过道。道路应设双车道环形道路。受条件限制时可采用单车道环形道路,但必须设不应小于 15 m×15 m 的回车场地。道路与线路平交时,应设与道路同宽的平过道。

在定位作业的整备线间应设置客运整备作业通道。通道宜采用混凝土路面并做 1%~2% 排水横坡;通道两侧线路上均停有客车车体时,两车体之间最小净距不应小于 2.6 m。

6.3.13 客车整备所内应在客运整备站台或卸煤线附近设堆煤场地,场地应设煤棚,其面积不应小于 180 m^2,并应设有不小于 15 m×15 m 的汽车回车场地。

6.3.14 道路与桥涵立交时,道路路面至桥涵底的高度不应小于 4.5 m,桥涵路面宽度不宜小于 7 m。

6.4 线路数量和有效长度

6.4.1 客车整备所的客车技术整备和客运整备线路数量,应根据不同的作业方式确定,并应符合下列规定:

1 定位作业方式整备时,整备线数量应根据始发、终到旅客列车对数中每日入所进行客车技术整备和客运整备的客车车底数确定。

2 移位作业方式整备时,整备线数量应根据始发、终到旅客列车对数中每日入所进行客车技术整备的客车车底数确定;到发线数量,应根据每日入所进行客运整备或停车的始发、终到旅客列车对数确定。

6.4.2 整备线和到发线的有效长度应按入所整备的客车车底的长度确定,并应符合下列规定:

1 整备线的有效长度应设在平直线上,其长度不得小于整备车底的长度加 10 m 安全距离和 20 m 调车作业连挂长度。其中应有 1~2 条整备线再增加拉钩检查距离 10 m。

整备车底的长度按列车编挂辆数乘以客车计算长度 26.6 m 计算。

2 到发线的有效长度不得小于客车车底长度加调车机车长度 20 m,再加停车附加制动距离 30 m。

客车车底长度按客车编挂辆数乘以客车计算长度 26.6 m 计算。

6.4.3 备用车停留线的数量和长度,应按需要停放的非运用客车辆数确定:

需要停放的非运用客车辆数,按运用客车的 22% 计算,铁路局、省会城市、直辖市所在地及大的旅游点,可适当提高比例,但不应大于 25%。

6.4.4 不良车停留线的长度宜按停放 10 辆客车车辆的长度设置。

6.4.5 临修线宜设 1 条,其平直线长度一台位不应小于 75 m,两台位不应小于 120 m。

6.4.6 客运站与客车整备所间联络线的数量及长度应符合下列要求:

1 客运站与客车整备所纵列配置时,站、所间联络线数量应根据入所整备的车底列数、出入段机车次数、整备所布置形式、调车工作量、站所间距离等因素确定。站、所间联络线应设1条,能力不足时可设2条。

2 当客运站与客车整备所纵列配置时,站、所间联络线应满足整列车底调动和设置洗车机所需的长度;当洗车机设于客车整备所的客运整备场与客车技术整备场之间时,站、所间联络线长度可适当缩短。

6.4.7 牵出线的数量及长度应符合下列要求:

1 当客运站与客车整备所横列配置时,应设牵出线1条。

2 当客运站与客车整备所纵列配置时,可利用站、所间联络线或客运整备场线路进行调车作业,可不设牵出线;当出、入所的车底列数大于60列,且站、所间联络线能力不足时,应设牵出线1~2条。

3 牵出线的有效长度不应小于旅客列车到发线的有效长度。

7　货运站、货场和货运设备基本规定

7.1　一 般 规 定

7.1.1　货运站和货场应根据货物品类、作业量和作业性质，结合生产需要和当地条件，设置铁路线路、仓库、货棚、站台、堆货场、道路、排水、消防、照明、围墙、大门、装卸机械、检斤、装卸机械修理、篷布修理、生产用房、货运管理信息系统、货运安全检测设备等。

7.1.2　货运站、货场和货运设备的设计应根据货运量、货物品类、作业性质、运营要求、货源及货流方向、城市规划和交通条件，并结合地形、地质和水文条件等因素确定。并应符合下列规定：

1　货运站和货场的位置选定应方便货物运输，运量较大的货运站和货场宜设在货流聚集或消失的地区。

2　货运站和货场除满足初、近期运量要求外，并预留远期发展条件。在平面布置上应紧凑合理，减少用地。

3　货运站和货场应避开地质不良和地势低洼易于积水的地区，并应做好道路和排水设计。

4　货场应采用先进的装卸设备和安全计量检测设备。

5　对既有货运站和货场的改建，应充分利用既有设备，避免大拆大改。

6　货物站台、货位、堆货场和货场内的道路以及装卸机械和搬运车辆停留场地，应符合铁道部现行《铁路站场道路和排水设计规范》TB 10066 的规定。

7　货场内对外办公场所的配置应方便货主。

7.1.3　货运站和货场的设置数量应根据铁路运输发展的需要、城市规划和铁路枢纽的总体布局要求等因素确定。位于中、小城市的枢纽，可设置 1~2 个货场；当城市分散或枢纽范围较大，根据需要可设置几个货运站和货场。

年货运量在 0.1 Mt 及以上时宜设置货场，远期能达到而近期达不到 0.1 Mt 时，可缓建货场，但应预留用地。

7.1.4　货场应根据作业量、货物品类和作业性质设计为综合性货场或专业性货场。

专业性货场包括整车货场、零担货场、危险货物货场、散堆装货物货场、液体货物货场和集装箱货场等。

7.1.5　危险货物比较集中的城市应设置专业性危险货场货场。当危险货物较少时，可在综合性货场内设置危险货物专用仓库或货区。

专业性危险货物货场和爆炸品仓库的设置地点及危险货物运输设备的布置，应符合国家现行的防火、防爆、防毒、卫生和环境保护等有关规定。

7.1.6　新建及改建铁路应优先发展集装箱货场，不宜修建专业性零担货场。

集装箱货场设计应符合铁道部现行《铁路集装箱货场设计规则》TBJ 19 的规定。

7.1.7　综合性货场设计规模按货运量分为大、中、小型三种。

1　大型货场：年货运量在1.0 Mt及其以上。

2　中型货场：年货运量在0.3 Mt及其以上，1.0 Mt以下。

3　小型货场：年货运量在0.3 Mt以下。

7.1.8　货运站和货场内应按要求设置生产与办公房屋。

7.2　货运站和货场线路的平面及纵断面

7.2.1　牵出线应设在直线上。困难条件下，可设在半径不小于1 000 m的曲线上；特别困难条件下，曲线半径不应小于600 m。仅办理摘挂、取送作业的货场牵出线，特别困难条件下，曲线半径不应小于300 m。

牵出线不应设在反向曲线上。改建货运站，特别困难条件下，办理改编作业较少的牵出线可设在反向曲线上，也可保留既有牵出线的曲线半径。

7.2.2　货物装卸线应设在直线上。困难条件下，可设在半径不小于600 m的曲线上；特别困难条件下，曲线半径不应小于500 m；改建货场，特别困难条件下，可保留既有曲线半径。

7.2.3　货运站、货场联络线曲线半径不应小于200 m。困难条件下，道岔后连接曲线半径不应小于导曲线半径。

7.2.4　货运站和货场的曲线可不设缓和曲线和曲线超高，但架设接触网的到发线上的曲线地段和道岔后连接曲线地段宜设曲线超高，曲线地段超高可采用25 mm，道岔后连接曲线超高可采用15 mm，其超高顺坡率不应大于3‰。

7.2.5　通行正规列车的站线，两曲线间应设置不小于20 m的直线段。不通行正规列车的站线，两曲线间应设置不小于15 m的直线段；困难条件下可设置不小于10 m的直线段。

7.2.6　办理解编作业的牵出线，应设在面向调车线不大于2.5‰的下坡道或平道上。平面调车的调车线，在咽喉区范围内应设在面向调车场的下坡道上，但坡度不应大于4‰。

办理摘挂、取送作业的货场牵出线，宜设在不大于1.5‰的坡道上。困难条件下，可设在不大于6‰的坡道上。特别困难条件下，利用正线调车时，不应大于12‰。

7.2.7　货物装卸线宜设在平道上。困难条件下，可设在不大于1.5‰的坡道上，液体货物、危险货物装卸线、漏斗仓装车线、翻车机卸车线、仓库和货棚内装卸车线、轨道衡线应设在平道上。困难条件下，电子轨道衡线坡度可按其技术条件确定。货物装卸起迄点距离竖曲线始、终点不应小于15 m。

7.2.8　货场联络线和煤场栈桥线前的取送车线坡度，应根据机车牵引车列重量计算确定，且不应大于20‰。

8 货 运 站

8.1 主要图型

8.1.1 货运站图型可分为通过式(图 8.1.1—1)和尽端式(图 8.1.1—2),设计时应根据其作业性质和当地条件综合比选确定。

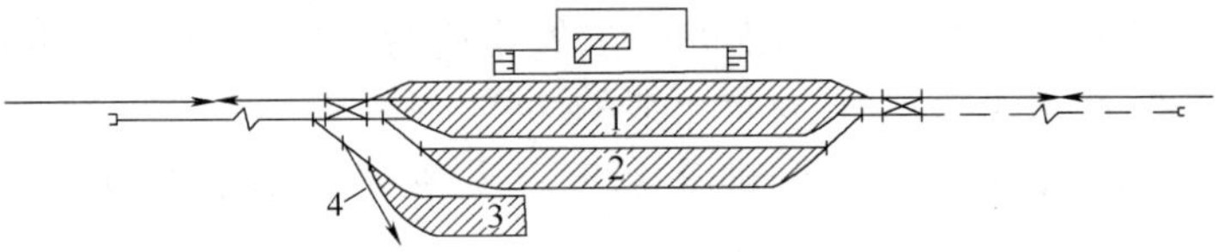

(a)

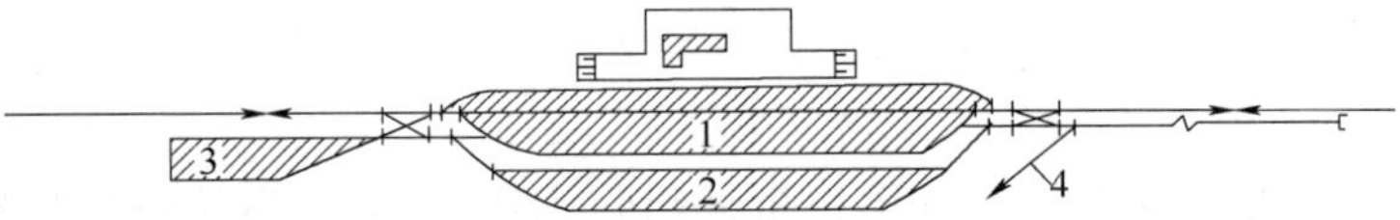

(b)

图 8.1.1—1 通过式货运站图型

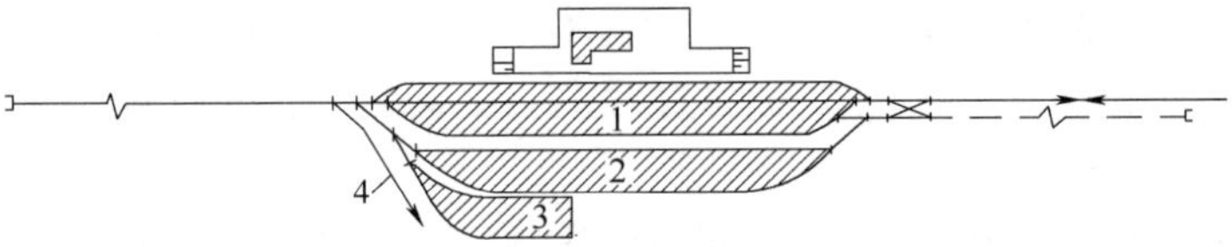

(a)

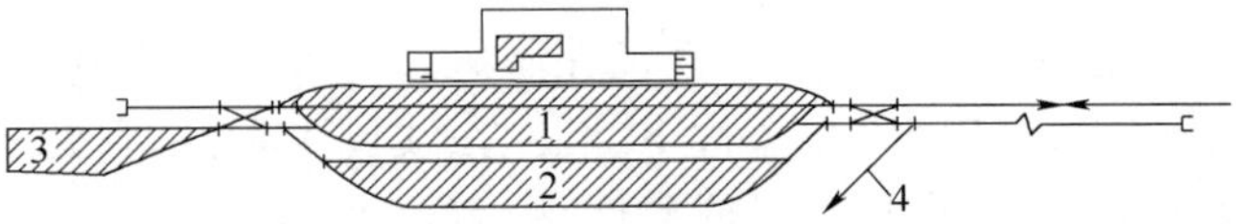

(b)

图 8.1.1—2 尽端式货运站图型

1—到发场;2—调车场;3—货场;4—铁路专用线

8.2 主要设备的配置

8.2.1 货运站到发场与调车场宜采用横列布置。

8.2.2 货运站调车场与货场的布置,可根据地形条件、货场作业量和作业需要设计为横列式和纵列式。货场宜设在调车场同侧。

8.2.3 铁路专用线在货运站接轨时应符合以下要求:

1 当枢纽小运转列车直接进入铁路专用线时,不应改变列车运行方向;由本站调机取送时,铁路专用线出岔方向宜与货场出岔方向一致。

2 接轨点便于货运站统一管理,确保安全。

3 应考虑货运站远期货运量及城市发展。

8.2.4 货运站咽喉区的布置应设有列车到发、车列转线和调车作业的平行进路。

8.2.5 配属调机的货运站,当调车作业繁忙并距机车整备地点较远时,可设置机车整备设备。

整备设备的设置位置,应使机车出入、列车到发和其他作业交叉干扰较小,并便于值班员联系。

8.2.6 在装卸作业量大且无列检所的货运站,当日装卸车在100辆以上或有特殊需要时,宜设装卸检修所及相应的房屋、设备等。

8.3 站线数量和有效长度

8.3.1 货运站到发线数量应根据车站的列车对数及性质、布置图型、引入线路数量等因素确定,可按表8.3.1选用。

表8.3.1 货运站到发线数量

每日接发小运转列车对数(对)	6及以下	7~12
到发线数量(条)(不含正线、机走线)	2	2~3

注:1 本表仅适用于小运转列车;

2 当通过式货运站有旅客列车和其他货物列车作业,且货运站引入线数量较多时,应适当增加到发线数量;

3 每日接发小运转列车12对以上,可根据需要酌情增加到发线数量。

8.3.2 货运站到发线的有效长度应为小运转列车的长度加30 m的附加制动安全距离。

通过式货运站或向干线开行始发、终到列车的货运站的到发线有效长度应满足衔接相邻区段的到发线有效长度的要求。

8.3.3 货运站的调车线数量应根据装卸地点数、作业车数和调车作业方式等因素确定,并应符合下列规定:

1 每一货区可设1条。

2 日装卸车在50辆以上的货区或装卸地点应设1条;日装卸车在50辆以下,亦可与其他装卸地点合并设置1条。

8.3.4 货运站调车线的总有效长度可根据调车场日均解编的辆数确定,并应考虑到发不平衡系数,其值不应小于表8.3.4的规定。调车线的有效长度还应满足车列取送时最大长度的需要,最短不宜小于200 m。

表8.3.4 调车线总有效长度

日均解编辆数(辆/日)	50	100	150	200	250	300	400
调车线总有效长度(m)	234	467	700	934	1 167	1 400	1 868

8.3.5 货运站的牵出线应根据行车量、调车作业繁忙程度和有无专用调车机车等条件设置。当行车量和调车作业量较小或可利用其他线路时,也可缓设或不设牵出线。

8.3.6 牵出线的有效长度应按列车长度确定。困难条件下,货运站牵出线的有效长度不宜小于列车长度的一半。

9 货　场

9.1 货场图型

9.1.1 货场图型分为贯通式（图 9.1.1—1）、尽端式（图 9.1.1—2）及混合式（图 9.1.1—3）三种布置。大型货场宜采用尽端式布置；中型货场宜采用尽端式或混合式布置；小型货场宜采用贯通式或混合式布置。

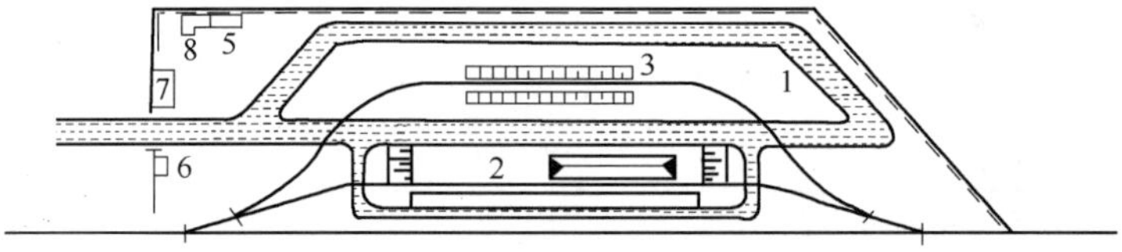

(a)

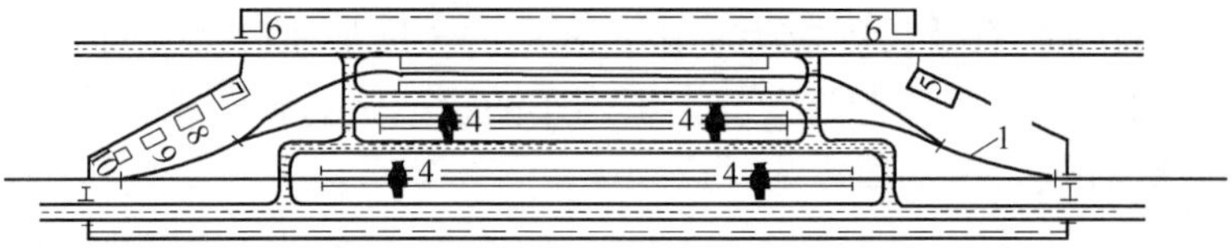

(b)

图 9.1.1—1　贯通式货场图型

1—货物装卸线；2—货物站台及仓库；3—低货位；4—螺旋卸车机；
5—装卸机械维修组；6—门卫室；7—货运办公室；
8—装卸工休息室；9—食堂；10—浴室

9.1.2 综合性货场根据货物品类、作业量、作业性质和货物管理的需要，可划分为包装成件货区、集装箱货区、长大笨重货区、粗杂货区、散堆装货区等，如图 9.1.2 所示。在大型货场内，可按货物的到达、发送和中转划分作业区。

办理水运、铁路联运业务的货场，水运货区和铁路货区应分开布置。

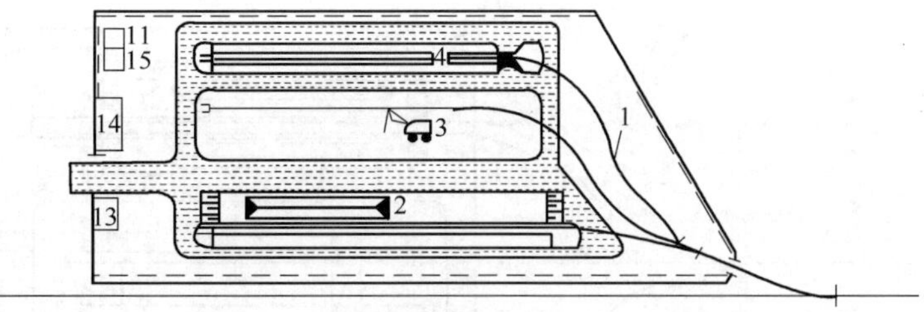

(a)

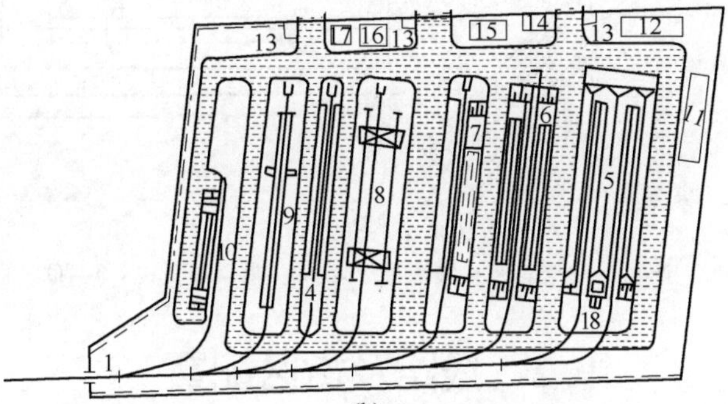

(b)

图 9.1.1—2 尽端式货场图型

1—货物装卸线；2—货物站台及仓库；3—轮胎式起重机；4—平面货位；
5—零担中转站台及跨线雨棚；6—整车仓库及站台；7—露天站台及预留仓库；
8—龙门式起重机及长大笨重货物场地；9—链斗式联合卸车机及
散堆装货物场地；10—危险货物仓库及站台；11—装卸机械维修组；
12—叉车停放、临修库及充电间；13—门卫室；14—营业厅及货运办公室；
15—装卸工休息室；16—食堂；17—浴室；18—中转零担计划员办公室

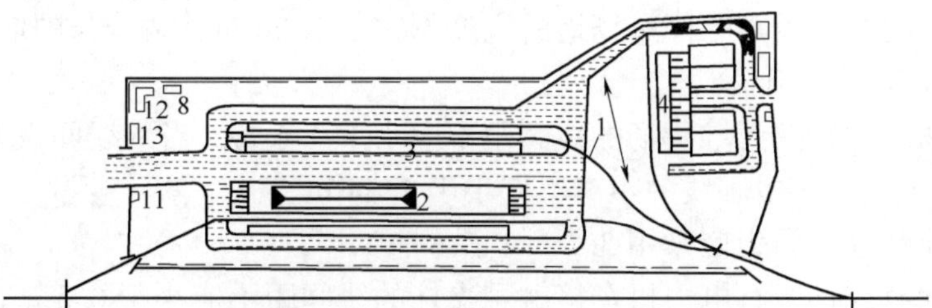

(a)

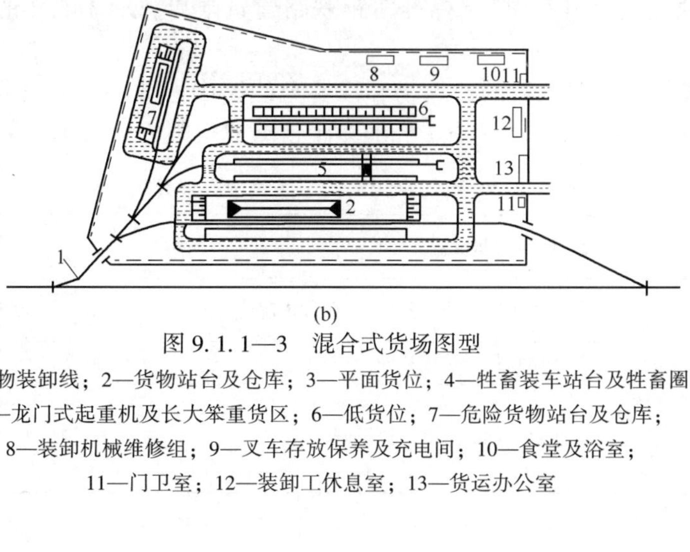

(b)

图 9.1.1—3 混合式货场图型

1—货物装卸线；2—货物站台及仓库；3—平面货位；4—牲畜装车站台及牲畜圈；
5—龙门式起重机及长大笨重货区；6—低货位；7—危险货物站台及仓库；
8—装卸机械维修组；9—叉车存放保养及充电间；10—食堂及浴室；
11—门卫室；12—装卸工休息室；13—货运办公室

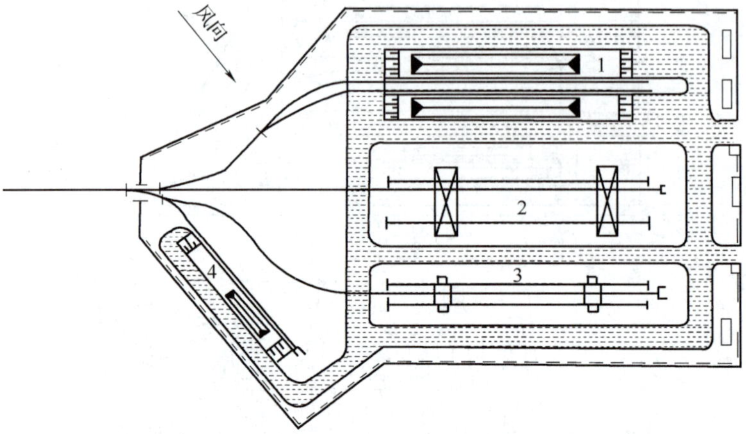

图 9.1.2　货区布置

1—包装成件货区；2—集装箱及长大笨重货区；3—散堆装货区；4—危险货物货区

9.2　线路及货区配置

9.2.1　货物装卸线应根据作业需要和当地条件设计为贯通式或尽端式。装卸线宜采用平行或部分平行布置，亦可采用其他布置形式。

9.2.2　货物装卸线线间距应根据装卸作业场地、货位、道路等宽度和相邻线路作业性质等确定。并应符合下列规定：

1　货物装卸线与到发线的线间距，线间无装卸作业时不应小于 6.5 m，改建车站困难条件下不应小于 5 m；线间有装卸作业时不应小于 15 m。

2　两站台间布置道路和停车场地的宽度不宜小于 20 m。站台与围墙间布置道路和停车场地的宽度不宜小于 18 m。

3　两货物装卸线间无堆货场的线间距不应小于 4.6 m，当两线间设有雨棚支柱时，支柱外侧边缘至装卸线中心线的距离不应小于 2.44 m。

4　直接换装的线间距应采用 3.6 m。

5　两线间有或预留有电力机车接触网支柱的线间距不应小于 6.5 m。

6　曲线地段应按国家现行《标准轨距铁路建筑限界》GB 146.2 的有关规定加宽线间距。

9.2.3　货物装卸线直线地段的建筑物和设备至线路中心线的距离应符合表 9.2.3 的规定。曲线地段应按现行的国家标准《标准轨距铁路建筑限界》GB 146.2 的规定加宽。

表 9.2.3　建筑物和设备至线路中心线距离(mm)

序号	建筑物和设备名称		高出轨面的距离	至线路中心线的距离
1	跨线桥柱、天桥柱和接触网、电力照明等杆柱边缘	位于正线或站线一侧(下面两种情况除外)	1 100 及以上	≥2 440
		位于站场最外站线的外侧	1 100 及以上	≥3 000
		位于最外梯线或牵出线一侧	1 100 及以上	≥3 500

续上表

序号	建筑物和设备名称		高出轨面的距离	至线路中心线的距离
2	轨道衡雨棚柱	有调作业的一侧	1 100 及以上	≥3 500
		无调作业的一侧	1 100 及以上	≥2 440
3	货物站台边缘	普通站台	1 100 及以下	1 750
		高站台	1 100 以上及小于 4 800	1 850
4	起重机械固定杆或走行部分与附属设备边缘		1 100 及以上	≥2 440
5	货位边缘			≥2 440
6	跨线式装车仓等建筑物边缘	装车线中心线的一侧	5 000 以下	2 440
		装车线中心线的另一侧	5 000 以下	2 000
7	装卸油品栈台边缘	装卸线中心线靠栈台一侧	3 000 以上	1 850
			3 000 及以下	2 000
		装卸线中心线的另一侧	5 000 以下	3 500
8	货场机车车辆出入的大门和栅栏大门边缘	有调车人员随车出入	3 000 及以下	≥3 200
		超限货车进出入	3 000 及以下	≥2 440
9	围墙		1 100 及以上	≥3 500
10	道路边缘			≥3 750

注:表列序号 9 中,改建车站困难条件下,可采用 3 000 mm。

9.2.4 货场存车线的设置应根据货物作业量和车辆取送及调车作业的复杂程度、车站与货场的距离及货场设备的作业能力等因素确定。中小型货场不宜设存车线。大型货场装卸作业量大,取送车次数较多和车辆选编调车比较复杂时,可设置存车线。

9.2.5 货场牵出线的设置可根据货场与车站的相互位置,货场与车站联络线的平、纵断面条件,货场作业的繁简程度,车站及线路的通过能力等因素确定。当列车对数和作业量较少或可利用其他线路进行调车作业时,可缓设或不设牵出线。

9.2.6 综合性货场货区的布置应符合下列规定:

1 包装成件货区应远离散堆装货区,并宜在两货区间布置长大笨重货区和粗杂货区。

2 集装箱货区宜布置在包装成件货区和长大笨重货区或粗杂货区之间。

3 散堆装货区宜布置在货场外侧,主导风向下方。

4 危险货物货区和牲畜货区应远离其他货区和生产办公及生活设施。

9.3 线路数量和有效长度

9.3.1 货物装卸线数量应根据货物品类及运量确定。当某些货物品类运量较小时,在符合消防、环境保护和卫生规定的条件下,不同品类货物可合设 1 条货物装卸线。

9.3.2 货物装卸线的装卸有效长度和货物仓库、货棚、站台、堆货场的长度和面积,应根据年货运量、货物列车性质、各类货物车辆平均净载重、单位面积堆货量、货物占用货位时间、货位排数和每天取送车次数等因素确定,可按下列公式计算:

$$L=\frac{Q\alpha l}{365q}\cdot\frac{T}{n} \tag{9.3.2—1}$$

$$F=\frac{Q\alpha T}{365P} \tag{9.3.2—2}$$

当取送车周期$\frac{1}{C}$大于$\frac{T}{n}$时，公式中的$\frac{T}{n}$应以$\frac{1}{C}$替代。

式中 L——货物装卸线的装卸有效长度和仓库、货棚、站台和堆货场的长度(m)；

Q——年到发货运量(t)；

α——货物到发波动系数，可按表 9.3.2 选用；

l——货车平均长度(m)，采用 14 m；

q——货车平均净载重(t)；

T——货物占用货位时间(d)；

n——货位排数，即一个车长范围内所容纳的货位个数；

C——每天取送车次数；

F——仓库、货棚、站台和堆货场面积(m^2)；

P——仓库、货棚、站台和堆货场单位面积堆货量(t/m^2)。

表 9.3.2　货物到发波动系数

年到发货运量(Mt)	波动系数 α 值
0.1~0.3	1.25~1.60
0.3~1.0	1.20~1.50
≥1.0	1.10~1.40

注：1　货运量较小时取该档次高限，反之取低限。

2　当工业品运量较大时，取接近低限值；当农业、商业运量较大时，取接近高限值。

9.3.3　各类货物的货车平均净载重、单位面积堆货量、货位宽度和占用货位时间，按表 9.3.3 选用。

表 9.3.3　各类货物的货车平均净载重、单位面积堆货量、货位宽度和占用货位时间

序号	货物品类		货车平均净载重(t)	单位面积堆货量(t/m^2)	货位宽度(m)	占用货位时间(d)	
						到达	发送
1	整车怕湿货物		39	0.50	5.5	3	2
2	普通零担货物	到达	26	0.20	9.0	3	—
		发送	26	0.25	9.0	—	2
3	中转零担货物		23	0.15	11.0	1.5	
4	混合货物		34	0.30	8.0	3	2
5	整车危险货物		38	0.50	5.5	3	2
6	零担危险货物		25	0.15	12.0	3	2
7	整车笨重货物		48	1.00	4.0	4	2

续上表

序号	货物品类	货车平均净载重(t)	单位面积堆货量(t/m^2)	货位宽度(m)	占用货位时间(d)	
					到达	发送
8	零担笨重货物	36	0.40	6.5	4	2
9	散堆装货物	54	1.00	4.0	3	2
10	集装箱货物	25	0.26	—	3	2

注:1　求算单位面积堆货量的总面积时,库棚内包括纯堆货面积、叉车或人行通道、货盘间作业和堆货间隔等面积;笨重货物、散堆装货物和集装箱货物场地包括纯堆货面积和堆货箱位间隔面积,但不包括汽车通道和辅助机械走行场地面积。

2　集装箱货物货位宽度应根据不同箱型和箱位布置确定。

9.3.4　货场牵出线数量应根据需要设置。牵出线有效长度应按小运转列车、快运货物列车、摘挂列车和车组长度确定,其有效长度不宜小于货物列车长度的一半;困难条件下或作业量不大时,不应小于200 m。

10 货运设备

10.1 仓库、站台和堆货场

10.1.1 仓库、货棚按结构层次可分为单层、双层和多层；按平面形式可分为矩形、阶梯形和栉形；按与装卸线的配置形式可分为跨线式和非跨线式；按存放货物类别可分为整车仓库、零担仓库、中转仓库和危险货物仓库。

10.1.2 仓库、货棚宜采用单层式矩形布置。地形狭窄或改建困难时，可采用双层或多层仓库；在办理大量零担中转或多雨、雪地区，且作业量较大时，可采用跨线雨棚。

10.1.3 货物仓库宽度可根据货物的货位宽度和设计货位排数按下列规定选用：

1 仓库总面积小于 600 m^2 时，宜采用 9 m、12 m；

2 仓库总面积为 600 m^2~1 000 m^2 时，宜采用 12 m、15 m；

3 仓库总面积大于 1 000 m^2 时，宜采用 15 m、18 m 或 18 m 以上；

4 采用叉车作业时，仓库宽度不宜小于 15 m。

10.1.4 仓库、货棚在靠铁路一侧和场地一侧应设置雨棚，雨棚的宽度宜伸出站台边缘。

10.1.5 货物站台按其用途和距轨面高度可分为普通货物站台、尽端式站台和高站台等。

10.1.6 站台与货物装卸线的配置宜采用一台一线的布置形式；当货运量较大，且到、发运量大致平衡时，可采用两台夹一线的布置形式；当办理大量零担中转和到发作业时，可采用三台夹两线的布置形式。

10.1.7 站台宜采用矩形布置。两端宜设斜坡，也可一端设斜坡，另一端不设。斜坡的宽度不应小于 3.5 m。

10.1.8 普通货物站台边缘顶面高度：铁路一侧应高出轨面 1.1 m，场地一侧宜高出地面 1.1 m~1.3 m。

10.1.9 普通货物站台的宽度应根据货位布置形式、货位排数、仓库宽度、装卸作业过程和装卸机械类型确定。并应符合下列规定：

1 仓库外墙轴线或货棚柱子中心至站台边缘的距离：铁路一侧叉车作业时宜采用 4.0 m，但主要零担货物中转站的中转站台宜采用 7.0 m；人力作业时，可采用 3.5 m。场地一侧叉车作业时，宜采用 3.5 m，但作业量大的零担仓库宜采用 4.0 m；人力作业时，可采用 2.5 m。

2 普通货物站台的宽度：设有仓库或货棚时不应小于 15 m；露天站台采用人力作业时不应小于 12 m，采用机械作业时，不应小于 20 m。中转站台可采用 18 m、28 m、34 m 或 44 m。

10.1.10 普通货物站台长度不宜大于 210 m，零担货物中转站台不宜大于 280 m。

10.1.11 装卸自行移动的机动车辆应设置尽端式站台。尽端式站台可单独设置，也可与平行线路的普通货物站台合并设置。

尽端式站台分带车钩和不带车钩两种。应采用带车钩缓冲装置的尽端式站台。

10.1.12 尽端式站台单独设置时,宽度宜采用4.5 m,长度宜采用6.0 m,端部宜设与站台等宽的斜坡。尽端式站台铁路端边缘顶面距轨面高度可采用1.15 m。

10.1.13 有大量散堆装货物利用敞车装车时,根据地形条件、材料情况可设置平顶式高站台或滑坡式、漏斗式装车设备。

平顶式高站台高度可采用1.8 m、2.4 m、2.8 m等。

10.1.14 高站台宽度根据堆货量、货物品类、搬运工具所需道路宽度,装卸机械作业宽度等因素确定。单侧装车时不应小于12 m;双侧装车时不应小于20 m。

10.1.15 高站台长度除应满足堆货量的需要外,亦应满足取送车组长度的要求。

10.1.16 仓库、站台与线路间相互位置应符合下列规定:

1 站台边缘至线路中心的距离应符合本规范9.2.3条的规定;

2 车挡距最近库门中心的距离不应小于17 m,至站台端部坡顶不应小于10 m;

3 仓库端墙轴线至站台端部坡顶不应小于2.0 m。

10.1.17 站台排水横坡可采用人字坡或一面坡。坡度宜为1%~3%。

10.1.18 堆货场按货物品类分为集装箱堆场、长大笨重货物堆场和散装货物堆场。

10.1.19 当有大量散装货物卸车时,可设计为低货位。低货位可采用路堤式或直壁式卸车线,路堤式卸车线路基面距地面高度宜采用1.5 m~2.5 m,路基面宽度宜采用3.2 m~3.6 m。

10.1.20 堆货场宽度应根据货运量、货位布置及排数、货位宽度和装卸机械类型确定。集装箱堆场的宽度及货位布置应符合铁道部现行《铁路集装箱货场设计规则》TBJ 19的规定。

10.1.21 堆货场的长度除应满足堆货场面积需要外,还应满足取送车组长度的需要。

10.1.22 堆货场排水横坡可采用单面坡或双面坡,除集装箱场地横坡不应大于1.2%外,其他场地横坡不应大于3%。

10.2 装卸机械

10.2.1 铁路装卸机械类型应根据作业量及货物品类、装卸作业性质、装卸机械性能确定。各类货物配备装卸机械类型可按表10.2.1选用。

表10.2.1 各类货物配备装卸机械类型

货物品类	装卸机械类型
包装成件货物	叉车(配托盘)、输送机、桥式起重机
集装箱货物	门(桥)式起重机、正面吊、叉车
长大笨重货物	门(桥)式起重机、轮胎式起重机、汽车起重机、轨道起重机
散堆货物	抓斗门式起重机、装载机、输送机、链斗式装卸机、螺旋式卸车机、坑道输送机
粉末颗粒状货物	气力装卸机
液体货物	鹤管、上卸及下卸装置

10.2.2 装卸机械数量,应根据作业量及装卸机械的作业能力确定,主要装卸机械的数量可按下列规定确定。

1 起重机台数可按表10.2.2—1确定,也可按下式计算:

$$Z=\frac{0.007\ 6Q_{n}\alpha T_{Z}}{Q_{g}T_{r}k_{1}k_{2}} \tag{10.2.2—1}$$

式中　Z——机械台数(台/10 kt)；

Q_n——年装卸量(10 kt)；

α——货物到发波动系数；

T_Z——机械每装卸一钩或一次作业周期(s)；

T_r——日工作时间(h)，采用 24 h；

k_1——时间利用系数；

k_2——额定载荷利用系数；

Q_g——每钩额定起重量(t)；

0.007 6——换算系数$\left(\frac{10\ 000}{365\times3\ 600}\right)$。

表 10.2.2—1　起重机年装卸 10 kt 货物所需机械台数

机械名称	时间利用系数	作业周期(s)	机械台数(台)　平均起重量(t) 3	4	5	10
门(桥)起重机	0.50	234	0.064	0.048	0.039	0.019
		294	0.081	0.061	0.048	0.024
		354	0.097	0.073	0.058	0.029
汽车(轮胎)起重机	0.30	296	0.135	0.102	0.081	—
		356	0.163	0.122	0.098	—
		416	0.190	0.143	0.114	—
轨道起重机	0.30	309	0.141	0.106	—	—
		369	0.169	0.127	—	—
		429	0.196	0.147	—	—
门座起重机	0.35	290	0.114	0.085	0.068	0.034
		350	0.137	0.103	0.082	0.041
		410	0.161	0.121	0.096	0.048

注：表列所需起重机台数为货物到发波动系数采用 1.3，当波动系数和时间利用系数采用其他数值时，应按公式(10.2.2—1)计算确定。

2　叉车台数可按表 10.2.2—2 确定，也可按公式(10.2.2—1)计算确定。

表 10.2.2—2　叉车每年装卸 10 kt 货物所需机械台数

机械及属具	作业地点	作业周期 Q_2(s)	平均载重量(t)	时间利用系数及机械台数(台) 0.4	0.5	0.6
1.5 t 内燃叉车托盘	库外作业	85	0.8	0.109	0.087	0.073
	库内作业	115		0.148	0.118	0.099
1.5 t 电瓶叉车托盘	库外作业	130		0.167	0.134	0.112
	库内作业	160		0.206	0.165	0.137

续上表

机械及属具	作业地点	作业周期 Q_2(s)	平均载重量(t)	时间利用系数及机械台数(台)		
				0.4	0.5	0.6
2 t 内燃叉车托盘	库外作业	85	1.0	0.087	0.070	0.058
	库内作业	115		0.118	0.095	0.079
2 t 电瓶叉车托盘	库外作业	130		0.134	0.107	0.089
	库内作业	160		0.165	0.132	0.110

注:表列叉车台数为货物到发波动系数采用 1.3,当波动系数和时间利用系数采用其他数值时,应按公式(10.2.2-1)计算确定。

3 装载机台数可按表 10.2.2—3 确定,也可按下式计算。

$$Z=\frac{0.0076Q_n\alpha T_Z}{AqT_rk_1k_2} \qquad (10.2.2—2)$$

式中 A——单斗容积(m^3);

q——货物单位容重(t/m^3)。

表 10.2.2—3 装载机每年装卸 10 kt 货物所需机械台数

装载机台数(台) / 货物类别 / 作业周期(s) / 时间利用系数	煤炭 $q=0.8$ $k_2=0.8$		焦炭 $q=0.5$ $k_2=0.8$		细碎石或卵石 $q=1.45$ $k_2=0.65$		干沙 $q=1.55$ $k_2=0.75$		湿沙 $q=1.65$ $k_2=0.75$	
	44	54	44	54	44	54	44	54	44	54
0.30	0.094	0.116	0.151	0.185	0.064	0.079	0.052	0.064	0.049	0.060
0.40	0.071	0.087	0.113	0.139	0.048	0.059	0.039	0.049	0.037	0.045
0.50	0.057	0.069	0.091	0.111	0.038	0.047	0.031	0.038	0.029	0.036

注:表列装载机台数为货物到发波动系数采用 1.3,单斗容积采用 1 m^3,当采用其他数值时,应按公式(10.2.2—2)计算确定。

4 链斗式装卸机台数可按表 10.2.2—4 确定,也可按下式计算:

$$Z=\frac{456.6S\alpha Q_n}{A_1qvT_rk_1k_2} \qquad (10.2.2—3)$$

式中 S——料斗间距(m);

A_1——链斗容积(m^3);

v——链条线速度(m/min);

456.6——换算系数$\left(\frac{10000}{0.06\times365}\right)$。

表 10.2.2—4　链斗式装卸机每年装卸 10 kt 货物所需机械台数

装卸机械台数(台) 链条线速度(m/min) 时间利用系数	75	87.5	98.5
0.15	0.040	0.034	0.030
0.20	0.030	0.026	0.023
0.25	0.024	0.021	0.018
0.30	0.020	0.017	0.015

注:表列链斗式装卸机台数为货物到发波动系数采用 1.3,链斗容积采用 43 L,货物单位容重采用 0.8 t/m^3,料斗间距采用 0.5 m,额定荷载利用系数采用 0.8,当采用其他数值时,应按公式(10.2.2—3)计算确定。

5　办理集装箱货场(货区)装卸机械台数可按表 10.2.2—5 确定。

表 10.2.2—5　集装箱货场(货区)装卸机械台数

装卸线有效长(m)	门式起重机台班数(台/班)		大型叉车(台)	1.5 t~3 t 内燃叉车(台)
	箱场	换装场	箱　场	箱　场
140	1/2	2/2	1	2
210	2/2	2/2	1	2
280	2/2	2/3	2	4
350	2~3/2	2/3	2	4

10.2.3　货场和车务段应配置装卸机械的维修设备,设置装卸机械维修组。车务段管辖的货场,根据需要应设装卸机械保养室。

10.3　其他设备

10.3.1　货场与运转作业直接有关的生产房屋的布置,应满足使用需要,并保证值班人员作业安全,联系方便,便于瞭望现场和距作业地点行程最短。

营业厅、货运办公室的位置宜设在货场的进口处,一面正对市区,一面通向货场。整车货运员办公室可设在仓库的端部和堆货场的适中地点。

装卸工休息室宜分别设在各主要货区或靠近货运员办公室。

货场出入口应设门卫室。

装卸机械及集装箱维修、篷布修理和充电等生产房屋宜集中布置。

10.3.2　大、中型货场道路进出口宜设置 2~3 处,小型货场宜设置 1 处。

货场道路应根据搬运车辆、装卸机械类型、作业繁忙程度和作业要求等布置为单车道、双车道或三车道。道路宽度单车道宜采用 3.5 m,双车道宜采用 7.0 m,三车道宜采用 10.5 m。

10.3.3　大、中型货场应设置围墙,其高度不宜小于 2.0 m。

10.3.4　大型货场可设置篷布维修组及相应的维修设备。若维修量不大,可与集装箱维修等设施合并设置。

10.3.5　发送大量易腐货物的车站应设置始发加冰所,其位置宜设在装车地点附近。通过大量加冰保温车的编组站应设置中途加冰所,其位置应靠近保温车的主要车流方向并保证取送车方便。

加冰所应设置制冰、贮冰和加冰设备。加冰站台或加冰线的长度应根据加冰作业车数及加冰作业方式确定。

根据机械冷藏列车的运行经路和作业需要,在适当地点应设置机械冷藏车车辆段和中途加油点。

10.3.6 办理大量危险货物、牲畜、畜产品、水产品和鲜货的卸车站或排空货车较多的车站,可根据需要设置洗刷消毒所,其规模和设备应根据洗刷消毒车辆的作业量和性质确定。

洗刷消毒所的设置地点应远离其他铁路设备及居民区。

洗刷消毒所应设置处理污水、废渣设备,排出的污水、废渣的处理应符合国家现行的有关标准的规定。

10.3.7 办理大量牲畜装卸的货场应设置牲畜站台、牲畜圈、饮水处和其他辅助设备。

当有运输牲畜需要时,在区段站、编组站或在距离 100 km~200 km 的车站应设置供牲畜饮水的给水栓。

10.3.8 货场根据作业需要应设检斤设备。计量检测房应设于视线良好的地段。

1 汽车衡的位置宜设置于货场内通往主要货区道路入口处附近,并设有汽车检斤时所需要的停车场地,且不影响主要道路上其他车辆通行。

2 轨道衡线应布置在通往装卸地点的咽喉区。轨道衡线宜为贯通式,在轨道衡及其两端宜设不小于 15 m 的平直线段。

本规范用词说明

执行本规范条文时，对于要求严格程度的用词说明如下，以便在执行中区别对待。

(1)表示很严格，非这样做不可的用词：

正面词采用“必须”；

反面词采用“严禁”。

(2)表示严格，在正常情况下均应这样做的用词：

正面词采用“应”；

反面词采用“不应”或“不得”。

(3)表示允许稍有选择，在条件许可时首先应这样做的用词：

正面词采用“宜”；

反面词采用“不宜”。

(4)表示有选择，在一定条件下可以这样做的，采用“可”。

《铁路站场客货运设备设计规范》条文说明

本条文说明系对重点条文的编制依据，存在的问题，以及在执行中应注意的事项等予以说明。为了减少篇幅，不抄录原条文，只列条文号。

1.0.2 本规范适用于国家铁路网中客货列车共线运行，旅客列车最高行车速度在140 km/h及以下标准轨距新建、改建铁路站场客货运设备（客、货运站及客、货运设备）设计，是铁路客、货运站及客、货运设备设计的技术规范。

1.0.4 铁路客、货运站及货场设备较多、占地多、组成复杂，建设一个客、货运站及大型货场需花费巨大投资，由于影响客、货运站及货场布局的因素很多，为了寻求合理的设计方案，协调各方面的关系，取得最大的经济和社会效益，必须经过技术经济比较加以论证。

大型客运站和运量较大的货运站规模较大，因地形、地质和线路条件比较复杂，或因有关方面提出某些要求，对车站位置或布置形式也需进行方案比较。

既有客、货运站改建设计，充分利用既有设备，一方面要根据需要加以必要改造，另一方面也要使改建的设计方案适用于利用既有设备要求。

1.0.7 本规范的主要内容是站场客货运设备，并对客运站、客车整备所、货运站和货场等做了规定。设计中除应执行本规范外，尚应符合国家现行的有关强制性标准的规定。这些强制性标准有《铁路技术管理规程》、《铁路车站及枢纽设计规范》GB 50091、《铁路集装箱货场设计规则》TBJ 19、《铁路法》、《环境保护法》、《水土保持法》、《铁路消防设计规范》和《标准轨距铁路机车车辆限界》GB 146.1 以及国家劳动卫生安全法规等。

3.0.1 根据对全国100个主要客运站近年来的相关统计资料分析，具备日接发旅客列车换算对数30对及以上，日均上、下车旅客人数45 000人及以上，车站旅客列车到发线7条及以上规模的客运站，见说明表3.0.1所列的沈阳、沈阳北、北京、北京西、天津、郑州、西安、上海、武昌、广州、成都11个，这11个客运站均处在政治、经济、文化、交通中心的直辖市、省会城市，与其在全国城市中的重要位置是相适应的，因此将以上规模的客运站定为大型客运站；小于以上规模而地处省会、自治区首府、铁路局、铁路分局、对外口岸和主要旅游城市的以客运为主的客运站即为一般客运站。

说明表3.0.1 客运站相关资料统计表

站 名	客车到发线(条)	始发、终到旅客列车对数(市郊列车对数)	通过旅客列车对数	换算旅客列车对数	日均上、下车人数
沈 阳	9	34(0)	5	36.5	92 000
沈阳北	7	19(2)	37	39.5	51 770
北 京	11	79(5)	—	84	137 014
北京西	11	38(0)	—	38	65 000

续上表

站　名	客车到发线(条)	始发、终到旅客列车对数(市郊列车对数)	通过旅客列车对数	换算旅客列车对数	日均上、下车人数
天　津	11	22(8)	26	43	52 558
郑　州	11	24(3)	44	49	56 200
西　安	9	31.5(4)	17	44	58 900
上　海	13	54(0)	10	59	142 640
武　昌	7	21(1.5)	18	31.5	50 024
广　州	7	72(6)	8	82	107 904
成　都	7	25(5)	3	31.5	53 500
哈尔滨	5	42(3)	12	51	110 300
齐齐哈尔	5	36(6)	5	40.5	34 000
长　春	5	28(0)	41	48.5	54 300
石家庄	7	18(0)	36	36	41 900
太　原	5	27(7)	5	36.5	44 900
济　南	7	12(5)	32.5	33	34 400
徐　州	9	17.5(1)	35.5	36	35 200
南　京	5	—	59	29.5	44 800
杭　州	5	18(0)	8	22	48 700
南　昌	7	17(5)	3	23.5	24 900
长　沙	5	17(0)	23.5	29	46 000
重　庆	7	12.5(6.5)	—	19	62 000
昆　明	5	9(5)	—	14	19 000
贵　阳	5	4(19)	8	27	26 400
柳　州	5	12(0)	13	18.5	24 000
兰　州	7	15(4)	8	23	20 200

3.0.2　客运站的设计规模应根据车站上、下车的旅客人数，旅客列车对数，旅客列车的编组辆数，开行方式，开出、到达时间，既有客运站设备的改造和利用情况，并结合地形、地质条件、城市发展规划等因素综合考虑确定。必须重视与城市规划相互配合和协调并应预留远期发展。

3.0.4　客运站、客运设备、客车整备所和客运机务段这四者在设计时，必须统一考虑，客运设备要根据客运站的规模配置，使其能与客运站的能力一致，配备与其通过能力相适应的各项设备。

客车整备所的设计规模、作业方式和设置位置都应与客运站的规模、性质、输送能力相一致，客车车底的客运整备和技术整备必须在满足通过能力的前提下，尽量做到缩短客车车底的走行距离，减少咽喉区的交叉干扰。客运机务段与客运站、客车整备所之间的相互位置，直接影响机车出入段作业、客运站两端咽喉通过能力的均衡及对城市的干扰和车站远期发展。客运站、客运设备、客车整备所和客运机务段的总体设计，既要满足通过能力的要求，又要方便客货列车到发、客车车底取送、机车出入段等作业，并减少对城市的干扰。

3.0.5 客运站与客车整备所内各项设备的配备，除必须满足客运站的通过能力要求外，还须使各项设备互相协调，要尽量保证客运站与客车整备所及客运机务段的联系便捷，减少进站交叉和作业干扰，保证旅客乘降等作业和客运站各项技术作业的安全、高效。

3.0.6 客运站应设置旅客站房、行包房、运转室等为运输服务的生产和办公用房屋，在客车整备所为满足客车日常维修、保养、定期检修等技术整备和客运整备，也应设置整备库(棚)、临修棚(库)、车电间等各类生产车间及材料仓库、客车备品仓库和按组织机构设置生产与办公用房屋必要的场地。

3.0.7 客车整备所运用的经验证明，生产、办公、生活房屋宜集中设置在整备场外侧，并平行整备场线路，不宜布置在线路的尾端。这种布置既便于管理，又有利于安全。房屋与整备场之间通常有汽车运输道路，沿道路的一侧或两侧尚需设置电杆、给水管道、消防水管及压缩空气管道等，并要满足绿化、排水设施等的设置要求，因此规定房屋的外墙轴线距相邻线路中心不宜小于13 m。这一规定是综合上述各项设施布置最小距离得出的，设计时尚需根据具体情况确定。

4.1.1 客运站的布置图按线路配置，可分为通过式、尽端式和混合式三种。设计时图型的选择，应根据引入客运站的线路方向、数量、客运量的大小，客运是长途、短途、终到、中转等性质及既有客运设备的可改造利用情况，并结合城市的规划布局及地形条件等综合比选后确定。

4.1.2 图4.1.2—1、图4.1.2—2、图4.1.2—3、图4.1.2—4和图4.1.2—5为通过式客运站图型，该图型正线和到发线两端均连通区间，具有两个列车到发的咽喉区，在引入线路方向相等的条件下，咽喉结构、疏解布置较简单，能分担列车接发、客车车底取送和机车出、入段等作业，减少咽喉交叉干扰，通过能力大，运营条件较好；到发线能接入和通过较多方向的列车，除折角列车外，无需变更列车运行方向，使用灵活；便于组织旅客进出站和行包搬运，相互干扰较小；旅客进出站走行距离短；便于枢纽直径线和联络线的衔接，能缩短部分旅客列车的运行时间，有利于枢纽内部线路通过能力的调节等优点。虽然通过式客运站存在着不易伸入市区，增加城市交通负担，与城市道路干扰较大，站坪较长，旅客跨线设备增加，工程投资增加，旅客进、出站需克服高程等缺点，但通过式站型的优点较多，且是主要的，因此宜优先采用。

4.1.3 尽端式客运站的特点是只有一端咽喉区，虽然该站型具有可至城市中心附近、与城市道路干扰较小、可相应减轻市内交通负担、旅客进站一般不必跨越线路、乘车方便等优点，但也存在着全部列车到发集中在一端咽喉区，旅客列车到发线及机车走行线数量相应增加，铺轨及占地数量增大，客车车底取送及客车出入段等作业同时集中在一个咽喉区进行，交叉干扰大，影响车站的通过能力，对通过列车的换挂机车及变更列车运行方向作业不便，旅客进出站走行距离长并与行包、邮件搬运交叉干扰较大等缺点。由于上述缺点较为突出，因此新建客运站不宜采用尽端式设计，仅在以始发、终到列车为主且处在铁路线路终端的客运站，当采用通过式站型将引起巨大工程或受其他条件限制时，方可采用尽端式站型。

4.1.4 混合式客运站的一部分线路为通过式，用于接发大编组旅客列车；另一部分线路为尽端式，可用于接发市郊及小编组旅客列车。这种布置图的优点是只有当某个方向的市郊及小编组列车较多时，设置部分尽头线，可节省投资和用地，市郊及小编组旅客进出站便捷且与长途大编组旅客流线分开、互不干扰。但由于客运站的到发线分成贯通线和尽头线布置,造成使用不便,降低使用效率。同时还会在进出站咽喉区产生长途列车与市郊列车到发的交叉干扰,当其共用一个客车整备所时,交叉干扰更为严重。若采用立交疏解不仅工程复杂,工程投资也增加,因此新建客运站不宜采用混合式站型。只有当受地形条件限制或工程改建困难,尽可能充分利用既有设备时,可采用混合式站型。

4.2.1 客运站的站房、通过货物列车的正线、机车走行线、机待线、摘挂车辆停留线和站台、装卸线及装卸站台、咽喉区的平行作业数量、轨枕等主要设备按第 4.2.2 条~第 4.2.8 条的规定配置,站台、雨棚、跨线设备、站前广场等设备按第五章客运设备的规定配置。

4.2.2 客运站的站房设计可根据车站布置形式、客流特点、结合当地地形、合理利用高程差、设计成站房地面高程与站台面高程相同或相差很小的线平式,站房地面高程高于站台面高程的线上式,站房地面高程低于站台面高程的线下式。地处大城市的客运站的站房,当受地区城市建筑物或用地的限制时,结合当地的地形、地质和水文条件,进行技术经济比较后,可设计为站房在上层、线路在下层或线路在上层、站房在下层的多层立体跨线式站房。

客运站站房的位置应与城市规划、客运站的布置图型协调一致。采用线上式、线下式或多层立体跨线式站房时,应使旅客从广场经由站房、天桥、地道到达站台的升降高度最小。

1 客运站的站房连接着站前广场和站台,为方便旅客进出站,应与城市布局、规划及车站的布置配合一致。根据通过式客运站两端均为通过式咽喉的特点,站房应设于线路一侧。在城市居民集中区域,即客流量较大及主要集散区域,城市的交通设施也多集中在此,只要地形、规划允许,站房应设在靠主要居民区一侧。

2 将尽端式客运站的站房设于站台的端部即到发线的尽头端,可免修跨线设备,旅客可直接由站房经分配站台至各中间站台,不需跨越线路。故条文规定尽端式客运站的站房宜首先选择设在站台的端部。仅在客流量、行包量都很大,出、入站旅客与行包运输在分配站台上发生交叉干扰较为严重,且地形、地质条件及城市规划允许时,也可将站房设在靠城市中心区线路一侧。

3 混合式客运站的部分线路为通过式,另一部分线路为尽头式,尽头式线路多用于接发市郊列车,站房设在尽端式站台的端部,则市郊列车上、下车的旅客进出站便捷,不需跨越通过式线路;通过式线路上的长途旅客进出站则与通过式客运站站房设在线路一侧相同。综上所述,混合式客运站的站房以设于通过式线路侧的尽端式站台端部为宜。

4.2.3 有货物列车通过的客运站,其正线位置应根据旅客列车对数、客运站的规模、通过客运站的正线数量、客车整备所与客运站的配置位置、车站咽喉区的交叉干扰情况、货物列车的运行条件及其对客运作业的影响等因素确定。

1 单线铁路上的客运站,一般采用图 4.1.2—1 所示的图型,客车整备所与客运站纵列在站房的同侧,正线设置在站房对侧的最外侧,客车车底取送及客机出、入段与货物列车通过无交叉,货物列车运行条件好,对发展成双线也较为有利。同时与旅客上下车、行包、邮件装卸,列检及其他工作人员无交叉干扰,对安全有利。因此单线铁路上的客运站,当有货物列车通过时,其正线宜设在站房对侧的最外侧。

2 双线铁路上的客运站,当客车整备所与客运站纵列配置于站房一侧时,采用两正线分别设在上、下行到发线之间和站房对侧的最外侧,图 4.1.2—2 及图 4.1.2—3 的布置形式,可使第一、二站台的旅客上、下车,行包、邮件等装卸作业比较安全,下行货物列车通过正线顺直,客货列车运行条件较好,咽喉的交叉干扰较小,通过能力较大,线路布置长度较为均衡,故推荐为优先采用的布置图型。

3 双线铁路上的客运站,当客车整备所与客运站纵列配置于两正线之间,采用两正线分别设在第一、二站台之间和站房对侧的最外侧,如图 4.1.2—4 所示的布置图型时,列车到发通过与机车出入段、客车车底取送交叉干扰少,具有最大的咽喉通过能力。因此当旅客列车对数较多,客运站的规模较大,客车到发线 9 条及以上时,宜采用这种布置图型。

4 本款引用《铁路车站及枢纽设计规范》第 8.1.3 条第 3 款。

4.2.4 在双线和客货列车对数较多的单线客运站上,为适应旅客列车多及在不同时段密集到发的需要,使机车能及时出、入段,确保旅客列车安全、正点运行,应按下列规定设置机车走行线和机待线:

1 客货列车较多的单线铁路客运站,由于列车多,机车出、入段停留交会的次数多,特别是旅客列车在不同时段有密集到发的特点,为使机车连挂及时方便,保证旅客列车安全正点运行,应在非机务段端咽喉区设置机待线。

2 双线铁路通过式客运站,客货列车行车量均较大,旅客列车多,而且具有在不同时段密集到发的特点,只有使机车能及时出、入段,停留连挂方便,才能保证旅客列车安全正点运行。因此在双线铁路通过式客运站上,应设置或预留机车走行线和在非机务段端的咽喉区设置机待线。

当客车整备所及客运机务段设在两正线靠站房同侧一端时,将机车走行线设在一、二站台之间是有利的,使得大部分机车出入段交叉在上行端,减少了下行端的交叉,有利于均衡两端咽喉的能力。当客货列车对数增大,需要发展成客车整备所及客运机务段纵列配置于客运站一端两正线间的布置形式时,只须将机走线改成下行正线,将下行正线改成机走线即可。

客车整备所及客运机务段纵列配置于客运站一端咽喉区外方两正线间时,宜将机走线设在上、下行客车到发线之间,同时还可在机走线上装设接发列车信号,以便必要时通过货物列车。这种布置形式能减少上行机车出入段与其他作业的交叉干扰,也能减少货物列车对下行旅客列车客运作业和技术作业的影响,提高车站的通过能力。

3 尽端式客运站,采用两条到发线间设置机车走行线的布置,使本务机能及时进段,因此在尽端式客运站上,当有折角旅客列车通过或旅客列车对数较多时,宜采用在两站台间的两条到发线间设置 1 条机走线的布置形式,以提高车站的通过和到发能力。

4.2.5 在某些客运站上,由于各方向客流不均衡,在某方向常有大量客流以及团体、外宾等客流需要加挂或摘下客车车辆,为满足摘挂车辆停留,在经常有车辆摘挂的客运站上,可设置摘挂车辆的停留线和站台。其位置宜设置在有摘挂车辆的一端。

4.2.6 由于整车行包量较大,其堆放占用站台面积也大,装卸时间较长,搬运时容易与旅客通行产生干扰。因此在办理整车行包业务的客运站上,可设置专门的行包装卸线及装卸站台,以方便行包的装卸、堆放及搬运。其位置宜与行包房位置相配合。

4.2.7 本条文引用《铁路车站及枢纽设计规范》第 8.1.4 条规定。

4.2.8 混凝土宽枕除了具备混凝土枕稳定性能好、使用寿命长、提高线路质量、节省大量优质木材的优点外,当铺设1 760根/km混凝土宽枕时可占轨道平面约 95% 的覆盖面,进一步提高了线路的稳定性,为宽枕轨道全面密封提供了条件,用弹性防水材料密封后,可防止道床污染，保持道床面整洁，能延长线路的大中修期，维修作业量小，由此可见铺设1 760根/km 是合理的。

混凝土宽枕是我国目前大型客运站中使用较多的轨道型式，因为混凝土宽枕支承面积及自重大，可有效地降低道床的应力，自身变形小，轨道的平顺性好，稳定性高，轨缝合缝密封后，路基面排水较好，外型整齐美观，综上所述，当路基坚实、稳定、排水良好时，大型客运站的旅客列车到发线在站台长度范围内宜铺设混凝土宽枕及与之配套的调高弹性扣件。

4.3.1 影响客运站的旅客列车到发线数量的因素较多，但决定因素有下列几方面：

1 客运站接发旅客列车的多少，对旅客列车到发线的数量影响较大，因为列车对数愈多，密集到发的量就越大，同样旅客列车的性质影响也是很大的，接发的始发、终到旅客列车越多，或市郊列车越多，则旅客列车密集到发的次数也会随之增加，同时占用到发线的数量也多，直接对到发线的数量产生影响。

2 因为客运站所衔接线路的数量越多，旅客列车密集到发出现的次数也会越多，占用到发线数也越多。

3 客运站上各种列车在技术作业过程中，所规定的占用到发线的时间也随着各类列车的数量、种类不同而异，在站进行技术作业列车的数量多，占用到发线数量也多，有的列车在站技术作业时间长，占用到发线也增长，都会对到发线的数量产生影响。

4 客运站列车密集到发的情况是影响旅客列车到发线数量的主要因素，影响旅客列车到发线数量的各种因素集中表现在旅客列车密集到发的数量上，旅客列车到发线数量是根据旅客列车同时占用到发线所需的数量和每条到发线平均办理始发、终到旅客列车对数确定的。

4.3.2 表 4.3.2 的旅客列车到发线数量为引用《铁路车站及枢纽设计规范》中表 8.1.8 所列数量。通过对部分客运站的调查，证明表中规定的数量能满足办理相应的旅客列车对数的需要。根据对北京、北京西、天津、郑州、上海、广州等办理始发、终到旅客列车 50 对以上的大型客运站的调查，其到发线数量的配置均大于按 50 对以下规定配置的数量，从这些站的到发线数量与能力适应情况分析，在均衡运输条件下到发线的数量与能力基本适应，但目前铁路客运已逐步走向市场，在新的运输机制运作下，旅客列车密集和不均衡到发的现象普遍存在。在密集到发时段，到发能力紧张，到发线数量仅能勉强应付，缺乏机动性，难于适应不均衡运输条件下的阶段性密集到发和进一步开拓客运市场的需要。所以规定始发、终到旅客列车在 50 对以上时，到发线数量可按分析计算确定，以使得 50 对以上的大型客运站能具备适应密集到发和客运市场运输波动的能力。

4.3.3 客运站的旅客列车到发线有效长度主要根据旅客列车长度确定，并应符合铁道部铁科〔2000〕83 号文发布的《铁路主要技术政策》及下列规定：

1 目前铁路主要线路上旅客列车编挂辆数已增至 16~20 辆，为了适应旅客运输发展的需要，铁道部铁科〔2000〕83 号文发布的《铁路主要技术政策》规定：旅客列车编组不大于 20 辆，车站到发线有效长 650 m。按照这一规定并结合当前铁路客车车辆虽仍有不少 22 型及 23 型车辆在使用，25 型系列车（长度 26.6 m）在运营线正在不断增加，并将逐步取代其他各型客车的实际情况，旅客列车到发线有效长度按编挂 20 辆 25 型车计算，车底长度为 532 m；客运机车按东风型长度为 21.1 m；旅客列车进站停车附加制动距离根据《铁路技术管理规程》第 174 条规定为 30 m，以上三项之和为 583.1 m。条文规定到发线有效长度 650 m,既能满足实际需要,又符合《铁路主要技术政策》及到发线有效长度系列的规定。

2 由于到发线有效长度中的最短长度为 550 m,故条文规定位于Ⅲ级铁路货物列车到发线有效长度的下限地区,其客运站到发线的有效长度不应小于 550 m。

3 条文规定改建客运站在特别困难条件下,个别到发线的有效长度可采用 500 m,这是因为其余多数到发线的有效长度仍可达到 550 m~650 m,大多数旅客列车仍可满足编挂 18~20 辆的需要长度。

4 为适应目前铁路改革步入市场化的需要,在以始发、终到列车为主的部分客运站已开行了编挂辆数不等的小编组旅客列车,对有小编组列车开行的客运站,用于接发小编组列车的部分到发线的有效长度可根据小编组列车所需要的实际长度确定;为了满足节假日短途旅客运输和军运的需要,可增开短途旅客列车和节假日代用客车,停留这类列车的线路有效长度应根据这类列车的长度确定。

4.3.4 当客运站位于限制区间或接轨站时,货物列车需要在此办理交会,越行作业。对有货物列车停留的客运站应按下列规定设置货物列车到发线:

1 货物列车到发线的设置位置应远离站房,在单线区间,宜布置在站房对面旅客列车到发线外侧的货物列车通过正线旁;在双线区间,根据有无设置行包、邮件地道而相应设置在上、下行旅客列车到发线间或站房对面最外旅客列车到发线与上行货物列车通过正线间,以减少对客运作业的干扰。

2 货物列车到发线的数量,应根据运量及引入方向数确定,宜设 1~2 条即可;当运量大,或引入方向多时,可根据实际情况增加,满足其需要。

3 客运站用于接发货物列车的到发线,其有效长度应按货物列车到发线的有效长度设计。以满足货物列车的作业需要。

4.3.5 一般只在单线客运站上,旅客列车到发线的数量才少于 5 条,同时客货列车数也不会多,相应的机车出入段走行次数也少,因此不应设专门的机车走行线,利用正线和空闲线路走行;当配置有 5~9 条旅客列车到发线时,宜设 1 条机车走行线,保证机车能及时出、入段。

4.3.6 在客货列车较多的单线和双线通过式客运站上,均应设置 1 条机待线,供客机出入段的转线停留和调机的转线停留,保证机车的及时连挂和旅客列车的安全正点运行。

在客运站上要求设置尽头式机待线,是因为尽头式机待线较为安全。其有效长度应根据客车牵引机车长度和相应的安全距离确定,参照现行《铁路技术管理规程》第 215 条规定,在尽头线上调车时,距线路终端应有 10 m 的安全距离,为使机车在机待线上停车方便,并保证机车后部的轮对不影响有关信号和道岔的开通,在机车后部应留出 5 m 机动距离。目前客机长度为 21. 1 m~21. 4 m,故单机牵引时的尽头式机待线有效长度应采用 45 m,双机牵引时另增加 1 台牵引机车的长度。

5.1.2 旅客站房的布置应与车站的布置形式、城市规划和市内交通相配合,做到站房与站前广场、城市交通工具停车点之间的通路便捷而安全,使旅客进、出站方便,各种流线畅通,行程便捷,避免旅客、行包和各种车辆相互交叉干扰,保证旅客集散迅速。

旅客站房的位置应尽量选择在车站的中部靠主要居民区一侧,可使旅客上、下及车站值班人员接发列车走行距离短,车站管理方便,只有因城镇规划的需要或地形条件不允许或遇不良地质地段时可作适当偏移,避开以上不利因素的影响。

5.1.3 站前广场是联系铁路与城市交通的纽带，是客流、货流和车流的集散点。为了保证城市交通和旅客通行的安全便利，站前广场的设置和规模应根据客流量的大小、性质、旅客站房的规模及布置形式，结合城市规划、道路布局、交通条件、地形等统一规划，远近结合，合理确定广场面积、位置及布置方式，使站前广场与站房进、出口有机联系，缩短旅客进出站步行距离，达到广场内各种流线合理，减少或避免各种车流与人流和行包流的交叉干扰，保证广场各项设施应有的功能。

5.1.4 在办理客运业务的车站和乘降所设置旅客站台，可保证上、下车旅客的安全和便利，加快旅客上、下车的速度，方便行包、邮件搬运，缩短装卸时间和客车的停站时间，提高车站的通过能力。

旅客站台的数量应与旅客列车到发线的布置及数量相配合，采用两站台之间设 1 条到发线，能保证到达旅客在一个站台下车及出发旅客同时在另一个站台上车，能加快旅客的上、下车时间。但旅客列车到发线多时，其站台数量增多，占地面积大，利用率降低，列检作业及更换轨枕不便。

采用两站台之间设 2 条到发线，既保证了每条到发线都能停靠站台，又克服了站台增多，占地面积大，利用率低，列检作业及更换轨枕不便等缺点，这种旅客站台与旅客列车到发线的数量配置及布置形式具有诸多优点。

旅客列车到发线有效长度主要是根据旅客列车长度确定的，并符合铁科〔2000〕83 号发布的《铁路主要技术政策》及到发线有效长度系列的规定，因而旅客站台的长度也同样要以旅客列车长度为依据，与旅客列车到发线有效长度相配套。

旅客站台宽度应根据站台两侧同时停靠客车时的最大一次上、下车人数，行包邮件运输工具的类型，售货车和旅客购物时所需的宽度，车站绿化和站台上设置的天桥、地道、高架候车室、行车室、列检所、售货亭、行包邮件房屋等建筑物的尺寸确定。

5.1.5 站台上设置雨棚，可保证旅客有良好的乘降条件和方便车站客运作业，防止行包、邮件受湿，因此在办理客运业务的车站，当客流量、行包装卸量及所处地区的降水量较大时，应在站台上，地道出、入口及天桥设置雨棚。

5.1.6 旅客跨线设备，包括天桥、地道和平过道。高架候车室有双重作用，即候车室兼跨线设备的作用。因为跨线设备是站房与站台间，站台与站台间来往的通道。它的配置类型、数量和位置对车站内的流线组织起着重要的作用，尤其当有大量旅客上、下车进、出站时，流线必须分开，进、出站跨线设备分设，跨线设备就成为人流疏散过程中的控制地段。因此跨线设备的配置应根据车站站型和客流量大小、客流性质及站房和站前广场的相互位置等因素确定。以达到合理的流线组织，保证旅客通行、上下车和行包、邮件搬运、装卸作业的安全与便利。

5.1.7 旅客列车给水的车站，应在旅客列车到发线旁设置客车给水栓，保证旅客列车能在规定的上水站给水，满足旅客列车上旅客饮用等生活用水的供给，一般地区旅客列车上水管道设置应与线路间的排水槽合并设置，以防止上水时的漏水流入路基面及管道布置对车站工作人员行走、作业产生干扰。

气候寒冷地区，管道在排水沟槽内易结冰，单独设置可采取措施防止冻害，因此地处寒冷地区时，给水管道宜单独设置。

5.1.8 为保证旅客进、出站和上、下车的安全，便于维持车站秩序，在一般客运站和办理客运业务的车站上，旅客列车停留范围内的基本站台及路基的边缘应设置防护栅栏，在大型客运站应设置围墙。

5.2.1

1 旅客站台的位置随车站站型而异,其位置布置应与旅客站房及车站站型、客流量和旅客列车的到发线的布置配合一致,适应车站旅客列车到发线的需要。

2 当客运站为通过式站型时,设置基本站台及中间站台是与通过式站型相适应的,站台与站房的连接简单,站台的长度布置可与线路长度配合,便于跨线设备的设置,缩短旅客上、下车及车站工作人员的走行距离,对通过客运站的各项作业有利,因此是合适的。

3 当客运站为尽端式站型时,为适应尽端式客运站站型及作业需要,应按站房和车站线路的相互位置关系设置分配站台及中间站台。分配站台应配置在尽端式客运站线路的端部与各旅客中间站台相连接,对上、下车进、出站旅客起分配作用,保证上、下车旅客与中间站台通行有序。当尽端式客运站的尽端与段管线连接为贯通式咽喉时,应配合线路一侧或两侧的站房设置基本站台和中间站。

4 当客运站为混合式站型时,应在尽头线的端部设置基本站台和中间站台,尽头线端部的基本站台除具有基本站台的作用,同时也具有分配站台的作用,不论是通过式线路部分,还是尽头式线路部分均应在到发线间设置相应的中间站台,以保证旅客上、下车及行包、邮件装卸等作业的完成。

5 因为基本站台是与站房相连接的站台,大部分的接发列车,旅客上、下车,行包、邮件装卸搬运及车站工作人员往返行走都在基本站台上进行,故条文规定在其他办理客运业务的车站均应设置基本站台。

在客流量较大的单线铁路车站上,由于客流量大,旅客乘降多,或有旅客列车进行列检、试风、凉闸、给水等技术作业,旅客列车会让或旅客列车与摘挂列车同时停站的机会也多,为便于旅客列车会让或旅客列车与摘挂列车会让,旅客上、下车和摘挂列车停靠站台装卸货物的方便,宜设置中间站台。

双线铁路上因行车是按上、下行分开运行,所经地区一般经济较发达,人口稠密,旅客乘降及零担货物作业较多,为保证上、下行旅客列车和摘挂列车能分别停靠站台,因此在双线铁路车站上应设置中间站台。

6 旅客乘降所一般设置在名胜古迹、旅游风景点、市郊及双线区间站间距离较大有较多旅客产生的区段,为方便旅客乘降,应设置旅客站台。单线铁路区间旅客站台宜设在靠旅客乘降较多的一侧;双线铁路区间旅客站台宜在线路两侧分别设置,两站台可相对或交错布置。

5.2.2

1 客运站的旅客站台长度应根据旅客列车编挂辆数确定,按25型车编组20辆计算,车底长度532 m,为使整列车能停靠站台,故客运站的旅客站台长度采用550 m。

2 因位于Ⅲ级铁路货物列车到发线有效长度下限地区的客运站的旅客列车到发线长度为550 m,550 m到发线有效长度能接发列车的长度约为450 m,要使整列车能停靠站台,故旅客站台长度不应小于450 m。

3 改建客运站在特别困难条件下,个别到发线的有效长度是按500 m设置的,多数到发线的有效长度仍在500 m~650 m,故个别配置在有效长度500 m的到发线旁的旅客站台长度采用400 m是与到发线长度匹配的,用于停靠较短的列车,其余站台仍可达到

450 m~500 m,用于停靠较长的列车,均能满足按到发线有效长度接发列车,满足整列停靠的需要。

4　对于接发小编组旅客列车、短途旅客列车、混合列车和节日代用客车的旅客站台长度应按这些列车的编挂辆数所需的实际长度确定。

5　一端为尽头线的尽端式客运站的站台长度,根据不同的线路布置形式,应分别较上述几款规定增加机车及供机车出入的必要长度,以方便机车在站作业。

6　办理客运业务的车站的旅客站台长度应根据近期客流量确定,在客运量及行包量不大的车站可适当缩短,但不宜短于 300 m、11 辆车停靠的站台。在人烟稀少地区或客流量很小的车站和乘降所,根据实际情况站台长度可适当缩短,可与站房地坪等长。

5.2.3　本条引用《铁路车站及枢纽设计规范》第 8.2.2 条第 3 款规定。

当中间站台设于到发线外侧时,虽然只有一侧临靠线路,须设安全距离 1 m,另一侧仍须留一定的旅客活动的安全宽度或栅栏,故不宜小于基本站台的最小宽度 4 m。在地形特别困难和工程量很大时,可适当减小。

站台上天桥、地道的出、入口、房屋和其他建筑物边缘至站台边缘的距离主要是由行包、邮件搬运车及列车供应车通行需要决定。客运站及大型客运站列车供应车宽度取 2 m,装载突出每边 0.25 m,安全空隙 0.5 m,为此条文规定不应小于 3 m;其他站不应小于 2.5 m 是按通行行包、邮件搬运车宽度 1.7 m,及装载突出和安全空隙所需的安全通行最小宽度 2.5 m 决定的。

在既有线改造中,车站因受现状条件限制,当加宽站台将增加很大工程费用时,天桥、地道出、入口边缘至站台边缘的距离,其中一侧宽度按只通行旅客可减少,但不得小于按《标准铁路建筑限界》中规定的为保证站台上旅客安全的最小距离 2 m,而另一侧按通行旅客、行包、邮件搬运车决定。

5.2.4　本条引自《铁路车站及枢纽设计规范》第 8.2.2 条第 4 款规定。

5.2.5

1　客运站常年客运量大,上、下车的旅客人数多,行包、邮件装卸量也大,为保障旅客有良好乘车条件,避免行包、邮件受湿,方便车站客运作业,提高客运工作质量,为此在客运站的基本站台、中间站台、地道出入口及天桥上应设置雨棚。

2　年降水量 600 mm~800 mm 地区除东北、华北、西北部分地区外的全国大部分地区,降水量比较集中,一般在 4~10 月占全年的 60%~70%,对处于这些多雨地区的车站,当上、下车人数较多,即日均一次上、下车旅客人数约 400 人及位于年降水量 800 mm 以上地区日均一次上、下车人数约 200 人的车站,应在基本站台、中间站台、地道出、入口、天桥上设置雨棚,使车站能提前组织旅客、搬运行包、邮件进站。保证旅客及时上车及行包、邮件装卸、防止行包、邮件受湿,保证旅客列车正点运行。

3　本款引用《铁路旅客车站建筑设计规范》GB 50226 第 7.1.6 条规定。

5.2.6　本条引自《铁路车站及枢纽设计规范》第 8.2.4 条规定。

5.3.1

1　位于大、中城市办理客运的车站,一般客流量较大,上、下车人数及行包、邮件较多,因行车量较大,其通路经常被其他列车和调车所阻。当为通过式站型时,站房位于线路一侧,只有设置天桥、地道,才能保证站房与站台间及站台之间来往的通道,才能更好的疏散人流,保证旅客通行,上、下车和行包、邮件搬运、装卸作业的安全与便捷。

2 天桥虽具有造价低、受水文、地质条件影响较小、便于扩建、维修、排水、通风、采光条件较好的优点，但天桥存在着升降高度较大，占用站台面积多和遮挡司机及站内工作人员的视线等显著缺点，而地道则与之相反，有着旅客升降高度小，出、入口占站台面积小，司机和车站工作人员的瞭望条件好，不防碍市容不受气候条件的影响等突出优点，故应优先选用地道。

在选择天桥和地道的设置位置时，应选择天桥和地道的出、入口位置能与站台、进、出站检票口和站前广场的位置配合一致，以使流线合理，旅客通行方便，减少站内作业的交叉干扰，保证行包、邮件作业的安全便利。

设 1 处天桥或地道时，其位置宜设在进、出站检票口之间，使进、出站旅客均走行较短的距离。

设 2 处及以上时，其位置应分别靠近进站和出站检票口附近，以满足进、出站流线组织的需要，使旅客通行方便和站内交叉干扰减少。为了满足流线组织的需要，也可将进、出站的天桥或地道与站房及出站检票口相连。

3 客运站上、下车的各类旅客中有一部分是老、弱、残旅客，为使老、弱、残旅客进、出站方便，客运站的旅客跨线设备及高架候车室通往各站台的通道应设置方便老、弱、残旅客使用的坡道、电梯等设施。

4 大型客运站，行包、邮件数量、旅客列车对数都较多，应设置专用的行包、邮件地道，以消除站台上行包、邮件搬运与列车到发及客运作业的交叉干扰，缩短旅客上、下车进、出站及行包、邮件的搬运、装卸时间，确保车站作业的安全。当行包、邮件数量都特别大时，也可分别设置专用的行包地道和邮件地道，以方便行包及邮件的运输。

5.3.2 天桥或地道的数量、宽度和净高，应根据车站客流量的大小，行包、邮件的数量多少，并结合车站的站型确定，以保证车站能组织合理的流线，做到人流、物流互不干扰，旅客通行和行包、邮件作业的安全与便利。

1 天桥、地道的数量应根据客流量确定。根据运营线上车站客流量及天桥、地道的配置数量及适应性分析认为，最高聚集人数为 400~2 000人以下时不少于 1 处，最高聚集人数为 2 000~10 000 人时不应少于 2 处，最高聚集人数为 10 000 人及以上的大型客运站不应少于 3 处是合适的，能保证旅客的安全通行；当车站设有高架候车室时，候车室起跨线设备的作用，进站旅客可由高架候车室检票进入各站台上车，因此只须设置不少于 1 处地道或天桥供旅客出站用。

在大型客运站上，当行包、邮件数量很大时，可设行包、邮件地道 1~2 处，也可根据行包、邮件的数量和运输特点，分别设置行包和邮件地道各 1 处，以消除行包、邮件运输与列车到发及旅客作业的干扰，满足行包和邮件运输的需要。

2 天桥、地道的宽度应根据客流密度确定，旅客进、出站应避免在天桥和地道内产生对流现象，天桥和地道的宽度主要取决于 1 次下车或同时进站上车的旅客最大人数。一般上、下车旅客均带包携物，通行时占用宽度按 1 m，大型客运站按 6 人同时通行，一般客运站按 5 人，其他站按 3 人同时通行计算，因此天桥、地道的宽度在大型客运站不应小于 6 m，一般客运站不应小于 5 m，其他站不应小于 3 m。

行包、邮件地道的宽度不应小于 5. 2 m，是按最不利情况下，2 辆 2 m 宽的供应车同时并行，加装载突出及行驶间隙所需的最小宽度确定的。

3 封闭式天桥考虑天然采光与自然通风的需要，规定不应小于 3 m。旅客地道及敞开式天桥的净高,是根据《民用建筑设计通则》的规定,地下室及走道的最小净高 2 m;加地道上部的指示牌,照明灯具等所需空间,规定为 2.5 m。行包、邮件地道净高是按行包拖车上载最高 2 m 的货物,加拖车本身高度0.674 m及地道顶部的指示牌,照明灯具所需空间规定为 3 m。

4　本款引自《铁路车站及枢纽设计规范》第 8.2.3 条第 4 款规定。

5.3.3　在基本站台上,由地道、天桥出、入口至站房或其他建筑物外缘的距离,大型客运站规定不应小于 7 m,一般客运站不应小于 5 m,其作用除了满足旅客的通行外,还要满足消防、公安、贵宾、急救等车辆通行及安全要求;其他站不应小于 4 m,是为了满足车辆、旅客及工作人员的通行安全。

在中间站台上,地道、天桥出、入口至建筑物外缘的距离,大型客运站不应小于 12 m;一般客运站不应小于 9 m;其他站不应小于 6 m,是为了满足上、下车旅客流线及行包、邮件搬运、食品供应车通行及安全的需要,避免相互间的交叉干扰,同时也与雨棚的跨度相适应。

5.3.4　两地道、天桥或地道与天桥出、入口间的距离,大型客运站不应小于 24 m,一般客运站不应小于 18 m,主要是为了避免进、出站,上、下车旅客流线间的相互交叉干扰,做到流线在平面上分开,保证旅客流线的通行顺畅,缩短旅客上、下车和进、出站的时间,并与雨棚的跨度一致。

5.3.5　在尽端式客运站上,旅客进、出站及行包搬运均通过分配站台至中间站台,因而在分配站台上交叉干扰大,因此搬运行包用的平过道应设置在咽喉区的站台端部,以减轻分配站台上的交叉干扰。

在通过式客运站上,搬运行包用的平过道应设在站台的两端,行包搬运由两端平过道至中间站台可形成由行包房经基本站台两端平过道至中间站台的 2 条流线,便于行包搬运。

在客运量及行包数量不大的其他车站,由于上、下车旅客及装卸行包数量不多,宜在站台中部接近进、出站检票口处及站台两端设置平过道。

因为尽端式客运站的一端设有分配站台,旅客进、出站及行包搬运均通过分配站台至中间站台,所以只须在另一端设置 1 处搬运行包用的平过道,使其与中间站台至行包房组成搬运行包的流线,以减少行包搬运与旅客进、出站在分配站台上的交叉干扰。

通过式客运站须设 2 处平过道,使装车行包由基本站台经一端平过道至中间站台,卸车行包则可由中间站台经另一端平过道至基本站台,即可减少行包搬运、与旅客通行在基本站台和中间站台上的交叉干扰。

客运站上平过道的宽度不应小于 5 m,是为满足 2 辆行包车并行的需要。

其他车站平过道数量不应少于 2 处,分别供旅客、行包搬运及车站工作人员跨越线路使用。其中一处搬运行包用的平过道宽度,通行非机动车辆时可采用 2.5 m,通行机动车辆时不应小于 3.5 m;另一处供旅客及工作人员使用的平过道宽度采用 1.5 m 即可满足需要。

6.1.1　客车整备所与客运站的相互配置位置必须以满足车站通过能力为前提,结合地形、地质条件及远期发展等因素综合选择,使其相互配置达到缩短客车车底的走行距离,取送便捷没有折返行程,减少咽喉区的交叉干扰,保证客运作业的安全。

6.1.2、6.1.3　客车整备所纵列配置于客运站到发列车较少一端的咽喉区外方靠站房一侧时,具有客车车底取送与客、货列车到发的交叉干扰少,车站的通过能力大,有利于车站及整备所各自的发展，正线顺直且远离站房，职工出入所较为安全，用地及工程投资小等优点，故宜采用此种配置。

在双线铁路上，当客、货列车对数较多时，上述配置满足不了车站通过能力的需要，宜将客车整备所配置在旅客列车到发较少一端咽喉外方的两正线间，以适应车站所需的通过能力。

因为客车整备所与客运站横列配置时，客车车底取送切割正线，与旅客列车到发和货物列车通过交叉严重，且有折返行程，车站通过能力较小，限制了客运站的发展，一般不宜采用。但横列配置与纵列配置的尽端式客车整备所相比较，具有客车车底取送行程较短，设备集中，作业方便等优点，故当在引入客运站的线路方向较少，且为单线，始发、终到旅客列车对数及通过货物列车均较少时；当客货列车进路分开的复线区间，货物列车不经由客运站时；或将客货运站改建成客运站，为充分利用既有设备时，客车整备所也可与客运站横列配置。

6.1.4 客车整备所与客运机务段的相互配置，应在满足车站通过能力的前提下，减少车站咽喉区的交叉干扰，缩短机车和客车车底出（入）段、所的走行距离，使机车出、入段方便，并结合地形、地质条件及远期发展选择确定。

1 客车整备所与客运机务段设在同一象限内，用地较集中，可节省投资，对城市干扰少，因此宜将客车整备所与客运机务段设在同一象限内。

2 客车整备所与客运机务段分设在客运站的两端，由于客车车底的取送与机车出、入段作业分散在客运站的两端咽喉，因此两端咽喉通过能力较为均衡，有利于各自的发展，但占地较大，易引起较大的拆迁工程。因此只有当始发、终到旅客列车较多，为均衡两端咽喉的接发车能力，或地形、地质等条件适合时，可采用客车整备所与客运机务段分设在客运站两端的配置形式。

6.2.1 客车整备所是客车车辆运用维修保养的重要基地，为了保证客车车辆技术状态的良好，客车整备所的能力必须与客运站的通过能力相适应，应根据需要入所整备的车底列数，车底客运整备与客车技术整备等作业的干扰情况，各项整备作业的延续时间、联络线的通过能力和工程量的大小等因素确定相应的布置形式，以便能合理的组织各项作业，减少各项整备作业的交叉干扰，充分发挥各项设备的能力，达到满足通过能力所需。

6.2.2 客车整备所的布置形式可分为横列式和纵列式，应根据车辆客运整备与技术整备的作业方式选择。

定位作业即客车车底由客运站送达客车整备所后，除改编调车外，一直停在同1条线上进行检修、整备及等待回送客运站。定位作业具有调车作业少，易于组织平行作业，缩短客车车底的作业时间，加速客车车底的周转，作业集中，管理方便，工具、人员可集中使用，占地少，工程投资小等诸多优点，应优先选用。

当采用定位作业时，客车整备所应采用横列式布置图（图6.2.2—1），因为这种布置图不需分设专用车场，客车车底的到发、检修、整备作业均在1个车场的1条线上进行。备用车停留场横列布置在到发场的一侧，个别客车摘挂作业方便，经入口处洗车设备洗刷后的客车车底入场为检修创造了较好的工作条件等优点。

移位作业是客车车底由客运站送到客车整备所后，按照作业顺序分别在几个车场进行整备、检修及等待送往客运站，客车整备所宜采用纵列式布置图（图6.2.2—2）。这种图型的特点是各项作业按各专用的车场流水进行，即按客运站、到达场、洗车机、整备场、出发场的顺序进行各项作业。

1 客车整备所布置图的选择,主要取决于整备车列的数量、用地等条件。我国既有的客车整备所除北京西、郑州五里堡因整备车列数量大而采用移位作业方式的纵列布置图外,其余均为定位作业方式的横列布置图,因为这种布置图型具有6.2.2条定位作业方式中所阐述的诸多优点,被广泛采用,故本条文规定当每天需要整备小于或等于50列客车车底时,应优先采用定位作业方式,客车整备所横列布置图型(图6.2.2—1)。

2 移位作业方式的客车整备所配置图6.2.2—2(a),具有客机和客车车底走行距离短,客机不必切割客车车底入所线,车辆段与客车技术整备的人员及机具设备可相互调剂,定期检修的客车由客车整备所往客车车辆段取送较方便等优点,加之客车车底由客运站送达客车整备所后,各项作业按各专用的车场流水进行,具有较大的能力。尽管其有占地大,车辆调动频繁的缺点,当需要整备车列的数量很大,每天需要整备的客车车底达50~60列时,仍宜采用移位作业,客车整备所纵列布置图型,图6.2.2—2(a)。

3 当每天需要入所整备的客车车底列数大于60列,且需设3条及以上取送及机车出、入段线时,宜采用移位作业,客车整备所宜采用纵列布置图型,图6.2.2—2(b)。这种布置能减少客运站咽喉区的交叉,可提高通过能力。

6.3.1 要使客车整备所的能力适应客运站通过能力的需要,应配置整备场、到发场、备用车停留线、不良车停留线、临修线、站所间联络线(客车车底取送线及牵出线)、洗车设备、站台、雨棚、道路、平过道、整备作业通道和堆煤场地等设备。

6.3.2 定位作业方式的整备场是兼作客车车底到发场(包括车底停留待发)使用的,而移位作业方式的整备场则与客车车底的到发场分别设置,因此整备场应设在与客运站或客车整备所的到发场有便捷联系之处,并与客车车辆段相邻,便于两单位的工作人员及机具、备品等在必要时的相互调剂。

当采用定位作业,每日入场整备的客车车底不多时,客车车底往客运站的取送和改编作业均集中在整备场的入场端咽喉区进行,因此整备线宜设计为尽端式。而当每日入场整备的客车车底较多,整备场的入场端咽喉在办理客车车底往客运站的取送和改编作业时,能力满足不了需要,需在整备场另一端设牵出线作客车车底改编用时,整备线可设计为贯通式;同理当入场整备的客车车底较多,采用移位作业时,整备线宜设计为尽端式或贯通式。

6.3.3 定位作业的客车整备所,不需单独设置到发场,整备线兼作到发线用;移位作业的客车整备所需单独设置到发场,办理客车车底的到发(往客运站)、客运整备、转场(往客车技术整备场)和停留待发。因此到发场应纵列布置于客车技术整备场靠客运站的一端,这种布置便于到发场与客运站和客车技术整备场的联系,缩短客车车底的取送转场距离,减少客车车底取送与转场等作业的交叉干扰,能力较大,虽然这种布置有占地较多的缺点,但优点较多,一般应优先采用。当受地形长度限制时,可采用将到发场横列设置在客车技术整备场不邻靠车辆段一侧的横列布置。

到发场既要办理客车车底往客运站的到发作业,又要办理往整备场转场作业,因而到发场均应设计成贯通式。

6.3.4 为满足存放替换检修车、临时列车用车、公务车、卫生车、试验车等备用的客车车辆的需要,应设置备用停留线,为方便客车车辆的摘挂作业,能就近调出所需车辆编组成客车车底,减少机车走行距离及交叉干扰,与车辆段间有方便的通路,备用车停留线宜设在整备场的不邻靠客车车辆段的一侧。

客车车底的摘挂车辆等作业，是在客车车底进入整备线进行改编作业时从备用车停留线上取送的，所以备用车停留线可设计成尽头式，并与牵出线连通。

6.3.5 为停放不良车和定检到期车，以便集中送修，可设置1条不良车停留线，宜与备用车停留线设在一起，当有车辆修车库前后的修车线能供停留时，也可不另设置。

6.3.6 为停放旅客列车摘下的故障车及定检未到期的临修车，需要设置临修线。摘车修理需落轮和架车，为方便作业，临修线应设在整备场的外侧，邻靠客车车辆段。

因临修车辆是客车车底在整备线进行改编作业时送入临修线的，故临修线可设计成尽头式，并与牵出线连通。

6.3.7 本条引自《铁路车站及枢纽设计规范》第8.3.3条规定。

6.3.8 客车车底的外部洗刷，应根据入所整备的车底数量及停留时间来配置洗车设备。洗车机洗刷方式除具有洗车能力大，洗车时间短等特点外，还有调车作业少，与其他作业干扰小的优点，当入所整备的客车车底数量较多，而停留时间短时，宜选用洗车机洗刷方式；当客车车底不多，洗刷作业量较小，客车车底在整备所停留时间较长时，可选择人工洗刷方式。

洗车机的设置位置应与客车整备所的整备作业方式相配合，当整备所采用定位作业方式时，洗车机应设在客车整备所入口的前方，使客车车底由客运站送往客车整备所途中进行洗刷，当客车整备所采用移位作业方式时，洗车机宜设在到达(客运整备)场与客车技术整备场之间的联络线上，使客车整备所能紧靠客运站，缩短客车车底取送距离。当客运站与整备所的到发场间的距离较远时，也可将洗车机设在客车整备所到达场入口的前方，使其在入场途中洗刷。

6.3.9 条文规定在有洗车作业的整备线或到达线的洗车范围内，铁道部通用图肆站4002(客车整备所布置图集)轨道标准中所规定的洗车机全长及其入口前12.5 m和出口后19.6 m的范围内宜铺设混凝土宽枕，是因为在整备线及到达线、洗车机线上铺设数量为1 760根/km混凝土宽枕，枕缝间采用具有防水性能的弹性材料合缝。可达到表面无道砟，场地平整，便于排水和清扫，能有效地防止污染，利于整备作业。

6.3.10 根据客运整备工作的具体需要，客运整备站台应确保供应车辆和工作人员在整备站台上安全行驶和行走，并要考虑在站台侧墙设供电插座以满足客运整备工作的需要。

根据《铁路旅客车站建筑设计规范》第7.1.3条规定"其边缘至站台边缘的距离；不应小于3 m"的规定，同时考虑整备站台采用单柱式结构，柱的断面为0.5 m×0.5 m，故确定客运整备站台最小宽度为3×2+0.5=6.5(m)。

6.3.11 客运整备站台上雨棚的长度与宽度要和客运整备站台相同，这是吸取以往运营中的教训而确定的。1997年香港回归时，由北京和九龙同时对开的列车於1997年7月2日进入北京西客运整备所的客运整备站台后，由于没有雨棚，恰逢大雨，将卧具全部浇湿(其中大多数为高级卧具)，造成不应有的损失。

另外，加设同宽同长的雨棚，也有利于工作人员进行客运整备工作，避免阳光直晒和雨淋，使工作人员有一个较好的工作环境，同时也确保了卧具及餐料等防止雨淋。

6.3.12 由于客车始发终到较为集中(特别是提速之后)，客车整备所内的后勤供应车辆进出频繁，因此需设双车道才能确保畅通。如受场地所限，采用单车道环行通道时，必须设回车场地。

车道应采用水泥混凝土路面以确保耐久使用。

道路与线路平交时，应设置与道路宽度相同的平过道，以利于汽车安全通行。

定位作业的整备线，需进行车辆技术整备和客运整备。车辆技术整备包括技术整备（对轮对、制动系统、发电机、皮带龙、走行架、车钩连接处、风管装置等进行技术检查）和检修作业（损坏部分焊接、电池箱、换电瓶等维修作业），如设置站台致使车辆技术整备难于进行。但为满足客运整备和车辆技术整备作业需要，确保供应车安全行驶和工作人员作业安全，应设置客运整备作业通道。作业通道布置位置应与整备线相配合。

为确保上煤上料小车能相对通行，根据手推小车宽度为 0.9 m，相对间隙 0.2 m，与列车的间隙也为 0.2 m，故 2×0.9 m+3×0.2 m=2.4 m。另一方面，为确保小型载重汽车的通行，根据小型货载重汽车宽度为 1.9 m，与列车的间隙为 0.3 m，装载超宽 0.1 m，故 1.9 m+2×0.3 m+0.1 m=2.6 m。故确定路面两相邻线路上停放列车的最小净距为 2.6 m，也符合线间距6.0 m 的规定。

上水栓等设施则应设在与路面相邻的线路间，并互相错开。

6.3.13 考虑餐车及烧开水用煤，故需设堆煤场。

为减少运输距离和方便上煤，堆煤场宜靠整备站台设置，为防止雨淋、日晒、风吹等造成堆煤流失及污染周围环境，一般应设煤棚。

堆煤场要有 1 个月的用煤量，因此确定堆煤场的最少占地面积不应小于 180 m^2。为运煤装卸的需要，必须设置不小于 15 m×15 m 的回车场地。

6.3.14 客车整备所内道路与桥涵立交时，为确保供应车辆及其他车辆和消防车安全畅通，根据《铁路站场道路和排水设计规范》的规定其净空高度不应低于 4.5 m。另外，由于供应车辆和其他车辆进出频繁，故确定桥涵内路面宽度不宜少于 7.0 m，以满足车辆双向通行。

6.4.1 客车整备所为保证完成客车车底的客运整备和技术整备及日常维修保养任务，应设与所需能力相适应的整备线和到发线，由于客车整备所的整备线及到发线数量随其作业方式不同而异，故客车整备所应根据不同的作业方式，并按下列规定确定其所需的线路数量。

1 定位作业是指客车车底送至客车整备所后除改编作业外，技术整备和客运整备及等待送往客运站等作业均在同一条整备线上进行。因此整备线的数量应满足客车技术整备和客运整备的需要，除按《铁路车辆设备设计规范》第 3.1.6 条的规定配置外，尚应增加客运整备所需的整备线数量。

2 移位作业的作业过程是客车车底送到客车整备所后，客运整备在到发场、技术整备在客车技术整备场进行，由于分设了到发场，除客运整备在到达（客运整备）场进行外，整备完毕的客车车底在出发场待发，减少了在客车技术整备场的作业及停留时间，因此整备线数量可相应减少。可根据每日需入所进行客车技术整备的客车车底数配置。

由于目前完全按移位整备作业方式设置的客车整备所在我国只有北京西和郑州五里堡 2 处，根据这 2 处在使用中的适应程度及客车车底在到发场的作业量与所需时间确定表 3 所列的到发线配置系数。因此移位整备的到发线数量应根据每日入所整备或停车的始发、终到旅客列车对数按说明表 6.4.1 配置。

说明表 6.4.1　移位整备的到发线配置系数

始发、终到旅客列车对数（对/d）	25～60	61～90
到发线配置系数	0.15～0.13	0.13

注：市郊旅客列车的到发线或停车线数量，可按市郊列车车底数的 50% 另行配置。

6.4.2 因为入所整备的客车车底送入整备所后，要分别在某条整备线及到发线上完成全部技术和客运整备作业，所以整备线、到发线的长度必须能容纳整列客车车底，整备线、到发线的有效长度应按需入所整备的客车车底的长度确定。

1 整备线的直线段长度应能满足客车车底检修作业及调车作业的需要。其直线长度不得小于整备车底的长度加 10 m 安全距离加调车作业连挂的长度 20 m。其中 1~2 条应增加拉钩检查距离 10 m。整备车底长度按编组 20 辆 25 型客车 26.6 m 计算。

2 整备所的到发线因为不需要进行检修作业，其有效长度可按客车车底长度加调机长度 20 m 再加停车附加制动距离 30 m 计算确定。

客车车底长度按上款所列标准计算。

6.4.3 本条引自《铁路客车技术整备所设计规则》TBJ 29 规定。

6.4.4 条文规定不良车停留线的长度一般宜按 10 辆车的长度设置，10 辆客车车辆的长度为 266 m，加调机长度 20 m，尽头线时另加 10 m 安全距离。

6.4.5 本条规定引自《铁路客车车辆设备设计规范》第 3.3.5 条。

6.4.6 客运站与客车整备所间联络线的数量及有效长度应按说明表 6.4.6—1、说明表 6.4.6—2 和说明表 6.4.6—3 规定确定。

说明表 6.4.6—1 客车整备所横列布置时站、所间联络线取送车底能力(列/d)

入所整备车底列数 \ 联络线数量（条）/ 出、入段机车次数	设洗车机				不设洗车机			
	设机务设备		不设机务设备		设机务设备		不设机务设备	
	1	2	1	2	1	2	1	2
40	20							
50	19							
55	19				27			
60	18				26			
70	17	34			25			
80	16	33	24	42	23		35	62
90	15	32			22			
100	14	31			20	47		
110		30				45		
120		29				44		
130		28				42		
140		27				41		
150		26				39		
160		25				38		

1 客运站与客车整备所纵列配置时，站、所间联络线主要是取送客车车底、调车和本务机出入段。故站、所间联络线的数量应根据入所整备的客车车底列数、出入段机车次数、整备所布置形式、调车作业量及站、所间距离等因素确定。

站、所间联络线数量和取送车底的能力组合因素较多，并处于不固定的变化状态，要用一个具体数字表明站、所间联络线的能力较为困难。因此提出：当入所整备车底列数和出、入段机车次数不多，站、所间联络线应设 1 条；当入所整备车底和出、入段机车次数较多时，站、所间联络线可设 2 条，设计时可参考说明表 6.4.6—1 和说明表 6.4.6—2 所列的取送车底能力选用。

2 当客运站与客车整备所纵列配置时，客车整备所可为横列及纵列两种布置，当为横列布置时，洗车机一般设在整备所前方；纵列布置时，洗车机有时也设在客运整备场前方，有了能满足整列车底调动和设置洗车机所需的站、所间联络线长度，客车车底由联络线按洗车的速度通过洗车机洗车，既可尽快腾空客运站的咽喉，联络线又可作牵出线用。所以要求站、所间联络线应按满足整列车底调动和设置洗车机所需的长度设置；当洗车机设于整备所的客运整备场与客车技术整备场之间时，车底可由客运整备场线路通过洗车机进行洗刷和进行调车作业，而不占用站、所间联络线进行调车作业。因此联络线长度可适当缩短。

说明表 6.4.6—2　客车整备所纵列布置时站、所间联络线取送车底能力(列/d)

入所整备车底列数 联络线数量(条) 出、入段机车次数	洗车机设于客运站与客运整备场间				洗车机设于客运整备场与车辆技术整备场间			
	设机务设备		不设机务设备		设机务设备		不设机务设备	
	1	2	1	2	1	2	1	2
58	29							
70	27							
80	25							
90	24							
100	22	50			53			
110	20	49			49			
120		47	39	67	45		93	162
130		46			41			
140		44			37			
150		42			33			
160		41			29			
170		39			25			
180		37			21	90		
190		36			17	86		
200		34			13	82		

注：1　表内 1 条联络线和 2 条联络线系分别按 1 台调机和 2 台调机进行取送车底和改编作业计算；

2　说明表 6.4.6—1 中当 1 条联络线能力不够时，根据地形条件可考虑设 2 条联络线；2 条联络线能力不够时，可考虑增设牵出线 1 条；

3　表内出、入段机车次数超过入所整备车底列数 1 倍者，表示客运站有通过旅客列车；

4　改建客车整备所，若图型与本规范中图 6.2.2—1 和图 6.2.2—2 不同或站、所间联络线太长和太短时，均不能参考说明表 6.4.6—1 和说明表 6.4.6—2 选用。

说明表 6.4.6—3　客运整备场及出发场与车辆技术整备场间调车作业能力

洗车机位置	设于客运站与客运整备场间			设于客运整备场与车辆技术整备场间			
作业内容	车底转场和改编			车底转场和改编		车底转场	
平行线数量(条)	2	3	4	3	4	3	4
调机数量(台)	1	2	3	2	3	2	3
作业能力(列/d)	31	58	81	46	64	75	105

注：1　洗车机设于客运站与客运整备场间时，当参照站、所间联络线取送车底能力表(说明表 6.4.6—2)配置相应的调机数量担任车底转场和改编作业时，可不设牵出线；

2　洗车机设于客运整备场与车辆技术整备场间，当场间车底转场和改编作业能力与说明表 6.4.6—2 的站、所间联络线取送车底能力不相适应时，应考虑在车辆技术整备场尾端设牵出线 1~2 条。

6.4.7　牵出线的数量及长度应满足下列要求：

1　当客运站与客车整备所横列配置时，客车车底取送与货物列车通过交叉干扰较大,因此这种布置应设 1 条牵出线,以满足客车车底取送和调车作业的需要。

2 当客运站与客车整备所纵列配置时,要求站、所间联络线长度应满足整列车底调动加安装洗车机所需要的长度,这种布置的优点是,当客车整备所横列布置时,可利用联络线进行调车作业;或当客车整备所纵列布置时,可利用客运整备场的出发场线路进行调车作业,可不设牵出线,既方便作业,又减少工程投资。

当入所客车车底数量很大,其列数大于 60 列,而且站、所间联络线能力与客运整备场及车辆技术整备场能力不相适应时,应参照说明表 6. 4. 6—1、说明表 6. 4. 6—2 及说明表 6. 4. 6—3 所列数字,设置牵出线 1 ~ 2 条。

3 因为当客运站与客车整备所横列配置时,需利用牵出线进行整列客车车底的取送及调车作业,所以牵出线的有效长度不应小于旅客列车到发线的有效长度。

7. 1. 1 本条引自《铁路车站及枢纽设计规范》第 9. 2. 1 条规定。根据《铁路技术管理规程》的规定,并考虑货运站和货场管理的需要,适应铁路现代化的发展,根据不同类型的货运站、货场和不同品类货物的具体情况,应考虑货运管理信息系统、货运安全检测设备以及货运安全监测设备,确保货运站、货场和货运设备高效优质以及各项设施安全卫生。

7. 1. 3 本条确定货运站和货场设置数量的各项因素,为做到充分发挥各项设备的能力,减少小运转列车走行距离,加速货物和车辆的周转,减少对区间正线、编组站、客运站等能力的影响,减少对城市的干扰,减少用地,节约工程投资和降低运营费用。

位于小城市的枢纽,由于地方货运量小,除去铁路专用线的运量后,货场运量很小,货物装卸作业宜集中在一个货场办理,有利于货场设备的利用,缩短货物集结时间,减少车辆取送次数,缩短货物和车辆的周转时间;并可节省工程投资,减少用地。因此,位于小城市的枢纽宜设一个货场。位于中等城市的枢纽,地方运量一般也较小,除去铁路专用线运量后,设置 1 ~ 2 个货场也能满足需要。

当城市分散或枢纽范围较大,设一个货场不但给城市交通带来很大压力,还需增加货物运距,给货主带来不便,为方便货主,根据城市工业布点、城市规划、交通条件,可设置几个货运站和货场。

7. 1. 6 发展集装箱运输是国家运输政策之一,也是铁道部的一项重要改革。集装箱运输具有简化包装,保证安全,加速转运,能大幅度提高作业效率等特点,被各国广泛采用,成为运输现代化的重要标志。近几年来,随着改革开放的不断深化,我国集装箱运输的发展速度增快,但仍不适应国民经济增长的需要,不适应市场经济发展的需求,更不适应国际联运的需要,必须进一步加速发展进程。

根据我国铁路主要技术政策,为加速集装箱运输的发展,铁道部制定了 1994 ~ 2000 年的《铁路集装箱发展规划》,在印发该规划的通知中,提出了"要逐步取消零担运输,吸引整车适箱货物入箱,大幅度提高集装箱运量"的扶持政策;还提出了"修改设计规范,今后凡新建铁路或旧线改造项目,要适当安排集装箱货场。零担货场一律停建。"的要求。在《规划》中还制定了"充分利用现有货场设备并加以改造完善,多开集装箱办理站……到 2000 年,集装箱办理站达 1 000 个……封闭 400 个沿线零担办理站"的具体目标。

为切实贯彻发展集装箱运输的政策,本次制定"新建、改建铁路应优先发展集装箱货场"的规定。

7. 2. 1 牵出线如设在曲线上会造成调车机车司机瞭望信号困难,调车机车司机与调车人员联系不便,调车速度不易控制,给作业带来困难,不仅降低调车效率,而且作业也不安全,容易发生事故。因此,规定了牵出线应设在直线上,困难条件下,根据不同的条件而规定了不同的标准。

7.2.2 货物装卸线如设在小半径曲线上时,由于车辆距站台的空隙较大,装卸不便,又不安全;同时,相邻车辆的车钩中心线相互错开,车辆的摘挂作业困难。因此,货物装卸线应设在直线上,在特别困难条件下,曲线半径不应小于 500 m。

7.2.6 货场的牵出线一般采用摘挂、取送调车,牵引辆数不多,作业量也少,但为考虑牵出线存放车辆的可能,牵出线的坡度以不大于 1.5‰为宜。如为了节省较大工程,在困难条件下,允许牵出线设在不大于 6‰的坡道上。

7.2.7 货物装卸线如设在较大的坡道上时,车辆受外力影响易于溜动,很不安全,因此货场装卸线应设在平坡道上。困难条件下,为与站坪坡度一致,可设在不大于 1.5‰的坡道上。

液体货物装卸:考虑到车辆测重和测量容积以及停车安全的需要,应设在平道上。

危险货物装卸线:主要装卸易燃、易爆、放射等危险货物。因此要特别注意防止车辆受外力影响而溜走,造成事故,故应设在平道上。

漏斗仓线:为使装卸作业时的车辆不受外力影响而溜走,保证作业效率和安全,简化漏斗仓的设计和施工,应设在平道上。

货物装卸线的装卸有效长起讫点距竖曲线始、终点不应小于 15 m,相当于留出 1 辆货车的长度,为的是使车辆不易溜走,保证作业安全。

8.1.1 货运站是以办理货运作业为主的车站。货运站的布置形式可分为:通过式和尽端式两种。通过式货运站可设于干线上成为中间站,也可设于其他线路上;尽端式货运站是在城市内为了运输的需要,将车站伸入市区或工业区而设于线路的终端,但车场的布置形式,可根据具体情况设计成尽端式或贯通式。

货运站按车场与货场的相互配置分为横列式与纵列式两种。横列式货运站的优点是设备集中、管理方便、但调车作业不利;纵列式货运站则反之。设计时可根据当地地形和作业条件,经技术经济比较确定。

8.3.1 货运站专为小运转列车到发作业使用的到发线,其作业量对到发线数量的影响甚大。如年运量在 2 Mt 以上的货运站,每日接发小运转列车对数一般在 6 对以上,车站取送车作业比较繁忙,此时有以下作业需要在到发线上办理:

(1)调车机车将编组完毕的小运转列车牵引至到发线上待发。

(2)办理小运转列车接车。

(3)小运转列车到达后,机车迂回到另一到发线连挂待发的小运转车列准备出发。

因此,需要占用到发线 2 条,机车走行占用到发线 1 条,共 3 条。当小运转列车为下限 7 对时,到发线 2 条,机车走行可利用正线。

如年运量在 2 Mt 以下,则日接发小运转列车一般在 6 对以下,货运站的小运转列车的接车与待发的小运转列车作业可以同时进行,此时仅需要到发线 2 条,机车走行利用正线。当货运站的运量很大,如年运量在 3 Mt 以上,相应的小运转列车对数在 12 对以上时,则应考虑小运转列车密集到发的可能性,此时可设置到发线 3 条,到发兼机走线 1 条,共 4 条。

货运站到发线数量亦可参照以下公式计算:

$$m = Nt_{占}/(1\,440k - t_{固}) \quad (条)$$

式中　N——每日办理小运转列车对数(对);

$t_{占}$——办理每对列车占用到发线的时间(min),一般为150~200 min;

$$t_{占}=t_{接}+t_{解}+t_{编}+t_{发}$$

其中　$t_{接}$——接车时间(min),可采用8~15 min,

$t_{解}$——待解及解体时间(min),可采用65~120 min,

$t_{编}$——编组时间(min),可采用60~70 min,

$t_{发}$——发车及待发时间(min),可采用10~20 min;

$t_{固}$——其他作业固定占用到发线时间,一般为120 min;

k——到发线利用系数,一般采用0.6。

当N=4~6对时:

m=(4~6)×180/(1 440×0.6−120)=0.97~1.45(条)

当N=7~12对时:

m=(7~12)×180/(1 440×0.6−120)=1.16~2.90(条)

综上所述,当小运转列车对数等于或小于6对时,货运站的到发线数量为2条;7~12对时,为2~3条;大于12对时,可根据具体情况适当增加。

如该货运站,尚办理旅客列车和其他货物列车(除小运转列车外,包括行包列车、快运货物列车,"五定"班列以及直达、直通、区段及摘挂列车)通过、到发和本站作业及有引入线路时,应根据衔接线路的列车对数、列车性质和车站作业情况适当增加到发线数量。

8.3.2　货运站到发线有效长度可根据小运转列车长度加30 m附加制动距离确定,但位于干线上或向干线开行始发、终到列车的货运站因衔接线路有正规客、货列车到发或向其开行始发、终到列车,故到发线有效长度应满足衔接区段线路规定的到发线有效长度。

8.3.3、8.3.4　货运站的调车线是为解编小运转列车、摘挂列车和为货场各货区挑选车辆而设置的。货运站的调车线数量应根据装卸地点、作业车数和调车作业方式等因素确定。

货运站调车线的总有效长度L,可根据调车场日平均解编的车辆数并考虑到发不平衡系数按下式概略计算:

$$L=nTl\alpha/(24k)\quad(\mathrm{m})$$

式中　n——调车场日均解编的车辆数;

T——列车占用编组线的总时间,包括解体集结和编组待送时间。根据货运站的统计资料,一般可用4 h;

l——车辆平均长度,可采用14 m;

α——列车到发不平衡系数,可采用1.4;

k——线路长度有效利用率,可采用0.7。

由于作业车数和装卸地点的增加,需要挑选的车辆数和调车作业量也相应增加,对调车线的数量也相应增加。一般情况下,当一个货区或一个装卸地点的装卸车在50辆/d以上时,应考虑设1条调车线;如装卸车在50辆/d及以下时,也可以两个或几个装卸地点(或货区)合用1条。

调车线的有效长度应满足车列取送时最大长度的需要,但最短调车线的有效长度不宜小于200 m,以满足每次取送两组共10辆(140 m)加机车长(30 m)和适当留有安全距离的要求。

当货运站的到发线和调车线混合使用时,其线路数量可参照上述到发线和调车线的确定原则综合确定。

8.3.5 货运站的牵出线应根据行车量、调车作业量和站型(通过式或尽端式),有无专用调车机车和有无其他线路可以利用进行调车等因素确定。

为了不影响货运站正线的通过能力和提高调车作业效率,货运站牵出线,可比照区段站关于牵出线设置条件确定。从上海枢纽和广州枢纽日改编列车7列以下的6个货运站中,设1条牵出线的有3个站,设2条的有1个站,不设牵出线可利用专用线或正线调车2站(利用正线调车为尽端式货运站)。设计时,以改编列数7列以下可做为设置1条牵出线的条件。当改编列数7列以上时,根据具体情况可设2条牵出线。

9.1.1 大型货场宜采用尽端式布置,其优点是占地少,造价低,易于结合地形,利于与城市规划配合,货场内道路和货物线交叉干扰少,搬运车辆出入方便,货场改建较容易。中型货场也可采用混合式,兼固了贯通式和尽端式的优点。

大、中型货场的货物线布置大多为尽头式且系平行、部分平行和非平行布置等。采用平行或部分平行布置具有用地省、布置紧凑、便于货物装卸及搬运作业,发展装卸、搬运作业机械化,并便于排水和道路布置等优点。现场对这种布置反映较好,因此设计大、中型货场宜优先采用。

小型货场大多在中间站设置,由于货运量较小,取送车作业一般由摘挂列车的本务机车担当。为缩短调车作业时间,减少列车停站时分,小型货场宜采用贯通式或混合式布置。

货场的布置应力求紧凑,充分利用有效面积,以节省用地;但同时要注意根据远期运量和发展规划留出必要的用地,以适应发展的需要。

9.2.3 表9.2.3序号1、2、3、4、9依据《铁路车站及枢纽设计规范》确定;序号6、8、10依据《工业企业标准轨距铁路设计规范》确定;序号7依据《石油库设计规范》确定;序号5依据《标准轨距铁路建筑限界》确定。

9.3.2 货物装卸线有效长度,除应根据年货运量、各类货物车辆平均净载重、单位面积堆货量、货物占用货位时间、货位排数和每天取送车次数等因素经计算确定外,还应考虑货物列车性质,所谓货物列车性质指快运货物列车、“五定”班列、摘挂及小运转列车,必须满足以上列车装卸作业需要的长度。

9.3.4 货场牵出线设置条件,应符合国家现行《铁路车站及枢纽设计规范》GB 50091第4.2.5条和第5.2.5条的规定。有效长度主要考虑小运转列车、摘挂列车、快运列车一次牵出的车列长度的需要,牵出线过短,必须分部牵出,增加调车钩数,延长作业时间。为此,其有效长度不宜小于货场列车长度的一半。当受地形限制或车站作业量小时,至少应满足牵引10辆的要求,故牵出线有效长度不应小于200 m。

10.1.8 《铁路车站及枢纽设计规范》规定普通货物站台靠铁路一侧边缘顶面高出轨面1.1 m,但铁道部运输局、现场均反映此高度与主型敞车C62A、C64的车底板高度不相适应;现设计的内昆线、新长线等已按鉴定意见将普通货物站台靠铁路一侧边缘顶面至轨面的高度定为1.0 m;C62A和C64车底板距轨面高度为1.083 m和1.082 m,车门低于车底板35 mm,考虑满载时较空车低20 mm,打开车门需高出轨面1.028 m和1.027 m。如果站台高度为1.1 m,则这部分车辆停靠站台装卸时无法打开车门。为了适应这部分车辆装卸的需要,设计时,若采用敞车装卸时,可将普通货物站台靠铁路一侧边缘顶面至轨面的高度设计为1.0 m。

此高度对于车底板至轨面高度为1.15 m左右的棚车来说,带来的影响是装卸车时渡板的坡度增大,其坡度15%左右,而电瓶叉车满载的最大爬坡坡度为12%~15%,这对棚车装卸会带来困难。征求了上海、北京、兰州局意见,宜采用1.1 m。为此,本规范维持国家现行《铁路车站及枢纽设计规范》GB 50091、《标准轨距建筑限界》和《铁路技术管理规程》的规定。

10.1.12 尽端式站台长度、宽度和高度是根据长期设计实践中采用的标准图“叁标房(71)4035”确定的。此高度也与平板车底板高度相适应。当尽端式站台与普通货物站台合并设置时,需设置从1.1 m~1.15 m的过渡段。

10.1.14 平顶式高站台的宽度由货物堆货宽度、运输工具走行道路宽度和必要的安全距离组成。

货物堆放宽度应按货物品种和堆货量决定。散装货物单排货位宽度宽5.0 m,双车重码货位宽8.0 m。

运输工具走行道路宽度随运输车辆类型而定。如汽车运输时,单侧装车的站台不考虑越行时道路宽3.5 m,考虑越行时道路宽6.5 m;双侧装车的站台考虑两辆汽车并排卸车道路宽7.0 m,考虑越行时道路宽10 m。

货堆边缘至站台边缘的距离1.0 m,至道路边缘0.5 m,道路至站台边缘2.0 m。由此计算出站台的宽度。单侧装车时不应小于12 m~18 m;双侧装车时不应小于20 m。

10.1.17 站台面设计横坡,主要为满足排水要求,确保站台货物不受水的污染和影响,需设为人字坡和一面坡。其坡度宜设计为1%~3%。当地区干旱和降水量较少时,不影响站台面排水时,可设为平坡。

10.2.1 货运站及货场装卸机械化,是完成铁路装卸作业的重要手段。

在货场内应根据作业量、装卸作业性质、货物品类及装卸机械性能配备装卸机械。

(**1**)办理长大笨重、木材等货物的装卸作业,宜采用门式起重机,若装卸量较少时,可采用轮胎式起重机、汽车起重机及轨道起重机等。

(**2**)办理集装箱货物的装卸作业,宜采用门式起重机,也可采用集装箱叉车和正面吊等。

(**3**)办理成件包装货物装卸作业,宜采用叉车(配托盘),也可采用输送机等。

(**4**)办理散堆装货物装卸作业,宜采用抓斗门式起重机、装载机、输送机、链斗式装卸机、螺旋式卸车机、坑道输送机等。

(**5**)办理液体货物装卸作业,一般采用鹤管、上卸及下卸装置。

10.2.2

1 额定载荷利用系数$k_2=Q_{均}/Q_{额}$,可按说明表10.2.2—1的规定确定。

说明表10.2.2—1 额定载荷利用系数

$Q_{额}$(t)	零担货场		整车货场	
	$Q_{均}$(t)	k_2	$Q_{均}$(t)	k_2
10	3~5	0.30~0.50	5~10	0.50~1.00
20	3~5	0.15~0.25	5~10	0.25~0.50
30	3~5	0.10~0.17	5~10	0.17~0.33

5 办理集装箱货场装卸机械台数,其门吊配置台数Z按下式计算:

$$Z=\frac{Q\times10^{4}\alpha}{365q_{净}\ T}(1/n_{标}+0.0414)\Phi \quad (台)$$

式中　Q——年到发货运量(10^4 t)；

α——货物到发波动系数，集装箱货场宜采用1.2，集装箱货区不大于1.3，本规范采用1.2计算；

$q_{净}$——平均净载重(t)；TBJ 10箱型为5.0 t；1CC、1AA型箱分别为12.0 t、15.0 t；

T——门吊日夜实际作业时间(h)；根据箱场作业分别实行二班和三班制；每班按12.5 h和17 h计算；小型集装箱货场、货区宜采用12.5 h，大、中型集装箱货场宜采用17 h；

$n_{标}$——门吊每小时装(卸)集装箱次数，其值按说明表10.2.2—2选用；

Φ——门吊日作业不平衡系数，其值为1.35～1.75，大值用于80×10^4 t以下。

说明表10.2.2—2　门吊每小时装(卸)集装箱次数

装卸机械类型	普通16 t双梁箱型门式起重机					普通36/16 t双梁箱型门式起重机					专用30.5 t集装箱龙门起重机		
跨度(m)	18	22	26	30	35	18	22	26	30	35	26	30	35
装卸箱次/h	43	41	40	39	37	36	35	34	33	31	35	34	32

10.3.8　货物检斤设备的设置位置，主要考虑作业方便和简化调车作业，满足轨道衡测重和液体货物测容准确，宜设计为两端不少于15 m(1辆车长度)的平直线段。由于电子轨道衡采用了先进的测重技术，也可设在曲线上。曲线半径和纵断面坡度的选择可根据采用的电子轨道衡技术条件确定。根据目前使用情况，曲线半径宜大于或等于300 m，坡度宜小于1.5‰，最大不得大于3‰。

本次印刷已根据中华人民共和国铁道部铁建设〔2009〕62号《关于发布〈铁路工程地质勘察规范〉等44项铁路工程建设标准局部修订条文的通知》作了修改。

中华人民共和国行业标准

铁建设〔2008〕58号

铁路货运中心设计暂行规定

2008-04-10　发布　　　　2008-04-10　实施

中华人民共和国铁道部　　　发　布

关于印发《铁路货运中心设计暂行规定》的通知

现发布《铁路货运中心设计暂行规定》,自发布之日起施行。《铁路集装箱货场设计规则》(铁基〔1988〕634 号)及《关于印发〈铁路集装箱结点站设计暂行规定〉和〈铁路路基边坡绿色防护技术暂行规定〉的通知》(建技〔2003〕7 号)中的《铁路集装箱结点站设计暂行规定》同时废止。

本标准由铁道部建设管理司负责解释,由铁路工程技术标准所组织中国铁道出版社出版发行。

中华人民共和国铁道部

二〇〇八年四月十日

前　言

本暂行规定是根据铁道部《关于编制 2001 年铁路工程建设标准计划的通知》(铁建函〔2001〕72 号)要求,在《铁路集装箱货场设计规则》(TBJ 19—88,铁基〔1988〕634 号)和《铁路集装箱结点站设计暂行规定》(建技〔2003〕7 号)基础上编制完成的。

本暂行规定共分 11 章,主要内容包括:总则、术语和符号、基本规定、经济运量与运输组织、集装箱作业场平面布置、行邮行包作业场平面布置、小汽车作业场平面布置、装卸与运输机械、场地与道路铺面、信息和其他设施。

在执行本暂行规定过程中,希望各单位结合工程实践,认真总结经验,积累资料。如发现需要修改和补充之处,请及时将意见及有关资料寄交铁道第三勘察设计院集团有限公司(天津市中山路 10 号,邮政编码:300142),并抄送铁道部经济规划研究院(北京市海淀区羊坊店路甲 8 号,邮政编码:100038),供今后修订时参考。

本暂行规定由铁道部建设管理司负责解释。

主编单位:铁道第三勘察设计院集团有限公司。

参编单位:铁道部信息技术中心、中铁工程设计咨询集团有限公司。

主要起草人:李静波、王俊峰、李荣华、马玉珍、李朝阳、伍丽蓉、吕建军、崔立志、梁振发、韩艳玮、李佳峰、李晓兵、李雅红、张新杰、侯　彬、唐日红、庞鸣雷、江凌翔、樊　艳、柴建华、张　露、张国梁、王云来、封国强。

目　次

1 总　　则

1.0.1 为统一铁路货运中心设计的技术标准,使铁路货运中心设计符合安全适用、技术先进、经济合理的要求,制定本暂行规定。

1.0.2 本暂行规定适用于标准轨距新建或改建铁路货运中心的设计。本暂行规定未包括内容尚应执行有关设计规范、规定或另行研究确定。

1.0.3 铁路货运中心应根据办理集装箱运输、行邮行包运输及小汽车运输等业务功能需要进行设计。

1.0.4 铁路货运中心的设计年度应分为近、远两期。近期为交付运营后第10年,远期为交付运营后第20年。近、远期均采用预测运量。

对于可逐步改建的建筑物和设备,应按近期运量和运输性质确定,并预留远期发展条件;对于不易改建的建筑物和设备,应按远期运量和运输性质确定;对于可随运输需求变化而增减的运营设备,可按交付运营后第3年或第5年的运量设计。铁路货运中心的总体设计尚应根据20年以上远景规划预留发展条件。

1.0.5 铁路货运中心设计应符合铁路枢纽(或地区)总图规划,并与城市建设总体规划相协调,与城市物流规划相结合。

铁路货运中心的建设应体现前瞻性、功能性、系统性、经济性和可操作性,并应重视环境保护、水土保持、节约能源、防灾减灾、文物保护、劳动安全卫生。

1.0.6 铁路货运中心设计应贯彻国家节约集约用地及不占或少占农田的有关规定,统筹考虑各种功能需求,优化工艺布局,提高设施使用效率。

1.0.7 铁路货运中心设计方案应经过技术经济比较确定。

铁路货运中心设计应充分利用既有建筑物和设备。

铁路货运中心改建工程应有指导性施工过渡设计。

1.0.8 铁路货运中心设计除应符合本暂行规定外,尚应符合国家现行的有关标准和规范的规定。

2 术语和符号

2.1 术　　语

2.1.1 铁路货运中心　railway freight transportation center

专业办理铁路集装箱、行邮行包及小汽车等运输、装卸和堆存作业的货运站。

2.1.2 换算箱(TUE)　twenty-feet equivalent unit

以20英尺集装箱为标准的集装箱换算单位。

2.1.3 主箱场　container transfer area

用装卸机械可直接对集装箱列车进行装卸作业的箱场。主要办理到达箱、发送箱和中转箱作业。

2.1.4 辅助箱场　assistant atorage area

需通过运输机械辅助,方可用装卸机械对集装箱列车进行装卸作业的箱场。主要办理待修箱、有特殊作业要求的集装箱、清洗箱、空箱、国际监管箱、备用箱等作业。

2.1.5 集装箱装卸作业区　container loading-unloading area

主箱场内专门进行集装箱列车和集装箱卡车(简称集卡,下同)装卸作业的区域。

装卸线有效长度内轨道式集装箱门式起重机作业覆盖范围或装卸线两侧集装箱正面吊运起重机作业范围为一个装卸作业区。

2.1.6 平面标准箱位(箱位)　container slot

一个20英尺集装箱在箱场上所占的平面面积。

2.1.7 箱位数　slot capacity of a container yard

箱场内按平面标准箱位计算的箱位数量。

2.1.8 容箱数　storage capacity

箱场内按TEU计算允许容纳的堆码箱数。

2.2 符　　号

$A_{车}$——停车场面积

$A_{拆}$——拆装箱库面积

B——备用箱数

C——装卸或运输机械数量

E——箱场容箱数

F——车辆投影面积

$F_{仓}$——仓库总面积

f——拆装箱库面积利用系数

g——堆存每吨货物所需的面积

h——集装箱最高堆码层数

k——集卡到站不平衡系数

M——集装箱箱位数

m——每一装卸作业区每排箱位数

$N_{到或发}$——集装箱装卸场日均到达或发送箱数

N_{j}——流运机械年运行次数

N_{m}——道路标准荷载计算作用次数

$N_{拆}$——日均拆装箱作业量

P——装卸或运输机械工作效率

p——单车道每小时通过车辆数

$P_{堆}$——单位面积堆货量

Q_i——集装箱年作业箱数

q——集装箱平均净载量

q_{c}——集卡平均载箱量

$q_{静}$——货车平均净载量

$t_{门}$——门区日工作时间

$t_{货}$——拆装箱货物平均堆存时间

$W_{出或入}$——集装箱门区所需集卡出口或入口车道数

Z——装卸作业区数量

z——集装箱平均装卸次数

μ——集装箱层高利用系数

3 基本规定

3.1 铁路货运中心功能

3.1.1 铁路货运中心办理集装箱运输业务时,应具有集装箱的运输及装卸、多式联运及门到门服务、拆装箱作业、临修及清洗,装卸和运输机械的检修及清洗,铁路运输信息和站内集装箱信息的处理和传输等功能。根据需要可具有集装箱的国际联运、集装箱的消毒和储存、空箱调配及货物仓储等功能。

3.1.2 铁路货运中心办理行邮行包运输业务时,应具有行邮行包的运输及装卸、多式联运及门到门服务,货物的仓储、配送及分拣,装卸和运输机械的检修及清洗,铁路运输信息和站内行邮行包信息的处理和传输等功能。根据需要可具有行邮行包的国际联运、货物的加工和包装等功能。

3.1.3 铁路货运中心处理小汽车运输业务时,应具有小汽车的运输及装卸、多式联运及门到门服务,小汽车及其零配件的仓储,小汽车的检修和清洗,铁路运输信息和站内小汽车信息的处理和传输等功能。根据需要可具有小汽车的国际联运的功能。

3.1.4 铁路货运中心办理其他货物运输业务时,应具有相应的功能。

3.2 选址原则

3.2.1 内陆型城市宜集中设 1 个铁路货运中心,年作业量较大时可根据需要增设。港口型城市根据具体情况可设 1 个或 2 个连续港口或服务城市的铁路货运中心。

3.2.2 铁路货运中心应符合铁路枢纽或地区总图规划,宜靠近枢纽或地区主要技术作业站,进出铁路货运中心的各方向车流应顺畅,避免折角运输。

3.2.3 铁路货运中心应与城市建设总体规划相协调,与城市物流规划相结合,宜靠近城市主要工业区和集装箱、行邮行包及小汽车集散地。

3.2.4 主要为港口服务的铁路货运中心,应结合港口发展规划,满足港口集装箱、小汽车运输发展的需要,铁路装卸线宜延伸进港口集装箱堆场或小汽车存放场。

3.2.5 铁路货运中心应有利于铁路与其他运输方式的衔接、配合,方便集疏远。

3.2.6 铁路货运中心应远离居民区或其他环境敏感区,无法避开时应采取降低噪声等措施。

3.2.7 铁路货运中心应少占或不占用耕地,并不得占用自然保护区等生态敏感区域。

3.2.8 铁路货运中心应具有良好的地形、地质和水文条件。

3.2.9 运量较小的铁路货运中心宜利用既有货运站或货场进行改造。

3.3 主要设备配置

3.3.1 铁路货运中心应设置共用作业场,可根据需要设置集装箱、行邮行包和小汽车等作业场。

3.3.2 共用作业场应设置列车到发及调车场、信息系统、综合服务设施、物流服务设施、社会车辆停车场、装卸和运输机械的维修设施等,并宜设加油、充电设施。始发、终到列车较多的铁路货运中心、宜设置车底停留线。车底停留线可单独设置,亦可与到发场合并设置。

3.3.3 集装箱作业场应设置装卸场、配备装卸及运输机械,可设置拆装箱场及仓储设施。办理冷藏箱拆装箱业务的货运中心宜设置冷库。

3.3.4 行邮行包作业场应设置装卸场、仓储物流区、配备装卸及运输机械。

3.3.5 小汽车作业场应设置装卸场、存放区、交验区、零配件库。

3.3.6 各项设施的设置应满足列车到发能力、集装箱和行邮行包及小汽车装卸和堆存能力、物流配送能力及相应检修能力的需要,并应相互协调和匹配。

3.3.7 铁路货运中心内的地下管、线、沟、槽布置,应统一规划,综合设计,避免互相干扰,保证安全生产。

3.4 基本图型

3.4.1 铁路货运中心图型应根据年作业量、作业特点及当地条件综合比选,采用图3.4.1中的横列式图型或纵列式图型。

3.4.2 集装箱装卸场图型应根据年作业量、作业性质、在铁路枢纽或地区中的位置、地形条件等因素,经技术经济比较确定,宜采用横列贯通式,也可采用纵列贯通式、横列混合式、横列尽端式或其他合理图型,并应符合下列规定:

1 地形较宽阔时,宜采用装卸线两端与正线全部贯通的横列贯通式图型。

2 车站两端接发车均衡、地形条件适宜时,可采用装卸场纵列布置、装卸线两端与正线全部贯通的纵列贯通式图型。

3 受地形条件限制,装卸线与正线全部贯通引起较大工程,且车站两端接发车不均衡时,可采用装卸场横列布置、装卸线两端与正线部分贯通的横列混合式图型。

4 位于路网尽端或地形条件困难,且两方向接发车显著不均衡时,可采用装卸场横列布置、装卸线仅一端与正线贯通或与正线不贯通的横列尽端式图型。

3.4.3 行邮行包装卸场图型根据年作业量、作业性质、在铁路枢纽或地区中的位置、地形条件等因素,经技术经济比较确定,宜采用横列式,也可采用其他合理图型。

3.4.4 小汽车装卸场宜采用尽端式布置图型。

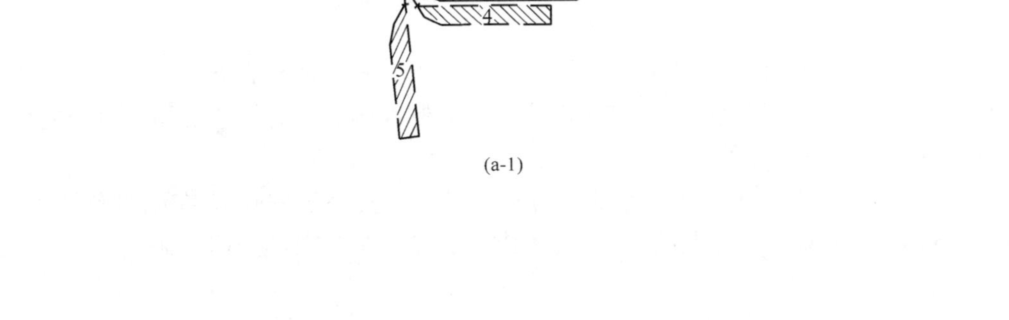

(a-1)

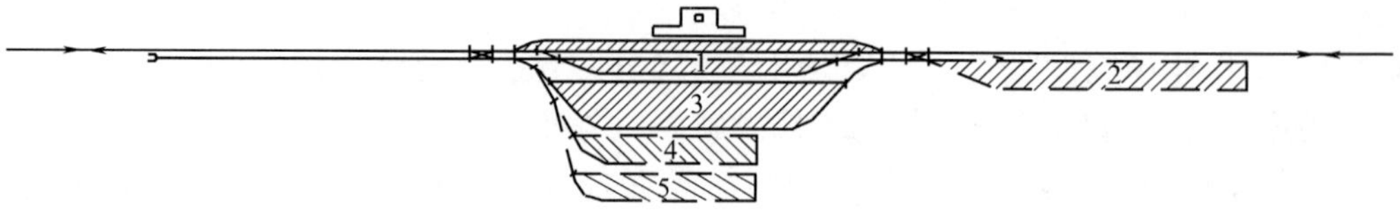

(a-2)

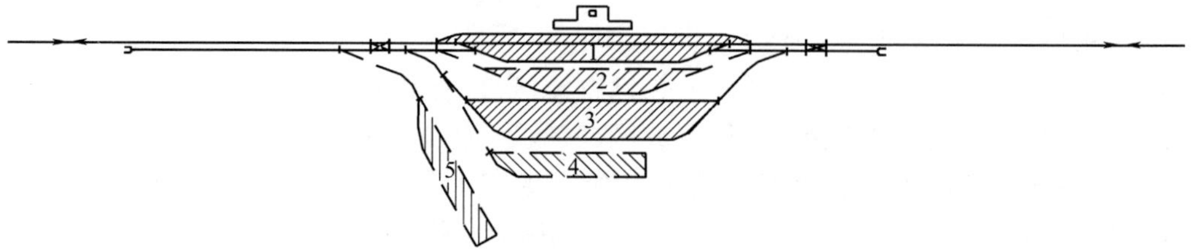

(a-3)

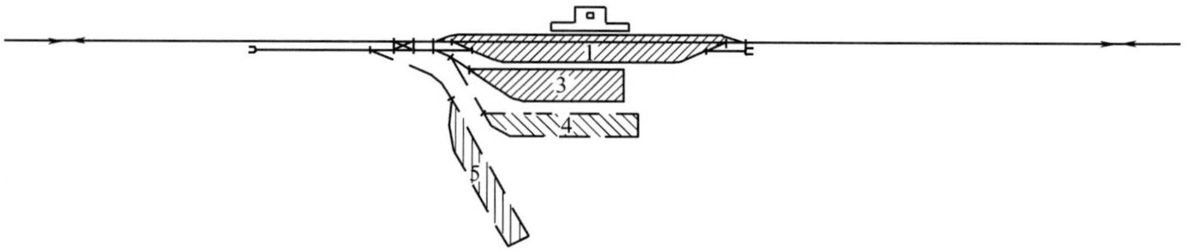

(a-4)

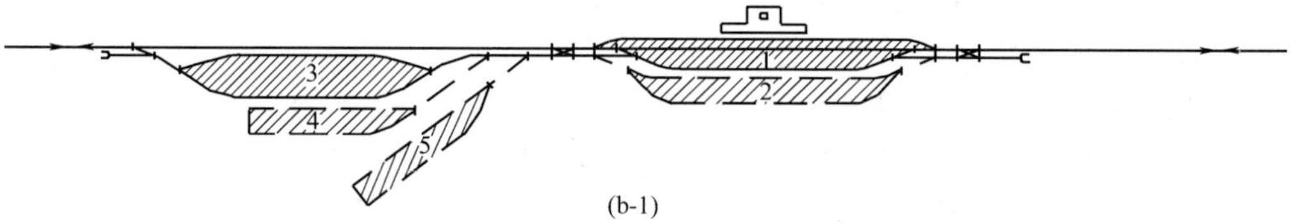

(b-1)

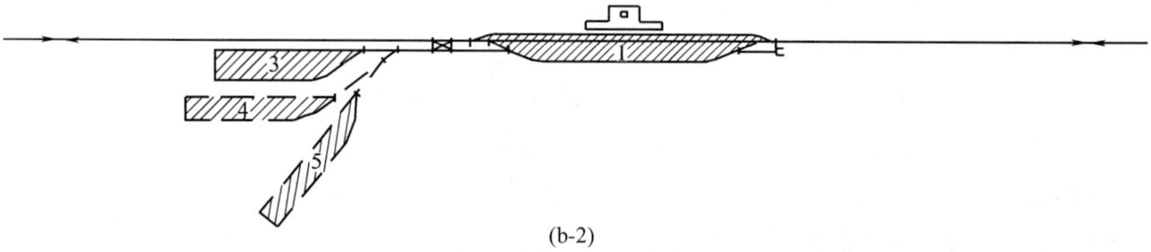

(b-2)

图 3. 4. 1　铁路货运中心图型

1—到发及调车场;2—车底停留场;3—集装箱作业场;
4—小汽车作业场;5—行邮行包作业场

3. 5　平面及纵断面

3. 5. 1　装卸线的装卸有效长度范围内应设在直线上。在特别困难条件下且有充分依据时，作业量较小的铁路货运中心集装箱和小汽车装卸线的装卸有效长度局部范围内可设在半径不小于 600 m 的曲线上。

3. 5. 2　装卸线的装卸有效长度范围以外的曲线半径不宜小于 300 m,在困难条件下,不应小于 250 m;不办理到发作业的装卸线,在特别困难条件下,不应小于 200 m。

3.5.3 装卸线装卸有效长度范围内应设在平道上。在困难条件下,小汽车装卸线及采用集装箱正面吊运起重机的集装箱装卸线,装卸有效长度范围内可设在不大于1.0‰的坡道上。

3.5.4 轨道式集装箱门式起重机走行轨应为平、直轨道。

3.6 站线数量和有效长度

3.6.1 到发线数量应根据《铁路车站及枢纽设计规范》GB 50091的有关规定设置。当装卸线具有接发车条件或到发线上不进行列车技术作业时,到发线数量可适当减少。

到发线有效长度应与衔接的铁路干线的车站到发线有效长度一致。

3.6.2 铁路货运中心应根据需要设置调车线。调车线可与到发场合并设置。

调车线有效长度宜与到发线的有效长度一致,地形条件困难或改建工程量较大时,也可适当缩短。

3.6.3 铁路货运中心应设1条牵出线,根据需要也可增设1条,其有效长度不应小于装卸线有效长度。调车作业量较小的铁路货运中心,当有平纵断面适合调车、运量较小的线路或岔线在该站接轨时,可利用其作为牵出线。

3.6.4 铁路货运中心应根据需要设置机待线。

3.7 其　　他

3.7.1 办理接发车作业的装卸线应采用到发线的技术标准,并设置双方向列车接发进路;不办理接发车作业的装卸线可采用其他站线的技术标准。

3.7.2 集装箱装卸线装卸有效长度范围内两侧地面高程,采用集装箱正面吊运起重机时,应与装卸线装卸有效长度范围内的轨面高程等高;采用轨道式集装箱门式起重机时,可与装卸线装卸有效长度范围内的轨面高程等高。

4　经济运量与运输组织

4.1　经 济 运 量

4.1.1　铁路货运中心运量应按集装箱、行邮行包、小汽车分别进行预测。各年度运量应结合全路及区域物流发展趋势、当地物流业发展规划、各铁路货运中心选址方案，在充分调查现状物流市场总量和分工的基础上综合预测。

4.1.2　有特殊作业要求的集装箱运量应按调查资料及本地区经济发展特点和结构确定。

4.1.3　集装箱空箱量应按到发平衡及特殊排空原则确定，对特殊排空的集装箱应按调查资料确定。

4.1.4　集装箱平均静载重应按本地区适箱货物的密度及统计资料，并结合适箱货物结构变化确定。

4.2　运 输 组 织

4.2.1　铁路货运中心主要开行集装箱班列、行邮班列、行包班列和小汽车班列等客运化运输产品，同时与枢纽主要编组站互编小运转列车。

集装箱班列、行邮班列、行包班列和小汽车班列的开行应在充分分析各预测年度运输需求的基础上，结合路网规划，选择运输能力较好的径路，并应具有良好的经济效益和社会效益；双层集装箱运输径路应覆盖运量较大的铁路货运中心。

4.2.2　铁路货运中心间可根据需要开行一站直达集装箱班列、快速集装箱班列、普通集装箱班列及其他种类列车。

办理行邮行包作业的铁路货运中心间开行特快、快速行邮班列、行包班列。

办理小汽车作业的铁路货运中心间开行一站直达和普通小汽车班列，或组织成组装车。

4.2.3　集装箱班列运输组织应符合下列原则：

1　定期开行的集装箱班列宜固定车底、循环使用、定点、定线、定时。

2　中转集装箱宜以“动箱”作业方式为主，“动车”作业方式为辅。

3　集装箱班列的开行方案，应根据开行集装箱直达列车带来的箱小时节省、集结带来的箱小时增加、中转作业带来的成本增加等因素确定。

4　符合铁路双层集装箱通道规划、运量达到一定强度的铁路货运中心间应组织双层集装箱班列。

4.2.4　行邮班列、行包班列运输组织应符合下列原则：

1　行邮班列、行包班列宜定点、定线、定时运行。

2　班列编组内容应相对固定，不宜变更班列中途停靠站数目、在站作业时间、摘挂车数。

3 中途停靠站作业方式以“动车”作业方式为主,进行摘挂调车作业。

4.2.5 小汽车班列运输组织应符合下列原则:

1 小汽车班列应根据需要定期或不定期组织,班列宜定点、定线、定时开行。

2 宜组织集散地和消费地直接的一站直达和普通小汽车班列,或组织成组装车。

4.2.6 集装箱、行邮行包、小汽车列车作业流程应使各列车到发、转场作业方便,并减少各列车占用到发线和装卸线的时间。

5　集装箱作业场平面布置

5.1　一 般 规 定

5.1.1　集装箱作业场应设装卸场,根据需要可设拆装箱场。

装卸场应设主箱场、辅助箱场、场内道路、门区、停车场及辅助生产设施等。装卸场应与其他场区隔开独立设置,并设置必要的封闭设施。

拆装箱场应设拆装箱场场地、拆装箱库、道路、大门等。拆装箱场应独立设置,并应有与装卸场衔接的通道、大门及信息管理系统。

5.1.2　集装箱在装卸场的作业流程应符合下列要求:

1　集装箱在场内存留时间短、作业顺畅。

2　装卸机械和运输机械在场内走行距离短、重复作业少、交叉干扰小。

3　便于实现自动化管理。

5.1.3　集装箱装卸场与到发及调车场间的距离,应根据装卸机械类型、装卸工艺流程、箱位布置、道路、围墙、车场高程等因素确定。

5.1.4　主箱场各装卸作业区宜平行布置,亦可采用其他布置形式。

相邻装卸作业区装卸线间的距离,应根据装卸机械类型、箱位布置、道路等因素确定。

在同一装卸作业区内,有接发车条件的装卸线线间距不应小于 5.0 m,无接发车条件的装卸线线间距不应小于 4.2 m。采用集装箱正面吊运起重机并设移动接触网时,装卸线线间距不应小于 6.5 m。

5.1.5　装卸场装卸线的数量应根据装卸作业区的数量和每一装卸作业区内装卸线的数量确定。每一装卸作业区内的装卸线数量,可根据作业量大小、装卸机械类型、平面布置形式、公铁直接换装比例、到发中转箱在站存留时间、列车在站停留时间、中转运量大小等因素协调确定。

集装箱作业量较大的装卸场每一装卸作业区宜设 2~3 条装卸线。集装箱作业量较小的装卸场每一装卸作业区宜设 1~2 条装卸线。

办理整列装卸作业的装卸线,其有效长度应与到发线的有效长度一致;不办理整列装卸作业的装卸线,其有效长度宜为到发线有效长度的二分之一;集装箱作业量较小的装卸场在改建困难条件下,装卸线有效长度也可根据需要设置。

5.1.6　主箱场装卸机械采用轨道式集装箱门式起重机时,平面布置应符合下列要求:

1　轨道式集装箱门式起重机走行轨紧靠装卸线布置时,走行轨中心至装卸线中心的距离,应保证轨道式集装箱门式起重机支腿突出部分不侵入《标准轨距铁路建筑限界》GB 146.2建限—1 规定的限界。

2　轨道式集装箱门式起重机设置悬臂,跨内设汽车通道时,装卸线宜设置在跨内靠走行轨一侧;跨内不设汽车通道时,装卸线宜在跨内居中设置。轨道式集装箱门式起重机不设悬臂时,跨内应设汽车通道,装卸线宜设置在跨内靠走行轨一侧。跨内汽车通道的宽度不宜小于 7.0 m。汽车通道邻靠装卸线布置时,汽车通道边缘至无列车技术作业的装卸线中心的距离不应小于 2.5 m,至有列车技术作业的装卸线中心的距离不应小于3.0 m。

3 箱位边缘至无列车技术作业的装卸线中心的距离不应小于 2.5 m,至有列车技术作业的装卸线中心的距离不应小于 3.0 m;箱位边缘至轨道式集装箱门式起重机走行轨中心的距离,应为相应箱位侧的走行轨中心至支腿突出部分的宽度另加不小于 0.8 m 的安全距离。

4 箱位端部边缘至轨道式集装箱门式起重机走行轨端部的距离不应小于轨道式集装箱门式起重机宽度和箱位长度各半之差再加 2.0 m。

5 轨道式集装箱门式起重机走行轨端部与尽头式装卸线车挡的投影距离不宜小于 5.0 m;轨道式集装箱门式起重机走行轨端部与装卸线两端道路边缘的垂直距离,当装卸线为尽头式时,不宜小于 8.0 m;当装卸线为贯通式时,不宜小于 5.0 m。

5.1.7 主箱场装卸机械采用集装箱正面吊运起重机时,平面布置应符合下列要求:

1 装卸线中心至纵向作业通道边缘的距离应为 2.5 m。

2 每一装卸作业区两侧应各设两排箱位。

3 装卸线两端道路边缘距装卸线的装卸有效长度起讫点的距离,当装卸线为尽头式时,尽头一端不宜小于 13.0 m,另一端不宜小于 10.0 m;当装卸线为贯通式时,两端均不宜小于 10.0 m。

4 箱位端部边缘至两端道路边缘的距离不宜小于 10.0 m。

5.1.8 集装箱正面吊运起重机或空箱堆垛机的作业通道宽度应根据所采用的装卸机械型号确定,但不应小于 15.0 m;设置运输机械通道时,其作业通道宽度不应小于 18.5 m。

5.1.9 两相邻箱位边缘间的距离不应小于 0.3 m。

5.1.10 箱场箱位应布置合理,并标明位置和编码。主箱场箱位宜沿装卸线纵向布置,辅助箱场箱位宜沿流动装卸机械作业通道纵向布置。

5.2 主 箱 场

5.2.1 主箱场日均到达箱、发送箱、中转箱作业箱数应根据铁路货运中心年到达箱、发送箱、中转箱作业箱数及集装箱运量波动系数等因素确定,可按下列公式计算:

$$N_{主i}=\frac{Q_i\cdot\alpha}{365} \tag{5.2.1}$$

式中 $N_{主i}$——主箱场各类箱日均作业箱数(TEU/d);

Q_i——主箱场各类箱年作业箱数(TEU/年);

α——集装箱运量波动系数。

5.2.2 主箱场日均作业箱数应根据日均到达箱、发送箱、中转箱以及按到发平衡计算所产生或需要的空箱等作业箱数确定,可按下式计算:

$$N_{主}=N_{到}+N_{发}+N_{中}+|N_{到}-N_{发}| \tag{5.2.2}$$

式中 $N_{主}$——主箱场日均作业箱数(TEU/d);

$N_{到}$——日均到达箱作业箱数(TEU/d);

$N_{发}$——日均发送箱作业箱数(TEU/d);

$N_{中}$——日均中转箱作业箱数(TEU/d)。

5.2.3 主箱场需要的总箱位数应根据各类箱日均作业箱数、占用箱位时间及堆码层数等因素确定,可按下式计算:

$$M_{主}=\sum\frac{N_{主i}\cdot t_{主i}}{h_{主i}\cdot\mu_{主i}} \tag{5.2.3}$$

式中 $M_{主}$——主箱场需要的总箱位数;

$t_{主i}$——主箱场各类箱占用箱位时间(d);

$h_{主i}$——主箱场各类箱最高堆码层数;

$\mu_{主i}$——主箱场各类箱层高利用系数。

$t_{主i}$、$h_{主i}$、$\mu_{主i}$可按表 5.2.3 取值。

表 5.2.3 主箱场箱位数计算参数

序号	名称	占用箱位时间(d)	轨道式集装箱门式起重机		集装箱正面吊运起重机	
			最高堆码层数	层高利用系数	最高堆码层数	层高利用系数
1	到达箱	2~3	3	0.4~0.7	4	0.4~0.6
2	发送箱	1.5~2	3	0.6~0.8	4	0.6~0.7
3	中转箱	1.5	3	0.6~0.8	4	0.6~0.7

注:1 作业量较大时层高利用系数可取大值,作业量较小时层高利用系数可取小值,改建困难的铁路货运中心层高利用系数可取大值;

2 作业量较大的铁路货运中心占用箱位时间可取小值,作业量较小的铁路货运中心占用箱位时间可取大值。

5.2.4 主箱场装卸作业区数量应根据主箱场需要箱位数、装卸工艺、箱场布置等因素确定,可按下式计算:

$$Z=\frac{M_{主}}{n\cdot m} \tag{5.2.4}$$

式中 Z——主箱场需要的装卸作业区数量;

n——每一装卸作业区箱位排数;

m——每一装卸作业区每排箱位数。

5.2.5 主箱场需要的容箱数应根据各类箱日均作业箱数及占用箱位时间确定,可按下式计算:

$$E_{主}=\sum N_{主i}\cdot t_{主i} \tag{5.2.5}$$

式中 $E_{主}$——主箱场需要的容箱数(TEU)。

5.2.6 每一装卸作业区两端、装卸有效长度范围外应设置道路或平过道;采用集装箱正面吊运起重机进行装卸作业时,每一装卸作业区装卸有效长度范围内,可根据需要设平过道和箱区横向通道,平过道和箱区横向通道应对应设置。

5.3 辅助箱场

5.3.1 辅助箱场按集装箱作业性质,可分为待修箱区、有特殊作业要求的集装箱箱区、清洗箱区、空箱区、国际箱监督区以及备用箱区等。

5.3.2 辅助箱场日均作业箱数应根据待修箱、有特殊作业要求的集装箱、清洗箱、空箱及国际监管箱等日均作业箱数确定,可按下式计算:

$$N_{辅}=N_{修}+N_{特}+N_{洗}+N_{空}+N_{监} \tag{5.3.2}$$

式中　$N_{辅}$——辅助箱场日均作业箱数(TEU/d)；

$N_{修}$——待修箱日均作业箱数(TEU/d)；

$N_{特}$——有特殊作业要求的集装箱日均作业箱数(TEU/d)；

$N_{洗}$——清洗箱日均作业箱数(TEU/d)；

$N_{空}$——空箱日均作业箱数(TEU/d)；

$N_{监}$——国际监管箱日均作业箱数(TEU/d)。

5.3.3　空箱、有特殊作业要求的集装箱、清洗箱、待修箱日均作业量，应根据调查资料确定。

5.3.4　国际箱监管区日均作业箱数，应按国际箱日均发送箱数、到达箱数及监管情况等确定。港口型铁路货运中心国际箱日均到发量较大时，主箱场可做国际监管区的一部分，减少辅助箱区内国际监管区的箱位数。

5.3.5　作业量较大且在路网上有重要作用的铁路货运中心应设备用箱区。

备用箱箱数应由待修箱数及箱运量的波动系数确定，可按日均国内发送箱数的15%~20%计。

5.3.6　辅助箱场需要的总箱位数应根据辅助箱场各类作业箱需要的箱位数与备用箱需要的箱位数计算确定。

1　辅助箱场各类作业箱需要的箱位数，应根据各类箱日均作业箱数、占用箱位时间及堆码层数等因素确定，可按下式计算：

$$M_{辅i}=\frac{N_{辅i}\cdot t_{辅i}}{h_{辅i}\cdot \mu_{辅i}} \tag{5.3.6—1}$$

式中　$M_{辅i}$——辅助箱场各类作业箱需要箱位数；

$N_{辅i}$——辅助箱场各类箱日均作业箱数(TEU/d)；

$t_{辅i}$——辅助箱场各类作业箱占用箱位时间(d)；

$h_{辅i}$——辅助箱场各类作业箱最高堆码层数；

$\mu_{辅i}$——辅助箱场各类作业箱层高利用系数。

$t_{辅i}$、$h_{辅i}$、$\mu_{辅i}$可按表5.3.6取值。

表5.3.6　辅助箱场箱位数计算参数

序　号	名　　称	占用箱位时间(d)	正面吊、空箱堆垛机	
			最高堆码层数	层高利用系数
1	待修箱	2	3	0.6~0.8
2	有特殊作业要求的集装箱	2	3	0.4~0.7
3	清洗箱	2	3	0.4~0.6
4	空箱	1	5	0.8~0.9
5	国际监管箱	1.5	4	0.6~0.7
6	备用箱		5	0.8~0.9

注：作业量较大时层高利用系数可取大值，作业量较小时层高利用系数可取小值。

2　辅助箱场需要的备用箱箱位数可按下式计算：

$$M_{辅备}=\frac{B}{h_{辅备}\cdot \mu_{辅备}} \tag{5.3.6—2}$$

式中　$M_{辅备}$——辅助箱场备用箱箱位数；

B——铁路货运中心备用箱数(TEU);

$h_{辅备}$——辅助箱场备用箱最高堆码层数;

$\mu_{辅备}$——辅助箱场备用箱层高利用系数。

$h_{辅备}$、$\mu_{辅备}$可按表 5.3.6 取值。

3　辅助场箱需要的总箱位数可按下式计算:

$$M_{辅} = \sum M_{辅i} + M_{辅备} \quad (5.3.6—3)$$

式中　$M_{辅}$——辅助箱场需要的总箱位数。

5.3.7　辅助箱场需要的容箱数应根据各类作业箱在辅助箱场日均作业箱数、占用箱位时间及备用箱数量确定,可按下式计算:

$$E_{辅} = \sum N_{辅i} \cdot t_{辅i} + B \quad (5.3.7)$$

式中　$E_{辅}$——辅助箱场需要的容箱数(TEU)。

5.3.8　待修箱区宜靠近综合维修车间布置;冷藏箱区宜靠近主箱场布置;其他箱区可根据实际情况布置。作业量较少时,部分辅助箱区也可合并设置,但各类箱箱位宜集中。

5.3.9　当辅助箱区箱位平行于环行道路布置时,每隔 6~10 个箱位宜设 1 个横向通道,其宽度应根据装卸机械类型及箱区堆码箱型确定;当辅助箱区箱位垂直于环行道路布置时,其箱位边缘与道路边缘的距离不应小于 3.5 m。

5.4　场内道路

5.4.1　场内道路可分为下列三级:

1　主干道:连接主要出入口通道的道路、车流量较大的道路。

2　次干道:主箱场和辅助箱场的环形道路。

3　支道:通往辅助生产设施等的道路。

5.4.2　场内道路的主要技术标准应符合表 5.4.2 的规定。

表 5.4.2　场内道路主要技术标准

项目		主干道	次干道	支道
设计车速(km/h)		15	15	15
路面宽度(m)		15~30	15	3.5~7.0
最小圆曲线半径(m)	行驶单辆汽车	—	—	20
	行驶拖挂车	50	50	—
交叉口路面内缘最小转弯半径(m)	行驶单辆汽车	—	—	9
	行驶拖挂车	15	15	—
停车视距(m)		15	15	15
会车视距(m)		30	30	30
交叉口停车视距(m)		20	20	20
最大纵坡(%)		3	3	3
竖曲线最小半径(m)		100	100	100

注:1　路面宽度取值应根据工艺要求、通行车辆和流动机械类型等因素确定;

2　场内道路平面转弯处不宜设超高和加宽;

3　主要出入口通道内外路段,应根据使用要求适当加宽路面;

4　主箱场与辅助箱场间的道路,应根据流动装卸机械作业要求和车流量适当加宽。

5.4.3 场内道路平面布置应满足高峰时段场内车辆疏运的要求,结合地形条件及箱场平面布置宜按单向环形车流布置。连接出入口通道的主干道及主箱场和辅助箱场间的道路,可按双方向车流布置,并应设置明显的车辆运行路线标志。尽头式道路应具备回车条件。

5.4.4 道路边缘至相邻建筑物的最小距离应符合表5.4.4的规定。

表5.4.4 道路边缘至相邻建筑物的最小距离

<table>
<tr><th colspan="4">相邻建筑物名称</th><th>最小距离(m)</th></tr>
<tr><td rowspan="7">建筑物边缘</td><td colspan="3">建筑物面向道路一侧无出入口时</td><td>1.5</td></tr>
<tr><td colspan="3">建筑物面向道路一侧有出入口,但无汽车引道时</td><td>3.0</td></tr>
<tr><td colspan="3">建筑物面向道路一侧有电瓶车出入口时</td><td>4.5</td></tr>
<tr><td rowspan="4">建筑物面向道路一侧有出入口并有汽车引道时</td><td rowspan="2">连接引道的道路为单车道</td><td>通行微型、轻型载货车</td><td>8.0</td></tr>
<tr><td>通行中型、重型载货车</td><td>11.5</td></tr>
<tr><td rowspan="2">连接引道的道路为双车道</td><td>通行微型、轻型载货车</td><td>6.0</td></tr>
<tr><td>通行中型、重型载货车</td><td>9.5</td></tr>
<tr><td colspan="4">地上管线支架、柱、杆等边缘</td><td>1.0</td></tr>
<tr><td colspan="4">箱位边缘</td><td>1.5</td></tr>
<tr><td colspan="4">围墙边缘</td><td>1.5</td></tr>
</table>

注:有特殊要求的建筑物及管线至道路边缘的最小距离,应符合国家现行标准的有关规定。

5.5 门　　区

5.5.1 集装箱装卸场宜集中设1个门区,作业量较大或场外连接道路能力紧张时,根据需要可设2个门区。

5.5.2 门区出入口通道应分方向设置,集卡出入口通道数量应根据集装箱装卸场日均到达或发送箱数、门区工作时间、集卡到站不平衡系数及每辆集卡平均载箱量等因素确定,且每方向应不少于2个,根据需要可预留增设出入口通道的条件。普通汽车出入口通道应在门区两侧各设1个,作业量较小时也可与集卡通道合用。

集卡出入口通道数量可按下式计算:

$$W_{出或入}=\frac{N_{到或发}\cdot k}{t_{门}\cdot p\cdot q_c} \tag{5.5.2}$$

式中 $W_{出或入}$——集装箱门区所需集卡出口或入口车道数;

$N_{到或发}$——集装箱装卸场日均到达或发送箱数(TEU);

k——集卡到站不平衡系数,可采用1.5~3.0;

$t_{门}$——门区日工作时间(h),可采用12 h~18 h;

p——单车道每小时通过车辆数(辆/h),进站可采用20辆/h,出站可采用30辆/h,采用自动化程度较高的进出站检查设备时,应根据具体设备情况取值;

q_c——集卡平均载箱量(TEU/辆),按统计资料确定,若无资料,可采用1.2~1.6 TEU/辆。

5.5.3 集卡出入口通道应设置检查桥及门区自动系统,检查桥的净空高度不宜小于5.0 m。

5.5.4 检查桥下集卡出入口通道宜按“一岛一道”设计,每一车道宽度可采用6.0 m,通道净宽可采用4.0 m。普通汽车出入口通道净宽可采用5.0 m。

当普通汽车出入口通道与集卡通道合用时,通道净宽可采用5.0 m。

5.5.5 门区外应设60 m~100 m缓冲区,门区内应设40 m~60 m过渡区,利用既有站改建的集装箱装卸场,困难条件下,可适当减少缓冲区和过渡区的长度。缓冲区和过渡区宽度不宜小于门区宽度。无设置停车场条件时,缓冲区可适当加宽。缓冲区和过渡区纵坡应小于2%;当受地形条件及其他特殊情况限制时,不应大于3%。

5.5.6 集装箱装卸场进站集卡通道应设电子汽车衡。

5.5.7 集装箱装卸场应在门区内侧适当位置设置安检设备。

5.6 停 车 场

5.6.1 装卸场应设场内停车场和场外停车场。场内停车场应满足配属集卡、流动装卸机械及普通汽车的停放要求。场外停车场宜靠近大门设置,并应满足社会集卡、普通载货汽车、普通汽车及门口待处理车的临时停放要求。

5.6.2 停车场设置应符合下列规定:

1 停车形式可采用垂直式、平行式和斜角式。

2 车辆横向间距宜采用车长的10%~12%,并不宜小于0.7 m。车型较小时,可采用下限。

3 通道处车辆的纵向间距不宜小于车长的1.1倍,非通道处车辆的纵向间距(即车辆尾距),不宜小于1.0 m。

4 应留有适当宽度的通道和出入口。停车场出入口应视野开阔,并设置醒目标志。

5.6.3 停车场面积应根据停放车辆类型及数量、停放形式、作业流程等因素确定,可采用下式计算:

$$A_{车i}=3C_{停i}\cdot F_i \tag{5.6.3}$$

式中 $A_{车i}$——各类车停车场面积(m^2);

$C_{停i}$——各类车辆日停车数(辆);

F_i——各类车辆每辆投影面积(m^2/辆)。

5.7 拆 装 箱 场

5.7.1 拆装箱场的平面布置应根据拆装箱作业方式、车辆类型及货物取送方式等因素确定。

5.7.2 拆装箱场应设置拆装箱库,宜设置拆装箱作业站台。

5.7.3 拆装箱场设置拆装箱作业站台时,站台一侧宜设置普通载货汽车停放作业区,站台另一侧宜设置集卡停放作业区及一定数量的拆装箱作业场地;拆装箱场不设置拆装箱作业站台时,拆装箱库外应设置一定数量的拆装箱作业场地。

5.7.4 拆装箱库面积应根据铁路货运中心年拆装箱量、货物的仓储堆存期限、货物品类、

拆装箱作业的工艺方案等确定,可按下式计算:

$$A_{拆}=\frac{N_{拆}\cdot q\cdot t_{货}\cdot g}{f} \tag{5.7.4}$$

式中 $A_{拆}$——拆装箱库面积(m^2);

$N_{拆}$——日均拆装箱作业量(TEU/d);

q——集装箱平均净载重(t/TEU),按调查资料确定;

$t_{货}$——拆装箱货物平均堆存时间(d),一般采用 2 d~3 d;

g——堆存每吨货物所需的面积(m^2/t),一般采用 2~3 m^2/t;

f——拆装箱库面积利用系数,一般采用 0.5~0.6。

5.7.5 拆装箱库宜采用单层矩形布置。设拆装箱作业站台时,拆装箱库两侧均应设置雨棚,雨棚伸出站台边缘的宽度不宜小于 1 m。

5.7.6 拆装箱库宜采用大跨度结构,拆装箱库的长度和宽度根据拆装箱库总面积和场地的实际情况确定。宽度宜采用 15 m、18 m 或 18 m 以上;采用装卸机械作业时,拆装箱库大门的宽度和高度应满足装卸机械的作业要求。

5.7.7 拆装箱作业站台的高度应根据工艺布置和设备情况确定。集卡作业侧站台高度宜采用 1.3 m~1.5 m,普通载货汽车侧站台高度宜采用 1.1 m~1.3 m,并设置一定数量的渡板或固定式液压登车桥。拆装箱作业站台宽度应根据拆装箱库宽度、装卸作业过程和装卸机械类型确定。拆装箱库外墙轴线至站台边缘的距离,叉车作业时宜采用 4.0 m,人力作业时可采用 2.5 m。

5.7.8 拆装箱作业站台宜采用矩形布置,宜两端设斜坡或固定式液压升降台,也可一端设斜坡或固定式液压升降台。设斜坡时斜坡的宽度不应小于 3.5 m,斜坡坡度宜采用1∶12。

5.7.9 拆装箱场内道路应与装卸场内道路相衔接。

6　行邮行包作业场平面布置

6.1　一般规定

6.1.1　行邮行包作业场应设置装卸场、仓储物流区，场内道路、门区、停车场及辅助生产设施等。

6.1.2　装卸场与仓储物流区的布置形式应根据作业性质、地形条件等因素，经技术经济比较确定。宜采用集中式布置，也可采用相融式、综合式或其他合理的布置形式。

6.1.3　装卸场各装卸作业区宜平行布置，亦可采用其他布置形式。

相邻装卸区装卸线间的距离应根据货物站台、汽车装卸货物区、场内道路、排水设施及场地高程等因素确定。

同一装卸作业区内，相邻装卸线间无站台时，线间距不应小于 5.0 m；有站台时应根据站台宽度确定。

6.1.4　装卸场装卸线和站台的数量应根据装卸作业区的数量和每一装卸作业区内装卸线和站台的数量确定。每一装卸作业区内装卸线和站台的数量及相互关系，可根据货运量及其性质等因素确定。

各装卸作业区宜采用两台夹两线或两台夹一线的布置形式，也可采用其他合理布置形式。

装卸线的装卸有效长度不应小于 600 m，宜预留延长至 850 m 的条件。

6.2　装　卸　场

6.2.1　装卸场应设装卸线、仓库、站台、汽车装卸货物区等。

6.2.2　仓库宜采用单层式矩形布置，也可采用二层或多层式矩形布置。

6.2.3　仓库宽度可根据年货运量、货位尺寸、货位布置形式、货物堆码高度、装卸机械类型及作业方式等因素确定。仓库宽度宜采用 15 m、18 m 及以上，也可根据需要选择其他合理宽度。

6.2.4　仓库总面积应根据年货运量、单位面积堆货量、货物占用货位时间等因素确定，可按下式计算：

$$F_{仓}=\frac{Q\cdot\alpha\cdot t}{365P_{堆}} \tag{6.2.4}$$

式中　$F_{仓}$——仓库总面积（m^2）；

Q——年货运量（t）；

α——货物到发波动系数，可采用 1.10~1.40；

t——货物在库的平均堆存期（d），到达可采用 2 d~3 d，发送可采用 1.5 d~2 d，中转可采用 1.5 d；

$P_{堆}$——单位面积堆货量（t/m^2）。

6.2.5 装卸作业区数量应根据仓库总面积、站台与装卸线的相互配置关系等因素确定，可按下式计算：

$$Z=\frac{F_{仓}}{S} \tag{6.2.5}$$

式中 Z——装卸作业区数量；

$F_{仓}$——仓库总面积（m^2）；

S——每一装卸作业区仓库面积（m^2）。

6.2.6 仓库长度应与装卸线的装卸有效长度相匹配。

6.2.7 仓库在靠铁路一侧和场地一侧应设置雨棚，雨棚应伸出站台边缘。

6.2.8 货物站台应采用普通货物站台，也可根据作业需要采用普通站台与尽端式站台相连接的L型或凹型站台，尽端式站台应设车钩缓冲装置。

货物站台两端应设斜坡，斜坡的宽度不应小于3.5 m。

根据需要可在中转货物站台端部设汽车装卸货物区。

6.2.9 普通货物站台边缘顶面高度，铁路一侧应高出轨面1.1 m，场地一侧宜高出汽车装卸货物区场地1.1 m~1.3 m。尽端式站台铁路端边缘顶面应高出轨面1.15 m。汽车装卸货物区对应的站台库门应设连接设备。

6.2.10 货物站台的宽度应根据仓库宽度、仓库外墙轴线至站台边缘的距离等确定。

6.2.11 铁路一侧站台应设装卸机械作业通道，仓库外墙轴线至站台边缘的距离宜采用4.0 m；公路一侧可设装卸机械作业通道，仓库外墙轴线至站台边缘的距离宜采用3.5 m~4.0 m。

6.2.12 仓库、站台与线路间相互位置应符合下列规定：

1 站台边缘至线路中心的距离应为1.75 m。

2 库外车挡距最近库门中心的距离不应小于19 m，至站台端部坡顶不小于10 m。

3 库内车挡距最近库门中心的距离不应小于9 m，站台端部通道宽度不应小于7.0 m。

4 仓库端墙轴线至站台端部坡顶不应小于2.0 m。

6.2.13 汽车装卸货物区的宽度不宜小于20 m。

6.3 仓储物流区

6.3.1 仓储物流区应设仓库、汽车装卸货物区等。

6.3.2 仓库应设进出货区、储存区、集货区。根据需要可设流通加工区、分拣区等。

6.3.3 进出货区的面积应根据缓冲区、连接设备宽度、车位数、车位宽度等因素确定，可按下式计算：

$$F_{进出}=B_{车}\times n\times(B_{缓}+B_{设}) \tag{6.3.3}$$

式中 $F_{进出}$——进出货区面积（m^2）；

$B_{车}$——车位宽度（m），可采用4.0 m；

n——车位数；

$B_{缓}$——缓冲区宽度（m），可采用2.5 m~4.0 m；

$B_{设}$——连接设备宽度(m),可采用 1.0 m~3.5 m。

6.3.4 储存区货位面积应根据存货量、货品尺寸、每个托盘堆放货物箱数、货架尺寸及层数等因素确定。

货位面积可按下式计算:

$$F_{储货}=\frac{Q}{h_{层}\cdot n}(B_{货1}\cdot B_{货2}) \qquad (6.3.4—1)$$

式中 $F_{储货}$——货位面积(m^2);

Q——存货量(箱);

$h_{层}$——货架层数;

n——每个托盘堆放货物箱数(箱);

$B_{货1}$、$B_{货2}$——货架的长度、宽度(m)。

储存区面积可按下式计算:

$$F_{储}=\frac{F_{储货}}{1-\gamma} \qquad (6.3.4—2)$$

式中 $F_{储}$——储存区面积(m^2);

$F_{储货}$——货位面积(m^2);

γ——叉车作业通道面积与储存区面积的百分比,一般取 35%~50%。

6.3.5 集货区面积应根据日均发货量、货位排数、货位宽度等因素确定。集货区宽度宜采用 10 m~12 m,集货区长度应根据发货量计算确定。

6.3.6 流通加工区面积应根据安排作业的人数确定,可按下式计算:

$$F_{流通}=3.5\times3.0\times N_{人} \qquad (6.3.6)$$

式中 $F_{流通}$——流通加工区面积(m^2);

$N_{人}$——流通加工区作业人数。

6.4 其 他

6.4.1 场内道路的宽度主干道宜采用 15.0 m~25.0 m,次干道宜采用 7.0 m~15.0 m,支道宜采用 3.5 m。

6.4.2 行邮行包作业场宜分别设出、入门区。门区运输汽车通道数量应根据日均货运量、门区工作时间、运输汽车到达不平衡系数及每辆汽车平均载重量等因素确定,并根据需要预留增设通道的条件。门区应设 1 个普通汽车出入口通道,作业量较小时也可与运输汽车通道合用。

6.4.3 行邮行包作业场应设检斤设备。运输汽车入口通道应设汽车衡。根据需要,在出口门区附近适当位置可设汽车衡。在通往铁路装卸线的咽喉区应设轨道衡。

6.4.4 行邮、行包作业场宜在门区内适当位置设置安检设备。

6.4.5 行邮、行包作业场应设场内停车场和场外停车场。场内停车场应满足运输汽车、流动装卸机械及普通汽车的停放要求。场外停车场宜靠近大门设置,并应满足运输汽车、普通汽车及门口待处理车的临时停放要求。

7 小汽车作业场平面布置

7.1 一 般 规 定

7.1.1 小汽车作业场应设置装卸场、小汽车存放区、交验区、小汽车零配件库、场内道路、大门、停车场及辅助生产设施等。

7.1.2 装卸线宜采用平行布置，亦可采用其他布置形式。相邻装卸线间线间距不应小于5.0 m。

7.1.3 装卸线总有效长度应根据小汽车运量、装卸效率、行车组织等因素确定，并应为到发线有效长度的整倍数。每条装卸线的有效长度宜与到发线有效长度一致，根据需要可为到发线有效长度的二分之一，特别困难条件下，装卸线的有效长度可根据地形条件确定。

7.2 装 卸 场

7.2.1 小汽车装卸可采用小汽车装卸站台，也可采用专用移动式小汽车装卸机械。

7.2.2 小汽车装卸站台设于装卸线尽端，装卸站台应设车钩缓冲装置。

7.2.3 小汽车装卸站台的长度不应小于15 m，宽度不应小于5.0 m。

7.2.4 小汽车装卸站台边缘顶面高度应高出轨面1.15 m。

7.2.5 小汽车装卸站台端部应设斜坡，斜坡坡率不应大于1∶7。

7.3 小汽车存放区

7.3.1 小汽车可采用垂直式或斜角式存放。

7.3.2 小汽车存放区总车位数应根据各类车辆日均存放量、存放形式、到发波动系数及占用车位时间等因素确定，可按下式计算：

$$E_{存} = \sum \frac{Q_{存i} \cdot \alpha \cdot t_{存}}{365} \tag{7.3.2}$$

式中 $E_{存}$——存放区总车位数；

$Q_{存i}$——存放区各类小汽车年运量(辆)；

$t_{存}$——存放区小汽车占用车位时间(d)，可采用3 d~4 d；

α——到发波动系数，取1.10~1.40。

7.3.3 小汽车存放区车位长度不宜小于5 m，宽度不宜小于2.5 m。每60~72个车位宜为一组，每组间应设纵横向通道。

7.3.4 小汽车存放区面积应根据总车位数、每个车位面积、车位利用系数等因素确定，可按下式计算：

$$F_{小存}=\frac{E_{存}\cdot F_{车}}{1-\gamma} \qquad (7.3.4)$$

式中　$F_{小存}$——小汽车存放区面积(m^2);

$E_{存}$——存放区总车位数;

$F_{车}$——车位面积(m^2);

γ——作业通道面积与小汽车存放区面积的百分比,垂直式一般取35%,斜角式一般取50%。

7.4　交　验　区

7.4.1　交验区应设验车区和装车区。

7.4.2　验车区应设验车道。每个车道宽度宜采用4.0 m,验车道长度应根据运输汽车一次能装卸的小汽车辆数确定。验车道数量应根据日均作业量、日均工作时间、到发波动系数、验车作业需占用验车道时间等因素确定,可按下式计算:

$$E_{交}=\sum\frac{Q_{交i}\cdot\alpha\cdot t_{交i}}{365\cdot n_{交}\cdot t} \qquad (7.4.2)$$

式中　$E_{交}$——交验区验车道数量;

$Q_{交i}$——交验区各类小汽车年运量(辆);

$t_{交i}$——验车作业需占用验车道时间(h);

$n_{交}$——运输汽车一次能装卸的小汽车辆数,可采用6~8辆;

t——交验区日工作时间,采用8 h~10 h;

α——到发波动系数,取1.10~1.40。

7.4.3　验车区面积应根据验车道数量、验车道面积等因素确定,可按下式计算:

$$F_{验}=E_{交}\cdot F_{交} \qquad (7.4.3)$$

式中　$F_{验}$——验车区面积(m^2);

$E_{交}$——交验区验车道数量;

$F_{交}$——验车道面积(m^2)。

7.4.4　装车区面积应根据验车道数量、装车道面积等因素确定,可按下式计算:

$$F_{装}=E_{交}\cdot F_{交} \qquad (7.4.4)$$

式中　$F_{装}$——装车区面积(m^2);

$E_{交}$——交验区验车道数量;

$F_{交}$——装车道面积(m^2)。

7.5　其　　他

7.5.1　小汽车作业场宜集中设1个大门,作业量较大或场外连接道路能力紧张时根据需要可设2个大门。

7.5.2　小汽车作业场应设场内停车场和场外停车场。场内停车场应满足运输汽车和普通汽车的停放要求。场外停车场宜靠近大门设置,并应满足运输汽车、普通汽车的临时停放要求。

8 装卸与运输机械

8.1 设 备 选 型

8.1.1 集装箱主箱场装卸机械类型应根据年运量、集疏运方式、箱场布置、用地情况、运营费用等因素确定,宜选用轨道式集装箱门式起重机、集装箱正面吊运起重机或其他专用的集装箱装卸机械。

8.1.2 集装箱辅助箱场宜采用集装箱正面吊运起重机或其他专用的集装箱装卸机械进行重箱的装卸作业,采用集装箱空箱堆垛机进行空箱的装卸作业。

8.1.3 集装箱拆装箱场应配备小型低门架叉车进行集装箱的拆装作业。

8.1.4 行邮行包作业场应配备小型叉车和固定式液压登车桥,可根据需要选用柴油发动机式叉车或电瓶车。

8.1.5 小汽车作业场应配备液压变幅升降登车平台或专用移动式小汽车装卸机械进行小汽车的滚装作业。

8.1.6 轨道式集装箱门式起重机应符合下列要求:

1 额定起重量不应小于 36. 0 t。

2 跨度和有效悬臂长度应满足集装箱装卸场的工艺要求,跨度应符合现行的《通用门式起重机》GB/T 14406 的规定,有效悬臂长度不应小于 7. 5 m。

3 起升高度应按下式计算:

$$H=(h+1)H_c+C_1 \tag{8.1.6}$$

式中 H——轨道式集装箱门式起重机的起升高度(mm);

h——集装箱最高堆码层数;

H_c——集装箱的高度(mm);

C_1——安全间距,一般采用 500 mm。

8.1.7 集装箱正面吊运起重机应符合下列要求:

1 起重量第一排不宜小于 42. 0 t,第二排不宜小于 31. 0 t;

2 有效起升高度第一排不宜小于 12. 0 m,第二排不宜小于 9. 0 m;

3 转弯半径不宜大于 8. 5 m。

8.1.8 集装箱空箱堆垛机应符合下列要求:

1 额定起重量不宜小于 8. 0 t;

2 空箱堆码层数不应小于 5 层;

3 转弯半径不宜大于 5. 5 m。

8.1.9 小型低门架叉车应符合下列要求:

1 额定起重量应为 1. 5 t~2. 5 t;

2 外形高度不应大于 2 180 mm;

3 门架自由提升高度应为 1. 0 m~1. 5 m;

4 转弯半径不宜大于 2.5 m；

5 轮压不应大于集装箱底板单位面积允许压力。

8.1.10 集装箱作业场内运输及场外门到门运输宜采用拖挂式运输车辆，所配属集装箱牵引车及挂车的性能应根据具体的路况及所运输的箱型确定。

集装箱牵引车宜采用平头式牵引车，挂车宜采用半挂车。站内运输宜采用站内运输用集装箱牵引车和半挂车；站外门到门运输机械宜采用公路运输用集装箱牵引车和半挂车。

8.1.11 行邮行包和小汽车作业场内运输及场外门到门运输宜采用专用的车辆，所配属牵引汽车的性能应根据具体的路况及所运输的货物类型确定。

8.2 设备配置

8.2.1 集装箱作业场各种装卸机械配置数量应根据其作业箱数、日均作业时间、作业效率等因素确定，可按下式计算：

$$C_i = \frac{N_i \cdot z}{P_i \cdot T_i} \tag{8.2.1}$$

式中 C_i——各种装卸机械配置台数；

N_i——各种装卸机械日均需要完成的作业箱数（TEU）；

z——集装箱平均装卸次数，可采用 1.5~2 次；

P_i——装卸机械工作效率，轨道式集装箱门式起重机、集装箱空箱堆垛机可采用 25~30 箱次/h，集装箱正面吊运起重机可采用 20~25 箱次/h；

T_i——装卸机械日均作业时间（h），可采用 15 h~17 h。

8.2.2 集装箱拆装箱场、行邮行包作业场叉车配置数量应根据年作业量、叉车的生产能力等因素确定，可按下式计算：

$$C_{叉} = \frac{Q \cdot a}{365G} \tag{8.2.2—1}$$

式中 $C_{叉}$——叉车的配置数量（台）；

Q——集装箱拆装箱场、行邮行包作业场年作业量（t）；

a——到发波动系数；

G——叉车生产能力（t/d）。

叉车的生产能力应根据叉车日均作业时间、作业效率、最大起重量、额定荷载利用系数等因素确定，可按下式计算：

$$G = \frac{3\,600 Q_{叉} \cdot T \cdot K}{T_{周}} \tag{8.2.2—2}$$

式中 G——叉车生产能力（t/d）；

$Q_{叉}$——叉车的最大起重量，一般为 1.5 t 或 2 t；

K——叉车额定荷载利用系数；

T——叉车日均作业时间（h），可采用 15 h~17 h；

$T_{周}$——叉车升、降及往返搬运一次货物所需的总时间（s）。

8.2.3 小汽车装卸场的液压变幅升降平台配置数量应根据场内小汽车装卸站台的数量

确定,专用移动式小汽车装卸机械配置数量应根据场内装卸线的数量确定。

8.2.4 场内运输的集卡配置数量应根据辅助箱场日均总作业箱数、场内运输的集卡运输能力及作业时间等因素综合确定,可按下式计算:

$$C_{内}=\frac{N}{P_c \cdot T_c} \tag{8.2.4}$$

式中 $C_{内}$——场内集卡配置台数;

N——辅助箱场日均总作业箱数(TEU);

P_c——场内运输集卡运输效率,可采用 8~10 TEU/(辆·h);

T_c——场内运输集卡日均作业时间,可采用 12 h~18 h。

8.3 维修设施

8.3.1 铁路货运中心宜设综合维修车间,负责集装箱的修理及装卸机械、运输机械的临修与保养。

8.3.2 综合维修车间规模及设备配置应根据铁路货运中心配属的集装箱、装卸机械和运输机械的维修工作量确定。

8.3.3 综合维修车间宜布置在环形道路外侧,与作业区间距应符合国家现行的《建筑设计防火规范》GB 50016 的规定,且应与装卸作业区有便捷的通道。

8.4 加油设施

8.4.1 铁路货运中心宜设加油站,其位置宜靠近车库或车辆进出口布置,规模应根据场内装卸机械及运输机械 5 d~7 d 的耗油量确定。加油站的设置应符合《石油库设计规范》GB 50074 的规定。

9　场地与道路铺面

9.1　铺面种类与结构

9.1.1　场地与道路铺面设计应根据场地类别、道路等级、使用要求、荷载情况、材料供应、养护条件和自然条件等因素，经技术经济比较确定。

9.1.2　铺面结构层可由面层、基层和垫层组成。在季节性冰冻地区，铺面总厚度应满足最小防冻厚度的要求。

9.1.3　常用铺面种类及其面层类型见表 9.1.3。

表 9.1.3　常用铺面种类及其面层类型

序号	铺面种类	面层类型	设计使用年限(年)	适用范围
1	水泥混凝土铺面	现浇素水泥混凝土板、钢纤维水泥混凝土板、聚丙烯纤维水泥混凝土板	30	集装箱主箱场、辅助箱场及道路铺面；行邮行包作业场铺面；小汽车装卸场、交接区及道路铺面
2	联锁块铺面	高强度混凝土小块、细加工小条石	20	集装箱主箱场、辅助箱场及道路铺面；行邮行包作业场铺面；小汽车装卸场、交接区及道路铺面
3	条型混凝土铺面	现浇钢筋混凝土条型基础	30	采用单一轨道式集装箱门式起重机装卸作业的集装箱堆放区
4	沥青混凝土铺面	沥青混凝土	15	道路
5	镂空砖	高强度混凝土镂空砖	20	小汽车存放区铺面

9.1.4　场地与道路铺面种类应根据作业特点、土基类型等因素，经技术经济比较确定。

各类铺面在设计使用年限内的计算工后沉降应结合铺面类型、使用区域、土基类型及其加强措施综合确定，并应严格控制不均匀沉降。

9.1.5　面层顶面排水应通畅；基层应具有足够的强度和稳定性，其宽度应比面层每侧宽出 25 cm 以上；需设垫层时应比基层每侧宽出 25 cm 以上。

面层采用水泥混凝土铺面时，基层宽度应比混凝土面层宽，采用小型机具施工时每侧宽出 30 cm；采用轨模式摊铺机施工时每侧宽出 50 cm；采用滑模式摊铺机施工时每侧宽出 65 cm。

9.1.6　场地和道路的土基必须稳定、密实、均匀，土基回弹模量不应小于 30 MPa；土基宜采用重型压实标准，其压实度应符合表 9.1.6 的规定。

表 9.1.6　重型压实标准土基压实度要求

填挖类型	土基顶面以下深度(cm)	压实度(%)
填方	0~80	≥96
填方	80~150	≥94
填方	>150	≥93
挖方或零填	0~80	≥96

9.1.7　沥青、联锁块和混凝土铺面的设计,应按《港口道路、堆场铺面设计与施工规范》JTJ 296 等有关规定执行。

9.2　设计荷载

9.2.1　集装箱作业场场地、道路铺面设计荷载应符合下列规定:

1　采用单一轨道式集装箱门式起重机装卸作业时,环行通道和作业通道均采用运输机械重复作用荷载;集装箱堆放区箱脚间取 P1 级标准荷载、箱脚处取集装箱箱脚荷载。

2　采用集装箱正面吊运起重机、空箱堆垛机装卸作业时,其环行通道采用运输机械重复作用和装卸机械空载的重复作用荷载;作业通道采用装卸机械重载重复作用和运输机械重复作用荷载;集装箱堆放区应分别按装卸机械重载重复作用荷载与集装箱箱脚荷载计算,按最不利取值。

3　门区内进出道路铺面采用运输机械重复作用荷载。

9.2.2　行邮行包作业场场地、道路铺面设计荷载应采用运输机械重复作用荷载。

9.2.3　小汽车作业场场地、道路铺面设计荷载应符合下列规定:

1　交验区场地、交验区和零配件库通往大门道路铺面采用运输机械重复作用和小汽车重复作用荷载。

2　其他场地及道路铺面采用小汽车重复作用荷载。

9.2.4　大门缓冲区设计荷载应采用运输机械重复作用荷载。

9.2.5　流动机械荷载应采用单轴、单侧轮载形式,可按六级划分,其荷载分级及各级标准荷载计算参数应按表 9.2.5 确定。

表 9.2.5　流动机械荷载分级及各级标准荷载计算参数

荷载等级		P1	P2	P3	P4	P5	P6
标准荷载计算参数	轮载 Q_k(kN)	50	100	150	200	300	400
	接地面积 A_k(cm^2)	715	1 000	1 500	2 000	3 000	4 000
	接地压强 P_k(MPa)	0.7	1.00	1.00	1.00	1.00	1.00
荷载适用范围(kN)		30~70	70~130	130~180	180~250	250~350	>350

9.2.6　集装箱箱脚荷载宜取一次作用的形式,应按四个箱脚均匀着地计算。

9.2.7　流动机械年运行次数应根据集装箱作业场、行邮行包作业场、小汽车作业场设计的装卸工艺流程、选用的流动机械类型及其行走路线等因素确定,可按下式计算:

$$N_j = \frac{Z_r \cdot W_i \cdot \psi}{\omega_i \cdot n_t} \tag{9.2.7}$$

式中 N_j——流动机械年运行次数；

Z_r——装卸、运输机械的装运量扩大系数，运输机械完成从货运中心至外部的运输，若为一次，则取 1，若为二次，则取 2，以此类推；

W_i——计算的装卸、运输机械每年分担的货物或集装箱运量(t 或 TEU)；

ψ——不平稳系数，单条道路或通道取 1，多条道路或通道取 1.5~1.6；

ω_i——计算货物或集装箱装载量(t 或 TEU)；

n_t——可以分流的道路、通道条数。

9.2.8 道路标准荷载计算作用次数 N_m，可按下式计算：

$$N_m = t\sum_{i=1}^{n_q} N_i \cdot \eta_i \cdot \eta_{r2} \tag{9.2.8}$$

式中 t——设计使用年限(年)；

N_i——流动机械年运行次数(次/年)；

n_q——运行的流动机械种类数，只计算轮载为标准荷载本级和低一级的二级荷载的机械；

η_i——流动机械非标准荷载与标准荷载的荷载换算系数，计算方法按《港口道路、堆场铺面设计与施工规范》JTJ 296 中有关章节的规定计列；

η_{r2}——铺面宽度折减系数，可按表 9.2.8 确定。

表 9.2.8　道路铺面宽度折减系数 η_{r2}

道路铺面	车道	η_{r2}	道路铺面	车道	η_{r2}
沥青铺面	单车道	1.0	其他铺面	行车道宽≤7 m	0.54~0.62
	双车道	0.7			
	四车道	0.4~0.5		行车道宽>7 m	0.34~0.39

注：车道或行车道窄时取大值；反之，取小值。

9.2.9 场地标准荷载计算作用次数可参照式 9.2.8 计算。主要行走正面吊运机、叉车的通道，其铺面宽度折减系数 η_{r2} 可采用 0.5。

10 信 息

10.1 一般规定

10.1.1 铁路货运中心信息系统设计应统一规划，实现信息资源共享。

10.1.2 铁路货运中心信息系统应采用先进技术和设备，确保网络与信息安全。

10.1.3 铁路货运中心信息系统应具有可靠性、可维护性和可扩展性。

10.2 系统构成及功能

10.2.1 铁路货运中心信息系统由货运管理信息、视频监视、火灾自动报警等子系统构成，各子系统应在满足运输管理需要的前提下，根据工程实际情况合理确定。

10.2.2 货运管理信息系统应由现在车管理系统，集装箱、行包、特货运输信息系统，综合管理信息系统和电子商务系统等组成，实现铁路货运中心的运输集散、仓储、配送、综合管理以及铁路货运中心与其他相关物流企业之间的信息交换、物流服务等功能。

10.2.3 现在车管理系统应包括列车到发处理、确报处理、现车管理、解编计划、统计分析等软件功能模块，实现对铁路货运中心内各种车辆的位置、状态管理等功能。

10.2.4 集装箱运输信息系统应包括营销管理、调度管理、门检管理、货场管理、箱区箱位管理、装卸管理、集装箱管理、安全管理、集卡管理、收入及清算管理、统计分析等软件功能模块，实现集装箱作业流程、集装箱车辆、各类别集装箱的状态管理和轨迹追踪等功能。

10.2.5 行包运输信息系统应包括营销管理、调度管理、车辆装备管理、仓储管理、装卸管理、安全管理、收入及清算管理、统计分析等软件功能模块，实现对行包运输作业流程、行包运输车辆、行包货物的状态和轨迹追踪等功能。

10.2.6 特货运输信息系统应包括营销管理、调度管理、车辆追踪、车辆技术管理、汽车物流管理、收入及清算管理、统计分析等软件功能模块，实现对货物运输作业流程、特货运输车辆、特货货物的状态和轨迹追踪等功能。

10.2.7 集装箱、行包、特货运输信息系统应具有国际业务管理功能，实现与港口、海关、商检、银行、保险等部门不同信息系统间标准报文格式的信息交换和处理。

10.2.8 集装箱、行包、特货运输信息系统应能够提供未来一段时间内的业务量预测，为运输组织管理提供决策支持。

10.2.9 综合管理信息系统应包括办公管理、财务管理、人力资源管理、资产管理等系统，实现铁路货运中心网上电子公文、电子邮件、信息发布、综合查询、在线支持、即时消息以及财务、人事、劳资、资产管理等功能。

10.2.10 电子商务系统应包括信息发布、货运营销、客户管理、信息查询等功能，实现铁路货运中心的对外宣传、营销服务、客户关系管理、与银行和其他物流企业等信息交互、贸易等功能。

10. 2. 11 货运中心管理信息系统应通过铁路计算机网络与列车调度指挥或调度集中、计划调度管理、货物运输管理、专业运输管理等信息系统交换集装箱、特货货物、行包货物和装载车辆的动态信息，以及运输动态信息。

10. 2. 12 视频监视系统应对铁路货运中心进出门、场站作业区、营业厅、仓库等重点区域进行监视。视频监视系统应纳入综合视频监控系统平台。

10. 2. 13 火灾自动报警系统应对铁路货运中心重点部位进行火灾监控、提示报警等，并实现报警消防联动。火灾自动报警系统设计应符合《建筑设计防火规范》GB 50016、《火灾自动报警系统设计规范》GB 50116、《铁路工程设计防火规范》GB 10063 等有关标准的规定。

10.3 网络设计

10. 3. 1 铁路货运中心信息系统网络应纳入现有铁路计算机网络，并符合铁路计算机网络安全有关规定。

10. 3. 2 集装箱运输信息系统、行包运输信息系统、特货运输信息系统应从逻辑上划分为不同的 VLAN。

10. 3. 3 网络设计应包括局域网、广域网接入、网络安全、网络布线等内容。

10. 3. 4 网络设计应采用 TCP/IP 协议。

10. 3. 5 局域网设计应满足以下要求：

1 连接方式应符合 IEEE 802. 3。

2 网络结构应分为骨干层和接入层。

3 骨干层应建立冗余网络连接，带宽不应小于 1 000 Mbps，接入层带宽不应小于 100 Mbps。

4 骨干层设备包括核心设备和分布设备，骨干层设备应选择三层以上、具有高速数据交换、高可靠性能力的交换机；接入层设备可选择二层交换机。

5 不同的安全区域应分别配置核心交换机，可为服务器配置接入交换机后再接入核心交换机。

6 应保证路由信息快速收敛和更新，并应采用 VLAN 技术隔离集装箱、行包、特货业务区域。

7 局域网设计应包括无线局域网络，无线局域网宜采用符合 IEEE 802. 11 标准的连接方式，并应通过无线网络接口设备与有线局域网连接。

8 无联网条件的远程作业点可采用专线、xDSL 等方式连接局域网，带宽不应小于2 Mbps。

10. 3. 6 广域网接入应满足以下要求：

1 应配置路由设备接入铁路计算机网路的广域网。

2 应采用 OSPF 协议或静态路由协议。

3 宜选用模块化路由器，引擎和电源模块宜冗余配置。

4 路由器应选择支持网络管理、MPLS VPN、流量分析、QoS 保证等功能的路由器。

5 通道带宽应不小于 2 条 2 Mbps，实现通道备份。

10. 3. 7 IP 地址分配应符合铁道部相关规定。

10.3.8 网络安全设计应满足以下要求：

1 集装箱、行包、特货运输信息系统设置在安全生产网，办公系统设置在内部服务网，电子商务系统设置在外部服务网。

2 安全生产网和内部服务网之间应配置防火墙进行逻辑隔离；内部网与外部网之间应通过网络安全平台进行隔离，并实施安全访问控制；外部网出口应采用国产高性能防火墙进行隔离；网络隔离设备应采用冗余配置。

3 广域网与局域网连接的边界处应设置网络防病毒网关、入侵检测系统、漏洞扫描系统等。

4 企业级病毒防护软件应统一设置，在客户端安装代理软件，实现软件定期自动升级。

10.3.9 信息系统应采用数字证书系统（PKI/CA），实现用户身份认证与访问控制的统一管理。

10.3.10 铁路货运中心网络应由铁路局的网络管理系统统一进行管理。

10.3.11 铁路货运中心局域网室外应采用光缆敷设通道，室内可采用电缆敷设通道。网络布线设计应符合《建筑与建筑群综合布线系统工程设计规范》GB/T 50311 的有关规定。

10.3.12 视频监视系统网络应设置在铁路货运中心局域网络上。

10.3.13 火灾报警系统可设置独立网络，并且建立独立布线系统。

10.4 系统软硬件配置

10.4.1 铁路货运中心信息系统硬件设备配置应符合下列规定：

1 应配置服务器、存储设备。

2 服务器主要包括生产系统数据库服务器、应用服务器、通信服务器、办公系统服务器、电子商务服务器、视频监视系统服务器、防病毒服务器等，服务器应满足高可用性要求。

3 调度楼、场站内作业区、营业厅、仓库、生产管理各岗位应设置客户端设备，并根据需要可设置打印机、制票机、制签机等设备。

4 箱场流动作业人员应配置手持 PDA 等设备。

5 仓库流动作业人员应配置手持 PDA、条码识别器等设备。

6 集装箱卡车管理应配置远距离识别设备、地面车辆传感器、车道闸等设备。

7 出入门进出通道（检查桥）处应设置箱号自动识别及验证设备。

8 到发线、装卸线、主箱场、仓库、出入门以及营业大厅、货运办公楼、调度楼等主要作业场所应设置摄像监视设备，监控室应设置录像和控制等设备。

10.4.2 信息系统软件应包括操作系统、数据库管理、通信中间件，应用中间件，网络管理、系统运行监控软件以及应用软件等。

10.4.3 系统软件和中间件应采用通用成熟产品，宜与既有应用系统软件环境一致，并且宜与铁路货物运输管理信息系统平台兼容。

10.4.4 应用软件应满足系统功能要求，基础编码应采用国家或铁路行业统一规定的有关标准编码，预留后续开发接口能力。

10.5 辅助设施

10.5.1 铁路货运中心信息系统主机房设计应符合国家《电子计算机机房设计规范》GB 50174的规定。

10.5.2 铁路货运中心主机房应具有主处理设备间、网络设备间、电源室、系统监控室等，温湿度应达到国家规定的B级标准。

10.5.3 铁路货运中心应设置视频监视系统和火灾报警系统总监控室，总监控室宜设置在综合办公楼内。

10.5.4 信息系统关键设备宜配置UPS设备进行电源保护。

10.5.5 信息系统防雷及接地应符合《建筑物电子信息系统防雷技术规范》GB 50343及《铁路防雷、电磁兼容及接地工程技术规范》(铁建设〔2007〕39号)的有关规定。

11 其他设施

11.1 通　信

11.1.1 铁路货运中心通信系统应纳入现有的通信网。

11.1.2 铁路货运中心自动电话用户宜接入相关铁路本地电话交换设备,也可根据需要单独设置电话交换设备,与本地铁路电话交换网统一组网。

11.1.3 铁路货运中心专用通信应符合下列要求及相关规范的规定:

1 铁路货运中心应设置列车调度电话、列车无线调度电话及货运调度电话。在电气化铁路区段,还应设置牵引供电调度电话。

2 铁路货运中心应设置以指挥人员为中心的站场通信系统。

3 铁路货运中心应设置无线通信系统。在站内主要流动设备上应配备车载无线通信设备,主要作业人员应配备手持无线通信设备。有条件时,无线通信应纳入 GSM-R 数字移动通信系统中。

11.2 信　号

11.2.1 铁路货运中心信号联锁设计应采用集中联锁,并应符合下列规定:

1 集中联锁宜采用计算机联锁,并应符合有关技术条件和设计规范。

2 联锁设备应满足各种站场规模、运输作业、现代化维护管理的需要,应与有关设备相结合,并可联网与列车运行指挥、计算机监测、铁路货运中心的管理中心等系统交换数据。

3 计算机联锁设备应安全可靠、办理简单、表示明确。

4 计算机联锁设备应具有对室内、室外联锁设备规定的监测功能和自诊断能力。

5 站内列车主体信号机与调车信号机应设灯丝监督。

6 高柱信号机宜采用铝合金机构,室外变压器与灯丝转换继电器宜采用集成化设备。

7 信号电源宜采用智能化电源系统。

11.2.2 铁路货运中心轨道电路设计应符合下列规定:

1 轨道检查应采用轨道电路或计轴轨道检查装置。

2 站内轨道电路应采用闭路式轨道电路,轨道电路计算基础参数应满足以下规定:

1)道砟电阻 0.6 Ω·km,分路电阻 0.06 Ω;

2)轨道电路应能实现一次调整。

3 办理到发作业线路选用的轨道检查装置应能实施电码化。

11.2.3 铁路货运中心的行车指挥系统应就近纳入本线或接轨站,并根据需要可为铁路货运中心的管理部门提供相关信息。

11.2.4 铁路货运中心应设置信号集中监测系统，其监测报警信息应能传送至相关电务维修部门。

11.2.5 铁路货运中心办理接发车作业的装卸线平过道处应设音响报警与信号警示设备，箱区内应设股道语音报警与信号警示设备。

11.3 车 辆

11.3.1 铁路货运中心列检作业应利用既有路网列检设施。

11.3.2 铁路货运中心可根据需要设置非运用车存车线。

11.4 电 力

11.4.1 铁路货运中心用电负荷根据其重要性分为三级。

一级负荷：通信、信号、消防及火灾报警系统、实时数据处理的信息自动化系统设备等。

二级负荷：场地照明、仓储物流库、装卸机械等。

三级负荷：不属于一、二级负荷者。

11.4.2 冷藏箱宜采用杆架式组合电源插座或移动式发电机组供电。

11.4.3 防雷保护装置应按保护全场设计。接闪器宜利用高杆灯柱体。

11.4.4 变配电所宜采用成套设备。

11.4.5 室外作业照明宜采用高杆灯柱，其间距宜为 100 m～140 m。主要场所一般照明的照度标准应符合表 11.4.5 的规定。

表 11.4.5 室外主要场所一般照明照度

场所名称		规定照度的平面	照度标准值(lx)			说明
			低	中	高	
装卸线		地面	10	15	20	
室外各作业场		地面	15	20	30	含作业场道路
道路	主干道	地面	5	10	15	
	次干道、支道	地面	3	5	10	

11.5 给水排水

11.5.1 铁路货运中心给水排水应结合城镇建设和工农业发展规划，合理选择水源方案、污水排放方案和场地地面雨水排放方案设计。

11.5.2 铁路货运中心给水工程设计结合水源的水质、水量、地形等条件，经技术经济比较，可采用统一、分区、分质、分压或长距离输水的给水系统，并应符合下列规定：

1 铁路货运中心应优先采用市政水源。

2 运量较大的铁路货运中心应按给水站设计，运量较小的铁路货运中心宜按生活供水站、点设计。

3 站区内给水管道宜采用与消防管道分系统供水。

4 集装箱清洗用水量根据清洗工艺确定。采用高压水冲洗时,或按0.5 m^3/TEU 设计。

5 铁路货运中心清洗箱数可按日均作业箱数的1.5%确定。

6 当市政水源管网压力不足或自建水源时,应增设给水加压泵站或给水所。给水加压泵站或给水所应与消防泵站合建。

11.5.3 铁路货运中心生产、生活排水设计方案应根据污水排出口的地点、受纳水体的要求,结合地形等条件,经技术经济比较确定。货运中心内污水宜集中处理,废水宜回用。排放的污水应符合国家和地方现行的排放标准。污水治理工程必须与其主体工程同时设计。并应符合下列规定:

1 铁路货运中心生产、生活排水应优先排入市政排水系统。

2 生产、生活污水应进行处理,达到环境评价确定的标准后排放。

3 根据铁路货运中心规模、设置情况,集装箱冲洗用水宜采用回用水。回用水水质应符合《污水再生利用工程设计规范》GB/T 18920 的要求。

11.5.4 场地地面雨水排除应结合车站平面布置总体规划、统筹考虑,并与城市排水系统协调配合,保证排水通畅。并应符合下列规定:

1 场地地面排水设计重现期采用50年。

2 场地地面排水应优先排入市政排水系统。

3 场地地面排水的排水分区应结合箱场平面布置确定,并宜均匀布设。

4 箱场地面排水横向坡度应采用0.5%;当箱场地面有纵坡时,横向坡度应减小,其综合坡度不应大于0.5%。其他场地地面排水横向坡度宜采用1%~2%。

5 场地地面排水设施的种类,应根据其设置位置和作业需要确定,可采用地下排水管、盖板排水槽和排水明沟等形式。有作业人员和流动机械通行的场地,宜采用地下排水管或盖板排水槽;无作业人员和流动机械通行的场地,可采用排水明沟。

6 箱场地面有流动机械作业范围内的排水设施,应满足装卸和运输机械的轮载及集装箱箱脚荷载的要求;箱场的排水设施应避免设在流动机械通道或集装箱箱脚处。

7 场地地面排水采用地下排水管排水时,雨水口的形式、数量和布置,应按汇水面积所产生的流量、雨水口的泄水能力及道路形式确定。当道路宽度大于10 m时,应设置双侧雨水口收集。排水管道宜采用钢筋混凝土管道。

8 危险品集装箱箱区应设置独立的排水管,并汇入污水系统收集设施中。

11.6 消　　防

11.6.1 铁路货运中心宜设置独立的消防给水系统。站区内宜采用低压消防方式,设置地下式消火栓;位于道路下的消火栓应采用重型铸铁井盖。

11.6.2 消防管道应按环状管网布置,每条消防通道布置一条消防管道,消火栓间距可按120 m设计。集装箱装卸场消防管道的位置应结合集装箱装卸机械工艺确定。

11.6.3 小汽车作业场应配置6 L手提式高效化学泡沫灭火器6只和100 L推车式高效化学泡沫灭火器2只,并集中存放。

11.7 环境保护

11.7.1 铁路货运中心应优先采用地热泵、太阳能等环保能源,可采用城市热源、汽源和电源。

11.7.2 铁路货运中心应根据建设规模配备相应的场地洒扫机械和垃圾转运机械。

11.7.3 铁路货运中心周围及内部办公、生活区域,应设计适宜和乔、灌、花、草,绿化美化环境。

本暂行规定用词说明

执行本暂行规定条文时，对于要求严格程度的用词说明如下，以便在执行中区别对待。

(1)表示很严格，非这样做不可的用词：

正面词采用“必须”；

反面词采用“严禁”。

(2)表示严格，在正常情况下均这样做的用词：

正面词采用“应”；

反面词采用“不应”或“不得”。

(3)表示允许稍有选择，在条件许可时首先应这样做的用词：

正面词采用“宜”；

反面词采用“不宜”。

(4)表示有选择，在一定条件可以这样做的，采用“可”。

《铁路货运中心设计暂行规定》条文说明

本条文说明系对重点条文的编制依据、存在的问题以及在执行中应注意的事项等予以说明。为了减少篇幅,只列条文号,未抄录原条文。

1.0.1 以往铁路集装箱货场设计,执行《铁路集装箱货场设计规则》TBJ 19—88;铁路行邮行包、小汽车货场设计,执行《铁路站场客货运设备设计规范》TB 10067。近年来我国铁路集装箱、行邮行包、小汽车运输迅猛发展,原规则和规范在货场的布局、作业方式、场地布置、装卸机械等诸多方面都不能满足集装箱、行邮行包、小汽车运输发展的需要。

为满足铁路货运中心的设计,使铁路集装箱、行邮行包、小汽车运输形成布局合理,设备先进、装卸和运输效率高的格局,制定本暂行规定。

1.0.3 铁路货运中心主要办理集装箱运输、行邮行包运输、小汽车运输及除散堆装以外的其他货物品类运输业务。本暂行规定未包含除散堆装以外的其他货物品类作业场的设计内容,该类作业场的设计可参照《铁路站场客货运设备设计规范》TB 10067 有关规定执行。

1.0.6 铁路货运中心设备较多、占地多、运营管理技术先进,建设一个铁路货运中心需要巨大的投资。由于影响铁路货运中心布局的因素很多,为了寻求合理的设计方案,协调各方面的关系,取得最大的经济和社会效益,必须经过技术经济比较。

铁路货运中心规模较大,因地形、地质和既有线路条件比较复杂,或因有关方面提出某些要求,对铁路货运中心选址、布置形式、装卸工艺或设备选型等,也需进行方案比较。

利用既有站进行改建的铁路货运中心设计,要充分利用既有设备,既要满足运输需要,也要节省工程投资。

3.1.1 铁路货运中心办理集装箱运输业务时,需配备功能齐全的各项设施,才能满足集装箱运输快速、便捷、准时的需要。在学习,总结国外铁路货运中心建设经验的基础上,结合我国国情,铁路货运中心的集装箱运输设计有以下主要功能:

(1)集装箱列车不进枢纽技术作业站办理解编作业,在铁路货运中心办理集装箱列车的到发和装卸作业,保证集装箱快速、准时运输。集装箱运量较大的铁路货运中心具有集装箱的中转和整列集装箱的装卸功能。

(2)铁路货运中心能够办理集装箱多式联运及门到门服务,使铁路运输与公路、水运、航空等多种运输方式合理衔接,保证集装箱运输方便、快捷、节省运输费用。

(3)铁路货运中心办理部分拆装箱,可方便货主,吸引货源,提高经济效益。

(4)为满足作业需要,铁路货运中心设有一般集装箱的检修设施,对受污染、有异味的集装箱设置清洗和消毒设施,为冷藏箱等特种箱配备检查、保养、测试等必要的设施。

(5)铁路货运中心配有大量的装卸和运输机械,为保证铁路货运中心正常作业,配备装卸和运输机械检修、清洗等必要的设施。

(6)铁路货运中心需对运输生产全过程中的车辆和集装箱进行动态管理,建立以计算机为中心的管理信息系统,实现铁路货运中心内各部门间信息传输和资源共享,并与其他相关单位,如海关、港口、银行等通过网络传输,传递交流各类信息。

(7)为满足集装箱运输与国际接轨及集装箱箱型向大型化、专业化发展的要求,根据需要配备满足国际箱运输的设施,设置海关、商品检疫、卫生检疫、动植物检疫,以及国际银行业务、保险业务、货运代理、理货等一系列口岸监管服务机构,并为客户就地办理进出口业务手续提供方便快捷的服务。

(8)考虑集装箱运输的不平衡、铁路集装箱返空后的堆存以及满足客户的特殊需求,集装箱运量较大的铁路货运中心要有较大的集装箱空箱储存和调配的能力。

3.2.1 一个城市设铁路货运中心的数量,需根据铁路运输发展的需要、城市建设总体规划和铁路枢纽(或地区)的总体布局等因素确定。

工业企业、物流企业较集中的内陆型城市集中设1个铁路货运中心,但对于工业企业、物流企业较多,分布较广且集装箱年作业量较大的内陆型城市,由于设1个铁路货运中心存在装卸作业区多、集装箱列车转场或出发作业与场内流动装卸机械和运输机械作业干扰大、管理和调度不方便、占地大选址困难等缺点,故可设2个铁路货运中心。

我国港口集装箱、小汽车运输发展很快,主要为港口服务的铁路货运中心在选址时,要充分考虑港口的发展规划,满足港口集装箱、小汽车码头近、远期及远景规划发展的需要。另外,港口型铁路货运中心的选址,也要考虑地方集装箱、行邮行包和小汽车运量,尽量做到两者兼顾,如无法兼顾时可分设。

3.2.2 铁路枢纽或地区总图规划是铁路枢纽或地区发展规划的指导性文件,铁路货运中心选址必须符合铁路枢纽或地区内客、货运输系统布局要求。

铁路货运中心站址靠近枢纽或地区主要技术作业站,可使本务机车走行距离短,对区间能力影响小,车流顺畅。

3.2.3 铁路货运中心所在地,要求城市的道路、通信等公共设施齐备,有充足的供电、水、热、燃气的能力,且场区周围要有污水、固体废物处理能力。另外,集装箱、行邮行包、小汽车运输与物流有着紧密的联系,铁路货运中心毗邻物流规划区可以为铁路货运中心提供区域货源,能够节省货物"门对门"运距,为简化作业流程提供方便、快捷的装运条件。

3.2.4 当港口集装箱、小汽车运量为该地区主要运量时,铁路货运中心的选址要尽量靠近港口。当有条件时,铁路装卸线延伸进港口集装箱堆场或小汽车存放场,使港口集装箱、小汽车运量直接进入铁路运输系统,不需再转运、倒运或重复装卸。

3.2.5 铁路货运中心的集疏运条件,对铁路货运中心能力影响较大,选址中要作为主要的外协条件考虑。其他运输方式主要是指公路运输,个别靠近港口的铁路货运中心,部分集装箱、小汽车需水路转运。铁路货运中心最好靠近交通枢纽建设,如紧邻港口、交通主干道、高速公路或机场等。

3.2.7 铁路货运中心建设要满足《中华人民共和国土地管理法》、《中华人民共和国水土保持法》、《中华人民共和国文物保护法》、《风景名胜区管理暂行条件》等有关要求。

3.2.8 铁路货运中心需考虑以下自然因素:

(1)气象条件:要考虑当地的温度、风力、降水量、无霜期、冻土深度、年平均蒸发量等。

(2)地质条件:铁路货运中心有大量集装箱集结,重箱堆码会对地面造成很大的压力。如果铁路货运中心地下存在着淤泥层、流砂层、松土层等不良地质条件,在受压地段将造成沉陷、涌浆等严重后果。

(3)水文条件:铁路货运中心站址需远离易泛滥的河川流域,地下水位不能过高,洪泛区、内涝区、故河道、干河滩等区域禁止设站。

(4)地形条件:铁路货运中心设在地势高、平坦,并具备适当面积的地形上,不能设在山区的陡坡地区,在地形上不可选择狭长或不规则形状。

另外,有危险品作业的铁路货运中心选址时要注意远离水源保护地等环境敏感区域,应遵守《饮用水水源保护区污染防治管理规定》、《水污染防治法实施细则》、《固体废物污染环境防治法》、《化学危险品管理条例》、《废物进口环境保护管理暂行规定》等法律法规。

3.2.9　运量较小的铁路货运中心利用既有货运站或货场进行改造,不仅可以充分利用既有场地,而且既有货运站或货场已形成多年,有较好的集疏运条件及较稳定的货源。

3.3.1~3.3.5　铁路货运中心综合服务设施设在大门外附近,便于与外部通道衔接。拆装箱场及仓储设施包括办理冷藏箱拆装业务时所需要的冷库。

铁路货运中心不宜设机务设备,是因为铁路货运中心所在地区一般都有机务段、折返段、故铁路货运中心不宜再新建机务设备。

铁路货运中心不宜设置集装箱、行邮行包、小汽车专用车站修所或车辆段、是因为集装箱、行邮行包、小汽车专用车辆的段修、辅修原则上由既有车辆段、站修所承担,故铁路货运中心不再设置集装箱、行邮行包、小汽车专用车站修所或车辆段。特殊情况下,根据现场的实际需要,也可新建集装箱、行邮行包、小汽车专用车站修所或车辆段。

运量较小的铁路货运中心利用既有站改扩建时要充分利用既有站到发及调车场。

铁路货运中心办理的列车开行方式借鉴了客运化方式,既车底相对固定、循环使用,定点、定线、定时运行,但铁路货运中心办理的列车与客运列车存在许多不同之处,如客车到发需考虑旅客出行时间的因素,而集装箱班车、行邮班列、行包班列和小汽车班列等不受到发时刻限制;车底运用上也是相对固定:即对于相同牵引质量,相同到发线有效长的班列,车底可考虑交替使用,以提高设备使用效率,压缩车辆在站停留时间。

对于港口型铁路货运中心,考虑港口地区集疏港密集到发的情况,必要时可考虑增加兼顾专用车车底停留功能的到发线,以解决车站到发线或装卸线能力不足的问题。

为降低运输成本,提高竞争力,需要减少车列在车站不同车场间的转场次数,并尽量利用到发线和装卸线能力。车底停留线与到发场合并设置,能够有效地减少调车转场次数。

车底停留线的设置是考虑了铁路货运中心远近期工程,必要时先利用远期工程预留的到发线作为近期车底停留线使用。

3.4.1　铁路货运中心按到发及调车场与作业场的相互配置分为横列式与纵列式两种。横列式布置的优点是站坪长度短、设备集中、管理方便,但调车作业不利,需通过牵出线转场;纵列式布置则相反。设计时应根据其作业量、作业特点和当地条件,经技术经济比较确定。

由于集装箱装卸场作业量较大,流动机械较多,为减少走行时交叉干扰,场内必须设环形道路,一般按单方向行驶,道路与铁路装卸线存在平面交叉。如在正线两侧分别设装卸场,车列转线作业需切正线,且环行道路也与正线交叉,对正线行车造成影响,不利于作业安全,因此规定集装箱装卸场设在正线一侧,集装箱拆卸箱场与集装箱装卸场设在正线的同侧。同样行邮行包作业场,小汽车作业场均分别设在正线的一侧。集装箱、行邮行包及小汽车三个作业场设于正线同侧,便于共享公共设施。

铁路货运中心车底停留场与装卸场的相互配置,需根据地形条件,缩短车底出入车场的走行距离,减少咽喉交叉干扰,并结合远期发展,经过技术经济比较后确定。纵列布置形式,车底取送方便,走行距离短、交叉干扰小;横列布置形式,车底取送需经牵出线转线,增加机车和车底走行距离。因此,条件许可时,宜采用车底停留场与装卸场纵列布置形式。

3.4.2 集装箱装卸场横列式、纵列式是指装卸作业区之间的横、纵布置关系,与技术作业站所指车场间横列式、纵列式不同。集装箱装卸场图型的选择是一项重要的工作,图型选择既要满足运输需要,也要节省工程投资,便于管理,还要留有进一步发展的条件。因此,集装箱装卸场图型要结合具体情况,经过技术经济比较后确定。

装卸线采用与正线贯通的形式,可满足集装箱列车整列到发的需要。为减少列车在站停留时间,装卸线可具有直接接发车、直接接车或直接发车的条件。但装卸线直接接发车,则需在装卸线进行列车技术作业,场内作业人员较多,不便于箱场管理,影响装卸机械作业效率。集装箱装卸机械作业安全规程规定:装卸机械作业范围内如有与装卸作业无关人员时,装卸机械应停止作业。因此,在工程量影响不大的情况下,可将装卸线与正线贯通,以增加车站作业的灵活性。车站具体操作时,在考虑不影响装卸机械作业效率的前提下,可在装卸线进行接发集装箱列车作业。

集装箱装卸场各类图型的选用,需根据具体情况分析,进行方案技术经济比较后确定。

装卸场布置可参考说明图 3.4.2—1~说明图 3.4.2—4:

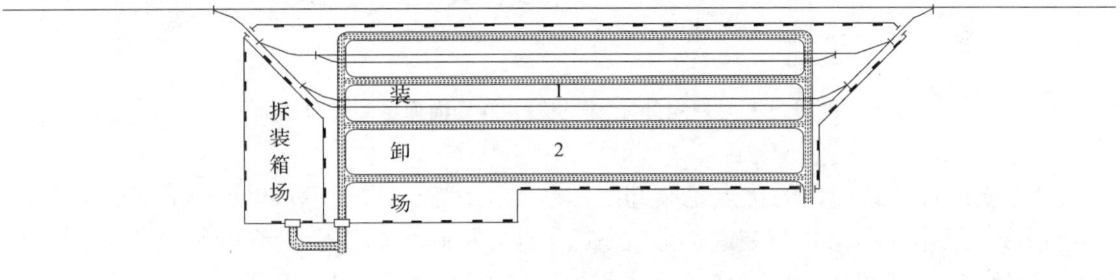

说明图 3.4.2—1 集装箱装卸场横列贯通式图型

1—主箱场;2—辅助箱场

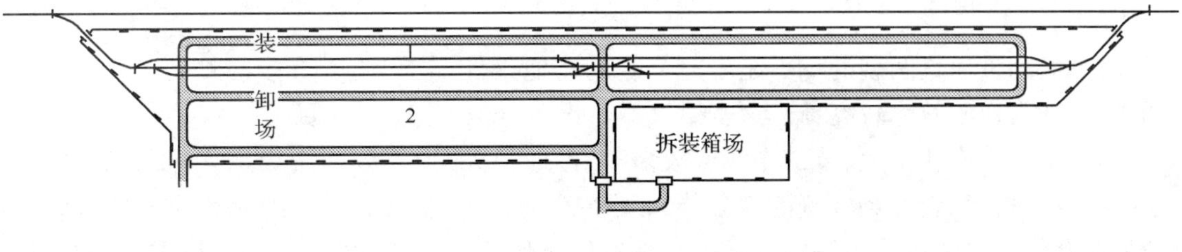

说明图 3.4.2—2 集装箱装卸场纵列贯通式图型

1—主箱场;2—辅助箱场

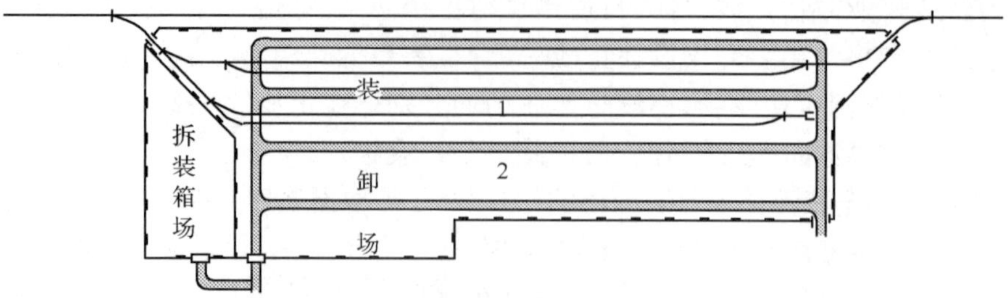

说明图 3.4.2—3　集装箱装卸场横列混合式图型

1—主箱场；2—辅助箱场

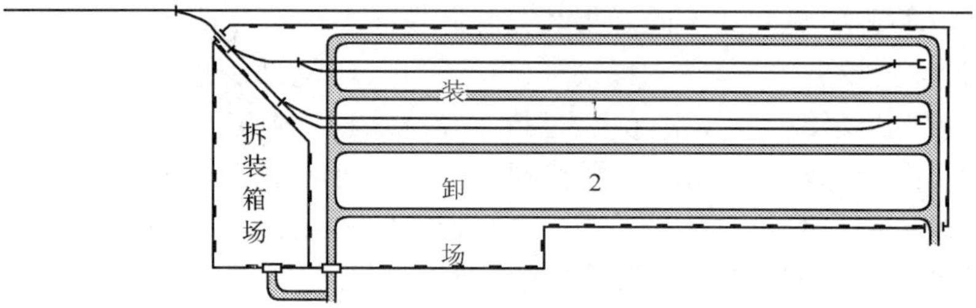

说明图 3.4.2—4(a)　集装箱装卸场横列尽端式图型

1—主箱场；2—辅助箱场

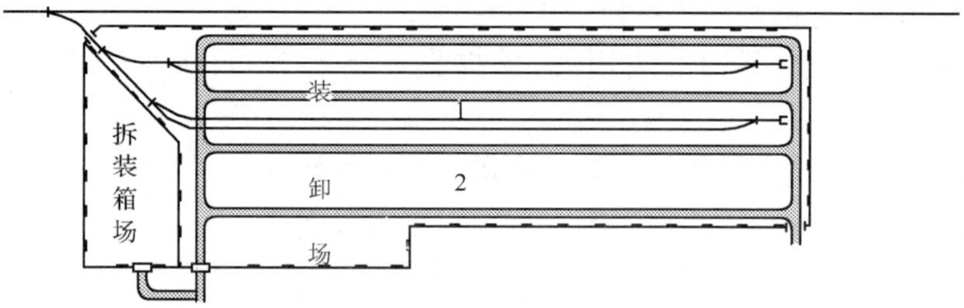

说明图 3.4.2—4(b)　集装箱装卸场横列尽端式图型

1—主箱场；2—辅助箱场

1　横列贯通式图型的优点是装卸线两端与正线全部贯通，装卸线可直接办理集装箱列车到、发作业和集装箱装卸作业，减少由到发及调车场经牵出线的转场作业，缩短铁路车辆在站停留时间，提高作业效率；站坪长度短、设备集中、管理方便、有利于远期发展。

缺点是站内道路与装卸线交叉较多，对站内流动装卸机械和运输机械行驶有一定影响。

2　纵列贯通式图型的优点是可充分利用场地条件，装卸线可直接接发列车，减少转场作业时间，作业效率较高；缺点是站坪较长、设备分散、管理不方便。

3　集装箱作业量大、装卸作业区较多时，占地很大，为充分利用场地，便于各装卸作业区布置，可将靠装卸场外侧的部分装卸线布置成尽头式，其他装卸线仍为贯通式，即为横列混合式布置图型。当铁路货运中心受地形条件限制，装卸线与正线全部贯通引起较大工程，且车站两端接发车不均衡的情况下，经过技术经济比较后明显节省投资时，可以采用横列混合式布置图型。与横列贯通式图型比较，横列混合式布置图型的优点是占地较少,工程投资较小,站内道路与装卸线交叉较少;缺点是仅部分装卸线与正线两端贯通,灵活性较差。

4 当铁路货运中心为路网中的尽端站,或地形条件特别困难、装卸线与正线贯通改建工程量巨大,且单方向车流较大,或装卸作业量较小、不需要整列装卸作业时,可以采用横列尽端式图型。与横列贯通式图型比较,横列尽端式图型的优点是用地较少,工程投资较小,站内道路与装卸线交叉较少,安全性较好;缺点是装卸线有效长度为整列长度时,装卸线只一端具有直接接发车条件,另一端到发集装箱列车需转场才能进入装卸线,作业时间较长,对作业效率有一定影响,对远期运量增长适应性较差。装卸作业量较小、不需要整列装卸作业时,装卸线则不需与正线贯通。

3.4.3 行邮行包装卸场宜采用尽端式或贯通式横列布置。尽端式的优点是线路和汽车通路较短、占地少、投资较小,场内道路与装卸线交叉口少;易于结合地形特点布置、与城市规划结合较好,货场改扩建工程量小;缺点是作业集中在一端咽喉区进行,该端咽喉区负担较重,只有一个方向具备整列到发条件。贯通式的优点是两个方向均具备整列到发条件;缺点是线路和汽车通路较长、占地大、投资大,场内道路在行邮行包装卸场与集装箱装卸场横列布置的情况下与装卸线交叉严重,不易结合地形特点布置、与城市规划不好结合。

尽端式布置可分为梳形和扇形,具体形式可根据铁路货运中心的用地形状及与周边道路系统现状来选择,一般长形用地较多考虑梳形布置,方状用地较多考虑扇形布置。

3.5.1 集装箱装卸线的装卸有效长度范围内如设在曲线上,不便于箱位布置,且对流动装卸机械和运输机械走行视线也有影响;行邮行包装卸线的装卸有效长度范围内如设在曲线上,车辆距站台的空隙较大,装卸不便,又不安全;同时,相邻车辆的车钩中心线相互错开,车辆的摘挂作业困难,因此装卸线的装卸有效长度范围内应设在直线上。在特别困难条件下且有充分依据时,作业量较小的铁路货运中心集装箱和小汽车装卸线的装卸有效长度局部范围内可设在半径不小于600 m的曲线上。

3.5.2 铁路货运中心车场多,场与场间、各装卸作业区间间距较大,装卸场与到发及调车场横列布置时,当装卸作业区较多时,装卸场咽喉区平面连接较困难,如岔后曲线采用较大半径,将引起较大工程量,且占地较大。因此,在困难条件下,装卸线的装卸有效长度范围以外的曲线半径不应小于250 m ,不办理到发作业的装卸线,在特别困难条件下,不应小于200 m。最小曲线半径采用200 m,能够满足我国常见的几种机车和集装箱、行邮行包、小汽车专用车辆低速通过的要求和合理的调车速度。

3.5.3 由于车辆以滚动轴承居多,车辆在装卸时,易受外力的影响产生溜动,很不安全。为防止车辆溜逸,保证车辆停放和作业安全,本条规定装卸线装卸有效长度范围内应设在平道上。装卸工艺采用轨道式集装箱门式起重机时,由于走行轨需为平、直轨道,装卸场宜为平直的场地,因此,装卸线装卸有效长度范围内只能设在平道上。库内行邮行包装卸线,由于装卸作业对车体各部位都有产生附加外力的可能,如设在坡道上,就容易造成车辆溜动,危及装卸作业人员的人身安全以及设备安全,因此应设在平道上。当装卸线装卸有效长度范围内设为平坡,装卸线两端与车站咽喉区两端纵断面连接引起较大工程,小汽车装卸线及装卸工艺采用集装箱正面吊运起重机的集装箱装卸线,装卸线的装卸有效长度范围内才可设在不大于1.0‰的坡道上。

3.5.4 根据轨道式集装箱门式起重机作业要求,其走行轨设在平坡、直线上,且两条轨道平行布置,走行轨不能有鱼尾板接头,可有焊接接头。

3.6.1　在新的集装箱运输系统建立、完善前,铁路枢纽或地区的大部分集装箱到发运量,是通过公路、水运、航空等其他运输方式与铁路货运中心进行集疏,少部分集装箱随其他列车到达或发往技术作业站,再通过组织集装箱小运转列车实现集疏。因此,铁路货运中心到发线数量,主要是根据集装箱列车、行邮行包列车、小汽车列车和部分小运转列车数量、作业性质、占用到发线时间、运输组织方式以及有无列车追踪运行等主要因素确定。根据以上分析,铁路货运中心到发线作业性质比区段站相对简单一些,采用区段站的标准确定铁路货运中心到发线数量是可行的。当装卸线具有接发车条件或到发线上不进行列车的技术作业时,部分列车可直接在装卸线办理接发车作业和技术作业,不需占用到发线,因此到发线数量可根据实际情况进行核减。

3.6.2　由于铁路货运中心办理的列车开行方式借鉴客运化方式,即车底相对固定、循环使用,定点、定线、定时、定期或不定期开行。调车线只为本站作业车和待修车的停留和调车之用,因此可根据需要设调车线。调车线与到发线合设可增加车站作业的灵活性。调车线数量可参照《铁路车站及枢纽设计规范》GB 50091 中无解编作业区段站调车线数量确定。

3.6.3　铁路货运中心除装卸线直接接发车的情况外,采用装卸场与到发及调车场横列布置图型时,需由牵出线进行调车和转场作业。为了不影响正线的通过能力和提高调车作业效率,牵出线的设置,可比照区段站关于牵出线设置条件确定。

3.6.4　机待线的设置系供列车车务机车在到达后等待回技术作业站机务段入库,或由机务段派来担当始发列车的本务机车提前出库在铁路货运中心临时停留等待挂车之用。

铁路货运中心要尽量靠近技术作业站,以便充分利用既有机务段的设备,减少站内辅助设施,节省投资和定员。

3.7.1　铁路货运中心不办理接发车作业的装卸线较一般货场装卸线作业繁忙,故规定采用其他站线标准,而不采用次要站线标准。

4.1.1　铁路行邮行包运输是利用先进的运输组织手段,提高货物列车行车速度,改善货物运输服务质量的一种快速货物运输形式。通过铁路货运中心为各辐射区域的制造、物流、零售企业提供高价值、高附加值产品的长距离、大批量、全天候的专列直达快速运输服务、区域接取送达服务和全程物流服务。

铁路集装箱运输是现代化的运输方式,体现了货物运输发展的总趋势。集装箱货源主要依赖于经济发展水平、地区产业结构和对外贸易水平。经济发展导致产业结构的变化,这是世界各国经济发展的普遍规律。根据西方经济学家西蒙·库兹涅茨的理论,产业结构的基本变动趋势将是第一产业快速下降,第二产业稳中有降,而第三产业将保持强劲的上升势头。预计我国 2010 年第三产业结构将由目前的 32% 提高到 38% ~40%。产业结构的调整与优化,将使市场资源得到合理配置,产品升级步伐将逐步加快,产品质量、档次将逐渐提高,我国工业结构也将从以传统重工业为主逐渐向机械电子等高科技工业转化,轻工业和机械电子工业的发展速度将大大快于其他工业,轻工、电子、精密仪器和医药等高附加值产品产量的高速增长,使货源结构发生重大变化,适箱货物比重不断提升,集装箱运输需求有了更大更快的发展前景。

目前,我国适箱货物总运量大约为 10 亿 t,占全社会货运总量的 8% 左右。从地域分布情况看，东部地区经济较为发达，工业化程度较高，产业结构多以轻工、纺织、机械、电子等为主，对外贸易发展较快，是我国适箱货物的主要产生地。西部地区经济较为落后，工业化程度较低，资源开发与输出是现阶段产业结构的主要特征，对外贸易绝对量较小，适箱货物产生量较少。目前我国集装箱运量为54 617 万 t，适箱货物入箱率为 22%。

我国铁路集装箱运输包括国内集装箱运输和国际集装箱运输，2005 年铁路集装箱发送量为 277 万 TEU，其中国际集装箱为 89 万 TEU。国际集装箱运输，其运量增长幅度和流量、流向总体上与经济发展和对外贸易发展及地域结构密切相关，基本上是以沿海港口和陆地口岸为龙头，由沿海逐步向近海和内陆地区推进。

国内集装箱适箱货物主要源自经济发达、区域市场消费大的中心城市，流向相对比较集中。影响国内集装箱发送量的主要因素是适箱货率和装箱率，适箱货率与产业结构关系较大，与铁路运输条件关系较小，而装箱率与铁路运输组织方式、服务水平等因素有关。从今后的发展趋势看，在长距离集装箱运输中，铁路的市场竞争优势比较明显。随着铁路竞争能力的进一步增强，铁路在国内集装箱运量中的比重还将继续提高。

4.1.2 目前铁路运送的特种箱比例较小，2001 年铁路运送的特种箱为 11 518 TEU，占全路集装箱发送量的 4.68%，2004 年特种箱为 234 408 TEU，占全路集装箱发送量的 7.53%，很难根据铁路集装箱历年统计资料确定，因此该类箱量可以根据各铁路货运中心的调查资料确定，无调查资料时，冷藏箱可按到发重箱数的 2%~5% 确定，其他有特殊要求的集装箱可按到发重箱数的 3%~5% 确定。

4.1.3 在集装箱运输中，空箱产生的原因如下：

(1) 由于箱型与货类的不匹配产生的回空箱。

(2) 由于船公司指定海运箱的还箱点产生的回空箱。

(3) 由于铁路货运中心某方向货流不平衡而产生的空箱。

对于上述 1、2 两点，即箱型不能代用或国际箱指定回空的原因而在重车方向产生的空箱，由于目前铁路运送的此类空箱比例很小，很难根据铁路集装箱历年统计资料确定，因此该类空箱量可以根据各铁路货运中心的调查资料确定，无调查资料时暂按到发重箱数的 10% ~20% 进行估算。

对于集装箱到发不平衡而产生的空箱，空箱量的计算可以按方向进行出入平衡，即多余的空箱原路进行排空。

4.1.4 设计中常用的集装箱主要技术参数见说明表 4.1.4。

说明表 4.1.4　集装箱主要技术参数表

箱　型	外部长宽高尺寸(mm)	自重(kg)	额定质量 R(kg)	内容积(m^3)
20 英尺	6 058×2 438×2 591	2 980	24 000	33.8
40 英尺	12 192×2 438×2 896	3 880	30 480	76.3

注：20 英尺型箱在某些特殊情况下其额定质量可允许超过表列数据，也可作为 ISO 集装箱对待，但其最大总质量不得超过 30 480 kg，并按该值进行试验和标记。

集装箱平均静载重是集装箱实际装载货物的平均重量。影响集装箱静载重的因素很多，主要是货物性质、货物包装、货物装载方法等。其中货物的性质对集装箱静载重具有很大影响，如果在货物发送吨数中重质货物的比重较大，轻质货物的比重较小，则静载重较高;反之,静载重较低。轻重货物在发送吨数中的比重主要取决于产品结构和地区之间的经济联系。国内各港口地区集装箱平均静载重也不一样,主要与直接经济腹地的产品结构有关,如上海港国际箱平均静载重为 9.6 t;天津港国际箱平均静载重为 11 t,国内箱平均静载重为 19 t;大连港国际箱平均静载重为 10.9 t,国内箱平均静载重为 16 t。随着对外贸易的发展,特别是受到 WTO 的影响,产品结构也相应地发生变化,"重、厚、长、大"型的产品结构逐渐向"轻、薄、短、小"型的产品结构转化,将导致集装箱单位重量下降。

目前路内集装箱收费是按箱型、箱数收费,集装箱的检斤只是检查集装箱是否超重,而不逐箱记录箱重。故集装箱运输情况月报(货集报—2)中,集装箱的发送箱数是准确的,而发送吨数并不反映集装箱的实际重量,大多数货场是按集装箱的最大允许载重量或根据经验填写报表,因此统计数字与实际情况有一定的出入。

集装箱平均静载重主要与适箱货物的品类有关,并且各地区之间存在着差异,内贸与外贸货物之间也存在着差异。因此,原则上集装箱平均静载重的选取应在统计数据的基础上,根据适箱货物结构变化做出相应调整后采用;如果统计数据难以取得,则集装箱平均静载重可参照下列数值选取:

(1)20 英尺平均静载重按 11 t~13 t 计。

(2)40 英尺平均静载重按 15 t~18 t 计。

4.2.1　集装箱班列、行邮班列、行包班列和小汽车班列运输径路的选择宜以最短路径为原则,兼顾特定径路的因素,同时还应充分考虑各线的能力及技术条件,尽量满足集装箱、行邮行包、小汽车列车快速运输的要求。

单层集装箱列车运输径路可参考铁道第二勘察设计院及西南交通大学 2002 年 3 月编制的《铁路集装箱运输组织专题研究》相关内容。

双层集装箱列车运输径路可参考铁道部经济规划研究院 2006 年 4 月编制的《铁路双层集装箱通道规划研究》相关内容。

行邮班列、行包班列和小汽车班列运输径路的选择要充分考虑中铁快运、中铁特货公司在全国的网络布局,参考集装箱运输径路进行确定。

4.2.2

(1)集装箱运输客运化管理思路:

长期以来,我国铁路开行了直达集装箱班列,但开行数量少,且集装箱列车在技术站到解编发,增加了集装箱运输的作业环节,迟滞了集装货物的送达速度,延长了集装箱周转时间。采用集装箱运输客运化管理的方法,不仅能极大地提高集装箱的使用效率,而且利于实行集装箱运输科学化管理,利于充分发挥集装箱运输快速、高效的特点。集装箱运输客运化管理方法具体内容是:

①集装箱班列车次、到发时刻、运行径路、运输价格和始发终到站、沿途作业站在一定时期内固定不变。

②集装箱运输组织方法借鉴铁路旅客运输组织方法的原理进行。

③根据集装箱流量大小,在铁路货运中心间开行不同类型班列。

④担当集装箱班列牵引任务的本务机车采用长交路形式。

(2)集装箱班列主要类型:

①一站直达集装箱班列:在集装箱运量充足的铁路货运中心之间开行,固定编组,定

时、定点、定线和定发到站,在沿途各站均不进行集装箱作业。这种列车是集装箱运输中等级最高、速度最快的列车形式。

②快速集装箱班列:在运量较大但不满足开行一站直达集装箱班列条件的铁路货运中心间开行,其特点是在始发站和终到站间的运行径路上可选择有条件的铁路货运中心进行集装箱作业,便于沿途集装箱的输送。这种列车定时、定点、定线、定停靠作业站、定始发终到站、固定编组。

③普通集装箱班列:在集装箱流量不能满足开行上述两种集装箱班列的铁路货运中心间开行的集装箱专用列车,这种列车在沿途各铁路货运中心办理集装箱装卸作业或集装箱货车的摘挂作业,定期、定点、定线、定发到站。

④其他种类列车:

根据我国目前铁路现状,各铁路货运中心间除开行集装箱班列外,还存在其他集装箱流的运输组织方式。

作业量较小的铁路货运中心产生的集装箱流应用适当的列车形式向其邻近的运量较大的铁路货运中心输送。同样,到达这些铁路货运中心的集装箱也需用适当的列车输送。以目前我国铁路开行的列车种类看,输送这部分集装箱流主要的列车形式为:一般摘挂列车和普通集装箱列车。

采用以上两种列车输送作业量较小的铁路货运中心与运量较大的铁路货运中心间的集装箱流,其可能的输送方案有以下四种:

Ⅰ方案:用普通集装箱列车挂运,输送的集装箱直接进入运量较大的铁路货运中心。

Ⅱ方案:用一般摘挂列车输送,在运量较大的铁路货运中心所在枢纽地区的编组站改编,挂运的集装箱货车用小运转列车向运量较大的铁路货运中心输送。

Ⅲ方案:用一般摘挂列车输送,直接进入运量较大的铁路货运中心改编,用小运转列车将该摘挂列车挂运的普通货车输送到编组站。

Ⅳ方案:用一般摘挂列车输送,在编组站改编,改编后的集装箱货车编入一般货物列车向目的地输送。

四种方案中,Ⅰ方案是最好的一种集装箱运输方案,不但集装箱使用效率最高,节省的货车小时也最大。但是,采用第Ⅰ方案,在区段内将会是摘挂列车和普通集装箱列车同时存在,这对于通过能力紧张的我国铁路来说,是十分不利的。因此,目前该方案的可操作性较差。对于Ⅲ方案,由于摘挂列车将在运量较大的铁路货运中心改编,而运量较大的铁路货运中心的调车线路及调车设备配置难以承担这一任务,因此,这一方案也难以实施。这样,从我国铁路的实际情况出发,参考国外集装箱运输取得的经验,在沿线其他站点设备尚未完善之前,建议以采用Ⅱ方案(摘挂列车输送,编组站改编后用小运转列车的形式将集装箱货车输送至运量较大的铁路货运中心)为宜。

(3)目前中铁快运公司开展的快捷货运业务主要包括行邮专列运输(包括特快行邮专列运输、快速行邮专列运输及过港行邮专列运输)和行包专列运输。结合我国铁路的实际情况,在经济发达、快运市场充分发育的地区考虑开行一站直达的特快行邮、行包班列;货流强度不足的地区间开行快速行邮、行包班列,班列编组内容相对固定,中途停靠站作业以"动车"作业方式为主,规定班列中途停靠站数目、在站作业时间和摘挂车数。

(4)由于汽车物流的集散地和消费地存在的不均衡性,根据运量情况,在铁路货运中心间开行一站直达和普通小汽车班列（中途停靠主要装卸车作业点，装卸作业时间固定）；运量不足的，尽量组织成组装车，与其他形式班列或普通列车混编运行。

4.2.3

（1）运输组织原则

铁路集装箱班列开行计划要既符合国内集装运输发展的需要，又能促使国内集装运输与国际集装箱运输尽快接轨，以期加快集装箱运送速度，压缩集装箱在站停留时间，提高集装箱运输质量，取得更好的经济效益和社会效益。铁路集装箱班列的基本组织原则参照如下：

①铁路货运中心间集装箱班列运输组织以实际调查的集装箱运量为依据，以未来集装箱运量为基础进行制定。

②集装箱班列开行计划的编制既要参考目前我国开行集装箱班列、行包专列和“五定”班列所取得的成功经验，同时还要系统地总结分析国外铁路集装箱运输采用的主要方法，并根据我国铁路的实际特点进行。

③集装箱班列编组计划的编制要符合科学性、先进性和实用性要求，做到计划编制要科学，方法要先进，具有良好的实施效果，并能促进集装箱运输的蓬勃发展。

④根据我国铁路的实际情况和货源产生及分布的特点，我国铁路集装箱列车开行应采用定期直达和不定期直达列车并重的方式进行；在运量充足的铁路货运中心间，应尽量组织一站直达集装箱班列及快速集装箱班列，在运量不足以开行一站直达集装箱班列或快速集装箱班列的铁路货运中心间，宜开行普通集装箱列车。不具备条件的部分铁路货运中心，也可考虑由一般摘挂列车输送，在运量充足的铁路货运中心所在枢纽地区的编组站改编后以小运转列车向运量充足的铁路货运中心输送。

⑤实行集装箱运输客运化管理，适应集装箱运输的高效快速和优质服务的需求。

⑥集装箱中转作业采用集装箱装卸（动箱）作业方法进行，以动箱为主，配备简易动车设备，追求箱小时的最佳节省。

⑦集装箱班列的开行要与我国铁路货运中心的建设相适应，在运量充足的铁路货运中心间开行一站直达和快速集装箱班列，在其他运量较大的铁路货运中心建成后，开行集装箱班列，进而开行覆盖整个网络的集装箱列车。

⑧一站直达集装箱班列和快速集装箱班列直接进运量充足的铁路货运中心，不进编组站。

⑨普通集装箱列车是输送区段内集装箱流的一种列车形式，此种形式列车的开行必须考虑到我国铁路线路能力实际情况和沿途铁路货运中心的作业能力。

（2）集装箱班列开行方案的分层分析计算法

在集装箱班列编组计划优化模型的基础上，根据分析得出的集结参数、集装箱中转站的节省时间以及站间集装箱班列运行径路，采用计算机辅助分析进行搜索的方法求解。为了简化计算，采用了定量计算和定性分析相结合的分层求解方法，以得到一个较优的开行方案。

①一站直达集装箱班列的开行条件

a. 当某支箱流沿途各站不改编直达通过所获得的箱小时节省不小于箱流所在的始发站集结箱小时消耗时，则该支箱流必定组织开行直达班列。

b. 单支或多支箱流合并开行直达班列，相对于任意较短的直达班列来说，如果其在超行区段沿途铁路货运中心上获得的箱小时节省大于其在始发站的集结箱小时,则该箱流就应该开行直达班列。

c. 当某支箱流沿途各站无改编直达通过时所获得箱小时节省之和不小于该箱流在始发站的集结箱小时消耗,则该箱流可以开行直达班列。

②快速集装箱班列开行条件分析

确定直达班列开行方案之后,会产生一部分由于箱流量递远递减原因而造成的某到达站无法开行直达班列。若考虑到在较远区段,沿途经过的铁路货运中心上产生的相同径路上相同方向的箱流,可以对在远程车流的减少上给以补充,则可能开行集装箱班列。

在这种情况下,集装箱班列的开行需要一定的条件,即某铁路货运中心开行某方向的快速集装箱班列,在沿途经过的作业站上消失的箱流必须不大于在该站可以补充的同方向的箱流。

具体开行方案可参考铁道第二勘察设计院及西南交通大学2002年3月编制的《铁路集装箱运输组织专题研究》相关内容。

4.2.6 终到集装箱、行邮行包、小汽车列车在站内的作业流程可参考下列形式:

(1)终到的集装箱、行邮行包、小汽车列车接入到发场,在到发线办理技术作业后,由牵出线转场至装卸场,在装卸线进行整列卸车作业;卸车完毕后,可直接装车,也可牵出至车底停留场停放。

(2)终到的集装箱、行邮行包、小汽车列车接入装卸场,在装卸线办理技术作业后,直接进行整列卸车作业;卸车完毕后,可直接装车,也可牵出至车底停留场停放。

通过集装箱、行邮行包、小汽车列车分为有中转作业和无中转作业两种。

有中转作业的集装箱列车在货运中心不进行中转车辆的解编作业,在站内的作业流程可参考下列形式:

(1)通过的普通集装箱列车接入到发场,在到发线办理技术作业后,由牵出线转场至装卸场,在装卸线进行部分集装箱装卸作业;装卸完毕后,可由牵出线转场至到发场待发,也可在装卸线直接发车。

(2)通过的普通集装箱列车接入装卸场,在装卸线办理技术作业后,直接进行部分集装箱装卸作业;装卸完毕后,可由牵出线转场至到发场待发,也可在装卸线直接发车。

有中转作业的行邮行包、小汽车列车在站内的作业流程:通过的行邮行包、小汽车列车接入到发场,在到发场进行成组甩挂、技术作业、待发、发车。

始发集装箱、行邮行包、小汽车列车在站内作业流程可参考下列形式:

(1)始发的集装箱、行邮行包、小汽车列车,在装卸线装车完毕后,与运行图规定的发车时间衔接紧密的列车,可在装卸线进行列车出发技术作业,直接在装卸线发车。

(2)始发的集装箱、行邮行包、小汽车列车,在装卸线装车完毕后,与运行图规定的发车时间相差较多的列车,可由牵出线转场至到发线进行出发技术作业、待发及发车作业。

5.1.1 装卸场各组成部分的平面布置,以及各项设备的配置,要做到协调配合,成为一个有机的系统,这样有利于充分发挥设备的能力和效率,也有利于安全生产,方便集疏运。平面布置时要遵循的设计要求可参照如下:

(1)箱场的容箱能力、装卸能力及运输能力要相互匹配、相互协调。

(2)箱场装卸机械与运输机械走行应顺畅,避免交叉干扰。

(3)减少集装箱装卸次数,避免重复作业,并缩短集装箱在站停留时间。

为便于装卸场集装箱管理，避免集装箱及箱内货物损坏和丢失，保证集装箱在站内停放安全，集装箱装卸场需与到发及调车场、车底停留场等隔开，成为一个独立的场地，装卸场四周采用砖围墙、钢丝网、铁丝网等多种形式作为封闭设施。

拆装箱场对内是进行集装箱的拆箱和拼箱，对外是将普通汽车运来的货物入库和将库内货物装普通汽车运出。因此，拆装箱场的位置，既要靠近箱场也要靠近大门，以减少机械往返走行距离。另外，还要靠近对外主要通道及外部道路，便于车辆进出。拆装箱场形成独立的作业管理区，便于独立经营管理，避免对场内作业的干扰。

5.1.2　集装箱在装卸场的作业流程如说明图 5.1.2 所示。

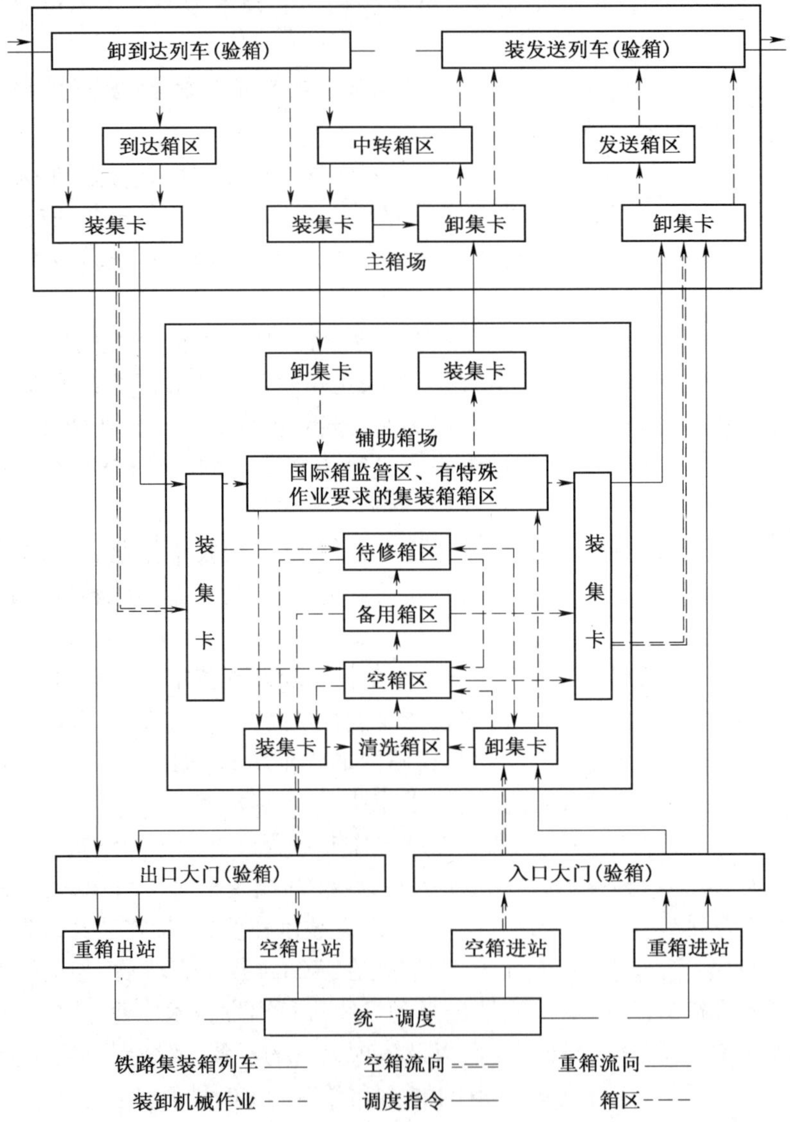

说明图 5.1.2　集装箱作业流程图

发送集装箱重箱在装卸场的作业流程可采用下列形式：

(1)可直接装车的集装箱，由站外集卡送至主箱场，不落地直接装上待发的集装箱列车。

(2)不能直接装车的集装箱,由站外集卡送至主箱场发送箱区,按发送方向堆码,需要发送时再装上待发的集装箱列车。

(3)需要监管的国际箱和有特殊作业要求的集装箱,由站外集卡分别送至辅助箱场的国际箱监管区、有特殊作业要求的集装箱箱区堆码,需要发送时再由站内集卡送至主箱场不落地直接装上待发的集装箱列车。

到达集装箱重箱在装卸场的作业流程可采用下列形式:

(1)可直接送货主的集装箱,由主箱场装卸机械直接装站外集卡,经大门验箱、核对票据后,运至货主指定的交付地点。

(2)不能直接送货主的集装箱,由主箱场装卸机械卸至主箱场到达箱区存放,需要时装站外集卡,经大门验箱、核对票据后,运至货主指定的交付地点。

(3)需要监管的国际箱和有特殊作业要求的集装箱到达后,在站内需要检查或其他作业的,由站内集卡分别送至辅助箱场的国际箱监管区、有特殊作业要求的集装箱箱区存放并进行相关作业,需要时装站外集卡,经大门验箱、核对票据后,运至货主指定的交付地点。

中转集装箱在装卸场的作业流程可参考下列形式:

(1)到达与发送在同一装卸作业区,可以直接换装的中转箱,由主箱场装卸机械不落地直接换装至待发的集装箱列车(适合于轨道式集装箱门式起重机装卸工艺)。

(2)到达与发送在同一装卸作业区,不能直接换装的中转箱,由主箱场装卸机械卸至本装卸作业区中转箱区分方向堆码,需要发送时再装至待发的集装箱列车。

(3)到达与发送不在同一装卸作业区的中转箱,先由主箱场装卸机械卸至到达装卸作业区中转箱区,需要发送时,由站内集卡送至发送装卸作业区不落地直接装至待发的集装箱列车;或由到达装卸作业区不落地直接卸到站内集卡,送至发送的装卸作业区中转箱区分发送方向堆码,需要发送时再装至待发的集装箱列车;或由到达装卸作业区不落地直接卸到站内集卡,送至发送装卸作业区不落地直接装待发的集装箱列车。

(4)需要监管的和有特殊作业要求的中转箱,在站内需要检查或其他作业的,由主箱场装卸机械不落地直接装站内集卡,分别送至辅助箱场的国际箱监管区、有特殊作业要求的集装箱箱区存放并进行相关作业,需要发送时再由站内集卡送至主箱场不落地直接装至待发的集装箱列车。

空箱在装卸场的作业流程可参照以下几种形式:

(1)由集装箱列车到达的空箱,完好箱由站内集卡送至辅助箱场空箱区堆码,损坏箱由站内集卡送至辅助箱场待修箱区堆码,到达空箱不应有污箱;货主返回的空箱,经大门检验为完好箱的,送至辅助箱场空箱区堆码,损坏箱送至辅助箱场待修箱区堆码,污箱送至辅助箱场清洗箱区堆码。

(2)需要发送的空箱,在空箱区装站内集卡送到主箱场不落地直接装至待发的集装箱列车;需要送货主的空箱,在空箱区装站外集卡,经大门验箱、核对票据后,送至货主指定的地点装箱。

(3)可在站内修理的破损箱,经修理后送至空箱区;不能在站内修理的破损箱,送至站外专门维修点修理后,再送回空箱区。

(4)污箱经清洗处理后,由站内集卡送至空箱区。

5.1.3 集装箱装卸场与到发及调车场间的距离,是指两场间相邻的最外股道间的距离,包括箱区、道路、围墙、照明设备、电缆槽、排水槽、绿化等设施。因此,场间距离与装卸工艺方案和其他设施的设置有关。

5.1.4 主箱场各装卸作业区间平行布置,可使平面布置紧凑,便于集装箱运输机械作业,节省用地。在地形条件限制时,各装卸作业区也可采用部分平行或其他布置形式。

主箱场不同装卸作业区装卸线间的距离,应满足装卸机械作业通道、箱位布置、道路布置、排水、照明设施以及必要的安全距离等。

(1)采用轨道式集装箱门式起重机装卸作业时,相邻装卸作业区装卸线间的最小距离可参见说明图 5.1.4—1 并按下式计算:

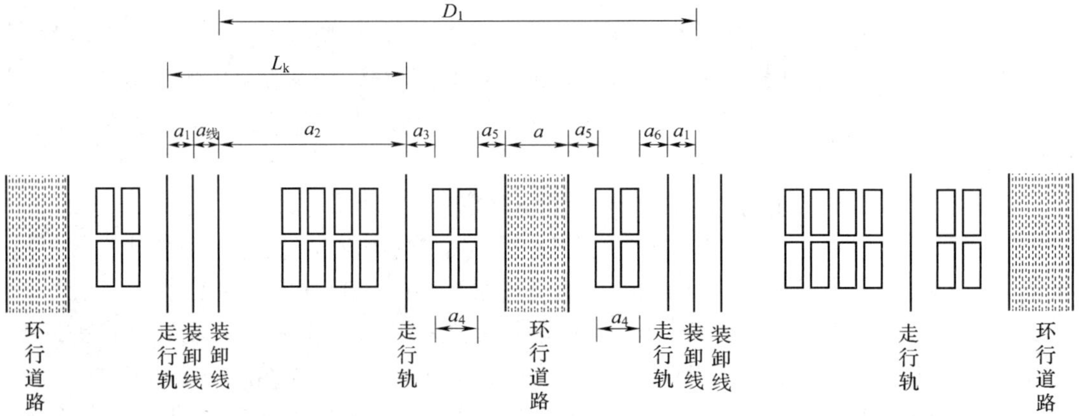

说明图 5.1.4—1

$$D_1 = a_2+a_3\times2\times(a_4+a_5)+a+a_6+a_1$$
$$=(L_k-a_{线})+a+a_3+a_6+13.36\ \text{m} \qquad (说明 5.1.4—1)$$

式中 L_k——轨道式集装箱门式起重机跨度(m),

$$L_k=a_1+a_2+a_{线}$$

D_1——主箱场采用轨道式集装箱门式起重机装卸作业时,相邻装卸作业区装卸线间的最小距离(m);

a——环行道路宽度(m);

a_1——轨道式集装箱门式起重机非供电侧支腿跨度内侧走行轨中心至相邻装卸线钢轨中心的距离(m);

$a_{线}$——同一装卸作业区内两最外装卸线间的距离(m),装卸线为 1 条时,$a_{线}$为 0;

a_2——轨道式集装箱门式起重机供电侧支腿跨度内侧走行轨中心至相邻装卸线钢轨中心的距离(m);

a_3——轨道式集装箱门式起重机供电侧支腿跨度外侧走行轨中心至箱位边缘的距离(m);

a_4——两个纵放箱位宽度加箱位间距,可采用 5.18 m;

a_5——环行道路边缘至箱位边缘的最小距离,可采用 1.5 m;

a_6——轨道式集装箱门式起重机非供电侧支腿跨度外侧走行轨中心至箱位边缘的

距离(m)。

(2)采用集装箱正面吊运起重机装卸作业时,相邻装卸作业区装卸线间的最小距离可参见说明图5.1.4—2并按下式计算:

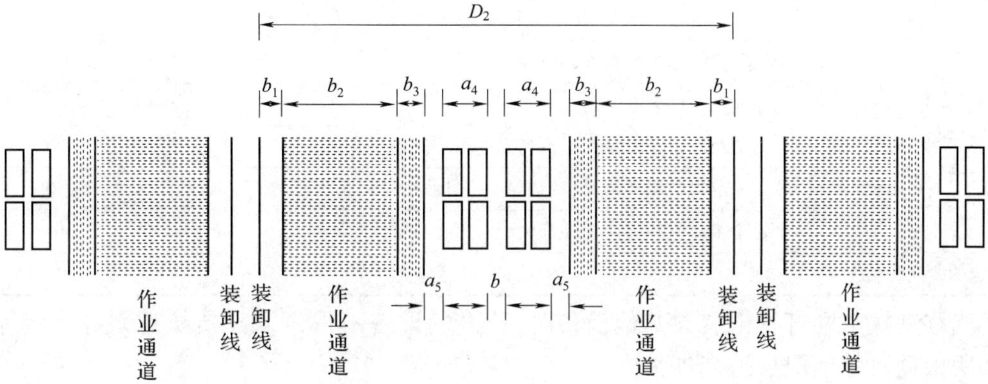

说明图 5.1.4—2

$$D_2=2\times(b_1+b_2+b_3+a_4+a_5)+b=2b_2+b+25.36\ \text{m} \qquad (说明5.1.4—2)$$

式中 D_2——主箱场采用集装箱正面吊运起重机装卸作业时,相邻装卸作业区装卸线间的最小距离(m);

b_1——装卸线中心至集装箱正面吊运起重机作业通道间的距离(m),可采用2.5 m;

b_2——集装箱正面吊运起重机作业通道宽度(m);

b_3——集卡通道宽度(m),单车道可采用3.5 m;

b——相邻装卸作业区间集装箱箱位的距离(m)。

当相邻装卸作业区间无其他设施时,b可采用0.3 m;当相邻装卸作业区间设有排水、照明或其他设施时,其值应根据具体需要选取。

主箱场同一装卸作业区内装卸线间距应按作业需要确定。

(1)有接发车条件的装卸线作为到发线使用,需满足技术作业的需要,应按到发线标准确定线间距,因此规定不应小于5.0 m。

(2)无接发车条件的装卸线仅作装卸线使用,考虑两装卸线不可能同时来车,当一条装卸线有车辆停留,另一条再取送车,根据《铁路线路设计规范》规定,列车在直线地段会车时,两列车间的最小距离大于0.35 m不限速,则满足列车安全运行要求的最小线间距为1.70 m×2+0.350 m=3.75 m。按直线建筑接近限界2.44 m,机车车辆限界半宽度1.70 m,则满足建筑接近限界和机车车辆限界要求的最小线间距为2.44 m+1.70 m=4.14 m。由于装卸线按无接发车条件设计,股道间无需设出发信号机,两端岔后股道间只考虑设置警冲标及调车信号机(矮型单机构无表示器)。警冲标距相邻线路限界2.0 m,即最小线间距2.0 m+2.0 m=4.0 m;调车信号机距相邻线路限界2.029 m,最小线间距2.029 m+2.029 m=4.058 m。由于两条装卸线之间无列检人员和调车人员作业,确定两线间距无需考虑列检作业及人员(需要的安全距离为950 mm)的通行条件,最小线间距1.70 m+1.70 m=3.40 m。综上所述无接发车条件的装卸线间的距离不小于4.20 m,满足各项作业要求。

(3)采用集装箱正面吊运起重机,影响设移动接触网有接发车条件的装卸线线间距因素及数据见说明表 5.1.4。

说明表 5.1.4 影响装卸线线间距因素数据

项目		装卸线与装卸线相邻
支柱中心至相邻装卸线线路中心的距离(mm)	支柱垂直线路方向宽度的一半	300/2
	支柱施工允许误差	100
	移动接触网移至支柱旁后支持结构最小宽度	1 000
	吊具锁定集装箱不动时,其边缘距装卸线中心的最大距离	1 250
	集装箱装卸机械横向操控最大允许误差	750
确定的线间距(mm)		6 500

当移动接触网杆柱上装设其他设备时,装设的设备不得侵入建筑接近限界。装卸线线间距根据具体情况可适当加大。

5.1.5 每一装卸作业区布置 2 条装卸线,当采用集装箱正面吊运起重机装卸时,可满足当一条装卸线进行装卸作业时,另一条装卸线可办理接发车作业或技术作业;当采用轨道式集装箱门式起重机装卸时,中转箱可在两装卸线间直接"过车"作业,减少集装箱装卸次数,有利于提高车辆周转率和铁路货运中心作业效率。中转作业量较大时,宜采用轨道式集装箱门式起重机装卸工艺,每一装卸作业区也可布置 3 条及以上装卸线。

列车对数较多时,当采用轨道式集装箱门式起重机装卸时,每一装卸作业区可布置 3 条装卸线,当装卸作业区外侧的装卸线有车停留时,中间的线路作为机车走行或接发车使用;当采用集装箱正面吊运起重机装卸,装卸场采用纵列贯通式图型时,每一装卸作业区可布置 3 条装卸线,当装卸作业区外侧的装卸线有车停留时,中间的线路作为机车走行使用。

铁路货运中心近期开行集装箱列车的车型较复杂,集装箱平车有 X6a、X6b、X4k、X6k 等多种车型,X4k、X6k 为今后的发展车型,现仍有普通敞车运输集装箱,双层集装箱专用车 X2k、X2h、也将逐步在运输中运用。设计中,普通敞车平均长度可按 14 m 计,单层装载换算箱 2 个;X4k 型集装箱专用平车长 19.416 m,X6k 型集装箱专用平车长 13.230 m,设计中暂按 X4k 型考虑,单层装载换算箱 2 个;双层集装箱专用平车长 19.466 m,双层装载方案可按下层 2 个 20 英尺箱、上层 1 个 40 英尺箱,合计换算箱 4 个。双层装载还有其他方案,如下层 2 个 20 英尺箱、上层 2 个 20 英尺箱或下层 1 个 40 英尺箱、上层 1 个 40 英尺箱等,合计换算箱均为 4 个。

办理整列装卸作业的铁路货运中心,其装卸线的装卸有效长度应根据牵引质量和到发线有效长度综合考虑,按计算后的车列长度确定。一般情况下,按牵引质量计算的车列长度大于等于按到发线有效长度计算的车列长度,也就是说在满长的情况下,并不超重。当到发线有效长度为 1 050 m 时,最大车列长度可达 980 m,牵引质量小于等于 5 000 t;当到发线有效长度为 850 m 时,最大车列长度可达 780 m,牵引质量小于等于 4 000 t。因此,办理整列装卸作业的装卸线,其有效长度应与到发线的有效长度一致。

不办理整列装卸作业的装卸线,其有效长度可为到发线有效长度的一半,集装箱列车可分两次进行取送。

综上分析,确定装卸线装卸有效长度应根据车列长度计算确定,且装卸线的总装卸有效长度不应小于装卸场存放集装箱所需的场地总长度。

说明表 5.1.5　集装箱运输车辆主要参数表

车　　型	X6A	X6B	X2k	X2h	X4k	X6k
载重(t)	50	60	78	78	72	61
自重(t)	18.2	22.2	22	22	21.8	18.1
总重(t)	68.2	82.2	100	100	93.8	79.1
轴重(t)	21	21	25	25	23、25	21
车辆长度(mm)	13 938	16 338	19 466	19 466	19 416	13 230
车体长度(mm)	13 000	15 400	18 500	18 500	18 400	12 300
车辆定距(mm)	9 300	10 920			14 200	8 900
车辆宽度(mm)	3 180	3 170	2 920	2 920	2 870	2 850
地板面高(mm)	1 160	1 166	290	290	1 140	1 140

5.1.6

1　当装卸线与轨道式集装箱门式起重机走行轨相邻布置时,其中心间的距离必须满足限界要求,以保证作业安全,如说明图 5.1.6—1 所示的 F。

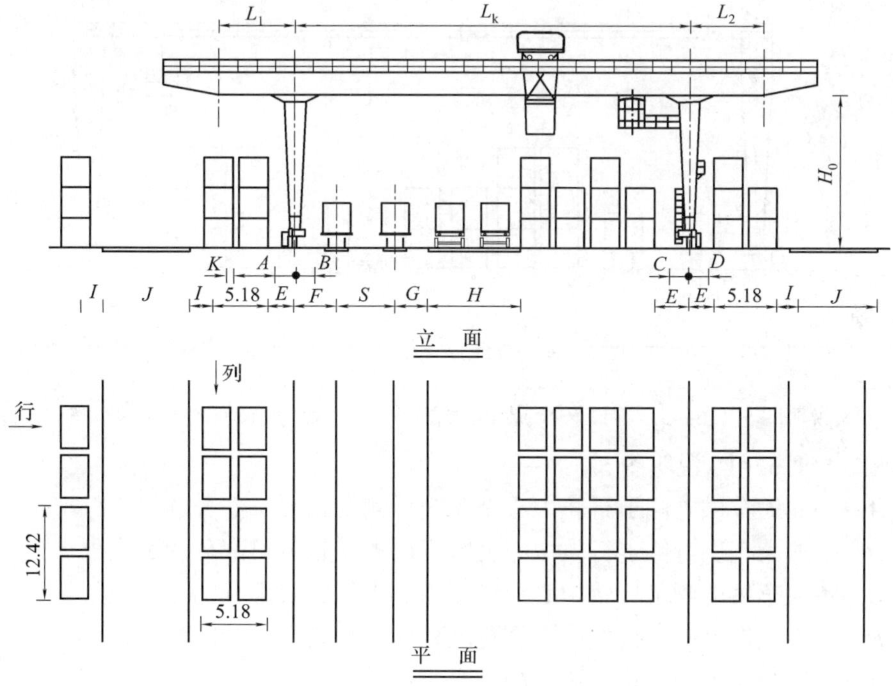

说明图 5.1.6—1　设悬臂、装卸线在跨内靠走行轨设置的箱位布置有关尺寸图

2　轨道式集装箱门式起重机设置悬臂,跨内设汽车通道时,装卸线一般设在跨内靠走行轨一侧。汽车通道可在跨内居中设置,便于划分箱区;为减少轨道式集装箱门式起重机小车走行距离,提高作业效率,汽车通道也可靠装卸线设置(说明图 5.1.6—1)。

跨内不设汽车通道时,装卸线一般在跨内居中设置,汽车通道设在两侧悬臂下,一侧一个,可方便运输车辆及时转上环行道路,减少走行距离和相互干扰,但装卸集卡时集装箱均需穿过轨道式集装箱门式起重机支腿,对作业效率有一定影响(说明图 5.1.6—2)。

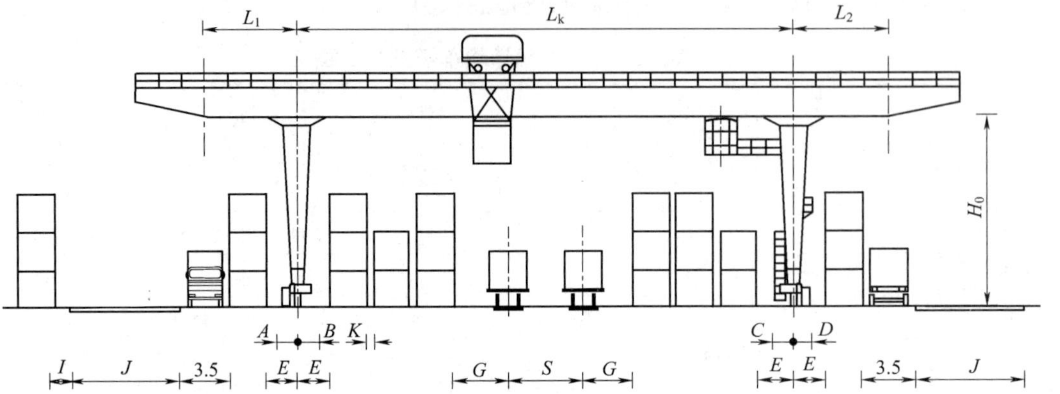

说明图 5. 1. 6—2　设悬臂、装卸线在跨内居中设置的箱位布置有关尺寸图

轨道式集装箱门式起重机不设悬臂时,汽车通道只能设在跨内。根据现场调查了解,汽车通道在跨内居中设置有利于作业及划分箱区,装卸线在跨内靠走行轨一侧设置有利于布置箱位(说明图 5. 1. 6—3)。

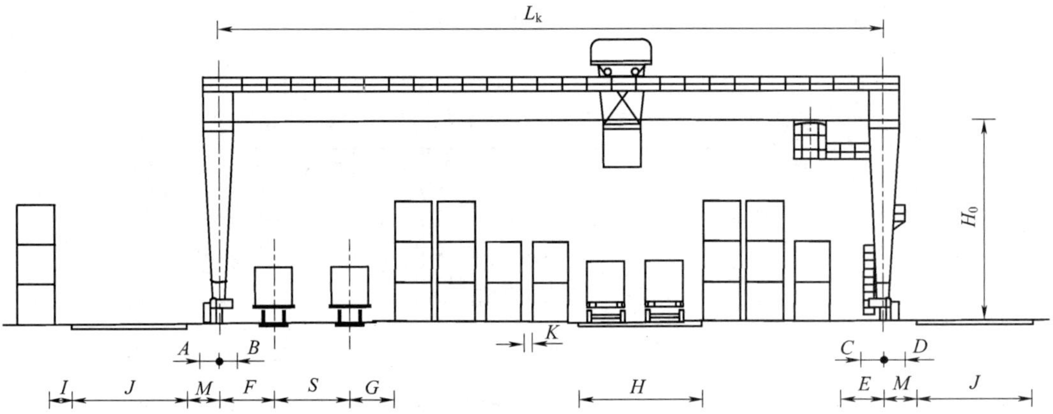

说明图 5. 1. 6—3　不设悬臂、装卸线靠走行轨设置的箱位布置有关尺寸图

说明图 5. 1. 6—1～说明图 5. 1. 6—3 中:

A——非大车供电侧走行轨中心至跨度外侧支腿突出部分的最大外形尺寸(m);

B——非大车供电侧走行轨中心至跨度内侧支腿突出部分的最大外形尺寸(m);

C——大车供电侧走行轨中心至跨度内侧支腿突出部分的最大外形尺寸(m);

D——大车供电侧走行轨中心至跨度外侧支腿突出部分的最大外形尺寸(m);

E——走行轨中心至箱位边缘的距离(m),等于支腿突出部分的宽度+0. 8 m;

F——走行轨中心至装卸线中心的距离(m),等于支腿突出部分的宽度+2. 44 m;

G——装卸线中心至汽车通道边缘或箱位边缘的距离,不在装卸线进行列车技术作业的采用 2. 5 m,在装卸线进行列车技术作业的采用 3. 0 m;

H——跨内道路宽度(m),不应小于 7. 0 m;

H_0——轨道式集装箱门式起重机高度(m);

I——箱位边缘至环行道路边缘的距离 1. 5 m;

J——环行道路宽度(m);

K——两相邻箱边缘间的距离 0.3 m；

L_1，L_2——两侧悬臂有效长度(m)；

L_k——轨道式集装箱门式起重机跨度(m)；

M——走行轨中心至环行道路边缘的距离(m)，等于支腿突出部分的宽度+1.0 m；

S——相邻装卸线中心的距离(m)。

3 主箱场可按箱的最外边不侵入《标准轨距铁路建筑限界》GB 146.2 中建限—1 的原则确定，即箱的最外边至装卸线中心距应大于或等于 4.88 m 之半，近似按 2.5 m 计。箱位边缘至有列车技术作业的装卸线中心的距离不应小于 3.0 m，是基于在装卸线上进行列车技术作业时，为保证列检作业人员的作业通道宽度等因素确定的。

箱位边缘至走行轨中心的宽度为支腿突出部分的宽度加 0.8 m，主要考虑维修人员通道，如说明图 5.1.6—1 所示的 E。

4 装卸线最外端箱位要保证轨道式集装箱门式起重机大车最外侧在安全距离以内，且轨道式集装箱门式起重机能进行集装箱装卸作业(说明图 5.1.6—4)。

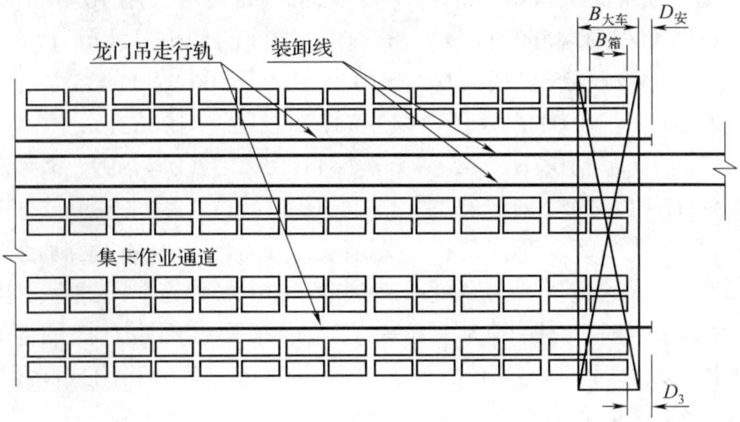

说明图 5.1.6—4

装卸线最外端箱位边缘与轨道式集装箱门式起重机走行轨间的最小距离，可按下式计算：

$$D_3=\frac{B_{大车}}{2}-\frac{B_{箱}}{3}+D_{安} \qquad (说明 5.1.6—1)$$

式中 D_3——箱位边缘至轨道式集装箱门式起重机走行轨端部的最小距离(m)；

$B_{大车}$——轨道式集装箱门式起重机宽度，即起重机大车缓冲器最外端之间的最大外形尺寸(m)；

$B_{箱}$——箱位长度(m)；

$D_{安}$——轨道式集装箱门式起重机大车走行安全距离(m)，可采用 2.0 m。

5 装卸线采用尽头式时，装卸线设置比轨道式集装箱门式起重机走行轨长。考虑车列端部距车挡的安全距离为 10 m，车列上第一个集装箱中心与轨道式集装箱门式起重机吊具中心对齐，此时轨道式集装箱门式起重机大车停放位置距轨道式集装箱门式起重机走行轨端部还有 2.0 m 安全距离。这样计算出的装卸线和轨道式集装箱门式起重机走行轨长度匹配，没有浪费，满足作业需要(说明图 5.1.6—5)。

轨道式集装箱门式起重机走行轨端部与尽头式装卸线车挡的投影距离，可按下式

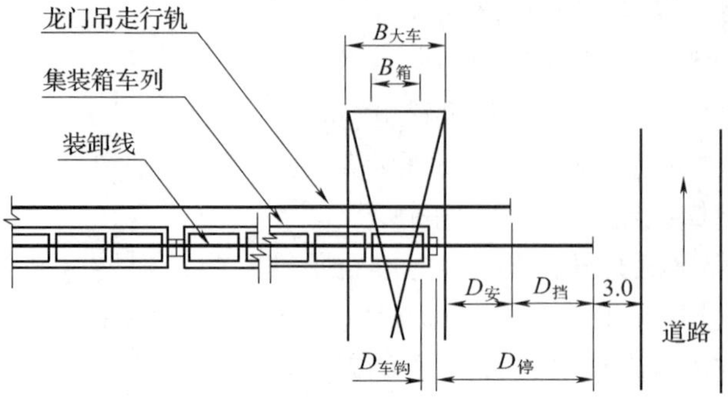

说明图 5.1.6—5

计算：

$$D_{挡}=D_{停}+d_{车钩}+\frac{B_{箱}}{2}-\frac{B_{大车}}{2}-D_{安} \quad \text{（说明 5.1.6—2）}$$

式中 $D_{停}$——车列端部距装卸线车挡停车安全距离（m），可采用 10.0 m；

$d_{车钩}$——集装箱车列端部箱位边缘与车钩外缘间的最小尺寸（m）。

采用 C64 型车辆装载 20 英尺箱，$D_{挡1}$ = 10.0+0.6+6.06/2−11.35/2−2.0 = 5.95（m）；装载 40 英尺箱时，$D_{挡2}$ = 10.0+0.6+12.19/2−11.35/2−2.0 = 9.02（m）。当采用 X6b 型车辆装载 20 英尺箱时，$D_{挡3}$ = 10.0+2.62+6.06/2−11.35/2−2.0 = 7.97（m）；装载 40 英尺箱时，$D_{挡4}$ = 10.0+2.12+12.19/2−11.35/2−2.0 = 10.54（m）。因此轨道式集装箱门式起重机走行轨端部与尽头式装卸线车挡的投影距离规定不小于 5.0 m，是满足最不利条件的。上述轨道式集装箱门式起重机大车宽度按普通 36/16 t 双梁箱形门式起重机的尺寸计算。

当装卸线为尽头式时（说明图 5.1.6—5），考虑车列端部距车挡的停车安全距离为 10 m，车挡距道路边缘的垂直距离不小于 3.0 m，则轨道式集装箱门式起重机走行轨端部与装卸线两端道路边缘的垂直距离不宜小于 8.0 m。

当装卸线为贯通式时（说明图 5.1.6—6），考虑车列端部距道路边缘的停车安全距离为 10.0 m，则轨道式集装箱门式起重机走行轨端部与装卸线两端道路边缘的最小距离，可按下式计算：

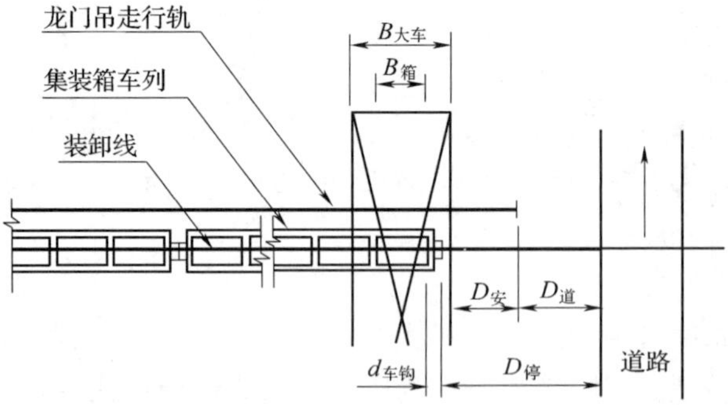

说明图 5.1.6—6

$$D_{道}=D_{停}+d_{车钩}+\frac{B_{箱}}{2}-\frac{B_{大车}}{2}-D_{安} \quad \text{（说明 5.1.6—3）}$$

式中 $D_{道}$——轨道式集装箱门式起重机走行轨端部与道路边缘的距离（m）。

式（说明 5.1.6—3）与式（说明 5.1.6—2）中参数一致，当采用 C64 型车辆装载 20 英尺箱时，$D_{道1}=5.95$ m；装载 40 英尺箱时，$D_{道2}=9.02$ m。当采用 X6b 型车辆装载 20 英尺箱时，$D_{道3}=7.97$ m；装载 40 英尺箱时，$D_{箱4}=10.54$ m。因此当装卸线为贯通式时，轨道式集装箱门式起重机走行轨端部与装卸线两端道路边缘的垂直距离不小于 5.0 m，能够满足最不利条件的需要。

5.1.7 集装箱正面吊运起重机只能隔一排箱作业重箱，因此规定每一装卸作业区两侧各应设置两排箱位，则一个装卸作业区为 4 排箱位。

主箱场装卸机械采用集装箱正面吊运起重机，每一装卸作业区装卸线的数量，可设一条，也可设两条，其箱位布置如说明图 5.1.7—1 和说明图 5.1.7—2 所示。

说明图 5.1.7—1 和说明图 5.1.7—2 中：

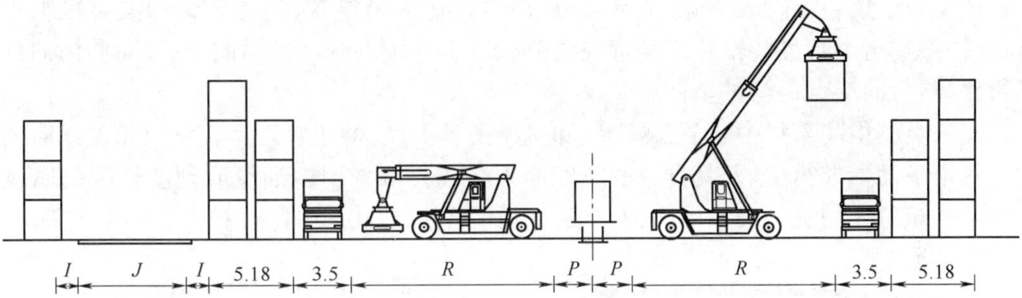

说明图 5.1.7—1　一条装卸线的箱位布置有关尺寸图(单位:m)

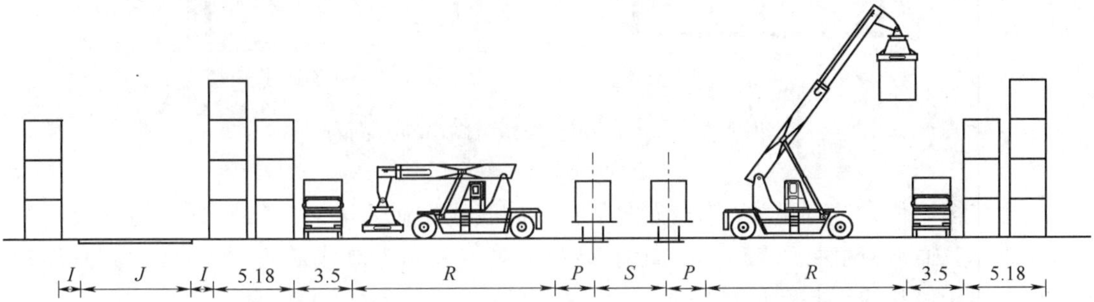

说明图 5.1.7—2　两条装卸线的箱位布置有关尺寸图(单位:m)

P——装卸线中心至集装箱正面吊运起重机纵向作业通道边缘的距离 2.5 m；

I——箱位边缘至环行道路边缘的距离 1.5 m；

J——环行道路宽度(m)；

R——集装箱正面吊运起重机作业通道宽度(m)；

S——相邻装卸线中心的距离(m)。

箱位纵放布置可减少集装箱正面吊运起重机装卸作业时的走行距离，且箱位面积利用率最高；箱位横放布置，则箱组间均需设集装箱正面吊运起重机作业通道，箱位面积利用率较低。因此，本暂行规定推荐采用箱位纵放布置的形式。

箱位端部边缘至两端道路边缘的距离，不小于按集装箱正面吊运起重机正对最外箱位装卸作业，带箱向外转 90°时，其后轮中心至吊具中心(吊具横放、起重杆最大伸臂时)的长度加半个箱宽，另加 2.0 m 安全距离所计算的尺寸。

5.1.8 装卸机械作业通道的宽度，要保证机械作业的最小宽度，本条限定的最小宽度 15 m，是按现有的集装箱正面吊运起重机有关技术标准，通道宽度不小于集装箱正面吊运起重机外形长度(吊具横放时),能够装卸 1AA 箱且两边各留有 1.0 m 的富余量确定的,具体计算公式:12.192+2×1.0=14.192 m,取 15.0 m。有条件时可适当放宽,有利于提高机械作业效率。设置运输机械通道时,困难条件下,当该作业区无 1AA 箱时,可根据 1CC 箱的尺寸配相应的装卸机械型号确定作业通道的宽度。

5.1.9 为防止起落箱时碰箱及便于吊具对位,相邻箱边缘应留出一定距离,按不小于 0.3 m 设计。目前,港口码头集装箱堆场集装箱的堆码层数较铁路货运中心集装箱的堆码层数高,集装箱起吊过程中偏移量加大,相邻箱位边缘间距离一般采用 0.4 m。随着铁路铁路货运中心集装箱的堆码层数和装卸作业效率的不断提高,相邻箱位边缘间距离可适当加大。

5.1.10 为了集装箱码放整齐,留有通道,便于货运人员检查、清点和装卸人员操纵机械作业,铁路货运中心集装箱装卸场都应划分箱位。箱位划分需按纵向划分箱列,横向划分箱行,列与行的交点为箱位坐标。

同一类型集装箱集中码放,减少装卸机械吊具更换,便于管理。箱场内箱位线应明显划在每个平面标准箱位外,其自身的宽度为 100 mm,可采用白油漆或硬度较大的白色贴面显示。箱位线划法一般采用两种形式,如说明图 5.1.10 中的(a)和(b)所示。

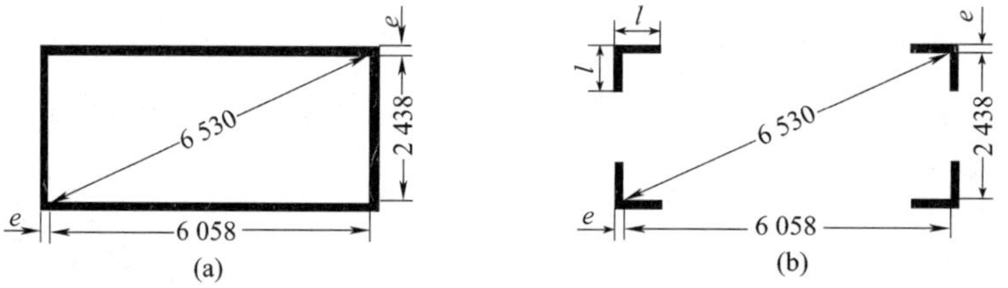

说明图 5.1.10 箱位线示意图(单位:mm)

e—100 mm;l—500 mm

集装箱箱位布置分纵放(箱长方向平行装卸线或作业通道)和横放(箱长方向垂直装卸线或作业通道)两种。装卸机械类型选定后,箱位采用纵放或横放,其主要原则是能布置较多的箱位和便于装卸机械作业。

主箱场集装箱沿装卸线纵向码放,其优点是:同货车上的箱位摆放一致,当采用轨道式集装箱门式起重机对铁路车辆和汽车装卸时,不需箱体转换 90°,提高了装卸效率;当采用集装箱正面吊运起重机对铁路车辆和汽车装卸时,同样的有效面积内,纵放箱位较多。

辅助箱场集装箱沿流动装卸机械作业通道纵向码放,同样的有效面积内,纵放箱位较多。

对使用集装箱正面吊运起重机作业的箱场,1AA 型箱必须纵放,1CC 型箱纵放使集装箱正面吊运起重机作业的重心靠后,方便作业;对使用带有侧叉的集装箱叉车作业的箱场,由于叉孔在箱体的侧面,所以箱位必须纵放;对使用配有顶部和侧面起吊专用属具的集装箱叉车作业的箱场,其叉车作业要求箱位纵放。

5.2.2 主箱场箱位布置需满足到达箱、发送箱、中转箱箱位布置要求,以及按到发平衡计算所产生的或需要的空箱箱位布置要求,这类空箱在主箱场也是到达箱或发送箱。

5.2.3 由于货主取箱有先后之别,因此以不倒箱或尽可能少倒箱为原则,一般同一货主到达箱应由下至上堆码,故到达箱层高利用系数较低;发送箱、中转箱一般按去向堆码,故发送箱、中转箱层高利用系数较高。设计中可根据经济调查资料,根据箱源的具体情况合理选取层高利用系数,以使箱场设计箱位数既满足运输需要,又不至于产生过多的浪费。

主箱场箱位利用率为主箱场需要箱位数与实际箱位数之比值,主箱场实际箱位数为各装卸作业区实际布置箱位数的总和。可按下式计算:

$$K_{箱位}=\frac{M_{主}}{M_{实际}}\times 100\% \quad (说明 5.2.3—1)$$

$$M_{实际}=\sum n\cdot m \quad (说明 5.2.3—2)$$

式中 $K_{箱位}$——主箱场箱位利用率;

$M_{实际}$——主箱场实际总箱位数。

5.2.4 主箱场每一装卸作业区箱位排数,根据集装箱作业量、机械类型、装卸线数量等因素确定。每排箱位数,应根据装卸线的装卸有效长度,以及装卸有效长度范围内设置平过道的数量确定。采用集装箱正面吊运起重机进行装卸作业时,主箱场设平过道和箱区横向通道,便于缩短运输机械或流动装卸机械走行距离,也方便装卸与运输机械分辨箱区,提高作业效率。平过道和箱区横向通道的设置,可按每 150~250 m 设 1 处。

假设到达、发送、中转比例分别为 40%、40%、20%,每一装卸作业区相关参数见说明表 5.2.4—1 和说明表 5.2.4—2。

说明表 5.2.4—1 是按装卸工艺采用轨道式集装箱门式起重机方案,根据不同的轨道式集装箱门式起重机跨度和悬臂,设计每一装卸作业区实际箱位数,分别计算日作业量、年作业量、需要轨道式集装箱门式起重机台数以及装或卸 1 列集装箱列车需要的时间和日装卸列数。根据上表可分析不同作业量的铁路货运中心,轨道式集装箱门式起重机选取最适宜的跨度,从而得出需要的装卸作业区个数。本表计算的箱位数和装卸机械的装卸能力是匹配的。

说明表 5.2.4—2 是按装卸工艺采用集装箱正面吊运起重机方案,设计每一装卸作业区实际箱位数,分别计算日作业量、年作业量、需要集装箱正面吊运起重机台数以及装或卸 1 列集装箱列车需要的时间和日装卸列数。根据上表可计算不同作业量的铁路货运中心,需要的装卸作业区个数。本表计算的箱位数和装卸机械的装卸能力是匹配的。

说明表 5.2.4—1 轨道式集装箱门式起重机方案箱位数与作业能力表

序号	项目	有效长度									
		850 m					1 050 m				
1	跨度(m)	26	30	32	35	40	26	30	32	35	40
2	悬臂(m)	2×7.5	2×7.5	2×7.5	2×7.5	无	2×7.5	2×7.5	2×7.5	2×7.5	无
3	箱位排数 n(排)	6	7	8	9	7	6	7	8	9	7
4	每排箱位数 m	122	122	122	122	122	154	154	154	154	154
5	实际箱位数 M	732	854	976	1 098	854	924	1 078	1 232	1 386	1 078
6	日作业箱数 N(TEU)	750	874	999	1 124	874	946	1 104	1 262	1 419	1 104
7	年作业量 Q(10^4TEU)	22.8	26.6	30.4	34.2	26.6	28.8	33.6	38.4	43.2	33.6

续上表

序号	项目		有效长度									
			850 m					1 050 m				
8	轨道式集装箱门式起重机总数量 C(台)		3	4	4	5	4	4	5	5	6	5
9	装或卸1列时间(h)	110/140 TEU/列	1.2	0.9	0.9	0.7	0.9	1.2	0.9	0.9	0.8	0.9
		80/100 TEU/列	0.9	0.7	0.7	0.5	0.7	0.8	0.7	0.7	0.5	0.7
		160/200 TEU/列	1.8	1.3	1.3	1.1	1.3	1.7	1.3	1.3	1.1	1.3
10	日装卸列数(列)	110/140 TEU/列	6.8	7.9	9.1	10.2	7.9	6.8	7.9	9.0	10.1	7.9
		80/100 TEU/列	9.4	10.9	12.5	14.0	10.9	9.5	11.0	12.6	14.2	11.0
		160/200 TEU/列	4.7	5.5	6.2	7.0	5.5	4.7	5.5	6.3	7.1	5.5

注:1 设2条装卸线。

2 有效长度为850 m时,装卸有效长度采用780 m;有效长度为1 050 m,装卸有效长度采用980 m。

3 序号9、10中每列集装箱列车辆数分别按采用普通敞车、集装箱专用平车和双层集装箱专用车计算。

4 本表是按作业箱均落地,作业次数取2次;轨道式集装箱门式起重机纯作业时间17 h;轨道式集装箱门式起重机工作效率为30 TEU/h。

5 本表集装箱运量波动系数取1.2,占用箱位时间、层高利用系数均按表5.2.3所给数值的均值计算。

说明表5.2.4—2 集装箱正面吊运起重机方案箱位数与作业能力表

序号	项目		有效长度(m)	
			850	1 050
1	箱位排数 n(排)		4	4
2	每排箱位数 m(TEU)		113	141
3	实际箱位数 M(TEU)		452	564
4	日作业箱数 N(TEU)		570	711
5	年作业量 Q(10^4TEU)		17.3	21.6
6	集装箱正面吊运起重机总数量 C(台)		3	4
7	装或卸1列时间(h)	110/140 TEU/列	1.4	1.4
		80/100 TEU/列	1.0	1.0
		160/200 TEU/列	2.0	2.0
8	日装卸列数(列)	110/140 TEU/列	5.2	5.1
		80/100 TEU/列	7.1	7.1
		160/200 TEU/列	3.6	3.6

注:1 有效长度为850 m时,装卸有效长度采用780 m,平过道按3处设计;有效长度为1 050 m,装卸有效长度采用980 m,平过道按4处设计。每处平过道占用箱位长度按20 m计。

2 序号7、8中每列集装箱列车辆数分别按采用普通敞车、集装箱专用平车和双层集装箱专用车计算。

3 本表是按作业箱均落地,作业次数取2次;集装箱正面吊运起重机纯作业时间17 h;集装箱正面吊运起重机工作效率为25 TEU/h。

4 本表集装箱运量波动系数取1.2,占用箱位时间、层高利用系数均按表5.2.3所给数值的均值计算。

当大箱型所占比例增加、集装箱在场停留时间缩短、装卸机械工作效率提高、每一作业箱平均装卸次数减少时,则箱场能力和需要装卸机械台数将会有很大变化。

装卸线接发列车及技术作业时间要考虑不占用装卸机械纯作业时间17 h,即装卸线能力是以装卸机械能力为控制因素，如有条件时可考虑装卸线兼到发线使用，如无条件则集装箱列车在到发线接发车并办理技术作业，集装箱列车通过牵出线转场至装卸线。

5.2.5 容箱数是表示铁路货运中心最大堆存集装箱数量，是衡量铁路货运中心集装箱作业能力和堆存能力的重要参数。

主箱场容箱利用率为主箱场需要容箱数与实际容箱数之比值，主箱场实际容箱数为各装卸作业区各类箱实际布置箱位数与其最高堆码层数、层高利用系数的乘积的总和。可按下式计算：

$$K_{容箱}=\frac{E_{主}}{E_{实际}}\times 100\% \quad （说明 5.2.5—1）$$

$$E_{实际}=\sum M_i\cdot h_i\cdot \mu_i \quad （说明 5.2.5—2）$$

式中 $K_{容箱}$——主箱场容箱利用率；

$E_{实际}$——主箱场实际总容箱数（TEU）；

M_i——主箱场各类箱实际箱位数（TEU）。

5.2.6 装卸线贯通式布置时，环行道路与装卸线两端交叉处设平过道；装卸线尽头式布置时，环行道路与装卸线一端交叉处设平过道，另一端与装卸线不交叉，即为环行道路的一部分。

采用集装箱正面吊运起重机进行装卸作业时，装卸线的装卸有效长度范围内设置平过道，便于装卸作业区内流动装卸机械和运输机械在装卸线上无铁路车列时通行，可减少走行距离，提高作业效率。

横向通道是沿集装箱端部供各类机械走行的通道。纵向作业通道是沿集装箱侧面供流动装卸机械作业和运输机械通行的通道。平过道一般应与横向通道对应布置，计算箱位时需扣除横向通道占用的箱位。箱位间横向通道宽度可采用 15.0 m~20.0 m，是考虑集装箱运输车辆通行、转弯的需要，转弯时按借道转弯，转弯半径可满足车辆要求。

5.3.1 铁路货运中心集装箱装卸场应根据各类箱具体作业量分别设置箱区，不办理的箱类可不设箱区。有特殊作业要求的集装箱包括冷藏箱、装有危险货物的罐式集装箱、有毒货物集装箱、运送牲畜等易污染的集装箱、贵重物品箱等。

5.3.3 对国内现有集装箱货物的调查显示，修箱率为 1.2%~4.1%。待修箱无调查资料时，铁路货运中心待修箱数可采用日均发送箱数的 2%~4%。

5.3.5 在路网上有重要作用的运量充足的铁路货运中心是铁路集装箱运输中心，辐射范围广，应设置备用箱区。部分位于铁路主要枢纽和省会城市，在路网上作用重要的运量较大的铁路货运中心，站内可考虑备用箱的储备，有利于路内集装箱调配使用。运量较小的铁路货运中心，不考虑备用箱储备。

5.3.6 空箱、备用箱因不需倒箱，故层高利用系数值较大。

5.3.8 待修箱区布置在综合维修车间附近，便于维修时取送箱方便。

冷藏箱区的位置靠近主箱场可减少转场走行距离。另外，冷藏箱区也要靠近生产办公房屋，以便工作人员经常查看温度和检修。如有条件应设集中监测，将冷藏箱制冷机组的运转状况及箱内温度，显示到监测办公室，显示的方式有灯光、数字、声响和打印等。每一个冷藏箱箱位，均配备固定的电源插座，以便提供冷藏箱箱内冷冻货物制冷用电的需要。

有特殊要求的集装箱箱区根据所装货物特性分别存放，不便与其他箱区合并设置，危险品箱应根据危险品箱的运量及危险品种类，按照国家有关危险品货物装卸和存放的条例确定存放场地和存放方式,并按照国家有关规定配置相应的消防和安全设施。对贵重物品箱,需加强保管措施。

空箱区和国际箱监管区宜靠近大门出入口,便于站外取送,减少集卡在站内走行。

辅助箱场各类箱作业量较小时,可合并设置,但每一类型箱位应集中。

5.3.9 辅助箱区内一般不设集卡纵向通道,减少集装箱正面吊运起重机或叉车装卸作业的走行距离,当辅助箱区箱位平行于环行道路布置时,每隔 6~10 个箱宜设置 1 个横向作业通道,用于集卡停放进行装卸作业和集卡、装卸机械通行。横向通道宽度一般可采用 20 m。当辅助箱区箱位垂直于环行道路布置时,箱位边缘与道路边缘留出 3.5 m,用于集卡停放进行装卸作业,并方便集卡宜接进入环行道路。

5.4.1 铁路货运中心集装箱装卸场场内道路分布在各个区域,各区域内通行的装卸机械和运输机械种类和流量差异较大,因此本条按使用功能将场内道路划分三级。

5.4.2

(1)设计车速:铁路货运中心集装箱装卸场内平过道较多,横向道路较短,车流密度较大,为确保安全,速度应较低。参照《厂矿道路设计规范》GBJ 22 厂内道路标准,本条规定设计车速宜为 15 km/h。

(2)路面宽度:应根据装卸工艺和车辆运行组织等因素确定。

(3)视距:铁路货运中心内作业区、箱区较多,为保证行车安全,要求道路具有良好的通视条件,并应符合本条的规定。

(4)交叉口路面内缘最小转弯半径:本条按行驶车辆的特性,给出相应路面内缘最小转弯半径。

5.4.3 铁路货运中心集装箱装卸场内道路布置形式直接影响流动装卸机械和运输机械作业能力。为保证道路畅通,避免阻塞,本条对道路布置形式作了规定。

5.4.4 道路边缘至相邻建筑物的最小距离,根据安全距离、车辆是否转弯、道路转弯半径、车辆停放方式、瞭望条件等确定。

微型载货车最小转弯半径 3.8 m~4.8 m,轻型载货车最小转弯半径 4.2 m~9.0 m,中型载货车最小转弯半径 7.5 m~11.5 m,重型载货车最小转弯半径 8.0 m~11.5 m。轻型越野车最小转弯半径 5.45 m~8.5 m,中型越野车最小转弯半径 8.2 m~9.3 m,重型越野车最小转弯半径 8.5 m~11.0 m。

5.5.1 集装箱装卸场门区,是集装箱、集装箱货物、车辆及装卸运输机械的出入口,是铁路货运中心集装箱作业场进行业务管理的重要场所,是划分铁路货运中心集装箱作业场与托运人责任的界限地。门区的设施包括:车辆进出站的若干条车道、检查桥、汽车衡、门区门房及门区自动系统等。门区的主要功能参照如下:

(1)按调度计划程序交换集装箱和集装箱货物。

(2)核对箱号,检查集装箱箱体表面状况、集装箱封志是否完好,并填制“设备交接单”。

(3)对发送集装箱车辆进行衡量,以确定集装箱的重量,防止集装箱超重,损坏装卸搬运机械和危及人身安全。

(4)办理交接集装箱货物的有关单证手续。

(5)检查出门区的集装箱是否符合公路运输规则。

(6)在计算机网络上录入集装箱运输的有关信息,并将这些信息传输到铁路货运中心信息中心进行处理,以便集装箱在装卸场进行编排和对集装箱进行管理及动态追踪。

(7)有条件时,门区可设集装箱扫描系统,对进出门区的集装箱进行自动扫描,以便加快对集装箱运输的监督管理或提高进出门区的效率。

集装箱装卸场门区一般设1个,主要考虑便于集中管理,减少设备和人员的配置。作业量较大的集装箱装卸场或场外连接道路承受能力紧张时,也可设2个,一个进站门区,一个出站门区。集装箱装卸场门区位置的选择,要便于与站内、站外主要道路衔接。

5.5.2 出入口通道分方向设置,可减少车辆进出的交叉干扰。门区两侧或一侧尽量不要有既有或新设固定建筑物的限制,以便改建时增加不必要的拆迁。

集卡出入口通道数量是参照《海港总平面设计规范》JTJ 211 编写的。集装箱装卸场集卡出入口通道数量为集装箱运输车辆进出门区车道数的总和。

集卡到站不平衡系数为日高峰时间段内,进出门区车辆小时平均值与日平均值的比值,可按不少于连续三个月统计值的最大值选取。

车辆平均载箱量系指通过门区的集卡中,装载20英尺、40英尺、2×20英尺的集卡以及空集卡进出站的统计平均值。

如集装箱装卸场门区采用箱号自动识别及其他先进设备进行信息采集和录入,单车道每小时通过门区的车辆数可按各项设备的作业效率确定,门区车道数可根据单车道每小时通过门区的车辆数计算确定。

5.5.3 据调查,港口集装箱码头均设有检查桥,检查桥上一般设有检查集装箱箱体的工业电视摄像头、集装箱箱号确认系统以及每个通道靠司机侧设置的自认处理机(Self-Servise Terminal),形成一个集装箱门区自动系统。门区自动系统可以告诉拖车司机要去的位置,同时又把进港集装箱数据信息通知堆场控制计算机,进港集装箱可在30 s内完成进港程序。

集装箱装卸场门检系统应学习港口的经验,尽量采用先进的设备,提高自动化程度,使进出门区的时间缩短。

5.5.4 集装箱装卸场门区由多个车道和办理交接手续,票据处理的门房组成,一个车道,一个门房相间布置,即为"一岛一道"式门区。根据需要也可以采用其他布置形式。

集装箱正面吊运起重机吊具纵放时需要车道宽度参照如下:Kalmar CC 35000型为4.5 m;Ormig M 60型为4.0 m。因此,普通汽车出入口宽度,考虑集装箱正面吊运起重机等水平装卸机械出入,可按5.0 m设计。

5.5.5 进门区前50 m左右,一般设有车辆慢行坎。门区内60 m~100 m缓冲区和门区内40 m~60 m过渡区,主要供进出门区车辆排队,门区外按3~5辆集卡排队长度计算,门区内按2~3辆集卡排队长度计算。

缓冲区和过渡区纵坡参照公路收费广场的纵坡。

5.5.6 为便于核对发送箱载重量,在进站集卡通道设电子汽车衡,一般可采用动态电子汽车衡。汽车衡称重标准可按60 t设计,有特殊要求时,也可在出站集卡通道设电子汽车衡。

5.6.2 停车场的设置形式以垂直式的占地面积最小。

5.7.1 拆装箱场场地宽度,需结合所采用的作业方式、运用车辆类型等确定,要充分考虑走行通道、回转、停放作业、安全距离等因素。

5.7.2 铁路货运中心拆装箱场采用站台侧作业方式,是参照国内港口拆装箱场和国外物流仓库的设置经验确定的。这种方式,主箱场或辅助箱场与拆装箱场间的集卡可直接靠近站台进行拆装箱作业,不需装卸机械装卸集装箱,可减少装卸集装箱作业,减少集装箱、货物、作业通道等占地场地,货物均在拆装箱库堆存,也便于货物管理。拆装箱场普通载货汽车取送货物,也可考虑采用站台侧装卸货物方式。

5.7.7　铁路货运中心拆装箱场,集卡作业侧、普通载货汽车侧站台高度根据集卡和普通载货汽车底盘高度确定。Stery 1291/S35/4×2 型牵引车,Satra T8156×6.2 型牵引车分别与 40 英尺平板式集装箱半挂车组成的汽车列车,其结构长度分别为 15.452 m 和 15.980 m,重车平板高度分别为 1.560 m 和 1.360 m。站台高度要适应所采用的车辆底板高度,如高差较大,装卸车时所设渡板的坡度增大,还要考虑拆装箱作业用小型叉车满载时最大爬坡能力的因素。

6.1.2　仓储物流区是铁路货运中心延伸服务功能的场地,是物品周转、分拣、配货、保管、流通加工等活动的据点,它能帮助物品克服在流通过程中所产生的时间和空间的障碍,快速,准确、高效按顾客要求顺利转移。仓储物流区表现形式主要是各种类型的仓库,如自营周转库、第三方物流库、海关监管库、对外租赁仓库、物流加工库等。

集中式布置是装卸场和仓储物流区独立分开设置,内部设置各自的环形通道,两通道之间利用道路将各区域连接。即保持相互独立,又相互联系,如说明图 6.1.2—1 所示。这种布置分工明确,较适用于用地范围较宽、仓储需求量较大或货运量较大的行邮行包作业场。

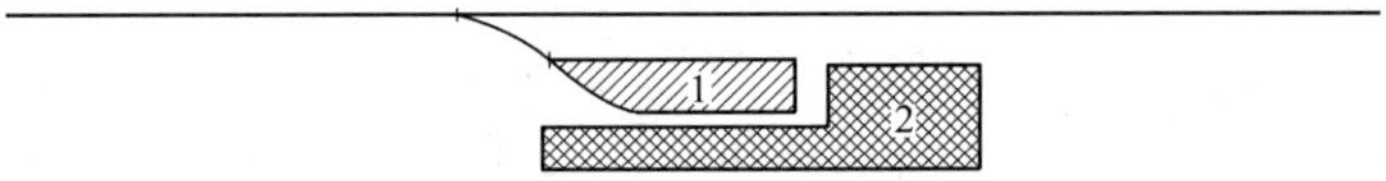

(a)

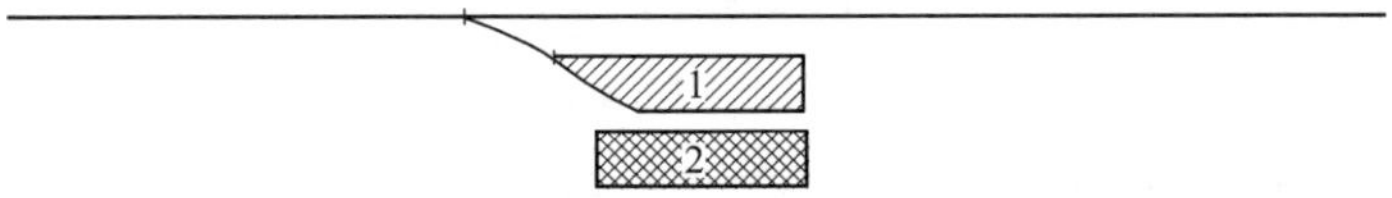

(b)

说明图 6.1.2—1　装卸场与仓储物流区集中式图型

1—装卸场;2—仓储物流区

相融式布置是依据各物流功能区的作用及货物品类的要求,将仓储物流区穿插布置在各装卸区之间,行邮行包作业场利用同一环形道路系统连接,如说明图 6.1.2—2 所示。这种布置方式使得仓储物流区与货场服务区物料搬运作业简单,联系紧密,系统间的合作性增强。相融式布置也容易满足设置单独作业区的条件,符合远期发展的需求。它较适用于流通加工作业较多,仓储物流量较大的行邮行包作业场。

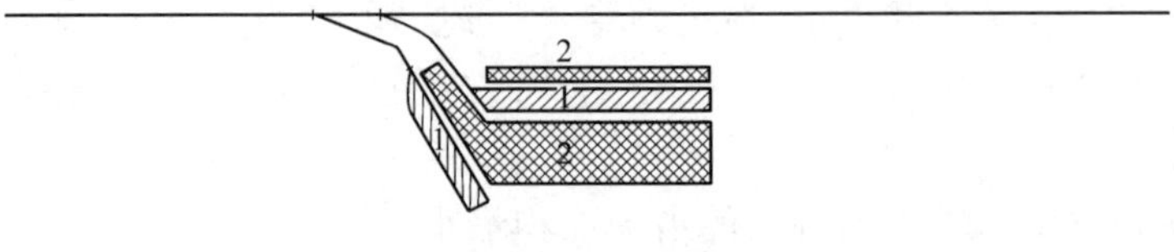

说明图 6.1.2—2　装卸场与仓储物流区相融式图型

1—装卸场;2—仓储物流区

综合式布置集合相融式布置和集中式布置的优缺点,是大型行邮行包作业场宜采用的布置形式，它将仓储库群独立布置，流通加工区布置在装卸线间，即满足仓储物流的各种需求，又适应远期的发展。如说明图 6. 1. 2—3 所示。

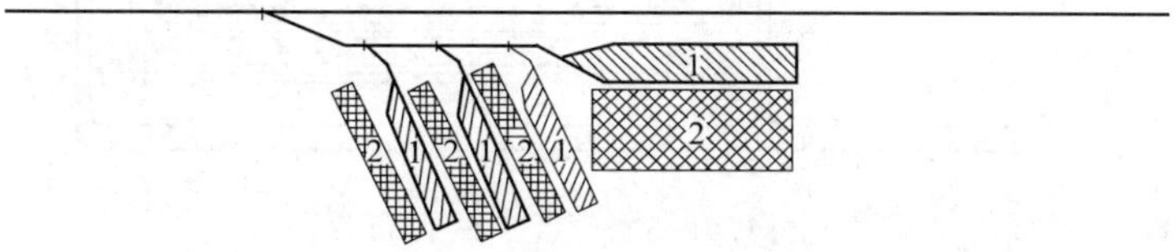

说明图 6. 1. 2—3　装卸场与仓储物流区综合式图型

1—装卸场；2—仓储物流区

6. 1. 3　装卸场各装卸作业区间平行布置，可使平面布置紧凑，便于运输机械作业和集中管理，节省用地。在地形条件限制时，各装卸作业区也可采用部分平行或其他布置形式。汽车装卸货物区为站台边缘至道路边缘间汽车装卸时停车场地。

6. 1. 4　装卸作业区内装卸线和站台数量及相互位置，主要根据作业量大小确定。

到发作业量较大、中转作业量较小的装卸场，装卸作业区可参考下图两台夹两线的布置形式，如说明图 6. 1. 4—1 所示。

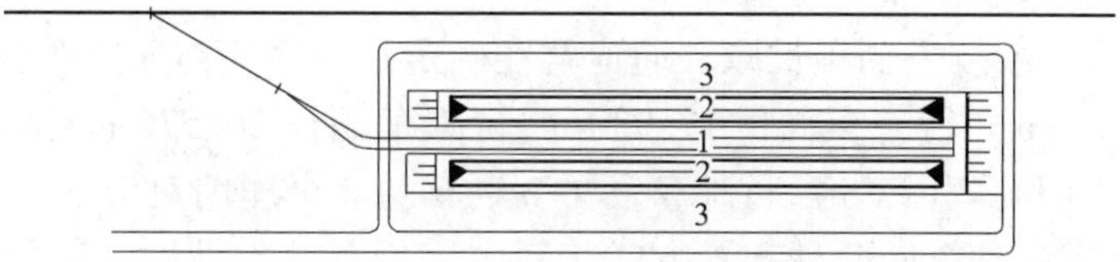

说明图 6. 1. 4—1　两台夹两线布置图型

1—装卸线；2—站台及仓库；3—汽车装卸货物区

中转作业量较大的装卸场，装卸作业区可参考下图三台夹两线的布置形式，如说明图 6. 1. 4—2 所示。中间为中转站台，两侧为到发站台，货物的到发和中转作业互不干扰，中转货物不足时，到发货物可及时补充。

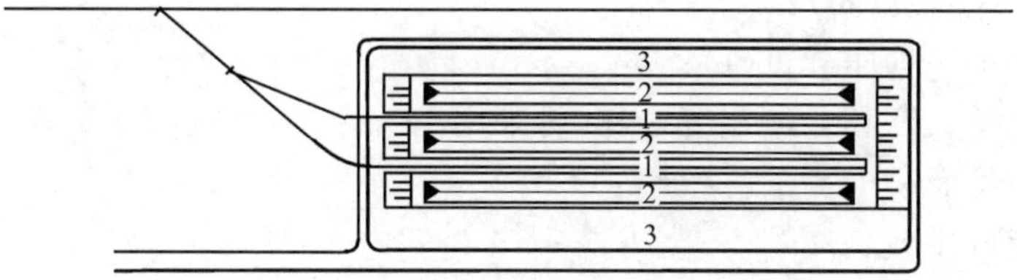

说明图 6. 1. 4—2　三台夹两线布置图型

1—装卸线；2—站台及仓库；3—汽车装卸货物区

中转作业量大、到发作业量较少的装卸场，装卸作业区可参考三线夹两台的布置形式，如说明图 6. 1. 4—3 所示。站台两侧均设有装卸线，对中转货物的过车作业很方便，但到发货物在装卸汽车时与外侧装卸线的作业互相干扰较大。

作业量小的装卸作业区可参考下图一台一线的布置形式，如说明图 6. 1. 4—4 所示。

装卸线的装卸有效长度需满足行邮、行包班列整列作业的要求。行邮列班车辆为 25T 型，车长 26. 576 m，编组 20 辆，车列全长 26. 576×20 = 531. 52(m)；行包班列车辆为 PB 型，车长 17. 938 m，根据中铁快运股份有限公司快运专列管理部 2008 年 2 月统计资料；目前大部门行包班列编组 25 ~ 33 辆，车列全长 17. 938×33 = 591. 95(m)。仅 X297/8

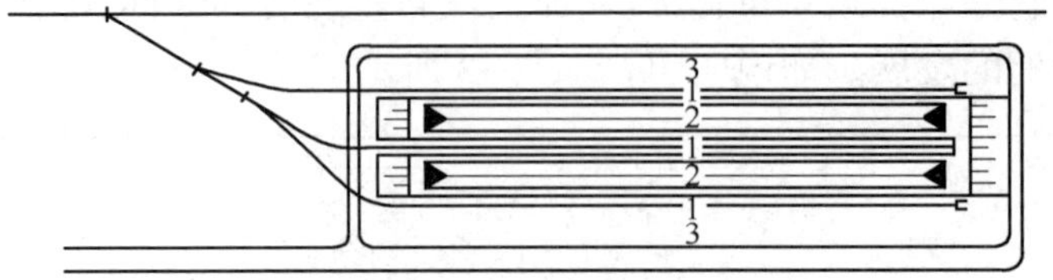

说明图 6. 1. 4—3　三线夹两台布置图型

1—装卸线;2—站台及仓库;3—汽车装卸货物区

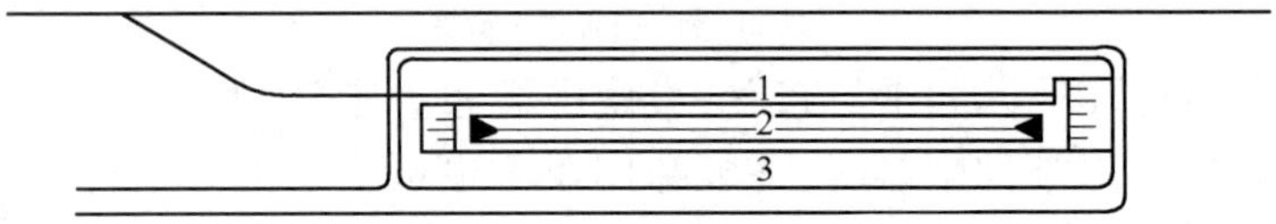

说明图 6. 1. 4—4　一线一台布置图型

1—装卸线;2—站台及仓库;3—汽车装卸货物区

次(大朗—乌鲁木齐)宝鸡东—兰州西间的编组为 34 辆,车列全长 17. 938×34＝609. 892(m)。故装卸线的装卸有效长度取整为 600 m。

6. 2. 3　货位长度一般按一辆车长减去通道宽度确定。通道应与库门对应,库门和通道宽度一般采用 3 m~4 m。行包车辆长 17. 938 m,行邮车辆长 26. 576 m,设计时车辆长度取 18 m,行包车辆车门与库门对应,行邮车辆每 2 辆车与 3 个库门对应。

货位一般有横向和纵向两种布置方式。库内采用叉车作业时,需留出为叉车作业及走行的通道,其宽度一般为 3 m ~ 3. 5 m;如库内采用人工作业时,走行通道宽度一般为1. 5 m。

仓库宽度可按下式计算:

$$B_{仓}=\frac{q_{静}\cdot n}{P_{堆}\cdot l} \quad (说明\ 6.2.3)$$

式中　$B_{仓}$——仓库宽度(m);

$q_{静}$——货车平均净载重(t);

l——货位长度和通道宽度之和,可采用 18 m;

$P_{堆}$——单位面积堆货量(t/m^2);

n——货位排数。

6. 2. 4　仓库总面积包括有效堆货面积和装卸搬运机械走行通道、货位间隔、设置衡器等辅助面积。

(1)货物到发波动系数α,可参照下式计算:

$$\alpha=\frac{Q_{月}}{Q/12} \quad (说明\ 6.2.4)$$

式中　α——货物到发波动系数;

$Q_{月}$——当年最大月到(发)运量(t);

Q——年到(发)总运量(t)。

货运量较小时取大值,反之取小值。

(2)铁路货场是按自己的要求规定保管期限,而铁路货运中心是根据顾客的需求确定保管时间,因此货物在库的平均堆存期 t 的选取由每个铁路货运中心的货物品类和仓库的种类等因素确定。

(3)单位面积堆货量 $P_{堆}$ 根据货物品种、库场条件、堆垛要求及形式、所选用的机械和工艺要求确定。一般可采用 0.2~0.5 t/m^2。

6.2.7 为避免货物在装卸和搬运作业时遭受湿损,仓库雨棚需伸至站台边缘。雨棚在铁路一侧时,根据需要可伸至大于车辆中心线,或将车辆全部遮盖,并稍有富余。在场地一侧时,要满足库门处汽车顺向或横向作业的需要,并稍有富余。雨棚的高度要满足建筑接近限界及汽车装满货物通行最小高度的规定。

雨棚的形式,一般有上翘式、下落式和人字式三种。

6.2.8 中转站台主要办理中转货物作业,中转货物不足时,需到发货物及时补充,此时可在中转货物站台端部设汽车装卸货物区,补充到发货物。

6.2.9 为使站台与各种高度的运输汽车能协调作业,因此汽车装卸货物区对应的站台库门应设连接设备。

6.2.13 汽车装卸货物区的宽度需要满足搬运汽车的停留、装卸、启动转向的要求,并尽量减少对道路上汽车行驶的干扰。重型挂车的长度约为 16.0 m~19.6 m,考虑到作业的安全,故汽车装卸货物区的宽度不宜小于 20 m。部分重型挂车参数见说明表6.2.13。

说明表 6.2.13 部分重型挂车参数

型号	种类	整车外形尺寸(mm)
双帆	半挂列车	19 505×3 200×3 450
魁式	半挂列车	17 180×3 200×3 064
辽宁	半挂列车	16 276×2 900×3 020
长征	半挂列车	16 000×3 000×3 185
太极低平板	半挂列车	17 445×3 200×3 185
鲁峰	半挂列车	17 521×3 500×3 020
太极	半挂列车	19 600×3 630×3 165

6.3.3 进出货区办理货物的装卸、检查、暂存、装载配送等业务,因此在进出货区要留出空间作为缓冲区。为使进出货区与各种高度的运输汽车能协调作业,一般在进出货区设连接设备。固定式连接设备宽 1.5 m~3.5 m;可拆装式连接设备宽 1.0 m~2.5 m;货物采用人力或叉车作业,缓冲区宽度 2.5 m~4.0 m,进出货区总宽度为 3.5 m~7.5 m;长度由车位数决定,一般每个车位宽 4 m,若需 n 个车位,进出货区总面积为

$$F_{进出}=4n(B_{缓}+B_{设}) \qquad (m^2)$$

6.3.4 在规划储存区空间时首先考虑如下的因素:货品尺寸和数量;托盘尺寸和货架空间;装卸设备的型号、尺寸、能力和旋转半径;走廊宽度、位置和需要空间;柱间距离、建筑尺寸及形式;进出货及搬运位置;补货或服务设施的位置(防火墙、灭火器、排水口)以及作业原则(经济性、单元化负载、货品不落地、减少搬运次数和距离、有效利用空间)。

6.3.5 集货区是物品经过拣取后进行集货、清点、检查和准备装车工作的场所,以单日发送货物所需作业空间为主。一般集货区货位的设计以分区堆放为主,同时考虑发货装载顺序和动线的畅通性,多以单排考虑,否则容易造成装车时反复查找货物,降低工作效率。在规划集货区时要考虑每天平均发货订单、发货车次、出车路线、每天拣货和出车的顺序安排等因素。货物由托盘装载后,一排货位宽度 1.2 m,若需 n 个货位,面积利用率 0.7,

叉车搬运道路宽 3.0 m。

6.3.6 流通加工区是现代物流体系的重要内容，它是为了提高物流速度和物品的利用率而开展的物流活动，可促进铁路运输与下一种运输形式的合理转换，增加铁路运输的灵活性、提高铁路货运中心的竞争优势。流通加工与生产加工在复杂程度、深度、目的上存在较大的区别，是完全不能替代的两种形式。目前一般的货运中心仅开展分包、包装、计量、组装、标签帖付、商品检验等类型的工作。作业场地安排在仓库中，人员技术要求不高，流通加工区的面积由安排作业的人数决定。

6.4.1 场内道路应根据交通量、功能、使用要求选用技术标准。主干道指连接主要出入口、车流量较大的道路；次干道指场内连接各个作业区、库场交通运输较繁忙的道路；支道指通往辅助生产设施等的道路。

6.4.2 门区运输汽车通道数量可参照本暂行规定式(5.5.2)计算确定。汽车通道宽度、门区内外缓冲区和过渡区的设置要求可参照本暂行规定第 5.5.3 条~第 5.5.5 条设计。

6.4.3 汽车衡用于汽车及其他机动车辆载重计量，一般为交付的货物需要确定重量时应用。

轨道衡用于铁路车辆载重的计算，其最大称量范围，必须满足车辆装载总量和机车通过的要求。

6.4.5 停车场面积的计算方法可参照本暂行规定第 5.6.3 条。

7.1.3 小汽车装卸场办理小汽车列车整列的装卸作业，所以装卸线总有效长度应为到发线有效长度的整倍数。

7.2.1 小汽车装卸场采用尽端式布置图型时，根据情况可设小汽车装卸站台；采用贯通式布置图型时，根据情况可采用专用移动式小汽车装卸机械。

7.3.3 小汽车存放若采用垂直式时，出口通道宽度可采用 7.0 m。为便于管理和装卸，每组存放区宜布置为 6 排、10 ~ 12 列。存放形式采用斜角式时，出口通道宽度可采用 3.5 m。每组存放区宜布置为 2 排。

7.4.2 每个车道宽度均需满足小汽车验车作业要求，因此一般采用 4.0 m，验车道长度以每辆搬运汽车一次能装卸的小汽车辆数为宜，一般为 6~8 辆，每个车位长度 5 m，因此验车道长度一般采用 30 m。

7.4.4 每个装车道宽度均需满足作业要求，因此一般采用 4.0 m，装车道长度为运输汽车停放长度和装卸作业需要的长度之和，因此一般采用 22 m。

7.5.1 为便于小汽车作业场的管理，避免小汽车损坏和车内设施的丢失，确保小汽车在站内停车安全，小汽车作业场要与到发及调车场、社会车辆停车场、集装箱作业场、行邮行包作业场等隔开，辅以消防、录像监控等设施进行管理。

7.5.2 停车场面积的计算方法可参照本暂行规定第 5.6.3 条。

8.1.1 集装箱作业场的作业特点是完成集装箱装卸火车、汽车的作业，并对集装箱进行短期堆存。

目前用于集装箱箱场的装卸机械主要有轨道式集装箱门式起重机、轮胎式集装箱门式起重机和流动装卸机械。各种机械设备的特点如下：

(1)轨道式集装箱门式起重机

轨道式集装箱门式起重机是铁路集装箱货场传统的装卸设备。它采用电力驱动，运营成本低，操作、维修简单，故障率低，作业效率高；对于中转量较大的集装箱作业场可以做到箱不落地换装;根据工艺要求可选用不同的跨度、悬臂长度和起升高度;可具有集装箱旋转、防摇及实现自动控制等功能。由于在固定的轨道上行走,作业范围相对有限,机动灵活性较差。

(2)轮胎式集装箱门式起重机

轮胎式集装箱门式起重机广泛应用于国内外集装箱码头的装卸、堆码作业。它由内燃机驱动,由前、后门框和底梁组成的门架支承在充气橡胶轮胎上在堆场内行走,可在固定地点转向90°实现转场作业,因此机动灵活,作业面大。轮胎式集装箱门式起重机为主要结构尺寸定型的产品,目前最大起升高度 18.2 m。但该设备机构复杂,购置、使用和维修费用高,存在噪声和燃油污染。

轨道式集装箱门式起重机与轮胎式集装箱门式起重机是目前在集装箱箱场使用比较普遍的机型,在集装箱作业场的装卸作业中,主要存在以下不同:

①集装箱作业场是以铁路装卸线为作业中心,为提高装卸作业效率,箱场应尽量在装卸线附近纵向布置,以减少辅助作业时间。而在港口堆场,轮胎式集装箱门式起重机在大部分情况下是装卸集卡,箱场形状根据地形条件布置;同时港口堆场集装箱存放时间较长,箱场面积较大,由于轮胎式集装箱门式起重机可进行转场作业,因此作业范围可覆盖整个箱场。

轮胎式集装箱门式起重机是定型产品,标准跨距为 23.47 m,在港口堆场定型的布置为跨内 6 排集装箱箱位和 1 条集卡通道;若在集装箱作业场采用轮胎式集装箱门式起重机,由于跨内增加了装卸线,必然相应减少了集装箱的堆存量,选用时要综合考虑装卸线作业能力、装卸设备作业效率及箱场堆存能力等因素,以确定转场作业的必要性。

②目前在铁路集装箱的运输与装卸中,存在着将集装箱至少旋转 180°的情况,如:为避免集装箱在运输过程中箱门打开,箱内物品被盗,20 英尺集装箱在火车上通常要门对门码放;另外有些用户没有集装箱的卸车设备,要求装集卡时箱门向外便于掏箱。轨道式集装箱门式起重机具有旋转功能,可实现大于 180°的旋转;而轮胎式集装箱门式起重机只能做从-5°~+5°的摆动。

③集装箱门式起重机的大车满载走行速度是影响集装箱作业场装卸车效率的重要指标。由于轮胎式集装箱门式起重机在码头堆场是与集卡配合进行装卸作业的,对大车满载走行要求不高,上海振华港口机械(集团)股份有限公司生产的轮胎式集装箱门式起重机标准配置的大车满载走行速度为 25 m/min,近年来也有大车满载走行速度达 75 m/min 的产品,在集装箱作业场选用时,应特别注意该参数在不同作业场合的特点。

轨道式集装箱门式起重机、轮胎式集装箱门式起重机综合比较见说明表 8.1.1—1。

说明表 8.1.1—1 轨道式集装箱门式起重机、轮胎式集装箱门式起重机综合比较表

项目＼机械名称	轨道式集装箱门式起重机	轮胎式集装箱门式起重机
能耗费用	能源为可再生能源——电能,经济耗能少	能源为不可再生能源——柴油,能耗高
维修成本	采用电缆卷筒、高压电缆、地面闸箱供电,基本无须特别维护,故障率低;采用钢性车轮,寿命长,基本不需更换。维修费用低,工人劳动强度低,占用维修保养时间短	采用柴油机——发电机供电方式,需定期进行更换滤清器、机油等维护保养工作,需按工作周期对发动机进行大修。走行轮胎易破损、磨损、漏气。因此维修养护成本高,占用时间长

续上表

项目 \ 机械名称	轨道式集装箱门式起重机	轮胎式集装箱门式起重机
故障率	各机构工作可靠,故障率低	故障点多,故障率高
工作效率	技术工艺参数高,轨道和集装箱位置相对固定,节省了对箱时间,无需司机对大车走行进行纠偏,整机作业效率高	技术工艺参数低,司机需经常对大车走行进行纠偏,整机作业效率低
自动控制	较易实现整机状态的定位,可实现多种自动、半自动控制,提高效率,未来可能实现无人堆场系统	整机定位困难,难以实现全自动控制
管理系统	采用光纤通信,带宽大,抗干扰能力强	采用无线通信,带宽窄,抗干扰能力差,有死角
环境保护	使用电力,噪声低,清洁,污染小	使用柴油机,噪声大,污染环境
附属配套设施	需要建造轨道梁铺设轨道,铺设地下高压电缆,修建变电站、电缆沟、地面闸箱等设施,投资较大	需要建造轨道梁,无须其他附属设施,投资较小

根据以上分析,综合比较两种门式起重机的优缺点,故本暂行规定建议选用轨道式集装箱门式起重机。

(3)流动装卸机械

用于集装箱装卸作业的流动机械主要有集装箱正面吊运起重机、大型集装箱叉车等。其中集装箱正面吊运起重机是开发较晚的新机型,它汇集了叉车和汽车起重机装卸工艺的优点,除机动灵活以外,还可一机多用,具有隔箱作业等功能,作业效率较高。集装箱正面吊运起重机的灵活性体现在以下几方面:

①在本站内机动灵活,其作业范围可根据需要方便地调整;

②除在本货运中心流动作业外,还可根据需要转至其他货运中心使用,便于全路调配;

③可根据运量增长情况逐步购置。

集装箱正面吊运起重机的主要缺点是轮压较大,对箱场承载强度要求高;作业通道宽,箱场利用率低;轮胎更换频繁,运营维修费用高。

各类装卸机械技术经济比较见说明表 8. 1. 1—2。

说明表 8. 1. 1—2　装卸机械技术经济比较表

项目 \ 机械名称	集装箱正面吊运起重机	大型集装箱叉车	轨道式集装箱门式起重机	轮胎式集装箱门式起重机
基建投资	较大	大	大	大
运用费	大	较大	小	中
堆存能力	中	中	最大	大
装卸效率	较高	较高	高	高
机械操作难易程度	较难	较难	易	中
机械设备维修费用	高	中	低	高
电源要求程度	低	低	高	低
作业稳定性	中	差	高	较高

续上表

机械名称 项　目	集装箱正面吊运起重机	大型集装箱叉车	轨道式集装箱门式起重机	轮胎式集装箱门式起重机
集装箱装卸铁路车辆的难度	好	平板车尚可	最好	好
对集装箱损坏	中	大	小	小
气、声污染	较大	较大	小	较大
机动性	强	强	差	较强
实现自动化的可能性	难	难	易	较易
设备使用年限	10年	10年	19年	10年

8.1.2　集装箱辅助箱场装卸作业量较主箱场少,宜选用机动灵活的流动机械,既能装卸作业,又可短途运输。目前适用于重箱装卸作业的装卸机械主要有集装箱正面吊运起重机、低压供电的轨道式集装箱门式起重机等,空箱装卸作业采用空箱堆垛机。

8.1.3　集装箱作业场办理拆装箱作业时,所配备的小型低门架叉车可根据需要选用柴油发动机式叉车或电瓶车。

8.1.5　小汽车装卸场采用尽端式布置图型时,配备液压变幅升降登车平台;采用贯通式布置图型时,配备专用移动式小汽车装卸机械。

8.1.6

1　集装箱起重机的额定起重量是指吊具下的最大起重量,一般应由40英尺重箱的最大质量来决定,ISO 668—1995和GB 1413—1998中规定40英尺集装箱最大总质量为30.480 t。但是随着国际集装箱运输的发展,集装箱的总质量有增加的趋势,在北美洲内陆已经出现了长为45英尺、48英尺乃至53英尺的非标箱。目前国内外港口堆场所用装卸设备的起重能力大多数大于30.5 t,另外,考虑到提高装卸效率,保证作业安全和对各种意外的适应性,提高设备完好率和使用寿命等因素,轨道式集装箱门式起重机的额定起重量至少应不小于36.0 t。集装箱的外部尺寸和最大总质量见说明表8.1.6—1。

说明表8.1.6—1　集装箱的外部尺寸和最大总质量

分　类	型　号	高度(mm)	宽度(mm)	长度(mm)	最大总质量(kg)
ISO系列1	1AAA	2 896	2 438	12 192	30 480
	1AA	2 591	2 438	12 192	30 480
	1A	2 438	2 438	12 192	30 480
	1AX	<2 438	2 438	12 192	30 480
	1BBB	2 896	2 438	9 125	25 400
	1BB	2 591	2 438	9 125	25 400
	1B	2 438	2 438	9 125	25 400
	1BX	<2 438	2 438	9 125	25 400
	1CC	2 591	2 438	6 058	24 000
	1C	2 438	2 438	6 058	24 000
	1CX	<2 438	2 438	6 058	24 000

续上表

分　类	型　号	高度(mm)	宽度(mm)	长度(mm)	最大总质量(kg)
ISO 系列 1	1D	2 438	2 438	2 991	10 160
	1DX	<2 438	2 438	2 991	10 160
北美洲内陆集装箱	53 英尺	2 896	2 438	16 154	30 480
	48 英尺	2 896	2 438	14 630	30 480
	45 英尺	2 896	2 438	13 716	30 480

注:20 英尺型箱在某些特殊情况下其额定质量可允许超过表列数据,也可作为 ISO 集装箱对待,但其最大总质量不得超过 30 480 kg,并按该值进行试验和标记。

2 现行《通用门式起重机》GB/T 14406 有关跨度、有效悬臂的规定见说明表 8.1.6—2 及说明表 8.1.6—3。

说明表 8.1.6—2　起重机的跨度系列

起重量 G_n(t)	跨　度　S(m)								
5~50	10	14	18	22	26	30	35	40	50
63~125	—	—	18	22	26	30	35	40	50
160~250	—	—	18	22	26	30	35	40	50

说明表 8.1.6—3　起重机的有效悬臂长度

跨　度　S(m)	有效悬臂长度 L_1 或 L_2(m)
10~14	3.5
18~26	3~6
30~35	5~10
40~50	6~15

轨道式集装箱门式起重机的跨度和有效悬臂长度的确定要考虑以下因素:

(1)满足集装箱作业场的工艺布置。

(2)考虑轨道式集装箱门式起重机的合理结构,如悬臂长度过大,则主梁断面受悬臂刚度控制而增大,起重机自重增加,不但耗费钢材,而且由于大车轮加大而增加大车运行基础的投资和大车运用耗电量,故轨道式集装箱门式起重机的主梁最好选用等强度主梁,即主梁的跨度和有效悬臂长度的最佳比值在 4:1范围左右。

(3)当 1AA 集装箱布置在轨道式集装箱门式起重机悬臂下作业时,则有效悬臂长度必须满足吊起的 1AA 集装箱(对角线长度为 12.433 m)在悬臂处能自由转向而不碰轨道式集装箱门式起重机的支腿。因此,不论跨度大小,有效悬臂长度均不应小于 7.5 m。

3 轨道式集装箱门式起重机起升高度 H 的计算:

目前常用集装箱的高度有两种:2.896 m 和 2.591 m,计算时应根据实际情况确定 H_c。

8.1.7

1 集装箱作业场集装箱正面吊运起重机起重量为第一排不宜小于 42.0 t,第二排不

宜小于 31. 0 t,原因如下:

集装箱正面吊运起重机的吊臂由下部的基本臂及上部的伸缩臂组成,它的臂架是伸缩型的。吊臂一般为两节臂,不需要接臂和拆臂,缩短了辅助作业时间。臂架采用液压伸缩机构,可以实现无级伸缩和带载伸缩,扩大了在复杂使用条件下的使用功能;在工作现场中,有时需要跨箱作业,但在吊装第二排的集装箱时,其起重能力较第一排低。

目前国内外港口堆场所用装卸设备的起重能力大多数大于 30. 5 t,考虑到提高装卸效率,保证作业安全,和对各种意外的适应性,提高设备完好率和使用寿命等因素;当第二排箱中的一个箱总重为 30. 48 t 时,正面吊运起重机第二排的额定起重量至少不应小于 31. 0 t,通过吊臂的缩回,它的载荷中心也往下移动,故而前排的起重量增加。

正面吊吊臂的受力点有基本臂后铰耳与车体连接处 A 点、变幅油缸与基本臂上铰耳连接处 B 点、吊具与伸缩臂下铰耳连接处 C 点、伸缩臂与摆动油缸连接处 D 点,铰点图如说明图 8. 1. 7 所示。

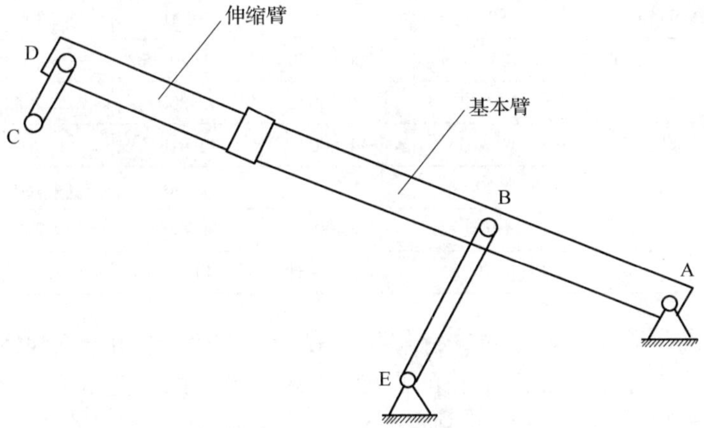

说明图 8. 1. 7 正面吊直臂铰点图

根据分析计算得出直臂在起重第一排时 A 点和 B 点的作用力幅值最大,起重第二排时的力臂比起重第一排时力臂至少长 2 438 mm,所以要保证 A、B 铰点在起重第一排和起重第二排作用力矩相同的前提下,第一排起重量要比第二排起重量大,根据相关计算可知第一排起重量至少不应小于 42. 0 t。

目前 Linde 生产的 4234TL、4531TL、4535TL,Fantuzzi 生产的 CS45 以及 Hyster 生产的 RS45-30CH 型正面吊都能满足以上要求。

2 集装箱正面吊运起重机的有效起升高度可以满足第一排堆码四层,第二排堆码三层。

3 集装箱正面吊运起重机的转弯半径是指在转弯过程中,吊运机尾部最外侧距转弯中心的距离。转弯半径过大,作业通道加宽,增加占地面积,因此集装箱正面吊运起重机的转弯半径不宜过大。

部分国内外集装箱正面吊运起重机主要技术参数见说明表 8. 1. 7。

说明表 8.1.7　部分集装箱正面吊运起重机主要技术参数表

技术参数 \ 型号		CS45	DRS4531—S5	C4234TL	C4531TL	C4535TL
起重能力	第一排/层高	45 t/5 层（最上层 35 t）	45 t/5 层（最上层 35 t）	42 t/6 层（最上层 27 t）	45 t/6 层（最上层 35 t）	45 t/6 层（最上层 35 t）
	第二排/层高	31 t/4 层	31 t/4 层	34 t/5 层（最上层 31 t）	31 t/5 层	35 t/5 层（最上层 32 t）
转弯半径（mm）		8 000	8 000	8 300	8 300	8 300
行驶速度（空载/重载）（km/h）		25/23	25/23	25/22	25/22	25/22
爬坡度（空载/重载）（%）		30/26	42/26	29/—	29/—	29/—
前桥载荷（空载/重载）（kg）		38 000/90 200	33 500/96 000	36 100/97 030	36 400/101 900	38 500/103 250
后桥载荷（空载/重载）（kg）		34 000/26 800	35 500/18 000	37 100/18 170	35 000/14 500	37 800/18 050
发动机	制造商	VOLVO	Scania	CUMMINS	CUMMINS	CUMMINS
	型　号	TWD 1031VE	D112	QSM11	QSM11	QSM11
	功率（kW）转速（rpm）	234/2 100	243/2 100	246/2 100	216/2 100	246/2 100
吊具	侧移量（mm）	±800	±800	±800	±800	±800
	回转角度（°）	+185/-95	+200/-100	+185/-95	+185/-95	+185/-95
自重（kg）		72 000	69 000	73 200	73 400	76 300
车体外形尺寸（mm）	总长	11 320	11 400	11 618	11 618	11 618
	总宽	4 200	4 160	4 180	4 180	4 180
	总高	4 900	4 490	4 900	4 900	5 000
生产厂家		Fantuzzi（意）	Kalmar（瑞典）	Linde	Linde	Linde

8.1.8　目前标准集装箱中最重的空箱自重为 3.4 t。空箱堆垛机的起重能力随起升高度的增加将减小，为满足堆码 5 层空箱的高度，空箱堆垛机的额定起重量应不小于 8.0 t。部分集装箱空箱堆垛机技术参数见说明表 8.1.8。

说明表 8.1.8　部分集装箱空箱堆垛机技术参数表

技术参数 \ 型号		DCE80—45E7	FDC18k	F4EC—1	C80
起重量（kg）		8 000	8 000	7 000	8 000
堆码层数		7 层	6 层	4 层	5 层
转弯半径（mm）		6 000	5 500	5 090	5 200
行驶速度（空载/重载）（km/h）		28/21	26/—	30/30	25/25
爬坡度（空载/重载）（%）		28/25	/24	/30.6	30/29
前桥载荷（空载/重载）（kg）		22 700/34 850	16 500/28 900	17 200/	18 190/31 020
后桥载荷（空载/重载）（kg）		12 250/8 100	10 000/5 600	9 260/—	10 310/5 180
发动机	制造商	VOLVO	Perkins	ISUZU	Perkins
	型　号	TWD 731 VE	1006—60T	6BG1T	1006—60T
	功率（kW）/转速（rpm）	167/2 200	117/2 500	160/2 200	112/2 500

续上表

技术参数＼型号		DCE80—45E7	FDC18k	F4EC—1	C80
吊具侧移量(mm)		±600	±400	±600	±300
门架倾角(前/后)(°)		2/3	3/6	3/5	3/3.5
20英尺/40英尺箱堆垛通道最小宽度(mm)		10 000/14 000			9 603/14 905
自重(kg)		34 950		73 400	29 550
车体外形尺寸(mm)	总长	6 900	5 800	5 915	5 830
	总宽	4 000	3 500	3 430	3 500
	总高	4 540	3 700	4 800	4 605
生产厂家		Kalmar(瑞典)	Fantuzzi(意)	KOMATSU(日)	Linde

8.1.9

1 叉车进箱作业时,车辆对箱底产生集中负荷。按照ISO对集装箱箱底检验标准中规定,轴负荷为5 460 kg,每个车轮的平均负荷为2 730 kg,轮宽为180 mm,承载面积185 mm×100 mm,实际接触面≤142 cm^2,接地轮距为766 mm,则轮压限制在1.88 MPa以内。因此,箱内叉车其轴荷和轮压均应小于上述限定值,其起重量一般在2 500 kg以下;而起重量过小,货物的重量将影响作业,合理的起重量应为1.5 t~2.5 t。

2 叉车进箱作业时,其外型尺寸受到集装箱内部尺寸和门框开口尺寸的限制,各型通用集装箱最小内部尺寸和门框开口尺寸见说明表8.1.9—1。

说明表8.1.9—1 各型通用集装箱最小内部尺寸和门框开口尺寸表

集装箱型号	最小内部尺寸(mm)		最小门框开口尺寸(mm)		
	高 度	宽 度	长 度	高 度	宽 度
1AAA	H-241	2 330	11 998	2 261	2 286
1AA			11 998	2 261	
1A			11 998	2 134	
1BBB			8 931	2 261	
1BB			8 931	2 261	
1B			8 931	2 134	
1CC			5 867	2 261	
1C			5 867	2 134	
1D			2 802	2 134	

注:*H*为集装箱外部高度尺寸。

叉车的最大外形高度应为集装箱门高减去过渡板厚15 mm和叉车作业安全间隙80 mm~90 mm,则对于高度为2 438 mm的集装箱,叉车的最大外形高度应小于2 030 mm;对于高度为2 591 mm的集装箱,叉车的最大外形高度应小于2 180 mm。此外,还应注意司机座椅的高度,使司机坐上后其头部不致碰到护顶架;在无护顶架的情况下，司机坐上后其头部高度不应超过门架高度。

3　叉车在箱内作业时，其工作空间严格受限，故要求其具有自由提升性能和方便的对位功能，因此叉车门架应能自由提升 1.0 m~1.5 m。

部分小型叉车主要技术参数见说明表 8.1.9—2。

说明表 8.1.9—2　部分小型叉车主要技术参数表

技术参数＼型号		CPCD25	CXCD25	FD25T—7	CPCD—2.5	CPC2	H25D—03
额定起重量(kg)		2 500	2 500	2 300	2 500	2 000	2 500
最大起升高度(mm)		3 000	3 000	3 000	3 000	3 000	3 050
自由提升高度(mm)		全自由 1 500	全自由 1 500	990	460	400	150
门架倾角(前/后)(°)		6/12	6/12	6/12	6/12	6/12	5/9
最小转弯半径(mm)		2 230	2 330	2 240	2 455	2 170	2 290
车体外形尺寸(mm)	长	3 625	2 595	3 490	3 755	3 280	2 650
	宽	1 150	1 150	1 150	1 270	1 150	1 164
	高	2 070	2 070	2 050	2 010	2 140	2 250
行驶速度(km/h)		20	20	20	—	21	21
发动机	型　号	五十铃 D240	485QC	ISUZUC 240	TN495	485QC	Perkins 903.27
	功率(kW)	37.3	36.8	34.2	42.66	37.5	38
自重(kg)		3 775	4 115	3 800	3 960	3 510	4 540
生产厂家		合肥叉车总厂	杭州叉车总厂	小松(日)	北京叉车总厂	宝鸡叉车总厂	林德叉车

行邮行包作业场所用的叉车也应满足以上标准。

8.1.10　拖挂式运输车辆由集装箱牵引车与挂车组成。

(1)优化选择车型，是车辆前期管理中保证集装箱运输成本、提高效率的重要环节。合理选配车辆，应从适用性、可靠性、经济性和维修方便性几方面进行综合经济评价。

(2)平头式牵引车的驾驶室较短，驾驶员视线较好；轴距和车身也较短，转弯半径小。多数集装箱码头堆场与码头前沿间水平搬运均采用平头式牵引车。

(3)公路运输用集装箱半挂车的长、宽、高外廓尺寸及轮压和轴荷重，均应符合国家标准规定。为保证装运时的安全，挂车应装设固定集装箱用的旋锁装置。

(4)场内运输用半挂车的外廓尺寸一般可不受国家对于车辆限界规定限制，但挂车的全长和轴负荷要考虑道路的技术条件。站内所用的挂车，其集装箱固定装置也可较公路用挂车简单。

(5)牵引车与半挂车连接装置的各项互换性，要符合《货运半挂车通用技术条件》JT 3115 的规定，对车组的连接装置进行匹配，以保证整车性能和连接装置的互换性。在配备车辆时，考虑以装载 20 英尺和 40 英尺集装箱半挂车为主，半挂车的结构主要有直梁骨架式和平板式。门到门运输车辆在运输 9 英尺 60 英寸高的集装箱时，则需采用鹅颈式或凹梁式半挂车，以保证不超过城市道路的运输装载限界。货运中心内牵引车与站外门到门牵引车在行使速度、牵引力、爬坡能力等性能参数均有较大区别。

8.2.1 集装箱在主箱场平均装卸次数,是考虑部分集装箱可直接装集卡送货主或辅助箱场,或换装到另一列集装箱列车,不需落地,装卸次数为1次;部分集装箱需先落地,再装集卡送货主或辅助箱场,装卸次数为2次。由于站内集卡配置台数不可能太多,与装卸机械效率不可能一致,因此集装箱平均装卸次数可按1.5~2次。主箱场作业时,平均装卸次数z取低值;辅助箱场作业量大时,平均装卸次数z取高值。掏装箱时,货物无需落地,因此掏装箱次数可按1次计算。

集装箱装卸机械的工作效率是指在规定的工作状况下,连续进行作业,在单位时间内吊运的集装箱的数量,以TEU/h表示,用公式$Q_s=3\,600/t$计算,其中t为工作循环时间。影响集装箱装卸机械工作效率的因素很多,如集装箱作业场内的作业条件,装卸工艺,司机操作熟练程度等。

轨道式集装箱门式起重机工作循环时间为

$$t=t_q+t_x+t_s+t_d+t_j+t_k+t_{dc}$$

式中 t_q——起升时间(s);

t_s——下降时间(s);

t_x——小车行走时间(s);

t_d——大车行走时间(s);

t_j——旋锁锁紧时间(s),可采用3 s;

t_k——旋锁脱开时间(s),可采用3 s;

t_{dc}——吊具对位时间(s),可采用2 s。

一般火车对集卡卸车作业和集卡对火车装车作业的效率要比火车对箱区卸车作业效率高,综合目前轨道吊的起升、下降、大小车行走速度经计算可采用25~30箱次/(台·h)。

正面吊运机的工作循环时间为

$$t=t_1+t_2+t_3+t_4+t_5+t_6+t_7+t_8$$

式中 $t_1(t_2)$——仰(伸)臂时间,仰臂和伸臂一般可同时进行;

t_3——行车时间(s);

t_4——吊具对位时间包括旋转和平移(s);

t_5——旋锁锁紧时间(s);

t_6——旋锁脱开时间(s);

$t_7(t_8)$——俯(缩)臂时间,俯臂和缩臂一般可同时进行。

综合目前直臂正面吊的仰伸臂、俯缩臂、行车速度经计算可采用20~25箱次/(台·h)。

集装箱作业场按每天作业24 h考虑,装卸机械作业按三班制计算,每班的值班时间为12 h,其中工作时间为10 h,就餐、休息2 h;在10 h的工作时间中,又分为机械作业时间和辅助作业时间,辅助作业时间包括交接班、机械日常保养及检修时间,每班的交接班、机械日常保养时间为1 h,机械检修时间可参考铁运〔1995〕143号《铁路装卸机械检修技术规范》。

部分装卸机械检修周期见说明表8.2.1。

将一年中检修停机时间折算到每班,约为1.1 h~2.8 h,考虑到集装箱作业场选用技术先进、性能良好的设备,将该时间进行适当压缩,取0.5 h~1.5 h,则每班辅助作业时间为1.5 h~2.5 h,装卸机械每天最大作业时间为15 h~17 h,内燃机械取小值,电动机械取大值。

说明表 8.2.1　部分装卸机械检修周期

机械名称	一级保养		二级保养			中　修				大　修		
	间隔（月）	停机日数	间隔（月）	停机日数	一级保养次数	间　隔		停机日数	二级保养次数	间　隔		停机日数
						运转时间(h)	作业吨（10^4 t）			运转时间(h)	作业吨（10^4 t）	
门、桥式起重机（10 t 及以上）	1	2	6	4	5	7 500	30	10	2	16 000	60	30
内燃叉车（3 t 以下）	1	2	3	3	2	3 000	1.5	7	3	9 000	4.5	20
内燃叉车（3 t 到 10 t）	1	2	3	4	2	2 400	9	20	3	7 200	27	1～2 月
内燃叉车（10 t 以上）	1	2	3	4	2	2 400	12	20	3	7 200	36	1～2 月
内燃起重机（8 t 以上）	1	2	3	4	2	2 400	9	20	3	7 200	27	1～2 月

8.2.2　叉车升、降及往返搬运一次货物所需的总时间（$T_{周}$），可按下式计算：

$$T_{周}=t_{抓}+3t_{转}+2t_{行}+t_{升}+t_{降}+t_{放} \qquad （说明 8.2.2—1）$$

式中　$t_{抓}$——叉车抓取货物所需时间（s），一般取 10～40 s（托盘直接送达，取 10 s；托盘仅限于仓库内应用，可采用 40 s）；

$t_{转}$——转向时间（s），可采用 7 s；

$t_{放}$——放下货物时间（s）；可采用 3 s；

$t_{升(降)}$——货物起升（降）所需时间（s），

$$t_{升(降)}=\frac{60\ H_{升(降)}}{v_{升(降)}} \qquad （说明 8.2.2—2）$$

$H_{升(降)}$——起升高度（m），平均取 1.5 m；

$v_{升(降)}$——起升（降）速度（m/min），一般叉车为 31.2～33.6 m/min；

$t_{行}$——搬运货物（单程）所需时间（s），

$$t_{行}=\frac{S}{0.278v_{行}} \qquad （说明 8.2.2—3）$$

S——搬运货物运行距离（m），因叉车一般是在仓库与棚车之间进行搬运作业，它的搬运距离与仓库的长度有关，通常可按仓库长度的一半计算；

$v_{行}$——叉车的运行速度（km/h）；

0.278——单位换算系数。

8.3.1　集装箱修理以清洗、整形、修补、更换零件为主，其相关设施可根据具体情况配置。装卸机械、运输机械的临修与保养以一、二级保养为主，并配置相应的检修设备。

8.3.3　综合维修车间前有较大的场地，有利于供各种装卸机械、运输车辆、集装箱等停放、出入和回转，各种作业按分区进行，有利于避免相互干扰。

8.4.1　铁路货运中心内流动机械用油量：1 台正面吊 1 天最大用油量大约在 1 100 L 左右；1 台空箱堆垛机 1 天最大用油量大约在 140 L 左右；1 台站内运输集卡 1 天最大用油量大约在 220 L 左右。加油站的级别应根据办理站内配属流动机械 5～7 d 的耗油量确定。

9.1.1　铁路货运中心场地与道路作业性质，与港口码头相似，本条参照《港口道路、堆场铺面设计与施工规范》(JTJ 296)编写。

9.1.2 半刚性基层、底基层应具有足够的强度和稳定性、较小的收缩(温缩及干缩)变形和较强的抗冲刷能力,在中冰冻、重冰冻区应检验半刚性基层、底基层的抗冻性能。垫层是根据土基情况设置,对地下水位高、潮湿、过湿地段,季节性冰冻地区等,设置垫层可改善土基的湿度和温度状况,保证面层和基层的稳定。

最小防冻厚度的要求,联锁块铺面、水泥混凝土铺面在现行的《公路水泥混凝土路面设计规范》JTGD 40中有所规定;沥青混凝土铺面在现行的《公路沥青路面设计规范》JTGD 50中有所规定。

9.1.3 钢纤维水泥混凝土铺面、聚丙烯纤维水泥混凝土铺面设计参照现行相关的技术规程、规范及规定。

9.1.4 道路和场地铺面占铁路货运中心总投资的比重较大,所以应结合土基种类、工程性质等情况,进行方案比选。土基较差、施工工期短的工程以及临时或短期使用的工程,一般采用能适应土基变形的铺面种类,条件许可时,可选用机械化和工厂化施工的铺面种类。联锁块铺面是较为适应土基变形大的铺面种类,但使用年限较短;水泥混凝土铺面使用年限较长,但地基强度要求高;沥青混凝土铺面性能介于以上两者之间。

由于各地区土质差异较大,对地基处理的方法不同,地基承载力标准和固结度标准难以统一。本条提出的控制土基在设计使用年限内的计算残留沉降量,是强调对软土及其他类型松软地基,应进行工后沉降分析;由于不均匀沉降对铺面的危害更大,故本条予以强调。

在《港口道路、堆场铺面设计与施工规范》中,列出了各类铺面在设计使用年限内的计算残留沉降量标准,水泥混凝土铺面为 30 cm、联锁块铺面为 50 cm、沥青混凝土铺面为 40 cm。该标准是根据港口的特点及港口工程地基处理实例等综合确定的。

铁路货运中心有自己的特点,各地区土质差异较港口更大,设施更复杂。在集装箱主箱场,由于同时要布置铁路线路、堆箱区、作业通道,可能还有龙门吊走行轨等设施,无论采用那种铺面形式,其土基在设计使用年限内的计算工后(残留)沉降量,都要结合铁路、龙门吊走行轨基础的允许沉降标准综合确定。铁路路基工后沉降不大于 30 cm(引用《铁路路基设计规范》TB 10001—2005 的Ⅱ级铁路标准);《公路路基设计规范》JTGD 30—2004 中,高速公路和一级公路容许工后沉降:桥台与路堤相邻处≤10 cm,涵洞、通道处≤20 cm,一般路段≤30 cm;故土基在设计使用年限内的计算工后(残留)沉降量应结合上述情况予以综合考虑。

9.1.6 回弹模量标准引用《公路沥青路面设计规范》JTGD 50—2006 第 5.1.1 条。

压实度标准引用《公路路基设计规范》JTGD 30—2004中高速公路和一级公路标准。

按现行《港口道路、堆场铺面设计与施工规范》JTJ 296—96 第 3.2.8 条土基压实度标准规定值与《公路路基设计规范》JTJ 013—95 第 3.3.2 条二条公路标准一致。现行《公路路基设计规范》JTGD 30—2004 中土基压实度标准较原规范均提高了 1%~3%。

集装箱堆场行驶的流动机械具有荷载重量大,轮多,轴型复杂,且拐弯、刹车多等特点,对道路、堆场的土基密实、均匀和稳定的要求更加严格,而土基的强度和稳定性对保证路面结构的强度和稳定性极为重要,所以本暂行规定主张提高土基压实标准,采用高速公路和一级公路的规定值。

特殊土作为填料时,应采取各种有效技术措施,使之达到重型压实法的压实度要求。

但提高压实度十分困难,也不经济时,可根据试验确定压实度要求或按本暂行规定表 9. 1. 6 的规定适当降低 1% ~3% 。

9. 1. 7　三种铺面的设计可根据本暂行规定的有关限定,结合铁路货运中心的特点,按现行《港口道路、堆场铺面设计与施工规范》JTJ 296 的有关规定和公式进行设计。

9. 2. 1　"按最不利取值"指按各种荷载情况分别计算时,取铺面厚度大的荷载情况。

9. 2. 5　参照《港口道路、堆场铺面设计与施工规范》JTJ 296 编写。

9. 2. 6　集装箱额定重量 1CC 和 1AA 分别为 24 t 和 30. 48 t。铁路集装箱货场 1998~2000 年统计资料表明,1CC 和 1AA 集装箱的重量装满系数分别为 0. 76~0. 85 和 0. 70~0. 81;港口集装箱通过广州、上海、天津、厦门港等实际调查统计资料采用的堆箱一层、二层、三层、四层时荷载折减系数分别为 40 英尺箱 1. 0、0. 9、0. 75、0. 65,20 英尺箱为 1. 0、0. 95、0. 75、0. 65。综合上述情况,1CC 和 1AA 箱堆高一层、二层、三层、四层时的实载率分别采用 1. 0、0. 9、0. 8、0. 7。

从调查资料显示,目前国际上集装箱均在向大箱型发展,20 英尺箱将主要装载重质货物,其制造标准额定重量为 30. 480 t。虽然国际标准还未修改,但考虑近几年集装箱实际情况和发展趋势,20 英尺箱采用 30. 480 t 计算。

说明表 9. 2. 6　集装箱堆码重量(t)

箱型 / 箱的状态 / 堆码层数	1AA		1CC	
	空　箱	重　箱	空　箱	重　箱
一层	3. 880	30. 480	2. 980	30. 480
二层	7. 760	54. 864	5. 960	54. 864
三层	11. 640	73. 152	8. 940	73. 152
四层	15. 520	85. 344	11. 920	85. 344
五层	19. 400	14. 900		

10. 2. 4~10. 2. 6　营销管理包括业务受理、制票、到达交付等业务的管理。收入及清算管理主要包括收入审核、收入预付款、财务清算等管理。

10. 3. 1　目前全路的集装箱、行邮行包、小汽车运输信息系统利用不同的网络进行传输。集装箱、小汽车系统利用铁路现有的计算机网络;行邮行包系统利用互联网采用 VPN 方式组网。在铁路货运中心应采用统一组网方式,铁路货运中心的行邮行包系统可通过网络安全平台后接入中铁快运的行包系统。

根据铁路信息化总体规划要求,铁路计算机网络实行网络的物理或逻辑分离,划分为安全生产网、内部服务网和外部服务网。其网络安全结构如说明图 10. 3. 1 所示。

安全生产网是为铁路各生产应用系统提供服务的局域子网,应由与铁路运输生产直接相关的各服务器群及专用微机终端所组成。

内部服务网是为铁路内部用户提供日常信息服务的局域子网,应由办公信息系统相关服务器、防病毒服务器以及内部用户微机终端等组成。

外部服务网是为互联网用户提供业务服务的局域子网,应由铁路门户、政府网站相关服务器组成。

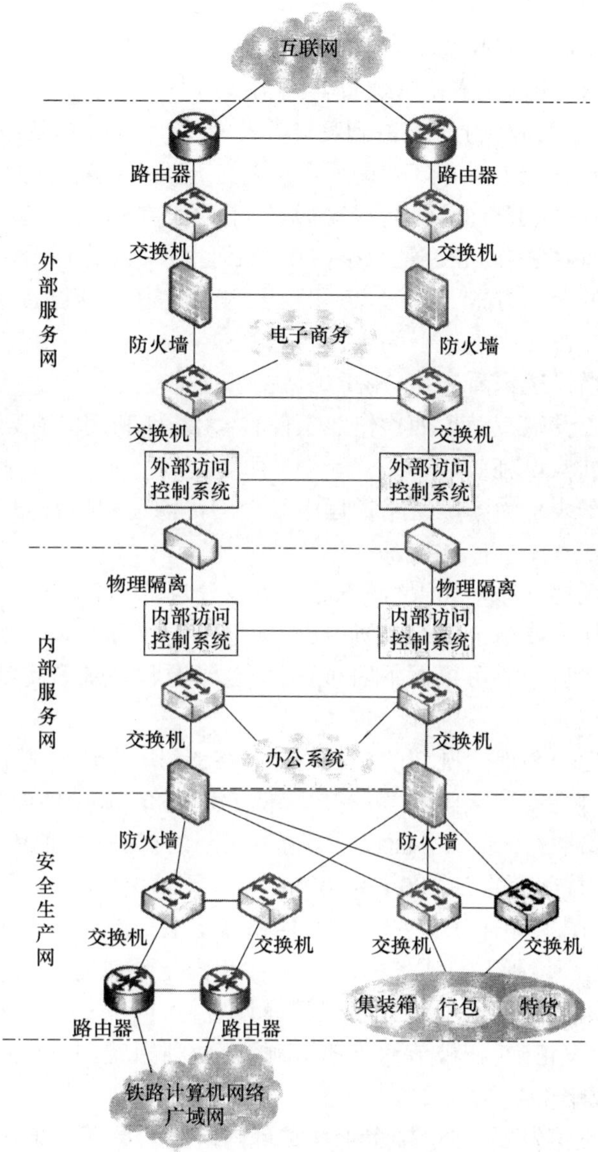

说明图 10.3.1 铁路计算机网络安全结构图

10.3.7 IP 地址分配规定参见部有关文件《关于统一铁路计算机网络 IP 地址有关问题的通知》(铁电计函〔2001〕58 号文)。

10.5.4 关键设备指服务器、网络设备以及重要岗位客户端等。

11.1.2 本条对铁路货运中心电话交换系统进行规定。当采用铁路货运中心隶属于铁路局管辖模式时,其自动电话用户应接入相关铁路本地电话交换设备;当采用自成铁路货运中心公司管理模式时,根据铁路货运中心的话务分析,可采用集中用户交换机方式(Centrex)提供,或单独设置电话交换设备,与铁路相关本地电话交换网联网。

11.2.1

5 在信号开放后,需要不间断地检查灯丝完好;进站和有通过列车的正线出站或进路信号机,红灯灭灯时不得开放信号。开放预告或复示信号机时,需不间断地检查其主体信号机在开放状态。

11.2.2 办理接发车作业的装卸线,当钢轨周围浸满了水泥或沥青,普通轨道电路不能满足信号设计需要,需结合计轴轨道检查装置共同实施。

11.2.5 办理接发车作业装卸线上列车的到发与场区内流动装卸机械及运输机械存在平面交叉。设置地面固定报警设备不应影响车辆的通行及作业,应明确报警范围及报警方式。

对于平过道,以往站内道口的防护、报警形式,不便于在箱区内道口处安装、使用,且报警形式比较落后;而箱区内的股道是否被占用,如何报警,目前尚无先例。

借鉴港口或机场的警示方式,对平过道和箱区内的股道分别设置语音报警和信号警示设备。

要求在箱区两端增设道口看守房,用于确认报警通知。

11.3.1 铁路货运中心设施应满足列检作业条件,当无条件利用既有列检设施时,铁路货运中心方可单独设置列检设施。

11.3.2 非运用车存车线是为满足铁路货运中心专用车辆定期检修扣车及临时性故障停放的需要而设置的。

11.4.1 根据负荷等级划分原则和现行《铁路电力设计规范》TB 10008—2006 确定。

11.4.2 通过对国内外集装箱堆场的调研,杆架式电源插座和移动发电机是比较适用和可行的方案。各铁路货运中心可根据平面布置、作业量及作业流程等特点择优选择冷藏箱的供电方式。

11.4.3 由于铁路货运中心地面堆积的金属物体较多,易遭受雷击,故防雷装置应按保护全场设计。利用高杆灯柱安装接闪器,可有效降低工程造价、减少地面障碍物的数量。

11.4.5 本条规定是参照《海港总平面设计规范》编制的,为减少地面障碍,便于铁路货运中心作业,将高杆灯柱间距定为 100 m~140 m。

11.5.1 近年来,随着国家颁布了《中华人民共和国水法》、《中华人民共和国城市规划法》、《中华人民共和国环境保护法》、《中华人民共和国土地管理法》、《中华人民共和国水污染防治法》等各项法规,铁路给水排水工程设计应符合各项法规的规定,并使选择的水源合理,污水排放方案正确,积极节约土地资源,合理利用我国有限的水资源并加以保护,推行可持续发展战略。

由于科学技术的迅速发展,在给排水工程领域内研究人员开发出许多新型管材、新工艺、新型水处理设备等,因此在工程设计中应不断总结生产实践经验和吸收科研成果,积极推广采用经过鉴定、行之有效的给排水新技术、新工艺、新设备、新材料。

11.5.2

1 铁路货运中心主要建在城市及周边地区,应充分利用城市既有基础设施,减少铁路货运中心建设投资。

2 运量较小的铁路货运中心用水量较小,宜按生活供水站、点设计。

3 站区内生活用水量较少,为保证生活饮用水水质,特制定本条规定。

4 集装箱清洗工艺不同,清洗用水量也不同。采用高压气雾清洗、超声波清洗用水量很小。集装箱清洗用水量是按清洗危险品箱、易污染箱等不同工艺要求,计算平均用水量。无调查资料时,可暂按 0.5 m^3/TEU 设计。

5 清洗箱数应根据需清洗危险品箱、易污染箱等箱数确定,无调查资料时,暂按日均作业箱数的 1.5% 确定。

6 给水加压泵站或给水所的建筑面积应根据铁路货运中心年作业量的大小综合计算确定。

11.5.3 近年来,为贯彻节约用水、节约能源的方针,部分生产废水经处理后回用,从而提高水的重复使用率。

1 铁路货运中心主要建在城市及周边地区,应充分利用城市既有基础设施,减少货运中心建设投资。

2 由于各地环保部门要求排放标准和受纳水体不同,生产、生活污水应按环境评价确定的标准进行处理,再排放。

3 为节约用水,制定本规定。各铁路货运中心冲洗用水量不同,是否采用中水进行集装箱冲洗应进行经济技术比较。

11.5.4

1 暴雨强度首先采用当地气象部门发布的暴雨强度公式计算,也可采用给水排水设计手册中的暴雨强度公式计算。

雨水设计流量 Q_p 可按下式计算:

$$Q_p = q_{水} \cdot \phi \cdot F_{水} \quad (说明 11.5.4)$$

式中 Q_p——设计流量(L/s);

$q_{水}$——设计降雨强度[L/(s · hm^2)];

ϕ——径流系数,采用说明表 11.5.4 中的数值,对多种地面的汇水面积,平均径流系数应按地面种类加权平均法计算;

$F_{水}$——汇水面积(hm^2)。

说明表 11.5.4 径流系数 ϕ

地面种类	ϕ 值
各种屋面、混凝土和沥青、大板铺面	0.90
联锁砌块铺面、沥青表面处置铺面	0.60
级配碎石铺面	0.45
非铺砌土地面	0.30
绿地	0.15

3 设计分区的大小对合理布置排水设施有直接的影响,分区较大容易造成排水管道直径较大,分区较小容易造成排水管道利用率较低,因此,要求分区均匀。

4 考虑集装箱箱场地面均硬化,堆箱较高,受风力影响较大,为避免上层集装箱滑落,箱场地面排水横向坡度较一般场地横坡缓,采用 0.5%。

7 为了避免场地内道路积水,影响正常运营,因此规定道路宽度超过 10 m 应设置双侧雨水口收集。

11.6.1 铁路货运中心生产、生活用水量不大,消防水量大于生产、生活用水量,为保证生活用水水质,因此消防给水系统宜设置独立。

11.6.2 消火栓不能设在易被货物及装卸和运输机械占压的地方,最好设置在装卸线与消防通道之间。

11.7.2 为保持铁路货运中心清洁和环境卫生,铁路货运中心要根据建设规模和运输需求配备洒水机、扫地机和垃圾转运车等清洁设备。

11.7.3 铁路货运中心要注重进行绿化设计,场地绿化率不低于当地的有关规定。

中国铁路总公司企业标准

Q/CR

P

Q/CR 9135 —2015

铁路工业站港湾站设计规范

Code for Designing Railway Industrial and Harbour Stations

2015-02-28 发布

2015-06-11 实施

中 国 铁 路 总 公 司 发 布

中国铁路总公司关于发布
《铁路工业站港湾站设计规范》的通知

铁总建设〔2015〕87号

现发布《铁路工业站港湾站设计规范》(Q/CR 9135—2015),自2015年6月1日起施行。

原铁道部发布的《铁路工业站港湾站设计规范》(TB 10078—2001)同时停止执行。

本规范由中国铁路总公司建设管理部负责解释,由经规院、铁道出版社组织出版发行。

中国铁路总公司

2015年2月28日

前　言

本规范是根据构建中国铁路总公司铁路工程建设标准体系要求，在原铁道部《铁路工业站港湾站设计规范》TB 10078—2001 的基础上修编而成的。

本规范在编制过程中，与现行国家、行业标准和中国铁路总公司相关标准进行了协调；调整了原规范中不符合总公司铁路建设项目特点和要求的有关内容；吸纳了原规范发布后，在工程建设和运营实践中的经验，为总公司铁路工程建设提供了技术支撑。

本规范共分九章，主要内容包括：总则，术语，基本规定，交接方式的选择，工业站、港湾站的数量和站址选择，布置图型，接轨、交接地点及主要设备配置，站线数量和有效长度及车站通过能力和解编能力。

本规范主要修订了工业站、港湾站设计年度和轨道衡设置等规定，补充了工业站、港湾站交接方式及其设置应有利于路企直通运输的规定，完善了部分条文和条文说明。

在本规范执行的过程中，希望各有关单位结合工程实际，认真总结经验，积累资料。如发现需要修改和补充之处，请及时将意见和有关资料寄交铁道第三勘察设计院集团有限公司（天津市中山路 10 号，邮政编码：300142），并抄送中国铁路经济规划研究院（北京市北蜂窝路乙 29 号，邮政编码：100038），供今后修改时参考。

本规范由中国铁路总公司建设管理部负责解释。

主编单位：铁道第三勘察设计院集团有限公司。

主要起草人：俞祖法、杜　参、于兴义、李庆生、李荣华、赵济华、胡建明、沈建明、周茂祥、伍丽蓉、赵　斗、白慧明、吕建军、吴彩兰。

主要审定人：敖云碧、王　南、唐劲松、桑翠江、刘　华、李生才、吴学全、王俊峰、刘一平、韩国兴、伍丽荣、许宗芳、张林峰、王伟民。

目　次

1 总　　则

1.0.1 为贯彻国家有关法规和技术政策,统一铁路工业站、港湾站设计的技术标准,使铁路工业站、港湾站设计符合安全适用、技术先进、经济合理的要求,制定本规范。

1.0.2 本规范适用于国家铁路网中标准轨距新建和改建工业站、港湾站设计。

1.0.3 工业站、港湾站的设计年度应分为近、远两期,近期为交付运营后第10年,远期为交付运营后第20年。近、远期应采用预测运量。

对于不易改、扩建的建筑物和基础设施,应按远期运量和运输性质设计;对于易改、扩建的建筑物和基础设施,可按近期运量和运输性质设计,并预留远期发展条件;对于可随运输需求变化而增减的运营设备,可按交付运营后第3年或第5年的运量设计。

工业站、港湾站应根据企业、港口远景规划,预留发展条件。

1.0.4 复杂的工业站、港湾站设计方案应经过技术经济比较确定。改建工程复杂的,应有指导性施工过渡设计。

1.0.5 工业站、港湾站设计除应符合本规范外,尚应符合国家、行业及中国铁路总公司现行有关标准的规定。

2 术　　语

2.0.1 工业站　industrial station

主要为有大量装卸作业的工业企业外部运输服务的车站。

2.0.2 企业站　enterprise station

主要为有大量装卸作业的工业企业内部铁路运输服务的车站。

2.0.3 路厂(矿)联设工业站　railway-factory combined marshalling station

工业站和企业站联合设在一处,担当进出厂(矿)列车到发、交接、解编及取送等作业,共同为工(矿)企业服务的车站。

2.0.4 港湾站　harbour station

主要为有大量装卸作业的港口外部铁路运输服务的车站。

2.0.5 港口站　port station

主要为有大量装卸作业的港口内部铁路运输服务的车站。

2.0.6 路港联设港湾站　railway-port combined marshalling station

港湾站和港口站联合设在一处,担当进出港口列车到发、交接、解编及取送等作业,共同为港口服务的车站。

2.0.7 货物交接　delivery-receipt of the goods

铁路与企业(或港口)双方在交接地点按协议将企业(或港口)到达或发送的货物交给对方的交接方式。

2.0.8 车辆交接　delivery-receipt of the car

铁路与企业(或港口)双方在交接地点按协议将企业(或港口)到达或发送的货物及车辆一并交给对方的交接方式。

2.0.9 交接场　delivery-receiving yard

国家铁路与铁路专用线或地方铁路间办理车辆、货物交接的车场。

2.0.10 厂(矿)区车场　area yard of enterprise

担当某一厂(矿)区内的车辆集结、选编和取送等作业的车场。

2.0.11 分区车场　area yard of port

担当某一港区内的车辆集结、选编和取送等作业的车场。

2.0.12 铁路专用线　industrial siding

由企业或者其他单位管理的与国家铁路或者其他铁路线路接轨的岔线。

2.0.13 码头线　wharf track

设在码头担当货物装卸作业的线路。

2.0.14 货物装卸线　team track

办理货物装卸作业的线路。

2.0.15 装车环线　loading loop

为满足煤炭不停车装车而设置的连接横列式布置的重车线和空车线的环形线路。

2.0.16 卸车环线 unloading loop

为满足煤炭不停车卸车而设置的连接横列式布置的重车线和空车线的环形线路。

2.0.17 轨道衡线 weighbridge track

装有轨道衡设备,用来称量重车和空车重量的线路。

2.0.18 机务折返段 locomotive turnaround depot

为各交路方向机车折返时进行机车运转整备和乘务员管理的处所。

若有派驻机车时,除上述任务外,尚承担调车作业或机车交路,称为派驻机车折返段。

2.0.19 机务折返所 locomotive turnaround point

担当补机、小运转机车或较少对数交路机车折返整备作业的处所。

2.0.20 站修所 freight car repairing depot

承担辅修、摘车轴箱检查和摘车临修任务的场所。

3 基本规定

3.1 工业站、港湾站的分类

3.1.1 工业站、港湾站按所服务的企业性质可分为采掘、加工、多企业共用工业站及港湾站四类。

3.1.2 工业站、港湾站按交接方式可分为货物交接、车辆交接及货物和车辆交接并存三类。经铁路和企业协商也可采用其他交接方式。

3.1.3 工业站、港湾站按车站作业可分为无路网中转车流解编作业和兼负部分路网中转车流解编作业两类。

3.2 工业站、港湾站的设计原则

3.2.1 经铁路运输年装卸货物量一般为 4 Mt 及以上的企业、港口,或工业区内各企业、港区合计年装卸货物量 4 Mt 及以上,根据需要可设置工业站或港湾站。

3.2.2 工业站、港湾站的交接方式应根据企业生产性质,企业生产和铁路运输的关系,企业、港口内部铁路运输复杂程度及其与铁路机车到各装卸点取送车干扰程度等因素,经技术经济比较后与企业协商确定。

3.2.3 工业站、港湾站设计,应根据铁路到发企业或港口运量、运输性质、管理和交接方式及该站在路网上所担当的作业分工等因素,合理选择接轨地点、车站布置图型及交接作业地点。合理配置各车场、机车车辆设备及客货运设备等。

3.2.4 工业站、港湾站应有利于铁路和所服务企业间的直通运输作业。

3.2.5 工业站、港湾站的线路标准应符合下列规定:

1 当工业站与企业站或港湾站与港口站分设时,工业站、港湾站上的交接线,若办理铁路列车到发作业,应采用铁路到发线标准;若不办理铁路列车到发作业,宜采用铁路调车线标准。若在企业站、港口站到发场办理铁路列车到发和交接作业时,则办理交接作业的到发线,应采用铁路到发线标准。

2 联设的工业站、港湾站,办理铁路列车到发的企业、港口到达场、到发场内的到达线、到发线应采用铁路到发线标准。

3.2.6 工业站、港湾站分阶段设计应符合下列要求:

1 工业站、港湾站近期工程平纵断面宜和远期工程相结合,减少远期改建时对运输作业的干扰和废弃工程。

2 机务折返段按远期规模规划设计,分期建设。

3.2.7 工业站、港湾站改建设计应符合下列要求:

1 工业站、港湾站改建时,如主要车流方向未改变,不宜改变专用线的衔接方向。

2 充分利用既有设备,减少拆迁和节约用地。

3 减少过渡工程和施工对运输作业的干扰。

4 交接方式的选择

4.0.1 矿内运输主要采用铁路，当矿井比较集中，矿内铁路运输与铁路机车向装车点和卸车点取送车交叉干扰较小时，路矿双方宜采用货物交接方式。否则，宜采用车辆交接方式。

矿内运输主要采用皮带运输机和大型翻斗汽车的露天矿，矿内运输与铁路机车向装卸车点取送车互不干扰时，路矿双方宜采用货物交接方式。

4.0.2 钢铁厂内部运输主要采用铁路，且与铁路机车取送车交叉干扰较大时，路厂双方宜采用车辆交接方式。

厂内运输主要采用皮带运输机时，若各种大宗原料集中在工业站翻车机车场卸车，路厂双方宜采用货物交接方式。入厂其他原料和出厂产品重车，路厂双方宜采用车辆交接方式。即采用货物交接与车辆交接并存的方式。

轧钢厂等厂内运输比较简单，铁路机车向各装卸点取送车与厂内运输干扰较小时，路厂双方宜采用货物交接方式。

4.0.3 当炼油厂装车线较长，且布置比较集中，铁路机车向装油线、物资库(场)专用线取送车作业较简单时，路厂双方宜采用货物交接方式。

当产品种类复杂，装车线布置分散，有效长度短，厂内自备机车调车与铁路机车取送车干扰较大时，路厂双方可采用车辆交接方式。

4.0.4 大型成批生产的机械制造厂厂内运输主要采用铁路，厂内运输与铁路机车取送车交叉干扰较大时，路厂双方宜采用车辆交接方式。

中型机械制造厂，装卸量较少，厂内运输简单，或厂内运输不采用铁路时，路厂双方宜采用货物交接方式。

4.0.5 大型火力发电厂厂内卸煤采用翻车机和皮带运输机时，宜采用货物交接方式。

当电厂厂内运输需要自备机车，路厂双方运输有干扰时，可采用车辆交接方式。

4.0.6 在多企业共用工业站，各企业采用的交接方式，应根据企业性质、企业内部运输方式、企业内部铁路运输与铁路机车向装卸点取送车干扰程度，并考虑该站的作业特征，按本规范第4.0.1条~第4.0.5条的选用原则确定。

4.0.7 当港口码头前方仓库和堆场面积较小时，自铁路到达港口的大部分重车，应先送往后方仓库、堆场内保管整理，再用铁路运至前方仓库、堆场；经铁路到达的装载大宗散堆装货物的重车，应按品种分组后再卸车，港内倒运量或调车作业量较多时，路港双方宜采用车辆交接方式。

当港口码头前沿车船直接装卸率较高，或者前方仓库和堆场面积较大，自铁路到达港口的重、空车应直接送入码头线装卸，或送往前方仓库、堆场装卸，港内利用铁路倒运量较少，路港双方宜采用货物交接方式。

5　工业站、港湾站的数量和站址选择

5.1　工业站、港湾站的数量

5.1.1　钢铁厂以铁路为主要运输方式时,应根据企业的生产规模、货流方向、地形及接轨条件等因素确定工业站的数量。

5.1.2　煤矿、铁矿及其他矿藏,应根据年产量、矿区范围、装车点分布、矿区与铁路的相互位置等因素确定工业站的数量。

5.1.3　石油开采和加工工业,应根据其所在油田产品运输方式、炼油厂的分布及经铁路运输量等因素确定工业站的数量。

5.1.4　多企业集中的地区,几家企业经铁路的运量较大时,可设置一个多企业共用的工业站。

5.1.5　港口应根据经铁路的运量、大宗货物品名、码头和装卸点的分布确定为其服务的港湾站数量。对于以煤炭卸车装船为主的港区,当运量大时,可单独设置一个港湾站。

5.2　站 址 选 择

5.2.1　工业站、港湾站站址选择应结合企业、港口的总体规划统一考虑。工业站、港湾站宜设在靠近企业、港口有大量货流的入口或出口。企业或港口专用线的接轨地点应设在工业站或港湾站国家铁路大量车流出入的另一端,减少车流在国家铁路或企业、港口内部的折角和迂回运输,并应有良好的地质和地形条件。

5.2.2　位于铁路枢纽或地区内的工业站、港湾站,与编组站、区段站间应有便捷的通路;位于区间的工业站、港湾站的设置,应符合车站分布的要求。

5.2.3　工业站、港湾站对各厂(矿)区车场、分区车场和装卸点取送车应有方便的条件。

5.2.4　位于城市中的工业站、港湾站,应与工业区、港口布局相协调,符合城市规划、消防、环境保护和卫生的要求,避免与居民区、城市主要道路及重要建筑物等发生干扰。

5.2.5　工业站、港湾站站址选择应兼顾地方客货运输,并应有利于铁路运输与其他运输方式的衔接、配合。

6 布置图型

6.1 一般规定

6.1.1 工业站、港湾站图型应根据交接方式、交接地点、引入线路数目、作业量、作业性质、该站在路网上所担当的作业和货物装卸地点,结合企业、港口的规划和地形、地质条件确定,并应符合下列要求:

1 出入工业站、港湾站车流的到发、解编、交接和车辆取送作业应顺序进行,减少折角作业。

2 交接作业与其他作业宜平行进行,压缩车辆在站内停留时间,减少车辆的走行距离。

3 车站布置图型应便于工业站、港湾站及企业站、港口站的运营管理。

4 工业站、港湾站布置图型应保证车站需要的通过能力、解编能力、作业安全和效率。

5 工业站、港湾站咽喉区应布置紧凑,减少站内各项作业的交叉干扰,其进路设计应满足站内作业所需要的主要平行作业数量。

6.1.2 采用车辆交接方式,当工业站、港湾站担当的路网车流中转作业量小,距企业站、港口站较近且地形条件合适时,工业站与企业站或港湾站与港口站宜采用联合设置。否则,宜采用分设。

6.1.3 根据交接方式、交接地点和工业站与企业站或港湾站与港口站的相互配置,工业站、港湾站的图型宜按下列四类设计:

1 Ⅰ类图型——铁路与企业、港口间实行货物交接;或实行车辆交接,且工业站与企业站或港湾站与港口站分设,交接场不设在工业站、港湾站内。

2 Ⅱ类图型——铁路与企业、港口间实行车辆交接,工业站与企业站或港湾站与港口站分设,且交接场设在工业站、港湾站内。

3 Ⅲ类图型——铁路与企业、港口间实行车辆交接,工业站与企业站或港湾站与港口站联合设置。

4 Ⅳ类图型——货物交接与车辆交接并存的图型。

6.2 Ⅰ类图型

6.2.1 当工业站、港湾站的日解编作业量为 2 300 辆及以下,且作业比较简单时,可采用一级二场横列式图型。当需要设置机务折返段(所)时,宜设在站房对侧的右端(通过式),或左端(尽端式)。如设站修所时,宜设在调车场外侧(图 6.2.1—1、图 6.2.1—2)。

6.2.2 当有大量散装货物整列到发,装车采用环线(或其他装车线),卸车采用翻车机车场(或环线、其他卸车线),且在工业站、港湾站无解编作业时,可采用不设调车线的横列式图型（图 6.2.2—1、图 6.2.2—2）。

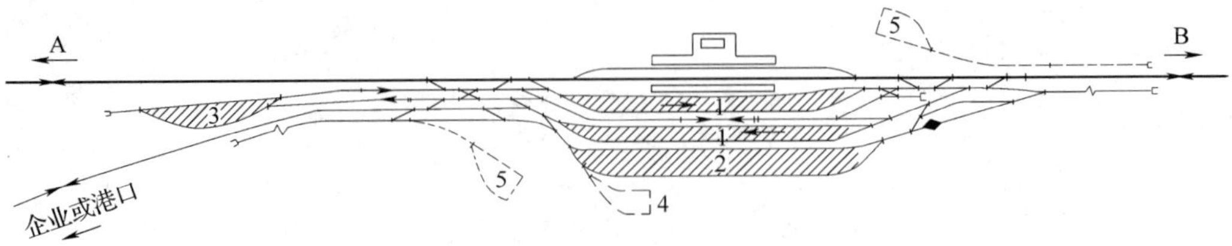

图 6.2.1—1　正线通过一级二场横列式图型

1—到发场；2—调车场；3—机务折返段（所）；4—站修所；5—货场（方案）

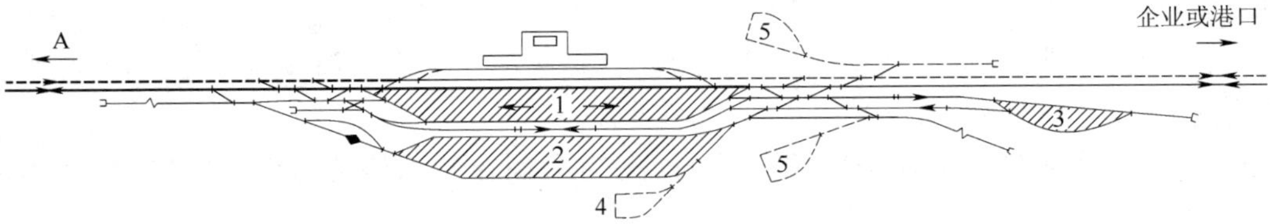

图 6.2.1—2　正线尽端一级二场横列式图型

1—到发场；2—调车场；3—机务折返段（所）；4—站修所；5—货场（方案）

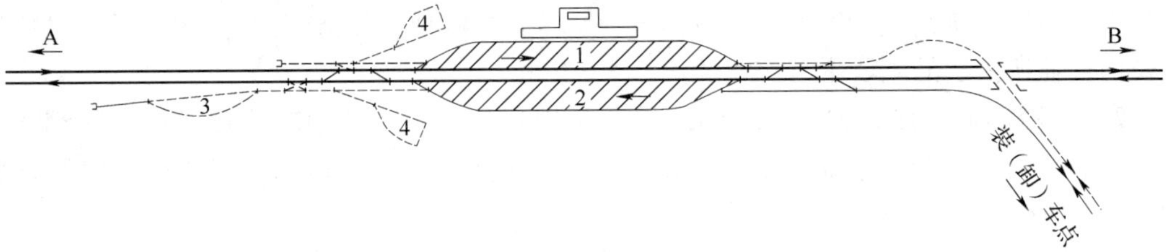

图 6.2.2—1　正线通过无解编作业横列式图型

1、2—到发场；3—机务整备所；4—货场（方案）

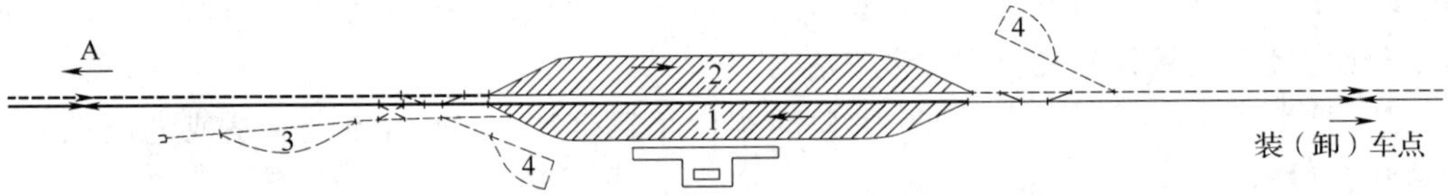

图 6.2.2—2　正线尽端无解编作业横列式图型

1、2—到发场；3—机务整备所；4—货场（方案）

6.2.3　通过式工业站、港湾站，当双方向到发车流比较均衡，日解编作业量大于 2 300 辆时，可采用一级三场横列式图型（图 6.2.3）或其他合理图型。当需要设置机务折返段（所）时，宜设在驼峰牵出线一侧。如设站修所时，宜设在铁路调车场尾部。

6.2.4　尽端式工业站、港湾站日解编作业量到达系统为 2 300 辆及以下，出发系统大于 2 300辆时，可采用双向二级四场混合式图型（图 6.2.4）。当日解编作业量到达、出发系统均大于 2 300 辆时，可采用双向二级四场纵列式图型或其他合理图型。当需要设机务折返段(所)时,宜设在与企业或港口接轨相反方向两正线之间。如设站修所时,宜设在编发场外侧。

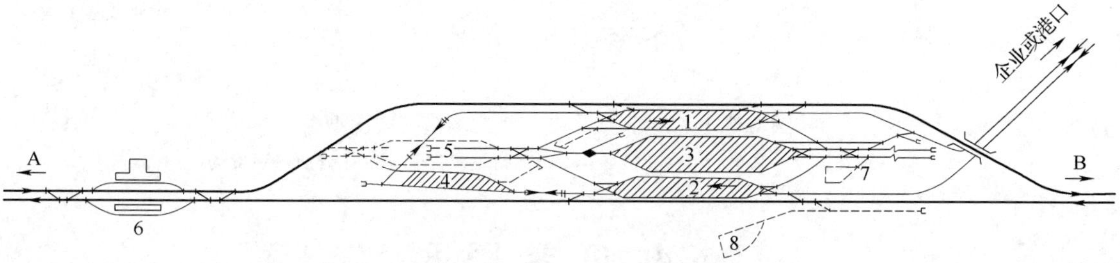

图 6.2.3 正线通过一级三场横列式图型

1、2—到发场;3—调车场;4—机务折返段(所);5—预留到达场;
6—客场;7—站修所;8—货场

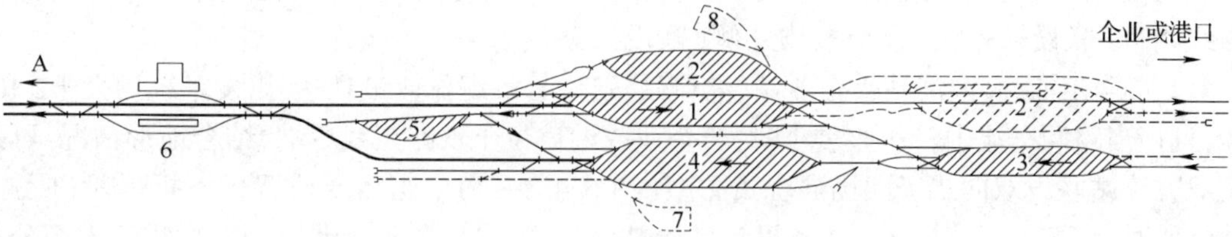

图 6.2.4 正线尽端双向二级四场混合式(纵列式)图型

1—到发场(纵列式为到达场);2—调车场(虚线为纵列式编发场);3—到达场;
4—编发场;5—机务折返段(所);6—客场;7—站修所;8—货场

6.3 Ⅱ类图型

6.3.1 当工业站、港湾站设有交接场,日解编作业量为 2 100 辆及以下且作业比较简单时,可采用一级二场横列式图型。当需要设置机务折返段(所)时,其位置宜按本规范第 6.2.1 条设计。交接作业宜在专设的交接场进行,交接场宜设在调车场外侧。如设站修所时,可设在交接场外侧(图 6.3.1—1、图 6.3.1—2)。

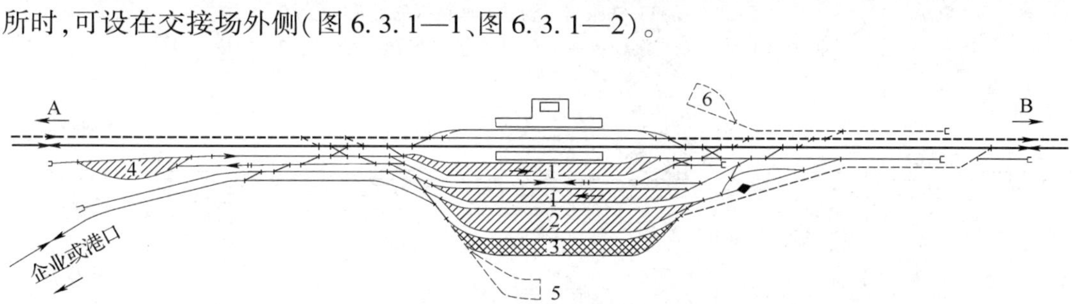

图 6.3.1—1 正线通过一级二场横列式图型

1—到发场;2—调车场;3—交接场;4—机务折返段(所);
5—站修所;6—货场

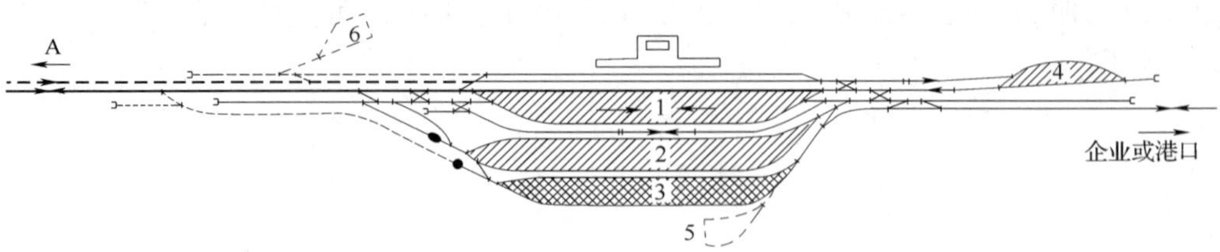

图 6.3.1—2　正线尽端一级二场横列式图型

1—到发场；2—调车场；3—交接场；4—机务折返段（所）；5—站修所；6—货场

6.4　Ⅲ 类 图 型

6.4.1　当工业站、港湾站距企业站、港口站较近，日解编作业量为2 100 辆及以下，且担当路网车流中转作业量小时，按照企业或港口总体布局和地形条件，可采用双方车站联设横列式或纵列式工业站、港湾站图型（图 6.4.1—1～图 6.4.1—3）。当需要设置机务折返段（所）时，其位置宜按本规范第 6.2.1 条设计。如设站修所时，宜设在铁路调车场尾部牵出线附近（联设横列式）或交接场外侧（联设纵列式）。

6.4.2　当工业站、港湾站距企业站、港口站较近，日解编作业量到达、出发系统均大于2 100 辆，且担当路网车流中转作业量小时，若企业或港口位于铁路正线尽端，结合地形情况，可采用双方车站联设双向二级四场混合式图型（图 6.4.2—1）。当需要设置机务折返段（所）及站修所时，宜按本规范第 6.2.4 条设计。当铁路正线通过，企业或港口到发货物绝大部分在 A 方向，且工业站、港湾站不担当路网或地区车流的中转作业时，可采用图 6.4.2—2 的图型。

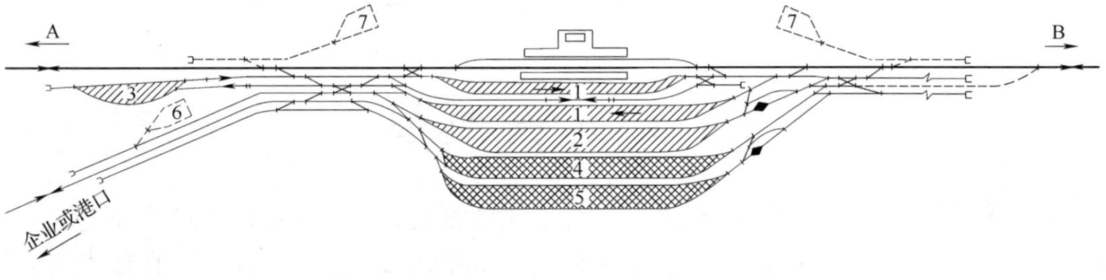

图 6.4.1—1　正线通过双方车站联设横列式图型

1—铁路到发场；2—铁路调车场；3—铁路机务折返段（所）；

4—企业、港口到发兼交接场；5—企业、港口调车场；6—站修所；7—货场

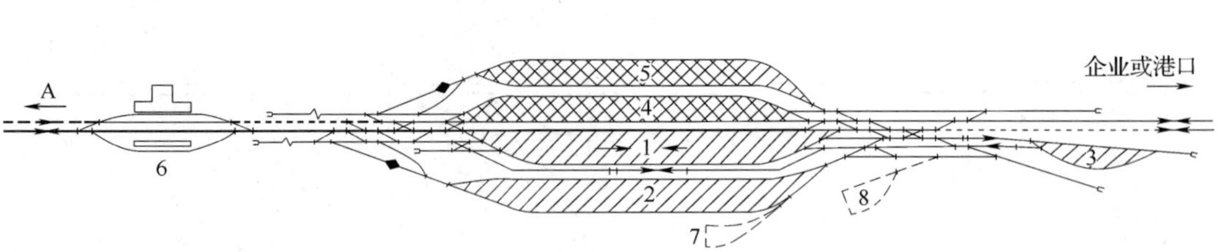

图 6.4.1—2　正线尽端双方车站联设横列式图型

1—铁路到发场；2—铁路调车场；3—铁路机务折返段（所）；

4—企业、港口到发兼交接场；5—企业、港口调车场；6—客场；7—站修所；8—货场

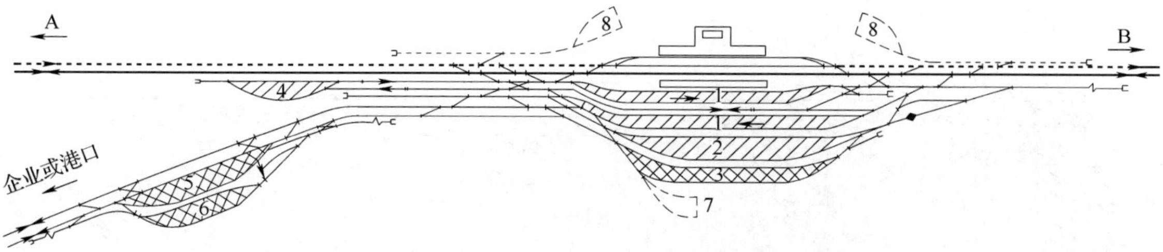

图 6.4.1—3　正线通过双方车站联设纵列式图型

1—铁路到发场;2—铁路调车场;3—交接场;4—铁路机务折返段(所);

5—企业、港到发场;6—企业、港口调车场;7—站修所;8—货场(方案)

注:5 场兼交接场时,取消 3 场。铁路辅助牵出线设在两条出入企业、港口联络线之间。

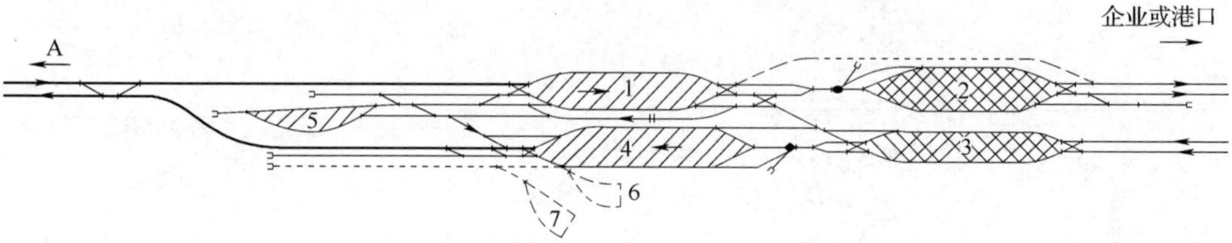

图 6.4.2—1　正线尽端双方车站联设双向二级四场混合式图型

1—铁路到达场;2—企业、港口编发场;3—企业、港口到达场;

4—铁路编发场;5—铁路机务折返段(所);6—站修所;7—货场

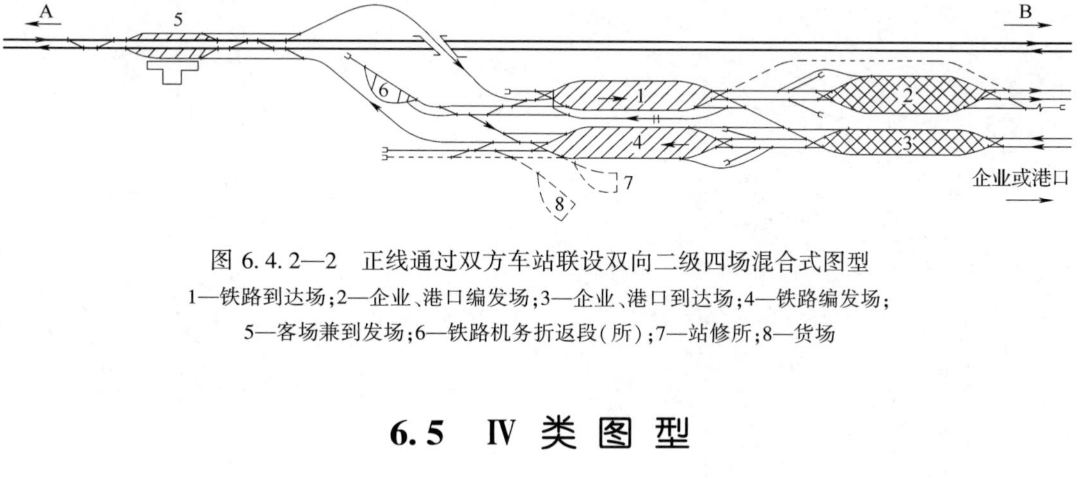

图 6.4.2—2　正线通过双方车站联设双向二级四场混合式图型

1—铁路到达场;2—企业、港口编发场;3—企业、港口到达场;4—铁路编发场;

5—客场兼到发场;6—铁路机务折返段(所);7—站修所;8—货场

6.5　Ⅳ 类 图 型

6.5.1　多企业共用一个工业站,路厂(矿)间为货物交接与车辆交接并存,且工业站的日解编作业量为 2 100 辆及以下时,可采用一级二场横列式图型(图 6.5.1—1、图 6.5.1—2)。当需要设置机务折返段(所)时,宜按本规范第 6.2.1 条设计。如设站修所时,可设在调车场或交接场外侧。若工业站的日解编作业量大于 2 100 辆时,可结合具体情况,采用其他合理图型。

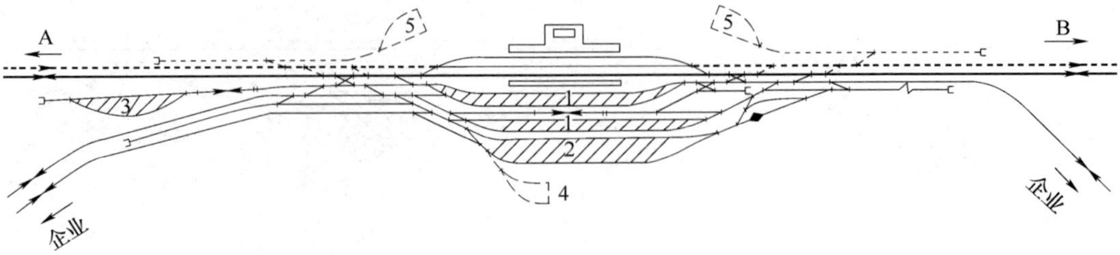

图 6. 5. 1—1　正线通过多企业共用横列式图型

1—到发场；2—调车场；3—机务折返段(所)；4—站修所；5—货场(方案)

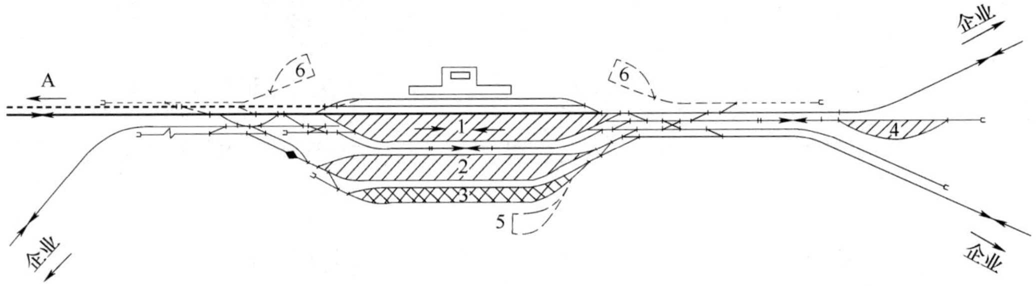

图 6. 5. 1—2　正线尽端多企业共用横列式图型

1—到发场；2—调车场；3—交接场；4—机务折返段(所)；5—站修所；6—货场(方案)

7　接轨、交接地点及主要设备配置

7.1　接 轨 地 点

7.1.1　铁路专用线在工业站、港湾站接轨，应避免与国家铁路行车和车站作业相互干扰，并为企业、港口车辆取送和成组直达运输创造方便条件。有多条铁路专用线接轨时，宜集中合并引入工业站、港湾站车场同侧。

7.1.2　当采用货物交接时，有整列到发者宜与到发场接轨；有大量解编作业者宜与调车场或编发场接轨；运量较小者可在调车线、次要牵出线或其他站线接轨。

7.1.3　当采用车辆交接时应符合下列规定：

1　双方车站分设的横列式工业站、港湾站，当设有交接场时，应在交接场接轨，并有与各车场连通的条件；有整列到发者宜在到发场接轨。

2　双方车站联设的横列式工业站、港湾站，应在企业站、港口站的到发场和交接场接轨，并有与各车场连通的条件。在双方车站组合成双向混合式布置时，入企业、港口者在企业站、港口站的编发场接轨；出企业、港口者，交接地点在各自到达场时，与企业站、港口站的到达场接轨；交接地点在对方到达场时，与铁路到达场接轨。

7.2　交 接 地 点

7.2.1　采用货物交接方式，出入企业、港口的货物交接作业可在企业、港口的装卸线上办理。当企业、港口在工业站、港湾站上设有机械化装卸设备时，装车货物宜在装车线办理交接；卸车货物宜在卸车设备前的车场或卸车线办理交接。

7.2.2　采用车辆交接方式，双方车站分设，宜在工业站、港湾站设交接场办理交接。当双方车站间铁路专用线运输由铁路局管理时，在工业站、港湾站不设交接场，宜在企业站、港口站到发场办理交接。

7.2.3　采用车辆交接且双方车站联设时，交接地点宜按下列情况确定：

1　采用横列或纵列布置时，宜在交接场交接；当不设交接场时，宜在企业、港口到发场交接。

2　采用双向混合式布置时，可在各自的到达场交接；有条件时，也可在对方到达场交接。

7.3　客货运及调车设备

7.3.1　客货运设备设计应遵循以下原则：

1　工业站、港湾站应根据需要设置旅客站房、站台及跨线设备等客运设备。若工业站、港湾站所服务的企业、港口规模较大，设置一处客运设备不能满足需要时，可在铁路正线经过企业、港口职工集中的厂(矿、港)区或住宅区附近增设旅客乘降所。

2　工业站、港湾站货场位置应结合城镇规划、企业和港口的总平面布置、货源、货流方向、地形条件及货物装卸量等条件确定。

7.3.2　工业站、港湾站应根据解编作业量设置调车设备。调车设备的设计应符合《铁路驼峰及调车场设计规范》TB 10062 的规定。

7.4　轨　道　衡

7.4.1　工业站、港湾站宜在下列地点设置轨道衡:

1　当实行货物交接方式时,可设在装(卸)车点附近。

2　当实行车辆交接方式且工业站与企业站或港湾站与港口站分设时,若交接作业在企业站、港口站办理,可设在企业站、港口站的入口附近;若交接作业在工业站、港湾站办理,可设在该站去企业、港口端的出口处;当工业站与企业站或港湾站与港口站联设时,可设在重车接入车场附近。

7.4.2　轨道衡线的平纵断面设计应满足安装轨道衡的技术要求,并保证车辆进出轨道衡的作业顺畅。轨道衡线宜为贯通式。

7.4.3　当煤矿的煤炭装车采用漏斗仓快速装车时,其称重设备宜设在漏斗仓附近。

7.5　翻车机车场

7.5.1　在有散状货物卸车的工业站、港湾站,根据需要可设置翻车机车场。翻车机车场宜靠近贮料场、生产车间等,与工业站、港湾站间应有便捷的通路。

7.5.2　翻车机车场布置可分为折返式和贯通式两种,宜根据城市规划、企业或港口总体布局、卸车量、作业方式、站坪长度及宽度等因素按下列原则选择:

1　当卸车量较小,宜采用折返式翻车机车场布置。

2　当卸车量较大,宜采用贯通式翻车机车场布置。根据企业及港口总平面布置及作业流程,经过比选也可采用折返式翻车机车场布置。

7.5.3　贯通式翻车机车场空车集结线和牵出线有效长度可按到达线有效长度的一半设计。

7.6　环线的设置与技术标准

7.6.1　有整列散状货物装卸车的工业站、港湾站,根据需要可设置装车或卸车环线。其位置和规模宜根据装卸车作业量、矿区位置及地形条件等按下列要求确定:

1　当装车作业量较小时,可在距工业站不远的矿区设置单装车环线;当装车作业量较大时,可将工业站靠近装车点,在装车点设置双装车环线。

2　当卸车作业量较小时,可在距工业站、港湾站不远的卸车点设置单卸车环线;当卸车作业量较大时,可在卸车地点设置重空车场及双(多)卸车环线。

7.6.2 装卸车环线宜采用下列标准：

1 平面曲线半径不宜小于 300 m,困难条件下不应小于 250 m。

2 纵断面坡段长度不宜小于 200 m。装卸车环线轨道衡前后列车长度范围内的坡度应保证列车在一度停车后能够启动。

3 轨道标准宜采用国家铁路到发线的标准。

8　站线数量和有效长度

8.1　到发线数量和有效长度

8.1.1　工业站、港湾站的到发线数量，应根据国家铁路到发列车对数、企业或港口小运转列车（车组）到发或取送车次数和路厂（矿、港）统一技术作业过程确定。

1　采用横列式站型时，到发线数量可按表 8.1.1—1 选用。

表 8.1.1—1　横列式站型到发线数量

换算列车对数	到发线数量（条）（正线及机车走行线除外）
12 及以下	3～4
13～18	4～5
19～24	5～6
25～36	6～7
37～48	7～8

注：1　对表中到发线数量的幅度，可按换算对数的大小对应取值。
2　工业站、港湾站的尽端式正线按到发线计算。
3　工业站、港湾站某一方向的换算列车对数，等于该方向各类客、货列车对数（可按该方向接发的各类列车列数除以 2 求得）分别乘以相应的换算系数后相加的总数。当查表确定到发线数量时，工业站、港湾站按各个方向（含企业、港口方向）相加后总的换算对数的 1/2 确定。列车对数的换算系数：在本站到发且无解编作业的列车（车组）为 1；在本站到发并有解编作业的列车（车组）为 2；始发、终到的旅客列车为 1，停站的旅客列车为 0.5；不停站的通过客、货列车不计。

2　采用纵列式、混合式站型时，到达线、到发线和出发线数量可按表 8.1.1—2 选用。

表 8.1.1—2　纵列式、混合式站型到达线、到发线和出发线数量

到发列车（车组）数	到达线、到发线和出发线数量（条）（机车走行线除外）
18 及以下	3
19～30	3～4
31～42	4～5
43～54	5～6

注：1　表中的到达、到发列车（车组）数，是指车场各方向到、发列车（车组）的总和。
2　对表中线路数量的幅度，可按列车（车组）数的大小对应取值。
3　对峰前到达场，应考虑每一衔接方向不少于 2 条线路。
4　车辆交接作业在到达场、到发场办理时，应适当增加到达线、到发线数量。

8.1.2　每昼夜通过车场的机车在 36 次及以上的工业站、港湾站宜设 1 条机车走行线。

8.1.3　工业站、港湾站到发线有效长度，应与衔接国家铁路的车站到发线有效长度一致。对于只接发企业、港口方向列车（车组）的到发线，其有效长度可适当缩短，最短应按衔接国家铁路车站到发线有效长度一半进整到 50 m 设计，但不得小于企业、港口内的厂（矿）区车场（站）、分区车场和装卸线的有效长度，并按长短线相结合的方法进行设计。

对于只接发枢纽小运转列车（车组）的到发线有效长度，可根据小运转列车（车组）编成辆数确定。

实行车辆交接方式，工业站与企业站或港湾站与港口站分设且交接作业在企业站、港口站办理时，企业站、港口站到发线有效长度宜与国家铁路车站到发线有效长度一致。

8.2 调车线（编发线）数量和有效长度

8.2.1 工业站、港湾站集结发往国家铁路车流的调车线（编发线）数量和有效长度，应根据列车编组计划规定的组号、每一组号每昼夜的车流量和车流性质确定。调车线（编发线）数量和有效长度除应符合现行《铁路车站及枢纽设计规范》GB 50091 规定外，并应符合表 8.2.1 的有关规定。

表 8.2.1 集结发往国家铁路车流的调车线数量和有效长度

序号	线路用途	线路数量	有效长度
1	返厂（矿、港）车用	实行车辆交接方式时设 1 条，如返厂（矿、港）车较少，亦可与其他线路合并设置	根据返厂车数量确定
2	备用车用	根据备用车数量确定	根据备用车数量确定

8.2.2 工业站、港湾站集结发往企业、港口车流的调车线（编发线）数量和有效长度宜按下列要求确定：

1 采用货物交接方式，宜按企业或港口各厂（矿）区车场（分区车场）或装卸点数量，向各厂（矿）区车场（分区车场）或装卸点每昼夜发送车数和路厂（矿、港）统一技术作业过程确定。调车线（编发线）数量可按每昼夜每一组号车流量 180 辆及以下设 1 条；180 辆以上设 2 条。当某些组号每昼夜车数较少时，可合并设置。

2 采用车辆交接方式，当工业站与企业站或港湾站与港口站分设且交接场不设在工业站、港湾站时，调车线（编发线）数量宜按在调车线（编发线）集结发送企业站、港口站的车流量和路厂（矿、港）统一技术作业过程确定。可按每昼夜车流量 160 辆设 1 条。在横列式工业站、港湾站上，当交接场设在工业站、港湾站且布置在铁路调车场一侧时，对解体后送入企业、港口的车辆，宜直接送入交接场，可不设集结发往企业、港口车流的调车线（编发线）。

3 集结发往企业或港口的调车线有效长度，应根据发往企业、港口列车（车组）长度和附加长度确定。

8.3 牵出线数量和有效长度

8.3.1 工业站、港湾站的牵出线数量应根据每昼夜的解编作业量等因素确定。

1 横列式站型调车场两端应各设 1 条牵出线。当每昼夜解、编作业量各不超过 7 列时，可缓设次要的 1 条。主要牵出线的有效长度，不应小于到发线的有效长度，仅进行加减轴作业的牵出线可适当缩短。次要牵出线的有效长度不宜小于到发线的有效长度，调车作业量不大时可为到发线有效长度的一半。当运量较小的专用线在该站接轨，其平、纵断面适合调车时，可利用其作为次要牵出线。

2　混合式、纵列式站型驼峰推送线按每昼夜解体 1 800 辆以上设 2 条。调车场尾部牵出线按每昼夜编组 1 000～2 000 辆设1～2 条。牵出线的有效长度不应小于到发线的有效长度。

8.4　交接线数量和有效长度

8.4.1　当工业站与企业站或港湾站与港口站分设且交接场设在工业站、港湾站时，交接线数量应按每昼夜交接车列(组)数、向交接场取送车次数和办理车辆交接作业的时间等因素确定。可按表 8.4.1 选用。

表 8.4.1　交接线数量

交、接车列(组)数	交接线数量(条) (机车走行线除外)
12 及以下	2
13～24	2～3
25～36	3～5
37～48	5～6

注：1　交、接车列(组)数系指进与出车列(组)数量之和。
2　对表中交接线数量的幅度，可按交接车列(组)数量的大小对应取值。
3　交接场内尚应按需要设置机车走行线。

8.4.2　交接线的有效长度应与工业站、港湾站的到发线有效长度一致。当发往企业、港口列车(车组)长度与国家铁路列车长度相差较大时，部分交接线的有效长度可适当减短，但不应短于企业站、港口站的到发线有效长度。

9 车站通过能力和解编能力

9.0.1 咽喉通过能力可采用利用率计算法按下列公式计算：

1 咽喉道岔组通过能力利用率

$$K_{咽}=\frac{T_{咽}-\sum t_{固}}{(1\ 440-\sum t_{固})(1-\gamma_{空})} \tag{9.0.1—1}$$

式中 $K_{咽}$——咽喉道岔组通过能力利用率；

$T_{咽}$——咽喉道岔组总占用时间(min)；

$\sum t_{固}$——各种固定作业占用咽喉道岔组的总时间(min)；

$\gamma_{空}$——咽喉道岔组的空费系数，可采用0.15～0.20。

2 车站各衔接方向的通过能力

接车 $$N^i_{接}=\frac{n^i_{接}}{K_{咽}} \tag{9.0.1—2}$$

发车 $$N^i_{发}=\frac{n^i_{发}}{K_{咽}} \tag{9.0.1—3}$$

式中 $N^i_{接}$，$N^i_{发}$——i 方向货物列车(车组)接车或发车的通过能力(列或组/d)；

$n^i_{接}$，$n^i_{发}$——i 方向列入计算的接入或出发的货物列车(车组)数(列或车组/d)。

3 车站某咽喉区的通过能力

接车 $$N_{接}=\sum N^i_{接} \tag{9.0.1—4}$$

发车 $$N_{发}=\sum N^i_{发} \tag{9.0.1—5}$$

式中 $N_{接}$——车站某咽喉区的接车能力(列或车组/d)；

$N_{发}$——车站某咽喉区的发车能力(列或车组/d)。

9.0.2 到发线通过能力可采用直接计算法或利用率计算法计算。

1 直接计算法

$$N_{到(发)}=\frac{(1\ 440M-\sum t_{固})(1-\gamma_{空})}{t_{占到(发)}} \tag{9.0.2—1}$$

式中 $N_{到(发)}$——到达线、到发线、出发线的通过能力(列/d)；

M——扣除本务机车及调车机车走行线后，到达(到发、出发)场可用于办理列车技术作业的线路数(条)；

$\sum t_{固}$——各种固定作业占用到发线的总时间(min)；

$t_{占到(发)}$——每办理一次到、发列车作业平均占用线路的时间(min)；

$\gamma_{空}$——到发线空费系数，可采用0.15～0.20。

2 利用率计算法

$$K_{到(发)}=\frac{T-\sum t_{固}}{(1\ 440M-\sum t_{固})(1-\gamma_{空})} \tag{9.0.2—2}$$

式中　$K_{到(发)}$——到发线通过能力利用率；

T——每昼夜全部作业占用到发线的总时间(min)。

到发线通过能力为：

$$N_{到(发)}=\frac{n}{K_{到(发)}} \tag{9.0.2—3}$$

式中　$N_{到(发)}$——到发线通过能力(列/d)；

n——列入计算的货物列车数(列)。

9.0.3　编发线的发车能力可采用下列公式计算：

$$N_{编发}=\frac{(1\,440M-\sum t_{固})(1-\gamma_{空})}{t_{编发}} \tag{9.0.3—1}$$

$$t_{编发}=t_{预占}+t_{分解}+t_{集占}+t_{待编}+t_{编}+t_{技}+t_{待发}+t_{发}+t_{他} \tag{9.0.3—2}$$

式中　$N_{编发}$——编发线的发车能力(列/d)；

M——编发线数量(条)；

$\sum t_{固}$——各种固定作业占用编发线的总时间(min)；

$\gamma_{空}$——编发线的空费系数，可采用0.15~0.20；

$t_{编发}$——一个列车平均占用编发线的时间(min)；

$t_{预占}$——开始向编发线解体前，预先办理进路的时间，如自允许推峰时起至车列推到峰顶时止的时间(min)；

$t_{分解}$——解体一个车列的时间(min)；

$t_{集占}$——集结一个车列占用编发线的时间(min)；

$t_{待编}$——集结终了后的等待编组时间(min)；

$t_{编}$——车列的编组时间(min)；

$t_{技}$——列车出发技术作业占用时间(min)；

$t_{待发}$——列车待发时间，即自出发技术作业终了至发车时止的时间(min)；

$t_{发}$——发车时占用编发线时间。自列车起动时起，至列车腾空该线路时止(min)；

$t_{他}$——摊到每列占用编发线的其他作业时间(min)。

9.0.4　交接线能力可采用直接计算法或利用率计算法计算。

1　直接计算法

$$N_{交接}=\frac{(1\,440M-\sum t_{固})(1-\gamma_{空})}{t_{占交接}} \tag{9.0.4—1}$$

式中　$N_{交接}$——交接线通过能力(列或车组/d)；

M——扣除调车机车走行线后，交接场可用于办理交接作业的线路数(条)；

$\sum t_{固}$——各种固定作业占用交接线的总时间(min)；

$t_{占交接}$——每办理一次交接作业平均占用线路的时间(min)；

$\gamma_{空}$——交接线空费系数，可采用0.15~0.20。

2　利用率计算法

$$K_{交接}=\frac{T-\sum t_{固}}{(1\,440M-\sum t_{固})(1-\gamma_{空})} \tag{9.0.4—2}$$

式中　$K_{交接}$——交接线通过能力利用率；

T ——每昼夜全部作业占用交接线的总时间(min)。

交接线通过能力为：

$$N_{交接}=\frac{n}{K_{交接}} \tag{9.0.4—3}$$

式中　$N_{交接}$——交接线通过能力(列或车组/d)；

n ——列入计算的交接车列(组)数(列或车组/d)。

9.0.5　驼峰及调车场解编能力按《铁路驼峰及调车场设计规范》TB 10062 的有关公式计算确定。

本规范用词说明

执行本规范条文时,对于要求严格程度的用词说明如下,以便在执行中区别对待。

(1)表示很严格,非这样做不可的用词:

正面词采用“必须”;

反面词采用“严禁”。

(2)表示严格,在正常情况下均这样做的用词:

正面词采用“应”;

反面词采用“不应”或“不得”。

(3)表示允许稍有选择,在条件许可时首先应这样做的用词:

正面词采用“宜”;

反面词采用“不宜”。

(4)表示有选择,在一定条件可以这样做的,采用“可”。

《铁路工业站港湾站设计规范》条文说明

本条文说明系对重点条文的编制依据、存在问题以及在执行中应注意的事项予以说明。为减少篇幅，只列条文号，未抄录原条文。本条文说明不具备与规范正文同等的法律效力，仅供使用者作为理解和把握标准规定的参考。

1.0.1 铁路工业站、港湾站（简称工业站、港湾站）是铁路车站的重要组成部分。本规范是在调研了大量工业站、港湾站的基础上，总结设计和运输实践经验而编制的。

1.0.3 工业站、港湾站设计年度的分期原则是，既要防止过早投资，把建设规模搞的过大，又要避免工程建成不久，就满足不了运量增长的需要而改建，造成废弃工程多，影响运营。为提高投资效益，体现投入产出的精神，对于运量增长较快的新建或改建铁路工业站、港湾站设计采用近、远两期；对运量增长缓慢的新建铁路工业站、港湾站可增加初期年度。

新中国成立以来企业、港口建设的实践表明，从第一期工程交付使用到最终规模的建成，往往需要经历十几年到几十年的时间。因此，工业站、港湾站，应考虑远景规划，留有进一步发展的条件。

1.0.4 复杂的工业站、港湾站，包括规模较大或虽然规模不大，但地形、地质和线路条件比较复杂，或与企业、港口总图布局配置方案较多，以及车站平剖面设计和改建方案较多等。设计中需选择合理的设计方案，协调各方面的关系，取得最佳的经济效益和社会效益。

3.1.1 采掘工业站：为煤矿、铁矿、油田和其他金属、非金属矿等企业服务的工业站属于采掘工业站，此外也可以包括为林区服务的工业站。采掘企业是大量货流的发源地，其发送量大大超过到达量。它的运输特点是以装车为主，到达货物只有采掘工业所需的支撑材料、机具以及生活用品之类。例如煤矿工业站，入矿车多数是空车整列到达，或者与到站重车混编，然后送空车至各装车点（包括环线装车点）；出矿重车按去向及品种编组，当煤炭产量大且去向固定、到站一致时，多组织直达列车。

加工工业站：为钢铁或有色金属冶炼、石油化工（炼油、化肥、化纤等）、机械制造、火力发电等企业服务的工业站属于加工工业站。加工工业站是大量货流消失地，一般到达量超过发送量，其运输特点是以卸车为主。例如钢铁联合企业，它的规模较大，厂内运输复杂，装卸点多，入厂车一般在企业站按卸车点要求分组，然后经厂区车场（站）分别送到各卸车点卸车。有些直达列车到达工业站后，经企业站去卸车点卸车，或在工业站上翻车机车场卸车；出厂重车由各装车点拉出，经厂区车场（站）、企业站去工业站编组后发车。空车较多时，多编组直达列车。

多企业共用工业站：在工业企业、港区比较集中的地区，为几个不同单位或不同性质的企业、港区服务。这些企业的运量有的也比较大,到发货物品种和去向较多。其运输组织多以与枢纽编组站间开行小运转列车为主,并尽可能将发送量大的车流编组直达列车。

港湾站:港湾站服务的港口也是运输企业。港口是大量货物的转运地,它的运输特点是要在短时间内将大量货物装船或卸船。港口内分件杂货码头、液体化工码头、集装箱码头和散货码头等。例如以卸煤为主的港湾站,当卸车量很大且煤炭品种单纯不需要分煤种装船时,宜采用环线经翻车机卸车;当卸车量很大但需要按品种装船时,可在港湾站或港口站按品种分组,再送往翻车机房卸车。卸后空车若无货可装时,常组织直达列车返回装车站。

3.1.2　实行货物交接方式的企业、港口,其基本特征是企业、港口方面无自备机车,由铁路机车将重空车直接送至企业、港口的装卸点。因而就没有企业站、港口站。

实行车辆交接方式的企业、港口,其基本特征是企业、港口方面要自备机车,担当向企业、港内车辆的解编和取送作业,因而就需要设置企业站、港口站。

实行两种交接方式并存的企业、港口,其基本特征是,大宗货物入厂(港)采用货物交接,其他货物出入厂(港)采用车辆交接。

3.1.3　无路网中转车流解编作业的工业站、港湾站:仅为一个或几个企业、港口到发的部分车流进行解编作业,不担任路网上中转车流解编作业,一般位于较短的尽端式支线上或枢纽(地区)的工业区、港口,如武昌东站。

有部分路网中转车流解编作业的工业站、港湾站:此类工业站、港湾站位于干线上,除主要为企业、港口到发的部分车流进行解编作业外,还兼负路网上部分中转车流解编作业,如大连北站等。

3.2.1　工业站、港湾站的设置,主要取决于年装卸货物数量。根据2000年对我国部分工业站、港湾站的调查(说明表3.2.1),年装卸货物运量大多在4 Mt以上,有的工业站近年来未达到这个数字,但其能力可满足年装卸量4 Mt的要求。分析各类企业、港口的性质和规模,为其服务的工业站、港湾站具有年到发运量4 Mt及以上能力时,可以满足多数大、中型企业、港口的需要。换言之,用4 Mt运量作一个轮廓的划线,可以覆盖多数工业站、港湾站。本规范的规定主要是为这些车站设计而制订的,而运量较小的企业、港口,为其服务的车站,也可参照本规范的规定进行设计。

说明表3.2.1　工业站、港湾站运量调查

顺号	项目 站名	服务企业、港口的名称	铁路运量(Mt/年)			交接方式	与编组站、区段站间距离(km)	始发、终到本务机车整备作业地点
			国家铁路中转运量	企业、港口到发运量(到/发)	货场及其他专用线到发运量(到/发)			
1	张庙	宝山钢铁公司		0.83/0.47	0.51/0.67	车辆交接	距北郊站3.6,距南翔站21.3	上海机务段(距张庙站25 km)
		上钢五厂		1.82/0.04				
2	石景山南	首都钢铁公司		20.04/5.65	0.07/0.02	车辆交接	距丰台西站5.0	丰西机务段
3	口泉	大同矿务局口泉矿		0.24/13.69	0.26/3.90	货物交接	距大同站21,距大同西站16	大同、大同西机务段
4	平顶山东	平顶山矿务局		0.33/16.16	4.12/6.46	车辆交接		平顶山东机务折返段

续上表

顺号	项目/站名	服务企业、港口的名称	铁路运量(Mt/年)			交接方式	与编组站、区段站间距离(km)	始发、终到本务机车整备作业地点
			国家铁路中转运量	企业、港口到发运量(到/发)	货场及其他专用线到发运量(到/发)			
5	韩家岭	大同煤炭公司		/3.87	0.003/	货物交接	距湖东站26,距大同西站20	大同西、湖东机务段
6	金沙滩	山西朔州矿业公司		/1.4	0.018/	货物交接	距湖东站71,距大同西站65	大同西、湖东机务段
7	龙凤	自备电厂		2.64/	0.728/0.653	车辆交接	距安达站21,距让湖路站22	安达机务折返段、让湖路机务分段
		大庆炼油厂		0.288/3.05		货物与车辆交接并存		
8	铁石	胜利炼油厂		0.57/3.21		车辆交接	距东风站7.2	东风机务折返段
9	翠屏山	蓟县电厂		2.0/		货物交接	距湖东站418	湖东机务段
10	军粮城	军粮城电厂		3.41/0.4	0.85/0.05	货物交接	距南仓站38,距唐山北站119	天津北、唐山北机务段
		天津钢管厂				车辆交接		
11	何家湾	上钢一厂,上港九、十区,同时连通殷行站、江湾站		6.49/3.08		货物交接与车辆交接并存	距北郊站4.93 距南翔站18.3	上海机务段(距何家湾站26.3 km)
12	大连北	大连港务局	3.49	9.92/4.29	1.33/0.12	车辆交接	距大连站3.0	大连机务段
13	塘沽	天津港务局		16.23/5.47	5.31/2.04	货物交接	距南仓站47,距唐山北站100.4	天津北、唐山北机务段
14	秦皇岛南	秦皇岛港一期		7.74/2.78	1.72/1.36	车辆交接	距唐山北站163,距丰润站151,距山海关站20	唐山北、丰润、山海关机务段
15	秦皇岛东	秦皇岛港二期		23.29/1.56		车辆交接		秦皇岛东机务折返段
16	柳村	秦皇岛港三、四期		32.68/		货物交接		柳村机务折返段

3.2.2 交接方式的不同,对企业、港口的总图布局,工业站、港湾站的布置图型,以及各种设备和定员数量等有重大影响。换言之,交接方式的确定是设计工业站、港湾站的前提条件之一。因此,在预可行性研究报告阶段,应通过分析研究,或通过方案比选,确定铁路与企业、港口间的交接方式。

我国企业、港口铁路为数很多,担负着繁重的厂、矿、港内部运输任务,随着国民经济建设的蓬勃发展,这些铁路将日益增加。合理地确定这些铁路的管理方式,可以减少工程投资,提高运输效率,降低运输成本。目前的管理方式有铁路局统管或代管、企业或港口自管。

铁路局统管系指企业、港口铁路由企业、港口投资,工程竣工后,将铁路产权、设备全部移交所在地区的铁路局,由路方统一纳入铁路局运输系统,实行统一管理,统一指挥,统一调度。移交后的企业、港口铁路运输事宜,线路、设备的养护和维修,运输人员的管理等,均由铁路局负责,企业、港口不再担负费用。过去我国一些采掘、石化企业曾实行这种管理方式,后来由于经济核算方面的原因,已较少采用这种管理方式。铁路局代管是指企业、港口铁路由企业、港口投资,工程竣工后,将铁路委托给所在地区铁路局代为运营、养护和维修,所有运输事宜统一纳入铁路局运输系统,企业、港口单位定期向铁路局交纳运输、维修和养护费用。这种方式与铁路局统管不同之点是企业、港口铁路产权没有移交给铁路局。铁路局统管或代管对应的交接方式是货物交接。采用货物交接方式时,企业和港口不配备调送铁路车辆的机车,但负责货物的装卸。在双方密切配合的情况下,这种交接方式可以简化交接手续,加速车辆周转。当企业生产或港口内部倒运货物不采用铁路运输,或虽采用自成体系的铁路运输,但与铁路机车到各装卸点取送车交叉干扰小,在双方协商同意后,宜采用货物交接方式。

企业、港口自管指铁路产权属企业、港口所有,并自成运输系统,自行管理,自备机车(必要时自备部分车辆),企业、港口附设有各专业必要的维修机构和设施。铁路局的机车不进入企业内部,铁路和企业之间只在工业站、港湾站或企业站、港口站办理车辆交接作业。当企业生产或港口内部铁路运输与铁路机车向各装卸点取送车交叉干扰较大,例如钢铁厂,生产流程对内部铁路运送货物品种、数量和时间要求严格,若路方机车担当向原料场、配料场等的运输,将会与厂方机车在生产流程中的运输发生严重交叉干扰,所以双方宜实行车辆交接方式。

3.2.3 工业站对于以铁路运输为主要运输手段的企业而言,是其与国家铁路衔接的出入口,凡原料、材料、燃料和产品的输入与输出,车流的集散、交接和解编,都通过工业站与国家铁路联系,沟通物资的交流,促进经济的发展。同时,工矿企业的生产活动,特别是与外部运输有密切关系的生产运输,与工业站的配置有密切的关系。因此,工业站的设计,应当做好国家铁路和企业内部生产运输的衔接和协调。

港口经铁路运输量,是以港湾站为出入口。港湾站作为沟通港口内部和外部运输的关键环节,具有与工业站同等重要的作用。

工业站、港湾站既要为企业、港口生产运输服务,又要为合理地组织铁路运输工作创造条件。工业站、港湾站某些设备或运输组织上的薄弱环节,会造成企业、港口运输能力不足,影响企业、港口正常生产或运输。因此,选择工业站、港湾站的最佳布置图型,合理地配置车站线路、车场、调车设备、机车整备设备,以及必要的客货运设备,才能使企业、港口具有良好的生产、运输和经营条件,并能使铁路运营工作提高效率,降低成本。

3.2.4 工业站、港湾站与所服务企业间采用直通运输有利于提高铁路运输作业效率和减少作业时分。

3.2.5 本条说明如下:

1 当工业站与企业站或港湾站与港口站分设时,若交接作业在工业站、港湾站交接场进行,办理铁路列车到发和交接作业的交接线按铁路到发线标准,其余交接线按调车线标准。若交接作业在企业站、港口站到发场进行,铁路机车牵引的列车要进出企业站、港口站到发场,该场内办理交接作业的线路应采用铁路到发线标准。例如:铁石站(胜利炼油厂工业站)的交接线位于到发场内,交接线可同时兼做到发线,其线路采用到发线标准。石景山南站的交接线位于调车场内,交接线可同时兼做调车线,其线路采用调车线标准。

2 秦皇岛东站是为秦皇岛港二期煤码头服务的路港联设港湾站。全站共分六个车场,采用“各进他场”作业方式,Ⅰ、Ⅵ车场由铁路管辖,Ⅱ、Ⅲ、Ⅳ、Ⅴ车场归港务局管辖。

其中Ⅱ场为港口到达场，接铁路到达本站重车，故其线路采用铁路到发线标准。港口Ⅲ、Ⅳ、Ⅴ车场线路采用工业企业铁路相应标准。

3.2.6 我国现有的工业站、港湾站有相当部分是随着企业或港口的规模扩大，运量增加，由小到大，分期发展起来的。如塘沽站、石景山南站等。故在设计工业站或港湾站时，应避免因分期发展考虑不周，或对企业、港口的发展规划估计不足而未留足场地，造成交付运营不久，又要进行改建或无合适扩建地点，施工过渡困难，干扰运营。

3.2.7 随着运量及设备技术含量的增加，对不能满足运输需要的工业站、港湾站，需进行改建。改建设计应根据运量，运输特点，交接方式等要求，本着充分利用既有设备，减少运营干扰，降低工程造价等原则进行。

4.0.1 大同矿务局口泉沟各矿呈带状分布，其中南沟矿山线25.2 km，24个装车站；北沟矿山线7 km，2个装车站。原煤从矿井到选煤楼，多采用皮带运输机，排矸、排土采用自成体系的铁路运输，与铁路机车向各装车站取送车交叉干扰较小。对入矿坑木和矿建材料重车，铁路机车向料场送重取空，各矿再用汽车到料场装运。口泉站有数台铁路机车开行小运转列车到相对比较集中的各装车站，路矿双方实行货物交接方式，并办理客运。几十年来，双方配合良好，因而加快了货物运送和车辆的周转速度。类似这样的情况，路矿双方宜采用货物交接方式。

平顶山矿务局矿内运输主要采用铁路，部分采用汽车运输。平顶山东站除主要为平顶山矿务局服务外，还为舞阳钢铁公司、焦化厂、联运公司和粮食储备库等企业服务。由于平顶山矿务局十三个矿分布在平顶山东站北侧，东西长约40 km，且矿井布局较分散，若用铁路机车向各装车点取送车，不仅在行车组织上有一定难度，同时与矿内铁路运输有些交叉干扰。矿务局配有数台机车承担矿内铁路运输及向平顶山东站取送车。类似这种情况，路矿双方实行车辆交接方式是适宜的。

4.0.2 钢铁厂内部运输主要采用铁路运输时，由于钢铁生产工序多，运输复杂。如武钢、首钢、鞍钢均有为料场、炼焦、烧结、耐火、炼铁、炼钢、轧钢、热电、机修及渣场等部门服务的厂区车场（站），由于铁路部门不宜承担厂内各车场（站）间的运输，企业必须自备机车车辆（含特种车辆）进行上述运输。同时，进厂重车卸车后如到轧钢站装车，往往要走行较长的距离，且可能与厂内其他铁路运输交叉干扰。换言之，铁路机车难以到各装卸点取送车，而宜由企业机车担当这种取送车作业，这是钢铁联合企业的生产性质决定的。因此，路厂双方宜实行车辆交接方式。例如，武钢、鞍钢分别在联设的武昌东、灵山工业站，首钢在石景山南工业站办理车辆交接作业。

现代化的宝钢地处长江边缘，其原料进厂主要采用水运，船靠码头，将货物卸上岸，再用皮带运输机运进料场，产品出厂也大部分经由水运和公路运输，经铁路运输量很少，这是其地理位置所决定的，路厂间也采用车辆交接方式。

包钢大宗原料进厂运输主要采用皮带运输机，从白云鄂博等地来的铁矿石及从石拐沟等地来的煤炭重车，均在包头北工业站内的两个翻车机车场卸车，然后经皮带运输机运至料场，路厂双方实行货物交接方式，这种方式大大简化了交接手续，加快了货物运送速度；而对其他入出厂车辆实行车辆交接方式，即实行货物交接与车辆交接并存方式，多年来，运营效果良好。

综上所述，由于钢铁厂厂内运输复杂的性质所决定，当厂内运输采用铁路时，一般宜采用车辆交接方式，我国钢产量较大的钢铁联合企业，与铁路间均采用车辆交接方式。宝钢虽然经铁路出入量很少，由于上述原因，亦采用车辆交接方式。包钢为 20 世纪 50 年代新建的钢铁联合企业，两种主要原料矿石和煤炭进厂采用皮带运输机，路厂双方采用货物交接方式，在总图运输设计密切配合的情况下，采用这种布局是合理的，其他原料重车进厂和成品出厂仍采用车辆交接方式，即采用货物交接与车辆交接并存方式。

4.0.3 炼油厂原油进厂及厂内运输管道化，铁路不需要伸入各生产车间。当装车线长且布置紧凑，厂内调车作业不多时，宜由铁路机车进行取送车作业。如甲炼油厂，厂内共 14 条装车线，装成品油及其副产品。厂内无自备机车，由工业站铁路调机负责取送车及倒货位，路厂双方实行货物交接方式，多年来，运营效果良好。

当石油产品种类较复杂，装车油鹤多，装车线短而分散，致使车辆调动频繁。如乙炼油厂，石油产品种类较多，厂内线路分两大部分，前一部分横列布置有 7 条线，装油、装渣油等；后一部分又横列布置 3 条尽头线，专装沥青、硫酸钠，另有 1 条装液化气的线路。在出厂咽喉处有一洗罐站，内设 2 条特洗线、2 条普洗线。该洗罐站接轨方向与取送车方向相反，增加了调车作业，延长了取送车作业时间。故该厂自备了机车，担当厂内调车及向工业站取送车作业，路厂双方实行车辆交接方式。

丙炼油厂装车线分三部分，第一部分装汽、煤、柴油及渣油，第二部分装航空油，这两部分装车线较长，布置紧凑，取送车作业方便，路厂双方实行货物交接方式。第三部分装苯、硝铵及石蜡等副产品，由于这部分装车线尽头线多、长度短，故厂内自备机车承担该部分装车线的调车作业，路厂双方在专设的两条交接线上办理车辆交接作业，即实行货物与车辆交接并存方式。

综上所述，当厂内装车线长，布置紧凑，同时对石油副产品装车线也按调车取送方便进行布置时，在路厂双方密切配合情况下，宜实行货物交接方式，这样可以避免运输人员重复，以及双方机车调车作业干扰等。当石油副产品种类较多，有些品种产量较小，装卸线短，有的产品待装时间较长，调车作业频繁时，路厂双方可实行车辆交接方式。

4.0.4 机械工业站的服务对象是大型成批生产的机器制造厂（中型机械工厂到发运量较少，常接轨于多企业共用工业站或其他车站）。这些工厂生产流程多，厂内运输复杂。例如某汽车制造厂，是大型成批生产汽车的工厂，下属车身、锻造、冲压、铸造、铸钢、变压器及工具等车间。厂内运输主要依靠铁路，其运输特征是：

（1）到达卸车量大于发送装车量，每生产一辆 4 t 载重汽车，需要运入原料、燃料 10 t 左右，大部分以敞车装运，发送货物主要是汽车，需用平板车装运，故到达敞车卸空后多不能代用。

（2）厂内铁路和厂区车场（站）多，各车间、料场取送车调动频繁。

（3）生产流程长、对铁路运输节奏要求较严格，生产和运输需要紧密配合。

上述厂内运输特点，在大型机械制造业具有代表性，拖拉机制造厂、机车制造厂与其雷同。该厂与铁路间采用车辆交接方式，工业站与企业站横列联设，中间设有交接线。

综上所述，大型成批生产的机械制造厂，当厂内运输主要采用铁路，生产流程长，且对铁路运输节奏要求比较严格，路厂双方宜采用车辆交接方式。中型机械制造厂，由于装卸量较少，厂内运输简单，或厂内不采用铁路运输，只以铁路装卸线和车站相连，路厂双方宜采用货物交接方式。

4.0.5 为大型火力发电厂服务的工业站，厂内卸运设备多采用翻车机和皮带运输机，在翻车机车场用重车铁牛或拨车机牵动车列至翻车机室，翻车机依次翻卸原煤至皮带运输系统,空车进入移车台,移车台移送空车,用空车铁牛推送空车至空车线集结。工业站与翻车机车场间多由铁路机车整列取送。从上述作业过程可以看出,在工业站和翻车机车场的调车作业是比较简单的。若电厂位于寒冷地区时,进厂煤炭需要先解冻再卸车,虽然增加了调车作业,但铁路机车还是能够承担上述调车作业,厂方可以不自备机车,这就给路厂间实行货物交接方式提供了条件。因此,为大型火力发电厂服务的工业站,路厂间宜实行货物交接方式。我国的陡河、蓟县、军粮城、沙岭子、神头二电等电厂,路厂间均实行货物交接方式。

有些发电厂设有综合利用企业,调车作业较多,厂内自备机车,向工业站取送车,路厂双方可实行车辆交接方式。

4.0.6 多企业共用的工业站是在企业比较集中的地区,为几个不同企业服务而设置的。由于各类工厂、企业生产的品种不同,所需外来原料种类亦多,故车流到发较分散,到发方向较多。

例如××枢纽××站,系二级三场站型的多企业共用工业站,共有 22 条专用线接轨,其中两家实行车辆交接方式,其他企业均采用货物交接方式。又如××枢纽××多企业共用工业站,共有 11 个企业专用线接轨,其中一家采用车辆交接方式,其他企业均采用货物交接方式。再如××枢纽××多企业共用工业站,接轨企业有木材厂、起重机厂、内燃机厂、机床厂、热电厂、棉纺厂及建材局等单位。其中除机床厂部分进出车辆为车辆交接外,其他均实行货物交接方式。

综上所述,在多企业共用工业站、港湾站各企业、港区采用何种交接方式,并无特殊要求,宜按本规范第 4.0.1 条~第 4.0.5 条的选用原则确定。

4.0.7 我国各港口内部运输特点分以下两种情况:

(1)大连北港湾站主要为大连港服务,2000 年港口装卸车数占全站 90% 以上。港口站为第一运转场,主要办理路港间车辆交接作业、向第二运转场(分区车场)和与本场衔接的码头装卸线取送车,以及港内前后方堆场或仓库间货物倒运作业等。由于港内倒运量较大,港口前方堆场及仓库面积较小,特别是大批货物需要短时间从后方堆场或仓库运往码头,为避免港内因集中使用大批汽车、拖车所产生的交叉干扰,采用了铁路运输承担港内倒运任务,故港方需要自备机车,这就在客观上形成了路厂双方实行车辆交接方式的条件。

(2)前后方仓库和堆场间及仓库、堆场和码头间货物倒运工作,多数港口依靠汽车、拖车,少数依靠铁路。上述倒运量与码头布置形式、前方仓库(堆场)大小、港口吞吐货物品种和数量及车船直接装卸率的大小有关。如××港为世界著名的人工港,A 站为港湾站,B 处到发及调车场(一级二场)归 A 站管理。全站连接八个区,有大小九个分区车场。A 站 1998 年到达货物 21.54 Mt,其中港内到达 16.23 Mt,占 75%;全年发送货物 7.51 Mt,港内发送 5.47 Mt,占 72%。由于码头前沿堆场和仓库面积较大,自铁路到达港口的重车,大部分能直接送入码头线卸车装船;自铁路到达港口的空车,多能直接送入码头线卸船装车,港内倒运量不多,且主要采用汽车及门吊等非铁路运输工具承担。因此,港内铁路运输比较简单,是路港间实行货物交接方式的客观基础。A 站配备数台铁路调机担当解编及向港口内分区车场、码头线和其他专用线取送车,运输效果良好。再如秦皇岛三、四期码头,1998 年到达煤炭 32.68 Mt,每天 25 对车,由于煤炭品种单一,在柳村站不进行挑煤种作业,故在秦三煤港站(即翻车机车场)办理货物交接。我国其他多数港口,如上海港大部分作业区及青岛、黄浦、湛江、浦口等港均实行货物交接方式。综上所述,路港间采用何种交接方式,主要取决于码头前沿车船直接装卸率大小,港口前方堆场和仓库面积大小,港内采用铁路进行前后方堆场、仓库间货物倒运量多少,以及调车作业量大小等。

5.1.1 近年来由于新技术的采用,钢铁厂产量与原料的比值变化较大,且有的货物采用非铁路运输方式。故确定工业站数目时,要因地制宜,经比选后综合考虑确定(参见说明表5.1.1)。钢铁厂厂内运输复杂、装卸点多,当铁路运输量很大时,一个出入口会增加钢铁厂内部的调车作业量,对钢铁厂内部生产有影响。若设置两个工业站,一个作为原材料的主要入口、一个作为产品的主要出口,这样进入钢铁厂内部的车流方向与企业内部生产流程相一致,可增加钢铁厂外部运输的能力,同时可减少调车作业对企业生产的干扰。

说明表5.1.1　钢铁工业站数量调查

企业名称	年产量(Mt/年)	主要运输方式	厂区分布与铁路的关系	工业站数目	附注
××钢铁公司	4.0	铁路	西侧与原料进口工业站相邻,南侧与成品出口工业站相邻	2	
××钢铁公司	7.2	铁路	南侧主要工业站位于××干线上,北侧辅助工业站位于××支线上	2	
××钢铁公司	3.6	铁路	西侧工业站位于××干线上,北侧工业站位于××支线上	2	
××钢铁公司	9.0	水运	工业站位于××支线上	1	经铁路运量1.3 Mt/年

5.1.2 根据2000年调查资料统计,年产量20 Mt及以下的煤矿,可设置一个工业站为其服务,如大同矿务局口泉矿由口泉站为其服务,平顶山矿务局由平顶山东站为其服务。当矿区沿铁路线带状分布或与两条铁路线相连时,可增加工业站数目,分散作业,减少取送车走行距离,例如开滦矿务局沿老京山线呈带状分布,设置唐山南、古冶、开平、下仓四个工业站为其服务。年产量20 Mt以上的煤矿,可设置两个工业站,以利于分散作业,提高运输效率,但当矿区分布较为集中或不具备设置两个工业站的条件时,也可设置一个工业站(参见说明表5.1.2)。

说明表5.1.2　煤矿工业站数量调查

煤矿的名称	年产量(Mt/年)	主要运输方式	矿区分布与铁路的关系	工业站的数目
××矿务局	14.09	铁路	工业站位于支线上	1
××矿务局	17.0	铁路	工业站位于干线上	1
××矿务局	18.0	铁路	工业站位于××干线上	4

5.1.3 目前我国油田多已采用管道运输原油,只有部分油田采用铁路运输原油。对于不设在油田的大型炼油厂,成品油采用铁路运输时,可设置一个工业站为其服务。如铁石站是为胜利炼油厂服务的工业站,经铁路年运量约3 Mt,设置一个工业站是适宜的。

5.1.4 多企业集中的工业区,当铁路运量较大时,可设置一个工业站为其服务。例如:军粮城站有11条专用线接轨,全站(2000年调查)经铁路运量达到4.71 Mt,设置一个工业站为其服务设置是适宜的。何家湾站有22条专用线接轨,全站经铁路运量达到9.57 Mt,设一个工业站为其服务也是适宜的。

5.1.5 当港口的码头、装卸点分布较为集中、且港口经铁路运量较大时,可设置一个港湾站为其服务。对于煤炭运输通道的入海口,可根据港口的位置单独设置一个港湾站为其服务(参见说明表5.1.5)。

说明表5.1.5 港湾站数量调查

港口名称	经铁路运量(Mt/年)	大宗货物品名	码头、装卸点分布	港湾站数量
大连港	14.21	木材、粮食、集装箱、石油	较为集中	1
塘沽港	21.70	煤、集装箱、杂货	较为集中	1
秦皇岛港一期	10.52	煤	较为集中	1
秦皇岛港二期	24.85	煤	集中	1
秦皇岛港三、四期	32.68	煤	集中	1

5.2.1 在调查的工业站、港湾站当中,除军粮城站(多企业共用工业站)、翠屏山站(蓟县电厂工业站)是先于企业修建外,多数工业站、港湾站的站址均结合企业、港口的总体规划统一考虑。为加工工业服务的工业站,如铁石站(胜利炼油厂工业站)、石景山南站(首钢工业站)站址靠近企业货流入口;为采掘工业服务的工业站,如韩家岭站(煤矿工业站)、金沙滩站(煤矿工业站)站址靠近企业货流出口;为港口服务的港湾站,如大连北站(大连港港湾站)、塘沽站(天津港港湾站)站址均靠近港口。并与企业或港口规划相配合,使原材料来源、产品去向与企业或港口的总布置和生产流程相适应。

经对工业站、港湾站2000年的调查资料进行分析表明,由于到达工业站、港湾站的直达列车和大组车的比重较大,应将企业或港口专用线接在大量车流出入的另一端,为主要方向直达列车无折角直接进出企业或港口创造方便条件,也减少与国家铁路行车和车站作业的相互干扰。

5.2.2 根据2000年调查资料,铁路枢纽或地区内工业站、港湾站与编组站或区段站间均有便捷的通路。如天津枢纽内的塘沽站,经京山线与南仓编组站相连,距离为47 km,南仓编组站开行小运转列车将到达天津港的货物直接运到塘沽站,通路顺畅;大连枢纽内的大连北站,经哈大线与金州编组站相连,距离为33 km,同样有便捷的通路。位于铁路区间的工业站、港湾站,站址选择应满足办理列车通过、会让和越行的要求,保证区间通过能力的需要。

5.2.4 根据2000年调查资料统计,位于城市中的工业站、港湾站,站址选择多数与城市规划、工业区、港口布局做了较好的结合。例如大连北站(大连港港湾站)位于大连市西岗区,与大连港相距5.3 km,西岗区位于大连市东部,濒临大连湾,该站位于市区内并没有影响这座美丽的海滨城市的规划和发展。大连北站与大连港之间便利的运输条件,为大连港成为北方重要的多功能、国际化、现代化的枢纽港之一创造了良好的条件。工业站、港湾站应避免设在工业区内冶炼厂、排渣场等产生有害气体和烟尘的下风方向,影响车站周围环境及车站作业。

6.1.1 在工业站或港湾站上,除办理出入企业或港口列车的到达、解体、编组和出发作业外,尚需办理路厂(矿、港)双方的交接和取送车作业,有时还在站内办理卸车作业等。由于工业站、港湾站上述与其他车站不同的作业特点,因此,要求工业站、港湾站的图型布置应根据交接方式、引入线路数目、作业量、作业性质和该站在路网上担负的作业分工和货物装卸地点,结合企业、港口的规划(城市规划)和地形、地质条件确定(参见说明表 6. 1. 1—1)。即:选择合理的交接制、最佳的交接地点及合理配置相应数目的车场、联络线、现代化的行车指挥、调车和装卸设备;选定合理的专用线在站内的接轨地点,使出入工业站、港湾站车流的到发、解编、交接和取送车作业顺序进行;压缩车辆在站内停留时间,减少车辆在站内的走行距离;减少列车在国家铁路上的折角和迂回运输。同时使铁路与企业、港口的作业便于运营管理和有利于行车指挥,节省定员,减少工程,并满足工业站、港湾站远期发展的需要。

工业站、港湾站咽喉区的能力应与区间和站内设备的能力相协调。适应并保证站内各项作业的需要、作业安全和提高作业效率。

工业站、港湾站咽喉区应根据工业站、港湾站的行车量、车站作业量和作业特点设计平行进路,做到既满足车站作业的需要,又保持一定的灵活性,且能节省工程投资。可按说明表 6. 1. 1—2、说明表 6. 1. 1—3 的平行进路数量设计。

说明表 6. 1. 1—1　工业站、港湾站图型与作业量分析(2000 年数据)

<table>
<tr><th>项目
站名</th><th>图　型</th><th>交接方式</th><th>图型类别</th><th colspan="2">日解编车数</th><th>路网车流日有调中转车数</th><th>附　注</th></tr>
<tr><td>张庙站</td><td>一级二场横列式</td><td>车辆交接</td><td>Ⅰ</td><td colspan="2">1 300</td><td></td><td></td></tr>
<tr><td>石景山南站</td><td>一级二场横列式</td><td>车辆交接</td><td>Ⅱ</td><td colspan="2">1 380</td><td></td><td></td></tr>
<tr><td>口泉站</td><td>双向二级四场混合式</td><td>货物交接</td><td>Ⅰ</td><td>上行 1 568</td><td>下行 438</td><td></td><td></td></tr>
<tr><td>平顶山东站</td><td>一级二场横列式</td><td>车辆交接</td><td>Ⅱ</td><td colspan="2">1 600</td><td></td><td></td></tr>
<tr><td>龙凤站</td><td>一级二场横列式</td><td>货物与车辆交接并存</td><td>Ⅳ</td><td colspan="2">1 460</td><td></td><td>客货纵列</td></tr>
<tr><td>大庆站</td><td>一级二场横列式</td><td>货物交接</td><td>Ⅰ</td><td colspan="2">916</td><td></td><td></td></tr>
<tr><td>铁石站</td><td>一级二场横列式</td><td>车辆交接</td><td>Ⅱ</td><td colspan="2">720</td><td>40</td><td></td></tr>
<tr><td>翠屏山站</td><td>无解编作业横列式</td><td>货物交接</td><td>Ⅰ</td><td colspan="2"></td><td></td><td></td></tr>
<tr><td>军粮城站</td><td>一级二场横列式</td><td>货物与车辆交接并存</td><td>Ⅳ</td><td colspan="2">196</td><td></td><td></td></tr>
<tr><td>何家湾站</td><td>单向二级三场混合式</td><td>货物与车辆交接并存</td><td>Ⅳ</td><td colspan="2">940</td><td></td><td></td></tr>
<tr><td>大连北站</td><td>双向二级五场混合式</td><td>车辆交接</td><td>Ⅰ</td><td>上行 1 432</td><td>下行 2 074</td><td>165</td><td></td></tr>
<tr><td>塘沽站</td><td>一级二场横列式</td><td>货物交接</td><td>Ⅰ</td><td colspan="2">1 560</td><td></td><td>新港编组站(一级二场)日解编车数 1 100 辆,与塘沽站纵列</td></tr>
<tr><td>秦皇岛南站</td><td>一级二场横列式</td><td>车辆交接</td><td>Ⅰ</td><td colspan="2">1 300</td><td>163</td><td></td></tr>
<tr><td>秦皇岛东站</td><td>双向二级六场混合式</td><td>车辆交接</td><td>Ⅲ</td><td colspan="2">进港车不解体,
出港车编组 1 200</td><td></td><td></td></tr>
<tr><td>柳村站</td><td>一级二场横列式</td><td>货物交接</td><td>Ⅰ</td><td colspan="2"></td><td></td><td></td></tr>
</table>

说明表 6.1.1—2　Ⅰ、Ⅱ类工业站、港湾站咽喉区平行作业数量

图型	条件		咽喉区位置	平行作业数量(个)	平行作业内容
横列式	单线	平行运行图列车对数在18对及以下	非机务折返段端	2	列车到(发)、调车
			机务折返段端	3	列车到(发)、机车出(入)段、自车场至企业(港口)取(送)车或调车
		平行运行图列车对数在18对以上	非机务折返段端	3	列车到(发)、机车出(入)段、调车
			机务折返段端	4	列车到(发)、机车出(入)段、自车场至企业(港口)取(送)车、调车
	双线		非机务折返段端	3	列车到、列车发、调车[或列车到(发)、机车出(入)段、调车]
			机务折返段端	4	列车到、列车发、机车出(入)段、自车场至企业(港口)取(送)车或调车[或列车到(发)、机车出(入)段、自车场至企业(港口)取(送)车、调车]

注:尽端式和无解编作业的Ⅰ类工业站、港湾站咽喉区相应减少平行作业数量。

说明表 6.1.1—3　Ⅲ类工业站、港湾站咽喉区平行作业数量

图型	条件		咽喉区位置	平行作业数量(个)	平行作业内容
联设横列式	单线	平行运行图列车对数在18对及以下	非机务折返段端	3	列车到(发)、铁路调车、企业或港口调车
			机务折返段端	4	列车到(发)、机车出(入)段、铁路调车、自企业(港口)到发场至企业(港口)取(送)车或企业(港口)调车
		平行运行图列车对数在18对以上	非机务折返段端	4	列车到(发)、机车出(入)段、铁路调车、企业(港口)调车
			机务折返段端	5	列车到(发)、机车出(入)段、铁路调车、自企业(港口)到发场至企业(港口)取(送)车、企业(港口)调车
	双线		非机务折返段端	4	列车到、列车发、铁路调车、企业(港口)调车[或列车到(发)、机车出(入)段、铁路调车、企业(港口)调车]
			机务折返段端	5	列车到、列车发、铁路调车、自企业(港口)到发场至企业(港口)取(送)车、企业(港口)调车[或列车到(发)、机车出(入)段、铁路调车、自企业(港口)到发场至企业(港口)取(送)车、企业(港口)调车]
双向二级四场混合式	铁路到达场		入口端	2	列车到、机车入段或调机作业
			出口端	3	车列解体、车列预推、机车入段或车列转场
	铁路编发场		驼峰头部	2	车列解体或机车下峰整理、车列预推或转场
			编发场尾部	3	列车出发、机车挂头、调车
	企业(港口)到达场		入口端	2	列车(组)到达、调机作业
			出口端	2	车列解体、车列预推或转场
	企业(港口)编发场		驼峰头部	2	车列解体或机车下峰整理、车列预推或转场
			编发场尾部	3	列车(组)出发、调车、机车挂头

注:1　Ⅳ类工业站、港湾站咽喉区平行作业数量可按照相应的Ⅰ、Ⅱ、Ⅲ类工业站、港湾站咽喉区确定。

2　尽端式工业站、港湾站咽喉区相应减少平行作业数量。

6.1.2　工业站与企业站或港湾站与港口站的相互配置，是指在实行车辆交接时，双方车场联合设置或分开设置的问题。在实行车辆交接的情况下，较大企业、港口一般都设有企业站、港口站，以便向铁路工业站、港湾站办理车辆交接，并担负企业、港口内部各厂（矿）区车场（站）、分区车场和装卸点的车辆取送及调车作业。因此，设计时应在考虑铁路运输与企业、港口内部运输合理衔接的基础上，根据工业站、港湾站距企业、港口远近，工业站、港湾站担当路网车流中转作业量的多少，以及地形、地质情况，确定工业站与企业站或港湾站与港口站双方车场联合设置或分开设置。

当工业站、港湾站担负路网中转车流的作业量较少，出入企业、港口的车流和中转车流作业的交叉干扰不大，距企业站、港口站较近，且地形条件适宜，宜将工业站与企业站或港湾站与港口站联合设置。若因铁路走向或城市客货运输要求使工业站、港湾站距企业、港口较远，工业站、港湾站兼负路网车流一定的中转作业量，或当企业、港口内部运输要求企业站、港口站设在企业、港口内部，为了满足总体布置的要求和避免作业上的较大干扰，宜将工业站与企业站或港湾站与港口站分设。

6.1.3　工业站、港湾站作业与一般区段站、编组站有相同的一面，更有不同的特点。为充分反映工业站、港湾站的作业特点，对布置图型按作业性质和特点，先以交接方式分类，对实行车辆交接的，再以联设或分设及交接地点分类。将工业站、港湾站的图型归纳分为四类。这种分类方法能充分反映工业站、港湾站交接和取送车作业的特点，避免了各类图型的重复罗列，各类图型系统分明，眉目清晰，能实现图型的系列化。

6.2.1　根据2000年调查资料，对调查的15个工业站、港湾站进行统计，有11个站为横列式布置，占调查车站总数的73%。其中，采用一级二场横列式布置的车站占10个站，见本规范说明表6.1.1—1。因此，按照一级二场横列式图型的综合作业能力，当工业站、港湾站日解编作业量为2 300辆（企业、港口亦应按一个方向计算）及以下时，可采用一级二场横列式图型。此种图型中，一般在主要牵出线上设置小能力驼峰。对调车作业量少的工业站、港湾站可采用平面调车。对石油工业站，为保证作业安全，不宜采用驼峰设备进行调车作业。在调查的工业站、港湾站上，除少数设有机务折返段外，大部分未设置机务折返段，而是将本务机车送到邻近机务段或机务折返段进行整备作业。虽然设置机务折返段与否，不被看作工业站、港湾站必须具备的条件，但是，本务机整备作业地点对工业站、港湾站的设置也有着重要影响。当工业站、港湾站为正线贯通横列式站型时，机务折返段（所）位置在地形、地质和风向适合的情况下，优先设在站房对侧右端的位置，机车走行线设在到发线之间以减少机车出入段与列车到发的干扰。当为正线尽端横列式站型时，机务折返段（所）宜设在站房对侧左端，机车走行线设在到发场与调车场之间，以减少作业交叉干扰。

在一级二场横列式工业站、港湾站（以Ⅰ类图型为例），其主要作业过程为：

（1）入企业、港口车流；列车自国家铁路进入工业站、港湾站的到发场，办理列车到达技检作业。

当路厂（矿、港）采用货物交接时，根据列车编组及货物品类情况，按企业、港口的装卸要求，对整列或大组装卸者，铁路调机由到发场直接向企业、港口装卸线送车。如到达为混编列车需要解体时，由铁路调机牵出在调车场按要求解体分组，然后再从调车场向企业、港口的装卸线送车。

当路厂(矿、港)采用车辆交接时,进企业直达车列或大组车由铁路调机从到发场直接向企业、港口到发场(兼交接场)送车。如到达的列车需要解体时,由铁路调机牵出在调车场按要求解体分组,然后,再从调车场向企业、港口到发场(兼交接场)送车。

(2)出企业、港口车流;当路厂(矿、港)采用货物交接时,铁路机车至企业、港口各装卸线或厂(矿)区车场、分区车场挂取重空车组。具备坐编条件的车组,直接送入到发场;不具备坐编条件的车组,经牵出线解体,按列车编组计划编组,然后转至到发场进行技检作业及办理发车作业。

当路厂(矿、港)采用车辆交接时,铁路调机到企业、港口到发场(兼交接场)挂取车列(组)。具备坐编条件的车列(组)直接进入铁路到发场,其他车流经调车场解体后,按列车编组计划编组,然后转至到发场发车。

一级二场横列式图型具有站坪长度短,布置紧凑,设备集中,管理方便,用地少的优点。其缺点是解编车流调车行程长,当调车作业量增大时,进路交叉干扰较多。经现场调查,一般工业站、港湾站的作业比较简单,Ⅰ类工业站、港湾站大部分均可采用此种图型。因此,将一级二场横列式图型确定为Ⅰ类工业站、港湾站的基本图型。适用于为一般规模的钢铁、煤炭、矿石、石化、机械、火力发电等企业、港口服务的工业站、港湾站。

经现场调查,大部分工业站、港湾站未设机务折返段(所),因此条文中规定,当需要设置机务折返段(所)时,宜按条文中的规定设置。

6.2.2 经2000年现场调查,有些为大量散装货物到发服务的工业站、港湾站,到达或发送的货物品种单一,且没有解编作业,货物均为整列到达或发送,在工业站、港湾站只办理列车的到发及与企业、港口间的取送车作业。因此,在工业站、港湾站不设调车线时,可采用本规范图6.2.2—1、图6.2.2—2所示的横列式图型。企业、港口内设有装车环线(或其他装车线)、卸车用翻车机车场(或环线、其他卸车线)。如为大秦线运煤的韩家岭、金沙滩等站,设有装车环线;为火力发电厂服务的大秦线翠屏山站设有翻车机车场。

随着煤炭、矿石等散装货物装、卸车技术的改进,为提高散装货物的装、卸车效率,提高散装货物装、卸车的自动化程度,压缩车辆在车站的作业和停留时间,若地形条件适合,可采用装车环线及漏斗仓或卸车环线及翻车机。如:丰准线点岱沟站设有煤炭装车环线及漏斗仓,秦皇岛煤三期、煤四期设有卸煤环线及翻车机。

6.2.3 通过式工业站、港湾站,当双方向到发车流比较均衡,且担当少量路网车流中转作业,日解编作业量大于2 300辆时,可结合企业、港口的总平面布置及地形条件等因素选用一级三场横列式(预留单向二级四场混合式)的布置图型或其他合理图型。当需要设置机务折返段(所)时,宜设在驼峰牵出线一侧,以利于机车出入段。

6.2.4 尽端式工业站、港湾站的日解编作业量到达系统为2 300辆及以下,出发系统大于2 300辆时,可采用二级四场混合式图型。图6.2.4为入企业、港口到达场与调车场横列,出企业、港口为到达场与编发场纵列,适用于入企业、港口车流在工业站、港湾站除部分车列需进行解编外,大部分车列均整列进入企业、港口。出企业、港口的车流需按货物的品种、到达地点等进行解体、编组。此种图型到达系统的调车场可设置小能力驼峰或采用平面调车,出发系统的编发场宜设置小能力驼峰。如口泉站采用货物交接,主要为煤矿服务,即为此种布置图型,现场对这种根据车站作业及车流特点布置的图型反映良好。

当尽端式工业站、港湾站的到达、出发系统的日解编作业量均大于2 300辆,工业站、港湾站可采用双向二级四场纵列式图型,即将图6.2.4中虚线编发场改为实线,到达系统与到发场横列的调车场取消。

采用上述图型时，机务折返段（所）宜设在与企业或港口接轨方向相反的两正线间。当车站设有站修所时，站修所宜设在铁路编发场外侧，是为了使车站与站修所之间取送车方便。

6.3.1　Ⅱ类工业站、港湾站图型与Ⅰ类图型的区别在于路厂（矿、港）进行车辆交接作业的交接场设在工业站、港湾站内。Ⅱ类一级二场横列式图型由于其使用优缺点、作业能力与Ⅰ类一级二场横列式图型相似，因此，将一级二场横列式图型确定为Ⅱ类工业站、港湾站的基本图型。如石景山南站、平顶山东站均为此类图型。由于此类图型中，车站内设有交接场（线），站内作业与Ⅰ类图型有所不同，其主要作业过程为：

（1）入企业、港口车流：列车自国家铁路进入到发场，办理列车到达技检作业，为避免企业、港口机车进入铁路到发场影响双方的作业安全，直达车或大组车由铁路调机转至交接场交接后，由企业、港口机车取回。对于混编列车，由铁路调机牵出解体，将入企业、港口车流直接溜（送）入交接场（线），集结一定数量后，双方办理交接作业，再由企业、港口机车取回。

（2）出企业、港口车流：先由企业、港口机车送至交接场，办理交接作业后，直达车列或大组车由铁路调机转至到发场坐编发车。其他车列（组）由铁路调机牵出解体，按列车编组计划编组，再转至到发场发车。

对于Ⅱ类图型，由于在工业站、港湾站上办理车辆交接作业，对车站咽喉区会产生一定的干扰，影响车站的解编能力，故横列式图型解编作业量的上限定为 2 100 辆。如作业量大，可采用其他合理图型。

6.4.1　在工业站与企业站或港湾站与港口站联设的图型中，横列式图型占用站坪长度短，车场、设备布置紧凑，路厂（矿、港）双方联系方便。适用于进出企业、港口直达车和大组车比重较大的车站。由于此类工业站、港湾站咽喉区结构复杂，因此当解编作业量较大时，转场作业较多，其交叉干扰也较大，故将此种图型的日解编作业量定在 2 100 辆及以下。根据作业需要，在铁路及企业（港口）的主要牵出线上设置小能力驼峰。当进出企业、港口直达车和大组车比重较小时，宜在铁路调车场与企业、港口到发场之间设置交接场，以减少站内作业的交叉干扰。除直达车列和大组车仍在企业、港口到发场（兼交接场）交接外，其他车流可在交接场（线）进行交接。

按照企业、港口的总体布局和地形条件，为避免两端咽喉区结构复杂，减少双方作业的干扰，当车站日解体作业量为 2 100 辆及以下时，也可采用双方车站联设纵列式布置图型。

6.4.2　图 6.4.2—1、图 6.4.2—2 分别适用于正线为尽端和正线为通过时的情况，由于路厂（矿、港）双方车场纵列，增大了车站的作业能力，使出入企业、港口的全部或主要车流无折角作业。

6.5.1　多企业共用一个工业站，所服务的各个企业中，一部分企业采用货物交接，另一部分企业采用车辆交接，即两种交接方式并存。车站与企业间的取送车方式根据不同的交接方式而采用不同的方法。当正线通过时，宜采用专用线在正线一侧接轨的布置图型，如图 6.5.1—1 所示。当工业站位于正线尽端，可采用图 6.5.1—2 布置图型。

对解编作业量较大的多企业共用工业站，常担当对重点企业车流的分组和路网或地区车流的少量中转作业，如采用横列式布置不能满足需要时，根据具体情况，可采用其他形式的布置图型,以满足车站作业的需要。

7.1.1 有多条铁路专用线在工业站、港湾站接轨时,统一规划并引入工业站、港湾站车场同侧,可减少取送车对正线行车和车站作业的干扰。

7.1.2 采用货物交接,整列到发车流比重较大时宜与到发场接轨;解编车流比重较大时,宜与调车场或编发场接轨。这样可减少转场作业,便于取送车作业。当运量较小时,由于其作业对车站正常作业干扰较小,可就近在调车线、次要牵出线或其他站线接轨,以简化接轨布置。

7.1.3 在与企业站、港口站分设的工业站、港湾站上,当设有交接场时,进出企业、港口的车辆一般要经过交接场,因而从车站技术作业过程的需要考虑,铁路专用线应在交接场接轨。但为了作业的灵活性,需要与各车场连通。当双方车站间铁路专用线由铁路管理时,一般可在调车场接轨,但出入铁路专用线的直达车列,大组车较多,其车列在工业站、港湾站无须解编作业时,则可直接接入到发场。

在双方车站联设横列式工业站、港湾站上,铁路专用线应在企业、港口到发场和交接场接轨,并有与各车场连通的条件,是为了作业的灵活性。在双方车站联设双向混合式布置时,入企业、港口铁路专用线在企业、港口编发场接轨。出企业、港口铁路专用线,当采用"各进己场"的作业方式时,交接地点在各自的到达场,与企业、港口到达场接轨;当采用"各进他场"的作业方式时,交接地点在对方到达场,则与铁路到达场接轨。调查车站的接轨地点见说明表 7.1.3。

说明表 7.1.3 工业站、港湾站接轨地点及交接地点统计(2000 年)

站 名	主要服务的企业	交接方式	交接地点	接轨地点	与哪些车场有连接通路
张庙站	宝山钢铁公司	车辆交接	杨行站到发场	杨行站到发场	
石景山南站	首都钢铁公司	车辆交接	调车兼交接场	到发场	调车兼交接场
口泉站	大同矿物局口泉站	货物交接	装车站	进矿在下行到发场 出矿在上行到达场	下行调车场
平顶山东站	平顶山矿物局	车辆交接	到发场	到发场	调车场
韩家岭站	大同煤炭公司	货物交接	装车环线	到发场	
金沙滩站	朔州矿业公司	货物交接	装车环线	到发场	
大庆站	大庆石油管理局萨库	货物交接	装卸线	到发场	调车场
龙凤站	大庆石化总厂炼油厂	成品油货物交接、其他车辆交接	货物交接在装油线、车辆交接在厂内交接线	调车场(反接)	到发场(反接)
	大庆石油管理局自备电厂	车辆交接	到发场	牵出线	到发场、调车场
铁石站	胜利炼油厂	车辆交接	到发场、调车场	到发场	调车场
翠屏山站	蓟县电厂	货物交接	翻车机车场	到发场	
军粮城站	天津大无缝钢管厂	车辆交接	企业站到发场	到发场	调车场
	军粮城电厂	货物交接	翻车机车场	牵出线	到发场、调车场
何家湾站	上钢一厂、上港十区等	车辆交接	到发场	到发场	编发场
	其他专用线	货物交接	装卸线	到发场	编发场

续上表

站　名	主要服务的企业	交接方式	交接地点	接轨地点	与哪些车场有连接通路
大连北站	大连港	车辆交接	港口站到发场	进港在上行编发场、出港在下行到达场	出港与下行调车场连通
塘沽站	天津港	货物交接	装卸线	到发场	调车场
秦皇岛南站	秦皇岛港一期	车辆交接	港口站到发场	到发场	调车场
秦皇岛东站	秦皇岛港二期	车辆交接	重车在港口到达场、空车在铁路出发场	煤炭经翻车机及皮带运输机进港，港内无铁路专用线	
柳村站	秦皇岛港三、四期	货物交接	翻车机车场	到发场	调车场

7.2.1　采用货物交接，按照作业程序要求，装车货物宜在装车线办理交接，卸车货物宜在卸车设备前的车场或卸车线办理交接。

7.2.2　采用车辆交接，双方车站分设，在工业站、港湾站设交接场办理交接，可避免企业机车进出铁路车场，保证行车安全。当双方车站间铁路专用线运输由铁路管理时，交接作业宜在企业站、港口站到发场办理。

7.2.3　采用车辆交接、双方车站联设时的交接地点。

1　当双方车场横列或纵列布置时，宜在交接场交接。当不设交接场时，为减少车列转场次数，宜在企业、港口到发场交接。

2　当双方车场采用双向二级混合式布置时，双方均可不另设交接场，而在到达场交接。当双方采用横向管理时，进入对方的列车均接入各自到达场向对方交接，再由对方的调机推向对方的编发场解体；当双方采用纵向管理时，进入对方的列车均接入对方的到达场向对方交接，再由各自的调机推向各自的编发场解体。调查车站的交接地点见说明表 7.1.3。

7.3.1、7.3.2　工业站、港湾站客流的特点是旅客中通勤职工占较大的比例，为安全、迅速地运送旅客，车站应有满足短时间内大批旅客上下车及进出站的客运设备。若工业站、港湾站服务企业、港口的规模较大，设置一处客运设备不能满足通勤职工的需要时，可在铁路正线经过的企业、港口职工集中的地区或住宅区附近增设旅客乘降所，以满足旅客乘车的需要。

工业站、港湾站应根据企业、港口和地方的需要设置货场。为办理货物的装卸，保管等业务，应根据货运量及货物品种设置站台、仓库、雨棚、散堆装货物场地、货物线等设备。工业站、港湾站货场位置应结合城镇规划、企业、港口的总平面布置、地形条件及货物装卸量确定。一般设在靠近货源一侧，以方便货物的装卸。货场与城镇之间应有便利的通道，以利于货物的公路运输。

为满足工业站、港湾站解编列车的需要，应根据解编作业量的大小设置调车设备。

7.4.1　轨道衡的设置应尽量减少为称重车列而进行的调车作业，故设置轨道衡时，应优先考虑设置在车流集中通过的地点。调查的轨道衡设置地点见说明表 7.4.1。

说明表 7.4.1 工业站、港湾站轨道衡设置地点统计

站名	主要服务的企业	轨道衡设置地点
石景山南站	首都钢铁公司	企业站内
口泉站	大同矿务局口泉矿	装车点
韩家岭站	大同煤炭公司	装车点
金沙滩站	朔州矿业公司	装车点
龙凤站	大庆石化总厂炼油厂	交接线旁
	大庆石油管理局自备电厂	卸车线入口
大庆站	大庆石油管理局萨库	卸车线入口
翠屏山站	蓟县电厂	翻车机车场入口
军粮城站	天津大无缝钢管厂	企业站入口
	军粮城电厂	翻车机车场入口
大连北站	大连港	车站入港一端出口
柳村站	秦皇岛港三、四期	翻车机前

7.4.2 轨道衡设置为通过式,可提高作业效率并缩短线路长度。轨道衡有静态和动态两种,前者为单个车辆停车称重,后者为列车运行中称重。为满足轨道衡称重精度的要求,要根据原铁道部发布的《铁路站场用轨道衡技术条件》(铁运〔2013〕56 号)设置轨道衡。

7.5.1 在有大量粉状、块状以及含有冻块的散装货物卸车的工业站、港湾站,采用翻车机卸车可以提高卸车效率,减少车辆停站时间,加速车辆周转。

翻车机车场靠近所服务的贮料场、贮料仓、生产车间,可减少货物运送距离;与工业站、港湾站有便捷的通路,可加快车辆周转。翻车机数目可按下式计算:

$$m_{台}=\frac{60Q}{365nq(1\,440-T_{固})\alpha} \qquad (说明 7.5.1)$$

式中 $m_{台}$——翻车机台数(台);

Q——设计年卸货吨数(t);

n——翻车机每小时翻卸车次数(次/h)。按翻车机类型及作业时分确定;

q——车辆平均载重吨数,如使用双车翻车机,则采用 $2q$(t);

$T_{固}$——推送调机整备、乘务人员交接班及翻车机操作人员交接班时分。当采用拨车机或铁牛推送时,前两项不计(min);

α——计算利用率,可采用 0.75。

7.5.2 说明图 7.5.2—1、说明图 7.5.2—2 为折返式翻车机车场布置图。说明图 7.5.2—3 为贯通式翻车机车场布置图。若工业站、港湾站至翻车机车场为推送运行时,可不设机车走行线。

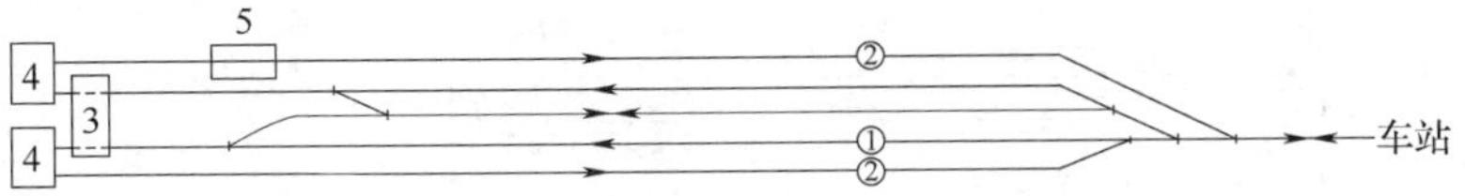

说明图 7.5.2—1 折返式翻车机车场布置图(一)

1—到达推送线;2—空车集结出发线;3—翻车机;4—移车台;5—卸煤沟

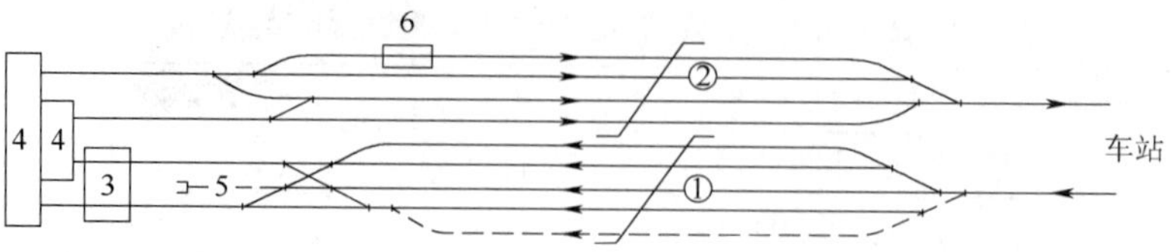

说明图 7.5.2—2　折返式翻车机车场布置图(二)

1—到达推送线;2—空车集结出发线;3—翻车机;4—移车台;5—机待线;6—卸煤沟

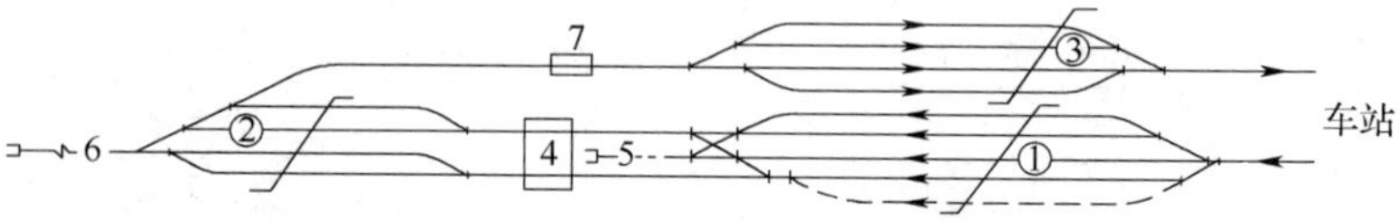

说明图 7.5.2—3　贯通式翻车机车场布置图

1—到达推送线;2—空车集结线;3—出发线;4—翻车机;5—机待线;6—牵出线;7—卸煤沟

注:图中虚线所示为机车牵引车列进场时布置图型,实线为机车推送车列进场时布置图型。

说明图 7.5.2—2、说明图 7.5.2—3 中每台翻车机按二条重车线设计是为了提高翻车机的利用率,使翻车机能够连续作业。当自工业站、港湾站至翻车机车场为机车牵引车列运行时,增加 1 条机车走行线,以保证机车尽快返回站内。

在翻车机车场中,根据需要可在适当地点设置不能用翻车机的卸车设备。

7.5.3 贯通式翻车机车场中空车集结线及牵出线有效长按到发线有效长的一半进行设计是为了缩短车场的长度。

7.6.1 当装卸车数量较小时,可设置说明图 7.6.1—1 所示的工业站、港湾站带单装车(或卸车)环线。当装卸车数量较大,经计算单环线能力不能满足需要时,可设置说明图 7.6.1—2 所示的工业站、港湾站带有装煤仓或翻车机的双(多)装车(或卸车)环线。

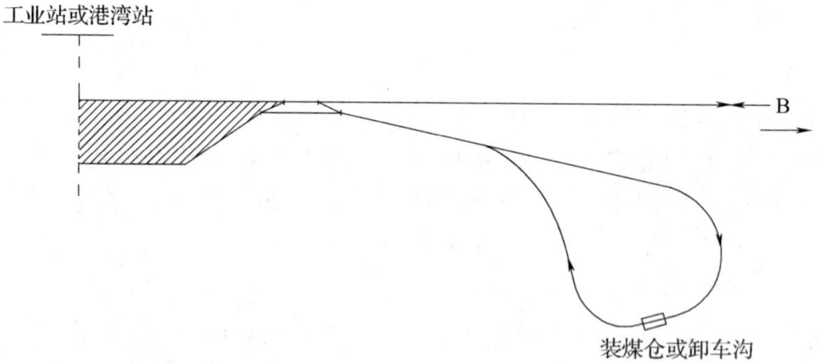

说明图 7.6.1—1　工业站、港湾站带单环线平面布置图

说明图 7.6.1—2　工业站、港湾站带双(多)环线车场平面布置图

1—重车到达线;2—空车出发线;3—装煤仓或翻车机;4—机务整备所

7.6.2 装卸车环线电子轨道衡前后列车长度范围内的坡度应保证列车在一度停车后能够起动。上述范围内的坡度不宜大于2‰,使称重保持一定的精度。

8.1.1 工业站、港湾站Ⅰ、Ⅱ、Ⅲ、Ⅳ类图型,按各车场配置关系可分为横列式和纵列式两种。

横列式站型到发线数量的确定方法参照区段站的有关规定,因工业站、港湾站作业性质及特点,影响到发线数量的因素较多,通过2000年调查资料统计分析(说明表8.1.1—1),在相同列车对数的条件下,到发线数量比区段站略有增加。

说明表8.1.1—1 横列式站型到发场调查

站名	是否在到发线办理交接	换算列车对数	正线数目(条)	到发线数量(条)(正线、机车走行线除外)	附注
张庙	否	33	1	5	在杨行站到发场交接
石景山南	否	26	3	8	车列(组)进出企业均经交接线(调车场内)
平顶山东	是	33.5	1	12	
韩家岭	否	9	4	4	
金沙滩	否	7	2	4	
龙凤	是	21	2	到发线5 到发兼交接线3	
铁石	是	13	1	4	
大庆	否	19	2	4	
翠屏山	否	3	2	4	
军粮城	否	10	2	5	
塘沽	否	32	2	7	
秦皇岛南	否	23	2	7	
柳村	否	25	2	8	

纵列式、混合式站型的工业站、港湾站与编组站在到达场、到发场和出发场使用功能上基本相同,故到达线、到发线和出发线数量参照编组站的有关规定办理。2000年调查资料统计见说明表8.1.1—2。

说明表8.1.1—2 纵列式、混合式站型到达场、到发场和出发场调查

站名	站型	列车数(列或车组)	到发线数量(条)
口泉	双向二级四场	上行到达场 35	10
		下行到发场 59	12
何家湾	单向二级三场	到达场 37	4
		到发场 33	4
大连北	双向二级五场	上行到达场 26	5
		下行到达场 32	6
		下行出发场 30	5

对在到达场、到发场办理交接作业的,应根据交接作业情况适当增加到达线、到发线数量。

8.1.2　设置机车走行线的条件按《铁路车站及枢纽设计规范》执行,即每昼夜通过车场的机车在36次及以上的工业站、港湾站宜设1条机车走行线。

8.1.3　当企业、港口方向的牵引定数与国家铁路一致时,工业站、港湾站采用国家铁路车站到发线有效长度,有利于提高运输效率。若企业、港口方向的牵引定数小于国家铁路的牵引定数时,可根据企业、港口方向到发车流所占比重大小,将仅办理接发企业、港口方向列车(车组)的到发线有效长度缩短,最短应按衔接国家铁路车站的到发线有效长度一半进整到50 m设计。为减少工业站、港湾站进出企业、港口车列(组)欠轴运行和取送车次数,规定其有效长度不得小于企业、港口内的厂(矿)区车场(站)、分区车场和装卸线的有效长度。

8.2.1　工业站、港湾站集结发往国家铁路车流的调车线数量和有效长度的确定,与区段站、编组站的规定一致,只是由于工业站、港湾站自身的运输特点,当有返厂(矿、港)车和备用车时,设计调车线数量应纳入。如返厂(矿、港)车数量较小,亦可与其他线路合并设置。

8.2.2　工业站、港湾站集结发往企业、港口车流的调车线(编发线)数量的确定,根据不同的交接方式而异。

1　采用货物交接方式,铁路负责工业站、港湾站至企业、港口各厂(矿)区车场、分区车场及装卸点间车辆取送。工业站、港湾站宜按车辆到达企业、港口不同的厂(矿)区车场、分区车场或装卸点的车数分别确定。根据调查资料统计,车流量在180辆及以下时,绝大多数组号均使用1条线路。故规定当每昼夜每一组号车流量在180辆及以下时设1条,180辆以上时设2条。当某些组号每昼夜发送车数较少时,可与其他组号合并设置。

2　采用车辆交接方式,当工业站与企业站或港湾站与港口站分设且交接场不设在工业站、港湾站时,工业站、港湾站仅负责对与其他车流混编的到达企业、港口车流进行解体,而由企业站、港口站按各厂(矿)区车场(站)、分区车场及装卸点分组。因此,调车线(编发线)数量的确定不考虑企业、港口各厂(矿)区车场(站)、分区车场或装卸点的数量,仅按在调车线集结发送企业站、港口站的车流量确定。根据调查资料统计分析,设计时可按每昼夜发送160辆设1条。

当交接场设在工业站、港湾站且布置在铁路调车场一侧时,若交接场与调车场合建,为缩短车辆集结时间,降低工程投资,一般将解体后送入企业、港口的车辆直接溜(送)入交接场,故可不单独设置集结发往企业、港口车流的调车线。

调查资料统计见说明表8.2.2。

说明表8.2.2　调车线(编发线)调查(2000年)

站名	场别	交接方式	交接地点	集结发往企业或港口的调车线数量(条)	调车场每昼夜集结(编发)车数	平均每条调车线集结(编发)车数
石景山南	调车场	车辆交接	调车场	调车兼交接线6	1 002	167
大连北	上行编发场	车辆交接	港内	6	592	99

续上表

站名	场别	交接方式	交接地点	集结发往企业或港口的调车线数量(条)	调车场每昼夜集结(编发)车数	平均每条调车线集结(编发)车数
塘沽	调车场	货物交接	港内	3	375	125
秦皇岛南	调车场	车辆交接	港内	3	186	62

3 集结发往企业、港口的调车线有效长度,应等于发往企业、港口的小运转列车(车组)长度加附加长度确定。在设有驼峰的调车场,附加长度的确定按驼峰溜放车辆与尾部编组车辆之间的安全隔离距离为 40 m~60 m,再加上"天窗"距离 40 m,采用 80 m~100 m。

8.4.1 根据调查设有交接线(含机车走行线)的 6 个站,设有 3 条交接线的 1 个,每昼夜进、出企业、港口 10 列(组);设 4 条交接线的 4 个,每昼夜进、出企业、港口 10~22 列(组);设 6 条交接线的 1 个,每昼夜进、出企业、港口 42 列(组)。

8.4.2 交接线的有效长度应与工业站、港湾站的到发线有效长度一致,以利于进行整列交接,减少转场次数。如发往企业、港口小运转列车(车组)长度与发往国家铁路列车相差较大,为节省工程投资,部分交接线的有效长度可适当减短,但不应短于企业站、港口站的到发线有效长度。

9.0.1~9.0.4 这四条中咽喉通过能力、到发线通过能力及编发线发车能力等的计算公式,系按原铁道部铁运〔1991〕76 号文颁布的《车站行车工作细则编制规则》的相关内容编制。

利用率采用的范围值如下:

到发线:0.75~0.80;

咽喉区:0.55~0.60;

驼峰及牵出线:0.80~0.85。